労働法理論変革への模索

謹んで

毛塚勝利先生に捧げます

一　同

──────〈執筆者一覧〉（掲載順）──────

1　有田謙司　（ありた けんじ）　　　西南学院大学法学部教授
2　長谷川聡　（はせがわ さとし）　　専修大学法学部准教授
3　山川隆一　（やまかわ りゅういち）　東京大学大学院法学政治学研究科教授
4　小宮文人　（こみや ふみと）　　　専修大学法科大学院教授
5　大内伸哉　（おおうち しんや）　　神戸大学大学院法学研究科教授
6　深谷信夫　（ふかや のぶお）　　　茨城大学名誉教授
7　小俣勝治　（おまた かつじ）　　　青森中央学院大学経営法学部教授
8　石井保雄　（いしい やすお）　　　獨協大学法学部教授
9　土田道夫　（つちだ みちお）　　　同志社大学法学部・法学研究科教授
10　川口美貴　（かわぐち みき）　　　関西大学大学院法務研究科教授・弁護士
11　橋本陽子　（はしもと ようこ）　　学習院大学法学部教授
12　高橋賢司　（たかはし けんじ）　　立正大学法学部准教授
13　春田吉備彦　（はるた きびひこ）　沖縄大学法経学部教授
14　島田陽一　（しまだ よういち）　　早稲田大学法学学術院教授
15　青野　覚　（あおの さとる）　　　明治大学法学部教授
16　山田省三　（やまだ しょうぞう）　中央大学大学院法務研究科教授
17　川田知子　（かわだ ともこ）　　　中央大学法学部准教授
18　野田　進　（のだ すすむ）　　　　九州大学法学研究院教授
19　和田　肇　（わだ はじめ）　　　　名古屋大学大学院法学研究科教授
20　鎌田耕一　（かまた こういち）　　東洋大学法学部教授
21　藤本　茂　（ふじもと しげる）　　法政大学法学部教授
22　浅倉むつ子　（あさくら むつこ）　早稲田大学大学院法務研究科教授
23　宮崎由佳　（みやざき ゆか）　　　電機連合総合研究企画室（電機総研）
24　原　俊之　（はら たかゆき）　　　横浜商科大学講師
25　山﨑文夫　（やまざき ふみお）　　平成国際大学法学部教授
26　中窪裕也　（なかくぼ ひろや）　　一橋大学大学院国際企業戦略研究科教授
27　浜村　彰　（はまむら あきら）　　法政大学法学部教授
28　榊原嘉明　（さかきばら よしあき）　明治大学法学部講師
29　細川　良　（ほそかわ りょう）　　労働政策研究・研修機構研究員
30　荒木尚志　（あらき たかし）　　　東京大学大学院法学政治学研究科教授
31　永野秀雄　（ながの ひでお）　　　法政大学人間環境学部教授
32　村田毅之　（むらた たかゆき）　　松山大学法学部教授
33　新谷眞人　（あらや まさと）　　　日本大学法学部教授
34　小西啓文　（こにし ひろふみ）　　明治大学法学部教授
35　名古道功　（なこ みちたたか）　　金沢大学人間社会学域法学類教授
36　田口晶子　（たぐち あきこ）　　　厚生労働省大臣官房国際労働基準研究官，
　　　　　　　　　　　　　　　　　　　中央大学・東洋大学講師
37　野川　忍　（のがわ しのぶ）　　　明治大学法科大学院教授
38　廣石忠司　（ひろいし ただし）　　専修大学経営学部教授
39　諏訪康雄　（すわ やすお）　　　　中央労働委員会会長，法政大学名誉教授

毛塚　勝利　先生

労働法理論
変革への模索

毛塚勝利先生古稀記念

〈編者〉
山田省三　青野 覚　鎌田耕一　浜村 彰　石井保雄

信山社

　　　　　　　　　は　し　が　き

　永年にわたり日本の労働法学の発展と後進の指導・育成に携わられてこられた毛塚勝利先生が，2015(平成27)年2月26日に古稀をお迎えになられます。
　毛塚先生はいわば学界デビュー作ともいうべき「西ドイツにおける配転の法理」労働法律旬報898号（1976），「配転における労働契約の法理」同前918号（同年）以来，つねに日本労働法学に問題提起する，注目すべき論考を発表されてこられました。また日本国内のみならず，海外においても日本を代表する労働法研究者として，シンポジウムへの参加や講義，そしてドイツ語ないし英語での論文を数多く発表し，日本労働法学の有り様と理論的水準を世界に知らせてこられました。とくに40歳代以降，勤務および居住の地を東京に移されてからは，世代や大学間の違いを超えて，数多くの研究会を組織し，多様な研究者や実務家に参加を呼びかけ，ひろく全国レベルで後進の指導と育成に携わられ，労働法学の発展に大きな貢献をはたされました。とくに労働契約論，労使紛争解決制度，従業員代表制，そして企業変動や企業統治論と労働法との関係などについては，重要な理論的課題を提示し，これらのうちのいくつかは，その後の立法・法制度化として結実しました。
　このような毛塚先生がはたしてこられたご業績を考えたとき，私たち5名は，日ごろ研究会などを通じて毛塚先生にご指導いただいている者として，毛塚先生が70歳の誕生日をお迎えになられることをお祝いするとともに長年の学界へのご貢献に感謝の気持ちを表わすという意味も込めて，記念論文集を刊行したいと願うにいたりました。本論文集には，全国の研究者や実務家から多数の「労働法理論変革の模索」を試みた意欲的な論文が寄せられています。以下では，毛塚先生との業績と関連付けながら諸論文を概括的に紹介して「はしがき」に代えさせていただきます。
　毛塚先生が扱われたテーマは労働法学の全領域に及びますが，最も力をそそがれたのは労働契約論・就業規則論の領域です。学界の主要な関心が公共部門労働者の労働基本権問題を含む，集団的労使関係法分野に向けられていた

はしがき

　1970年代半ば当時，毛塚先生は，まず配置転換（配転）問題を素材に労働契約法理の構築に取り組まれました。それはさらに1980年代，就業規則に関する判例法理に対する批判として，労働条件の流動的形成の法的構成と就業規則の法的性質・効力論へ発展しました（「就業規則理論再構成への一つの試み」〔一〕〔二〕労働判例428号，430号〔1984〕）。毛塚先生は，一貫して，就業規則を労働条件の集成明示としてとらえ，その効力（最低基準的効力）を禁反言原則にのっとったものと理解されました。その一方で，継続的契約である労働契約において契約関係を維持しながら契約内容を変更する法的仕組みが不可避であるとの認識のもと，労働契約変更法理の理論的解明に尽くされました。その意義は，現行の労働契約法においても失われるものではありません（「労働契約法における労働条件変更法理の規範構造――契約内容調整協力義務による基礎付けと法理展開の可能性」法学新報119巻5・6号〔2012〕）。このほか，労働契約に関連して先生は様々な論点で実績をあげておられます。一例をあげると，成果主義賃金制度が投げかける問題に対して，新たな賃金法理の必要性を訴え，労働者の職業能力・成果の適正評価義務を提唱されています（「賃金処遇制度の変化と労働法学の課題」日本労働法学会誌89号〔1997〕）。毛塚先生は，こうした理論的な研究にとどまらず，2005年には，労働契約法の立法化にあたって，複数の研究者と共同して労働契約法制の立法提案を行っておられます（『労働契約法制研究委員会報告書　労働契約法試案――ワークルールの確認とさらなる充実を求めて――』〔連合総合生活開発研究所〕）。

　第1章「労働契約・就業規則論の再生を目指して」は，先にのべた毛塚先生の膨大な業績の中心テーマである労働契約・就業規則論に関わる8つの論考からなるものです。労働法における労働権の意義を再構成する論文，労働契約の基礎に就労価値を置く論文，改正労働契約法の要件事実を明らかにする論文，労働契約の成立過程における内定・試用法理を再検討する論文，最近の議論をふまえて就業規則の最低基準効を再考する論文，就業規則法理における労働基準法・労働契約法の意義を問い直す論文，労働条件の不利益変更法理をドイツ法のそれと対比して研究する論文，そして，戦前における雇傭契約と労働契約との関係理解をめぐる学説を素材にわが国における労働関係の法的把握の特質を探る論文から構成されています。

第2章「労働者・使用者概念の再構築を提言する」では，近時一部の下級審裁判例を発火点として再燃した労働法上の「労働者」「使用者」概念をめぐる問題を扱った論文を掲載しています。毛塚先生は，このような課題にも積極的に参加され（「偽装請負・違法派遣と受け入れ企業の雇用責任」労働判例966号〔2008〕，「労組法上の労働者・使用者論で見失われている視点」労働判例1000号〔2010〕，「労組法7条2号の『使用者が雇用する労働者』をめぐる議論の混乱をどう回避すべきか」労働法律旬報1742号〔2011〕など），学界での議論の混乱をいましめるとともに，これらの問題にアプローチする際の新たな基本的視座を提示されました。

　本章に収められた5本の論文は，これらの問題を正面から受け止め，労働者・使用者の概念について，それぞれ拠って立つ問題意識を明示しながら，新たな概念の再構築に向けたチャレンジングな試みを行うものです。それらは日本の学説・判例の議論の状況を踏まえながら，あるいはこれまでほとんど議論の対象とされてこなかった特殊労働者の法的問題を素材として新たな概念の再構成をしようとするものと，諸外国とくにこの問題をめぐる最近のドイツの議論を精査して日本法に対する比較法的示唆を析出しようとするものと，それぞれが採用した手法に違いはありますが，学界に一石を投じる意欲作といってよいと思います。

　第3章「非典型雇用（有期・パート・派遣）法理の創生を希求して」では，近年における労働法の重要課題緒のひとつある非典型雇用の法理が検討されています。

　1980年代以降急増した有期・パートタイム・間接雇用の非典型雇用規制の立法論議にも，毛塚先生は積極的にコミットされてきました。有期労働契約規制については，労働契約法は無期労働契約原則を採用すべきであるとの観点から2014年改正法を検証し（「改正労契法・有期労働契約規制をめぐる解釈論的課題」労働法律旬報1783・4号〔2013〕など），労働者派遣法改正については，間接雇用を承認する派遣労働制度の労働市場政策上の本来的な意義は一時的な需要を繋いで継続的雇用を創設するところにあるとの基本認識から立法論的・解釈論的検討を加えられ（「『2014年労働者派遣法改正法案要綱』を読み解く」労働法律旬報1816号〔2014〕など），さらに，雇用形態による処遇格差の規制について

は，差別禁止と平等取扱を峻別する独自の平等論の立場から法理的検討を加えておられます（「非正規労働の均等処遇問題への法理論的接近方法」日本労働研究雑誌 636 号〔2013〕）。

　本章には，毛塚先生のこれらの業績をふまえて，非典型労働者の現状を生活保障政策論的に検討するもの，労契法・有期労働契約規制を立法論的観点から検討するもの，パートタイム労働者および有期労働契約労働者の均等処遇についての国内外の規制を検討するもの，重要な裁判例を素材に派遣労働者と派遣先企業との労働契約をいかなる論理を介して構成しうるかを検討するもの，さらに，労働契約における契約締結強制という規制自体の法理論的課題を検証する論稿を収めました。

　つぎに毛塚先生は，労働法における差別法理，とりわけ雇用形態差別にも関心を向けられています。近年憲法学では「等しいものは等しく取り扱われなければならない」という差別禁止法理と，それを超えて「異なるものを等しく取扱う」平等取扱法理との類型化がなされています。これに対し毛塚先生の場合，従前から，差別禁止アプローチと平等取扱いアプローチの峻別を提言され（「平等原則への接近方法」労旬 1422 号〔1997〕，「労働法における平等」労旬 1495・6 号〔2001〕），雇用差別法理の深化に大きな影響を与えておられます。また毛塚先生は，雇用形態差にとどまらず，雇用における差別類型全体を分析し，「人的属性・契約的属性」，さらに「選択的属性」，「非選択属性」に分類し（「労働法における差別禁止と平等取扱い」角田邦重先生古稀記念『労働者人格権の研究』下巻〔信山社，2011〕），差別禁止・平等取扱法理に空間的・時間的分析の導入を提唱されています。なお，毛塚先生が学界にこのように新たな論議をもたらされたのは，短い期日のあいだであり，それ自体驚嘆すべきことかもしれません。とくに最新の論考である前掲「非正規労働の対等処遇問題への法理論的接近方法」は，非正規労働に関する必読文献となっています。

　第 4 章「差別とハラスメントの諸相を解析する」では，上記のような毛塚先生の関心を反映して，雇用平等法に関する基礎理論について考察するものを始め，近時のイギリス法における包括的差別禁止法たる 2010 年法の意義を検討する論考と男女平等賃金規制の動向を明らかにするもの，そして職場におけるハラスメントについて，一方は対抗手段としての「労務給付拒絶権」を考察し，

はしがき

もう一方はセクシュアル・ハラスメントにおける業務に内在する危険という視角を検討する論稿から構成されています。

　先にのべたように毛塚先生は，労働契約の内在的法理の探求を通して労働契約法固有の法理論構築を研究の出発点とされました。その後はそれにとどまらず，とくに裁判所における企業秩序論・職務専念義務論（誠実労務提供義務論）の高調を契機として，組合活動法理へと労働契約論の翼を拡げていかれました（「労働契約と組合活動の法理」日本労働法学会誌 57 号〔1981〕）。今日では毛塚先生は集団的労働関係法の領域においても，膨大な数の業績を積み重ね，とりわけ，労働協約法と従業員代表制を主なフィールドとして，学界に大きなインパクトを与え，その議論を終始リードする論文を発表されておられます（「労働協約における労働者義務条項の法的意味」一橋論叢 99 巻 3 号〔1988〕，「集団的労使関係秩序と就業規則・労働協約の変更法理」季刊労働法 150 号〔1989〕，「わが国における従業員代表法制の課題」日本労働法学会誌 79 号〔1992〕，「日本における労働者代表制の現在・過去・未来」季刊労働法 216 号〔2007〕等）。

　第 5 章「集団的労働関係法の可能性を探求して」に掲載された 4 本の論文は，毛塚先生のこうした功績を意識しながら，それぞれのテーマについて意欲的な検討を行っています。労働組合法や憲法 28 条の団結権保障の立法過程を歴史的コンテクストの中で基礎理論的に考察するもの，日本における従業員代表制の導入をめぐる議論の新たな展開を試みるもの，ドイツの協約自治をめぐる最近の議論について憲法的基礎を踏まえながら比較法的に検討するもの，最近のフランスにおける労働条件決定の分権化の動向を追いながら，比較法的視点から集団的労働条件決定システムの今後の展望を試みるものなどです。これらは，それぞれ内容は多彩ですが，本章の表題にふさわしい論考が収められています。

　第 6 章「労働紛争解決システムの課題を深化させる」には，アメリカで発達した自主的な労使紛争解決制度である雇用仲裁の最近の動向について考察するもの，同じくアメリカにおいて広く雇用差別を禁止する公民権法第 7 編に基づくクラス・アクションの承認を厳格化する，近時の動向を紹介する論稿を掲載しています。1990 年代，バブル経済の崩壊以降，各種の裁判外紛争解決機関を利用した個別労使紛争が増大するなか，毛塚先生は日本労働研究機構において当該課題に関する研究会を組織され，その研究成果を世に問われました

はしがき

（『個別紛争処理システムの現状と課題』JIL 報告書 65 号〔1995〕，「労働紛争処理法」ジュリスト 1066 号〔同〕，「新たな紛争処理システムの構築」季刊労働法 184 号〔1997〕）。それは具体的に従来さほど利用されていない民事調停を積極的に活用することと，本来集団的労使紛争の解決や不当労働行為の審査・救済を目的としていた労働委員会の改編を提案するものでした。今日，個別労使紛争に特化した簡易・迅速・低廉な解決を志向した法制度は，労働審判制として現実化しています。毛塚先生の提言は，それにいたる個別労使紛争解決システムの立法・制度構築に関する議論を呼び起こすものでした。なおもう一方の，労働委員会も個別労使紛争処理問題を扱うべきであるとの提言は実現し，本章には，その現状を検証する論稿が掲載されています。

　そして最後に，第 7 章「労働・雇用政策と労働教育への新提言」は，以上の各章の枠組みに収まらない多様な内容を含む 7 つの論稿からなっています。しかしそれらの論考はいずれも，毛塚先生の最近の問題関心のあり様が投影されたものであるように思われます。すなわち毛塚先生はこれまでの労働法固有の課題にとどまらず，企業統治や企業譲渡等の組織再編にともなう労働条件保護など，他の法学分野との学際的領域にまで問題関心を拡げられています（『企業組織再編における労働者保護』〔中央経済社・2010〕と『事業再構築における労働法の役割』〔同・2013〕の 2 つの編著は，その集約的作品と理解できます）。また最近毛塚先生は，自らを「ポスト戦後労働法学」世代として位置づけられ（「労働法学 60 周年によせて──『ポスト戦後労働法学』の 30 年──」日本労働法学会誌 116 号〔2010〕），後世代に対して，あるべき研究姿勢・方法として「学際」「国際」「業際」研究を提唱されています（「労働法の危機をチャンスの時代に」労働法律旬報 1759 号〔2012〕，「境界を超えて」同 1783・84 号〔2013〕）。

　本章には，高年齢者雇用安定法が求める「継続雇用」に関する裁判所の対応を検討するもの，日本でも最近重要な課題となっている障害者雇用対策に関するドイツでの議論を紹介するものや，同じくドイツに考察の対象をもとめながらも，EU 域内の人の移動の自由が労働法に及ぼす影響を検討する論稿，上記のような毛塚先生の問題意識に応えるべく，わが国では知られていない北欧フィンランドにおける事業再編への対応を紹介するもの，そして 2012 年 8 月 20 日，条約批准国が 30 か国に達し，翌 2013 年 8 月 20 日より発効した，ILO

はしがき

の船員の労働条件確保に関する 2006 年海上労働条約の課題についてのべるもの，さらには，実定労働法と現実の人事実務との相互関係を論じるもの，そして長年労働法を法学部以外の学部（社会学部）で講じるなかで，様々な工夫や教授方法を実践された経験を報告したものが含まれます。このような多彩な主題は，先の毛塚先生の関心の有り様に照応するとともに，労働法学の学問としての拡がりと深化を示しているのではないでしょうか。

　本書の装丁については，安達史人氏にお願いしました。その出来上がりは，『変革への模索』という本書の表題に相応しいものであると同時に，「安達調」ともいえる素敵なものとなりました。表紙を飾る挿画「黎明」は，日本の自然をモチーフとされる島野保行氏の作品です。同氏には，このような形での作品使用について，ご快諾をいただきました。また毛塚先生の近影撮影は，学生時代は法学部に学んだ大村祐里子氏によるものです。ご協力いただいたお三方には，この場を借りてお礼を申しあげます。そして最後に，学術研究書の出版が厳しいといわれるなか，本書の刊行をお引き受けいただくにとどまらず，私たちの無理な要望をも快くご了解いただいた信山社の袖山貴氏，ならびに企画段階より行き届いたご配慮をたまわりました稲葉文子氏をはじめとする信山社編集部の方がたには，心より感謝申しあげます。どうもありがとうございました。

　2015（平成 27）年 2 月 26 日の毛塚勝利先生の誕生日を前にして

毛塚勝利先生古稀記念論文集
『労働法理論変革への模索』刊行発起人
山 田 省 三
青 野 　 覚
鎌 田 耕 一
浜 村 　 彰
石 井 保 雄

目　次

はしがき

◆第1章◆
── 労働契約・就業規則論の再生を目指して ──

1　労働法における労働権の再構成 ……………………〔有田謙司〕… 5
　　Ⅰ　はじめに（5）
　　Ⅱ　包括的基本権としての労働権への再構成（7）
　　Ⅲ　労働権の規範構造と規範内容の再構成（12）
　　Ⅳ　おわりに（31）

2　「就労価値」論の今日的展開と労働契約法理 …………〔長谷川聡〕…33
　　Ⅰ　本稿の目的（33）
　　Ⅱ　「就労価値」保障手段としての労働契約法理の位置付け（34）
　　Ⅲ　「就労価値」をめぐる議論とその視点（36）
　　Ⅳ　就労の今日的特徴と位置付け（41）
　　Ⅴ　「就労価値」配慮義務の視角（50）
　　Ⅵ　むすびにかえて（57）

3　改正労働契約法の要件事実 ……………………………〔山川隆一〕…59
　　Ⅰ　はじめに（59）
　　Ⅱ　労働契約法18条（59）
　　Ⅲ　労働契約法19条（68）
　　Ⅳ　労働契約法20条（80）
　　Ⅴ　おわりに（86）

4　内定・試用法理の再検討：判例の動向を踏まえて
　　　………………………………………………………〔小宮文人〕…89
　　Ⅰ　はじめに（89）
　　Ⅱ　採用内定の法理（90）

目　　次

　　　Ⅲ　試 用 期 間（97）
　　　Ⅳ　試用的有期労働契約（107）

5　就業規則の最低基準効とは，どのような効力なのか
　　　　　　　　　　　　　　　　　　　　　　　　　　　〔大内伸哉〕…113

　　　Ⅰ　なぜ裁判官は労基法93条の適用をしなかったのか
　　　　──問題の所在（113）
　　　Ⅱ　最低基準効と規範的効力（115）
　　　Ⅲ　基準に「違反」するとは，どういうことか（117）
　　　Ⅳ　義務違反に対する「制裁」としての規範的効力（118）
　　　Ⅴ　就業規則遵守義務（120）
　　　Ⅵ　就業規則遵守義務の違反は，どのようなときに認められる
　　　　のか（123）
　　　Ⅶ　就業規則の合意による不利益変更と規範的効力（126）
　　　Ⅷ　結　　論（131）

6　就業規則法理における労働基準法と労働契約法
　　　　　　　　　　　　　　　　　　　　　　　　　　　〔深谷信夫〕…133

　　　Ⅰ　は じ め に──問題の所在（133）
　　　Ⅱ　労働保護法の基本法としての労働基準法（136）
　　　Ⅲ　就業規則の法規範性論と就業規則の法的効力論（142）
　　　Ⅳ　労働基準法と労働契約法の就業規則法制の関係性（150）
　　　Ⅴ　お わ り に──問題の普遍性（157）

7　労働条件の不利益変更の法的枠組み
　　　──日・独の法比較を通じて──　　　　　　　　　　〔小俣勝治〕…161

　　　Ⅰ　問題の所在（161）
　　　Ⅱ　秋北バス事件最高裁判決から労働契約法へ（163）
　　　Ⅲ　一般的労働条件と事業所協定（174）
　　　Ⅳ　約款法理による一般的労働条件の内容コントロール（180）
　　　Ⅴ　日独の若干の比較と契約原則（192）

8　戦前わが国における労働関係の法的把握
　　　──雇傭契約と労働契約をめぐる学説の展開──　　　〔石井保雄〕…199

　　　Ⅰ　は じ め に──本稿の問題関心と課題（199）

Ⅱ　雇用＝労働関係の法的把握への関心萌芽
　　　　──岡村司の場合（*202*）
　　Ⅲ　労働契約と雇傭契約の峻別──ドイツ法理の紹介を通して（*206*）
　　Ⅳ　実態に基づく労働関係の法的説明の試み
　　　　──末弘厳太郎の場合（*219*）
　　Ⅴ　労働関係の社会法的理解──菊池勇夫の場合（*223*）
　　Ⅵ　結びにかえて
　　　　──国家総動員法体制のもとでの労働関係の法的議論の変容（*228*）

◆第2章◆
労働者・使用者概念の再構築を提言する

9 「労働組合法上の使用者」は何のための概念か
　　──派遣労働者の直用化要求事案における
　　　派遣先事業主の使用者性に即して──……………〔土田道夫〕…*235*

　　Ⅰ　本稿の目的（*235*）
　　Ⅱ　労組法上の使用者（*237*）
　　Ⅲ　派遣先事業主の労組法上の使用者性（*240*）
　　Ⅳ　考察──派遣先事業主の労組法上の使用者性（*250*）
　　Ⅴ　「労働契約に隣接する関係」類型（*257*）
　　Ⅵ　「労働契約に近似する関係」類型（*262*）
　　Ⅶ　「労働組合法上の使用者」は何のための概念か（*270*）

10　労組法7条の「使用者」概念の再構成……………〔川口美貴〕…*275*

　　Ⅰ　はじめに（*275*）
　　Ⅱ　「団交拒否」（労組7条2号）を禁止される使用者（*277*）
　　Ⅲ　「不利益取扱い」等（労組7条1・4号）を禁止される使用者（*295*）
　　Ⅳ　「支配介入・経費援助」（労組7条3号）を禁止される使用者（*299*）
　　Ⅴ　結びに代えて──各号の「使用者」の異同（*300*）

11　ドイツ労働法における「就労者（Beschäftigte）」
　　および「労働者類似の者」の概念について
　　　──とくに家内労働者に着目して──……………〔橋本陽子〕…*303*

　　Ⅰ　はじめに（*303*）

目　次

　　Ⅱ　営業法における家内労働者の規制（304）
　　Ⅲ　家内労働法（310）
　　Ⅳ　労働者類似の者（314）
　　Ⅴ　就労者（Beschäftigte）（320）
　　Ⅵ　ま　と　め（322）

12　ドイツ法における労働者と独立自営業者の区別の基準
　　——偽装独立事業者（Scheinselbständige）及び個人事業主
　　　　（Solo- Selbständige）に関する法的検討——…………〔髙橋賢司〕…325

　　Ⅰ　経済社会と自営業化への動き（325）
　　Ⅱ　ドイツ法上の現行法の体系（329）
　　Ⅲ　労働者性をめぐる論争（347）
　　Ⅳ　結びに代えて——日独の比較（353）

13　在日米軍基地従業員の法的地位
　　——那覇地裁平成26年5月22日判決検討を
　　　　手掛かりにとして——……………………………〔春田吉備彦〕…357

　　Ⅰ　は じ め に（357）
　　Ⅱ　事実の概要（358）
　　Ⅲ　判 決 要 旨（360）
　　Ⅳ　検　　討（361）
　　Ⅴ　結びにかえて（374）

◆ 第 3 章 ◆

非典型雇用（有期・パート・派遣）法理の創生を希求して

14　非正規雇用労働者の現状と生活保障政策の課題
　　　　　……………………………………………………〔島田陽一〕…377

　　Ⅰ　は じ め に（377）
　　Ⅱ　日本の貧困層と非正規雇用労働者（379）
　　Ⅲ　非正規雇用労働者の現状（383）
　　Ⅳ　非正規雇用労働者と生活保障の課題（394）

目　次

15 雇用保障の理念と有期労働契約規制
　　——労働契約法・有期労働契約規制の立法論的検討——
　　………………………………………………………〔青野　覚〕…401

　　Ⅰ　は じ め に（401）
　　Ⅱ　有期労働契約の「危険」と規制法制の意義（403）
　　Ⅲ　労働契約法における雇用保障原理（410）
　　Ⅳ　労働契約法の有期労働契約規制（416）
　　Ⅴ　お わ り に——改正労契法の位置付け（424）

16 パートタイム労働者に対する均等待遇原則 ………〔山田省三〕…427

　　Ⅰ　は じ め に（427）
　　Ⅱ　雇用形態差別とは何か（429）
　　Ⅲ　雇用形態差別に関する従来の裁判例の検討（432）
　　Ⅳ　短時間労働者法8条による規制とニヤクコーポレーション
　　　　事件判決（438）
　　Ⅴ　お わ り に（444）

17 ドイツにおけるパート・有期労働契約法
　　14条の解釈をめぐって
　　——近年の欧州司法裁判所及び連邦労働裁判所の
　　　　判決を手掛かりに——………………………〔川田知子〕…447

　　Ⅰ　は じ め に（447）
　　Ⅱ　パート・有期法14条1項3号の「他の労働者の代替」（449）
　　Ⅲ　パート・有期法14条2項2文の「連結の禁止」（456）
　　Ⅳ　パート・有期法14条2項3文の協約解放条項（460）
　　Ⅴ　検　　討（465）

18 派遣労働者の派遣先との間の黙示の労働契約の成立
　　——マツダ事件判決における「理論プロセス」と
　　　　「エピソード」——…………………………〔野田　進〕…469

　　Ⅰ　は じ め に（469）
　　Ⅱ　黙示の労働契約の成立条件（470）
　　Ⅲ　マツダ事件における労働契約の黙示的成立（480）
　　Ⅳ　む　す　び——マツダ事件判決のインパクト（495）

19 黙示の労働契約における意思の推定
　　──マツダ防府工場事件を素材に──………………〔和田　肇〕…497
　　Ⅰ　はじめに（497）
　　Ⅱ　本件において特に重要な事実（498）
　　Ⅲ　原判決の内容とコメント（502）
　　Ⅳ　パナソニックプラズマディスプレイ事件最高裁判決の検討（506）
　　Ⅴ　黙示の労働契約における意思の推定方法（508）
　　Ⅵ　本件の分析（513）
　　Ⅶ　ま と め（519）

20 労働法における契約締結の強制
　　──労働者派遣法における労働契約申込み
　　　　みなし制度を中心に──………………………〔鎌田耕一〕…521
　　Ⅰ　問題の所在（521）
　　Ⅱ　契約強制の一般的意義（524）
　　Ⅲ　労働者派遣法40条の6と契約強制（536）
　　Ⅳ　む　す　び（551）

◆第4章◆

=== 差別とハラスメントの諸相を解析する ===

21 雇用平等法の基礎論的検討……………………………〔藤本　茂〕…555
　　Ⅰ　はじめに（555）
　　Ⅱ　社会的差別の構造（557）
　　Ⅲ　平等原則（平等取扱いの原則）の構造（565）
　　Ⅳ　雇用労働関係における差別と平等（568）
　　Ⅴ　雇用平等法理への公序からの接近（577）
　　Ⅵ　結びに代えて（580）

22 包括的差別禁止立法の意義
　　──イギリス2010年平等法が示唆すること──
　　　　……………………………………………………〔浅倉むつ子〕…581
　　Ⅰ　はじめに（581）

Ⅱ　2010年平等法の成立とその背景（583）
　　Ⅲ　2010年平等法の全体像（587）
　　Ⅳ　禁止される行為類型——雇用分野（591）
　　Ⅴ　結合差別（Combined discrimination）：二重の保護特性（603）
　　Ⅵ　お わ り に（605）

23 イギリスにおける男女平等賃金規制のあり方の変遷
　　——一律的規制から自律的規制へ——……………〔宮崎由佳〕…609

　　Ⅰ　は じ め に（609）
　　Ⅱ　1970年同一賃金法と男女間同一賃金の実現（610）
　　Ⅲ　新たな法規制への要請の背景（612）
　　Ⅳ　法の実効性に関する議論（615）
　　Ⅴ　2010年平等法とその課題（618）
　　Ⅵ　お わ り に（622）

24 ハラスメント対抗措置としての「労務給付拒絶権」
　　………………………………………………………〔原　俊之〕…625

　　Ⅰ　は じ め に（625）
　　Ⅱ　労務提供義務違反の免責に関する法理（626）
　　Ⅲ　労務給付拒絶権の概念と対象事案の類型（634）
　　Ⅳ　「労務給付拒絶権」の適否の判断（639）

25 セクシュアル・ハラスメントと業務に内在する危険
　　………………………………………………………〔山﨑文夫〕…645

　　Ⅰ　は じ め に（645）
　　Ⅱ　業務に内在する危険（646）
　　Ⅲ　精神障害と業務に内在する危険（654）
　　Ⅳ　競馬場マークレディと業務に内在する危険（659）
　　Ⅴ　む　す　び（664）

目　次

◆第5章◆
集団的労働関係法の可能性を探求して

26 労働組合法1条1項および憲法28条の
　　立法過程に関する若干の素描 ……………………〔中窪裕也〕…669
　　Ⅰ　はじめに（669）
　　Ⅱ　昭和20年労働組合法の立法過程における目的規定（671）
　　Ⅲ　憲法28条の制定過程（679）
　　Ⅳ　昭和24年労働組合法の立法過程における目的規定（686）
　　Ⅴ　おわりに（693）

27 従業員代表制をめぐる三つの論点 ………………〔浜村　彰〕…695
　　Ⅰ　はじめに（695）
　　Ⅱ　従業員代表制の国際的動向（697）
　　Ⅲ　従業員代表を法制化する必要があるのか（701）
　　Ⅳ　併存型従業員代表制か補完型従業員代表制か（706）
　　Ⅴ　組合代表と従業員代表の共生はどのようにしてはかられる
　　　のか（710）

28 ドイツは協約自治を放棄したのか？
　　　——ドイツにおける協約自治保障の憲法的基礎と2014年
　　　協約自治強化法の中間的評価—— ………………〔榊原嘉明〕…719
　　Ⅰ　はじめに（719）
　　Ⅱ　ドイツ基本法9条3項の保護内容と協約自治（721）
　　Ⅲ　協約自治の憲法的保障の意義と構造（725）
　　Ⅳ　協約自治の機能能力と2014年協約自治強化法（730）
　　Ⅴ　おわりに（735）

29 フランスにおける労働条件決定の「分権化」の動態
　　　 …………………………………………………………〔細川　良〕…739
　　Ⅰ　はじめに（739）
　　Ⅱ　フィヨン法および2008年法による改革（740）
　　Ⅲ　フィヨン法および2008年法の影響（746）
　　Ⅳ　おわりに——フランスにおける「分権化」の意義（753）

◆第6章◆
労働紛争解決システムの課題を深化させる

30 アメリカの雇用仲裁とその機能についての覚書
　　　　……………………………………………………〔荒木尚志〕…*757*

　　Ⅰ　はじめに（*757*）
　　Ⅱ　アメリカの労働仲裁・雇用仲裁（*759*）
　　Ⅲ　裁判所による仲裁裁定の司法審査（*764*）
　　Ⅳ　雇用仲裁の仲裁付託強制（*764*）
　　Ⅴ　制定法上の権利と仲裁（*766*）
　　Ⅵ　個別の仲裁合意と集団訴訟・集団的労働関係法の交錯（*772*）
　　Ⅶ　雇用仲裁の実態について（*775*）
　　Ⅷ　若干の考察（*779*）

31 1964年公民権法第7編に基づく
　　大規模クラスアクションは死んだのか
　　　──ウォルマート社事件連邦最高裁判決とその後──
　　　　……………………………………………………〔永野秀雄〕…*785*

　　Ⅰ　はじめに（*785*）
　　Ⅱ　本件の事実の概要（*786*）
　　Ⅲ　連邦最高裁判決要旨（*787*）
　　Ⅳ　本連邦最高裁判決に関する考察（*792*）
　　Ⅴ　本連邦最高裁判決を踏まえた論説（*795*）
　　Ⅵ　最　後　に（*798*）

32 労働委員会における個別的労使紛争処理の
　　フロンティア………………………………………〔村田毅之〕…*799*

　　Ⅰ　はじめに（*799*）
　　Ⅱ　鳥取県労働委員会における個別的労使紛争処理制度（*803*）
　　Ⅲ　鳥取県労働委員会における個別的労使紛争処理の特徴（*804*）
　　Ⅳ　鳥取県労働委員会における個別的労使紛争の処理実績（*817*）
　　Ⅴ　おわりに（*818*）

◆第7章◆
労働・雇用政策と労働教育への新提言

33 高年法の継続雇用制度をめぐる判例の動向と課題
　　　　　　　　　　　　　　　　　　　……………………………〔新谷眞人〕…821

　Ⅰ　は じ め に（821）
　Ⅱ　継続雇用制度の変遷（822）
　Ⅲ　継続雇用契約の成否（824）
　Ⅳ　継続雇用後の労働条件（831）
　Ⅴ　継続雇用をめぐる今後の課題（833）

34 ドイツ障害者雇用制度における権利擁護システムの展開
　　　――障害者政策のパラダイム転換論をめぐって――
　　　　　　　　　　　　　　　　　　　……………………………〔小西啓文〕…837

　Ⅰ　は じ め に（837）
　Ⅱ　社会法典第9編と「統合局」（841）
　Ⅲ　一般平等取扱法と「反差別局」（843）
　Ⅳ　障害者政策のパラダイム「転換」か「拡大」か？
　　　――重度障害者代表制度をめぐって（850）
　Ⅴ　むすびにかえて（864）

35 EU法のドイツ労働法への影響
　　　――移動の自由を素材にして――……………………〔名古道功〕…867

　Ⅰ　序（867）
　Ⅱ　EU労働法の発展（868）
　Ⅲ　EU域内市場と人の移動の自由（870）
　Ⅳ　EU域内における労働者の移動の自由に対する法規制（872）
　Ⅴ　ドイツの対応（875）
　Ⅵ　EU法の国内法への影響（878）
　Ⅶ　お わ り に（883）

36 EU 特にフィンランドの事業再構築への対応
　　　──日本への示唆──……………………………〔田口晶子〕…885
- Ⅰ　は じ め に（885）
- Ⅱ　EU 加盟国（ノルウェーを含む，以下Ⅱについては同）の事業再構築における現状と取り組み（886）
- Ⅲ　フィンランドの労働事情と事業再構築への取り組み（895）
- Ⅳ　日本への示唆（904）
- Ⅴ　お わ り に（906）

37 2006 海上労働条約の発効と法的課題 ………………〔野川　忍〕…909
- Ⅰ　ILO2006 海上労働条約の発効とその意義（909）
- Ⅱ　2006MLC の基本的特徴（910）
- Ⅲ　2006MLC の基本課題
　　──Article に見られる解釈上の論点（913）
- Ⅳ　展　　望（929）

38 労働法と企業実務の相互作用 ……………………………〔廣石忠司〕…931
- Ⅰ　は じ め に──問題の所在（931）
- Ⅱ　分析の前提（933）
- Ⅲ　法意識面からのアプローチ（933）
- Ⅳ　組織風土に関する先行研究（936）
- Ⅴ　「企業不祥事」の研究（937）
- Ⅵ　企業の法意識研究の困難性（937）
- Ⅶ　調査仮説とフレームワーク（941）
- Ⅷ　調査実施上の問題点（942）
- Ⅸ　質問表の構成と尺度の設定（945）
- Ⅹ　調査の概要と結果（952）
- Ⅺ　結　語（955）

39 労働法をどう教えるか？：法学部以外における授業での試みから ……………………………〔諏訪康雄〕…959
- Ⅰ　は じ め に（959）
- Ⅱ　そして，誰もいなくなった（962）
- Ⅲ　いろいろな試み（964）
- Ⅳ　さらに新たな試み（967）

目　　次

　　　Ⅴ　講義での予復習の意味（*973*）
　　　Ⅵ　非法学部に特有の課題（*976*）
　　　Ⅶ　模索過程の振りかえり（*980*）
　　　Ⅷ　お わ り に（*981*）

毛塚勝利先生略歴・業績目録（*985*）

執筆者紹介
(掲載順)

〔編著〕

有田　謙司（Arita Kenji）
1962年2月生まれ。1991年九州大学大学院法学研究科博士課程単位取得退学。現在，西南学院大学法学部教授。
〈主要著作〉『ニューレクチャー労働法』（共編著，成文堂，2012年），「事業譲渡における労働契約の承継をめぐる法的問題」毛塚勝利編『事業再構築における労働法の役割』（中央経済社，2013年），「労働法における労働権論の現代的展開」山田晋＝有田謙司＝西田和弘＝石田道彦＝山下昇編『社会法の基本理念と法政策』（法律文化社，2011年）。

長谷川　聡（Hasegawa Satoshi）
1977年9月生まれ。2007年中央大学大学院法学研究科民事法専攻博士後期課程修了，博士（法学，中央大学）。現在，専修大学法学部准教授。
〈主要著作〉「「就労価値」の法理論──労働契約アプローチによる「就労価値」保障に関する一試論」日本労働法学会誌124号（2014年），「賃金処遇制度の見直しをめぐる法的問題」・「事業の再構築におけるイギリスの労働者保護制度」毛塚勝利編『事業再構築における労働法の役割』（中央経済社，2013年），「イギリスにおける差別禁止法と労働法の人的適用範囲」季刊労働法241号（2013年）。

山川　隆一（Yamakawa Ryuichi）
1958年11月生まれ。1982年東京大学法学部卒業，1991年ワシントン大学法科大学院修士課程修了，博士（法学，東京大学）。現在，東京大学大学院法学政治学研究科教授。
〈主要著作〉『労働紛争処理法』（弘文堂，2012年），『国際労働関係の法理』（信山社，1999年），『不当労働行為争訟法の研究』（信山社，1990年）。

小宮　文人（Komiya Fumito）
1948年生まれ。1972年北海道大学法学部卒業，1996年ロンドン大学大学院博士課程修了，PhD（LSE）・博士（法学）（北海道大学）。現在，専修大学法科大学院教授。
〈主要著作〉『英米解雇法制の研究』（信山社，1993年），『雇用終了の法理』（信山社，2010年）。

大内　伸哉（Ouchi Shinya）
1963年生まれ。1995年東京大学大学院法学政治学研究科博士課程修了。現在，神戸大学大学院法学研究科教授。
〈主要著作〉『労働条件変更法理の再構成』（有斐閣，1993年），『労働者代表法制に関する研究』（有斐閣，2007年），『解雇改革』（中央経済社，2013年）。

深谷　信夫（Fukaya Nobuo）
1947年8月生まれ。1984年早稲田大学大学院法学研究科博士課程単位修得退学。現在，茨城大学名誉教授。
〈主要著作〉「長時間労働を生み出す原因を考える」労働法律旬報1831・32号（2015年），「自由な企業活動と日本国憲法の原理」『日本の雇用が危ない』（旬報社，2014年），「日本航空整理解雇事件東京高裁判決を読んで」労働法律旬報1819号（2014年），「整理解雇法

執筆者紹介

理の論点」『労働法と現代法の理論（上巻）西谷敏先生古稀記念論文集』（日本評論社，2013年）。

小俣　勝治（Omata Katsuji）

1952年7月生まれ。1985年國學院大学大学院法学研究科博士課程単位取得。現在，青森中央学院大学経営法学部教授。
〈主要著作〉「労働時間の柔軟化の進展と労働者保護の新たな課題——ドイツの信頼労働時間（制）を中心に」青森中央学院大学研究紀要第20号（2013年），「経済的従属的就労者と労組法上の労働者——今回の最高裁二判決を契機として」季刊労働法234号（2011年），「法的パターナリズムと労働者保護——ドイツの議論を中心に」『労働者人格権の研究（上巻）角田邦重先生古稀記念』（信山社，2011年），「ドイツにおける従属的自営業者の法的保護に関する議論について」『労働者保護法の再生　水野勝先生古稀記念論集』（信山社，2005年）

石井　保雄（Ishii Yasuo）

1953年7月生まれ。1983年一橋大学大学院法学研究科博士課程単位修得。現在，獨協大学法学部教授。
〈主要著作〉「ケベック州（カナダ）における心理的ハラスメント法規制」『労働者人格権の研究（下巻）角田邦重先生古稀記念』（信山社，2011年），「ケベック州（カナダ）における労働組合の公正代表義務」法学新報119巻5・6号（2012年），「菊池勇夫の『社会法』論——戦前・戦時期の業績を通じて考える」獨協法学91号（2013年），「わが国労働法学の黎明——昭和年代前期における孫田秀春の足跡をたどる」獨協法学93号（2014年）。

土田　道夫（Tsuchida Michio）

1957年2月生まれ。1987年東京大学大学院法学政治学研究科博士課程修了，法学博士。現在，同志社大学法学部・法学研究科教授。
〈主要著作〉『労働法概説［第3版］』（弘文堂，2014年），『労働契約法』（有斐閣，2008年），『労務指揮権の現代的展開』（信山社，1999年），『債権法改正と労働法』（編著，商事法務，2012年）。

川口　美貴（Kawaguchi Miki）

1961年8月生まれ。1990年大阪大学大学院法学研究科後期課程所定単位修得退学。静岡大学人文学部法学科教授を経て，現在，関西大学大学院法務研究科教授，弁護士。
〈主要著作〉『労働者概念の再構成』（関西大学出版部，2012年），『労働協約と地域的拡張適用』（古川景一と共著，信山社，2011年），『建設産業の労働条件と労働協約』（和田肇，古川陽二と共著，旬報社，2003年），『国際社会法の研究』（信山社，1999年）。

橋本　陽子（Hashimoto Yoko）

1997年東京大学法学政治学研究科修士課程修了。現在，学習院大学法学部教授。
〈主要著作〉「ハルツ改革後のドイツの雇用政策」日本労働研究雑誌647号51-65頁（2014年），「『労働者』の概念形成——法解釈方法論における類型概念論を手がかりとして」荒木尚志＝岩村正彦＝山川隆一編『労働法学の展望　菅野和夫先生古稀記念論集』（有斐閣，2013年）。

執筆者紹介

高橋　賢司（Takahashi Kenji）
1970年1月生まれ。2003年ドイツ・テュービンゲン大学法学博士号取得。現在，立正大学法学部准教授。
〈主要著作〉*Die Lohnbestimmung bei leistungs- und erfolgsabhängigen Entgelten im Spannungsfeld von Privatautonomie und Kollektivautonomie,* Tübingen, 2003，『成果主義賃金の研究』（信山社，2004年），『解雇の研究』（法律文化社，2011年），『労働者派遣法の研究』（中央経済社，2015年）。

春田　吉備彦（Haruta Kibihiko）
1965年8月生まれ。2006年中央大学大学院博士後期課程単位取得退学。現在，沖縄大学法経学部教授。
〈主要著書〉『法学　沖縄法律事情 Part Ⅲ』（新城将孝・仲地博・小西吉呂と共編著，琉球新報，2011年），「新入社員の『新しいタイプのうつ病』罹患と使用者の安全配慮義務——富士通四国システムズ事件を契機として」『労働者人格権の研究（下巻）角田邦重先生古稀記念』（信山社，2011年）。

島田　陽一（Shimada Yoichi）
1953年2月生まれ。1975年早稲田大学法学部卒業，1983年早稲田大学大学院法学研究科博士課程（後期）単位修得。現在，早稲田大学法学学術院教授。
〈主要著作〉『労働法〔第4版〕』（共著，有斐閣，2011年）共著『ケースブック労働法〔第3版〕』（有斐閣，2011年）。

青野　覚（Aono Satoru）
1950年12月生まれ。1978年明治大学大学院法学研究科博士課程単位修得退学。現在，明治大学法学部教授。
〈主要著作〉『ベーシック労働法〔第6版〕』（共著，有斐閣，2015年），「スウェーデンにおける有期雇用契約規制の新たな展開——雇用保障法2006年，2007年改正を中心として」明大社研紀要第50巻1号（2011年），「特別加入制度における業務上外認定」『労災保険法上の特別加入制度に関する諸問題の検討』（社労士総研，2011年）。

山田　省三（Yamada Shozo）
1948年8月生まれ。1981年中央大学大学院法学研究科博士課程満期退学。現在，中央大学大学院法務研究科教授。
〈主要著作〉『男女同一賃金』（中島通子，中下裕子と共著，有斐閣，1995年），『セクシュアルハラスメントと男女雇用平等』（旬報社，2001年），『現代雇用法』（角田邦重と共著，信山社，2007年）

川田　知子（Kawada Tomoko）
1973年5月生まれ。2003年3月中央大学大学院法学研究科博士後期課程単位取得退学。現在，中央大学法学部准教授。
〈主要著作〉「有期労働契約法の新たな構想——正規・非正規の新たな公序に向けて」日本労働法学会誌107号（2005年），「個人請負・委託就業者の契約法上の地位：中途解約・契約更新拒否を中心に」日本労働法学会誌118巻（2011年），「非正規雇用の立法政策の理論的基礎」日本労働研究雑誌55巻7号（2013年），「ドイツ労働者派遣法の新動向」法学新報119巻5・6号（2012年），「パートタイム労働者と正規労働者との均等待遇：法改正の

執筆者紹介

動向と最近の裁判例を中心に」法学新報 121 巻 7・8 号（2014 年）。

野田　進（Noda Susumu）
1950 年 7 月生まれ。1972 年神戸大学法学部卒業，1981 年東京大学大学院博士課程単位取得退学。博士（法学，九州大学）。現在，九州大学法学研究院教授。
〈主要著作〉『労働法の世界〔第 10 版〕』（共著，有斐閣，2013 年），『労働紛争解決ファイル』（労働開発研究会，2012 年），『労働条件の変更と解雇』（信山社，1998 年），『「休暇」労働法の研究』（日本評論社，1999 年）。

和田　肇（Wada Hajime）
1954 年生まれ。東京大学大学院法学政治学研究科修士課程修了。現在，名古屋大学大学院法学研究科教授。
〈主要著作〉『労働契約の法理』（有斐閣，1990 年），『ドイツの労働時間と法』（日本評論社，1998 年），『人権保障と労働法』（日本評論社，2008 年）。

鎌田　耕一（Kamata Koichi）
1952 年 8 月生まれ。1986 年中央大学大学院法学研究科博士前期課程修了。現在，東洋大学法学部教授。
〈主要著作〉『契約労働の研究』（編著，多賀出版，2001 年），「個人請負・業務委託型就業者をめぐる法政策」季刊労働法 241 号（2013 年）。

藤本　茂（Fujimoto Shigeru）
1985 年 3 月法政大学大学院社会科学研究科私法学専攻博士後期課程単位修得満期退学，博士（法学，法政大学）。現在，法政大学法学部教授。
〈主要著作〉『米国雇用平等法の理念と法理』（かもがわ出版，2007 年），「職場における人権」イギリス労働法研究会編『イギリス労働法の新展開——石橋洋教授・小宮文人教授・清水敏教授還暦記念』（成文堂，2009 年），『基礎から学ぶ労働法Ⅰ〔第 3 版〕』（共著，エイデル研究所，2014 年）。

浅倉　むつ子（Asakura Mutsuko）
1948 年 10 月生まれ。1979 年東京都立大学大学院博士課程修了，博士（法学，早稲田大学）。現在，早稲田大学大学院法務研究科教授。
〈主要著作〉『講座ジェンダーと法　第 2 巻』（共編著，日本加除出版，2012 年），『同一価値労働同一賃金原則の実施システム』（共編著，有斐閣，2010 年），『労働法とジェンダー』（勁草書房，2004 年）。

宮崎　由佳（Miyazaki Yuka）
2005 年法政大学大学院社会科学研究科法律学専攻博士後期課程単位取得満期退学。現在，電機連合総合研究企画室（電機総研）。
〈主要著作〉「EU におけるジェンダー平等へのアプローチ」労働法律旬報 1609 号（2005 年），「改正男女雇用機会均等法」日本労働法学会誌 109 号（2007 年），「イギリス平等法制の現時点と課題」森ます美＝浅倉むつ子編『同一価値労働同一賃金原則の実施システム——公平な賃金の実現に向けて』（有斐閣，2010 年）。

執筆者紹介

原　俊之（Hara Takayuki）
1970年8月生まれ。2000年明治大学大学院法学研究科博士後期課程単位取得退学。現在，横浜商科大学講師。
〈主要著作〉「職場における『いじめ』概念の意義──ドイツ法における議論を素材に」『労働者人格権の研究（下巻）角田邦重先生古稀記念』（信山社，2011年），「職場における『いじめ・嫌がらせ』対策としての立法の意義」比較法制研究35号（2012年），『アクチュアル労働法』（共著，法律文化社，2014年）。

山﨑　文夫（Yamazaki Fumio）
1949年4月生まれ。1983年明治大学大学院法学研究科博士後期課程修了。法学博士。
現在，平成国際大学法学部教授。
〈主要著作〉『セクシュアル・ハラスメントの法理』（総合労働研究所，2000年），『改訂版セクシュアル・ハラスメントの法理』（労働法令，2004年），『セクシュアル・ハラスメント法理の諸展開』（信山社，2013年）。

中窪　裕也（Nakakubo Hiroya）
1957年12月生まれ。1980年東京大学法学部卒業，1990年ハーバード・ロースクール修士課程修了。現在，一橋大学大学院国際企業戦略研究科教授。
〈主要著作〉『アメリカ労働法〔第2版〕』（弘文堂，2010年），『労働法の世界〔第10版〕』（共著，有斐閣，2013年），リリー・レッドベターほか著『賃金差別を許さない！──巨大企業に挑んだ私の闘い』（翻訳，岩波書店，2014年）。

浜村　彰（Hamamura Akira）
1953年2月生まれ。1984年法政大学大学院社会科学研究科博士課程単位取得満期退学。流通経済大学助教授を経て，1994年から法政大学法学部教授。
〈主要著作〉「労働協約の規範的効力と一般的拘束力」『労働法と現代法の理論（下巻）西谷敏先生古稀記念論集』（日本評論社，2013年），『ベーシック労働法〔第6版〕』（共著，有斐閣，2015年），「組合活動」『法学セミナー別冊コンメンタール労働組合法〔第2版〕』（日本評論社，2011年）。

榊原　嘉明（Sakakibara Yoshiaki）
1981年7月生まれ。2011年明治大学大学院法学研究科博士後期課程単位修得退学。現在，明治大学法学部講師。
〈主要著作〉「ドイツ労使関係の変化と協約法制の現在」日本労働法学会誌124号（2014年），「労働組合法における使用者概念の相対性に関する覚書」法学新報119巻5・6号（2012年），「ドイツにおける労働協約上の差異化条項」『労働者人格権の研究（下巻）角田邦重先生古稀記念論集』（信山社，2011年）。

細川　良（Hosokawa Ryo）
2011年早稲田大学法学研究科博士後期課程満期退学。現在，労働政策研究・研修機構研究員。
〈主要著作〉『現代先進諸国の労働協約システム──ドイツ・フランスの産業別協約（第2巻　フランス編）』（労働政策研究・研修機構，2013年），『多様な正社員に関する解雇判例の分析』（共著，労働政策研究・研修機構，2014年），「企業倒産における整理解雇──日本航空（整理解雇）事件が示す課題を中心に」季刊労働法239号（2012年）。

執筆者紹介

荒木　尚志（Araki Takashi）
　1959年5月生まれ。1983年東京大学法学部卒業，1985年東京大学大学院法学政治学研究科修士課程修了，法学博士。現在，東京大学大学院法学政治学研究科教授。
　〈主要著作〉『労働時間の法的構造』（有斐閣，1991年），『雇用システムと労働条件変更法理』（有斐閣，2001年），『労働法〔第2版〕』（有斐閣，2013年）。

永野　秀雄（Nagano Hideo）
　1959年5月生まれ。1984年法政大学法学部政治学科卒業，1993年ゴンザガ大学法科大学院 Juris Doctor 課程，1999年ジョージ・ワシントン大学法科大学院 LL.M. 課程（環境法専攻コース）修了。現在，法政大学人間環境学部教授。
　〈主要著作〉『電磁波訴訟の判例と理論──米国の現状と日本の展望』（三和書籍，2008年），「オバマ政権下で社会労働法制はどう変化したのか」大原社会問題研究所雑誌639号（2012年），「遺伝子情報差別禁止法とその規則制定」労働法律旬報1735・36号（2011年）。

村田　毅之（Murata Takayuki）
　1957年4月生まれ。1993年明治大学大学院法学研究科博士後期課程単位修得退学。現在，松山大学法学部教授。
　〈主要著作〉『労働法の現在』（晃洋書房，2014年），「労働審判制度における個別的労使紛争処理の実際」松山大学総合研究所所報第76号（2013年），『日本の労使関係法』（晃洋書房，2012年）。

新谷　眞人（Araya Masato）
　1951年11月生まれ。1986年中央大学大学院法学研究科博士後期課程単位取得退学。現在，日本大学法学部教授。
　〈主要著作〉『労働法』（編著，弘文堂，2014年），「ドイツ労働協約における開放条項と労働者代表の役割」法学新報119巻5・6号（2012年），「降格と労働者の人格権」『労働者人格権の研究（上巻）角田邦重先生古稀記念』（信山社，2011年）。

小西　啓文（Konishi Hirofumi）
　1974年11月生まれ。2004年中央大学大学院法学研究科博士課程後期課程単位取得退学。現在，明治大学法学部教授。
　〈主要著作〉『内部告発と公益通報者保護法』（角田邦重と共編著，法律文化社，2008年），「社会保険料拠出の意義と社会的調整の限界──菊原道雄『社会保険における拠出』『社会保障法における親族の扶養』『日本社会保障法の問題点──総論』の検討」岩村正彦・菊池馨実編『社会保障法研究　創刊第1号』（信山社，2011年）。

名古　道功（Nako Michitaka）
　1952年7月生まれ。1983年京都大学大学院法学研究科民事法単位取得退学。現在，金沢大学人間社会学域法学類教授。
　〈主要著作〉名古＝吉田＝根本編著『労働法Ⅰ　集団的労働関係法・雇用保障法』（法律文化社，2012年），「ドイツ集団的労働法理論の変容」『労働法と現代法の理論（下巻）西谷先生古稀記念論集』（日本評論社，2013年），「コミュニティ・ユニオンと労働組合法理」日本労働法学会誌129号（2012年），「ドイツにおける最低生活保障システムの変化──労働協約の機能変化と関連して」『労働者人格権の研究（上巻）角田邦重先生古稀記念』（信山社，2011年），「ドイツの求職者支援制度」季刊労働法232巻（2011年）。

執筆者紹介

田口　晶子（Taguchi Akiko）
　1955年3月生まれ。1978年京都大学法学部卒業。現在，厚生労働省大臣官房国際労働基準研究官，中央大学・東洋大学講師。
　〈主要著作〉「格差社会とディーセント・ワーク」季刊労働法217号（2007年），「障害者雇用の現状と法制度」同225号（2009年），「労働安全衛生関連法の実施（エンフォースメント）に関する諸外国の事例」同234号（2011年），「ディーセント・ワークと労働者人格権」『労働者人格権の研究（上巻）角田邦重先生古稀記念』（信山社，2011年），「ILO条約を解説する(1)～(13)」世界の労働10～21号（2013-14年）。

野川　忍（Nogawa Shinobu）
　1954年4月生まれ。東京大学法学部卒業，同大学院法学政治学研究科修了。現在，明治大学法科大学院教授。
　〈主要著作〉『労働法原理の再構成』（成文堂，2013年），『労働判例インデックス〔第3版〕』（商事法務，2014年），『レッスン労働法』（編著，有斐閣，2013年）。

廣石　忠司（Hiroishi Tadashi）
　1956年4月生まれ。1979年一橋大学法学部卒業，慶應義塾大学大学院経営管理研究科単位取得退学。現在，専修大学経営学部教授。
　〈主要著作〉『ゼミナール人事労務』（八千代出版，2009年），「退職・雇用調整」ジュリスト1441号（2012年）。

諏訪　康雄（Suwa Yasuo）
　1947年11月生まれ。一橋大学法学部卒業。現在，中央労働委員会会長，法政大学名誉教授。
　〈主要著作〉『雇用と法』（放送大学教育振興会，1999年），「キャリア権の構想をめぐる一試論」日本労働研究雑誌468号（1999年）。

労働法理論変革への模索

第1章

労働契約・就業規則論の再生を目指して

1 労働法における労働権の再構成

有 田 謙 司

Ⅰ はじめに
Ⅱ 包括的基本権としての労働権
　への再構成
Ⅲ 労働権の規範構造と規範内容
　の再構成
Ⅳ おわりに

Ⅰ　は じ め に

　労働法は，市場と社会的なもの（価値）（social）が出会う場所である，といわれる[1]。これは，労働法が，社会的価値と認められるものを労働市場の中に取り込ませることをその目的のひとつとしている，という意味に理解できよう。そのように労働法が労働市場の中に取り込ませるべき社会的価値を規範的に体現しているのは，社会的基本権であろう。その意味で，社会的基本権は，労働法規制に規範的根拠を与え，それを枠づけるものである。
　社会的基本権は，伝統的に，人の福利（human welfare）にとって不可欠である基本的ニーズの充足に対する権利である，と理解されている[2]。この社会的基本権については，また次のような指摘がみられる。すなわち，社会的基本権の本来的なダイナミズムの性質は，その規範的内容を不断に最新のものにすること（updating）を要求する，と[3]。そうすると，社会的基本権が基本的ニーズであると規範的に承認するところのものについて，われわれは，不断に

（1）　J.Fudge, 'The Way Forward for Social Europe' (2014) 77 (5) MLR 808, p.808.
（2）　V.Mantouvalou, 'The Case for Social Rights' Georgetown Public Law Research Paper No.10-18 (2010), p.3.
（3）　A.Lyon-Caen, 'The legal efficacy and significance of fundamental social rights' in B.Hepple ed., Social and Labour Rights in a Global Context (2002, Cambridge University Press), p.191.

その見直し，再検討を行うことを通じて，社会的基本権の規範的内容を最新のものとすることを求められるものといえよう。

上述したような社会的基本権の理解によれば，社会的基本権のひとつである労働権（right to work）は[4]，「労働（work）」が人の福利にとって不可欠の基本的ニーズであることの規範的な承認といえよう[5]。本稿は，そのような社会的基本権のひとつである労働権について[6]，その規範的内容を最新のものとすべく，労働権の再構成を図ることを目的とするものである[7]。

ところで，わが国においては，とりわけ1990年代後半以降，労働法の領域では，新法の制定や法改正が頻繁に行われる「立法の時代」になっている[8]。こうした状況をもたらした要因としては，経済社会の大きな変化，具体的には，日本社会の少子高齢化，経済のグローバル化に伴う国際的な競争の激化，そうした社会経済状況の変化がもたらした，社会的問題（ワーキング・プアの問題な

（4） 完全雇用政策，社会保険および不公正な解雇からの保護（解雇規制）は，3つの土台をなすものであり，その意味において，労働権は，包括的社会保障と恒久的な社会的対話（social dialogue）とともに，「欧州社会モデル（European Social Model）」の特徴となっている，と指摘されている（A.O.Avilés and J.G.Viña, 'Regulation of the Labour Market' in B.Hepple and B.Veneziani eds., The Transformation of Labour Law in Europe（2009, Hart Publishing）, p.61.）。これは，労働権の重要性についての認識の表れといえよう。

（5） 清正寛『雇用保障法の研究』（法律文化社，1987年）6頁参照。

（6） 現在，労働権の理論的検討が欧米においても進められている。V.Mantouvalou ed., The Right to Work（Hart Publishing）（2014年12月刊行予定）は，そうした研究成果をまとめたものである。なお，筆者は，後掲の2011年に書いた論文に若干加筆して英訳したものを同書に収録してもらっている（Kenji Arita, 'The Development of Right to Work Theories of Labour Law in Japan: A Comparative Perspective'）が，本稿執筆時点においては，他の執筆者の収録論文を見ることはできていないため，本稿は，それらの研究成果を反映したものとはなっていない。

（7） 筆者は，これまでにも労働権について検討した論文を公表している。有田謙司「労働法における労働権論の現代的展開」山田晋ほか編『社会法の基本理念と法政策』（法律文化社，2011年），同「労働法学における労働権論の展開——英米の議論を中心に」RIETI Discussion Paper Series 13-J-029（2013年），同「労働法における「就労価値」の意義と課題——労働法における労働権の再構成」労働法律旬報1827号（2014年）。本稿は，上記の論文で展開してきたところの議論をベースに展開するものであるため，それらと重複する記述のみられることについて，あらかじめお断りしておきたい。

（8） 菅野和夫『労働法〔第10版〕』（弘文堂，2012年）15頁。

ど)への対応や新たな社会的価値(ワーク・ライフ・バランスなど)の実現,国際的規範(障害者権利条約などの国連やILOで採択された条約)への対応といったことが,挙げられよう。また,労働立法は,社会政策的立法といわれることがあるように,その時々の政策を決める政治の状況にも大きく影響されることから,この間の政権交代に伴い,労働立法政策は,規制緩和と規制強化との間で揺れ動いている。こうしたことから,わが国の労働法制は不安定な「変動の時代」に入っているといえよう(9)。そのような「変動の時代」にある労働立法の頻繁な改正などの動きは,労働法規制の基底をなし,その根拠を与える基本権の捉え直し,とりわけ労働権の再構成を必要としているといえよう(10)。

本稿は,以上のような問題意識の下に,近年の労働権に関するわが国および諸外国における議論を検討する中から,労働権を労働に関わる包括的基本権として再構成し(II),さらに,そうした包括的基本権としての労働権の規範構造と規範内容についての再構成を行う(III)(11)。

II 包括的基本権としての労働権への再構成

1 労働権と他の基本権

近年の労働権に関する議論をみると,労働権の効果の問題として,労働権の他の基本権との関係について論じるものがみられる。

労働権は,不当に解雇されない権利のような他の社会的権利に対して,その基礎をなす正当化根拠を提供するものであるとする見解が,幾人かの論者によって主張されている(12)。そうした論者のひとりであるVigneauによれば,労働権は,有期契約労働の法規制,解雇規制法制,企業再編法制(労働契約の

---

(9) 菅野・前掲注(8)15頁。
(10) 本稿と同じような問題意識から,社会経済構造と雇用社会の変化によりもたらされる今日的問題の解決のために,労働権(憲法27条)の再検討を通じて,新たな労働法システムのあり方を探ろうとするものに,三井正信「労働権の再検討と労働法システム」西谷敏先生古稀記念論集『労働法と現代法の理論 上』(日本評論社,2013年)がある。
(11) これまでのわが国の労働権に関する議論の展開については,野村晃「労働権論」籾井常喜編『戦後労働法学説史』(労働旬報社,1996年)594頁以下,有田・前掲注(7)(2011年)を参照。
(12) B.Hepple, 'A Right to Work' (1981) 10 (1) ILJ 65, p.82 ; H.Collins, Employment Law 2nd ed., (2010, Oxford University Press), pp.253-254.

承継ルール等），職業訓練法制，労働時間の削減等を基礎づける，背後にある原則あるいは概念であると理解されている(13)。

また，Harveyによれば，労働権は，広く他の経済的権利も含めて，その保障を支える効果を有するものと理解される(14)。この労働権の他の経済的および社会的権利の保障を支える効果は，ひとつには労働権自体の広がりに由来するものであり，もうひとつには社会における満たされていない社会的ニーズのレベルとそうしたニーズを満たすために利用できる資源のレベルの両者に対する労働権の効果に由来するとされる（労働権の「二重の効果（dual effect）」）。すなわち，満たされていないニーズを減らすと同時に社会的資源を増やすという，労働権の二重の効果の故に，労働権を保障することに成功している社会は，十分な水準の衣食住，医療，教育，所得保障に対する権利といった世界人権宣言で承認された他の経済的および社会的権利を容易に保障できることになるのである。

そして，国連の経済的，社会的及び文化的権利委員会(Committee on Economic, Social and Cultural Rights)（以下，「社会権委員会」と略す）は，2005年11月に開催された第35回の総会でその検討した内容をまとめて公表した「概説18号（General Comment No.18）」のなかで，社会権規約が，その第6条で包括的な意味での労働権を宣言し，その第7条で公正かつ良好な労働条件の享受に対する個人の権利を通して，労働権の個別的側面を展開しており，第8条ですべての者の労働組合を結成し，自己の選択する労働組合に加入する権利，労働組合の自由に活動する権利を明確に述べて，労働権の集団的側面を扱っているとして，労働権が個別的側面と集団的側面を有するとの構造把握を示している(15)。

これらの見解が示す労働権についての理解からすれば，労働権は，経済的権利および社会的権利の中において，中心的な位置を占めるものと理解すること

---

(13) C.Vigneau, 'Freedom to choose an occupation and right to engage in work (Article 15) in B.Bercusson ed., European Labour Law and the EU Charter of Fundamental Rights (2006, Nomos), pp.177-178, 182, 184.

(14) P.Harvey, 'Benchmarking the Right to Work' in S.Hertl and L.Minkler eds., Economic Rights (2007, Cambridge University Press), p.118.

(15) Committee on Economic, Social and Cultural Rights, General Comment No.18: Article 6 of the International Convention on Economic, Social and Cultural Rights, E/C.12/GC/18, 6 February 2006（以下，General Commentと略す），at para.2.

ができよう。このことは，次にみる労働権の規範内容をディーセント・ワークと理解することと相まって，後述するように，労働権を，あらゆる就労の場における包括的基本権として理解すべきことの理論的根拠のひとつとなるものと考えられる。

2 ディーセント・ワークと労働権

近年の労働権に関する議論では，労働権は，「ディーセント・ワークに対する権利（right to decent work）」を意味するとの考え方が有力となっているように思われる。

労働権の構造分析を行うなかで，Harvey は，労働権は多面的な権利であると捉えられるとして，その中の労働権の質的な面について，労働権のこの面は，当該仕事が，ILO が使っている意味における「ディーセント・ワーク」[16]とみなせるか否かを判断する諸要素を含む，と分析する[17]。そして，それら諸要素には，賃金，付加給付，労働時間，就労条件，職場統治，雇用の安定等を含むものとされる。このように，Harvey によれば，労働権が保障されているといえるためには，仕事の数が求職者の数を超えて入手可能となっているだけでは十分ではなく，それらの仕事が「ディーセント・ワーク」を提供するものでなければならない，とされるのである。

また，国連の社会権委員会は，概説 18 号の中で，同旨の見解を次のように述べている[18]。労働権は，ディーセント・ワーク，すなわち，安全衛生および報酬に関する労働者の権利はもちろん基本的人権も守る労働に対する権利である。ディーセント・ワークは，社会権規約第 7 条で強調されている自己とその家族の生活を支えることができる所得をも提供するものであり，基本権は雇用に就いている労働者の肉体的および精神的な健全さの尊重を含む。社会権規約の第 6 条，第 7 条および第 8 条は，相互依存の関係にあるから，労働を

---

(16) ILO のディーセント・ワークの考え方については，D.Ghai, 'Decent work: Concept and indicators' International Labour Review, Vol.142 (2003), No.2, pp.113ff., 堀内光子「ディーセント・ワーク」生活協同組合研究 309 号（2001 年）5 頁以下，世界の労働 2008 年 2 月号 18 頁以下，田口晶子「ディーセント・ワークと労働者人格権」山田省三＝石井保雄編『労働者人格権の研究　上』（信山社，2011 年）71 頁以下等を参照。

(17) P.Harvey, supra note 14, pp.123-125.

(18) General Comment, supra note 15, at paras at 7-8.

第1章　労働契約・就業規則論の再生を目指して

ディーセントとする解釈は，労働者の基本的人権の尊重を前提としている。

わが国においては，和田が，労働権保障の質の問題を重視して，その規範内容は，憲法13条，14条1項，25条の要素を具備したものでなければならず，ILOが提案している「ディーセント・ワーク」，つまり適職就労，社会保障の整備，能力開発，社会的対話・参画，男女平等を内容とした労働という考え方に近いとする，労働権をディーセント・ワーク保障として捉える労働権論を，主張している[19]。和田によれば，ディーセント・ワークとは，伝統的な労働法や社会保障法がモデルとしてきた労働関係（すべての労働法と社会保障法が適用され，期間の定めがなく雇用の存続保護があり，フルタイム労働であり，定型的労働時間制であり，月給制であるもの）を理念モデルとして，多様な雇用形態が架橋され，平等取扱い・均等待遇原則と「相互に」移行が可能になるような方策が講ぜられた「標準的労働関係とその放射された状態」を意味しており，労働権はこれを保障するものとされる。

そして，Mundlakは，ディーセント・ワークという表現を用いてはいないけれども，実質的にこれと同じものを労働権が保障するものとの見解を主張している[20]。Mundlakによれば，労働権は品位のある労働（dignified work）に対する権利でなければならず，この要素の内容としては，公正な労働条件，報酬，休暇，安全衛生，児童労働の禁止，利益分配制，共同決定制等が考えられる，とされる。また，労働権は，平等権，自由な芸術的な表現及び創作の権利，社会保障の権利，人間の尊厳に対する権利といったいくつかの他の諸権利と不可分のものであるともされている。

さらに，Freedlandらは，労働権の規範的内容は，（ディーセントで，適職で）「価値ある」仕事を選択する権利（right to choose (decent, suitable) 'rewarding' work）であるべきであり，その結果，労働者は，自己のキャリアの発展，仕事の見込みの改善，自己の技能や才能を高めることに寄与しない仕事の提供を拒否することができる，とする見解を主張する[21]。

---

(19)　和田肇『人権保障と労働法』（日本評論社，2008年）282-283頁。

(20)　G.Mundlak,'The right to work: Linking human rights and employment policy' International Labour Review, Vol.146 (2007), No.3-4, pp.192-194.

(21)　M.Freedland et al., Public Employment Services and European Law (2007, Oxford University Press), pp.229-230.

〔有田謙司〕

これらの見解は、労働権がディーセント・ワークの保障をその規範内容とすること、そして、ディーセント・ワークといえるためには、生産的な雇用へのアクセス、仕事・所得・職場における安定・安全、核となる労働に関わる権利（強制労働からの自由、差別禁止、団結の自由等を含む）、それらのものを定め達成するための交渉および社会的対話の民主的な方法を構成要素とするものと解されることを、その共通理解としているといえよう。

3　包括的基本権としての労働権

以上においてみた近年の労働権をめぐる議論を踏まえて、労働権は、あらゆる労働・就労の場における包括的基本権として再構成されるべきものと考える[22]。それは、後述するように再構成された生存権をその基底に含み、団結権、労働・就労の場における平等権、人格権等を包含する基本権である、という労働権の理解である。そして、それは、労働権が、働き方（就労の仕方）の全体に関わる法規範の根拠を提供するものとなる、ということを意味している。このように労働権を再構成すべきと考えるは、次のようなことによる。

まず、前述の Harvey が指摘するように、労働権は、満たされていないニーズを減らすと同時に社会的資源を増やすという「二重の効果」を有し、それ故に、労働権が十全に保障されることになれば、他の経済的および社会的権利を容易に保障できることになること、および、前述の国連の社会権委員会が指摘するように、社会権規約が、その第6条で包括的な意味での労働権を宣言し、その第7条で公正かつ良好な労働条件の享受に対する個人の権利を通して、労働権の個別的側面を展開し、第8条ですべての者の労働組合を結成し、自己の選択する労働組合に加入する権利、労働組合の自由に活動する権利を明確に述べて、労働権の集団的側面を扱ってことから、労働権が個別的側面と集団的側面を有することは、労働権が社会的基本権のなかにおいて中心的位置を占め、その構造が包括的なものとなっていることを示している。

次に、労働権が保障すべき労働・就労の場（機会）が、前述のように、ディーセント・ワークでなければならないとの理解は、国際的にみても、またわが国における議論においても、今日多くの支持を得るところとなっていることであ

---

(22)　これについては、有田・前掲注(7)(2011年) 40頁以下も参照。

る。そして、ここでいう「ディーセント・ワーク」とは、生産的な雇用へのアクセス、仕事・所得・職場における安定・安全、核となる労働に関わる諸権利（強制労働からの自由、差別禁止、団結の自由等を含む）、そして、それらのものを定め達成するための交渉・社会的対話の民主的な方法を構成要素とするものと解されている[23]。そうすると、このような内実をもつディーセント・ワークを保障する労働権は、必然的に、その内容として、上述のような諸権利を含むものとなろう。

以上のことから、労働権を労働・就労の場における包括的基本権と理解し、再構成すべきものと考える。

このように、労働権をあらゆる労働・就労の場における包括的基本権として再構成することによって、今日の複雑化し多元化する労働法規制を全体として整合的に体系化することを可能とする規範的根拠が与えられるものと考えられるのである[24]。例えば、今日の労働法規制において差別禁止法の領域が拡大している状況についても、包括的基本権としての労働権が要請するものとして、それを労働法の規制体系の中に整合的に位置づけることを可能にするように思われる。こうした労働権の理解は、わが国の憲法規範の理解としても十分に成り立ちうるものと考える。

Ⅲ 労働権の規範構造と規範内容の再構成

これまでのところでは、労働権は、あらゆる労働・就労の場における包括的基本権として再構成されるべきことを提示したが、以下では、そうした労働権の捉え方の見直しから、労働権の規範構造と規範内容の再構成について、さらに検討することとする。

1 労働権の規範構造

労働権は、あらゆる労働・就労の場における包括的基本権と再構成されることから、その構造は、多層的なものとなる。すなわち、労働権は、人々に労

---

(23) ディーセント・ワークの内容については、田口・前掲注(16)71頁以下等を参照。
(24) 労働法の多元的規制の根拠を憲法の各条項が定める基本権に求める議論を展開するものとして、唐津博「労働法パラダイム論の現況と労働法規制の多元性」労働法律旬報1700号（2009年）6頁以下。

働・就労の場を保障することをその規範内容の中心的な層とし，保障されるべき労働・就労の場がディーセント・ワークとなるよう，労働・就労の場における他の諸権利を含む，多層構造をなす。そして，後述するように，労働権は，再構成された生存権を基底に据えたものとなる。

　ところで，憲法上に労働権を定める明文規定を有しないアメリカにおいて労働権の存在とその意義を論じる，Harveyは，労働権の構造分析の中で，世界人権宣言を参照しつつ，次のような議論を展開する。労働権の保障は，世界人権宣言が規定する社会のすべての構成員に自由にその個性を発展させる機会を保障するという目標にとっての手段であるから，労働権を保障するために社会が提供する雇用機会は，その目標を達成するために十分に多様な種類と形態のものでなければならず，労働権を充足するために雇用機会が有していなければならない質的特性は，絶対的な質の要求とともに人々の発達上のニーズによって決まる。そして，労働権は，すべての人の平等の価値と平等の権利という世界人権宣言の中の全体に関わる誓約を反映すべきであるから，すべての人に対する平等な雇用機会と雇用条件の達成が，労働権の保障にとって不可欠となり，雇用に対する「構造的」障壁を克服し除去する政策を適切な目標とする。

　このHarveyの主張するところによれば，例えば，障害者雇用の問題を考えてみると，それを差別禁止法制で対応していく法政策をとるとすれば，「合理的便宜」を講じた上で平等取扱いをすることが求められるが，労働権は，そうした「合理的便宜」を講ずる法政策をとるべきことを規範的に根拠づけうるものとなる。このように，労働法における差別禁止法の領域についても，労働権はその規範的根拠を提供しうるものである。労働権は，労働市場の構造そのものを変えていくべきとの視点から，そうした法政策に対して規範的根拠を提供しうるといえよう。また，福祉的就労についての法政策を考えるに際しても，労働権は，人々の発達上のニーズに応じた就労の機会の保障を要求するものとして，規範的根拠を提供するものとなるのである。

　このようなHarveyの見解は，本稿が主張する，労働権をすべての労働・就労の場における包括的基本権として再構成し，その構造を多層的なものと解することによって，その趣旨とするところをよりよく理解することができよう。このような観点から，わが国における，障害者への差別禁止と合理的配慮を事業主に義務づける規定を設ける，2013年の障害者雇用促進法の改正（2016年4

月1日施行）は，平等権をそのうちに含む多層的な構造をもつ労働権によって，規範的な根拠を与えられるものと理解できよう。

2 労働権の規範内容
(1) 労働権の手続的側面と capabilities for voice

上述のように，労働権は，多層的な構造をもつものと考えられるのであるが，そこには，さらに手続的側面も有するものと考えられる。この点については，Mundlak が，次のような議論を展開する。

労働権の実現のためには，必然的に雇用政策の展開によらねばならない。この雇用政策の立案には多様な経済的変数（economic variables）の調整を必要とし，雇用政策を指導する概念枠組みは，そうした経済的な諸変数を要求し，配分結果を決定する制度を規律するものとして「市場」を承認する[25]。労働権のこの側面について，Mundlak は，EU の「ヨーロッパ雇用戦略（European Employment Strategy）」（以下，EES と略す）における新たな労働市場の規制手法である「開かれた調整の方法（open method of coordination）」を参照する[26]。EES の「開かれた調整の方法」では，国家や社会的パートナー間の討議プロセス（deliberative process）が，道義的拘束力をもつ指針（morally binding guidelines）の展開へと導く。次に，これらの指針が，各加盟国における「国家活動計画（National Action Plans）」に移されなければならず，実験と相互の学習を活かして，指針は，ダイナミックに変化する目標に従った将来の展開やさらなる実験を指導するために用いられる。EES の「開かれた調整の方法」の特徴は，それが手続志向のものである，というところにある。

このような EES は，憲法の枠組みに明確には組み込まれてはいない，という事実にもかかわらず，憲法の観点から考察され，分析されてきた。この点でのEES のユニークな特徴は，EES が，事後的に（ex post）その遵守をモニターする，伝統的な人権の「違反アプローチ（violation approach）」を採らず，その代わりに，事前に（ex ante）雇用政策の形成に影響を及ぼそうとする，というところにある。それ故，EES は，政策形成に当たり，諸人権の概念の融

---
(25) G.Mundlak, supra note 20, p.211.
(26) G.Mundlak, supra note 20, p.205.

合を創出する他の方法について考察しながら，革新的な挑戦を提案するのである。そして，その実体的な指針（substantive guidelines）は，プロセス自体から引き出される[27]。

そして，Mundlak は，以上のような労働権についての雇用政策論的アプローチが提起する，開かれた討議を基盤とする手続的に構成される労働権の側面の重要性を承認しながらも，前述の国連の社会権委員会が社会権規約の第6条に規定されている労働権に関して検討した「概説18号」を参照しながら[28]，人権論的アプローチからの次のような議論を展開する。

概説18号では，社会権規約の批准国は，国内法体系の中で労働権を承認し，労働権に基づく国家政策とその実現のための国家計画を採用することを義務づけられること，および，労働権は，経済成長・発展を刺激し，生活水準を引き上げ，労働力の需要に応じ，失業と過少雇用を克服する目的で雇用政策を国家が策定し実行するよう要求することが，述べられている（para.26）。概説18号は，労働権について実行可能な法理を構築し，それと同時に，各国にその政治経済に労働権を適合させるための広範な裁量の余地を認めるようとする。そのため，概説18号は，労働権を対抗する雇用政策の領域から高めて，人権としてのその無比の地位を保障しうるものであるかもしれないが，それは，労働市場政策の「経済化（economization）」を矯正する上での労働権の指導的役割を犠牲にしながらのものとなっている。とはいえ，概説18号は，何とか雇用政策への指針となるものを提供すべく，国家の行動計画，数字目標，指標，および労働権の遵守をモニターし保障するための手段を案出するよう批准国にもとめ，また，使用者や労働組合等の社会の構成員にも，そうした役割を果たすよう求めている。それらのことは，労働権の基底に存する積極的な価値に従った雇用政策の漸進的な実現のための指針となっている。

このような理解の下に，Mundlak は，雇用政策論的アプローチと人権論的アプローチとを補完的関係にあるものとして，労働権の手続的審査（procedural review of the right to work）論を提起する[29]。それは，指導規範としてのすべ

---

(27) G.Mundlak, supra note 20, pp.205-206.
(28) G.Mundlak, supra note 20, pp.204-205.「概説18号」については，有田・前掲注(7)（2011年）39-40頁および42頁も参照。
(29) G.Mundlak, supra note 20, pp.206-211.

ての人へ「品位のある(ディーセントな)」労働の承認を唯一の支えとする手続的な司法審査論である。

　労働権が人権であり，憲法上の基本権である限りは，労働権についてその違反に対する司法審査がなされうるものでなければならないが，これまでの議論において検討してきたところから明らかなように，労働権は，雇用政策の展開を通じてその実現を図らねばならないという性格を有するものでもあるから，雇用政策論的アプローチが提起する，開かれた討議を基盤とする手続的に構成される側面を有する。そこで，労働権についての司法審査は，労働権の人権論的アプローチと雇用政策的アプローチの補完的関係を前提として，手続的な構成をもつものとして考えられなければならない，ということになるのである。

　まず，国家がエスニック・マイノリティには公共職業紹介サービスを利用させないといったような，「容易に分かる事案(easy case)」あるいは労働権の核心的な部分の違反については，従来型の司法審査，すなわち，前述の伝統的な人権の「違反アプローチ」によるべきものとなる。しかし，そうした「容易に分かる事案」とはいえない場合には，次に，手続的なアプローチによる審査の手法がとられるべきものとなる。この場合，裁判所は，①適切な価値が，政策の準備過程において考慮され，比較考慮されたか，②政策は，それらの価値と調和するように合理的に策定されたか，という点を審査するのである。Mundlakのこのような手続的審査論は，他の事情が同じならば(ceteris paribus)，労働権におけるすべての人への「品位のある(ディーセントな)」労働の保障というより高次の規範によって指導された雇用政策の形成は，法的手段以外のものによって最もよく促進される，という認識によっている。

　このような労働権の手続的審査論によって，Mundlakは，司法審査のあり方についての再考を裁判所に促すことを主たる目的としているというよりは，むしろ，こうした司法審査のあり方が，雇用政策および規制が複合的な配分的要素を有するものであることを前提として，雇用政策の形成を民主的で，開かれた，合理的かつ探求的なプロセスへともっていく，という戦略に主眼を置いているように思われる。Mundlakの労働権論における労働権の手続的審査論は，品位ある労働(ディーセント・ワーク)を実体的基準に据えた，労働権の手続的(プロセスに基礎を置く)審査論であり，労働市場政策・雇用政策が大きな部分を占める労働権に関しての司法審査を可能にする新たな法論理を提供

するものとして，わが国における司法審査のあり方にも示唆するところがある。しかしながら，そのより重要な示唆は，「品位ある労働（ディーセント・ワーク）」を支えとして，関係当事者による，開かれた，熟慮，討議による雇用政策・労働市場政策の形成と制度化と，それにより生じた問題の検証プロセスということを繰り返すことにより，労働権の実現が図られる，という自省的法のアプローチ[30]の重要性を指摘するところにあるといえよう[31]。

以上のような Mundlak が指摘する労働権の手続的側面は，また，ディーセント・ワークといえるための条件のひとつとされる社会的対話の保障という観点からも，その重要性を指摘しうる。さらに，それは，つぎのような capability for voice という手続的権利が，労働権の規範内容として含まれることを意味するものとなる。というのも，社会的対話には，これより下位のレベルにおけるものも含まれるものである，と考える。これには，様々なレベルでの団体交渉が含まれるものであるし，また，個人のレベルで協議等を行うことも含まれるのである。すなわち，労働者・就労の意思を有する者が，発言し，要求し，協議し，交渉できる能力・権限・権利としての capability for voice として，労働権の規範内容に含まれているものと考えるのである[32]。これによって，労働者・就労の意思を有する者の交渉による労働条件・就労条件の向上が図られることになる。さらに，それにより，労働者・就労の意思を有する者の雇用機

---

(30) 「自省的法」とは，法が社会の現実により適合的であるために外部世界を法的に構成し直したモデルを法システム内に作り，その外部世界モデルに照らして新たな法規整を作り出すというもので，もしこの新しい法規整がうまく機能しない場合には，外部世界の法的モデルを修正し，またそれに基づいて法規整も修正して行く，というものである。山口聡「社会発展と現代法の自律性」法社会学44号（1992年）244頁，石田信平「イギリス労働法の新たな動向を支える基礎理論と概念」イギリス労働法研究会編『イギリス労働法の新展開』（成文堂，2009年）38-40頁等を参照。

(31) わが国においても，労働法規制の一般モデルとして，「手続的規制モデル」の重要性を指摘するものとして，水町勇一郎「労働法改革の基本理念」水町勇一郎・連合総研編『労働法改革　参加による公正・効率社会の実現』（日本経済新聞出版社，2010年）31-34頁。

(32) センの潜在能力アプローチから，Deakin と Koukiadaki は，capability for voice を「自己の意見や考えを表明し，それを公的な議論（public discussion）の過程で考慮させる能力」と理解している。S.Deakin and A.Koukiadaki, 'Capability Theory, Employee Voice, and Corporate Restructuring: Evidence from U.K. Case Studies' 33 COMP. LAB. L. & POL'Y J. (2012) 427, p.434.

会・就労機会の創出政策への参加が図られ，再構成された労働権の実現に関し，その権利者によるモニタリングが可能となる。そして，capabilities for voice の保障は，ディーセント・ワークでない就労を強制されない権利，労働の自由の確保のためにも，必要とされるものである。それは，制度設計のレベルから，個々人の失業給付等の所得保障の給付を受けるレベルにおけるまでにおいて，必要とされるのである。

(2) **労働権が規範的に承認する基本的ニーズとしての「就労価値」**[33]

(a) 状 況 認 識

労働権が承認し，保障しようとする基本的ニーズは，今日における社会経済状況のなかで，いかなるものと理解すべきであろうか。この問題については，次のような状況認識から検討すべきであろうと考える。

第1に，労働者の生存を脅かし，人格を破壊するような劣悪な就労環境が社会問題となっている。例えば，多様なハラスメント，ワーキング・プアなどの問題である。これは，「就労価値（働くことの価値）」が毀損されているという問題といえよう。第2に，追い出し部屋などによる退職強要の問題などにみられる，価値ある「就労（働くこと）」からの排除の問題である[34]。第3に，「就労価値」に関わる新たな立法動向がみられる。比較的近い年のものを挙げれば，2013年の障害者雇用促進法の改正は，障害者への差別禁止と合理的配慮を事業主に義務づける規定を設け（2016年4月1日施行），また，同年制定の生活困窮者自立支援法は，生活困窮者就労準備支援事業についての規定を置いている。これらの法律は，その内容に問題点を有するものではあるが[35]，「就労価値」，すなわち働くこと自体の価値を認める立法であると評し得よう[36]。このよ

---

(33) 有田・前掲注(7)(2014年)も参照。
(34) こうした状況については，朝日新聞経済部『限界にっぽん 悲鳴をあげる雇用と経済』（岩波書店，2014年）等を参照。
(35) 有田・前掲注(7)(2014年)39-40頁，中村和雄「生活困窮者自立支援法案における『中間的就労』の問題点」季刊労働法242号（2013年）93頁以下，上田真理「ワークフェアの社会法学的検討」法律時報86巻4号（2013年）38頁，40-42頁，舟木浩「生活困窮者自立支援法の意義と問題点」自由と正義65巻5号（2014年）26頁，29頁等を参照。
(36) 笠木映里「『福祉的』性格を有する労働：フランスの『援助付契約』をめぐる議論と最近の動向」法政研究80巻4号（2014年）465頁，467頁は，「生活困窮者の中間的

に，ひとびとの働くこと・就労の価値の意義を問いかけるような状況がみられる。

(b) 就労価値をめぐる基礎理論

そうしたなかで，就労価値をめぐって，次のような基礎理論的な議論が展開されている。第1は，哲学的基礎理論である。働くことの価値をめぐり，哲学者の大庭健は，次のような議論を展開する[37]。大庭によれば，われわれが「生きるためには働かざるをえない」という必要性は，「働かないと食べていけない」という事実によるものではあるが，しかし，この必要性は，人間として，互いに存在を肯定しあって生きていくための規範的な要件でもあるという。われわれは，対他存在としての人間であるから，"誰もが必要とするもの・必要としうるもの"を提供しているという，自分の社会的な役割の承認なくして生きることはできないのである。そのつど"他者に対して——何ものかとして——ある"そうした対他存在としての自分の存在を，自ら肯定できるということが，われわれが生きていく上で必要なのである。そうであれば，働きたくても働けない，あるいは劣悪な条件で働くことを強いられる，ということは，そうした人生／いのちの肯定の基盤が脅かされることに他ならない。現代におけるそうした問題状況において，政府の役割は，そのような人生／いのちの肯定の基盤が脅かされることにならないような施策を講ずることである。

こうした大庭の議論の組み立ては，ひとびとが失業したときに感じるつらさについて考えるならば，それが非常に説得力のあるものであると理解し得よう[38]。働くことは，「人間としての社会的な存在の承認」に関わるものなのである[39]。

就労をめぐる最近の議論は，従来基本的には障害者の福祉・雇用政策の問題として論じられてきた福祉的就労について，労働者一般についての，「福祉的な性格を有する」就労・労働というより広い観点から議論をし，福祉と労働の間にあるより広い活動についての一般論を構築する契機を提示しているように思われるのである。」と述べて，本稿と同じくこうした立法の意義を認めている。

(37) 大庭健『いま，働くということ』（筑摩書房，2008年）108-109頁，255-256頁。
(38) 阿部彩『弱者の居場所がない社会』（講談社，2011年）110頁も，働くことは社会から「承認」されることであるから，失業はそうした承認の機会を奪われた状態であるとの理解をしている。
(39) 大庭・前掲注(37)105頁。

第1章　労働契約・就業規則論の再生を目指して

　このような働くことの価値についての理解は，精神医学の分野からも示されている。精神科医の斎藤環は，就労の意義は「食べていくため」にあるだけではなく，「他者から承認されるため」にもあるのであって，そうした就労を通じた他者からの承認によって，人は「実存の不安」を解消することができるが，それは，就労を通じての社会参加は，それがうまくいっている間は，個人の自尊心を安定させ，自己愛システムの作動に寄与するためである，という考え方を示している[40]。

　就労（働くこと）の価値が「人間としての社会的な存在の承認」にあるとの認識は，就労価値の規範的な把握にとって，その基盤とすべきものといえよう。

　第2は，就労の多面性についての議論である。経済学者の杉村芳美は，ハンナ・アレントの3つの活動力（activity）の区別を参照する。アレントは，人間の活動力を，①「労働（labor）」＝人間の生物学的過程，生命の維持に対応する「労苦」，②「仕事（work）」＝人間存在の非自然性に対応し人工的世界を作り出す「制作」，そして，③「活動（action）」＝人間の多数性に対応し，人と人との間で行われる言語活動である「実践」の3つに区分する[41]。アレントのいう人間の「活動力」とは，人間を条件づけるさまざまの条件に人間が対処するための能力であり，アレントが，労働，仕事，活動という3つの活動力を最も基本的な活動力として選び出したのは，この三者がそれぞれ，生命それ自体，世界性（人間存在の非自然性），複雑性（地球上に生き，世界に住むのが一人の人間ではなく複数の人間であるという事実）という根本的な人間の条件に対応しているからである，とされている[42]。

　さて，杉村によれば，このようなアレントの区分は，今日の現実の労働（就労）のもつ多面性を表すものとされる。人間の労働は，アレントのいう，仕事

---

[40]　斎藤環『「社会的うつ病」の治し方──人間関係をどう見直すか』（新潮社，2011年）199-200頁。ここで齋藤が言う「自己愛システム」とは，人は自己愛なしでは生きられず，自己愛が適切な成長を遂げるためには，他者（自己-対象）とのかかわりが欠かせないこと，自己愛は，人間が発達していく上で欠かせないエネルギーの源であり，人が人の形を保つうえでも欠くことができないものであること，そうした理解のうえに，自己愛を一つのシステムとして考える，ということを意味している（同書131-132頁）。
[41]　ハンナ・アレント（志水速雄訳）『人間の条件』（筑摩書房，1994年，初訳1973年（中央公論社））19-20頁。
[42]　川崎修『現代思想の冒険者たち第17巻　アレント』（講談社，1998年）272頁。

（制作）としての性格も，活動（実践）としての意味も，そして当然のことながら，労苦の性格も併せもっている[43]。それは，多元的な意味空間を労働がもっていることを意味しよう。このような労働（就労）の多面性の認識は，前述のような今日における就労価値の意義を問いかける問題状況を思い起こすならば，「就労価値」の規範論への接合に際して踏まえておくべき視点であるといえよう[44]。

加えて，ここで，活動（実践）の側面の重要性について，精神科医の斎藤が指摘しているところに留意すべきである。斎藤は，アレントの前述の議論を踏まえて，「活動」は，他者との相互人格的なコミュニケーション，人間関係の網の目を通じて始めることがその本質とされ，それが言論を通じて他者の中に自分を現していく行為であり，同時に「世界」に意味を与えていく行為であるとされることから，その限りにおいて，自己愛システムを成熟させる契機となるとして，「社会的うつ病」に罹患した人の社会復帰に寄与するものと評価している[45]。

(c) 就労価値の複合的構造

以上にみてきた「就労（働くこと）」の価値をめぐる基礎理論から，就労を通じた自己の社会的役割の社会による承認によって，対他存在としての自分の

---

(43) 杉村芳美「人間にとって労働とは」橘木俊詔編著『叢書・働くということ①働くことの意味』（ミネルヴァ書房，2009年）52頁。

(44) 高橋祐吉「働く・働けない・働かない」町田俊彦編著『雇用と生活の転換』（2014年専修大学出版局）97頁は，次のように述べて，労働（就労）のもつ別の多面性を指摘する。「すべての労働がやむを得ず働くだけの労働なのかと問うてみるならば，それだけにつきるものではないという現実にも突き当たる。比較的安定した雇用関係があり，そこに人々の人間関係が成立し，そこそこの労働条件の下で，少しは幅や深みのある仕事内容であるならば，人々は労働を通して，人と人とや人と社会のつながりを持つことが可能であるし，さらには，『働く』ことを通してやりがいや達成感を感じることもできるであろう。濃淡や深浅の差は大きかったとしても，それが働く人々が抱いている現実の感覚であり，そしてまたささやかな希望でもある。難しく言えば，『働く』ことによって社会的承認を獲得するとともに自己実現を図っているのであり，労働が内包するこうした側面を否定しきるわけにはいかないであろう。そうなると，『働く』ことは，収入を得るための『手段』でもあり，社会的承認を受けるための『契機』でもあり，自己実現のための『領域』でもあるということになる。『働く』ことは，上記のような3つの側面をあわせ持った多面的な人間の行為として存在しているようにも思われる。」

(45) 斎藤・前掲注(40)200-203頁。

第1章　労働契約・就業規則論の再生を目指して

存在を自ら肯定できることが，そうした人間にとって，人生／いのちの肯定の基盤となっていることを，われわれは確認することができた。換言すれば，就労価値は，経済的価値を超える人の生存そのもの（そして実存）に関わるものということができよう。今日，そうした就労を通じた，人生／いのちの肯定の基盤を形成することが，規範的に要請されるものであるといえよう。

今日における労働権は，その規範内容にそうした就労価値を実現することを含むものと解すべきである。では，そのような就労価値を実現することを労働権の規範内容とするとき，次のような就労価値の複合的構造についても確認しておく必要があろう。就労価値には，①人格的価値の側面，②経済的価値の側面，③社会的価値の側面といったものが，複合的に存しているものと考えられる。

ここで，①の人格的価値の側面とは，前述の就労価値をめぐる哲学的基礎理論において確認したところのものである。②の経済的価値の側面には，個人が就労によって所得を得ることという意味での個人にとっての経済的価値と，就労によって社会に富が生み出されることや，それを通じた税収・社会保障財源の確保・増大といった社会にとっての経済的価値の2つの側面が含まれる。そして，③の社会的価値とは，社会において就労が持つ価値のことであり，就労を通じて個人が社会に包摂されること（「社会的包摂（social inclusion）」）によって，社会の安定が図られることを意味する[46]。

このように，就労価値は，個々人の就労ごとにそれぞれの側面に濃淡の差はあるものの，上記の3つの価値が融合したものとして把握されるべき性格のものと考えられる。すなわち，就労価値は，経済的価値のみに帰するものではないということである。このことは，労働市場の中での雇用労働における就労に限らず，例えば，障害者の福祉的就労においても，その就労価値が実現されるものとされなければならない，ということを意味している。それは，就労価値

---

(46) この点に関わって，次のような指摘も参考となる。「人間関係のつながりや社会生活と，モチベーション，就労のあいだには，フィードバック・ループ（フィードバックが結果を増強すること）が観察できる。いずれかの要素がポジティブな状態にあるときには，他の要素もよりポジティブになる。逆に，いずれかがネガティブなときには，他の要素もよりネガティブな方向へ向いてしまう。」工藤啓・西田亮介『無業社会』（朝日新聞出版，2014年）24頁。

が就労を通じた人としての存在の承認を意味するものであることからすれば，当然の認識であるといえよう。さらに，③の社会的価値の側面において言及した社会的包摂は，①の人格的価値の側面および②の経済的価値の側面にとっても，その実現のために求められるものである，ということに留意すべきである。その意味で，就労価値の実現のためには，社会的包摂（社会的排除の状態に陥ることにならないこと）を図ることが，規範的に要請されるものであるといえよう[47]。今日における労働権は，こうした就労価値を基本的ニーズとして承認し，その実現を規範内容としているのである。

(3) 労働権と自由，capabilities for voice

さて，基本的ニーズとして承認され，その実現を図るべきことが労働権の規範内容とされる就労価値は，上述のような複合的構造をもつものと解されるのであるが，それらの中で，②の経済的価値の側面と③の社会的価値の側面については，次のような問題を考えなければならない。

就労価値のこれらの側面は，いわゆるワークフェア（workfare）の法政策の不適切な拡大をもたらしかねない。例えば，失業中の所得保障の給付（求職者給付等）では，失業者がそれを受けることと教育訓練を含め求職活動を行うこととがリンクさせられているが，そこでの求職活動のモニタリングが過度になされると，受給者は就労（再就職）へと追い立てられることとなる。このような求職活動の過度のモニタリングは，失業者にともかく条件の悪い就職先への就職をも受け入れざるを得なくすることから，再び失業するまでの期間が短くなるという弊害のあることも知られている[48]。また，社会的包摂を図るための就労支援が，ともかく仕事があればよいというようなものであれば，それは社会への「中途半端な接合」をただ再生産する結果となる，という問題の指摘もみられる[49]。

こうした問題については，アマルティア・センの潜在能力アプローチ（capability

---

(47) 労働法の規制理念としての社会的包摂の重要性を指摘するものとして，高橋賢司「労働法学における新たな法思想『社会的包摂』の可能性」山田省三＝石井保雄編『労働者人格権の研究 上』（信山社，2011 年）25 頁以下。
(48) 矢野昌浩「労働市場への社会的包摂とディーセント・ワーク」法律時報85巻3号（2013年）4頁，7頁。
(49) 岩田正美『社会的排除』（有斐閣，2008 年）173-174 頁。

approach）における就労価値をめぐる議論が示唆に富む。センは，ひとびとの自由を拡大するような社会的支援は，個人的責任と親和的である，という。というのも，ひとは，実質的な自由となにかを為す潜在能力なくして，自分が為すことに対する責任をもちえないからである。実質的自由と実際になにかを為す潜在能力をもつならば，人は為すか為すまいかを考える（普遍的な）責務をもつことになるのである。この意味で自由は責任に対して必要かつ十分の関係にあるといえるだろう，と(50)。このセンの指摘は，就労に関わる社会的支援が，就労についての自由の尊重の上になされなければならないこと，労働・就労は強制されるものではないことを，改めてわれわれに認識させる。労働権の規範内容の中にある労働の自由の側面の重要性について，再確認すべきであろう。

　また，前述した，労働権の規範内容に含まれていると解される，労働者・就労の意思を有する者が，発言し，要求し，協議し，交渉できる能力・権限・権利としてのcapability for voiceの重要性についても，ここで再確認すべきであろう。労働権の規範内容であるcapability for voiceは，労働の自由の確保のためにも重要であるが，労働の自由とともに，労働権が就労価値の実願を図るに際して，その方法が労働・就労の強制へとつながることにならないようにするために，重要な意義を有しているものといえよう。

　労働・就労を通じた社会的包摂を真に図るためには，様々な決定への参加が保障されていることを要するものと考えられるが(51)，労働者・就労の意思を有する者が，発言し，要求し，協議し，交渉できる能力・権限・権利としてのcapability for voiceは，そうした参加を保障するために重要なものといえよう。例えば，生活困窮者自立支援法に基づく生活困窮者就労準備支援事業による「中間的就労」やそれに類する就労に就く場合，そこでは個々人の状況に応じた個別的支援となり，ケース・マネジメントのようなことが重要となることを考えれば，そうした個別的支援の内容がディーセント・ワークの観点から適正なものとなるようにするためにも，capability for voiceは，不可欠のものと考

---

(50)　A.Sen, Development as freedom, 1999, p.284. 鈴村興太郎・後藤玲子『アマルティア・セン——経済学と倫理学——改装新版』（実務教育出版，2002年）286頁。

(51)　岩田・前掲注(49)174頁，177頁は，こうした参加の重要性を指摘する。

えられる(52)。

(4) 労働権と生存権

前述のように、生存権は、再構成されたものとして労働権の基底に存し、これを支えるものとなる、と解される。それでは、労働権の再構成に当たっての前提となるものとしての生存権の捉え直し、その再構成は、どのようなものとなるのであろうか。

従来、生存権は、主として国民（住民）の経済的側面から捉えられ、経済的権利であるとの理解が一般的であったように思われる(53)。この点について、それは、わが国生存権論の思想的系譜からする当然の帰結であったが、同時に、論議展開の場となった戦後社会の現実に規定されたものでもあった、という指摘もみられる(54)。

しかしながら、前述のように、就労を通じた自己の社会的役割の社会による承認によって、対他存在としての自分の存在を自ら肯定できることが、そうした人間にとって、人生／いのちの肯定の基盤となっているとの理解に立って生存権について再考するならば、生存権は、もはや経済的権利としてのみ性格づけられるべきものではなく、人びとの自由の拡大を支援する就労に対する権利としての性格をも併せもつものと理解すべきものとなろう(55)。すなわち、今

---

(52) 個々人の状況に応じた個別的な支援については、湯浅誠「雇用保険でも生活保護でもない第2のセーフティネットと伴走型支援」宮本みち子＝小杉礼子編『二極化する若者と自立支援』（明石書店、2011年）171頁以下、筒井美紀ほか編著『就労支援を問い直す』（勁草書房、2014年）等を参照。

(53) 菊池馨実「貧困・差別問題と憲法学」戒能通厚ほか編『法創造の比較法学』（日本評論社、2010年）147頁は、同旨の理解を示すものであろうか。

(54) 菊池高志「わが国における生存権の展開」深山喜一郎ほか編『荒木誠之先生還暦祝賀論文集　現代の生存権』（法律文化社、1986年）276頁。

(55) 菊池高志・前掲注(54)279頁は、1980年代半ばにおいて、「人間としての充実した生が、社会的存在として生きることのうちにあるとすれば、保障さるべきものは、人々が社会的存在として活動的に生きることである。労働こそが人々の社会的自立の基盤をなす、といわれるとき、それは、たんに経済的生存条件をなすものではなく、この社会的存在として活動的に生きるための条件と捉えられているといえよう。……してみると、こんにちの生存権の課題は、たんに経済的生存から、生理的生存へまで視野を広げることにあるのではない。このような社会的存在として活動的に生きることこそが生存権の課題となる。これをかりに、社会的生存と呼ぶならば、経済的生存も生理的生存も、こ

第1章 労働契約・就業規則論の再生を目指して

日における生存権には，就労機会の保障を通じた人としての存在の承認を求める権利が内包されている，と理解すべきなのである[56]。

このように生存権の性格とその規範的内容を理解するならば，生存権は，「社会的包摂」の側面をその内容に含むものとして把握されるべきものとなろう[57]。ここにおいて，生存権は労働権との接合を図られうるものとなるのである。生存権は，そのようなものとして，労働権の基底に存し，それを支えるものであるといえよう[58]。労働権との関わりにおいては，生存権は，このように再構成されるべきなのである。

そうすると，労働権の基底に含まれる再構成された生存権の自由の側面からは，ワークフェアの法政策は，適正なものとなるように抑制されるべきでものとなろう。また，労働権と所得保障の権利は補完関係にあるものと考えるべきであるから，生存権に基づく所得保障の権利の実現方法，すなわち，そのための制度の設計の仕方は，労働権の規範的に要求するところのディーセント・ワークの保障により担保された労働の自由の実現という法政策と整合的なものとなるべきである[59]。

の社会的生存に寄与し，その構成要素をなすものと言うことができる。」と指摘していた。この指摘は，本稿の問題意識と共通するものである。

(56) 菊池馨実「貧困と生活保障」日本労働法学会誌122号（2013年）109頁，117頁も，「雇用に就けない労働者に生活を保障すべき国の政策義務は，一義的には憲法27条1項に求められるとしても，長期失業者への多層的な支援や，生活保護受給者に対する就労支援といった近時の動向に鑑みると，金銭給付にとどまらない福祉的支援をも含んだ生活支援の憲法上の根拠は，憲法25条にも重畳的に求めうる。」と述べて，生存権が経済的権利にとどまらない性格をもつものとの認識を示している。

(57) 菊池馨実・前掲注(53)147頁は，最近では，いわゆる「社会的包摂」に関わる側面まで「健康で文化的な最低限度の生活」の規範的内容に含まれるか否かが問題となりつつあると指摘する。

(58) 本稿のような生存権の捉え直しのうえでの労働権との接合という考え方とは異なるが，丸谷浩介「長期失業者に対する雇用政策と社会保障法」日本社会保障法学会編『新・講座 社会保障法 第3巻』（法律文化社，2012年）269頁は，長期失業者に対する労働権保障と生存権保障それぞれに立脚する法体系を構築するのではなく，両者の重畳領域としての法体系を再構築する必要性に迫られている，という問題意識を示す。

(59) 有田・前掲注(7)(2013年)15頁。なお，この点，矢野昌浩「半失業と労働法」根本到ほか編『労働法と現代法の理論 西谷敏先生古稀記念論集 上』（日本評論社，2013年）153頁以下は，ディーセントな労働への権利とディーセントな労働へ移行するためのディーセントな失業への（十分な失業時保障を受けられる）権利とを一対として

(5) 労働権の権利主体と責任主体

(a) 権利主体

以上のように再構成された労働権の権利主体は、どのようなものとなろうか。それは、労働者（個別的労働関係における労働者と集団的労働関係における労働者の両者）に限らず、広く就労の意思を有する者とすべきであろう。わが国の憲法27条1項が、すべての国民に対し労働権を保障することを定めていることからしても、このように解すべきであろうし、また、雇用労働関係を前提としない、福祉的就労においても、前述のように再構成した生存権が労働権の基底に存することを考えれば、広く就労の意思を有する者が労働権の権利主体とされるべきこととなろう[60]。

ここで「就労の意思を有する者」というとき、そこでは、就労に関し自由な意思の存在、換言すれば、「強制」の排除が図られていることが、その前提条件とされている。前述のセンの潜在能力アプローチの議論における自由と責任の関係に関して確認されたところを想起すれば、そうした認識の妥当性を理解し得よう。このような理解によれば、労働の義務（憲法27条1項）は、労働の自由を前提としたものと解されるのである[61]。労働の意思、その自由な意思が最大限尊重されること、それこそが規範的に要求されるのである。

ただ、強制と誘導との間の線引きは容易なことではないが、強制にならない形で、就労の価値を認識させ、そこへ誘導するような施策は、むしろ労働権の規範的に要請するところといえよう。それは、長期間の失業や無業を経験してきた者の中には就労の意欲を失ってしまう者が多く、自らの意思のみではその

保障することを主張する。そして、そのために、企業の雇用・労働条件保障責任を前提としつつ、国が利用可能な資源を最大限に用いながら、代替的保護を含めた労働権保障を漸進的に実現することが重要であり、憲法の中で社会権の一つとして労働権を保障したということは、そのような社会を目指したものとして理解すべきとする。

(60) 菊池馨実・前掲注(56)118頁は、「労働権の保障は、本来的に、労働者や失業者のみならず貧困者・生活困窮者にまで射程が及ぶということである。そうした広い意味での労働権保障の議論を展開することがいま求められている。」と述べて、労働権の権利主体の広がりについての認識を示している。

(61) なお、菊池馨実・前掲注(53)149頁は、「憲法上、少なくとも抽象的な意味では生存権保障の前提として国民に勤労の義務が課されているといわざるを得ないのではないか。」と指摘する。

ような状態を改善できないことはよく知られていることから[62]、「就労の意思を有する者」には一時的に（期間の長短を問わない）就労意欲を失ってしまっている者も含まれるものと解すべきで、就労支援が必要とされるのはまさにそうした人々である、と考えられることによる。

(b) 責任の主体と内容

労働権（言うまでもなく再構成されたものである）の保障の法的責任を課される主体が、国家（地方公共団体を含む）であることには誰も異論はあるまい。国家が、第一次的に、労働権の責任主体となる。前述のように、労働権は、就労価値を実現することをその規範内容とするものであるから、国家は、労働・就労を希望する者に、ディーセント・ワークとなる労働・就労の場を保障すべく、立法政策を展開すべき責務を負う。それには、就労を希望するが、雇用労働には就き得ない者に対する就労の場（中間的就労など）が、ディーセントな形で確保されるように、立法的な措置を講ずることも含まれる。

また、国家は、労働権の実現へ向けた立法政策を行う責務を果たすことになるが、就労が雇用による場合には、雇用の一方の当事者となる使用者に対し法律によって一定の義務を課すことで、自らの責務を果たすことも多い。そもそも、雇用を通じた就労においては、使用者の存在を抜きには、その実現を図ることはできないことから、使用者は、第二次的に、労働権の責任主体と解されることになる。このことが、労働権が基本的ニーズとして承認し、その規範内容とする就労価値の実現のため、国家をして、使用者に対し、法律によって一定の義務を課すことを、根拠づけるものとなるのである。

国家は、労働権がその規範内容とするディーセント・ワークを保障するため、労働条件の最低基準を定める法律や、労働契約に関するルールを定める法律を制定し、使用者に様々な義務を課す。例えば、解雇の法規制である（わが国では労契法16条）。これは、労働権が規範的に要請する、ディーセント・ワーク、安定した雇用の確保を、使用者の行う解雇を法規制することにより実現しようとするものである。企業の事業再編・再構築の際における労働契約の承継を義務づける立法（わが国では労働契約承継法）や[63]、前述の労働権の規範構造に

---

(62) 丸谷・前掲注(58)270頁、工藤・西田・前掲注(46)等を参照。
(63) 毛塚勝利編『事業再構築における労働法の役割』（中央経済社、2013年）を参照。

関する Harvey の議論にみられた，障害者へのディーセント・ワークの保障のために，使用者に合理的措置・配慮を義務づけ，障害(者)を理由とする差別を禁止する立法（わが国では改正障害者促進法）も[64]，そうした例として挙げることができる。使用者に合理的措置・配慮を義務づけ，障害(者)を理由とする差別を禁止する立法は，前述の Harvey の議論でも指摘されていたように，労働市場に個人が合わせていくのではなく，労働市場の有り様（雇用慣行）を個人の状況に適合するように労働市場の構造そのものを変えていくべきであるとするものである[65]。そうした立法が拡大していけば，人々へのディーセント・ワークの保障はより一層進むこととなろう。さらに，あらゆる形態の労働がディーセント・ワークとなるようにすべく，正規雇用労働と非正規雇用労働との間の労働条件の格差を是正する法規制（わが国では労契法20条，改正パート法8条〜10条，派遣法30条の2）も，労働権の規範的要請によるものと理解すべきものである[66]。

上述のように，使用者は，法律によって直接的に課される義務を負うことになるが，それのみならず，労働契約上の信義則を介して，労働権の規範的に承認する基本的ニーズである就労価値の実現に協力すべき労働契約上の義務を負うものと考えられる[67]。それは，使用者の就労利益確保義務（これは同時に，

---

(64) 永野仁美「障害者雇用政策の動向と課題」労研646号（2013年），長谷川珠子「障害者雇用促進法における『障害者差別』と『合理的配慮』」季労243号（2013年）等を参照。

(65) S.Deakin, 'Capacitas and the Market' in S.Deakin & A.Supiot eds., Capacitas (2009, Hart Publishing), pp.27-29, 矢野・前掲注(59)165頁も参照。

(66) こうした考え方については，有田謙司「有期契約労働と派遣労働の法政策」学会誌労働法121号（2013年）14頁を参照。また，毛塚勝利「非正規労働の均等処遇問題への法理論的接近方法」労研636号（2013年），沼田雅之「有期労働契約法制と均等・均衡処遇」学会誌労働法121号（2013年）等も参照。

(67) このような憲法規範に由来する労働契約上の義務の創出という考え方については，唐津博「労働契約試論」労旬1798号（2013年）27頁以下を参照。なお，毛塚勝利教授は，労働権は，職業的能力を開発・維持・発現していく権利を中核としてより具体的に理解される必要があるとの観点から，国家に対する公法的権利としては，自己の職業能力にあった職業の紹介を求める適職請求権，職業能力を有しながら適職に就けないとき生活支援を受ける生活扶助請求権，自己の職業能力を開発維持するための機会を得られる職業教育享受権と構成され，労働権に関わる使用者の付随義務は，職業能力を適正に評価すべき「職業能力の適正評価義務」および職業能力の形成・維持・発現に関する利

第 1 章　労働契約・就業規則論の再生を目指して

不法行為における注意義務でもある）と構成しうるであろう。この義務は，労働者の就労価値を損なうような使用者による指揮命令権・業務命令権の行使の仕方に対し，これを労働契約において内在的に制約するものと考えられる。労働者は，使用者がこの義務に違反して労働者の就労価値を損なうような指揮命令権・業務命令権の行使をしないように求めうるか，すなわち，その履行請求の可否については，検討を要する問題であろう。とはいえ，少なくとも，就労利益はそれ自体が保護法益と解されることになるので[68]，使用者がこの義務に反したことによって労働者の「就労」の利益が侵害された場合には，これを賃金支払いによっては是正（回復）されない労働者の利益についての損害として，賃金とは別途の慰謝料請求を可能とするものと解される。

　また，この使用者の就労利益確保義務は，その中に capabilities for voice の確保義務・就労利益に関わる協議義務を含むものと考える。それは，前述の労働・就労の多面性における活動の側面の観点から，就労を価値あるものとするため，また，労働者の就労価値に対する利益の確保の前提条件となるものとして，就労利益確保義務の中に含まれるものと考える。そのように考えれば，例えば，就労を通じた労働者のキャリア形成の利益の実現を図ることにも寄与し得よう。それは，労働者の就労利益を消極的に確保するのみならず，積極的に確保することを可能とするものであるといえよう。

　さて，ここで，労働権の責任主体である国家と使用者の関係に関わる問題として，次のような事案を考えてみよう[69]。重度の身体の障害により排泄の介助が必要な障害者が，ある事業主に雇用されることを望んでいる。この労働者を雇い入れるためには，排泄の介助を行う必要があるが，この介助は専門性を有する性格のものであることから，専門の介助者による介助のサービスを受けなければならない。この場合，改正障害者雇用促進法による合理的配慮として，

　　益を配慮すべき「職業能力の尊重配慮義務」（職能開発協力義務，適正配置義務，就労請求権）を中心に構成され，合理的理由のない解雇を後者の義務違反として理解されるべきとする（毛塚勝利ほか編『アクチュアル労働法』（法律文化社，2014 年）（毛塚勝利）16-17 頁）。
(68)　キャリアに対する利益（キャリア権）は，就労利益のなかのひとつと位置づけられよう。
(69)　この事案のような問題のあることについては，河野正輝教授（熊本学園大学）からご教示いただいた。ここで改めて感謝申し上げる。

事業主に対して介助の提供を求め得ることになるのだろうか。それとも，このような介助は，障害者総合支援法に基づく公的なサービスとして提供されるべきものであろうか。

厚労省告示 523 号では，就労中の介助サービスは同法の対象に含められていない。それでは，使用者の合理的配慮においてカバーされることとなるのであろうか。おそらく，介助者を事業主が雇用することは，過度の負担になるものとして合理的配慮の対象外ということになる可能性が高いであろう。こうしたことを考えると，公的なサービスとして，介助者による介助サービスの提供は国家の責任によってなされるべきで，使用者は，前述の労働契約上の労働権の実現に協力すべき義務によって，その介助者の事業所内への受け入れを義務づけられる，というように考えるべきことになろう。この意味で，前述のような厚労省告示に基づく障害者総合支援法の運用は改められるべきであろう。

このように，責任主体としての国家と使用者は，労働権の実現へ向けて遺漏のないように，その責任を分有するものと考えるべきである。

Ⅳ　おわりに

以上のように，本稿は，労働権の規範的内容を最新のものとすべく，その再構成を図ることを目的として，議論を展開してきた。

まず，本稿は，近年の労働権をめぐる議論の検討の中から，労働権はディーセント・ワークを保障することをその規範内容とすること，そのため労働権はあらゆる労働・就労の場における包括的基本権と理解されるべきであることを主張する。このように労働権を包括的基本権と再構成することにより，今日の複雑化し多元化する労働法規制を全体として整合的に体系化することを可能とする規範的根拠が与えられるものと考える。

次に，本稿は，労働権が複合的な構造を成すこと，そして，その中において手続的側面が重要であることを主張する。この手続的側面は，労働権の権利者による，労働権の履行に関してのモニタリングを可能とするものであり，また，労働権の規範内容となる労働・就労を通じた社会的包摂を図るために必要とされる，様々な決定への参加を保障するための，労働者・就労の意思を有する者が，発言し，要求し，協議し，交渉できる能力・権限・権利としての capability for voice が，そこから引き出されるものである。

第1章　労働契約・就業規則論の再生を目指して

　そのような議論を展開した上で，さらに，本稿は，労働権の規範内容には，働くこと自体の価値，すなわち就労価値を実現することが含まれることを主張する。これは，労働権がカバーする領域の拡大を意味しよう。今日における社会状況から，労働権は，働くこと・就労を通じて，人々を社会に包摂することをも規範内容とするよう，その再構成を求められているのである。このように，労働権は，労働市場におけるディーセントな雇用労働の保障のみならず，働くこと・就労を通じて社会とのつながり（社会的包摂）を求める人々の就労も，保障すべき基本的ニーズとして承認するものと理解されるべきであり，そのように再構成されるべきものである。

　本稿において展開した議論の中心となるところをまとめれば，以上のようになろう。本稿で示したように再構成した労働権を規範的根拠とした，労働法の体系論，立法政策論，解釈論を展開することが今後の課題であることを記して，ひとまず本稿を閉じることとしたい。

2「就労価値」論の今日的展開と労働契約法理

長 谷 川　聡

I　本稿の目的	その視点
II　「就労価値」保障手段として	IV　就労の今日的特徴と位置付け
の労働契約法理の位置付け	V　「就労価値」配慮義務の視角
III　「就労価値」をめぐる議論と	VI　むすびにかえて

I　本稿の目的

　労働契約関係において，働くことは労務提供義務を履行する行為として位置付けられ，具体的な賃金支払義務を使用者に課すという法的効果をもたらす。労働契約の定義（労契法6条）に見える働くことの法的意義はこれに止まるが，人々や社会が働くことに対してこれ以上の意味を与えていることは周知のとおりである。

　働くことに対しては，後述のように，人間存在の本質と結び付く職業的能力を発現する行為であり，キャリアや人間関係の形成といった利益をもたらす等様々な評価がある。こうした働くことの意義や働くことからもたらされる利益（以下，両者を合わせて「就労価値」といい，「働くこと」に対して「就労」の語を当てる）は，労働契約の基本的権利義務の構造のみに着目すれば，賃金として具体化される経済的利益を除けば，労務提供義務の履行過程から反射的にもたらされる事実上の価値と評価されることになろう。しかし，社会の変化は，社会における就労の位置付けや労働者の就労観を変化させる。実社会における生身の労働者を対象とする労働法は，この変化に伴う新たな「就労価値」を敏感に法的評価の対象に取り込んできた。労働法のパラダイムを巡る議論は，まさ

第1章　労働契約・就業規則論の再生を目指して

にこうした動きの一つであるし[1]，古くには，就労請求権論を代表例として，「就労価値」を法的な権利義務として労働契約関係に反映する試みがなされてきた。

「就労価値」を規定する社会が常に変化することに対応して，「就労価値」の内容も日々問い直され，この結論に即した法理や制度が提案されていかなければならない。本稿の目的は，「就労価値」の内容や，これらを労働契約法理を通じて保障する方法に関する従来の議論に，現代社会の状況を基礎に新たな法的視角を加えることにある。本稿は，この課題に対する考え方のフレームワークのみを指摘した別稿[2]を基礎に，これを発展させたものである。

II 「就労価値」保障手段としての労働契約法理の位置付け

「就労価値」は，労働契約法理以外にも，労働立法等として具体化される雇用政策や，労働組合と使用者との交渉による労使自治を通じて保障される。労働契約法理を通じた「就労価値」保障の仕組みを考察する前に，これら他の「就労価値」保障手段の特徴をごく簡単に確認しておくことにしたい。これにより，それぞれの機能的相違や位置関係が明らかになり，労働契約法理に求められる役割が浮かび上がることが期待されるからである。

1 雇用政策による「就労価値」の保障

制度的に政策目標を達成しようとする政策的アプローチは，職業紹介制度や失業対策制度により就労の場の確保や維持を実現したり，労働基準法等により最低労働条件を設定することにより就労の質を確保したりする，国を主な実施主体とするアプローチである。労働者一般に権利を付与し，その権利を具体化する制度を構築することに適したアプローチであり，国はこうした措置を講じることを義務付けられている（憲法27条1項，2項）。ここで整備された法制度は，労働組合の活動や労働契約法理の展開の基礎を形成する。

しかし雇用関連法制を通じて労働契約関係が成立したとしても，そこで就労

---

(1) 今日の労働法のパラダイム論については，唐津博「労働法パラダイム論の現況と労働法規制の多元性」労旬1700号（2009年）6頁。
(2) 長谷川聡「「就労価値」の法理論——労働契約アプローチによる「就労価値」保障に関する一試論——」日本労働法学会誌124号（2014年）124頁。

が実現されるとは限らない。また，経済社会の成熟化により一定水準の労働条件が確保されつつある今日，保障されるべき就労の質には，雇用関連法制によって設定された最低基準を超え，個別労働契約関係において期待される質が含まれている。

2 労使自治による「就労価値」の保障

他方，労働組合を主体とする集団的アプローチは，これら実際の就労の保障と，個別労働契約関係において期待される就労の質の保障という必要に，これらを使用者に義務付ける法的根拠に拠らずに対応することが可能である。現行法は，雇用政策を通じて労働の量的規制を最低基準として設定し，質的側面については労働基本権の保障を前提とした労使自治に委ねている[3]。

しかし集団的アプローチが機能する場面は近年縮小する傾向にある。組織率の低下に伴う労働組合の力とこの力が及ぶ職場の減少に加え，労働条件決定の個別化や労働者像の多様化は，就労に期待される利益を多様化させ，組合員全体に享受される統一的要求を運動の基軸とする集団的アプローチではとらえにくいものにしている。また，「就労価値」保障をめぐる紛争が労使交渉によって十分に解決できないこともあり，この場合には，訴訟における請求を基礎付ける法的根拠が必要となる。

3 「就労価値」保障における労働契約法理の位置付け

このように整理すると，労働契約法理は，最低労働条件を超えて，個別の労働契約関係に期待される「就労価値」を保障する法的根拠を提供する役割を最低限期待されているといえる。

労働契約法理が「就労価値」保障手段として現実に機能する範囲は，他のアプローチの充実の程度と関連する。例えば，労使自治が現行制度の建前通り十分に機能すれば，労働契約法理を通じた解決が必要となる場面は減少するし，最低基準を定める立法が十分に整備されなければ，この立法に期待される権利の保障を労働契約法理が担う必要性が高まる。この意味で労働契約法理は集団

---

(3) 柳沢旭「労働法理にみる労働論──就労請求権論をめぐって──」荒木誠之ほか『林 迪廣先生還暦祝賀論文集 社会法の現代的課題』（法律文化社，1983年）229頁，245頁。

的・政策的アプローチの不十分さを過渡的に補完する役割も担う。

　労働契約法理が以上の役割を果たすには，その構築にあたり，個別労働契約を特徴付ける当事者意思を考慮する仕組みが必要となる。他面では，労働契約法理の展開の不十分や他のアプローチの機能不全等により必ずしも十分に保障されているとはいえない規範的要請を反映する必要性もある。

Ⅲ　「就労価値」をめぐる議論とその視点

1　「就労価値」への着眼

　「就労価値」をめぐっては，既に多くの議論がある。

　労働者が労働契約に基づく義務付けの下にある就労にあえて意義を見出し，これに法的価値を与えた初期の代表的論者が下井隆史である[4]。下井は，当時「労働の疎外」が叫ばれ，就労の苦痛の側面が意識されていた状況において，働くことに価値を認めて就労請求権を肯定する主張[5]を展開した[6]。

　下井は，就労を，生活を支えるための手段的活動と同時に，それ自体が目的であり，現実に労働すること自体が権利として保護されるべき価値を持つ[7]と論じる。この主張の背景には，労働契約の構造上，就労させないことで賃金支払ではカバーできない不利益が必然的に生じ，解雇へ追込みが行われるという認識がある[8]。

---

(4)　詳細は異なるものの，就労の拒否が労働者の尊厳や人格の自由を侵害するという視座をもつ研究はこの時期複数見られた。例えば，浅井清信「労働者の就労請求権」法セ93号（1963年）64頁，峯村光郎「市民法と労働法」『新労働法講座1』（有斐閣，1966年）3頁，16頁，本田淳亮『労働契約・就業規則論』（一粒社，1981年）。下井・本田の労働論を分析したものとして，柳澤・前掲注(3)。

(5)　下井隆史「ドイツにおける『使用者の労働受領義務』論——判例・学説展開過程の分析——(1)(2)」商大論集（神戸商科大学）19巻1・2号（1967年）5頁，同「使用者の労働受領義務」商大論集（神戸商科大学）20巻4号（1968年）97頁，同「就労請求権について」日本労働協会雑誌175号（1973年）9頁，同『労働契約法の理論』（有斐閣，1985年）103頁以下，特に116頁。

(6)　就労が持つ利益（生きがい等）の側面と，不利益（苦痛等）の側面とをそれぞれどの程度強調するかは，社会状況に応じて変化する。例えば，水野勝「就労請求権」『労働法の争点』（有斐閣，第3版，1979）199頁，200頁は，当時の「現状」においては「一般的に」労働の生き甲斐を強調することはできないと指摘している。

(7)　下井・前掲注(5)(1985年)115頁。

(8)　同113頁。同様の認識を示す研究として，近藤昭雄「労働者は，労働契約上一般的

下井は、就労の法的価値を論じることで、就労請求権を法的に根拠付け、これを被保全権利として就労妨害禁止の仮処分を請求することや、使用者の債務不履行による責任として賃金支払とは別に損害賠償を請求することを可能にすることで、組合活動の権利の保障を実質化することを目指している[9]。また、相手方に配慮する一般的義務を認めることについては、これに対応する労働者の忠実義務を認めるおそれを高め、かえって労働者の人格や主体性を損なう可能性があるとして慎重な立場を採る[10]。この点で下井の議論は、「就労価値」の保障自体を直接的な目的としておらず、「就労価値」を保障する主体としての役割を、労働契約上の権利義務を基礎とする司法より、労使自治を担う労働組合に期待している。

2 「就労価値」をめぐる議論の展開

就労に金銭に換価することができない価値があり、一定範囲のこの価値には法的保護が要請されるという下井の指摘はその後引き継がれた。しかし、組合活動の低調や最低労働条件の漸進的な引き上げを背景に、組合活動の権利の保障という目的の下に「就労価値」保障の必要性が論じられることは相対的に少なくなり、日本的雇用慣行の衰退や非正規労働者の増加等、就労を取り巻く社会の変化や法理論の展開を反映しながら、就労の意義とこれを保障する方法に関する議論が展開されるようになる。

(1) 職業的能力の発現としての就労

こうした視角の変化を明確に打ち出したのが毛塚勝利である。毛塚は、成果主義賃金制度の登場に伴う賃金法理の再構成を論じる文脈で、賃金の社会的意味を検討し、そこで賃金が、生計費や労働者の肉体的精神的負荷、自由時間の喪失への代償であることに加え、労働者の職業的能力の価値の表現であることを指摘する[11]。この観点から、労働者が使用者の利益を守る誠実義務を負う

　　に就労請求権を有するか」労判163号（1973年）35頁。
(9) 下井・前掲注(5)(1985年) 103頁。
(10) 同113頁。
(11) 毛塚勝利「賃金処遇制度の変化と労働法学の課題――能力・成果主義賃金制度をめぐる法的問題を中心に――」労働89号（1997年）5頁、19頁。この観点はワークルール論へと展開する。ワークルール論については、毛塚勝利「ワークルール・アプローチの

ことに対比させて、使用者は労働者の職業的能力を尊重配慮する付随義務を負うことを主張し、その内容として企業内外における教育訓練機会の付与と参加への配慮を求める職能開発協力義務、職業的能力やキャリア形成を尊重した職務配置を求める適正配置義務、職業的能力の発現への配慮としての就労請求権を導き、また、職業的能力の評価に関わる賃金制度等について適正評価義務を導く。就労請求権の位置付け方に見られるように、毛塚の観点は、成果主義賃金制度が適用されるような労働者像を念頭に置いているという文脈上の限界はあるが、就労に職業的能力の発現としての法的価値を認め、組合活動を離れて就労そのものの価値を論じた点で画期的であった。

(2) キャリア権論

これに対し、諏訪康雄のキャリア権論は、就労そのものの法的価値を語るのではなく、就労を通じてもたらされる利益の保障に着目する[12]。キャリア権論は、内部労働市場を重視した日本型雇用が転換期を迎え、若年者失業や転職志向、専門職志向が広まるとともに産業構造も変化したことで、外部労働市場も視野に入れて労働法制を再構築する必要があるという認識を基礎とする。その上で、就労が人的資源を有効活用し、労働者のキャリア形成の手段としての意義を有することを指摘して、雇用政策全体の中で労働法制を位置付け、就労を通じた転職可能性の確保、キャリアの蓄積による社会・産業構造の変化への柔軟な対応を可能にし、就労とその質の確保に資する理論的基礎を提供しようとする。

キャリア権の規範的根拠については、経済社会の成熟化により労働の「量」の確保へと向かわざるをえない伝統的な労働権（憲法27条）に、個人の選択の自由と責任による労働の「質」を問う自由権を重ね合わせるという発想を基礎とする。これをふまえ、キャリア権は、個人の主体性と幸福追求の権利（憲法13条）を根本にして、労働権を核に職業選択の自由（憲法22条）と教育権（憲

すすめ」労旬1455号（1999年）4頁、同「ワークルールからみた現行労働法制の問題点と検討の課題」連合総研『新労働法制に関する調査研究報告書』（財団法人連合総合生活開発研究所、2002年）5頁。
(12) 諏訪康雄「キャリア権の構想をめぐる一試論」日本労働研究雑誌468号（1999年）54頁、同「労働市場法の理念と体系」日本労働法学会編『講座21世紀の労働法第2巻 労働市場の機構とルール』（有斐閣、2000年）2頁。

法26条）から根拠付けられている。自己のキャリアへの関心の高まりを前提とするこの観点は，就労請求権を認めることに肯定的なものといえる[13]。

(3) 労働付与義務論

これらの見解のように，就労そのものに法的価値を認める，あるいは就労が経済的利益以外の利益を労働者にもたらすことを認め，就労の実現とその質の保障の必要性を唱える立場は複数存在する。しかし，裁判例においては，就労の質の保障に資する判例法理の展開はある程度見られつつも，就労そのものを実現する就労請求権は限定的にしか認められてこなかった[14]。学説においても，就労の実現が労働契約の人的性格により使用者側の組織的・人格的受容に依存することなどに着目して，就労請求権を例外的にしか認めない立場[15]が有力である。

こうした，特に就労請求権をめぐる議論の膠着状態を意識して，この権利が保障しようとした価値・利益を別の角度から保障しようとする試みとして，唐津博の「労働付与義務」論がある[16]。唐津は，就労請求権論の意図は，金銭に換価することができない就労の価値・利益を保障することにあり，これを実現するために，労働者の「就労」について使用者はどのような労働契約上の義務をどのような根拠で負うと解すべきなのか，という問題を設定する。そのうえで，「就労」は，個々の労働者にとって多面的かつ重層的な法的価値を有しており，「公正ルール」としての基本的人権の享有（憲法11条），個人の尊厳（憲法13条），平等原則（憲法14条），生存権保障（憲法25条），より具体的に

---

(13) 諏訪・前掲注(12)(1999年) 60頁。
(14) 読売新聞社事件（東京高決昭33・8・2労民9巻5号831頁）以降，原則否定，例外的に肯定という裁判例の傾向が定着する。否定例として，九州朝日放送事件（福岡高判平8・7・30労判757号21頁），日本自転車振興会事件（東京地判平9・2・4労判712号12頁）等，肯定例として，レストラン・スイス事件（名古屋地判昭45・9・7労経速731号7頁）等。
(15) 菅野和夫『労働法〔第10版〕』（弘文堂，2012年）92頁，荒木尚志『労働法〔第2版〕』（有斐閣，2013年）254頁。
(16) 唐津博「労働者の「就労」と労働契約上の使用者の義務——「就労請求権」と「労働付与義務」試論」西村健一郎他編『新時代の労働契約法理論——下井隆史先生古稀記念——』（信山社，2003年）所収，同『労働契約と就業規則の法理論』（日本評論社，2010年）79頁。

は，労働権（憲法 27 条 1 項）や労働条件の法定（憲法 27 条 2 項），労働基本権（憲法 28 条），そして労働法解釈の指導原理である労働条件の原則（労基法 1 条），労働条件対等決定原則（労基法 2 条，労組法 1 条）が規律する信義則に基づいて，使用者が，この労働者の「就労」価値・利益を尊重し，これに配慮すべき義務，すなわち「労働付与義務」を負うと主張する。ここから就労をさせない場合には合理的根拠を要すること，労働者の「就労」価値・利益を尊重し，これに配慮した「就労」機会を提供する使用者の義務を導く。

(4) ディーセント・ワーク論

近年の就労状況をふまえた議論としては，西谷敏のディーセント・ワーク論がある。

西谷は，格差社会，過重労働，雇用不安と労働条件の低下・パワハラの発生，労働への情熱の持ちにくさという問題が存在する今日の社会実態の下で，就労は，仕事の「面白さ」，社会的有用性の認識，社会的関係の形成などにつながる点において，人間存在の本質と結びつき，先に指摘した実態の下で法的保護に値する重要な権利になっていると指摘する[17]。そして，自己決定理念（憲法 13 条）を基軸とする労働法理論の下に，憲法 27 条は，就労それ自体価値あるものとして，就労の権利を保障するとして，ディーセント・ワークの不可欠の部分として信義則を基礎に就労請求権を肯定し，ディーセント・ワークといえる就労の質を保障する法理を展開する。

3 争点の所在と分析の視角

以上のように「就労価値」をめぐる見解を概観すると，まず就労が，労働者の尊厳の実現やキャリア形成といった金銭に換価することができない価値を持つこと，この価値を保障するためには，就労自体の保障に加え，この価値を保障することができるような就労の質の保障が必要であることについては共通認識が形成されているといえる。

この共通認識の下にある見解の相違の根底には，就労を取り巻く現代社会をどのように認識し，どの点に問題を見て，あるべき社会を実現するために就労

---

(17) 西谷敏『人権としてのディーセント・ワーク』（旬報社，2011 年），同『労働法〔第 2 版〕』（日本評論社，2013 年）。

にいかなる意義を見出すのか，という就労の本質に関する理解の相違がある。この相違は，就労を取り巻く様々な社会状況，例えば，就労の主体である労働者の像，社会・雇用環境の現在及び将来予想される状況，内部・外部労働市場や社会保障制度等の社会システム相互の位置関係等の理解について見られる。就労をめぐる社会認識を確認し，これが「就労価値」の内容やその保障方法に与える視角を考察することは，従来の議論に今日の就労の位置付けを反映した新たな視角を加えることを目的とする本稿においても，第一に取り組むべき課題である。

各見解の労働契約法理に関する相違は，以上のような取り組みで獲得された認識を基礎に，特に唐津の問題意識に顕著なように，一つには「就労価値」を労働契約関係における法的権利義務として具体化することの要否・可否，及びその論理にある。ここでは，就労そのものの法的価値を語るか否かという本質的な問いをふまえ，使用者が「就労価値」を保障する義務を負う規範的根拠と，この規範的根拠を労働契約法理に具体化する方法が争点となっている。

これらの点を意識して，検討を進めることにしよう。

Ⅳ　就労の今日的特徴と位置付け

1　就労をめぐる近年の動き

戦後，日本社会は成熟の程度を高めている。労働法制においては，規制の強化，緩和の振れ幅はあるものの，法定労働時間の短縮や年休権発生基準の緩和，育児介護休業制度の整備などのように，長期的に見て労働条件の最低基準は切り上げられてきた。一定水準の労働条件が制度上確保されたことで，労働者の関心は，より高い質の就労の保障に向けられつつある。

この動きの背景で，社会構造は変化し続け，新たな課題を生み出した。現行労働法制が前提とする労働組合を主体とする労使自治のシステムが，戦後しばらく高い影響力を誇ったものの，産業構造の変化等を背景に次第に弱体化し，「就労価値」を保障する役割を十分に担うことができない現実は，この課題の代表例である。年功序列や終身雇用は標準的な働き方ではなくなり，高年齢層の賃金の引き下げを含む人件費の柔軟な管理の要請や，第三次産業の拡大を受けた労働時間と賃金額決定との結び付きを切断する要請などを背景に，成果・

能力を処遇に強く反映する人事制度が広まり，雇用の流動化が進んだ[18]。これらの動きが，処遇決定要素としての労働者の能力やキャリアへの注目や，内部労働市場及び外部労働市場双方を念頭に置いた多様な社会システムを関連付けて雇用保障を実現する必要性を提起したことは，キャリア権論の問題意識が示したとおりである。この必要性は，失業者への支援機能を強化する雇用保険法の 2009 年改正や能力開発支援の使用者の努力義務（能開法 4 条）などの基礎にも存在するものであろう。

社会の成熟は一般に労働条件を向上させるが，社会構造の変化を背景にこれと逆行する動きも見られる。最低賃金の段階的な引き上げや非正規労働関連法制の整備，ディーセント・ワーク論が意識していたブラック企業やハラスメント，追い出し部屋といった就労実態の広まりが示すように，雇用がもたらす利益から排除され，労働者としての最低限の尊重を受けない就労が拡大・再発見されている現実がある[19]。社会保障財政が厳しくなる中で，社会的包摂を実現する手段として就労が労働者にとって義務的に機能する場面，例えば生活保護をはじめとする社会保障制度の利用にあたり，就労に向けた努力をより強く求める動きが増えつつある[20]。従来の制度が前提としていた社会実態の変化に対応する代表的には社会的排除・包摂論[21]のような視角に注目が集まり，そこでは，生活困窮者自立支援制度の下での就労可能な層への自立支援や障害

---

[18] 日本の賃金処遇制度の展開を概観した近年の文献として，金子良事『日本の賃金を歴史から考える』（旬報社，2013 年）。

[19] 上田真理「ワークフェアの社会法学的検討」法時 86 巻 4 号（2014 年）38 頁は，ワークフェア型の社会保障制度が，失業者の第一の受け皿としての不安定，低賃金労働を拡大させており，この就労をディーセントなものにする必要があることを指摘する。

[20] 雇用保険法と公的扶助法の展開過程について，濱口桂一郎『労働市場のセーフティネット』（労働政策研究・研修機構，2010 年）。社会保障制度において就労に向けた努力を要請することの評価については，ワークフェアに関連する前後の文献のほか，木下秀雄「就労支援と生活保障」法時 85 巻 3 号（2013 年）26 頁。

[21] 社会的排除・包摂論の展開の背景については，アジット・S・バラ，フレデリック・ラペール著，福原宏幸・中村健吾監訳『グローバル化と社会的排除――貧困と社会問題への新しいアプローチ』（昭和堂，2005 年），福原宏幸「社会的排除／包摂論の現在と展望――パラダイム・「言説」をめぐる議論を中心に――」福原宏幸編『社会的排除／包摂と社会政策』（法律文化社，2007 年）11 頁，中村健吾「社会理論からみた「排除」――フランスにおける議論を中心に」同 40 頁。

者の雇用割当制度に見られるように，就労は，社会制度を運営するためのシステム一つとして位置付けられている。

労働者像に目を向ければ，一面では，労働者概念や正規労働者の多様化，成果主義賃金制度の広まりが論じられるように，働き方や就労観の多様化が見られる。他面では，差別禁止法制の充実に見られるように，女性や高齢者，障害者等の職場進出により，労働者が持つ属性の多様化が進んでいることも指摘することができる。

2 「就労価値」の今日的特徴
(1) 従来の議論の今日的妥当性

以上の現代社会の大まかな認識によれば，まず，就労が人間存在の本質と結び付き，職業的能力の発現と評価されるといった，前述した「就労価値」をめぐる議論の基盤は今日も基本的に維持されているといえる。今日の社会の変化は，就労が，金銭に換価することができない価値を持ち，就労とその質の保障が求められるという問題構造自体を変化させるものではない。

(2) 就労の社会的価値への着眼
(a) 就労の社会的価値の類型

従来の議論の主な目的は，金銭に換価することができない「就労価値」として労働者にとっての人格的利益を主張し，これを法的に根拠付けて様々な権利義務を構成することにあった。社会制度の再構築が進む今日の就労をめぐる社会状況は，この従来の視角に「就労価値」を評価する基準として社会を加え，社会との関係性をより意識して「就労価値」を把握することを要請している。

社会という視角から直接把握される価値（以下「社会的価値」という）は，大きく二つに分けられる。労働者ではなく，社会を主体として把握される「社会にとっての「就労価値」」と，この社会にとっての「就労価値」保障の視角を基盤にして従来よりも要保障性が強調される，労働者にとっての人格的利益の一類型である，「労働者にとっての社会に関する「就労価値」」である。

(b) 社会にとっての「就労価値」

就労が社会にとって価値を持つこと自体は，古くから認識されていた[22]。

---

(22) 職業と社会との関連性について，尾高邦雄『職業の倫理』（中央公論社，1970年）

例えば，様々に専門分化した就労が有機的に結び付き，社会経済を形成するいわゆる「社会的分業」は，今日の社会を維持，展開させるための不可欠の前提である。

本稿が着目する社会にとっての「就労価値」は，人々の基本的人権を保障する責務を担う福祉国家がこの責務を果たすために，就労が不可欠の社会システムになっていることに焦点を当てる。就労は，その経済的利益をもたらす機能を通じて社会保障費を削減し，自己実現や人々とのつながりの創出等の人格的利益をもたらす機能を加えて，社会の安定に資する。社会的分業のように社会一般に必要とされる構成要素というより，憲法等の規範的根拠に裏付けられた福祉国家の存続とこれによる基本的人権の保障の要請を背景とする点に特徴がある[23]。

20世紀末頃からより明確に意識されるようになった社会構造の急速な変化，就労に関していえば産業構造や就労形態，労働市場などの変化を受けて，旧来の社会構造を前提に形成された福祉国家の危機と，この危機を克服する新たな社会モデルを構築する必要性が叫ばれるようになった。この流れの下に，社会における就労の位置付けや役割にも注目が集まり，そのあり方が様々に模索されてきた。論者により理解の相違はあるが，経済的指標以外にも視野を広げて多次元的かつ動的に把握される社会的に不利な立場の是正を目指す社会的排除・包摂論が，就労とその質の確保を社会的包摂の実現の一場面としてとらえ，イギリスに始まった「福祉から就労へ（welfare to work）」[24]というスローガンが，雇用制度と福祉制度の関連性を明確に意識して，就労を新たな福祉国家形成の一要素として位置付けようとしたことはこの模索の例であり，就労が社会

73頁以下等。

[23] 薬事法最高裁判決（最大判昭50・4・30民集29巻4号572頁）は，職業が，各人が自己の持つ個性を全うすべき場として個人の人格的価値と不可分であるとともに，社会の存続と発展に寄与する社会的機能を分担する活動でもあることを指摘する。今日の動きは，後者の側面に注目するものであるが，これは労働者の働く義務を強調することにも結びつくことには留意する必要がある。

[24] 「福祉から就労へ」をめぐる問題については，埋橋孝文「福祉と就労をめぐる社会政策の国際的動向　Making Work Pay 政策に関する対立構図を中心に」社会政策学会誌16号（2006年）3頁，岩田正美「福祉政策の中の就労支援　貧困への福祉対応をめぐって」同21頁，武川正吾「福祉と就労」同66頁等。

にとって価値を持つことの例証でもある。

（c）労働者にとっての社会に関する「就労価値」

もう一方の「労働者にとっての社会に関する「就労価値」」は，就労の人格的価値の一類型として従来から認識されてきた。就労が労働者に社会参加の場を提供し，自己実現を図る利益をもたらすといった指摘はその一例である。社会にとっての「就労価値」の要保障性が意識されることは，労働者にとっての社会に関する「就労価値」，及びその他の「就労価値」を社会にとっての「就労価値」の要保障性を意識した観点から再評価し，労働者にとっての「就労価値」を保障する新たな根拠を提供することに結び付く。先に挙げた就労による社会参加を通じた自己実現は，労働者にとっての「就労価値」に加え，社会参加を通じて当該労働者が社会に包摂され，社会の円滑な運営に資するという社会にとっての「就労価値」を持つものとして二重に評価される。

(3) 労働者像と就労に期待される利益の多様化

労働者像の多様化という点に着目すれば，就労から導かれる利益としての「就労価値」の意味が多様化していることを指摘することができる。例えば，女性や高齢者といった労働者の職場進出は，平均的には，これらの労働者が置かれた状態・立場に即して，職場コミュニティへの参加や自己実現が可能な就労や，家庭責任や自身の体力に合わせた就労が保障されることについて，従来よりも高い価値を認める傾向を生むことになる。逆に世帯の生計を維持するために長時間労働に従事することが多い男性正規労働者についても，労働以外の，家庭，地域といった多様な生活の場において人間らしい生を送ることを尊重すべき場面を増やしている。就労を通じてもたらされる利益としての「就労価値」を考える際，当該労働契約関係にある労働者の意思や状態をより慎重に考慮することが求められている。

(4) 就労の「苦痛」の側面の再発見と公序

さらに，就労が持つ苦痛の側面を再認識させる就労が広がっていることも，今日の特徴といえる。通常の労務提供をするために必要な肉体的，精神的，時間的負担以上に就労が労働者にとって苦痛である側面を持つことは，従来，専門的労働者がその技能を発揮する機会を与えられないケースや，職業能力の蓄積が期待できない単純労働に就くケースなどにおいて指摘されてきた。今日の

第1章　労働契約・就業規則論の再生を目指して

就労の苦痛は，これらに加えて，一応労働契約を基礎として，追い出し部屋や若年労働者の使い捨てのような労働者としての最低限度の尊厳を侵害する就労をさせ，この問題性が，労働者間の労働条件格差によってより鮮明に浮かび上がっている点に特徴がある。この点では，今日の「就労価値」論は，当該労働契約に期待される専門的職業能力を向上させる就労や当該労働者のキャリア形成に資する就労を保障することのような，当該労働契約の趣旨から導かれる最低基準を超えた利益を保障するだけでなく，労働契約関係の前提として最低限保障されるべき「就労価値」を保障することも求められている。

3　従来の「就労価値」論に加える視角
(1)　福祉国家の基盤的活動としての就労

今日，就労とその質の保障は，個人の就労と関連する諸権利の保障に加え，福祉国家制度の構築とその存続に不可欠なものになっている。この実態を素直にとらえれば，就労は，従来論じられた労働者にとっての価値に加え，福祉国家の基盤的活動としての価値を備えるに至ったといえよう。主に労働者の視点から「就労価値」を把握してきた従来の議論に，社会の視点から「就労価値」を把握する視角が加えられることになる。

就労に福祉国家の基盤的活動としての価値を認めることは，使用者が就労を実現しないことについて，福祉国家の存続基盤を脅かし，福祉国家の市民として保障されるべき個人の権利を侵害する不作為という評価を与えることに結びつく。労働者が就労を通じて人間らしい生存を得ることは，福祉国家を形成・存続させるために社会にとって必要な行為とともに，当該福祉国家に属する個人にとって保障される必要のある行為として把握されることになる。

(2)　「就労価値」論としての特徴

就労に福祉国家の基盤的活動としての価値を認める視角は，就労とその質の保障を，福祉国家制度を維持存続させるための不可欠の要素と位置付け，就労それ自体の価値を承認するものである。就労が福祉国家の基盤として機能することは，就労の反射的効果というより，福祉国家制度の前提である。就労自体の価値を語らずに，就労によりもたらされる利益の保障のみを論じた場合，就労の今日的位置付けと就労を実現することでしか具体化できない価値の存在を

見失うおそれがある。

　就労が福祉国家の基盤的活動としての価値を持つことは、「就労価値」を保障するための仕組みを構想するにあたり、従来に増して、多様なアプローチが必要であることを示唆する。そもそも「就労価値」論が持つ就労とその質の保障への着眼は、労働契約関係の具体的展開という動的過程を問題にするものである。この過程は、業務指示の内容や就労環境の整備状況などの多様な要素と関わりを持つことから、これに関する問題に取り組むにあたっては、多層的かつ動的なアプローチを採らざるを得ないが、社会という価値評価の指標を新たに加えることは、この必要性をさらに高めることになる。内部労働市場と外部労働市場双方を念頭に置いて雇用保障を実現しようとするキャリア権論の視点も、就労が労働契約当事者だけでない多様な社会制度との関係の下にその価値を評価、その実現を要請され、社会を形成・維持するための諸制度の基礎になっていることを示すものといえる。社会的排除・包摂論が、経済的指標以外の指標も加えて問題対象を動的に把握する視角を持つことも、同種の問題解決スタイルを採用するものといえる。

　社会と全く関連を持たない就労は存在しない。それゆえ、就労の社会的価値は、技能・キャリア形成が期待されるいわゆる専門的職業や、オートメーション化やマニュアル化の影響を直接受けた単純労働など、就労の種類にかかわらず認められる。また、社会という「就労価値」把握の視角は、保障すべき「就労価値」には、個別の労働契約関係から離れて社会的に保障が必要とされる価値も含まれることを意識させる。

(3) 「就労価値」保障の規範的根拠と信義則

　就労の社会的価値を意識させる近年の就労をめぐる変化は、従来主張されてきた「就労価値」の規範的根拠や、これを権利義務として具体化する必要性と方法に新たな視点を加える。労働契約法理を通じた「就労価値」の保障のあり方を論じることを目的とする本稿においては、本来、その労働契約法理を支える規範的根拠を予め示すことが必要である。しかしそのためにはより多くの紙幅が必要であるため、この点に関する議論は別稿に譲り、ここでは、「就労価値」は、広く生存権（憲法25条）及び労働権（憲法27条）を基礎として保障され、争点となる就労からもたらされる利益としての「就労価値」の内容に応じ

第1章　労働契約・就業規則論の再生を目指して

て平等権（憲法 14 条）や教育権（憲法 26 条）等を規範的基礎に加えて根拠付けられる、と暫定的に考えることを指摘するにとどめることにしたい。

　こうした規範的要請は、従来代表的には信義則を通じて労働契約関係に反映されてきた。信義則は、個別労働契約関係の特徴や就労実態を意識しつつ、社会と問題状況の変化に合うように法を修正、創造する機能を果たしてきた[25]。特に労働契約関係については、市民法上の信義則（民法1条2項）とは別に、労働契約法において労働契約関係上の信義則（3条4項）が改めて規定されている。労働契約関係を前提に改めて規定されたこの定めに、労働契約関係の特徴や、その今日的位置付けをふまえた権利義務形成を支援する機能を積極的に認めることも可能であろう[26]。労働契約自体、その内在的な法理論を前提としつつ、現実の社会関係をふまえてその意義を論じられてきた歴史を有する[27]。

　一定の社会的関係の下にある当事者が相互の利益を尊重し、関連する権利義務を負うことは、既に多くの裁判例や学説が承認してきた。労働契約に基づいて労働力の処分権を取得する使用者は、同時に労働契約の円滑な履行に不可欠な義務を負う[28]が、人格を持つ生身の労働者と一体不可分に展開される就労の価値に配慮することはその一つといえる。労働契約は、労働者に一定期間、一定の作為を命じることを目的とするが、この期間と作為は、労働者や社会にとっての「就労価値」を生み出すことに結びつく。労働者を企業組織に組み込んで集団的に取り扱う基礎を提供する労働契約の特徴も、労働者や社会が、例えば労働者が企業コミュニティに包摂されることに価値を見出す基礎を提供す

(25)　福島淳「労働法における信義則——個別的労働関係における信義則を中心として——」荒木誠之ほか『林迪廣先生還暦祝賀論文集　社会法の現代的課題』（法律文化社、1983年）201頁。読売新聞社事件以降に就労請求権を肯定する法的枠組みを示した高北農機事件（津地裁上野支決昭47・11・10労判165号36頁）では、「信義則の要求するところに従ってその給付の実現に協力すべき義務」と指摘された。

(26)　荒木尚志・菅野和夫・山川隆一『詳説労働契約法〔第2版〕』（弘文堂、2014年）87-88頁も、労契法3条4項が契約内容を詳細に定めることの少ない労働契約関係において重要な役割を果たし、労働契約上の付随義務を豊富化する際の条文上の根拠として機能することは指摘する。

(27)　労働契約の定義、意義をめぐる学説状況については、石田眞「労働契約論」籾井常喜編『戦後労働法学史』（労働旬報社、1996年）615頁、石田信平「労働契約論」季労246号（2014年）212頁。

(28)　外尾健一「労働契約の基本概念」労働96号（2000年）7頁、18頁。

る。「就労価値」の広がりとその保障の必要性は、労働契約自体の本質的特徴に由来するといえよう。

使用者にとって就労は企業利益を生み出す手段に過ぎない。しかし、就労が持つ人格的・社会的価値の実現には、就労の具体的内容を特定し、実現する指揮命令権を持つ使用者の協力が不可欠である。「就労価値」の保障に結びつくような指揮命令権の行使を使用者に義務付ける法制度は既に複数存在しており[29]、使用者が「就労価値」に配慮することは一般化しつつある。

こうした観点や実態によれば、労働契約関係という社会的関係を形成した使用者は、労働者が使用者に誠実義務を負うことに対応して、労働契約上の義務として労働者の「就労価値」に配慮し、不当にこれを侵害しない義務（「就労価値」配慮義務）を信義則上負うと解することが自然であろう。

(4) 就労の社会的価値と「就労価値」配慮義務との関係

社会的価値のうち、特に社会にとっての「就労価値」は、社会を基準としてその価値を把握される、福祉国家の維持・存続における就労の不可欠性を基礎とする価値である。そのため、労働者にとっての「就労価値」とは異なり、その内容は個別労働契約やこれに反映される労働契約の当事者の意思との関連性が相対的に弱く、労働者の権利保障には福祉国家制度の基盤を整える責務を果たすという観点から関与する。後者の点で、社会にとっての「就労価値」の強調は直接には「就労価値」配慮義務を根拠付けず、むしろ社会にとっての「就労価値」の保障を担う主体には、国や使用者だけでなく、労働者も含まれることで、労働者が就労の義務付けを甘受すべき必要性を意識させる側面がある。

社会にとっての「就労価値」が労働契約上の権利義務に影響を与えるのは、労働者にとっての「就労価値」との結び付きを通じてである。就労が社会にとって価値を持つことは、労働契約が前提とする事実として、労働者にとっての「就労価値」を基礎とする「就労価値」配慮義務の内容に反映される。「就労価値」配慮義務は、社会にとっての「就労価値」の保障に結びつく程度に応じて、前述した社会にとっての「就労価値」の性質を考慮して解釈されること

---

(29) 後述のように、労働者の安全という基本的価値に配慮することを義務付ける安全配慮義務（労契法5条）や、転勤命令において労働者の子の養育又は家族の介護の状況に配慮することを義務付ける育介法の定め（26条）は、その代表例である。

になろう。

V 「就労価値」配慮義務の視角

「就労価値」配慮義務は、それ自体として使用者に義務付けを行うとともに、従来の法制度や法理の解釈に指針を与える。以下、「就労価値」の今日的特徴を意識しながら、労働契約の展開過程に即して「就労価値」配慮義務がもたらしうる視角をいくつか試論してみることにしたい[30]。

1 労働契約の締結・変更と労働条件の明示

就労に期待される利益が多様化し、労働者が労働契約の内容決定に関与する必要性がさらに高まることは、当該労働契約の内容が労働者の意思を十分に反映したものである必要性をより高めることになる。この点で、労働契約の締結・変更における労働条件の明示義務が、これは既に裁判例[31]の中でも、あるいは労働条件対等決定の原則の前提としても語られてきたところではあるが[32]、「就労価値」を損なわない就労を実現する労働契約を締結、変更する前提として、「就労価値」配慮義務からも基礎付けられることになる。これは、労働条件の明示に関する労基法15条や労契法4条の理論的基礎を提供するものといえる。

労働条件の明示は、労働条件の対等決定と「就労価値」保障の基盤であるため、明示が義務付けられる範囲は、問題となっている労働契約の締結・変更の

---

(30) 以下の雇用ステージ別の三分類とそれぞれの構成は、唐津博「労働契約試論──「労働契約」の法モデルと労働契約法──」労旬1798号（2013年）27頁、32頁の分類を基礎とする。同論文は、労働権等を基礎に構成される「公正ルール」から導かれる労使双方における法的利益の相互尊重・配慮の法原則は、労働契約締結・成立段階では、労働条件の明示原則、展開段階では、労使利益の相互尊重・配慮の原則、解約・終了段階では、契約関係の存続保護原則として具体化されると整理する。

(31) 例えば、日新火災海上保険事件（東京高判平12・4・19労判787号35頁）では、採用の際に労働条件に関する十分な説明を行わなかったことについて、雇用契約締結に至る過程における信義則に反することを理由に不法行為責任が認められている。

(32) 例えば、唐津博「労働契約と労働条件の決定・変更」日本労働法学会編『講座21世紀の労働法第3巻 労働条件の決定と変更』（有斐閣、2000年）42頁、59頁は、労働条件の明示は、「対等決定の当事者たる労働者の自覚的な労働条件決定のための不可欠の手続き」であり、これを「労働契約の効力要件たる手続的ルール」と解している。

場面の具体的内容に即して，労働条件の対等決定と「就労価値」保障に必要な範囲で特定される。

労働契約の締結・変更が，この義務を履行せずに行われようとしている場合，労働者は使用者に労働条件明示義務の履行を請求することができる。仮に義務が履行されずに労働条件の締結・変更が行われた場合，これは，この締結・変更が労働条件対等決定や「就労価値」保障の前提を欠いて行われたことを意味する。この事実は，締結・変更された労働条件の有効性が労働者から争われた場合，その有効性を否定的に解する事実として評価されることになる。また，使用者からある労働条件が明示されていたにもかかわらず，事実がこれと異なる場合には，採用時については労基法に基づく即時解除（15条）に加え，当該労働条件の履行を請求することができる。

後述する他の雇用ステージも含め，「就労価値」配慮義務に基づく使用者の作為義務は，この義務が非代替的な作為義務である点で間接強制（民執172条）によって強制されることになる。この強制方法には，使用者の人格を侵害する可能性が指摘されるところであるが，むしろ使用者は「就労価値」配慮義務に反しない限りで作為内容を決定することを認められ，金銭以外の解決の余地が認められること，間接強制が実施される過程で当事者に自主的な解決が促される可能性がある[33]等，労働契約当事者の自主性に合致する部分があることを見過ごすことはできない[34]。間接強制の補充性が緩和されてきた歴史も考慮すると，ここで間接強制を選択することは苛酷強制とはいえない。

2 労働契約の展開と「就労価値」配慮義務
(1) 就労環境配慮義務の一般的視角

使用者が労働者を就労させる労働契約の展開過程では，「就労価値」配慮義務は，指揮命令権行使の適法性を判断する際の要素になり，使用者に「就労価値」を侵害するような処遇を認めない不作為や，「就労価値」を保障する人事上の工夫や就労環境の整備を行う等の作為を義務付ける（「就労環境配慮義

---

(33) 加藤新太郎・春田偉知郎・松下淳一・山本和彦・森田修・伊藤眞「間接強制の現在と将来」判タ1168号（2005年）23頁，39頁（森田修発言部分）。
(34) 西谷・前掲注(17)(2013年) 95頁は，履行強制と使用者との利益の抵触は，履行強制を原理的に否定する根拠にはならないことを指摘する。

第 1 章　労働契約・就業規則論の再生を目指して

務」）形で表れる。使用者に義務付けられる配慮の内容は，就労からもたらされる利益としての「就労価値」の内容が労働契約の内容に即して特定されることに対応して，争点となっている労働契約に即して個別に決定される。

　使用者が労働者を就労させないことは，労働契約において通常予定されていないことに加え，労働者が「就労価値」から排除されることを意味する。それゆえ労働者は，就労環境配慮義務に基づき，不就労という「就労価値」を損なう状態を排除するために必要な指揮命令権の行使，例えば不就労直前の就労を使用者に対して請求することができる[35][36]。この請求に対し，使用者は，就労させることが原則である以上，休職や出勤停止に関する規程など，労働契約において就労しないことを命じる合理的な理由がある限りにおいて[37]，例外的に就労をさせないことが可能となる。

　また，使用者が指揮命令権を行使した場合でも，その指揮命令に従った就労について，当該労働者のキャリア形成を損なう，あるいはいじめや差別が予想されるなど「就労価値」の侵害が合理的に予想される場合[38]には，これが当該指揮命令権の行使の適法性を疑わせる事実の一つになるとともに，使用者に

---

(35)　歩合給で働く労働者に就労を命じない場合のように，就労させないことが労働者に経済的損失を与える場合について，この就労させないことについて合理的な理由を要することを指摘した裁判例がある（北港観光バス（賃金減額）事件・大阪地判平 25・4・19 労判 1076 号 37 頁）。就労させないことは経済的価値以外の「就労価値」の侵害にも直結し，この価値が経済的価値に劣らない価値を有するという点では，類似の思考方法を「就労価値」の侵害が問題となる他の事案類型において採用する余地もあろう。

(36)　義務内容を十分に特定することができないことが履行請求を否定する論拠になることがある（例えば安全配慮義務の文脈では，高島屋工作所事件（大阪地判平 2・11・28 労経速 1413 号 3 頁）等）。筆者は，債務の内容が不特定な競業避止義務について履行請求が認められている実態を背景に，「就労価値」を侵害する状態が生じる前の就労実態や当該労働契約から読み取れる当事者意思，「就労価値」配慮義務の内容形成に影響を与えた法律の定め等を参考に，履行請求が可能な程度に債務の内容を特定することが可能と考えているが，詳細については別稿を期したい。

(37)　この点については，労働付与義務論の文脈における，唐津・前掲注(16)(2010 年) 89 頁参照。

(38)　関連裁判例は数多くある。例えば，東海旅客鉄道（新幹線運行本部）事件（大阪地決 6・12・26 労判 672 号 30 頁），バンク・オブ・アメリカ・イリノイ事件（東京地判平 7・12・4 労判 685 号 17 頁），エルメスジャポン事件（東京地判平 22・2・8 労判 1003 号 84 頁）等。

対して当該「就労価値」の侵害を防止するために必要な措置の履行を請求することが認められる。さらに，「就労価値」を保障されることが労働契約関係の前提であることからは，労働者は，労務提供の前提を欠くものとして，労務提供を拒否するという選択肢も有する(39)。この場合にも，当該指揮命令を行うことについて合理的な理由があれば，使用者はその責任を免れる。

もっとも労働義務の内容を特定する指揮命令権が使用者に存在するという労働契約の基本構造自体は変わらないため，「就労価値」配慮義務は，「就労価値」を侵害しない取扱いを使用者に義務付けるに止まる。それゆえ労働者が「就労価値」の保障に資する特定の作為を使用者に要請したとしても，使用者はこれに応じなければならないわけでなく，「就労価値」の保障に資する別の措置を講じても義務違反を免れる。もっとも就労からもたらされる利益としての「就労価値」は，労働契約を基礎に特定されるため，当事者の意思を考慮しなければその具体像が見えてこない。使用者は，「就労価値」の侵害のおそれを指摘する労働者との協議に応じることを実質的に求められることになろう。

規範的に保障することが要請される，就労からもたらされる利益としての「就労価値」の内容は，当該労働契約関係を基礎に特定されるため，ここで使用者に求められる配慮の内容もこの関係に即して個別に特定されることは既に指摘した。この特定に対して，本稿が着目する「就労価値」の今日的特徴は，例えば次のような解釈の視角を提示しうる。

(2) 社会的価値への着目と配慮

一つは，就労の社会的価値への着目がもたらす視角である。この視角の特徴を，心身の不調により休職していた労働者の復職の可否の判断を例に見てみよう。

周知のように，判例はこの点の判断を，使用者の労働力配置の広範な自由との均衡上，労働者の生活保障の要請に使用者としてどの程度配慮することが公平か，というバランス判断を基礎にして，当該労働者が，労働契約の範囲にお

---

(39) 債権者には，債務者の債務の履行にあたりこれに協力する信義則上の義務があり，「就労価値」に配慮することは，使用者の先行的協力行為といえる。この配慮が十分になされないことにより労務提供義務を履行することができないことは，使用者の責めに帰すべき履行不能といえる（安全確保の不十分について右と類する視角を持つ判決として，新聞輸送事件（東京地判昭57・12・24労判403号68頁））。

第1章　労働契約・就業規則論の再生を目指して

いて，休職前の現職復帰が可能であるか否かを基準に行なっていた[40]。

　就労の社会的価値への着目は，この点の解釈に，労働者の心身の状態に合わせて就労を保障することが社会的に価値を持つという視角を追加する。あらゆる就労を対象とするこの視角は，労働力配置の広範な自由の有無や現職への就労可能性を，講じるべき配慮の程度を検討する際の判断要素の一つにとどめることになろう。また，使用者は，社会的に要請される合理的な範囲において「就労価値」の保障に必要な各種配慮の実施に伴うコストの負担を要請されることになる。

　復職にあたり段階的に通常勤務に戻すことを使用者に求めたエール・フランス事件[41]や，信義則を根拠に復職を容易にする「工夫」を恒常的に講じることを使用者に求めたJR東海事件[42]は，こうした根拠付けになじむ裁判例である[43]。障害者基本法が目指す障害者の人格の尊重・権利主体性と共生社会の実現（1条）という目的を背景に，障害者の職業の安定を目的の一つ（障害者雇用促進法1条）として使用者に課せられた障害者に対する合理的配慮の提供義務（同法36条の2，36条の3）や，「経済及び社会の発展に寄与すること」を目的の一つとして（育介法1条）使用者に課せられた，育児介護責任を果たすことを容易にするための各種措置を講じる義務等の明文の存在は，社会にとっての「就労価値」の保障を使用者の義務に結びつける点で，以上の解釈を補強するものといえる。

(3)　最低限の人格尊重を保障する配慮

　もう一つは，ハラスメントや差別といった，労働契約の内容を問わず法的に問題視される労働者に対する最低限の人格尊重を侵害する事案を，その他の事案と区別して考察する視角である。

---

(40)　片山組事件（最一小判平10・4・9労判736号15頁）。青野覚「私傷病と労務受領拒否」別冊ジュリスト197号（2009年）54頁。
(41)　東京地判昭59・1・27労判423号23頁。同様の視角を持つ裁判例として，東洋シート事件（広島地判平2・2・19判タ757号177頁）。
(42)　大阪地判平11・10・4労判771号25頁。
(43)　使用者に恒常的配慮を求める裁判例として，カントラ事件（大阪高判平14・6・19労判839号47頁，限定職種範囲内での再配置義務），キヤノンソフト情報システム事件（大阪地判平20・1・25労判960号49頁）等。

労働契約の相手方を個人として最低限尊重することは，私的自治が個人の尊重を前提とする点でも，人的かつ継続的関係である労働契約関係が加えて相互の尊重を必要とする点でも，労働契約関係の形成と展開の前提である。従来の「就労価値」論は，主に後者の側面を強調して労働契約独自の法理を構築する傾向にあったが，近年の社会状況は，前者の限度の人格尊重すら危うい実態の存在を意識させるものであった。

　私的自治が前提とする個人の尊重は，労働契約関係に限られない社会一般において公序を形成し，社会を維持・存続させるために最低限保障される必要のある価値である。「就労価値」配慮義務が，こうした最低限の個人の尊重を保障するために機能する場合には，契約関係に入る当事者が当然の前提とする価値を保障するものとして，労働者の自由な意思に基づいても排除することができない義務として理解する必要がある。「就労価値」配慮義務の法的性質は，その規範的基礎を反映して複合的に理解されることになる[44]。

　例えば，安全配慮義務（労契法5条）は，労働者の安全や健康という労働者の最低限の権利の保障を目的とする点で，上記に分類される「就労価値」配慮義務の一類型と位置付けることができる。また，セクシュアル・ハラスメントに関しては，裁判例において労働者が意に反して退職することがないよう職場環境を調整する義務が指摘され[45]，均等法にセクシュアル・ハラスメントの発生を防止する措置義務が規定されている（11条）が，これらは労働者の最低限の性的人格の保障を目的とするものといえる。講じる措置の内容に当事者の意思を反映することは望ましいとしても，これらの義務自体を労使の合意に基づいて排除することができないことについては，これらの義務の明文化を待つまでもなく，異論は無いであろう。

　この場面における配慮義務の不履行には，高い反公序性が認められることになる。この点を考慮すれば，算定される損害賠償額は，より高額になるといえよう[46]。

---

(44) 労働契約の複合的性格を労働契約の体系論に反映する見解（和田肇『労働契約の法理』（有斐閣，1990年）189頁）の存在は，こうした視角の採用可能性を補強する。
(45) 京都セクシュアル・ハラスメント事件（京都地判平9・4・17判夕951号214頁）。
(46) 反公序性を有する紛争類型についてより高額の損害賠償を認めることを指示する見解として，毛塚勝利「新たな個別労使紛争処理システムの構築」季労184号（1997年）

3 労働契約の終了と「就労価値」の保障

「就労価値」配慮義務は，使用者が労働契約を終了させようとする場面において，就労の存続可能性を高める配慮を義務付ける[47]。労働契約の終了については，解雇権濫用法理（労契法 16 条）をはじめとしてこれに一定の制約を課す法制度，法理が存在するが，「就労価値」配慮義務は，これらを基礎付けるとともに[48]，その解釈の指針を提供する。

例えば，使用者の解雇回避努力の有無とその内容を考慮して，解雇を最後的手段と位置付ける解雇権濫用法理の解釈方法は，就労の保障に価値を認める「就労価値」配慮義務の視角に通じる。

また，裁判例は，労働契約に職種や勤務地を限定する定めがあることを，使用者の解雇回避努力をこれらの範囲に限定する事実として評価する傾向にある[49]。これに対して，使用者は労働者の「就労価値」に配慮することを義務付けられ，労働契約上の相違を超えて就労に社会的価値が認められるという観点からは，労働契約における職種・勤務地限定の定めは，当該労働契約からもたらされる利益としての「就労価値」の内容を吟味する際の判断要素の一つに止まり，他の事実も含めて当該事案の「就労価値」の保障に配慮したと言えるだけの解雇回避努力を行ったか否かに注目した判断がなされるべきといえよ

---

23 頁注(12)，青野覚「差別是正の実効性確保」日本労働法学会編『講座 21 世紀の労働法第 6 巻 労働者の人格と平等』（有斐閣，2000 年）271 頁，273 頁。高額な損害賠償を予定することには「就労価値」を侵害しない取扱いを行うことへの一定の抑止効も期待される（土田道夫『労働法概説〔第 3 版〕』（弘文堂，2014 年）64 頁）。

(47) 信義則を根拠に解雇を制約する法理を構想するものとして，野川忍「解雇の自由とその制限」日本労働法学会編『講座 21 世紀の労働法第 4 巻 労働契約』（有斐閣，2000 年）154 頁，172 頁以下。

(48) 解雇権濫用法理の基礎に，解雇に伴う不利益の大きさ，労働市場がその不利益を回避できないといった終身的雇用慣行をふまえた契約解釈定立の必要性が存在したと指摘される（萩沢清彦「解雇権の濫用」日本労働協会雑誌 47 号（1963 年）4 頁）の，「就労価値」配慮義務は，これとは別の観点から解雇権濫用法理を根拠付けることになる。

(49) 篠原信貴「「多様な正社員」に対する雇用保障」日本労働研究雑誌 636 号（2013 年）26 頁は，職種限定の合意等が存在する場合に裁判例は解雇基準を緩和する傾向にあることを指摘し，これを肯定的に評価する。これらの限定を超えた解雇回避努力を要請した裁判例としては，名古屋埠頭事件（名古屋地判平 2・4・27 判タ 738 号 100 頁労判 576 号 62 頁）。

う(50)。

　社会にとっての「就労価値」の保障により高い価値が認められる傾向は，解雇の適法性判断においてその社会的相当性を従来よりも判断要素として強調する傾向を生み出す。例えば，高年齢者の解雇においては退職金の割り増しが考慮され，家庭責任を有する労働者の解雇においては職業生活との両立支援の試みの有無と内容が考慮されるといった傾向が生まれやすくなる(51)。労働力不足や少子高齢化等を背景として高齢者の雇用保障をより充実させ(52)，保育所の充実等を通じて育児責任を社会が分担する程度を高める社会の動きは，こうした解釈方法を下支えすることになろう。

Ⅵ　むすびにかえて

　「就労価値」は，労働契約の基本的性質と社会における就労の位置付けに規定される。社会構造の変化に対応するための福祉国家制度の再構成は，就労に福祉国家の基盤的活動としての位置付けを与え，社会的観点から「就労価値」を規定する視角を生み出した。社会にとっての「就労価値」と，労働者にとって「就労価値」の一部である，労働者にとっての社会に関する「就労価値」の要保護性を強調するこの視角は，信義則に基づく「就労価値」配慮義務に反映され，当事者意思の探求に加えて社会的相当性を考慮に入れた当該労働契約内容の具体化を目指すものであった。

　本稿は，筆者の問題意識に基づいて抽出した一部の社会実態を基礎に「就労

---

(50)　例えば，脳出血により半身不随になった保健体育教諭について，同教諭が休職期間中に地歴公民の一種免許を取得したにもかかわらず，職種が保健体育教諭に限定されていたことを理由に，これらの教職に従事する可能性を考慮せずに解雇を認めた北海道龍谷学園事件（札幌高判平11・7・9労判764号17頁）の論理の妥当性は，この視角からは否定的に解されることになる。

(51)　就労の社会的価値がもたらすこの視角は，ドイツの社会的選択（解雇制限法1条3項）のそれと類似する。経営上の理由に基づく解雇における被解雇者の選択において，①勤続期間，②年齢，③扶養義務，④重度障害の有無を考慮することを求めるこの定めは，基本法20条1項社会国家原理や人格的性格を有する継続的労働関係の本質と密接に結びつく信頼保護の思想を，信義則（民法242条）を通じて具体化して形成されたという点でも，「就労価値」保障義務と類似する部分がある。

(52)　例えば，継続雇用制度の適用対象を労使協定により限定することができる定めの廃止等を行った2012年の高年齢者雇用安定法の改正など。

価値」の今日的特徴を分析したものである。就労と関連する社会の構成要素は無数にあり，この中から何を抽出するかは，論者の就労観に依存するところが大きい。また，就労が様々な社会制度と関わりを持ち，労働者の就労観が多様化するという基本的な方向性自体は今後も維持されると考えられるが，本稿の結論は今日の社会状況を前提とするという時間的限界がある。多様な就労観と今後の社会状況の変化をふまえた分析の継続が必要である。

また，本稿は労働契約法理を通じた「就労価値」保障のあり方に検討対象を限定した。就労は，労働契約以外の法形式に基づいて行われることもある。「就労価値」配慮義務が基礎とした労働権ほか憲法規範はこの種の就労も対象としており，この種の就労についても「就労価値」を論じることが必要である。労働契約法理以外の「就労価値」保障手段，特に集団的アプローチの特徴と労働契約アプローチとの相関関係は，前者を通じた就労とその質の保障を目指す現行労働システムにおいて検討することが不可欠である。

そして，本稿は，「就労価値」の保障を求める従来の議論に付け加える形で，「就労価値」の変化に対応する労働契約の解釈の変化の可能性をいくつか指摘したに止まる。この可能性のさらなる広がりの検討や，その内容の具体化は今後の検討課題としたい。

3 改正労働契約法の要件事実

山 川 隆 一

Ⅰ は じ め に　　　　Ⅳ 労働契約法 20 条
Ⅱ 労働契約法 18 条　Ⅴ お わ り に
Ⅲ 労働契約法 19 条

Ⅰ　は じ め に

　本稿は，労働契約法の平成 24 年改正により新設された規定，すなわち同法 18 条，19 条及び 20 条を取り上げ，これらの規定が民事訴訟等において用いられる場合の要件事実について検討を試みたものである。労働契約法は民事法規としての性格をもつものであり，民事訴訟等の手続はその実現手法として主要なものといえるため，これら改正法上の規定についても，要件事実の検討を行うことは実務上有益といえるが，こうした観点からの検討はこれまであまりなされていないようである[1]。そこで本稿では，これらの規定が用いられる典型的な訴訟類型を想定したうえで，そうした訴訟における主要な攻撃防御方法に関して登場する要件事実の概要について検討を試みることとしたい。

Ⅱ　労働契約法 18 条

1　概要・訴訟形態
　労働契約法 18 条は，有期労働契約を締結している労働者の雇用の安定を促

---

[1]　労働契約法 19 条については，いわゆる雇止めの制約に関するこれまでの判例法理を明文化したものであるため，当該判例法理の要件事実についての分析（山川隆一『労働紛争処理法』221 頁以下（弘文堂，2012 年））が相当程度妥当するが，後述するように，同条とこれまでの判例法理には若干の差異があり，同条に即した要件事実の検討を行うことには意味があると考える。

進する観点から，いわゆる無期転換を定めた規定である。すなわち，同条1項は，有期労働契約が少なくとも1回以上更新され，通算契約期間が5年を超えた場合に，当該有期契約労働者が無期労働契約締結の申込みをすれば，使用者はこれを承諾したものとみなされると定めており，新たな無期労働契約の締結という形での無期労働契約への転換を認めるものとなっている。また，無期転換後の労働条件については，契約期間を除いて，原則として無期化前の時点で締結していた有期労働契約上の労働条件と同一であるが，別段の定めをすることは可能である旨が定められている。

労働契約法18条の適用が問題となる訴訟形態の典型は，労働者が無期転換を主張しているのに対して使用者がこれを争う場合に，労働者が使用者に対して，期間の定めのない労働契約上の権利を有する地位の確認を求める訴訟であると思われる。このように無期転換の効力が問題となる確認訴訟は，とりわけ，使用者が期間満了等による有期労働契約の終了を主張する一方で，労働者側が，無期転換により無期労働契約が成立していると主張するなど，契約終了が争われる場合に提起されることが多くなるであろうと推測される。

こうした訴訟については，確認の対象（訴訟物──請求の趣旨にも反映される）は単に労働契約上の権利を有する地位で足り，契約が「期間の定めのない」ことについてまでは確認の利益がないのではないかという問題が生じうる。契約における期間の定めを特別の付随的合意ととらえたうえ，「労働契約上の権利を有する地位」とは，原則として「期間の定めのない労働契約上の権利を有する地位」をいうと解することもできそうだからである。しかし，期間の満了による契約終了の主張は，問題になっている期間の満了時のみならず，その後においても繰り返し主張され紛争となりうるものであるから，そのような事案である限り，そうした紛争による法的不安定さを予め除去するために，「期間の定めのない」ことについての確認の利益を認めてよいのではないかと思われる[2]（他方で，「期間の定めのない」ことは直接争われず，単に労働契約が存在しているか否かが争われているにとどまる事案では，「労働契約上の権利を有する地

---

(2) 期間の定めのない労働契約上の地位を確認した事例として，ラピュタ事件・東京地判平成24・6・28LEX/DB25481822がある。また，「正社員たる地位」の確認を認めたマツダ防府工場事件・山口地判平成25・3・13労判1070号6頁も同様の理解に立つものと思われる。

位」の確認だけを求める訴えについても，従来どおり訴えの利益を認めてよいであろう）。

　本稿では以上のような無期転換の効力自体が争われる訴訟を取り扱うが，その他に，有期労働契約の無期化が争点となる訴訟としては，使用者が無期化に伴って従前の労働条件が変更されたと主張し，それに対して労働者側が，労働条件の不利益変更は認められないとして争う訴訟が考えられる。この場合の訴訟形態は，問題となる労働条件の種類によってさまざまなものがありうる。たとえば，労働者側が原告となって従前の労働条件の実現を求める給付訴訟がまず考えられる他，使用者が主張する無期化後の新たな労働条件についての消極的確認訴訟，新たな労働条件にもとづく使用者の権利行使の効力を争う確認訴訟なども考えられる。

　これらの訴えにおいては，通常，無期化に伴って有期労働契約のもとでの労働条件が不利益に変更されたとして労働者側が争うことが主たる争点となると考えられるが，この問題については，いかなる枠組みにより判断するかにつき見解の対立がある。すなわち，(a)無期労働契約が新たに締結されることになる点に着目して同法7条によるとする見解[3]，(b)労働条件が有期労働契約のもとにおけるよりも不利益になった点に着目して労働契約法10条を適用する見解[4]，実際上これと変わりはないが，(c)新たに無期労働契約が締結されているが実質的には従前の有期労働契約との継続性が認められることを理由に同法10条を類推適用する見解[5]などである。

　これらのいずれの見解をとるかによって，要件事実の内容も変わってくることになる。たとえば，労働者が従前の労働条件の実現を求めて給付の訴えを提起したのに対して，使用者が無期化に伴い当該労働条件が不利益に変更されたことを主張する場合，使用者の抗弁の要件事実としては，就業規則による新たな労働条件の設定と周知の他に，(a)説によれば，労働契約法7条の合理性を

---

(3)　安西愈『雇用法改正　人事・労務はこう変わる』（日本経済新聞出版社，2013年）86頁。
(4)　岩村正彦＝荒木尚志＝島田陽一「2012年労働契約法改正――有期労働規制をめぐって」ジュリスト1448号22頁［荒木発言］（2012年）。
(5)　荒木尚志＝菅野和夫＝山川隆一『詳説　労働契約法〔第2版〕』（弘文堂，2014年）200頁など参照。

第1章　労働契約・就業規則論の再生を目指して

根拠づける事実（評価根拠事実[6]）が加わるが，(b)説及び(c)説によれば，より使用者にとって負担が重い[7]，同法10条の合理性の評価根拠事実が加わることになろう。

2　無期転換の効力が争われる訴訟
(1)　訴　訟　物

上述したように，労働契約法18条による無期転換の効力が争われる訴訟として典型的に考えられるのは，従前有期労働契約を結んでいた労働者が使用者に対して，期間の定めのない労働契約上の権利を有する地位の確認を求める訴訟である。この訴訟の訴訟物は，期間の定めのない労働契約上の権利を有する地位となる（労働契約の存在のみならず，それに期間の定めがないことについての確認の利益を認めるべき場合があることについては上述したとおりである）。

(2)　請　求　原　因
(a)　原告被告間における無期労働契約の存在
(i)　期間の定めがないことの主張の要否

期間の定めのない労働契約上の権利を有する地位の確認を求める訴訟においては，請求原因として，まず，口頭弁論終結時点において期間の定めのない労働契約が存在することを根拠づける事実が必要となる（これに加えて，後述のとおり，確認の利益を基礎づける事実として，期間の定めのない労働契約が存在するか否かが争われている事実も必要である）。

従来，たとえば解雇事件における労働契約上の権利を有する地位の確認を求める訴訟においては，訴訟物の内容として，労働契約について期間の定めがないことは含まれていないのが通常であり，請求原因においても，契約に期間の定めのないことは含まれないと考えられてきた[8]。これは，一般に期間の定

---

(6)　就業規則の規定が「合理的」であることは，いわゆる規範的要件であるので，主張立証の対象となる要件事実は，「合理的」という法的評価を根拠づける具体的事実であり，これを「評価根拠事実」という。他方，「合理的」という法的評価を妨げる具体的事実を「評価障害事実」という。以上については，司法研修所『民事訴訟における要件事実（増補第1巻）』（法曹会，1986年）30頁以下参照。

(7)　荒木ほか・前掲注(5)112頁参照。

(8)　山川・前掲注(1)222頁参照。

めは契約の本質的な要素ではなく，期間の効果（満了による契約終了など）を主張する側が付随的な合意としてそれを主張する必要があると考えられることによるものである。しかし，期間の定めのない労働契約上の権利を有する地位の確認を求める訴えにつき確認の利益を認める場合，労働契約について期間の定めがないことが訴訟物の内容に含まれている以上は，そのことを根拠づける事実が請求原因にも含まれるべきことになる[9]。

そして，有期労働契約の無期転換が問題になる事案においては，原告・被告間の労働契約は，当初は有期労働契約として締結されているのであるから，請求原因においては，当初有期契約が締結された事実のみならず，労働契約法18条により無期転換がなされたこと，すなわち，新たに無期労働契約が成立したことまで主張立証することが求められると思われる[10]。

(ii) 無期転換の要件事実

労働契約法18条によれば，無期転換，正確には同条による無期労働契約の成立の要件事実は，以下の①から③のようなものになると思われる。

① 原告と同一の使用者との間で締結された有期労働契約が2以上存在すること

② ①の労働契約の通算契約期間が5年を超えること[11]

---

[9] さらに，そもそも，「期間の定めがない」ことが確認の対象に含まれない通常の地位確認の訴えにおいても，請求原因において期間の定めの有無につき主張すべきではないかとの問題も生じうる。しかし，期間の定めがあるかどうか不明の場合もありえ，その場合には請求原因がみたされずに請求棄却となってしまうので，一般的に期間の定めの有無を請求原因の内容とすることは難しいと思われる。

[10] これに対し，請求原因では単に無期転換の前提となった労働契約の締結を主張すれば足り，これに対する抗弁として使用者側がその契約における期間の定めの存在とその満了を主張した場合に，それらを前提とする予備的請求原因として，労働契約法18条により無期労働契約が締結されたことを労働者が主張するという見解もありうる。しかし，上記の請求原因（単なる労働契約の締結）により，請求の趣旨に対応する「期間の定めのない」労働契約の存在までも基礎づけられるのかという疑問が生じうるうえ，主張立証責任の所在は本文で述べた構成と実質上変わらないので（使用者側の上記抗弁は証拠上も認められるのが通常であろう），より簡明な本文で述べた構成をとるのが妥当と考える。

[11] 平成25年の研究開発力強化法等の改正により，大学等及び研究開発法人の研究者，教員等については，無期転換権発生までの通算契約期間は10年とされている（研究開発力強化法15条の2第1項，大学教員等任期法7条1項）。

第 1 章　労働契約・就業規則論の再生を目指して

　③　現に締結している有期労働契約の期間満了前に労働者が無期契約の申込みをしたこと

　以上のうち①と②については，原告において，①の事実を，無期契約が成立したという主張の相手方である使用者との間で締結ないし更新された各労働契約の期間（開始日と終了日）を示すことにより主張すれば，通常の場合は，それらの契約期間が通算 5 年を超えるかどうかは，自ずから明らかになると思われる。すなわち，労働者側は，②の要件をみたすに足りる①の有期労働契約締結の事実を主張することになろう(12)。ここでの有期労働契約締結の事実には，使用者と労働者の現実の合意により有期労働契約が締結された場合の他に，使用者による雇止めの適法性が争われ，労働契約法 19 条によって有期労働契約が締結されたことになる場合も含まれる。

　この点に関し，労働契約法 18 条 2 項及び同項に基づく基準省令(13)は，5 年の通算が解消されるいわゆる空白期間について定めているが，以上のように考えれば，通常の場合は，空白期間の存在が使用者側の抗弁となるわけではなく，上記の請求原因①・②において，空白期間が生じないような形での各有期契約の存在を主張する必要があると思われる(14)。

　次に，③に挙げた，労働者による無期労働契約の申込みという事実は，労働契約法 18 条により使用者がそれを承諾したものとみなされることにより，無期労働契約の成立という効果をもたらすものである。したがって，法的には，無期労働契約の申込みは，それにより無期労働契約の成立という効果を発生させる意思表示として，形成権の行使として性格づけられる（この意味で，有期契約労働者は，労働契約法 18 条による「無期転換権」をもつということができる）。

---

(12)　①と②については，労働契約法 18 条の解釈上いくつかの論点が存在し（荒木ほか・前掲注(5)180 頁以下参照），それらをどう考えるかによって主張立証すべき事実が影響を受ける可能性があるが，本稿は要件事実の概要についての検討を目的とするものであるので，それらの解釈上の論点には基本的には立ち入らないこととする。

(13)　平成 24 年厚生労働省令 148 号「労働契約法第 18 条第 1 項の通算契約期間に関する基準を定める省令」。

(14)　これに対して，労働者側が最初の有期労働契約の締結と最後の有期労働契約の締結を主張立証すれば，その間の有期労働契約の継続と通算が事実上推定され，これを覆すために使用者側が，通算の効果を否定しうる空白期間の存在を主張立証するという見解も想定しうるが，有期労働契約が原則として切れ目なく継続するという経験則が存在するとまではいいにくいので，上記のような事実上の推定を行うのは難しいと思われる。

具体的には，この無期転換権の行使は，原告たる労働者側において，使用者に対し無期労働契約の申込みという意思表示をしたこと，及び，それが現に締結されている有期労働契約の期間満了前に使用者に到達したことを意味する。

なお，この無期転換権が発生し，その行使が可能になるのは，通算契約期間が5年を超えることとなる有期労働契約が成立した時点（期間の初日）からであって，実際に通算契約期間が5年を超えた時点からではないと解されている[15]。その意味で，上記②の要件事実は，文字どおり「通算契約期間が5年を超える」ことであって，現実に「通算契約期間が5年を超えた」ことではない。

また，無期転換権の行使により無期労働契約が成立するのは，その意思表示が使用者に到達した時であって，有期労働契約の期間満了後ではない[16]。労働契約法18条1項が，期間が「満了する日の翌日から労務が提供される期間の定めのない労働契約の締結の申込みをしたとき」という表現を用いているのは，無期転換権の行使により無期労働契約は成立し，それに基づく労務提供については有期労働契約の期間満了後に開始されるという趣旨を示すものである。

(b) 無期労働契約の存在に関する争いの存在

以上の他に，請求原因において，原告たる労働者側は，被告が無期労働契約の存在に関して争っていることを主張する必要がある。これは，解雇等の効力が争われる通常の地位確認の訴えの場合でも同様であり，確認の利益を基礎づける事実である。争いの内容としては，被告が労働契約の終了を主張していることが含まれることはいうまでもないが，労働契約が終了していない時点において，期間の定めのない労働契約上の権利を有する地位につき確認の利益が認められる場合には，被告が当該労働契約について期間の定めがないことを否認して争っていることも含まれることになるであろう。

(3) 抗弁1——労働契約の終了

以上の請求原因に対する使用者側の抗弁としては，まず労働契約の終了が考えられる。もっとも，無期転換がなされた旨の請求原因が成り立つ場合は，従前の有期労働契約が終了したとしても新たな無期労働契約は成立しているのであり，最後の有期労働契約を含めて，従前の有期労働契約の期間満了による終

---

(15) 平成24・8・10基発0810第2号第5の4(2)エ，荒木ほか・前掲注(5)189頁など。
(16) 前掲注(15)・基発0810第2号第5の4(2)キ，荒木ほか・前掲注(5)191頁など。

第1章 労働契約・就業規則論の再生を目指して

了を抗弁として提出することは意味がなく失当となると思われる[17]。もっとも，最後の有期労働契約を除けば，雇止めにより次の労働契約が締結されなかった場合で，労働契約法19条による有期労働契約の締結が認められないときには，通常は無期転換の要件を欠くことになるため，同条のもとでの抗弁がここでも抗弁となろう。

また，その契約期間中に無期転換がなされたと主張される有期労働契約より前の有期労働契約についての期間途中解雇（労働契約法17条1項参照）については，その後に請求原因に示された有期労働契約が存在しても，空白期間の発生により，無期転換権の発生が妨げられる事例が生じえないではない。そのような場合には，期間途中解雇は抗弁としての意味をもちえよう。さらに，無期労働契約が締結される直前の有期労働契約の期間途中解雇については，その後の有期労働契約の締結は問題とならないので，請求原因事実とは両立し，かつ，解雇の効力発生が無期転換権の行使前であれば，労働者の無期転換権を（労働契約とともに）消滅させるものとして，抗弁となりうると考えられる（他方，無期転換権の行使後に解雇がなされた場合は，すでに無期労働契約も成立しているので，解雇の主張が地位確認の訴えの抗弁として成り立つためには，次に述べるように，それが無期労働契約をも終了させたとの主張も含んでいる必要がある）。

なお，以上の他に，無期転換権の行使を前提として，成立した無期労働契約が解雇等により終了したという抗弁も考えられる。これは通常の無期労働契約における解雇と同様であり，労働契約法16条所定の解雇権濫用法理の適用の問題となる。すなわち，解雇の意思表示と民法ないし労基法所定の期間が経過したことが抗弁となり，解雇権濫用の評価根拠事実（労働者の勤務状況が通常のものであったこと）が再抗弁，その障害事実（解雇に客観的に合理的な理由があったこと）が再々抗弁となると考えられる[18]。無期転換権行使後の有期労働契約の期間満了は，すでに無期労働契約が成立しているため，それだけでは抗弁とはならず，無期転換権行使後の有期労働契約の期間途中解雇についても同様であるが，これらの主張については，成立した無期労働契約についての解雇の主張として把えられる可能性もあり，その主張についても，上記のように取り扱

---

(17) ただし，次に述べるように，無期転換権が発生したが行使される前の段階で，その基礎となった有期労働契約の終了により無期転換権が消滅したという抗弁は考えられる。
(18) 山川・前掲注(1)206頁以下参照。

われることになろう。

(4) 抗弁2——無期転換権の消滅

次に，無期転換権の消滅という抗弁が考えられる。無期転換権の消滅事由としては，まず，当該無期転換権の基礎となった有期労働契約の終了を考えることができる。すなわち，無期転換権は，上記のとおり，通算契約期間が5年を超えることとなる有期労働契約が成立した時点に発生するものであるが，このように特定の有期労働契約に結び付いて発生することから，その有期労働契約が終了した場合には，無期転換権も消滅すると考えられる。ただし，改めて有期労働契約が締結（更新）された場合には，通算契約期間等の要件を満たす限りは，新たな有期労働契約の成立により，改めて無期転換権が発生することになる。

より問題となるのは，労働者が無期転換権を放棄したという抗弁である。この点に関しては，一般に，労働契約法18条の要件を満たして無期転換権が発生する前にそれを放棄することは公序に違反するものとして原則として無効と解されている[19]。要件事実の観点からは，無期転換権の放棄が抗弁となり，それが公序に違反することが再抗弁となるのが本来であるが，事前の無期転換権の放棄が公序違反とされることからは，事前の放棄であることが抗弁において示される限りは，再抗弁も主張されたことになり，実質上，抗弁は主張自体失当となるといえよう。ただし，学説上，ごく限定的に放棄が有効となる場合がありうることが主張されており[20]，この見解によれば，放棄が有効となりうる事情は，公序違反の再抗弁に対する再々抗弁（公序違反という評価を妨げる評価障害事実）になると考えられる。

これに対し，無期転換権が発生した後に，それを放棄することは，それが労働者の自由意思に出たものであると認められれば有効となると考えられているので（自由意思による放棄といえるかの認定は慎重に行うべきではないかとの問題は残る[21]），その限りで抗弁として成立しうる。ただし，上記のとおり，ある

---

(19) 前掲注(15)・基発0810第2号第5の4(2)オ，荒木ほか・前掲注(5)189頁以下など。
(20) 荒木ほか・前掲注(5)190頁，原昌登「有期労働契約の無期化」ジュリスト1448号54頁（2012年）など。
(21) 労働条件変更についての同意の認定につき，山川隆一「労働条件変更における同意の認定——賃金減額をめぐる事例を中心に」荒木尚志ほか編・菅野和夫先生古稀記念論

第1章 労働契約・就業規則論の再生を目指して

時点での有期労働契約について無期転換権がいったん発生した後，契約の更新がなされた場合には，従前の契約のもとで生じた無期転換権は消滅し，更新後の有期労働契約について新たな無期転換権が発生するものと解されることから，労働者が，ある時点での有期労働契約について無期転換権が発生した後にその放棄の意思表示をしたとしても，その後に契約が更新された場合（この事実は請求原因において示されるであろう）には，当該意思表示は，更新後の有期労働契約については，無期転換権の発生前にそれを放棄するものと解釈されることとなり，そのような放棄は上記のとおり公序違反として無効になる。したがって，そうした事後的な無期転換権放棄の抗弁は，実際上，無期転換直前の有期労働契約について認められるにとどまることになるであろう。

III 労働契約法19条

1 概要・訴訟物

　労働契約法19条は，有期労働契約のもとでの使用者による雇止め（更新拒絶）への制約に関する判例法理を制定法上のルールとしたものである。すなわち，期間を定めた契約は原則として期間満了により当然に終了するものであるところ，労働契約の場合は，実態上反復して更新されることが少なくないことなどにより，実質的にみて期間の定めのない契約と異ならない状態となったり，それには至らなくとも，契約更新につき労働者が合理的な期待を抱いたりすることがあり，判例は，こうした状態や期待を保護するために，そのような事案につき，解雇権濫用法理を類推するなどして雇止めに制約を課してきた（東芝柳町工場事件[22]，日立メディコ事件[23]など）。こうした保護は明文の規定を欠く判例法理上のものであり，その要件や効果を明らかにしたうえ制定法化することが望ましいことから，労働契約法19条が設けられた。

　すなわち，同条は，雇止めにつき解雇権濫用法理の類推適用等による制約が発動される場合を，従前の判例法理をふまえて，①有期労働契約が実質上無期契約と異ならない状態で存在していた場合（実質無期タイプ——上記の東芝柳町工場事件の事案が典型的なものであり，同条1号の要件はこれに対応する「実質無

　　集『労働法学の展望』（有斐閣，2013年）257頁など参照。
(22)　最一小判昭和49・7・22民集28巻5号927頁。
(23)　最一小判昭和61・12・4労判486号6頁。

期の要件」と表現できる），及び，②有期労働契約の更新につき労働者が合理的な期待を抱いていた場合（期待保護タイプ——上記の日立メディコ事件の事案が典型的なものであり，同条2号の要件はこれに対応する「合理的期待の要件」と表現できる）に分けて規定したものといえる。

また，本条による雇止めの制約の効果は，労働者側の申込みに対して使用者が承諾したものとみなされることにより，新たに有期労働契約が成立した結果となるというものであって，労働契約法18条とは異なり，無期労働契約が成立するわけではない。そのため，本条に基づく労働者の権利主張は，あくまで有期労働契約が新たに成立することを前提としたものとなる。

もっとも，雇止めの効力を争う訴えの形態としては，これまでの実務では，単に労働契約上の権利を有する地位の確認を求める訴えが利用されており，期間の定めのある労働契約上の権利を有する地位の確認という請求の趣旨はほとんど用いられていないようである。判決理由をみれば期間の定めのある労働契約の存在が認められていることは明らかになるが，もともと労働契約につき期間の定めは本質的要素ではないと解するのであれば，このような訴えの形態で差し支えないといえよう。以上によれば，この訴えの訴訟物は，労働契約上の権利を有する地位と考えれば足りることになる。

なお，直接争われた時点における雇止めにつき労働契約法19条が適用されるとしても，口頭弁論終結時点において労働契約が存在するものとされるためには，その後においても有期労働契約が更新等により継続していることが必要となる。この点については，雇止め後においても，特段の事情の変化がない限り同条の適用があり，口頭弁論終結時点まで契約は継続すると考えることで対応することになろう（雇止めが認められなかった場合は労働者側によるその後の更新の主張について争わないものとみることも考えられよう。労働契約法19条制定前の裁判例でも，争われた雇止めが無効とされ更新がなされたと判断された後の期間についても，同様に契約が更新されたことになるとしたものがある[24]）。

2　請求原因

使用者による雇止めに対して，労働者が労働契約法19条に基づき，労働契

---

[24]　鈴蘭交通事件・札幌地判平成23・7・6労判1038号84頁，ドコモ・サービス事件・東京地判平成22・3・30労判1010号51頁など。

約上の権利を有する地位の確認を求める訴えを提起する場合，上記のように，訴訟物を労働契約上の権利を有する地位と考えるのであれば，その請求原因は，①使用者と労働者の間における労働契約の締結，及び，確認の利益を根拠づける事実としての，②使用者が当該労働契約の存在を争っていること（具体的には，期間満了による契約終了を主張していること）となる[25]。

以上のうち，①については，当該労働契約に期間の定めがあることは，期間の定めが労働契約についての本質的要素ではないことから，請求原因において主張することは必要とはいえない[26]。もっとも，実際には有期労働契約が締結されており，しかも，複数回契約が更新されていることが多いことから，いつの時点での労働契約の締結を主張すべきかが問題となりうる。

この点については，最初の有期労働契約の締結の主張が必要であるとの見解もありえようが，その労働契約について抗弁として期間の満了が主張され，再抗弁としての契約の更新（再締結）が主張され，それについては争いがないものとして，最終的には雇止めがなされた有期契約に至り，そこで労働契約法19条の適用の主張がなされることになる。そうすると，厳密にいえば，同条による労働契約の成立を根拠づける請求原因としては，雇止めがなされた労働契約について，その締結を主張すれば足りるように思われる。そうすると，それ以前の労働契約は，労働契約法19条における実質無期の要件，または合理的期待の要件の内容の一部をなすものとして位置づけられることになろう。

3 抗弁──期間の定めとその満了

請求原因において労働契約における期間の定めが要件事実に含まれないとす

---

[25] 有期労働契約に自動更新条項（当事者が更新拒絶の意思表示をしない限り契約は自動的に更新される旨の条項）が付されていると認められる場合には，労働契約法19条の適用を待つまでもなく，同条項により更新の効果が発生する（大京ライフ事件・横浜地決平成11・5・31労判769号44頁参照）。この場合は，こうした条項の存在が請求原因をなし，同条項に基づく更新拒絶の意思表示が抗弁となり，それが権利濫用に当たること（評価根拠事実）が再抗弁となろう。

[26] 山川・前掲注(1)222頁。請求が認容される場合は，上記訴訟物につき確認判決がなされるが，主文において積極的に期間の定めのない契約であることまで確認されるわけではない。こうした意味で，この請求原因自体は，無期労働契約において解雇の効力が争われる場合などと共通している。

ると，期間の定めがあること，及びその期間が満了したことが，契約終了の抗弁となる。ここで，請求原因における労働契約については，上記のとおり雇止めがなされた労働契約をいうものと考えると，ここでの労働契約も，雇止めがなされた労働契約を指すことになる。そして，雇止めは，それにより契約を終了させる法的効果をもつ法律行為ではなく，契約は期間の満了によって終了するものであるため，抗弁としては，期間の定めの存在とその期間の満了で足りる。

なお，労働契約は，期間の満了以外によっても終了しうるものであることはいうまでもないが，ここでは，使用者による雇止めに対して労働者が労働契約法19条の適用を主張する紛争を検討しているので，その他の契約終了の抗弁については言及しないこととする。

4　予備的請求原因（労働契約法19条による契約の成立）
(1)　主張の位置づけ

使用者による雇止めにつき，労働契約法19条の要件がみたされた場合には，新たに有期労働契約が成立することになる。この新たな労働契約（またはその後にさらに締結される有期労働契約）に基づく権利を有する地位が確認の対象となるが，ここでの労働契約の成立の主張は，抗弁の内容である従前の有期労働契約の終了という効果の発生を妨げるものではない。また，この主張により成立が認められる有期労働契約は，請求原因と抗弁により内容が定められる従前の有期労働契約とは存在時期を異にするものである。そのため，この主張は，抗弁に対する再抗弁というよりも，予備的請求原因として位置づけられるように思われる[27]。

ただし，上記のとおり，訴訟物としては，単に労働契約上の権利を有する地位の確認が求められているのみであって，期間を特定した労働契約上の権利を有する地位の確認が求められているわけではないから，この主張は，いわゆる予備的請求をなすものではないと考えられるので，「予備的請求の請求原因」ではなく，同一訴訟物についての「予備的な請求原因」とでもいうべきもので

---

(27)　従前の判例法理のもとでも，雇止めが許されないとされた場合には契約が更新されたのと同様の結果が生ずると解されていたが，そこでも同様の位置づけがなされていた。山川・前掲注(1)223頁。

第1章　労働契約・就業規則論の再生を目指して

あろう[28]。さらに，抗弁を除いて考えれば，期間の定めがあることは訴訟物においても請求原因においても現れていないのであるから，労働契約法19条による労働契約の成立の主張は，労働契約の存在という請求原因の法的効果を復活させるものとして，再抗弁として位置づけることもできそうである。もっとも，この点は，主張の位置づけに関して抗弁の内容（有期労働契約であること）も考慮に入れるかどうかによるものであり，訴訟における実益はなさそうに思われる。

(2)　要件事実の内容

(a)　概　　要

労働契約法19条によれば，①同条1号または2号に該当する有期労働契約につき，②契約期間満了日までに，またはその後遅滞なく，労働者が当該契約の更新の申込みをした場合，③使用者がその申込みを拒絶することが，客観的に合理的な理由を欠き，社会通念上相当であると認められないとき，という要件をみたしたときには，使用者が従前の有期労働契約の労働条件と同一の労働条件で当該申込みを承諾したものとみなされる，すなわち，そのような内容の有期労働契約が成立するという効果が発生する。そこで，上記の①から③の要件事実につき検討する。

(b)　実質無期要件・合理的期待要件の評価根拠事実

労働契約法19条1号は，「当該有期労働契約が過去に反復して更新されたことがあるものであって，その契約期間の満了時に当該有期労働契約を更新しないことにより当該有期労働契約を終了させることが，期間の定めのない労働契約を締結している労働者に解雇の意思表示をすることにより当該期間の定めのない労働契約を終了させることと社会通念上同視できると認められること」を，雇止めへの制約が認められるための要件の1つとして設定している。この要件は，従来の判例法理のもとで解雇権濫用法理の類推が認められてきた，いわゆる実質無期タイプにおける，有期労働契約が実質上期間の定めのないのと異ならない状態で存在していること，という事実（実質無期の要件）を，雇止め（有期労働契約の場合）が解雇（無期労働契約の場合）と同視できるという観点から表現しなおしたものといえる。

---

[28]　山川・前掲注(1)224頁注(55)参照。

他方，同条2号は，上記1号と選択的な要件として，「当該労働者において当該有期労働契約の契約期間の満了時に当該有期労働契約が更新されるものと期待することについて合理的な理由があるものであると認められること」という事実を設定している。この要件は，従来の判例法理のもとで解雇権濫用法理の類推が認められてきたもう一つの事案類型である，いわゆる期待保護タイプ（合理的期待の要件）を制定法上採用したものといえる。上記1号とは異なり，本号では，過去に有期労働契約が更新されてきたことを要件の内容に含めていないため，契約の反復更新により更新への合理的期待が生じた事案（いわゆる期待保護（反復更新）タイプ）に限らず，更新実績がない場合でも契約締結時の事情等から更新への合理的期待と認められる事案（いわゆる期待保護（継続特約）タイプ）を含みうる[29]。

これらの要件は，いずれかがみたされれば，雇止めには合理的理由等が必要となるという効果をもたらすものであるが，1号の要件は2号の要件よりも厳格であるようにみえる（従前の裁判例でも，有期労働契約が実質的に無期契約と異ならない状態にあったとはいえないとしても，更新に対する合理的期待があったといえるかという段階的な検討がなされることが少なくない）。そこで，1号と2号とは，a＋bと呼ばれる包含関係[30]にあるのではないか，すなわち，1号がみたされる場合には2号も当然にみたされるので，2号のみを要件とすれば足りるのではないか，という問題が生じる。

この点については，まず法文上は，1号は客観的な契約の存在状態を指す要件であるのに対し，2号は，（「合理的」という制約がかかるとはいえ）労働者の期待という主観的な状況を指す要件であるとみれば，両者は質的に差があるということができそうである。もっとも，有期労働契約が客観的に無期労働契約と異ならない状態で存在するといえるのであれば，労働者には更新に対する合理的期待があったと認めることができるであろうから，実質的には包含関係はやはり存在するともいえる。しかし，1号の要件が満たされる場合には，雇止めに対する制約は，2号の要件のみが満たされる場合に比べて強くなる傾向が

---

(29) これらの分類については，有期労働契約の反復更新に関する調査研究会「有期労働契約の反復更新に関する調査研究会報告」（2000年）参照。

(30) いわゆるa＋bの問題については，司法研修所・前掲注(6)284頁参照。

第1章 労働契約・就業規則論の再生を目指して

あり(31)，期間の定めがない労働契約における解雇からの保護に相対的に近づくと思われる。こうした法的な効果の差異（法文上現われているわけではないが）を考えれば，実質的にも，1号と2号を分けて定めることには意味があるといえよう(32)。

以上によれば，ここでは，①有期労働契約が実質上期間の定めのないのと異ならない状態で存在していることについての評価根拠事実，または，②労働者の有期労働契約の更新への期待に合理的理由があることの評価根拠事実が，それぞれ要件事実となると思われる。

以上の2つの要件事実の具体的内容は事案により異なりうるものであるが，それぞれの要件の規範的評価を左右しうる要素としては，労働者の担当業務の内容，契約上の地位の基幹性・臨時性，更新回数，雇用の継続年数，更新手続の厳格さ，雇用継続に関する採用時の説明，従来の雇止めの実例などが挙げられる(33)。たとえば，担当業務が，いわゆる正社員と同様の使用者の業務にとって中核的なものであるならば，その事実は，実質無期の要件または合理的期待の要件についての評価根拠事実の1つとなりうる。

(c) 申込み

次に，労働契約法19条のもとで労働契約上の地位確認を求める場合には，労働者において，雇止めにかかる有期労働契約の期間満了日までに，またはその後遅滞なく，当該契約の更新の申込みをしたことが要件となる。従前の判例法理のもとでは，この要件は課されていなかったが，労働契約法19条は労働契約の成立という法的効果を明定し，申込みと承諾による契約の成立という枠組みに即した規定ぶりを採用したため，この要件が導入されることとなった(34)。

ただし，もともと判例法理では存在しなかった規定であるため，条文上，申込みの時期は期間満了日までに限らず，その後遅滞なくなされたものであれば足りると定められており，合理的な理由がある場合には申込みが遅滞してもそ

---

(31) 有期労働契約の反復更新に関する調査研究会・前掲注(29)参照。
(32) 労働契約法19条制定前の判例法理につき，山川・前掲注(1)223頁注(53)参照。
(33) 有期労働契約の反復更新に関する調査研究会・前掲注(29)参照。
(34) この点についての立法論的批判として，毛塚勝利「改正労働契約法・有期労働契約規制をめぐる解釈論的課題」労働法律旬報1783・1784号19頁（2013年）などがある。

の効力は認められると解されている[35]。また，解釈上も，契約更新を求める旨の言動や訴えの提起でも申込みに該当し，労働組合を通じた雇止めに抗議する旨の言動でも足りると解されている[36]。さらに，労働条件の変更に応ずれば契約を更新するとの使用者の申し出に対して，労働者が従前の労働条件でならば更新に応ずるとして拒否し，更新に至らなかった場合も，民法528条により労働者が新たな申込みをしたものとみなされ，使用者がこれを拒否したものと評価できると思われる[37]。

(d) 使用者の更新申込み拒絶（雇止め）に合理的理由がないこと

最後に，労働契約法19条のもとでは，上述した労働者の更新申込みを使用者が拒絶すること（雇止め）が，客観的に合理的な理由を欠き，社会通念上相当であると認められないことが要件となる。「客観的に合理的な理由を欠き，社会通念上相当であると認められないこと」という文言は，同法16条における解雇権濫用法理のそれと同一であり，解雇権濫用法理を類推適用してきた判例法理を制定法化したことを示しているものといえる。

このように，解雇権濫用法理の類推適用を制定法化したという趣旨からすれば，「客観的に合理的な理由を欠き，社会通念上相当であると認められないこと」という文言を要件事実の観点から検討する際にも，労働契約法16条と同様の発想が妥当すると思われる。すなわち，「客観的に合理的な理由を欠くこと」という要件はいわゆる規範的要件であり，その評価根拠事実が要件事実となるが，労働契約法16条の場合と同様に，労働者側としては，平素の勤務状況に特に問題がなかったことを主張立証すれば足り，他方で使用者側において，抗弁として，雇止めが「客観的に合理的な理由を欠く」という評価を妨げ得る具体的事実（評価障害事実）を主張立証すべきものと考えられる。これに対し，「社会通念上相当であると認められない」ことは，雇止めを正当化しうる客観的合理的理由があっても，他の労働者との取扱いの比較などの事情から，当該労働者を雇止めとするのは酷に過ぎると評価できることを意味し，そうした評

---

(35) 前掲注(15)・基発0810第2号第5の5(2)オ。
(36) 同第5の5(2)エ。
(37) 毛塚・前掲注(34)25頁など。労働契約法改正前の事案についてであるが，雇止め法理の適用を認めた裁判例として，ドコモ・サービス事件・東京地判平成22・3・30労判1010号51頁がある。

価を根拠づける事実については，まず労働者側が主張立証すべきものと思われる[38]。

なお，労働契約法19条の文言上，使用者が，労働者による有期労働契約の更新の申込みを拒絶する旨の通知を現実に行ったことは要件とされておらず，当該申込みを拒絶することが客観的に合理的な理由を欠き，社会通念上相当であると認められないことが要件とされているにとどまる。もっとも，実際には，雇止めがなされて紛争になる以上，使用者は更新を拒否していることになり，労働者の更新申込み（上記のとおり，それ自体も柔軟に解されている）を待たない雇止めの通知であっても，予め更新の申込みを拒絶したものと評価できるので，更新申込みを拒絶したこと自体が要件となるか否かはあまり議論の実益のない問題といえよう。

5　予備的請求原因に対する抗弁
(1)　雇止めの制約可能性の評価障害事実
(a)　概　要

以上の予備的請求原因に対する抗弁としては，まず，雇止めの制約可能性の評価障害事実があげられる。すなわち，労働契約法19条1号の実質無期の要件については，当該有期労働契約が実質上期間の定めのないのと異ならない状態で存在しているとは評価できないという評価障害事実であり，同条2号の合理的期待の要件については，当該有期労働契約の更新についての労働者の期待が合理的なものとは評価できないという評価障害事実である。

これらの評価障害事実についても，上記要件の評価根拠事実と同様に，労働者の担当業務の内容，契約上の地位の基幹性・臨時性，更新回数，雇用の継続年数，更新手続の厳格さ，雇用継続に関する採用時の説明，従来の雇止めの実例などを考慮して，上記要件該当性の評価を障害しうるものであるかを判断することになる。たとえば，当該労働契約が1年のうちある季節にしか設定されていない場合には，契約上の地位が臨時的なものであるとして，上記要件の評価障害事実となりうると考えられる。

---

(38)　以上については，山川・前掲注(1)223頁，209-212頁参照。

(2) いわゆる不更新条項

　以上と関連して問題となるのは，いわゆる不更新条項ないし最終更新条項をどのように考えるかである。すなわち，有期労働契約の更新手続において，今回の更新が最終的なものであり，その後は更新しない旨の条項を提示し，あるいは契約書に盛り込んだうえで更新を行い，その次の更新において，かかる条項を理由に雇止めを行う場合に，雇止めへの制約（解雇権濫用法理の類推適用）がいかなる影響を受けるかという点が問題となるのである。この問題は，労働契約法19条の制定前から存在していたものであるが，同条2号において，契約更新への合理的期待が「当該有期労働契約の満了時」において存在することが要件とされたため，いったん形成された更新への期待が，その後，契約の期間満了時までに不更新条項によって消滅することがありうるかという論点として改めてクローズアップされるに至っている。

　この点については，下級審裁判例等において，いくつかの異なる見解が示されている。すなわち，一方では，(a)解雇権濫用法理の類推による雇止めの制約自体は肯定しつつ，雇止めの合理的理由についての評価障害事実として考慮する見解があり[39]，他方で，(b)労働者が当該条項に同意したものと認められれば，契約更新への合理的期待が放棄されたなどとして，解雇権濫用法理の類推自体を否定するものもある[40]。その他に，学説上は，(c)雇止めへの制約要件，すなわち実質無期要件ないし合理的期待の要件についての評価障害事実の一つとなるとの見解[41]，(d)不更新条項は民法90条に反するものとして無効であるとする見解[42]などがある。

　なお，使用者が今回の更新が最終である旨を一方的に労働者に告知したのみで，労働者はこれに同意したとは認められない場合には，そのことにより雇止めへの制約が否定されるものではないことについては，争いはないとみられ

---

(39) 明石書店事件・東京地決平成22・7・30労判1014号83頁，毛塚・前掲注(34)25頁，唐津博「改正労働契約法第19条の意義と解釈」季刊労働法241号11頁（2013年）など。
(40) 近畿コカコーラ・ボトリング事件・大阪地判平成17・1・13労判893号150頁など。
(41) 龔敏「有期労働契約の終了」法学セミナー671号8頁（2010年），篠原信貴「不更新条項とその解釈」季刊労働法242号43頁（2013年）。
(42) 西谷敏『労働法〔第2版〕』（日本評論社，2013年）448頁，根本到「有期雇用をめぐる法的課題」労働法律旬報1735=1736号14頁（2011年）など。

第1章 労働契約・就業規則論の再生を目指して

る[43]。

そこで検討するに，不更新条項は，いったん形成された合理的期待の消滅などの形で，合理的期待の要件または実質無期の要件に関して問題となるものであり，これらの要件が充足されない限り，雇止めについての合理的理由が問題となることはないので，(a)の立場のように不更新条項を雇止めの合理的理由の問題としてとらえることには疑問がある。また，(d)についても，賃金債権の放棄等が限定的要件のもとではあるが肯定されうることからすると，不更新条項を一般的に民法90条違反とすることができるかという疑問が生じる。

他方，合理的期待の要件を，①契約更新への労働者の期待という主観的要件と，②そのような期待を抱くことに合理的な理由があると認められることという要件が合体したものと考えるのであれば，(b)の見解のように，労働者がその自由な意思により不更新条項に同意した場合には，①の期待が消滅したものと認められ，その結果，合理的期待の要件の充足性が否定されると考えられる。ここでは，労働者の期待の消滅が，合理的期待の要件についての独立の抗弁をなすことになる（ただし，形式上不更新条項が存在しても，運用上更新がなされることも多かったのであれば，合理的期待の要件が消滅したとは認定しにくくなる場合があろう）。

もっとも，合理的期待の要件につき，上記①のような主観的要件が含まれているとは考えずに，客観的にみて労働者が契約更新を期待するのが合理的であるという意味において，全体として一つの規範的要件であると考える場合には，(c)の見解のように，不更新条項への労働者の同意は，この規範的要件についての評価障害事実の一つとして抗弁となると考える余地がある。ここでも，不更新条項への労働者の同意が合理的期待の要件についての抗弁となることには変わりはないが，評価障害事実の一つであるから，それだけで合理的期待の要件該当性が常に否定されるとは限らず，合理的期待の要件についての評価根拠事実が非常に強力である場合などは，総合判断の結果，なお合理的期待の要件が充足されると認められるケースも生じうる。

従前の裁判例の多くは(b)のような見解に立つのではないかと思われるが，この見解に立つとしても，労使間の交渉力の格差，特に，不更新条項に同意し

---

[43] 立教女学院事件・東京地判平成20・12・25労判981号63頁など。

ない場合には雇止めがなされる可能性が高いことにかんがみると，不更新条項への労働者の同意の認定は慎重であるべきであり，不更新条項の必要性や内容，法的意味についての労働者への説明の明確性などの諸事情をふまえて，当該条項に労働者が同意するのももっともであるとみられるような客観的状況が認定される場合に初めて，労働者が不更新条項に確定的に同意した，あるいは期待を確定的に放棄したと認定できるというアプローチがとられうる[44]。他方で，(c)の見解に立つとしても，このような場合には，総合判断の結果，合理的期待の要件が否定されると解することができるので，(b)と(c)の見解は実際にはあまり差異をもたらさないように思われる。

以上は，労働契約法19条2号の合理的期待の要件にとって不更新条項がもつ意味についての検討であるが，同条1号の実質無期の要件については，合理的期待の要件の①のような独立の主観的要件を含むものとは読みにくいので，全体として1つの規範的要件をなすものと考えざるをえない。そうすると，上記(c)のように，不更新条項への同意はその評価障害事実と位置づける見解はより無理なく導かれるように思われる。

(3) 雇止めの合理的理由 （評価根拠事実）

前述したように，雇止めに対して労働者が労働契約法19条により契約更新を主張する訴訟においては，雇止めが「客観的に合理的な理由を欠く」という規範的要件の評価根拠事実が予備的請求原因の一環をなすが，これに対し，雇止めが「客観的に合理的な理由を欠く」という規範的要件についての評価障害事実が使用者側の抗弁となる。そして，この評価障害事実として，使用者側は，具体的な雇止めの合理的理由を根拠づける具体的事実を主張立証すべきものと考えられる。

労働契約法19条が雇止めに関する従来の判例法理に基づき設けられたことにかんがみると，ここでの雇止めの合理的理由については，同条の制定によって従来の裁判例の取扱いは特に変更されるものではないと考えられる。雇止め

---

(44) 荒木ほか・前掲注(5)218頁，山川・前掲注(21)257頁など。期待の確定的放棄を認定した事例として，本田技研工業事件・東京地判平成24・2・17労経速2140号3頁がある。なお，事案によっては，不更新条項について，更新をなすべき合理的事情がある場合は例外とする旨の意思解釈をなしうることもあろう（そうした事案では上記(c)の見解と同様の帰結が導かれうる）。

の合理的理由について，従来の裁判例の取扱いの全体像をルールとして明確化するのは難しいが，雇用調整時における有期契約労働者への雇止めの制約は，いわゆる正規従業員とは必ずしも同一ではないとした，日立メディコ事件最高裁判決(45)の立場もそれに含まれるであろう。

他方，労働契約法の平成24年改正により新たに生じた論点としては，同法18条による無期転換を避けるための雇止めが合理的理由があるものといえるかという点があるが，同法18条の無期転換の制度は，有期労働契約の地位の安定化を図るという政策を実現するためのものであり，無期転換を避けるという理由は，こうした政策目的にそぐわないため，一般に合理的理由を欠くものと考えられる(46)。そうすると，このような評価障害事実の主張は，主張自体失当として取り扱われるべきこととなろう。

Ⅳ　労働契約法20条

1　概要・訴訟物

労働契約法20条は，有期契約労働者の労働条件につき，期間の定めがあることにより，同一の使用者と期間の定めのない労働契約を締結している労働者の労働条件と相違する場合には，当該労働条件の相違は，労働者の業務の内容及び当該業務に伴う責任の程度（「職務の内容」），当該職務の内容及び配置の変更の範囲その他の事情を考慮して，不合理と認められるものであってはならない旨を定めている。

本条の趣旨は，有期契約労働者と無期契約労働者の労働条件には格差が生じやすいこと，不合理な格差が生じた場合にそれを是正することにある。そこでは，有期契約労働者の場合，雇止めへの不安により対等な交渉ができにくく，通常の労使間の交渉力格差がさらに拡大されがちであることが背景となっている。

本条については，有期契約労働者が使用者を相手に，無期契約労働者との労働条件の差異が本条に違反すると主張して訴えを提起することが想定される。そして，そこでの具体的請求としては，有期契約労働者が，無期契約労働者の

---

(45)　前掲注(23)。
(46)　毛塚・前掲注(34)24頁，荒木ほか・前掲注(5)177頁など。

労働条件たる権利と同等の権利を有しているとして，それと従前の労働条件との格差部分の履行を請求することがまず考えられる。

その場合，原告たる有期契約労働者がそうした契約内容を主張しうる根拠としては，まず，労働契約法20条自体が，無期契約労働者の労働契約上の労働条件のうち有期契約労働者の労働条件を下回る部分を無効とする効力のみならず，両者の格差を是正して無期労働者と同一の労働条件を設定する効力をもつとの見解が主張されうる[47]。しかし，同条の文言上は，労基法13条のような直律的効力は定められていない。また，労働契約法20条のもとで問題となる労働条件は，労基法上の労働条件の最低基準のように法律上特定されておらず，他の労働条件と関連して定められることも多いことも考えると，上記のような意味で無期労働者と同一の労働条件を設定する効力（直律的効力）を認めるのは難しいと思われる[48]。そうすると，有期契約労働者が，労働契約法20条の直律的効力に基づいて従前の労働条件との格差部分の履行を請求すること，換言すれば，同条に基づく格差部分の履行請求権という訴訟物を想定することは困難となる。

もっとも，労働契約法20条は，上記のとおり，使用者と有期契約労働者の交渉力の格差を不合理な労働条件を禁止することで是正しようとする趣旨に基づくものであるので，同条は私法上の強行規定に該当し，これに違反する法律行為は無効となると考えられる。その場合，就業規則や労働契約等において，有期契約労働者が不利益に取り扱われている部分のみが無効（いわゆる一部無効）となると解することにより，有期契約労働者は，無期契約労働者と同一の労働条件を主張することができる場合が少なくないであろう[49]。

たとえば，就業規則において，無期契約労働者たる従業員のみが通勤手当を請求できると定められており，それが労働契約法20条に違反する場合には，かかる規定のうち，「無期契約労働者……のみが」という限定要件のみが無効

---

[47] 西谷・前掲注(42)453頁など。
[48] 荒木ほか・前掲注(5)245頁，菅野和夫『労働法〔第10版〕』（弘文堂，2012年）239頁など。
[49] 毛塚・前掲注(34)28頁など。前掲注(15)・基発0810第2号第5の6(2)カは，「法20条により，無効とされた労働条件については，基本的には，無期契約労働者と同じ労働条件が認められると解される」（傍点筆者）とするが，本文と同様の趣旨に解すべきものであろう。

となり，有期契約労働者も通勤手当を請求できると考えられる。こうした場合の訴訟物は，労働契約（就業規則）上の通勤手当請求権であり，労働契約法20条の直律的効力を否定したとしても，その強行的効力を肯定し，同条違反の主張を一部無効の再抗弁と構成することにより，これを根拠づけることができる（20条違反を公序違反として構成する場合も同様である）[50]。(2)以下では，こうした訴訟（給付訴訟を想定する）について要件事実を検討することとする。

なお，このように一部無効という法技術を使うことが困難な場合でも，労働契約法20条違反の行為は，有期契約労働者の利益を保護する趣旨のものであるため，原則として不法行為法上の違法性を備えるものと考えられ，不法行為に基づく損害賠償請求を行うことは可能である（ただし，その場合の損害については，格差部分が常に損害と評価されるとは限らないため，事案に応じて検討することになろう）。

2 請求原因

(1) 労働契約の締結

有期契約労働者が，無期契約労働者との間の労働条件の格差が不合理であり，就業規則や労働契約のうちそうした格差部分が無効であるとして，無期契約労働者との格差部分の履行を請求する場合，請求原因としては，まず，原告たる労働者と使用者との間で労働契約が締結されたことがあげられる。ここでも，当該労働契約が有期労働契約であることは，労働契約についてそもそも期間の定めが本質的要素ではないこと，労働契約法20条違反は，当該労働条件の定めは有期契約労働者には妥当しない旨の使用者の抗弁に対する再抗弁として位置づけられることから，請求原因の内容には含まれないと解される。

(2) 請求する権利の発生原因事実

次に，問題となっている訴訟物に対応する権利について，原告が同一の使用者に雇用される無期契約労働者であったとすればその発生要件をみたしていることを主張立証することが必要である。就業規則等においては，有期契約労働者は当該労働条件が妥当しない，すなわちそれを求める権利を有しない旨を定

---

[50] 労基法4条の男女賃金差別禁止規定等についてもこのような構造となる。山川・前掲注(1)277頁参照。

めていることが通常であろうが，上記のように，ここで取り上げている訴訟においては，当該労働条件の定めは有期契約労働者には妥当しない旨の使用者の抗弁に対し，そのような定めは労働契約法20条違反として無効であるという再抗弁として位置づけられることから，請求原因では，無効となる格差部分をあらかじめ除いた部分を想定して，その要件をみたす事実の存在を主張立証することになる。前述した通勤手当の例でいえば，有期契約労働者たる従業員が支給対象とならない旨の差別的部分を除外して，期間の定めの有無を問わず従業員が通勤手当請求権をもつとの定めがあるとの主張を前提に[51]，そこでの支給要件が充足されていることを主張立証することになる。

なお，原告と同一の使用者に雇用される無期労働契約者といっても様々であり，ここで主張する無期契約労働者の労働条件ないし権利も様々なものがある。そこで，ここでいかなる労働条件につき格差部分を違法としてその履行を請求するかは，いかなる無期契約労働者を労働契約法20条違反の主張における比較対象者として選択するかを意味しうるものとなる。この点については，論理的には，同一の使用者に雇用される無期契約労働者であれば広く比較対象者になりうるが，実際上は，原告にとって再抗弁における労働契約法20条違反の主張立証が容易と考えられる無期契約労働者を，同条所定の要素をふまえて選択することになると考えられる。換言すれば，職務の内容，職務内容と配置の変更の範囲及びその他の事情に照らして労働条件を同様とすべき無期契約労働者を選択することになろう[52]。

3 抗弁——有期契約労働者の異別取扱い

以上の請求原因に対する使用者の抗弁としては，労働契約法20条との関係では，

① 請求原因掲記の労働条件は有期契約労働者には適用されないこと，ない

---

[51] 請求原因段階では，原告労働者の労働契約に期間の定めがあることは現われていないので，期間の定めがある場合でも適用されることまで主張する必要はない。なお，こうした定めの主張は一部無効の処理を経た上でのもので，現実の就業規則の定めとは異なりうるので，実際には，差別的部分が無効となるとの主張を伴うことになろう。要件事実の観点からは，次にみる使用者の抗弁を先行自白するとともに，合わせて労働契約法20条違反の再抗弁を主張するものと位置づけられる。

[52] 荒木ほか・前掲注(5)232頁参照。

し，期間の定めがあることにより当該労働条件の内容に差異があること
② 原告の労働契約に期間の定めがあること
が考えられる。もっとも，この抗弁は，実質上，労働契約法20条違反という再抗弁の前提となる位置づけをもつものであり，原告側が先行自白することが多いと思われる。また，①については，文字どおりに当該労働条件の適用対象は無期契約労働者に限られる旨の定めがある場合に限らず，そのような定めがあると解釈できる場合も含まれるものである。

4　再抗弁──労働契約法20条違反（不合理性の評価根拠事実）

以上のような抗弁に対しては，かかる定め（法律行為）は，労働契約法20条に違反する不合理なものとして無効となるとの再抗弁が提出されうる。

ここで，労働契約法20条違反の成立要件である，原告が有期契約労働者であること，その労働条件につき，同一の使用者と労働契約を締結している無期契約労働者の労働条件との間に，期間の定めがあることにより差異があることは，請求原因及び抗弁においてすでに主張立証されているので，再抗弁においては，そうした差異が，労働者の業務の内容及び当該業務に伴う責任の程度（両者を合わせて職務内容という），職務内容と配置の変更の範囲，及びその他の事情に照らして不合理と認められるものであることが中心的な内容となる。そして，「不合理と認められる」という要件は，いわゆる規範的要件と考えられるので，原告としては，「不合理と認められる」という評価を根拠づける具体的事実（評価根拠事実）を主張立証すべきことになる。これに対して，次に述べるように，被告たる使用者は，「不合理と認められる」という評価を阻害する具体的事実（評価障害事実）を主張立証すべきものである[53]。

裁判所は，これら評価根拠事実及び評価障害事実を総合して，最終的に「不合理と認められる」か，そうとはいえないかを判断すべきことになる。ここで，「不合理と認められる」かどうかは法的判断の問題であって，この判断については，具体的な事実におけるような立証責任は問題とならない（事実の存否と

---

[53] 前掲注(15)・基発0810第2号第5の6(2)キ，荒木ほか・前掲注(5)235頁など。これに対し，使用者側が当該格差につき合理的理由ないし不合理でないことを主張立証すべしとする見解として，川田知子「有期労働契約法制の新動向」季刊労働法237号13頁（2012年），毛塚・前掲注(34)28頁などがある。

は異なり，真偽不明という状態が生じることは想定されない）。ただし，実際上，裁判官が，問題となっている労働条件の差異が「合理的と認められる」とは評価できない一方で，「不合理と認められる」との評価にも至らない場合には，「不合理と認められる」という規範的要件が充足されたとの判断がなされたとはいえないので，請求は棄却されざるをえないことになる[54]。

　こうした意味で労働条件の差異が「不合理と認められる」という規範的要件の評価根拠事実及び評価障害事実の具体的内容は様々であるが，労働契約法20条が明示する，職務の内容，職務の内容と配置についての変更の範囲（職務等の面での人材活用のしくみといえる）は重要な考慮要素となる[55]。そして，労働契約法19条における契約更新への期待の合理性の判断要素と同様に，これらについては，その内容に応じて，評価根拠事実と評価障害事実に振り分けられることになる（その意味で，不合理性の判断を左右する具体的事実については，原告・被告の一方のみが主張・立証責任を負うものではない）。本稿はこの点の詳細について立ち入ることはできないが，たとえば，原告たる有期契約労働者の職務内容が，比較対象とされた無期契約労働者のそれと同一である場合には，両者間の労働条件の相違が不合理であることについての評価根拠事実の1つとなり，他の評価根拠事実や評価障害事実とともに，労働条件の差異が不合理といえるか否かの判断要素となるであろう。また，「その他」という要素の内容についても実体法上種々の議論がなされているが，この点についても本稿では割愛せざるを得ない[56]。

　なお，この再抗弁は，有期契約労働者については，無期契約労働者には適用される請求原因所定の労働条件の適用対象から除外される，あるいはその内容に差異があるとの抗弁に対するもので，この再抗弁が成り立つ場合には，当該労働条件に関する定めのうち，それが無期契約労働者のみに適用される旨等を定めた部分が無効となるという法律効果を発生させるものである。

　就業規則等の定めの一部無効を認めるための要件は必ずしも明確ではないが，

---

(54) 荒木ほか・前掲注(5)234-235頁。山川隆一『労働法の基本』（日本経済新聞出版社，2013年）188頁など。
(55) これら要素の意味するところについては，パートタイム労働法の通達（平成26・7・24基発0724第2号等）が参考になる。
(56) 以上の判断要素については，荒木ほか・前掲注(5)237頁以下参照。

労働法分野では，①無効となる部分と残りの効力が認められる部分が可分であること，②一部無効の処理を行っても当事者双方の意思に反しないこと，という基準を前提とした処理を行った最高裁判決がある[57]。こうした基準はここでも参考になるが，②については，当事者の意思といっても仮定的判断にならざるを得ず，また，全部無効とすることにより比較対象の労働者についても当該労働条件が否定されるという帰結が当事者の意思に合致するのか，という観点から判断が行われることに留意すべきであろう。

5　再々抗弁──不合理性の評価障害事実

以上の再抗弁に対しては，有期契約労働者と無期契約労働者の間における労働条件の差異の不合理性についての評価障害事実が，使用者側の再々抗弁となりうる。ここでは，前述した職務の内容，職務の内容と配置についての変更の範囲，及びその他という要素について，両者の差異が不合理であるという評価を妨げる具体的事実が主張立証されるべきことになる。

この評価障害事実の内容についても，本稿では詳細な検討は割愛せざるをえないが，「その他」につき，問題となっている労働条件がどのような手続を経て設定されたものであるかを重視する見解[58]によれば，使用者と労働組合や従業員集団との交渉や協議によって，有期労働者の利益も配慮しつつ当該労働条件が決定されたことなどは，使用者側において主張立証すべきことになると思われる。

V　おわりに

本稿では，労働契約法の平成24年改正において新設された，有期労働契約にかかわる3つの規定について，要件事実論の観点からの検討を試みた。有期労働契約の雇止めに関する19条は基本的に従来の判例法理を明文化したものであるが，判例法理にはなかった要件も一部加えられており，また，無期契約への転換に関する18条，及び不合理な労働条件格差の禁止に関する20条は，労働法全体を見渡しても新たな位置づけをもつ規定である。従来の雇止めに関

---

(57)　東朋学園事件・最一小判平成15・12・4労判862号14頁。
(58)　菅野・前掲注(48)237頁。

する裁判例を除けば，これらの規定を直接適用した裁判例もまだみられないため，要件事実論からの検討も，利用可能な訴訟形態やそこでの論点を仮定したうえでのものとならざるをえない面もある。そのため，本稿では検討しきれなかった多くの論点が残されていると思われるが，これらについては今後機会をみて検討していきたい。

　＊校正段階において，労働契約法18条による無期転換権発生までの期間の特例を定めた「専門的知識等を有する有期雇用労働者等に関する特別措置法」（平成26年法律第137号）が制定されたが，同法についての要件事実の検討は他日を期したい。

4 内定・試用法理の再検討：
判例の動向を踏まえて

小宮文人

I はじめに　　　　　　　Ⅲ 試用期間
Ⅱ 採用内定の法理　　　　Ⅳ 試用的有期労働契約

I　は じ め に

　採用内定と試用期間は，いずれも，雇用契約の成立と解消に関わる問題であるから，その法的性格をどうみるかという観点から多彩な理論構成が主張されてきた[1]。しかし，最高判決が，その法的性格付けを行い，ほとんどの下級審がそれに沿った事件処理してきたことから，今日では，その原則的な判例法理は確立している。最高裁によれば，採用内定は労働契約の締結であるが，当該労働契約には「就労の始期」又は「効力の始期」が付されかつ「採用内定取消事由に基づく解約権」が「留保」されている（大日本印刷最判[2]及び電電近畿最判[3]）。また，試用期間は労働契約成立後に使用者が調査・観察に基づき労働者を「不適格であると認めたときは解約できる旨の特約上の解約権が留保されている」期間である（三菱樹脂最判[4]）。したがって，採用内定中も試用期間中も「就労の有無という違いはあるが，採用内定者の地位は，一定の試用期間を付して雇用関係に入った者の試用期間中の地位と基本的には異なるところはない」（大日本印刷最判）。

　これらの説示からは，あたかも，採用内定があってその後に試用期間が置か

---

(1) 山口浩一郎「試用期間と採用内定」『文献研究労働法学』（総合労働研究所，1978年）2頁以下。
(2) 大日本印刷事件・最2小判昭54・7・20民集33巻5号582頁。
(3) 電電公社近畿（中川）事件・最1小判昭55・5・30労判342号18頁。
(4) 三菱樹脂事件・最大判昭48・12・12民集27巻11号1536頁。

れるという時間軸の中があるかのごとくみえるが，これはたまたま両事件の原告が大学新卒者であったことにもよるのであり，実際には試用期間に先立って採用内定があるとは限らないし，また，採用内定後に試用期間を置かなければならないわけではない。ただ，両法理は，雇用契約の成立と解消に関わり，解雇権濫用法理との抵触問題が生じるため，契約締結リスクをどう配分するかという点では共通の問題を孕んでいる。本稿は，そうした観点から，わが国の雇用関係の変化や最高裁法理の下級審における適用状態をも考慮しながら，採用内定と試用期間の判例法理を改めて検討する。また，試用期間に関しては，最高裁の神戸弘陵最判[5]以降，有期労働契約の試用目的での利用と密接な関係が生じることが明らかになっているため，この点についても検討する。

II 採用内定の法理

1 大日本印刷最判の位置づけ

採用内定に関する判例は，試用期間よりずっと遅れて出現した。それは，早期の採用内定が一般化したのが朝鮮戦争による特需の時期からだったからであろう。しかし，学説は，採用内定の問題が訴訟になる以前から，その法的性格を議論し始めており，最初は労働契約締結過程説や予約説が主張されたが，やがて内定時に労働契約が成立するとする停止条件説や解除条件説が現れた。それに続き，判例上も，卒業予定の高校生の内定取消しにつき，会社が内定決定のお知らせを送付し，高校生から誓約書等を受領したという事実に基づき，労働契約の締結を認め，卒業できないことを解除条件とするものが現れた[6]。その後，新卒予定者に採用内定を通知し，その者が誓約書を提出した段階で将来の一定時期に，試用労働契約を成立させる一種の無名契約が成立するとしたり[7]，採用内定により労働契約が成立するが，内定者は「学校を卒業しかつ解約事由が発生することなく就労期が到来した暁には，……従業員として処遇されることを……期待しうる法的地位」にとどまるところの停止条件がついているといった判例が出てきた[8]。

---

(5) 神戸弘陵事件判決・最3判平2・6・5労判564号7頁。
(6) 森尾電機事件・東京地判昭45・11・30労民集21巻6号1550頁。
(7) 大日本印刷事件・大津地判昭47・3・29労民集23巻2号129頁。
(8) 桑畑電機事件・大阪地決昭51・7・10労判257号48頁。

しかし，やがて，多くの判例は，採用内定により労働契約が成立するが一定の取消事由に基づく解約権が留保されていると解するようになり，大日本印刷最判も，解約権留保付の労働契約の成立を認めた。同事件は大卒予定者の採用内定であったが，会社は，採用内定通知の翌年の3月に大卒新入社員に入社式の通知を行い，健康診断書の提出を求め，入社式を行った。これらの事実を踏まえ，最高裁は，「採用内定通知の他には労働契約締結のための特段の意思表示をすることが予定されていなかったことを考慮して」，会社の採用内定通知を当該内定者の「誓約書の提出とあいまって」，卒業直後を「就労の始期」とし，「誓約書記載の5項目の採用内定取消事由に基づく解約権を留保した労働契約が成立した」とした原審の判断は正当であるとした。そして，大卒予定者は，「卒業後の就労を期して，他企業への就職の機会と可能性を放棄するのが通例である」との認識から，「採用内定の取消事由は，採用内定当時知ることができず，また知ることが期待できないような事実であって，これを理由として採用内定を取り消すことが解約権留保の趣旨，目的に照らして客観的に合理的と認められ社会通念上相当として是認することができるものに限られる」とした。

2 その後の判例の動向

大日本印刷最判以降の判例の中には，採用内定を停止条件付の採用予定契約という性格付けをした例[9]もあるが，ほとんどの判例が解約権留保付労働契約の成立を認めている。同最判以降の判例で注目されるのは次の点である。

(1) 中途採用のケースの判例

上記のように，採用内定の法理は，学校・大学新卒予定者について形成されたて来たのであるが，インフォミックス事件[10]において，中途採用者に適用し始め，それ以降，判例の数の上では新卒予定者のケースと拮抗している。中途採用者のケースのほとんどは，他社在職中の転職希望者であったり，ヘッドハンティングによって転職勧誘されたものである[11]。

---

(9) 帝京科学大学事件・甲府地都留支判平9・3・28労経速1636号12頁。
(10) 東京地決平9・10・31労判726号37頁。
(11) プロトコーポレーション事件・東京地判平15・6・30労経速1842号13頁，オプトエレクトロニクス事件・東京地判平16・6・23労判877号13頁，インターネット総合

(2) 就労始期付と効力始期付の判例

大日本印刷最判では解約権留保付労働契約に就労の始期がついているとされたのであるが，その翌年の電電近畿最判では就労ではなく効力の始期がついているとされた。その後の判例をみると，就労始期付と明言された例は中途採用に係る前掲インフォミックス事件しかなく，大学院修了又は大卒予定者の宣伝会議事件[12]やアイガー事件[13]では効力始期付とされ，その他の中途採用事件では，「始期付」とするだけで始期が就労に係るのか効力に係るのかが不明なものとなっている。

(3) 内定期間中の使用者の配慮義務を論ずる判例

前掲アイガー事件では，大学在学中の内定者が内定期間中に行われたプレゼンテーションで会社の担当課長から，厳しい批判を受け，内定辞退を促すかのような発言により，内定辞退に追い込まれるのではないかとの危惧の念を抱いたと認定されたが，同課長には内定取消しの権限はなく，また，黙示の内定取消しや内定辞退を強要するような事実があったとはいえないから，そうしないようにする信義則上の配慮義務違反があったとはいえないとされた。

(4) 確認請求と損害賠償請求の判例

前掲大日本印刷事件を含めた従来の訴訟は，雇用関係の存在の確認又はその保全を求めるものであったが，富士電機冷機事件[14]以降になると，不法行為ないし債務不履行を理由とする損害賠償を求めるものが主流となってきた。これは，中途採用の事案の増加によるところが大きいが，大学院修了又は大卒予定者の場合でも，損害賠償請求を行う例がある。前掲宣伝会議事件やアイガー事件がそれである。前者の事件では，博士課程在学の院生が入社前研修を欠席し連絡を絶ったことや直前研修で非常識な態度を取ったこと等を理由に行われた内定取消しが労働契約上の誠実義務に反するとして，院生の損害賠償請求が

　研究所事件・東京地判平 20・6・27 労判 971 号 46 頁，ケン・コーポレーション事件・東京地判平 23・11・16 労経速 2131 号 27 頁，World LSK 事件・東京地判平 24・7・30 労経速 2154 号 24 頁，例外として，パソナ（ヨドバシカメラ）事件・大阪地判平 16・6・9 労判 878 号 20 頁。

(12)　東京地判平 17・1・28 労判 890 号 5 頁。
(13)　東京地判平 24・12・28 労経速 2175 号 3 頁。
(14)　東京地判平 8・10・22 労経速 1626 号 24 頁。

認められた。

(5) 内々定が争われる判例

1977年に「採用選考に関する企業の倫理憲章」が定められ,「正式な内定日は,10月1日以降とする」とされて以降,企業は採用内定の通知以前に内々定の通知を出すようになった。そこで,この内々定は,内定とは異なって労働契約が成立しないのかが,次の3つの事件で問われた。いずれ事件でも,裁判所は,労働契約の成立を否定した。新日本製鐵事件[15]で,東京高裁は,被控訴会社は,大学教授の推薦を受けた卒業予定学生に面接を行って内々定を通知したが,同社では内々定者に就職希望等の変動がなくかつ不相当な理由もない場合,内定式の案内を通知し,同式出席者から誓約書等の提出を受けて内定通知を行うことが認められるから,内々定通知が同社の労働契約締結の承諾に該当しないとした。他の2つは,コーセーアールイー第1事件[16]及び同第2事件[17]であり,被告会社から同時に内々定の通知を受けた2名の学生につき,いずれの一審,二審とも,労働契約の成立を否定した。認定事実によれば,内々定通知は,会社の人事事務担当者の名義で作成され,これには「厳正なる選考の結果,貴殿を採用することを内々定しましたのでご連絡致します。つきましては,同封の書類をご用意頂き当社までご郵送下さい。」と書いてあり,同封の書類である入社承諾書は,被告会社の代表取締役宛で「私〇〇は平成21年4月1日,記者に入社しますことを承諾致します。」という様式になっていた。ただ,「＊正式な内定通知授与は平成20年10月1日(水)を予定しております。」とも記載されていた。両学生はその入社承諾書を期限までに返送した。なお,会社では,10月1日に採用内定や労働条件を通知して,卒業見込証明書や健康診断書などを提出させることにしていた。

3 検 討

(1) 解約権留保付労働契約とすることの妥当性

まず,問題とされるべきは,最高裁が解約権留保付労働契約と理論構成した

---

(15) 東京地判平15・5・16労経速1876号31頁,東京高判平16・1・22同号24頁。
(16) 福岡地判平22・6・2労経速2077号15頁・福岡高判平23・2・16労判1023号82頁。
(17) 福岡地判平22・6・2労判1008号5頁,福岡高判平23・3・10労判1020号82頁。

ことである。これについては,毛塚教授が痛烈な批判を加えている。すなわち,「採用内定中の労働契約を一般的に解約権留保付労働契約と理解することは,一般の解雇に比して内定取消しとしての解雇が容易であることを承認する理論構造をもつこと,および,その解雇の容易性をその制度目的から限定しようとしても,それは,内定制度を単に早期に人材を確保するための制度とするにとどまらず,早期確保にともなう企業のリスク解消機能を付与したうえでの,その枠内での限定しかあり得ないという点において問題だということである」[18]。確かに,採用内定が行われる主な理由が使用者の優良な労働力の早期獲得にあることからすれば,内定時期が早いからといっても,その採用決定リスクは使用者が負うべきもので,これを労働者に課することは合理的ではない。また,新卒予定内定者の場合には,前掲大日本印刷事件で最高裁自体が認めるように,内定者の側は,内定後は,他企業への就職の機会を放棄する可能性が強く,しかも内定が取り消されると卒業時の就職を断念せざるを得ない可能性が高い。なお,中途採用者についていえば,使用者は,必要に応じて個別的に採用を決定するはずであるから,そのリスクを使用者が負うのは当然であろう。そして,両当事者の契約締結確定意思を前提として採用内定を労働契約の成立と解するのであるから,解雇権濫用法理の適用を免れることはできない。であれば,使用者と内定者のリスク配分に関する特別の合意を適法とする特段の事情がない限り,内定段階にあるからといって,解雇権行使の濫用性判断を緩める根拠はないといわざるを得ない。したがって,「適切な判定資料を十分に回収することができないため,後日における調査」により,「採用内定当時知ることができず,また知ることが期待できないような事実であって」も,特に濫用性判断を緩和する必要はないというべきである。そして,重大な経歴や学歴の詐称があれば,それを理由に通常の解雇(普通解雇)をすることができるし,内定後の重大な非違行為を行った場合は,わざわざ採用当時知ることができなかった事由といわなくても,普通解雇できるのである。なお,新卒予定者の内定の場合,卒業できないこと等の主観の入らない客観的事由は,解除条件として扱えば済むのであり,これをあえて広い解雇権の留保の一例と構成する必要はない。

---

(18) 毛塚勝利「採用内定・試用期間」現代労働法講座第10巻(総合労働研究所,1982年)94頁。

(2) 就労始期付と効力始期付をどう考えるか

採用内定時に成立する労働契約を解約権留保付と解することを否定するとしても，一般に内定者が入社式まで就労することは通常予定されていないので，これをどのように理論構成するかが問題となる。学説・判例は，就労始期付説と効力始期付説に分かれている。前者は，採用内定時に労働契約の効力は既に発生しているが労務提供義務については入社時を始期とする履行期が付されているとするのに対し，後者は，採用内定によって労働契約は成立するものの入社時までは効力が発生しないとする。新卒予定者のケースでは，現実に，使用者が入社前に内定者の教育・研修を行うことが多いことから，判例上も問題となりやすい。最近の判例をみると，前掲宣伝会議事件の東京地裁は，「効力始期付の内定では，使用者が内定者に対して，本来は入社後に業務として行われるべき入社日前の研修等を業務命令として命ずる根拠はない」とし，「使用者は，内定者の生活の本拠が，学生生活等労働関係以外の場所に存している以上，これを尊重し，本来入社以後に行われるべき研修等によって学業などを阻害してはならないというべきである」としている。また，前掲アイガー事件の東京地裁も，「原告は，本件新規内定者の一人であって，就労と賃金支払の対価関係が発生していない上」，本件内定期間中の生活・法律関係の重点は学生生活にあったとみるのが合理的かつ自然であるから，「本件労働契約に基づく諸々の義務を負っているものとはいい難」いので，効力始期付と解するのが相当であるとした。要するに，新卒予定者の場合は，労務提供と賃金の対価関係が発生していないこと，生活の重点が学業にあることから効力始期付と解すべきだというのである。しかし，就労始期付と解としても，労働契約が効力を発している以上，信義則上，使用者は内定者の利益を配慮すべき義務を負い，学業を圧迫するような入社前研修やリポート提出等を命じることはできないとも解し得る。また，労務提供と賃金の対価関係が発生していない状態は，就労させることが妥当でないような状態にある場合の休職等においてもみられることではある。確かに，就労始期付とすると，内定者には，労働契約の付随義務としての誠実義務，秘密保持義務，企業秩序遵守義務をも肯定され，実質的な就労を伴わず，かつ，学業を圧迫しない限り，入社前研修や近況報告等の提出を求めることができることは否定できない。しかし，他方で，使用者は安全配慮義務等の附随義務と負う。また，就労に直接関わりない解雇事由や解雇手続等の就

業規則の規定は適用されることになるから（電電近畿最判），内定期間の紛争の中心である取消しの規制に資する[19]。さらに，内定者の行為が業務遂行行為であるといえれば，労災法の適用も可能となろう。なお，効力始期付とすると，使用者は，入社前研修のみならず事業場見学やレポートあるいは近況報告提出さえ，その都度の内定者の同意をとらなければならないから，労働者の保護になるとの見解もある。しかし，実際に，内定者が同意を拒否できる立場にないから[20]，この意義を過大評価できない。事実，前掲宣伝会議及びアイガー事件でも，内定者の黙示の合意があったとしている。むしろ，就労と賃金に関わらない基本的義務を一般的に肯定した上で，信義則によって労使の利益を調整できるという意味で，原則として，就労始期付と解釈すべきであると思われる。

(3) 内々定をどう考えるか

内々定の法的効果の如何は，内々定が内定に該当するかという問題ではなく，端的に内々定が労働契約締結に該当するかという問題である。もともと，大日本印刷最判によれば，「採用内定通知の他には労働契約締結のための特段の意思表示が予定されていなかったこと」，すなわち，使用者と内定者の契約締結の確定的意思があったといえるかが問われたのである。例えば，詳細な労働条件の確定，内定通知や労働条件通知書の交付，卒業見込書や健康診断書の提出が内々定通知の後になっていたとしても，内々定通知（ないしそれに加えて承諾書又は誓約書提出）によって両当事者の確定的な労働契約締結意思が表明されている限り，内定，内々定といった名称の如何を問わず，労働契約の成立を認めなければならないと思われる[21]。

(4) 内定取消しと契約締結上の過失

最近では，内定取消しが争われる事案の多くが損害賠償請求訴訟となっている。これは，そうしたケースの多くが中途採用者に関するものであるという事実とも関連している。しかし，通常の解雇事件でも地位確認を諦めて損害賠償のみを求めるケースが増えていことに鑑みると，内定者が内定取消しに対し損害賠償請求を選択する傾向があることは長期雇用慣行の衰退とも関連している

---

(19) 下井隆史『雇用関係法』（有斐閣，1988年）90頁は，否定。
(20) 萬井隆令『労働契約締結の法理』（有斐閣，1997年）191頁。
(21) 拙稿・「批判」法時1044号120頁以下。

と思われる。私見のように，使用者が内定期間中に解約権を留保する権利を否定すると，内定すなわち労働契約の締結・成立を厳格に解することが不可欠になるから，内定取消しに対する損害賠償額に逸失利益を含めることは当然と思われる。これに対し，契約締結上の過失の場合は，労働契約が成立していない以上，一般的には信頼利益に限定され，逸失利益を認められないとされる。しかし，労働者の契約締結誤信に使用者の積極的関与が肯定できる場合には，その誤信により就職先が見つからない結果となれば，それによって被る信頼利益の喪失は当該雇用契約上の予定賃金を基準にするしかないように思われる。転職誘因事案では，判例は，一般に契約締結上の過失と前職退職との間に相当因果関係があり，しかも使用者が前職退職を事前に知り又は当然知り得た場合には，前職喪失による逸失利益の賠償責任を肯定しているのであり，新卒予定者に関しても，これに準じて柔軟に考えられるべきである[22]。

III 試用期間

1 三菱樹脂最判の位置づけ

試用期間は，戦後間もなく訴訟が提起され，多くの場合，就業規則や労働協約が試用期間満了後引き続き使用するときは試用当初から採用されたものとする等の規定を置いていたこともあって，判例は当初から「解雇権を留保する趣旨」，「解雇権が留保されている」等とすることが多かった[23]。その後，学説上，採用時に労働契約が締結され効力も発生するが試用期間中不適格と判定されると効力がなくなるという解除条件説や試用期間の満了を停止条件と解する停止条件説，試用契約と労働契約の予約が同時に存在との見解等が主張された。また，判例上も，停止条件付又は解除条件付の労働契約であるとする判例が散見されるようになった[24]。中には，「試用期間内の解約権を留保すると共に，申請人がその事由を具備することなしに，または，これを具備しても，右解約

---

(22) 拙稿「採用過程の法規制と契約締結上の信義則」西谷敏先生古稀記念論集上巻（日本評論社，2013年）299頁以下。
(23) 家の光事件・東京地決昭27・1・21労民集3巻1号1頁，島原鉄道事件・長崎地判昭29・3・22労民集5巻2号123頁等。
(24) 山武ハネウエル事件・東京地決昭32・7・20労民集8巻4号390頁，ソニー事件・東京高判昭43・3・27高民集21巻3号225頁等。

第1章　労働契約・就業規則論の再生を目指して

権を行使されることなしに試用期間を経過することを停止条件」とするものもあった(25)。しかし，「就業規則上の制限なしに解雇できる大幅な解約権が留保されている」(26)とするいわゆる解約権留保説が定着していった。これには，適格性判断には使用者の主観が入るものであるから客観的事実を前提と条件と構成するより，解約権と構成する方が妥当との判断があったと思われる。

　上記の状況の下で，三菱樹脂最判は，試用期間の法的性格については就業規則の規定のみならず事実上の慣行の如何を重視すべきとしつつ，同事件の諸事情においては，本採用拒否は，留保解約権の行使，すなわち解雇に当たり，「大学卒業者の新規採用に当たり，採否決定の当初においては，その者の資質，性格，能力その他……管理職要員としての適格性の有無に関連する事項について必要な調査を行い，後日における調査や観察に基づく最終的決定を留保する趣旨でされるものと解される」ので，「留保解約権にもとづく解雇」は，「通常の解雇の場合よりも広い範囲における解雇の自由が認められ」る。しかし，解雇権制限の趣旨，企業の優越的地位，労働者が他企業への就職の機会と可能性を放棄していることを踏まえると，留保解約権の行使は，「採用決定後における調査の結果により，または試用中の勤務状態等により，当初知ることができず，または知ることが期待できないような事実を知るに至った場合において，そのような事実に照らしてその者を引き続き」雇用しておくのが適当でないと判断することが客観的に相当と認められる場合に許容されるとした。

2　その後の判例の動向
(1)　留保解約事由に関する判例

　三菱樹脂最判直後の判例は，人員整理のよう労働者の「適格性」に直接関係のない使用者側の事由は試用期間中の留保解約権の対象とはならないと明言するもの(27)や試用期間中の解雇は，一般の解雇事由の制約を受けるほか，能力・適性欠如の解雇事由が付加されていると明言するもの(28)など，留保解約

---

(25)　三菱樹脂仮処分事件・東京地決昭39・4・27労民集15巻2号383頁。
(26)　名古屋タクシー事件・名古屋地判昭40・6・7労民集16巻3号459頁。
(27)　ニッセイ事件・長野地諏訪支判昭49・4・3労判231号61頁，同控訴事件・東京高判昭50・3・27労判231号58頁。
(28)　三愛作業事件・名古屋地決昭55・8・6労判350号28頁，同抗告事件・名古屋高決

98

権と通常の解雇権の行使対象の違いを意識するものもあった。しかし，その後の判例の多くは，試用期間中の留保解約権の行使対象を特に限定しないまま事件を処理しており，果たして，留保解約権の行使の問題として検討しているのか通常の解雇権の行使の問題として検討されているのかが明確でないものが多い。確かに，三菱樹脂最判のように試用期間を「適格性」判断の期間とすると，従業員の適格性として，職場規律に関わる勤務態度不良なども含まれることになるから，留保解約権の守備範囲は，ほとんどの解雇権の対象範囲に及ぶことになって，境界線の引きようもないことになると思われる。

(2) **留保解約権行使の濫用性に関する判例**

また，多くの判例は，就業規則の規定がどうなっているかにかかわりなく，留保解約権の行使は，被試用者以外の通常の従業員に適用される就業規則等の解雇事由及び（又は）解雇手続に制約されないとか[29]，それらに必ずしも制約されない[30]としている。これは，前掲三菱樹脂事件最判が，試用期間の性質判断について，「就業規則の規定の文言のみならず，当該企業内における」処遇の実情や事実上の慣行を重視すべきであるとしたことに関連すると思われる。他方で，同判決は，採用時の使用者の地位の優越と労働者の他企業への就職機会の放棄を理由とする留保解約権の制約を論じていることから，試用期間の規定とは別に，留保解約権行使は明示的に就業規則所定の通常の解雇事由規定及び（又は）解雇手続規定によると定めていることを認定した少数の判例の中には[31]，ライトスタッフ事件のように，それを前提にして，留保解約権が「通常の解雇に比べ広く認められる余地があるとしても……解雇権濫用の基本的な枠組みを大きく逸脱するような解約権の行使は許されない」とするものや[32]，留保解約権についても普通解雇手続に従って解雇することができると解するの

昭55・12・4労民集31巻6号1172頁，三洋海運事件・福島地いわき支判昭59・3・31労判429号22頁。
(29) 国際観光バス事件・東京地判昭53・6・30労経速992号20頁，日金貿易事件・東京地決昭53・8・25労経速998号14頁。
(30) 日本精線事件・大阪地判昭50・10・31労判241号39頁，ユオ時計事件・仙台地判昭53・3・27労判295号27頁。
(31) 前掲三洋海運事件・注(28)の判例，三井倉庫事件・東京地判平13・7・2労経速1784号3頁，レキオス航空事件・東京地判平15・11・28労判867号89頁。
(32) 東京地判平24・8・23労判1061号28頁。

第1章　労働契約・就業規則論の再生を目指して

が相当であるとするものがある。このように，その具体的な解雇権と留保解約権の濫用判断の幅の在り方や解雇手続の違いを統一的に理解することは困難である。

　解雇権と留保解約権の区分の曖昧さは，また，解雇濫用判断の最終テストともいえる労働者の今後の改善見込みの有無という判断基準の被試用者に対する留保解約濫用判断への適用についてもみることができる。例えば，評価対象期間が短いので「今後改善される見込みがなかったとはいえない」として，留保解約権行使の相当性を否定するものもあれば[33]，試用期間を延長したのに「今後の改善の見込みも期待できない」[34]等とする例もある。中には，例えば，「改善されることは難しいとの判断に至ったことは，相応の根拠がある」[35]，「改善の可能性について難しいと判断したことには相当の理由がある」[36]，「今後指導を継続しても……見込みも立たなかったと評価されてもやむをえない」[37]などとして，使用者の裁量を広く認めるかのようにみえる判例がある。

(3)　その他の判例

　三菱樹脂最判以降においても試用期間の長さの相当性，延長・更新の有効性が争われた判例はあるが少数にとどまる。具体的には，見習社員として最短で6か月から9か月，試用社員登用試験に合格してから6か月ないし1年の試用期間を経て，さらに社員登用のために前記試験とほぼ同様の選考基準による試験を課する特約は，試用期間の合理的範囲を超え，公序良俗に反するとする例[38]，就業規則に試用期間延長の規定があれば，延長は可能であるとする例[39]，試用期間満了時に一応不適格と認められた者を直ちに解雇せず配転等より更に職務適格を見出すための一定の期間延長は認められるとする例[40]等がある程

---

(33)　ニュース証券事件・東京地判平21・1・30労判980号18頁，同控訴事件・東京高判平21・9・15労判991号153頁。
(34)　三井倉庫事件・前掲注(31)の判例。
(35)　ビーエー東京監査法人事件・東京地決平22・12・24LEX/DB25470704，同本訴事件＝UHY東京監査法人事件・東京地判平24・3・30LEX/DB25480782。
(36)　日本基礎技術事件・大阪地判平23・4・7労判1045号10頁。
(37)　同控訴事件・大阪高判平24・2・10労判1045号5頁。
(38)　ブラザー工業事件・名古屋地判昭59・3・23労判439号64頁。
(39)　パンドウイット・コーポレーション事件・東京地判平23・6・10LEX/DB25471776。
(40)　雅叙園観光事件・東京地判昭60・11・20労判464号17頁。

度である。また，労基法 21 条但書の試用期間中の者が 14 日を超え引き続き試用されるに至ったときの解雇予告の必要性に関する判例も僅かであるが依然として存在している[41]。

3 検　討
(1) 試用期間の留保解約権法理の意義と妥当性
　上記 2 の(1)と(2)にみたように，留保解約権の行使対象は極めて広範にわたり，また，その濫用性判断基準は解雇権濫用の場合との区別が曖昧で，下級裁判所による三菱樹脂最判の理解に統一性があるともいえず，ただ共通しているのは，試用期間中は，解雇は通常よりも多少広く認められる（解雇事由の拡大と解雇権濫用基準を引き下げ）ということである。この最大の原因は，そもそも，三菱樹脂最判における留保解約権の法的根拠づけの曖昧さにあるとみることができる。そこで，この留保解約権の法的根拠をどこに求めるかが問題となる。
　ところで，試用期間を，使用者が確定的な労働関係に入る前に労働者の職務上の能力や適格性（適性）の有無を判断するために労働者を試みに使用してみる期間と定義することは争いのないところである[42]。問題は，試用対象の職務上の能力や適格性の理解の仕方にある。前掲三菱樹脂最判は，それを試用者の「資質，性格，能力その他」の管理職要員として信頼するに足りる人格的適性をも含めたほとんど限界のない「適格性」と捉えている。これを批判する有力学説は，極めて限定的に，「具体的職務を現在的に遂行する能力・適性」と捉えているのである[43]。
　この問題を考える前提は，労働契約が成立しているとする以上，合意によって解雇権濫用法理による規制を緩和することは原則として許されないということにある。労働契約成立の際して，当該雇用目的を達成するために不可欠な職業的能力・適性を履歴書，筆記試験，面接試験等で十分に確認することは不可能であるから，使用者が実験・観察によって試用者（試用に置かれた者）の職

---

(41) 日本印章事件・名古屋地判昭 52・3・30 労判 277 号 61 頁，ファルコンプリント事件・東京簡判昭 54・12・10 労民集 30 巻 6 号 1186 頁。
(42) 名古道功「試用」本多淳亮先生還暦記念『労働契約の研究』（法律文化社，1986 年）103 頁。
(43) 毛塚・前掲注(18)103 頁。

第1章　労働契約・就業規則論の再生を目指して

業的能力・適性を判断してその採否を決定することに合理性があるとしても，それは労使間の特約による例外を認めることでしかない。したがって，その特約の対象となる職務的能力・適性は厳しく限定されざるを得ないのである。この点，三菱樹脂最判は，試用契約によって労働者の適格性判断のための解雇より広い範囲の解約権が留保されていることを前提として，二次的に，解雇権制限の趣旨，企業の優越的地位，労働者の他企業就職の機会・可能性の放棄を理由として，試用契約に制限を加えるという論理構成を採っている。しかし，これは，労働契約締結の自由を強調した本末転倒の説示というべきである。特に，解雇権濫用法理が労働契約法に明文化され，その公序性が明らかになっている現在，試用契約といっても労働契約であることは否定できないので，その当事者による解雇権濫用法理の基準引下げの特約には特に高い合理性が要求されるはずである。ところが，わが国では，長期雇用慣行を前提として，これに必要とされる組織への協調的性格ないし人格的信頼性などが強調されてきた。そして，三菱樹脂最判において，試用期間はそうした適格性が欠如していないかを確かめるための期間と理解されたものである。こうした意味での「適格性」を一般的な形で留保解約権の対象とすると，対象が無限に広がり，試用期間が解雇の適法性基準を一般的な形で低下させる手段となってしまい，妥当でないことは明らかというべきである[44]。

したがって，留保解約権の範囲は，試用期間が例外的な特約としてのみ合理性が認められるという趣旨に照らして決定されなければならない。そうすると，①使用者と被試用者がその職業的能力・適性が存することが不可欠として労働契約に試用期間を設定したこと，②試用者の地位が不安的にならないような短期間にその存否を実験・観察で客観的に判断することができること，及び，③その不存在を使用者のリスクに帰せしめることが不合理であるいえること，という要件を満足する必要がある。したがって，まず，短期間の実験・観察でその存否が客観的に判断できず[45]，また企業の育成に適するような潜在的職業的能力・適性は含まれないことになる[46]。しかも，その不存在を使用者のリスクに帰せしめることが不合理であるといえるためには，それが欠ければその

---

(44)　拙稿「試用期間」労働法の争点〔新版〕171頁で示した見解を改める。
(45)　毛塚・前掲注(18)97頁。
(46)　山口・前掲注(1)98頁等。

雇用の意味がなくなるような専門的又は特殊な技能・熟練・経験に裏打ちされた職業的能力・適性でなければならない。そうした職業的能力・適性の欠如は、使用者の労働契約締結の目的実現を挫くのみならず、通常、大きな経済的リスクとなる。このため、ここでいう職業的能力・適性は、被試用者が現に有していることを前提とする採用対象職務に不可欠なものでなくてはならいこととなる[47]。そして、使用者は、試用期間中にその職業的能力・適性が欠如することが判明した場合、特約に基づき、当該被試用者に対して留保解約権を行使できることになるが、この場合には、当該能力があることを前提として労働契約が締結されているのであるから、使用者がその欠如を証明できれば、使用者には解雇回避義務や手続的規制は課せられないというべきである。したがって、就業規則に被試用者にも「技能及び勤務成績が著しく悪く向上の見込みのないとき」等の適用があると規定されている場合でも、使用者に技術・勤務成績改善を指導する義務は課せられないというべきである。

以上のように試用期間の適用を限定的に解釈することは、試用期間中の労働者の地位の不安定さを取り除き、また、労働者の自発的な転職の障壁を多少とも緩和できるメリットもあるといえよう。なお、こうした職業的能力・適性への限定の法的基礎を当事者の客観的な契約意思の解釈に求める見解が有力であるが[48]、私見では、その限定を解雇権濫用法理による解雇規制を不当に低下させる留保解約権特約の反公序性に求めたいと考える。そこで、次に、以上の観点を踏まえて、三菱樹脂最判以降の判例を検討することにしたい。まず、新卒者のケースであるが、前掲三菱倉庫事件と前掲日本基礎技術事件ぐらいしかなく、いずれも、管理職要員としての適格性が問題とされたのでもない。前掲日本基礎技術事件では、6か月の試用期間中、研修指導員が2名ずつ付いて、研修施設に泊まり込んで指導するなど濃密な指導体制を組んで指導に当たり、大学新卒の被試用者の個別の問題行為に注意喚起を行い、睡眠不足や規則の遵守・時間の厳守についても指導してきたが、劣悪な職務遂行が改善しなかったとして、試用期間満了2か月余り前になされた解雇が有効とされた。新卒者の場合には、もともと具体的な職業能力を備えておらず、その期間はむしろ職業

---

(47) 毛塚・前掲注(18)97頁及び萬井・前掲注(20)298頁。
(48) 毛塚・前掲注(18)96頁。

的能力・適性の使用者による育成という見習期間的な性格も兼ね備えていると考えられるから，使用者のリスク回避を認める理由もなく，試用特約を認める余地はないというべきである。また，両事件は，試用特約を否定して通常の解雇としても同一の結論に達することができる事案である。

次に，新卒者の事案とほぼ同様に考えられるのは，使用者がその者の職務経験を問わないとする趣旨を明確にしたうえで雇用に試用期間を設定した場合である。例えば，「未経験者も一から指導します，ご安心を。」（募集広告）で企画営業担当として募集採用され，勤務態度・勤務成績不良や見積価格積算の基礎知識欠如等を理由とする解雇が無効とされたケース[49]や「婦人帽子の簡単な縫製，未経験者可」（求人票）として，募集採用され作業が不器用，習熟度が遅い等としてなされた解雇が不法行為に該当するとされた事案[50]は，留保解約権の問題ではなく通常の解雇として扱えば足りるというべきである。さらに，特定の職種や職務を予定していない事案が多いし，また，特定の職種や職務に就くことが予定されてはいるがその職種・職務が当該試用者が就いていたのとは全く異なるものである事案も多いことが指摘できる。こうした場合は，職務経験はあるので，その限度で解約権留保を考えることもできるが，その意義はほとんどないといわざるを得ない。例えば，職安紹介で採用後，人事課員として勤務してきたが仕事上の単純ミスが多発したとして本採用されなかった事案[51]や一般事務員として採用されたが，コンピューの入力ミス，ワープロ転換ミス，注意に対する反発など能力・適格性欠如を理由とする解雇が有効とされた事案[52]等がこれに該当する。

問題は，試用特約を認めることのできる専門的又は特殊な技能・熟練・経験に裏打ちされた職業的能力・適性を肯定できるのはどの程度かということである。まず，通常の営業社員として採用されるような事案はこれに含まれないことは明らかである。例えば，ブレーンベース事件[53]では，営業活動経験の経

---

(49) 新光美術事件・大阪地決平 11・2・5 労経速 1708 号 9 頁，同本訴事件・大阪地判平 12・8・18 労経速 1763 号 3 頁。
(50) ケイズ事件・大阪地判平 16・3・11 労経速 1870 号 24 頁。
(51) 小太郎漢方製薬事件・大阪地決昭 53・6・27 労判 282 号 65 頁。
(52) ダイヤモンドコミュニティ事件・東京地判平 11・3・12 労経速 1712 号 9 頁。
(53) 東京地判平 13・12・25 労経速 1789 号 22 頁。

歴書とパソコンの使用に精通しているとの原告の発言に基づいて3か月の試用期間で採用したのにパソコン関連業務が十分にできないことを理由とする解雇が，通常の解雇より広い範囲の解雇の自由があるとして有効とされた。しかし，通常の営業社員でしかもパソコン関連業務能力なるものは，その欠如の故に，解雇権濫用法理を緩和しなければならないほどの採用リスクを使用者に与える高度又は特殊な具体的職業的能力・適性とはいえない。また，ビーエー東京監査法人事件及びUHY東京監査法人事件[54]では，他監査法人で公認会計士試験合格者として約1年半の実務経験を見込んでコミュニケーション能力等を試用期間で観察することとして採用した留保解約権の趣旨が述べられた後，公認会計士の職業は，監査チームでの情報の共有と有効活用の観点から，コミュニケーション能力と協調性が重要な資質として要求されるが，原告はその資質に欠け，業務態度・業務履行状況が改善されることは難しいから解雇は有効とされた。ここで問題とされているのは，組織人としての資質であり，専門的知識や経験に基づき保有していると考えられた能力・適性とはいえず，試用特約の対象とするのは妥当でないと思われる。さらに，延田エンタープライズ事件[55]では，前の勤務先で人事全般の業務を担当していたとのことで，月給40万円（内基本給27万円，役職手当13万円）の人事部課長として試用期間3か月として採用した債権者の解雇につき，人事業務の基本的な知識は欠如していたから留保解約権の行使は有効であるとされた。しかし，これも同様に，この程度の採用リスクは，使用者が負うべきものと考えられるので，通常の解雇権濫用基準で足りる事案でないかと思われる。のみならず，これらの事件では，果たして，使用者・試用者間でどのような具体的能力を試す特約を結んでいたといえるのかというのも疑わしい。

　これらに対し，専門的な能力を試用特約という観点から，留保解約権の行使を認めることのできそうな事案として，次のものをあげることができる。例えば，欧州共同体委員会事件[56]では，日経マグノーヒル社の編集部員2年勤務の経歴を重視して，高度の語学力を要する広報担当として欧州共同体委員会駐

---

(54) 前掲注(35)の判例。
(55) 東京地決平24・2・3 LEX/DB25480487。
(56) 東京地判昭57・5・31労民集33巻3号472頁，東京高判昭58・12・14労民集34巻5・6号922頁。

日代表部の職員として採用された欧州共同体委員会事件では，英語力が想定した程度に達していないことが判明し，上司の命令に素直に従わず，協調性にも欠けていたこと，国際機関の委員会の高いランクの職員として採用されたことを総合考慮すると，留保解約権の行使はある程度広く認められるから，解雇は有効とされた。この事案では，職員ランクや報酬をも考慮すると，採用につき語学力・編集作業能力が前提となっていたとみることができ，黙示の試用特約が認められてよい。また，最近の判例の中には，試用期間中に実験・観察される専門的能力・適性を測るための具体的な達成評価目標が明示された事案も出てきている。例えば，パンドウイット・コーポレーション事件[57]では，国内大企業の重電関係の国際営業部営業担当としての勤務経験と米国大学MA2Aの資格を前提にネットワークソリューション営業統括部長（基本給月額91万円）として3か月の試用期間付で採用した入社時に会社が提示・説明し原告が署名した詳細な達成目標を原告は当初の試用期間及び期間延長後も達成できなかったことから，留保解約権の行使は有効であるとされた。本件の試用者の地位と給与からみても，使用者側の採用リスクは大きく，試用特約を認めてよいと思われるが，専門的能力・適性が実績によってしか評価できない統括部長としてのスキル・知識・対処能力が問題となっている以上，こうした具体的な目標設定・評価基準が明示されることが求められるといえるのではないかと思われる[58]。その点，HSBCサービシーズ・ジャパン・リミテッド事件[59]では，外資系会社情報システム部等で勤務後，同業他社監査部門で部長代理をしていた原告がインターネットバンキング開発の即戦力のバイスプレジデントとして年俸1250万円，3か月の試用期間付採用されたが，協調性欠如，コミュニケーション能力不足，業務指示違反があり，就業規則の「技術及び勤務成績が著しく悪く向上の見込がないとき」に解雇する趣旨の通常解雇事由規定に基づき解雇が有効とされた。業務の専門性，年俸や地位からみて，試用特約の対象となり得ると思われるが，このケースでは，どのような能力が実験・観察されることになっていたかが明らかであったといえず，試用特約を認めることには躊躇せざるを得ない。

---

(57)　前掲注(39)の判例。
(58)　萬井・前掲注(20)298頁。
(59)　東京地判平22・3・15 LEX/DB25471309。

以上の検討によれば，未だ試用特約を認め得る典型的な訴訟事案は少ないが，企業のグローバル化や長期雇用制度の衰退とともに，少数ではあるが，試用特約に意味を見出すことのできる事件が増加しつつあるということができる。

(2) **試用期間の長さ，解雇予告の必要性**

上記 2(3)の判例に関していえば，試用期間は，その職業的能力・適格性を判断するに合理的に必要とされる期間で足りるのであって，必要以上に長いものは，試用者の地位を不安定にすることから，試用の目的に反して公序良俗違反として無効とすべきである。私見の観点に基づく試用を前提とすれば，最長期間は，その職種にもよるが，3 か月程度が妥当であろう。同様に，合意に基づく延長といえども，合理的期間を超えるものは無効と解すべきであり，それを超える場合は，通常の解雇の問題となるだけである。なお，労基法 21 条は，試用期間開始から 14 日以内は予告なく解雇できるとしているが，内定者への予告期間の適用の問題とともにその存廃が検討されるべきである。

IV 試用的有期労働契約

上記のように留保解約権によってどの程度の解雇の自由を認めるかは別として，期間の定めのない（無期の）労働契約で試用のための期間を設定した場合には解雇規制が及ぶことに変わりはない。しかし，使用者が労働者の職業的能力・適性を判断するために有期労働契約を締結した場合には，期間が満了すれば自動終了することになるのかという問題が生じる。この点につき，神戸弘陵最判は，当該期間を「設けた趣旨・目的が労働者の適性を評価・判断するためのものであるときは，右期間の満了により右雇用契約が当然に終了する旨の明確な合意が当事者間に成立しているなどの特段の事情が認められる場合を除き」，試用期間と解すべきであるとした。この事件は私立高校の社会科担当の常勤講師として採用された事案であったが，その後の学校教員等に関する判例の多くは神戸弘陵最判の解釈原理を適用し，「特段の事情」を当該期間設定の性質決定に用いて，特段の事情が認めていない[60]。また，6 つの期間からなる

---

(60) 龍澤学館事件・盛岡地判平 13・2・2 労判 803 号 26 頁，久留米信愛女学院事件・福岡地久留米支判平 13・4・27 労経速 1775 号 3 頁，学校法人聖パウロ学園事件・大津地判平 7・11・20 労判 688 号 37 頁，大阪高判平 8・9・18 判タ 935 号 119 頁，最 3 小判平 9・2・25 労判 740 号 85 頁，ケイズ事件・大阪地判平 16・3・11 労経速 1870 号 24 頁等。

第1章　労働契約・就業規則論の再生を目指して

2年間の研修期間を設け，各研修期間ごとに適格性を審査し，再雇用という形で次の研修期間に移行させることを内容とする保険会社の代理店研修生契約につき，その2年の期間を雇用存続期間とする「特段の事由」を認めなかった判例がある[61]。もっとも，当該期間が雇用存続期間であるとする明確な合意があるとして期間満了による終了を法的に認めた判例もないわけではない。例えば，ロイター・ジャパン事件[62]では，能力に疑問があるとして期限付きの契約社員として採用し，1年後に契約の延長か打切りかを決定するとし採用されたトランスレーターにつき，有期労働契約とされ雇止めが認められた。また，日本航空事件[63]では，雇用期間の上限を3年とし，3年満了の時点で正社員としての登用を決定する旨の期間1年の有期労働契約で採用された客室乗務員の2年後の雇止めが認められた。

　さて，神戸弘陵最判に関して，学説は，同判示にいう「明確な合意」等の「特段の事情」とは，雇用継続の合意のほか，その予定または期待がない場合であると考えられるから[64]，期間満了の際に適性があれば無期契約を結ぶという合意，予定又は期待があれば，期間満了により当然終了することにならないとすると解している。そのため，期間の定めの目的が適性評価であるということは，適性があるとされれば無期契約に変えて雇用を継続することでもあるから，「期間の満了により契約が当然に終了するという趣旨で締結されること」は想定し難いことになって，ほとんど常に無期契約と解することに等しいが，これは有期労働契約の利用目的を格別規制していないわが国の労働法制にそぐわず，またそれに基づく雇用政策を阻害するとするとの批判もある[65]。

　こうした批判は，当事者の契約意思と合理的期待とは区別されるべきで，合理的期待によって有期労働契約の締結意思が否定されるような説示は当事者の意思解釈を超えるもので妥当性を欠くということなのかもしれない。しかし，同判旨は，有期労働契約の濫用的利用を規制する規範設定を意思解釈に反映さ

---

(61)　安田火災海上保険・福岡地小倉支判平4・1・14労判604号17頁。
(62)　東京地判平11・1・29労経速1699号16頁。
(63)　東京地判平23・10・31労経速2130号3頁，東京高判平24・11・29労経速2194号12頁，最3小決平25・10・22同号11頁（上告不受理）。
(64)　毛塚勝利・判例解説・ジュリスト966号73頁，唐津博・判例批評・民商10巻3号116頁等。
(65)　菅野和夫『労働法〔第10版〕』（弘文堂，2012年）201頁。

せるものであり，純粋な意思解釈としてはともかく法解釈として不当とはいえないであろう。現実的にみて，雇入れに際し労働契約の形態（有期か無期か）を提示し，実質的に決定するのは使用者であるから，有期労働契約の形態が使用者にとってより都合がよければ，有期労働契約として締結することに傾くことは明らかである。有期労働契約を使用者の経営上の都合に合わせて利用することは，しばしば雇用の安定を著しく阻害するので，最高裁をはじめとする裁判所は，有期労働契約の雇い止めに対して解雇権濫用法理を類推適用する法理を形成・確立してきたのであるし[66]，また現在では労契法18条により有期契約による雇用が5年を超える場合には労働者が無期労働契約への転換を求めることができるとされている。ところで，試用に有期労働契約を用いることは，使用者にとっては，職業的能力・適性がないと判断すれば，期間満了で契約が自然終了すること，職業的能力・適性がある場合でも無期の雇用継続が強制されないという大きなメリットがあるが，反対に継続的雇用を求めて試用に入る労働者には，何のメリットもない（労働者の期待利益の侵害による損害賠償責任の可能性については後述する）。したがって，労働者が有期労働契約を締結する意思を有する可能性は極めて少なく，ほとんどの場合，有期労働契約の形態はもっぱら使用者の都合によって用いられるものと考えられる。そして，雇入れの際の労働契約の有期・無期の形態だけでは労使の実際の契約意思は明らかにならず，しかも，長期雇用を前提として企業が必要とする人材を自ら訓練や養成することと職業的能力・適性を判断することの機能を混在させているわが国の試用の実態を前提とすれば，一般的には，試用採用は試用期間付の無期採用であると考えられるから，そうではないことの立証責任を使用者に課するのは当然であるといえる。従来の学説のなかには，フランスを例にとり，試用採用を労働契約とは独立した試用契約の締結と構成し，本採用労働者となるには新たに本採用契約を締結しなければならないとする「予備契約説」が存在することを指摘したものがあったが[67]，とりわけ三菱樹脂最判以降の判例は，労働者の本採用前の試用の法的性格を本体の労働契約から独立した試用契約とはぜ

---

(66) 東芝柳町事件・最1小判昭49・7・22民集28巻5号927頁，日立メディコ事件・最1小判昭61・12・4労判486号6頁。現在は，労契法19条に明文化されている。

(67) 外尾健一「試用期間の法理」討論労働法60号（1957年）1頁以下。なお，山口・前掲注（1）論文も参照。

ず，無期労働契約の付款として位置付けてきた。わが国の場合，職業資格制度が未発達なこともあって，前述のとおり企業は見習・養成を兼ねた試用期間をおいて労働者を雇い入れるのが一般的であるから，それを有期労働契約の期間と解すると，雇用終了規制を困難にして不安定雇用を拡大する蓋然性が極めて高い。これを踏まえて，判例が，本体の労働契約から切り離された試用契約による解雇権濫用法理の潜脱の恐れに歯止めをかけるという機能をも果たしてきたことは明らかであり，神戸広陵最判は，その機能を明確にしたものということができる。もっとも，同判決は当事者の契約意思の解釈基準として提示されたものであるから，後にみるように，下級審のなかには「契約が当然終了する旨の明確な意思」の意義を必ずしも十分に評価しない例もある。なお，同判決の説示の「特段の事情」は，「トライアル雇用」等の雇用政策への阻害要因となるとの指摘ついていえば，「特段の事情」がどのような事情を指すのかは明らかではないものの，「トライアル雇用」のように就職困難者のための就労可能性をみる雇用という事情等を含むと解することもできるから，その意味でも前記批判は妥当とはいえない。

次に，神戸弘陵以降の判例について若干の検討を加えたい。前述のように教員採用に関する判例では，試用者が採用時に有期労働契約の書面に署名したにもかかわらず，学校側が雇用継続を期待させる言動を行ったことなどの理由で，「明確な意思」が認められなかったケースが多い[68]が，前掲ロイター・ジャパン事件では，トランスレーターとして有期労働契約書に署名したことに加え，同時期にトランスレーターとして採用された者は全員無期労働契約によるものであったことから，有期労働契約により雇用されたと認められた。ただ，この事件で使用者が試用のための契約であることを明確にしたとの認定はなされていない。これらとは異なり，試用目的でトータルな期間を設定し，その期間を細分化して，その際分化された期間ごとに能力・適性評価をするという契約を締結した対照的な2つの事案，安田火災海上事件[69]と日本航空事件[70]がある。前者の事件は，研修期間は2か年を超えることはない，第5次研修期間を終了

---

(68) 前掲注(60)の瀧澤学園事件と久留米親愛女学院事件の判決及び愛徳姉妹会事件・大阪地判平15・4・25労判850号27頁。
(69) 前掲注(61)の判例。
(70) 前掲注(63)の判例。

した研修生のうち，被告が定める基準により，適格性についてのみ研修終了としたものとするという制度の下に雇用された代理店研修生が第1次研修期間満了時における再採用拒否が問題とされたのであるが，裁判所は，代理店研修生の2年間は専属した教育課程が組まれ，2年間を通して各営業所に配属され特定の担当者の下で，現場の保険募集業務を中心に指導を受けることになっており，給与体系も一貫していることなどから，2年間を通じた雇用契約であり，ただ，各研修期間満了時に留保解約権がついていると解すべきであるとした。もっとも，このケースでは，第1回目の研修の満了時の解約権の行使が濫用に当たらず，雇用契約は有効に終了したと結論づけた。

これに対し，日本航空事件では，契約社員の募集要項に「1年間の有期限雇用，但し，契約の更新は2回を限度とし，3年経過後は，本人の希望・適性・勤務実績を踏まえて正社員への切り替えを行います。」と書かれており，他方で，契約社員就業規則には，「契約社員の雇用期間は，1年とし，雇用契約において定めた者とする」との定めていた。第2回目の契約更新を拒否された契約社員の地位確認請求訴訟で，1審判決は，「雇用期間が通算3年に達した後に正社員として雇用されることが原告と被告会社間の雇用契約の内容になっていたということはできない。」として解雇権濫用法理の適用を否定した上，原告が前記募集要項の文言から正社員として採用されることを期待したこと，また，団体交渉において被告会社が「余ほどのことがない限り，更新するのは当たり前です。」と述べたことから，原告の雇用継続の期待利益を認め，当該雇止めに解雇権濫用法理が類推適用されるとした。そして，控訴審は，この雇止めは，「解雇とまったく同視することはできず，使用者に一定の合理的な範囲内での裁量を認めるのが相当として」，一審と同様に当該雇止めの有効性を認めた。しかし，神戸弘陵最判を適用すれば，原告が3年の期間雇用の適性判断をクリアすればその後の雇用継続を期待し得たのであるから，「期間満了により当然に終了しないという明確な合意」があるとみることはできない[71]。このように解すると，雇止めは，無期労働契約で雇われた契約社員の能力・適性の各評価・判定期間満了時における留保解約権の行使にすぎないと解され，前掲安田火災海上保険事件と同様にその最後の期間の留保解約権の行使がない限り，

---

(71) 山川和義・季労237号186頁

第1章　労働契約・就業規則論の再生を目指して

契約社員として雇われた者は3年の期間満了時に，無期労働契約のもとで雇われた正社員として雇用継続するということになる。しかし，日本航空事件の，一審・二審は，雇止めに解雇権濫用法理の類推適用を肯定し，実質的には，試用期間の留保解約権に近い濫用性判断基準を適用した。この場合，想定問答であるが，同事件において，3年間の期間満了時の被告会社が正社員への移行拒否をどのように取り扱うべきかを問題にすると，更新は2回を限度とするものであっても，なお，「本人の希望・適性・勤務実績を踏まえて正社員への切り替えを行います。」ということが合意されている限り，正社員移行の へ労働者の合理的期待を保護する必要があると思われる。もっとも，正社員への移行拒否の濫用を理由に当然に正社員へ移行したものとして取り扱うことはできないから，原告の合理的な期待の侵害として損害賠償請求の対象となるにとどまると思われる。そして，例えば，3年の1回限りの試用目的の有期労働契約の場合にもでも，同様の合意があれば，労働者の合理的な雇用継続期待の侵害を理由に同様の結果を導き出すことは可能であろう。

今日，有期労働契約による無期労働契約の浸食拡大が進行しているにもかかわらず，上記のように神戸広陵最判の「明確な合意等の特段の事情」の解釈は，未だ，必ずしも定着しておらず，またその法理としての評価に疑義が提起されている状況に鑑みると，問題解決は立法論の段階へと移っていく必要があると思われる。雇用保障の観点から，試用特約は具体的な職務的能力・適性を有していると考えられる試用者の実験観察の場合にのみ許されるとする私見の立場からすると，無期労働契約でも試用期間中に予定された職業的能力・適性がないことが証明されれば，使用者は，解雇回避措置を踏むことなく留保解約権を行使できるから，取り立てて，有期労働契約を試用のために用いる必要性はない。むしろ，神戸弘陵最判の厳格な適用こそ望まれるところであり，その方向での立法化を考えるべきではなかろうか。

5 就業規則の最低基準効とは，どのような効力なのか

大 内 伸 哉

Ⅰ なぜ裁判官は労基法93条の適用をしなかったのか
　——問題の所在
Ⅱ 最低基準効と規範的効力
Ⅲ 基準に「違反」するとは，どういうことか
Ⅳ 義務違反に対する「制裁」としての規範的効力
Ⅴ 就業規則遵守義務
Ⅵ 就業規則遵守義務の違反は，どのようなときに認められるのか
Ⅶ 就業規則の合意による不利益変更と規範的効力
Ⅷ 結　論

Ⅰ　なぜ裁判官は労基法93条の適用をしなかったのか
　——問題の所在

　労働契約法（以下，労契法）12条は，「就業規則で定める基準に達しない労働条件を定める労働契約は，その部分については，無効とする。この場合において，無効となった部分は，就業規則で定める基準による。」と定めている。この規定は，就業規則の「最低基準効」[1]を定めたものと言われている。この最低基準効をめぐっては，後述のように手続的要件については議論があるものの，同条該当性に関する解釈上の議論はほとんどない。
　もっとも，過去の裁判例には，労契法12条の前身である労働基準法（以下，労基法）93条[2]を適用すべき事案なのに，それを看過して，労働契約を有効と

---

(1) こうした呼称については，今日では一般的となっている。東京大学労働法研究会編『注釈労働基準法（下巻）』（有斐閣，2003年）1019頁（荒木尚志執筆），荒木尚志・菅野和夫・山川隆一『詳説労働契約法〔第2版〕』（弘文堂，2014年）148頁など。
(2) 本稿では，とくに断らないかぎり，労基法93条は，労契法の制定前の条文を指すことにする。

第1章　労働契約・就業規則論の再生を目指して

する判断をしたとして，学説から厳しく批判されたものがあった[3]。それが，野本商店事件判決である[4]。事案は，経営状況の悪化から，就業規則で定める賃上げ率と賞与支給率を維持できなくなった会社が，その従業員全員の事実上の同意を得て，就業規則よりも低い賃上げと賞与支給を行ってきたところ，ある従業員が退職後に就業規則どおりの率での支給を請求したというものである。裁判所は，就業規則の基準を引き下げる黙示の労働契約が成立していたとして，この請求を認めなかった。

　この事件の担当裁判官は，なぜ労基法93条を適用しなかったのであろうか。その理由としてまず，裁判官は，本事案は労基法93条の適用事例ではないと解した可能性がある。労契法の制定前は，就業規則の法的効力は，判例において「事実たる慣習」（民法92条）により根拠づけられていた[5]。そのため，就業規則と抵触する新たな労使慣行が生まれたときには，従来の就業規則はそれによって置き換えられると解釈されていた可能性がある。この点について，ある裁判官は，次のように述べている。

　　「就業規則の定めるところと異なる労使慣行の成立が認められる場合，その労使慣行が，……民法九二条にいう慣習に当たるといえるときには，労働契約の内容は当該労使慣行に従うべきものとなる。すなわち，就業規則は，それが合理的な労働条件を定めるものである限り，労働条件はその就業規則によるという事実たる慣習の媒介により，就業規則の規定と異なる内容の労使慣行が事実たる慣習として成立した場合には，就業規則によるとの事実たる慣習が，別の事実たる慣習の成立によりその限りで排除され，労働契約の内容は当該労使慣行に従うことになる」[6]。

　この記述は，就業規則よりも有利な労使慣行の存在を想定して書かれているが，そこで言われている内容は，就業規則よりも不利な労使慣行にもあてはまるであろう。

---

(3)　菅野和夫『労働法〔第10版〕』（弘文堂，2012年）136頁。小西國友・判批・ジュリスト1119号（1997年）151頁以下なども参照。
(4)　東京地判平成9年3月25日労判718号44頁。
(5)　秋北バス事件・最大判昭和43年12月25日民集22巻13号3459頁。
(6)　川神裕「最高裁判所判例解説」法曹時報52巻3号（2000年）852-853頁（第四銀行事件最高裁判決（平成9年2月28日民集51巻2号705頁）の調査官解説である）。

つまり，合理的な内容の労使慣行は，法形式的には労働契約となるが，これは就業規則と抵触する労働契約ではなく，就業規則と代替する労働契約と位置づけられるということである。このような「事実たる慣習」論に対しては，「就業規則の労働条件明示・保護機能の重要性，これを担保する労基法93条という明文の規定の存在，そして就業規則改訂の容易性を考慮すると，このような就業規則制度，明文の規定に反する処理は許されるべきではない」との痛烈な批判がある[7]。この批判は説得的であるし，いずれにせよ就業規則の法的効力（契約内容規律効）が労契法（7条および10条）で明記されている現在では，「事実たる慣習」論をもちだすことは適切ではなかろう。

　裁判官が労基法93条を適用しなかった理由として，このほかに，実質論のレベルで，担当裁判官が，同事件で黙示の労働契約（労使慣行）の効力を，労基法93条を適用して否定するのは妥当でないと考えていた可能性もある。労基法93条（現在の労契法12条）の適用される典型事案は，就業規則で定めている基準を引き下げる労働契約を，使用者が，個々の労働者との間で，優越的な立場で締結する場合であるが，野本商店事件は，そうした場合ではなかったからである。野本商店事件で問題となっている労働契約は，使用者が優越的な立場を利用して締結したという事情はうかがわれず，時間をかけて黙示的かつ集団的に成立したものである。このような労働契約は，少なくとも労基法93条（現在の労契法12条）の適用が予定されている典型的なケースではない。

II　最低基準効と規範的効力

　もちろん就業規則の定める基準の最低基準効を条文どおりに解せば，野本商店事件における集団的かつ黙示的な労働契約は，たとえ労使慣行と評価できるものであったとしても，法形式上は労働契約である以上，有効となりえないだろう。ただ，労基法93条（現在の労契法12条）には，就業規則に最低基準「効」があると書かれているわけではない。労契法が制定される前の労基法93条の見出しは「効力」であったが，そこで考えられている効力は，最低基準「効」ではなく，規範的「効力」であった[8]。

（7）　荒木尚志『雇用システムと労働条件変更法理』（有斐閣，2001年）220-221頁。
（8）　寺本廣作『労働基準法解説』（信山社，1998年［復刊］）360頁は，労基法93条は，就業規則に規範的効力を付与した規定と述べている。

第1章　労働契約・就業規則論の再生を目指して

　規範的効力と最低基準効は同じではない。当該規範の定める「基準」に規範的効力が適用され，それを下回る労働契約が許されないときに，結果として両者は一致するにすぎない。こう考えると，最低基準効の発生要件は何かという問いは，効力の実体をなす規範的効力の発生要件は何かという問いに置き換えるべきであろう。

　このように問いを置き換えても，法律の文言上，「就業規則で定める基準に達しない労働条件を定める労働契約」の締結が，規範的効力の発生要件となっていることからすると，就業規則の定める労働条件の基準が最低基準であることは動かしえないようにも思える。

　ところで，労基法93条（現在の労契法12条）の文言上，就業規則に付与されているのは，就業規則の定める基準に達しない労働契約を無効とする効力（強行的効力）と無効となった労働契約の部分に就業規則の定める基準が適用される効力（直律的効力）である。規範的効力とは，この二つの効力を総称したものである。

　規範的効力という言葉は，一般的には，労働組合法（以下，労組法）16条で定める労働協約の効力を指す場合に用いられるが，労基法93条が就業規則に認めている効力や同条とほぼ同じ内容の13条が労基法自体に認めている効力を，規範的効力と呼ぶことが誤りというわけではない。労働協約，就業規則，労基法のいずれの定める規範も，その定める基準と抵触する労働契約に対して，強行的効力と直律的効力をもって優越するという規範構造は共通しているからである。この共通性は偶然ではない。労基法13条と93条は，労組法の定める労働協約の規範的効力をモデルとしたものだからである[9]。

　本家の労働協約では，規範的効力が発生するのは，「労働協約に定める労働条件……に関する基準に違反する労働契約」が締結された場合である。ここでは「基準に違反する」という言葉が用いられているため，労働協約が最低基準であるかどうかは明確ではない。そこから，有利原則の問題が出てくる[10]。

（9）　寺本・前掲注(8)182頁。労基法の制定当時，すでに旧労組法は制定されており，当時の22条は，現在の労組法16条とほぼ同内容の規定であった。

（10）　有利原則をめぐる学説については，たとえば，野川忍「規範的効力の範囲と限界（有利原則・協約自治の限界）」土田道夫＝山川隆一編『労働法の争点』（有斐閣，2014年）186頁以下を参照。

有利原則を否定すれば，規範的効力は最低基準効ではなくなる。規範的効力は，規範（基準）が労働契約に対して優越されるべき場合に発動されるにすぎない。有利原則を肯定して，規範（基準）よりも低い労働条件を定める労働契約に対して規範的効力が適用される場合に，結果として，その規範（基準）が最低基準効をもつことになる。

Ⅲ　基準に「違反」するとは，どういうことか

　規範的効力と最低基準効との関係が明確でなくなるのは，法律の文言で「基準に違反する」となっているからにすぎず，労基法13条や93条は，そのような文言を採用してはいないので前提が異なるという反論もあるかもしれない。

　しかしながら，労基法や就業規則の規範的効力が「基準に違反する」という文言と無縁と考えられないのは，労基法13条の見出しが「この法律違反の契約」とされ，また労基法93条を内容的にはそのまま引き継いだ労契法12条の見出しが「就業規則違反の労働契約」となっているからである[11]。

　労基法13条と93条が，前述のように労組法をモデルとしていたことも考慮すると，両条の規範的効力も，労組法と同様に「基準に違反する」場合に適用されるものと解すべきであろう。つまり，「労基法（あるいは就業規則）で定める基準に達しない労働条件を定める労働契約」は，「労基法（あるいは就業規則）で定める基準に違反する労働契約」と置き換えて解釈すべきなのである。

　それでは，どのような労働契約を締結することが「違反」となるのであろうか。労基法や就業規則では，労働協約とは異なり，実際の文言上は「基準に達しない労働条件を定める労働契約」となっているので，有利原則の問題は出てこない。だからといって，基準に達しない労働条件を定める労働契約を締結する場合は常に「違反」と言い切ってよいのだろうか。以下では，「違反」の法的意味について検討することとしたい。

---

(11)　労契法の制定にともない，労基法93条は労契法に移され，現在の労基法93条は「労働約と就業規則との関係については，労働契約法 …… 十二条の定めるところによる」と定めるだけである。それにともない，同条の見出しは「労働契約との関係」となっている。

Ⅳ　義務違反に対する「制裁」としての規範的効力

「違反」の意味について検討をするうえでは，「違反」の場合に生じる規範的効力が，どのようなものであるかを確認しておくことが必要である。

規範的効力が適用されるのは，労基法，労働協約，就業規則の定める「基準」に違反する労働契約が締結された場合である[12]。規範的効力とは，「違反」に対する「制裁」として，労働契約の効力を否定して，「基準」に置き換え，違反して締結された労働契約の痕跡を消すという強力な制裁を行うものである。つまり，「違反」は，制裁の要件であり，「効力」（規範的効力）は，制裁の内容である。

「基準」に抵触する労働契約を締結することが「違反」に該当するとなると，「基準」を遵守する義務が，その前提にあることになる。では，そのような遵守義務は，何を根拠として認められるのだろうか。

まず労働協約からみてみよう。労働協約の締結当事者（協約当事者）は，労働協約を締結することになり，労働協約を遵守する義務を負う。ドイツでは，労働協約に内在する義務として，協約当事者には，労働協約が実際に適用されるようにする「実行義務（Durchführungspflicht）」があり，これはさらに，協約当事者間での「履行義務（Tariferfüllungspflicht）」と協約当事者の構成員への「働きかけの義務（Einwirkungspflicht）」があると整理されている。日本でも履行義務は協約の債務的効力として当然に認められるものと解されている[13]。つまり，労働組合と使用者は，ともに労働協約の履行義務としての協約遵守義務がある。また労働組合の組合員は，自ら労働組合に加入している以上，労働組合の締結した労働協約を遵守する義務がある。この組合員の協約遵守義務は，労働協約の効力ではなく，組合規約などの組合の自治規範から生じる義

---

(12) なお，労基法92条1項や労契法13条の定める法令や労働協約の就業規則に対する効力も規範的効力の一種であるが，本稿では就業規則の効力に焦点にあてるものなので，検討の対象外とする。

(13) たとえば，菅野・前掲注(3)685頁。「働きかけの義務」は，実際上は，使用者側において問題となる。ドイツのように，協約当事者が使用者団体である場合には，使用者団体が個々の労働契約締結主体である使用者に働きかける義務を論じる実益があるものの，日本では企業別組合が中心であるので，論じる実益に乏しい。そのため，日本では，あまりこの義務が論じられることはない。

務である。

　労働協約は，個別労働契約の当事者の実質的非対等性を克服するために，労働者が集団化した労働組合が締結したものである。労働協約は，そのようなものである以上，労働契約に優越するものでなければならない。協約締結当事者および組合員に（協約締結当事者が使用者団体の場合には，個々の使用者も）協約遵守義務があるのも，また当然のことである。

　ただ歴史的には，協約遵守義務違反があった場合に，労働協約を優越させるための法的手段をどうするかという難問があった。市民法上の理論構成（代理，第三者のためにする契約など）は，労働協約が，締結団体の構成員を拘束することの説明はできても，これらの者が労働協約に違反する労働契約を締結した場合の「制裁」を根拠づけることはできなかった[14]。

　この限界を乗り越えたのが，ドイツのワイマール期に制定された1918年の労働協約令（Tarifvertragsordnung）である。その第1条で，労働協約の優越性を明らかにする規範的効力（normative Wirkung）が創設された。このドイツの労働協約令で採用された規定の仕方（強行的効力と自律的効力）を忠実に継承したのが日本の旧労組法であり，それが，前述のように，労基法にも影響を与えている[15]。労働協約の規範的効力は，市民法からの労働法の独立を象徴的に示すものであり，歴史的な意味がある。日本でも，旧労組法22条の見出しが「強行的規準」で，現在の労組法16条の見出しが「基準の効力」というように，いずれも「違反」よりも，その「制裁」の内容である規範的効力を強調したものとなっているのは，このような歴史的背景があるためである。

　それでは，労基法13条の定める規範的効力は，何に対する「違反」を定めているのだろうか。少なくとも，労基法に違反した使用者が罰則の対象となるのは条文上明らかであるし（117条以下），行政監督の対象となることも明確で

---

(14)　たとえば，西谷敏『労働組合法〔第3版〕』（有斐閣，2012年）324頁，菅野和夫・前掲注(3)678頁を参照。大内伸哉『労働条件変更法理の再構成』（有斐閣，1999年）289頁以下も参照（同頁の下から6行目の「旧労組法23条」は，「旧労組法22条」の誤りである）。

(15)　ちなみに本家のドイツの戦後に制定された労働協約法（Tarifvertragsgesetz：TVG）では，「労働関係の内容，締結，または終了を規律する労働協約の法規範は，直接的（unmittelbar）かつ強行的に（zwingend）適用される……」というあっさりした規定となっている（4条1項）。

ある。これらのことから，使用者には，少なくとも公法上の労基法遵守義務があることは明らかである。

問題は，私法上も，労働協約の協約遵守義務と同様の労基法遵守義務を認めることができるかである。実は，1959 年に労基法から独立して制定された最低賃金法（以下，最賃法）5 条では，このことが明確である。同条は，「最低賃金の効力」という見出しの下，第 1 項で「使用者は，最低賃金の適用を受ける労働者に対し，その最低賃金額以上の賃金を支払わなければならない」として最低賃金遵守義務を定め，その次の 2 項で，最低賃金（基準）に労基法 13 条と同様の文言による規範的効力を定めている。

労基法 13 条には，最賃法 5 条 1 項に相当する規定がないが，観念的には，同項に相当する「使用者は，労基法の定める労働条件以上の労働条件を保障しなければならない」という規定が存在している。現実には，労基法は 14 条，32 条などの各条文に義務設定をゆだねているため，13 条ではその部分を省略して，違反の場合の「制裁」の部分のみを規定しておけば十分だったのである。このようにみると，最賃法 5 条との見出しの違いも理解できる。

要するに，労基法は，各条文において，使用者に対して遵守義務を課し，各条文の定める基準を下回る労働契約の締結は遵守義務違反となり，13 条において，その「制裁」として規範的効力を適用することにしたのである[16]。

労基法は，労働契約の当事者の非対等性に着目して，労働条件の最低基準を設定することを目的としたものである（労基法 1 条などを参照）。その意味で，労基法は，労働契約との関係だけでなく，労働協約や就業規則との関係でも適用される絶対的な最低基準である。このことが労基法遵守義務とその制裁としての規範的効力を必要とする。労基法については，最低基準「効」があると言われても違和感はない。

V　就業規則遵守義務

それでは，就業規則には，労働協約や労基法と同様の，（使用者の）就業規則遵守義務を認めることはできるだろうか。

---

(16) なお，労基法の規定する義務のなかには，それと抵触する労働契約を観念することができず，罰則などの公法的規制のみで履行を確保しようとしているものもある（たとえば，15 条 1 項の定める労働条件明示義務）。

就業規則は使用者が一方的に作成または変更するものである。使用者が一方的に設定する就業規則で定める基準を，使用者が自ら引き下げる労働契約を締結することを「違反」というのは，いささか奇異である。

また，就業規則の基準は，労基法の基準のように，労働契約に対する絶対的な最低基準を定めたものではない。就業規則は労基法に反することができない（労基法92条，労契法13条）以上，就業規則は労基法と同じ意味での最低基準を設定していることは論理的にはありえない（就業規則が労基法と同じ労働条件を定めている場合だけが例外である）。したがって，その意味でも，労基法と同様の遵守義務があるともいえない。

一つの考え方としては，労基法は，使用者に就業規則の作成・届出義務を定めて，事業場で適用されている労働条件についてそれを労働者に明示する（労基法106条の周知義務をはたす）と同時にその内容の適法性について労働基準監督署でチェックを受けることを想定している（労基法89条，92条2項）。これは，労基法が，就業規則制度をとおして，労働条件の適正化を図ろうとした趣旨である[17]。就業規則に記載されている労働条件の基準を下回る労働契約を許容することは，労基法上の就業規則制度の趣旨に反することになる。こうしたことから，使用者は，就業規則を遵守する義務を負うと解される[18]。

ただ，これなら公法上の義務にとどまることになろう。労働者との関係で，使用者が私法上の就業規則遵守義務を負うことの根拠は，これまで必ずしも明確にはされていなかった。その数少ない例外が毛塚勝利教授の見解である[19]。

毛塚教授は，次のように述べる。「就業規則法制の趣旨についてはこれを，労基法の実効性の確保ないし基準監督の補助手段として利用することに主眼を置くべきではなく，労働条件の明示による労働者の保護ということで捉えるべきである。すなわち，その主たる趣旨は，労働者が当該事業場における労働生活において有する権利義務の総体＝労働条件を使用者に明示させることで，労

---

[17] 浜田冨士郎『就業規則法の研究』（有斐閣，1994年）1頁以下は，就業規則法制は，戦前から労働条件，労働者の義務，服務規律関係諸事項の明確化という契約保護のねらいをもってきたとする。

[18] 労基法2条2項にも就業規則遵守義務が定められているが，これは訓示規定にすぎない（たとえば，厚生労働省労働基準局編『平成22年版労働基準法（上）』（労務行政，2011年）70頁）。

[19] 「就業規則理論再構成へのひとつの試み」労判428号11-12頁（1984年）。

第1章　労働契約・就業規則論の再生を目指して

働者の権利行使を容易にし，また，使用者から不当な不利益を被らないようにすることにある。労基法の実効性の確保ないし基準監督の補助手段として利用できるということは，かかる就業規則による労働条件の明示が監督制度との関係でもつ労働者保護機能の一つにすぎない」。「労基法九三条の定める就業規則の効力は，労働契約で形成されている労働条件を，就業規則法制の趣旨にしたがって使用者に明示させた場合に得られる効果を明確な形で定めたものであり，それは，使用者自らが，労働契約で定められている労働条件のうち労働条件を最低の労働条件として明示した以上，その基準に達しない労働条件を定める労働契約の存在を主張することは，(禁反言の原則にのっとり) これを認めないという趣旨を内包するものである」。

使用者が，公法上の義務の履行として自ら就業規則で最低基準として明示した労働条件は，労働者との関係では，禁反言法理により拘束されるということを理論的に説明したのが毛塚教授の功績である。これを筆者のこれまでの議論の枠組みで論じれば，使用者は，禁反言法理に基づき，(過半数代表との意見聴取の手続〔労基法90条〕を経るとはいえ) 自ら作成した就業規則を遵守する義務を負い，就業規則で定める基準を下回る内容の労働契約を締結することは，この義務に反することになり，その制裁として規範的効力が発動される，ということになる。労契法12条の見出しが「就業規則違反の労働契約」であるのは，この理を明らかにしたものと解すべきである[20]。

このようにみると，労働協約，労基法，就業規則の規範的効力は，義務違反に対する制裁の内容であるという点では共通性があるものの，その義務の根拠については，労働協約は協約締結者およびその構成員の協約遵守義務，労基法は絶対的な最低基準であることからくる法律遵守義務，就業規則は禁反言法理からくる就業規則遵守義務と，それぞれ異なっていることがわかる。

---

(20) 筆者は，契約説の立場から，同じ契約説の石井照久の，労基法93条はその趣旨を不手際に表現したものとするという見解に疑問を感じ，「労基法93条の就業規則の強行的・直律的適用は，国家が労働者保護のために特別に規定した使用者の就業規則の最低基準遵守義務の違反に対する制裁を意味するものと考える」と述べていた（大内・前掲注(13)295頁（注104））。そこでいう「労働者保護のために特別に規定した」趣旨を突き詰めると，同書の執筆当時は思いつかなかったが，結局，すでに発表されていた毛塚教授の見解のようになると考え直した。

Ⅵ 就業規則遵守義務の違反は，どのようなときに認められるのか

1 二つの労働契約

就業規則の規範的効力が，禁反言法理からくる就業規則遵守義務に違反したことに対する制裁と解すべきだとすると，禁反言と評価できるような信義則違反がないかぎり，規範的効力を認めるべきではなかろう。前述のように，使用者が優越的な立場を利用して労働契約を締結した場合には，まさに禁反言法理があてはまり，就業規則遵守義務に違反することになる。

では，たとえば就業規則の定める基準を下回る労働条件が長年にわたり事実上適用されて，労使慣行となっている場合はどうであろうか。労使慣行も「事実たる慣習」（民法92条）として，労働契約の内容となることによって拘束力をもち，その点では，法形式的には労働契約と同格なので，労契法12条をそのまま適用すると，就業規則の規範的効力によって効力が認められないことになる（前述）。

ここで考慮すべきなのは，労働契約には2つの機能があることである。第1が，労働契約によって労働者と使用者が個別的に労働条件を決めていくという，労働条件形成手段としての機能である。このような機能をもつ労働契約が，労契法12条の「労働契約」に該当しうることは明らかである。

もう一つの機能が，就業規則，労働協約，労使慣行といった集団的に形成された労働条件の受け皿としての機能である。たとえば，就業規則の内容が合理的であれば労働契約の内容となるという判例法理があり[21]，現在ではこれは労契法7条の規定内容となっているが，ここでいう労働契約は，労働条件形成手段としての労働契約ではなく，形成された労働条件の受け皿としての労働契約である。労働条件形成手段はあくまでも就業規則である。

この第2の機能をもつ労働契約との関係でも，就業規則遵守義務違反は起こりうるのだろうか。少なくとも労働協約や労使慣行は，たとえ就業規則の定める基準を下回る場合であっても，使用者が一方的に制定したとは言えないので，そもそも禁反言法理と抵触するとはいえず，就業規則遵守義務違反を問題とす

---

[21] 電電公社帯広電報電話局事件・最1小判昭和61年3月13日労判470号6頁，日立製作所武蔵工場事件・最1小判平成3年11月28日民集45巻8号1270頁を参照。

る余地はないであろう。労働協約との関係では，逆に就業規則の効力のほうが問題となる（労契法13条，労基法92条を参照）。

　では，就業規則の不利益変更の場合はどうか。使用者がいったん就業規則を制定しておきながら，それを引き下げようとするのは，まさに禁反言に値する行為と言えそうでもある。理論的には，就業規則の不利益変更は，労基法93条によって許されないとする解釈もありえた[22]。しかし，労働関係が長期的に継続する関係であることを考慮すると，就業規則の不利益変更を一切許さないとする結論は著しく妥当性に欠く。こうして，判例は合理的変更法理を創設したのである[23]。ここでは，就業規則の基準をそのままにしておきながら，「個別的に」労働契約で引き下げる行為は禁止されるとしても，就業規則の基準そのものを，当該事業場の労働者全体を対象として「集団的に」引き下げることは，内容に合理性があれば，適法としたのである。

　就業規則の不利益変更についての合理的変更法理は，就業規則の規範的効力の例外を設定したものではなく，そもそも就業規則遵守義務の違反ではないために，規範的効力の射程外だったのである[24]。労基法93条（現在の労契法12条）でいう「労働契約」には，形成された労働条件の受け皿としての労働契約は含まないという解釈は，労働条件形成手段が就業規則の場合にもあてはまるのである[25]。

　ここまでの分析に基づくと，野本商店事件で，担当裁判官が労基法93条の適用をしなかったことは適切な解釈であった可能性がある。労基法等の強行法規を下回るような合意であれば，それが労使慣行となっていても，規範的効力（労基法13条や最賃法5条2項）が発動されることはあるが，就業規則との関係では，労使慣行や，労使慣行とまではいかなくても，使用者の禁反言法理による帰責性が認められない集団的かつ黙示的合意であれば，規範的効力は発動さ

---

(22) 就業規則の不利益変更と労基法93条との関係については，荒木・前掲注(7)224頁以下も参照。
(23) 秋北バス事件・前掲注(5)。
(24) ただし，荒木・菅野・山川・前掲注(1)149頁は，合理的変更法理（労契法10条）は，最低基準効（同法12条）の例外を設定した趣旨と解しているようである。
(25) 労基法の規範的効力は，労基法の遵守義務が禁反言ではなく，絶対的な最低基準にあることを根拠とするものであるから，労働協約や就業規則など集団的に形成された労働条件の受け皿としての労働契約に対しても適用されることになる。

れるべきでないのである(26)。

2 対　等　性

　労契法12条の「労働契約」については，また別の観点からの解釈問題も提起できる。前述のように，就業規則の規範的効力は，使用者の就業規則遵守義務違反が，優越的な立場を利用して労働条件を引き下げることが禁反言という信義則違反であることから認められるものである。もし使用者が優越的な立場になく，労働者が使用者と対等に労働契約を締結したという事情があれば，使用者には禁反言法理に照らした帰責性（信義則違反）はなく，就業規則遵守義務違反はないと解すべきである。この場合には，締結された労働契約は同条の「労働契約」に含まれないと解すべきことになる。

　もちろん，どのような場合に対等性があり，使用者に帰責性がないといえるかについては，労働条件の不利益変更に関する合意という一般的な問題と関係する論点であり，この論点について学説は分かれている。本稿では，この論点についての詳細な検討は避けるが，私見では，情報提供と説明を適切に行っていれば，対等性があると考えている(27)。私見とは異なる立場でも，労働者の自由意思（真意）に基づく同意（それが何かについては争いがある）がある場合には，労働条件の不利益変更の同意を認める傾向にある(28)。とくに制定法上

---

(26)　判例のなかには，就業規則上，退職金は退職時の本俸を基礎として算定することになっていたが，使用者と労働組合で，事後の賃上げ額は反映しないで凍結する旨の合意をしていたところ，ある従業員が退職時の本俸（凍結以降の賃上げ額を反映したもの）に基づき退職金を請求した事案で，その労使合意が周知されて労働契約の内容になっていれば請求棄却となると判示したものがある（朝日火災海上保険事件・最二小判平成6年1月31日労判648号12頁）。これに対しては，労使合意が労働協約として書面化されていないかぎり，就業規則が適用され続けるとの批判がある（たとえば，菅野・前掲注(3)136頁，荒木・前掲注(7)219頁。しかし，本稿で検討したことによると，労契法12条を適用しなかった判断は適切であった可能性がある。

(27)　大内伸哉「労働契約における対等性の条件──私的自治と労働者保護」根本到＝奥田香子＝緒方桂子＝米津孝司編『西谷敏先生古稀記念　労働法と現代法の理論(上)』（日本評論社，2013年）415頁以下を参照。

(28)　もちろん，真意性の認定判断をどうすべきかについては見解が分かれる。不利益な同意の有効性に関する包括的な分析については，山川隆一「労働条件変更における同意の認定」荒木尚志＝岩村正彦＝山川隆一編『菅野和夫先生古稀記念論集　労働法学の展望』（有斐閣，2013年）257頁以下，土田道夫「労働条件の不利益変更と労働者の同意」

の権利の放棄を一定の要件において認める立場[29]においては，就業規則の定める基準を下回る労働条件の同意についても，同一の要件で認める理論的可能性はある。

最近の裁判例に，労契法12条の適用を認めて，就業規則の規範的効力を適用したものがある。その事案では，試用期間中の賃金合計額を書面で20万円と合意していたものの，就業規則上は正社員に対して資格手当を付与すると規定されていたため，裁判所は，試用期間中の労働者も正社員であることから，上記の賃金合意は手当の支払請求権を放棄させるに等しいもので，「就業規則の最低基準効に抵触し（労契法12条），その限度で無効であると解され，諸手当に関する……就業規則……の規準が上記合意に代って適用されるものというべきである」と述べた[30]。しかしこの事案では，3ヶ月の試用期間中の賃金について，手当を支払わないとする合意が，信義則に反するような就業規則遵守義務違反といえるかどうかには疑問もあり，労働者が十分に情報提供と説明を受けたうえでの合意であったとみる余地もあったと思われる[31]。

Ⅶ 就業規則の合意による不利益変更と規範的効力

就業規則の不利益変更は，合理性があれば一方的に行うことができる（労契法10条）。変更後の就業規則は労働契約の内容となるとしても，それは労契法12条の問題でないことは前述のとおりである。

ところで，労契法は，就業規則の不利益変更について，労働者の同意がない場合には許されないとする（9条本文）が，その反対解釈として，同意がある場合に，就業規則の不利益変更が可能かという論点がある。学説は分かれてい

根本他編・前掲注(27)321頁以下などを参照。
(29) シンガー・ソーイング・メシーン事件・最2小判昭和48年1月19日民集27巻1号27頁。また，日新製鋼事件・最2小判平成2年11月26日民集44巻8号1085頁も参照。
(30) ライトスタッフ事件・東京地判平成24年8月23日労判1061号28頁。
(31) 判例のなかには，対等性の要件に疑問がある事案で，労基法93条を適用して，個別合意を無効としたものがある（北海道国際航空事件・最1小判平成15年12月18日労判866号15頁）。一方，就業規則の定める退職金債務の免除につき，これらの判例を参照して，自由意思に基いてなされたものと認めるに足りる合理的な理由が客観的に存在していたとする裁判例もある（総合労働研究所事件・東京地裁平成14年9月11日労経速1827号3頁）。

る(32)が、これを肯定すべきである(33)。この論点は、潜在的には、労契法制定前から存在していたが、活発な議論がされてきたわけではなかった(34)。就業規則の法的性質についての契約説であれば、当然に合意による不利益変更はできるはずであるが、その場合、労基法93条はどうなるかという点が問題として残っていた。

　労契法の制定後においては、労契法9条の反対解釈により労働者の同意による就業規則の不利益変更を肯定した場合、労契法12条との抵触は生じないのかが問題となる。就業規則遵守義務違反の範囲を限定する前記のような解釈を採用しても、個別の同意による就業規則の不利益変更は、就業規則遵守義務に違反することになり、対等性の要件を充足しなければ、就業規則は有効とならないと言えそうである。

　この点について、有力な学説は、次のように述べている(35)。

　「就業規則による変更についての合意があれば、そもそも10条の合理性審査は要請されないことに加え、変更の合理性は、あくまで旧就業規則の適用を受けてきた労働者に対する就業規則変更の『拘束力』の問題であり、就業規則の変更自体は、仮に合理性がなくとも『無効』であるわけではない。したがって、権限者により変更され、実質的周知がなされた就業規則があれば、最低基準効を発揮するのはその変更された就業規則であり、変更前の旧就業規則の最低基準効が働くことはない。したがって、不利益変更に対する合意が旧就業規則の最低基準効によって無効となることもない」。

　この見解は、就業規則の不利益変更について、就業規則の拘束力（拘束力あ

---

(32) 学説については、櫻庭涼子「就業規則による労働条件の不利益変更」土田道夫＝山川隆一編『労働法の争点』（有斐閣、2014年）139頁以下を参照。

(33) 大内伸哉「労働契約法の課題――合意原則と債権法改正――」日本労働法学会誌115号（2010年）79頁。裁判例での肯定例として、協愛事件・大阪高判平成22年3月18日労判1015号83頁（ただし、事件は、労契法制定前のものである）。

(34) 労契法10条の制定前から、労働者の同意による就業規則の不利益変更が肯定されていたかどうかについて、学説がこれを当然の前提としていたとする見解（荒木尚志「就業規則の不利益変更と労働者の合意」法曹時報64巻9号（2012年）12頁）と、その点に疑問を呈する見解（唐津博「労契法9条の反対解釈・再論」根本他編・前掲注(27)381頁以下）とがある。

(35) 荒木他・前掲注(1)130頁。

る労働条件)の引下げと最低基準効の引下げを区別する見解で,前者については労働者の同意により可能であり(9条の反対解釈),後者については手続的な適正さ(権限者による変更と実質的周知)があれば可能とする趣旨と解される。

　しかしながら,後者については若干の疑問がある。すでに検討してきたように,就業規則の定める基準は,それに対する違反があった場合の制裁として発動される規範的効力の内容に関わるもので,使用者が手続さえふめば一方的に制裁の内容を自己に有利に変更できるとする解釈は適切と思えないからである。理論的には,規範的効力の基準の引下げについても,拘束される労働条件の引下げと同様,労働者の同意が必要と解すべきである。つまり,合意による就業規則の不利益変更には,変更前の就業規則が定める基準を引き下げたうえで,その基準にまで労働条件の内容を引き下げるという二つのステップが必要であり,前者の基準の引下げというステップをふんでおかなければ,就業規則の定める基準が従来どおりのままで,労働条件を引き下げることになるので,そのような合意は労契法12条により無効となるのである。これは,就業規則の不利益変更の同意には,就業規則の定める基準そのものを引下げることへの同意(「就業規則の基準の引下げの同意」)と,その引き下げられた基準に沿った内容の労働条件に同意すること(「労働条件の不利益変更の同意」)という二つの同意があることを意味する[36]。実際には,労働者の同意は,後者の「労働条件の不利益変更の同意」となろうが,理論的には,前者の「就業規則の基準の引下げの同意」が有効でなければ,後者の「労働条件の不利益変更の同意」は有効とならない。したがって,後者の同意の意思表示には,原則として,前者の「就業規則の基準の引下げの同意」が含まれていると解してよかろう。

　では,就業規則の基準の引下げは,単に労働者が同意をしただけで可能なのだろうか。「就業規則の基準の引下げの同意」については,就業規則の基準をそのままにして,労働条件を引き下げる合意がなされる場合と類似の利害状況があることを考慮すると,後者において就業規則遵守義務違反の例外が認めら

---

[36] このように解すると,9条は,就業規則の不利益変更について消極的合意原則を定めたにとどまり,労働条件の不利益変更の合意については,積極的合意原則を定める8条によって肯定する解釈のほうが妥当かもしれない。この点について,立法過程からみると,9条は,8条の反対解釈から導き出される内容を確認的に定めたもののようである(荒木・前掲注(34)16頁)。

れるための有効要件である対等性がここでも必要と解すべきであろう。つまり，私見では適切な情報提供と説明を受けたうえでの同意である必要があり，学説の多数の立場では，さらに慎重な認定を必要とすることになる。いずれにせよ，対等性が認められた場合には，「就業規則の基準の引下げの同意」だけでなく，前述のようにこれと同一の意思表示に含まれている「労働条件の不利益変更の同意」も有効と認められるであろう[37]。

ただ，「就業規則の基準の引下げの同意」については，上記の要件に加えて，手続的な要件を課すべきではないか，という議論もある。過半数代表からの意見聴取（労基法90条），行政官庁（労働基準監督署長）への届出（同法89条），周知（同法106条1項）のすべてが効力要件であるのか，そのうちのいくつかが効力要件であるのかなどである。

従来の学説は，法所定の周知までは求められないものの，実質的周知は必要とする見解が有力であった[38]。最近では，実質的周知がなされていなくても，就業規則としての届出があれば最低基準効を認めてよいとする見解も有力である[39]。就業規則のもつ規範的効力は，使用者の禁反言法理から生じる就業規則遵守義務の制裁として課されるものであるとする本稿の立場からすると，使用者が対外的に就業規則の存在を示していることが，就業規則遵守義務の要件となると解すべきであるので，実質的周知か届出を効力要件とする最近の有力説が妥当と考える。

ただし，これは，就業規則の作成時または有利変更の場合のみあてはまることであり，不利益変更の場合には，あてはまらない。使用者が，自らの就業規則遵守義務に違反した場合の制裁の水準を引き下げる以上，法律の規定すなわち法律上の一連の手続的な義務のすべてを遵守することが効力要件となると解すべきである[40]。労契法11条が，就業規則の変更にかぎり明文で労基法上

---

[37] 私見では，就業規則の不利益変更の同意に含まれている「労働条件の不利益変更の同意」についても，通常の労働条件の不利益変更の場合と同様に，適切な情報提供と説明が必要となる。

[38] たとえば，菅野・前掲注(3)136頁。

[39] 東京大学労働法研究会編・前掲注(1)1027頁（荒木尚志執筆）。

[40] 水町勇一郎『労働法〔第5版〕』（有斐閣，2014年）91頁も同旨。なお，私見では，本文でも述べるように，この手続要件を充足しない場合に，当然に「労働条件の不利益変更の同意」までが無効となるわけではない。

第1章　労働契約・就業規則論の再生を目指して

の手続規定（89条および90条）を確認しているのも，こうした解釈を補強するものである。

　労働条件の不利益変更の同意は有効である（対等性の要件を充足していて，労契法12条が適用されない場合）が，手続的義務の不履行があるために就業規則の定める基準の引下げが有効とならなかった場合には，どうなるであろうか。この場合，不利益変更に同意した労働者の労働条件は引き下げられるが，規範的効力をもつ就業規則の基準は変更前にとどまる。したがって，不利益変更の同意の後，さらに労働条件を引き下げる労働契約が締結された場合（それが就業規則遵守義務違反となるような場合）には，当初の就業規則の基準が適用されるので，労働条件は1回目の不利益変更の前の内容にまで戻されることになる[41]。

　ちなみに，以上の手続的要件をめぐる議論は，就業規則の一方的な不利益変更の場合にもあてはまる。まず，就業規則の一方的な不利益変更の場合にも，理論的には，就業規則の定める基準を引き下げるステップと引き下げられた基準にまで労働条件を引き下げるステップとがある。ここでは，労契法10条の合理性と周知の要件を充足していれば，第2のステップだけでなく，第1のステップもふんだことになると解すべきであろう。ただ，この場合も，第1のステップについては，労基法上の手続をすべてふむことが効力要件となると解すべきである[42]。ここでも労契法11条がこの解釈の根拠となる。

---

[41]　なお，大内・前掲注(13)261頁も参照。

[42]　なお，秋北バス事件・最高裁判決（前掲注(57)）は，労基法は，「一定数の労働者を使用する使用者に対して，就業規則の作成を義務づける（89条）とともに，就業規則の作成・変更に当たり，労働者側の意見を聴き，その意見書を添付して所轄行政庁に就業規則を届け出で（90条参照），かつ，労働者に周知させる方法を講ずる（106条1項，なお，15条参照）義務を課し，制裁規定の内容についても一定の制限を設け（91条参照），しかも，就業規則は，法令又は当該事業場について適用される労働協約に反してはならず，行政庁は法令又は労働協約に抵触する就業規則の変更を命ずることができる（92条）ものとしているのである。これらの定めは，いずれも，社会的規範たるにとどまらず，法的規範として拘束力を有するに至っている就業規則の実態に鑑み，その内容を合理的なものとするために必要な監督的規制にほかならない」と述べている。手続的規制が，就業規則の法的規範性の根拠とされていることを考慮すると，不利益変更の場合にはいっそうこの理があてはまり，労契法の解釈においても手続要件が重視されるべきことの根拠として援用されるべきである。

VIII 結　　論

　本稿では，就業規則の定める基準が，労使慣行やそれに準じる集団的な合意によって引き下げられた場合に，労契法12条を適用すべきなのかという問題を起点として，労契法12条の適用範囲について解釈論的検討を加えた。
　そこで得た結論は，次のとおりである。
　労契法12条は，その前身である労基法93条のときに，同法13条とともに，労働協約の規範的効力をモデルとして制定されたものであり，その規範的効力とは，労基法，労働協約，就業規則それぞれの定める基準を遵守する義務の違反に対する制裁の内容である。義務違反の意味は，それぞれ異なるものであるが，就業規則については，毛塚勝利教授の学説を参考にして，使用者の禁反言法理から導かれる就業規則遵守義務違反であるという解釈をとるべきである。
　このような解釈を前提にすると，就業規則遵守義務に違反する労働契約とは，使用者が優越的な立場を用いて，禁反言法理に抵触するような形で締結された労働契約に限られるものであり，集団的な労働契約や労使慣行，さらには対等性の要件を充足している労働契約は，除外されるべきである[43]。なお，対等性がある場合の除外は，強行法規の合意による適用除外（個別的デロゲーション）の問題と理論的に関係する。
　就業規則の合意による不利益変更（労契法9条の反対解釈）については，就業規則の基準をそのままにして，その基準を下回る合意（労働条件の不利益変更の合意）をするのではなく，就業規則の基準それ自体を引き下げる合意も同時にしているのが通常なので，労契法12条の就業規則遵守義務違反ではないと解される。ただ，就業規則の基準を引き下げる合意は，使用者の就業規則遵守義務違反の制裁の内容を緩和し，労働者に不利益なものなので，労契法12条の例外として認められる労働契約の有効要件と同様の対等性は必要となる。それに加えて，労基法の定める就業規則の手続規定の遵守も要件となる。
　就業規則は，就業規則であるから最低基準効をもつのではない。規範的効力という制裁が適用されるに値するような就業規則遵守義務違反（禁反言的行

---

[43]　なお，この考察は，労契法7条ただし書および10条ただし書における労働契約の12条該当性の解釈にもあてはまる。

為）があるから，就業規則は最低基準となるのである。これが本稿の結論である。

6 就業規則法理における労働基準法と労働契約法

深 谷 信 夫

I はじめに——問題の所在
II 労働保護法の基本法としての労働基準法
III 就業規則の法規範性論と就業規則の法的効力論
IV 労働基準法と労働契約法の就業規則法制の関係性
V おわりに——問題の普遍性

I はじめに——問題の所在

〔I〕 労働契約法の制定を契機に，労働法学の有力な学説は，就業規則法理の解釈論についての重要な変更を行った。具体的には，労基法89条の作成及び届出の義務，90条の意見聴取義務，106条の周知義務，これらの義務の不履行と，労働契約法における就業規則の個別労働契約に対する法的効力との関連にかかわる解釈論の変更である。代表する二つの見解を紹介しよう。

(1) 菅野和夫『労働法』

菅野『労働法〔第七版補正二版〕』は，「合理的変更の拘束力をも含めた就業規則の定型契約としての効力については，その周知が基本的な前提要件であるが，届出，意見聴取もその効力の発生要件と解すべきである。労基法は同規則のそのような実際的機能にかんがみて，届出，意見聴取，周知などの手続的義務を課して労働者を保護しているのであるから，それら義務のすべての履践がその効力の発生要件となると解すべきである。」[1]との結論であった。

この結論は，労働契約法が制定された以降，『労働法〔第八版〕』において，「就業規則の作成について労基法が要求する届出（89条）または意見聴取（90

---

(1) 菅野和夫『労働法〔第七版補正二版〕』（弘文堂，2007年）113頁。なお，この結論は，同『労働法〔初版〕』（1985年）以来，一貫して維持されていた。

第1章 労働契約・就業規則論の再生を目指して

条)の手続きを踏んでいない就業規則については,この労働契約規律効が生じるかである。就業規則の変更の場合の労働契約規律効については,これらの手続を踏むべきことが規定されているが(労契11条),労働者の採用の際の労働契約規律効については規定されていない。そして,採用に際しての就業規則の労働契約規律効は,就業規則が採用の際に労働者に事実上受容されたという状況のもとでのその法的効力に関するものである。したがって,それら手続の履践は労働契約規律効の取得には必要ないと考えられる。」[2]と変更された。

(2) 西谷敏『労働法』

西谷敏『労働法』は,「かつて私は,三つの手続の履践を就業規則の効力要件と解したうえで,手続違反に責任を負う使用者が手続違反を自らの有利に援用することは信義則上許されないとした」というかつての自説[3]を紹介しつつ,「労契法は,7条の効力が生じる手続的要件としては『周知』のみをあげていること(11条は,就業規則の『変更』について,労基法89,90条の手続に言及している),労働契約の締結時には労働条件の空白が生じることは避けるべきこと,などを考慮すれば,必ずしも効力説にとらわれる必要はないであろう。労働者が就業規則の内容を容易に知りうることと,内容の合理性の審査が厳格になされることを前提として,これらの手続違反は7条の効力を直接左右するものではないと解すべきである。」[4]と解釈の変更を説明した。

労働法学を代表する二つの学説が,法的認識に異同があるが,労基法が定める就業規則の作成と変更にかかる意見聴取や届出という手続きの履践は,労契法7条の就業規則が労働契約の内容になるかどうかの判断に直接的には関係ない,と主張されるようになった[5]。

---

(2) 同前『労働法〔第八版〕』(弘文堂,2008年)111頁。この箇所には,注18)が付され,「労働契約法制定前においては,この点については学説上議論があり,私見は届出も,意見聴取も効力要件と解していた。……同法制定の際,立法的な決着がつけられたといえる。」との記述が加えられている。

(3) 西谷敏「就業規則」片岡曻他編『新労働基準法論』(法律文化社,1982年)489頁以下。

(4) 西谷『労働法〔第2版〕』(日本評論社,2013年)165頁。なお,同『労働法〔初版〕』(2008年)167頁も,同様の考えを示していた。

(5) なお,労契法10条の解釈については,西谷説は,「変更された就業規則の届出と意見聴取手続は不利益変更の効力発生要件と解すべきである」(注4)『労働法〔第2版〕』

〔Ⅱ〕 さて，先の解釈論の変更において検討されなければならない論点はなにか。三つの論点から，根本的な検討が必要であろうと考える。

第一は，労働基準法と労契約法とは峻別すべきでなく，憲法体系を前提として，労働基準法を基礎とする二つの法律の関係性を明確にしなければならない，という論点である。

そのうえで，第二は，〈就業規則の法規範性論〉と〈就業規則の法的効力論〉とは区別して議論すべきである，という論点である。

ここでいう〈就業規則の法規範性論〉とは，〈社会的規範として存在してきた就業規則に労働保護法上の法規範性が付与される法的根拠をめぐる議論〉であり，〈就業規則の法的効力論〉とは，〈法規範性が付与された就業規則が他の労働条件決定の諸規範（とりわけて個別労働契約）に対して持つ法的効力の法的根拠をめぐる議論〉である。

より具体的には，第三は，労基法上の就業規則法論と労契法の就業規則法論とは峻別すべきでない，という論点である。労働基準法の就業規則法制の法的義務（89条及び90条）が履行されて作成され，内容的審査（91条及び92条）をクリアーした就業規則のみが，労働契約法の世界における法的規範性をもった就業規則と評価され，労働契約関係における法的規範としての地位が与えられた。結論から言えば，①絶対的必要記載事項がきちんと記載され，必要な場合には相対的必要記載事項も記載され，②民主的に，適正な過半数代表者の選出が行われ，③その過半数代表者への意見聴取手続きが履践され，④労基署への届出義務が履行され，⑤その就業規則の内容も，91条及び92条に反しない就業規則のみが，労働契約法上の就業規則としての法的位置が与えられる。こ

171頁）とするが，菅野説は，労契法11条は「注意的に規定したにすぎないともよむことができる」（菅野『労働法〔第十版〕』（2012年）147-8頁）として，同規定の意義は，「変更された就業規則が労働契約を規律するための絶対的要件ではないが，変更の合理性の判断要素である『その他の就業規則変更に係わる事情』の1つとして考慮されることを明らかにしたものと解される。要するに，意見聴取と届出をしたことが合理性判断におけるプラスの材料になるということである。」（同前・148頁）とする。「意見聴取と届出をしないことが，合理性判断におけるマイナス材料になる」となぜ言い切らないのか。この表現は，「意見聴取と届出をしないことが，合理性判断におけるマイナス材料とならない場合もある」との意味を含ましめたのか。刑事罰をもって強制されている労基法の準用規定を，「注意規定」と性格づけることこそがそもそも問題である。

第1章　労働契約・就業規則論の再生を目指して

の前提のうえに，労働契約法における就業規則法理が構成されなければならない。その労働契約法上の就業規則論も，当然に，労基法の審査を受けることになる。

Ⅱ　労働保護法の基本法としての労働基準法

　歴史段階が異なれば，国家が異なれば，また現代日本においても労働法体系の立法論的な視角からは，労働保護法と労働契約法との法制度的な在り方は多様であり，さまざまな議論があろう。しかし，ここでは，日本国憲法の（広義の）労働基本権保障（27条と28条）を前提とする現代日本の労働法の原理と体系を踏まえた労働法の認識はどうあるべきかという視点から検討を行う。

1　労基法が先か，労契法が先か

　労働契約法が施行されてから，6年余の時間が経過した。労働契約法を掲載する「六法」は，『労働六法』（旬報社）を除けば，ほぼすべて，労働契約法，次に，労働基準法という掲載順となっている。掲載順という形式に注目するのは，労働基準法と労働契約法との関係性という根本問題についての学説の動向が気になるからである。一つの見解を紹介する。

　「労働契約法と労働基準法はいずれも民法の特別法であるが，両方の間には法体系上の優先関係はない。したがって，具体的な適用場面では，それぞれの法目的に即して重畳的に適用される。労働契約法が制定されて以降，同法を労働法における基本法と見る見解が強まっているが，労基法の役割を軽視するのであれば，適切とはいえない。労働憲章など，労基法の中には個別的労働関係法全体の基本原則が多数定められているからである」[6]と。

　この見解には，二つの疑問を持つ。一つは，民法の特別法という位置関係で議論するだけでなく，憲法27条2項との関係において，労働基準法と労働契約法との関係性が確認されなければならないということ，二つには，「重畳的に適用される」ということは誤りではないが，「重畳的に適用される」から「労基法の役割を軽視してはならない」というのではなく，労働基準法を基底

---

(6)　吉田美喜夫・名古道功・根本到編『労働法Ⅱ〔第2版〕』（法律文化社，2013年）17頁。

に据えた法律の解釈・運用が行われるべきであると考えなければならないということ、である。

さて、そこで、次項では、憲法を基底とする日本の労働法体系のなかでの労基法と労契法の位置関係をめぐる議論を確認する。

2 憲法27条のもとでの労基法と労契法の関係性の整序

そもそも現代日本の憲法27条と28条を頂点とする現行労働法制は、契約の自由の原則の修正を本質的な内容としている。すなわち、契約締結の自由、契約相手選択の自由、契約内容に関する自由、契約方式の自由を内容とする契約の自由の原則は、ここでは詳論しないが、現代日本の労働法体系において、重大な修正を受けている。憲法27条2項に基づく法定労働条件の設定を前提として、集団的な労使自治と労働契約自治が法認されている。労働協約や就業規則による労働契約に対する規範的効力（労組法16条、労基法93条）などが規定されている。無限定な労働契約の自由の原則が法認されているわけではない。労働基準法は、こうした現代日本の労働法体系の中核的な法律である。

こうした認識については、2008年労働契約法施行前夜までは、根本的な異論はなかった。菅野説も、「とりわけ労基法は、労働関係の基本原則、労働憲章、賃金、労働時間、就業規則等の基本的諸事項を規制しており、個別労働関係の基本法として位置づけられる。」[7]との認識を示していた。しかし、労働契約法の制定を契機に、労働基準法と労働契約法の位置関係をめぐって、見解の相違が生まれた。

(1) 菅 野 説

菅野説は、労働契約法は「労働契約の成立・展開・終了に関する民事法（契約法）の強行規定を労働者保護と紛争防止のために設定するものであり」、憲法27条2項が「法定すべきとする『基準』の現代的（発展的）な姿といえよう」[8]と労働契約法を位置づけ、「労働契約関係については、民法の特別法としての労働契約法が、まずもって参照されるべき基本立法として成立した。そして、同法に明文化されなかった判例法理（労働契約法理）は、労働契約法を

---

(7) 菅野・前掲注(1)『労働法〔第七版補正二版〕』72頁。
(8) 菅野『労働法〔第八版〕』（2008年）18頁。

第1章　労働契約・就業規則論の再生を目指して

補う法的ルールとしての位置づけが与えられることとなった。」(9)との見解を提示した。

(2)　西　谷　説

西谷説は，労契法制定後も，「現実の必要に応じて数多くの個別的立法が制定されてきたが，労基法は現在もなお中核的な位置を占めており，比喩的に言えば，それは労働者保護法の『基本法』ともいえる。」(10)との認識を維持している。ただし，この「比喩的に言えば」という表現が，どのような法律的な含意であるのか，読み取ることはできないが(11)。

このうえで，西谷説は，実際に成立した労働契約法の内容を批判的に検討したうえで，「現時点で労働契約法を労働法の『基本法』と位置づけることには賛成できない。真に『労働契約法』の名に値する法律の創造は今後の課題である。」(12)との認識を示す。この点で，西谷説は，現行労契法を「基本立法」と位置づける菅野説と決定的に異なる。

(3)　『詳解労働契約法』

荒木・菅野・山川『詳説労働契約法〔第2版〕』は，3人の見解の調整をへた協働の結果として，「労働法の新たな基本法としての性格」とのタイトルのもと，労働基準法との関係について，「労働契約法は，個別的労働関係を規律する労働立法であるが，個別的労働関係については，労働基準法が従来から基本法として存在していた。純然たる体系上の議論として，労働契約法の制定によって，個別的労働関係においては労働契約法と労働基準法のどちらが法体系上先に来るべき基本法となったのであろうか。」と論点を提示し，労働基準法と労働契約法の規制が相互に連携していることを確認して，「結局，労働契約法と労働基準法は，論理的先後関係においても，実際的規制関係においても，共に個別的労働関係の基本法であって，相互に連携し合っていると見るべきで

---

(9)　同前・80頁。
(10)　西谷『労働法』（日本評論社，2008年）32頁。
(11)　この「比喩的に言えば」という表現を含んだ記述は，「労基法は現在もなお労働者保護法の中核的な位置を占めている。」（『労働法〔第2版〕』（2013年）36頁）との表現に変更された。
(12)　西谷・前掲注(10)『労働法』34頁。同注(11)『労働法〔第2版〕』39頁。

あろう。」[13]との結論を述べる。

菅野説とも，荒木説とも異なる理論枠組みを提示している。

(4) 荒 木 説

荒木尚志『労働法』は，「憲法27条2項において契約自由の原則を修正し，法律で労働条件基準を定めるべきとされていることを踏まえ，新憲法の趣旨に合致した労働条件基準の設定が目指された。実際に，労基法は制定までの全過程を通じて，新憲法との整合性が強く意識された」ことなどを指摘し，労基法は，そのような「基本理念のもとに制定された個別的労働関係法の基本法である」[14]と規定する。

そして，「労働保護法の基本法としての労働基準法」とのタイトルのもと，「労基法は，……その労働条件基準に強行的効力のみならず直律的効力を付与しており，労働契約内容を規律する民事的効力を有している。その意味で，労基法は労働契約法の機能をも担っている。その機能は極めて重要であるが，労働条件の最低基準に関する民事効に留まり，最低基準を上回る内容を定めた労働契約の効力については，（広義の）労働契約法に委ねられる。」[15]とする。

なお，荒木は，労働契約法の制定を踏まえて，法律群の概念的な区分をする。すなわち，「従来は，個別労働者と使用者の関係を規律する個別的労働関係法はすべて，憲法27条2項ないし3項を根拠とするものと理解されてきた。しかし，労契法が制定された現在，個別的労働関係法は『労働保護法』と『（広義の）労働契約法』に分けて把握するのが適切である。」[16]とする。ここで，「（広義の）労働契約法」とは，制定法としての労働契約法と区別して，「労働保護法と対比される，公法上の実効性確保措置を伴わない個別的労働関係法の総称として」用いられる表現である[17]。

先の菅野説との対比で留意すべきは，次のような認識である。すなわち，

---

(13) 荒木尚志・菅野和夫・山川隆一『詳説労働契約法〔第2版〕』（弘文堂，2014年）21頁。
(14) 荒木『労働法』（有斐閣，2009年）41頁。同『労働法〔第2版〕』（2013年）41頁も同旨。
(15) 同前・43頁。同『労働法〔第2版〕』43頁も同旨。
(16) 同前・23-4頁。
(17) 同前・23頁注(17)。

第 1 章　労働契約・就業規則論の再生を目指して

「『労働保護法』は，労働者保護のために契約の自由を国家が一部禁止するもので，国家による規制が前面に出る。これに対して，『(広義の) 労働契約法』は，労働契約当事者による自主的規律を主軸に据え，これを労働者保護の理念や労働関係の特殊性を踏まえて規律する民事規範からなる。体系的には憲法 27 条 2 項の授権によるというより，民法の雇用に関する規定の特別法に位置づけられる。」[18]とする。

そして，労基法と (広義の) 労働契約法との関係につき，注目すべき次のような認識を示す。すなわち，「戦後直後に制定された労基法は，労働保護法のうち労働条件規制法と労働人権法の両者にわたって規制を行う包括的基本法である。また，その労働条件基準には強行的効力のみならず，直律的効力が付与されている点では，労働契約内容を規律する労働契約法としての機能も担っている。従来，労基法が個別的労働関係法の中核立法とされてきた所以である。他方，(広義の) 労働契約法は，労働保護法 (労働条件規制法) の設定する枠内で，労使当事者の契約自治を基本として労働契約内容を規律する分野を対象とする。」[19]と。

第一に，労基法が労働契約法としての機能も担っているという認識と，第二に，「(広義の) 労働契約法は，労働保護法 (労働条件規制法) の設定する枠内で」労働契約内容を規律するという認識とが重要である，と私は考える。

(5)　小括／学説の検討

第一に，菅野説については，現行労契法を憲法 27 条 2 項が「法定すべきとする『基準』の現代的 (発展的) な姿といえよう」という認識が，検討されるべきであろう。

この認識の結果，労働基準法と労働契約法は憲法 27 条 2 項のいう法定労働基準の「現代的な姿」として同価値の法律となり，法体系のうえで同レベル (同段階) の法律と位置づけられる。そして，つぎに，「労働契約関係については，民法の特別法としての労働契約法が，まずもって参照されるべき基本立法」であると位置づけられる。この位置づけが，冒頭の「問題の所在」で紹介したような就業規則法理変更の法的根拠となっているといえよう。

---

(18)　同前・24 頁。
(19)　同前・40 頁。

二つの視点から検討されなければならない。一つは、現代日本の労働法の原理はどこにあるか、という視点からの批判である。現代日本の労働法は、労働契約の自由を原理的なレベルで制約している。労働基準法を中核とする労働保護法が、経済的社会的弱者である労働者保護のために労働契約の自由を制約している。そうであれば、労働保護法の枠組みのなかで、どのような労働契約の自由が法認されているのか、これが確定されなければならない。したがって、「まずもって参照されるべき基本立法」という位置づけには、賛同できない。

二つには、制定された労働契約法の具体的な内容からのいわば実態論からの批判である。西谷説が指摘するように、立法時に「就業規則万能法」と批判された現行労働契約法を、労働基準法との関係性を整序したとしても、労働契約の基本立法と評価できる法律とはいえないであろう。

第二に、現行の労契法の意義づけ・位置づけをめぐる論点である。西谷説は、現行労契法の問題点を指摘し、労契法に基本法という位置づけを与えないという。この限りにおいて、賛同する。しかし、それでは、現行の労働法体系において、現行労働契約法をどのように意義づけるのか、という論点には応えていない。「労基法は中核的な立法である」との指摘は、労働契約法との法律的な関連性について、具体的にどのような意味をもたらすのか。この点について、西谷説は説明をしていない。

第三に、菅野説や西谷説との比較において、荒木説の理論構成は明快であるといえる。私は、とくに、①憲法体系における労働基準法の位置づけ、②労契法を憲法27条のいう「基準」の実体化として意義づける菅野説と異なり、現行労契法を民法の特別法と位置づけること、③労働基準法を労契法を含む（広義の）労働契約法にたいする基本法として位置づけること（労働契約法は、労働保護法の設定する枠内で、労働契約内容を規律する分野を対象とする）、に賛同する。ただし、荒木説が具体的な就業規則をめぐる法律問題の解釈において、この基本的な認識と構造的な理論枠組みとをどのように反映させているのか・いないのか、という検討の課題は残されている。残念ながら、労基法と労契法との重畳的な関係性についての認識が、荒木労契法解釈論に貫かれてはいない、と私は評価する[20]。

---

(20) 例えば、荒木・前掲注(14)『労働法〔第2版〕』346頁、同364頁における労契法

第1章　労働契約・就業規則論の再生を目指して

Ⅲ　就業規則の法規範性論と就業規則の法的効力論

　原理的な抽象的な理論レベルでの労働基準法と労働契約法との関係性を確認したうえで，つぎに，実務的な具体的な就業規則法理における労働基準法と労働契約法の関連性を検討することが課題である。しかし，その関連性を検討する前提として，克服しておかなければならない重要な理論問題がある。その理論問題とは，「就業規則の法的性質をめぐる法規説か契約説かという論争」の根本的な見直しに係わる論点である。

　労働法学説においては，一般的に，次のように，問題設定がされる。すなわち，「この『就業規則の法的性質』をめぐる議論は，就業規則それ自体が自足的に法的拘束力を持ちうるとする法規説と，就業規則自体は，内在的には法源としての性質を持たず，使用者と労働者の法律行為（契約）を通じて始めて法的な拘束力を持ちうるとする契約説に大別される。」[21]と。

　こうした〈就業規則は法規なのか契約なのか〉という問題設定そのものの妥当性が検討されなければならない，と私は考える。なぜかといえば，就業規則は法規であるか契約であるかと一律的に一義的に法的性質判断を据えるという理論的基点からは，就業規則法制をめぐって提起される多様な法律問題に適正で妥当な解決をもたらすことはできず，誤った結果をもたらす，と私は考えるからである。

　別の表現を用いれば，一般的に抽象的に就業規則の法的性質を確定しなければ，就業規則をめぐる法律問題を判断してはならない，といえるのだろうか。ある法律問題の場面では労働保護法の法的効力論の視点からの理論構成を行い，他の法律問題の場面では労働契約論の視点からの理論構成を行う，こうした理論的対応がまちがっているといえるのだろうか。

1　籾井常喜「三つの時評」の問題提起
「就業規則の法的性質をめぐる法規か契約かという就業規則論争」の根本的

　　10条と7条の就業規則の合理性判断の異同についての見解など，参照。
(21)　米津孝司「就業規則の法的性質・効力」ジュリスト増刊『労働法の争点』（2014年）38頁。

な見直しに係わる論点の提示は，実は，いまから20年前に，籾井常喜「三つの時評」[22]によってなされていた。労働法学説において，この三つの時評は，現在に至るまで，一顧だにもされず，等閑に付されてきている。いわゆる「就業規則の法的性質論」に言及する論説で，この「三つの時評」に言及するものを目にしたことはない[23]。

根源的に問われている理論問題は，就業規則論争の総括である。籾井「三つの時評」は，その就業規則論争に根本的に疑問を提示する評論であった。評論とはいえ，9000字の凝縮した理論的な問題の提起である。ここでは，そのすべてを確認して，論を進めることができない。私が枢要と考える問題提起を確認させていただくにとどまらざるをえない。

(1) 就業規則論の理論的問題側面と理論的次元の相違

籾井・第一時評では，「就業規則論の問題側面とその次元のちがい」とタイトルして，以下のような総括的な問題の提起をする。

「就業規則論の混迷をときほぐすいま一つの糸口をなすと思われるのは，就業規則論の内包する理論的問題側面とその次元のちがいの明確化である。その点，旧来の就業規則論では，就業規則の『法的性質』論の名目でもって，(a)経営権説，(b)契約説，(c)根拠二分説，(d)集団的合意説，(e)慣習法説，(f)労働保護法授権説，といった諸説の対立が何よりも問題にされたところである。しかし，それらの所説は，同じく『法的性質』論といいながら，①使用者の就業規則作成・変更権能の根拠を問うているもの（その典型が(a)の経営権説），②立方政策的な就業規則に対する法規範的効力の付与を問題としているもの（(e)の慣習法説の源流をなす大正時代の末弘理論と(f)の労働保護法授権説の源流としての沼田理論），③就業規則の労働者に対する法的拘束力の根拠を問うているもの（その

---

(22) 籾井常喜「三つの時評」とは，以下の評論である。①「就業規則論の再検討」労働法律旬報1332号（1994年）4-5頁，②「就業規則論における『末弘理論』と『沼田理論』」労働法律旬報1339号（1994年）4-5頁，③「就業規則の変更と『合理性』基準」労働法律旬報1346号（1994年）4-5頁，である。以下，第一時評，第二時評，第三時評，と呼称して引用する。
(23) なお，就業規則をめぐる理論状況が気になり，私自身は，9年前，拙稿「就業規則の法規範性論と法的拘束力論――三つの『籾井時評』を手がかりに」労働法律旬報1614号（2005年）32-38頁で，その紹介を試みた。

第1章　労働契約・就業規則論の再生を目指して

典型が(b)の契約説，その再編・実質化としての(c)の根拠二分説と(d)の集団的合意説）という具合に，そのアプローチの視角と立論の焦点は必ずしも一律ではない。これでもって論争の歯車があうわけがなかろう。使用者がその経営権作用として就業規則の作成・変更の権能をもつといっても，その作成・変更した就業規則が当然に労働者を拘束することを意味せず，また立法政策上就業規則に法規範的効力が付与されたとしても，それは就業規則の適法な適用を前提としての効力であって，その前提としての労働者に対する拘束力の根拠たりえようはずがないからである。このように，もともと①就業規則の作成・変更の権能の所在，②就業規則の立法政策上の効力のありよう，③就業規則の労働者にたいする拘束力の根拠，はそれぞれ次元を異にする理論的問題側面なのである。にもかかわらず，その次元を異にする問題側面の一つのみの考究をもってあたかも全体を究め尽した各人各様の就業規則論かのように競い合ったのでは，混迷するのも当然のなりゆきだった，というべきだろう。」[24]と。

(2) 就業規則論再検討の視点

籾井・第三時評は，就業規則論再検討の視点を確認する。すなわち，

「『就業規則論の再検討』の視点として，①労働基準法第93条の，就業規則の労働契約にたいする直律的効力（いわゆる法規範的効力）は，労働保護政策上の必要による特別の制度枠組みの設定の一環をなし，就業規則の労働者にたいする適法な拘束力が認められる場合にはじめて適用される立法政策上の効力であり，②その効力適用の前提としての，就業規則の労働者にたいする法的拘束力の根拠は別異に問われるべき筋合いの，次元を異にする理論問題であることの見定めの必要不可欠性を指摘したところである。」[25]と。

(3) 法規範説の片面性批判

そのうえで，籾井・第三時評は，自己もかつてその立場に立脚していた法規範説の片面性にたいする批判を行う。すなわち，

就業規則論再検討の視点の確認は，「当然のことながら，就業規則のいわゆる法規範性の承認をもって直ちに就業規則が有無をいわさず労働者を拘束する根拠としてきた従来のいわゆる法規範説（かつての私じしんの就業規則論もその

---

(24) 籾井・前掲注(22)第一時評「就業規則論の再検討」5頁。
(25) 籾井・前掲注(22)第三時評「就業規則の変更と『合理性』基準」4頁。

系譜に属していたところだが）の片面性にたいする批判，そして自由意思主体たる労働者の合意の契機を抜きにして就業規則の労働者にたいする法的拘束力の根拠を問いえない，という趣意を託してもいたわけである。」[26]と。

(4) **籾井提起の核心と残された課題**

籾井時評の問題提起の核心は，①就業規則にかかわる法的問題構造を二つに分け，②就業規則の法規範的効力付与の根拠を「労働保護法授権説」で説明し，②就業規則の労働者にたいする法的拘束力の根拠を〈労働者との合意〉という契約自治の原理から説明する，という内容にある，と私は理解する。

私は，こうした籾井時評の問題提起に基本的に賛同する。「基本的に」という形容詞をつけた所以は，就業規則論の問題の所在をもう少し明解に設定できないかという問題意識からである。なお，一方的に不利益変更された就業規則の個別労働契約への拘束力をめぐる問題の法律論の構成にたいする疑問もあるが，ここでは言及しない。

すなわち，就業規則論で問われるべき，そして区別されるべき二つの論点は，本稿の冒頭で提示したように，第一に，社会的な規範として存在してきた就業規則が国家法上の法規範としての位置を与えられるにいたる〈法規範性付与の根拠の問題〉と，第二に，法的規範の世界における異なる二つの法規範（就業規則と労働契約）の相互関係を決定する根拠の問題，具体的には，就業規則の個別労働契約への〈法的効力の根拠の問題〉とにある。つづめて表現すれば，社会規範に法規範性を付与する法的根拠問題と，法規範相互間における法的効力の根拠問題とは，区別されるべき理論問題である。

2 毛塚就業規則理論再構成論の提起

なお，籾井時評に先だって，毛塚勝利「就業規則理論再構成へのひとつの試み」[27]は，就業規則法論への重要な問題の提起をしていた。続けて，毛塚は，「就業規則法制の『問題点』と検討課題」[28]，「集団的労使関係秩序と就業規

---

(26) 同前・4頁。
(27) 毛塚勝利「就業規則理論再構成へのひとつの試み（1-2・完）」労働判例428号（1984年）4頁，同430号（1984年）4頁。
(28) 毛塚「就業規則法制の『問題点』と検討課題」季刊労働法145号（1987年）56頁。

第1章　労働契約・就業規則論の再生を目指して

則・労働協約の変更法理」[29],「就業規則の法的性質」[30],「就業規則の不利益変更」[31] など一連の問題の提起と理論的解明を続けた。

(1)　労働条件集成明示説の意義

毛塚は，自説を「労働条件集成明示説」と呼称し，この説は「就業規則法制とは，当該事業場における労働条件を明示させることによって労働者を保護しようとする制度であるから，就業規則とは契約，協約，法令とそれ自体すでに法的規範性を持つものの集成的表現とみるとともに，就業規則が労働契約との関係でもつ法93条の効力とは，使用者が自ら当該事業場における契約規範上の労働条件のうち最低基準のものを就業規則に明示したことに基づく効力（禁反言的効力）である見解である」と要約し，「もっとも，就業規則法制における労働者保護の図り方の特色との関係で法93条の効力を解明しようとするこの説も，準法規説である。就業規則の内在的な法規範性を肯定するといっても，それは各種法源にもとづく労働条件の集成と見る限りにおいてであって，就業規則それ自体が当然に法的拘束力を有するとみるものではないし，また，法93条の効力も労働条件の明示に基づく効力であって法規としての効力とするものでないからである。」[32]と位置づけた。

すなわち，毛塚は，就業規則理論における理論動向を法規説と契約説の接近と分析し，法規説と契約説とのそれぞれにおける新たな理論動向を準法規説として意義づけ，自説も準法規説の一つとして位置づけた。さらに，毛塚は，就業規則による労働条件変更問題に接近する理論的視角として「労働契約内容変更請求権」[33]を提示した。

(2)　準法規説定義の課題性

「労働条件集成明示説」提示や「労働契約内容変更請求権」構成の意義は大きい。しかし，毛塚が，法規説や契約説の限界性と課題性を明らかにし，法規

---

(29)　毛塚「集団的労使関係と就業規則・労働協約の変更法理」季刊労働法150号（1989年）146頁。
(30)　毛塚「就業規則の法的性質」ジュリスト増刊『労働法の争点（新版）』（1990年）284頁。
(31)　毛塚「就業規則の不利益変更」同前286頁。
(32)　毛塚・前掲注(30)「就業規則の法的性質」285頁。
(33)　毛塚・前掲注(27)「就業規則理論再構成へのひとつの試み(2)」430号6頁。

説と契約説とが接近し，準法規説といえる学説傾向が生まれた，と理論状況を分析したとき，毛塚は，なぜ就業規則は法規か契約かという二者択一的選択とう問題設定を根源的に問わなかったのであろうか。ここが，疑問である。「労働条件集成明示説」の提示や「労働契約内容変更請求権」の構成は，理論的本質において，法規か契約かという就業規則を一義的に概念構成する法規説と契約説を止揚する理論枠組みのなかで生きる理論構成であろう，と私は考える。しかし，毛塚は，自説を，準法規説と性格づけてしまった。就業規則法理が問われる問題領域ごとに現行法体系のもとでの合理的な問題解決を図るという姿勢から，就業規則の法的性質を一義的に議論するという枠組みそのものを再検討する必要があったのではなかろうか。

3 問題領域ごとの就業規則論構築の課題

周知の諏訪康雄「就業規則」[34]は，法的性質論争はどのような論点をめぐっての論争であったのか，全体像を明らかし，総括的な理論的な分析を行った論文ではなかった。諏訪は，論争史を記述した最後に，法的拘束力の根拠をめぐっての学説状況を整理するとして，かの「四派一三流」なる学説状況の分析を提示した。しかし，この諏訪論文を起点に，法規説と契約説という対抗関係がより強調されて設定されていく。そして，〈就業規則制度をめぐる多様な法律問題を解決するうえで，就業規則は法規か契約かと概念選択をして，その概念の枠組みのなかで法律判断を進める〉という就業規則法理の理論枠組み，これが労働法学説の大勢である。毛塚説の再構成論の提起もあり，それを積極的に意義づける論者もいるが[35]，大方の論者は，契約説が有力であると判断する[36]。

---

(34) 諏訪康雄「文献研究／日本の労働法学9『就業規則』」（季刊労働法90号（1973年）『文献研究 労働法学』（総合労働研究所，1978年7月）所収。
(35) 渡辺章「労働法理論における法規的構成と契約的構成」（学会誌『労働法』77号，1991年）は，就業規則論における「新契約説」の流れという認識を示し，毛塚再構成論もその流れに位置づけた（同10-11頁）。この渡辺論文の基調となった報告が行われたのは，1990年10月であった。この報告と同じ時期に，毛塚は，自己の再構成論を「準法規説」と位置づけた（毛塚・前掲注(28)285頁）。
(36) ジュリスト増刊『労働法の争点』の「就業規則の法的性質」の項参照。旧版（菅野和夫），新版（毛塚勝利），3版（唐津博），4版（米津孝司）がそれぞれの時期の主要な

第1章　労働契約・就業規則論の再生を目指して

　しかし，就業規則の法的性格は法規か契約かという問題の設定は，すでに提起したように，スコラ的である。

　矢野昌浩「就業規則の効力」は，「就業規則を，契約（あるいは約款）であるとしたり，法規であるとしたりすることは，一種のメタファーなのかもしれない」という深遠な表現を用いて，最後に，労契法「制定により，就業規則の法的性質について契約か規範かを問う実益がなくなったというよりは，同法の規定をふまえつつ，両者の区別と連関という観点から，契約（労働契約）と規範（就業規則の効力）の両者からの使用者権限の規制があらためて求められていると考える。」[37]と提起する。メタファー（言葉を換えれば，隠喩法）という表現の含意は定かでないが，最後の提起は重要である。さらに，就業規則の一義的な法的性質論との決別まで，議論を進める必要があったであろうが。

　さらに，この就業規則の法的性質論の実用性についても問題の提起がある。労働契約と就業規則の法理を考察する唐津は，「『法規説』と『契約説』との理論的対立点の克服，解消というよりは，むしろ法的性質論の実践的意義を強く志向した理論枠組の提示」[38]という点を提起し，「就業規則の解釈は，一般論としては，就業規則の法的制度としての労基法上の位置づけを踏まえて，その『法規』的機能と『合意＝契約条項』的機能に対応した実質的なものでなければならない」[39]との考えを示していた。

　さらに，労契法の制定後，荒木は，「労契法7条と法的性質論」との検討を行い，「就業規則の法的性質論は就業規則と労働契約の関係を解明し，就業規則の拘束力問題を解決することを主たる目的に展開されてきた。しかし，労契法7条が立法化された現在では，就業規則の法的性質論から演繹的にその効力

　　　論文と理論傾向を要約する。なお，西谷『規制が支える自己決定』（法律文化社，2004年）は，「私はかつて後者の立場（法的効力付与説）にたって就業規則論を展開してきたが，現在は労働者の自己決定を重視する立場から，むしろ本来の契約説を出発点とする方が適切だと考えている」（396頁）としていたが，「しかし，労契法が就業規則について一定の効力を新たに承認した以上，今後，就業規則の法的性質についてはこれらの規定を前提として解釈するほかない。」（『労働法〔第2版〕』161頁注36））とするに至った。
(37)　矢野昌浩「就業規則の効力」西谷敏・根本到編『労働契約と法』（旬報社，2011年）180頁。
(38)　唐津博『労働契約と就業規則の法理論』（日本評論社，2010年）129頁。
(39)　同前133頁。

148

を説明する必要性自体が乏しくなったともいえる。同様のことは，就業規則の変更に関する労契法9条，10条についても妥当する。」[40]という。

　以上のように，法規か契約かという就業規則の法的性質論は，その理論的根拠においても，その実用法学的な有用性についても，疑問符がつけられ始めている。学説は，この二項対立の呪縛から解放される必要がある。

　法規か契約かと二項対立的な思考手法から脱して，就業規則制度が提起するそれぞれの問題領域ごとに，法理論の構成が図られればいいのではないだろうか。籾井時評が提起したように，ある問題領域では保護法授権論からの構成を，ある問題領域では労働契約論からの構成を，という理論思考こそが求められているといえよう。

　例えば，第一に，社会的規範としての就業規則を労働保護法制に位置づける法的価値判断の根拠はなにか。労働基準法が，社会規範として存在してきた就業規則制度を，労働保護法制の一つとして内在化するために，労基法89条（作成及び届出の義務），90条（作成の手続），106条（周知義務）という制度枠組みを設計した。これらの制度枠組みに適合した就業規則に，労働者保護法規範としての性格を付与し，さらに，労働契約が定める労働条件を引き上げる法的効力を付与した。これらは，労働基準法という法律が設定した制度枠組みである。労働契約締結の自由を軸とする労働契約論という法律判断から説明できることではない。

　第二に，労働保護法の世界において法規範性が付与された就業規則に，他の法規範との関係において与えた法的効力の根拠はなにか。労働法の世界における法規範としての性質を付与されるということと，労働法の世界において他の法規範（とりわけ個別労働契約）との関係においてどのような効力を持つかということとは，異なる法律問題である。労基法91条（制裁規定の制限），92条（法令及び労働協約との関係），93条（労働契約との関係）などの枠組みのなかで，就業規則の法規範としての効力が法認された。そして，就業規則に記載されたいわゆる必要記載事項や任意的事項をめぐる法律紛争において，それぞれの事項の正当性判断を含めた労働契約論からの法律判断が当然求められる。

　第三に，使用者が一方的に不合理に変更した就業規則が個別労働契約との関

---

(40)　荒木・前掲注(14)『労働法〔第2版〕』346頁。

係において，どのような効力を持つのかという法律問題への判断根拠はなにか。「就業規則による労働契約の内容の変更」として労契法9条及び10条が創設した枠組みをめぐる議論である。この「就業規則による労働契約の内容の変更」ルールの根拠と内容をどう説明するのか。このレベルでは，労働契約論からの解明が必要である。

　こうした就業規則制度をめぐる多様な法律問題についての法律判断が，なぜ就業規則の一義的な法的性質論の確定へ収斂されなければならないのか。

　私は，過去の就業規則論の問題性の指摘において，籾井時評は，今日においても意義を有すると考える。毛塚の問題提起と理論視角の提示は，法規か契約かの二分法との決別において課題を残すが，就業規則法理の構築のうえでは，極めて重要な問題の提起であったと考える。

　とはいえ，籾井時評において，毛塚論文には言及されいていない。毛塚就業規則論の展開においても，籾井時評は位置づけられていない。労働法学説の全体においても，毛塚論文は引用されるが，毛塚論文における法規説と契約説に対する問題の指摘は，積極的に引用されない。

　就業規則法理だけでなく，労働法理論史や労働法学説史の内実が問われる問題が存在しているともいえよう。

Ⅳ　労働基準法と労働契約法の就業規則法制の関係性

　労働基準法との関係性について明確な規定を持たないなどの労働契約法の欠陥性を補充する解釈方法論の問題である。抽象的なレベルでの労基法と労働契約法の位置関係についての議論は，濃淡はあるが，具体的な法律問題についての労基法と労働契約法の解釈・運用にも影響を与える。労働契約法を憲法体系と契約原理に忠実に，体系的に解釈し，ときには合目的的に解釈するという解釈方法論の問題が提起される。「今後の労働法の柱のひとつとなるべき労働契約法の発展を歪め，契約原理に死を宣告する契約法になりかねないとの危惧を抱かざるを得ない」との法制定時の研究者声明[41]の認識を前提とする解釈方法が求められている。

---

(41)　声明文「禍根を残す就業規則変更法理の成文化」労働法律旬報1639＝40号（2007年）5頁．

代表的な例が，就業規則をめぐる法律問題に現れる。より具体的には，労基法が求める必要的記載事項が記載されない，労基法が求める意見聴取義務が履行されない，労基法が求める届出義務が履行されない，労基法が求める周知義務が履行されない就業規則に，労働契約への法的効力を認めるのか，という法律問題である。

なお，労基法と労契法の関連に係わる就業規則法理をめぐる解釈論上の争点は，膨大に存在する。もとより，ここでは，そのすべてについて詳細な検討を加えることはできない。労基法と労契法の関連に係わる主要な論点についての私見を列記するに止まらざるをえない。

1 労基法と労契法の就業規則法制の関係性

第一に，本稿の視角からは，労基法上の就業規則法制と労契法上の就業規則法制とは，一体的に統一的に解釈運用されるべきである，という論点である。

「労働保護法の基本法としての労働基準法」（本稿の一）において確認したように，荒木が提示した「労基法は，労働保護法のうち労働条件規制法と労働人権法の両者にわたって規制を行う包括的基本法であ」り，「その労働条件基準には強行的効力のみならず，直律的効力が付与されている点では，労働契約内容を規律する労働契約法としての機能も担って」おり，「（広義の）労働契約法は，労働保護法（労働条件規制法）の設定する枠内で，労使当事者の契約自治を基本として労働契約内容を規律する」との基本視点を貫いて，就業規則制度をめぐる法解釈論は構成されるべきであろう。労働基準法と労働契約法とが重畳的に適用され，労働基準法の規制内容は労働契約法の解釈においても遵守されるべき法原則であるという視点から，就業規則をめぐる法律問題は検討されなければならない。

労契法制定時の行政解釈も，「法7条の『就業規則』とは，労働者が就業上遵守すべき規律及び労働条件に関する具体的細目について定めた規則類の総称をいい，労働基準法89条の『就業規則』と同様である」[42]とする[43]。

---

(42) 「労働契約法の施行について」（平20・1・23基発0123004号）第3の2(2)イ(エ)。
(43) なお，本稿とは視点を異にするが，川口美貴・古川景一「就業規則法理の再構成」季労226号（2009年）158頁は，労働基準法と労働契約法の適用される「就業規則」は同じであり，「両法にいう『就業規則』の定義は同一である。」（158頁）との認識から，

第1章　労働契約・就業規則論の再生を目指して

　社会規範である就業規則に労働保護法の法的規範としての位置を与える手続的要件が労基法89条及び90条である。この手続的要件と，労基法91条及び92条のテストを充足した就業規則が，労働契約法の世界で法規範として認められる就業規則であり，そうした就業規則が，労働契約法において法的効力を法認される就業規則と位置づけられる。したがって，労基法89条及び90条に反する就業規則は，労契法上の就業規則としての法的位置を与えられず，もとより法的効力を認められない。

　この問題に関連して，本稿の冒頭で紹介したように，労契法10条には11条の労基法89条及び90条の準用規定があるが，7条にはそのような準用規定がないということが論拠とされ，7条の就業規則について労契法は意見聴取義務も届出義務も求めてはいない，という解釈論が主張される。次項で詳しく述べるが，11条は労基法の確認規定であり，条文の規定文言から明確なように，労契法による創設的な規定ではない。労契法7条の場面においても，労基法と労契法の基本的な適用関係から，労基法89条及び90条は適用されている。11条の規定を根拠とする7条の労基法89条及び90条不適用説は，適切ではない。

　なお，行政解釈は，「法7条の『就業規則』には，常時10人以上の労働者を使用する使用者以外の使用者が作成する労働基準法第89条では作成が義務づけられていない就業規則も含まれるものであること。」[44]という。ところが，こうした就業規則と労基法89条及び90条の関係については，言及しない。この点，労働契約の一方当事者である使用者が自らが作成した就業規則を労働契約関係に持ち込もうとするならば，労基法89条及び90条の規制を遵守すべきといえるであろう。労基法の義務を負っていないとはいえ，労基法が特殊に作り出した就業規則制度を用いて，労働契約関係を設定しようとするのであれば，労働保護法の基本法としての労働基準法の定めるルールを遵守すべきであろう。

　「労働基準法及び労働契約法の適用される『就業規則』は『労働基準法89条に基づき作成義務のある事業場において使用者が作成した規則類のうち，同条所定の必要記載事項を定めた部分』である」(159頁)として，労働契約法の提起する就業規則法理の検討を行う。

(44)　荒木・前掲注(14)第3の2(2)イ(エ)参照。

2 労契法 7 条と労基法 89 条及び 90 条の適用関係

第二に，労契法 7 条と労基法 89 条及び 90 条の適用関係についての論点である。この論点に関係しては，労契法が 11 条において就業規則の変更の場面についてのみ労基法 89 条及び 90 条を準用していることが判断根拠として援用される。

菅野説は，労働契約法 11 条が就業規則の変更の場合にのみ届出義務と意見聴取義務の履践を求めていることから，労基法が求める届出義務と意見聴取義務については，労働契約法制定以前の解釈を変更し，採用時の就業規則の法的拘束力の要件とは考えないとする[45]。

また，労働契約法を基本法と位置づけることに反対する西谷説も，労契法は，就業規則変更手続きについての 11 条と異なり，「7 条の効力が生じる手続的要件としては『周知』のみをあげていることは同法 11 条の規定内容と，「契約当事者たる労働者が就業規則の内容を容易に知りうること」と「労働契約の締結時には労働条件の空白が生じることは避けるべきこと，などを考慮すれば，必ずしも効力説にとらわれる必要はないであろう。労働者が就業規則の内容を容易に知りうることと，内容の合理性の審査が厳格になされることを前提として，これらの手続違反は 7 条の効力を直接左右するものではない」[46]とする。

他方で，土田道夫『労働契約法』は，労契法 11 条と対比して労契法 7 条には届出義務と意見聴取義務についての規定を欠いているため，「届出・意見聴取ともに不要とする解釈（否定説）が成立しうる」としつつも，「私は，労契法に関しては，合意原則を尊重した解釈を行うべきだと考えるので，合意原則を修正して就業規則の法的拘束力（契約内容補充効）を認める 7 条に関しても，合意原則に変わる手続的要件として，届出および意見聴取義務を課すことが適切と考える。」[47]とする。

しかし，基本法たる労基法は労契法の解釈運用においても重畳的に適用される法原則であるという基本視点からは，労契法 11 条は創設的な規定ではなく，労基法 89 条及び 90 条の変更についての確認規定に過ぎない，と判断される。

---

(45) 菅野・前掲注(5)『労働法〔第十版〕』138-9 頁参照。
(46) 西谷・前掲注(4)『労働法〔第 2 版〕』165 頁。同旨，吉田他編・前掲注(6)『労働法 II〔第 2 版〕』95 頁。
(47) 土田道夫『労働契約法』（有斐閣，2008 年）142 頁。

第1章　労働契約・就業規則論の再生を目指して

　なぜ、確認規定と解釈するのか。労契法10条は、判例法理と学説における重要な論争点であった就業規則による一方的な労働条件の不利益変更問題について、労基法旧93条が認めていなかった就業規則による労働条件の一方的不利益変更を例外的に認めるという法律制度を導入した。判例法理において対象とされた一方的不利益変更問題だけでなく、変更問題一般についての制度を導入した。この制度導入をするについて、変更についても適用されることを明示する労基法89条及び90条の規定の準用を確認したのである。労基法89条及び90条が作成手続についてのみ規定した条文であれば、法形式論として、労契法11条は、作成手続についての労基法の規定を変更規定についての労契法の規定に準用したとの創設規定説は成り立ちうる(48)。しかし、労基法89条及び90条は、作成と変更に係わる手続規定として規定されている。そうであれば、労基法の規制は労契法の原則として位置づけられる、労基法の規制の枠内で労契法は解釈運用されるべきである、という本稿の原則的な視点からは、創設規定ではなく、確認規定と判断する結論となる。

　したがって、労基法の就業規則法制と労契法の就業規則法制とを切り離して、労契法7条については労基法89条及び90条の準用規定がないことを根拠として、労契法は労働契約締結時に労基法89条及び90条の適用を受けていないとの立論は妥当ではない。なお、西谷説がいう「労働契約の締結時には労働条件の空白が生じることは避けるべきこと」(49)という状況は例外的な事情であって、それは労働契約内容をどう意思解釈するかという法律問題である。原則的判断と例外的事情についての法律判断は区別されなければならない。

3　労基法の周知義務と労契法の周知義務

　第三に、労基法が求める就業規則の周知義務と労契法が求める就業規則の周知義務の関連についての論点である。

---

(48)　なお、注(5)で言及したように、労契法11条と10条の関係性をめぐっても、解釈論上の対立がある。労契法11条の「注意規定説」(菅野『労働法〔第10版〕』147-8頁)は、違反に対する刑事制裁をもつ労基法の規定の「定めるところによる」という労契法11条を、10条の効力発生要件とは考えず、10条の合理性判断の一要素であるとする。こういう解釈論の構成は、菅野説における労働契約法を基本法と位置づけ、従位の労基法の違反は労契法解釈の考慮要素とするという認識の帰結なのであろう。
(49)　西谷・前掲注(4)『労働法〔第2版〕』165頁。

〔深谷信夫〕　**6**　就業規則法理における労働基準法と労働契約法

　労契法7条と10条は，労働者への周知を要件として規定した。そして，この周知について，行政解釈は，労働基準法施行規則第52条の2の「一　常時各作業場の見やすい場所へ掲示し，又は備え付けること，二　書面を労働者に交付すること，三　磁気テープ，磁気ディスクその他これらに準ずるものに記録し，かつ，各作業場に労働者が当該記録の内容を常時確認できる機器を設置すること。」という規定を引用し，「労働者が知ろうと思えばいつでも就業規則の存在を知り得るようにしておくことをいうものであること。このように周知させていた場合には，労働者が実際に就業規則の存在や内容を知っているか否かにかかわらず，法7条の『周知させていた』に該当するものであること。」とし，法7条の「周知」は，労働基準法施行規則第52条の2の「三方法に限定されるものでなく，実質的に判断されるものであること。」[50]とした。

　学説もこれを受けて，「実質的に見て事業場の労働者集団に対して当該就業規則の内容を知りうる状態に置いていた」という周知がなされていれば，「当該労働者も採用時又は採用直後において当該就業規則の内容を知りうる」という「方法がとられれば，当該労働者が採用の際に実際に就業規則の内容を知ったかどうかは問われない。」[51]と説明する。

　ここでも，就業規則の周知義務について，労基法の規制と労契法の解釈を切り離し，周知義務の程度を緩和する解釈論が主張される。行政解釈と学説ともに，再検討されなければならない。

　なにが問題か。労基法106条の周知義務は，戦後直後の社会的な状況のなかで創設された規定である。印刷物どころか紙が貴重品であった戦後直後の社会状態のなかで，就業規則の個別労働者への配布を刑罰をもって強制することなどできなかった。そうした歴史的状況のなかで生まれた労基法106条の周知義務が，印刷物が氾濫し，IT技術が日常の人事管理や労務管理において利用される現代において，労働者個々人への実質的周知を義務づけるように改正されていないという根本的な問題が存在する。なぜ，IT技術による情報伝達など日常化している人事管理の手段を，就業規則の周知義務の内容として立法化せず，1947年当時の社会状況を前提とする法律状態が放置されているのであろ

---

(50)　荒木・前掲注(14)第3の2(2)イ(オ)参照。
(51)　菅野・前掲注(5)『労働法〔第十版〕』138頁。

第1章　労働契約・就業規則論の再生を目指して

うか。

　他方で、学説にも、刑事罰を担保として強制される労基法の周知義務の程度と、労働契約関係における個別的実質的周知の必要不可欠性とを区別してこなかった、という根本問題が存在していた。

　労基法の立法論的な課題を措いておいても、労働契約法の周知の意義を、行政解釈や学説のように解釈することは、正しくない。どのような根拠から、労働契約関係において、「労働者が実際に就業規則の存在や内容を知っているか否かにかかわらず」という判断基準が設定できるのか。労基法であれば、刑罰をもって、個々の労働者への個別的な周知までも強制をしていない、という説明は、法律形式的には可能である。

　しかし、労働契約関係において、なぜ労働者は「知らない就業規則」に拘束されるという法律論が構成できるのか。契約関係は契約当事者の合意によってのみ成立する。労働者は「知らない就業規則」にも拘束されるという立論は、労働契約の原理を否定する暴論ではないのか。就業規則を労働契約の内容としようとするのは使用者である。その使用者が、契約の相手方である労働者に個別的に周知しなくてもいいという判断が、なぜ労働契約関係において正当化されるのか。全く根拠不明である。

　労働契約説と自称する学説が、労働契約の原理を否定する立論を行っているとはいえないであろうか[52]。

　行政解釈が用いた「実質的に判断されるものであること」という基準を唯一活かす解釈方法は、〈労基法は個別労働者への実質的な周知までも求めていないが、労働契約法では個別労働者への実質的な周知が求められる〉という解釈である[53]。

---

(52)　野川忍『労働法原理の再構成』（成文堂、2012年）156-7頁は、労契法7条の周知規定と労基法106条の周知規定とは峻別すべきであるとしつつも、手続の厳格化によって、実質的周知が担保されることを強調する。

(53)　道幸哲也「労働法における集団的な視点」西谷古稀論集『労働法と現代法の理論 下』（日本評論社、2013年）14頁も、「労基法の世界では、周知をもって『だれでも知りうる』状態と解することもできよう。しかし、契約レベルではそれでは足りず実際に知っていたことこそが問われると思われる。同じ『周知』という表現でも、労基法と労働契約法のそれは内容が異なる部分があるわけである。」とし、その三つの理由を説明する（同14-15頁）。

さらに、もう一つの問題がある。「実質的周知」という内容を、時系列的に拡張する解釈である。上記の菅野説は、「採用時又は採用直後において当該就業規則の内容を知りうる」という判断基準を提示する。「又は」という選択的な基準で、労働契約の締結時に周知されていなくても適法であるとの判断を示した。行政解釈は、ここまで認めていない。行政解釈は「あらかじめ周知させていなければならない」といい、「新たに労働契約を締結する労働者については、労働契約の締結と同時である場合も含まれるものであること。」というに止まる[54]。

繰り返すが、①労基法上の周知義務が履行され、②さらに、個々の労働者が就業規則の内容を理解しているという意味での実質的な周知義務が履行された就業規則のみが、労契法7条や10条の就業規則の個別労働契約への法的効力を認められる、ということである。さらに、この前提のうえで、その法的効力の具体的な内容を、どのように理論構成するのか、という解釈論上の課題が検討されなければならない。

V おわりに——問題の普遍性

第一に、私が主張したことは、①憲法27条と28条とによる労働基本権保障のもとで、労働基準法と労働契約法を構造的に統一的に位置づけ、両者の相互の関係性を明確にして、②労働保護法における基本法として労基法を位置づけ、労基法上の使用者の義務の不履行を労働契約法をめぐる法律問題の解決における法律判断の根拠とする解釈論を構成すべきであり、③労基法の就業規則法制と労契法の就業規則法制を峻別せず、労基法と労契法は重畳的な適用関係を持つものとして、一体のものとして解釈・運用すべきである、という論点である。

ともあれ、実務的な解釈論の基底には、大きな労働法学上の争点が存在している。私がこの小論で提起した論点は、さらなる検討が必要な論点である。とりわけて、就業規則論争の理論的な検討は、最大の課題である。また、労働基準法と労働契約法との関連性をめぐる論点も、労契法の逐条的解釈論と絡まって膨大な論点が残されている。

---

(54) 荒木・前掲注(14)第3の2(2)イ(カ)参照。なお、注(13)『詳説労働契約法〔第2版〕』115頁は、右の行政解釈を引用して、その内容を確認する。

第1章　労働契約・就業規則論の再生を目指して

　第二に，労基法と労契法の一体的解釈の問題は，平成24年改正労契法の解釈と運用にも関係して，きわめて重要な論点である。

　例えば，改正労契法18条の解釈論の場面で，就業規則による無期転換労働者の雇用と労働条件のルールや基準を設定することが，主張される。しかし，こうした場面に登場する「就業規則」について，労基法の絶対的必要的記載事項が記載され，適法な過半数代表者との意見聴取が履行され，労基署への届出が行われ，労基法の周知義務が履行されているのかどうか，が問われない。

　果たして，有期契約労働者，とくに無期転換権を有するであろう有期契約労働者が就業規則の作成過程に参画できないなかで作成された就業規則に法的効力を認めるのであろうか。それらの義務の不履行は就業規則の合理性判断の内容として考慮するという解釈論は妥当であろうか。

　繰り返すが，具体的には，過半数代表者の選出，意見聴取義務，届出義務，周知義務，そして就業規則制度の体系性など，労働基準法との関係において適法な就業規則であることが，労働契約法の世界において，当該無期転換労働者との関係での法的効力を主張できる前提条件（必要条件）である。そして，そうした就業規則であり，合理性が担保されていると判断された就業規則が，個別労働契約に対する法的効力を持つための前提条件が実質的周知義務の履行であろう。

　最後に，第三に，就業規則をめぐる法律問題を問題領域ごとに法理構成するという課題に取り組むためには，就業規則法論における就業規則の効力を説明する概念（用語）を整序するという論点がある。

　本稿では，「就業規則の効力」との表現を用いてきたが，概念（用語）整序が，議論の出発点にはある。例えば，「就業規則の法的規範性（労働契約を規律する効力）」という表現が用いられる。しかし，本稿の二つの視角（社会規範たる就業規則に法規範性を付与する根拠論と法規範性を付与された就業規則が労働契約に対して持つ効力の根拠論とを区別するという）からは，〈就業規則が法規範性を持つということ〉と〈法規範性をもった就業規則が，労働契約に対して効力を持つということ〉とは別々の法律問題であって，同義ではない。「就業規則の法的規範性（労働契約を規律する効力）」との表現は正確性に欠けるといえる。

　さらに，「就業規則の規範的効力」について，学説は，①最低基準的効力，②労働者を拘束する効力，③不利益変更の拘束力，と区別してきた。さらに，

労契法制定後は，②を「契約内容補充効」，③を「契約内容変更効」，そして，②と③をあわせて，「契約内容規律効」と概念構成した[55]。これに対して，「契約内容規律効」ではなく「労働契約規律効」との概念構成が提示される[56]。

　ここにおいても，ⅰ）効力と拘束力とが同義であるのかどうか，ⅱ）効力と規律効とが同義であるのかどうか，ⅲ）内容規律効と契約規律効との構成が理論的に実務的にどのように異なるのか，などが明らかにされなければならないという課題が残されている[57]。

---

(55)　荒木＝菅野＝山川『詳説労働契約法』104 頁
(56)　菅野・前掲注(5)137 頁注 17。「「労働契約の内容になる」ないし「労働契約の内容となす」と規定されているのであれば，「労働契約補充効」と称するのが適当であろうが，「労働契約の内容は……就業規則に定める労働条件による」と就業規則が労働契約内容を規律するように規定されているので，「労働契約規律効」と称することとする。」と説明する。
(57)　武井寛「就業規則の規範的効力」唐津博・和田肇・矢野昌浩『新版労働法重要判例を読むⅠ』（日本評論社，2013 年）112 頁。

7 労働条件の不利益変更の法的枠組み
——日・独の法比較を通じて——

小 俣 勝 治

Ⅰ 問題の所在
Ⅱ 秋北バス事件最高裁判決から労働契約法へ
Ⅲ 一般的労働条件と事業所協定
Ⅳ 約款法理による一般的労働条件の内容コントロール
Ⅴ 日独の若干の比較と契約原則

Ⅰ 問題の所在

「思うに,多数の労働者を使用する近代企業において,その事業を合理的に運営するには多数の労働契約関係を集合的・統一的に処理する必要があり,この見地から,労働条件についても,統一的かつ画一的に処理する必要が生じる。そこで,労働協約や就業規則によって,まず,労働条件の基準を決定し,その基準に従って,個別的労働契約における労働条件を具体的に決定するのが実情である。」

これは就業規則による労働条件変更に関する有名な秋北バス事件の最高裁大法廷判決[1]の冒頭部分である。通常判例解説などではこの部分は(判例雑誌では下線が引かれてないこともあってか)省略される。しかし,本稿では大法廷判決のこの問題に関する基本的立場を示すものとして,むしろこの立場から就業規則による労働条件形成機能を考えてみたい。労働条件変更に関しては最近に至り労働契約法(平成20年3月施行)が,就業規則によるそれを含めたいわば基本法として存在している。判例法理の法文化を旨とするとしながら,立法段階から議論を呼んだが,成立後も基本構成から細部の規定に至るまで,見解の

---

(1) 最大判昭43・12・25民集22巻13号3459頁。

第1章　労働契約・就業規則論の再生を目指して

対立が見られる⁽²⁾。

　ところで，ドイツでも19世紀末には就業規則の役割は大きく労働者保護法によるその規律は従来の契約説から法規説へと転換させる大きな契機なっている⁽³⁾。その後その記載内容は事業所レベルの従業員代表との共同決定事項となったが，産業別・地域別で締結される労働協約による実質的労働条件形成機能を阻害しない範囲に限定されるため，形式的労働条件に関するものが中心になっている。そこで，企業内では個別契約形式をとるものの，使用者によって事前に作成された書式契約を中心とする，協約水準を超える部分の加給システムが発展している。これらは形式上個別契約であるが，従業員全体に共通するものから特定グループ（集団）に特有のものなどさまざま存在しており，従来一般的労働条件として独自の問題領域を形成してきた。そして2002年の債務法改正に伴い約款規制法理がこれに適用されることになって，様々な契約法的展開と規制がなされている。

　わが国では労基法，例えば24条の全額払いの原則のような，契約内容の遵守には公法的規制があり，契約内容を形成する要素として労基法に由来する就業規則の役割が強いため，集団的・一律的形成の性格は強い。したがって労働条件の差別的・個別的形成は賞与や成果型賃金での業績評価など使用者の裁量的部分によってなされる面が多い。そういった中で最近成立した労働契約法は，労働条件形成（特に変更）について個別合意原則を軸とし就業規則による部分を例外化することによって，新たな方向性を示している。

　本稿は，ドイツにおける一般的労働条件＝約款をめぐる労働条件変更問題（事業所協定によって変更されるケースと，撤回留保条項などに対する約款規制法理適用のケース）について，一応の理解を得てそれら議論も参考にしつつ，最高裁判例から労働契約法への発展の中で現れている問題について比較法的・概括

（2）　学会誌『労働法』107号「労働契約法の基本理論と政策課題」（2006年,法律文化社），学会誌『労働法』115号「労働契約法の意義と課題」（2010年，法律文化社），季刊労働法212号（2006年，労働開発研究会），季刊労働法221号「特集労働契約法の意義と課題」（2008年），ジュリスト1351号（2008年），労旬1669号「労働契約法逐条解説」（2008年）等に所携の論文参照。

（3）　桑原昌宏「ドイツ就業規則論の展開」（一）法学論叢73巻3号120頁以下，（一の二）同74巻2号110頁以下。蓼沼謙一「就業規則の法的性質と効力」季労別冊1号労働基準法（総合労働研究所，1977年）277頁以下。

的検討を行うものである。

II　秋北バス事件最高裁判決から労働契約法へ

1　秋北バス事件最高裁判決を中心とする判例法理の理解

　先述の判決理由一の冒頭部分に引き続き判決理由一の(1)＝前段では元来，(a)①「労働条件は労働者と使用者が，対等の立場において決定すべきものである」が，として労基法2条1項を引用した部分以外は，やはり前記の実情認識に依拠した立論になっている。すなわち，多数の労働者を使用する近代企業においては，②労働条件は，経営上の要請に基づき，統一的かつ画一的に決定される，③労働者は，経営主体で定める契約内容の定型に従って，附随的に契約を締結せざるを得ない立場に立たされる，のが実情である。そのいわば帰結として，(b)この労働条件を定型的に定めた就業規則は，一種の社会的規範としての性質を有するだけでなく，それが合理的な労働条件を定めているものであるかぎり，経営主体と労働者との労働条件は，その就業規則によるという事実たる慣習が成立しているものとして，その法的規範性が認められるに至っている（民92条）としている。

　労基法の就業規則に関する規制・監督の定め（労基法89条の作成義務，90条の意見聴取・届け出義務，106条1項の労働者周知，15条，92条の法令及び労働協約との関係）はいずれも，「社会的規範たるにとどまらず，法的規範として拘束力を有するに至っている就業規則の実態」に鑑み，その内容を合理的なものとするために必要な監督的規制に他ならない。このように就業規則の合理性を保障するための措置を講じておればこそ，同法は，さらに進んで，就業規則のいわゆる直律的効力（旧93条）まで肯認しているのである。

　以上の認識から，(1)の最後の部分で(c)「当該事業場の労働者は，就業規則の存在及び内容を現実に知っていると否とにかかわらず，また，これに対して個別的に同意を与えたかどうかを問わず，当然に，その適用を受けるものというべきである。」と帰結する。

　これを受けて判決理由一の(2)＝後段では，(a)①「新たな就業規則の作成または変更によって，既得の権利を奪い，労働者に不利益な労働条件を課すこと」が許されるかとの問題設定を行い，これについても「原則として，許されないと解すべきであるが」としつつ，②「労働条件の集合的処理，特にその統一的

第1章　労働契約・就業規則論の再生を目指して

かつ画一的な決定を建前とする就業規則の性質」[いわば前提的事実] からいって，(b)「当該規則条項が合理的なものであるかぎり [前提的条件]，個々の労働者において，これに同意しないことを理由として，その適用を拒否することは許されないと解すべき」であり，これに不服のある者は団交等の手続による改善にまつほかないとされた。

　判旨一(1)は(a)の②労働条件の統一的・画一的決定，③契約締結の附従性から，(b)就業規則は「合理的」な労働条件を定めている限り「法的規範性」が認められ，その帰結として(c)知らない者，同意を与えていない者にも適用される，となっている。判旨一(2)は就業規則の不利益変更について，(b)において同意しない者にも適用される，としている。

　秋北バス事件判決以前の最高裁判決としては，三井造船玉野分会就業規則事件[4]が経営権説を採用したといわれる。この就業規則の使用者による一方的制定・変更権(限)の承認によってもその後の判例は，同じく経営権説に依拠しながら，労働条件の不利益変更に関しては法規説の立場を貫徹するものと，労働者の同意のない限り労使対等原則に反するとするものに分かれていた[5]。

　秋北バス大法廷判決以前に，労働関係を「法規的に」処理するとは，労働関係を「定型的・画一的」に，かつ，「無条件」に処理しうる方式と考えられていた。したがって，労働条件を「定型的・画一的」に処理する必要は，経営の要請として経営権説の主張根拠のひとつとみられていた[6]。この点について理研発条就業規則変更事件[7]では，労働条件の統一的決定ということは，事実上の必要に基づき，近代法の原則（対等当事者の合意による決定）にもかかわらず，事実上行われているものにすぎない。しかし労働法は，労働条件の画一的決定という実際上の必要と現実とを無視することができないので，この事実と近代法の原則との調和を図り，当事者対等の原則ないし私的自治の原則に反しない限度において，就業規則を一つの「法的規範」として承認した，とされる。ここでは労働条件の不利益変更はまさに当事者自治の範囲内の問題として（就業規則による規律の）限界値とされた。この意味では秋北バス事件最高裁判

---

(4)　最二小判昭 27・7・4 労民 3 巻 3 号 275 頁。
(5)　野川忍『労働法原理の再構成』（成文堂，2012 年）144 頁。
(6)　石井照久『労働法の研究Ⅱ』（有信堂，1967 年）109，107 頁。
(7)　東京地判昭 25・7・31 労民 1 巻 1314 頁。

決はなお経営権説に基づく法規説といえないだろうか。ただし、それは様々な批判から「無制限」ないし「無条件」に貫徹されるものではない。裁判所としてはこの問題を「当事者自治」の範囲内に委ねること（無秩序化）もできず、法規説を「合理性」の条件（枠ないし範囲）内に限定することによって、これを根拠に司法的規制を行うものといえよう。

ところが、周知のように大法廷判決の理解についてはその後「約款説」ないし「定型契約説」[8]が支配的となっている。それによれば、判旨1の(1)と(2)を区分して、(1)では就業規則の法的性質、(2)では就業規則の不利益変更の拘束力を扱うもので、前者の「法的規範性」は反対の意思を明確に表示した者に対してまで法的効力を生ぜしめる法規範性を基礎づけるのではなく、約款の法的性質（民法92条の事実たる慣習）を就業規則に応用したものであり、後者で不同意の者まで拘束するのはこの契約説を修正するものであり、その理由は契約説を貫徹すれば不同意の労働者の解雇であるがこれが解雇権濫用法理によって大幅に制約されていることの代わりに反対労働者に対する変更就業規則の拘束力を承認するものである、と。判旨(1)については最高裁自身が、合理的な労働条件を定める就業規則は「労働契約の内容をなす」と判示したとして、電電公社帯広局事件[9]、日立製作所事件[10]が引用される。

しかし、一般的にみれば、判旨1の(1)と(2)では一貫した論理展開であるべきであり、すなわち(1)で法的規範性を明らかにして、(2)でその論理的帰結として反対の労働者をも拘束する。(1)では一般的に就業規則の性質から「労働者は、就業規則の存在及び内容を現実に知っていると否とにかかわらず、また、これに対して個別的に同意を与えたかどうかを問わず、当然に、その適用を受ける」とある。そこでは反対の労働者まで問題にする必要はなかっただけである。実際、戦後に社会的自主法説と評価された末広説においてその法律的性質のところで、「その際、職工が入社に当たって規則の内容を知っていたかどう

---

(8) 菅野和夫『労働法〔第2版〕』（弘文堂、1988年）90～93頁。なお前段部分については、下井隆史「就業規則」恒藤武二編『論争労働法』（世界思想社、1978年）274頁以下286頁及び同著「就業規則の法的性質」日本労働法学会編、現代労働法講座(10)（総合労働研究所、1982年）274頁以下293～295頁。
(9) 最一小判昭61・3・13労判470号6頁。
(10) 最一小判平3・11・28民集45巻8号1270頁。

か，その内容に同意したかどうか等は全く問題にされない」[11]とされており，わざわざ反対の者についてまで述べる必要はなかったのではないか。もし(2)において契約説を修正するのであれば何らかの新たな論拠を呈示する必要があると思われるが，①労働条件の統一的・画一的決定と②合理性というほぼ同じ論拠により展開されている。前段の法的性質論に基づき後段の不利益変更論が展開されるべきであろう[12]。(1)の前段と(2)の後段に共通する「合理性」の要件はその後の展開を見ると，(1)では契約締結時の合理性として(2)の不利益変更に当たっての合理性より広く捉えられている[13]。しかし，合理性にはより積極的な意味を読み取るべきではないか。労働条件の統一的決定という経営上の要請に基づくとしても労働者側では使用者が定立する就業規則上の労働条件で附従的に契約を締結せざるをえないまさに約款における消費者と同程度あるいはそれ以上の構造的劣位（労働者側の交渉力の不足）にあることに鑑みれば，一方的決定によるその内容の不公平な契約が成立する可能性が大である。合理性はこのような契約に対する司法的介入の根拠を示すと同時に内容の有効性の要件とみるべきものというべき意味合いを読み取ることはできないか[14]。

　かつて配転命令権（それらを総称して業務命令権）や懲戒権も歴史的に経営権の作用とされていた時代があった。そこではいわば経営上当然にこれらの権利が容認されていた。その後包括的合意説を経て労働契約説が支配的となり，実際上は就業規則への記載をもって労働契約上の約定と理解する見解が判例でも支配的となる。この面ではたしかに就業規則が規範として作用しているとはいえないだろう，判決も就業規則の規定が労働契約の内容になっている，内容をなしている，と表現している[15]。根拠二分説[16]は就業規則のこの二側面を指

---

(11) 末弘厳太郎『労働法研究』（改造社，1926年）395頁。
(12) (1)＝前段と(2)＝後段の判断は整合的に解釈されねばならないとの指摘がある。野川・前掲注(5)161頁。
(13) 荒木＝菅野＝山川『詳説労働契約法〔第2版〕』（有斐閣，2014）112頁，その他の合理的な労働条件に関する議論について，唐津博『労働契約と就業規則の法理論』（日本評論社，2010年）353頁以下。
(14) 労働法律旬報1669号特集「労働契約法逐条解説」（2008年）33頁以下，36頁，野川・前掲注(5)では「制度としての公平性，公正さが整っているか否かが主たる合理性の意義」である。

摘したが，上記の局面と通常就業規則の法的性質で問題となってきた局面は若干異なるのではないか。秋北バス事件では停(定)年という雇用関係の終了に関するものであり，その後は賃金や退職金に関するものが増える。そこで，時間外労働の指示も含めて業務命令権は使用者から見れば自己の労務提供請求権の一態様であって，その権利の根拠が経営権にあって経営上当然にあるといってもあるいは就業規則記載によってはじめて発生するといっても，たしかに制約法理に関しては，権利濫用法理や労働契約法理によって精緻化されていくものの，元来は使用者の一方的決定の性格のものであり最終的には個別労働者に対する権利行使の問題である。これに対し賃金や退職金は，使用者側では自己の債務内容の確定であり，労働者にとっては反対給付請求権という債権に関する決定である。これらを同列に扱うと，自己の労働義務の種類・内容・範囲に関してのみならず自己の賃金債権の額についてまで他者決定となるのである。しかも就業規則にその旨の明確な根拠規定もなくしてなされるその変更によってほぼ全従業員（債権者）の債権の内容が変更されてしまう。したがって両局面において問題の様相はかなり異なる，そして後者が法規範性の問題とされてきたところではないか。判決も，こちらでは不同意者に対する変更就業規則の適用を拒否できない，効力が生じるなどと表現し，即契約内容になっているとは表現していない。

「その知不知を問わず」その慣習が適用されるとの（有力学説）解釈があった[17]ところからすると，判旨の(1)(b)の部分＝知らない者への適用までは民92条の法的規範性で説明できることになる，しかし，(2)の同意しない者にも適用されることについての説明は，民92条の法的規範性では説明できないのではないか，したがって，そこで立場の変更があったとみるのが定型契約説であろう。

---

(15) 野川・前掲注(5)154頁によれば，最高裁のこの「内容をなす」との表現から，労働契約との関係について就業規則に「法規範的効力」を認めていたと考えざるを得ない，とされる。

(16) 有泉亨『労働基準法』（有斐閣，1963年）192〜193頁，中村和夫「就業規則論」籾井常喜編『戦後労働法学説史』（労働旬報社，1996年）774〜775頁。

(17) 末弘厳太郎『続民法雑記帳』（日本評論社，1949年）47，48頁。

第 1 章　労働契約・就業規則論の再生を目指して

　周知のように，就業規則に事実たる慣習（民 92 条）を連結点とする考えは，大法廷判決以前から石井教授によって主張されていた。「一般的な労使関係」において，労働契約の内容については「就業規則による」という事実たる慣行（慣習）が存するということが主張されていた。「これによらぬ」意思を表明しない限り「これによる」意思を有するものと認められる（意思の規範化）のではあるが，さすがに就業規則によることに反対した場合には，各個の労働契約の内容となる余地はない，とされていた[18]。

　これに対し判旨(2)は(1)の論理になんら特別の変更を加えずにその結論に至っている。例えば，（圧倒的）大多数の従業員が支持している変更に少数の者のみが反対している場合には，統一的条件決定のため，民 92 条の法的規範性を超えて，変更就業規則が全従業員に適用される旨の[19]説明などがあれば，別であろう。しかしこれはむしろ集団的な労働条件決定システムへの制度設計の変更を意味するのであって，修正契約説の範囲を超えた別物というべきではないだろうか[20]。

　労働条件は，就業規則によるとの事実たる慣習が成立しているとしてその法的規範性が承認されることの意味について，もし最高裁が経営権説（ないし社会自主法説）による法規説を維持していたと仮定すると，法規範性を主張するのに授権説のように労基法を持ち出す必要はない。就業規則の法規範性は社会一般において広く承認されているとの意味で事実たる慣習として民 92 条が参照（社会的承認）されているだけであり，これを根拠に法規範性を主張しているのではない，また就業規則の法規範性の実態を背景として労基法 93 条の直律的効力が肯認されている（国家的承認）のであって，それによって法規範性が主張されているのではない。ただし，そのような労基法の規制を受けて合理性が担保されていることを前提に，(1)の結論部分では就業規則の法的規範性の「性質」を根拠に，不知の者への当然適用が帰結される。更には(2)の結論部分

---

(18)　石井・前掲注(6) 114, 115 頁。
(19)　菅野・前掲注(8) 93 頁。
(20)　石井・前掲注(6) 115 頁によると，労働組合主義を背景とする労使の協定という方式によって，「法的規範」としての就業規則の成立を認めることが望ましい方向，と考えられていた。なお，この時期には同教授は「法的規範」を法規範の意味で使用していたが，大法廷判決後の労働法のテキスト（『新版　労働法〔第 3 版〕』（弘文堂，1973 年）124 頁以下）では「法規範」のみが使用されている。

では就業規則の法的規範性の言葉は用いられずむしろ労働条件の統一的かつ画一的決定を建前とする就業規則の「性質」から，反対者にも適用を強制する。この労働条件の統一的かつ画一的決定（の要請・実態・性質）＝法的規範性の論理は，経営権説の主張の一つであったことからすると，法規範性の根拠はむしろここにあったのではないか。そうなると，確かに法的には不明確な根拠によって，就業規則の強制適用という重大な結果が生ずることになる。

　まさに，労使の自主的な協定という方式をとらない就業規則は，使用者が個別的な労働関係を「便宜，集合的に処理するために」一方的に利用する手段としての意味（便宜的方式）以上の価値を保有しえないのであり，社会的規範として行われていようとも，法的規範としての価値評価を受けるにふさわしくない性格を内包している，とまで批判されていた[21]。そこで従来のように法規説を貫徹することはできず，合理性の範囲内という限定を付すことによって，その立場に修正を施した，とみることができる。

　その意味では，法理的基礎が弱いため学説上はほとんど支持されない経営権説に立脚していたとすれば，大法廷判決に対する批判はその後も継続したものと思われるが，約款説や定型契約説によって私的自治・労使対等の原則との整合性が図られることにより，根本的批判はなされなくなりむしろ合理的変更の妥当性のみが焦点になったといえよう。いうなれば判例の内在的批判が中心となりその外在的批判は影をひそめる傾向にあるといえよう[22]。さらには労働契約法の制定によって，そもそもその論議自体が必要ないものと考えられるかもしれない。

　根拠二分説の指摘するように，就業規則による労働条件（賃金や退職金）の変更問題は，特定の個人に対する特定の法律効果（例えば，労働関係の終了や人事の異動）に向けられた形成権（ドイツ的に言えば変更条項による指揮権の拡大）としての性格よりは，規則改定による新基準での再スタート（一種の変更契約の締結）のような側面が強い。しかしそれでは，一方的変更（変更権行使）と合理性によるそのコントロールという最高裁の呈示した方式以外に，この問題に対応する方法があったかは非常に難しい。一種の法の欠缺状態とはいえない

---

(21)　石井・前掲注(6)109頁。
(22)　山下純司・島田聡一郎・宍戸常寿『法解釈入門』（有斐閣，2013年）154頁。

第1章　労働契約・就業規則論の再生を目指して

か。日本では少しでも反対する労働者がいれば労働条件を集団的に変更することができなくなる(23)。もともと一方的権利（形成権）とは性格づけられない（それ以前の判決と異なり大法廷判決では変更権の用語は用いていないが）労働条件の変更問題について，（個別）合意原則による処理がなされれば，定型契約説の述べるように，アメリカのように解雇による反対労働者の排除の手段（使用者による一方的措置を通じた）がわが国では解雇権濫用法理による規制のためにとれない。いわゆる統一的・画一的労働条件の形成には集団的労使関係的処理（アメリカの交渉単位制・協約拡張）が望ましいとしても，協約拡張の要件を満たす組合も少なくかつそれを満たす場合でも少数派組合の存在はその完全な実施を不可能にする。そこで，法制度的には例外的ではあるが実際上は通例として就業規則によることになる(24)。すなわち，一方において多数の労働契約関係の集合的・統一的処理という経営の現実の必要に基づき使用者による労働条件の一方的決定を容認しつつ，他方においてそれが個別労働者の意思に反する場合における（不足する）当事者自治の原則とのバランスを合理性を媒介とする司法的コントロールによって調整するものと理解される。

ところで，ドイツでも撤回の留保条項とその（撤回権・変更権）行使について，約款法理が適用される以前にはむしろ「衡平な裁量」（BGB315条）による司法的コントロールがなされていた。それは一方で衡平（公平）性という不確定の法概念が正しい，裁判所によって完全に証明可能な決定のみを許容するのに対し，他方で行政法上知られた裁量が，決定権のある行政庁にある決定の範

---

(23) 水町勇一郎『労働法〔第5版〕』（有斐閣，2014年）102頁。

(24) 判例とは異なる形で使用者に変更権を付与しようとすると，合意の強制か合意の擬制の形になるのではないか。すなわち，労働関係の「継続性」の要請下における「柔軟性」の確保のため，信義則上合理的な範囲内で契約内容を変更する権利が使用者に付与されているとした場合，それを完結するには労働者側の承諾権濫用法理・承諾義務（毛塚勝利「就業規則理論再構成への一つの試み（2・完）」労働判例430号4頁以下7頁（1984年））による一種の合意の強制が必要である。また労働契約においては一般に，就業規則の改定により労働契約の内容を一定の合理的範囲内で，かつ合理的方法で変更することにつき，労働者はあらかじめ使用者に「黙示の承諾」を与えている（下井隆史『労働基準法〔第4版〕』（有斐閣，2007年）380頁，山川隆一『雇用関係法〔第4版〕』（新世社，2008年）36頁，類似の方向性として野川忍「労働契約と就業規則──不利益変更論を素材として」中嶋士元也先生還暦記念論集『労働関係法の現代的展開』（信山社，2004年）309頁）との見解は，合意を擬制している，といえよう。

囲を容認しつつしかも裁判所もそれを尊重せざるを得ないものである，という二つの矛盾した概念より成り立っている[25]。したがって衡平な裁量は，決定権のある当事者にある形成領域を付与しつつその範囲は衡平性によって画されるというものである。しかし労働法でも企業者決定（合理化，休業など事業/組織的な領域）の自由は明らかに不当，無思慮，偏見のあるまたは恣意的であるか否かの観点からのみ司法審査の対象になるものである。とはいえ賃金分野では，解雇保護訴訟でも賃金コストを引き下げようとする意思のみは，当該の決定が追加的・組織的な措置に表れていない限り，裁判所の審査を免れる決定ではないことが以前から承認されている[26]。そこで，「衡平な裁量」とは使用者にとっては個別事例における（賃金）削減のための「経営上の理由」と当該変更決定の「被用者に対する影響」を意味する[27]。BGB315条の衡平性コントロールは個別事例のコントロール手段であるので統一的契約上の規律のコントロールには向いていないとの批判[28]もあるが，この権利行使のコントロールは，BAGが交替的事業所協定（後述）について何年来「抽象的」かつ「具体的」衡平性コントロールとして表示してきたことを個別法上のレベルで行っているのである。給付決定に関するBGB315条以下の諸規定はその例外的性格のゆえにBGBにおける民法上の「異国」に属する，といわれる[29]。後述するように，具体的には解雇保護の回避となる場合かどうかが問われる。

わが国では，一般に契約上の約定によって変更権を留保するわけでもなくまたBGB315条のような規定も存せず，さらには就業規則によって決定できる範囲はドイツの一般的労働条件よりはるかに広いので，その意味では比較はできない。しかしいったん設定された労働条件の変更権の行使に対するコントロールの枠組みの意味では，類似している性格が見て取れる。わが国では，法律の建前では例外的であるが実際上は原則的に就業規則の変更に反対する労働者に対してもその変更を実施できることが必要であり，ただそのことによって

---

[25] Andrea Krämer, Der Widerruf im Arbeitsrecht. Duncker & Humblot, Berlin,1998, S.297.
[26] Krämer, a.a.O.(25), S.298.
[27] Krämer, a.a.O.(25), S.300.
[28] Hoyningen-Huene, DieBilligkeit im Arbeitsrecht, Beck München, 1978, S.156.
[29] Krämer ,a.a.O.(25), S.306.

不当な不利益が発生することを防止することが望まれる。そこで変更就業規則の強制適用（変更権）の論理と合理性コントロールがその役割を果たしている。

合理性によるコントロールは権利濫用法理によるコントロールと，理論的にはともかく実際のところ，内容（利益の比較衡量）において類似している。一方で周知のように，解雇特に整理解雇に対しては人員削減の必要性についてまで突っ込んだ審査を行う厳しい基準で臨むのに対し他方で，人事関係や時間外労働の業務命令権については，その不利益性が軽視され，，経営上（または業務上）の必要性判断は極めて甘く，むしろその違反に対する解雇とりわけ懲戒解雇が容認されるなど[30]の点において，日本的な長期雇用関係が反映されている。そして，労働条件変更のための就業規則変更に関する合理性は，この両者の中間に位置づけられるようである。すなわち，従業員全員に対する労働条件変更のための経営上の必要性は個別の人事異動や時間外労働命令等に対するそれよりはるかに強いものが要求されるが，整理解雇における人員削減の必要性よりは弱いものとして位置付けられるだろう。少なくとも労働者側からすれば後者との関係での不利益性には相当の開きがあろう。そこで賃金や退職金などの重要な労働条件の大幅な変更については，人員削減の必要性の一歩（あるいは数歩）手前までの範囲で労働条件変更の必要性を容認できる枠組みとして，合理性が用いられる，ことになろう。

2 労働契約法の内容

労働契約法（以下「労契法」）は，労働契約の成立と変更が個別労使の合意によることを原則とする。その例外として，労働契約締結時には合理的内容を定めた就業規則を周知する場合，また変更に当たっても変更が合理的であってそれを周知した場合に，それぞれ労働契約の内容は「就業規則に定める労働条件によるもの」として，労働契約の内容になるもしくは労働契約を外部から規律することを明らかにする。

労働条件の決定・変更に関する労働契約と就業規則に関する労契法の規定は以下のとおりである。

---

(30) 濱口桂一郎『新しい労働社会──雇用システムの再構築へ』（岩波新書，2009 年）54 頁，56 頁。

[小俣勝治]　　　　　　　　　　　　　　　　　　　**7**　労働条件の不利益変更の法的枠組み

労働契約の成立――個別合意（6条）・就業規則（7条）
労働契約の内容の変更――個別合意（8条）・就業規則（9条・但書）・就業規則（10条）
就業規則の内容と異なる労働条件の合意部分（7条但書）
就業規則の変更によっては変更されない労働条件として合意した部分（10条但書）
秋北バス事件最高裁の判旨との関係では以下の点が関連する，と思われる。
判旨一(1)(a)→3条（・6条）
判旨一(1)(b)(c)→7条
判旨一(2)(a)→9条
判旨一(2)(b)＋判旨二並びにその後の判例の展開部分→9条但書・10条

　労働契約の成立に関する6条と7条は一応原則・例外の関係になっている。しかし現状では7条が通例であろう。7条但書の個別合意は論理的には例外の例外＝原則になるはずであるが，実際には例外としての扱いになろう。だが，労働条件変更に関する8条以下は個別合意の原則と就業規則の例外を明確にしている。8条と9条本文が同義とすれば，9条はなくても，10条を8条の例外として位置付けることでよいようである。しかし最高裁判決との関係では9条（本文と但書）に相当する部分が重要であろう[31]。そうするとむしろ，8条・7条但書・10条但書は最高裁判例，少なくとも秋北バス最高裁判決から直接導き出すことは難しいのではないか，その背景の論理を含めてあえて原則を前面に押し出す形になっている。

　次に，変更の合理性判断の要素に関しては，判例は当初「事案に沿った利益衡量」を行っていたがその累積により，ほぼ「類型的比較衡量」[32]と評価されるほどの型が形成されているといえよう。いわばその完成形態として，第四銀行事件[33]およびみちのく銀行事件判決[34]が援用される。

---

(31) 実際立法過程では，9条本文の内容は8条の合意原則に含まれるとして，明示されていなかったが，判例法理を忠実に条文に反映すべきとの考えから，9条が規定された。荒木他前掲書注(13)『詳説労働契約法』第2版123頁。
(32) 山下他前掲書注(22)165頁以下。
(33) 最二小判平9・2・28民集51巻2号705頁。
(34) 最一小判平12・9・7民集54巻7号2075頁。

労契法10条では，1）労働者の受ける不利益の程度，2）労働条件変更の必要性，3）変更後の就業規則の内容の相当性，4）労働組合等との交渉の状況，5）その他の就業規則変更に係る事情が，判断要素として挙げられている。

使用者側の変更の必要性と労働者側の不利益の程度及び総合的に見た変更後の内容の相当性が比較衡量の中核となり，手続的側面で労働組合その他との交渉などが周辺・補強的判断要素といえよう。したがって，必要性と相当性が大であれば合理性が肯定され，逆にそれらが小さければ合理性も否定される[35]。大曲農協事件[36]では，賃金や退職金などの重要な労働条件の変更の合理性は，そのような「不利益を労働者に法的に受忍させることを許容できるだけの高度の必要性」が要求されるとして，いわば比例原則が採用されている。

Ⅲ 一般的労働条件と事業所協定

ドイツではわが国の労基法89条のような記載事項は現在では事業所組織法における（原則的に形式的労働条件に関する）共同決定事項（事業所協定）となっている。しかし，（産業別・地域別の）労働協約の基準を最低基準とする労働契約は，各企業レベルでは，それを上回る独自の給付（付加給付）が約定される。すなわち，契約による統一的規律（Vertragliche Einheitsregeungen），集団に対する約言（Gesamatzusage）及び事業所慣行（Betriebsübung）によって形成される一般的労働条件である[37]。これについては，従来から景気後退期などには使用者が削減・撤回するケースがあり，これを従業員代表との共同決定により行う（事業所組織法上の問題となる）ケースと，撤回権を留保しておいてその権利行使という契約法上の問題になるケースに大別される。先ず，前者

---

[35] 荒木尚志『雇用システムと労働条件変更法理』（有斐閣，2001年）263～264頁。
[36] 最三小判昭63・2・16民集42巻2号60頁。
[37] これらについては，拙稿「スイス・西ドイツにおける一般的労働条件の『概念』について」國学院法研論叢16号（1990年）3頁以下，同「ドイツにおける使用者の任意給付の集団的法律構成」相模女子大学紀要55号（1991年）109頁以下，同「事業所慣行と権利外観責任——カナーリスの見解を参考に」相模女子大学紀要57号（1993年）1頁以下，同「事業所慣行と信頼責任（権利取得）——カナーリスの見解を中心に」相模女子大学紀要59号（1995年）1頁以下，同「ドイツにおける事業所慣行に関する新たな議論」青森法政論叢8号（2007年）91頁以下，参照。

について簡単にみてみよう(38)。

1　労働契約上の統一的規律の交替可能性（秩序原則・交替原則）

　一般的労働条件が個別契約上の権利であるとすれば有利原則が適用されるので，事後の集団協定による不利益変更は困難となろう。この問題は以前には有利原則と秩序原則のどちらによるかの問題として争われた。ナチス時代(39)に創設され第二次大戦後(40)も一定の影響力を維持した「秩序原則」によれば，労働契約上の統一規律は事後の集団的規律によって被用者の不利益にも変更できるとされた。秩序原則の影響下の事業所組織では原則として事業所に統一的なすべての規律は，その妥当根拠の如何にかかわりなく事後の集団的協定によって交(代)替され改悪されうるものであった(41)。かくて一般的労働条件は，「後(新)法は前(旧)法を排する」との基本原則に基づき，事後の事業所協定によって交替せしめられる，とされた（交替原則）(42)。

　秩序原則の立場からは有利原則の適用は，被用者の個人的な事情に配慮するか又は，その個人を〔その人格及びその業績のゆえに〕有利に扱う労働契約上の取り決め（Abrede）に限定される。たしかに一般的労働条件は形式的には個別契約上の地平にあるが，実際上はその集団的関連に基づく「準・集団法的」規律である。内容的には，給付（業績）主義その他の個人的モメントにも配慮しない，したがって個人的に実現される私的自治の結果ではない。それゆえ，これに有利原則を適用すれば，従業員団は事業所及び従業員総体の全体の利益

---

(38)　本稿では，主に以下の文献を参考にした。Christian Picker, Die ablösende Betriebsvereinbarung, in: Marcus Bieder, Felix Hartmann(Hrsg.), Individuelle Freiheit und kollektive Interessenwahrnehmung im deutschen und europäischen Arbeitsrecht, 2012, Mohr Siebeck, S.103ff.

(39)　Hans Carl Nipperdey, Mindestbedingungen und günstigere Abeitsbedingungen nach dem Arbeitsordnungsgesetz, FS Lehman, 1937, S.257, 262ff.

(40)　Wolfgang Siebert, Kolletivnorm und Individualrecht im Arbeitsverhältnis, FS, Nipperdey, 1955, S.119, 124.

(41)　Michael Hammer, Die betriebsverfassungsrechtliche Schutzpflicht für die Selbstbetimmungsfreiheit des Arbeitnehmers, Recht and Wirtschaft, Heidelberg. 1998, S.67.

(42)　Picker, a.a.O.(38), S.105.

に配慮せずに利己的な利益を貫徹しうることになろう,とする(43)。

しかし,1970年1月30日の裁判において第3小法廷(44)は,交替原則を維持しつつその拠り所を現行法と矛盾する秩序原則には求められないとして,「規律の欠缺」を認めて裁判官法（法の継続形成）を打ち立てた。すなわち,契約による統一的規律を「変化した法的並びに経済的な所与」に適応させようとする「実務の不可避的な欲求」に対する示唆をもって,労働契約上の統一規律（退職定期金）を事後の事業所協定によって原則的に交替する可能性を基礎付けようと試みた。秩序原則と異なる点は,裁判官による衡平性コントロールがあること,被用者にとっての影響が信義則に基づく信頼保護思想の特別の配慮のもとにおかれることである(45)。

2 「集団的な有利性の比較」——有利原則の修正

1986年9月16日の連邦労働裁判所の大法廷(46)は,秩序原則のみならず交替原則も排してむしろ有利性原則が妥当するとして,大きな変更を行った。事業所慣行による契約上の請求権はその内容的特殊性にもかかわらずその法的性質は他の労働契約上の諸請求権となんら異ならないとして,事後の事業所協定によるその改悪は否定される(47)。しかるに,一般的労働条件にもとづく社会給付には被用者にもはっきりわかる集団的な関連性があるため,各請求権の個別的な有利性の比較ではなく,すべての従業員団を関与させる集団的有利性比較がなされるべきである(48)。この種の統一規律にとって特徴的なのは,諸給付が相互にある基準体系の中にあり,その体系は使用者の経済的な基本決定に依拠している。使用者は自由に,その可否（Ob）すなわち,その支給（の枠組み）及び配分の原則について決定する。事業所委員会はこれら共同決定から自由な支給の枠組みに対して対抗せしめられるため,すべての個人の獲得状況（既得物）が保護されうるわけではない。むしろ集団的な有利性比較がなされ

---

(43) Picker, a.a.O.(38), S.106.
(44) BAG vom 30.1.1970, AP Nr.142 zu § 242BGB Ruhegehalt.
(45) Picker, a.a.O.(25), S.107.
(46) BAG GS vom 16.9.1986, SAE 1987, S.175.
(47) Picker, a.a.O.(38), S.109.
(48) Picker, a.a.O.(38), S.109.

ねばならない[49]。

　かくて例えば事業所慣行によって創設された被用者の諸請求権は，事後に成立した事業所協定が個別被用者の個別の法的立場を改悪する場合であっても，当該事業所協定が以前の事業所慣行に基づき存在した規定よりも，被用者にとって総合的にみて有利である限り，当該事業所協定によって修正されうる。従って事後に成立した事業所協定において合意された諸給付はその全体的な量においては従前の全体的な給付の水準より劣るものであってはならない。大法廷の見解によれば，再構成的事業所協定のみが可能なのであって，総体として改悪的（不利益）な事業所協定は可能ではない。後者の事業所協定が考慮されるのは，一般的な労働契約の規定から「事業所協定への開放」という相応の留保が推定されうるか，又は，行為基礎の喪失の原則に基づいて何らかの適応が考慮される場合だけである。従って，集団的な有利性の比較は事業所の給付の削減のための手段としては有用ではない[50]。

　この集団的な有利性比較の可能性は，認識可能なほどに集団的関連性を持つところの，統一契約によって供与された社会給付に限定される。出捐が提供された労働給付に対して直接的な報酬を呈示していない場合には，使用者の給付は「社会給付」である[51]。これに属するのは，特に賞与，記念日給及び企業年金であり，労働報酬は含まれない。

3　事業所協定への開放性（推断的変更留保の仮設）

　労働条件の改悪（不利益変更）について大法廷判決が示唆したのは，事業所協定への開放の留保の推定であった。被用者は任意給付を得ている理由が自分自身の個性によるのではなく，「事業所又は被用者グループの一員」であることによるものであることを知っている。したがって事業所慣行に基づく法的立場は，「事業所協定に開放される」ように形成されているのが典型である。それゆえに，労働契約による統一的規律は通常事業所協定による事後の交替可能性のための黙示的留保を内包していたであろうとの仮設が成立する。

---

(49)　Picker, a.a.O.(38), S.109.
(50)　Picker, a.a.O.(25), S.110.
(51)　BAG vom 21.9.1998,AP Nr.43 zu §77 BetrVG 1972 unter BⅠ.

第 1 章　労働契約・就業規則論の再生を目指して

　BAGの第 1 及び第 3 小法廷はこのような解釈に積極的であり[52]，他方第 10 小法廷は事業所慣行に依拠する請求権を原則として交替的事業所協定の黙示的留保のものとにあるとの見解を明確に否定している[53]。

　この意味において最近注目される判決が現れている。2013 年 3 月 5 日の BAG（第 1 小法の）判決である[54]。すなわち，

　[60] b)「労働契約の当事者は契約上の取決めについて，事業所の規範による変更を免れないように，形成することができる。これは明示的にも，また相応の随伴状況がある場合には推断的にもなされうる。それは事業所の統一的規律や集団に対する約言のみならず，個別契約上の取決めでも可能である。そのような推断的な合意は通常，契約の対象が約款の中に含まれていてそれが集団的関連を有する場合には，承認されねばならない。約款の使用によって使用者は被用者に対して，事業所においては統一的な契約条件が適用されるべきことを明瞭にする。」

　この判決部分を受けてローマトカは，（通例のように）一般的労働条件に基づく労働条件は原則として事業所協定に開放されている，と結論付ける。そして問題となる集団的関連も，本判決ではさほど明確なものである必要はなく，複数の被用者に適用される規律があればそれで十分であるとする[55]。

　しかしこの「推断的合意」の方法については厳しい批判がなされる。すなわち，擬制の利用によって希求された結果についての「客観的な理由づけの欠如」を隠蔽する，と[56]。

　ところが実務家であるマイネル／キーン[57]によれば，一般的労働条件の集

---

(52) BAG vom 26.10. 1962, AP Nr. 87 zu §242 BGB Ruhegehalt ; BAG vom 30.1. 1970, AP Nr.142 zu §242 BGB Ruhegehalt ; BAG vom 18.3. 2003, NZA 2004, S.1099 ; BAG vom 23.10.2001, NZA 2003, S.986.

(53) BAG vom 5.8. 2009, NZA 2009, S.1105, S.1107., Picker,a.a.O(38)., S.114.

(54) この判決については，拙稿・巻頭言（労働と法――私の論点「労働条件の統一的・画一的決定と個別的形成」労旬 1809 号（2014 年）4 頁～5 頁，拙稿・外国労働判例研究 200 回「定年に関する個別規定と事業所協定の関係」労旬 1814 号（2014 年）41 頁以下。

(55) Wolfgang Hromadka, NZA2013, S.1061ff, S.1063.

(56) Hans Jürgen Säcker, Die stellschweigende Willenserklärung als Mittel zur Schaffung neuen und zur Wiederentdeckung alten Rechts. BB. 2013, S.2677ff. S.2679. その他本判決に対する批評について，拙稿・前掲(54)論文 44～45 頁。

(57) Gernod Meinel, Mauela Kiehn - Kollektivvertragsoffene Allgemeine

団的規律による変更可能性にとって重要なことは解釈方法ではなく，労働生活には約款によって形成された労働条件に対する事業所協定ないし労働協約の介入の可能性を与える不可避の実務上の要請が存するとみるか否かの認識である。マイネル／キーンによればその意味で前記第1小法判決は，従来の判例の流れの中での小さな更なる一歩にすぎない。しかし，第1小法廷が法律行為論の限界すれすれを行っているという批判は承認せざるを得ない。そこで，補充的契約解釈によりこれを支えるべきとされる。約款の補充的契約解釈は，「客観的に一般化される，典型的にこの種の取引に関与される取引集団（Verkehrskreis）の意思と利益に整合された基準」に方向づけられるのであって，「具体的に関与された人の意思と利益」にのみ方向づけられるものではない。この基準に従って判断すれば，労働契約の当事者は通例集団的契約の当事者に形成の優先権を容認する。このようにして約款に関しては，従来の判例で推断的に合意された開放条項の承認を支持している「具体的諸事情」がなくても，「通例では存在する約款の集団契約への開放性」が承認されうる。この端緒は公共役務における協約上のシステム転換に当たっての引照条項の補充的契約解釈に関する新たな判例[58]のライン上にある，とされる[59]。

　この補充的契約解釈の方法は，変更の留保の推断的な合意から出発するための具体的な拠点が欠如する場合にも，最終的にそのような拠点を基礎付けようとするものである。これによれば，当事者は規律を必要とする点を単に見逃しただけであり，当該契約は両当事者が承認していた評価基準に基づいて，その意味におけるすべての利益状況を考慮して最終（目標）に至るように理解することができる。集団的関連を有する個別法上の特別給であって長期に措定されたものに関しては，したがって通常事業所当事者のための変更［権］の授権から出発できる，とされる[60]。

　しかしここまで来ると契約説・合意説（従って有利性原則の適用）といっても交替原則と実際上ほとんど変わらないほど集団的規律が優先されることになろ

　　　Geschäftsbedingungen, NZA 2014, S.509ff.
(58)　BAG, 7.4.2011, NZA2011, 1184.
(59)　Meinel/Kiehn.a.a.O.(44), S.514.
(60)　Picker, a.a.O.(38), S.115. Löwisch, SAE1987, S.185ff, S.186, Richardi, NZA 1987, S.186, S.189.

第1章　労働契約・就業規則論の再生を目指して

う。他方，BAGの各小法廷の見解は必ずしも一様ではなく，企業年金を扱う第1小法廷以外（特に第10小法廷）ではなおその認定は慎重である。また大法廷判決と同様にその適用範囲を社会的任意給付に限定されるとすれば，賃金における付加給付（加給手当）についてはこのような手法は使えないであろう。

Ⅳ　約款法理による一般的労働条件の内容コントロール

1　債務法現代化法による約款規制の導入の前後の事情

債務法改正前の約款法適用除外下においても使用者による一方的変更権留保の合意に関するBAGの判例は，変更権合意の有効性（内容コントロール）と変更権行使の衡平な裁量による規制（行使コントロール）の2面における司法規制を行っていた(61)。前者では，解雇保護法の客観的な回避・中核の労働関係への介入の有無が問題となった。撤回による給付と反対給付の関係の根本的崩壊が焦点になり，具体的には引下げが通常報酬の30％以内かどうか，あるいは撤回後に協約賃金あるいは通常賃金が保障されているかが基準とされた(62)（Kluge, a.a.O.(61), S.61）。後者すなわち行使コントロールでは，「自由な裁量」を明示しない限り「いつでも撤回可能な条項」でも衡平な裁量による決定が必要なものとして有効扱いされ，事案の重要な諸事情が衡量の対象となりかつ双方の利益が相当に考慮されていれば，衡平な裁量に合致するとされた。撤回に関する客観的理由としては，使用者の（損失が切迫するような）財政状態が考えられていた(63)（Kluge, a.a.O.(61), S.62）。

---

(61)　BAG vom 07.10.1982, BAGE 40, S.199, S.207=AP Nr.5 zu §620 BGB Teilkündigung. 本稿では，ここでの問題については，ヘンニンク・クルーゲ（Henning Kluge）によってヴェンデリング-シュレーダー（Wendeling-Schröder）の指導の下に執筆された論文『事前に書式化された労働契約における"経済的理由"に基づく撤回の留保』，Widerrufsvorbehalte zur Absenkung des Arbeitsentgelts aus "wirtschaftlichen Gründen" in vorformulierten Arbeitsverträgen, Dr.Kovac 2012を中心に検討するので，この文献の引用については本文中に頁数を示すこととする。

(62)　BAG vom 07.10.1982,BAGE 49,S.199；BAG vom12.12.1984,BAGE 47,S.314,S.320f. = AP Nr.6 zu §2 KSchG 1969；BAG vom 13.05.1987, BAGE55. S.275, S.280ff.=AP Nr.5 zu §315 BGB Billigkeitskontrolle；BAG vom 15.11.1.1995, NZA 1996, S.603; BAG vom 10.07.1996, NZA 1996 S.1324.

(63)　BAG vom 09.06,1967, AP Nr.5 zu §611 BGB Lohnzuschläge；BAG vom 07.01.1971, AP Nr.151 zu §242 Ruhgehalt；BAG vom 13.5.1987,AP Nr.4.zu §305 Billigkeitskontrolle

その後，債務法現代化のための法律（2001年11月26日）で，約款（規制）法は2002年1月1日にBGB（ドイツ民法典）に統合された[64]。

立法理由としては，不統一な判例による法的安定性の欠如を適用除外の解消によって回復すること，およびそのことにより，労働法における契約内容のコントロールの水準を民法のそれに立ち遅れることがないよう配慮すること，とされる[65]。

ジンガーによれば，内容コントロールの結束点は，使用者の要求する労働条件形成における「契約の自由」は吟味なくしては承認されえないことである。多数の労働者保護法規や集団的協定は被用者の構造的劣位性の存在を前提にする，と同時にこの劣位性は現代では書式労働契約の有効性のはく奪ではなくむしろ内容的相当性の観点からの検討を要求するに至る[66]。

次に，内容コントロールの検討基準として，BGB308条4号（変更の留保——合意された給付を変更し又はこれと異なる給付をする権利の合意）に基づき約款「利用者の給付」について妥当するもの（契約相手方にとって期待可能でない場合）は，BGB307条1項（信義則に反して，約款利用者の契約相手方を不相当に不利益に取り扱うとき）の枠内における「契約の相手方すなわち被用者の諸給付」についても基準として資する。2005年1月12日の判決[67]において，第5

=NZA 1988, S.95.

(64) 元々の法案は，労働法についての領域例外（約款規制法23条1項）を変更せずに310条4項としてBGB（ドイツ民法典）に引き継ぐことを予定していた。ウーリッヒ・プライスの介入及び連邦参議院の検討願い（Prüfbitte）の後漸く，連邦政府は何らかの変更を考え，そしてその反対意見の表明において連邦参議院の変更願に賛成した。Christian Rolfs, Fehlentwicklungen in der arbeitsrechtlichen AGB-Kontrolle, in: Marcus Bieder und Felix Hartmann（Hrsg.）, Individuelle Freiheit und kollektive Interessenwahrnehmung im deutschen und europäischen Arbeitsrecht, Mohr Siebeck 2012, S.1.

(65) Rolfs, a.a.O.(64), S.2（BT-Drucks.14/6857, S.54）．なお，わが国におけるこの問題の紹介については，高橋賢司「ドイツ法における普通取引約款規制と労働法」季労231号154頁以下参照。BGBの邦語訳は岡孝編『契約法における現代化の課題』（法政大学出版局，2002年），および半田吉信『ドイツ債務現代化法概説』（信山社，2003年）を参考にした。

(66) Reinhard Singer, Flexible Gestaltung von Arbeitsverträgen, RdA 2006, S.362ff. S.364.

(67) AP Nr.1 zu § 308 BGB この判決については，拙稿・外国労働判例研究138回ドイ

小法廷はBGB307条に対する「特別規範」としてのBGB308条4号を適用した。その後2005年12月7日[68]の判決では裁判所はもっぱらBGB307条によっている。この事例では労働時間の柔軟な形成すなわち利用者の給付ではなく「契約の相手方の給付」が問題となっていた[69]。

　この点についてクルーゲは，BGB308条4号は，報酬関連の撤回の留保のように給付範囲の縮小を結果するような「変更」ではなく給付内容の「変更」に着目している規定であるとして，むしろBGB307条以下の規定によるコントロールを支持する（Kluge, a.a.O.(61), S.95）。

2　BGB307条1項によるコントロール
(1)　基本条件

　BGB307条は，1項がいわば帰結部分になり，2項がその推定規定，そして3項は前2項並びに308, 309条の適用の前提として共通の要件を示している。したがって，考察としてはむしろ，3項→2項→1項の帰結の順になる。しかし，BGB307条2項の疑念規定（Zweifelregelungen）は報酬に関する撤回留保条項には関連しないので，その種の契約規定がBGB307条1項1文の一般条項の基準での内容コントロールに耐えられるかが検討される。BGB307条1項による約款利用の相手方の不相当な不利益取り扱いが存在するかは，二段階で検討される。先ず，契約の相手方がその評価されるべき条項によって「不利益に取り扱われているか」が確認される。次にそれが肯定されると，第二段階でそれが「不相当であるか」が検討される（Kluge, a.a.O.(61), S.111）。

　約款利用者の相手方が，ある契約規定によって，その規定がない場合に現れると予想される法律状態との比較において，より悪い（schlechter）立場におかれる場合には，彼は不利益に取り扱われている。それは取るに足らないものであってはならない（Kluge, a.a.O.(61), S.111）。

　次に第二段階では，撤回の留保によって惹起された重大な被用者の不利益取り扱いが不「相当」であるかまたは，信義則に矛盾するかが検討される。約款

　　　ツ「債務法改正（約款規制法の書式労働契約への適用）と撤回留保条項の有効性への影響」労旬1711号（2005年）28頁以下。
(68)　NJW 2005, 3305=NZA 2005, S.1111=AP Nr.1 §310 BGB.
(69)　Singer, a.a.O.(66), S.364.

利用者が，一方的な契約形成によって濫用的に固有の利益を契約の相手方のコストで貫徹しようとする，しかもその際相手方の利益を十分に考慮することもなくかつその者に相当の〔不利益の〕調整を容認することもなく，そのような試みをする場合には，その不利益取り扱いは不相当である。不利益取り扱いの不相当性は，契約当事者の利益の包括（総合）的な衡量によって検討される。信義則の要請の考慮は，契約規定が比例原則を尊重することを要求する。その不利益取り扱いが「より価値の高いまたは少なくとも同価値の約款利用者の利益」によって正当化される場合には，その契約規定は契約の相手方を不相当に不利益に取り扱うものではない[70]（Kluge, a.a.O.(61), S.111）。

利益衡量は3段階において行われる。先ず契約当事者の相互に対立する利益が析出される。第二段階で確認された諸利益が評価される。関係する諸評価基準の探求がこの段階に属する。最後の段階では両サイドの諸利益が発見された評価基準の考慮のもとに相互に衡量される（Kluge, a.a.O.(61), S.112）。

3 撤回の留保に関するBGB307条1項の不相当性判断

BGB307条1項の最後の段階は契約当事者の利益の衡量である。コントロールされるべき契約規定が契約当事者間の公正な（fair）利益調整から契約の相手方の不利益に（著しく）逸脱しているかが問題である。当該の条項が法律の理想（Leitbild）から大きく逸脱するほど，その分当該条項の正当化への諸要件（要求）は高くなる。駆逐された法律規定の正当性の実質が強いほど，利用者の利益も重大でなければならない（Kluge, a.a.O.(61), S.153）。

(1) 適応利益と給付利益

第一に，適応の「可否」に関連する諸利益が比較されるべきである。使用者の適応利益は被用者の給付利益に対峙される（Kluge, a.a.O.(61), S.154）。

＜適応（合）利益＞

使用者は労働関係の内容（特に報酬）を時間経過の中で場合によっては変化する諸事情に適応（合）させうる利益を有する（Kluge, a.a.O(61), S.113）。この使用者の適応利益は労働関係の継続的債務関係としての性格から生ずる。すなわ

---

[70] BGH vom 19.12. 2007, NJW-RR-2008, S.818 ; BGH vom 15.04. 2010. NJW. 2010, S.2942.

ち，いかなる契約当事者も原則として債務関係を解約しかつ変更された条件で同一物の継続を契約の相手方に提案する可能性を有する（Kluge, a.a.O.(61), S.121）。

撤回の理由は軽い順に，(1)利益の増大から，(2)否定的経済結果（損失の計上）を経て，(3)経済的困窮状態へと分類される（Kluge, a.a.O.(61), S.124～125）。

＜給付利益＞

約された給付を削減されずに（ungeschmälert）受け取るという約款利用者の契約の相手方の利益（給付利益）は，契約忠実（Vertragstreue）の原則（pacta sunt servanda）を通じて法秩序によって特別に保護される。契約忠実の原則にはより高い正当性の内容が割り当てられるべきである（Kluge, a.a.O.(61), S.129）。したがって，債務法を支配するこの契約忠実原則の重要性ゆえに，契約の特別解約告知または行為基礎の喪失の視点に基づく契約適応により，BGHがこの原則からの逸脱を許容するのは，極めて厳しい条件に基づくものであって，しかももしそうしなければ甘受し難い，法と正義に合致し難い結果が回避しえない場合に限定される[71]。

この契約拘束（Vertragsbindung）は被用者にとってはまさに特別の意義を有する。被用者はその生計（費）を支弁するために，通常報酬に依存しているのであり，かつその労働力を直ちに別様に利用することもできないからである（Kluge, a.a.O.(61), S.130）。

継続支給に対する被用者の利益の重要度にとって重要なのは撤回される報酬構成要素の種類である。(1)狭義及び広義の労働報酬（双務契約的な給付関係か否か）（Kluge, a.a.O.(61), S.131）(2)継続的な（laufend）労働報酬と特別支給（Kluge, a.a.O.(61), S.132）および，(3)通常の（üblich）報酬と付加的報酬要素（Kluge, a.a.O.(61), S.134）によって，保護価値は区分される。

適応利益と給付利益のどちらが優越するかは，「撤回の理由」と撤回された「報酬の構成要素の種類」に依存する。というのは，使用者の適応利益の重要度は撤回理由の重要度によって決定的に規定される。また，被用者の給付利益の重要度は撤回された報酬の構成要素の種類によって影響されるからである。

---

(71) BGH vom 25.05.1977, BGHE.69, S.171 ; BGH vom 25.11.2004, NJW-RR-2005, S.687, S.689 ; BGH vom 20.03.1967, DB, 1967, S.858.

例えば，「継続的給付」にあっては一度限りの「特別支給」におけるよりも（重要度は）高い。契約締結段階において存在する諸事情の事後の変更がある場合にのみ保護に値する使用者の適応利益が存在するのに反して，被用者の給付利益には最初から顕著な重要度が割り当てられる。したがって，契約変更に対する十分に重要な理由が存在しない限り，給付利益が優越する。これに対して十分に重要な理由が存在する場合には，適応利益が優越する（Kluge, a.a.O.(61), S.155）。

(a) 撤回の理由が「利益増大」（Steigerung des Gewinns）である場合，それは利益衡量の枠内ではなんら特別の重要性を有しない（Kluge, a.a.O.(61), S.156）。

(b) 撤回理由が「経済的困窮状態」である場合は通常使用者の適応利益が被用者の給付利益に優越する。撤回される報酬要素の継続支給により職場が喪失することになる場合には，とくにそうである。被用者の給付利益は通例その職場維持の利益の背後に完全に後退する（Kluge, a.a.O.(61), S.165）。

(c) 撤回理由が否定的な経済の結果の場合

使用者が損失を出す場合，被用者の職場を恒常的に危殆ならしめる危険がある。継続的な職場確保への利益は一定の報酬構成要素の確保への被用者の利益を引き下げる。したがって使用者が損失（赤字）を出すことが撤回理由である場合には，被用者の給付利益に対する使用者の適応利益の優越が想定されうる（Kluge, a.a.O.(61), S.157）。

しかし，クルーゲは，労働報酬については，継続的労働報酬と特別（支）給との間を区別する。継続的労働報酬（Laufendes Arbeitsentgelt）の場合には，否定的な経済結果が撤回の理由足りうるのは，それがこの報酬構成要素の継続供与に対する被用者の利益より優位する場合に限られる。クルーゲは，撤回される報酬が継続的報酬（の一部）であればこれは否定される，とする。継続的報酬の継続受給に対する強力な法的保護の存在と否定的経済結果の回避への利益のその不存在が大きな理由となる（Kluge, a.a.O.(61), S.158）。

これに対し，ジンガーは，BGH及びBAGの判例[72]から，客観理由の存在をもって十分との見解を主張する。ここで問題となっている変更留保では，原

---

(72) BGH vom 7. 2. 2004, NJW 2004, S.1588; BAG vom 12.01.2005, NZA2005, S.465.

則として当事者の利益は同価値である。被用者の存続保護の利益には使用者の柔軟性利益が対応する。客観的事態および法律状態が使用者の不利に変化した場合には使用者の柔軟性利益は承認を得られる。このことは，契約適応の正当化を常に客観的理由の存在に依拠せしめる連邦労働裁判所の方針を支持するものである，とする[73]。

これに対し，クルーゲは，ジンガーやBAGによって提示された「何らかの客観的理由があれば撤回理由として十分である」（撤回理由に対するあまり厳格でない要件）については，少なくとも継続的労働報酬については正当化されないとする。撤回権が契約上合意されていたことや被用者が撤回の可能性を知っており撤回に対応する可能性も知っていることをもって，撤回理由の要件を緩和することはできない（Kluge, a.a.O.(61), S.159）。そこでは，撤回の留保による労働条件の変更と変更解約告知によるそれとの比較が問題となる（後述）。

なお，特別(支)給では，撤回の理由としての，給付利益に対する適応利益の優越は原則として否定的経済的結果で十分である（Kluge, a.a.O.(61), S.165）。

(2) 適応利益と等価利益

使用者の適応利益が被用者の給付利益に対し優先する場合には，次にそれは契約締結段階において存在した給付と反対給付の関係の維持に対する被用者の利益（等価利益）に対峙せしめられる。撤回権行使に当たり使用者の報酬義務のみが縮減する一方で，被用者の労働義務は変わらない範囲で継続する，しかも労働給付の価値は変更することもない。そこには等価関係の変位が生ずる（Kluge, a.a.O.(61), S.166）。

＜等価利益＞

・等価利益は狭義の労働報酬に限定して認められる

当該の報酬要素が被用者の労働給付と双務関係にある場合（狭義の労働報酬），等価利益は利益衡量の枠内において（重要な）役割を果たす。撤回により形成される報酬要素が広義の労働報酬である場合，撤回される給付（報酬）が被用者の労働給付に対する反対給付ではないので，給付と反対給付の関係の崩壊は問題とならない（Kluge, a.a.O.(61), S.140）。

・等価利益は法律により保護される

---

(73) Singer, a.a.O.(66), S.367.

クルーゲは，BGB441条（代金減額）3項との関係におけるBGB326条1項1文（債務者が給付義務を負わない場合における反対給付請求権の消滅）の規定に契約締結時に存在した給付と反対給付の関係の保護が表現されているとして，法律の評価に従えば，何らかの障害により一方当事者の給付義務が削減されるならば，相応の関係における反対給付もまた縮減される。契約当事者のこのように保護された等価利益にも，特別の重要度が割り当てられるべきである，としている（Kluge, a.a.O.(61), S.141）。このような法秩序による特別の保護に基づき，等価関係維持への利益は従ってその変更への利益に優越する（Kluge, a.a.O.(61), S.168）。このような場合民事判例に従えば，被用者の等価利益の完全な不考慮がその撤回留保の不相当性を支持する（Kluge, a.a.O.(61), S.169）。しかしながら，労働法においては両契約当事者は最終的には使用者の企業で生活しているという特殊性が存在する。被用者は一定の報酬構成要素に対する請求権を堅持する，しかしその財政的給付能力の欠如に基づきその職場を失うことになる場合には，その被用者は救われない。それ故に具体的に存在する撤回理由如何により差別化された考察が求められる（Kluge, a.a.O.(61), S.169）。

　・撤回理由：「否定的経済結果」「単に」赤字を出しただけでは使用者の適応利益は，被用者の等価利益に優先するほど高くはない（Kluge, a.a.O.(61), S.170）。

　・撤回理由：「経済的困窮状態」撤回理由の本質が使用者の経済的困窮状態の場合には使用者の適応利益は高い重要度を有する。他方，被用者の職場維持利益が契約締結段階において存在した給付と反対給付との関係存置への利益に優先する場合には，被用者の等価利益は少ない重要度またはむしろ後退しなければならない。給付と反対給付の関係の変更なしには，被用者の職場の実存が直接的に危機にさらされる場合に，そのことが特にあてはまる（Kluge, a.a.O.(61), S.170）。

　経済的困窮状態の事例では撤回の留保は双務契約上の給付（狭義の労働報酬）に関しても考慮される。これを正当化する経済的困窮状態とは，例えば，事業所が連続的に赤字をだしかつこの状況の変更が見込めない（予測しえない）場合である。また，企業が支払能力の危機に陥っている場合も認められる。これらでは適応利益が優先する。しかし経済的困窮状態は解雇保護法1条2項1文の意味における「差し迫った事業所の必要」の諸条件を満たすことまでを要求しない。言い換えれば，事業所閉鎖（休業）または従業員団の縮小が人事

コストの削減によってのみ阻止しうること(後述の報酬引き下げのための変更解約告知の要件)までは要求されない(Kluge, a.a.O.(61), S.171)。

(3) 労働条件変更手段としての撤回の留保と変更解約告知

(a) 賃金削減の撤回留保における使用者の給付利益は,他の方法による契約変更の可能性が少ない方が,大きくなる。具体的には,変更契約と変更解約告知(解雇保護法2条1項1文)である。最初に,解雇保護法適用可能性のある場合には,報酬削減のための変更解約告知の成功の見込みは極めて低いことに留意すべきである(Kluge, a.a.O.(61), S.126)。

変更解約告知は労働関係の解約(告知)と変更した労働条件でのその継続の二つの要素から成立する。社会的正当性=その有効性の審査対象は,BAG並びに支配的学説によれば労働条件の変更(変更説)である(Kluge, a.a.O.(61), S.33)。当該の変更が社会的に正当化される限り,変更解約告知の手段による労働条件変更の権能を使用者に与える(Kluge, a.a.O.(61), S.34)。BAG並びに支配的見解によれば,その変更の提案が解雇保護法1条2項1文の意味の「差し迫った経営上の必要性」に基づいている,すなわち労働条件の変更が不可避であって,かつ衡平にみて被用者が受諾せざるを得ないような変更のみを使用者が提案する場合に,経営上の理由による変更解約告知は社会的に正当化される(Kluge, a.a.O.(61), S.35)。したがって賃金引き下げのための変更解約告知では,先ず,使用者の当該報酬構成要素の支払い義務を削除しての労働関係継続の提案が「差し迫った経営上の必要性」に基づいていなければならない。それが肯定されるのは,使用者がある企業者決定を通じて,もはや従来の契約条件で被用者を継続雇用する必要を喪失してしまう場合である(Kluge, a.a.O.(61), S.35)。それは,事業所の閉鎖(休業)または従業員団の縮小が人事コストの削減によれば阻止されうる場合であって,コスト削減手段としてはもはや変更解約告知以外には存在しない場合だけである。かくてクルーゲは,使用者による変更解約告知を利用した賃金引き下げは,それが終了解約告知を回避するために最終的に唯一与えられた手段であることが求められるとしている(Kluge, a.a.O.(61), S.36)。

次に,変更提案の期待可能性についてはBAGは比例原則を用いて審査する。そのような変更が,変化した雇用の需要に労働契約の内容を適応するために,

的確かつ必要である場合にのみ,期待可能である。かくて事業所閉鎖(休業)または終了解約告知の発出を回避するためには,その賃金の引き下げが的確かつ必要な場合でなければならない(Kluge, a.a.O.(61), S.38)。

(b) 賃金削減のための撤回の留保との関係

① したがって使用者は,解雇保護法が適用される場合には変更契約の締結によって報酬削減を惹起しようとすると,極めて不利な交渉上の地位におかれる。被用者は,労働契約を普通(ordentlich)に解約告知する使用者の可能性がなくなるため,極めて強い交渉地位にある。変更手段としての変更契約が成功を約束することはほとんどない。したがって解雇保護法が労働関係に適用可能な場合には使用者の適応利益は極めて高く評価される(Kluge, a.a.O.(61), S.126)。

② 次に,使用者の適応利益と被用者の給付利益の重要度の判定においても,変更解約告知における解雇保護法上の社会的正当性の要件と撤回に関するBGB307条の不利益取り扱いの相当性の要件の関係が問題となる。

先ず,双務契約関係の給付(狭義の賃金)における柔軟化の許容性(BGB307条の相当性の要件)を経営を1理由とする変更解約告知の解雇保護法1条,2条による社会的正当化の要件に一致させ,他方非双務契約関係的な給付では「客観的で恣意性のない再構成可能な契約形成理由」であればよいとする,プライス[74]およびリンデマン[75]の見解が注目される。

これに対しジンガーは,解雇法は労働契約の一方的変更の許容性のみにかかわり,特定の契約形成の許容性にかかわらないとして,解雇保護法の基準をBGB307条1項の「相当性コントロール」に介在させることを批判する。解雇保護法は有効に成立した契約の「存続保護」を保障するのであって,そのような契約の「有効な成立」に反対する論拠を形成するものではない。もしそのような厳しい基準が措定されるならば,双務契約関係の諸給付で柔軟な契約形成の可能性はゼロになってしまうであろう。そのようなことはだれも望んでいないし法律上も要求されていない,としている[76]。

---

(74) Ulrich Preis, Anrechnung und Widerruf über- und außertariflicher Entgeltevertragsrechtlich betrachtet, in: Festschrift f. Kissel 1994, S.879f., S.910f.
(75) Lindemann, Flexible Gestaltung von Arbeitsbedingungen nach der Schuldrechtsreform, Otto Schmidt, Köln. 2003, S.198.
(76) Singer, a.a.O(66), S.365.

第1章　労働契約・就業規則論の再生を目指して

　これについてクルーゲは，継続的報酬と特別報酬を区分して前者には変更解約告知と同レベルの，そして後者にはより弱い要件が妥当するとして，プライスの見解に近い。したがって，変更解約告知の正当性要件をクリアーしない経済的損失で撤回理由としては常に十分であるとするジンガーの見解を批判する。その理由とするところは，①両者の変更手段としての性格の相違である。変更解約告知は真の一方的変更手段ではなく，使用者の提案を被用者が受諾すること（合意）によってのみ成立するのである。撤回の留保では，変更自体は撤回の意思表示＝一方的行為によって成立するのであってただ被用者が事前に同意を与えていたにすぎない。②契約原則（BGB311条）との関係では，撤回の留保はこれに抵触するが，変更解約告知はこれを尊重する。撤回の留保も事前に同意があるが，撤回の留保の合意と撤回権行使は時間的に相当かけ離れている(Kluge, a.a.O.(61), S.160-162)。

　③　適応利益と等価利益との関係において

　経済的困窮状態は，双務契約的給付に関する撤回をも撤回理由として正当化するものである。それは，例えば，事業所が連続的に赤字をだしかつこの状況の変更が見込めない（予測しえない）場合や，企業が支払能力の危機に陥っている場合には承認されうる。これらの事例では通例適応利益が優越している。そしてここでは，この経済的困窮状態という撤回理由は解雇保護法1条2項1文の意味における「切迫する事業所の必要」の諸前提を満たすことまでは要求されていない。すなわち，そこでは事業所閉鎖（休業）または従業員団体の縮小が人事コストの削減によってのみ阻止しうることまでは要求されない(Kluge, a.a.O.(61), S.171)。その理由とするところは，前記ジンガーの諸説とほぼ同様である。

　④　適応の範囲

　(i)　報酬に対する一定の割合への限定

　BAG並びに支配的学説は「撤回によって形成されうる報酬部分」を総報酬に対する一定の割合に限定する。撤回の留保により適応可能な報酬の範囲は撤回の理由いかんにかかわらず最大で総報酬の30％までに及ぶ，とされる[77]

---

(77)　BAG, Urteil vom12..01.2005, NZA, 2005, S.465., BAG, Urteil vom 11.10.2006, NZA, 2007, S. 87.

(Kluge, a.a.O.(61), S.173)。

　このことは，利益衡量の範囲内において考慮されるべき「比例性原則」から生ずる。ある契約規定によって許容された契約適応の範囲はその規定によって追及される「目的」と相当な関係にある必要がある（Kluge, a.a.O(61), S.174）。また，このような限定は同じく利益衡量の範囲内で考慮されるべき「リスク近接性」の基準からも生ずる。使用者は経済的理由に基づく撤回の留保をもって，全く主としてまたはむしろもっぱら使用者のリスク領域に属するリスクを被用者に転嫁することができる。しかし使用者は自己のリスク領域から生ずる諸リスクをほぼ完全に被用者に転嫁することは許されない（一部のみであればともかく全面的は決して許されない）。したがってこのリスク移転はその範囲に関して限定されねばならない（Kluge, a.a.O.(61), S.174）。

(ⅱ)　「付加給付」に対する限定

　上記のBAG第5小法廷によれば，撤回は協約賃金を下回る事態をもたらしてはならない。いかなる労働協約も規範的には効力を有しない労働関係においてはBGB612条2項の意味における「通常の（üblich）報酬」が最低限度（下限）とみられる（Kluge, a.a.O.(61), S.175）。

　クルーゲは，撤回留保の正当化論拠が「真の」付加的報酬要素に適合するとの見解を支持する（Kluge, a.a.O.(61), S.175）。しかしそれは被用者がこの撤回される報酬要素がなくても労働関係に入る場合に限られる。撤回される報酬要素がなければあまりにも低い報酬であるため，もはや被用者が労働関係に入らないような場合は，撤回の留保による「付加的」報酬要素の維持のメリットは生じない（Kluge, a.a.O.(61), S.175-176）。

(ⅲ)　報酬削減の範囲の限定

　比例原則から生ずる過剰な利益侵害の禁止に基づいて，契約条件は，約款利用者の利益を維持するために要求されるところを超えた高い程度において契約の相手方に負担を課すことがあってはならない。したがって，その種の条項では，実際の諸事情が変化した範囲においてのみ契約内容の適応が許容される（Kluge, a.a.O.(61), S.177）。

第1章　労働契約・就業規則論の再生を目指して

V　日独の若干の比較と契約原則

1　若干の比較

　日本の就業規則は労働条件全体について決定する基準を提供するという意味で，相当規模の労働組合がない限り，中核的意義を有しているのに対し，ドイツの一般的労働条件は労働協約の基準を直接・間接に組み入れて締結される労働契約に追加的に設定されるものが中心となるため，その役割は重要ではあるが中核的ではない。

　ドイツにおける一般的労働条件の事業所協定による交替・代替の議論にはわが国就業規則論に類似する議論があった。秩序原則ないしその否定にもかかわらず維持された交替原則は法規説の主張になろうか。特に秩序原則では，労基法のような法規に関係しないため，純粋に法規説の論理が貫徹している。これに対し70年判決は不利益変更の単純な貫徹ではなく衡平性コントロールを受ける点で若干変更している。わが国の秋北バス大法廷判決の行ったこともこの70年判決に近かったのではないかと思える。

　ドイツの場合，労働条件の集団的決定の要請は一般的労働条件については，事業所協定による交替が可能な範囲では常に問題となるが，そのいわゆる約款規制の段階では全く個別的労働条件の問題として処理さている。したがって事業所協定による変更措置が可能な種類の労働条件はBAGの第一小法廷が取り扱う企業年金のような従業員全員に適用されるべき給付に限定されるのではないか。その場合大法廷の集団的有利性比較では使用者としてコストダウンを意図するのが通例であるのであまり魅力的ではなく，むしろ契約を通して事業所協定による処理の一般化が図られる，という形になっている。

　日本の場合当初判例によりいわば例外として容認された就業規則による労働条件の変更(権)が法定化されることによってその法的基盤が強化される一方，その位置づけがかえって複雑化している面もある。ドイツでも従来適用除外されていた約款法理が労働契約にも適用されるに至り，理論的には大きな変化をもたらしているが，しかしその内容ないしレベルに関してはさほど変化がないとの指摘もある[78]。

---

(78)　Picker, a.a.O.(38), S.34.

〔小俣勝治〕　　　　　　　　　　　　　7 労働条件の不利益変更の法的枠組み

　ドイツの場合，利益衡量に当たり労使双方の欲求を利益（使用者側＝適応利益，効率的・合理的な実施利益，労働者側＝給付利益，等価利益，終了利益等）として表現し，その判定基準（リスク近接性，比例原則等），比較考量の基準（撤回理由の種類，賃金要素の種類等）という枠組みが一応みられる。（ただし，本稿で引用した文献がそのような試みをした面もあるので，判例等で一般化しているとは必ずしも言えないが）日本では，変更の必要性と受ける不利益の内容・程度など直接的な利害関係が出てくるため，相互の比較ないしその基準の設定というのが難しい。他方で，日本では代償措置などの不利益性の緩和措置の有無や組合との交渉・その支持などの諸要素を関与させているのが特徴的である。

2　個別合意による労働条件の変更と就業規則

　秋北バス事件最高裁判決からは直接引き出すことのできない労契法の規定として，8条が挙げられる。さらに「就業規則の内容と異なる労働条件を合意していた部分」（7条但書）及び「就業規則の変更によっては変更されない労働条件として合意していた部分」（10条但書）も同様である。そうすると「就業規則による」のではない「個別自治に委ねられるべき」労働条件（10条但書）は，労働者の個別同意を得ない限り変更できない（8条）と解することによって，8条の適用範囲を極めて限定するのが自然のようである[79]（個別合意原則の限定）。

　実際ドイツでは，「契約条件は，契約当事者間で個別に商議（aushandeln）して決められたかぎり，普通取引約款ではない。」（BGB 305条1項3文）また，「個別の契約上の取り決めは，普通取引約款に優先する。」（BGB305b条）との規定がある。これらの規定は明らかに例外規定である。305条1項3文の契約条件が商議されたか否かの検討は約款の存在の確認に資する。もともと約款であったものも商議を経た後はその性格を変更し個別の取り決めになる。これに対しBGB305b条は約款がすでに存在していて，個別協定がこの約款と競合することを前提にしている。それは約款と内容的には同じ規律範囲において抵触する[80]。商議が問題になるのは，支配的見解並びに判例によれば，利用者がまず約款に内包されている「法律上未知の中核的内容」，したがって法律の規

---

(79)　根本到「労働契約による労働条件の決定と変更」西谷敏・根本到編著『労働契約と法』（旬報社，2011年）113頁以下122頁。
(80)　Clemenz, Kreft, Krause, AGB-Arbeitsrecht, Otto Schmidt, Köln, 2013, §305, Rn.44.

第1章　労働契約・就業規則論の再生を目指して

律の本質的内容を変更するかまたは補充する諸規定について「真摯に処分を委ね」かつ契約相手方に「固有の利益の主張のための形成の自由」、「契約条件の内容的形成に影響を与える現実の可能性」を容認する場合にのみである[81]。約款を含む契約の「承諾」と全体としての契約の「拒否」の間の選択のみが残されている場合は、商議ではない[82]。したがって労働契約ないし撤回留保条項への被用者の「同意又は承認」は利益衡量の枠内ではその承諾者の不利益に作用しえない、したがって解雇保護が放棄できないように契約内容［コントロール－筆者］も同意によって効力を失うことはない、と解されている[83]。

わが国との関連では、7条但書及び10条但書は就業規則の存在を前提にしている点でそれらは、BGB305b条に類似した規定と考えられる。しかし就業規則による労働条件決定の「原則」に対する個別合意の「例外」部分（但書）のために8条の個別合意原則がわざわざ導入されたのだろうか、との疑問も生じえよう。一般的には8条は3条1項の労使対等原則・合意原則の理念を労働条件変更に当たって具体化した原則として、さらに9条本文の労使の合意によることなく就業規則による変更に対する一種の禁止規定に繋がっている。ただ、この部分も最高裁の判決では一応の原則の確認程度の意味と思われたが、労契法ではより積極的意味が含まれている、といわれる。すなわち、労契法9条の反対解釈によって、就業規則変更による労働条件の不利益変更についても逆に、「労働者が同意すれば」、労働条件変更は可能であり、合理性審査も必要ないとの見解が主張されている。この場合の労働条件変更の拘束力は当該の合意に根拠を有するからであると説明される（合意基準説）[84]。

---

[81] Clemenz, a.a.O.(80), §305Rn.46.

[82] Däubler, Dorndorf, Bonin, Deinert, AGB-Kontrolle im Arbeitsrecht, Vahlen, 2.Aufl. 2008, §305 Rn.23.

[83] Anne Kraas, Zulässigkeit und Grenzen der arbeitsvertraglichen Entgeltflexibilisierung, Peter Lang, 2012, S.73.

[84] 荒木他・前掲注(13)128頁、なお、この問題について詳細は、荒木尚志「就業規則の不利益変更と労働者の合意」法曹時報64巻9号（2012年）1頁以下、15頁、唐津博「労契法9条の反対解釈・再論」西谷敏先生古稀記念論集上『労働法と現代法の理論』（日本評論社、2013年）369頁以下参照、土田道夫「労働条件の不利益変更と労働者の同意──労働契約法8条・9条の解釈」同著321頁以下など参照。

3 撤回の留保と契約原則を参考に
(1) 契約忠実・契約拘束の原則との不合致

クルーゲは，撤回留保条項がBGB311条1項（旧305条）の契約拘束，同じく311条に規範化されている契約原則から逸脱するか（307条3項）についてはそれぞれ肯定されるが，その本質的基本思想からも逸脱するか（307条2項1号）についてはいずれも否定する。

契約拘束とはまず，契約当事者は一度締結した契約から一方的に免れることはないことを意味する。次に契約拘束は当事者がその契約を一方的に変更することを阻止する[85]。一方的な変更の可能性は契約上合意（約定）されうるとの立場からは，契約上合意された撤回権行使なので，それは否定されるのに対し，この原則からの逸脱は，ある当事者が一方的な表示行為によって契約より生ずべき個々の義務から完全に解放される（範囲で）その契約を一方的に変更できる場合にも存在するとの立場からは，これは肯定される（Kluge, a.a.O.(61), S.87-90, 100）。クルーゲは肯定説に立つが，その逸脱は本質的ではないとする。pacta sunt servanda の原則は継続的債務関係の当事者を契約関係から生ずる権利・義務にいつまでも拘束するものではなく，当事者は原則的に解約告知によって契約への拘束を免れる可能性を有するからである（変更解約告知）。そしてこの変更解約告知は契約拘束の原則に反するものでない。支払い義務の喪失は被用者の同意によって成立するのであるから，と（Kluge, a.a.O.(61), S.107）。

(2) 契約原則との不合致

次に，撤回の留保はBGB311条1項において規定されている契約原則から逸脱するか。BGB311条1項によれば，法律行為による債務関係の創設およびある債務関係の内容の変更のためには何らかの契約を必要とする。クルーゲによれば，撤回留保は，契約内容の変更を変更契約の締結にではなく一方的な変更の表示行為に依存せしめているので，この規定から逸脱する（Kluge, a.a.O.(61), S.101）。しかしやはり本質的ではないとする。撤回の留保がなければ当事者はBGB311条1項に基づき労働契約の内容を変更するためには何らかの契約を締結しなければならない。結論的にはこの二つの法律状態の間には，被用者の視点から見ると，被用者が変更された内容の契約に同意しないと思わ

---

(85) Sudabeh Kamanabrou, Vertragliche Anpassungsklauseln, Beck, 2004, S.46.

第1章　労働契約・就業規則論の再生を目指して

れる場合にのみ重大な相違が存在する。どのみち被用者が変更された契約に同意するのであれば，契約原則からの逸脱が成立しているかどうかはどうでもよいことであろう。契約原則からの逸脱によって発生する被用者の不利益は本質的に，彼がその内容に同意を示すことはないであろうその契約に拘束されることにある。被用者は，固有の解約告知の意思表示によって変更された契約への拘束から解放される可能性を有するであろう（Kluge, a.a.O.(61), S.109）。すなわち，使用者の撤回権が行使されると被用者は，例えば，より高額の賃金を受け取れる別の労働関係を締結する可能性があるので，報酬削減が到来するその時点で労働関係を終了する正当化された利益を有する（Kluge, a.a.O.(61), S.181）。

契約拘束も契約原則も私法の大原則であり，必ずしも法文上明確でなくともその前提として認められるものである[86]。まず，契約拘束（契約忠実）との関係では，ドイツでも労働契約の継続的債務関係の特徴から解約の自由・変更の自由が保障されているが，変更解約告知による労働条件変更の要件（ハードル）はかなり高いので，使用者の解約の自由の範囲は限定される。しかしその枠内では，労働条件の一方的変更（削減）が可能となることを違法視できない，ということであろう。わが国でも，就業規則による変更［権］を認める根拠として契約説の貫徹の困難さ（解雇自由の否定）が挙げられていた。確かに継続契約関係において解約の自由が相当範囲制約されているとなると，一方的変更の余地を認めなければ使用者の行動範囲は相当狭められる。

他方，（債務関係の内容の変更のためには，関係当事者間の契約を必要とするとの）契約原則に関するBGB311条1項に相当する規定はわが民法には見られないが，基本的には同じことが妥当すると思われる。同条の「債務関係の内容の変更」は労契法8条・9条の「労働契約の内容である労働条件」の変更と同義と解されるので，民法上の基本原則を改めてここに規定することになったわけである。その趣旨は当然の原則の確認というより以上の意味がありそうである。9条但書の制度上の例外性を際立たせる役割を果たしているのではないか。民法典の中に組み込まれたとはいえ約款による契約を出発点としてその規制を内容とするドイツの約款規制法と，就業規則による契約成立を出発点とするわけにはいかないわが国の労働契約法との，奇妙なコントラストが見て取れる。こ

---

[86]　山下他・前掲注(22)30頁。

の点は，秋北バス事件最高裁判決の冒頭の部分をどのように位置づけるかにもかかわる。労働条件の統一的・画一的決定の要請から労働協約や就業規則による統一的基準が設定されて，その基準をもとに個別契約が形成されるとの実情認識の意義である。

　ところで，契約原則（変更契約の締結）からの逸脱（一方的変更）も前記クルーゲの見解によれば，どのみち労働者が同意すると予想される契約であればその逸脱は重大とはいえず，労働者が反対することが予測（確実視）される契約内容となる段階で問題になるとしている。ドイツでは協約基準に基づく賃金部分までは給付と反対給付の関係（中核的契約部分）になるとして，撤回などによるその部分への浸食は解雇保護回避となって違法と解される。しかし，そこに至る直前までは不利益な一方的変更もまったく不可能ではない。

　前記クルーゲの見解では実際上労働者側にとって解約可能性（転職可能性）が高まると同時に，重大な逸脱と評価されるようである。この点わが国の場合，企業外からの基準の設定は法律を除くとほとんどないので，企業内の基準のみとなり，しかもその設定は就業規則によることになるので，就業規則による労働条件形成機能はドイツの一般的労働条件よりはるかに広範である。また日本の場合労働者側の解約（転職）可能性は，従来ほどではなくとも正規社員の多くは，年功型の人事・給与体系のメリットがほとんどなくなる段階までは他社への異動は不利益となるため，相当程度の不利益でもこれを甘受することが考えられる。したがって一方的変更と契約原則との距離は相当に広くなる可能性がある。そうすると合意原則によることは，（変更の必要性と不利益性のバランスを欠いた）合理性欠如の就業規則の合意による正当化を結果することになりかねない。したがってこの範囲の労働条件変更問題は原則的に個別の同意に依拠するのではなく（個別合意原則の限定），集団的・画一的決定の要請と従業員の平等取扱い原則[87]に合致した就業規則による変更法理（合理性基準説）が妥当すると考えるべきではないだろうか。

---

(87)　毛塚勝利「労働契約法における労働条件変更法理の規範構造――契約内容調整協力義務による基礎付けと法理展開の可能性――」近藤昭雄先生退職記念論文集・法学新報119巻（2012年）5・6号489頁以下513頁。

8 戦前わが国における労働関係の法的把握
——雇傭契約と労働契約をめぐる学説の展開——

石 井 保 雄

Ⅰ はじめに
　——本稿の問題関心と課題
Ⅱ 雇用＝労働関係の法的把握への関心萌芽——岡村司の場合
Ⅲ 労働契約と雇傭契約の峻別
　——ドイツ法理の紹介を通して
Ⅳ 実態に基づく労働関係の法的説明の試み
　——末弘厳太郎の場合
Ⅴ 労働関係の社会法的理解
　——菊池勇夫の場合
Ⅵ 結びにかえて——国家総動員法体制のもとでの労働関係の法的議論の変容

Ⅰ　はじめに——本稿の問題関心と課題

　「労働契約」とはいうまでもなく、労働者が使用者に雇われ、その指揮・命令のもとに働き、その対価としての賃金が支払われることを内容とする契約である（労働契約法6条）。しかし同様のことは周知のように、民法623条における「雇用（傭）契約」においても、規定されている。いったい両者の関係について、いかに理解すべきなのであろうか——。今日裁判所は、両者の異同をあえて意識することなく、同義のこととして扱っているようにも思える。一方学説は、このような問題について、従来から熱心に議論してきた。それはとくに契約類型として両者の内容を同じものと理解する「同一説」と、明確に異なるものと理解すべきであるとの「峻別説」との対立として説明されている[1]。そのような対立は今日、まず、労働法規の適用対象者としての「労働者」とはだれかということに関連するであろう。すなわち最近では、周知のように、産

（1）　横井芳弘「雇用契約と労働契約——労働の従属性——」蓼沼謙一・横井芳弘〔編〕『労働法の争点』（有斐閣、1979年）4-7頁および石田眞「労働契約論」籾井常喜〔編〕『戦後労働法学説史』（労働旬報社、1996年）615頁以下参照。

第 1 章　労働契約・就業規則論の再生を目指して

業構造や就労形態の変化のもと，請負（民法 632 条）や委任（同 643 条）など労働契約以外の契約（形式）のもとで役務(サービス)の提供を行う者が増加し，そのような者に，はたして労働法規，とくに各種の保護法規が適用されるのか，またそのような働き方をする者による団体行動には，労組法上の保護が及ぶのかということが重要な課題として提起されている[2]。さらに予定されている債権法改正における「雇用」規定（民法 623 条以下）のあり方いかんということに関連して，両者の関係ないし区別について関心が寄せられている[3]。

わが国の制定法上，初めて「労働契約」という文言が規定されたのは，労働協約の規範的効力に関する 1945 年 12 月制定の旧労働組合法 22 条であり，ついで 1947 年の労働基準法第 2 章「労働契約」である。しかし学説は「労働契約」という文言をすでに戦前から用いていた[4]。（現行）民法典における雇傭に関する立法過程での議論，とくに立法者の理解内容（立法意思）や，請負（同 632 条以下）および（準）委任（同 643 条以下）との関係などについては，すでに貴重な先行研究や業績が見られる[5]。しかし反面，敗戦前の学説にお

---

(2)　日本労働研究雑誌 624 号（2012 年 7 月）は「働き方の多様化と労働者概念」という特集を組んでいる。

(3)　水町勇一郎「民法 623 条」土田道夫〔編〕『債権法改正と労働法』（商事法務，2012 年）2 頁以下を参照。

(4)　中窪裕也「労働契約の意義」土田道夫・山川隆一〔編〕『労働法の争点〔第 4 版〕』（有斐閣，2014 年）36 頁。

(5)　たとえば服藤弘司「明治前期の雇傭法」金沢大学法文学部論集・法経篇 8 号（1960）1 頁以下は，民法典施行（1898〔明治 31〕年）までの時期における，わが国雇傭のあり様を描き，矢野達雄「日本民法典における雇傭規定の成立」(1)(2 未完) 愛媛法学会雑誌 13 巻 1 号（1986 年）115 頁以下，13 巻 2 号（1987 年）207 頁以下は，旧民法における雇傭規定に関わる制定過程を明らかにした。そして鎌田耕一「雇傭・請負・委任と労働契約」横井芳弘ほか〔編〕『市民社会の変容と労働法』（信山社，2005 年）151 頁以下，とくに 159-163 頁は，戦前の民法学説における役務提供型契約類型に関する理解や立法当事者の，請負や委任との関係で「雇傭」契約理解がいかなるものであったのかを検討している。また山野目章夫「広中民法学の労働者像」林信夫・佐藤岩夫〔編〕広中俊雄先生傘寿記念『法の生成と民法の体系』（創文社，2006 年）745-766 頁は，広中俊雄『債権各論講義〔第 6 版〕』（有斐閣，1994 年）249 頁における，労働者の使用者の経営組織への編入をもって労働関係の成立と捉える見解に対し「労働者の人格的独立性ないし主体性を没却」させるとの批判，および民法 246 条に関連して，同『物権法〔第二版増補版〕』（青林書院新社，1987 年）414 頁註 7 における資本制社会では，労働者は他人の「材料」に「工作ヲ加ヘ」る者から排除されているとの，2 つの説明を手掛かりに民法学

ける「労働契約」という文言がいかに理解されていたか，とくに「雇傭契約」との関係はどのように論じられていたのかという問題については，従来ほとんど顧みられて来なかったのではなかろうか[6]。戦後とは異なり，時代的にも，社会的にも制約的な状況にあったにせよ，のちにみるように，そこでは多彩な議論がなされていた。

　わが国労働法学は，前年秋に2年半の欧米留学から帰国した末弘厳太郎（すえひろいずたろう）(1888〜1951) が東京帝国大学法学部で1921（大正10）年秋，卒業単位とは無関係な随意科目として開講したことに始まるとされる[7]。それから，すでに90年を超える時間が経過した。今日，日本の労働法学も少なからぬ学問的蓄積をもつにいたっている。本稿では，憲法上の労働基本権保障も，労働組合法もない時代，いくつかの適用対象も内容も限定的な，個別の労働保護立法しかない時代，労働法に関心を寄せる学説は労働契約をいかに把握し，どのような視点から議論していたのかを明らかにしたい。そのような作業を通じて，労働法学史の空隙をいくらかでも埋めることを試みる。

　　における労働者像について，その規範的意味内容を探索している。さらに山口幹雄「役務提供契約の法的規律に関する一考察」加賀山茂先生還暦記念『市民法の新たな挑戦』（信山社，2013年）461頁以下は，民法典における役務提供契約が財産移転型契約に対する特殊・例外的なものとするのではなく，むしろ反対に法的規律の観点から普遍的な性格を有するものではないかと論じている。ただしこれらの多くは，いずれも共通して，民法学の観点からのアプローチである。

(6)　従来は「戦前の遺産」として，主に末弘厳太郎・後掲「労働契約」と，これと対照させる形で平野義太郎・後掲「労働契約」の2つが取り上げられることが多かった。たとえば，石田眞・前掲注(1)616-618頁，鎌田・前掲注(5)179-180頁および水町・前掲稿10-11頁を参照。これらに対し最近時，発表された石田信平「文献研究労働法学第13回／労働契約論」季刊労働法246号（2014年）212-246頁は，①戦前，②戦後から1950年代，③1960年代から1980年代および④1990年代以降という4つの時期区分にしたがい，労働契約の対象および法的性質をめぐって，100年を超える時間経過のなかで，わが国学説がいかなる議論をしてきたのかを鳥瞰した意欲作である。同稿213-217頁は同前①における議論を紹介し，そこで取り上げられた学説の多くが本稿で考察するものと重複している。しかし，それらに対する理解や評価は自ずと本稿と同じものではないので，併せて参照されたい。

(7)　残念ながら末弘の労働法講義の開講時期を確定することはできないが，関連資料から，このように理解する。詳しくは，拙稿「日本労働法学事始め探索の顛末――末弘厳太郎『労働法制』開講をめぐって――」労働法律旬報1812号（2014年）4-5頁を参照。

第 1 章　労働契約・就業規則論の再生を目指して

Ⅱ　雇用＝労働関係の法的把握への関心萌芽──岡村司の場合

　まず，わが国明治年代末の 41（1908）年，法学論叢の前身たる京都法学会雑誌 3 巻 6, 7, 9, 11 および 12 の各号に 5 回にわたって断続的に連載された岡村司「労働契約」を取り上げる。同稿は未完ではあるが，その法的概念を検討する総論に続いて，就業規則──「工場規則」と表記──や労働協約──おそらくフランス語表現 convention collective の直訳であろう「集合契約」という文言を使用している──にまで言及するものである。同稿は日露戦争（1904〔明治 37〕年 2 月〜1905〔明治 38〕年 9 月）をへて，日本が本格的に近代産業を発展させ，そして帝国主義政策を推し進めていった時代を背景に，法律学の世界で工場に働く人びとの法的把握への関心が芽生えたことを示している。同人（1867〜1922）[8]は帝国大学でフランス法を学び，のちに同国に 3 年間留学し，京都帝大で教壇に立ったが，当時の「家」制度を批判したことから，文部省から譴責処分を受けたことを契機に退官し，弁護士を開業するにいたった。同稿は冒頭で，つぎのようにのべている[9]。それは，孟子とルソー Jean-Jacque Rousseau を敬愛し，その融合した自由主義を信奉したという同人の立場を端的に示すものであるように思われる。

　　「労力者の軽賤せらるゝや久し。上古に在りては奴隷と為りて，牛馬と同視せられ，未だ人格を有せず。中世は隷農と為りて，其の地位人獣の間に在り。近世に至るに及びて，始めて完全なる人格を享受し，他人と対等の地位を占むるに至りしと雖も，尚ほ未だ社会上の勢力として自ら其の地位を向上高進せしむるの境に達せざりしなり。蓋し労心者を貴びて労力者を

---

(8)　同人については，その遺稿集である『巨鹿餘稿』〔非売品〕（弘文堂，1923 年）が基本文献であろうが，熊谷開作「岡村司」潮見俊隆・利谷信義〔編〕『日本の法学者』（日本評論社，1974 年）115-128 頁がわかりすい。そのほかに牧野英一「故岡村司博士を憶ひて」法学志林 24 巻 11 号（1922 年）122-126 頁，末川博「巨鹿岡村司先生」法律春秋 1927 年 3 月（同随想全集 9 巻『思い出の人と私のあゆみ』〔栗田出版会，1972 年〕183-186 頁および同「法律学・わが師わが友」法学セミナー 1 号（1956 年）7-9 頁や家永三郎『日本近代憲法思想史研究』（岩波書店，1967 年）182-189 頁も参照。

(9)　ただし岡村の死後に編集・刊行された同『民法と社会主義』（弘文堂，1922 年）145-272 頁に収録（原型論考の漢字・カタ仮名まじりの文章が漢字・平仮名文に改められている。本稿では同前書を利用する）145 頁。

賤むは，東西古今の同じく然る所にして，……要するに労心者は命令し，労力者は服従し，自然に上下尊卑の勢を成せしに因るべし」。

　岡村は人間の労働を肉体（「労力」）・精神（「労心」）の2つに類型化し，主に前者に従事する「労働者」が「雇主」と締結する契約を念頭に置きながら「労働契約」を理解し，その法的概念を明らかにしようと試みた。その際，日本の現行民法典中の該当規定（623条以下）――「ドイツ民法の精細なるに似ずして，寧ろ瑞西債権法の簡単なるに近し」と評価[10]――を，労働契約に関する規定としては不十分で，参考にならないとして，フランス労働契約法案（当時）とベルギー法制を主に参考にして，論じている[11]。ただし「労働契約」を定義するに際し，岡村は「役務の賃貸借 louage d'ouvrage」と捉えるフランス民法典（1804）1710条を，「賃貸借と別ちて，物の賃貸借及労働の賃貸借と為すことは，羅馬法の旧套に従ふと云うの外，何等必要の理由非ずして，物と労働とを対比するは頗る不倫の嫌あり」とした[12]。つぎにベルギー労働契約法（1900年3月10日）第1条について，つぎのように紹介する。

　「本法は職工が業主即ち主人の権威，指揮，監視の下に，或は労働の時間に依り，或は製作品の分量，性質，若くは価格に依り，或は当事者間に協定せられたる総ての他の基礎に依りて，算出せられたる報酬を受けて，労働する義務を負ふところの契約を支配す」。

　そして岡村はこれを，つぎのように要約する。すなわち(イ)提供されるべき「労働」を工場労働者（「職工」）のそれのみに限定し，それ以外の「使用人」たる郵便配達夫，電車の車掌，商店に勤務する者などを除外し，(ロ)契約当事者の一方を「職工」とすることにより「徒弟僕婢を排除」している。また(ハ)使用者の指揮命令下での労働を工場・店舗でのそれに限定して，同じく使用者の監視下にあっても，今日いうところの在宅勤務に相当する「独立の職工自宅職工を排除」している。ここでは戦後わが国で重視される，従属労働，すなわち使用者の指揮命令下での労働については，着目してはいないように思われる。そして岡村は第三の参考例として，フランス労働契約法案第1条をあげる。

　「労働契約とは，或る人が他人の為めに労働するの義務を負ひ，他人が之

---

(10)　同前論文 156-157 頁。
(11)　同前論文 157 頁。
(12)　同前論文 169 頁。

第1章　労働契約・就業規則論の再生を目指して

に，或は労働の時間に依り，或は製作品の性質，若くは分量に依り，或は使用者及被用者間に協定せられたる総ての他の基礎に依りて，算出せられたる賃金を支払ふの義務を負ふ所の契約を謂ふ。」

「一人若くは数人の定まりたる使用者に対するに非ずして，公衆に対して，其の労働を提供する人の為したる契約は，本章の規定に従はず」。

同条（法案）について，岡村は次のように解説している[13]。まず労働の性質については，ドイツ民法611条2項と同じく制限していない。したがって，それには医師や弁護士等による「智力的労働」も，俳優，彫刻家，音楽家の「技芸的労働」も，職工，僕婢，徒弟，車夫，按摩や芸妓等の「手腕的労働」についても区別なく，広く契約の対象となる。つぎに当事者の一方を「使用者」と呼び，他方を「被用者」とよび，当事者のあいだに「尊卑上下の差等を滅却」している。第3に，時間のみを賃金算定の基礎とはしていない。雇傭契約と請負契約とを前者が時間に対して賃金を与え，後者が労働の結果に対して報酬を与える点で異なるとするのは，「機械的にして，実際の事情に適せざるものあり」とする。第4に，本条第2項は労働契約と請負契約の区別について，労働者と報酬の支払い者とのあいだの関係が「或る仕事の完成と共に全く終了するとき」は請負とし，「其の間に多少の永続的の関係」ある場合は労働契約であるとの区別の基準を示しているとして，肯定的に評価する。第5に労働者が材料を供出するときも，労働契約と理解することが可能であることを積極的評価している。こうして結論的に，岡村は第一のフランス民法典は「広汎に過ぎ」，第二の例（ベルギー法制）は「狭隘に失する」がゆえに，第三の例（フランス労働契約法案）を適当とする[14]。

このような労働契約概念に関する理解に基づいて岡村は，双務・有償・諾成契約である労働契約と類似・関連する契約類型との「差異」について，つぎのようにのべている。すなわち，まず「雇傭契約」との関係について，フランス労働契約法案を支持する岡村にとって，「労働契約と雇傭契約とは相対立すべきものに非ずして，其の一方が他方に代はるべきものなり」として，両者を同視する。ついで請負とは，(イ)当事者が「労働其のものを主眼と為した」（＝労

---

(13)　同前論文178-184頁。
(14)　同前論文185頁。

働契約）か「労働の結果に重き」を置いた（＝請負）か，㈠一定期間中，使用者の命令により「或る種類の有らゆる労働に従事」する（労働契約）か，「初めから確定せる一個若くは数個の仕事を完成する」義務を負っている（請負）か，㈢使用者とのあいだに「多少永続的の関係を存する」（労働契約）か，不特定の者とのあいだに「其の労働を提供し一時的注文を受くる」（請負）かにより，区別されるとする。そしてドイツなどとは異なり，有償委任を承認する法制のもとでは，有償・無償をもって両者を区別できず，契約目的が法律行為か事実行為かの違いも採用できず，仲買契約が示すように代理権限の有無をもって区別することもできない[15]。そして委任が医師や弁護士等の「智力的労働」を目的とし，労働契約が職工，僕婢等の「下等なる手腕的労働」を目的とするとの，今日の民法学における通説的理解に通じる区別も「法律論としては半文銭の価値なし」とする。しかしにもかかわらず，岡村は「世俗的見解に於ては尚ほ此の如き区別を認むの必要なきに非ず」として，結論的には「其の目的とする労働の性質の高下を案じて之を決するのほかなかるべし」としている。以上要するに，岡村の場合，まず労働契約と雇傭契約とを，知的か身体的か技芸的かを区別することなく，同一の契約類型と捉えている。つぎに請負や委任との違いについては，相手方に提供する労務内容が契約上特定されているのか否か，また結果が契約目的か否かをもって重視している[16]。

　ここでは，労働者が使用者の指揮命令――従属関係理解に，雇傭と労働契約とを区別を見出していないことに留意したい。そして，このような発想は戦前・戦中の，これ以後に他に例を見ないものであった。その背後には，近代市民法の「自由制度は，政治上の平等を贏得して，反りて経済上の不平等を招致せり」[17]との認識のもと，「人類に種類保存の為めに団結するの性質あるが故に，社会連帯の関係を生ず。社会連帯の関係あるが故に，生存発達を遂ぐることを得。社会の生存発達は社会の公益にして，社会の衰頽死滅は社会の公益に非ず。」[18]という同人特有の考え方がある。岡村は以後，これを踏まえて，

---

(15)　同前論文187-194頁。
(16)　このような理解は，鎌田・前掲論文157頁以下が紹介する戦前の民法学説における理解と同じものであったといってよかろう。
(17)　岡村・前掲注(9)161頁。
(18)　同前論文166頁。

就業規則そして労働協約を論じている。そこでは，民法上の雇傭契約・労働契約を使用者に有利にして，労働者に不利となると捉えている。

III　労働契約と雇傭契約の峻別——ドイツ法理の紹介を通して

　大正年代に入り，ロシア革命干渉のためのシベリア出兵（1918〔大正7〕年～1922〔大正11〕年）とその敗北，1918（大正7）年夏，1月半にわたり全国各地で続発した米騒動などの社会不安の増大を背景に，普通選挙権獲得運動を中心とした「大正デモクラシー」は新たな段階に入った。第一次世界大戦（1914年7月～1918年11月）後の国際連盟の成立やILO（国際労働機関）の設立などを背景に，わが国でも労働組合が相次いで結成され，1919（大正8）年3月10日，友愛会の臨時総集会は労働者の四大権利として，生存権・団結権・同盟罷業権・参政権を掲げ，併せて治安警察法の改正を求めて普選運動に乗り出した[19]。このような社会風潮のなか，労働法への関心も高まり，先にのべたように1921（大正10）年秋，末弘厳太郎が東京帝大で講義を開始した。これが，わが国労働法学の解纜(かいらん)であった。しかしそれは，いまだまとまった法学体系はないと，教授会で指摘されて「労働法制」との名称とせざるをえなかった[20]。このことに端的に示されているように，当時，独立した学問体系としての労働法学をいかに構築していくのかは，これに関心を寄せる者にとって，喫緊の課題でもあったのではないだろうか。それは具体的には，いかに労働契約を捉えるべきか，また民法上の雇傭契約とどのように区別できるのかが論じられた。ただし，そのような議論をなすにあたっては，広く「労働に関する債権契約」である請負（日本民法632条以下）や委任（同643条以下）との関係やそれらとの区別への配慮があったことは，いうまでもない[21]。つぎに，そこで特徴的

---

(19)　松尾尊兊『大正デモクラシー』（岩波書店，1974年）177-178頁。なお大正年代の労働運動を活写する大河内一男・松尾洋『日本労働組合物語　大正』（筑摩書房，1965年）は大正年代の労働運動を，大逆事件（1910〔明治43〕年）後の「冬の時代」，1912（大正元）年8月1日，鈴木文治ら15名による友愛会創立の集会を描写することから始まっている。

(20)　末弘厳太郎『労働法のはなし』（一洋社，1947年）2頁。

(21)　本文で紹介するもののほかには，たとえば小池隆一「雇傭契約に関する二三の考察」法学研究（慶応義塾大学）2巻1号（1923年）103-125頁および同「労働契約の性質」同2巻2号(同)55-77頁がある。

なことは，岡村とは異なり，労働契約を雇傭契約とは概念上，明確に区別すべきであるとの主張が共通してなされていたことである。また岡村が主にフランス語圏の法制を参照したのに対し，大正年代から昭和初期における議論はその概念形成にあたり，いまだ労働法学の体系的理解の十分ではなかった日本法ではなく——たとえ該当条文の引用があっても——，むしろ先行するワイマール・ドイツの議論に依拠して，これを紹介することを通じて，労働契約の意義を理解せんとした。

1　端　緒——平野義太郎の「労働契約」理解

　1921（大正 10）年 3 月に東京帝大法学部を卒業するとともに同助手（民法研究室）となり，1923（大正 12）年 4 月，同助教授となった平野義太郎（1897〜1980）[22]が 1922（大正 11）年末から翌 1923（大正 12）年初めにかけて 4 回にわたって法学協会雑誌に連載（40 巻 11 号，同 12 号，41 巻 1 号，同 2 号）した「労働契約論」——同人の「助手論文」であろうか——の第 1 節「労働契約の本質」において，雇傭契約から出現したものながらも，これとは別個のものとして，労働契約を位置付けている。それは 19 世紀末から 20 世紀初めにかけてのドイツにおける民法典制定の過程およびその後の雇傭の法的把握についての議論を踏まえたものであった。すなわち平野は上記論考に前後して一方では「ギールケを憶ひて」との副題をもつ論考（『我が民法上の諸問題』）の最終稿（〔7〕第三章第三節「雇傭契約に就て」法学志林 24 巻 10 号〔1922〕23〔1041〕頁以下）で，雇用を物の賃貸借 locatio conduction rei から類推された「労務賃貸借」locatio coductio operarum と捉えたローマ法的把握に対して，ドイツ法の起源はゲルマン法上の「忠勤契約 Treudiensvertrag」にあるとしたギールケ Otto von Gierke の主張[23]や，ドイツ労働法典法案に対するアントン・メンガー Anton Menger による，近代社会の経済学的分析と把握を踏まえた議論を紹介してい

---

[22]　毀誉褒貶相半ばする平野の学問的経歴のなかで，労働法学に関する業績は，同人にとって最初期のものであった。同人の経歴については，『平野義太郎：人と学問』（大月書店，1981 年）巻末 311 頁以下の同人「略年譜」を参照。

[23]　ギールケの雇傭契約理解については周知のように，すでに末川博「雇傭契約発展の史的考察（ギールケ『雇傭契約の起源』に就て）」法学論叢 5 巻 5 号（1921 年）72 頁以下（同『民法に於ける特殊問題の研究』〔弘文堂，1925 年〕462 頁以下）でとりあげられていた。

第1章　労働契約・就業規則論の再生を目指して

た。また雇傭の継続的債権契約としての側面についても「継続的債権契約の特質と賃貸借及び雇傭」(1)-(4)法学志林 25 巻 1, 2, 3 および 4 の各号（1923）に連載した論考で検討していた[24]。すなわち民法学の研究を本格的に開始していた当時の平野にとって，雇傭契約と労働契約との関係，とくにその異同を法的にいかに把握するかは，その主要なる関心事であった。平野によれば，「労働契約は産業革命後の発生した労働組織の特異な形態である」[25]という。このことを平野は，つぎのように説明する。すなわち労務の供給それ自体を契約内容とする「雇傭」は近代社会以前にも存在した。たとえば大工・左官が雇われて建築や塗装という「仕事の完成」を目的とせずに，単に労働それ自体の提供を行なうとき，それは請負ではなく，雇傭である。そこでは，厳しい親方の監督のもとにあり，またギルドの規制に服さなければならなかったとしても，「仕事は自らの特殊な技能を働かすだけの楽しみがあり，親方の温情もあればギルドの規則にも共済互助の規定が設けられていた」。ところが近代工場制のもとでは，労働者は「工場の喧騒な音響を耳にしながら無味乾燥な機械的仕事を為さねばならなかったのみならず，……資本的大企業といふ組織の中に織り込まれ，支配的統制団体の全体（Ganze）に嵌入（einfügen）せしめられ，其の一員として自己を発見しなければならなかった」[26]。こうして労働者は「労務の提供をなして報酬を受けるとともに，使用者とのあいだに身分的統一（Pesoneneinheit）〔ママ〕を作り成し，其の一員としてそれに隷属服従する従関係が成立した」[27]とする。すなわちこのような近代的工場労働に従事する者らの工場主との関係を規律するもの，それが労働契約であると捉えている。こうして平野にいわせれば，「労働契約は支配的権力組織に統制せられた全体の中に，嵌入組織たてられた労働の給付を目的とする契約で〔あり〕，此の点で雇傭と区別せられ，又請負と差異を設けられなくてはならぬ」[28]。それは雇傭や請負と

---

[24]　いずれの論考も同『民法に於けるローマ思想とゲルマン思想』（有斐閣，1924 年）229-271 頁および 311-426 頁に収録されている。

[25]　平野・前掲「労働契約論」(1)65 頁。なお戦後，浅井清信「平野義太郎先生の労働法学」労働法律旬報 988 号（1980 年）56-59 頁は，このような平野の発想を高く評価している。

[26]　同前論文 73-74 頁。

[27]　同前論文 74 頁。

[28]　同前論文 75 頁。

は異なり，労務提供と報酬の受領という債権関係を発生させるだけにとどまらず，労働者は〔工場組織という〕支配的統制団体に対して，その構成員となるという身分法的関係（personenrechtliches V.）を成立させる。そしてこのことを平野は「ローマ法の locatio condouctio operum とゲルマン法の身分奉仕（Commedatio, Serbsthingabe）が一体となった形態を採ったものと考へることが出来るのである」とのべていた[29]。すなわち平野は労務の提供と報酬の支払いという，単なる債権関係である雇傭契約とは異なり，使用者に対し身分的支配下の法的関係でもある点に労働契約の特性を見出していた。

しかし本稿発表から約3年後に公刊された「労働契約論序説」（大宅壮一〔編〕『社会問題講座』〔新潮社・1924〕5巻1-28頁および7巻29-46頁に収録）では，さらに議論を変貌させている。すなわちそこでは，労働契約——いうまでもなく「雇傭契約」とは区別されるべきものと理解されている——の特質として，既述のように，雇傭とは異なり，労働者が工場制——特定の場所に集中的に配置され，協業と分業に従事させられる——のもとで，「組織化された労働」に従事させられるということ[30]のほかに，マルクスの『資本論』，とくにその第1巻に示された経済分析とその把握——第3・第4篇の絶対的・相対的価値増殖過程に関する記述——によりながら，つぎのような4点を指摘し，またこれに関連した労働制度や法的問題に言及している[31]。すなわち(1)労働契約は労働者が自ら所有する，その身体から切り離し得ない労働力＝労働能力を「売る契約」である。したがってその間，傭主に人格的に服従することになる。日本民法623条にいう「当事者ノ一方ガ相手方ニ対シテ労務ニ服スル」というのも，このことを示している[32]。つぎに(2)それは通常の財産取引とは異なり，購入

---

(29) 同前所。しかし労務給付義務にとどまらず，労働者の使用者に対する「身分的隷属」は労働がその人格と切り離し得ないことから必然的に生ぜざるをえないことは「雇傭」の場合も同様であることを平野自身，前掲「継続的債権関係」(2)58-59頁でのべており，そのこと自体は労働契約固有の特徴ではないということになろう。

(30) 第4の特徴として，他のそれらとは異なり，原文（40-42頁）では強調の傍点が付されている。平野は同所で，「私的立法者」として労働者を支配する「就業規則」「工場規則」という「工場内の法律的規範」を専制的に立法化されると指摘する。

(31) 平野・前掲「序説」21頁以下。

(32) このような理解は，戦後，雇傭と労働契約について，その契約内容を同じと捉える「同一説」——等しく使用者に対する従属的労働に従事することでは差異はない——の主要論拠を先取りするものだといってよかろう。

した商品の消費ではなく，貨幣の取得＝価値増殖を終局の目的とする「商業資本の所有者たる資本主に労働力を売る契約である」。資本はその実現のために，労働時間の延長や深夜業を実施するが，資本制生産方法の発達するにつれて，幼年工や女工を保護しなければ，そのような制度それ自体存続することができなくなった（工場法の制定）。ただし成年男工に対する対応は「これと趣を一とせず」，長時間労働は継続された。そして(3)それは機械制大工業のもとに，労働者がその労働力を売る制度であるということである。機械──「道具」ではない──の導入・発達は労働者の労働時間を節減するのではなく，増大させ，人の筋力を不必要ならしめた。こうして児童・女性を労働者として雇入れられることから最低年齢法により規制され，また発達した機械装置にともない労働災害が発生し，その予防や被害者への補償責任制度が設けられていったことを指摘する。最後に(4)労働契約は労働者がその労働力＝労働能力を売って，賃金を受け取る契約であるという点に特徴がある。このことを踏まえて平野は，賃金の性質や後払い原則（日本民法624条）[33]，時間給か出来高給かの基本形態や計算方法についてのべている。

このように『法律における階級闘争』（改造社，1925）を世に問うた前年に公刊した論考で，平野は唯物史観の立場に立つことをすでに旗幟鮮明にしていた。

2　ドイツ法に基づく労働契約理解の展開──孫田秀春と津曲蔵之丞の場合

平野における労働契約理解においては，ドイツ法理，とくにジンツハイマー Hugo Sinzheimer の所説に依拠するものであった[34]。そのような傾向は孫田秀春（1886〜1976）と津曲蔵之丞（1900〜1969）の場合，さらに色濃くなっていった。

(1)　孫田秀春の労働契約論

まず孫田秀春は，およそ3年に及ぶドイツ留学から帰国した年（1923〔大正

---

(33)　平野・前掲「労働契約論序説」44頁によれば，通常の取引では，その給付対象は現存し，同時に履行される（日本民法533条）のに対し，労働契約では契約締結時，その給付対象がいまだ存在しないがゆえに，労働力の給付がなされたのちに，その対価としての報酬である賃金が支払われることになるのは，論理必然的なことであるとする。

(34)　平野・前掲「労働契約概論」(一)77頁(註)17-19および21で，Hugo Sinzheimer, Grundzüge des Arbeitsrechts, 1921, S.17. und S. 18. が引用されている。

12〕年5月）の翌年（1924〔大正13〕年）4月，末弘の「労働法制」開講から遅れること2年半，現在の一橋大学の前身たる東京商科大学にて労働法の講義を始めた[35]。同じ年の年末に刊行した『労働法総論』（改造社）のなかで，孫田は「労働法とは『労働関係並に之に附随する一切の関係を規律する法律制度の全体』を指称するの謂である」（同前書〔以下，省略〕39-40頁）として，その意義を次のように分析する。すなわち労働とは㈠労働法上『法律的義務』の履行としてなされるが，それは㈡『契約に基づく』法的義務の履行としてなされるものであり，㈢『有償に』なされるもの（無償労働は労働法の対象ではない）であり，かつ㈣『職として』なされる，換言すれば「生活の資源を得るの目的を以て之を為すことを謂うのである」（40-44頁）。そして最後に労働法上の労働とは㈤『従属的関係』のなかでなされる。孫田によれば，「従属関係とは或者が身分的並に経済的に他の者の意思に服従し其の者の隷属的部分と為るの状態を謂うものである」（44頁）と説明する。それは「労働が自己決定のものでなくして他人決定のものたる場合に存する」（45頁）。要するに「労働法上の労働とは契約上の義務に基き従属的関係に於て職として為さるゝ所の有償的なる労働なる」もの（46頁。点ルビ原文）である。しかし「従属性」の内容としては，一方で「身分的並に経済的」――社会的・経済的関係ということであろうか――なものとしながら，他方で「他人決定」ないし「契約上の義務」によるとしているけれども，両者の関係やその意味内容をどのように理解しているのか，十分には捕捉しがたい。

つぎに労務を提供する「被傭者」（労働者）――自然人に限られる――とこれを受ける「傭者」「傭主（やといぬし）」（使用者）――法人の場合が多い――とのあいだの「労働関係」について，孫田は労働という一種の経済的価値を提供し，これに対する報酬を受け取るという点で「単純な債権関係」であるかのように見えるが，そこには一般債権関係にはない特殊な要素が包含されているとする。すなわち，それは労働者が使用者に提供する労働――孫田は労働「力」とはいわない――が「本来彼等自体とは分つべからざる人的給付」であり，売買（日本民法555条）や贈与（同549条），賃貸借（同601条以下）とは異なるものであるとする。

---

(35) 孫田の労働法学については，拙稿「わが国労働法学の黎明――昭和年代前期における孫田秀春の足跡をたどる――」獨協法学93号（2014年）45-151頁を参照。

第 1 章　労働契約・就業規則論の再生を目指して

また労働が「被傭者の唯一の生活資源であって其の意思の如何に拘わらず傭主との隷属関係に於て器械的に提供せられ，謂はゞ身分其もの丶提供ともなってゐる」点で，一般雇傭関係とは法律上別個の契約類型をなしている（53頁）とする。ただしそこで対比される「一般的雇用関係」とは具体的にいかなるものが想定されているのかの説明はない。このような議論を孫田は，もっぱらドイツ法を前提としながら展開していった。平野は「労働契約の核心とする所は近代労働組織の烙印が刻せられてゐること」である[36]としていた。これに対し孫田の場合，まず平野とは異なり，それぞれが該当すべき労働の内容について，事務労働，肉体労働等の区別をすぜに広義に捉えている。なお孫田は労働関係においては，債権的・経済的要素と身分的要素とのいずれが重視されるべきかとの問題については，後者が重視されるべきであるとする。すなわち「其の身分的方面が飽迄も其の本体であり，これに傭主と被傭者との間に於ける経済関係──労働対報酬の交易関係──が附随しているに過ぎないものと解し度い。随て労働関係は之を債権関係と称するよりは寧ろ身分関係であると謂ふのがより能く其の本質を竭しているやうに思ふ」（56頁）とした。そして労働関係は当事者間の単純な個人関係にとどまらずに，労働分配，労働時間および賃金のあり方など「社会公益」とも関係している点で「社会生活上の公的関係」をも有する（57頁）と指摘している。こうして労働関係について，孫田は「社会法的身分法的な組織関係であると称することを得るであろう」（59頁，圏点省略）とした。

ついで『総論』刊行から約5年後に公刊された『労働法論』巻の二各論上（日本評論社・1929）では，つぎのように論じられていた[37]。労働契約を広く「或者が他の者に対し有償なる労務給付の義務を負う所の各般の契約」ではなく，当時発表されたドイツ労働契約草案を参考にして[38]，狭義に「或者が労働給付の目的を以て有償に他の者に使用せらる丶契約」（原文，傍点省略）をい

---

(36)　平野・前掲「労働契約論」(1)77頁(註)22。
(37)　その間，孫田は労働法に関する複数の概説書を公刊し，労働法および労働契約の意義についてのべている。いずれも，ほぼ同様の内容のものであった。この点については，拙稿・前掲「労働法学の黎明」102-112頁を参照。
(38)　孫田には，すでに1925（大正14）年5月，東京商大一橋学会〔編〕『復興叢書』第4巻に「独逸労働契約法草案の内容及び特色」なる論考を発表している。

うとする（同前書〔以下，省略〕278-279頁）。孫田は，ドイツ民法611条，スイス債務法319条および日本民法623条にいう雇用契約の定義を18世紀に発し，19世紀を通じて行なわれた労働契約関係の法的構成だとする。その特徴として，孫田はつぎのように説明する（287頁）。

> 「労働なるものは物的給付の如く彼本人とは離れて其外部に存在する独立の経済価値ではなくして，其の内部に存し彼とは到底分離することの出来ない人格的価値を構成するものに外ならざるのみならず，……労働の提供は事実に於て其の人格自体の提供となっているから，此点よりすれば労働契約関係は一般雇傭関係とは異り，債権的要素の外に身分的要素を包含する不平等人格者間の人的関係であると謂わなければならぬ。」

このような議論は，孫田の『総論』旧版で論じられていた労働法理念理解のあり方が反映されたものであるように思われる。とくに労働関係を債権関係と「身分的要素を包含する不平等人格者間の人的関係」と捉えているのは，旧版の説を一歩進めたものであるように思われる。つぎに，賃金や労働時間などの労働条件やこれらをめぐる労使の対立・紛争まで，社会公益に密接に関わるがゆえに，「純個人的関係」にとどまることなく「社会関係」としての性格をもつとする（291頁）。こうして孫田は，労働契約が自らの労働をもって唯一の生活資源とする労働者階級のための契約であり，またそれが身分的契約であるがゆえに，財産契約とは異なる「人格保護」の必要性が強調されなければならないと主張した（295-296頁）[39]。

そして雇傭（契約）と労働契約との関係について結論的には，つぎのようにのべるにいたった。すなわち「対等人格者間の純債権的契約としての雇傭の理論」に対し「不対等人格者間の身分契約としての労働契約理論の……確立に因り狭義の雇傭は漸次に其の意義を失ひ，民法上雇傭に関する規定も亦総てに其の適用法規として，且つ又労働契約に付ての一般法規としての地位を有するに

---

(39) なお孫田はこの後，1933（昭和8）年3月，法学研究〔東京商大研究年報〕2号87-120頁に「我国『労働契約法法典』私案」を発表している。それは筆者自ら「大体の骨子を前掲独契約法草案に取り之に諸国契約法典及び民法典中特色ある規定を配して作られたもの」で「内容的には可なり多様の規定を豊富に盛り形式的には可なり雑多な事項を包摂し得た」（89頁）というものであった。

第1章　労働契約・就業規則論の再生を目指して

止まり，大衆的契約法規としての実効を失ひつつある」[40]。つまり民法典にいう雇傭契約は労働契約によって置き換わられざるをえないとしたのである。

(2)　津曲蔵之丞

津曲蔵之丞の場合[41]も，ワイマール時代のドイツの従属労働論を踏まえて労働契約を雇傭契約とは異なるものとして理解する。このこと自体は，孫田と同じである。しかし津曲はその著書『労働法原理』（改造社・1932）のなかで，孫田の諸著書で示されたドイツ労働法理解に多くの異論を提起するとともに，従属労働の法的意義を資本主義の社会構造に関連させて原理論的に論じている点で特徴的である。それは要するに「従属関係とは畢竟（ひっきょう），資本主義社会の階級関係であるが，それを法的構成として見るならば，債権関係と身分関係の相矛盾した二者の統一的法形態（同前書〔以下，省略〕223頁）であるとする。津曲は，当時ドイツで華やかに展開された「従属労働論」を詳細に紹介したあと，このことを㈠「債権的関係」（223頁以下）と㈡「身分的関係」（228頁以下）とに分けて論じている。すなわち前者は，平等なる意思の対立として表（現）われる，商品流通であるW－G－W´の法的表現である。「それは単純商品社会に於ける過程と同様である。然しながら斯る従属労働関係は此の過程のみから構成されない。そこには又労働力の支配，即ち労働力の使用価値を消費することに依って，ヨリ多くの価値を実現する価値増殖過程が内臓される。此の過程こそ従属労働関係の身分的関係である」（228頁）。一方，後者については，津曲は「従属労働関係は債権関係の外に，更に身分的関係（人格的関係）を包蔵する」（同前頁）とする。それはG－W－G´と表現される，資本主義的商品生産過程における価値増殖過程である。それは一言でいえば「労働力の処分を雇主に帰属せしめる関係である」（232頁）。こうして津曲は，つぎのようにいう。「我等は従属関係とは……債権関係即ち，W－G－W´と身分的関係即ちG－W－G´との相矛盾した対立の統一物と解する」（237頁）。労働者は使用者とのあいだに債権関係をもって自由に取引したのかもしれない。しかしその内には身分的従属関係を包蔵しているがゆえに結果において何等の自由の契約

---

(40)　孫田「雇傭コヨウ」末弘厳太郎＝田中耕太郎〔編〕『法律学辞典』第2巻（岩波書店，1935年）945頁。

(41)　津曲の労働法学については，拙稿「津曲蔵之丞の戦前・戦時期における理論軌跡」獨協法学82号（2010年）1-156頁を参照。

当事者ではなかった。このような「矛盾の統一物」こそが労働法の基本関係である従属労働の本質なのである（239頁），と。

このような津曲の労働の従属性理解については，いかに評価されたのであろうか。本書を書評対象として取り上げた者は等しく，これを高く評価した。たとえば末弘は「本書の中心をなしている従属労働の本質に関して著者の与えている説明は従来ドイツのどの学者が与えているものよりもよく出来ていると思う。私にとっては従来自分が言おうとしていた気持が別な言葉で非常に巧く説明されたような気がする」[42]とまでのべて絶賛した。また加古祐二郎（1905〜1937）は本書について「身分関係が法的関係たりうる為には債権的関係を経ることを必須条件とする。この故を以て労働法の対象たる従属労働関係を債権的関係と身分的関係との統一関係に求める著者の見解は亦示唆に富んでいる」とした[43]。ただし加古はこのように「著者が法的形態のマルクス的分析として，『交換過程』ではなく，むしろそれは『生産過程』よりすべきだとするのは『誠に正しい』」としながらも，「このことより直ちにブルジョア法形態の基礎付け一般をかの『資本の生産過程』内における剰余価値の生産なる労働の価値増殖過程に迄凡て還元すべきだというふうに解するならば夫れは飛躍であろう」[44]とする。すなわち加古は「労働法の特殊性として従属関係を強調する余り，一切の法形態の分析を G−W−G′ なる生産過程に還元して一元的に求めんとするならば，換言すれば著者が一切の法律関係を労働関係に還元し，労働法を直ちに民商法の基底とされる点は法形態の分析としては多少公式的である」[45]とのべている。確かに労働法は流通過程のみならず，価値増殖過程である生産過程にも着目するものである点で，特徴的である。そしてこの点にこそ，民商法に対する基底をなすとして，その優越的地位にある，とする津曲の主張の眼目である。しかしそのことから法理論的には，具体的にどのようなことが導かれるのであろうか。またそれは，いかなる意義があるのであろうか。

津曲のいう「身分的従属」とは「人格的支配」をさすものである。これまでも法学説は労働契約の「身分法」性を，雇傭と区別すべき特徴として指摘した。

---

(42) 末弘「新刊批評・津曲教授の『労働法原理』」法律時報4巻12号（1932年）48頁。
(43) 加古「津曲氏『労働法原理』」法学論叢28巻6号（同前）989頁。
(44) 同前所。
(45) 同前稿990頁。

第 1 章　労働契約・就業規則論の再生を目指して

このことを津曲は，つぎのように説明する。すなわち「身分関係」とは㈠「法制的秩序に於ける共通の地位に依って結合された集団関係」と㈡「法律的権力に依る人的支配関係」の2つを区別することができ，前者がたとえば中世の身分関係を意味するのに対し，後者は「人格的支配」すなわち労働力の支配としての「人身的配置」であり，この後者の意味において「身分関係」という文言を用いるのだと説明している(46)。したがってそれは，戦後に言う『人(格)的従属』性に着目したものであると解してよかろう(47)。すなわち対等な当事者間の取引関係である債権債務関係が強制的なものへ，しかも「身分的」と表現されるべきものとの両方の領域に交差する（168頁）というが，はたしてそれはどうしてであろうか。この点について加古は「著者の『身分関係』なる用語について『身分』はそれが，W－G－W´の過程を前提とした即ち人格の物化又は疎外性の内的条件とも考えられる点で普通に思念されたる意味内容と異り或は誤解を醸し易い点で多少不適合ではないかと思える」(48)との疑念を表わしていた。そして，そのような危惧が実際に現実化した。それは，かつて津曲にとっては，恩師ともいうべき長谷川如是閑（1875～1969）が自ら編集・刊行した雑誌「我等」刊行当初に擁護した「森戸事件」（1920〔大正9〕年）における共同被告人たる大内兵衛（1888～1980）による，本書の書評のなかでなされた。すなわち，大内は津曲の所説を「法律の解釈として難解であるのみではなく，その解説そのものについて可なり無理がある」(49)として，3点にわたって指摘する。まず，「身分から契約へ」という法の進化，法制史的事実を前提としたとき，資本主義社会における契約関係に労使のあいだで「権力的意思関係」が承認される——津曲は中世的身分関係とは異なるとするが——というのは「歴史

---

(46) 前掲『労働法原理』222-223頁及び同頁（注）1。
(47) 蓼沼謙一「労働法の対象——従属労働論の検討——」現代労働法講座第一巻『労働法の基礎理論』（総合労働研究所，1981年）102頁または同著作集Ｉ『労働法基礎理論』（信山社，2010年）200頁（註）2。
(48) 加古・前掲注(43)990頁。
(49) 大内兵衛「労働関係は身分関係か——津曲教授『労働法原理』に関する一の疑問」大原社会問題研究所雑誌10巻2号（1933・7）9頁以下，22頁。なお，これについては，菊池勇夫「故津曲蔵之丞教授の業績について」日本労働法学会誌35号（1970年）156-158頁がすでに紹介している。二番煎じの類のものとなってしまうが，貴重な指摘かと思われるので紹介する。

的に少しおかしい」のではないかと疑義を呈する(50)。つぎに「強制の法的根拠はどこにあるのか不明」であるとして，つぎのようにのべている。

「津曲教授は従属労働関係なるものを一方においては債権関係とし他方においては身分関係とし，両者は対立しつつ，統一された存在となっていると云う。そして後者の権力の源泉を，国家の権力には求めずして，之を階級に，或は……ヨリ正確には生産関係に，求められているのである。しかし教授は階級関係は何故直ちに身分関係となるかを，或は生産関係そのものが，それだけで，どうして法律的命令の根拠となるのかを，充分には説いていない。要するに，教授は権力の法的根拠を示していない。階級と云い生産関係と云うは，それ自身としては，社会的乃至経済的概念であって，それを指示しても，そこからヂカに権力意思の法律的構成を導き出すことは出来ないだろう。」(51)

さらに第三として，大内はいう。労働（契約）関係の本体が『命令——服従』にあるという「事実を承認することにおいて何等の躊躇を感じない……が，さて法律関係としてのこの債権関係と身分関係とがどう云う風に対立しているのか又は統一されて一つになっているのかと云う解答について教授から完全に首肯し得るような印象を得ることが出来ない」(28頁)として，つぎのようにのべている (29頁)。

「教授は，この債務関係は身分関係を包蔵すると云っているが，その所謂身分関係の内容なるものが契約関係の内容となっているのであり，ただ債務履行の内容が従属的屈従的であると云うに止まり，法律関係としては，今日の成法の解釈上，別個の法律関係がその内に包蔵されているとは云えないであろう。……一見身分関係的に見える従属労働の実質的内容が，何等の故障なく債権債務の内容となっているのであり，所謂労働関係はただそれだけのものであろう」。

上に引用したような大内の論評は，戦後津曲自身も指摘している(52)ように，「身分法」「身分関係」を歴史的・社会的なそれと誤解していたのかもしれない。しかし，あえて誤解を招く表現を用いた津曲の側にも幾分かの責めはあったの

---

(50) 同前論文22-24頁。
(51) 同前論文26-27頁。
(52) 津曲「経営権と労働権（二）」民商法雑誌25巻1号115頁(注)5。

第 1 章　労働契約・就業規則論の再生を目指して

ではなかろうか。

3　小　括

　このように平野，孫田そして津曲の三人は，それぞれ三様の労働契約理解を示した。それにもかかわらず，労働契約を雇傭や請負とは異なり，労務提供と報酬の受領という債権関係のみならず，労働者は支配的統制団体に対して「身分法的関係」——このような表現することが適切かどうか問題はあろうが——を成立させるということでは，共通している[53]。つまりそれはジンツハイマーの見解を基礎にしてのべられている[54]。

　これに対し労働契約について，債権契約としての側面を全面的に捨象して，あくまでも従業員たる身分設定行為であると捉える理解を示したのが末弘厳太郎であった。同人は，〔旧制〕一高時代にドイツ語を習い，その助手時代の指導教官であった平野にとってのみならず，同人の「諸論著に裨益される所多い」[55]と告解する津曲が師と仰ぎ，さらに孫田が実年齢上は年長であったが，「一高以来のえらい先輩」[56]と遇する者であった。

---

[53]　このほか，1930（昭和5）年4月から1934（昭和9）年3月までの4学年，〔旧制〕大阪商科大学で労働法を講じた山口正太郎（1894〜1934）も，雇傭契約（民法623条）が近代産業発生以前から存在する，労務給付と報酬提供の双務契約であるのに対し，労働契約は「雇主の指揮命令下に，契約期間中は従属する」，ゲルマン法のそれとは異なる「新しき意義の一部的身分関係の設定と，労務給付と其報酬との債権関係の設定とから成」るものと理解していた（故山口正太郎教授記念事業実行委員〔編〕『故山口正太郎教授遺稿』〔非売品，1935年〕「労働法」篇34頁）。

[54]　籾井常喜（司会）青木宗也ほか「座談会・日本労働法学の方法論と課題——われわれはなにをなすべきか——」季刊労働法45号（1962）における宮島尚史『報告』142-143頁は，本書の従属労働の分析が，ジンツハイマーが指摘・引用する『資本論』第1巻の一部を利用していることから，「全体としてはいかにも労働法学におけるマルキシズムの先駆にはちがいないのですが，しかしそれはジンツハイマーをかなり土台にしているマルクス主義ではないか」と評した。なお津曲自身も，当初からこのことを自認していた（前掲『労働法原理』226頁，228頁等）。

[55]　津曲・同前注(52)「序文」11頁。

[56]　孫田秀春『労働法の開拓者たち：労働法四十年の思い出』（実業之日本社，1959年）8頁。

Ⅳ　実態に基づく労働関係の法的説明の試み —— 末弘厳太郎の場合

　明治期の岡村司にせよ，大正年代から昭和初期にかけての平野，孫田および津曲までの諸学説がフランス法やスイス法，とくに後三者はドイツ法における議論を基礎としながら，いわば演繹的な議論をしていたのに対し，反対に当時の日本の労使関係，とくに労働条件決定のあり方を考慮しながら，帰納的な分析に基づいて労働契約を理解し，これと雇傭契約とを区別しようとしたのが末弘厳太郎であった。石田眞は，末弘以外の労働契約理解が「それ以前に固有の学問的蓄積が存在しなかったこともあって，多分に抽象的かつ輸入法学的な概念構成に終始するところがあったが，唯一末弘……だけは，戦前の労働関係の実態に即し，当時の社会関係から，雇傭契約とは区別された労働契約概念を構成しようとするものであった。」[57]と評している。すなわち末弘はすでに広く知られているように，『法律学辞典』第4巻（岩波書店・1936）中の「労働契約ロウドウケイヤク」2777-2779頁において，労働と報酬の債権債務を発生させることを直接目的とする「雇傭」契約に対し，労働契約を「一定企業に於ける労働者の地位の取得を目的として企業主と労働者との間に締結される契約」であると定義し，両者を区別している[58]。そこでは労働契約が「単純な債務的契約にあらずして一種の身分的契約」であるとして，次のように説明している[59]。

(1)　「当事者に労働者の地位を取得する意思がありさへすれば，……契約は有効に成立し得る」。その「権利義務の内容は当該企業に於ける労働関係につき一般的に定まつてゐるのであつて，個々の労働者は自らこれを定める力をもたない。労働者の地位を取得した結果として其の一般的に定つてゐる労働関係規範の適用を受けるに過ぎない」。

(2)　「労働契約は……債務契約にあらずして身分的契約なるが故に，債務的

---

(57)　石田・前掲注(1)617頁。
(58)　同辞典中，広義の労務供給契約に関わる契約類型としての「委任イニン」「請負ウケオイ」（末川博・第1巻〔1934年〕47-49頁，75-77頁）および「雇傭コヨウ」（孫田秀春・2巻〔1935年〕944-955頁）については，別項目が設けられていた。
(59)　これとほぼ時期を同じくして，末弘は「経済往来」誌（途中「日本評論」と誌名を変更）に「労働法講話」との表題で連載稿を掲載し，その第四話「労働関係の発生」として——ただし「労働契約」ではなく「雇入契約」と呼んでいる——3回（上・中・下）にわたって論じている（昭和10年4月，6月および7月の各号）。

第1章　労働契約・就業規則論の再生を目指して

　　契約に関する民法諸規定の適用を受け〔ず〕婚姻・養子縁組等の諸身分的契約に関して民法の定むるところを斟酌しつつ本契約の特質に適合する特別の法律規範を創成して其の法律的取扱を為さねばならない」。
(3)　「労働契約は一定の企業に於ける労働者たる地位の取得を目的とする契約であつて，其の当事者は企業主と個個の労働者である」。

　このような主張の着想は，末弘が『法律辞典』中の一項目としての「労働契約」を執筆した当時初めてえたものではなかろう。それは末弘が，従来から――おそらくその「労働法制」講義開講の当初から――抱いていたものと思われる[60]。また，末弘の労働契約理解はその広義の役務供給契約類型について，その留学のためにアメリカに向かう途次のハワイから最終的な原稿を送ったという『債権各論』（有斐閣・1918）における記述内容を前提としているのだろう。

　さて労働関係を法的に把握するに際し，これを末弘が「身分関係」であると捉える――ただし，それはかつていわれた，労使関係を"親子関係"に擬するものではないし，平野らの理解とも異なる――前提には，現実の「労働使用関係」に対する末弘固有の理解があったのであろう。すなわち，その内容は多様であるとしながらも，末弘によれば，それは「三種の典型を見出すことが出来る」としていた。第一が「半ば封建的な」関係で「賃金の支払と労働力の提供とが対価的関係に立ってゐないものである。被用者が家族に類似した身分的関係に立ちつゝ使用者に隷属する」。具体的には当時の「女中」や大阪や名古屋における丁稚制度などがそれに該当する。第二は「民法の規定する雇傭に相当する関係」である。民法623条にいう「雇傭は互いに対等者と想定せられたる使用者と被用者とが労働力と報酬とを対価的に交換し合ふ契約関係であ」る。

---

(60)　末弘が1928（昭和3）年に発表した「労働法概説」『社会経済体系』14巻（日本評論社）46(8)頁では，労働契約の効果として「独り財としての労働と賃金とを交換すべき債権債務を発生せしめるのみならず，労働者をして当該企業に於ける既定の労働関係に入り込ましめて彼をして其企業の労働者たる地位を取得せしめる身分的効果をも発生せしめるものである」と説明し，ここでは身分契約のみを一方的に強調することはしていない。また，末弘はこのような労働契約理解を，戦後も引き続き主張していた（同『労働法のはなし』〔1947年〕47頁以下）ことは，従来から指摘されていた（蓼沼謙一「労働関係と雇用契約・労働契約」討論労働法37号，38号〔1955年〕のちに同著作集V『労働保護法論』（信山社，2008年）36-37頁および鎌田・前掲注(5)180頁）。

その例として，大工場で雇われる医者や弁護士と事業主との関係があげられている。そして第三の類型は「企業者」と「労働者」との関係であり，末弘のいう「雇入関係」である労働契約が該当する場合である[61]。それは企業規模や職種の違いを問わず「金力ヲ独占スル資本家」と「傭ワレナケレバ食エヌ無産者」を想定している[62]。

つぎに雇傭（契約）と労働契約関係とを区別しようと企図することそれ自体，他の論者の議論をくらべて，末弘の態度に相違があるようには思われない。しかし末弘の場合，従来の他の論者とは異なり，労働契約の対象範囲を，対等な当事者とのあいだの「雇傭」——労務提供と報酬の支払いの交換関係を基礎とする——とは異なるものとして限定的に解している。それは繰り返すが，「労働関係の内容は各企業に付いて予め一般的に定められて居り，個々の労働者は雇入契約に依つて当該企業に於ける労働者たる地位を取得する結果，某企業に於ける既定の労働関係に入り込むに過ぎない。」[63]というものである。「労働関係の内容」とは賃金や労働時間を典型とする労働条件であり，また労働者が労務提供に当たり，使用者の指示・命令に従うだけでなく，労働とは直接関係のない服装や寄宿舎生活においても使用者が定めた規律に従わねばならないことであり，秘密保持や競業禁止などのことである。一方使用者は労働者に対する「保護義務」などを負っている。そして，末弘は，これらすべてのことが使用者により一方的に作成・変更される就業規則に規定されていることに着目する。

それは，末弘が欧米留学から帰国した直後に発表し，のちに加除訂正し，その著書『労働法研究』（改造社・1924）に「就業規則の法律的研究」と改題して掲載するにいたった原型論考のなかで示されている。すなわち，当初は「賃銀の保護」——戦前は賃「銀」と表記とされていた——という表題のもと，「労働者に支払はれつつある賃銀が，如何にせば最も実質的に労働者の身に着いて，彼等労働者並に其家族を養ひ得べきか」との問題関心から，末弘はそれが困難

---

(61) 以上の記述は，末弘・前掲「労働法講話」第4話　労働関係（上）479-480頁および『末弘厳太郎教授講述　労働法　昭和13年度東大講義』第一分冊（東京プリント刊行会，1937年12月）28-29頁（国立国会図書館蔵）によるものである。なお第一の関係はいかなる法的関係と捉えるべきかについて，末弘は何ものべていない。

(62) 同前講義録31頁。

(63) 末弘・前掲「労働法講話」第4話481頁。

第 1 章　労働契約・就業規則論の再生を目指して

な現実の有様を描写した。すなわち労働者が得るべき賃金が「工場主一方の意思を以て独断」で「出来るだけ自分に都合よく」作った就業規則——「従業規則」と表していた——上規定された規律罰としての「罰金」制度により，「些細の小過失に対してすら一日分の賃銀を差引くがごとき残酷な処置」がしばしばとられていた。これに対して末弘は「相手方の困窮と無智とを利用して万人の到底為し得べからざる不能事を無償で負担せしむと企つるもの，どうしてか其の効力を認むることが出来やう」かと論じていた（法学協会雑誌 39 巻 8 号〔1922〕1245 頁以下）[64]。それから約 2 年後「従業規則の法律的性質」という独立論文という形式をとった続稿で，末弘は就業規則を「工場の統制力——工場主——に依つて其強行が確保せらるゝ限り，明かに其の工場社会に於ける——社会的規範としての——法である」との観点から，就業規則の法的拘束力の根拠を当事者間の意思に求めることを「職工の承認を擬制するものである」と批判した（法学協会雑誌 41 巻 6 号〔1923〕993 頁以下）。そして続く「従業規則の制定及び公示(上)——『賃銀の保護』の 3」41 巻 8 号（同前）1410 頁以下および同前(下)「——『賃銀の保護』の 4」同前 41 巻 9 号 1609 頁以下で，国家が就業規則の内容を適正ならしめるための積極的な関与を主張した。それは戦後，「社会自主法説」「法規説」と呼ばれる就業規則論理解に大きな影響を及ぼした考え方を開陳したものであった[65]。すなわち末弘は同稿のなかで，社会的な事実上の規範たる就業規則が法例第二条の慣習法を媒介にして国家法的規範として承認されると主張している。しかし同稿の意義はそれだけではなく，90 年前の大正年間における日本の労働関係のなかでの労働条件決定のあり方を明らかにしていた点であろう。当時，労働者は職を得るに際して，使用者とのあいだに賃金を典型とする労働条件や待遇内容について話し合いや交渉をしたり，取り決めることもなく，従業員となるべき意思がありさえすれば，労働契約は有効に成立するとの理解に結び付いていた[66]。末弘は労働法学のみならず，

---

(64)　この部分は『労働法研究』に収録されてはいない。
(65)　諏訪康雄「就業規則論」労働法文献研究会〔編〕『文献研究労働法学』（総合労働研究所，1978 年）82-83 頁。
(66)　近時公刊された，濱口桂一郎『日本の雇用と労働法』（日経文庫，2011 年）は，日本型雇用システムの本質は『職務の定めのない雇用契約』にあるとし，そのことから正社員における「一種の地位設定契約あるいはメンバーシップ契約」という特性を導き出して，これを欧米先進国に見られる特定の「職務（ジョブ job）」に対応した「ジョブ型

わが国法社会学の創始者でもあるとされる⁽⁶⁷⁾。その就業規則論は農業問題に関するそれと並んで、末弘の労働問題を対象とする法社会学的考察の原型の一つでもあったといえよう。

それは確かに、「戦前の労働関係の実態に即し……雇傭契約とは区別された労働契約概念を構成しようとするもの」（石田眞）であったかもしれない。しかし、末弘の労働契約の概念把握はその規範的な分析や法的評価のないままに、現実の労働関係知見を直接的に法的理解に投影させるものとなっている⁽⁶⁸⁾。つまり、それは社会的事実を無媒介に法理論に投影させるものであった。またそのような理解は、就業規則の制定または改定を通じて、使用者の一方的な意思に労働条件の決定および変更を肯定することにつながり、さらには、国家による労働条件規制の父権主義的関与の肯定するものでもあったことを注意しなければならないであろう⁽⁶⁹⁾。

V　労働関係の社会法的理解——菊池勇夫の場合

労働契約について、平野や孫田・津曲のような債務関係と身分関係の二重構造と捉えるのでもなく、また末弘のごとく従業員としての地位設定のための雇入契約とするのでもない、いわば第三の見解を示しているのが菊池勇夫（1898〜1975）である⁽⁷⁰⁾。同人は労働契約の社会法的な理解の構築に意を用いた。それは、戦後とは異なり、労働基本権に関する憲法的な保障もなければ、実定労働法も限定的なものしかないなかで示された。菊池は、独仏両国を中心とした約2年半におよぶ留学を終えて1928（昭和3）年秋に九州帝大法文学部に赴任した当時、自らが「取組まねばならないと考えた問題」の一つが「労働法の主

　契約」による非正社員とを対比させて、小著ながらも広く個別的および集団的労使関係法に係る議論を展開している。そこでは、奇しくも労働関係の成立を従業員としての地位設定にあると捉える末弘の議論との、発想の共通性ないし類似性が見られるように思われる。このことは、石田信平・前掲注（6）243頁でも、指摘されている。
(67)　六本佳平＝吉田勇〔編〕『末弘厳太郎と日本の法社会学』（東京大学出版会、2007年）「はしがき」ⅰ頁（六本）。
(68)　このことはすでに1950年代半ば、若き蓼沼謙一により、指摘されていたことである（同・前掲「労働関係」23頁以下、36-37頁）。
(69)　毛塚勝利「前掲・蓼沼著作集Ⅴ／解説」281-284頁。
(70)　同人については、拙稿「菊池勇夫の『社会法』論——戦前・戦中期の業績を通じて考える——」獨協法学91号（2013年）67頁以下を参照。

第1章　労働契約・就業規則論の再生を目指して

要問題，特に労働契約の本質と労働保護法の本質」を研究することであったと回顧している[71]。それが論考として結実したのが1932（昭和7）年に公刊された『九大法文学部創立一〇周年記念論集』（有斐閣）に発表された「労働契約の本質──その社会法的性質について──」であった[72]。同論文については近時，柳澤旭が労働契約法の制定（2007・12）・施行（2008・3）に関連させて，精力的に紹介・検討している[73]。本稿がこれに言及することは屋下屋を重ねるの類のこととなると思われる一方，戦前の菊池におけるもっとも重要な業績の1つであることから，その主張に耳を傾けてみたい。

　まず，同前論考の目次構成は「はしがき」と「むすび」とのあいだに第一節「労働契約の社会経済的性質」と第二節「労働契約の法律的性質」をおくというものである。内容的には，前者は後者での主張の予備的考察として位置づけられる。すなわち第1節は「労働契約は民法上の雇傭として持つ私法的性格から，しだいに労働法上固有の労働契約として社会法的性格を顕著に示すに至ったもの」（97-98頁）と考える菊池にとって，その「社会法的性格の〔歴史的・社会的〕根拠」（同前）を探求している。すなわち本来的に社会性を有する──労働する者は彼自身社会を構成する一員であり，その能力や必要性は社会的に条件付けられている──労働は「経済の歴史的段階」に応じて異なる態様をもって現われる（100-104頁）。ただし菊池による・その記述は歴史的事実を示すものではなく，むしろ多分に理念的・類型的なものとして論じられている。また菊池における近代市民社会＝資本主義社会における労働のあり方の理解は，平野らと共通するところがある。というよりも，柳条湖事件（1931〔昭和6〕

---

(71)　菊池「社会法講座三十年の回顧」同〔編〕『社会法綜説』（有斐閣，1959年）下巻2頁。菊池が九州帝大法文学部に赴任した当初，自らに課した課題としては，ほかに社会法の学問体系の確立であり，同大学がある福岡という産炭地に隣接する地理的環境からの石炭鉱業関係の研究であり，そして国際労働法，ILO研究であった（同前所）。

(72)　同稿は後年，菊池『労働法の主要問題』（有斐閣，1943年）97頁以下に収録された（以下，引用は同書による）。なおその要旨は，末弘〔編〕新法学全集第11巻『労働法』（日本評論社，1936年）132頁以下にみることができる。

(73)　柳澤旭「労働契約の法的定義と性質──菊池勇夫『労働契約の本質──その社会法的性質について──』（昭和12，1937年）を読む──」山口経済学雑誌57巻5号（2009年）207頁以下，同「巻頭言／労働契約の定義について」季刊労働法226号（2009年）および同「労働契約の定義について（再論）──その社会法的とらえかたとは何か──」山口経済学雑誌58巻3号（2009年）105頁以下。

年）に始まる満州事変後の準戦時体制のもとにあった昭和年代初め，菊池にとって労働契約の社会的性格理解は同稿のなかで引用されているジンツハイマーやラートブルフ Gustav Radbruch の著作に仮託したマルクス理解に依拠したものと思われる。

菊池は封建社会のあり方と対比させて「近代的労働関係の特質は自由主義経済の労働関係において成立したものであった」とし，そのことを(1)「労働の自由」(2)「労働の生産性」および(3)「雇傭の従属関係」として出現することを指摘している（105-117頁）。すなわち(1)とは労働者にとって労働を拒否する自由であり，そうすることの選択の自由を意味する。しかし人は「制度的には労働の強制から解放されたのであるけれども，〔現実には〕経済的には労働を強制されるやうな境遇に在」らざるを得ない（106-107頁）。つぎに(2)は「生産行程にたづさわった人類の労働」のあり方の把握に関わるものである。すなわち封建制社会における産業が農業であったのに対し，近代産業では工業本意であり，そこで生産的労働に従事するのは「工業労働者」である。また菊池は近代産業が資本関係により一般に企業化していることを特色とすると指摘している[74]。このような認識は，平野のそれとも共通しているようにも思われる。そして(3)は，従来の学説とくらべて，菊池の独自性が示された箇所であり，雇用関係の「身分的従属支配」ということを徹底的に排除している。すなわち「近代的労働関係における従属的労働の特殊性は，社会的身分の不平等関係に基づく支配と従属ではなく，社会的自由平等関係に基づく対等者が資本と労働との結合関係として企業内部的に有機的組織を構成するところから生ずる支配と従属たる点に存する」（115頁）。

つぎに同稿第2節で，「個人法原理」に対立する「労働的社会性」に着目する「社会法的原理」——ラートブルフのことを指すものと推測する[75]——を排する菊池は「企業に充用される労働の従属の本質は企業経営組織内の労働とし

---

[74] このような発想は労働契約を近代工業に従事する者とそれらを雇い，働かせる産業資本家との間の契約と理解した平野義太郎・前掲「労働契約論」と方法を共通とするものであるように思われる。

[75] 菊池には，ラートブルフのそれを含む社会法理論の紹介を主たる内容とした橋本文雄『社会法と市民法』（岩波書店，1934年）についての「紹介」が二つ（法律時報6巻7号〔同前〕と法学協会雑誌52巻7号〔同前〕1341-1350頁）ある。

第 1 章　労働契約・就業規則論の再生を目指して

て行われる機能的又は技術的従属」であり，しかもそれが「資本関係の本質たる労働の経済的従属から必然的に生ずる」(133頁)ことに特殊性があるとする。ただし，このような指摘が社会事実として指摘するものなのか，それとも法的な意義をもつものとしての理解なのかは不明である。

　しかし菊池は，そのような主張をする前に労働契約と「雇用契約との異同」(同節第二項・128頁以下)について，つぎのようにのべている。すなわち両者が「諾成・双務・有償の債務契約」(傍点省略)である点では同じである(129頁)。しかし「労働契約は，民法的雇傭に限定を加へ，自由主義経済における従属的労働の歴史的特殊性を明らかにした法形態である。」(132頁)点において，雇傭契約と区別されるとする。奴隷労働のみならず，「ローマ法上の自由人の雇傭労働」も「中世におけるゲルマン法的雇傭」も従属的関係のなかで実現され，封建的身分関係が撤廃された近代法においても「僕婢労働」は家族的身分関係のもとでなされていた。ところが労働契約は同じく従属的労働に従事するとしても，その基礎を異にし「封建的身分から解放されてゐるばかりでなく，家族的身分関係からも独立した自由な労働関係」である。その根拠は「資本関係の本質たる労働の経済的従属から必然的に生ずる」ものである(133頁)。ここで菊池は，労働契約を債務契約と身分契約の複合と捉える平野以下のドイツ流理解とも，これを「雇入契約」と言い換えて，従業員としての身分(地位)設定契約と捉える末弘に対しも，真っ向から批判する立場に立った[76]。こうして菊池は労働契約を媒介として実現される従属労働には，一方では「労働者の契約締結における自由平等を保障するため」の，そして他方では「企業的統制の監督取締りのため」の社会法的立法をともなっている点で「社会法的性質」をもつ(第3項・136-137頁)としている。こうして菊池は結論として，つぎのような概念規定を提示する(142頁。なお原文では，引用箇所全体に傍点

---

(76)　近代産業社会における企業内の従属労働は，本来企業内の職場での従業員としてのみのものであるべきである。しかし現実には，労働力が労働者の人間的生活にとって不可分であることから，資本家により労働者の人格そのものが支配され，また労働者の生活全般にわたって干渉され，さらには日常的な人格支配がなされることから，「あたかも一種の身分的関係が存在する如き観を呈するであろう。しかしそれだからと云ってけっして労働契約によつて法的身分が設定されるものではない」(133-134頁)とする。いうまでもなく，これは明らかに末弘批判であるといえよう。

が付されているが，ここではこれを略し，引用者が代わりに一部傍線を付した)⁽⁷⁷⁾。

　「労働契約とは，当事者の一方が<u>相手方の企業に従属して</u>労働に服することを約し，他方が之に<u>生活の必要を弁ずるに足る</u>報酬を支払うことを約する契約であって，その締結及び履行に関し<u>社会立法による統制の行われる</u>ものである。」

　確かに柳澤が指摘するように，ここでは，労働契約関係を債権法と人格法（身分法）との複合的なもの（孫田秀春・津曲藏之丞），あるいは端的に身分法的性格（地位設定契約）を有する（末弘厳太郎）との理解とは異なる概念構成が示されている⁽⁷⁸⁾。とくに下線を付した部分に着目するとき，第一の「相手方の企業に従属」することは，戦後労働法学がいうように，内容的には民法623条の「労働させ」という文言にすでに示されている⁽⁷⁹⁾。つぎに民法623条の「雇傭」に新たな修飾語を付したかのような第二の箇所では，今日的には「健康で文化的な最低限度の生活を営む権利」（憲法25条1項）ないし「労働者が人たるに値する生活を営むための必要を充たすべき」（労基法1条1項）と同趣旨の意義を読み込むことも可能であろう。そして，第三の社会立法による規制箇所は，やはり民法条文に文言を接いで，労使両当事者間の非対等性を是正すべき労働保護法の規制を前提とする点で，市民法的労働契約理解とは異なる意義を見出そうとしている⁽⁸⁰⁾。

---

(77)　菊池が「事務労働者」「商業使用人」と「徒弟」「見習」を「特殊な問題を供する」ものとして取り扱う（142-144頁）のは，労働契約の適用対象を近代産業の生産（現業）労働者のそれと理解していたことによるものであるが，今日では何ら問題とはされていない。

(78)　柳澤・前掲注(73)「巻頭言」2頁，前掲「法的定義と性質」224-225頁および同「（再論）」112頁。また柳澤による同前稿のいずれもが指摘するように，戦後労働法学が菊池の戦前の「労働契約」概念理解を等閑視してきたことに問題性があるのは，確かにその通りであろう。

(79)　柳澤・同前「法的定義と性質」224頁は，菊池の「従属労働」理解の特徴として，「経済的従属」でも「身分的従属」でもなく，企業経営組織における「機能的従属・技術的従属」として捉える点にあるとしている。しかし菊池・前掲注(72)133頁によれば，それは「資本関係の本質たる労働の経済的従属から必然的に生ずるもの」と理解している。

(80)　ただし菊池・前掲注(72)145頁は，経済的にみれば「雇傭」と「請負」との区別が困難な場合もあるとしている。

第1章 労働契約・就業規則論の再生を目指して

さらに菊池に特徴的なのは，雇傭契約――末弘らとは異なり，「家族身分的僕婢（下男・下女）関係」を想定――と労働契約を区別しながらも，後者の適用対象範囲を柔軟に解していることである。すなわち一方で，知的労働と筋肉労働とを区別せず，他方，商業使用人も，徒弟も「労働者保護の社会立法」という観点から，契約形式に拘泥せず，請負（民法632条）等による場合においても，労働契約として理解すべきであると主張している（141-145頁）。すなわち憲法上の生存権（25条）も，労働保護権（27条）や労働基本権保障（28条）もない戦前・戦中期，菊池は契約類型として雇傭契約と労働契約を共通するとしながら，後者に対する社会法的保護の対象可能性と必要性を見出すことにより，「民法的契約典型の形式的区別をもつて制限すべきでない」（145頁）という方向性を打ちだしていた。その意味では，戦後の労働契約論に先行ないし通底する議論を展開していたということができよう[81]。

Ⅵ 結びにかえて
―― 国家総動員法体制のもとでの労働関係の法的議論の変容

1937（昭和12）年7月の盧溝橋事件を契機とする日中間の武力衝突は翌8月以降，宣戦布告なき全面戦争化するにいたった。翌1938（昭和13）年4月には，ナチス・ドイツの「全権授権法 Ermächtigundgesetz」（1933）に範を求めた，行政に一切の権限を白紙委任し，経済の直接統制を実現する「国家総動員法」が議会で違憲の疑義が出されながらも，制定され（5月施行），わが国も戦時法体制に本格的に突入した。同法は冒頭第一条で「本法ニ於テ国家総動員トハ戦時（戦争ニ準ズベキ事変ノ場合ヲ含ム以下之ニ同シ）ニ際シ国防目的達成ノ為国ノ全力ヲ最モ有効ニ発揮セシムル様人的及物的資源ヲ統制運用スルヲ謂ウ」と規定していた。すなわち同法は課税権以外のほとんどすべての立法事項を勅令に委ねるものであった。したがって多くの統制立法に加えて，戦時統制経済立法は総動員勅令に基づく，おびただしい数の閣令・省令・告示・通牒などが発せられていった[82]。

---

(81) これは，柳沢・前掲注(73)「法的定義と性質」223頁以下，同・「巻頭言」2頁および同・「(再論)」114頁が強調するところである。
(82) 1931（昭和6）年の「重要産業ノ統制ニ関スル法律」に始まるとされる，わが国経済法の発達は大きく，当時3つの時期に分けられた。第1期は1931（昭和6）年から

このように戦争が継続する戦時統制経済のもと，労働契約理解に関する学説は，その様相をかつてとはまったく異なるものへと変容させていった。このことを具体的に，先に取り上げた津曲と菊池の２人の場合についてみよう。

　津曲は「法学志林」誌に，1939（昭和14）年7月から1941（昭和16）年4月までの約2年間，9回にわたり断続的に「経済法規違反行為の効力」なる論考を連載した（未完）。その8回（19巻2号〔1940〕）および9回（19巻3号〔同〕）は「労務の企業編入の法的考察」を扱うものであった。そこで津曲は，つぎのようにのべていた。ドイツでは労働の企業編入がナチス時代でも，ワイマール時代と同様に契約を媒介にした。これに対しわが国の場合，労働の企業組織に組み込まれることの法的根拠を契約以外のものに求めている。津曲は，このことを『権利本意』の労働秩序・体系ではなく『義務本位』のそれであると特徴付けている（連載8回〔以下，省略〕・8-9頁）。「すなわち国家目的遂行と云う高次の企業目的が，企業の主体性を転換し，企業投入の労働の秩序を，従来の経済目的に限定された技術的統制から，高次の人格法の分野に昇華せしめるからである。人格法は『義務本位』の法体系である」（9頁〔点ルビ原文〕）。津曲は，このように労働法を人格法として捉えることにより，企業は「唯物的な民法六二三条の『雇傭』の支配すべき『場』ではない」（15頁）とする。労働法の人格法化は，労働法を個人主義的であるとともに唯物論的な民法から解放することである（15-16頁）と，津曲は高らかに謳いあげた。そこでは「義務」としての労働は『大君』（天皇）につながる『忠』の実行であり，『価格』ではなく『栄位』がその対価なのである（16頁）。一方企業には「始めと同じ労働量だけは〔労働者に〕分配すべき『忠実義務』がある。それは労働が『上御一人の赤子』〔によるもの――引用者〕であるからである。労働を摩滅するのは，〔天皇に対する――同前〕『忠実義務』違反であろう」（19頁）。このように労働法を「忠実」義務の体系であると説明する津曲は，該当箇所本文の最後で割注

1936（昭和11）年までの「景気政策的統制経済法」の時代であり，第2期は翌1937（昭和12）年7月「支那事変」勃発までの「準戦時的統制経済の時代」であり，そして第3期はそれ以降の「戦時統制経済法」の時代である。第1期が1929年秋のウォール街の株価大暴落に始まるアメリカのそれが日本を含む世界に波及した恐慌の克服を目指した景気対策のためのものであったのに対し，第2期・3期の場合は，軍事目的に従属したものであった。

第1章　労働契約・就業規則論の再生を目指して

を設けて,「私はここで嘗ての拙著『労働法原理』を上述の如く訂正させて戴きたく思ふ。」と記した（同前頁）。ここに津曲は，かつての自らの「立場」を180度転換することを宣言した。すなわち従属労働，つまり同人における，労働者は対使用者との関係において身分的ないし人格的に従属せざるをえないとの法的把握を「上御一人(かみごいちにん)」への忠誠へと変転させたのである。

　一方，菊池の場合はどうであろうか。英米等との交戦状況も3年目となり，戦局も悪化していた1943（昭和18）年7月に刊行された『労働法の主要問題』（有斐閣）の巻頭に収録されたのは,「転換期における社会・経済法──労働法を中心として──」であった[83]。同稿は，元もとは比較法雑誌2号（1941〔昭和16〕年）の「転換期と法」特集号に発表されたものである。冒頭「転換期とは，社会経済の体制的転換が政治的新体制の樹立によって遂行される経過的時期を称するものである」とし,「いわゆる新体制は，支那事変の経過によって必然となり第二次欧州大戦の発展によって一層強化されるに至ったところの戦時総動員体制の整備に他ならない」との現状認識を示した。近衛文麿（1891〜1945）はその第二次内閣を組閣した直後の1940〔昭和15〕年7月26日）に「大東亜新秩序建設」を国是とし，国防国家の完成を目指すことなどの「基本国策要綱」を閣議決定し，また同年9月27日には日独伊三国軍事同盟を締結し，さらに同年10月12日，同人を総裁とする大政翼賛会が結成された。菊池は「新体制は，戦時非常時的体制を超えて，さらに将来を支配すべき恒常的体制たる展望を持つところに，これが整備の経過を特に転換期と称すべき理由を認め得るのである。」（同前／同前）[84]として，つぎのように揚言した。

　「当面の転換期においては，日本に国内新体制を国体明徴の立場で整備すると共にさらにこれを東亜新秩序建設へ貫徹すべき自主的使命として宣言し，世界史的転換期に或いは先駆し，或いは呼応せんとするものである。すなわち世界史的課題たる近代経済と近代法の革新に当り，日本は今や決して後進国として追随するのでなく，独自性を明徴にしつつ列強と併進し，

---

(83)　戦後，菊池は同稿を『社会法の基本問題』（有斐閣，1968年）281頁以下にあらためて再録するにあたり,「著者は戦時中どのような研究をしたか」との問いを回避しないためであるとのべていた。

(84)　引用に際し，前段は前掲『労働法の主要問題』で，後段は戦後の前掲『社会法の基本問題』における該当頁を指している。

或いはむしろ先駆しようとするところに当面の転換期の特色が認められるといってよいであろう。」

　このような現状認識にたって，菊池は自由経済体制から統制経済への「転換期」にある日本では，「労働法は契約的労働関係より統制的労働関係への転換として特徴づけられる」とする。そこでの労働関係の特色は「先ず労働力の配置が問題となる点から労働の客体性即ち労働力の資源的性質を明瞭にするところに現われている。」すなわち菊池によれば，「公益優先」の原理が支配する統制経済のもと，労働者は「生産に必要な人的資源」として扱われ，また「資本家に対する私的従属関係以上に国家的労力資源の構成分子なる意義」が認められる（16-17頁／293頁）。つぎに労働者の主体性に関しても，「労働者が生産人として人格を有する点では，封建〔制〕以前の隷属的身分〔関係〕から解放された自由なる労働者たる特質を失うものではないが，しかし自己の労働力の私的主体としてばかりではなく，国民的生産協同体の有機的構成員として認められる一面を有するのである。」（19-20頁／295頁）と説明されている。そこでは労働者には，かつての自由な意思に基づく契約主体ではなく，むしろ「国民的生産協同体の有機的構成員」という側面にあることはいうまでもなかろう。かくして「労働者は生産協働者として職域奉公すべきもの」（同前）となる[85]。このように菊池は「転換期」の労働の意義を強調した。以前菊池はすでに見たように，一方では「労働者の契約締結における自由平等を保障するため」の，そして他方では「企業的統制の監督取締りのため」社会法的立法をともなう点で「社会法的性質」をもつことを「労働契約の本質」として捉えていた。これに対する「転換期」論文を読み比べてみれば，その議論の「転換」の意味は自ずと明らかであろう。

　このような2人の例からもわかるように，労働者は戦時統制経済が進行するなか，労働契約の一方の主体というよりは，天皇の赤子である労務の担い手たる側面が強調されていった。かくして国家総動員法のもと，戦時体制が強化・展開するなかで，わが労働法学はその存立基盤を失い，自壊していった。

---

(85)　この点について，島田信義「ファシズム体制下の労働法学」法律時報50巻13号（1978年）91頁は「結局のところ『生産人としての人格の自由』は，国民的生産共同体に労働者の主体性を埋没させて，『労働を拒否する自由』をも奪いながら，労働者を強制労働へとかりたてる体制を『合理化』するための法概念にしかすぎなかった」と評した。

◆ 第 2 章 ◆
労働者・使用者概念の再構築を提言する

9 「労働組合法上の使用者」は
何のための概念か
——派遣労働者の直用化要求事案における
派遣先事業主の使用者性に即して——

土 田 道 夫

I　本稿の目的	V　「労働契約に隣接する関係」類型
II　労組法上の使用者	VI　「労働契約に近似する関係」類型
III　派遣先事業主の労組法上の使用者性	VII　「労働組合法上の使用者」は何のための概念か
IV　考察——派遣先事業主の労組法上の使用者性	

I　本稿の目的

　本稿は，労働組合法上の使用者に関して，派遣労働者の直用化要求の事案における派遣先事業主の位置づけに即して考察することを目的とする。

　周知のとおり，労働者派遣に関しては，近年，派遣先事業主による労働者派遣契約の解約・中途解約に基づく派遣労働者の解雇・雇止め（「派遣切り」）や，いわゆる偽装請負[1]をめぐる紛争が増加している。こうした動向を背景に，

---

(1)　偽装請負とは，実態は労働者派遣であるが，注文企業が労働者派遣法の規律を免れるため，業務処理請負・委託を偽装して行われる就労形態をいい，近年における大きな社会問題となった。この結果，派遣先事業主と派遣労働者との間の労働契約の成否が争われる事案が多発したが，判例は，黙示の労働契約の成立を限定的に解している（パナソニックプラズマディスプレイ事件・最判平成21・12・18民集63巻10号2754頁。土田道夫「偽装請負形態の下で就労する労働者と注文企業の間における黙示の雇用契約の成否」私法判例リマークス43号［2011］50頁参照）。偽装請負事案における派遣労働者の直用化事案において，遣先事業主の労組法上の使用者性が争われた紛争は，上記労働契約の成否とは別に登場した紛争である。なお，2012年改正労働者派遣法は，偽装請負を含む違法派遣について，派遣先が派遣労働者に対して労働契約を申し込んだものとみなす旨の規定を設けている（労派遣40条の6）。

第 2 章　労働者・使用者概念の再構築を提言する

2012 年，労働者派遣法が派遣労働者保護を強化する方向で改正されたが[2]，それと並行して，派遣労働者の直用化要求をめぐって派遣先事業主の労組法上の使用者性が問われる紛争が登場した。すなわち，派遣労働者が加入・結成する労働組合が派遣先事業主に対して直接雇用または雇用安定措置の実施を求めて団体交渉を申し込んだのに対し，派遣先がこれを拒否し，労働組合が団交拒否の不当労働行為（労組 7 条 2 号）として救済を申し立てるという紛争である。この紛争に関して，中労委は，近年の一連の命令において，後述する労働契約基本説の判断枠組みに立脚しつつ，労働組合法（以下，「労組法」）上の使用者性を厳格に解する判断を示している。

こうした中労委の判断は，「労組法上の使用者」について，憲法 28 条および労組法の観点からの深刻な疑問を惹起し，重要な理論的課題を提起していると思われる。そこで，本稿では，中労委命令，都道府県労委命令および学説を素材として問題点を整理し，法解釈の在り方について考察したい[3]。

なお，近年には，企業の M&A や組織変動（事業譲渡，会社分割）の活発化に伴い，親会社・持株会社や買収企業の労組法上の使用者性をめぐる紛争も登場している。ここでは，親会社や買収企業の傘下に入った企業の労働者・労働組合が労働条件の決定・変更等に関してこれら企業に団体交渉を申し入れた場合に，これら企業が労組法上の使用者に該当するか否かが問題となるが，中労委はここでも，労働契約基本説に立脚して使用者性を厳格に判断している[4]。紙幅の関係上，この点の検討は割愛し，他日を期したい。

---

(2)　2012 年の労働者派遣法の改正については，本庄淳志「改正労働者派遣法をめぐる諸問題」季労 237 号（2012 年）22 頁，沼田雅之「2012 年改正労働者派遣法の概要とその検討」和田肇＝脇田滋＝矢野昌浩編・労働者派遣と法（日本評論社，2013 年）27 頁等参照。2014 年度現在も，新たな法改正が進行中である（労旬 1816 号 42 頁以下参照）。

(3)　派遣労働者の直用化紛争の当事者である派遣先事業主は，民間企業である場合が多いが，国や地方公共団体である場合もある。そこで，本稿では，これらを一括する名称として「派遣先」または「派遣先事業主」という名称を用いつつ，民間企業の場合は，適宜「派遣先企業」と呼称する。

(4)　たとえば，高見澤電機製作所事件・中労委命令平成 20・11・12 別冊中労時 1376 号 1 頁。同事件取消訴訟・東京地判平成 23・5・12 判時 2139 号 108 頁も同旨。裁判例・命令の動向については，竹内（奥野）寿「企業組織再編と親会社の『使用者性』・団体交渉義務」毛塚勝利＝連合総合生活開発研究所編『企業組織再編における労働者保護──企業買収・企業グループ再編と労使関係システム』（中央経済社，2010 年）126 頁以下参照。

II 労組法上の使用者

1 概　説

　労組法は，労働者の定義（3条）と異なり，使用者の定義規定を置いていない。しかし，同法7条2号は，「使用者が雇用する労働者の代表者と団体交渉をすることを正当な理由がなくて拒むこと」を不当労働行為として禁止しており，この「使用者」の範囲が「労組法上の使用者」として問題となる。同様に，不利益取扱い（労組7条1号）および支配介入（同条3号）の帰責主体としての使用者についても，「労組法上の使用者」が問題となる。

　一般に，「労組法上の使用者」が問題となる類型は，労働者を現実に使用する企業（事業者）の使用者性が問題となる場合（直接使用類型）と，親会社・子会社労働者の関係のように，企業間に支配関係がある場合の支配会社の使用者性が問題となる類型（間接支配類型）に分かれる。派遣先企業の労組法上の使用者性は，直接使用類型として問題となり，親会社・買収企業等の労組法上の使用者性は，間接支配類型として問題となる[5]。

　しかし，これら2類型の違いにかかわらず，「労組法上の使用者」は，労働者を雇用する者（労働契約上の使用者［労契2条2項］）に限られず，それ以外の者を含む広い概念と解されてきた。まず，団体交渉というものの性格を考えると，労組法上の使用者については，労働組合との間で発生した紛争を団体交渉によって解決すべき必要性・適切性が認められる者と解すべきであり，それは契約当事者としての使用者に限られない。また，不当労働行為制度の面から見ると，それは，使用者の契約責任を追及するための制度ではなく，使用者による団結権侵害行為を排除・是正して正常な労使関係を回復させることを目的とする制度であるから，使用者を労働契約上の使用者に限定する必要はない。こうして，「労組法上の使用者」は，上記の観点から見て団体交渉を中心とする集団的労使関係の当事者性を備えた者であれば，これを広くカバーする概念と解されてきた[6]。判例も同様に解し，労組法7条「が団結権の侵害に当たる一定の行為を不当労働行為として排除，是正して正常な労使関係を回復する

---

(5)　菅野和夫『労働法〔第10版〕』（弘文堂，2012年）751頁以下参照。
(6)　土田道夫『労働法概説〔第3版〕』（弘文堂，2014年）421頁。

第 2 章　労働者・使用者概念の再構築を提言する

ことを目的としていること」を踏まえて，派遣先企業の部分的使用者性を肯定する判断を示している（朝日放送事件[7]）。

もっとも，使用者概念をどこまで拡張できるかについては見解が分かれている。一方では，不当労働行為制度の趣旨を徹底させて「労組法上の使用者」を幅広く解し，「労働関係上の諸利益に対し，実質的な影響力ないし支配力を及ぼし得る地位にあるもの」と説く見解（支配力説[8]）や，「労働者の自主的な団結と，団結目的に関連して対向的関係に立つもの」と解する見解（対向関係説[9]）があり，学説上は多数を占める。しかし，近年には，労働契約上の使用者を基本としつつ，不当労働行為制度の上記趣旨に着目して，「労働契約関係ないしはそれに近似ないし隣接した関係を基盤として成立する団体的労使関係上の一方当事者」と解する見解（労働契約基本説[10]）も有力となっている[11]。後に見るとおり（Ⅲ 2），近年の中労委命令は，労働契約基本説に立って判断しているので，同説に即して問題点を整理しよう。

2　労働契約に隣接する関係・近似する関係

(1)　労働契約に隣接する関係

まず，「労働契約に隣接する関係」については，労組法上の使用者の時間的範囲が問題となるが，その典型例としては，近い過去において労働契約があった者との関係が挙げられる。たとえば，使用者が労働者を解雇した場合，労働契約上は使用者ではないが，その労働者が所属する労働組合との間では，解雇

---

(7)　最判平成 7・2・28 民集 49 巻 2 号 559 頁。
(8)　岸井貞男『不当労働行為の法理論』（総合労働研究所，1978 年）151 頁，本多淳亮「不当労働行為制度における使用者」大阪市立大学法学雑誌 14 巻 4 号（1968 年）437 頁等。
(9)　外尾健一『労働団体法』（筑摩書房，1975 年）208 頁等。
(10)　菅野・前掲注(5)753 頁。
(11)　学説については，竹内(奥野)寿「労働組合法 7 条の使用者」季労 236 号（2012 年）211 頁参照。なお，前掲注(7)・朝日放送事件最判が定立した部分的使用者性の理論について，学説上の議論（労働契約基本説，支配力説等）との関係でどのように位置づけるべきかについては議論があるが，労働契約説に立脚したものと解するのが自然であろう（同事件の最高裁調査官解説［福岡右武「雇用主との間の請負契約により労働者の派遣を受けている事業主が労働組合法 7 条にいう『使用者』に当たるとされた例」曹時 50 巻 3 号［1998］818 頁］参照)。同旨，菅野・前掲注(5)754 頁。

の撤回や解雇・退職条件に関する団体交渉を拒否することはできない[12]。

また、当事者が近い将来において雇用関係に立つ可能性が現実的かつ具体的に存在する場合（以下、「雇用関係成立の現実的・具体的可能性」ともいう）も同様に解される。事業承継事案における承継企業と被承継企業の労働者（合併・事業譲渡における存続会社・譲受会社と、被吸収会社・譲渡会社の労働者）の関係[13]のほか、本稿がテーマとする派遣労働者の直用化要求局面での派遣先事業主の使用者性は、まさしくこの類型に属する問題である。この点は、後に詳しく紹介する（Ⅲ）。

(2) 労働契約に近似する関係

「労働契約に近似する関係」の典型は、派遣労働者を含む社外労働者受入れのケースである。この点について、判例は、受入企業のいわば部分的使用者性を肯定する判断を示している（前掲朝日放送事件）。事案は、請負企業の労働者を受け入れて番組制作業務に従事させていた放送会社の団体交渉義務（団体交渉上の使用者性。労組7条2号）が争われたものであるが、最高裁は、不当労働行為制度の目的を前記のように解した上、雇用主（労働契約上の使用者）以外の事業主であっても、「雇用主から労働者の派遣を受けて自己の業務に従事させ、その労働者の基本的な労働条件等について、雇用主と部分的とはいえ同視できる程度に現実的かつ具体的に支配、決定することができる地位にある場合には、その限りにおいて上記事業主は、同条の『使用者』に当たるものと解するのが相当である」と判断する。そして、受入会社が労働者の勤務時間の割り

---

(12) 事例として、オンセンド事件・中労委命令平成19・5・9別冊中労時1361号567頁、同事件取消訴訟・東京地判平成20・10・8労判973号12頁、URリンケージ事件・中労委命令平成22・10・20別冊中労時1410号1頁等。

(13) たとえば、盛岡観光山荘病院事件（中労委命令平成20・2・20別冊中労時1365号1頁）は、個人病院を経営する医師の死亡後、同病院に勤務していた医師Yが同病院の経営を承継する過程で、同病院の職員で組織する労働組合による開設後の労働条件をめぐる団体交渉を拒否した事案につき、本文の一般論を前提に、Yが団交申入れ前に新病院の開設者となることを発表し、団交申入れからわずか15日で新病院が開設予定であったこと、Yが団交申入れ以前から新病院開設準備室を設置して職員の採用面接を行っていたこと等の事実から、Yは、近い将来において組合員を含む旧病院職員を雇用する可能性が現実的かつ具体的に存していたと認められるとして「使用者性」を肯定している。他方、否定例としては、ブリーズベイホテル事件・中労委命令平成24・5・9別冊中労時1431号31頁がある。

振り・労務提供の態様・作業環境を決定し，その社員であるディレクターの指揮監督の下で就労させている場合は，上記労働条件限りで使用者に当たると判断している（以下，朝日放送事件が示す要件を「雇用主と同視できる程度の現実的・具体的支配」要件ともいう）[14]。

それでは，本稿がテーマとする派遣先事業主の労組法上の使用者性についてはどうであろうか。中労委命令，都道府県労委命令の順に見ていこう。

Ⅲ 派遣先事業主の労組法上の使用者性

1 問題の所在

前記のとおり（Ⅱ1），派遣労働者の直用化要求における派遣先企業の使用者性は，直接使用類型に属する問題であるが，前掲朝日放送事件もこの類型に属し，派遣労働者に対する受入企業の使用者性が問題となった事案である。しかし，両者における問題状況は大きく異なる。すなわち，朝日放送事件では，派遣先企業が派遣労働者を現に受け入れて使用している局面において，派遣労働者の就労条件（勤務時間の割振り・作業環境等）の改善をめぐる団体交渉に関して労組法上の使用者性を有するか否かが争点となったのに対し，派遣労働者の直用化要求の場面では，派遣労働者・派遣先事業主間の使用関係（労働者派遣関係）が終了していることを前提に，派遣先が近い将来，派遣労働者との間で雇用関係に入ることを交渉事項とする団体交渉に関して労組法上の使用者性を有するか否かが争点となっている。

この結果，朝日放送事件では，「労働契約に近似する関係」の存否が問題となったのに対し，派遣労働者の直用化要求の場合は，「労働契約に隣接する関係」（近い将来における雇用関係成立の現実的・具体的可能性）および「労働契約に近似する関係」の双方が問題となる。現在，「労働契約に隣接する関係」は，主として，派遣先事業主が労働者派遣法40条の4所定の派遣可能期間を経過して派遣労働者を受け入れている場合に問題とされ[15]，「労働契約に近似する

---

(14) 前掲注(7)・朝日放送事件以前において，社外労働者に対する受入企業の労組法上の使用者性を肯定した最高裁判例としては，油研工業事件・最判昭和51・5・6民集30巻4号409頁がある。

(15) すなわち，労働者派遣法40条の4は，派遣先事業主に対し，1〜3年の派遣可能期間を超えて労働者派遣を受け入れており，派遣元企業による抵触日通知（労派遣35条

関係」は，派遣先が派遣労働者の直用化問題について実質的に支配・決定できる地位にあるか否かという観点から問題とされている（双方が問題となるケースもある）。また，「労働契約に近似する関係」についても，派遣労働者の直用化要求の場面では，現実の就労条件に関する派遣先の支配・決定力の有無ではなく，雇用の開始や終了に関する支配・決定力の有無が問題となる。この点，学説では，派遣先が労働者の雇用そのもの（採用，配置，雇用の終了）について雇用主と同視できる程度の現実的・具体的支配力を有していることを要すると説く有力説があり[16]，中労委命令に影響を与えている。

2　中労委命令

近年の中労委命令は，「労働契約に隣接する関係」「労働契約に近似する関係」の双方について，労働契約基本説に立脚しつつ，派遣先企業の使用者性を厳格に判断している。

(1)　「労働契約に隣接する関係」類型に関する判断

(ア)　ショーワ事件・中労委命令

「労働契約に隣接する関係」類型に関する中労委命令としては，ショーワ事件中労委命令が重要であり，先例性を有している[17]。事案は，派遣先企業が労働者派遣契約を中途解除した結果，派遣元企業から解雇・雇止めされた派遣労働者が所属する労働組合が，派遣先に対して中途解除の撤回を求めて団交を申し入れたというものであるが，中労委は，次のように説示して，組合の再審査申立てを棄却した。やや長くなるが，引用しよう。

①　労組法上の使用者性に関する判断　　労組法 7 条にいう「使用者」は，同法が助成しようとする団体交渉を中心とした集団的労使関係の一方当事者と

の 2 第 2 項）を受けた場合に，当該業務について当該派遣労働者を使用しようとするときは，派遣先企業に雇用されることを希望する派遣労働者に対して労働契約の申込みをしなければならないと規定している。また，派遣期間の制限がない業務に従事する派遣労働者については，同法 40 条の 5 が直接雇用申込義務を規定している。

(16)　菅野・前掲注(5)756 頁。

(17)　中労委命令平成 24・9・19 別冊中労時 1436 号 16 頁。本件命令の解説として，竹内（奥野）寿「派遣労働者の直接雇用，他の就業機会確保についての団体交渉にかかる派遣先事業主の労組法 7 条の使用者性」中労時 1166 号（2013 年）26 頁参照。

第2章 労働者・使用者概念の再構築を提言する

しての使用者を意味し、必ずしも労働契約上の雇用主に限定されるものではなく、「雇用主以外の者であっても、当該労働者の基本的な労働条件等に対して、雇用主と部分的とはいえ同視できる程度に現実的かつ具体的な支配力を有しているといえる者や、当該労働者との間に、近い将来において雇用関係の成立する可能性が現実的かつ具体的に存する者もまた雇用主と同視できる者であり、労組法7条の『使用者』と解すべきである」。

　労働者派遣法制定時の国会答弁等からすると、派遣法は、同法上の枠組みに従って行われる労働者派遣の派遣先事業主については、当該派遣労働者との関係において労組法7条の使用者に該当しないことを原則として立法されたと解するのが相当である。もっとも、派遣先事業主についても、例外的に労組法7条の使用者性が認められる余地があり、労働者派遣が労働者派遣法の枠組みを逸脱して行われている場合や、労働者派遣が派遣法の枠組みに従って行われる場合も、派遣先事業主が派遣労働者の労働条件や雇用について一定の責任や義務を課されている場合は、雇用主と同視できる程度の現実的・具体的支配要件を充足する限り、労組法7条の使用者性を認められる余地がある。

　②　派遣先事業主の使用者性に関する具体的判断　雇用関係成立の現実的・具体的可能性については、労働者派遣法40条の4所定の直接雇用申込義務が根拠と解される余地がある。しかし、同条は、派遣先事業主に対して公法上の義務を課し、行政上の監督を及ぼすものにとどまり、私法上の義務を課すものではないから、同規定の要件を充足して直接雇用の申込義務が生じたからといって、近い将来において派遣労働者との間に雇用関係が成立する可能性が直ちに現実的かつ具体的になるものではない。

　しかし、労働行政機関が労働者派遣法49条の2第1項・2項、48条1項に従って、派遣先事業主に対して派遣労働者の雇入れ（直接雇用）の行政勧告ないしその前段階としての行政指導を行うに至った場合は、派遣先事業主は、その行政勧告または行政指導に従って当該派遣労働者の雇入れに応じることを法律上強く求められるため、同雇入れに応じる可能性が現実的かつ具体的となるに至っている状況にある。したがって、派遣先事業主に対して当該派遣労働者の雇入れを求める行政勧告ないし行政指導がなされた場合は、当該派遣先事業主は、労組法7条の使用者となり得ると解するのが相当である。

　労働者派遣法上、本件のような製造業派遣における派遣可能期間は3年とさ

れているところ，労働者2名の派遣期間は3年を経過しているが，派遣先企業が派遣元企業から同法40条の4所定の抵触日通知を受けたと認めるに足りる証拠はなく，また，行政機関が派遣先企業に対し，労働者派遣法40条の4所定の直接雇用の申込義務の履行または雇入れをするよう行政勧告または行政指導をしたという事実も見当たらない。したがって，派遣先企業は，近い将来において派遣労働者との間に雇用関係の成立する可能性が現実的かつ具体的に存する者に該当するとはいえず，労組法7条の使用者に該当しない。

　(イ)　分　析

　ショーワ事件・中労委命令は，労働契約基本説に立脚しつつ，一定の範囲で派遣先企業の労組法上の使用者性を肯定する判断を示しているが，その範囲はきわめて限定的なものと解される。派遣労働者の直用化との関係では，①労働者派遣法の制定経緯を踏まえると，派遣先事業主は原則として労組法上の使用者とならない，②労働者派遣法40条の4の直接雇用申込義務規定は公法上の規律にとどまり，派遣先事業主に私法上の義務を課すものではないから，同条の要件が充足されたことから直ちに雇用関係成立の現実的・具体的可能性が発生するわけではないが，行政機関が直接雇用の行政勧告・行政指導を行うに至った段階では，例外的に上記可能性が肯定される，との判断と解される。

　このうち，①は，派遣先事業主の労組法上の使用者性を原則として否定する判断を明確に打ち出した点に意義がある。②は，直接雇用申込義務が発生しただけでは雇用関係成立の現実的・具体的可能性は発生せず，行政機関による直接雇用の行政勧告・行政指導が行われてはじめて発生しうると解する点において，派遣先の労組法上の使用者性をきわめて厳格に解する立場といいうる。上記の段階に至ってはじめて雇入れ（労働契約締結）の可能性が現実的・具体的となると判断する点，また，具体的判断において，直接雇用申込義務（労派遣40条の4）の要件（派遣可能期間の経過，派遣元企業による抵触日通知［労派遣35条の2第2項］）の充足を雇用関係成立の現実的・具体的可能性の前提として厳しく求めている点を考えると，中労委は，雇用関係成立の現実的・具体的可能性について，近い将来において労働契約が成立する現実的・具体的可能性があることを意味するものと解し，両者を同一視する立場と評価できる。その意味で，中労委の立場は，労働契約基本説の中でも，労働契約との関係性（隣接性の要件）を厳格に要求する立場といえよう[18][19]。

第2章 労働者・使用者概念の再構築を提言する

　ショーワ事件中労委命令の判断は，その後の中労委命令にも継承されている。たとえば，パナソニックホームアプライアンス事件・中労委命令は，ショーワ事件と同様の一般論を展開した上，当該派遣が労働者派遣法40条の4所定の派遣可能期間を経過しているものの，派遣先企業が派遣元企業から抵触日通知を受けていないこと，県労働局が派遣先企業に行政指導を行っているものの，その内容は，派遣先企業に直接雇用を推奨するものにすぎず，これを要請するものではなかったこと等から，雇用関係成立の現実的・具体的可能性は存しないとして労組法上の使用者性を否定している[20]。本件命令は，行政機関による指導が行われた場合でさえも，それが直接雇用の要請に至っていないことを理由に労組法上の使用者性を否定しており，中労委の厳しい姿勢を示す判断例といえる[21]。こうした立場によれば，「労働契約に隣接する関係」類型において派遣先企業の労組法上の使用者性が肯定されるのは，派遣先が派遣労働者の直用化を決定した後に直用後の労働条件に関する団体交渉を拒否したような例

---

(18)　この判断は，菅野教授の学説（菅野・前掲注(5)759頁）の影響の下で形成されたものと考えられる。なお，このように，雇用関係成立の現実的・具体的可能性と，近い将来において労働契約が成立する現実的・具体的可能性があることを同一視する立場は，事業承継事案に関する前掲注(13)・盛岡観光山荘病院事件・中労委命令の判断からも窺うことができる。

(19)　裁判例では，後掲注(27)・川崎重工業事件・兵庫県労委命令の取消訴訟である兵庫県・兵庫県労委（川崎重工業）事件（神戸地判平成25・5・14労判1076号5頁）が，中労委命令と軌を一にする判断を示している。すなわち，同事件は，労働者派遣が直接雇用申込義務（労派遣40条の4）の要件である派遣可能期間を経過している場合，派遣先は派遣労働者に対して直接雇用申込義務を負うことから，両者間に雇用関係成立の現実的・具体的可能性が存在するとの組合側主張（後掲注(27)・兵庫県労委命令を基礎とするものと解される）に対し，直接雇用申込義務は私法上の義務ではなく，その違反に対しては指導・助言・勧告等の措置が行われるにとどまり，派遣先による直接雇用申込みと同じ効果を生じさせるものではないから，直ちに派遣労働者との間で雇用関係成立の現実的・具体的可能性を発生させることはないとして斥けている。本判決については，石田信平「団体交渉拒否と派遣先企業の使用者性」労判1082号（2014年）5頁参照。

(20)　中労委命令平成25・2・6別冊中労時1451号37頁。

(21)　同旨の中労委命令として，中国地方整備局・九州地方整備局事件・中労委命令平成24・11・21別冊中労時1437号21頁，東海市事件・中労委命令平成25・1・25別冊中労時1440号1頁，日本電気硝子ほか1社事件・中労委命令平成26・2・19命令集未登載等が挙げられる。

外的な事案に限定されることになろう[22][23]。

(2) 「労働契約に近似する関係」類型に関する判断

中労委は,「労働契約に近似する関係」類型に関する判断においても,派遣先事業主の労組法上の使用者性を厳格に判断する姿勢を一貫させている。すなわち,中労委は,派遣労働者の直用化要求の局面では,派遣先企業が労働者の雇用そのもの(採用,配置,雇用の終了)について雇用主と同視できる程度の現実的・具体的支配力を有していることを要件と解する判断を示している。

たとえば,中国地方整備局・九州地方整備局事件・中労委命令[24]は,国(国土交通省)が民間企業との間で車両管理業務委託契約を締結しつつ,偽装請負形態で派遣労働者を受け入れた後に同契約を解約したため,同労働者が加入した労働組合から直接雇用を含む雇用の確保を議題に団体交渉を申し込まれたという事案であるが,命令は,派遣労働者の加入する労働組合の要求事項が直接雇用を含む雇用確保措置であったことを前提に,これら事項は派遣労働者の就労の諸条件ではなく,派遣労働者の採用・配置・雇用の終了(雇用そのも

---

(22) こうした事案に関する中労委命令として,クボタ事件(中労委命令平成21・9・2別冊中労時1386号42頁)が挙げられる。すなわち,同命令は,労組法7条の「使用者」につき,労働者との間に近い将来,雇用関係が成立する現実的かつ具体的な可能性が存する者も該当するとの一般論を述べた上,派遣先企業は団体交渉申入れ(2007年2月28日)以前の段階で,同年4月1日付で派遣労働者を直用化することを決定した上,派遣労働者に対して直雇用化する旨説明しており,会社の契約社員の申込みを受けることについての「同意書」等を配布していること等の事実によれば,団体交渉申入れの時点では,派遣先企業と派遣労働者間に労働契約関係成立の現実的・具体的可能性が存在していたと解し,派遣先企業の労組法上の使用者性を肯定している。派遣先の労組法上の使用者を肯定した数少ない中労委命令であるが,本件は,派遣先企業が派遣労働者の直用化を決定した後に,直用後の労働条件に関する団体交渉を拒否したという事案であり,派遣先企業の労組法上の使用者性を肯定することが比較的容易な事案であった(同事件取消訴訟である東京地判平成23・3・17労経速2105号13頁も同旨)。同種の事案に関する使用者性の肯定例として,ヤンマー事件・中労委命令平成22・11・10別冊中労時1412号1頁(小畑史子「派遣労働者に対するその直雇用化を予定している派遣先会社の労組法7条の使用者性」中労時1139号〔2011年〕14頁)。

(23) 他方,2012年の改正労働者派遣に設けられた違法派遣等の場合の直接雇用申込みなし規定(労派遣40条の6第1項)の施行後,派遣先事業主が同規定の適用を受ける場合は,当然に労組法上の使用者性を認められることになろう。

(24) 前掲注(21)・中労委命令平成24・11・21。

の)に関する決定に関わるものであるから,派遣先事業主が労組法上の使用者に当たるといえるためには,これら雇用管理に関する決定について雇用主と同視できる程度の現実的・具体的支配力を有していることを要するとの一般論を述べる。その上で,本件では,派遣労働者の採用・配置は,労働者を雇用した派遣元企業が独自に行ったものであり,国が雇用主と同視できる程度に直接的な関与や具体的影響を与えたとはいえないこと,雇用の終了についても,上記企業が一般競争入札で落札できず,かつ,労働者の就業先を確保できなかったために解雇したものであり,国が直接関与したとはいえないこと等から,雇用主と同視できる程度の現実的・具体的支配要件の充足を否定し,労組法上の使用者性を否定している。また,東海市事件・中労委命令は,市が請負企業との業務委託契約に基づいて受け入れてきた外国人職員(小中学校の英語教育を担当)の直接雇用をめぐる団体交渉に応じなかったという事案であるが,中労委は,上記と同様の一般論を前提に,市が外国人職員を労働者派遣に該当する形態で市の小中学校に配置する過程で,企業の担当部署と協議しつつも相当程度影響力を行使していたといえるが,同職員の採用や雇用の終了については請負企業が支配・決定しており,全体として見れば,市は職員の採用,配置,雇用の終了という一連の雇用管理全般について,雇用主である上記企業と同視できる程度の現実的・具体的支配力を有しているとはいえないと述べ,労組法上の使用者性を否定している[25]。

　このように,中労委は,派遣先事業主が派遣労働者の採用,配置,雇用の終了に実質的影響力を及ぼしている場合も,それら雇用管理(雇用そのもの)に直接関与していない限り,雇用主と同視できる程度の現実的・具体的支配力を有することを否定し,労組法上の使用者性を否定している。これは,前出の学説(Ⅲ1)の影響下で形成された法理であるとともに,労組法上の使用者について,労働契約上の使用者(労契2条2項,6条)が採用・配置・雇用の終了等の雇用管理について有するのと同程度の支配・決定力を要求する立場といえよう。その意味で,中労委の立場は,労働契約基本説の中でも,労働契約との関係性(近似性の要件)を厳格に要求する立場と評価することができる。これによれば,「労働契約に近似する関係」類型において派遣先企業の労組法上の使

---

(25)　前掲注(21)・中労委命令平成25・1・25。

用者性が肯定されるのは，派遣先が派遣労働者の採用や雇用の終了を直接決定しているようなごく例外的な事案に限定されることになろう[26]。

3 都道府県労委命令例

これに対して，都道府県労委命令の中には，労働契約基本説や朝日放送事件の判断枠組みに立脚しつつも，労組法上の使用者性については独自の観点から判断すべきとの立場から，派遣先事業主の労組法上の使用者性をより柔軟に解する例が見られる。

(1) 「労働契約に隣接する関係」類型に関する判断

(ｱ) まず，労働者派遣法40条の4所定の直接雇用申込義務が発生していない状況の下でも，派遣労働者・派遣先事業主間に雇用関係成立の現実的・具体的可能性が発生する可能性があると判断する命令がある（川崎重工業事件・兵庫県労委命令[27]）。事案は，派遣先企業による労働者派遣契約の中途解除の結果，派遣元企業から解雇された派遣労働者が所属する労働組合が派遣先に対して直用化に関する団交を申し入れたというものであるが，命令は，労組法7条の使用者につき，派遣労働者との間で近い将来，雇用関係が成立する現実的かつ具体的な可能性が存する者を含むとの一般論を述べた上，次のように説示する。すなわち，本件では，派遣法40条の4所定の直接雇用申込義務の要件である派遣元企業による抵触日通知がないことから，派遣先企業に雇用契約申込

---

(26) また，前掲注(21)・中国地方整備局・九州地方整備局事件・中労委命令は，派遣労働者が加入した労働組合が直用化のみならず，より広く雇用確保措置の実施を要求していたにもかかわらず，同事項は派遣労働者の採用・配置・雇用の終了に関わるものと解した上，派遣先がこれら雇用管理に関する決定について雇用主と同視できる程度の現実的・具体的支配力を有していることを要すると判断しており，この点も厳格な判断といえる。同様に，前掲注(21)・日本電気硝子ほか1社事件・中労委命令も，偽装請負後の直用化要求事案において労働組合が要求した「これまでの中間搾取と違法な労働者供給事業に対する補償をすること」との要求事項につき，派遣労働者が派遣先企業に直接雇用されていたならば得られたであろう賃金差額相当額等の補償を求める趣旨のものと解し，同事項は，派遣先企業が派遣労働者の雇用主と同視しうる地位にあることを前提とするものであるから，派遣労働者の採用・配置・雇用の終了について雇用主と同視できる程度の現実的・具体的支配力を有していることを要すると判断している。これらの判断については，後に検討する（Ⅵ2(2)）。

(27) 兵庫県労委命令平成23・6・9労判1029号95頁。

第2章　労働者・使用者概念の再構築を提言する

義務は発生しないが,「団体交渉の当事者としての使用者性の判断は, 労働組合法独自の観点から行うべきであって, 会社に雇用契約の申込み義務がないというだけで, 直ちに雇用関係の成立する可能性が現実的かつ具体的にないとして使用者性を否定するのは適切ではない。……派遣可能期間を超えている場合には, 雇用契約の申込みがないとしても, 労働者派遣法の趣旨は直接雇用を含めた雇用の安定を要請していると解することができ, 実際に本件では兵庫労働局から同旨の指導が会社に対してなされていたことを考慮すると, なお雇用関係の成立する可能性が現実的かつ具体的にあると判断される余地もある」と。その上で, 本件では, 団体交渉申入れがあった時期に操業度が落ち込み, 派遣労働者に従事させる業務がない状況であったことから, 雇用関係成立の現実的・具体的可能性は存在しないと判断している。

このように, 本件命令は, 派遣先事業主が派遣労働者の直用化を決定していない段階であっても, また, 直接雇用申込義務 (労派遣 40 条の 4) が抵触日通知の欠如ゆえに発生していない状況であっても, 派遣可能期間の経過によって雇用契約申込義務が発生しうる状況の下では, 雇用関係成立の現実的・具体的可能性が発生すると判断している。その判断方法を見ても, 労組法上の使用者について労組法独自の観点から判断すべきことを説くとともに, 直接雇用申込義務の要件を柔軟に解しつつ, 雇用関係成立の現実的・具体的可能性を幅広く肯定しており, 注目に値する。

(イ)　また, 偽装請負事案に関して, 直接雇用申込義務 (労派遣 40 条の 4) の発生を雇用関係成立の現実的・具体的可能性の発生要件と解しつつ, 直接雇用申込義務の要件から抵触日通知要件を除外することで同義務を緩和する命令も存在する (パナソニックホームアプライアンス事件・滋賀県労委命令[28])。すなわち, 同命令は, 偽装請負事案においては, 労働者派遣法 40 条の 4 所定の抵触日通知要件が充足される余地はないが, 派遣先企業が偽装請負であることを認識しながら派遣労働者を受け入れている場合は, 派遣労働者の雇用の安定を図る同条の趣旨および信義則から直接雇用申込義務を負うと説く。その上で, 直接雇用申込義務が発生し, 派遣先が労働条件について派遣労働者と誠実に交渉

[28]　滋賀県労委命令平成 23・10・17 別冊中労時 1425 号 1 頁。本件命令の具体的判断については, Ⅵ 2 (2) 参照。

すべき状況となった段階では，近い将来派遣労働者との雇用契約が成立する可能性が現実的かつ具体的に発生することから，「雇用主に準ずる者」として労組法上の使用者に当たると判断している。川崎重工業事件・兵庫県労委命令とアプローチこそ異なるものの，直接雇用申込義務を柔軟に解しつつ，雇用関係成立の現実的・具体的可能性を幅広く肯定する点では共通するといえよう。

(2) 「労働契約に近似する関係」類型に関する判断

(ア) 次に，「労働契約に近似する関係」類型に関する都道府県労委命令の中には，派遣先事業主派遣労働者の採用および雇用の終了に実質的に関与していた事案について，雇用主と同視できる程度の現実的・具体的支配要件の充足を認めて労組法上の使用者性を肯定する例がある（タイガー魔法瓶事件・大阪府労委命令[29]）。すなわち，同命令は，派遣先企業が偽装請負形態から派遣形態に移行する全過程において，派遣労働者を自己の指揮命令下で就労させていた事案につき，派遣先企業が派遣元企業・派遣労働者間の雇用契約の締結に先立ち，派遣労働者と直接面談するなどして採用に深く関与し，労働者派遣契約の解除についても，形式的には派遣元・派遣先企業間の合意によるものの，労働局による是正指導を契機として，派遣先企業が派遣元企業に働き掛けるなど主導して行ったとの判断を踏まえて，派遣先企業が派遣労働者の就労の継続に関して現実的かつ具体的に支配・決定できる地位にあったと判断し，派遣労働者の処遇をめぐる団体交渉について労組法上の使用者性を肯定している。

(イ) また，派遣先企業が雇用安定措置の実施という交渉事項について雇用主と同視できる程度の現実的・具体的支配力を有していると解し，労組法上の使用者性を肯定する例もある（ブリヂストンケミテック事件・三重県労委命令[30]）。事案は，派遣先企業が労働者派遣法に違反して派遣可能期間を超えて派遣労働者を受け入れていたため，派遣労働者が所属する労働組合が直接雇用に関する団交を申し入れたというものであるが，命令は，派遣先企業は，派遣法に違反して派遣労働者を受け入れており，労働局の是正指導によって直ちに派遣労働者の受入れを中止して適正な請負にする等の改善を行わなければならず，その前提として，派遣労働者らの雇用の安定を図るための措置を講ずべき立場に

---

(29) 大阪府労委命令平成20・10・10別冊中労時1393号33頁。
(30) 三重県労委命令平成22・10・25命令集未登載。

あったところ，これら雇用の安定を図る措置は，会社が自ら決定し処分すべき事項であって，会社は，同措置の実施に関しては，雇用主と同視できる程度に現実的かつ具体的に支配・決定できる地位にあると認められると解し，労組法上の使用者に該当すると判断している。

本件命令は，労働組合が求めた団体交渉事項（派遣労働者の直接雇用）について，単なる直用化のみならず，雇用安定措置を含むものと解釈することにより，雇用主と同視できる程度の現実的・具体的支配要件を柔軟に解し，派遣先企業の労組法上の使用者性を肯定した例として注目される[31]。

Ⅳ　考察——派遣先事業主の労組法上の使用者性

1　中労委命令の検討

私は，労組法上の使用者に関する基本的立場としては労働契約基本説を支持するが[32]，中労委命令に対しては，憲法28条の団体交渉権保障の趣旨および労組法の不当労働行為制度の趣旨と整合しない判断として疑問を抱く。

前記のとおり（Ⅲ 2），中労委命令は，①「労働契約に隣接する関係」類型・「労働契約に近似する関係」類型に共通して，労働者派遣法の立法趣旨に鑑み，派遣先事業主が労組法7条の使用者に該当することを原則として否定するとともに，②両類型における使用者性の要件（「雇用関係成立の現実的・具体的可能性」要件・「雇用主と同視できる程度の現実的・具体的支配」要件）を厳格に解している。

しかし，まず，①の解釈は，労働者派遣法の立法趣旨と規律を過度に重視する反面，派遣先の使用者性を過度に限定する結果をもたらし，労組法の解釈として妥当性を欠く。確かに，派遣法の立法趣旨は，中労委命令が説くとおりと解される[33]。しかし，派遣先事業主の労組法上の使用者性は，何よりも，憲法28条の団体交渉権保障の趣旨および労組法の不当労働行為制度の趣旨に

---

(31)　石田・前掲注(19)判批10頁参照。
(32)　従来公表した私見として，土田・前掲注(6)422頁，土田道夫「労働法の解釈方法についての覚書——労働者・使用者概念の解釈を素材として——」菅野和夫＝中嶋士元也＝野川忍＝山川隆一編・渡辺章先生古稀記念・労働法が目指すべきもの（信山社，2011年）174頁。
(33)　この点については，菅野・前掲注(5)273頁以下参照。

よって確定されるべきものである。この点，労組法上の使用者は，団体交渉権保障の観点からは，団体交渉によって紛争を解決すべき必要性と適切性が認められる者を意味し，不当労働行為制度の観点からは，使用者による団結権侵害行為の排除・是正と正常な労使関係の回復という制度趣旨に即して確定すべきものであり，労働契約上の使用者より広範な概念と解される（Ⅱ1）。中労委命令は，一般論としては労組法上の使用者性を幅広く解しながら，派遣先事業主の使用者性に関する判断においては，憲法28条および労組法の観点からの判断を欠落させており，憲法・労組法の解釈として問題があると考える[34]。

また，②の解釈に対しては，「雇用関係成立の現実的・具体的可能性」要件（「労働契約に隣接する関係」類型）および「雇用主と同視できる程度の現実的・具体的支配」要件（「労働契約に近似する関係」類型）を過度に厳格に解釈しているとの批判が妥当する。前記のとおり，中労委は，雇用関係成立の現実的・具体的可能性要件については，近い将来において労働契約が成立する現実的・具体的可能性があることを意味するものと解し，両者を同一視する立場と解される。また，雇用主と同視できる程度の現実的・具体的支配要件については，労働契約上の使用者が採用・配置・雇用の終了（雇用そのもの）について有するのと同程度の支配・決定力（直接的関与）を要求する立場と解される。

しかし，こうした解釈は，労組法上の使用者性の独自性を見失い，理論上・実際上，不適切な結果をもたらしていると思われる。すなわち，「労働契約に隣接する関係」類型で問われているのは，派遣労働者の直用化を含む雇用問題について，団体交渉権保障の趣旨および不当労働行為制度の趣旨を踏まえれば，いかなる場合に派遣先事業主の団体交渉上の使用者性を認めることが必要かつ適切かという問題であるから，雇用関係成立の現実的・具体的可能性と労働契

---

(34) 水町勇一郎「団体交渉の主体」土田道夫＝山川隆一編・労働法の争点（有斐閣，2014年）179頁は，中労委命令のように，労組法上の使用者性の判断を労働者派遣法の規律に沿って行うことは，法の趣旨・性質をいたずらに混同するものと批判している。また，竹内(奥野)・前掲注(17)解説30頁以下は，前掲注(17)・ショーワ事件・中労委命令について，労働者派遣法の制定経緯を重視しつつ，労働者派遣が派遣法の枠組みに沿って適法に行われる限り派遣先事業主の労組法上の使用者性を否定する趣旨の判断と把握した上で批判を加え，派遣先の労組法上の使用者性については，労働者派遣の適法性にかかわらず，前掲注(7)・朝日放送事件最判の枠組み（雇用主と部分的に同視できる程度の現実的・具体的支配・決定の要件）によって判断すべきであると説く。

約成立の現実的・具体的可能性を同一視すべき理由はない。むしろ,「雇用関係成立の現実的・具体的可能性」要件については,「派遣先事業主との間で雇用関係成立をめぐる交渉・協議が行われる可能性が現実的・具体的に存在すること」を意味するものと解すべきである。同様に,「労働契約に近似する関係」類型で問われているのは,派遣先事業主が派遣労働者の直用化を含む雇用問題に関与している可能性がある場合に,団体交渉権保障および不当労働行為制度の趣旨を踏まえれば,いかなる場合に派遣先の団体交渉上の使用者性を認めることが必要かつ適切かという問題であるから,「雇用主と同視できる程度の現実的・具体的支配」要件について,労働契約上の使用者が有するのと同程度の支配・決定力を要求する必要はない。むしろ,この要件については,派遣先事業主が派遣労働者の直用化を含む採用・配置・雇用の終了について実質的関与・影響力を及ぼしていることを意味するものと解すべきである。以下,敷衍しよう。

2 労組法上の使用者性に関する判断枠組み
(1) 判断枠組みの検討

まず,労組法上の使用者性に関する判断枠組みについては,前記のとおり (Ⅱ 1),支配力説,対向関係説,労働契約基本説の3説が対立している。そして,最近には,上述した中労委命令の厳しい判断を踏まえて,労働契約基本説の限界を指摘し,新たに支配力説を説く見解が主張されている[35]。この見解は,労働契約基本説に対し,派遣労働者に対する労働基本権の実効的保障という視点を欠落させている点で不適切と批判した上,派遣労働者の労働力を現実

---

[35] 緒方桂子「労働組合法における派遣先企業の使用者性」和田=脇田=矢野編・前掲注(2)140頁以下。近年における支配力説の主張として,西谷敏・労働組合法[第3版](有斐閣,2012年)149頁以下,萬井隆令「直用化・雇用保障問題と団体交渉上の『使用者』」労旬1792号(2013年)56頁,根本到「労組法7条の使用者性について」月刊労委労協685号(2013年)20頁以下。石田・前掲注(19)判批12頁も,支配力説または対抗関係説の可能性を指摘する。また,毛塚教授は,団体交渉制度が利益紛争と権利紛争の紛争解決システムであることを踏まえて,労組法7条2号の使用者につき,「当該紛争を解決すべき地位または紛争の解決に寄与すべき地位にある者」との定義を提案している(毛塚勝利「労組法7条2号の『使用者が雇用する労働者』をめぐる議論の混乱をどう回避すべきか」労旬1742号(2011年)59頁)。

に使用している派遣先の位置づけや，派遣労働者の労働基本権保障の現実化という法解釈の役割に照らせば，派遣先が有する労働関係への実質的支配力・影響力を重視して使用者性を判断する支配力説が妥当であると説く。その上で，支配力説に対して予想される批判に応接し，特に，使用者概念が過度に拡大し，または不明確となるとの批判に対しては，派遣労働者に何らかの関係を有する者（たとえば派遣先の取引先）を含めて広く使用者性を認める趣旨ではなく，まさに派遣労働者に指揮命令を行い，当該労働者の労務提供先である者に使用者性を認める趣旨の見解であるから，上記批判は当たらないと反論している。

中労委命令の上記のような問題点を考えれば，支配力説の主張には一定の説得力がある。しかし，私は，労組法上の使用者に関する判断枠組みとしては，やはり労働契約基本説を支持したい。

まず，支配力説については，使用者概念の外延が過度に拡散し，不明確化するとの疑念をなお払拭できない。この点，支配力説は，派遣労働関係における労組法上の使用者概念については，労務提供先である派遣先事業主を使用者と解するのみで，派遣先の取引先等まで拡大する趣旨ではないと主張する[36]。しかし，支配力説の本旨は，「労働関係上の諸利益に対し，実質的な影響力ないし支配力を及ぼし得る地位にあるもの」を労組法上の使用者と解する点にある。そうだとすれば，たとえば，派遣先の取引先が派遣先に対して労働者派遣契約の中途解約を強く働き掛けるなどして派遣労働者の雇用の喪失に実質的影響力・支配力を及ぼしている場合は，どのように解されるのであろうか。この場合，派遣先のみに労組法上の使用者性を限定するのであれば，別途，そのように解する根拠を提示する必要があろう。他方，支配力説の本旨に従って派遣先の取引先等についても労組法上の使用者性を肯定するのであれば，「このような，外延がいくらでも増すような開放的な概念によって『使用者』を定義することは妥当でない」との従来からの批判[37]を免れないであろう。支配力説の意図は理解できるけれども，その法的構成にはなお疑問を禁じ得ない（この点については，Ⅳ 2(2)も参照）[38]。

---

(36) 緒方・前掲注(35)145頁。
(37) 下井隆史・労使関係法（有斐閣，1995年）106頁。同旨，前掲注(21)・中国地方整備局・九州地方整備局事件・中労委命令。
(38) また，仮に，派遣労働関係における労組法上の使用者概念の拡張の限度を派遣先事

第2章　労働者・使用者概念の再構築を提言する

一方，労働契約基本説は，それ自体としては，労組法上の使用者について安定的かつ妥当な判断を導き得る判断枠組みと解される。同説の主眼は，団体交渉を中心とする集団的労使関係の当事者としての使用者は，労働契約上の使用者とは異なるが，集団的労使関係といえども，労働者の労働条件その他の労働関係上の諸利益に関する交渉を中心に展開される以上，労働契約を基盤として成立するのが通常であり，そうでなくても，労働契約に近似ないし隣接する関係を基盤として必要とするというものであり，適切な判断枠組みと考える[39]。もとより，中労委命令のように，労働契約への隣接性・近似性を過度に要求することは，集団的労使関係の当事者としての使用者の独自性を見失い，団体交渉権保障の趣旨および不当労働行為制度の趣旨に反する結論をもたらす点で適切でないが，「労働契約またはそれに近似ないし隣接する関係」を求める労働契約基本説の枠組み自体は支持に値する。すなわち，中労委命令の問題点は，同命令における労働契約基本説の解釈・運用の問題点であり，労働契約基本説自体の問題点ではない。換言すれば，労働契約基本説を採用しつつ，そこに団体交渉権保障の趣旨および不当労働行為制度の趣旨を適切に組み込むことによって，派遣先事業主の使用者性についてこれら制度の趣旨・目的に即した解釈論を構築することは可能と考える。

(2)　近年の議論について

もっとも，以上の解釈に対しては，①近年の支配力説は，「不当労働行為法の適用を必要とする程度の支配・影響力」を労組法上の使用者性の判断基準と解した上，a）他企業の労働者を利用する者，b）将来もしくは過去の労働契

業主の使用者性に置くとの支配力説の主張を了解するとしても，間接支配類型（親会社・買収企業等の使用者性）の問題が残る。この点，不当労働行為における使用者概念は，直接使用類型だけではなく間接支配類型にも及ぶべきものであるところ，支配力説における使用者概念の過度の開放性という問題は，間接支配類型においても生ずることを考えると，直接支配類型において，派遣先の使用者性の肯定を限度とすることを理由に支配力説の問題点が解消すると評価することは困難と考える。この点については，緒方桂子＝竹内（奥野）寿＝土田道夫＝水島郁子「学界展望　労働法理論の現在──2011〜13年の業績を通じて──」日本労働研究雑誌644号（2014年）38頁参照。

(39)　菅野・前掲注(5)753頁。このことは，労組法7条が禁止する不当労働行為が「解雇その他の〔労働関係上の〕不利益取扱い」（1号）や「雇用する労働者との団体交渉の拒否」（2号）であること等から裏付けられると説かれる。

約当事者，c）他企業を事実上支配する者に類型化して判断すべきことを提唱しており，決して不明確とはいえないとの反論が行われている(40)。また，②さらに進んで，団体交渉義務（労組 7 条 2 号）の射程につき，団体交渉について労働契約を基盤とする関係と把握する労働契約基本説の基本的立場を批判して，上記射程を「労働契約」に限定する必要はないと解し，これを「労働者の労働条件などその経済的地位に関する事項，および，労使関係の運営に関する事項であって，使用者が使用者としての立場で実質的に決定または支配できるもの」と解すべきことを説く学説が提示されている(41)。②によれば，労組法上の使用者についても，労働契約を基本に考える見解（労働契約基本説）の妥当性・必然性が批判されることになろう(42)。

---

(40) 萬井・前掲注(35)57 頁。なお，同論文が近年の支配力説として紹介しているのは，西谷教授の見解である（西谷・前掲注(35)150 頁以下）。

(41) 水町勇一郎「団体交渉は組合員の労働契約のためにあるのか？──団体交渉の基盤と射程に関する理論的考察」根本到＝奥田香子＝緒方桂子＝米津孝司編・西谷敏先生古稀論集・労働法と現代法の理論［下］（日本評論社，2013 年）102 頁以下，108 頁。

(42) ここで，労組法上の使用者に関する判断と，労組法上の労働者（労組 3 条）に関する判断の関係について触れておきたい。本文で述べたとおり，労組法上の使用者性に関しては，労働契約基本説が優勢であるが，その対概念である労組法上の労働者性に関しては，むしろ，労働契約との関係（隣接性・近似性）を重視しない考え方が有力となっている。すなわち，判例は，労組法上の労働者について，①報酬の労務対価性および②使用従属性（業務遂行上の指揮監督および時間的・場所的拘束性）とともに，③事業組織への組入れおよび④契約内容の一方的決定の要素という，労基法・労働契約法上の労働者については重視されない要素を総合して判断している（INAX メンテナンス事件・最判平成 23・4・12 労判 1026 号 27 頁，新国立劇場運営財団事件・最判平成 23・4・12 民集 65 巻 3 号 943 頁等）。この傾向は，特に中労委命令において顕著であり，ソクハイ事件（中労委命令平成 22・7・7 別冊中労時 1395 号 11 頁）は，労組法上の労働者については，同法の趣旨・目的に鑑み，労働契約下にある者と同様に使用者との交渉上の対等性を確保するための労働組合法の保護を及ぼすことが必要かつ適切と認められる者として幅広く解した上，③事業組織への組入れ，④契約内容の一方的決定，①報酬の労務対価性によって判断する一方，②使用従属性については，③を構成する要素（補充的判断要素）に位置づけ，労働契約との関係性を意識的に排斥している（「労使関係法研究会報告書（労働組合法上の労働者性の判断基準について）」［2011 年 7 月］も参照）。

以上の点を踏まえると，同じく団体交渉を中心とする集団的労使関係の当事者である使用者について，労働契約との関係性を重視すること（労働契約基本説）の当否が問われることになろう。現に，支配力説の中には，判例上，労組法上の労働者が労基法・労働契約法上の労働者から明確に区別され，使用従属関係を必ずしも前提としないことが

第2章 労働者・使用者概念の再構築を提言する

　このうち，①については，確かに上記のような類型化を行えば，労組法上の使用者性が過度に不明確となる事態は，その限りでは回避できるように思われるが，他方，そうした類型化によって使用者性を肯定される者以外の者（たとえば，前述した派遣先企業の取引先）の使用者性を否定する根拠はなお不明確であると思われる。もっとも，こうした新たな支配力説によれば，労働契約基本説に立脚しつつ使用者性を柔軟かつ実質的に解する私見（Ⅴ・Ⅵ）との違いは縮小する可能性があり，そうなると，両説のより重要な対立点は，労働契約を基本として労組法上の使用者性を考えるか（労働契約基本説），法形式のいかんに関わらず，労働関係に対して影響力・支配力を行使する者の団結権侵害行為の排除という点を重視して考えるか（支配力説）という理論的対立に移行する[43]。この点に関する②の学説の問題提起は理論的に重要と思われるが，ここでは指摘にとどめ，以下，上述した理由から労働契約基本説を支持しつつ，

　　　確認された以上，それと相関的に確定される労組法上の使用者性について，労働契約関係を基準とすることには慎重であるべきと指摘する見解がある（米津孝司「日本法における集団的労働法上の『使用者』」労旬1792号［2013年］43頁）。
　　　思うに，中労委命令に関しては，労組法上の労働者については労働契約との関係性という視点を排斥しながら，労組法上の使用者について，もっぱら労働契約への隣接性・近似性の観点から確定する判断を行うこと（労働契約基本説）は，労組法上の労使当事者に関する判断として整合性を欠く面があるものと解される。一方，私見については，私は，労組法上の使用者のみならず，労組法上の労働者についても労働契約基本説を支持し，労働契約の基本的要素である使用従属性を要件と解する（土田道夫『『労働組合法上の労働者』は何のための概念か」季労228号（2010年）135頁以下，同『『労働者』性判断基準の今後──労基法・労働契約法上の『労働者』性を中心に」ジュリスト1426号［2011年］55頁以下）ため，論理的整合性の面では問題はないと考える（私見のエッセンスは，労組法上の労働者について，前掲判例が提示した①③④の3要素とともに，②使用従属性の要素を重視しつつ，使用従属性について，労組法の趣旨・理念に鑑み，契約の実際の運用や当事者の認識に即して実質的かつ柔軟に解釈するというものである）。問題は，そもそも労組法上の労働者・使用者双方について労働契約を基本に考えること（労働契約基本説）の当否であり，その点に対する批判があり得ることは認識している（本文で紹介した②の学説［水町・前掲注(41)84頁以下は，労組法7条2号の「雇用する労働者」について労働契約を基本に考える私見［土田道夫「石綿関連疾病患者による退職後の団交要求と『雇用する労働者』性」中労時1113号［2010年］7頁］への批判を踏まえて議論を展開している）。ここでは指摘にとどめるが，もとより重要な課題であり，引き続き検討していきたい。

(43)　西谷・前掲注(35)150頁。

そこに団体交渉権保障の趣旨および不当労働行為制度の趣旨を組み込むことで適切な解釈論を構築することを試みたい。順次,「労働契約に隣接する関係」類型,「労働契約に近似する関係」類型に分けて検討する。

V 「労働契約に隣接する関係」類型

1 「雇用関係成立の現実的・具体的可能性」要件の解釈

(1) 問題の所在

前記のとおり,「労働契約に隣接する関係」類型については,中労委命令のように,労組法上の使用者の要件である雇用関係成立の現実的・具体的可能性と労働契約成立の現実的・具体的可能性を同一視する必要はない。むしろ,団体交渉権保障の趣旨および不当労働行為制度の趣旨を踏まえれば,雇用関係成立の現実的・具体的可能性要件については,「派遣先事業主との間で雇用関係成立をめぐる交渉・協議が行われる可能性が現実的・具体的に存在すること」を意味するものと解すべきである。そうした段階に至れば,派遣労働者の直用化を含む雇用安定問題を派遣先との間の団体交渉によって解決することが必要かつ適切と認められるからである[44]。この結果,派遣先事業主の労組法上の使用者性を肯定する道が開かれることになる。

では,上述した意味での雇用関係成立の現実的・具体的可能性(派遣先事業主との間で雇用関係成立をめぐる交渉・協議が行われる可能性が現実的・具体的に存在すること)を肯定するための要件をどのように考えるべきか。この点については,中労委命令を含む労委命令が指摘するとおり,労働者派遣法40条の4が定める直接雇用申込義務に即して考えるべきであろう。問題は,40条の4が定める要件をすべて充足することを求めるか否か,否とすれば,どの程度充足する必要があると解すべきかである。

この点,中労委命令は,労働者派遣法40条の4は直接雇用申込義務に関する公法的規律にとどまり,派遣先事業主に対して私法上の直接雇用義務(労働

---

[44] この点,前掲注(28)・パナソニックホームアプライアンス事件・滋賀県労委命令は,派遣先企業に直接雇用申込義務が発生し,労働条件について派遣労働者と誠実に交渉すべき状況となった段階では,両者間に雇用関係成立の現実的・具体的可能性が発生すると判断しており,直接雇用申込義務を上記可能性の要件と解する点(V2(2)参照)を除けば,私見と同様の立場と解される。

第2章　労働者・使用者概念の再構築を提言する

契約締結義務）を課すものでないことを理由に，そもそも直接雇用申込義務によって雇用関係成立の現実的・具体的可能性は発生しないと説く。しかし，判例（前掲朝日放送事件）が説くとおり，使用者による団結権侵害行為の排除と正常な労使関係の回復という不当労働行為制度の趣旨によれば，労組法上の使用者を契約当事者としての使用者に限定する必要はないのであるから（Ⅱ1），この点を理由に雇用関係成立の現実的・具体的可能性を否定することは適切でない。前記のとおり，雇用関係成立の現実的・具体的可能性については，いかなる場合に派遣先の団体交渉上の使用者性を認めるべきかという労組法独自の観点から判断すべきである[45]。

　問題は，雇用関係成立の現実的・具体的可能性の要件として，直接雇用申込義務（労派遣40条の4）のすべての要件（派遣可能期間の経過，派遣元企業による抵触日通知，派遣可能期間経過後に派遣労働者を継続して使用することについての派遣先事業主の意思［継続使用意思］の各要件）の充足を求めるべきか否かである。この点，中労委命令（前掲ショーワ事件，パナソニックホームアプライアンス事件等［Ⅲ2(1)］）は一貫して上記要件の充足を厳格に求める立場に立つが，派遣元による抵触日通知（労派遣35条の2第2項）については，その充足の必要性を否定する都道府県労委命令も見られる（前掲川崎重工業事件・兵庫県労委命令，前掲パナソニックホームアプライアンス事件・滋賀県労委命令［Ⅲ3(1)］）。

---

(45)　派遣労働者の直用化要求事案に関する民事事件裁判例では，派遣労働者・派遣先事業主間の黙示の労働契約の成否を争う紛争が多発しているが（前掲注(1)），そこでは，労働者派遣法上の直接雇用申込義務（40条の4）と，黙示の労働契約の成否の関係について，派遣先が直接雇用申込義務に違反して労働契約の申込みをしなかったことが労働契約の成立という私法上の効果を発生させるか否かが争われている。この点，裁判例は，直接雇用申込義務は公法上の義務にとどまることから，派遣先が同義務に反して雇用契約の申込みをしなかったからといって，直ちに労働契約成立と効果を発生させるわけではないと判断している（日本精工事件・東京地判平成24・8・31労判1059号5頁，三菱電機事件・名古屋高判平成25・1・25労経速2174号3頁等）。

　思うに，派遣労働者・派遣先事業主間の労働契約の成否が問題となる場合，直接雇用申込義務が公法的規律を内容とする以上，労働契約の成立という私法上の効果に直結しないことは当然と解される。しかし，そのことと，労組法上の使用者性の前提を成す雇用関係成立の現実的・具体的可能性要件の解釈とは別の問題であり，後者については，労組法の団体交渉権保障の趣旨および不当労働行為制度の趣旨を踏まえてより柔軟に考えるべきである。

(2) 考　　察

　私は，雇用関係成立の現実的・具体的可能性との関係では，直接雇用申込義務の要件のうち，派遣可能期間の経過は必須の要件と考えるが，それ以外の要件の充足を求める必要はないと考える[46]。

　まず，労働者派遣法40条の4の直接雇用申込義務を問題とする以上，同条が定める派遣可能期間の経過という基本的要件を充足する必要があることは当然である。これに対し，抵触日通知要件の充足は不要と考える。上記のとおり，雇用関係成立の現実的・具体的可能性については，労組法独自の観点から判断すべきものであり，派遣法40条の4の要件の充足を杓子定規に求める必要はない。また，派遣可能期間が経過すれば，抵触日通知の有無にかかわらず，派遣労働者の直用化を含む雇用安定措置をめぐる問題が顕在化することから，同問題について，派遣先事業主との間で雇用関係成立をめぐる交渉・協議が行われる現実的・具体的可能性が発生するものと解される。さらに，偽装請負事案をはじめとして，派遣元企業が抵触日通知を怠ったことの法的リスク（雇用関係成立の現実的・具体的可能性の発生）は，派遣元・派遣先が負担すべきものであり，これを雇用関係成立の現実的・具体的可能性の否定として派遣労働者に転嫁することは，労組法の解釈としても派遣法の解釈としても公平を欠く。したがって，抵触日通知要件の充足を雇用関係成立の現実的・具体的可能性の要件と解する必要はない。この点，中労委命令の立場は，労組法の解釈としては，労働者派遣法の規律に過度に拘泥するものと解される[47]。

---

(46)　派遣先事業主が直用化要求事案において団体交渉義務を負うのは，直接雇用申込義務（労派遣40条の4）を負う場合に限られないと説く見解として，西谷・前掲注(35)154頁［脚注20］，萬井隆令「労組法上の『使用者』概念と義務的団交対象事項」労旬1739号（2011年）47頁。

(47)　前記のとおり（前掲注(45)），裁判例では，直接雇用申込義務（労派遣40条の4）と黙示の労働契約の成否との関係が争われているが，その前提として，派遣元企業による抵触日通知が直接雇用申込義務の発生要件か否かが争点となっている。この点，裁判例は，派遣元による抵触日通知を直接雇用申込義務の要件と解し，同通知を欠く場合はそもそも直接雇用申込義務は発生しないと判断するものが多い（前掲注(45)・日本精工事件，前掲注(45)・三菱電機事件，国［神戸刑務所・管理栄養士］事件・大阪高判平成25・1・16労判1080号73頁）。この解釈もこれでよいが，ここでも，労組法上の使用者性の前提を成す雇用関係成立の現実的・具体的可能性要件の解釈は別の問題であり，この点については，抵触日通知要件の充足を厳格に考えるべきではない。

第2章　労働者・使用者概念の再構築を提言する

　では，抵触日通知要件を雇用関係成立の現実的・具体的可能性の要件から除外する上記2つの都道府県労委命令については，いずれを妥当と解すべきか。ともに成立し得る構成であるが，上記のとおり，雇用関係成立の現実的・具体的可能性について，労組法独自の観点から判断すべきものと解する立場から，これと同旨の前掲川崎重工業事件・兵庫県労委命令を支持したい。その際には，同命令が説くように，労働者派遣法40条の4が派遣労働者の雇用の安定を趣旨としていることや，労働局等の行政機関が雇用安定措置に関する行政指導を行った事実（同事件の場合は，派遣可能期間の経過に伴い，派遣労働者の雇用安定措置を講じることを前提に是正すべきとの指導）を十分考慮すべきであろう。これに対し，中労委命令（ショーワ事件等）のように，行政機関が直接雇用の行政勧告・指導を行うに至ってはじめて雇用関係成立の現実的・具体的可能性が発生するものと解し，そうした行政的関与が行われない限り同可能性を否定することは適切でない。抵触日通知の欠如の場合と同様，派遣可能期間が経過すれば，行政機関の関与にかかわらず，派遣労働者の直接雇用を含む雇用安定問題を派遣先との間の団体交渉によって解決する現実的・具体的可能性が発生するのであるから，直接雇用の勧告・指導という強度の行政的関与を雇用関係成立の現実的・具体的可能性の要件と解すべき理由はないと考える[48]。

　また，派遣先事業主の継続使用意思の要件も不要と考える。すなわち，労働組合の団体交渉申入れの時点で，派遣先にそのような意思がない場合も，派遣労働者の直接雇用を含む雇用安定措置に関する団体交渉の過程で，派遣先が上記の意思を有するに至ったり，直接雇用以外の雇用安定措置に関する交渉・協議が行われる可能性は十分存在する。したがって，派遣先事業主の継続使用意思の欠如を理由に，雇用関係成立の現実的・具体的可能性を否定する必要はないと考える[49]。

---

(48)　竹内(奥野)・前掲注(17)解説32頁参照。まして，前掲注(20)・パナソニックホームアプライアンス事件・中労委命令や，前掲注(21)東海市事件・中労委命令，日本電気硝子ほか1社事件・中労委命令のように，労働局による指導等が行われているにもかかわらず，それが直接雇用の要請に至っていないことを理由に雇用関係成立の現実的・具体的可能性を否定する解釈は著しく妥当性を欠く。こうした段階に至れば，団体交渉によって直接雇用またはそれ以外の雇用安定措置（Ⅵ2参照）に関する問題を解決する可能性は高まるのであるから，雇用関係成立の現実的・具体的可能性を認め，派遣先の労組法上の使用者性を肯定すべきである。

2 派遣先事業主による紛争解決の可能性・適切性

一方，直接雇用申込義務（労派遣40条の4）によって雇用関係成立の現実的・具体的可能性が発生したからといって，直ちに「労働契約に隣接する関係」が肯定され，派遣先事業主の労組法上の使用者性が肯定されるわけではない。すなわち，派遣先の団体交渉義務（労組法上の使用者性）を肯定する以上，派遣先において，当該紛争を解決・処理することが可能かつ適切であることが要件となるものと解される。この点，労組法上の使用者に相対する概念である「雇用する労働者」（労組7条2号）については，労働者が退職後（労働契約終了後）はじめて顕在化した紛争（在職中の石綿ばく露による疾病が退職後に顕在化した問題）について団体交渉を申し入れた場合の使用者の団体交渉義務に関して，肯定説を採用しつつ，「使用者において，当該紛争を処理することが可能かつ適切であること」を要件と解する立場が確立されている[50]。この要件は，労組法上の使用者性に即していえば，まさに「労働契約に隣接する関係」（近い過去において労働契約があった者との関係）の要件となるべきものであり，派遣労働者の直用化要求事案（近い将来において雇用関係に立つ可能性がある者との関

---

(49) もっとも，派遣労働者が派遣元企業を退職したり，派遣元企業・派遣先事業主間の労働者派遣契約が解約された結果，派遣先に継続使用意思を認めることが客観的に見て不可能な場合は，継続使用意思要件の欠如によって雇用関係成立の現実的・具体的可能性を否定すべきである。この点，滋賀県労委は，こうしたケースについて，いったん発生した直接雇用申込義務が消滅する結果，雇用関係成立の現実的・具体的可能性も否定されると構成している（前掲注(28)・パナソニックホームアプライアンス事件・滋賀県労委命令，日本精工事件・滋賀県労委命令平成23・4・21別冊中労時1419号1頁，日本電気硝子ほか1社事件・滋賀県労委命令平成23・12・8命令集未登載）。ただし，滋賀県労委は，この場合も，雇用安定措置について派遣先企業の使用者性を肯定している（Ⅵ 2(2)）。

(50) 住友ゴム工業事件（大阪高判平成21・12・22労判994号81頁）。同旨，ニチアス事件・東京地判平成24・5・16労経速2149号3頁。「雇用する労働者」については，当該紛争が雇用関係と密接に関連して発生したことと，団体交渉の申入れが雇用関係終了後，社会通念上合理的といえる期間内にされたことの2点も要件と解されている。これに対して，中労委は，原則的否定説を採用しつつ，石綿ばく露から発症まで長期間の経過を要するという石綿関連疾病の特殊性を考慮して，在職中に当該紛争が顕在化しなかったことについてやむを得ない事情が認められる場合に，例外的に肯定する立場（ニチアス事件・中労委平成22・3・31労経速2077号22頁）に立っている。私は否定説を支持している（土田・前掲注(42)判批〔中労時1113号〕5頁以下）。

係）においても同様に解すべきであろう。

　もっとも，この要件の充足については，派遣労働者が加入する労働組合が申し入れた交渉事項の内容によって決すべきであろう。仮に，組合が申し入れた交渉事項が派遣先事業主による直用化に限定され，かつ，客観的に見て派遣先に直接雇用の余地がない場合は，派遣先による紛争解決の可能性・適切性はなく，雇用関係成立の現実的・具体的可能性は否定されるものと解される（前掲川崎重工業事件・兵庫県労委命令参照）。これに対し，組合の要求事項が派遣先による直接雇用に限られず，その他の雇用安定措置（関連企業・取引先への就業あっせん等）を含むものであれば，なお派遣先との団体交渉を通じて問題を解決する可能性があるといえるから，雇用関係成立の現実的・具体的可能性を肯定し，派遣先事業主の労組法上の使用者性を肯定すべきである[51][52]。

Ⅵ 「労働契約に近似する関係」類型

1 「雇用主と同視できる程度の現実的・具体的支配」要件の解釈
(1) 一般的要件の定立

　前記のとおり，「労働契約に近似する関係」類型については，雇用主と同視できる程度の現実的・具体的支配要件について，労働契約上の使用者が採用・配置・雇用の終了（雇用そのもの）について有するのと同程度の支配・決定力を要求する必要はない。むしろ，団体交渉権保障の趣旨および不当労働行為制度の趣旨を踏まえれば，雇用主と同視できる程度の現実的・具体的支配要件については，派遣先事業主が派遣労働者の直用化を含む採用・配置・雇用の終了

---

(51) この点，中国地方整備局・九州地方整備局事件（広島県労委命令平成23・6・24労判1029号94頁）は，労働組合の要求事項が直接雇用に限定されておらず，広く雇用確保措置に及んでいたという事情の下では，団体交渉を通じて当該問題を解決する可能性があると解し，派遣先（国）の労組法上の使用者性を肯定する一理由としている。本稿と同様の立場と解される。

(52) これに対しては，派遣先事業主による紛争解決の可能性・適切性の要件は，派遣先の労組法上の使用者性の要件ではなく，使用者性を肯定した後の義務的団交事項の要件（使用者による処分可能性の要件［菅野・前掲注(5)655頁］）に位置づければ足りるとの批判があり得る。確かに一理あるが，労働契約関係の存在を前提とする団体交渉関係であればともかく，労働契約が存在しない場合の派遣先の団体交渉義務（労組法上の使用者性）を肯定するためには，「労働契約に隣接する関係」の要件として，派遣先による紛争解決の可能性・適切性の要件を肯定すべきであると考える。

について実質的関与・影響力を及ぼしていることを意味するものと解すべきである。そうした状況の下では，派遣労働者の直用化問題を派遣先との間の団体交渉によって解決することが必要かつ適切と認められるからである。また，派遣労働者が加入する労働組合が派遣労働者の直用化のみならず，就業あっせん等の雇用安定措置の実施を求めている場合は，派遣先は，同事項について雇用主と同視できる程度に現実的かつ具体的に支配・決定できる地位にあるものと解し，労組法上の使用者性を肯定すべきである。この結果，派遣先事業主の労組法上の使用者性を肯定する道が開かれることになる。

　もっとも，以上のうち，派遣先事業主の実質的関与・影響力を重視する解釈に対しては，前掲朝日放送事件（Ⅱ1）が定立した雇用主と同視できる程度の現実的・具体的支配要件は，「雇用主と同視できる程度の」支配・決定力を求めているのであるから，労働契約上の使用者が採用・配置・雇用終了について有するのと同程度の支配・決定力を求めるのは当然との反論がなされ得る。しかし，派遣労働者の直用化要求事案においては，「雇用主と同視できる程度の」支配・決定力の要件をより実質的に解し，緩和して考えるべきである。その理由は，朝日放送事件の事案と派遣労働者の直用化要求事案との違いにある。

　前記のとおり（Ⅲ1），朝日放送事件では，派遣先企業が現に派遣労働者を受け入れて使用している場面における就労条件をめぐる派遣先企業の労組法上の使用者性が問題となったため，派遣先企業について雇用主と同視できる程度の現実的・具体的支配・決定を認めることは比較的容易であった（同事件最判は，受入会社が労働者の勤務時間や労務提供の態様を決定し，その社員であるディレクターの指揮監督の下で就労させている等の事実認定を踏まえてこの点を肯定している）。これに対し，派遣労働者の直用化要求事案では，派遣労働者・派遣先事業主間の使用関係（労働者派遣関係）が終了しており，派遣労働者の採用・配置・雇用終了は，形式的にはもっぱら派遣元企業の決定事項となるため，派遣先の労組法上の使用者性を肯定することは著しく困難となる[53]。しかし，派遣先が派遣労働者の直用化を含む雇用管理に実質的影響力を及ぼしている場合に，上記のような帰結を認めることは，団体交渉権保障の趣旨および不当労働行為制度の趣旨から見て狭きに失し，適切でない。したがって，労働者の直用

---

(53)　緒方・前掲注(35)141頁参照。

化要求事案においては，雇用主と同視できる程度の現実的・具体的支配要件を実質的かつ柔軟に解し，派遣先が派遣労働者の採用・配置・雇用の終了に実質的関与・影響力を及ぼしていれば足りると解すべきである[54]。

(2) **具体的解釈**

(ア) では，派遣先事業主が派遣労働者の直用化を含む採用・配置・雇用の終了に実質的関与・影響力を及ぼしていると評価できるのはいかなる場合か。まず，派遣先が派遣元企業に対して特定の派遣労働者の採用・配置・解雇を指示するなど，上記事項を直接決定している場合が挙げられる。しかし，こうしたケースは実際上は稀であろう。

(イ) 次に，派遣先事業主が派遣労働者の採用・配置・雇用の終了を直接決定していない場合も，派遣元企業の上記行為に決定的な影響を及ぼす関与を行っている場合は，派遣先による実質的関与・影響力を肯定できるものと解される。その典型例が前掲タイガー魔法瓶事件・大阪府労委命令（Ⅲ3(2)）であり，派遣先企業が派遣元企業・派遣労働者間の雇用契約の締結に先立ち，派遣労働者と直接面談するなどして採用に深く関与し，労働者派遣契約の解除についても，派遣先が派遣元に働き掛けるなど主導して行ったとの認定を踏まえて，派遣先企業が派遣労働者の就労の継続を現実的かつ具体的に支配・決定できる地位にあったと解し，労組法上の使用者性を肯定している。こうしたケースでは，派遣先が派遣労働者の採用・配置・雇用の終了について実質的関与・影響力を行使しているものと解し，雇用主と同視できる程度の現実的・具体的支配要件の充足を肯定すべきである。

また，前掲東海市事件・中労委命令（Ⅲ2(2)）は，派遣先（市）が請負企業から派遣された英語担当の外国人職員を小中学校に配置する過程では相当程度影響力を行使していたといえるものの，同職員の採用や雇用の終了については請負企業が支配・決定しているとして市の労組法上の使用者性を否定している。

---

[54] この点，支配力説は，「雇用主と同視できる程度」要件について，本来であれば雇用主が有する程度の支配力という機能を示すものにすぎず，派遣労働者と派遣先が労働契約を締結しているのと同視し得る程度という意味に理解すべきではないと指摘するが（緒方・前掲注(35)論文143頁，井上耕史「派遣先の団交応諾義務——中国・九州地方整備局事件・中労委命令平24・11・21」労旬1814号〔2014年〕18頁），直用化要求事案については，労働契約基本説に立つ私も同様に解する。

しかし，本件では，職員の雇用の終了については，同職員の教育方法を疑問視した請負企業が独自の立場で雇用の終了を決定したと見られる一方，職員の採用については，受託会社の変更に際して小学校の教務主任が職員に対して請負企業への応募を進めるなど，市が一定程度関与していたことを窺わせる事実が存在する。職員の配置に関する関与と併せて，市による実質的関与・影響力の行使について，より踏み込んで検討する余地があったように思われる。

(ウ) これに対して，前掲中国地方整備局・九州地方整備局事件（Ⅲ2(2)）は，派遣労働者の採用・配置・雇用の終了（雇用そのもの）に関する派遣先事業主の労組法上の使用者性が争点となった事案と捉える限り，派遣先がこれら雇用管理に実質的影響力を及ぼしていると評価することは困難と解される。この点，同事件の初審命令である広島県労委命令[55]は，国が派遣労働者の雇用について直接，支配・決定できる場合はもちろん，それに準じて，当該事項に深く関与し，団体交渉を通じた問題解決に寄与すべき地位と可能性を有している者も含むとの一般論を前提に，派遣先事業主（国）と派遣元企業間の車両管理業務委託契約が20年以上継続し，毎年度締結が想定される状況が続いていたことや，国が派遣労働者を偽装請負形態で業務に従事させ，労働局から雇用安定措置を講じるよう是正指導を受けていたこと等の事実関係によれば，国は，派遣労働者の雇用確保という組合の要求事項について深く関与し，その解決に寄与すべき立場にあったとして労組法上の使用者性を肯定している。後述するとおり（Ⅵ2(2)），この判断視角自体は積極的に評価できるが，上記の事実関係は，派遣先が派遣労働者の採用・配置・雇用の終了について実質的関与・影響を及ぼしているとの評価を基礎づけるには不十分であると考える。むしろこの点では，中労委命令の判断（Ⅲ2(2)）の方が妥当と解される。

2 雇用安定措置の実施に関する派遣先事業主の使用者性
(1) 概　説

もっとも，上記のようなケースでも，派遣先事業主の労組法上の使用者性を肯定すべき場合はあると考える。それは，派遣労働者が加入する労働組合が，直用化要求のみならず，関連企業・取引先への就業あっせんや金銭補償等の雇

---

(55) 前掲注(51)・中国地方整備局・九州地方整備局事件・広島県労委命令。

用安定措置の実施を求めている場合である。派遣労働者の直用化事案の多くは，労働局による雇用安定措置・就業適正化措置の行政指導を受けて行われているため，こうした多様な雇用安定措置の要求を含むものとなっている（たとえば，前掲川崎重工業事件，前掲中国地方整備局・九州地方整備局事件等）。

思うに，こうした事案については，派遣先事業主は，特段の事情がない限り，雇用主と同視できる程度に現実的かつ具体的に支配・決定できる地位にあり，労組法上の使用者に該当すると解すべきである。上記のとおり，派遣労働者の直用化要求事案においては，派遣労働者の採用・配置・雇用の終了（雇用そのもの）に関する派遣先企業の実質的関与・影響力を肯定することは困難を伴うが，同事項と雇用安定措置の実施は別個の交渉事項であり，かつ，雇用安定措置の実施については，派遣先が自ら決定し処分すべき事項と評価できるからである。この点は，団体交渉権保障の趣旨および不当労働行為制度の趣旨から要請されるとともに，派遣労働者の雇用の安定を趣旨とする労働者派遣法によっても規範的に要請されるものといえよう。

すなわち，団体交渉権保障の趣旨および不当労働行為制度の趣旨によれば，雇用主と同視できる程度の現実的・具体的支配要件については，その対象事項である団体交渉事項についても，可能な限り幅広く解釈することが要請される。この点，雇用安定措置の実施は，派遣先事業主が自らの裁量によって決定・処分することが可能な事項であり，雇用主と同視できる程度に現実的・具体的に支配・決定できる事項と考えるべきである[56]。一方，労働者派遣法は，直接雇用申込義務（労派遣40条の4）をはじめとする派遣労働者の直接雇用促進規定を設けるとともに，「派遣先が講ずべき措置に関する指針」（平成21・3・31厚労告244号）において，派遣労働者の帰責事由以外の事由に基づく労働者派遣契約の中途解除を前提に，派遣先に対し，関連会社での就業あっせん等による新たな就業機会の確保を求めるなど，派遣労働者の雇用の安定を基本政策に位置づけている（上記のとおり，この政策に基づいて，偽装請負を含む多様な事案について，労働局による雇用安定措置の行政指導が行われている）。のみならず，

---

(56) 前掲注(7)・朝日放送事件は，派遣先事業主の労組法上の使用者性について，派遣労働者の「基本的な労働条件」に関する現実的・具体的支配・決定を要件とするが，本文に述べる労働者派遣法の政策を踏まえれば，雇用安定措置の実施は，優に「基本的な労働条件」に該当するものと解される。

この雇用安定措置は，2012年の労働者派遣法改正により，同法上の措置義務に格上げされ（29条の2），派遣先が講ずべき法律上の措置義務として格段に強化されるに至っている。以上のような労組法・労働者派遣法の基本趣旨・基本政策を踏まえれば，派遣先は，雇用安定措置の実施について，雇主と同視できる程度に現実的かつ具体的に支配・決定できる地位にあるものと解すべきである[57]。

(2) 中労委命令・都道府県労委命令の検討

(ア) 都道府県労委命令

この点で注目されるのが，前掲ブリヂストンケミテック事件・三重県労委命令（Ⅲ3(2)）である。同命令の事案そのものは，派遣労働者の直用化要求事案であり，労働組合の交渉要求事項が雇用安定措置の実施を含むものではなかったものの，命令は，派遣先企業は労働局の是正指導に基づく就業適正化措置の前提として雇用安定措置を講ずべき立場にあったところ，これら雇用安定措置は，会社が自ら決定し処分すべき事項であるとして，雇主と同視できる程度に現実的かつ具体的に支配，決定できる地位にあると判断している。組合による団体交渉申入事項を派遣労働者の直接雇用ではなく，派遣労働者の雇用安定措置と解釈することにより，雇主と同視できる程度の現実的・具体的支配要件の充足を肯定した例であり，優れた判断と評価できる[58]。

また，前掲中国地方整備局・九州地方整備局事件・広島県労委命令（Ⅵ1(2)）は，派遣労働者の採用・配置・雇用の終了（雇用そのもの）について雇主と同視できる程度の現実的・具体的支配を肯定する点では無理があるが，交渉事項を雇用安定措置として構成すれば妥当な判断と解される。すなわち，本件で

---

(57) 本庄・前掲注(2)論文28頁は，この法改正により，派遣先は，派遣労働者の直用化や新たな就業機会の確保を含め，「派遣労働者の雇用の安定を図るために必要な措置」（改正労派遣29条の2）をめぐる団体交渉について労組法上の使用者性を認められるに至ったと説く。

(58) 同旨，石田・前掲注(19)判批11頁。ただし，本件命令については，労働組合の要求事項が派遣労働者の直用化に限定され，雇用安定措置の実施を含むものではなかったにもかかわらず，これを同措置の実施の要求と解釈した上，雇主と同視できる程度の現実的・具体的支配要件の充足を認めた点に疑問がある。雇用安定措置の実施について，派遣先企業が雇主と同視できる程度に支配・決定できる事項とされるのは，あくまで労働組合が当該事項を要求した場合に限られると考えるべきであろう。

第2章　労働者・使用者概念の再構築を提言する

は，組合は派遣労働者の直用化のみならず，それ以外の雇用安定措置も要求していたところ，前記の事実関係によれば，当該事項については，派遣先である国はまさに深く関与し，その解決に寄与すべき立場にあると評価できるので，同事項に関しては，労組法上の使用者に該当するものと解すべきである。

さらに，滋賀県労委は，一連の命令において，労働組合が「これまでの中間搾取と違法な労働者供給事業に対する補償をすること」あるいは「過去に労働者派遣法違反の状態で使用してきたことに起因する問題の金銭的解決」を要求した事案につき，派遣先企業の継続使用意思の消滅によって直接雇用申込義務が消滅し，その結果，雇用関係成立の現実的・具体的可能性が否定されるとの判断を前提に，かかる場合も，派遣先企業が派遣労働者の雇用機会の確保に努め，過去の違法派遣によって生じた不利益の補償を行うなど処分可能な問題は残されていると解し，その限りで労組法上の使用者に当たると判断している[59]。この判断は，雇用安定措置の中でも，将来に向けた就業あっせん等の措置ではなく，過去の違法派遣に起因する派遣先の責任追及（金銭補償）を団体交渉事項として肯定したものであるが，派遣先が現実的・具体的に支配・決定できる交渉事項をきめ細かく認定し，派遣先の団体交渉義務を幅広く解する判断であり，団体交渉権保障の趣旨に合致する判断と解される[60][61]。

---

(59) 前掲注(28)・パナソニックホームアプライアンス事件・滋賀県労委命令，前掲注(49)・日本精工事件・滋賀県労委命令，日本電気硝子ほか1社事件・滋賀県労委命令。継続使用意思・直接雇用申込義務の消滅と雇用関係成立の現実的・具体的可能性の関係をめぐる滋賀県労委命令の判断については，Ⅴ2および前掲注(49)参照。

(60) なお，滋賀県労委の一連の命令（前掲注(59)）は，過去の違法派遣に起因する金銭補償等の問題が派遣先にとって処分可能と判断する前提として，雇用主と同視できる程度の現実的・具体的支配要件に言及しておらず，「労働契約に近似する関係」類型に関する判断として行っているのか否かは必ずしも明らかでない。しかし，その判断内容を見ると，派遣先事業主について，雇用主と同視できる程度の現実的・具体的支配を問題としていることはほぼ明らかと解される。

(61) なお，派遣労働者・派遣先事業主間の黙示の労働契約の成否が争われた事案（前掲注(1)(45)）に関する近年の裁判例の多くは，黙示の労働契約の成立を否定しつつも，①派遣先は，派遣労働者との社会的接触関係に基づいて，信義則に沿って対応すべき条理上の義務を負い，派遣労働者の勤労生活を著しく脅かす行為が認められるときは不法行為責任を負うと判断し，または，②派遣先は派遣労働者の雇用の維持・安定に対する合理的期待をいたずらに損なうことがないよう一定の配慮をすべきことを信義則上要請されていると判断して，派遣先の損害賠償責任を肯定している（①の例として，パナソ

(イ) 中労委命令

これに対し，前掲中国地方整備局・九州地方整備局事件・中労委命令（Ⅲ 2 (2)）には疑問がある。すなわち，中労委は，本件における労働組合の団交事項が派遣労働者の直用化とともにその他の雇用の確保（他の就業機会の確保等）を含んでいたとの事実を認定しながら，これら団交事項は派遣労働者の採用・配置・雇用の終了（雇用そのもの）に関わる事項と評価し，派遣先（国）の使用者性を肯定するためには，これら事項について雇用主と同視できる程度に現実的かつ具体的な支配力を有することを要すると判断している。しかし，上記のとおり，雇用安定措置の実施は，派遣労働者の直用化とは別個の交渉事項であり，かつ，同事項については，派遣先は，労組法および労働者派遣法の趣旨に照らして，雇用主と同視できる程度に現実的かつ具体的に支配・決定できる地位にあるものと解すべきである。中労委の判断は，雇用安定措置の実施という交渉事項の法的評価を誤るとともに，雇用主と同視できる程度の現実的・具体的支配要件を過度に厳格に解するものと解される[62][63]。

ニックエコシステムズ事件・名古屋高判平成 24・2・10 労判 1054 号 76 頁，前掲注(45)・日本精工事件，②の例として，前掲注(45)・三菱電機事件）。もとよりこれらの判断は，派遣先事業主の民事責任（不法行為責任）に関する判断であるが，そこで示された派遣先の法的責任に関する考え方は，派遣労働者の直用化や雇用安定措置について，派遣先が雇用主と同視できる程度に現実的かつ具体的に支配・決定できる地位にあることを認める解釈を基礎づける要素となり得よう（石田・前掲注(19)判批 11 頁）。

(62) 井上・前掲注(54)解説 19 頁参照。同様に，前掲(21)・日本電気硝子ほか 1 社事件・中労委命令にも疑問がある。すなわち，同命令は，労働組合が要求した「これまでの中間搾取と違法な労働者供給事業に対する補償をすること」との要求事項につき，派遣労働者が派遣先企業に直接雇用されていたならば得られたであろう賃金差額相当額等の補償を求める趣旨のものと解した上，派遣先企業が派遣労働者の採用，配置，雇用の終了について雇用主と同視できる程度の現実的・具体的支配力を有していることを要件と判断している（前掲注(26)参照）。しかし，この交渉事項については，滋賀県労委命令（前掲注(49)日本電気硝子ほか 1 社事件）が説くとおり，「労働者派遣法違反の状態で［派遣労働者を］使用してきたことに対する補償」を求める旨の交渉事項と解する方が正鵠を得ており，また，派遣先企業が雇用主と同視できる程度に支配・決定できる事項を幅広く解釈する判断となり，団体交渉権保障の要請にも合致すると考える。

(63) 一方，前掲注(17)・ショーワ事件・中労委命令は，労働組合が派遣労働者の「次の就労先の確保」を求めて団体交渉を申し入れたことにつき，「派遣先が講ずべき措置に関する指針」を踏まえれば，直用化要求とは別に，派遣先企業が同事項について雇用主と同視できる程度の現実的・具体的支配要件を充足する余地があると解した上，本件で

第2章 労働者・使用者概念の再構築を提言する

3 派遣先事業主による紛争解決の可能性・適切性

「労働契約に近似する関係」類型においても，「労働契約に隣接する関係」類型と同様，派遣先事業主の労組法上の使用者性を肯定するためには，派遣先において，当該紛争を解決することが可能かつ適切と評価できることが要件となる。すなわち，ここでも，労働組合が申し入れた交渉事項が派遣先による直用化に限定され，かつ，客観的に見て派遣先企業に直接雇用の余地がない場合は，派遣先による紛争解決の可能性・適切性は否定される一方，組合の要求事項が雇用安定措置の実施を含むものであれば，派遣先による紛争解決の可能性・適切性を肯定し，派遣先の労組法上の使用者性を肯定すべきである。一方，労働組合の交渉事項が雇用安定措置の実施を内容とする場合は，雇用主と同視できる程度の現実的・具体的支配要件の充足が肯定されるが，この場合は，派遣先事業主による紛争解決の可能性・適切性の要件の充足も同時に肯定されることになろう[64]。

Ⅶ 「労働組合法上の使用者」は何のための概念か

以上，本稿では，派遣労働者の直用化要求事案における派遣先企業の労組法上の使用者性について，労働契約基本説に立脚しつつ，憲法28条の団体交渉

　　は，派遣先企業は，派遣元企業による損害賠償請求に応ずるなど上記指針が求める措置をすべて講じていたとして，労組法上の使用者性を否定している。「次の就労先の確保」を雇用そのもの（採用，配置，雇用の終了）とは別個の交渉事項と捉えつつ，雇用主と同視できる程度の現実的・具体的支配要件を充足する可能性を認める判断は，前掲注(21)・中国地方整備局・九州地方整備局事件・中労委命令に比べて適切であるが，派遣先が指針所定の措置を講じていたことを理由に上記要件の充足を否定する点は適切でない。指針所定の措置が講じられた場合も，派遣先企業との団体交渉によって「次の就労先の確保」をめぐる問題が解決される可能性はなお存在するのであるから，同措置の履行を上記要件の充足の否定に直結させることは相当性を欠く。中労委はここでも，労組法上の使用者性の判断に際して，労働者派遣法の規律を過度に重視する立場と解される。この点は，むしろ「派遣先企業による紛争解決の可能性・適切性」の判断（Ⅶ3）に際して考慮すべきものである。

(64) 前掲注(51)・中国地方整備局・九州地方整備局事件・広島県労委命令。前掲注(60)も参照。他方，前掲注(17)・ショーワ事件・中労委命令が説くように，派遣先企業が団交申入れ以前に雇用安定措置の実施について十分検討した上で不可能と判断したケースでは，その判断が客観的に見てもやむを得ないと認められることを前提に，紛争解決の可能性・適切性の要件の充足を例外的に否定すべきであろう（前掲注(63)参照）。

権保障の趣旨および労組法の不当労働行為制度の趣旨を重視することにより，使用者性をより柔軟かつ幅広く認める解釈論を展開した。しかし，これに対しては，中労委命令を支持する立場から，支配力説と同様，労組法上の使用者性概念を過度に拡散させ，または不明確化する結果をもたらすとの批判が予想される。

しかし，まず，労組法上の使用者概念を広範に解することは，憲法28条および労組法の要請として正当性を有している。すなわち，憲法28条・労組法を基盤とする集団的労働法は，労働組合が使用者との団体交渉を通して労働条件を維持・改善することを法的に助成・規整することを基本趣旨としている。集団的労働法のこうした趣旨を踏まえると，労組法上の使用者については，労働者・労働組合との間の紛争を団体交渉によって解決すべき必要性と適切性が認められる者である限り，それらの者をカバーする広範な概念と考えるべきである。この点は，労組法が団体交渉を促進することを目的とする法規範（交渉促進規範）であることと関連している。

すなわち，使用者と労働組合は，両者間に紛争が発生した場合，団体交渉によって協議・交渉し，歩み寄り，問題を解決することができる。団体交渉は，使用者・労働組合が労働条件や集団的労使関係をめぐって発生した問題を自主的・自律的に解決するための制度であり，労働者の労働契約上の地位を確定したり，使用者の労働契約責任を追及するための制度ではない（それらは労基法や労働契約法の役割である）。派遣労働者の直用化要求事案に即していえば，派遣先事業主・労働組合は，労働者・派遣先の労働契約関係や権利義務関係とは無関係に，団体交渉によって直用化問題を解決し，それが不可能な場合も，派遣労働者の雇用安定措置の実施について交渉し解決することができる。一方，派遣先としては，これらの問題について真摯・誠実に交渉した上，進展がなければ，交渉を打ち切ることもできるのであり，それは何ら団交拒否の不当労働行為（労組7条2号）に該当しない[65]。憲法28条と労組法は，労働者・使用者がまさにこのような交渉関係（集団的労使自治）を形成していくことを促

---

[65] すなわち，団体交渉が団体「交渉」である以上，合意に至る必要はなく，十分な交渉後も進展の見込みがない場合は，交渉を打ち切っても，団交拒否の不当労働行為（労組7条2号）と評価されることはない（菅野・前掲注(5)660頁，土田・前掲注(42)〔季労228号147頁〕参照）。

第2章　労働者・使用者概念の再構築を提言する

進・助成する規範（交渉促進規範）を意味する。したがって，労組法上の使用者は，できるだけ幅広く肯定すべきである。

　一方，労組法上の使用者概念を幅広く解する必要があるとしても，団体交渉が労働契約を基盤に展開されることを考えれば，労働契約を基本に考えることが適切である。そこで，本稿では，労組法上の使用者概念に関する判断枠組みとしては，支配力説ではなく労働契約基本説を採用した。すなわち，派遣先事業主の労組法上の使用者性について，「労働契約に隣接する関係」および「労働契約に近似する関係」の存在を求めつつ，団体交渉権保障の趣旨および不当労働行為制度の趣旨を組み込むことで派遣先企業の使用者性を柔軟に解するアプローチを採用した[66]。この結果，労組法上の使用者性が過度に開放的となり，法的安定性・予測可能性を欠く事態（たとえば，派遣先の取引先等について使用者性を肯定する事態）を回避しつつ，憲法28条および労組法の趣旨・目的に適合する解釈論の可能性を提示し得たと考える。

　具体的には，本稿が派遣先事業主の労組法上の使用者性に関して示した解釈論は以下のとおりである。すなわち，「労働契約に隣接する関係」については，雇用関係成立の現実的・具体的可能性要件を「派遣先事業主との間で雇用関係成立をめぐる交渉・協議が行われる可能性が現実的・具体的に存在すること」として再構成した上，直接雇用申込義務（労派遣40条の4）の要件のうち，派遣可能期間の経過によって上記可能性が発生するものと解し，そこから派遣先の労組法上の使用者性を肯定する解釈を示した。また，「労働契約に近似する関係」については，雇用主と同視できる程度の現実的・具体的支配要件につき，派遣先事業主が派遣労働者の直用化を含む採用・配置・雇用の終了に実質的関与・影響力を及ぼしていることを意味するものと解しつつ，労働組合が派遣労働者の雇用安定措置の実施を求めている場合は，派遣先は，特段の事情がない限りは上記要件を充足するものと解し，派遣先の労組法上の使用者性を肯定する解釈を提示した。さらに，「労働契約に隣接する関係」「労働契約に近似する関係」に共通して，派遣先による紛争解決の可能性・適切性の存在を要件に位

---

(66)　本文の論述は，労組法上の労働者（労組3条）について，労働契約を基本に考え，その基本的要素である使用従属性を重視しつつ，そこに団体交渉権保障の趣旨を摂取することによって幅広く肯定しようとする私見と呼応している。労組法上の労働者に関する私見については，前掲注(42)参照。

置づけた。こうした解釈によって，労組法上の使用者性概念が過度に拡散したり，不明確化するものとは考えられない。

翻って，近年の中労委命令は，労組法上の使用者を，集団的労使関係（団体交渉）の当事者として幅広く解するというそれ自体は正当な認識から出発しながら，労働者派遣法の規律や労働契約との関係性（労働契約への隣接性・近似性）を重視するあまり，派遣先事業主の労組法上の使用者性を過度に限定し，団体交渉権保障の趣旨および不当労働行為制度の趣旨に反する結果をもたらしている。換言すれば，中労委命令は，労組法が団体交渉を促進することを目的とする規範（交渉促進規範）であることを看過する判断と解される。中労委の意図は，労組法上の使用者概念に関する法的安定性・予見可能性を重視する観点から，同概念の拡大に歯止めを掛けることにあると思われるが，そうした問題点は，本稿のように，「労働契約に隣接する関係」「労働契約に近似する関係」を労組法上の使用者概念の基本的要件と解しつつ，その枠組みの中で適切な解釈を行うことで解決できる[67]。これに対し，中労委の判断は，使用者概念に関する法的安定性・予見可能性を得ることとと引き替えに，派遣労働者に対する団結権・団体交渉権の保障という重要な法的価値を軽視する結果をもたらしている。そのような帰結が，憲法28条および労組法の想定するところとは到底考えられない。

労働組合法上の使用者は何のための概念か——それは，労働者・労働組合との間で団体交渉義務を負い，集団的労使関係の運営を担うのにふさわしい者を確定するための概念であるという労働法の基本認識を見失ってはなるまい。

---

[67] 水町教授は，間接支配類型（親子会社類型）における親会社の労組法上の使用者性を広く解する結果，使用者概念が拡散しうる事態について，「労働契約に近似する関係」類型の判断基準である雇用主と同視できる程度の現実的・具体的支配要件（前掲注(7)・朝日放送事件）を慎重に吟味することで対応できると指摘する（水町・前掲注(34)解説179頁）。

10 労組法7条の「使用者」概念の再構成

川 口 美 貴

I はじめに
II 「団交拒否」(労組7条2号)を禁止される使用者
III 「不利益取扱い」等 (労組7条1・4号)を禁止される使用者
IV 「支配介入・経費援助」(労組7条3号)を禁止される使用者
V 結びに代えて——各号の「使用者」の異同

I　はじめに

1　労働法における使用者概念と労組法における使用者

労働法における「使用者」は,「労働契約[(1)]の当事者として労働契約上の権利義務関係の主体となる者」を画定する概念(「労働契約上の使用者」)として使用されるとともに,労働法分野の法律又は条文の適用対象となる者を画定する概念としても使用される[(2)]。

---

(1) 「労働契約」は,厳密に言えば,①「労基法上の労働者」が締結する労務供給契約であり,労基法が適用される労働契約,②「労契法上の労働者」が締結する労務供給契約であり,労契法が適用される労働契約,③「労組法上の労働者」が締結する労務供給契約であり,労組法が適用される労働契約の3種類存在する。
　労働者概念(「労基法上の労働者」,「労契法上の労働者」,「労組法上の労働者」)については,川口美貴『労働者概念の再構成』関西大学出版部(2012年)参照。
(2) 当該法律の適用対象者を画定する概念としては,「使用者」以外に,①賃確法,育介法,均等法,パート法,高年法,労災保険法等においては,「事業主」という概念が用いられ,条文上「事業主」の定義は存在しないが,当該法律の適用される労働者と労務供給契約を締結する事業者と解される。また,②労安法では,「事業者」という概念が用いられ,「事業者」は「事業を行う者で労働者を使用するもの」(労安2条3号)と定義されている。これらの法律の適用される労働者は,いずれも「労基法上の労働者」(労基9条)である。

第2章 労働者・使用者概念の再構築を提言する

　労働法の分野において，「使用者」一般を定義する規定は存在せず，「使用者」概念は，「労働契約上の使用者」の他に，①労基法上の使用者，②労契法上の使用者，③労組法における使用者の三つに大別される。

　「労基法上の使用者」は，労基法10条に定義されており，また，「労契法上の使用者」は，労契法2条2項に定義され，「労契法上の労働者」（労契2条1項）と労務供給契約を締結する者として「労契法上の労働者」に対応して決定される。

　これに対して，労組法上，「労働者」（労組3条）及び「労働組合」（労組2条）の定義規定はあるが，「使用者」の定義規定はない。それゆえ，労組法の各条文で規定されている「使用者」は同一の概念であるのか，また，どのような者が該当するのかが問題となる。

2　検討対象と検討方法

　労組法において，「使用者」は，不当労働行為の主体（労組7条1号～4号）として登場し，労組法7条各号所定の行為を禁止されている使用者の範囲について最も議論されている[3]が，団体交渉の当事者（労組6条），労働協約の締結当事者（労組14条），労働協約の地域的拡張適用の対象（労組18条1項）等としても登場する。

　先に述べたように，労組法上，「使用者」の定義規定はなく，労組法の各条に定められた「使用者」の具体的範囲は異なることもありうる。

　また，労組法7条は，禁止される不当労働行為の類型として，①不利益取扱い等（1号・4号），②団交拒否（2号），③支配介入・経費援助（3号）の大別三つを定め，これらに該当する行為は，私法上，無効（法律行為の場合）又は不

---

(3) 労組法7条の使用者概念に関する理論状況と参考文献については，竹内［奥野］寿「文献研究（第四回）・労働組合法7条の使用者」季労236号（2012年）211頁等。また，最近の論考として，山川隆一「労組法七条と『部分的使用者』概念」月刊労委労協693号（2014年）2頁，石田信平「団体交渉拒否と派遣先企業の使用者性～兵庫県・兵庫県労委（川崎重工業）事件を素材として～」労判1082号（2014年）5頁，根本到「労組法7条の使用者性について」月刊労委労協685号（2013年）20頁，緒方桂子「労働組合法における派遣先企業の使用者性」和田肇他編『労働者派遣と法』日本評論社（2013年）132頁，島田陽一「派遣労働者の労働組合と派遣先の団体交渉をめぐって」月刊労委労協685号（2013年）2頁等。

法行為とも評価されうるところ、①と③は使用者に消極的義務（不利益取扱いや支配介入等をしないこと）を課すものであるのに対し、②は積極的義務（団体交渉を行なうこと）を課すものである等、それぞれの不当労働行為はその性質・内容を異にする。たしかに、労組法7条柱書は、「使用者は、次の各号に掲げる行為をしてはならない」と定めており、労組法7条の使用者は統一的概念であるとも解しうるが、不当労働行為の類型毎に当該行為を禁止される使用者の範囲は異なるとの解釈も可能であり、そのいずれかは、不当労働行為救済制度の趣旨、及び、不当労働行為の性質・内容等に照らし、論理整合的に判断されるべきである。

そこで本稿では、労組法における「使用者」概念のうち、労組法7条の使用者について、不当労働行為の類型毎に、①「団交拒否」（労組7条2号）を禁止される「使用者」（Ⅱ）、②「不利益取扱い」等（労組7条1・4号）を禁止される「使用者」（Ⅲ）、③「支配介入・経費援助」（労組7条3号）を禁止される「使用者」（Ⅳ）の順に検討する。

なお、破産・会社更生・民事再生手続における管財人の使用者性については、固有の論点があり、紙幅の都合上、検討対象から除外する。

Ⅱ 「団交拒否」（労組7条2号）を禁止される使用者

1 労組法7条2号の意義と論点
(1) 当該労働者を「雇用する」使用者

労組法7条2号は、「使用者」に対し、「使用者が雇用する労働者の代表者と団体交渉をすることを正当な理由がなくて拒むこと」を不当労働行為として禁止し、「使用者」は、「使用者の雇用する労働者の代表者[4][5]」に対して、正

---

(4) 団体交渉権の享受主体であり、団体交渉の当事者となりうる団結体は、労組法2条本文を充足する労働組合（法適合組合、労組法上の労働組合、憲法組合）、及び、労組法2条本文の定める要件（①主体の要件、②自主性の要件、③目的の要件、④団体性の要件）のうち、①〜③を充足し、かつ、統一した意思決定のもとに統一した行動をとることのできる団結の条件を充足している一時的団結体と解される。したがって、労組法7条2号の「労働者の代表者」には、労組法2条本文を充足する労働組合（法適合組合、労組法上の労働組合、憲法組合）、及び、一定の要件を充足する一時的団結体が含まれると解すべきである。

(5) 当該「代表者」が、法適合組合である場合は、正当な理由のない団体交渉拒否につ

当な理由がある場合を除き，団体交渉義務を負うことを規定している。

これを当該労働者の代表者（団結体）の側から見れば，労組法7条2号により当該団結体に対し団体交渉義務を負う「使用者」とは，当該団結体の構成員である労働者（労組3条）を「雇用する」使用者である。団体交渉の当事者となりうる使用者全てではない。

したがって，労組法7条2号により当該労働者の代表者に対して団体交渉義務を負う「使用者」かどうかは，当該労働者を「雇用する」関係にあるかどうかという問題となる。

(2) 労組法7条2号の意義

労組法7条2号は，憲法28条の団体交渉権保障の実効性を確保するために設けられた規定であり，憲法28条の勤労者と労組法上の労働者は同義である。それゆえ，労組法7条2号により当該労働者の代表者に対して団体交渉義務を負う「使用者」は，「勤労者＝労組法上の労働者がその代表者を通じて憲法28条の団体交渉権を行使しうる相手方」と解される。

したがって，当該労働者を「雇用する」関係にあり，労組法7条2号により当該労働者の代表者に対して団体交渉義務を負う「使用者」に該当するかどうかは，憲法28条による団体交渉権保障の意義を踏まえ，労組法上の労働者がその代表者を通じて憲法28条の団体交渉権を行使しうる相手方かどうかという観点から考察することが必要である。

(3) 憲法28条による団体交渉権保障の意義

憲法28条による団体交渉権の保障は，次のような意義を有する。

第一は，労働条件に関する対等決定の実現と労働者の雇用・労働条件等の維持・向上である。労働者個人では雇用・労働条件その他の待遇について使用者

いて，労働委員会において不当労働行為の申立てをすることができる。また，裁判所において，不法行為に基づく損害賠償，及び，団体交渉を求め得る地位の確認請求またはその地位を仮に定める仮処分申請をなすことができる。これに対して，当該「代表者」が法適合組合でない場合（法適合組合でない労組法上の労働組合，憲法組合，一時的団結体）は，労働委員会において不当労働行為救済の申立てをすることができない。ただし，社団性を有する場合（法適合組合でない労組法上の労働組合，憲法組合）は，裁判所において，不法行為に基づく損害賠償，及び，団体交渉を求め得る地位の確認請求またはその地位を仮に定める仮処分申請をなすことができる。

と対等に交渉することが困難であるので，労働者がその団結力を背景として集団的なレベルで使用者と対等な立場で交渉することを保障し，もって，労働者の雇用・労働条件その他の待遇の向上を要求し実現することを可能にする。これは，当該団結体の労働者に共通の雇用・労働条件の要求・実現という意義もあるが（集団的利益紛争の解決），個別労働者の雇用・労働条件についての要求・実現という意義もある（個別的利益紛争の解決）。

第二は，労働関係法規違反の是正と権利紛争の自主的解決による，労働関係法規と労働者の権利の実効性確保である。労働関係法規違反の是正は，無論，行政機関や司法機関によっても行われ，また，使用者と労働者，あるいは，使用者と労働組合の権利義務関係についての紛争は，最終的には裁判所による解決に委ねられるが，その法的救済が現実かつ迅速に行われるとは限らない。これが，団体交渉により自主的に解決されれば，現実かつ迅速に，また，特別な費用がかからずに，違法状態と紛争が解決されることになる。したがって，団体交渉は，労働関係法規と労働者の権利の実効性確保という観点から重要な紛争解決手段である。

第三は，労使自治に基づく個別的労働関係及び集団的労使関係に関するルールの設定である。具体的には，個別的労働関係に関する紛争が起こったときの処理システム（苦情処理手続，相談窓口の設置等），団体交渉・団結活動・争議行為等に関する手続，使用者の労働組合に対する便宜供与等に関するルールの設定である。

この他，団体交渉権保障は，労働市場における公正競争の実現（企業横断的交渉により各企業に共通の雇用・労働条件基準を設定し，労働者間の労働条件引き下げ競争と使用者間の労働コスト引き下げ競争を抑制し，公正な取引条件を整備する），労働関係立法の準備・促進（特に企業横断的交渉は，労働関係立法に先行してその制定や改善を促したり，あるいは，立法を補完しその実施条件を準備する役割を果たす）等の意義も有する。

(4) 「使用者」の判断基準と論点

労組法7条2号により当該労働者の代表者に対して団体交渉義務を負う「使用者」となりうる者は，以上検討した団体交渉権保障の意義（①対等決定の実現と雇用・労働条件の維持・向上，②労働関係法規と労働者の権利の実効性確保，

③労使自治に基づくルール設定等）に照らし，他方，団体交渉義務を課せられる者の負担等も考慮し，団体交渉義務を課すことに客観的に合理的な理由があり，団体交渉義務を課すことが社会通念上相当である者である。

具体的には，a）当該労働者の雇用の帰趨又は労働条件等を支配・決定しうる（しえた）者，あるいは，b）当該労働者との労働関係につき労働関係法規上の義務・責任を負う（負っていた）者又は当該労働者もしくはその労働組合と労働関係に関わる権利義務関係を有する（有していた）者であって，団体交渉義務を課すことが社会通念上相当な者となろう。

この判断基準に鑑みれば，「使用者」の範囲については，大別，以下の二つが論点となる。

一つは，当該労働者の現在の労働契約上の使用者についてである。現在の労働契約上の使用者は，当該労働者と権利義務関係を有しその雇用・労働条件を決定しうる立場にあり，労組法7条2号により団体交渉義務を負う使用者であることに異論はないが，①「労働契約上の使用者」に該当するかどうか，また，②出向労働者については，出向先企業がこれに該当するかどうかが問題となりうる。

二つは，「使用者」の範囲を，「現在の労働契約上の使用者」からどこまで拡大するかである。当該労働者の雇用・労働条件を決定しうる，あるいは，労働関係法規上の義務を負う・権利義務関係を有する等の観点から団体交渉義務を課すべき者は，「現在の労働契約上の使用者」に限定されないからである。

具体的には，第一に，当該労働者の「現在の労働契約上の使用者」ではないが，①過去の労働契約上の使用者，②将来労働契約上の使用者となる可能性がある者の使用者性が問題となる。

第二に，当該労働者の過去・現在・将来の「労働契約上の使用者」ではないが，①当該労働者から労務の供給を受けている派遣先事業主（違法派遣・偽装請負の場合を含む），②当該労働者から労務の供給を受けているわけではないが，当該労働者の雇用・労働条件を支配・決定しうる者（当該労働者が労働契約を締結している企業の親企業，持株会社，同じグループ企業の中心企業，取引先企業等）の使用者性が問題となる。

第三に，使用者団体が，「使用者」に該当するかどうかが問題となる。

(5) 「使用者」と義務的団交事項の範囲

　労組法7条2号により団体交渉義務を負う「使用者」であっても、その「義務的団交事項」の範囲は同じではない。また、当該労働者の代表者が団体交渉権を行使しうる時期（団体交渉を申し入れる時期）が問題となる場合もある。

　そこで以下では、①現在の労働契約上の使用者、②出向先企業、③過去の労働契約上の使用者、④将来労働契約上の使用者となる可能性のある者、⑤派遣先事業主、⑥労務の供給を受けていないが雇用・労働条件を支配・決定しうる者（親企業等）、⑦使用者団体について、1）当該労働者との関係で「使用者」に該当するかどうか、2）「使用者」である場合の義務的団交事項の範囲、3）団体交渉権を行使しうる時期（特に論点となる場合）を順に検討する（2～8）。

2　現在の労働契約上の使用者

　当該労働者の現在の労働契約上の使用者は、いうまでもなく当該労働者と労働関係上の権利義務関係を有し、その雇用・労働条件を決定することができる立場にある。したがって、当該労働者がその代表者を通じて団体交渉権を行使しうる「使用者」であることに異論はない。

　労働契約の効力発生前あるいは就労開始前であっても、労働契約成立後は、労働契約の相手方は当該労働者の労働契約上の使用者であり、団体交渉権を行使しうる「使用者」である。

　また、形式的には当該労働者の労働契約上の使用者ではない者でも、法人格否認の法理や黙示の労働契約の成立により労働契約上の使用者と認められる者、あるいは、労働契約上の使用者と実質的に同一の企業（企業の解散後、実質的に同一の企業が新たに設立される偽装解散の場合等）は、当該労働者がその代表者を通じて団体交渉権を行使しうる「使用者」である。

　ただし、団体交渉権行使の相手方は、団体交渉義務を負う者であるから、当該労働契約上の使用者そのもの、すなわち、使用者が自然人である場合は当該自然人、法人である場合は当該法人のみであって、企業の組織（事業所・支店等）や機関（取締役・支店長等）は、団体交渉権を行使しうる相手方ではなく、労組法7条2号により団交応諾義務を負う使用者ではないと解すべきである[6]。

---

(6)　菅野和夫『労働法〔第10版〕』（弘文堂、2012年）653頁。

第 2 章　労働者・使用者概念の再構築を提言する

義務的団交事項は，団体交渉権保障の目的に鑑み，「団交を申し入れた団結体の構成員である労働者の雇用・労働条件その他の待遇，又は，当該団結体と使用者との間の集団的労使関係の運営に関する事項であって，かつ，当該使用者が決定することができるもの」と定義することができ[7]，労働関係法規の遵守を含み，利益紛争及び権利紛争ともに含まれる。

3　出向先企業

出向の場合，労働者が労働契約を締結したのは出向元企業であるが，出向により，少なくとも労務給付請求権を含む労働契約上の権利・義務が一部出向先に譲渡・引受され，労働契約上の権利義務は出向元と出向先に分有されている。したがって，出向先企業は，出向労働者との関係で，部分的にではあるが権利義務の主体であり労働契約上の使用者である。また，少なくとも労務給付請求権を有していることにより，労務供給の態様という重要な労働条件を決定し，その事業場で労務に従事させていることにより職場環境や安全衛生を決定し，労働時間関係の労働条件を決定することができる場合も多いであろう。

それゆえ，出向先企業は，団体交渉義務を課す客観的に合理的な理由と社会通念上の相当性があり，当該出向労働者がその代表者を通じて団体交渉権を行使しうる「使用者」である[8]。

ただし，出向先企業は，権利義務関係を出向元企業と分有している部分的な労働契約上の使用者であり，決定しうる労働条件も部分的であるので，義務的団交事項は，労働者の雇用・労働条件に関わるものについては，分有している権利義務関係に関する事項又は現実かつ具体的に決定することができる労働条件に関するものに限定される。

---

(7)　従来の裁判例はほぼこの内容で義務的団交事項を定式化しており，INAX メンテナンス事件・最三小判平 23・4・12 労判 1026 号 27 頁も，構成員である労働者の労働条件その他の待遇又は団交を申し入れた労働組合と使用者との間の団体的労使関係の運営に関する事項で，かつ，当該使用者が決定することができるものについて，義務的団交事項と判断している。

(8)　出向元企業は，当該出向労働者の労働契約上の使用者であり，言うまでもなく当該労働者がその代表者を通じて団体交渉権を行使しうる「使用者」である。

4 過去の労働契約上の使用者

　第一に、過去において当該労働者の労働契約上の使用者であった者は、過去、当該労働者と権利義務関係があり、過去の労働契約関係から生じる権利紛争（未払賃金の有無、損害賠償請求の肯否等）又は利益紛争[9]の当事者である。それゆえ、団体交渉義務を課す客観的に合理的な理由と社会通念上の相当性があり、当該労働者がその代表者を通じて団体交渉権を行使しうる「使用者」であると解すべきである。ただし、義務的団交事項は、過去の労働契約関係から生じる紛争で当該使用者が処理することが可能かつ適当であるものであり、団体交渉権の行使（団体交渉の申し入れ）は、信義則上合理的な期間内であることが必要である[10]。

　第二に、労働契約の終了の肯否自体が争われている場合（解雇、雇止め、合意解約の効力等）、すなわち、当該労働者の現在の労働契約上の使用者か否かが争われている場合は、当該権利紛争の当事者であるという観点からも、過去の労働契約上の使用者は、団体交渉義務を課す客観的に合理的な理由と社会通念上の相当性があり、当該権利紛争について、当該労働者が団体交渉権を行使しうる「使用者」である。ただし、この場合も、団体交渉権の行使（団体交渉の申し入れ）は、信義則上合理的な期間内であることが必要である[11]。

---

(9) 使用者側の原因により、当該期間の定めのある労働者の労働契約期間中に団体交渉が尽くされないまま労働契約終了となったという特別の事情が認められるときは、当該労働者の労働契約終了後も当該利益紛争についての団体交渉義務が認められると判断した裁判例として、日本育英会事件・東京地判平53・6・30労判301号19頁。

(10) 住友ゴム工業事件・大阪高判平21・12・22労判994号81頁、ニチアス事件・東京地判平24・5・16別冊中央労働時報1427号35頁は、過去の労働契約上の使用者に団体交渉義務を負わせる要件（判決は、当該労働者が労組法7条2号の「使用者が雇用する労働者」に該当する要件と表現している）として、①当該紛争が過去の雇用関係と密接に関連して発生したこと、②使用者が当該紛争を処理することが可能かつ適当であること、③団体交渉の申し入れが雇用関係終了後社会通念上合理的といえる期間内にされたことを挙げている。

(11) 日本鋼管鶴見造船所事件・東京高判昭57・10・7労判406号69頁は、解雇後長期間を経過した後の団体交渉申し入れであっても、解雇された労働者が漫然とこれを放置していたのではなく、解雇の効力を争い裁判所において地位確認請求の訴訟を提起し、その後組合を結成し又は組合に加入し、その後直ちに団体交渉の申し入れをした場合は、団体交渉の申し入れが時機に遅れたものということはできないと判示している。

5　将来労働契約上の使用者となる可能性のある者
(1)　新規採用の抽象的可能性しかない者
　当該労働者と労働契約を締結する抽象的可能性はほぼ全ての者にありうる。しかし，労働契約を締結するかどうかは原則として当事者の自由に委ねられ，また，団体交渉義務が大きな負担であることに鑑みれば，全くの新規採用で単に労働契約締結の抽象的な可能性しかない場合において，当該労働者が労働契約の締結を望む者に対し，労働契約の締結等を交渉事項とする団体交渉義務を負わせることは，客観的に合理的な理由と社会通念上の相当性があるとは言えず，原則としてできない。

　また，後記Ⅲ・Ⅳで述べるように，当該労働者が組合員であること等を理由とする採用拒否は，労組法7条1・3号の不当労働行為に該当し，採用拒否した者は労組法7条1・3号により不利益な取扱い・支配介入を禁止されている「使用者」に該当する。しかし，採用拒否された労働者が，当該採用拒否が組合員であること等を理由とするものであるとして採用拒否した者に対して団交を求めることはできず，採用拒否した者は労組法7条2号により団交拒否を禁止される「使用者」ではないと解すべきであろう。けだし，これを認めると，当該労働者が，採用拒否の理由は組合員であること等であると主張さえすれば，採用拒否した者は全て労働契約の締結等を交渉事項とする団体交渉義務を負うことになり，相当とは思われないからである。したがって，組合員であること等を理由とする採用拒否については，端的に，労組法7条1・3号の不当労働行為として，労働委員会に従業員としての取扱い命令等を求めることになろう。

(2)　過去労働契約を締結していた者
　しかし，毎年季節労働者と労働契約を締結している企業や，継続的に登録型派遣労働者と派遣労働契約を締結し常用型派遣に近似している場合の派遣元企業等，当該労働者の過去の労働契約上の使用者であり，かつ，一旦過去の労働契約が終了し過去の労働契約関係や過去の労働契約終了自体には争いがないが，当該労働者が新たな労働契約の締結に合理的な期待を有している場合は，当該合理的期待を保護する必要があり，また，当該企業が新たな労働契約を締結しないことが信義則違反となる場合もあろう。したがって，労働者の雇用保障や権利紛争の自主的解決という団体交渉権保障の目的に照らし，当該企業は，こ

れに団体交渉義務を課す客観的に合理的な理由と社会通念上の相当性があり，新たな労働契約の締結や損害賠償等を義務的団交事項として，当該労働者がその代表者を通じて団体交渉権を行使しうる「使用者」と解すべきである。

(3) 労働契約成立の現実的かつ具体的な可能性のある者

また，新規採用であっても，以下(4)～(6)に述べるように，合併・事業譲渡・会社分割における新設会社・吸収会社等，近い将来，労働契約上の使用者となる現実的かつ具体的な可能性のある者等は，団体交渉義務を課す客観的に合理的な理由と社会通念上の相当性があり，当該労働者が団体交渉権を行使しうる「使用者」であると解すべきである[12]。

ただし，これらの会社が決定しうるのは，将来の労働契約に関するものであるから，義務的団交事項は，労働者の雇用・労働条件等に関わるものについては，将来の労働契約関係に関するものに限定される。

(4) 合併における新設会社・吸収会社

合併の場合，消滅会社の全ての権利義務関係が新設会社又は吸収会社に包括的に承継される（会社法750条1項，752条1項，754条1項，756条1項）ので，消滅会社の労働者の労働契約は当然に新設会社又は吸収会社に承継される。したがって，新設会社又は吸収会社は，単なる抽象的な可能性ではなく，近い将来，消滅会社の労働者の労働契約上の使用者となる現実的かつ具体的な可能性のある者である。それゆえ，団体交渉義務を課す客観的に合理的な理由と社会通念上の相当性があり，遅くとも消滅会社との合併合意後は，当該労働者がその代表者を通じて団体交渉権を行使しうる「使用者」である。

(5) 事業譲渡における譲受会社

事業譲渡の場合，特定承継であるから，譲渡会社の労働者の労働契約は譲渡

---

[12] クボタ事件・中労委平21・9・2別冊中央労働時報1386号42頁，東京地判平23・3・17労判1034号87頁は，近い将来，労働契約上の使用者となる現実的かつ具体的な可能性のある者は，労組法7条2号の使用者であると判示する。なお，同命令・判決は，派遣先企業が派遣労働者の直接雇用を決定したが実施されていない段階でこの判断基準により派遣先企業の派遣労働者に対する使用者性を肯定したが，同事件・東京高判平23・12・21（中労委HP命令・裁判例データベース）は，労働契約が成立していたという理由で使用者性を肯定した。

会社・譲受会社・労働者の三者の合意がある場合に承継され，労働契約承継後の労働契約の内容は譲受会社と労働者の合意により決定される。したがって，当該労働者の労働契約の承継につき三者の合意がある場合は，譲受会社は，近い将来，譲渡会社の労働者の労働契約上の使用者となる現実的かつ具体的な可能性があり，それゆえ，団体交渉義務を課す客観的に合理的な理由と社会通念上の相当性があり，遅くとも当該合意後，当該労働者がその代表者を通じて団体交渉権を行使しうる「使用者」である。

これに対し，労働者は譲受会社による労働契約の承継を望んでいるが譲受会社が労働契約の承継を決定していない場合又は同意していない場合，当該労働者の労働契約の承継及び承継後の労働条件等を団交事項として譲受会社に対し団体交渉権を行使しうるかどうかが問題となる。労働契約が承継されないと，全部譲渡である場合は，当該労働者は譲渡会社から解雇される可能性が高く，当該労働者が業務に従事している事業の譲渡である場合は，当該労働者は少なくとも配転を余儀なくされ譲渡会社から解雇される危険性もある。したがって，全部譲渡又は当該労働者が業務に従事する事業の譲渡の場合は，労働者の雇用・労働条件保障と紛争の自主的解決という観点から，譲受会社は，団体交渉義務を課す客観的に合理的な理由と社会通念上の相当性があり，遅くとも譲渡会社との事業譲渡合意後，当該労働者がその代表者を通じて団体交渉権を行使しうる「使用者」と解すべきであろう。

(6) 会社分割における設立会社又は承継会社

会社分割の場合，会社分割に伴う労働契約の承継等に関する法律（以下，「承継法」）により，①承継事業に主として従事している労働者（承継2条1項1号，承継則2条）については，分割契約等（新設分割においては新設分割計画，吸収分割においては吸収分割契約）に設立会社又は承継会社がその労働契約を承継する旨の定めがある場合，あるいは，分割契約等に設立会社又は承継会社がその労働契約を承継する旨の定めはないが当該労働者が異議申立をした場合は，その労働契約は設立会社又は承継会社に承継され（承継3条，4条1項・4項），②その他の労働者については，分割契約等に，設立会社又は承継会社がその労働契約を承継する旨の定めがあり，異議申立をしなければ，設立会社又は承継会社にその労働契約が承継される。したがって，①又は②の要件を充足する労

働者については，設立会社又は承継会社は，近い将来，労働契約上の使用者となる現実的かつ具体的な可能性があり，それゆえ，団体交渉義務を課す客観的に合理的な理由と社会通念上の相当性があり，承継事業に主として従事している労働者との関係では遅くとも分割会社との会社分割合意後，その他の労働者との関係では遅くとも分割契約等の締結・作成後，当該労働者がその代表者を通じて団体交渉権を行使しうる「使用者」である。

6 労務の供給を受けている者（派遣先事業主）

結論から先に述べれば，当該労働者から労務の供給を受けている者（派遣先事業主）は，労働契約上の使用者ではなくても[13]，適法な労働者派遣であれ，違法派遣・偽装請負であれ，団体交渉義務を課す客観的に合理的な理由と社会通念上の相当性があり，当該労働者がその代表者を通じて団体交渉権を行使しうる「使用者」である。

(1) みなし規定が適用される場合

施行は2015（平27）年10月1日であるが，労働者派遣の役務の提供を受ける者が，以下の行為，すなわち，①派遣禁止業務に従事させること（派遣4条3項違反），②無許可・無届事業主から労働者派遣の役務提供を受けること（派遣24条の2違反），③派遣可能期間を超えて労働者派遣の役務の提供を受けること（派遣40条の2第1項違反），④派遣法の適用を免れる目的で請負等労働者派遣以外の名目で契約を締結し労働者派遣契約に定めるべき事項（派遣26条1項）を定めず労働者派遣の役務の提供を受けることを行った場合，その時点で派遣労働者に対しその時点の労働条件と同一の労働条件を内容とする労働契約締結の申込みをしたものとみなされる（過失がない場合を除く）（2012年改正派遣法新40条の6）。

①〜④の行為終了後1年を経過するまでは，労働者派遣の役務の提供を受ける者は申込みを撤回できず，この間当該派遣労働者が承諾したときは，当該派遣労働者と派遣先企業との間に労働契約が成立し，派遣先事業主は当該派遣労

---

[13] 黙示の合意等により派遣労働者と派遣先事業主との労働契約の成立が認められる場合は，派遣先事業主は労働契約上の使用者であり，いうまでもなく当該派遣労働者がその代表者を通じて団体交渉権を行使しうる「使用者」である。

働者の労働契約上の使用者となるので，当該派遣労働者がその代表者により団体交渉権を行使しうる「使用者」となる。

(2) みなし規定施行前の偽装請負・違法派遣

みなし規定施行前の，前記(1)の①〜④に該当する偽装請負・違法派遣において，派遣先事業主の使用者性と義務的団交事項については，以下のように解すべきである。

第一に，前記(1)の①〜④に該当する行為は，労働者の雇用の安定と労働条件保障・派遣労働者の保護という観点から定められた派遣法の規定の，派遣先事業主による重大な違反である。それゆえ，労働関係法規違反を是正し労働者を保護するという団体交渉権保障の意義に照らし，当該派遣先事業主は，これに団体交渉義務を課す客観的に合理的な理由と社会通念上の相当性があり，当該派遣労働者がその代表者を通じて団体交渉権を行使しうる「使用者」である。

この場合，義務的団交事項は，当該違反状態の是正であるが，当該違反状態を是正しかつ当該派遣労働者の雇用を保障する方法の一つは当該派遣労働者を派遣先事業主が直接雇用することであるから，違反状態を是正する方法の一つとして直接雇用を要求することは，義務的団交事項に含まれる。

第二に，前記(1)の③の「派遣可能期間を超えて労働者派遣の役務の提供を受けること（派遣40条の2第1項違反）」については，派遣法40条の4が派遣先の直接雇用申込義務を定めており，また，派遣法40条の4が私法上の義務を定めるものではないとしても，直接雇用申込義務は信義則上の義務と解されるから，派遣先は，当該違反の是正及び信義則上の義務の履行（直接雇用申込義務の履行）を義務的団交事項として，当該派遣労働者がその代表者を通じ団体交渉権を行使しうる「使用者」である。

(3) 全ての派遣先事業主

前記(1)・(2)の他，全ての派遣先事業主について，それが適法な労働者派遣であれ，違法派遣・偽装請負であれ，その使用者性と義務的団交事項は以下のように解される。

第一に，派遣労働者の労働契約上の使用者は派遣元事業主であるが，労基法，労安法，均等法上の「使用者」としての義務の一部は，派遣先事業主に対しても課せられている（派遣44条〜47条の2）。具体的には，①派遣元事業主と派

遣先事業主の双方が責任を負うものとして，均等待遇（労基3条），強制労働の禁止（労基5条），徒弟の弊害排除（労基69条），セクシュアル・ハラスメントに関する防止・対策措置義務（均等11条），妊娠中・出産後の女性労働者の健康管理措置（均等12条・13条）等があり，②派遣先事業主のみが責任を負うものとして，労働時間・休憩・休日（労基32条〜32条の3・32条の4第1項2項・33条〜36条1項・40条・41条），女性の坑内労働・危険有害業務・育児時間・生理日の休暇（労基64条の2・64条の3・66条〜68条），公民権行使の保障（労基7条），年少者保護（労基60条〜63条）等がある。

また，労働者派遣の役務の提供を受ける者は，派遣労働者の国籍，信条，性別，社会的身分，労働組合の正当な行為をしたこと等を理由として，労働者派遣契約を解除することを禁止され（派遣27条），また，その都合による労働者派遣契約の解除にあたっては，当該派遣労働者の新たな就業の機会の確保，派遣元による派遣労働者に対する休業手当等の支払に要する費用を確保するための当該費用の負担等の措置を講じなければならない（派遣29条の2）。これらは，派遣労働者を保護するためにおかれた規定である。

したがって，派遣先事業主は，労働関係法規と労働者の権利の実効性確保という観点から，これに団体交渉義務を課す客観的に合理的な理由と社会通念上の相当性があり，これら労働関係法規違反の是正を団交事項として，当該労働者が団体交渉権を行使しうる「使用者」である。

第二に，派遣先事業主は，労務の供給を受けることにより，労務供給の態様という基本的な労働条件を決定し，その事業場で労務に従事させている場合は，その職場環境や安全衛生という労働条件を決定し，労務供給を受けていること等に伴う様々な信義則上の義務（安全配慮義務，職場環境調整義務等）（民1条2項）を負う。

したがって，派遣先事業主は，それが現実的かつ具体的に支配，決定でき，また，信義則上の義務を負う雇用・労働条件部分等については，団体交渉義務を課す客観的に合理的な理由と社会通念上の相当性があり，当該派遣労働者が団体交渉権を行使しうる「使用者」である。

朝日放送事件・最高裁判決[14]も，派遣法制定前の事案であるが，労組法7

---

(14) 朝日放送事件・最三小判平成7・2・28民集49巻2号559頁，労判668号11頁。

条の「使用者」につき，「雇用主以外の事業主であっても，雇用主から労働者の派遣を受けて自己の業務に従事させ，その労働者の基本的な労働条件等について，雇用主と部分的とはいえ同視できる程度に現実的かつ具体的に支配，決定することができる地位にある場合には，その限りにおいて，右事業主は同条の『使用者』に当たる」と判示し，当該事案において，発注企業が実質的にみて請負3社から派遣される従業員の勤務時間の割り振り，労務提供の態様，作業環境等を決定していたという事実関係から，発注企業が労組法7条の「使用者」に該当すると判断した。正確には，「労組法7条の使用者かどうか」ではなく，「労組法7条2号により団体交渉義務を負う使用者かどうか」と論点設定すべきであるが，団体交渉義務を負うかどうかの判断基準は，基本的には支持しうる。そしてこれは，偽装請負・違法派遣の場合のみならず，適法な労働者派遣にも適用されると解すべきである。

(4) 中労委命令・裁判例

これに対し，ショーワ事件・中労委命令[15]は，労働者派遣における派遣先の使用者性について，(i)労組法7条の「使用者」は，1）雇用主，又は，2）雇用主以外のものであっても，例えば，①当該労働者の基本的な労働条件等に対して，雇用主と部分的とはいえ同視できる程度に現実的かつ具体的な支配力を有しているといえる者や，②当該労働者との間に，近い将来において雇用関係の成立する可能性が現実的かつ具体的に存する者と解するのが一般的法理である，(ii)立法趣旨に照らし，原則として，派遣法の枠組みで行われる労働者派遣の派遣先事業主は，労組法7条の使用者ではない，(iii)例外的に，1）労働者派遣が派遣法の枠組み又は労働者派遣契約で定められた基本的事項を逸脱して行われている場合，又は，2）派遣法の枠組みに従って行われているが，派遣法に基づき責任や義務を負う場合については，(i)の一般法理のうち2）①の法理に従い使用者性を決定すると判示し，阪急交通社事件・東京地裁判決[16]もほぼ同じ判断基準を示している。

また，ショーワ事件・中労委命令は，(iv)派遣法40条の4の定める直接雇用

---

(15) ショーワ事件・中労委平24・9・19別冊中央労働時報1436号16頁。前掲・菅野和夫273～275頁も同旨。

(16) 阪急交通社事件・東京地判平25・12・5労判1091号14頁。

義務につき，①派遣先事業主に公法上の義務を課すにとどまり私法上の義務を課すものではないから，同条により直接雇用の申込義務が生じたことから直ちに，近い将来において派遣労働者との間に雇用関係が成立する現実的かつ具体的な可能性があるとはいえないが，②労働行政機関が派遣先事業主に対して，当該派遣労働者の直接雇用の行政勧告ないしその前段階としての行政指導（派遣法49条の2第1項・48条1項，49条の2第2項・48条2項）を行うに至った場合[17]は，派遣先事業主は，当該派遣労働者との間で，近い将来，雇用関係が成立する可能性が現実的かつ具体的に存する者として，労組法7条の使用者となりうると判示した。これに対し，川崎重工業事件・神戸地裁判決[18]は，②の派遣法48条1項に基づく是正指導が行われた事案においても，①を理由に使用者性を否定している。

また，中国・九州地方整備局事件・中労委命令[19]は，(iv)派遣法40条の4の定める直接雇用義務につき，③派遣法上の許可・届出をした派遣元事業主からその雇用する派遣労働者に係る労働者派遣の役務の提供を受ける「派遣先」が同法40条の2第1項に定める業務につき，派遣可能期間を超える期間継続して労働者派遣の役務を受けている場合に生じうる義務であり，しかも，派遣元事業主の，派遣先に対する派遣可能期間に抵触する日（抵触日）の通知がなされていることを要件とする（したがって，派遣法上の派遣元事業主以外の者から業務委託の形式により労働者派遣の役務の提供を受ける偽装請負（委託）の場合は，派遣法40条の4の適用はなく直接申込み義務も発生せず，また，抵触日の通知がない場合は，派遣法40条の4の直接申込義務は発生しない）と判示した。

(5) **中労委命令・裁判例の批判**

前記(4)の中労委命令等につき，(i)「使用者」性判断の一般法理は，「例えば」と記しており，①と②以外を排除する趣旨ではないと思われるので肯定しうるが，(ii)(iii)(iv)は支持できない。

---

(17) 中国・九州地方整備局事件・中労委平24・11・21別冊中央労働時報1437号21頁は，派遣法48条1項に基づく行政指導が行われていても，その内容が当該労働者の直接雇用を求めるものでなければ，派遣先事業主と当該労働者との間で，近い将来雇用関係が成立する可能性が現実的かつ具体的に存していたとは認められないとしている。
(18) 川崎重工業事件・神戸地判平25・5・14労判1076号5頁。
(19) 中国・九州地方整備局事件・前掲注(17)。

第2章　労働者・使用者概念の再構築を提言する

　第一に，(ⅱ)につき，中労委はその理由として政府委員の答弁と立法趣旨を述べるが，政府委員の答弁から直ちに立法者（国会）意思を導くことはできず，仮に立法者意思がそうであったとしても，労組法7条2号により団体交渉義務を負う「使用者」の範囲は憲法28条による団体交渉権保障と整合的に前記(1)～(3)のように解釈されるべきである。

　第二に，(ⅲ)につき，労働者派遣が派遣法の枠組み等を逸脱して行われている場合又は派遣法に基づき義務や責任を負う場合でなくても，前記(3)で述べたように，派遣先事業主は，労務供給の態様，職場環境，安全衛生等の基本的な労働条件等について，現実的かつ具体的に決定することができる地位にあり，労務供給等に伴う信義則上の義務を負うので，派遣先事業主が現実的かつ具体的に決定でき，また，信義則上の義務を負う雇用・労働条件部分等については，当該派遣労働者が団体交渉権を行使しうる「使用者」である。

　第三に，(ⅲ)1)につき，労働者派遣が派遣法の枠組み等を逸脱して行われている場合（みなし規定の実施以前）は，前記(2)で述べたように，労働関係法規と労働者の権利の実効性を確保するという団体交渉権保障の意義に照らし，当該派遣先事業主は，当該違反状態の是正につき，当該派遣労働者が団体交渉権を行使しうる「使用者」であり，「当該労働者の基本的な労働条件等に対して，雇用主と部分的とはいえ同視できる程度に現実的かつ具体的な支配力を有しているといえる者」という要件は不要である。また，少なくとも，みなし規定施行後はみなし規定が適用されることになる重大な法違反について，違反状態を是正する方法の一つとして直接雇用を要求することは，義務的団交事項に含まれる。

　第四に，(ⅲ)2)につき，派遣法に基づき責任や義務を負う事項については，前記(2)(3)で述べたように，労働関係法規と労働者の権利の実効性を確保するという団体交渉権保障の意義に照らし，当該派遣先事業主は，当該違反状態の是正につき，当該派遣労働者が団体交渉権を行使しうる「使用者」であり，「当該労働者の基本的な労働条件等に対して，雇用主と部分的とはいえ同視できる程度に現実的かつ具体的な支配力を有しているといえる者」という要件は不要である。

　第五に，(ⅳ)につき，派遣法40条の4の定める直接雇用義務違反（みなし規定施行前）については，「近い将来において派遣労働者との間に雇用関係が成

立する現実的かつ具体的な可能性がある」という観点を否定するものではないが，前記(2)で述べたように，労働関係法規違反の是正という観点から，派遣先の使用者性を肯定すべきである。また，「派遣先」概念や派遣元による抵触日通知の欠如により派遣法40条の4違反に該当しないとしても，派遣法40条の2第1項違反（派遣可能期間を超えて労働者派遣の役務の提供を受けている）である場合は，その是正という観点から，派遣先の使用者性を肯定すべきである。

7 労務供給を受けている者以外の者

　形式的にも実質的にも当該労働者の労働契約上の使用者ではなく，また，当該労働者から労務供給を受けているわけではないが，当該労働者の雇用・労働条件に影響を与えうる親企業，持株会社，同じグループ企業の中心企業，取引先企業，職業紹介企業[20]，使用者団体等についても，労務の供給を受けている者についてと同様，少なくとも，当該労働者の雇用又は基本的な労働条件等について，部分的とはいえ労働契約上の使用者と同視できる程度に，現実的かつ具体的に支配，決定することができる地位にある者については，労働者の雇用・労働条件の維持・向上等の団体交渉権保障の趣旨に照らし，団体交渉義務を課す客観的に合理的な理由と社会通念上の相当性があり，当該労働者が団体交渉権を行使しうる「使用者」であると解すべきである[21]。

　ただし，義務的団交事項は，当該企業が現実的かつ具体的に支配，決定することができる雇用又は労働条件に限定される。

---

[20] バス会社にバスガイドを紹介し派遣している企業が，職業紹介の範囲を超えて，バスガイドに対して業務の割振りや賃金等の重要克つ基本的な労働条件を決定する立場にありバスガイドとの間に労組法の適用を受ける雇用関係が成立していたとして当該紹介企業の使用者性を肯定した例として，フジ企画事件・中労委平24・1・11別冊中央労働時報1424号27頁。

[21] 大阪証券取引所事件・東京地判平16・5・17労判876号5頁，ブライト証券他事件・東京地判平17・12・7労経速1929号3頁，シマダヤ事件・東京地判平18・3・27労判917号67頁，高見澤電機製作所事件・東京地判平23・5・12判時2139号108頁，東京高判平24・10・30別冊中央労働時報1440号47頁は，いずれも，前掲朝日放送事件・最高裁判決の示す使用者性の判断基準である「当該労働者の基本的な労働条件等について，雇用主と（部分的とはいえ）同視できる程度に，現実的かつ具体的に支配，決定することができる地位にある者」を，株主や親会社の使用者該当性においても適用している（結論としては使用者性を否定）。

8 使用者団体

　使用者団体も団体交渉の当事者となりうること，また，その結果として労働協約を締結しうることは，労組法6条（交渉権限）・14条（労働協約の効力の発生）の規定から明らかである。したがって，当該労働者の「使用者」（前記1〜7参照）が所属している使用者団体で，団体構成員のために統一的に団体交渉をなしえ，特に，従来から団体交渉を行っている[22]等，これに団体交渉義務を課す客観的に合理的な理由と社会通念上の相当性が認められる場合は，労組法7条2号により当該労働者の代表者に対し団体交渉義務を負う「使用者」であると解される。

　たしかに，労組法6条・14条は「使用者又はその団体」と規定しているのに対し，労組法7条は「使用者」としか規定していないので，使用者団体は，団体交渉権行使の相手方となる場合であっても，労組法7条2号の「使用者」に含まれず，その団交拒否については，裁判所において団体交渉を求めうる地位確認は請求しうるが，「不当労働行為」ではない（したがって，労働委員会における救済を求めることはできない）との見解[23]もある。

　しかし，先に述べたように，労組法には「使用者」の定義規定がなく，労組法の条文の中の「使用者」概念は各条文毎に異なりうるところ，例えば企業別団体交渉では，個別使用者の正当な理由のない団交拒否は不当労働行為となるのに，産業別団体交渉では，使用者団体の正当な理由のない団交拒否は不当労働行為とならないという見解は，整合性を欠くように思われる。したがって，使用者団体も，労組法7条2号の「使用者」に含まれうると解すべきであろう。ただし，義務的団交事項は，当該使用者団体が決定しうるものに限定される。

9 小　　括

　労組法7条2号により，当該労働者の代表者との団体交渉を正当な理由なく拒否することを禁止されている「使用者」は，①現在の労働契約上の使用者，②出向先企業，③過去の労働契約上の使用者，④将来労働契約上の使用者となることにつき当該労働者の合理的な期待のある者又は将来労働契約上の使用者

---

(22) 日本における産業別労使交渉の具体例については，川口美貴「日本における産業別労使交渉と労使合意」日本労働研究雑誌652号（2014年）50頁。
(23) 菅野・前掲注(6)652頁。

となる現実的かつ具体的な可能性のある者等，⑤当該労働者から労務の供給を受けている派遣先事業主，⑥当該労働者の雇用・労働条件を現実的かつ具体的に支配・決定しうる地位にある者であり，また，⑦当該労働者の「使用者」が所属している使用者団体で，団体構成員のために統一的に団体交渉をなし得るものも「使用者」となり得る。ただし，①～⑦の負う義務的団交事項は，それぞれ異なる。

III 「不利益取扱い」等（労組7条1・4号）を禁止される使用者

1 労組法7条1・4号の意義と論点

労組法7条1・4号は，「使用者」が，労働者に対し，①不利益取扱い（労組7条1号本文前段），②黄犬契約（労組7条1号本文後段），③報復的不利益取扱い（労組7条4号）を行うことを禁止している。

憲法28条の保障する労働者の団結権・団体交渉権・団体行動権の侵害は，全ての者が行いうるものであり，したがって，団結権等を侵害する「不法行為」は全ての者がその主体となりうる。また，その侵害の態様も多種多様であろう。

しかし，労組法7条1・4号は，憲法28条による団結権等保障の実効性を確保するために，特に，「使用者」が主体となって労働者に対し「不利益取扱い」等を行うことを禁止し，「使用者」が労働者に対し「不利益取扱い」等を行った場合は，裁判所による救済（当該行為が無効であることを前提とした地位確認，賃金支払等や，不法行為に基づく損害賠償等）のみならず，「不当労働行為」として労働委員会による救済の対象としている点に重要な意義を有する。

そこで，以下，労組法7条1・4号の定める「不利益取扱い」等の内容と，「使用者」の範囲を検討する。

2 「不利益取扱い」等の内容
(1) 労組法7条1号本文前段と後段の適用段階

労組法7条1号本文前段（「不利益取扱い」）と後段（「黄犬契約」）の適用段階につき，JR北海道・日本貨物鉄道事件・最高裁判決[24]は，前段は雇入れ後の

---
(24) 最一小判平成15・12・22民集57巻11号2335頁，判時1847号8頁，判タ1143号108頁。

段階に適用され，後段は雇入れの段階に適用されるとし，労働組合の組合員であること等を理由とする「採用拒否」は，それが従前の雇用契約関係における不利益な取扱いにほかならないとして不当労働行為の成立を肯定することができる場合に当たるなどの特段の事情がない限り，労組法7条1号本文前段の「不利益取扱い」に当たらないと判示している。

しかし，前段と後段のこのような適用段階の区別は支持できない。

前段の適用時期について，労働者の団結権等と労働権保障という観点からは，労働契約締結時にその団結活動等を理由として差別されないということが最も重要である。

また，後段は，労働組合不加入又は労働組合からの脱退を拒否したことを理由とする採用拒否も禁止していると解されるところ，当該労働者が「労働組合不加入あるいは労働組合からの脱退を約定しないこと」を理由とする採用拒否は不当労働行為として禁止されているが，当該労働者が「労働組合に加入していること等」を理由とする採用拒否は不当労働行為として禁止されていないという見解は，論理整合性を欠く。また，仮に，後段は，労働組合への不加入又は労働組合からの脱退を雇用条件として提示したこと又は約定させたことのみを禁止しているとしても，単に労働組合への不加入又は労働組合からの脱退を雇用条件として提示又は約定させただけでも不当労働行為となるのに，当該労働者が労働組合に加入していること等を理由とする採用拒否は不当労働行為として禁止されていないという見解は，論理整合性を欠く。

(2) 労組法7条1号本文前段の内容

したがって，労組法7条1号本文前段は，労働組合の組合員であること等を理由とする，労働契約の締結に関する不利益な取扱いについて，実質的には契約の終了に関する不利益取扱いに該当するもの（労働契約の更新の拒否，季節労働者の再採用の拒否，定年後の再雇用の拒否，事業譲渡等における労働契約の承継拒否[25]等）のみならず，新規採用の拒否も含め全て禁止していると解すべきで

---

[25] 青山会事件・東京高判平成14・2・27労判842号17頁は，事業譲渡に類似した事案における不採用につき，採用の実態は，新規採用というよりも雇用関係の承継に等しいものであり，労組法7条1号本文前段が雇入れについて適用があるか否かについて論ずるまでもなく，本件不採用については同規定の適用があると判示し，同判決は最高裁で維持されている。

ある⁽²⁶⁾。また，言うまでもなく，労働契約締結後の雇用・労働条件等に関わる不利益な取扱いも禁止している。

(3) 労組法7条1号本文後段の内容

他方，労組法7条1号本文後段は，具体的には，「労働者が労働組合に加入しないこと（特定の組合に加入しないことを含む），又は，労働組合から脱退すること（特定の組合から脱退することを含む）」⁽²⁷⁾を，①雇用条件として提示したこと，②雇用条件として労働者に約定させること，③約定しない労働者の採用又は雇用の継続を拒否することを含むと解され⁽²⁸⁾，労働契約締結時のみならず，労働契約締結後も適用されると解すべきである。

けだし，これらはいずれも労働契約締結後も行われうるものであり，また，①と②は労組法7条1号本文前段に含まれないからである。これらは労組法7条3号本文前段の支配介入にも該当しうるが，3号違反にも該当しうることは1号本文前段違反もまた同じであり，不当労働行為制度全体の論理整合性を損なうものではない。

(4) 小　　括

したがって，労組法7条1号は，本文前段と本文後段のいずれも，労働契約締結時及び労働契約締結後（労働契約展開中・労働契約終了時）の両方の段階において適用されると解すべきである。

また，「報復的不利益取扱い」（労組7条4号）の内容は，「不利益取扱い」（労組7条1号）と同じであり，やはり，労働契約締結時及び労働契約締結後の両方の段階において適用されると解すべきである。

---

(26) 労組法7条1号本文前段は雇入れに対しても適用があると判示した裁判例として，青山会事件・東京地判平成13・4・12労判805号51頁。

(27) 労働組合に加入しても積極的な活動はしないことも含まれると解される（前掲・菅野和夫771頁等）。

(28) ただし，特定の工場事業場に雇用される労働者の過半数を代表する労働組合と，その労働者が当該労働組合の組合員であることを雇用条件とする労働協約を締結すること，すなわち，クローズド・ショップ協定，又は，ユニオン・ショップ協定を締結することは許容されている（労組7条1号但書）。したがって，特定の工場事業場に雇用される労働者の過半数を代表する労働組合とクローズド・ショップ協定又はユニオン・ショップ協定を締結している場合は，現在又は将来当該労働組合の組合員であることを雇用条件とすることが許容される。

第2章　労働者・使用者概念の再構築を提言する

3 「使用者」

「不利益取扱い」(労組7条1号本文前段)・「黄犬契約」(労組7条1号本文後段)・「報復的不利益取扱い」(労組7条4号)が，いずれも，労働契約の締結時，及び，労働契約締結後(労働契約展開中・労働契約終了)の段階に適用されることを前提とするならば，労組法7条1号・4号により当該労働者に対して「不利益取扱い」等を行うことが禁止されている「使用者」は，以下のように解される。

第一に，労働契約の締結において「不利益取扱い」等を禁止される「使用者」は，①当該労働者の過去の労働契約上の使用者で労働者が新たに労働契約を締結する合理的期待を有している者，又は，将来労働契約上の使用者となる現実的かつ具体的な可能性のある者(合併における新設会社・吸収会社等)等の他，それ以外であっても，②当該労働者と労働契約締結過程にある者は含まれる。

第二に，労働契約展開中において，又，労働契約終了に関して，「不利益取扱い」等を禁止される「使用者」は，当該労働者の雇用の帰趨・労働条件につき，労働契約に基づき，あるいは，労務の供給を受けていることに基づき，あるいは，そのような関係になくても，現実的かつ具体的に決定しうる地位にある者である。具体的には，①当該労働者の労働契約上の使用者(当該労働者が出向している場合は出向元企業と出向先企業の双方を含み，また，法人格否認の法理等により労働契約上の使用者と判断される者も含む)，②当該労働者から労務の供給を受けている派遣先事業主，③当該労働者から労務の供給を受けているわけではないが，当該労働者の雇用・労働条件を現実的かつ具体的に決定しうる地位にある者(親企業，持株会社，同じグループ企業の中心企業，取引先企業，使用者団体等がこれに該当する場合がある)等である。

以上を総合すれば，労組法7条1号・4号により当該労働者に対して「不利益取扱い」等を行うことが禁止されている「使用者」は，労組法7条2号により当該労働者の代表者との団体交渉を正当な理由なく拒否することを禁止されている「使用者」(前記Ⅱ参照)と基本的に同じである。ただし，これに加えて，当該労働者と労働契約締結過程にある者も「使用者」となりうる。

IV 「支配介入・経費援助」（労組7条3号）を禁止される使用者

1 労組法7条3号の意義と論点

労組7条3号は,「使用者」の,①労働者に対する「支配介入」（労組7条3号本文前段）と,②労働組合に対する「経費援助」（労組7条3号本文後段）」を禁止している。

「支配介入」は,「労働者が労働組合を結成し,若しくは運営することを支配し,若しくはこれに介入すること」,「経費援助」は,「労働組合の運営のための経費の支払につき経理上の援助を与えること」であり,その内容は広範囲であって,全ての者がその主体となりうる。

しかし,労組法7条3号は,憲法28条による団結権等保障の実効性を確保するために,特に,「使用者」が主体となって「支配介入・経費援助」を行うことを禁止し,「使用者」が「支配介入・経費援助」を行った場合は,裁判所による救済（当該行為が無効であることを前提とした地位確認,賃金支払等や,不法行為に基づく損害賠償等）のみならず,「不当労働行為」として労働委員会による救済の対象としている点に重要な意義を有する。

そこで以下,①労働者に対する「支配介入」と,②労働組合に対する「経費援助」を禁止されている「使用者」の範囲について,順に検討する。

2 労働者に対する「支配介入」（労組7条3号本文前段）

「使用者」が「支配介入」（労組7条3号本文前段）を行うことを禁止されている相手方である「労働者」は,労組法上の労働者（労組3条）であるが,特に「雇用する」労働者に限定されていない。したがって,当該労働者に対して支配介入を行うことを禁止される「使用者」は,労組法7条2号とは異なり,当該労働者を「雇用する」使用者に限定されていない。

しかし,労組法7条3号本文前段は,特に,当該労働者が代表者を通じて団体交渉権を行使しうる相手方が,当該労働者に対してその労働組合の結成・運営に関して支配介入することは,その可能性が高くかつ重大な団結権侵害となるので,これを不当労働行為として禁止した（それ以外の者の支配介入行為は不法行為等としてのみ処理する）ものと解される。

したがって,労組法7条3号本文前段により当該労働者に対して「支配介

第2章　労働者・使用者概念の再構築を提言する

入」を行うことを禁止されている「使用者」は，労組法7条2号により当該労働者の代表者との団体交渉を正当な理由なく拒否することを禁止されている「使用者」（前記Ⅱ参照）と基本的に同じである。ただし，労働組合の組合員であること等を理由とする採用拒否，及び，労働契約締結時における黄犬契約は，労組法7条1号違反であるとともに，労組法7条3号本文前段にも違反するから，これに加えて，当該労働者と労働契約締結過程にある者も支配介入の主体である「使用者」となりうる。

3　労働組合に対する「経費援助」（労組7条3号本文後段）

「使用者」が「経費援助」（労組7条3号本文後段）を行うことを禁止されている相手方である「労働組合」は，労組法上の労働組合（労組2条）である（ただし，法の趣旨に照らし，他の要件は充足するが労組法2条2号に該当する労働組合は含まれると解される）が，特に限定されていない。

しかし，労組法7条3号本文後段は，特に，当該労働組合が団体交渉権を行使しうる相手方が当該労働組合に経費援助することは，それが行われる可能性が高くかつ重大な団結権侵害となるので，これを不当労働行為として禁止したものと解される。

したがって，労組法7条3号本文後段により当該労働組合に対して「経費援助」を行うことを禁止されている「使用者」は，労組法7条2号により当該労働組合との団体交渉を正当な理由なく拒否することを禁止されている「使用者」と同じと解される。すなわち，当該労働組合の構成員を「雇用する」（労組7条2号）使用者（前記Ⅱ参照）である。

Ⅴ　結びに代えて——各号の「使用者」の異同

以上検討したように，①「団交拒否」（労組7条2号）を禁止されている「使用者」，②「不利益取扱い」等（労組7条1・4号）を禁止されている「使用者」，③「支配介入・経費援助」（労組7条3号）を禁止されている「使用者」は，基本的に同じである。

すなわち，a）現在の労働契約上の使用者（出向先企業を含む），b）過去の労働契約上の使用者，c）将来労働契約上の使用者となることにつき当該労働者の合理的な期待のある者，又は，将来労働契約上の使用者となる現実的かつ具

体的な可能性のある者,d) 当該労働者から労務の供給を受けている派遣先事業主,e) 当該労働者の雇用・労働条件を現実的かつ具体的に支配・決定しうる地位にある者等であり,また,f) これら当該労働者の「使用者」が所属している使用者団体で,団体構成員のために統一的に団体交渉をなし得るものも含まれうる。

　ただし,②不利益取扱い等(労組7条1・4号)と③の支配介入(労組7条3号本文前段)については,当該労働者と労働契約締結過程にある者も,これを禁止される「使用者」となる。

11 ドイツ労働法における「就労者(Beschäftigte)」および「労働者類似の者」の概念について
──とくに家内労働者に着目して──

橋 本 陽 子

Ⅰ は じ め に
Ⅱ 営業法における家内労働者の規制
Ⅲ 家内労働法
Ⅳ 労働者類似の者
Ⅴ 就労者（Beschäftigte）
Ⅵ ま と め

Ⅰ は じ め に

ドイツにおいて労働契約とは，民法典における雇用契約の下位類型として（労働契約ではない雇用契約は「自由な雇用契約」と呼ばれているが，これは日本法にいう（準）委任契約に相当する），請負契約と区別されている。「労働者（Arbeitnehmer）」は，かかる労働契約の一方当事者であり，労働法のすべての法律の適用対象者である。経済的に従属的な自営業者に対して，例外的に労働法上の法律が適用されることもあるが，その適用対象者は，「労働者類似の者」と呼ばれている[1]。

労働関係の規制が個別の職業ごとに行われていたドイツにおいて，19世紀末の民法典制定を経て，ワイマール時代に，労働契約と労働者概念が整理された。その過程で，家内労働者は，「労働者類似の者」として，「労働者」から区別されるようになった。しかし，最近の労働立法では，「労働者類似の者」も含む「就労者（Beschäftigte）」を適用対象者とする立法が増えている。

本稿は，主に1910・20年代のドイツの労働立法における家内労働者に着目することで，「労働者類似の者」という概念が生成されるに至った経緯，労働

---

(1) 「労働者類似の者」については，柳屋孝安『現代労働法と労働者概念』（信山社，2005年）3-107頁，拙稿「労働法・社会保険法の適用対象者──ドイツ法における労働契約と労働者概念──(4)完」法学協会雑誌120巻11号2156-2165頁（2003年）。

第 2 章　労働者・使用者概念の再構築を提言する

契約と民法典における契約類型との関係および最近の「就労者」概念の意義について考察を行うものである。

II　営業法における家内労働者の規制

1　営業法の労働保護規制

　今日の労働法の出発点となった法律は，営業法であろう。営業法は，営業経営者（Gewerbetreibende）に対する営業の自由を支えるための事業規制立法であるが[2]，第 7 編（Titel Ⅶ）において営業分野における労働関係が規制されており，解約告知期間および即時解雇事由等の契約法的な規制が置かれていた。労働者保護規制としては，1869 年法[3]では，工場労働における若年労働者保護（127 条以下）および現物給与の禁止（134 条）が定められており，その後の改正によって順次拡大されていった。1878 年法[4]によって，現物給与の禁止が工場労働者以外にも拡大され，21 歳未満の労働者について労働手帳（Arbeitsbücher）が導入され，また工場監督官制度が導入された。1891 年法[5]では，日曜・祝日労働の制限，生命・健康保護の強化および大規模事業所における就業規則の作成義務が導入された。その後，1900 年法[6]で，一部の事業所における賃金手帳（Lohnbücher）または労働票（Arbeitszettel）の交付義務[7]および店舗の営業時間の規制等が導入された。そして，1908 年法[8]によって，工場労働者に認められていた保護が全営業労働者に拡大され，工場における若年および女性労働者の最長労働時間が規制され，産婦の保護が導入さ

---

(2)　「営業（Gewerbe）」とは，「利益の獲得に向けられた継続的な活動」であると解された（Bail, Das Rechtsverhältnis der Arbeitgeber und Arbeitnehmer in Handwerk, Industrie und Handelsgewerbe nach Reichsrecht, 2. Aufl., 1912, S. 9-10）。

(3)　Gewerbeordnung für den Norddeutschen Bund. Vom 21. Juni 1869, RGBl. S. 245.

(4)　Gesetz, betreffend Abänderung der Gewerbeordnung. Vom 1. Juli 1878, RGBl. S. 199.

(5)　Gesetz, betreffend Abänderung der Gewerbeordnung. Vom 1. Juni 1891, RGBl. S. 261.

(6)　Gesetz, betreffend Abänderung der Gewerbeordnung. Vom 1. Juni 1900, RGBl. S. 321.

(7)　賃金手帳・労働票は，1895 年のベルリンの既製服製造業における大規模ストライキを契機に，衣料・洗濯業において労働条件の明確性を確保するために導入され，労働の行われる時期，労働の種類および範囲，出来高の場合その個数，賃金額，資材の引き渡しの条件，納期および賃金支払日を記載することになった。

(8)　Gesetz, betreffend Abänderung der Gewerbeordnung. Vom 28. Dezember 1908, RGBl. S. 667.

れた。

　商業分野において商人としての役務を行う使用人（Handlungsgehülfe）については，1897年の商法典[9]において契約関係の規制が定められた。このように，営業法は，手工業・工業分野に，商法典は，商業分野に適用され，さらに以下に見るように，具体的な規制は，個々の職業ごとに定められていた。すなわち，この段階では，個々の職業を統合するような「労働者」概念は成立していなかった。

　以下では，1912年当時の営業法の規制を簡単に見ていきたい。

　営業法では，最初に，労働者保護の総則的な規定が104条から120g条までの40条に定められている。その内容は，日曜・祝日労働の禁止とその例外（104条ないし105i条），市民権を持たない営業経営者の18歳未満の若年労働者の雇用禁止（106条），21歳未満の未成年の労働手帳への登録義務・記載事項等（107-112条）[10]，退職時の雇用証明書（113条），労働手帳・証明書の免除（114条），賃金手帳または労働票の交付・記載事項・届出義務等（114a条-114e条），現物給与の禁止・直接払いの原則（115条-119条），違法な労働関係の解消による損害を補償するために控除が許される賃金額の制限（119a条），18歳未満の労働者の就学保障（120条），生命健康および良俗の保護（120a条-120g条）である。生命健康の保護のうち，健康に有害な事業所において警察に最長労働時間を定める規則制定権を付与した120f条は，労働時間規制の端緒である。また，これらの多くの規定について，州の中央当局による規則制定権が定められている。

　以上の総則的な労働者保護規定において，適用対象者は「営業労働者（gewerbliche Arbeiter）」（今日では，Arbeiterとはブルーカラーの現業労働者を意味するが，ホワイトカラーである職員と対比される現業労働者という意味で用いられるようになったのはワイマール時代の立法以降なので，それ以前は「労働者」という訳語を用いる）という用語が用いられているが，第7編は「営業労働者

---

(9) Handelsgesetzbuch. Vom 10. Mai 1897, RGBl. S. 437.
(10) 労働手帳は，未成年者の氏名，住所および保証人名等が明記された，警察が発行する手帳であり（108条），使用者は，就労開始時，就労の種類および終了時を記録する義務を負った（111条）。当事者の申請により使用者の記載事項について警察が公証することができた（114条）。

第2章　労働者・使用者概念の再構築を提言する

(職人，使用人，徒弟，経営官吏，工場長，技術者，工場労働者)」という見出しであり，ここから「(営業)労働者」という用語がこれらの職業の総称として用いられていることがわかる。

　121条以下から，職業または事業所規模・種類ごとの規制が行われ，第7編第2節は，職人 (Gesellen) および使用人 (Gehilfen)，第7編第3節は，徒弟 (Lehrlinge)[11]，第7編第3a節は，親方資格，第7編第3b節は，経営官吏 (Betriebsbeamte)，工場長 (Werkmeister) および技術者 (Techniker)[12]，第7編第4節は，「常時10人以上の労働者が就労する事業所のための特則」，第7編第5節は，監督，第7編第6節は，店舗[13]に関する規制を定めている。

　このうち，職人および使用人に関する第2節並びに経営官吏，工場長および技術者に関する第3b節は，解約告知期間，即時解雇，契約期間または解約告知期間満了前の解約事由および違法な労働放棄における使用者の損害賠償請求権等，もっぱら契約法的な規制である。122条は，職人・使用人について，当事者双方からの2週間の解約告知期間を定めた規定であるが，罰則の適用はなく，違反する契約は無効となり，法律の基準によると解された[14]。経営官吏等に認められる競業避止義務の制限 (133f条) についても強行法規であると解

---

(11) 徒弟に関する規制は23条に及ぶが，3年間の徒弟関係を経て受験する職人になるための試験制度に関する規定が約半分を占めている。また，書面性の要請 (127a条)，使用者に認められる「父親としての体罰権 (väterliche Zucht)」(127b条)，4週間の試用期間 (127b条)，徒弟先の変更 (127e条)，徒弟の数が多すぎる場合に当局が数を減らせる旨の規定 (128条) 等，徒弟関係に特有の規制が定められている。

(12) 経営官吏，工場長および技術者に関する第7b節は，1891年法によって，商法典における商業使用人の規制に倣って導入された。経営官吏および工場長とは使用者と労働者との中間的な地位にある者で，指導・監督的な地位にあり，技術者は，学問的・技術的な教育を受けて高度な技術的役務を提供し，高収入を得ているため，より長い解約告知期間が必要であるとされた (Landmann, Kommentar zur Gewerbeordnung für das Deutsche Reich, 6. Aufl., 1912, S. 545, 549)。6週間の解約告知期間 (133a条) が原則であるが，双方について1ヶ月まで短縮できること (133aa条)，しかし，かかる例外は，年収5000マルク以上の職員には適用されないこと (133ab条) とされた。

(13) 手待ちが多く，労働時間が営業時間より長くなりがちな小売業における使用人，徒弟および労働者について，10時間の連続した休息の付与 (139c条)，夜9時から朝5時までの営業時間の禁止 (139e条) 等が定められている。また，20人以上の店舗における就業規則の作成義務も定められている (139k条)。

(14) Landmann, a.a.O., S. 437.

されている[15]。

　常時10人以上の労働者（経営官吏，工場長および技術者を除く）が就労する事業所のための特則を定める第7編第4節は，以前は「工場労働者（Fabrikarbeiter）」という見出しであったが，工場の定義について争いがあったため，1908年法によって，事業所規模で適用範囲を画することになった（もっとも，第7編の見出しにおいて「工場労働者」の用語が残された）。本節の規定は，第2節および第3節における職人，使用人および徒弟の規制に加えて，一定規模以上の事業所について，特別規制を課すものである。

　133h条ないし134h条の10条は，20人以上の事業所に適用される規定であり，134条では，労働者が違法に労働関係を解消した場合に，使用者が損害賠償として控除できる賃金額は週の平均賃金額を超えてはならず，また124b条（労働者が違法に労働関係を解消した場合に，労働者に対して使用者が損害賠償を請求できる旨の規定）が適用除外とされた。さらに，同条2項では，支払った賃金の明細に関する書面を交付する義務が課された。また，事業所の労働条件を統一し，労働条件の明確化を図るために，就業規則（Arbeitsordnung）の作成義務が課され（134a条-134c条），作成にあたって労働者または労働者委員会に対する意見聴取義務が課された（134d-134h条）。

　10人以上の事業所に適用される134i条から139aa条までの10条では，13歳未満の児童の就労禁止，14歳未満の児童の1日6時間の最長労働時間および16歳未満の児童の1日10時間の最長労働時間（135条），女性労働者の深夜労働の禁止および1日10時間の最長労働時間（137条），女性・若年労働者の自宅での残業の禁止（137a条），許可・非常時の時間外労働（138a条および139条）が定められている。

2　家内労働者
(1)　用語の整理

　現在の家内労働法[16]は，適用対象者を「家内労働就労者（in Heimarbeit Beschäftigte）」と定めており，かかる「家内労働就労者」は，「家内労働者（Heimarbeiter）」および「家内営業経営者（Hausgewerbetreibende）」，彼らと

---

(15)　*Landmann*, a.a.O., S. 563.
(16)　Heimarbeitsgesetz. Vom 14. März 1951, BGBl. I S. 191.

第2章　労働者・使用者概念の再構築を提言する

同視される者[17]および仲介人である「中間親方（Zwischenmeister）」を総称する用語である（家内労働法1条1項および2項）。このうち、「家内労働者（Heimarbeiter）」と「家内営業経営者（Hausgewerbetreibende）」の区別は、古くから問題とされてきた。「家内営業経営者」には営業法119b条によって一部の営業法の規制が適用されるほか、営業裁判所の管轄に服した[18]。また、家内営業経営者は、ライヒ保険法[19]によって社会保険の強制被保険者とされていたが、これらの法律において、「家内労働者」は、その他の営業法が適用される労働者またはライヒ保険法において強制被保険者とされる就業者に含まれると考えられていたからである[20]。もっとも、営業法とライヒ保険法における家内営業経営者は必ずしも一致しないと解されていた[21]。

---

(17) 州の営業部門ごとに設置される家内労働委員会（公労使の三者構成）が同視される者およびその範囲について決定する（家内労働法1条3項および4項）。

(18) Gesetz, betreffend die Gewerbgerichte. Vom 29. Juni 1890, RGBl. S. 141. 1890年の営業裁判所法は、「現業労働者およびその使用者との間の営業上の紛争並びに同一の使用者の現業労働者間の紛争に関する判断のための営業裁判所が設置される」と定め（1条1項）、「営業法第7編が適用される職人、使用人、工場労働者および徒弟が本法にいう現業労働者である」（2条1項）と定めていた。そして、4条において、「特定の営業経営者のために、その作業所（Arbeitsstätte）の外で、営業上の製品の製作（Anfertigung）に従事する者（家内労働者、家内営業経営者）およびその使用者」との間の紛争も営業裁判所が管轄を有すると定めていた。営業裁判所法では、家内労働者と家内営業経営者をとくに区別していない。

(19) 1911年7月19日のライヒ保険法（RGBl. S. 509）162条は次のように定める。「自己の事業所施設（Betriebsstätten）において、他の営業経営者の委託およびその計算で、営業上の製品を製作または加工する独立の営業経営者が、本法にいう家内営業経営者である。かかる営業経営者が、自ら原材料を調達し、一時的に自己の計算で労働する場合であっても本法にいう家内営業経営者とみなされる」。かかる家内営業経営者は、疾病保険および労災保険の強制被保険者と定められ（165条6号および548条2項）、障害・遺族保険については、連邦参議院が保険加入義務を定める旨規定されていた（1229条）。同法162条では、家内営業経営者が「独立の営業経営者」であると明示されている点は注目される。

(20) *von Rohrscheidt*, Gewerbeordnung für das Deutsche Reich in ihrer neuesten Fassung, 2. Bd., 1912, S. 200; *Stier-Somolo*, Kommentar zur Reichsversicherungsordnung und ihrem Einführungsgesetz vom 19. Juli 1911, 1. Bd., 1915, S. 239.

(21) 営業経営者ではない者のために営業労働を行う者は、社会保険の強制加入者として認められることはあるが、営業監督の対象ではないと解されている（*Landmann*, a.a.O., S. 212-213）。

「家内労働者」と「家内営業経営者」は実際にはあまり厳格に区別されていないと指摘したうえで，両者を営業法上の労働者と解する見解も主張されていた[22]。

以下では，「労働者類似の者」の原型とされた「家内営業経営者」について，営業法および家内労働法の内容を概観してみることとする。

(2) 営業法における規制

すでに1869年法において，現物給与の禁止が適用される工場労働者（134条）には，「工場施設の外で，工場主または工場主と同視される者のために，その営業経営のために必要な製品および半製品を製作すること，またはかかる商品の消費者への販売を業とすることなく，工場主に販売すること」も含まれると定められていた（136条）。この規定は，1878年法で，119条2項となり，さらに1891年法で，119b条となったが，119b条は，「特定の営業経営者のためにその作業所（Arbeitsstätte）の外で営業上の製品の製作に従事する者は，原材料を自ら調達する場合であっても同法114a条から119b条にいう労働者（Arbeiter）にあたる」と規定され，「原材料を自ら調達する場合であっても」の文言が追加された。119b条が適用される者が家内営業経営者と呼ばれるようになったが，営業法の条文には，家内営業経営者という用語は用いられていない。

現物給与の禁止違反を認めた1885年10月12日ライヒ裁判所判決[23]は，かご販売業者に専属してかごを作っていた者を119b条の家内営業経営者であると認めた。同判決において，ライヒ裁判所は，「狭義の営業法上の労働者（職人，使用人，徒弟，工場労働者）に認められるいわゆる現物給与の禁止は，『家内工業（Hausindustrie）』を営み，確かに独立の営業経営者であるが，常時特定のより大規模な営業経営者にのみ納品し，直接消費者に向けて製作しているのではないために，通常の現業労働者と同様の従属関係（Abhängigkeitsverhältnis）にある現業労働者にも拡大」されており，かかる保護が認められるためには，「契約に基づく雇用関係（verträgsmäßiges Dienstverhältnis）」は必要なく，「恒

---

(22) Stadthagen, Das Arbeitsrecht, 3. Aufl., 1900, S. 91-93（シュタットハーゲンは，「家内労働者」と「家内営業経営者」を総称して，「家内工業従事者（Hausindutrielle）」と呼んでいる）。

(23) Entscheidungen des Reichsgerichts. Strafsachen. Bd. 12, S. 428.

第 2 章　労働者・使用者概念の再構築を提言する

常的に特定の使用者に納品し，その他の販売先を失うことよって，使用者への従属性が基礎づけられる」という「事実上の関係」があれば足りると述べた。本判決は，営業法の労働保護規制が，契約関係ではなく，従属関係という事実上の関係を前提としていることを明らかにするとともに，狭義の営業法上の労働者に認められる保護が家内営業経営者にも拡大されているという表現からは，家内営業経営者は 119b 条（当時の 119 条 2 項）によって特別に営業法上の保護が認められるにすぎないという理解がうかがえる。

Ⅲ　家内労働法

1　1911 年の家内労働法

1911 年に最初の家内労働法（Hausrbeitsgesetz）[24]が制定された。同法は，委託者に対して，賃金リスト（Lohnverzeichnis）もしくは賃金表を公表する義務（3 条），または自宅労働者（Hausarbeiter）に賃金手帳もしくは労働票を交付する義務（4 条）を課すとともに，包括的な安全確保措置をとることを義務付けた（6 条以下）[25]。同法 1 条は，「1. もっぱら家族のみを営業に使用し（gewerblich beschäftigt），2. 作業所（Werkstattbetrieb）を経営する使用者によって使用されることなく，1 人または複数の者が営業労働を遂行する事業場（Werkstätte）」に本法が適用されると定めた。同法は，保護の名宛人として「自宅労働者（Hausarbeiter）」という用語を用いていたが，その定義は定めていなかった。

同法の立法趣旨については，労働者を雇用していない事業所（Betrieb）にも行政による監督を及ぼすためであり，営業法 119b 条にいう家内営業経営者と家内労働法の適用を受ける「自宅労働者」は必ずしも同一の概念ではないという説明が行われている[26]。家内労働法制定後も，営業法 119b 条が残されたため，両者の関係が問題になったものと思われる。

---

(24)　Hausarbeitsgesetz. Vom 20. Dezember 1911, RGBl. S. 976.
(25)　賃金額を明示する旨の規定（3 条および 4 条）の施行は，1918 年 1 月 1 日とされた。
(26)　*von Rohrscheidt*, a.a.O., S. 200.; *Bail*, a.a.O., S. 314.

2 現行法に至る経緯

家内労働法は，その後，1923年[27]，1934年[28]，1951年[29]，1974年[30]に改正され，保護の内容が拡充された。主要な改正内容として，1923年法によって，1911年法では諮問機関に限定されていた家内労働委員会に対して，労働協約に一般的拘束力を課す権限および最低工賃を定める権限が付与された（31-40条）。1934年法によって，賃金支払い証明書の交付（8条）等，さらに保護が拡大されたが，ナチス体制に合わせて家内労働委員会が廃止され，最低工賃の決定権が信託庁に移行されたため，戦後の1951年法では，再び家内労働委員会のかかる権限が復活した。そして，大幅に保護を拡充した改正が，1974年法であり，家内労働者と同視される者の認定制度が導入され（1条2項2文），事務労働が家内労働法の適用対象に含められることになった（2条1項）。さらに，委託を打ち切る場合に解約告知期間を遵守すること（29条）および委託者の事業場に事業所委員会が設置されている場合には家内労働者に対する委託打ち切りに際して事業所委員会の意見聴取を行うこと（29a条）が定められた。

1923年法によって，家内営業経営者を「自宅労働者」と同視する旨の規定が導入され（18条），1934年法によって，現在とほぼ同様の家内労働者の定義規定が設けられた。すなわち，「自宅労働者」という用語を用いることはやめ，「家内労働者（Heimarbeiter）」および「家内営業経営者（Hausgewerbetreibende）」が，家内労働法の適用対象者である「家内労働就労者（in Heimarbeit Beschäftigte）」であると定められた。「家内労働者」とは，「営業経営者ではなく，自宅または自己が選択した作業所において，1人または家族の助力を得て，事業経営者または仲介人の委託と計算で営業労働を行う者」であり，「家内営業経営者」については，「営業経営者として，自宅または自己が選択した作業所において，営業経営者または仲介人の委託と計算で，自ら製品を製作または加工し，基本的に自ら出来高払いで労働する者をいう。これは，営業経営者が原材料を自ら調達し，または一時的に直接販売市場のために労働する場合にも

---

(27) Gesetz zur Abänderung des Hausarbeitsgesetz (Heimarbeiterlohngesetz). Vom 27. Juni 1923, RGBl. I S. 472.
(28) Gesetz über die Heimarbeit. Vom 23. März 1934, RGBl. I S. 214.
(29) Heimarbeitsgesetz. Vom 14. März 1951, BGBl. I S. 191.
(30) Heimarbeitsänderungsgesetz. Vom 29. Oktober 1974, BGBl. I S. 2879.

同様である」と定められた（3条1項および2項）。

　立法理由では，これによって，「家内労働者」と「家内営業経営者」を区別する意味が失われたという説明が行われている[31]。確かに，現在に至るまで，家内労働者と家内営業経営者に対する家内労働法の規制は同一であるので，両者を区別する必要性は乏しいが，従来は，家内労働者は労働者として，その他の労働法の適用を受ける点で，とくに法律で明示された限りで営業法の適用を受ける家内営業経営者の法的地位とは異なっていたはずである。本改正以降，家内労働者も労働者ではなく，労働者類似の者と位置づけられることになったといえる[32]。

　現在，家内労働者は，家内労働法だけでなく，連邦休暇法[33]，事業所組織法[34]等，多くの労働立法の適用対象者として労働者に加えて明示されている。

3　家内営業経営者は労働者か

　上述したとおり，ライヒ時代において，家内営業経営者には，営業法119b条によって，特別に営業法が適用され，営業法第7編の規制に服する現業労働者には含まれないと解する見解が一般的であったといえる[35]。家内営業経営者と委託者との間の契約は請負契約であると解された[36]。かかる家内営業経営者が，ワイマール時代に「労働者類似の者」に発展したということができよう。しかし，他方で，家内営業経営者も（営業法上の）労働者であるという見

---

[31]　Reichsarbeitsblatt I Nr. 10, 1934, S.80.

[32]　これによって家内労働者に対する保護の程度が引き下げられたのではないかと思われるが，このような問題を指摘する議論は見当たらなかった。1956年の営業法のコンメンタールにおいても，営業法119b条について，家内労働者は通常の労働者であるという説明があるが（*Ehrmann/Fröhler*, Landmann-Rohmer Gewerbeordnung. Kommentar 11. Aufl., 1956, S. 168），家内労働法との関係については述べられていない。

[33]　Mindesturlaubsgesetz für Arbeitnehmer (Bundesurlaubsgesetz). Vom 8. Januar 1963, BGBl. I S. 2.

[34]　Betriebsverfassungsgesetz. In der Fassung der Bekanntmachung vom 25. September 2001, BGBl. I S. 2518.

[35]　家内営業経営者の独自性については，柳屋・前掲注（1）22頁，皆川宏之「ドイツにおける被用者概念と労働契約」日本労働法学会誌102号127頁（2003年）。

[36]　*Baum*, Das Recht des Arbeitsvertrages, 1911, S. 97-98.

解も主張されていた[37]。かかる論者は，家内営業経営者と委託者との間の契約関係の性質について，どのように理解していたのであろうか。

シュタットハーゲンは，民法典における請負契約は請負人が経済的に独立であることを前提としているので，請負契約ではなく，「あらゆる種類の役務」を対象とする民法典611条に基づき，仕事の成果を債務とする雇用契約もありうると述べ，特定の委託者に専属して継続的に就労しているか否かを問わず，雇用契約に当たると述べている[38]。

また，エルトマンは，家内営業経営者は，使用者の事業所に編入しているとはいえないので，独立の事業者であると述べているが[39]，例えば，仕立屋，お針子，織物職人，たばこ職人等，「他人の計算において自宅で継続的に活動する者」である「家内工業従事者（Hausindustrielle）」または「家内就労者（Heimwerker）」[40]は，もっぱら1人の事業者のために活動している場合，個別の労働給付のために締結された請負契約ではなく，雇用契約であり，労働契約であると述べている[41]。エルトマンは，家内営業経営者と家内就労者の区別についてはっきりと述べていないので，異なる解釈も可能であるが，「他人の計算において自宅で継続的に活動する者」について，専属性ないし継続性を根拠に雇用契約であり，労働契約であると述べている点で，家内営業経営者が委託者に専属し継続的に活動している場合には，労働契約であるという立場を示していると解してよいであろう。

いずれにしても，家内営業経営者を労働者であると解する場合，家内営業経営者と委託者との間の契約を雇用契約であると評価している点は重要である[42]。

---

(37) *Stadthagen*, Das Arbeitsrecht, 3. Aufl., 1900, S. 91-93 ; *Oertmann*, Deutsches Arbeitsvertragsrecht, 1923, S. 17-18（1人の委託者に専属し，継続的な契約関係がある場合にのみ労働者であると認める）.
(38) *Stadthagen*, a.a.O., S. 100-101.
(39) *Oertmann*, a.a.O., S. 13.
(40) エルトマンが「家内就労者（Heimwerker）」という用語を後述するポットホフと同義で用いているのかははっきりしない。
(41) *Oertmann*, a.a.O., S. 17-18.
(42) ロートマーは，家内営業経営者は，営業法第7編の見出しに列挙されておらず，営業法上の労働者ではなく，営業法119b条が適用される限りで労働者と同視されるにすぎないと述べるが（*Lotmar*, Der Arbeitsvertrag, 1. Bd., 1902, S. 311; 2. Bd., 1908, S. 476），

第 2 章　労働者・使用者概念の再構築を提言する

Ⅳ　労働者類似の者

1　1923 年の労働契約法草案

「労働者類似の者」という用語は，1923 年の労働契約法草案で用いられ，1926 年の労働裁判所法において実定法上の概念となった。「労働者」も含め，かかる概念形成の原動力は，法典編纂の試みにあったのではないかと考えられる。ドイツ労働法の特徴は，労働者概念が個々の労働立法によって異なるのではなく，統一的に解されている点であるが，かかる統一性への志向は，労働法典の編纂が当初から目標とされ，試みられてきたからではないかといえる。

労働法典編纂の前提として，それまでの職業ごとの規制が，民法典の制定によって，雇用契約という一般的・抽象的な契約類型に結び付けられたことが重要であろう[43]。そして，営業法の適用される労働契約は，出来高払いの契約であっても，請負契約ではなく，雇用契約であると解されるようになった[44]。

1919 年 8 月 11 日のワイマール憲法 157 条は，「人間の労働力はライヒによって特別に保護される。ライヒは統一的な労働法を創設する」と定め，これに先立ち，1919 年 5 月 2 日，統一的な労働法典制定に向けてライヒ労働省に 16 名の委員から成る労働法委員会が立ち上げられた[45]。

労働法委員会は労働法典編纂をめざしていたが，法案が公表されたものは，労働契約法案のみである。1923 年の一般労働契約法草案[46]は，1 条において「労働契約とは，労働者が使用者に労働を提供するために有償で雇用される (angestellt) 契約である」と定められ，2 条において「労働者とは，現業労働

　　営業法 119b 条は家内営業経営者が「独立」の事業経営者であるかどうかは述べておらず，家内営業経営者と家内労働者を区別する必要はないと述べたうえで（2. Bd., S. 480），家内営業経営者と委託者との間の家内労働契約は雇用契約であると述べる（2. Bd., S. 676-677）。

(43)　*Rückert*, in: *Schmeckel/Rückert/Zimmermann*, Historisch-kritischer Kommentar zum BGB, Bd. Ⅲ, 2013, Rdn. 350.

(44)　*Sigel*, Der gewerbliche Arbeitsvertrag nach dem Bürgerlichen Gesetzbuch, 1903, S. 6-8; *Bail*, a.a.O., S. 87.

(45)　ワイマール時代における労働法委員会の活動については，*Ramm (Hrsg.)*, Entwürfe zum Deutschen Arbeitsvertragsgesetz, 1992, S. 34-51; *Ianonne*, Die Kodifizierung des Arbeitsvertragsrechts – ein Jahrhundertprojekt ohne Erfolgsaussicht?, 2009, S. 83-129.

(46)　Reichsarbeitsblatt 28. Sonderheft, 1923; *Ramm (Hrsg.)*, a.a.O., S. 127-242.

者,職員および徒弟である。職員とは,もっぱら高級な,商業的な,または事務的な労働を行う労働者である。徒弟とは,職業訓練のために就労する労働者である。現業労働者とは,その他の労働者である」と定めている。そして,4条は,「当該関係の特質が妨げない限り,以下の者に労働者に関する法規範が適用される。1.法人並びに公法上および私法上の人的団体の役員および法律上の代表者,2.家内営業経営者およびその他の労働者類似の者(家内就労者)」と規定し,ここに労働者類似の者という概念が登場した。

2 メルスバッハの見解

「労働者類似の者」という用語を最初に用いたのはワイマール時代の政府上級参事官(Oberregierungsrat)であり,労働法委員会の委員でもあったメルスバッハであるといわれている。メルスバッハは,著書『ドイツ労働法』において,「労働者概念の判断にとって決定的なことは,労働者が労働の提供によって自己の生存を保障することである」と述べて,「労働者とは,民法上の契約に基づいて,社会通念上経済的に非独立的な状況で活動する者」と労働者を定義し,具体例として,金のアクセサリーの製作を商人から請け負った工場主,工場主の事業所で加工する職員および工場主のために恒常的に仕事をしている「工芸家(Kunstgewerblicher)(家内職員〔Heimangestellte〕)」の3者のうち,工場主だけが事業主で,後の2者は労働者であると述べる[47]。そして,メルスバッハは,労働者概念の判断基準を経済的非独立性に求める場合,事業所労働者(Betriebsarbeitnehmer)と家内労働者(Heimarbeitnehmer)を区別する必要がなくなると述べる[48]。

メルスバッハが労働者の締結する契約(労働契約)を単に「民法上の契約」と述べ,雇用契約に限定していないようである点は注目される。また,メルスバッハは家内営業経営者を労働者であると解しているようであるが,家内営業経営者という用語ではなく,HeimangestellteやHeimarbeitnehmerという他ではあまり見られない用語を用いているうえ,「家内労働者(Heimarbeiter)は,立法によって部分的に労働者として扱われている」[49]と述べ,営業法119b条,

---

(47) Melsbach, Deutsches Arbeitsrecht. Zu seiner Neuordnung, 1923, S. 22.
(48) Melsbach, a.a.O., S. 23.
(49) Ebd.

事業所委員会法⁽⁵⁰⁾11条2項，ライヒ保険法等の規定をあげている。これらの規定は，家内営業経営者に適用される規定であるので，メルスバッハは家内営業経営者と家内労働者を区別していないことがわかるが，かかる家内労働者（家内営業経営者）を労働者に含めているのか，続けて提唱する「労働者類似の者」に位置付けているのかはっきりしない。

メルスバッハは，労働者以外にも労働者と同様の経済的な条件で活動する者を「労働者類似の者」と名付け，「労働者の類似の者」に労働法の規定の一部を明示の規定または類推によって適用すべきであると述べ，適用が拡大される規範として労働協約令⁽⁵¹⁾をあげる⁽⁵²⁾。

「労働者類似の者」の概念の名付け親であるメルスバッハが，労働者性の判断基準を経済的従属性に求め，労働者概念を広く解していたことは非常に興味深い。しかし，それならばなぜ「労働者類似の者」という新しい概念を必要としたのであろうか。メルスバッハは，後述するポットホフの主張に従い，家内営業経営者以外の自宅で就労する経済的に従属している自営業者を念頭に置いて，「労働者類似の者」という概念を提唱したが，「経済的に従属しているが，独立的な人的集団を『労働者』に変えることは，当事者自身の利益にとっても社会（Volksgemeinschaft）にとっても望ましいことではないように思われる」⁽⁵³⁾と述べ，類推や明示の特別規定によって労働者と同視するにとどめるべきであると主張している。

3　ポットホフの見解

メルスバッハは「労働者類似の者」の名付け親であるが，法的には独立であるが，経済的に従属している者に労働法の適用を認めるべきであるという見解は，すでにポットホフによって主張されていた⁽⁵⁴⁾。ポットホフは，具体的な

---

(50)　Betriebsrätegesetz. Vom 4. Februar 1920, RGBl. S. 147.
(51)　Verordnung über Tarifvertrag, Arbeiter- und Angestelltenausschüsse und Schlichtung von Arbeitsstreitigkeiten. Vom 23. Dezember 1918, RGBl. S. 1456.
(52)　*Melsbach*, a.a.O., S. 23-24.
(53)　Ebd., S. 24.
(54)　*Potthoff*, „Anwendbarkeit des Arbeitsrechtes auf freie Berufe", Arbeitsrecht Ⅷ, 1921, S. 33-39; *ders.*, „Verlagmäßige Heimwerker", Arbeitsrecht Ⅷ, 1921, S. 151-154; *ders.*, Das Verhältnis der verlagmäßigen Heimwerker zum künftigen Arbeitsrechte,

人的対象者として，例えば，作家や医師等の自由業や商業代理人等，自己のオフィスで働く知的労働者をあげており，彼らを「問屋制家内労働者」(„verlegten Heimwerker"または „verlagmäßige Heimwerker") と呼び，家内労働者と同様に労働法の適用を認めるべきであると主張した。メルスバッハは，ポットホフの命名はわかりにくいということで，「労働者類似の者」という名称を提案した[55]。

ポットホフは，かかる「問屋制家内就労者」を，「形式的には『独立』であるが，直接，消費者と取引しているのではなく，事業者に納品している者」と定義し[56]，その判断基準として，経済的な従属性だけではなく，組織的な従属性（企業への編入の程度）も決め手となると述べている[57]。そして，彼らに対して，その就労関係に合わない規定を除いて原則としてすべての労働法を適用することを定めるべきであると主張した[58]。

ポットホフのかかる主張は，労働契約法草案 4 条において実現したと評価できる。ポットホフが，労働者類似の者に対して労働者と同程度の保護が図られるべきであると主張している点は重要であろう。しかし，同じ保護が認められるならば，なぜわざわざ労働者と区別される労働者類似の者という概念が必要なのか疑問が生じる。どちらも労働者と解すればよいからである。

4 1926 年の労働裁判所法

労働者類似の者は，1926 年の労働裁判所法[59]において初めて実定法上の概念となった。同法 5 条 1 項は，「本法にいう労働者とは，徒弟を含む現業労働者および職員である。労働関係になく，特定の他者の委託および計算で労働を提供する者（家内営業経営者）およびその他の労働者類似の者は，たとえ原材料を自ら調達していたとしても労働者と同視される。委託者との関係において，もっぱら自己の労働を提供している仲介人も労働者類似の者である」と定めた。

 Arbeitsrecht Ⅷ, 1921, S. 285-287; ders., „Wesen und Ziel des Arbeitsrechtes. Eine Grundlegung", 1922, S. 29. ポットホフの見解について詳しくは，柳屋・前掲注(1)25-29 頁。

(55) *Melsbach*, a.a.O., S. 24.
(56) *Potthoff*, a.a.O., Arbeitsrecht Ⅷ, 1921, S. 152.
(57) *Potthoff*, „Wesen und Ziel des Arbeitsrechtes. Eine Grundlegung", 1922, S. 29.
(58) Ebd., S. 29.
(59) Arbeitsgerichtsetz. Vom 23. Dezember 1926, RGBl I, S. 507; RGBl. 1927, I, S. 42.

第2章　労働者・使用者概念の再構築を提言する

コンメンタールでは,「家内営業経営者は,労働者と独立の事業者との中間に位置する者で,労働契約関係,すなわち雇用契約関係にない」……「人的に独立であるが,経済的に従属している」とすでに今日と同じ整理が行われている[60]。他方で,「経済的には完全に労働者と同視できるので,ライヒ営業裁判所は,法的に労働者と同視してきた」と述べており,ポットホフと同様に,労働者類似の者と労働者に対する保護の程度は同一であることを示唆している。

5　従属労働論と労働契約

一般労働契約法草案および労働裁判所法によって,特別に労働法の規範が適用される労働者類似の者という概念が成立した。この新しい概念は,当時,労働者と同様の保護が認められていた家内営業経営者に対する保護を手工業以外の部門において自宅で就労する者に拡大するために生み出されたものであり,ポットホフは,労働者類似の者には原則としてすべての労働法が適用されるべきであると考えていた。しかし,それならば,なぜわざわざ労働者と別の労働者類似の者という概念が必要だったのか,労働者に含めればよいのではないかという疑問が生じる。この点について,メルスバッハは,当事者の自己認識や社会通念を尊重すべきであると考えていたようであるが,ポットホフの見解は不明である。確かなことはわからないが,私見では,その理由は,当時の立法において,家内営業経営者は狭義の現業労働者（職人および使用人）とは別の職業類型であるという理解がすでに定着していたからではないかと考える。労働契約法草案が作成されたころにすでに存在していた労働協約令および事業所委員会法における労働者（Arbeitnehmer）は,現業労働者（Arbeiter）と職員（Angestellte）を総称する概念として用いられており,家内営業経営者は（狭義の）労働者には含まれていなかった[61]。

かかる立法を背景に,学説においては,現業労働者と職員を総称する概念である労働者概念をいかに定義するかが試みられることとなった。その試みには,

---

(60)　*Dersch/Volkmar*, Arbeitsgerichtsgesetz, 1927, S. 160.
(61)　事業所委員会法11条1項は,同法の適用される労働者を現業労働者および職員と定義したうえで,11条2項において,「さらに,もっぱら同一事業所のために労働し,自ら労働者を雇用していない家内営業経営者も,……本法にいう現業労働者である」と定めていた。

民法典における雇用契約の定義から出発する契約論的なアプローチと労働者と使用者との間の就労関係の実態に着目し，その特徴を労働者の定義として用いる非契約論的なアプローチの2種類があった。

契約論的なアプローチを行った論者として，例えば，ニキシュは，「採用および解雇に関する法律」[62]および事業所委員会法では，同法は「雇用関係」ないし「使用されて（im Dienst beschäftigt）」いる現業労働者ないし職員に適用される旨規定されているが，すべての雇用契約を含むわけではないと述べたうえで，労働法の適用対象となる「雇い入れ契約（Anstellungsvertrag）」と雇用契約の境界画定の基準として，個別の労務給付ではなく，恒常的な関係がなければならないと述べた[63]。

これに対して，非契約論的なアプローチをとったジンツハイマーは，労働法を「他人の処分権力の下での労働」[64]である「従属労働」の法であると位置付け，かかる従属性ないし処分権の根拠を所有権に求めた[65]。かかる従属労働論は，事業所内部の，とくに当時発展を遂げていた大規模な機械化された事業所内における労働関係を特徴づけるものであると理解された[66]。

かかる従属労働論（非契約論的なアプローチ）に対して，契約論的アプローチからは，労働の従属性は労働者ないし労働契約の判断基準としては有用ではないと否定されたが[67]，契約論的アプローチも，労働契約と雇用契約の区別を，

---

(62) Verordnung über die Einstellung und Entlassung von Arbeitern und Angestellten während der Zeit der wirscchaftlichen Demobilmachung. Vom 12. Februar 1922, RGBl. S. 218.

(63) *Nikisch*, Die Grundformen des Arbeitsvertrags und der Anstellungsvertrag, 1926, S. 112-115.

(64) *Sinzheimer*, Grundzüge des Arbeitsrechts, 2. Aufl., 1927, S. 10（楢崎二郎・蓼沼謙一訳『労働法原理〔第2版〕』東京大学出版会〔1955年〕17頁）.

(65) Ebd., S. 22-27（楢崎・蓼沼・前掲注(64)23-33頁）.

(66) *Silberschmidt*, Das deutsche Arbeitsrecht, 2. Teil. 1929, S. 39.

(67) 使用者の指揮命令への拘束を意味する人的従属性は，法律効果の先取りであり（*Nikisch*, a.a.O., S. 99; *Jacobi*, Grundlehren des Arbeitsrechts, 1927, S. 49-51），組織的従属性は，人的従属性の言いかえに過ぎず（*Jacobi*, a.a.O., S. 51-52），組織的従属性は現代の大規模事業所で恒常的に計画的に使用されている労働者についてはあてはまるが，このような事業所のみで「従属」労働が提供されているわけではない（*Nikisch*, a.a.O., S. 99）と批判した。

第2章 労働者・使用者概念の再構築を提言する

恒常的で専属的な関係の有無に求めており，かかる要素は，まさに従属労働論の論者からは人的従属性または組織的従属性と呼ばれた要素であった[68]。要するに，労働者ないし労働契約の定義という点で，両者の見解はほとんど異ならなかった。

そして，現業労働者と職員を総称する概念として労働者ないし労働契約概念を定義する試みにおいて，家内労働者は「経済的には従属しているが，人的には独立である」者として，労働者ではなく，労働者類似の者として労働者と同視されることになった[69]。そして，家内労働者を労働者に含めないことで，労働契約は，請負契約ではなく，雇用契約であると無理なく整理することが可能となった[70]。

V 就労者（Beschäftigte）

1 労働保護法

営業法から独立した法律の中で，1996年の労働保護法[71]は，個々の労働立法と労働者概念との関係について検討する本稿の問題関心にとって，注目すべき立法である。なぜならば，労働保護法の適用対象者は「就労者（Beschäftigte）」と定められ，かかる就労者には労働者類似の者が含まれており（2条2項3号），同法施行前の旧営業法120a条以下で規制されていたときよりも適用対象者の範囲が拡大されたといえるからである[72]。

---

(68) モリトールは，契約論的アプローチと非契約論的アプローチを融合させ，労働の長さ（継続性）が従属性を生じさせると分析している（*Molitor*, Das Wesen des Arbeitsvertrags, 1925, S. 88-89）。

(69) *Sinzheimer*, a.a.O., S. 27-30（楢崎・蓼沼・前掲注(64)34-38頁）; *Hueck/Nipperdey*, Lehrbuch des Arbeitsrechts, 1.Bd., 1928, S. 46-47; *Richter*, Grundverhältnisse des Arbeitsrechts, 1928, S. 15; *Kaskel*, Arbeitsrecht, 3. Aufl., 1928, S. 66。

(70) *Hueck/Nipperdey*, a.a.O., S. 92-93.; *Jacobi*, a.a.O., S. 63.

(71) Arbeitsschutzgesetz（ArbSchG）. Vom 7. August 1996 (BGBl. I S. 1246).

(72) 同法2条2号は，「本法にいう就労者とは，1. 労働者，2. 職業訓練のために就労する者，3. 労働裁判所法5条1項にいう労働者類似の者，ただし，家内労働就労者および彼らと同視される者を除く。4. 官吏，5. 裁判官，6. 兵士，7. 障害者のための作業所で就労する者。」と定めている。就労者を適用対象者とする立法は，労働保護法が初めてではなく，1990年に改正された化学薬品法以降の労働保護立法で用いられていた。化学薬品法の立法理由では，労働者以外の者，とくに生徒および学生を適用対象者に含

〔橋本陽子〕　*11* ドイツ労働法における「就労者(Beschäftigte)」および「労働者類似の者」の概念について

労働保護法だけではなく，最近の立法では，労働者とともに労働者類似の者も適用対象者に含める法律が増えている。これらの立法の共通点は，EU指令の実施法として制定されたという経緯をもつことである。EU指令の実施法としてドイツで導入されたその他の代表的な立法としては，例えば，一般均等待遇法[73]があるが，同法の適用対象者にも労働者類似の者が明記されている（6条1項3号）。EU指令の実施法において労働者類似の者が適用対象者に加えられる理由は，EU法上の「労働者」は，ドイツ法上の労働者概念よりも広いと解されているからではないかと推測されるが，この点についてはっきりと確認できる資料はない[74]。労働保護法の基となった「職場における労働者の安全および健康を改善するための措置の導入に関する理事会指令 (89/391/EEC)」[75]の3条(a)は，「労働者 (worker; Arbeitnehmer)」を「実習生および職業訓練生を含む使用者によって雇用されるすべての者，ただし家事使用人を除く」と定義するにすぎず，文言からは「労働者」にドイツ法において自営業者とされる労働者類似の者がなぜ含まれるのか手がかりは得られない[76]。

2　営業法における「使用／就労」

労働保護法によって従来の旧営業法120a条以下よりも適用対象者の範囲が

　　 めるために就労者という概念を用いることにする旨の説明がある（BT-Drs. 11/4550, S. 58）。
(73)　Allgemeines Gleichbehandlungsgesetz (AGG). Vom 14. August 2006, BGBl. I S. 1897.
(74)　*Forst*, Arbeitnehmer – Beschäftigte – Mitarbeiter, Recht der Arbeit 2014, S. 164 では，EU運営条約45条（労働者自由移動原則）の労働者概念は，官吏，裁判官および会社の機関の構成員を含む点で，ドイツ法の労働者概念よりも広いことを指摘するが，労働者類似の者には言及していない。なお，使用／就労関係 (Beschäftigungsverhältniss) は，労働契約関係にない派遣（請負）先および派遣（請負）労働者との間の法的関係を意味する用語としても用いられている（*Forst*, a.a.O., S. 161-163; *Wiebauer*, Arbeitsschutz im Fremdbetrieb, Zeitschrift für Arbeistrecht, 2014, S. 29-83〔社外労働者に対して，受入れ企業は労働保護法に基づく公法上の責任および元請・下請企業間の契約の第3者に対する保護効により私法上の保護義務を負うと主張する〕）。
(75)　OJ L 183, 29.6.1989, p. 1.
(76)　指令89/391/EECの草案（OJ C 141, 30.5.1988, S. 2）は何らかの給付を行う者を労働者と定義しており，労働者概念を広く解する方向性が示されていたことが指摘されている（*Kohte*, in: *Kollmer/Klindt*, ArbSchG Kommentar, 2. Aufl., 2011, Rdn. 37）。

第2章 労働者・使用者概念の再構築を提言する

拡大されたことについて，公法上の労働保護法および民法典618条に基づく私法上の保護義務は，労働契約以外の雇用・請負契約にも類推適用されるという解釈が有力であり，ドイツ法にとって新しい規制ではないとも解されている[77]。この点について，1912年当時の営業法の規定を見直すと，確かに，営業法は，「使用する／就労させる（beschäftigen）」と規定しており，「使用／就労」ないし「就労者」という用語は決して新しいものではなかったことがわかる。当時の営業法上の「使用／就労」については，公法上の労働者保護規定および社会保険立法の適用は，契約関係を前提としているものではなく，事実上の関係で足りることを意味する用語であると解されていた[78]。契約関係ではなく事実上の関係を重視する用語としては，「労働関係（Arbeitsverhältnis）」という用語がよく知られているが[79]，ポットホフは，「使用／就労」は，「労働関係」を含む，より事実的な概念であり，「労働関係とは，使用／就労に基づき生じる法的関係である」と整理している[80]。

VI まとめ

本稿では，ドイツにおいて労働者および労働者類似の者の概念が生成された経緯について検討を行った。民法典の制定が，それまでの個々の職業類型を対象とした公法的な規制から，抽象的統一的な雇用契約概念へと統合される契機となり，ワイマール時代における労働法学の発展において，現在まで妥当する労働者および労働契約の概念が形成された。その過程で，家内労働者は，労働者類似の者として，労働者から区別されることになったが，その理由は，ライヒ時代の立法において，家内営業経営者が狭義の現業労働者とは区別されており，ワイマール時代の立法において，労働者とは，家内営業経営者を除く，現業労働者および職員の総称であると規定されたことに帰せられよう。

---

(77) *Kohte*, a.a.O., Rdn. 40-43. コーテは，公法上の労働者保護規定が労働者類似の者にも適用可能であるという見解として，フークの見解（*Hueck/Nipperdey*, Lehrbuch des Arbeitsrechts, Bd. I, 7. Aufl., 1963, S. 805）を引用している。

(78) 鎌田教授は，1891年法において，営業法の適用される労働契約は，雇用契約に限定されていたとはいえないと述べる（鎌田耕一「労働者概念の生成」日本労働研究雑誌624号8頁〔2012年〕）。

(79) 和田肇『労働契約の法理』（有斐閣，1990年）11-14頁。

(80) *Potthoff*, Das Arbeitsverhältnis, Arbeitsrecht IX, 1922, S. 371.

家内営業経営者(家内労働者)を労働者概念に含めなかったことは，労働契約と民法典における契約類型を整理するうえでも都合がよかった。労働契約は，請負契約ではなく，雇用契約(の下位類型)であると位置づけられた。もっとも，当時の労働法において，労働者類似の者に認められる保護は労働者と同水準であるべきであると考えられた点は重要であろう。

最近のドイツの労働立法では，もともと営業法および社会保険立法で用いられていた「使用／就労」という概念に由来する「就労者」を適用対象者と定める法律が増えており，かかる就労者には労働者類似の者も含まれると解されている。改めて，労働者および労働契約の概念と民法典の契約類型との関係について検討する必要があるように思われる。今後の課題としたい。

12 ドイツ法における労働者と独立自営業者の区別の基準
―― 偽装独立事業者（Scheinselbständige）及び
個人事業主（Solo-Selbständige）に関する法的検討 ――

高 橋 賢 司

Ⅰ　経済社会と自営業化への動き　　Ⅲ　労働者性をめぐる論争
Ⅱ　ドイツ法上の現行法の体系　　　Ⅳ　結びに代えて――日独の比較

Ⅰ　経済社会と自営業化への動き

　ドイツの労働市場には，フレキシビリティが足りないといわれて久しい[1]。労働コストが比較的高いために，労働力が存在しうるとしても利用されない結果を招く[2]。ドイツ企業は，国内において利用可能な労働力を利用しようとはしないが，その理由は，国内の労働市場での労働コストが高額であるため，国外の労働力が利用されているというものである。偽装自営業者を利用させるのも，同様のコストが理由であることも，いまさらいうまでもない[3]。

　連邦雇用の労働市場ないし職業研究所（IAB）は，労働市場における独立事業主の現況について，調査した[4]。連邦労働裁判所は，独立事業主と労働者の限界に関する基準について，人的従属性という基準を定立してきたが[5]，この裁判上の基準に従い調査すると，主な就業活動について，アンケート対象者の48％の45万人が，職業上独立しており，19％の17万9千人が従属的な従業員として職務にあり，30％の28万2千人もの者が，独立事業者とも労働

（1）　Buchner, NZA 1998, S. 1144, 1151.
（2）　Buchner, a.a.O., S. 1151.
（3）　Buchner, a.a.O., S. 1152.
（4）　IAB, Freie Mitarbeiter und selbständige Einzelunternehmer mit persönlicher und wirtschaftlicher Abhängigkeit, NZA 1997, S. 590.
（5）　BAG Urt.v. 20.7.1994, AP Nr. 73 zu § 611 BGB Abhängigkeit.

第2章　労働者・使用者概念の再構築を提言する

者ともとれるグレーゾーンに属するとされた[6]。

　雇用を確保し，失業を回避するため，協約上の労働時間ないし条件を下回るものでも，好んで雇用条件を受忍して受け入れる求職者がいる。ここから自由な状態に置かれるのは，自営業者である。自営業者は，自由に給付と対価を合意しえて，これによって市場でのチャンスを得ている。その際，協約の水準を下回ってしか収入を得られず，労働法上の保護が喪失する，というリスクを受忍してきた。このような場合は，これらの者は偽装自営業者であるとの批判が生じえて，労働法学上疑念がもたれてきた。しかし，反面で，労働法上自営業者であるとの理解によって，労働を引き受けるならば，新たな市場のチャンスを創り，維持する可能性が構築されるはずであるとの指摘がある[7]。より重要なのは，雇用の潜在的可能性であり，雇用の潜在的な可能性を狭く取れば，フレキシビリティが失われなければならないであろうとする。この雇用の決して些細とはいえない重要な結果（失業）が推測される場合には，労働法の任務は，労働法の広範な拡充のなかに，今後みるべきではないともいわれる[8]。この限りでは，再び，労働市場におけるインサイダー・アウトサイダー問題を生じさせる[9]。労働者概念が淵へ拡張されればされるほど，雇用提供の市場は，起業者にとっては，脅かされたものとなる。

　他方で，労働者性に関する判例の適用要件が厳格になり，その要請が高くなればなるほど，その影響は甚大となる。労働者の概念は，労働法全体に関わる。労働者性の概念によって，労働法の規定の適用が解消されていくことを意味する。また，多くの企業やマクロ経済全体にとって，深刻な影響をもたらす[10]。より一層の自営性を確保させ，よりフレキシビリティを拡張させるために，労

---

(6)　IAB, a.a.O., S. 593.
(7)　Buchner, a.a.O., S. 1152.
(8)　Buchner, a.a.O., S. 1152f. .
(9)　Rieble, ZfA, 1998,S.327（336）. リーブレ教授は，個々の労働者の独立者への峻別が禁止される使用者は，法への服従を通じて解答していくのではなく，より強度の合理化，従来の従業員の代わりに企業への他人利用によって解答しうると指摘する（Rieble, a.a.O.,S.336）。失業からの出口としての新たな自営性がむしろ問われている（Rieble, a.a.O., S.336）。労働市場での求職者のチャンスが悪化しているため，稼得喪失者にとっては自営性への一歩がより一層重視される。失業が，自営性を生じさせている。
(10)　Hromadka, NZA 1997, S. 569.

働関係は担い手である使用者を欠いた状態になっていく[11]。これにより，ドイツ社会が将来への転換点となっているとされる。賃金や税・社会保険料のコスト増額から免れようとする使用者の動きをいかにとめるべきなのかも，労働法の課題となる。労働力利用の編成の仕方を変えている企業組織の変容に起因しているとすれば，「企業の責任をどう捕捉することが可能か」という問題でもある[12]。

その上，個人事業主（Solo- Selbstständige）が増加しつつあるといわれ，2000年から2012年に14％増加し，独立事業主のうち57％が個人事業主である[13]。90年代から存在した独立事業主化の傾向の延長にある。ドイツ経済研究所の調査によれば，個人事業主は，アカデミックな職業，技術的な職業に増加しているといわれ，教師，翻訳家，著述家，心理学学士，介護労働者，化粧品販売者，理学療養士の割合が顕著に増加している。背景には，高失業率に直面し，ハルツ法が個人企業主（Ich-AG）に対する助成を行なったことにより，個人事業主が拡大したことが挙げられている[14]。起業補助金受給者は，2004年には22万に及んでいた。特に女性が増えている。ハルツ法により，失業扶助が廃止され失業給付金Ⅱが導入されるのに伴い，国による給付期間が削減されたため，国による補助金を得るために，失業者が起業促進助成を申請していった。これらにより，個人事業主は増加していったのである。僅少労働者（2013年は450ユーロの収入の者）は減少しつつあるものの，3分の1，約8万人になっている[15]。

日本においても，ドイツの労働者性に関する研究はすでに研究が行なわれている[16]。特に，上述の放送局職員に関する裁判上の基準が定立されるまでの，

---

(11) Hromadka, a.a.O., S. 569f.
(12) 毛塚勝利「契約労働をめぐる法的諸問題　趣旨と総括」日本労働法学会102号（2003年）101頁（102頁）。
(13) DIW, Solo- Selbständige, 2013, Nr. 7. この間の従属的な労働に就いている者の数は，5％しか増えていない。
(14) DIW, Solo- Selbständige, 2013, Nr. 7.
(15) DIW, Solo- Selbständige, 2013, Nr. 7.
(16) 橋本陽子「ドイツにおける労働者概念の意義と機能」本郷法政紀要第6号（1997年）241頁，同「ドイツ法における労働契約と労働者概念」日本労働法学会誌101号（2003年）90頁，皆川宏之「ドイツにおける被用者概念と労働契約」日本労働法学会誌102号（2003年）166頁，柳屋孝安『現代労働法と労働者概念』（信山社，2005年）。

第2章 労働者・使用者概念の再構築を提言する

ライヒ労働裁判所及び連邦労働裁判所の判例における基準については，優れた研究が日本にも存在している[17]。

　しかし，その後，ドイツにおいても，既述のように，偽装自営業者・個人自営業者が社会問題化しているが，これらについては，フランチャイジー[18]，パイロットの副操縦士[19]，保険の販売員[20]，トラック運転手[21]，心理学士を有する障害者福祉職員[22]等さまざまな領域で裁判所の判断が示されてきたところである。日本でも共通の問題を抱えており，新たな法律構成の可能性に関する検討が必要なため，これらのドイツの判例法理の研究が不可欠である。ドイツでは，上記のとおり，個人事業者に関する調査報告書もまとめられ，社会保険や税を免れることを目的として独立事業主として扱われている領域についての研究が行われている。ヴァンク氏による教授資格論文が示され，判例とは異なる基準が提唱され，自営性とは何かという大胆な問題提起がなされてきたところである[23]。こうした動向や諸研究を受けて，本稿では，従来の日本での研究とは異なり，放送局職員に関する連邦労働裁判所の判例を含めて，（偽装）独立事業者，及び個人事業主の問題を強く意識し，労働者性の有無に関する基準を研究する。このような視点から，最新の判例法理および学説を研究しようとするものである。とりわけ，独立事業主における「自営性」とは何かという観点も追求し，賃金や税・社会保険料のコスト増額から免れ，使用者の責任を免れようとする，使用者の動きをいかに止めるべきなのか，という点を考えてみたいと思う。

---

(17)　柳屋・前掲注(16)3頁以下。また，グレーゾーンにある就業者，請負労働，契約労働についての緻密な調査研究がある（鎌田耕一ほか編著『請負労働に関する法的・経済的研究』（平成9・10年度文部省科学研究費補助（基盤研究C(2)）研究成果報告書）（課題番号 09620050））。

(18)　LAG Düsseldorf Beschluss v. 20.10.1987, NJW 1988, S.725; BAG Beschluss. v. 16.7.1997, NZA 1997, S. 1126.

(19)　BAG Urt.v. 16.3.1994, AP Nr. 68 zu § 611 BGB Abhängigkeit.

(20)　ArbG Berlin, Urt.v. 17.2.1997, 5 Ca 35498/ 96, in Juris.

(21)　BAGUrt.v. 19.11.1997, NZA 1998, S. 364.

(22)　BAG Urt.v. 9.9.1981, AP Nr. 38 zu § 611 BGB Abhängigkeit.

(23)　Wank, Arbeitnehmer und Selbständige, München, 1988.

Ⅱ ドイツ法上の現行法の体系

1 民法，商法などにおける諸規定

労働者か否かを決するドイツ労働法上の基準にとっては，商法典84条1項2におけるメルクマールが重要であり，この規定が独立した職務とそうでない職務とを区別する。これによれば，代理商について次のように規定している。「独立しているとは，本質的に，自由に，その職務を形成し，その労働時間を決定できる者である」と。かかる基準に従って，のちに述べるように，これと対置する労働者性に関する判例の基準が定立されていく。

このほか，商法典では，独立者に対する私法上の規定が設けられている。商法典74条2項では，「競業禁止は，主人が，禁止の年，商業使用人によってなされる契約に従った給付の少なくとも半分に達する補償を禁止の期間に対して支払うべき場合，拘束力がある」と規定され，独立した代理商（Handelsvertreter）にもこれと同様の規定がある（商法90a条）。

契約終了にあたって，商法典89条の解約期間の保護がある。契約終了に当たっての重要な規定が，商法典89b条の調整請求権である。商法典89b条においては，

「代理商は，企業に対して，契約関係の終了後，次のような場合に，相当な調整を請求できる。

1. 代理商が獲得した新たな顧客との取引上の結びつきから，契約関係終了後に，企業が著しい利益を得たとき，

2. すべての事情を考慮して，調整の支払が，特に，代理商に対して顧客との取引を理由として生じた手数料の支払いが，公平にしたがったものであるとき」と定めている。調整請求権は，ガソリンスタンドの店主のような，契約の交渉者にも拡張適用され[24]，このことは，フランチャイザーのような他の販売代理店に対しても，要求されている[25]。

このほか，民法や商法には，独立した事業主に対する一定の保護が図られている。連邦通常裁判所の判例によれば，民法618条（安全配慮義務）は労働者

---

(24) BGH Urt.v. 26.11.1984, NJW 1985, S. 623.
(25) Rieble, a.a.O., S. 344.

のみならず，比較可能な保護を要する者に対しても適用がある[26]。取引主の行為の領域での危険（事業所の手段，又は商品等）にさらされ，この危険を自ら除去できない場合に，独立した商代理人の場合に，これが妥当する。家事労働法の影響のもとで労働者類似の者へのセクシュアルハラスメントからの契約上の保護に拡張することにも意見の一致があるとされる[27]。

このほか，労働者をめぐる基準のほか，個別労働法上の法規により，労働者類似の者について，特別な個別的な規定がある。

労働裁判所法5条1項では，「この法律の意味における労働者及び職員並びにその職業訓練にある従業員である。労働者としてみなされるのは，家事労働にある従業員とこれと同等の者（1951年3月14日の家事労働法1条，連邦官報191頁）ならびに，経済的な非自営性を理由として労働者類似のものとしてみなされるその他の者である。」

連邦休暇法2条では，労働者類似の者も，休暇法の枠内で保護されるとある。つまり，「この法律における労働者とは，労働者，職員，ならびに，職業訓練にある従業員である。経済的な自営性を理由として，労働者類似の者とみなされている者も，労働者としてみなされる。家事労働の領域については，12条が規定される」とある。同法12条では，家事労働者とこれと同等の者については，特別な休暇日（24労働日）と休暇の対価が規定されている。彼らのための労働協約が締結されうる（労働協約法12a条）。

さらに，家事労働者について特別な規定がある。疾病の場合の継続支払法10条において，家事労働の領域での疾病の場合の経済的な保護の規定が置かれ，「家事労働における従業員（家事労働法1条1項），及び家事労働法1条2項aないしcによりこれと同等の者は，委託者に対して，または，中間人のマイスター（Meister）によって雇用される場合はこの者に対して，労働の対価についての手当の支払請求権を有する」と規定される。これは，労働に投入される時間について自ら決定する，家事労働者が，疾病の場合の労働不能となり，賃金が支払われないという場合が想定されている。こうした場合に，独立した規定を置き，労働の保護と対価の保護が図られている。これにより，賃金継続

---

(26) Etwa BGH Urt.v. 6.4.1995, NJW 1995, S. 2629.

(27) Rieble, a.a.O., S. 342.

〔高橋賢司〕　　*12* ドイツ法における労働者と独立自営業者の区別の基準

支払の方法ではなく，3.4％ないし6.4％の対価に対する手当によって，疾病の場合の経済的な保護を図っている(28)。同法17条によれば，これらの者についても労働協約が締結されうる。労働組合や委託団体が存在しない場合には，労働官庁によって設置された家内労働委員会が，家内労働者と委託者との間の契約関係のために，工賃やその他契約条件を決定できる（19条）。

連邦労働裁判所は，原告は被告との関係において，経済的な従属性を理由として，また，労働者と比較可能な社会的な保護の必要性を理由として，「労働者類似の者」か否かを判断している(29)。

2　労働者性をめぐる判例

a)　労働者性をめぐっては，放送局での就業者について，連邦労働裁判所1994年7月20日の代表的な判決がある(30)。放送局での就業者には，もともと，カメラマン，音楽家，アナウンサー，レポーター，シナリオライター，司会者，歌手，俳優，監督，プロデューサー等があるとされる(31)。編集を行う就業者が問題になった。この事件の概要は以下のとおりである。

当事者は，期間の定めのない労働関係が成立しているかどうかを争っている。

原告は，1991年1月2日以来，被告のバーデン・ヴュルテンブルク・ニュースの編集のために職務を行っていた。この編集は，1991年に設置された主な局「州のプログラム，バーデン・ヴュルテンブルク」の四つのうちの編集局の一つであった。ニュースの異なった業務については，大部分は6週分の雇用計画が予め作られた。被告によって作られた雇用契約の原則では以下のようになっていた（抜粋）。

「2. 雇用契約は通例4週ないし6週の期間を含むものである。このため，B氏は，従業員によって告知された欠勤とその他の希望を確認する。考慮されるべきなのは，例えば，

――誰がどの時期のための休暇を告知し申請したか

---

(28) Rieble, a.a.O., S. 348.
(29) BAG Beschluss v. 16.7.1997, NZA 1997, S. 1126.
(30) BAG Urt.v. 20.7.1994, AP Nr. 73 zu § 611 BGB Abhängigkeit. 本件判決については，柳屋・前掲注(16)109頁以下で分析されている。
(31) 柳屋・前掲注(16)111頁。

第2章　労働者・使用者概念の再構築を提言する

——誰が，どのくらいの期間のために教育訓練を申請しているか

——誰が，副業での通常の義務に基づいて過剰な時間を利用していないか

——誰が，どの期間，どのような雇用の種類で，意見を述べ，それが，家族を理由としたものまたはその他職業上の理由からのものであったか（例えば，ある者は，子供の出生後1991年に夜の勤務と週末の勤務は望まないとした）

3. この手続の後，誰がいつどのような雇用に動員され，かかる従業員が，これに続く期間において，個々の勤務のために予定されることになる」。

被告は，いわゆる放送局の就業者として，被告が締結した労働者類似の者のための労働協約に基づいて，原告を処遇した。原告は，提供されるべき勤務の種類と数に応じて報酬を得ていた。

原告は，自らが被告の労働者であると主張した。さらに，基幹雇用されたレポーターないし編集者のように動員されていたとする。被告の命令権は，雇用契約と多様な雇用上の命令から明らかになる。被告は一方的に頻繁に雇用計画を変更した。そこで，原告は，当事者の間で，期限の定めのない労働契約関係が存することの確認を求めた。

労働裁判所は，訴えを認容したが，ラント労働裁判所もこれを棄却した。上告によって，一審判決と同様の判断を求めた。

連邦労働裁判所は次のように説示して，一審原告による上告を認容した。

「ラント労働裁判所は，適切に，労働契約関係とフリーの就業者（freier Mitarbeiter）との間の法的関係との区別のため，当法廷が立てた原則を考慮していた。これによれば，この双方は，雇用提供のための義務者がその都度置かれた，人的な従属性の程度によって，異なっている。経済的な従属性は，必要でもないし，十分でもない。

これによれば，労働者は，その労務を，第三者によって定められた労働組織の枠内で，提供する従業員である。この限りでは，商法典84条1項2文が，典型的な限界のメルクマールを規定している。この規定によれば，独立している者とは，本質的に，その職務を自由に形成し，その労働時間を自由に定められる者である。これに対して，独立せずかつ人的に従属しているのは，これが不可能な従業員である。むろん，この規制は，従属的に雇用される商業使用人と独立した代理商との区別のためにのみ直接的に妥当する。この直接的な適用領域を超えて，この規定は，雇用契約と労働

契約の区別に当たって考慮されるべき一般的な制定法上の価値を含むものである。特に，これが唯一の規範を意味しこのための基準が規定されているからである。他の労働組織への編入は，特に，従業員が，使用者の命令権に服する場合にあり得る。この命令権は，職務の内容，実行，時間，期間及び場所に関わり得る。形成自由の種類，イニシアティブ，及び，専門的な自営性が雇用義務者にのこる，ということが，職務の種類からもたらされる。」

「この限界付けにあたって重要なのは，第一に，労務提供の事情であり，賃金支払の形式や税や社会保険料の徴収，人事記録の扱いなどのその他の形式的なメルクマールではない。(……)」

「プログラムを制作する従業員については，特に，放送局が，一定の時間的な枠組みのなかで，労務の提供を処分している場合に，労働関係が肯定される。このことは，例えば，随時の雇用の利用が期待されている場合や，就業員が，ささいではない程度で，労働に関するさらなる合意の締結なく，動員され，従業員に労働が結局割り振られる場合に，いえる。随時の雇用の利用可能性は，明示的になされる当事者の合意や実際上の契約関係の遂行から，明らかになり得る。」

　原告の労働者性は，特に被告によって実地に移される雇用計画の作成とその実施から明らかになる。「雇用契約は，被告によって一方的に作成される。原告が，個々の暦日や一定の週日，または，一定の時間に動員されるのを希望せず，被告がこれを考慮する場合，被告は，常に，これによって設定される時間的な枠組みにおいて，原告の労務の提供を処分している。」

　「当事者が一定の約束に到達したのを，名前の下へばつをつけることで確認していた場合には，雇用計画の作成が，労働関係の存在にとっての兆表でもある。その他の点では，被告は，1991年1月9日の文書によって，雇用契約の拘束性を明示的に指摘していた。」

　「雇用計画の形成にあたっての原則」の3aとbから明らかなように，「(……)従業員はそれゆえ，"フリー"の就業員ではない。なぜなら，比較可能な労働者の労働関係においてよりも，放送局には，より広範な命令権を認めているからである。むしろ，労働関係の成立に関する広範な命令

第2章 労働者・使用者概念の再構築を提言する

権が指摘され得る」(32)。

このようにして、裁判所は、放送局でのいわゆる"フリー"の就業者について、労働者性を肯定した。

b) 被告のチェコスロバキア編集局で勤務し、翻訳者とアナウンサーとして勤務していた者の労働者性が争われた、四ヶ月後の判決において、連邦労働裁判所は、ほぼ同様の判断を繰り返し、かかる者が労働者であると判断した(33)。同様に、人的従属性や命令拘束性に関する説示を繰り返し、「使用者の

---

(32) このほか裁判所は次のように判断している。「ある契約の労働契約としてのあるいは自由な就業者のための契約としての法的な組み入れにとっては、どのように当事者が契約関係を称するかが重要なのではない。従業員の地位は、契約当事者の希望や観念によるのではなく、どのように、契約関係が、その行為の内容から、客観的に組み入れられるかによっている。当事者の合意によって、ある法的関係を労働関係として評価することが、変更できるものではなく、労働者保護法の効力範囲が、制限できるものではないからである。実効性のある行為の内容が、明示的になされる合意や契約の実際上の遂行から読み取られなければならない。契約が、明示的な合意から逸脱して遂行される場合には、実際上の遂行が重要である。なぜなら、実際上の処理から、どのような権利と義務を当事者が実際上考慮しているのかが、推断させるからである。」

「ある企業者が、独立して活動していない場合で、直接の行為者の行為が彼に帰責させる場合には、実際上の処理が重要である。このことは、少なくとも、契約締結にあたって権限のある者が、明示的な合意から逸脱する処理を知りまた少なくとも是認している場合には、いえる。これらの要件は本件では満たしてない。争われる本件では労働関係の成立は、雇用計画の作成から明らかになる。雇用計画の形成に関する原則は、被告によって文書で作られたものである。契約関係は何年にもわたって、この書かれた方法で実施されている。代理権によってなされた者にとって原告の労働者としての動員が認識されたものである。原告の明示的な主張は、ラント労働裁判所の見解とは異なり必要とされない。雇用計画に関する原則が、支配人や契約締結に関して権限のある従業員には、知られたものではないという見解の論拠になるものはない。被告が、そこから生じる効果について明確にしているかどうか、その法的見解が正しいかどうかは、重要ではない。契約関係の性格づけは、当裁判所でなされるべき事柄である。」

(33) BAG Urt.v. 30.11.1994, NZA 1995, S. 622. 事実は次のようなものであった。

原告は、1987年より、被告のチェコスロバキア編集局で勤務し、翻訳者とアナウンサーとして勤務されていた。平均報酬は、約4500マルクであった。

雇用計画は、木曜日にフリーの就業者との面談なく、作成され、どの時間に次の週に動員されるかを、金曜日に電話で個人的に告げられた。被告は、かかる予定された動員は拒否できるものであるとするが、実際では、めったに行なわれなかった。アナウンサーと翻訳者は、可能な限り多くの動員に関心があるからである。原告は、アナウンサーとして、1988年68回、1989年108回、1990年83回、1991年62回勤務した。通

他の労働組織への編入は，特に，従業員が，使用者の命令権に服する場合にあり得る。この命令権は，職務の内容，実行，時間，期間及び場所に関わり得る。形成自由の種類，イニシアティブ，及び，専門的な自営性が雇用義務者にのこる，ということが，職務の種類からもたらされる」と判断する。このことは，営まれた職務と雇用計画の作成が示しているとし，「被告によって実用化されている雇用計画の作成とその実施が，労働関係の存在を論証する。雇用計画は一方的に定められる。」「被告が，アナウンサーが雇用計画を単なる約束の提案に過ぎないものと評価したとすれば，そのような考えは不確かなものであるし，この場合，週の開始前の短い間に，必要な配置換えが実施不可能になるであろうし，秩序だった放送局業務は，確保されない」と説示する。

また，翻訳者としての原告の職務について，これと異なることは妥当しない。「むろん，翻訳は，ラジオ放送局に典型的な職務ではない。本件では，アナウンサーとしての職務と翻訳者としての職務が密接な関連性を有している。翻訳者としての早番での動員は，アナウンサーとしてのものと同一の雇用計画にしたがって行なわれたことをラント労働裁判所が認定している」。「原告の時間的な処分の自由は，本件でも強く制約されているとラント労働裁判所が判断した。このような委託は，自宅にいる従業員によって引き受けられる場合に，急を要する場合にのみ，遂行されることもあり得る。被告が，よくあり得る欠員補充に依存しているのは，特に明らかである。従業員のいつでもありうる拒否とい

　訳者としては，1988年30回，1989年78回，1990年97回，1991年51回勤務した。原告は，1988年から1991年14から22回執筆者として原稿を送った。アナウンサーとしては，ライブ番組やスタジオ録画により，テキストを読み，ニュース等でもこうした業務を行なった。アナウンス業務は，6時半から7時まで，昼12時半から13時20分まで，夜は，20時半から21時半まで，22時から23時までであった。これらは，雇用計画によって動員される。

　報酬は，報酬ないしライセンス局によって，決まった数式によって計算された。
　翻訳者としての任務は，頻繁に，アナウンサーの職務との関係で，遂行された。早番の翻訳者として，また，アナウンサーとして，雇用計画において，記載されていた。その際，ニュース等が翻訳され，引き続いて，放送でアナウンスされた。
　労働裁判所は，原告が，被告の下で，翻訳者，アナウンサー，編集者として，期間の定めのない労働契約関係にあることを確認した。被告の控訴により，ラント労働裁判所は，編集者としての部分について一審での訴えを棄却し，その余の点では，一審被告の控訴は棄却された。一審被告によって上告。上告棄却。

第2章　労働者・使用者概念の再構築を提言する

うのは，被告は，保障していない。原告が自宅で片付けうる翻訳の委託は，全体の職務を特徴づけているわけではない。これに対して，上告趣旨書では反論していない。被告は，異なった翻訳業務が様々に評価され得ることを主張していない」と説示した。このようにして，翻訳者兼アナウンサーの原告の労働者性を肯定した。

c) このように，判例では，人的従属性のメルクマールを明確にし，自営業者と労働者とを画している。従来から人的従属性が重要であり，経済的な従属性ではないと説かれている[34]。ヒュックは，「人的な従属性がなければならず，これが意味するところは，労務の提供との関係で服従義務が存在しなければならないということであり，しかも，むろんそれはわずかとはいえない範囲においてである。自己決定的な労働の反対に，他人決定的な労働というのが論じられるのである」と述べている[35]。

従属性の根拠として，労働者の事業所または組織への編入を考慮してきた。特に，ニキッシュによって，労働者の従属性は，事業所または使用者そのための領域への組み入れによって，基礎づけられると主張されていた[36]。編入は，その労働力全体が，事業所にゆだねられることによって，生じる。労働者は，一定の職務のために雇用される。職場が割り当てられ，いかなる労働を遂行しなければならないかが定められ，労働時間の開始と終了が定められる[37]。このため，事業所への編入が重要なメルクマールであり，人的な従属性は，事業所への編入の帰結であるとする[38]。

---

[34] Richardi u. Wlotzke (Hrsg.), Münchner Handbuch zum Arbeitsrecht, 2.Aufl., Bd.I., München, 2000, § 24, Rn.22 (Richardi).

[35] Heuck/ Nipperdey, Lehrbuch des Arbeitsrechts, Bd.I. Berlin u.Frankfurt.a.M., 1963, § 9 III 3, S. 41.

[36] Nikisch, Arbeitsrecht, Tübingen, 1951, § 11, S.48.

[37] Nikisch, a.a.O., S.48.

[38] 現在でも，上の判例を擁護する学説もある。労働法では，労働者が経済的に従属していることから，保護する規範を必要としている。労働者が，通常，経済的に従属しているということと，人的従属性を理由として，市場弱者の企業から経済的な福利を得られない立場にあるということは，矛盾するものではない（Buchner, NZA 1998, S. 1144, 1151）。ブーフナー教授によれば，経済的従属性との関係で，協約法も，解雇制限法も把えられるものである。人的な従属性を軽減することを目的として，例えば，労働時間法があり，重点的には，事業所組織法がある。異なった内容を持つものには，連邦休暇

むろん，労働法の基礎は，現行法では，私的自治的に基礎づけられた労働関係である[39]。しかるに，人的な従属性が，労働関係の本質的なメルクマールに引き上げられている[40]。人的従属性の有無は，労働組織へ編入されている従業員が，市場での目的と必要性にしたがって活用され得るか，他人決定的な機関での労務の提供が，そのプログラム・計画に委ねられているか，によっている[41]。

　労務の提供の時間と場所により命令拘束性が存在するかどうかが重要である。代理商と商業使用人との間の区別に関わる，商法典84条1項2文がモデルとなる。これによれば，代理商について，上述のように，「独立しているとは，本質的に，自由に，その職務を形成し，その労働時間を決定できる者である」と規定している。連邦労働裁判所の判例では，「他の労働組織への編入は，特に，従業員が，使用者の命令権に服する場合にあり得る。この命令権は，職務の内容，実行，時間，期間及び場所に関わり得る」と繰り返し説示している。つまり，一定の労働組織の枠内で雇用を提供しているかどうかが，中心の問題になる[42]。企業が一定の時間的な枠組みで，労働力の提供を処分している場合，労働関係が存在するとする。雇用計画の存在が，労働者性の兆候であると繰り返し述べられている。随時の雇用の利用可能性は，労働者性の強い兆候であるとする。これに対して，連邦労働裁判所は，労働時間が自由に定められる場合には，労働者性を否定している[43]。

　賃金の支払の形式，税ないし社会保険の徴収，あるいは，人事記録の処理の

　　法が指摘できる。労働義務からの免除が問題になる限り，人的に従属する者には，保護を要しないようにもみえる。この者は，その労働の投入に関して自ら決定できる。しかし，休暇法は，免除の期間中，使用者からの対価の支払いが義務づける。このことは，人的に従属している者の利益になるように法が考慮している。家事労働法において，疾病に起因した対価の継続支払がある場合のこれとパラレルな状況を想定して，疾病した期間について全額支払いが義務づけられる（賃金継続支払法10条）（Buchner, a.a.O., S. 1151）。

(39)　Münchner Handbuch zum Arbeitsrecht, § 24, Rn. 52 (Richardi).
(40)　Münchner Handbuch zum Arbeitsrecht, § 24, Rn. 53 (Richardi).
(41)　Hromadka, a.a.O., S. 570f.
(42)　Münchner Handbuch zum Arbeitsrecht, § 24, Rn. 22 (Richardi).
(43)　BAG Urt. v. 15.3.1978, AP Nr. 24 zu § 611 BGB Abhängigkeit (Musikbearbeiter)；BAG Urt. v. 26.1.1977, AP Nr. 13 zu § 611 BGB (Volkshochschuldozent).

第 2 章　労働者・使用者概念の再構築を提言する

ような形式的な要素は，重要なメルクマールではないというのも定式化している。

　こうした労働者概念は，多様な法律効果と結びついていることが重要である[44]。

　――その雇用関係の維持に関わる労働者の継続性の利益が，一般的で特別な解雇制限の実質的な根拠である。これによって，労働契約関係の社会的な存続保護ないし契約内容の保護が実現される。

　――基本法 9 条 3 項における団結の自由，協約自治と争議権が，市場経済で組織された経済秩序内での市場の特殊性を基礎づける。

　――共同決定権，事業所及び企業の機能が，計画と組織と指揮に関する統一性を前提条件であることが事業所組織法上考慮され，従業員の従属性が生じることが考慮されている。この従属性が集団的な参加によって制約を受けることになる。

　――他人決定的な労働組織の枠内での労働の提供が，債務法上の交換関係に適用されるはずのリスクの原則の逸脱をもたらす[45]。労働組織の計画，組織，指揮は，労働者の責任のリスクへ波及効果を生じさせるが，これが配慮義務の根拠ともなる。

3　個々の事例

　こうした諸要素によって労働者性を判断しているが，これについて，すでに詳述した放送局の二つの事例を除いて，各職業別にみていくことにする。特に自営業者か否かが問われる事件を中心にみていくこととする。

　a）　トラック運転手[46]

---

(44)　Münchner Handbuch zum Arbeitsrecht, § 24, Rn.46（Richardi）.

(45)　リヒャルディ教授は，使用者は，経営障害の結果，労働の対価のリスクを負担している。その例として，受領遅滞に関する民法 615 条を挙げている（Münchner Handbuch zum Arbeitsrecht, § 24, Rn.46（Richardi））。

(46)　BAG Urt.v. 19.11.1997, NZA 1998, S. 364. トラック運転手である原告が労働者であるとして，解雇制限の適用が争われた。被告は，輸送に関わる国際的なコンツェルンの子会社である。原告は，貨物便とエクスプレス便の運送を行なっていた。被告は D の H において倉庫を有し，約 80 人の労働者を雇用していた。倉庫から，貨物便とエクスプレス便の運送を実施し，倉庫から集荷し，運搬者や受領者へ運送した。これにあたって

原告には，遅くとも6時に被告の倉庫にいる義務があった。被告は，遅滞に対して，警告と違約罰によって，威嚇していた。原告は，原則的に8時までに倉庫を去らなければならなかった。「12時までの時間に，原告は，定められた時間（9・10・12時）に応じて，被告から原告に割り当てられた運送の委託を遂行しなければならなかった。11時以降，原告は，運送の委託に対処するために，16時／17時までの時間に，編成に迅速に通知しなければならなかった」。こうした事案のもとで，上述のように，連邦労働裁判所は，「雇用ないし請負契約の枠内では，労働関係に特有の時間的な命令従属性が生じることなく，雇用権限者や注文人によって，労働の遂行にとっての期限が定められる。これは，運送人にはただちにあてはまる（商法428条1項）。設定された開始時間とこれに規定されていた通知時間とともに，期限の設定から，本件において，帰結されるのは，被告が，あらゆる労働日に，6時から16ないし17時までの時間，原告の労務の提供を無制約に利用することができたということであった。被告はすべての近隣交通の運転手とこれとともに原告の随時の雇用の利用可能性を出発点としていた」と説示し，「月曜日から金曜日までいつでも，彼によって遂行されるべき運送の委託を割り当てられえた。随時の雇用の利用可能性は，労働者性の強い兆候である」と判断し，トラック運転手の労働者性が肯定された。

b) フランチャイジー

　フランチャイズ契約からは，フランチャイジーが労働者ではないという結論

は，多くの運送車を運送者とともに投入する企業が用いられ，または，運送車を運転する個人が用いられた。近隣のパートナーは，被告によって，「運送業者」やT運送業者に格付けされていた。運送業者は，運送の委託の配分の請求権は有せず，T運送業者は，これに対して，月曜日から金曜日までたえず運送の委託を被告から受けていた。土曜日には，運送の委託は，需要と話し合いにより付与されていた。運送車には，箱を積みにできる構造の小トラックが用いられていた。運送車には，被告企業の色やマークが指定されていた。運送者は，被告の画一的な企業の作業服を着ていた。被告は，清潔さ，塗装のはがれ，装備などに関しても，運送者の概観については管理していた。また，運転手らは，その車によって，遅くとも朝6時に被告の倉庫に現れなければならなかった。入庫にあたっては他の貨物が車にあってはならなかった。貨物は，9時，10時ないし12時までには，一定の時間的な区分けのなかで，受領者に提供されなければならなかった。時間のオプションは，顧客に対して約束されていた。11時から17時までの時間において，運送者は，集配の委託に対処するために，被告に通知しなければならなかった。

第 2 章　労働者・使用者概念の再構築を提言する

は得られない。どのように法的な関係が称されるかが問題なのではなく，いかなる取引内容となっているかが重要である(47)。それゆえ，どのように実用化されているかというフランチャイズの方法，フランチャイジーの厳密で詳細な指導受諾（Anleitung）義務，報告義務，フランチャイザーの監督権が重要である。契約類型の（垂直的な）類型化からは，労働者性の問題は帰結されない。「フランチャイジー関係が，多くの点で多かれ少なかれ，フランチャイザーへの結合，編入，または，一定の命令拘束性まで，前提条件とする場合，フランチャイズ契約が問題になるために，それゆえ，フランチャイズ契約が労働関係性を排除することになる。これは，現行法には一致しない(48)」。販売パートナーとしてフランチャイズのシステムの中で業務を行ってきた者で，被告会社の訓練ののち，単独の販売権を一定の領域で獲得してきた者が，労働者，または，労働者類似の者であるかが争われた。労働事件を管轄とする労働裁判所で訴えられるかが問われた。フランチャイジーは，自らの名前で，自らの計算で，被告の商標の利用により，購入の割引を受けて冷凍費を購入しなければならず，被告のその都度の価格リストを基礎に，家計や最終消費者に販売しなければならなかった。被告のハンドブックには，準備すべき商品，移動販売計画の作成（月曜日から金曜日までの日々の移動販売，レザーブとしてまた事務業務のための日曜日夜），週の販売時間，冷凍車の渋滞での計画，さらに多くの実施すべき事柄が規定されていた。教育，訓練，ノウハウ伝達のため，被告の名前と商標の利用権を認めるには，被告に対し，原告は，税を加えて 2 万マルクの料金を支払わなければならなかった（契約 9 条）(49)。この事件において，連邦労働裁判

---

(47) BAG Beschluss v. 16.7.1997, NZA 1997, S. 1126. 裁判所によれば，「このシステムで働いている誰かが，労働者であるのか，独立事業者であるのかは，命令拘束性があり，従属的であるか，あるいは，市場に対するチャンスに対して独立的かどうか，本質的に命令からの自由が探索されうるのかによる」。

(48) BAG Beschluss. v. 16.7.1997, NZA 1997, S. 1126.

(49) 契約は，有効期間 5 年とされた（契約 11 条）。契約 15 条には，原告が職員として雇用された旨の合意が規定されていた。16 条では，契約終了の場合の清算が規定されていた。17 条では，契約終了の場合の販売当事者が，設立事務費用に関する請求権を有するとされていた。18 条には，補償額 50% の補償の支払いにより，契約終了後の競業禁止が規定されていた。契約当事者の最後の 12 か月の収益の 50% の支払いも合意されていた。原告は，1993 年 6 月から 1995 年 2 月までで，17720.37 マルクから 39019.63 マルクの収益を得ていた。

所は，上のように説示するとともに，原告は被告との関係において，経済的な従属性を理由として，また，労働者と比較可能な社会的な保護の必要性を理由として，労働者類似の者としてみなされ，労働裁判所法上の労働者に類似する者としてみなしうる（労働裁判所法5条1項2）と判断した[50]。

c) 副操縦士[51]

問題になった事件では，原告は，1988年10月1日から1990年2月28日まで航空会社で，副操縦士として雇用されていた。1987年，パイロットとしての格付けで応募した。原告は，1988年1月13日の文書で，10月1日から11月1日までの格付けが問題になると告げていた。前もって，被告は，連邦航空局のライセンスの承認などを取得しなければならなかった。被告が，その権限を提示しえた後，被告の雇用（Anstellung）と教育訓練の合意を1988年8月17日に，当事者は決定した。1990年はじめに，原告との契約関係を解約した。労働契約においては10万マルクの教育訓練費の返還が義務づけられていた（解約されない場合は，そのコストの3分の1が，貸されることとなっていた）。原告は，訴えによって，65241.15マルクの支払を求めたというものだった。連邦労働裁判所は，「従業員の動員が，その関与なく作成される雇用計画によって規制される場合，労働者性のより強い兆候である」。なぜなら，雇用計画の作成から，従業員の随時の雇用の利用が期待され得るからである。これは本件では存在する。事業所内の科（Fach）での常用のパイロットと同様に，雇用計画が作成されていた。連邦労働裁判所は，このように説示して，副操縦士の労働者性を肯定した。

d) 新聞配達人

新聞配達は，はじめから自由な雇用提供の可能性がわずかにしか認めない単

　原告は，平均，最後の6か月2600.39マルク支払っていた。原告は，1995年2月4日の文書で，解約し（解約告知期間1995年2月28日まで），被告は，契約を期間を定めることなく解約した。原告は費用の償還，設立事務の補償，契約終了後の競業禁止の補償を求めた。

　労働裁判所は，労働裁判所への訴えを認めたが，ラント労働裁判所は，民事裁判所が管轄であると判断した。連邦労働裁判所は，一審原告の不服申立てを認めた。

(50) このため，裁判所は，原告が労働者であるかどうかについて，最終的に判断する必要がないとした。

(51) BAG Urt.v. 16.3.1994, AP Nr. 68 zu § 611 BGB Abhängigkeit.

第2章　労働者・使用者概念の再構築を提言する

純な職務である。「他の労働組織への編入から示されるのは，特に，従業員が，使用者の命令権に服することであり，職務の内容，実行，時間，期間及び場所に関わり得る，ということである。限界について意義があるのは，これによれば，第一に，労務を提供する事情であり，支払の形式や税や社会保険法上の取扱ではない。人的な従属性の程度は，その都度の職務の独自性による。」「命令拘束性は，通常，配達人に対して，顧客リストによって一定の地域が割り当てられ，時間的な範囲が設定される，というところから生じる。新聞配達人は，労働法上も，財政ないし社会法上の判例では，大方労働者としてみなされる」[52]。労働者性は，配達者が，他の発行社に対して職務にあったとしても，肯定され得る。示された事情からは，しかし，新聞配達人が，常にそして例外なく，労働者であるとは推断されない。彼らは，自由な雇用契約ないし請負契約に基づいても，独立して職務をなし得る。このことは，新聞配達人が，責任者としてより大きな裁量が残されているように，組織されている場合には，いえ

---

(52)　BAG Urt.v. 16.7.1997, NZA 1998, S. 368. 被告は，新聞販売のためのエイジェントを営んでいた。フランクフルターアルゲマイネ（FAZ）と「経済達観」を配布していた。被告は，一日5分から90分の労働時間で僅少な報酬によって，48の新聞配達人を雇用していた。原告は，新聞配達人として，1980年8月1日以降，1980年7月28日の採用文書によって，被告の新聞配達人として，配達地域Nに関して職務にあった。採用文書では，原告は，FAZの合意された場所で受け取り，定期購読者に対して，適宜，規則的に，きちんと配達する義務があるとされる。すべての購読者は，遅くとも7時までに配達されることになっている。原告は，その新聞の版の配達のため，中央エイジェンシーによって許可され文書で確認される費用支払に関しては，月あたり新聞一つあたり3.2マルクの報酬を得る。1987年6月1日の文書で原告は，1987年6月30日までに契約関係を解約した（解約告知期間1987年7月1日）。1987年7月1日の文書で，契約の当事者は，1991年に死亡した妻であった。妻は，（1988年12月31日までに）契約を解約した。次の時期，原告の息子が，被告のため新聞を配布した。遅くとも1990年1月1日以降，原告は再び被告のために職務を行なっていた。新たな文書による契約を当事者は締結しなかった。原告は，Dにおける090と029の配達地域を担当し，被告の他の配達人のための代理も引き受けていた。そのほか，被告の職務と並んで，原告は，少なくとも，他の新聞，新ライン・ルール新聞，及びライニッシェ・ポストのために配達業務を引き受けていた。1995年3月6日の文書で，被告は，1995年3月31日までの解約告知期間で契約関係を解約した。原告は，この契約関係に労働関係が存することの確認の訴えを1995年6月27日に裁判所に提起した。労働裁判所は訴えを棄却した。ラント労働裁判所は訴えを認容した。一審被告は上告した。

る[53]。重要なのは，個々の事例である。1週で6日新聞を配達する新聞配達人の場合，企業者が，時と分により正確には定めておらず，配達の順序を配達人が定めうる場合には，一般には，配達人の労務の給付について自由に処分しうるであろう[54]。連邦労働裁判所は，ラント労働裁判所の判決を取り消した。

e) 保険の代理人

保険の代理人については，自由な代理商と労働者との間の限界点は，商法典84条1項及び2項によって，従業員個人の従属性の程度により定められる。その雇用提供が，本質的に自由に形成され，その労働時間が自由に定められる者は，独立した代理商として活動している[55]。これに対して，雇用上の提供を定められた労働組織で提供し，職務の時間，期間，場所に関して，包括的な命令権に服する者は，労働者である。重要なのは，特に，雇用提供の事情であって，賃金の支払の形式，税ないし社会保険の徴収，あるいは，人事記録の処理のような形式的なメルクマールは重要なメルクマールではない[56]。自由な代理商に対しても，その職務の遂行のために命令を付与され得る。しかし，この命令は，代理商の自営性が，その核心部分において害されないように，狭いものであってはならない。その際，（労働者に対する命令ならば）許される命令についての範囲は，特に，保険業においては，保険法の多様性と難しさ，そして，その高い財政的なリスクを理由として，狭いものであってはならない[57]。

---

(53) BAG Urt.v. 16.7.1997, NZA 1998, S. 368.
(54) BAG Urt.v. 16.7.1997, NZA 1998, S. 368. 裁判所は，いつ，どこで，被告の新聞を受け取り，配達したのか，どのような補助者が手伝いをしていたのかを主張するのは，原告の責任であるとする。原告の主張は，この要請を充たしていない。どの程度で彼のパートナーが補助したのか，いつ彼及び彼女が新聞を配達したのかという，主張を欠いている。パートナーとともに，あるいはパートナーなしで，どの程度売り上げを得ることができたのかについて，明らかでフォローし得る説明も欠いている。このようなことから，裁判所は控訴審の判決を取り消した。労働者性の存在は否定されると判断する。これが肯定される場合，その契約上の義務を果たすために，新聞の配達人は，他の者によって組織されていなければならないであろう。
(55) ArbG Berlin, Urt.v. 17.2.1997, 5 Ca 35498/96, in Juris.
(56) ArbG Berlin, Urt.v. 17.2.1997, 5 Ca 35498/96, in Juris.
(57) ArbG Berlin, Urt.v. 17.2.1997, 5 Ca 35498/96, in Juris. この事件では，提供されるべき職務の時間，期間，場所に関して，いかなる命令に原告が拘束されているかを，詳細には原告が主張していないことから，原告が敗訴となっている。

f） 音楽教師

国によって認められる学校の修了に至る，一般教育での授業については，また，コースの枠組みにおいて，法律，規則，行政的規定，個々の命令のルールが存在する。これは，厳密に記載されるべき授業目的に関わるだけではなく，授業方法にもかかわる。様々な分野，段階での授業は，内容のみならず，教授法によって，互いに組織的に調整されなければならない[58]。「たえず行われる生徒へのコントロールが間接的に教師へのコントロールを意味することを度外視しても，その意義が大きいため，教師は，監視と管理に服することになる。一般の学校の授業の場合，また，学校の修了に達するための学校の過程の枠組みにおいて，市民学校と音楽学校の授業とは異なり，多くの付随的な業務が生じることも，考慮されなければならない。授業準備と並んで，文書での作業の採点，試験の実施への関与，会議への参加，面会時間の実施，場合によっては，休み時間の監視やハイキングや修学旅行の実施がある。一般学校への授業の付与は，学校機関によって定められる労働組織への編入を条件づける。一般学校での教師が，私法上の契約によって勤務される限り，労働関係における労働者として雇用される場合，これが必然的なものなのである」。一般の学校の教師の労働者性はこのようにして肯定された。

これに対して，市民学校（Volkshochschule）や夜間学校の教師も，労働者である[59]。市民学校や夜間学校（ギムナジウム）の教師の労働者性は，勤務上の

---

(58) BAG Urt.v. 24.6.1992, AP Nr. 61 zu § 611 BGB Abhängigkeit. 原告は，1988年1月1日から，1990年12月31日までで，被告ラントの地域での音楽学校で音楽教師として職務にあった。双方の当事者では，1988年1月20日の「雇用委任」という文書において，諸条件が定められていた。関係の全体の期間中，州の授業時間数が，契約上設定される範囲内で，教師と校長との間の話し合いで，通知により，定められていた。学校のトップは，教師の希望，親および生徒の希望，場所的な諸条件を考慮して，授業時間を定めた。定められる授業契約は，拘束力のあるものであった。変更は，学校のトップの承認によってのみ行われる。授業には，ドイツ音楽学校団体の授業計画，例えば，音楽早期教育カリキュラムが適用される。教師は，欠席リストとクラスの本を用い，親とのコンタクトをもち，1年に1度入学試験前のテストとしての演奏に参加し，会議に参加すべき義務を負う。原告は，1990年12月31日まで当事者間で期間の定めのない労働関係が存在すること等の確認を求めた。労働裁判所は，訴えを棄却した。ラント労働裁判所は，原告の控訴により，労働裁判所の判決を変更して，一審の訴えにしたがって判断した。被告ラントクライスの上告は，棄却された。

(59) BAG Urt. v. 12.9.1996, AP Nr. 122 zu § 611 Lehrer, Dozenten.

命令や回覧文書によっても，契約関係の実施を詳細に一方的に定めることによって確かめられる。これは，例えば，夜のギムナジウムの教育委託に関する勤務上の命令，学校規則，回覧文書による。

g）心理学士を有した障害者福祉職員[60]

---

(60) BAG Urt.v. 9.9.1981, AP Nr. 38 zu § 611 BGB Abhängigkeit. 事実は次のとおりである。1976年4月1日，心理学学位を得て，被告州との間に，1976年7月12日に，8月1日から12月31日までの最初の期間の定めのある合意を締結した。Sch氏は，障害者の福祉のため，フリーの就業者として，職務にあることに準備がある。
「お世話をする人・グループ：障がいのある子と年少者，4-5人
　心理学学士としての命令拘束性のない職務……
　早番と遅番（夜）を含む週18時間のケア時間
　報酬規程7号に従い，ケア時間あたり17マルク
　給付がない場合には報酬は支払われない」
この合意によって，ベルリン州の労働関係への通常の引き受けに関する請求権はない。1976年12月22日，シューン・ブルク地域局は，1977年最初の月に，週ケア時間12時間を，他の面では変更されない労働条件で提供した。原告はこの職務を継続した。1977年2月8日，1977年2月15日から12月31日までの期間の定めのある契約となった。この契約に基づいて，原告は，被告州の障害者福祉の職にあった。シューン・ブルク地域局に設置される障害のある年少者のための福祉局は，障害の種類を認定し，適切なセラピーの措置を提案し，ケアを監視するのが任務であった。福祉局は，適切なセラピー施設やセラピストを推薦し，当時の法律（連邦社会扶助法（BSGH）39条以下）の規定に基づいてセラピーのコストを引き受けていた。セラピストとして心理学士者が職務にある限り，これによって提供されるケア時間を，報酬規程と州によって治療の開始前に明らかにされるコストの引き受けに基づいて，計算する。原告は，1977年以降コストの引き受けの宣言としての上述の報酬合意に基づいて，年少者をケアした。セラピーの内容と範囲により，原告は，医師に推奨されるセラピーを実施した。福祉局は，原告に，一部，中間報告を求め，そして，あらゆる場合に，最終報告を求めた。命令は原告に対しては付与されなかった。

原告は，通常は，両親の住居で，年少者のケアを行った（behandeln）。両親との間で，ケア時間を合意し，合意される時間が疾病や休暇の場合には延長される場合も，両親と調整していった。ケア時間数は，上の合意で挙げられた週18時間の時間的な範囲に相当した。1976年11月には，原告は，81.5時間，12月には69時間のケア時間を提供し，1977年には，12月の12時間と9月の49時間の間で，変動した。月平均で約35時間であった。原告の要求で，ケア時間は少なくなってきていた。

1976年と77年では，原告のほか，シューン・ブルク地域局では，障害者の福祉のため，5人の心理学士が，5から18時間のケア時間に関して，報酬合意に基づいて，職務にあった。1978年1月1日以降，原告は，上述のコスト引き受け合意に基づいて州の報酬を要求する子供のみをケアした。

第2章　労働者・使用者概念の再構築を提言する

　期間の定めのある合意に基づいて州において，障害のある年少者のためのケアのために勤務していた障害者福祉職員は，割り当てられた子供のケアに当たって，セラピー計画に従う義務があった。上告について，裁判所は，「正しいのは，いつ雇用義務者がその職務を営むかに対して，雇用権限のある者が影響を与える場合にのみ，人的な従属性が基礎づけられるということである。これは本件では存しない」と説示した。控訴審が，これとの関係で挙げた当法廷の判決において，その都度の雇用権限のある放送局が，随時の雇用動員を要求していたが，「この限りでは，メディアの領域で当法廷が判断してきたケースと，本件は，比較し得ない」。連邦労働裁判所は，「セラピー計画に従うべき義務から，労働関係の典型的な人的な従属性は，基礎づけられないと判断した。医師が行なうセラピーの提案は，心理的なケアの種類と範囲を制限しているにすぎなかった[61]。これによっては，義務づけられる給付の内容のみが決定されていた。（……）こうした法的関係の判断にとって重要なのは，被告州の従業員が，セラピーの形成に影響を与えていたかである。これは本件では争いなくあてはまらない」と判断し，労働者性を否定した。

4　小　　括

　これまでみた連邦労働裁判所の代表的な判例に関する限り，放送局でのフリーライアンス，同じく放送局でのアナウンサー兼翻訳者，トラック運転手，副操縦士，音楽教師について，労働者性が肯定されている。人的従属性という判断枠組みのなかで，随時の雇用の利用可能性が，労働者性の強い兆候であるし，雇用計画の存在が，労働者性の兆候であると繰り返し述べられている。放送局でのフリーライアンス，同じ放送局でのアナウンサー兼翻訳者の事例のほか，a）トラック運転手，c）副操縦士の事例において，雇用計画の存在が重視されて判断されている。これに対し，労働時間を自由に定められる場合には，

　　原告は，1976年8月1日以降，被告ベルリン州との間で，期間の定めのない労働関係にあったことの確認を求めた。原告は，人的には従属しているとの見解であった。被告州が，報告義務の合意に基づいて，監視していたという事実と，原告がセラピーの提案に拘束されていた，ということから帰結されるとした。いかなる委託を引き受けるかどうかについて，原告は自由に決定できないと述べた。労働裁判所は訴えを認容した。被告州の控訴は棄却された。州の上告認容。

(61) BAG Urt.v. 9.9.1981, AP Nr. 38 zu § 611 BGB Abhängigkeit.

346

労働者性が否定される。d）新聞配達人の事例では，「責任者としての裁量」「配達順序の決定の可否」があるかが問われ，g）心理学士を有する障害者福祉職員の事例では，（医師によるセラピーの提案を除いて）「自由に実践し得ること」から労働者性が否定されている。つまり，労働時間ないし業務内容決定の自由性から，労働者性を否定しうることを示している。

このほか，f）音楽教師の事件では，教師の州の「監視と管理への服従」と多くの付随的な業務の存在から，労働組織への編入が基礎づけられ，労働者性が結びつけられている。

これらすべての事件において，職務の専門性は問われていない。また，賃金支払の形式や他の税や社会保険料の徴収の形式的なメルクマールは重要ではないとされている点も興味深い。

これに対して，フランチャイジーについては，労働者類似の者であることが認められている。

III　労働者性をめぐる論争

a）　自営業者をめぐる新たな法理

上のように判例が労働者性の概念を拡張させることを試みてきたが，これに対して，ドイツの労働者性をめぐる議論を大きく飛躍させ，以後に激しい論争を起こした論文は，ロルフ・ヴァンク氏の教授資格論文であると思われる。

判例は，命令拘束性や編入というメルクマールから労働法の適用を拡張させてきたが，同氏の教授資格論文では一方で，命令拘束性／編入と，他方で，労働法の適用という二つの要素は，意味的な関連性はないと説く[62]。

同氏によれば，労働者の概念は，むしろ，自営性の概念と対向しうる[63]。これは，職業法の基礎としての稼得活動の二つのモデルに従っているものである。従属性は，包括的な職業保護ないし労働契約関係の存続保護を提供するのに対し，独立事業者の場合には，自己扶助（Eigenvorsorge）のもとにある[64]。両者のシステムは，従業員による自由な選択がある場合には，均衡の取れたも

---

(62)　Wank, a.a.O., S. 34ff.
(63)　Wank, a.a.O., S.61, 389.
(64)　Wank, a.a.O., S. 91ff.

のであるとする(65)。リスク配分の法律上の効果にしたがって要件を定める場合には，任意に事業のリスクを引き受ける従業員を企業として呼ぶことが求められ，これとは反対に，リスクから自由ではないと認める者を労働者として呼ぶのが要請される。例えば，独立事業者は，疫病や労働災害によるリスクや妊娠や母性保護による（仕事につけない）リスクなど個人的事情により業務し得ないリスクを引き受けなければならない(66)。独立事業者は，責任ある個人として，また，市場への参加者として，完全な責任を負い（よって，損害賠償の軽減も原則として労働者とは異なりありえない），自らのリスクを負担する(67)。

企業は，自由な決定により自らのリスクとチャンスを獲得することによって特徴づけられる(68)。市場の経過を見誤まることによる投資の失敗は，利益の喪失をもたらす。企業は，資本と人の投入，経営組織の変動により，利益を得る。こうした自営性の下位の概念としては，命令拘束性や組織的な編入，これとともに，市場への指向性や，独自の企業組織の存在がありうる。

より多くの契約の当事者のために働き，自らの企業組織を有している者は，原則的に，独立しているといえる(69)。これを欠く場合でも，代理商や支店長のように，間接的に市場志向性を有している場合には，自営性はありうる。企業組織が十分ではないときで，従業員が委託者に対する拘束性がある場合に，企業の裁量が残されている場合には，労働者性は肯定される(70)。

その後，ヴァンク氏は，教授になった後の論文で，このテーゼに補充を加える。企業の活動は，リスクとチャンスを維持するものであるとする。新たな独立事業者の問題性は，自ら本来は担うべき事業のリスクをその従業員に転嫁させることにある(71)。例えば，安全配慮義務違反の場合を例として挙げれば，偽装自営業者に業務を委託する者は生命及び健康に関するリスクを自ら負わず，

---

(65) Wank, a.a.O., S. 120, 150.
(66) Wank, a.a.O., S. 78.
(67) Wank, a.a.O., S. 68.
(68) Wank, a.a.O., S. 122, 129.
(69) Wank, a.a.O., S. 159ff.
(70) Wank, a.a.O., S. 390.
橋本陽子「ドイツ法における労働契約と労働者概念」日本労働法学会誌101号（2003年）100頁に，ヴァンク教授の見解が紹介されている。
(71) Wank, DB 1992, S. 90 (91).

偽装自営業者に転嫁させているのがわかる。裁判所は，諸リスクを従業員へ一方的に課しているかどうかを審査しなければならないはずである[72]。リスクを従業員に課させている場合には，労働法からの逃走を可能させるというわけにはいかない[73]。

これに対して，企業は，事業のチャンスを従業員に対して認めようとはしない[74]。販売員，トラック運転手のように，企業外部との関係では，市場に現れ，顧客に接する。彼らに対して，企業は，収益を得る活動に対する各自のチャンスを認めようとはしない。例えば，トラック運転手で一つの企業のために収益活動をしている場合には，事業のチャンスは他にはなく，市場の舞台で活躍しているとはいえない。自己資本と組織がない場合も，同様である。リスクとチャンスの配分が均衡の取れた場合にはじめて，契約は，独立者に関する法に服することになる[75]。つまり，これらの者は，事業のリスクのみ負わされ，事業のチャンスが与えられていない。

事業のリスクを担わせられ，事業のチャンスを与えられずに，命令拘束性に服する者は，労働者である[76]。こうした考察から，ヴァンク教授は，次のような基準を立てている。

── 労働に継続性があり
── 労働が単一の委託者に対してのみ行なわれ
── 従業員なく一人で
── 本質的に独自の資本がなく
── 本質的に独自の組織がない

というのが労働者の典型的なメルクマールであるとする。経済的な従属性は重要ではないとする。

上記の兆表にもかかわらず，
── 事業のリスクの任意の引き受けがある場合
── 市場の舞台に現れ

---

(72) Wank, DB 1992, S. 91.
(73) Wank, DB 1992, S. 91.
(74) Wank, DB 1992, S. 91.
(75) Wank, DB 1992, S. 91.
(76) Wank, DB 1992, S. 92.

第2章　労働者・使用者概念の再構築を提言する

――事業のチャンスやリスクを考慮して均衡性がある場合には，自営性があると述べられている[77]。

これに対しては，批判がある。オペラ歌手，コンサートのバイオリスト，ジャーナリスト，文筆家らは，異なった委託者のもとで職務上の義務を果たし，それを独立して引き受けている。異なった個々の職務を引き受けることによって一定の職務上の能力を用いる可能性がある。彼らには，労働法の領域の職業や職務とはかなりの程度で異なる，という特殊性がある[78]。これらの職務は専門化され，個別化している。委託者に対し労働法を適用させるのは，必要でもないし，期待されてもいない。これらの者の保護の必要性は，労働法上のものではなく，労働者に類似した企業家の保護の必要性であるにすぎないからである。かかる保護の必要性が労働者性を肯定することを可能にするものではない。上に挙げた職業従事者は，労働者ではなく，独立している[79]。

ヴァンク教授によれば，自らの従業員がなく，自らの事業組織を有しない場合，事業組織がないことになり，その者は人的に従属していることになる。しかし，ブーフナー教授によれば，このことはそこまで絶対的なものではないという。自らの従業員を有しているかどうかは，人的な従属性ほどには，企業の活動の問題について決定的に重要な要素ではない[80]。また，自らの労働者を伴った雇用提供者が独立した企業であるというのも，有力な要素であるが，反対に，独立した企業の活動は，自らの従業員の存在とは結びついてはいない[81]。

自らの事業の場や事業の資本がどの程度有しているかは，提供される雇用提供の種類による。人的には独立して働いている雇用提供者（Dienstleister）は，必然的には，一定の設備を要し，それゆえ，設備を所有している。むろんその程度は，異なっているとする。

こうした要素のなかに，労働法の適用についての確実なもの，特別な保護の必要性を基礎づける要素があるかは，疑問であると説く[82]。

---

(77)　Wank, DB 1992, S. 91.
(78)　Lieb, RdA, 1977, S. 210（217）.
(79)　Lieb, a.a.O., S. 219.
(80)　Buchner, a.a.O., S. 1147.
(81)　Buchner, a.a.O., S.1147.
(82)　Buchner, a.a.O., S.1147.

市場の舞台での登場という要素も問題である。ヴァンク教授の説く，雇用提供者（Dienstleister）が唯一の委託者であった場合に，企業活動を排除するというのは，経済社会でのリアリティーがない[83]。一つの委託者への業務が，少なくとも，独立した雇用の兆表であるということが，州法の草案（ノルトライン・ヴァストファーレン州，ヘッセン州）においても考慮される[84]。

b） 経済法や商法によって解決すべきとする見解

私法上の契約法は，（労働者類似の者の概念による）雇用契約と経済法を通じて，経済的な従属性を広範に保護している。保護の欠缺のある，労働法との保護の差異は，明らかにされていない。労働法が，経済法より，経済的なリスクからより保護しうるかは，一般的に言うことはできない。このため，新たな労働者概念の新たな構成による労働法の拡張が必要ではないと説かれる[85]。不正競争防止法は，15条，18条にもかかわらず，命令権のある企業の販売組織に組み入れられていることを理由として，経済的な従属性を考慮している。不正競争防止法は，例えば，販売仲介者が，企業ではないと結論を出しているのではなく，販売仲介者が経済的な利益を得させつつ，経済的な従属性を理由として，同法による制限を加えている。販売仲介者は，形式的には，労働法上の労働者の議論とパラレルに現れるのではない。不正競争防止法上の排除拘束や販売拘束に関する濫用コントロールというのがあるが，これらは，いわゆる偽装自営業者に害悪を及ぼす事例と関わる。つまり，契約交渉人以外に，フランチャイジー，ガソリンスタンド保有者などが，顕著な適用事例である[86]。このため，経済法では，代理商やフランチャイザーは，独自の組織を有しているので，独立事業主であると説く。この点では，判例とは異なる見解を述べている。こうした従属性を考慮するEUのカルテル法は，過剰な競争制限を禁止している。フランチャイズ契約，競業禁止があげられ，競業禁止は，場所的には，フランチャイズ利用者の以前の職務領域に，時間的には，1年に制限している[87]。カルテル法は，市場でのチャンスとリスクの非対称性を修正しうるもの

---

(83) Buchner, a.a.O., S.1147.
(84) Buchner, a.a.O., S.1147.
(85) Rieble, a.a.O., S. 345.
(86) Rieble, a.a.O., S. 351.
(87) Rieble, a.a.O., S. 351.

第2章 労働者・使用者概念の再構築を提言する

なのである[88]。リーブレ教授によれば,ヴァンク教授による新たな労働者概念,または労働者類似の者が,その経済的な従属性を理由とした広範な保護がすでになされていることを無視している[89]。

これに続いて,ブーフナー教授も,経済的に従属するが人的には独立している雇用提供者は,経済法上のシステムによって,保護されていると指摘する[90]。特に経済的な権力の不公正な濫用から,経済法上保護されている。雇用提供者が,唯一の委託者に依存している場合も,経済法の規範は介入している。企業の自由な発展の観点が強調され,経済的により強い委託者によって排除される者,不相当なリスクを課される者は,競争法上の保護を受けることができる。これは,例えば,価格拘束の排除等が挙げられ(競争法15条,18条),制限的な措置の違法化と廃止に導くことになる。他の場合では経済的な権力の影響の制限についての市場へのアクセスの開放(競争法22条,26条2項)によってもそうである。競争法上の規定は,これによって経済的な自由と競争上の行為の可能性を確保している[91]。これに付け加えて,普通取引約款法から始まり,商法上の保護の規定(商法89条90a条)までの一連の私法上の規範がある。ヴァンク教授のあらたな労働者の概念では,市場でのチャンスとリスクの相当な配分を考慮するとするが,企業の自由の経済法上の保護との関係を解明することなく,労働者としての格付けすることへと導いてしまう。こうしたコンセプトに内在する語は,明確ではなく,現行法に根付いたものではない[92]。

先のリーブレ教授によれば,民法,労働法,経済法の適用範囲が独立事業主に対して不相当な重なり合う。労働法の適用が拡張されれば,私法ないし経済法により,特に,不正競争防止法により保護されている法領域を失なってしまう。例えば,商法89b条のような,使用者に対する労働の成果に対する権利を失う。商法の競業禁止も及ぶはずである。

同教授は,労働者概念の拡張は,不相当なものであると説く。なぜなら,職業の自由への不必要な介入であるからである。自営業者と経済的に相対的に従

---

(88) Rieble, a.a.O., S. 351.
(89) Rieble, a.a.O., S. 345.
(90) Rieble, a.a.O., S. 351.
(91) Rieble, a.a.O., S. 355.
(92) Buchner, a.a.O., S.1151.

属している者への残りの自由を奪うのが，私法の一部である労働法の任務ではない[93]。

これらは，民法，商法や経済法による一定の保護の体系があるドイツ法ならではの議論であるといえる。

IV　結びに代えて——日独の比較

日本法では,「労働者」とは，使用者に使用されて労働し，賃金を支払われる者との定義規定が存在するのに対し，ドイツ法では，判例法上，商法典84条1項2文が参照されているにすぎない。日本法では，指揮監督下にあるか否か，具体的には時間的・場所的拘束性があるか否かが問われている。トラック運転手については，労働者性が否定され[94]，研修生については肯定されている[95]。フランチャイズ契約に基づき経営する店舗における店長についても労働者が否かが争われている[96]。これに対して，ドイツ法では，連邦労働裁判所の判例では，人的従属性に関する基準が，用いられている。「他の労働組織への編入は，特に，従業員が，使用者の命令権に服することにある。この命令権は，職務の内容，実行，時間，期間及び場所に関わり得る」と繰り返し説示している。つまり，一定の労働組織の枠内で雇用を提供しているかどうかが，中心の問題になる[97]。随時の雇用の利用可能性は，労働者性の強い兆候であるとする。雇用計画の存在が，労働者性の兆候であると繰り返し述べられている。

これに対し，賃金の支払の形式，税ないし社会保険の徴収，あるいは，人事記録の処理のような形式的なメルクマールは，重要ではないというのも定式化している。これらの基準により，放送局の就業者[98]，翻訳者兼アナウンサー[99]，

---

(93)　Rieble, a.a.O., S. 358.
(94)　最一小判平成8年11月28日労働判例714号14頁〔横浜南労基所長事件〕
(95)　最二小判平成17年6月3日労働判例893号14頁〔関西医科大学事件〕
(96)　大阪地判平成18年8月31日労働判例925号66頁〔ブレックス・ブレッディ事件〕
(97)　Münchner Handbuch zum Arbeitsrecht, 2.Aufl., Bd.I.,2000, München, § 24, Rn. 22 (Richardi).
(98)　BAG Urt.v. 20.7.1994, AP Nr. 73 zu § 611 BGB Abhängigkeit.
(99)　BAG Urt.v. 30.11.1994, AP Nr. 74, NZA 1995, S. 622.

第2章　労働者・使用者概念の再構築を提言する

副操縦士[100]，トラック運転手[101]について，労働者性が肯定されている。

ドイツ法では，こうした労働者性に関する基準に加えて，個別法的な法規（労働裁判所法，連邦休暇法等）により，労働者類似の者という概念が個別的に法定されている。判例では，例えば，フランチャイジー[102]について，労働者類似の者であることが明らかにされている。

これらを超えて，不正競争防止法や商法上の規定があるため，独立的な自営業者であっても，経済法上，商法上の保護が及ぶので，労働法の拡張はなされるべきではないとする見解がある。リーブレ教授やブーフナー教授の見解がそれである。商法上の規定といっても，代理商に関する規定が中心であり，これに当てはまらない自営業者に対しては，商法上の保護は及ばない。不正競争防止法上の保護も，せいぜい競業禁止に関わる規制にすぎない。労働契約の存続保護等に関して，自営業者に対する解約期間に関する規定や包括的な保護があるわけではない。かなり個別性が高く，包括的な保護の規定があるわけではない。これらの商法上の規定や不正競争法上の規定が，労働法上の保護に代替できるというものではないことには注意しなければならない。このことは，類似の商法上の規定や不正競合防止法上の規定を有するわが国においても，当てはまる。

日本法では，自営業者を意識した基準では，諾否の自由の存否や自己の計算のもとに事業を営んでいるか，という断片的な要素が考慮されてきたにすぎず，偽装自営業者であるのかあるいは真の自営業者であるのかについて，裁判上，包括的な基準があったとはいえない。いかなる場合に，偽装自営業者であるのか，それとも，真正の自営業者であるのかが問われてきたわけではないといえる。これに対し，川口教授が，①独立した事業に必要な生産手段等を有しそれを利用して労務を供給し（事業者性），②消費者に対し労務を提供する場合，又は，事業者に対して労務を供給するが，その労務の内容が労務の供給を受ける事業者の事業内容の一部ではなく，また，専属的継続的な労務供給でもない場合（自営性）である。この場合，「自ら他人に有償で労務を供給する者」は，

---

(100)　BAG Urt.v. 16.3.1994, AP Nr. 68 zu § 611 BGB Abhängigkeit.
(101)　BAG Urt.v. 19.11.1997, NZA 1998, S. 364.
(102)　LAG Düsseldorf Beschluss v. 20.10.1987, NJW 1988, S.725; BAG Beschluss. v. 16.7.1997, NZA 1997, S. 1126.

例外的に、当該労務の供給を受ける消費者又は事業主との関係では、労働契約法上の労働者ではないとする[103]。第二は、独立した事業に必要な生産手段等を有し、かつ、②当該消費者に専属的に労務を供給するものではない場合（自営性）である。この場合、「自ら他人に有償で労務を供給する者」は、当該労務の供給を受ける消費者との関係では、「独立労働者」に該当し、例外的に、当該労務の供給を受ける消費者との関係では、労働契約法上の労働者ではないとしている[104]。

ドイツ法では、ヴァンク教授により、上記のように、労働者の概念と対置し得る「独立自営業者」の定義づけが意欲的に行われ、本文のように、事業のリスクを担い、事業のチャンスを守ろうとすることができるか否かという、基準を詳細に定立している。かかる基準では、ドイツ法固有の労働者類似の者という概念を論じる余地がなくなるという批判があるが、日本法のように、労働者類似の者という概念がない場合には、自営業者の概念を導出することは理論的には可能である。事業のリスクを担わせられ、事業のチャンスを与えられずに、命令拘束性に服する者は、労働者であると解されている[105]。同教授によれば、次のよう場合に労働者であると認められる。

── 労働に継続性があり
── 労働が単一の委託者に対してのみ行われ
── 従業員なく一人で
── 本質的に独自の資本がなく
── 本質的に独自の組織がない

これに対し、独実事業主と認められるのは、上記の兆表にもかかわらず、
── 事業のリスクの任意の引き受けがある場合
── 市場の舞台に現れ
── 事業のチャンスやリスクを考慮して均衡性がある場合[106]である。

こうした比較法的な考察からは、おそらく、偽装自営業者であり、労働者で

---

(103) 川口美貴『労働者概念の再構成』（関西大学出版部、2012年）173頁以下、190頁。
(104) 川口・前掲注(103)189頁、190頁。
(105) Wank, DB 1992, S. 92.
(106) Wank, DB 1992, S. 91. 本稿では、社会法的な観点（柳屋・前掲注(16)171頁）が十分行えなかったが、これについては別稿で考察する。

第2章　労働者・使用者概念の再構築を提言する

あるというのは，①契約の提供について諾否の自由がなく，②自己の計算とリスクの下で事業を営まないという要素に加え，自営性に関する他の諸要素の検討は日本法においても可能なのではないかと思われる。自営性は従属性に反対する概念であるから，いかなる場合に独立した事業主といえるかは，有用な観点を提供すると考える。今後，こうした基準を更に精緻化していくことが求められるのではないかと思われる。

13 在日米軍基地従業員の法的地位
―― 那覇地裁平成26年5月22日判決検討を手掛かりにとして ――

春田吉備彦

Ⅰ　はじめに　　　　　Ⅳ　検　　　討
Ⅱ　事実の概要　　　　Ⅴ　結びにかえて
Ⅲ　判決要旨

Ⅰ　は じ め に

　日本国土の0.6％しかない沖縄県土に在日米軍専用基地の約74％が集中する[1]。2014年5月の沖縄県の若年者（12歳から29歳）の完全失業率は11.2％であり，本土の6.6％という数値からも読み取れるように，全国で最下位を示している[2]。実際の雇用状況はさらに深刻である。求人広告に記載されている内容と給料が異なる，拘束時間が違うといった話は，沖縄で生活する者としてよく耳にする。県内志向の強い沖縄の若年層にとって基地の外から見た，在日米軍従業員という職業は，民間企業では到底考えられない魅力的な勤務体制から，憧れの職業と映っている[3]。ところが，米軍基地は沖縄の土地でありながら基地の中はアメリカであるということは，沖縄県民にとっても基地の内から見た労働実態やそこで働く在日米軍基地従業員の直面する労働保護法規の適用の状況は，ベールにつつまれている。本土において，かかる問題が十分着目されてきたわけでないことはいうまでもない。

---

(1)　琉球新報2014年11月11日，沖縄タイムス2014年11月12日。なお，2014年11月16日の沖縄県知事選の主要な争点は，過重な基地負担の軽減と米軍普天間飛行場の名護市辺野古移設への是非を問うものであった。
(2)　http://www.pref.okinawa.jp/site/shoko/koyo/kikaku/toukei/h24/h25-05.html
(3)　西銘牧子「基地雇用員のリアルタイム」上野千鶴子ほか天空企画編『沖縄的人生　南の島から日本を見る』（光文社，2001年）237頁。

第 2 章　労働者・使用者概念の再構築を提言する

　本稿においては，在日米軍基地従業員のスト時の年休不認可と付加金の支払いの可否が論点となった，那覇地裁平成 26 年 5 月 22 日判決を手掛かりに，基地労働の実態や在日米軍基地従業員と労働保護法規の適用の状況を明らかにする。その主眼は，在日米軍基地従業員の労働法にかかわる諸問題を暫定的に整理し，在日米軍基地従業員の法的地位を明らかにすることで，今後のさらなる検討課題のための一資料を提供することにある。

II　事実の概要

　(1)　X_1 ら 176 名は，いずれも Y (国) に雇用され，在日米軍基地の業務に従事する労働者であり，全駐軍労働組合（以下，全駐労）沖縄地区本部に所属している。X_1 らを含む在日米軍基地等に勤務する労働者は，日本国とアメリカ合衆国との間の相互協力及び安全保障条約第 6 条に基づく施設及び区域並びに日本国における合衆国軍隊の地位に関する協定第 12 条第 4 項に基づき，Y に雇用され，その労務がアメリカ合衆国軍隊（以下，在日米軍）及び諸機関（以下，在日米軍等）に提供されている。

　Y とアメリカ合衆国政府は，在日米軍等に対する労務提供を実施するための基本労務契約等を締結している。同契約に基づき，在日米軍は，実際の使用者として，在日米軍等で勤務する X_1 ら労働者の直接的な監督，指導等の日々の管理を行うとともに，採用，解雇等の人事措置を発議し，その手続を執ることとされており，Y は，法律上の雇用者として，在日米軍の発議する人事措置の実施，給与の計算及び支払，労働組合との交渉等の事務を担当することとされ，Y が X_1 らに対する賃金の支払義務を負っている。

　Y とアメリカ合衆国政府との間の諸機関労務協約では，在日米軍等に勤務する従業員が高齢従業員として再雇用された場合，その基本給月額は定年による雇用終了時の基本給月額の 70% に等しい号棒の額とすることと定められていた。

　(2)　しかし，米軍人等について，在日米軍基地内の売店等のサービスを提供する組織である米陸軍・空軍エクスチェンジサービス（以下，AAFES）は，平成 24 年 1 月 31 日，AAFES に従事する従業員のうち，同年 4 月期に 60 歳定年となる従業員に対し，再雇用者には週 30 時間勤務のパート制を導入することとし，これにより，AAFES 従業員の再雇用後の賃金が再雇用前から約半減

することとなった。同年2月10日午後，沖縄防衛局は全駐労がまとめた意向確認書をAAFES人事部に手交し，フルタイムでの再雇用を強く求め，沖縄防衛局は，米軍へ公式・非公式に接触を試みたが，対米協議は難航した。同年4月23日，AAFESは，①軍内部で協議したが再雇用のパート化を導入する，②諸機関労務協約と照らし合わせても違反ではなく，在日米軍司令部とも調整した結果である，③経営努力について示す必要はない，④さらなる協議続行はやぶさかではない，⑤60日前（4月30日）までに人事措置をとるとらないことは防衛局の責任であり期限は守ってもらいたい，という内容の回答を寄せ，AAFESはこれに応じなかった。

(3) このため，全駐労は，在日米軍に対し，上記措置の撤回を求めて抗議するなどした。同年7月6日，X₁らは米軍労務管理責任者に対し，同月13日について別紙一覧表の「年休行使時間」欄記載の各時間分につき，年次有給休暇の時季指定権を行使した（以下，本件年休申請）。X₁らの同年休行使時間に相当する賃金額は，本件各未払賃金額である。

同月13日，AAFES従業員は自らの労働条件にかかる問題であることからその職場のみを対象としてストライキを実施した。同月13日，全駐労沖縄地区本部に所属するAAFES従業員以外の従業員であるX₁らの多くは，このストライキの支援として，ストライキ（以下，本件ストライキ）を行った。なお，X₁らの一部は私用のための年休申請が認可されていたが，米軍がストライキ当日の年休は認めないと通告し，年休申請の書類の認可の印が修正ペンで消され不認可とされる者も存在した。

(4) 本件年休申請は，X₁らが労働基準法（以下，労基法）第39条1項及び2項に基づき有していた年休日数の範囲内でされたものであったが，Yは，X₁らに対し，平成22年7月分の賃金支払に際し，本件各未払賃金を支払わなかった。なお，Yは，本件訴訟において，当初，本件年休申請に対する時季変更権行使の主張をしていたが，その後，当該主張を撤回した。

このため，年休を無給とされたのは不当であるとして，全駐労沖縄地区本部の組合員X₁ら176名が，雇用主のYに未払賃金と労基法による付加金の計411万円の支払いを求めて本件訴訟を提起した[4]。

---

(4) 事実の概要の要約においては，判決文だけではなく，X側の準備書面，沖縄タイム

第 2 章　労働者・使用者概念の再構築を提言する

Ⅲ　判　決　要　旨

争点①　本件各未払賃金等の支払請求について

　「本件年休申請は，Xらの有する有給休暇の範囲内でなされたものであり，その有給休暇の取得に違法はない。そして，Yは，何ら時季変更権の行使等の主張をしないから，帰するところ，Xらに対し，未払となっている本件各未払賃金を支払う義務を負うものというべきである」から，「Xらの請求のうち，Yに対して本件各未払賃金及びその遅延損害金の支払を求める部分は理由がある。」

争点②　付加金請求について

　「前提事実並びに証拠（略）及び弁論の全趣旨によれば，次の事実が認められる。」

　「全駐労は，本件ストライキ（平成24年7月13日）の前後から，Xらが有給休暇を取得した場合の賃金の支払について，Y（沖縄防衛局等）と交渉や申入れ等を行っていた。」「他方，Yは，同年11日及び翌12日，在日米軍に対し，同月13日に実施されるストライキの際，時季変更権を行使することなく年次休暇を認めないことには同意できないことや，時季変更権を行使することなくストライキに参加する以外の従業員の年次休暇の使用を認めないことは違法であると通知した。」「Yは，同月25日，在日米軍が本件年休申請に対して賃金の支払を認めないのは問題である旨の全駐労からの申入れに対し，在日米軍が適法な時季変更権を行使していないのに賃金を支払わないのであれば法的に問題がある旨回答した。」「Yは，同年11月12日，全駐労に対し，同年8月6日に在日米軍に対して時季変更権の行使の有無及びその詳細な事情について文書で照会したが，同年11月8日に出された在日米軍からの回答では適法な時季変更権が行使されたか否か直ちに判断できなかったと報告した。」「以上の認定事実によれば，Yは，全駐労による交渉や申入れ等を受け，本件年休申請につき在日米軍が適法な時季変更権を行使しないことへの懸念を有していたものであるところ，本件各未払賃金が現実化した後もその支払をせず，本件訴訟において，一旦は時季変更権行使の主張をしたもののこれを撤回し，その後に至っ

ス 2014 年 5 月 21 日，琉球新報 2014 年 5 月 21 日を参照している。

ても未だ本件各未払賃金を支払っていないのであるから、このようなYによる本件各未払賃金の不払の状況や、これによるXらの不利益を軽視することはできない。」

「そうであれば、Yに対し、本件各未払賃金と同額の付加金の支払を命ずるのが相当である。」

「付加金の支払による制裁の対象は、当該労働者の雇用主であると解されるところ、Yと在日米軍は、いわば雇用主の権利義務を分掌しているものと見ることができるから、両者を併せて制裁の対象と捉えることができる。しかるに、付加金の支払を命ずることによって、Yがその制裁を受けることはいうまでもないが、在日米軍についても、Yは、命ぜられた付加金の支払をした後に、在日米軍に対してその求償をすることができるのであるから、その意味において、在日米軍も制裁を受けることができるのである（仮に、在日米軍がその求償を拒んだとしても、制裁が無意味であるとまでいうことはできないし、いずれにしても、本件と同様の事態を招かないという意味において、制裁の効用を認めることができると考えられる。）。したがって、Yの主張を採用することはできない。」

「以上によれば、Xらの請求はいずれも理由があるから認容すべきである。」

Ⅳ　検　討

1　本判決の背景にある在日米軍基地従業員の雇用形態から生じる法的欠缺の問題

本判決は、沖縄県内の在日米軍基地に勤務するX₁らが、年次有給休暇の時季指定権を行使したにもかかわらず、年次有給休暇時間分の賃金支払を受けていないとして、雇用者であるY（国）に対し、各自、別紙未払賃金一覧表の「未払賃金額」欄記載の各未払賃金及びこれに対する訴状送達日の翌日である、平成25年1月8日から支払済みまで民法所定の年5分の割合による遅延損害金、並びに、労基法114条に基づく上記各未払賃金と同額の付加金及びこれに対する本判決確定日の翌日から支払済みまで民法所定の年5分の割合による遅延損害金の支払を求めた事案である。

本判決の背景には、国による「雇用」と在日米軍による「使用」の分離という、労働者派遣法の雇用形態に類似する三者間労働関係としての在日米軍基地従業員の雇用形態に起因する複雑な問題がある。まず、確認したいのは、労働

第2章 労働者・使用者概念の再構築を提言する

契約の基本は「直接雇用の原則」であり,三者間労働関係としての労働者派遣は,同原則から逸脱した雇用形態であるということである[5]。労働者派遣は,雇用と使用が分離する結果,使用者の権限関係が錯綜し,労働法規や社会保険関連法の遵守といった使用者の責務の履行が不完全になりがちであり,その限りで制限を受けざるを得ない雇用形態である。そのため,労働者派遣法は雇用者(派遣元)の雇用責任と使用者(派遣先)の使用責任を慎重に制御しながら,例えば,年次有給休暇の付与と労働者の時季指定権の行使に対する時季変更権の行使は雇用者(派遣元)の義務として取り扱っている[6]。労働者派遣法の取り扱いを参照するならば,国及び在日米軍と在日米軍基地従業員の関係では,時季変更権の行使は雇用者としての国が対応すべき事柄である。しかし,在日米軍基地従業員との関係では,規定上,時季変更権の行使は使用者としての在日米軍に委ねられており[7],雇用者と使用者の権限がより一層ねじれてしまっている。その結果,本事案では,在日米軍が時季変更権を適法に行使できないという労務管理上の初歩的なミスを犯している。それにもかかわらず,国は在日米軍の時季変更権の不行使につき積極的な対応をとる等して是正できな

---

(5) 萬井隆令「労働者派遣と労働契約」西谷敏・根本到編『労働契約と法』(旬報社,2011年)75頁は,職安法44条を「直接雇用の原則」の法的根拠と位置づける。和田肇「労働者派遣の法的規制に関する総括的検討」和田肇・脇田滋・矢野昌浩編『労働者派遣と法』(日本評論社,2013年)355頁は,「直接雇用の原則」につき,法理論的な側面から,同原則の正当化根拠を論じている。

(6) 安西愈『労働者派遣法の法律実務 第2版』(総合労働研究所,1991年)392頁。武井寛「労働者派遣と労基法」和田肇・脇田滋・矢野昌浩編『労働者派遣と法』(日本評論社,2013年)131頁は,「年休の時季指定は派遣元に対してなされ,派遣元における事業の正常な運用をさまたげる場合には,派遣元は時季変更権を行使することができる。これが労働者派遣における年休権の実現の基本枠組みである」と指摘する。派遣労働者と年次有給休暇の関係が問題となった判例として,例えば,ユニ・フレックス事件・東京高判平11.8.17労判772号35頁がある。同事件では,半年間継続して派遣先で全労働日に就労したものの,派遣元が半年で800時間以上の稼働を要するとして年次有給休暇を付与しなかった取扱いにつき,かかる取扱いは労基法に反するとして欠勤扱いされた日数分の賃金相当額が損害賠償として認められている。

(7) 米軍基地従業員の年次有給休暇の取扱いについては,基本労務契約第7章(休暇)A節(年次有給休暇)において,「監督者は,従業員が指定した日に休暇を使用することが,当該機関の任務遂行の妨げとなるような場合においては,その休暇の日を変更することができるものとする。この場合,監督者は,両者の合意を条件としてかわりの日を提示するものとする」と定めている。

かったたけではなく，国の在日米軍基地従業員に対する違法な賃金カットが生じ，本判決が出されるまで未払賃金を放置し，労基法に違反した状態を是正できない事態に陥っている。本判決において，在日米軍基地従業員には，労基法第35条の年次有給休暇についてさえも労働保護法規が十分機能しないという法的欠缺の問題が，裁判上，明らかになっている。

本稿では，まず，在日米軍基地従業員の雇用関係について，その特殊な雇用形態を概観し，さらに，その労働法上の諸問題について暫定的な整理を行う。かかる整理の中で，在日米軍基地従業員にかかわる労働保護法規の機能不全の問題を浮き彫りにしていく。

次に，本判決にかかわる，法的検討として，争点①本件各未払賃金等の支払請求についてでは，年休自由利用の原則との関係から考察を行う。さらに，争点②付加金請求についてでは，付加金にかかわる判例法理との関係から考察を行う。最後に，本判決以降の沖縄社会において報道されている，在日米軍基地従業員に対する法的欠缺の実態を是正しようという動向を紹介する。

2 在日米軍基地従業員の雇用形態と労働法上の諸問題

沖縄の本土復帰の年の1972年までは，沖縄の在日米軍基地労働者の雇用主かつ使用者は米軍であった（直接雇用方式）[8]。今日，在日米軍基地で働く従業員をめぐる基本的な法律関係は，日米地位協定第12条に基づいて[9]，その任

---

(8) 全駐労沖縄地区本部『全軍労・全駐労沖縄運動史』（全駐労沖縄地区本部，1999年）224頁には，「沖縄の軍関係労働者は，戦後26年間，米軍の直接雇用の下で，米軍が一方的に制定した布令116号や軍規則によって，基本的権利は剥奪され，米軍の専制的支配下で労働を余儀なくされてき」たとの記述がある。1972年の本土復帰まで，沖縄においては日本国憲法の適用がなかった。このことから，まずは，間接雇用によって，日本国憲法の保障する基本的人権あるいは労働三権の完全な適用を切望したということであろうが，本判決からも明らかなように，今日に至るまで基地内労働においては日本の労働保護法規の不完全な適用状態が継続しているという歴史的に積み残された課題が先送りになっていることは看過できない。

(9) 日本国とアメリカ合衆国との間の相互協力及び安全保障条約第6条に基づく施設及び区域並びに日本国における合衆国軍隊の地位に関する協定第12条第2項は，「現地で供給される合衆国軍隊の維持のため必要な資材，需品，備品及び役務でその調達が日本国の経済に不利な影響を及ぼすおそれがあるものは，日本国の権限のある当局との調整の下に，また，望ましい時は日本国の権限のある当局を通じて又はその援助を得て，調

第 2 章　労働者・使用者概念の再構築を提言する

図1　駐留軍労働者（在日米軍基地従業員）とは

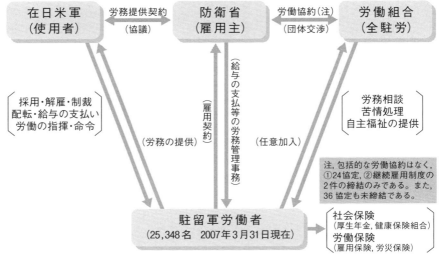

出典：全駐留軍労働組合『駐留軍労働者の雇用と生活を確保するために　給与等勤務条件の公正・精確な比較と是正を求めて』（全駐留軍労働組合，2007 年）3 頁。

務を遂行するために必要な労働力を日本政府が雇用し米軍に提供する，いわゆる間接雇用方式がとられている[10]。つまり，国が，在日米軍及び「諸機関」（日米地位協定第 15 条に定めるもの）が必要とする労務を充足するため，労働者を雇用し，その労務を在日米軍及び諸機関に提供する。間接雇用方式による労務提供を実施するため，国は，米軍政府との間で，以下の三つの労務提供契約を締結している。すなわち，①基本労務契約（Master Labor Contract）：各軍の司令部や部隊等の事務員，技術要員及び警備員等，②船員契約（Mariner Contract）：非戦闘船舶に乗り込む船員，③諸機関労務協約（Indirect Hire

---

　　達しなければならない」と定めている。
（10）　1972 年の沖縄本土復帰に伴い導入された，間接雇用方式という渉外労務管理業務は，国の機関委任事務として沖縄県知事（商工労働部渉外労務課）が行っていたが，機関委任事務廃止後の新たな事務区分として，1998 年から 5 月，国の直接執行事務とすることが閣議決定された。このため，当該事務は国が行うこととなったが，国への円滑な移行を図るため，法令による暫定措置として，2000 年 4 月 1 日から 2002 年 3 月 31 日までの間は，法定受託事務として沖縄県が暫定的に行っていた。

Agreement）：日米地位協定第15条に定める「諸機関」で働く者，である。「諸機関」とは，米軍人・軍属やその家族が利用する基地内にある軍公認の様々なサービス施設である。本判決の法的紛争の直接のきっかけとなった，定年後の労働条件の不利益変更の対象となった在日米軍基地従業員は，AAFESで働いており，典型的な③諸機関労務協約を締結している従業員である。

在日米軍基地従業員の法的身分は，法律174号第8条に基づけば[11]，国が雇用者であるが，国家公務員ではないとされている。国家公務員法の適用外とされていることから，労基法，労働組合法（以下，労組法），労働関係調整法をはじめ，日本の労働法規が適用されると解釈されている。しかしながら，現実には，日本の労働法規が十分機能しないことが大きな問題となっている。

日本に駐留する在日米軍は，日米安保条約第6条に基づいて[12]，日本国内の施設及び区域を使用することができる。また，日米地位第3条第1項により[13]，合衆国は，「設定，運営，警護及び管理のため必要なすべての措置」

---

[11] 日本国との平和条約の効力の発生及び日本国とアメリカ合衆国との間の日米安全保障条約第3条に基づく行政協定の実施に伴い国家公務員法の一部を改正する等の法律第8条は，駐留軍等労働者の身分につき，「日本国とアメリカ合衆国との間の相互協力及び安全保障条約に基づき駐留するアメリカ合衆国軍隊，日本国とアメリカ合衆国との間の相互協力及び安全保障条約第6条に基づく施設及び区域並び日本国における合衆国軍隊の地位に関する協定第15条第1項(a)に規定する諸機関，日本国における国際連合の軍隊に関する地位に関する協定に基づき本邦内にある国際連合の軍隊又は日本国とアメリカ合衆国との間の相互防衛援助協定第7条の規定に基づくアメリカ合衆国政府の責務を本邦において遂行する同国政府の職員のために労務に服する者で国が雇用するもの（以下「駐留軍等労働者」という。）は国家公務員ではない」と定めている。

[12] 日本国とアメリカ合衆国との間の相互協力及び安全保障条約第6条は，「日本国の安全に寄与し，並びに極東における国際の平和及び安全の維持に寄与するため，アメリカ合衆国は，その陸軍，空軍及び海軍が日本国において施設及び区域を使用することを許される。前記の施設及び区域の使用並びに日本国における合衆国軍隊の地位は，1952年2月28日に東京で署名された日本国とアメリカ合衆国との間の安全保障条約第3条に基づく行政協定（改正を含む）に代わる別個の協定及び合意される取り決めにより規律される」と定めている。

[13] 日本国とアメリカ合衆国との間の相互協力及び安全保障条約第6条に基づく施設及び区域並びに日本国における合衆国軍隊の地位に関する協定第3条第1項は，施設・区域に関する措置につき，「合衆国は，施設及び区域内において，それらの設定，運営，警護及び管理のため必要なすべての措置を執ることができる。日本国政府は，施設及び区域の維持，警護及び管理のための合衆国軍隊の施設及び区域への出入の便を図るため，

第2章 労働者・使用者概念の再構築を提言する

（いわゆる，排他的基地管理権）を執ることができるとされ，米軍基地は米軍の主権下にある。このことから，国は在日米軍基地従業員の労働実態を十分に把握できているわけではないことが伺える。

在日米軍基地従業員と労働法規の適用との関係を見ていくと，日米地位協定第12条第5項に基づけば[14]，日本国とアメリカ合衆国との間で「相互で別段の合意をする場合を除くほか，賃金及び諸手当に関する条件その他の雇用及び労働条件，労働者の保護のための条件並びに労働関係に関する労働者の権利は，日本国の法令で定めるところによらなければならない」と規定されている。このことからすれば，在日米軍基地従業員には日本の労働法規が適用させるように定めているようにも読み取れる。しかしながら，実際には，基本労務契約主文第19条に基づいて[15]，人事や雇用条件等を規定・変更するためには，日米地位協定第12条第5項の「相互で別段の合意」として米軍の同意が不可欠となっており，在日米軍基地従業員に日本の法律を適用させようとするたびに米軍と交渉しなければならない。在日米軍基地従業員は，労働条件について事実上の最終決定権を持つ米軍と直接交渉することはできないし，一旦，日本政府と交渉し，日本政府の同意を得た後，日本政府が米軍と協議するという二度手

　合衆国軍隊の要請があったときは，合同委員会を通ずる両政府間の協議の上で，それらの施設及び区域に隣接し又はそれらの近傍の土地，領水及び空間において，関係法令の範囲内で必要な措置を執るものとする。合衆国も，また，合同委員会を通ずる両政府間の協議のうえで前記の目的のために必要な措置を執ることができる」と定めている。

(14) 日本国とアメリカ合衆国との間の相互協力及び安全保障条約第6条に基づく施設及び区域並びに日本国における合衆国軍隊の地位に関する協定第12条第5項は，「所得税，地方住民税及び社会保障のための納付金を源泉徴収して納付するための義務並びに，相互で別段の合意をする場合を除くほか，賃金及び諸手当に関する条件その他の雇用及び労働条件，労働者の保護のための条件並びに労働関係に関する労働者の権利は，日本国の法令で定めるところによらなければならない」と定めている。

(15) 基本労務契約主文第19条は，就業規則及び雇用条件について，「この契約中の関係規定は，就業規則及び雇用条件の基礎となるものとする。B側（防衛省地方協力局次長）は，A側（米国政府＝契約担当官）との協議，交渉及び事前の文書による合意なくしては，この契約に基づき提供される従業員の就業規則若しくは雇用条件又は作業条件を定め，又は変更しないものとする。両当事者が合意した就業規則及び雇用条件はこの契約に基づき提供される従業員が勤務する全職場に，日英両文で公示するものとする」と規定する。

間が必要になる(16)。このことから，日米地位協定第12条第5項の規定は骨抜きにされているのではないのかという指摘がなされている。形式上は，労基法，労組法，労働関係調整法をはじめ，日本の労働法規が適用されると解釈されているにもかかわらず，基本労務契約主文第19条により，米軍の同意がなければ国内労働法令が適用されないという矛盾した状態にある。

このため，基地内では，在日米軍基地従業員を保護するための労働法が無視され，「無法状態といっても過言ではない」働かせ方が見受けられる(17)。例えば，米軍合意が得られず，法違反の状態となっている例としては，労基法違反の状態として，①「36協定」を締結せずに残業させる，②「就業規則」の作成・届出がなされていない，③労働基準監督官の立ち入り調査が制限されている，改正労働契約法違反の状態として，④18年間，有期雇用で働いている労働者を無期にしていない(18)，労働安全衛生法19条違反の状態として，⑤設置が義務化されている労働災害防止に向けた「労働安全衛生委員会」が未設置である等の実態がある。さらには，解雇権は，雇用主の日本政府ではなく，使用者の米軍にあり，米軍が不適格と判断した場合は，解雇が可能である(19)。米軍と基地労働者との意見の不一致等により在日米軍基地従業員が苦情申し立て，さらには裁判に訴えて勝訴しても基地内での継続雇用の補償はなく，米軍が希望しないときは，裁判所又は労働委員会の決定でも就労させないことができる(20)ということからすると，実態として，最も重要な労働条件である雇用の安

---

(16)　沖縄タイムス2014年5月22日。

(17)　沖縄タイムス2014年5月22日。また，2014年10月8日，全駐労沖縄地区本部において，與那覇栄蔵委員長にインタビューしたところ，同様の証言を得ることが出来た。

(18)　直ちに，改正労働契約法に違反するとはいいがたいが，改正法の趣旨に反する状態であるとの指摘はできよう。

(19)　喜屋武臣市『在日米軍基地の労働と地域――組み込まれた特異な構造』(全駐留軍労働組合，2010年) 21頁。

(20)　日本国とアメリカ合衆国との間の相互協力及び安全保障条約第6条に基づく施設及び区域ならびに日本国における合衆国軍隊の地位に関する協定第12条第6項(b)は，「合衆国軍隊又は前記の機関が当該労働者を就労させることを希望しないときは，合衆国軍隊又は前記の機関は，日本政府から裁判所又は労働委員会の決定について通報を受けた後七日以内に，その旨を日本政府に通告しなければならず，暫定的に労働者を就労させないことができる」と規定し，同協定第12条第6項(d)は，「(c)の規定に基づく協議の開始の日から三十日の期間内にそのような解決に到達しなかったときは，当該労働者は，

定といった側面においても，⑥解雇権濫用法理にかかわる労働契約法第16条の規制を潜脱しかねないという現実がある(21)。

さらに，後述するように，⑦在日米軍基地従業員にかかわる年次有給休暇に関わる法構造にも難点がある。

したがって，暫定的に整理すると，在日米軍基地従業員の法的地位において，労働法上，このような7点の法的空白あるいは法的欠缺の問題が抽出できよう。

3　争点① 本件各未払賃金等の支払請求について

本判決においては，X_1らは年次有給休暇権の成立とそれに関わる未払賃金等の請求が認容されている。そもそも，本判決では，Yは「時季変更権の行使等の主張をしない」と認定されており，時季変更権の行使が違法か否かを法的に争うというレベルにも至らない労務管理上の初歩的なミスがある。にもかかわらず，在日米軍基地従業員側の負担によって訴訟を提起しなければ事態が打開できない不合理な状況が作出されている。労働者派遣法の三者間契約の原則からもさらに逸脱した在日米軍基地従業員の年次有給休暇の法構造が，雇用責任から派生する時季変更権の適法な行使を不可能にし，国・米軍とも無責任な弛緩した対応をとる帰結をもたらしている。日本法上の労基法第35条の問題，とりわけ時季指定権と時季変更権にかかわる判例法理や解釈論はそう単純なものではない。かかる法的知識がどれほど米軍に理解されていたのか，あるいは国が基軸となりながら法的知識の伝達に努めていたのかは即断できないものの，労働者派遣法上の三者間契約の原則である，雇用主が年次有給休暇の付与といった雇用に関わる事柄について主体的な責任を負うという，⑦労基法上の年

　　就労することができない。このような場合には，合衆国政府は，日本政府に対し，両政府で合意される期間の当該労働者の雇用の費用に等しい額を支払わなければならない」と規定する。

(21)　例えば，在沖縄米軍基地従業員が，国から「制裁解雇」されたことは違法無効であるとして，国に対して労働契約上の地位確認等を求めた事案として，沖縄米軍基地従業員解雇事件・福岡高裁那覇支判平22・12・7労働法律旬報1740号（2011）43頁がある。同事件の背景には，沖縄の言葉の法廷通訳の問題が存在する。日本語の「懲らしめる」「殴る」は沖縄の言葉では「クルセー」「ウチクルス」等という。これを法廷通訳が「殺せ」の意味で"kill them"をあてたため，米軍側上司は，「殺すと脅迫した」として，米軍基地従業員は米軍に制裁解雇されている。同事件の担当弁護士による解説については，金高望「沖縄米軍基地従業員解雇事件」季刊・労働者の権利290号（2011）73頁。

次有給休暇の法構造とは異質な，法的欠缺の問題が露呈したという実態は重く受け止めなければならない。

ところで，年次有給休暇，とりわけ自由年休類型における裁判例を概観していくと，ほとんどすべてのものが，労働者側から提起されている。つまり，典型的な年次有給休暇をめぐる争いにおいて，労働者は自らの時季指定権行使が正当であり，使用者の時季変更権行使が不当であると考えてこれを無視して欠勤するが，このことに対して使用者によってなされた懲戒処分の無効等と欠勤扱い分の賃金カットあるいは慰謝料等を請求するという訴訟の類型をとることになる[22]。自由年休類型だけではなく計画年休類型においても，最終的には年次有給休暇権を侵害された労働者が自ら訴訟を提起するという類型は通底する[23]。本判決も年次有給休暇の紛争事案の典型的なものであるとの位置づけが可能である。なお，本事案に先駆けて，沖縄の本土復帰後（1972年以降）にも，在日米軍従業員の時季指定権行使に対する使用者としての在日米軍の時季変更権の行使が違法で，賃金減額が違法とされた事案が存在する[24]。

---

(22) このような類型の典型的な事案として，例えば，日本電信電話（年休）事件・最判平12・3・31労判781号18頁。

(23) 労基法第39条第1項および第2項によって，客観的に成立した年休権は，同条第4項に基づく自由年休類型と同条第5項に基づく計画年休類型の並存した法構造として捉えられるべきであるということについては，拙稿「計画年休協定の私法的効力の検討——年次有給休暇の法構造における自由年休と計画年休の体系的接合の観点から——」中央大学大学院研究年報（2000年）第30号120頁を参照。そこでは，同条第4項には，本来の意味の時季指定権（＝能動的・積極的）時季指定権と時季変更権が規定されているように，同条第5項には，前項の趣旨を受け継ぎかつ計画年休類型に即した形で加工・修正された，受動的時季指定権・消極的時季指定権と調整的時季変更権が内在していると理解されるべきであることを論じている。

(24) 平成6年11月24日那覇地裁判決（労判670号41頁）の事実の概要は，以下のとおりである。

Xは，平成3年7月30日，修理課の米国人監督者L・E・スミスに対し，同年8月2日に年次有給休暇の時季指定をしたところ，スミスは，「ワークロード（一定の期間内に達成することを予定している仕事量）」を理由に右休暇願を不許可として，時季変更権（本件時季変更権）を行使した。そこで，Xは，同月1日，スミスに対し，重ねて，同月2日に年次有給休暇を行使したい旨の申入れをしたが，スミスはこれを拒絶した。Xは，平成3年8月2日に年次有給休暇を行使したところ，これを欠勤と処理され，同年9月12日，同日支給の同年8月分給与から，同月2日の無断欠勤8時間に相当する賃金1万2646円を減額された。そこで，Xは，本件時季変更権行使は合理的理由のな

第2章　労働者・使用者概念の再構築を提言する

在日米軍基地従業員の法的地位は、「国家公務員ではない」ということは前述した。このことから、民間企業と同様に労働三権を有しており、当然、争議権も禁止されていないことは確認しておきたい。そのうえで、本判決のX_1らの時季指定権による年次有給休暇権行使が、「年休の自由利用の原則」の例外としての、争議行為目的での年次有給休暇の利用の問題、換言すれば、争議行為目的のために年次有給休暇を利用する場合、その効果が認められるか否かの問題に抵触しないか否かが一応問題となるので、念のため、検討する[25]。かかる問題は、争議行為を禁止されている公務員等による年次有給休暇権の一斉行使という戦術形態としての、一斉休暇闘争をめぐる論争の中で論じられてきた[26]。

学説上は、①自由利用の原則を貫徹させて、争議行為目的の年休利用であっても、使用者が適法に時季変更権を行使しない限り、年休の効果を肯定する説（多数説）、②争議行為目的での年休権を否定する説、③争議行為のうちストラ

い違法なものであり、Xに対する賃金減額は違法であるとして、訴訟を提起した。

判決要旨は、以下のとおり。「本件時季変更権につき判断するに、……Xが年次休暇の時季指定をした平成3年8月2日当時、基地内住宅の補修工事が集中する時期にあたり、またサービスコールも多数あったものの、右当日、Xの所属する與那覇班においては、X以外に休暇による欠勤者はなく、Xに代わる要員がいなくても予定の業務量を全て支障なく、かつ無理なく遂行している。したがって、Xの同日の労働が同班の業務の運営にとって不可欠であったということはできず、また、スミスは、Xに対し、同日に代わる日の提示もしておらず、本件時季指定権の行使に適法な事由が存したとは認められない」と判断し、Xの請求を認容している。

(25)　ここでは、以下の文献を参照した。東京大学労働法研究会『注釈労働時間法』（有斐閣，1990年）589頁、金子征史「年休の争議行為利用──津田沼電車区事件」山口浩一郎・菅野和夫・西谷敏編『労働判例百選　第6版』（有斐閣，1995年）107頁、山田桂三「年休の争議行為利用──津田沼電車区事件」菅野和夫・西谷敏・荒木尚志編『労働判例百選　第7版』（有斐閣，2002年）122頁、名古道功「年休の争議行為利用──津田沼電車区事件」村中孝史・荒木尚志編『労働判例百選　第8版』（有斐閣，2009年）98頁、西谷敏・野田進・和田肇編『新基本法コメンタール　労働基準法・労働契約法』［竹内(奥野)寿］（日本評論社，2012年）159頁。

(26)　全駐労沖縄地区本部『全軍労・全駐労沖縄運動史』（全駐労沖縄地区本部，1999年）144頁以下では、1968年の米軍統治下の琉球（沖縄）において、当時の全軍労が、布令116号の廃止とスト権奪還を目指し、渡米交渉も行いながら、10月24日に、沖縄の米軍基地始まって以来最初の軍労働者の実質的なスト（10割年休スト闘争）に突入し、目覚ましい成果を獲得した歴史的場面が描写されている。

イキ（労務不提供）については権利濫用により年休の効果は発生しないが，ピケティング等，ストライキに付随する行為のための年休利用には年休利用の効果を認める説，と分類されている。

最高裁は，国鉄郡山工場事件（最判昭48・3・2民集27巻2号210頁）及び全林野白石営林署事件（最判昭48・3・2民集27巻2号191頁）において，「労働者がその所属する事業場において，その業務の正常な運営の阻害を目的として，全員一斉に休届を提出して職場を放棄・離脱する」趣旨の一斉休暇闘争について，「その実質は，年次有給休暇に名をかりた同盟罷業にほかなら」ず，本来の年休権の行使ではない」として，その法的効果は発生しないとの立場を明らかにしている。

さらに，最高裁は，夕張南高事件（最判昭61・12・18労判487号14頁）において，一斉休暇闘争（や割休闘争）のような職場離脱が，「たとえ年次有給休暇行使の形式をとっていても，その目的とするところは，使用者の時季変更権を全面的あるいは部分的に無視することによって当該事業場の業務の正常な運営を阻害しようとするところにあるのであって，そこには，そもそも，使用者の適法な時季変更権の行使によって事業の正常な運営が可能であるという，年次有給休暇制度が成り立っているところの前提が欠けているからである」として，その論理を補強している。

最高裁の論理に立脚するならば，本事案において，仮に，米軍が適法に時季変更権を行使していたとするならば，判決において争議行為目的のために年次有給休暇を利用する場合，その効果が認められるか否かの問題として，解釈論が展開される余地はなかったとはいえないであろう。また，仮に，適法な時季変更権の行使であったと評価された場合でも，多数説に立脚しても最高裁の論理に立脚しても，ストライキに参加した在日米軍基地従業員が時季変更権の行使に従わない明確な意思があったか否かが焦点となったのではなかろうか。この仮説が成り立つとしても，X_1らの中には私用のための年休申請が認可されていたにもかかわらず，米軍が一律にストライキ当日の年休は認めないと通告していることは，明らかに違法と評価されることになろう。

第 2 章　労働者・使用者概念の再構築を提言する

4　争点②付加金請求について[27]

労基法第 114 条は,「労働者の請求により, これらの規定により使用者が支払わなければならない金額についての未払金のほか, これと同一額の付加金の支払を命ずることができる」と定めている。このことから, 第一に, 裁判所にはどこまでの裁量があるのか（付加金の支払の可否）, 第二に, 裁判所が付加金の支払を命じる場合, 常に未払金と「同一額」でなければならないのか（付加金の額の判断）, が問題となる。この問題は, 付加金の法的性質を制裁か損害賠償か, いずれに理解するのかの違いが影響する。この点について, あるコメンタールによれば, 以下のような要約がなされている。すなわち,「使用者の労基法違反行為があった場合には, 常にあるいは広く付加金の支払を命じることを認める立場は, 使用者の義務違反の態様という要素は無関係になるため, 使用者に対する制裁という要素よりも義務違反によって不利益を被る労働者に対する賠償という要素を付加金に見出すことになる。一方, 付加金支払を命じる場合を限定しようとする立場では, 使用者の違反態様等を考慮して, 刑罰のほかに付加金を課すかどうかを判断することになるから, 付加金に制裁の要素をより多く認めることになる。そして, 裁判例においては後者の立場に傾いているということができる」と[28]。そして, 後者の裁判例の典型的なパターンは, 使用者による「法違反の程度や態様, 労働者の受けた不利益の性質や内容, 前記違反に至る経緯やその後の使用者の対応などの諸事情を考慮して支払の可否及び金額を検討するのが妥当である」としており[29], その上で, 付加金の支払いの可否および額を裁量的に判断し, 賃金の減額を認める[30], あるいは付

---

(27) 付加金について考察する, 最近の論稿として, 例えば, 東京大学労働法研究会編『注釈労働基準法　下巻』［藤川久昭］（有斐閣, 2003 年）1081 頁, 和田肇「時間外労働の割増賃金, 遅延利息, 付加金請求の可否」法政論集 246 号（2012）202 頁, 大内伸哉「キーワードからみた労働法　第 86 回　付加金」ビジネスガイド 792 号（2014）81 頁, 吉田美喜夫「付加金の法理を問う」労働法律旬報 1826 号（2014）4 頁等。

(28) 西谷敏・野田進・和田肇編『新基本法コメンタール　労働基準法・労働契約法』［鈴木隆］（日本評論社, 2012 年）293 頁。

(29) 松山石油事件・大阪地判平 13・10・19 労判 820 号 15 頁。

(30) 付加金の減額を認めた裁判例として, 例えば, 彌榮自動車事件・京都地判平 4・2・4 労判 606 号 24 頁, オフィステン事件・大阪地判平 19・11・29 労判 956 号 16 頁, 日本マクドナルド事件・東京地判平 20・1・28 労判 953 号 10 頁, 播州信用金庫事件・神戸地姫路支判平 20・2・8 労判 958 号 12 頁, フジオカ事件・長崎地判平 20・2・29 労判

加金の支払いを認めない[31]ものもある。

本判決は、基地内の違法労働をめぐり、争点②において、国と在日米軍の双方に「未払い賃金と同額の付加金の支払」を命じることで[32]、労基法上の制裁を科したうえで、「雇用」の主体である国だけではなく、「使用」の主体である在日米軍もまた労働基準法上の制裁対象となると判断している。このことか

960号90頁、旭運輸事件・大阪地判平20・8・28労判975号21頁、京電工事件・仙台地判平21・4・23労判988号53頁、東和システム事件・東京高判平21・12・25労判998号5頁、NTT西日本ほか（全社員販売等）事件・大阪地判平22・4・23労判1009号31頁、H会計事務所事件・東京高判平23・12・20労判1044号84頁、マッシュアップ事件・東京地判平23・10・14労判1045号89頁、浪速フード（旧えびのやグループ）事件・大阪地判平24・9・21労判1062号89頁等。

(31) 付加金の支払いを認めない裁判例として、例えば、江東運送事件・東京地判平8・10・14労判706号37頁、実正寺事件・高松高判平8・11・29労判708号40頁、タオヒューマンシステムズ事件・東京地判平9・9・26労経速1658号16頁、日本貨物鉄道（超過勤務）事件・東京地判平10・6・12労判745号16頁、東日本旅客鉄道事件・東京地判平12・4・27労判782号6頁、丸栄西野事件・大阪地判平20・1・11労判957号5頁、バス（美容室副店長）事件・東京地判平20・4・22労判963号88頁、藤ビルメンテナンス事件・東京地判平20・3・21労判967号35頁、大林ファシリティーズ（オークスビルサービス・差戻審）・東京高判平20・9・9労判970号17頁、アップガレージ事件・東京地判平20・10・7労判975号88頁、ニュース証券事件・東京地判平21・1・30労判980号18頁、淀川海運事件・東京地判平21・3・16労判988号66頁、ディバイスリレーションズ事件・東京地判平21・9・17労判994号892頁、東京シーエスピー事件・東京地判平22・2・2労判1005号60頁、日本郵便輸送（給与規定変更）事件・大阪高判平24・4・12労判1050号5頁等。

(32) 同一額の付加金の支払いを認める裁判例として、例えば、ビル代行（ビル管理人・不活動時間）事件・名古屋地判平19・9・12労判957号52頁、フォーシーズンズプレス事件・東京地判平20・5・27労判962号86頁、エイテイズ事件・神戸地尼崎支判平20・3・27労判968号94頁、Aラーメン事件・仙台高判平20・7・25労判968号29頁、ニュース証券事件・東京地判平21・1・30労判980号18頁、シン・コーポレーション事件・大阪地判平21・6・12労判988号28頁、ライジングサンセキュリティサービス事件・東京地判平21・9・15労判996号42頁、医療法人大生会事件・大阪地判平22・7・15労判1014号35頁、阪急トラベルサポート（派遣添乗員・第3）事件・東京地判平22・9・29労判1015号5頁、阪急トラベルサポート（派遣添乗員・第1）事件・東京高判平23・9・14労判1036号14頁、阪急トラベルサポート（派遣添乗員・第2）事件・東京高判平24・3・7労判1048号6頁、朝日交通事件・札幌地判平24・9・28労判1073号86頁、ザ・ウィンザー・ホテルズインターナショナル事件・札幌高判平24・10・19労判1064号37頁、帝産キャブ奈良事件・奈良地判平25・3・26労判1076号54頁等。

第 2 章　労働者・使用者概念の再構築を提言する

らすれば，本判決は，後者の制裁の要素を重視した判例法理に一事案を付け加えたという位置づけが可能である。さらに，本判決が画期的なのは，労働者派遣法に類似する三者間契約において，雇用者に制裁を課すだけではなく，使用者にも制裁を課すことで，労働者派遣法よりもさらにねじれた両者の関係に警鐘を鳴らした点にある。なお，労働者派遣法にかかわる判例法理において，派遣元と派遣先との両者に付加金を課した判例は，今のところ存在しない[33]。

V　結びにかえて

　本判決を契機として，在日米軍基地従業員に国内の労働法規が十分適用されないという問題について，全駐労と全駐労が加盟する連合沖縄は，国連の国際労働機関（ILO）にその実態を提訴し勧告を求める方針であり，国際世論に訴えて，国内法の適用を阻んでいる日米地位協定第 12 条の改定を目指すということである[34]。在日米軍基地従業員に国内法を適用するためには，米軍の同意を得なければならないが，その一方で，在日米軍基地従業員が米軍と直接的に交渉することはできず，まずは，雇用主の日本政府と交渉して同意を得た後に，政府が米軍と交渉して同意を得るのを待たなければならない。少なくとも，三者が一度に顔をそろえて交渉する場面は必要であろうが，実現されているわけではない。

　本土復帰以後，今日まで続く，米軍基地という職場であるという特殊性のために，本稿で暫定的に整理した在日米軍基地従業員と労働法上の諸問題としての 7 点の法的空白あるいは法的欠缺の問題は未解決となっている。在日米軍基地従業員の法的地位が日本の労働保護機能から切り離されている状態は，是正されなければならない。今後，本判決を契機として，日米地位協定や日本政府と米軍との関係の見直しが進行し，在日米軍基地従業員に対する労働法規の空白地帯の解消に向けた，新たな取り組みが図られていくことになろう。その際に，米軍統治下から本土復帰後の今日においても歴史的に積み残された課題について，主体的・積極的に対策を講じる責務があるのは，日本政府であることは指摘されなければならない。今後の動向を注視していきたい。

---

(33)　この点については，渡邊岳『労働者派遣をめぐる裁判例 50』（労働調査会，2014 年）を参照した。

(34)　沖縄タイムス 2014 年 10 月 26 日。

第3章

非典型雇用（有期・パート・派遣）法理の創生を希求して

14 非正規雇用労働者の現状と
生活保障政策の課題

島田陽一

I はじめに
II 日本の貧困層と非正規雇用労働者
III 非正規雇用労働者の現状
IV 非正規雇用労働者と生活保障の課題

I はじめに

　日本においては，高度経済成長期を経る中での雇用の安定によって，「貧困問題」は，労働法学の関心を引く課題ではなくなった。新規学卒者は，企業の提供する安定雇用（＝正社員）を容易に得ることができ，長期にわたる生活保障が実現されたからである。しかし，近年，とくに 2008 年リーマンショック以降の不況期における状況を踏まえて，労働法学も学会レベルで再び「貧困問題」に関心を寄せるようになってきた[1]。

　このような中で，私は，これまでの「日本の生活保障の仕組みは，企業がその従業員と家族に安定した生活を提供できるという条件が前提」[2]となってお

---

(1) 野田進「『働きながらの貧困』と労働法の課題」労働法律旬報 1687・8 号（2009 年）がこの問題をいち早く取り上げている。その後，2013 年 5 月の日本労働法学会第 125 回大会のミニ・シンポジューム「貧困と生活保障――労働法と社会保障法の新たな連携――」が開催され（その成果は，日本労働法学会誌 122 号 87 頁（2013 年）に収められている。），その後，2014 年 5 月の労働法学会第 127 回大会ミニ・シンポジューム「『就労価値』論の理論課題」は，労働法学などが貧困問題に注目する状況を前提として，「就労価値」の労働法学からの検討を行うものである（日本労働法学会誌 124 号 101 頁以下（2014 年））。この点については，唐津博「シンポジュームの趣旨と総括」日本労働法学会誌 124 号 105 頁参照。また，日本社会保障法学会でも，その第 64 回大会（2013 年 10 月）に「失業・求職者の生活保障制度の検討」と題するシンポジュームが開催されている（社会保障法 29 号 81 頁以下（2014 年））。

(2) 島田陽一「これからの生活保障と労働法学の課題」西谷敏先生古稀記念論集『労働

第3章　非典型雇用（有期・パート・派遣）法理の創生を希求して

り，「現代日本の貧困は，日本型雇用慣行を基礎とする社会制度が，日本を取り巻く経済環境の変化のなかで不整合となり，かつ新しい社会的仕組みが形成されていないという条件のもとで構造的に生じているものと位置づけることができる。従って，現に貧困状態に陥っている層に対する緊急的措置だけではなく，これからの新しい社会的仕組みの形成がなければ抜本的解決とはならない」[3]という観点から，現代における労働者の生活保障を論じたところである。そこでは，「『終身雇用（＝正社員）』という意味合いでの『安定雇用』を前提とするのではなく，国民が一生のなかで雇用を中心とした生活保障を実現できるように社会の仕組みを再構成することが必要である」とし，そのためには「労働法学は，理論的には社会保障法との連携を深める方向において理論的発展を遂げ，労働法と社会保障法が連携して生活保障のための法（生活保障法）を樹立することが必要不可欠になっている」との問題提起を行った[4]。すなわち，「労働法と社会保障法の交錯領域が拡大していることを踏まえて，その交錯領域について，労働法学および社会保障法学それぞれ別個の検討ではなく，両者が連携して共通の理論的基盤のもとに議論するのが適当」との問題意識から，「この交錯領域に対応する労働法および社会保障法の連携に関する法を『生活保障法』と呼ぶことを提唱」[5]したのである。

　もっとも，この段階においては，生活保障法の構想が現在の日本のどのような属性を有する労働者像ないし生活者像を想定しているかについては，なお抽象的であった。生活保障ないし生活保障法という用語自体もこれまでも多義的な使用されてきたことも踏まえると，生活保障法という新たな法分野が対象とする労働者像をより鮮明することが重要な課題として残っている。また，労働法学および社会保障法学における生活保障をめぐる議論状況を踏まえると，現状認識において必ずしも一致しておらず，それが政策提言の相違に繋がってい

　　　法と現代法の理論上』（日本評論社，2013年，以下，「島田2013」として引用する。）55頁。なお，この論文は，日本労働法学会第125回大会での私の報告をまとめたものである。そして，この報告のエッセンスが「貧困と生活保障──労働法の視点から」日本労働法学会誌122号100頁（2013年）である。
（3）　島田2013・56-7頁
（4）　島田2013・57頁
（5）　島田2013・68頁

378

るように思われる[6]。この議論が共通の事実認識をもとに発展していくためにも、生活保障法ないし生活保障政策が対象とすべき労働者像ないし生活者像を明らかにすることが有意義と考えられる。そのことが法理論的な検討と具体的な政策提言の前提となるからである。

そこで本稿は、貧困と非正規雇用労働者に関する現状把握を多角的に行い、生活保障政策という観点からいかなる非正規雇用労働者が対象となるのかを各種統計から把握することを課題とする。この課題に接近するために、日本の貧困層のなかでの非正規雇用労働者の位置を明らかにし(Ⅱ)、非正規雇用労働者の多様な現実を紹介し(Ⅲ)、非正規雇用労働者の生活保障に関する具体的課題を示すことにする(Ⅳ)。

Ⅱ 日本の貧困層と非正規雇用労働者

日本の貧困層には、失業者だけではなく、「ワーキングプア」[7]と言われるように非正規雇用労働者が多く含まれている。もっとも、非正規雇用労働者のすべてが貧困層というわけではではない。そこで、貧困問題の対象となる非正規雇用労働者とはいかなる層なのかを明らかにしたい。

1 日本における貧困層と非正規雇用

日本の相対的貧困率は、表1によれば1985年に12.0％であったが、2009年

表1 相対的貧困率の推移

	1985年	1988年	1991年	1994年	1997年	2000年	2003年	2006年	2009年
相対的貧困率	12.0%	13.2%	13.5%	13.7%	14.6%	15.3%	14.9%	15.7%	16.0%
子ども有大人一人	54.5%	51.4%	50.1%	53.2%	63.1%	58.2%	58.7%	54.3%	50.8%

厚生労働省「平成22年国民生活基礎調査」より

---

(6) この点の理論的検討は今後の課題としたい。
(7) ワーキングプアという用語は、必ずしも明確な定義があるわけではないが、ここでは「世帯主が就労しており、さらに世帯収入合計が生活保護基準以下の世帯」（駒村康平『大貧困社会』（角川SSC新書、2009年、47頁）という定義に従っておく。

第3章　非典型雇用（有期・パート・派遣）法理の創生を希求して

図1　完全失業率の推移

総理府統計局「労働力調査」より

には16.0％と上昇傾向にある。2009年には，貧困線は，名目値で125万円，実質値で112万とされている。子どもがいる世帯の相対的貧困率は14.6％である。特に単親世帯でみると，1997年には，実に63.1％が貧困状態にあり，改善傾向にはあるが，2009年でも50.8％にのぼる。この数字をみれば，日本の貧困問題が相当に深刻な状態にあり，とくに母子または父子家庭の貧困状態は，次世代の育成という観点からも憂慮すべき水準にあるといえよう。では，これらの貧困層は，どのような属性があるのだろうか。

日本における完全失業率は，1985年以降でみると，2〜5％の間を推移している（図1）。完全失業率が5％を超える2003年（5.3％）と2009年（5.1％）における相対的貧困率は，それぞれ14.9％，16％である。また，完全失業率が3.4％であった1997年の相対的貧困率は，14.6％である。このように完全失業率と相対貧困率の数字は，必ずしも明確な相関がみられないことがわかる。

最近の研究によると，「わが国では他の先進国に比べ失業率は低く，また貧困層に占める無業者世帯の割合は低いが，その反面，世帯主が非正規労働者の場合，母子世帯にしろ，夫婦世帯にしろ，たとえ就業していても貧困層に陥る可能性は高く，しかもその状態が長期にわたり継続する可能性が高」く[8]，

---

(8)　樋口美雄「日本の貧困動態と非正規労働者の正規雇用化：最低賃金と能力開発支援の経済効果」小川一夫・神取道宏・塩路悦朗・芹澤成弘編『現代経済学の潮流2013』（東洋経済社，2013年）4頁，なお樋口・石井加代子・佐藤一磨「貧困と就業：ワーキングプア解消に向けた有効策の検討」鶴光太郎・樋口・水町勇一郎編著『非正規雇用改

「世帯主が失業中の世帯の貧困率は35％と高く，また就業も求職活動もしていない非労働力状況にある世帯の貧困率も20％と高い。しかしこれを上回るほど，世帯主がアルバイト・パートとして働いている世帯の貧困率は高く，41％にのぼる。また世帯主が派遣労働者や契約社員と呼ばれる非正規労働者である世帯においても，貧困率は高い。これに比べ，世帯主が正規労働者である世帯の貧困率は圧倒的に低く，非正規労働者との間に大きな差が生じている」[9]と指摘されている。

2 最低生計費と勤労者世帯の収入

ここでは勤労者世帯の収入と最低生活費に注目して，雇用による収入を基本とする生活保障というときの具体的水準を検討しておこう。

まず，最低生計費は，生活保護基準を満たす水準を参考に考えることにする。生活保護における最低生活費は，生活扶助，加算額（障害者，母子世帯等，中学校終了前の子の養育），住宅扶助および教育扶助の合算額である。また，医療については，現物支給である。従って，居住地域および世帯構成によって，最低生活費は大きく変動することを考慮する必要がある。厚生労働省の示す例によれば，3人世帯（33歳，29歳，4歳）の生活扶助基準額（平成26年4月1日）について，東京都区部等が165,840円，地方郡部等134,060円とされている[10]。これに住宅扶助（限度額がそれぞれ69,800円，53,200円）が加算される。住宅扶助が限度額まで支給されたとすると，東京都区部等で235,640円，地方郡部等187,260円となり，これらを年収換算すると，それぞれ2,827,680円，2,247,120円となる。生活保護基準に従って，年齢20～40歳の単身者について，同様に年収ベースで計算してみると，東京都区部等で1,871,160円，地方郡部等1,439,520円となる。この金額には，税・社会保険および医療費が考慮されていない。これを月約25,000～20,000円程度と考えると，単身者は，少

革』（日本評論社，2011年，以下，同書を「鶴外・2011」として引用する）193頁以下も参照。
(9) 樋口・前掲注(8)9頁。夫婦世帯の経済状況に着目して貧困率をみると，夫が正規職であり，妻が無業でも貧困率は5％にとどまるのに対し。夫が非正規職であるときには，妻の就業状態別にみると，無業で35％，自営業16％，非正規職19％，正規職で7％となっている。
(10) 厚生労働省HPの「『生活保護制度』に関するQ&A」による。

第3章　非典型雇用（有期・パート・派遣）法理の創生を希求して

表2　男女，所得階級別雇用者（役員を除く）割合（平成24年）

	全体％（累積％）	男％（累積％）	女％（累積％）
100万未満	16.5（16.5）	6.4（6.4）	28.6（28.6）
100〜199万	18.9（35.4）	10.8（17.2）	28.8（57.4）
200〜299万	19.4（54.8）	18.9（36.1）	19.9（77.3）
300〜399万	13.8（68.6）	17.1（53.2）	9.7（87.0）
400〜499万	9.9（78.5）	13.8（67.0）	5.3（92.3）
500〜699万	11.5（90.0）	17.2（84.2）	4.7（97.0）
700〜999万	6.7（96.7）	10.9（95.1）	1.6（98.6）
1000〜1499万	1.8（98.5）	3.2（98.3）	0.2（98.8）
1500万以上	0.3（98.8）	0.5（98.8）	0.0（98.8）

総理府統計局「平成24年就業構造基本調査」より

表3　男女，正規・パート別所得階級別雇用者（役員を除く）割合

雇用形態	所得	全体％（累積％）	男性％（累積％）	女性％（累積％）
正規の職員・従業員	100万未満	1.8（1.8）	0.7（0.7）	4.1（4.1）
	100〜199万	8.1（9.9）	4.6（5.3）	16.0（20.1）
	200〜299万	21.9（31.8）	17.4（22.7）	31.7（51.8）
	300〜399万	19.7（51.5）	19.4（42.1）	20.4（72.1）
	400〜499万	15.2（66.7）	16.8（58.9）	11.8（84.0）
	500〜699万	18.2（84.9）	21.5（80.4）	10.7（94.7）
	700〜999万	10.7（95.6）	13.8（94.2）	3.7（98.7）
	1000〜1499万	3.0（98.6）	4.0（98.2）	0.5（98.9）
	1500万以上	0.5（99.1）	0.6（98.8）	0.1（99.0）
パート	100万未満	49.0（49.0）	28.3（28.3）	51.5（51.5）
	100〜199万	42.5（91.5）	50.9（79.2）	41.5（93.0）
	200〜299万	6.6（98.1）	16.0（95.2）	5.4（98.4）
	300〜399万	0.7（98.8）	2.4（97.6）	0.5（98.9）
	400〜499万	0.2（99.0）	0.5（98.1）	0.1（99.0）
	500万以上	0.2（99.2）	0.5（98.7）	0.1（99.1）

総理府統計局「平成24年就業構造基本調査」より

なく見積もっても，おおよそ東京都区部等で220万円，地方郡部等170万円程度が最低生計費と想定することができる。

次に勤労者の所得分布をみてみよう。

雇用者全体の所得別割合をみると（表2），199万以下が，全体35.4％，男性17.2％，女性57.4％，299万以下が全体54.8％，男性42.1％，女性51.8％となっている。また，300万以上は，全体7割近く，男性8割近く，女性5割弱である。この層は，一応最低生活費を満たしていると考えることができよう。

次に雇用形態別にみてみよう（表3）。所得199万円以下の割合を正規雇用者とパートタイム労働者とで比較してみると，所得199万以下が正規雇用労働者では，全体9.9％，男性5.3％，女性20.1％に対し，パートタイム労働者が全体91.5％，男性79.2％，女性93.0％である。これを所得299万円以下でみると，正規雇用労働者が全体31.8％，男性22.7％，女性51.8％であるのに対し，パートタイム労働者が全体98.1％，男性95.2％，女性98.4％となる。

このように正規雇用労働者では女性比率が男性比率の倍以上であるが，パートタイム労働者については，男女とも殆どが299万円以下となっている。そして，女性は，パートタイム労働者のほとんどが199万円以下である。女性は，正規雇用労働者であっても，20.1％が199万円以下であることに注意を要する。

所得199万円以下の労働者は，仮にその収入が世帯収入のすべてであるとすると，最低生計費を得ていない可能性が高い。200～299万円の層においても，一部はその可能性がある。199万円以下でみると，正規雇用労働者の9.9％（女性20.1％），パートタイム労働者の91.5％がそこに含まれている。これらの労働者のなかでどの程度の割合で主たる家計維持者がいるのかはわからないが，パートタイム労働者の一定部分，女性については，正規雇用労働者にも最低生計費を欠く層が存在すると予想される。そこで，以下では，非正規雇用労働者のうち，いかなる層が貧困層なのかについてより詳しく検討しよう。

Ⅲ 非正規雇用労働者の現状

1 正規雇用労働者と非正規雇用労働者の数および比率の推移

まず，正規雇用労働者と非正規雇用労働者の数および比率の推移を経年的に見ておこう。

図2および表4から，次のことがわかる。非正規雇用労働者は，1985年に

第 3 章　非典型雇用（有期・パート・派遣）法理の創生を希求して

図 2　正規・非正規別雇用労働者数の推移

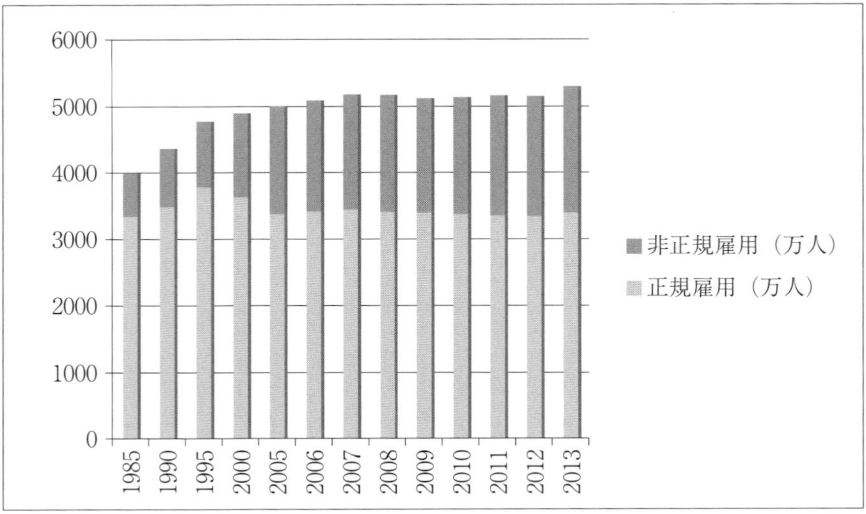

総務省「労働力調査」より

表 4　正規・非正規別雇用労働者数の推移

年	1985	1990	1995	2000	2005	2007	2009	2011	2013
正規雇用（万人）	3,343	3,488	3,779	3,630	3,375	3,445	3,395	3,352	3,394
非正規雇用（万人）	655	881	1,001	1,273	1,634	1,735	1,727	1,811	1,906
非正規比率（％）	16.4	20.2	20.9	26	32.6	33.5	33.7	35.1	36.7

総務省「労働力調査」より

は651万人であったが，その後急速に増加し，2000年には，倍増近い1,273万人となった。その後も急ピッチで増加し，2005年に1,635万人に上り，2013年には1,906万に達した。これは，1985年の3倍に当たる数字である。この30年間，非正規雇用労働者は，一貫して増加傾向にある。また，雇用労働者における非正規雇用比率は，絶対数の増加とともに，継続的に上昇し，1985年に16.4％であったが，2005年には，32.6％となり，その後もその傾向が続き，2013年には36.7％に至った。

　これに対し，正規雇用労働者の推移をみると，1985年に3,343万人であり，1995年に3779万人に増加するが，その後減少傾向を辿り，2005年に3,375万

表5 従業上の地位別就業者数の推移

	1985年	1990年	1995年	2000年	2005年	2007年	2009年	2011年	2013年
就業者数（万人）	5,807	6,249	6,457	6,446	6,356	6,427	6,314	6,289	6,311
雇用者数（万人）	4,313	4,835	5,263	5,356	5,393	5,537	5,489	5,508	5553
自営・家族従業者数（万人）	1,475	1,390	1,181	1,071	932	861	800	756	728
雇用者比率	74.3%	77.4%	81.5%	83.1%	84.8%	86.2%	86.9%	87.8%	89.1%
自営・家族従業者比率	25.4%	22.2%	18.3%	16.6%	14.7%	13.4%	12.7%	12.0%	11.5%

総務省統計局「労働力調査」より

人となり，2006年に3,400万人台を回復するが[11]，2009年以降は3,300万人台が続き，2013年には，3,340万人であった。この数字は，1995年と比較すると約12％減であるが，1985年のそれに匹敵するものである。

以上のことから非正規雇用労働者は，この時期に一貫して増加しているが，正規雇用労働者は，その絶対数において，この30年間で変動はあるが，非正規雇用労働者の絶対数の急速な増加傾向に比較して，それほど大きく変動していないことがわかる。つまり，この間の非正規雇用労働者の増加は，単純な正規雇用の非正規雇用による代替という理由だけでは説明がつかない。

2 従業上の地位別就業者数の推移

そこで，従業上の地位別の就業者数の推移に着目すると（表5），1985年には，従業者のなかで，自営業者と家族従業者の合計比率が25.4％であったが，その後一貫して低下し，2013年には11.5％にまでに低下している。現在は，就業者のうち雇用者が88.5％を占める。自営業者と家族従業者は，その実数でみても，1985年の1,475万人から2013年には728万人と半減している。就業者の絶対数は，1985年に5,807万人であり，1995年に9,457万人に上昇し，その後，減少傾向に転ずるが，2013年には6,311万人である。つまり，1985

---

(11) 2006年には，3,415万人であった。

第3章 非典型雇用（有期・パート・派遣）法理の創生を希求して

年と比較すると，2013年には雇用者自体は500万人程度増加しているが，自営業者と家族従業者は，同じ時期に約700万人減少しているのである[12]。

そうすると，1985年と2013年との非正規雇用労働者の増加が約1250万人のうちの約56％は，長期的な数値でみれば，自営業者と家族従業者からの流入であると解することができる。これに雇用者増数の増加分500万人を加えて考えると，1985年と2013年との間における非正規雇用労働者の増加の要因を量的側面においておおまかに説明できると思われる。つまり，非正規雇用労働者の増加は，就業者において増加した雇用者が就いたのが非正規雇用であったと言える。雇用の供給側からいえば，正規雇用の供給が伸びず，雇用増がもっぱら非正規雇用に偏重していたのである[13]。

以上をまとめてみると，農業人口の減少および商工業部門での自営業層の衰退によって，これらの層が雇用者に流入したこと，また，とくに女性，高齢者の労働力率の上昇によって雇用者比率が上昇していることがわかる。しかし，雇用者増に対して，正規雇用の供給が劇的ではないが，減少傾向にあり，非正規雇用が増加している。この動きによって，非正規雇用者が絶対数において増大し，また比率において上昇しているといえる[14]。

---

[12] 清家篤『雇用再生』（NHKブックス，2013年）196頁は，この点について，「自営業の人たちが非正規雇用に転職したことを示すものではないが，少なくとも就業構造上の比重の時系列的な変化という観点で言えば，商店などの自営業セクターで働く人が減り，パートタイマーやアルバイトを多く雇用する業態の企業で働く人が増えたということは言えるだろう」としている。

[13] 浅野博勝・伊藤高弘・川口大司「非正規労働者はなぜ増えたのか」（鶴外・2011，63頁も参照。

[14] なお，総理府統計局の「労働力調査」においては，「常雇」「臨時雇」という区分がある。これまで「常雇」は，「1年を超えるまたは雇用期間に定めのない契約で雇われている者（一般常雇）および役員」と定義されてきた（平成24年からは，「常雇（無期の契約）」，「常雇（有期の契約）」と区別するようになった。）。従って，「常雇」には，正社員だけではなく，有期労働契約労働者が含まれている。そこで，近年では，「常雇」が増加しても，正規雇用労働者が減少するということになった。集計方法が変わった2013年1月の「労働力調査」によれば，一般常雇4,634万人のうち有期契約の者が892万人を占めている。そこで，本稿では，「常雇」統計は，非正規雇用労働者のうちの有期労働契約者数に限定して参照している。

表6　非正規雇用労働者の雇用形態別比率

パート	アルバイト	契約社員・嘱託	派遣労働者	その他
48.7%	20.6%	20.4%	6.1%	4.3%
69.3%				

厚生労働省「平成22年就業形態の多様化に関する総合実態調査」より[15]

表7　雇用形態別非正規雇用労働者の雇用期間の有無別割合

	全体	契約社員	嘱託社員	派遣社員	登録型	常用型	臨時雇用者	パート
有	63.9%	94.3%	90.8%	78.8%	91.2%	64.7%	90.2%	56.5%

表8　年齢別非正規雇用者比率の推移

	1993年	1998年	2003年	2008年	2013年
15～24歳	11.5%	18.3%	32.1%	32.0%	32.3%
25～34歳	12.0%	14.4%	21.5%	25.6%	27.4%
35～44歳	19.7%	21.0%	25.4%	27.9%	29.0%
45～55歳	21.4%	22.4%	28.8%	30.5%	32.2%
55～64歳	28.4%	29.8%	38.3%	43.0%	47.8%

総務省「労働力調査」より

3　非正規雇用労働者の属性

　まず，非正規雇用労働者に関する基本情報として，雇用形態別の割合を確認しておこう。非正規雇用労働者の7割がパート・アルバイトであり，2割が契約社員・嘱託である（表6）。また，非正規雇用労働者の約7割が有期労働契約労働者であるが，パートタイム労働者については56.5%にとどまっている。派遣労働者についてみると，常用型においても期間雇用労働者が64.7%を占めていることが注目される（表7）。

　次に年齢別および性別の非正規雇用労働者比率の推移を見ておこう。

　表8をみると，全世代がこの期間において非正規雇用者比率を増加させているが，1993年には15～24歳および25～34歳の11～12%台と35歳～44歳お

---

[15]　表6～7，11～15は，すべて厚生労働省「平成22年就業形態の多様化に関する総合実態調査」によっている。

第3章 非典型雇用（有期・パート・派遣）法理の創生を希求して

表9　年齢別男性非正規雇用者比率の推移

	1993年	1998年	2003年	2008年	2013年
15～24歳	7.1%	9.2%	19.7%	28.7%	25.1%
25～34歳	3.2%	2.9%	5.6%	12.7%	14.0%
35～44歳	3.3%	2.8%	3.8%	7.0%	8.1%
45～55歳	4.2%	2.9%	4.0%	8.4%	8.1%
55～64歳	22.7%	17.4%	17.9%	27.1%	28.9%

総務省「労働力調査」より

表10　年齢別女性非正規雇用者比率の推移

	1993年	1998年	2003年	2008年	2013年
15～24歳	11.5%	16.3%	26.4%	40.0%	35.4%
25～34歳	28.0%	26.6%	31.8%	40.6%	41.4%
35～44歳	49.5%	48.9%	53.1%	54.4%	53.7%
45～55歳	44.7%	46.8%	51.6%	57.4%	57.7%
55～64歳	44.8%	43.6%	55.3%	60.8%	64.0%

総務省「労働力調査」より

よび45～54歳の約2割，55～64歳の約3割という数字から，2013年には，55～64歳が5割に迫る勢いであるほかは，15～24歳以降45～54歳にいずれも3割程度になっている。

次に年齢別非正規雇用労働者比率の推移を性別に区分してみてみよう。

男性についてみると，15～24歳において1998年から2003年，2008年にかけて急に比率が上昇し，それと平仄を併せるように25～34歳において2008年以降上昇している（表9）。

若年層と高年層に非正規雇用比率が高いことがわかる。女性についてみると，35歳以上が50-60%に高止まりしており，また，15歳以上34歳までの層において1993年と2013年の数字を比べると非正規比率が大きく上昇していることがわかる。このことからすると，15歳以上34歳以下という比較的正規雇用比率の高いと想定されてきた年齢層において非正規雇用比率が増加していたことがわかる。日本の女性の就労構造を示すいわゆるM字型就労のカーブが近年

緩くなってきたが(16)、正規雇用のまま就労を継続している女性比率は高くないことがわかる（表10）。

男女の非正規雇用比率を対比してみると、明らかに非正規雇用が女性に偏っている事実が改めて確認できる。25〜34歳において、2013年に全体で27.4％であるが、男性14％に対し、女性41.4％であり、35〜44歳において、全体29％、男性8.1％、女性53.7％、45〜54歳において、32.2％、男性8.1％、女性57.7％、55〜64歳において47.8％、男性28.9％、女性64％である。このように各世代の非正規雇用比率の上昇には、女性におけるそれの上昇が大きく寄与していることがわかる。

4 非正規雇用の選択理由（労働者）

以上により、非正規雇用労働者の属性は大まかに明らかとなったが、このうちでいかなる層が貧困層となる可能性が高いのだろうか。非正規雇用労働者が自身の雇用形態を選択した理由をみることによってこのことに接近してみよう。このような接近方法をとるのは、次のような認識に基づいている。

日本の男性正社員の長期雇用を基軸とする雇用慣行の下において、家庭の主婦と学生（パート・アルバイト）は、雇用調整のバッファー、非正規雇用労働者として、この雇用慣行を支えてきた。パート・アルバイトは、家計補助ないし学費の補完のために就労しており、雇用によって生計を立てている層ではないと考えられていた。従って、この層は、貧困層に陥る可能性は低い。

しかし、パート・アルバイトは、短時間に細分化された雇用を必要とする小売業・サービス業の発展とともに増加した(17)。このような状況の変化によって、非正規雇用労働者のなかに貧困に陥る可能性が高い層が出現しているかを非正規雇用労働者が現在の雇用形態を選んだ理由を探ることで検討する。

非正規雇用労働者が現在の雇用形態を選んだ理由は、**表11**をみると、上位

---

(16) 「M字カーブ」は、「以前に比べて浅くなっており、M字の底となる年齢階級も上昇している。」（内閣府男女共同参画局『男女共同参画白書平成25年版』70頁）すなわち、25〜29歳（77.6％）最も高い労働力率となっており、35〜39歳（67.7％）M字の底となっている。このM字の底は（かつては、30〜34歳の年齢階級であった。

(17) 遠藤公嗣「雇用の非正規化と労働市場規制」大沢真理『承認と包摂へ』（岩波書店、2011年）148頁参照。

第3章 非典型雇用（有期・パート・派遣）法理の創生を希求して

表11 非正規雇用労働者が現在の就業形態を選んだ理由
（労働者割合％，複数回答3つまで）

	非正規雇用労働者全体	男	女	契約社員	嘱託社員	派遣労働者	パートタイム労働者
自分の都合の良い時間に働けるから	38.8	30.0	43.4	11.8	12.6	17.2	50.2
家計の補助，学費等を得たいから	33.2	15.1	42.6	16.9	13.1	14.7	39.6
通勤時間が短いから	25.2	16.0	30.0	16.9	13.1	14.1	29.7
家庭，他の活動と両立できるから	24.5	7.8	33.3	12.4	5.4	15.6	30.9
正社員として働ける仕事がなかったから	22.5	29.9	18.6	34.4	19.0	44.9	16.0
自分で自由に使えるお金を得たいから	21.4	22.1	21.0	11.9	13.1	14.7	24.7
専門的な資格・技能を活かせるから	18.6	29.1	13.1	41.0	43.7	21.1	12.5

から「自分の都合の良い時間に働けるから」38.8％，「家計の補助，学費を得たいから」33.2％，「通勤が短いから」25.2％という順番になる。

「自分の都合の良い時間に働けるから」という選択肢を選んだのは，女性43.4％に対し，男性30.4％と女性の比率が高い。また，パートタイム労働者では50.2％を占め，他の雇用形態では20％に満たない。「家計の補助，学費を得たいから」は，女性42.6％に対し男性15.1％であり，女性が圧倒的に高く，パートタイム労働者では39.6％を占め，他の雇用形態では，20％に満たない。このことは，「通勤時間が短いから」，「自分で自由に使えるお金を得たいから」にもあてはまる傾向である。

このことからすると，非正規雇用労働者のなかで約7割を占めるパートタイム労働者（アルバイトを含む，表11）のおおよそ4〜50％は，旧来型のパート・アルバイト層であると推測できる。

これに対し，「正社員として働ける仕事がなかったから」という理由が22.5％を占めるに至っていることが注目される。この層は，そのすべてが貧困層に陥る可能性が高いとはいえないが，従来の非正規雇用労働者像とは明らかに異

表12　年齢別不本意非正規雇用労働者割合

全体	15～24歳	25～34歳	35～44歳	45～54歳	55～64歳	65歳以上
19.2%	17.8%	30.3%	19.6%	18.5%	16.6%	10.2%

総務省「労働力調査」より

表13　生活をまかなう主な収入源

	正社員	男性	女性	非正社員	男性	女性
自分自身の収入	85.5%	97.7%	55.2%	49.1%	82.3%	29.6%
配偶者の収入	10.0%	0.3%	33.4%	38.1%	1.2%	59.7%
親などの収入	4.5%	33.4%	10.3%	12.8%	16.5%	10.6%

なっている。

　その性別をみると，男性の約3割，女性の18.6%である。そして，雇用形態別にみると，派遣労働者の44.9%，契約社員の34.4%となっているおり，正社員志向が相当に高いことが確認できる。パートタイム労働者については，16.0%である。パートタイム労働者には女性が多いことを考えると，正社員志向が少ないことは，旧来型のパートタイム労働者が多く含まれているからと理解することができる[18]。

　表12によると，正社員として働く機会がなく，非正規雇用で働いている者（以下，「不本意非正規」という）の割合は，全体の19.2%である。年齢層でみると，25～34歳が30.3%と最も高い。経済的に自立すべき世代において，正規雇用が十分に行き渡らず，非正規雇用に甘んじている層があることは注意を向けるべき点である[19]。

---

(18)　この層は，年金制度では，いわゆる3号被保険者や健康保険の扶養家族資格，家族手当の支給資格を維持するため，103万および130万円の壁を意識して，就労調整を行うという行動パターンをとる層であり，男性稼ぎ主モデルを前提とした社会制度のうちにおかれた非正規雇用労働者層とうことができる。

(19)　山本勲「非正規労働者の希望と現実——不本意非正規雇用の実態」（鶴外2011）は，『慶應義塾家計パネル調査』の分析から「不本意型の非正規雇用は，独身，20歳代あるいは40～50歳代，契約社員や派遣社員，運輸・通信職や製造・建設・保守・運搬などの作業職などで多く，また，景気循環との関係では不況期に増える傾向がある」（117頁）ことを明らかにしている。

第3章　非典型雇用（有期・パート・派遣）法理の創生を希求して

　労働者が生活をまかなう収入源が自分自身か，配偶者・親などになるのかについての数値（**表13**）と正社員志向の数値とを併せて考えると以下のように言うことができるであろう。

　非正社員のうち約5割が自分自身の収入によって生活をしている。この層は，少なくとも潜在的には正社員志向を有する可能性が高い。その内訳をみると，男性が8割であり，女性3割である。男性の場合，自分自身の収入でない場合，圧倒的に親などの収入が多いのに対し，女性は配偶者の収入が群を抜いている。このようにみると，男性非正規雇用労働者は，単身が多く，ほとんどが自分自身の収入で生計を立てている。このことは，不本意非正規が25～34歳層において比率が高いことと整合的である。

　女性は，約3割が自分自身の収入で生計を立てている。このうちには，単親世帯である母子家庭が相当数含まれていると予想される。女性の場合，家計補助的な働き方が6割を占めていることも特徴である。

5　非正規雇用の選択理由（事業所）

　ここでは，使用者が非正規雇用労働者を利用する理由を見ておくことにしよ

表14　正社員以外の労働者を活用する理由（事業所割合％，複数回答）

	非正社員全体	契約社員	嘱託社員	派遣労働者	臨時労働者	パートタイム労働者
賃金の節約のため	43.8	30.2	17.8	18.7	28.4	47.2
1日，週の仕事の繁閑に対応するため	33.9	9.1	2.2	9.5	24.2	41.2
賃金以外の労務コスト削減	27.4	13.0	4.9	16.2	20.2	30.8
即戦力・能力のある人材の確保	24.4	37.3	31.9	30.6	16.7	11.9
専門的業務に対応するため	23.9	41.7	28.5	27.0	10.9	13.3
高齢者の雇用対策	22.9	14.6	75.9	3.4	6.1	9.7
景気変動のための雇用調整	22.9	15.0	3.5	24.7	38.0	23.2

う（表14）。

　非正規雇用労働者全体でみると，「賃金の節約のため」が43.8％とトップであり，「1日，週の仕事の繁閑に対応するため」33.9％，「賃金以外の労務コスト削減」27.4％と続く。雇用形態別にみると，これを同じ順位は，パートタイム労働者であり，それぞれ，47.2％，41.2％，30.8％であり，それぞれ全体の数値を上回る数値である。このことからすると，パートタイム労働者が人件費コストを低く抑え，かつ前述のように短時間に細分化された雇用によって業務量を調整するために利用されていることがわかる。この使用者側のニーズは，相当数残っている旧来型のパートタイム労働者層の就労ニーズと対応していることがわかる[20]。

　これに対して，他の雇用形態の活用理由は，パートタイム労働者と異なっている。契約社員は，上位から「専門的業務に対応するため」41.7％，「即戦力・能力のある人材の確保」37.3％と続く。「賃金の節約のため」は30.2％であり，少ないともいえないが，3番目である。嘱託職員は，「高齢者の雇用対策」が75.9％と圧倒的に多い。これは，高齢者雇用安定法の定める事業主の雇用確保措置において，ほとんどの企業が雇用継続制度を選択していることと整合的である。この点を除くと，「即戦力・能力のある人材の確保」31.9％，「専門的業務に対応するため」28.5％となっている。派遣労働者は，「即戦力・能力のある人材の確保」30.6％，「専門的業務に対応するため」27.0％，「景気変動のための雇用調整」24.7％となっており，雇用調整要因が3位に顔を出す。臨時労働者は，「景気変動のための雇用調整」が38％とトップであり，2位以下は，パートタイム労働者と同様の傾向である。「景気変動のための雇用調整」という利用理由は，派遣労働者，臨時労働者およびパートタイム労働者（23.2％）に多く，契約社員（15.0％）および嘱託社員（3.5％）と少ない。

　「賃金以外の労務コスト削減」という理由は27.4％に上るが，社会保険等についてみると，非正社員は，正社員に比べてこれらの制度の適用率が低いことがわかる（表15）。生活保障の観点からも非正規雇用労働者が正規雇用労働者が享受する多様な制度から排除されていることに注意を要する。

---

(20)　平成26年男女共同参画白書は，「女性が，柔軟な働き方といった非正規の職員・従業員の利点に注目している割合が高いのに対して，男性には，正規の職員・従業員を標準的な雇用形態として捉える傾向があることがうかがわれる。」（26頁）と分析している。

第3章　非典型雇用（有期・パート・派遣）法理の創生を希求して

表15　各種制度の適用状況

	雇用保険	健康保険	厚生年金	退職金制度	賞与支給制度
正社員	99.5%	99.5%	99.5%	78.2%	83.2%
正社員以外	65.2%	52.5%	51%	10.6%	32.4%

6　IT技術の発展と非正規雇用労働者の増加

　ところで，非正規雇用労働者の利用理由において，人件費コストの削減が大きな理由となっているが，それが実現したのは，IT技術の発展によって長期の教育訓練も要せず非正規雇用労働者を利用できる条件が整ったことを忘れてはならない。IT化によって，かつて正社員が担っていた工場現場での生産労働およびオフィスでの事務労働の相当部分が教育訓練を要する正社員による必要性が喪失した「IT化の進展によって，定型的な仕事は必ずしも正規雇用者を雇用しなくてもよくなってきた」[21]のである。このIT技術の発展による雇用の質の転換は，工場労働および事務労働の価値を相対的に低下させるものであり，これらを担う労働者の処遇を考えるうえで無視できない与件である。今後の雇用のあり方を考えるうえでは，このことを前提とする必要がある[22]。

IV　非正規雇用労働者と生活保障の課題

1　生活保障政策の対象としての非正規雇用労働者

　非正規雇用労働者といっても，直ちにすべてが生活保障政策の直接対象となるわけではない。非正規雇用労働者のなかで貧困層に陥る可能性が高い層は限定的である[23]。非正規雇用労働者全体についての雇用対策と非正規雇用労働

---

(21) 清家・前掲注(12)52〜3頁。アメリカの状況について，タイラー・コーエン『大格差』（池村千秋訳，NTT出版，2014年）が興味深い分析をしている。
(22) もっとも，この間の非正規雇用労働者の増加は，企業がコスト競争のなかで，相対的に正規雇用を抑制し，非正規雇用労働者で補完した傾向があったことも事実である。樋口・前掲注(8)39頁は，「非正規労働者増加の背景には，産業構造の変化や企業における職種構造の変化が少なからず影響していることは間違いない。しかし，同時に同じ企業，同じ職種でも，期待成長率の低下や市場競争の激化のために，人件費を抑制し，固定費化を回避するために，正規労働者を避けて，非正規労働者で代替させようとした面があることは事実である。」と指摘する。
(23) 山本・前掲注(19)は，「不本意型の非正規雇用は全サンプルの3.4%，非正規雇用に占める比率でみても13.8%と小さく，非正規雇用で就業している雇用者の大多数は自ら

者のうち貧困層に対する生活保障の観点からの政策は，密接な関連を有しながらも相対的に区別する必要がある[24]。

　生活保障政策の直接的対象となる労働者は，少なくとも生活保護基準に実質的に満たない収入であり，その収入が主たる世帯収入となっている層と考えられる。このことは，最低賃金法が地域別最低賃金の算定の原則において，労働者の生計費の考慮にあたって，「労働者が健康で文化的な最低限度の生活を営むことができるよう，生活保護の施策との整合性に配慮する」（9条3項）としていることと一応整合的である。具体的な収入額でいうと，少なく見積もって年収ベースで199万以下（および299万以下の一部を含む。）となる。

　非正規雇用労働者全体の収入状況を把握することができなかったので，正規雇用労働者とパートタイム労働者について検討したが，正規雇用労働者の9.9％（女性20.1％），パートタイム労働者の91.5％が年収199万円以下であった。とくに，パートタイム労働者については，男女とも殆どが年収299万円以下であり，女性のパートタイム労働者のほとんどが年収199万円以下であった。これらの労働者層は，その世帯の主たる家計維持者である場合には，最低生計費を欠き，生活保障政策の直接的対象である可能性が極めて高いと考えられよう。

　世帯としての収入が最低生計費に達しない非正規雇用労働者は，自ら選択してこの雇用形態を選択したというよりも，不本意ながら選択した可能性が高い。正社員として働く機会を見いだせなかった不本意非正規の割合は，雇用者全体の19.2％である。非正規雇用労働者のうちでの不本意型の割合でみても，非正規雇用を選択した理由が「正社員として働ける仕事がなかったから」が22.5％を占めている（ただし，複数回答であることに留意を要する。）。その性別をみると，男性の約3割，女性の約2割弱である。そして，雇用形態別にみると，派遣労働者44.9％，契約社員34.4％であり，これらの雇用形態では正社

　　選択している本意型であることがわかった」（117頁）としている。
(24)　このことは，非正規雇用対策においても，「本意型」と「不本意型」を区別する必要性もあることを示唆している。山本・前掲注(19)118頁参照。もっとも，「本意型」と「不本意型」の区別は，現状の雇用環境を前提としたものであり，相対的なものであるという限界があることはいうまでもない。また，政策的対応を不本意非正規に限定するのは，生活保障の観点からから妥当ではないことはすでに述べたとおりである。

員志向が相当に高い。そしてパートタイム労働者は，16.0％である。また，年齢層でみると，経済的に自立すべき世代である25〜34歳において30.3％と最も高い。

　さらに，非正規雇用の収入を世帯の主な収入としているのは，非正規雇用労働者の約5割である。その内訳をみると，男性が8割であり，女性3割である。男性非正規雇用労働者は，単身が多く，ほとんどが自分自身の収入で生計を立てている。女性は，約3割が自分自身の収入で生計を立てている。非正規雇用の収入を主たる収入としていない場合，女性は配偶者の収入，そして男性は親などの収入に依存する率が高い。

　加えて，非正規雇用労働者は，正規雇用労働者が享受する社会保険制度や企業の提供する諸制度から排除されている可能性が高く，このことが非正規雇用労働者を一層不利に状況としていることも留意を要する。

　以上を整理するならば，生活保障政策の観点からは，およそ年収300万円未満の非正規雇用であって，その収入を世帯の主な収入としている約5割の非正規雇用労働者および2割強の不本意非正規労働者に注目すべきであろう。この二つの数字に大きな開きがあることの評価は今後の課題とせざるを得ないが，次のような推測は許されるように思われる。

　男性非正規雇用労働者の年齢別分布からすると，25〜34歳に次いで，55〜64歳が28.6％を占めている。この層は，基本的に非正規雇用の収入によって生活しているが，年齢的に正社員志望ではないとの想定が成り立つ。また，非正規雇用の収入によって生活する女性のなかには，子育てなどのために，事実上正社員志望を断念している層が相当に含まれる可能性が高い。このような推測によって，どの程度の割合で二つの数字の開きを説明できるかは定かではないが，不本意非正規ではない非正規雇用労働者のなかにも，生活保障政策の対象者とすべき非正規雇用労働者が含まれていると考えるべきであろう。現状の働き方を前提とする正社員志望ではないが，非正規雇用労働者としての収入では十分ではないという層が相当程度存在すると可能性が高い。また，女性については，正規雇用労働者の一定割合がここに含まれると想定される。

　そして，男性非正規雇用労働者のうち若者は，現状に滞留するならば，経済的に依存している親など扶養者の高齢化などに伴って，貧困層に陥る可能性が高く，また，配偶者の収入に依存する女性も，配偶者の死亡または離婚などに

よって，同様の状況を迎える可能性がある[25]。

2　生活保障政策の課題

以上の検討によって，生活保障法および生活保障政策が対象とすべき広義の労働者像は，大まかに明らかにすることができた。最後に，この労働者像が示唆する今後の政策課題を示しておこう。

最低生計費が，地域差が大きいが，年収ベースで200〜250万円を要するとすると，雇用者の年収が全体の35.4％，男性の17.2％，女性の57.4％が199万円以下であることに注目せざるを得ない。正規雇用労働者の場合には，この数字は9.9％であるが，パートタイム労働者では91.5％を占める。非正規雇用労働者の状況が改善されるためには，現在の雇用の待遇が改善されるか，より収入などの条件の良い雇用に移動する必要がある。このことは，「貧困層の固定化傾向」が「無業者や長期失業者の増加というよりも，非正規雇用就業者の増加と正規・非正規の大きな賃金格差によって生じている」としてうえで，「わが国の貧困問題を解決するには，正規雇用への転換の促進策や非正規労働者の雇用条件の改善が求められる」[26]と指摘されているところである。以下では，それぞれの政策課題について若干検討しておこう。

(1) 非正規雇用労働者の待遇改善

待遇の改善には，配偶者の収入に依存する家計補助的な労働者のように，必ずしも切実に雇用条件の改善を求めていない層が多数に上ること，税制における配偶者控除制度，年金における3号被保険者制度および企業の福利厚生制度がその傾向を助長していること，企業にとっての非正規雇用のニーズが，社会保険料なども含めた人件費の抑制と1日，1週の仕事の繁閑に対する対応が上

---

[25] これに加えて，若者の無業者も貧困層ないしその予備軍といえる。若者無業者は，内閣府「平成25年版 子ども・若者白書」によれば，若年無業者（15〜34歳の非労働力人口のうち，家事も通学もしていない者）の数は，平成24（2012）年には63万人であり，15〜34歳人口に占める割合は2.3％である。そして，平成14年からの推移をみると，上昇傾向が続いている（総務省統計局「平成24年就業構造基本調査」）。無業者を雇用を通じて経済的な自立に導くことは，生活保障政策の重要な課題の一つであるが，今後の検討課題としたい。

[26] 樋口・前掲注(8)5頁。

位を占め，なかでもパートタイム労働者の利用においてその傾向が一段と強いことなどを考慮する必要がある。

　最低賃金の引上げは，現状の改善にある程度寄与するが，とくにパートタイム労働者にとっては，当面十分な生活保障の水準を確保できるものではない[27]。生活保障政策の観点からは，正規雇用労働者と派遣労働者を含む非正規雇用労働者の均衡処遇を強化し，税・社会保険における扶養者優遇策を除去し，社会保険における非正規雇用労働者の排除を極力修正し，また，企業における諸制度からの合理性のない排除を是正すること[28]が求められると言えよう。

　また，企業の非正規雇用労働者のニーズおよび IT 技術の発展に伴う従来の正規雇用労働者のニーズの著しい低下を考慮すると，現状の正規・非正規の枠組みを超えた限定（ジョブ型）正社員制度の実現なども必要であろう。

　さらに，非正規雇用労働者には，最低生計費を得ることが困難な層が存在する。これらの層については，非正規雇用一般に対する対応ではなく，生活保障政策の観点から所得保障などの特別の対策を講ずるべきである。また，単親家庭については，同様の観点から所得保障を含めた子育て支援策が講じられる必要があろう。

(2) 現状の非正規雇用から脱却

　非正規雇用による収入によって生計を立てる労働者にとっては，待遇の改善とともに，より収入が高く，安定した雇用に移行することが望まれる。

　正社員志向の強い契約社員については，限定正社員制度などの整備により，雇用安定を確実にすることが使用者にとっても選択肢となり得るであろう。また，派遣労働者については，派遣企業における雇用の安定と共に，紹介予定派遣制度の利用を拡大できる方策が適当であろう。

　もっとも，非正規雇用労働者，とくにパートタイム労働者については，教育訓練の機会を確保することによって，より条件の良い雇用に移行できる支援す

---

(27) 樋口・前掲注(8)12 頁は「男性であれ，女性であれ，非正規労働者の賃金率の引上げは貧困世帯の所得を向上させる上で喫緊の課題となっており，これに向けた対策の実施が不可欠となっている」とする。

(28) この点では，労働契約法 20 条および改正パートタイム労働法 8 条の不合理な差別の禁止規範が評価される。

べきである。実際,「企業の実施する教育訓練は,……,男性非正規労働者の企業内における正規化を促進する有意な効果を生んでおり,職業能力向上のための自己啓発の実施は,企業を変わっての女性の正規雇用への転換を促進する有意な効果を持つ」[29]との指摘もあるところである。もっとも,非正規雇用労働者について,企業における教育訓練にのみ期待するのは不十分であるので,生活保障政策の観点から労働者に有効な教育訓練を受ける仕組みを国の政策として整備すべきであろう[30]。

---

[29] 樋口・前掲注(8)5頁
[30] この点では,現行の求職者支援制度の検討が前提となるが,今後の課題である。

15　雇用保障の理念と有期労働契約規制
——労働契約法・有期労働契約規制の立法論的検討——

青　野　　　覚

I　はじめに
II　有期労働契約の「危険」と規制法制の意義
III　労働契約法における雇用保障原理
IV　労働契約法の有期労働契約規制
V　おわりに——改正労契法の位置付け

I　はじめに

　わが国の非正規労働者は，1990年代半ばまで雇用者総数の20％程度で推移していたが，'90年代半ば以降急増し2011年には雇用者総数の1／3以上の35％程度を占めまでに拡大し，一方正規労働者は'97年をピークに減少し続けている。この量的拡大にともない非正規労働者の属性と従事する業務にも変化が生じ，それまでの非正規労働者が家計補助的な主婦パート，学生アルバイト，引退過程の労働者，自由度重視の若者であり，その担う業務は補助的労働であったが，今日では，主たる生計維持者が増加し，その担当する業務は中核的業務へと移行している[1]。さらに，従来は非正規労働への従事は労働者の人生の一時期の現象であったが，今日では職業生活をとおして非正規労働に従事する者（フリーター，生涯派遣など）が増加し，高止まりの傾向にある。そして，2011年での非正規労働者の約70％程度が有期労働契約形態であると推測されている[2]。これらの非正規労働者の「不安と不満[3]」が，IT不況・リーマ

---

(1)　西谷敏『労働法〔第2版〕』（日本評論社，2013年）431頁，連合総研『有期・短時間雇用のワークルールに関する調査研究報告書（連合総研・2014年）7頁以下。
(2)　厚労省『望ましい働き方ビジョン』（2012年），厚労省『平成23年有期労働契約に関する実態調査』（2011年）など。
(3)　菅野和夫『労働法〔第10版〕』（弘文堂，2012年）210頁は，非正規労働者の「不

ン・ショックなどを経て，社会問題として認識され，労働政策としての対応が要請されて，2012年の労働契約法改正及び派遣法改正へと至った。

　本稿のテーマである有期労働契約規制を創設した2012年労契法改正は，日本的雇用慣行である長期雇用システム維持のための労働力需要のバッファーとして有期雇用の役割を肯定する実務的認識に支えられた「柔軟性の王国」に対する規制の第一歩であり，非正規労働についての最初の本格的取組みと評価される[4]。しかし，この立法過程においては，有期労働契約問題についての取組むべき課題として「雇用の不安定，雇止めの不安」と「待遇の低さ，処遇に対する不満」が挙げられる[5]のみで，特に有期労働契約形態の固有の課題である「雇用の不安・不安定」の意味はついに明確にされてこなかった[6]。ただ，労政審での審議過程で規制に反対する使用者側委員は，10年を超える有期労働者が11%を超え，7割の使用者が雇止め経験がないなどわが国企業の有期雇用利用の実態のもとでは，契約更新によって結果として有期労働者の雇用は安定していると主張し，「雇用の安定」の意味についての議論を提起した[7]が，立法過程ではこの議論は深化されなかった。さらに，立法過程では改正労契法を支える内在的法理への明確な言及はなかった。

　法制度はその内部にひそむ規範論理（法理）の外形的表現に他ならない。立法論的検討は，その内在的法理を析出し，その法理を導出する法的理念を仮説的に把握することを第一の任務とする。次いで，政策は理念と経験の塊であるから，当該政策を支える法的理念から展望される法の歴史的発展動向をふまえ，そこから導出される法原理に沿って政策を選択し，内外の経験を踏まえて，論理整合的でかつ効果的な具体的制度を設計提示することが第二の使命となる。

　　満」として，「不本意」就労，低収入労働によって文化的生活が維持できない「不満」，キャリア形成ができない「いらだち」，待遇格差への「不公正感」を挙げる。
（4）　荒木尚志「有期労働契約規制の立法政策」『労働法学の展望』（有斐閣，2013年）189頁ほか。
（5）　「有期労働契約研究会報告書」（平成22年9月10日）5頁，労政審「有期労働契約の在り方について（建議）」（平成23年12月26日）3頁，衆院厚労委員会政府答弁　平成24年7月25日など。
（6）　西谷敏「労働契約法改正後の有期雇用——法政策と労働組合の課題」労旬1783号（2013年）9頁。
（7）　労政審労働条件分科会「有期労働契約に関する議論の中間的な整理について」（平成23年8月3日）3頁。

そのうえで，ここで明らかとされた法原理に沿って，各規定の解釈の統一が図られることとなる。

労契法の有期労働契約規制についての立法論的検討は，改正法施行の8年経過後に18条を見直すことが法律上（同法附則3項）予定され，加えて，民主党政権下での労働保護法の積極的な改正に対する自民党政権による見直しの可能性も示唆されている[8]ことから，実務的要請の高いテーマでもある。

本稿は，改正労契法の有期労働契約規制について立法論的な検討を加えるものである。第一に，立法政策として対応すべき課題である有期労働契約固有の雇用不安の社会的内実を，周辺諸科学の知見を参考に，明らかにする。第二に，その雇用不安を伴う有期労働契約という契約形態自体に対する規制の法理的根拠を憲法第27条の労働権規定にもとめ，憲法価値の観点から改正労契法の有期雇用契約規制を支える内在的法理を解明し，そこから，改正労契法と各規定の位置づけと評価を試みるものである。

II　有期労働契約の「危険[9]」と規制法制の意義

ここでは，まず，今日の有期労働の増加をもたらした使用者の雇用管理及び国家の労働政策の方針の変更は如何なる視点からのものであったのかを概観する。次いで，有期労働者がかかえる雇用不安の内実はなにか，又，それは如何なる社会的価値を脅かすかを検討して，有期労働契約形態の社会的本質はどのように捉えるべきかを考察したうえで，その有期労働契約を規制する立法政策の社会的意味を明らかにする。

1　1990年代以降の雇用管理と労働政策の展開

近代は「経済に主眼をおく新しい秩序」を形成したが，近代の新しいフェーズである現代は「リキッド・モダニティ」と捉えられ，そこでの生活状態の普遍的な特質は不安定性・不確実性・危険性にあるとされる[10]。特に，雇用関

---

(8) 大内伸哉「問題の所在」『有期労働契約の法理と政策』（弘文堂，2014年）8頁。
(9) 本稿での「危険」は「人為的企てに伴って誰かに損害・不利益が発生する可能性」を意味する。ウルリヒ・ベック『危険社会——新しい近代への道』（法政大学出版局，1998年）462頁参照。
(10) ジークムント・バウマン『リキッド・モダニティ——液状化する社会』（大月書店，

第3章 非典型雇用（有期・パート・派遣）法理の創生を希求して

係においては，'90年代以降「労働（市場）の柔軟化」という現代的スローガンのもとで構造改革が叫ばれ，使用者の雇用管理方針の変更と労働法制の規制緩和によって，有期労働契約，パートタイム労働契約，派遣労働契約などの安定さを大きく欠く労働契約形態が多くの国で増加した。

(1) **国際的な雇用管理方針の動向**

OECDは，'89年報告書[11]で，オイル・ショック以後の資本制経済の危機は生産・労働過程にあるとの認識から，労働市場と個別企業の二つのレベルでの改革が必要であるとする。そして，'80年代後半以降の各企業における雇用管理方針の変更のトレンドを総括し，'90年代の雇用管理は，激化する国際競争と技術革新からもたらされる変化に柔軟に対応することを目的に，労働市場のあらゆる拘束的な規制を克服して市場の効率性を高め，個別企業における労働力利用のより大きな裁量権を使用者に確保することを内実に，より分権的な規制を選好すべきであると提唱した。その「労働（市場）の柔軟化」の諸側面として，①「外部的数量的柔軟性」策として，外部労働市場との関係で必要に応じて要員数を調整することによって労働力量についての使用者の裁量を拡大するために，解雇規制緩和や有期労働契約の利用拡大を提唱し，②「外部化」策として，雇用契約を他の契約に取り換え，不確実性と生産変動のリスクを他の企業に転化させるために，外注化，下請化，派遣労働の拡大，企業再編の簡素化を提唱し，③「内部的数量的柔軟性」策として，要員数を変化させることなく，労働時間数を必要に応じて変化させることによって使用者の労働力量についての裁量を拡大するために，パートタイム契約の拡大に加えて，労働時間の変形制，交替制などの労働時間規制の緩和を提唱し，④「機能的柔軟性」策として，労働力配置の使用者の裁量を拡大するために，多能工化を提唱し，⑤「賃金の柔軟性」策として，賃金構造・水準と経済・企業業績・個人成果との対応性を向上させるために，出来高制・成果主義賃金などへの賃金制度の改革を提唱した。

その後，OECDは，1994年，新古典派経済学派の「労働市場」概念を用い

2001年）208頁，209頁。
(11) OECD "Labour market flexibility: Trends in Enterprises" 1989 p.14〜17，拙稿「スウェーデンにおける「労働（市場）の柔軟化」論と労働法——有期雇用契約規制の緩和を中心として」松山大学論集第7巻第5号（1995年）137頁以下。

て政策を提言する「雇用戦略」[12]を取りまとめた。そこでは,「規制緩和」や「企業家精神の発揚」によって労働力需要を喚起しつつ,一方で,労働力の供給側には柔軟性をもたせ,労働力の需給調整に市場メカニズムを積極的に活用することで,失業問題の解消を図るべきであるとした。この「雇用戦略」では,市場メカニズムを活用した経済活性化策である「労働(市場)の柔軟化」が強調され,市場メカニズムが働くような経済構造を生み出すために構造改革を行うことが求められた。そこでは,労働法制や雇用慣行を市場メカニズムに沿ったものへと改革することが中心的課題とされた。雇用保障分野では,法的規制を緩和し,企業が容易に解雇しやすくすれば,企業の採用態度も積極的になるとの認識が示され,規制緩和は雇用機会を増やすものとされた。また,労働移動を活発化させることが市場メカニズムの活用であるとの認識が示され,労働力移動も公共職安などの公的職業紹介によって担われるのではなく,民間の人材ビジネスを広げることが市場の活性化に資するものとされた[13]。

(2) 日本における「構造改革」路線の展開

この基本戦略に立ってOECDは,1996年に「対日審査」を発し,①年功賃金制など日本的雇用慣行を見直すこと,②解雇抑制的な雇用政策を判例を含めて見直すこと,解雇規制の緩和によって労働力の調達・排出を労働市場において行うべきこと,③労働力の需給調整は民間人材ビジネスの導入によって活性化すべきと提言した[14]。

OECDの対日審査が準備されていたころ,1995年5月に日経連は『新時代の日本的経営』を公表し,必要な都度,必要な人材を必要な数だけ採用する目的での自社の経営実態にマッチした「効果的な雇用ポートフォリオ」の導入を提唱し,「高度専門能力活用型」を中心とした有期労働契約の増加を予測し,そのための条件整備の必要性を指摘した。一方,国家の労働政策の次元では,1995年12月「構造改革のための経済社会計画」が閣議決定され,「市場メカニズムの重視」「規制緩和の推進」「自己責任原則の確立」を柱とした政策方針が打ち出され,構造改革が日本社会の経済運営の方針とされた。さらに,2002

---

[12] OECD "The OECD Jobs Study: Facs, Analaysis, Strategies" 1994.
[13] 石水喜夫『現代日本の労働経済——分析・理論・政策』(岩波書店,2012年) 165頁。
[14] 石水喜夫『日本型雇用の真実』(筑摩書房,2013年) 78頁,92頁。

第3章　非典型雇用（有期・パート・派遣）法理の創生を希求して

年3月に「規制改革推進3カ年計画（改訂）」が閣議決定され，就労形態の多様化を目指す規制改革として，派遣労働者の拡大と裁量労働制の拡大とともに有期労働契約の拡大がめざされ，唯一の有期労働契約規制であった労基法14条を規制緩和し，契約期間の上限を原則を3年，特例を5年に引き上げる2003年法改正へと進んだ。

　この時点での日本における企業レベルの労働の柔軟性は，一般的には，日本的雇用慣行に規定されて外部的数量的柔軟性が低く，これを補完するように機能的柔軟性が高いとされていたが，この外部的数量的柔軟性の低さはもっぱら大企業の正社員の基幹労働者層にのみに妥当し，縁辺労働者層の有期雇用やパート労働では外部的数量的柔軟性は極めて高い実態にあった。この基盤の上で，日本企業における労働の柔軟化は，減量経営方針のもとでのME・IT化と結びつけて経営側の主導で一方的に推し進められ，「働き方の集団的規制」を見失った労働組合の規制力の無力さが柔軟化を底なしに強める結果となった。さらに，有期労働契約利用の法的ルールを定めた立法は存在せず，判例として確立していた雇止め法理とそれを受けた労働基準行政指針に基づく行政指導は十分に機能するものではなかった。その結果，産業構造の変化，生産物需給の不確実性，IT化などによる雇用調整バッファーとして非正規労働者の利用がさらに進み，非正規労働者増加の6割程度がこれらの要因と思われる[15]事態が出現した。

2　有期労働契約の「危険」と規制立法の意義
(1)　第二次大戦以後の労働政策における雇用保障

　第二次世界大戦後の福祉国家は，それまで生存と結びついていた労働に消費という新たな次元を付け加えることによってその要素を内部に取込み，生存ではなく生活を編成原理とする「生活保障」を統治思想として採用した。そして，この福祉国家は，労働関係での雇用保障を中心として，その周囲に社会保障に基づく安定したシステムを形成することで，資本制経済システムからのリスクを払拭しようとする試みであった[16]。そこでの労働関係は直接雇用の無期労

---
(15) 浅野博勝「非正規労働者はなぜ増えたか」鶴光太郎他編著『非正規雇用改革——日本の働き方を如何に変えるか』（日本評論社，2011年）63頁以下。
(16) ロベール・カステル『社会問題の変容——賃金労働の年代記』（ナカニシヤ出版，

働契約でフルタイムの労働関係を中心とするものであって，「労働の地位」すなわち「雇用」は失業と不幸に対する「保護の台座」として中心的なものであると捉えられていた[17]。この制度設計の前提には，資本制社会における社会的紐帯は社会的媒介としての労働の機能から生ずるという認識があったとされる。そして，そこでの失業は，仕事がないという意味での一時的な現象であって，私的自治から放り出された状態と捉えられ，労働契約関係の外に位置付けられていた。

そこでは，労働者にとっての雇用は，経済的・物質的生存条件を充足するためのものとしてだけではなく，のぞましい仕事がもたらす自己実現，社会的統合（包摂），性差別からの解放などの労働者がもつべき社会的な一般的価値を内面化するために不可欠なものと捉えられていた[18]。雇用保障についての立法政策を論じる場合には，労働者にとって雇用のもつ，生活の基盤を維持するという「経済的利益」のみならず，自己実現の機会を確保するという「人格的利益」や市民社会の一人前の構成員としての自己認識を保ちうるという「社会的利益」を重視すべきであるとされた[19]。この文脈において，解雇は，労働者を「無用」と宣言すること意味し，経済的利益の喪失のみでなく，その宣言自体が労働者の人格的利益を傷つける行為と解されることになる[20]。

(2) 有期労働契約の雇用不安の内実と規制立法の意義

'90年代以降の「労働の柔軟化」論に基づく雇用管理方針の変更と規制緩和政策の結果，多くの国で，有期労働契約，パートタイム労働契約，派遣労働契約による非正規労働者がますます増加し，直接雇用の無期労働契約でフルタイム働く正規労働者がますます減少する傾向が顕著となった。使用者にとっての「労働の柔軟性」の拡大は，労働者にとっては各種の利益を喪失する「危険の増大」を意味した。具体的には，労働者は，第一に，外部的数量的柔軟化策と

2012年）555頁。
(17) カステル・前掲450頁，452頁，ライムント・ヴァルターマン「標準的労働関係との訣別？」（緒方桂子訳）労旬1817号（2014年）7頁。
(18) Ann Henning "Tidsbegränsada anställning" 1982 s516f.
(19) 拙稿「スウェーデンにおける有期雇用契約規制の新たな展開——雇用保障法2006年，2007年改正法を中心として」明大社会科学研究所紀要第50巻第1号（2011年）161頁。
(20) 西谷敏『人権としてのディーセント・ワーク』（旬報社，2011年）72頁。

第3章　非典型雇用（有期・パート・派遣）法理の創生を希求して

外部化の推進によって特定の使用者のもとで雇用が保障される「雇用の保障」が失われ，第二に，機能的柔軟化策の進展によって特定の企業組織内部で職務が固定さている「職務の保障」を失い，以上の結果，第三に，特定の労働市場で雇用された状態を保持できる「労働市場の保障」を失うという三つの次元で安定性を喪失した[21]。

　現在の非正規労働の中心をなしている有期労働契約とパートタイム労働契約は，そもそも，ともに失業を内包した雇用契約形態である点にその本質がある。つまり，パートタイム労働関係においては，パートタイム労働者はフルタイム労働者より短い時間分だけ常に失業しているのであって，相対的に短い労働時間を定めるパートタイム労働契約のうちには失業が内包されていることになる。また，有期労働関係の契約締結時の合意には期間満了による自動終了効果，つまり失業の合意が含まれるものであり，さらに，更新性の有期労働契約関係では，本来的に，契約期間ごとの間に失業が想定されている。これらの労働契約形態には「失業が恒常的に統合されている」ことから，その増加が労働者の雇用の不安定な状態を一般化したと解されている[22]。そして，この雇用の不安定性に加えて支援の弱体化に曝される非正規労働者の増加によって，'90年代以降の社会関係においては労働が中心性を失いつつあり，そこから社会的結合のあり方が正面から問われることになった[23]。

　特に，有期労働契約という契約形態が労働者にもたらす雇用不安の内実は，短期の有期労働契約によって雇用と解雇がくり返される「電気スイッチ（点いたり消えたりする）的不安」であり，この不安が当該労働者から「私的利益」と「公的認知の証し」を奪っているとされる。加えて，そこから生ずる「不要とされる不安」が，組織へのロイヤリティの低下，労働者間の相互信頼の消滅，組織についての認識の低下という重大な社会的損失をも生み出していると指摘されている[24]。つまり，今日の更新性の有期労働契約がもたらす雇用不安という危険は，失業の現実化からもたらされる経済的及び人格的貧困のみならず，

---

(21)　中澤高志『労働の経済地理学』（日本経済評論社，2014年）41頁。
(22)　ベック・前掲注(9)281頁。
(23)　カステル・前掲注(16)452頁。
(24)　リチャード・セネット『不安な経済——漂流する個人』（大月書店，2008年）65頁以下，189〜194頁。

労働者の「社会的承認」という社会的生存の基盤自体の貧困化もたらすものであり、さらに、社会全体にとっても重大な脅威となっている。

　以上の点から、労働政策の構想においては、有期労働契約労働者にとっての雇用保障についての諸利益が失業を内在させるその雇用形態によって恒常的に脅かされている点に着目することが必要となる。特に、「電気スイッチ的不安」を内包する更新性の有期労働契約形態は当該労働者の社会的包摂の機会の喪失に直結するものであるとの認識が重視されなければならない。つまり、更新性の有期労働契約関係においては、結果として雇用関係が継続して雇用の「経済的利益」や「人格的利益」が損なわれることがなかったとしても、常に労働者にとっての雇用のもつ「社会的利益」は脅かされており、有期労働契約労働者の雇用不安の内実はそこにあると解される。そして、そもそも共同体における構成員間の相互承認・相互依存の問題は、倫理（人倫）の問題であり、市民社会においては「排除」が生じうるという構造的欠陥を是正することが国家の使命であることから、有期契約形態から生ずる「雇用不安」によって共同体構成員間の信頼と相互依存という社会全体の基盤が侵食されている今日的な段階での国家の労働政策は、共同体構成員としての「同等性」つまり「平等の正義」に向けた倫理的考慮や広範な社会的目標を無視しては真の解決につながらないことを認識しなければならない。今まさに、すべての国民の誇りや自尊心を取り戻すための最優先の政策課題は「雇用と収入の維持」であるとした20世紀の福祉国家の営みを承継すべきである[25]。

　このような社会的意義をもつ労働者の雇用の保障をめざし、社会的妥当性を欠くまでに行き過ぎた「労働の柔軟性」を規制することこそが今日の国家の責務であるとして構想される有期労働契約規制法制は、「社会的紐帯の喪失の危険を立法政策によって克服しようとする法的アプローチ」と位置付けられ[26]、そこに本法制の社会的本質があると解される。

　なお、わが国における今日の非正規労働者の増加は、民法・労基法の下で広範な有期契約の自由を承認されていた個々の企業にとっては合理的な選択であったが、社会全体にとっては困難な構造的問題を生じさせる「典型的な『合

---

(25)　トニー・ジャネット『荒廃する世界のなかで』（みすず書房、2010年）36頁、90〜92頁、250頁。
(26)　カステル・前掲注(16)532頁、536頁。

第3章　非典型雇用（有期・パート・派遣）法理の創生を希求して

成の誤謬』の現象」である(27)ともいえよう。市場の失敗からもたらされた「合成の誤謬」を回避するためには，マクロ経済の担い手である国家はミクロ経済レベルでの各企業の措置とは逆の政策を実施しなければならないとするのが経済学の常識であり各国の歴史的経験であることから，経済学の観点からも新たな立法による有期労働契約規制の政策的必然性が認められることになる。なお，この観点からは，本改正労契法と 2012 年改正派遣法は 1980 年以降の我が国の労働立法全体の歴史的展開過程の第三番目の段階として位置付けられ，その本質は「市場競争主義の行きすぎに対する補正・修正政策」と解されることになる(28)。

Ⅲ　労働契約法における雇用保障原理

1　憲法の労働権理念と労働契約法の雇用保障原理

　労働者にとっての雇用は多様な価値を含む重要な社会的価値であり，その実現を図ることが国家の政治的責務であることを承認する社会的理念を受けて，日本国憲法は，雇用保障を憲法上の原理として承認するものであり（27条），そこから法律レベルでの諸制度の運用の基本ルールとなる諸原則が導出される。

　労働権理念は，資本制社会の不回避な現象である失業とそれによる労働者の生活不安への抗議から生じたものであり，失業は体制的な現象であって個人責任に帰すべきでないとの認識を前提に，失業を発生させる市民法秩序に対する批判の法理として誕生した(29)。この理念を定式化したメンガーは，「労働権は現代の私法秩序に接合されるべき生存権の一種」(30)とし，就労が原則で，生活保障請求権は補完という構想として理解していた。この理念が，憲法 27 条に規定され，さらに国際人権規約 A 規約（経済的・社会的及び文化的権利に関する国際規約 1976 年：社会権規約）6 条でも「労働によって生計を立てる機会の権利」を含む労働権が宣言されるに至った。労働権理念は，労働者に人間らしい

---

(27)　菅野和夫「改正労働契約法への対応から見えてくるもの」ビジネス・レイバー・トレンド，2014 年 6 月号 3 頁。
(28)　荒木尚志・菅野和夫・山川隆一『詳説　労働契約法〔第 2 版〕』（弘文堂，2014 年）13 頁。
(29)　林迪廣「雇用保障法の研究序説」『雇用保障法研究序説』（法律文化社，1975 年）5 頁。
(30)　アントン・メンガー『労働全収権史論』（未来社，1971 年）（森田勉訳）28 頁以下。

労働によって人間らしい生存を確保することを目的に，労働者を失業から救済・防衛する義務を国家に課すものである。

そもそも憲法規定は現実化している実体を文章化したものではなく，その国家のあるべき形を指示するという本質を持ち，事後の立法・政策の積み重ねによって内実を充填しつづけるべき規範である。特に，憲法27条1項は「幻のごとく美しいが幻のごとく漠とした規定」であり，現に血の通う権利にはなりがたいと評されていた[31]。ただ，昭和30年代に始まる雇用政策と昭和30年代後半以降の積極的労働力政策の展開によって，労働権の内容と労働権理念が浸透する法領域が豊富化したと解される[32]。この段階以降，憲法27条の法的性格を抽象的権利性と解する「限定的労働権」説[33]を妥当としつつも，憲法27条が保障する労働権の内容は，失業者が国家に対して就労とその替わりの生活保障を請求する権利にとどまらず，就労状態においても人たるに値する労働条件の下で労働する権利，および，失業に至らずに就労を維持し続けること，就労状態における雇用の維持も権利として保障するものと解されるようになる[34]。さらに，21世紀になると，国際的にも，労働権は不当に解雇されない権利の正統化根拠を提供するものと解されたり，社会権規約6条の解釈においても労働権には不公正に雇用を奪われない権利を含むと解される傾向にある[35]。ここには，人間が戦ってきたのは自らの労働によって生活する権利のためであり，労働による社会参入こそが社会的排除に対する闘争の礎石であり続けるべきであり，今進むべきは「労働への権利」を再創造する方向であるとの時代の認識[36]が認められよう。

今日までに出現した無期労働契約における解雇に対する制限制度や有期労働

---

(31) 沼田稲次郎『団結権擁護論（上）』（初出勁草書房，1952年）『沼田稲次郎著作集第7巻』（労働旬報社，1976年）19頁。
(32) 沼田稲次郎「労働権保障法の体系的展望」（初出1976年）『沼田稲次郎著作集第7巻』（労働旬報社，1976年）176頁。
(33) 中村睦男「憲法27条」『注解法律学全集2 憲法Ⅱ』（青林書院，1997年）190頁。
(34) 沼田・前掲注(32)「労働権保障法の体系的展望」176頁，林・前掲注(29)12頁，和田肇『人権保障と労働法』（日本評論社，2008年）206頁。
(35) 有田謙司「労働法における労働権論の現代的展開」『社会法の基本理念と法政策』（法律文化社，2011年）34頁以下。
(36) ピエール・ロザンヴァロン『連帯の新たなる哲学――福祉国家再考』（勁草書房，2006年）129頁。

第3章　非典型雇用（有期・パート・派遣）法理の創生を希求して

契約における契約期間終了に対する規制制度などの法的諸制度は，法体系的には，豊富化した労働権の内容としての雇用保障原理に基づいて労働契約の終了に対する規制を試みる狭義の雇用保障法制と捉えられる。そして，これまでに出現した有期労働契約規制には，わが国の判例法のような，解雇制限原則を類推適用して雇止めを規制する「雇止め規制アプローチ」と，さらに進んで，ヨーロッパ諸国の立法例のような有期という契約形態自体を規制することを内容とする「契約形態規制アプローチ」の二つのアプローチが存在している。

以上の観点からは，労契法の雇用維持の諸制度（16条乃至20条）は憲法が27条の労働権規定で宣言した雇用保障原理を実定法化した制度であり，労契法は憲法27条を規範的根拠とする雇用保障原理をその基本原理の一つとした立法と捉えられる。そして，労契法の雇用保障原理は，近時の政策論議を前提にすると，雇用が有する労働者の「経済的利益」「人格的利益」のみならず「社会的利益」は法的な基本価値であると認識し，法制度によって実現維持すべきであるとする政策意図によるものと解すべきである。そして，労働権保障の第一の名宛人は国家であることは明らかであるが，雇用保障の実現には使用者の協力が不可欠であり，現実に就労の機会を左右できるのは使用者であることから，これらの法制度上使用者は国家の労働権保障の一部を担う第二次的名宛人として位置付けられ[37]，法制上の各種の義務を課されうると解される。

2　労働契約法の解雇制限原則

労契法16条は，平成15年制定の労基法18条の2を移項したものであり，無期労働契約における解雇制限原則を再度宣言し確認する意義をもつものである。

民法627条は，雇用契約の両当事者が無期形態を選択した積極的意思は契約的拘束からの離脱の自由を確保する趣旨にあるとして，事由の如何を問わない解除権を承認したものと解されている[38]。そこから，民法学の通説は，同条の「何時でも」は何ら特別の理由がなくとも解約の申入れをなしうることを意

---

[37]　松林和夫「整理解雇の法理の限界と解雇制限法」『労働基準法の課題と展望』（日本評論社，1984年）536頁。
[38]　蓼沼謙一「日本的雇用の変容」季労210号（2005年）199頁。

味すると解していた(39)。

これに対して、民法上労使双方に平等に認められた「解約の自由」は、労使の実質的な非対称性という実態のゆえに、「解雇の自由」は労働者とその家族に深刻な影響を及ぼすことになり、労働契約における解約のもつ社会的意味が契約当事者によって大きく異なるという実態の認識を前提に、就労状態から発する労働権が解雇法理に反映することを主たる論拠として、解雇の自由は制限されるべきとする解釈論が展開された(40)。さらに、昭和30年代に定着し、昭和40年代に確立された判例は、学説の解雇制限論を受けて、実質的には正当事由必要説に立ったと認められる解雇権濫用法理を提示するに至った。そして、裁判例の動揺への危機感を背景とした立法化推進の主張と立法による判例法理の規制緩和の思惑が衝突するなかで、労基法改正は複雑な経緯を経て、解雇制限原則が労基法18条の2によって規定された。

労基法及び労契法の解雇規制規定に関する近時の学説は、解雇権に「内在した制約法理」の確立をめざすという共通認識に立って、解雇権制限の法的根拠を重畳的に提示し、その法的根拠を複合的なもの解する傾向にある(41)。これらの見解の理論構造は、解雇の実態認識を前提に、労働契約関係の維持継続が規範的に要請されることの内在的根拠として「労働契約の継続的特質」を重視し、解雇によって脅かされる労働権及び生存権と人格権、さらに労基法2条1項の労使対等決定原則を、解雇権制限の法的根拠としている。そこから、継続的性格を本質とする労働契約関係における信義則に基づいて、使用者に雇用維持義務があることを挙げる点を特徴とする(42)。

近代企業においては市場の取引コスト節約のため、長期契約が本来的に選択され、その長期契約が最も重要となるのが労働の領域であるとされている(43)。そして、近代企業における労働契約は、機械ではない人間としての労働者に契

---

(39) 我妻栄『債権各論（中巻の二）』（岩波書店、1962年）590頁。
(40) 沼田稲次郎・前掲注(31)『団結権擁護論（上）』24頁など。
(41) 土田道夫「解雇権濫用法理の正当性」『解雇法制を考える』（勁草書房、2002年）106頁以下、藤原稔弘「整理解雇法理の再検討」『解雇法制を考える』（勁草書房、2002年）152頁、小宮文人「解雇の法的規制と救済」『新時代の労働契約法理論』（信山社、2003年）307頁以下、和田・前掲注(34)206頁、284頁。
(42) 土田・前掲注(41)106頁註12、小宮・前掲注(41)370頁。
(43) ロナルド・H・コース『企業・市場・法』（東洋経済新報社、1992年）44頁。

約締結時点では明確に定型化しにくい業務を柔軟にこなすことを期待する点に特徴があり、そのためにも長期雇用が有効となるとされる[44]。したがって、労働者の雇用維持の規範的要請を根拠とする解雇制限規範は、近代企業の組織実態に根ざし、かつ、現行憲法の労働権規定を根拠とするものであることから、時々の雇用環境や労働政策の変動によって安易に緩和させうる性質のものではなく、不可逆的な法原則と位置づけられる。

労契法16条は、憲法27条の労働権の具体化として、解雇は原則として制限されるという解雇制限原則を定めたものであり、労契法の基本原理の一つである雇用保障原理の第一原則を実定法化したものと位置付けられる。

3 労働契約法の無期労働契約原則

労契法は、前述のように、憲法27条の労働権を根拠に、特に雇用のもつ社会的統合の機能に今日的意義を認めて、継続的な雇用の維持自体を基本的価値とする雇用保障原理によるものと捉えると、有期労働契約形態はその雇用保障を侵害する形態であるとの事実認識を前提に、現行法秩序のもとでは契約の自由の内容の一部である契約形態選択の自由は一定程度制限されていると解さざるをえず、そこから労働契約における契約形態は原則として無期労働契約とすべきとする「無期労働契約原則」が導出できると解される。

解雇制限立法が存在する現段階においては、一般的に契約の自由には「契約形態の選択の自由」が含まれると解されるものの、まず、有期労働契約という契約形態自体は、前述のような社会的包摂の機会の喪失に直結する恒常的危険に契約労働者を曝す機能を有する点で現行法秩序の規範的価値を侵害する可能性を含むものであり、次いで、有期労働契約のもつ私法上の雇用保障機能は、解雇制限立法が存在する現段階では、相対的には大きな意味を持つものではなく、労働者にとっては取るに足らない程度のものでしかない。これに対して、有期労働契約形態は労働者の期間内の足止め機能と期間満了による契約関係打切り機能を維持して使用者にとっては大きな利益をもたらす実態にある。そして、以上の有期契約の実態を踏えると私生活との調和の観点から労働者が自発

---

(44) 江口匡太「雇用流動化で考慮されるべき論点」日本労働研究雑誌647号（2014年）16頁。

的に選択するのはパート労働のような短時間就労契約であって，あえて有期労働契約を労働者が進んで選択することは例外的現象であること[45]から，有期形態は個別労使の交渉力の格差によって労働者に不本意に押しつけられるという不当な締結過程による不当な労働契約形態であると評価できる[46]。

　理論的には，民法上は，雇用契約で期間を定める契約形態選択の自由は，法的拘束からの離脱の自由の放棄についての契約当事者の積極的意思を尊重する観点から承認されるものの，まず，終身雇用契約は労働者の契約主体性を実質的にはく奪するとの観点から契約期間の限度の設定が求められ，その期間は「長キニ失スル時ハ当事者ノ自由ヲ束縛シ，人ノ品位上及ビ経済的理由ニ因リ公益ニ反」して公序に反するとして，短期に限定すべき（626条）という制限が加えられる[47]。つまり，民法は，契約の自由の一部としての有期形態選択の自由はそれ自体としては承認するものの，当初から，古典的市民法の観点から大きな制限を加えていた。さらに，労基法は，労働者の「人身の自由保障」の観点から労働契約期間の上限規制（14条）を加えている。

　そして，そもそも，資本制社会における労働関係は継続的関係として存在する点に加えて経営組織（企業）に労働者が統合される関係ある点を特徴とするものであって，労働関係は継続的な契約関係の側面と組織的関係の二重の関係と捉えられる。そこで，解雇制限規定と有期契約規制を備えた雇用保障法制の新たな段階においては，「企業組織への組込み」・「企業への包摂」が労働者の人格的自立の基盤となっているという社会的実態を踏まえて，企業への組織的包摂自体が労働権理念から承認される労働者の基本的な法的価値と解され，企業の支配者である使用者による企業組織からの「排除」は労働者の「社会的自立の基盤」を脅かすことから，労働者の基本的法益を害する「排除」は規範的に制限されていると捉えられるものであって，「排除」を本質的に内包する契約形態を選択する自由は内在的に制限されていると解される[48]。つまり，労契法の無期労働契約原則は，社会権たる労働権規定に基づいて，有期労働契約

---

(45)　西谷・前掲注（1）『労働法〔第2版〕』432頁。
(46)　拙稿・前掲注(19)明治大学社会科学研究所紀要　第50巻1号162頁以下。
(47)　三宅正男『新版　注釈民法(16)』（有斐閣，2013年）79頁以下。
(48)　ここでも，企業は，権利・義務の主体である法的擬制であって実体的な存在と解すべきではなく，「人間が仕事をする場」にすぎないと捉えるべきである。

第3章 非典型雇用（有期・パート・派遣）法理の創生を希求して

のうちの業務の必要からは直接要請されない契約を，契約形態選択の自由の濫用的利用と評価して，法的に排除するものであると構成しうる。そして，この無期労働契約原則が規制対象とするのは労働力を恒常的に必要とするにもかかわらず有期労働契約形態で労働力を調達する使用者の行為であり，業務の必要にもとづく契約期間の設定自体は依然として承認するものであって，契約形態選択の自由自体の全面的否定を意味するものではない。むしろ，無期労働契約原則は契約形態選択の自由の影響力をコントロールし，そこから生ずる弊害を最小限にすることをめざすものである。

このように，「労働契約は無期形態を原則とする」と宣言する無期労働契約原則を措定することは，多くの国々で有期労働契約法制を支える前提的原則とされ，わが国の現行法秩序においても法理的に十分可能であって，今日の企業における雇用労働の支配的形態として極めて自然なもの[49]と評価できる。ここから，労契法17条乃至20条の改正労契法は，労契法の雇用保障原理の第二原則である無期雇用契約原則を内在的法理とするものと理解できる。

Ⅳ 労働契約法の有期労働契約規制

本章では，改正労契法の内在的法理として無期労働契約原則を措定したうえで，そこから憲法によって規範的に要請される雇用保障法制の歴史的展開を展望して，改正労契法の諸制度の意義を考察する。

1 入口規制方式の不採用

多数の国の有期労働契約規制法は，無期雇用契約原則の論理的帰結として，有期労働契約の締結が許される事由を限定列挙する「入口規制制度」方式を採用している。これに対して，本改正法の最大の特徴は入口規制方式を採用しないとした点にある。

この制度設計を採用した立法論議での論拠は，「有期雇用への労使のニーズ・利用実態」「有期労働契約の安定雇用へのステップ機能」「限定列挙された締結事由をめぐる労使紛争の発生と予測不可能性」という実務的・政策的側面

---

[49] 毛塚勝利「法案要綱の評価と有期労働契約法制の課題——法制化は時代のニーズ」連合288号（2012年）19頁，同発言「シンポジュウム　有期労働をめぐる法理論的課題」学会誌121号（2013年）101頁。

と「無期労働契約原則の実定法規定の不存在」という法理的側面を中心とするものであった[50]。なお，この制度設計の基本方針と論拠は，労働契約法制定過程ですでに示されていた[51]。

この方針について，主に雇用機会の多様性の縮減を危惧する観点から「賢明な結論」と評価する学説[52]がある。そして，同様の立場から，無期労働契約原則の採用は「市場から量的柔軟性」を奪い「産業の空洞化」を招くとの認識から，「安定雇用へのステップ機能」を重視して安定雇用に誘導することが政策的に望ましいとし，加えて，参照例としてスウェーデンをはじめとするヨーロッパ諸国の立法上の重点は入口規制から出口規制へと転換しているとの制度の近況を挙げて，入口規制を採用しなかったことを積極的に評価する見解[53]がある。この見解に対しては，近時の各国における有期労働契約規制の立法政策は行きすぎた「企業の労働の柔軟化」策への規制を本質とするものであって，具体的な制度設計において「市場の量的柔軟性」を制限することは制度目的に反するものではないこと，また，諸外国での経験からは有期労働契約の「安定雇用へのステップ機能」は極めて限られたものと評価されていること[54]，さらに，そこで参照例として言及されるスウェーデン雇用保障法の総括は同法2006年及び2007年改正経緯の歴史的事実と評価とは相違する点[55]などから，入口規制方式不採用の論拠としての説得力には大きな疑問が残るものとなっている。

そして，立法過程での論議では，法制上，入口規制方式不採用の論理的前提としての無期労働契約原則を採用できない論拠として，「雇用に関する基本的考え方そのもの転換」には雇用の実態や労使の意識の変化が前提とならなけれ

---

(50) 『有期労働契約研究会報告書』（平成22年9月10日），『建議』（平成23年12月26日）。
(51) 労働契約法制研究会『今後の労働契約法制の在り方に関する研究会報告』（平成17年9月15日）第5，1，(2)。
(52) 菅野・前掲注(3)『労働法〔第10版〕』222頁。
(53) 荒木・前掲注(4)『労働法学の展望』179頁以下。
(54) 拙稿・前掲注(19)明治大学社会科学研究紀要第50巻1号169頁註46。
(55) 拙稿・前掲注(19)明治大学社会科学研究紀要第50巻1号176頁以下，「比較法研究はむずかしい」労旬1754号（2011年）4頁。

第3章　非典型雇用（有期・パート・派遣）法理の創生を希求して

ばならないとされている(56)。この論理は，雇用の実態・意識の変化がなければ法原則の設定は認められないとする点で特徴的である。しかし，前述したように，今日の有期労働契約規制法制の国際的な動向は，有期労働契約の「雇用不安」に正面から対処し，雇用の実態を法的介入によって改変しようとする法政策的な試みを本質とするものである。無期労働契約原則のもとにおける「原則と例外」という論理構成からは，論理必然的に，一定の事由がある有期労働契約を類型化したうえで限定列挙してその利用を認める入口規制方式の採用は今日の立法政策として妥当であると解さざるを得ない。また，この規制方式は有期労働契約を全面的に禁止するものでないことから，雇用・労使実態への柔軟な対応を可能にするものであり，個別使用者に過剰な負担を強いる無理な法制度ではなく，喫緊の社会問題への対応として総資本の理性からも「賢明な政策」であると評価されるべきである(57)。

　改正法が入口規制方式を採用しなかったため，出口規制（18条）や処遇格差是正規制（20条）の適用除外の必要に柔軟に対応できない結果，後述する適用除外のための特別法の創設という労働法体系の観点から見て極めて問題の多い手法をとらざるえないこと，さらに，出口規制において，本来無期契約転換が必要ない季節的・臨時的利用について転換制度の適用回避のために「空白期間」制度の創設によって対応せざるをえなくなり(58)，かえって空白期間を当然に含む更新性の有期労働契約への適用が困難となって規制の実効性を著しく欠くなど，全体の制度設計として「技巧的で不自然」な制度(59)となってしまった。

　入口規制方式は，法が承認しうる利用事由を限定列挙する機能及び出口規制と組み合わせて利用事由ごとの利用可能期間の限度を確定する機能を担うものであり，「雇用不安」対策と企業実態からの必要性とを具体的に調整するところに本質があり，有期労働契約規制の実務的柔軟性を担保するために不可欠な制度である。また，1974年以来40年間のスウェーデン雇用保障法の運用経験

---

(56)　『有期労働契約研究会報告書』（平成22年9月10日）11頁。
(57)　西谷・前掲注(6)労旬1783号13頁。
(58)　毛塚勝利「改正労働契約法・有期労働契約規制をめぐる解釈論的課題」労旬1783号（2012年）19頁。
(59)　毛塚・前掲注(49)労旬1783号18頁。

を踏まえると、「原則と例外」の規範構造を厳格に制度設計や運用に過度に反映させると労使の使い勝手の悪さや予測可能性の低下をもたらしかねないことから、今後の制度の見直しに際しては、例外はどこまで認めるかという視点ではなく、入口規制方式を堅持しつつ、柔軟な概念をもって利用事由を限定列挙する簡素な形式での柔軟な入口規制方式を採用すべきである[60]。

2 出口規制の特徴と意義（18条）

労契法18条は、同一の使用者との間で有期労働契約が更新されて通算5年を超えた場合は、労働者の申込みによって、無期労働契約に転換するという「出口規制」を採用した。そして、本条の無期転換制度は、従来の判例の雇止め法理では越えることができなかった問題を法律によって解決した点で画期的であると高く評価される[61]。

同条の立法趣旨は、立法過程では、有期労働契約の利用を基本的には認めた上で、有期労働契約の濫用的利用を抑制して労働者の雇用の安定を図ることにあるとされる[62]。これを受けて学説は、有期労働契約の濫用的な利用又は安易な利用の抑制を趣旨とすると解し[63]、雇用政策的観点から無期転換への誘導をめざしたものであると理解する見解もある[64]。この見解に対しては、本条の趣旨を濫用規制と捉えることと法的擬制によって無期転換の効果を定めることとの論理的整合性に疑問が呈されている[65]。つまり、無期転換という民事懲罰的評価を介したかの法的効果を創設する本条を、濫用規制という評価枠組みで理解することは論理的には無理があり、この法的効果を論理整合的に理解するためには、本条の根底には無期労働契約原則という基本理念があるとし、

---

(60) 同旨、川田知子「有期労働契約法制の新動向」季労237号（2012年）14頁。
(61) 毛塚・前掲注(49)労旬1783号18頁。
(62) 『有期労働契約研究会報告書』14頁、平成24年7月平成衆参両院厚生労働委員会での政府答弁、平成24年7月25日平成24年8月10日基発0810第2号4。
(63) 菅野・前掲注(3)223頁、荒木尚志「有期労働契約の締結事由・無期転換」『労働法の争点』（有斐閣、2014年）152頁、大内伸哉「考察」前掲注(8)『有期労働契約の法理と政策』300頁。
(64) 荒木・前掲注(4)『労働法学の展望』175頁、大内・前掲注(8)294頁。
(65) 野田進「労働契約法18条」『新基本法コンメンタール 労働基準法・労働契約法』（日本評論社、2012年）418頁、同「有期・派遣労働契約の成立論的考察」『労働法学の展望』（有斐閣、2013年）219頁。

第 3 章　非典型雇用（有期・パート・派遣）法理の創生を希求して

本条はこの理念を労使意思を媒介に実現させようとしたものと解すべきであると主張されるものであり，妥当な見解と言えよう。

　本条の効果の解釈として，形式的には新契約の締結強制の制度を定めたものと解しうるが，実質的には現状の契約状態を可能ならしめる無期選択権を労働者に付与したものであり，契約期間の変更権の法的付与と解すべきとする見解がある(66)。この点に関しては，より直截に，本条の要件を充足した場合に，本条が有期労働契約の存続期間設定の法的意味を規範論的に否定すると捉え，その結果，労働条件は同一のまま，当該労働契約の終了時期が消滅するだけであると解しうる。したがって，本条の効果は新契約の締結強制と捉えるべきものでなく，違憲論議は的外れと言える(67)。そもそも，無期転換制度による出口規制は，不安定雇用の長期化に対する雇用保障の必要性は著しく高いと評価されるのみならず，長期的な有期労働契約の利用は当該業務の恒常的必要性を端的に示すものであって，その使用者の判断には解雇規制の脱法的意図が容易に推定できることからも，制裁的意味も含めて，使用者に応分のコストを負わせるべきであるとの認識から創設されたと解すべきである。

　本条の「通算契約期間 5 年超」要件は，使用者が労働者の能力等を評価できる期間として比較的長い期間としたもので，無期化のハードルを低くして無期転換を誘導する政策意図によるものとされる(68)。本条については，労働力の質の見極めには 1 〜 3 年で十分であるとの批判がある。また，諸外国では弾力的運用のために労働協約等の集団的規範による法規定からの逸脱の可能性を定める傾向にあるが，本条は入口規制を採用しなかったことから通算期間のみを基準とした一律転換制とされている点も特徴である。さらに，算定方法については「空白期間制度」が採用されているが，これは入口規制を採用しなかったことに起因するものであり，更新性の有期労働契約は断続的に「空白期間」を挟んだ利用を前提とするものであることから，出口規制の実効性を損なう可能性が高まる。そして，本条の手続は自動転換制ではなく，労契法の合意原則との整合性を図る観点及び有期とすることによって有利な労働条件を得ている

---

(66)　唐津博「有期雇用（有期労働契約）の法規制と労働契約法理」学会誌 121 号（2013 年）35 頁。
(67)　同旨，荒木・前掲注(63)『労働法の争点』152 頁。
(68)　荒木・前掲注(14)『労働法学の展望』175 頁。

「有期プレミアム」を考慮して(69)，「労働者の申込み制」を採用したものとされる。この方式は，「有期プレミアム」のような例外的事例を制度一般の論拠とすることは不適切であるのみならず，規定の実効性を損う可能性が高く，また「転換権の放棄」などの無用な解釈論を引起こす点で批判される(70)。

本条は，無期転換後の労働条件は同一条件であり，別段の定めがある場合はその定めによるとする。法案審議過程での経緯をふまえると，「原則が同一，例外が別段の定め」と理解すべきであり，無期転換制度は雇用の保障にすぎず無期転換後の他の労働条件は集団的合意にすべて委ねる傾向にある外国の立法例に比して，無期転換後の労働条件決定の明確なルールを定める点で一歩進んだ規定と評価すべきであろう。

なお，本条の適用除外を目的として，改正労契法の施行後，2013年12月に「研究開発力強化法」及び「大学教員等任期法」が，2014年11月には「専門的知識等を有する有期雇用労働者等特例措置法」が制定された。これらの立法は，適用除外の内容と実施手続に重大な法的問題を含むだけでなく，労働法としては異例な立法過程や労働契約に関する基本法としての労契法の存在自体を脅かし，労働法体系の混乱を招くものである(71)。ただ，これらの立法は，入口規制方式を不採用とした結果一律の出口規制を採用せざるを得なかった労契法改正の制度設計に起因しているものである。そして，この事態は入口規制において業務の必要性を基準に承認される有期労働契約類型を特定し，その類型ごとに出口規制における「通算契約期間」を柔軟に設定する制度の妥当性を証明するものでもある。

3　雇止め規制の特徴と意義 (19条)

労契法19条は，有期契約が更新され，その雇止めが解雇と同視できる場合又は労働者に更新についての合理的期待が認められる場合には，労働者の更新申込に対する使用者の拒否に合理性・社会的相当性がないとき，使用者が承諾

---

(69)　『有期労働契約研究会報告書』8頁，菅野・前掲注(3)224頁。
(70)　毛塚・前掲注(49)労旬1783号20頁。
(71)　古川景一「労働契約法第18条の特例に関する特別措置法案」月刊労委労協694号 (2014年) 3頁，水口洋介「有期雇用労働者特別措置法の問題点」季刊・労働者の権利305号 (2014年) 41頁以下。

第3章　非典型雇用(有期・パート・派遣)法理の創生を希求して

したものと擬制して同一内容の有期労働契約の更新を認めるものとする。これは，有期労働契約の適法性を原則として認める民法のもとで，更新性の有期労働契約の社会的不当性を規制するために考案された判例法理の実定法化である。同法理は，解雇概念を類推して期間満了を雇止めと捉えた上で，解雇制限原則を類推適用して雇止めを規制するが，更新という事実のみをもって無期転換したと解すべきでないとの前提に立って，その効果は同一内容の有期労働契約の更新を認めるにとどまっていた。

　本条の立法趣旨は，有期労働契約の更新のルールを明確化するために，判例法理の法文化するものであって，判例法理に実定法上の根拠を与え，無期転換規制を回避するための「通算契約期間」直前の雇止めへの対策として構想されたものであった[72]。比較法的には珍しい本条の更新規制は，主に，18条で長期の無期転換制度を採用したために生じた5年以内での雇止めからの雇用保護の必要性に応えたものであり，同時に判例法理の効果に関する解釈問題に立法的に解決するものとされる[73]。

　本条は，立法過程でも有期労働契約規制における出口規制の過渡的・補完的な制度と位置付けられており[74]，その法理構成と効果は，雇用保障法制の歴史的展開から見ると有期労働契約規制が登場する以前の解雇制限原則段階の制度と位置付けられるものである。ただ，その実務的意義は大きなものと評価される。

4　処遇格差是正規制(20条)の意義と法理

　わが国における有期雇用契約規制に関するもう一つの政策課題は，有期契約労働者の「不満」の中心である処遇格差の解消にあるとされた。しかし，雇用形態による処遇格差は，スウェーデンでの経験からも明らかなように[75]，そもそも有期労働契約という契約形態に起因する必然的な現象ではない。特にわ

---

(72)　平成24年7月平成衆参両院厚生労働委員会政府答弁，平成24年7月25日平成24年8月10日基発0810第5の5(1)，山川隆一「労契法19条」『新基本法コンメンタール　労働基準法・労働契約法』(日本評論社，2012年) 423頁。
(73)　荒木・菅野・山川・前掲注(28)『詳説　労働契約法〔第2版〕』203頁。
(74)　『有期労働契約研究会報告書』16頁。
(75)　Ann Numhauser Henning "Fixed-term Work in Nordic Labour Law" Scandinavian Studies in Law Vol43 (2002) p.295.

が国では、有期労働契約が非正規労働者の「身分」を設定する機能を果している結果[76]、契約期間の違いを口実に処遇に不当な格差を設ける雇用管理に原因があることから、この身分的雇用管理を打破し、公正かつ柔軟な雇用システムの確立が改正労契法の第二の課題となっていた[77]。

労契法20条は、この政策課題の解消に向けて、有期労働者と無期労働者の労働条件の相違が業務内容等に照らして不合理であってはならないと規定した。現在、現行雇用平等法制を平等という法的正義を実現するための法制と把え、差別理由により差別現象を類型化しそれに適合的な規制形式を構想するという視点から、実現すべき正義の内容とそのための法的アプローチを基準に二つのアプローチに峻別して理解すべきとする峻別説[78]が有力に主張されている。つまり、この見解は、第一に、共同体構成員として存在する限りで実現されるべき正義（同等性）については、市民社会の前提をなす人権保障にかかる社会的差別への公序による「差別禁止」アプローチが適切であり、第二に、市民社会で職業人として生きる限りで実現すべき正義（等価性）については、契約上の信義則を根拠に企業という生活空間を支配する使用者に平等に取扱う義務を課す「平等取扱原則」アプローチが適合的であるとするものである。パート労働法が就労形態差別に「差別禁止」方式を採用したのに対して、この峻別説に依拠すると、本規定は「平等取扱原則」をもって臨むことを明らかにしたものと解されることとなる[79]。

本条は法的効果についての言及も直律的効力規定も存在しないことから、立法過程での政府答弁や通達見解とは異なり、学説上は、民事的効力規定たる本条に反した不合理な労働条件を定める就業規則・労働協約等の規定は無効となり、労働者に不法行為による損害賠償請求が発生するに留まるとする見解が有

---

(76) 両角道代・神林龍「有期雇用の法規制」『雇用社会の法と経済』（有斐閣、2008年）162頁。
(77) 毛塚・前掲注(49)労旬1783号18頁。
(78) 毛塚勝利「労働法における差別禁止と平等取扱」『労働者人格権の研究（下）』（信山社、2011年）32頁以下、同「労働法における平等」労旬1496号（2001年）49頁以下。
(79) 毛塚・前掲注(49)労旬1783号26頁、27頁、水町勇一郎「「差別禁止」と「平等取扱い」は峻別されるべきか？――雇用差別禁止をめぐる法理論の新たな展開」労旬1787号（2013年）56頁、今村仁司『親鸞と学的精神』（岩波書店・2009年）8頁。

力であり⁽⁸⁰⁾，本条の内在的法理を平等取扱原則と捉える観点からは論理的に整合的な解釈と言える。

V　おわりに——改正労契法の位置付け

　改正労契法は，狭義の雇用保障法制の進展の中で如何に位置付けるべきであろうか。

　今日までの諸国の雇用保障法制の歴史的展開を概観すると，まず労働権理念又は憲法上の労働権規定を根拠に無期労働契約における解雇制限規定を実定法化した雇用「保護」法制の段階が第一段階といえよう。この段階ではいまだ有期労働契約規制立法は制定されず，典型的には1951年ドイツ解雇制限法下における有期契約の解雇制限規定の脱法的利用を規制する観点からの1960年代の判例法⁽⁸¹⁾やわが国の労基法18条の2の下での雇止め事案に関する判例法によって有期労働契約への規制が試みられた段階である。

　第二段階は，無期及び有期の両形態での労働契約関係の終了に対して雇用保障の観点から立法的規制を加え，実定法に解雇制限制度と有期契約規制制度を共に整備した雇用「保障」の段階である。その嚆矢は1974年スウェーデン雇用保障法⁽⁸²⁾であり，1999年EU「有期労働指令（1999/70/EU）」以後のヨーロッパ各国の立法がその典型である。

　そして，第三の段階の好例は現行スウェーデン雇用保障法の制度枠組みを創設した2006年改正法の改正論議の出発点となった労働組合側の提言⁽⁸³⁾が提示した段階である。そこでは，第二段階の諸制度では有期労働者の増加を食い止められなかったという反省を踏まえて，雇用保障の強化をめざして有期契約規制制度の実効性を高める具体的提案がなされ，法律用語としての「保証trygg」という文言を採用することにその意が込められていた。つまり，第三

---

(80)　毛塚・前掲注(49)労旬1783号28, 29頁, 菅野・前掲注(3)『労働法〔第10版〕』238, 239頁。
(81)　川田・前掲学会誌107号59頁参照。
(82)　拙稿では，同法の正式名称Lagen om Anställningskyddは「保護」を語源とするskyddという文言を採用しているが，同法は制定時から二つ契約形態についての雇用維持制度を整えていることを含意して「保障」と訳出している。
(83)　LO,TCO "Förenkling för ökad anställningstryget" 2001『強化された雇用保証のための簡素化』。

段階は雇用保障の二つの制度を定める実定法規定の実効性が実質的に確保された雇用「保証」の段階であり，今後の雇用保障法制がめざすべき段階といえよう。

このような雇用保障法制の歴史的進展のなかで，今次改正労契法は，理論的にも実務的にも第一段階を脱し，第二段階の入口にかろうじて到達した段階にあるものと位置づけられる[84]。

---

(84) 野田・前掲注(65)『労働法学の展望』219頁。

16 パートタイム労働者に対する均等待遇原則

山 田 省 三

I　はじめに
II　雇用形態差別とは何か
III　雇用形態差別に関する従来の裁判例の検討
IV　短時間労働者法8条による規制とニヤクコーポレーション事件判決
V　おわりに

I　は じ め に

　日本国憲法14条は，人種，性別，信条，社会的身分もしくは門地を理由とする差別を禁止しているが，これらの差別禁止類型は例示列挙と解されるから，合理的理由を欠く他の差別事由も禁止される（相対的差別の禁止）。これを受けて，雇用の分野においては，労働基準法（以下，労基法）が国籍，信条，社会的身分を理由とする労働条件差別を禁止し（3条），また女性であることを理由とする賃金差別を禁止している（4条）ほか，男女雇用機会均等法（以下，均等法）が性を理由とする採用を含む労働条件差別を禁止している（5条，6条）。

　以上が，わが国労働法における伝統的な差別禁止規定であるが，これに加えて，近年では，募集・採用において年齢を基準としないことを事業主に義務付ける雇用対策法10条のような年齢差別規定（このほか，定年年齢は60歳を下回ってはならないと規定する高年齢者雇用安定法8条も，広義の年齢差別規定とみることができよう）や，2016年4月から施行が予定されている改正障害者雇用促進法は，障害者であることを理由とする募集・採用，賃金等の処遇に対する差別を禁止しているほか，新しい差別概念として国連や欧州で承認されている，障害者に対する「合理的配慮」の提供義務という概念が規定されている（ただし，わが国では事業主の努力義務にとどまっている）。このほか，たとえばイギリスでは，妊娠・出産，性同一性障害（gender reassignment），性的指向（sexual

第3章　非典型雇用（有期・パート・派遣）法理の創生を希求して

orientation），婚姻上の地位（civil partnership）も差別禁止類型（protected characteristics）として挙げられている[1]。わが国の裁判例においても，労基法3条の差別禁止事由を例示列挙と解し，合理的理由を欠く年齢差別は労基法3条違反に該当するとする日本貨物鉄道（定年時差別）事件（名古屋地判平11・12・27労判780号45頁）が注目されるが，同判決は，もっぱら就業規則の不利益変更の問題に終始しており，年齢差別の検討は十分になされていない。また，直接的な差別事案ではないが，性同一性障害を理由とする解雇の効力が争われたS社（性同一性障害者解雇）事件（東京地判平14・6・20労判830号13頁）がある。

　さらに，近年では，パートタイム労働者（短時間労働者法8条）や，有期契約労働者に対する差別禁止規定（正確には，不合理な労働条件設定の禁止，労働契約法20条）が登場しているが，これらは，雇用形態としての労働法独自の差別概念と指摘することができる。このことは，雇用関係を含めて，差別禁止事由が拡大されているヨーロッパ諸国と軌を同じくするものである。これをもって，差別概念の「豊富化」とみるか，それとも不当な拡大とみるのかについては評価が分かれるとしても，このような差別概念が拡大されるに伴い，その成立要件や効果，あるいは差別の正当化事由も多様化するだけではなく，後述するように，差別とりわけ雇用関係における差別とは何かという本質的な問題を問いかけるものである。

　ともかく，英米法諸国とは異なり，権利濫用法理や公序といった一般条項が多様されてきたわが国においては，上記のような性同一性障害の差別的事案にみられるように，差別法理を援用することなく，これ等の一般条項を通じて柔軟な解決が可能であったが，信義則，公序，あるいは労働契約法3条2項のような総則的な規定は，今後も労働法解釈において重要な役割を果たし続けるものと考えられよう。

　わが国でも，いわゆる非正規労働者の増大とともに，1994年に福祉法的性格が強い短時間労働者法が成立したが，2007年には通常の労働者（いわゆる正社員）と短時間労働者との差別を禁止する法改正が行われ，また2012年には

---

[1]　山田省三「イギリス雇用関係における差別概念」法学新報119号3・4号（2014年）433頁。

有期契約労働者であることを理由として，無期契約労働者との間に不合理な労働条件を定めてはならないと規定する労働契約法改正がなされているほか，2014年には，短時間労働法8条も改正され，均等待遇の範囲が拡大されている。

本稿は，雇用形態における差別，とりわけパートタイマー（短時間労働者）に対する均等待遇原則の法理を追究しようとするものである。

II　雇用形態差別とは何か

差別禁止ないしは平等とは，法律学的にはどのように評価されるものであろうか。

近年の憲法学においては，アメリカ連邦憲法裁判所の判決を基礎として，平等を①特定権利・利益の均等配分，②目的適合性，③差別禁止の3概念で説明する見解がある[2]。また，「等しいものは等しく取り扱わなければならない」という「差別禁止」法理と，それを超えて，異なるものを等しく取扱う「平等取扱い」法理とに峻別し，後者を「平等化」と呼び，これによる平等化義務とは，労働法その他の強行規定と同様，一種の社会的保護規定と把握する見解[3]も登場しているが，これは，雇用形態差別に基づく格差を考察するにあたって参考となるものであろう。

このような，「差別禁止」・「平等取扱い」峻別論は，近年の労働法における提言とも共通するものであるが，その嚆矢となったのが毛塚教授の論稿であると考えられる。すなわち，同じ平等原則とはいっても，労働条件の不当な格差を排除しようとする均等待遇原則と，差別禁止とは同一に論じることはできない[4]，平等の内容には，差別禁止という意味での平等取扱いと，一般的な平等取扱いの双方が含まれている[5]，あるいは「平等規範は，支配的・組織的生活をもった生活領域において平等な取扱いを求める内部規範であるが，差別

---

(2)　木村草太『平等なき平等条項論』（東京大学出版会，2011年）251頁。
(3)　富永晃一『比較対象者の視点からみた労働法上の差別禁止法理』（有斐閣，2013年）370頁。富永教授によれば，雇用形態差別の政策目的には，有期契約労働者の待遇を改善するだけでなく，その数を減少させることにあるとされている（同書373頁）。
(4)　毛塚勝利「平等原則への接近方法」労旬1422号（1997年）4頁。
(5)　毛塚勝利「労働法における平等——その位置と法理」労旬1495-6号（2001）51頁。

第3章 非典型雇用（有期・パート・派遣）法理の創生を希求して

禁止規範は，支配的・組織的性格をもたない一般取引の生活領域においても妥当するもの」[6]と指摘されていたのである。

その後，毛塚教授の関心は，労働法全体における差別の構造的把握に向けられ，差別における属性的類型を，まず人的属性と契約的属性とに分類し，さらに，前者を人種，性，障害のような「非選択的属性」（人格権侵害）と，信条・組合員のような「選択的属性」（思想信条の自由，団結権侵害）とに再分類し，後者では有期，短時間，派遣といった雇用形態が問題となると指摘している[7]。この類型化によれば，パートタイマーや有期契約労働者は，「契約的属性」かつ「選択的属性」を保有した類型に分類されるが，これは「契約の自由」との言葉に代置することができよう。

したがって，雇用形態差別と，非選択属性である性・人種・年齢や，選択属性である信条等は区別されることになる。このことは法体系を異にするイギリスにおいても同様であり，従来の個別的差別禁止法を統合化した 2010 年平等法（Equality Act）において，上述の「保護される性質」から有期契約やパートタイムのような雇用形態差別は除外されているが，その理由のひとつとして，性・人種等が「人（person）」に着目しているのに対し，雇用形態は「職（person）」関するものであるとの指摘[8]がなされている。

続けて，毛塚教授は，差別の本質を，①人間を特定の類型的属性評価し，個人として尊重しないこと，②合理的理由なく，特定の類型的属性を理由として異別的取扱いという否定的評価を行うこと，③差別的取扱いが人間の社会的生活を営む上で不可欠な基本的権利を侵害又は侵害する可能性を有することを意味する「差別の三層的反規範性」との概念で説明している[9]。そして，毛塚教授は，雇用形態差別は，ある特定の社会関係（生活空間）を支配する平等原則に基づく法的規制に他ならない[10]ところ，使用者は信義則に基づく平等取扱い義務を負い，また付随義務としての，差別回避是正義務は，契約締結の自

---

(6) 毛塚勝利「労働法における差別禁止と平等取扱い」角田邦重先生古稀記念論集『労働者人格権の研究』下巻（信山社，2011 年）10 頁。
(7) 毛塚・前掲注(6)7-9 頁。
(8) James Holland and Stuart Burnett,Employment Law（2014,Oxord）p.99.
(9) 毛塚・前掲注(6)5-6 頁。
(10) 毛塚勝利「非正規労働の対等処遇問題への法理論的接近方法」日本労働研究雑誌 636 号 15 頁。

由を回避することになり，平等取扱い義務は，社会的差別にかかる差別是正義務とは異なり，契約の自由を当然に排除するものではないが，平等原則の特性からみて是認できない相違となった場合，すなわち契約拘束力よりも，平等原則の規範的要請が上回るに至ったときは，契約拘束力が否定されることになるものとされる[11]。以上のように，労働契約上の信義則から，雇用形態差別に対する救済の根拠を求めるのが，毛塚教授の議論の特徴となっている。

以上検討してきたように，まさに，雇用形態差別は労働法独自の概念とみることができる。たとえば，直接差別においては，比較対象者の存在が不可欠であるところ，従来の差別禁止では，個人が有する総体としての広義の人格権（性，人種，社会的身分や信条等を理由として差別されない権利）にかかわる不利益であるのに対し，雇用形態差別では，パートタイム労働者や有期契約労働者といった職業的・集団的比較が対象となるという差異が生じることになる。このように雇用形態差別では，従事する業務を中心として判断されざるを得ないから，人格一般に対する利益侵害ではなく，労働者固有の職業的人格権の侵害として理解される必要があろう。このため，通常の差別類型に比べて，雇用形態差別においては，短時間労働者法8条，9条や労働契約法20条のように，従事する職務内容の類似性が要求されることになろう。

ともかく，歴史的に見れば，差別禁止とは，性，人種あるいは社会的身分が典型的であるように，自己の意思によっては免れることのできない事由（毛塚教授の指摘する「非選択」性）から始まったものと考えられる。しかし，差別概念は，極めて歴史的な産物であることが想起すべきである。後述するように，短時間労働者法等のような雇用形態を規制する実定法が登場したことは，従来雇用形態差別を合理化してきた「契約の自由」論を強く制限するものとなったと考えられる。

もちろん，差別禁止法理と雇用形態差別法理とを峻別したことは，とりわけ後者の特質を明確に提示した点において，きわめて積極的な問題提起であった

---

(11) 毛塚・前掲注(6)11頁。毛塚教授によれば，公序としての差別禁止は，雇い入れ後の労働条件のみならず，採用・入職過程における差別も排除するものであるのに対し，雇用関係において使用者がその企業の構成員である労働者に対して理由なき労働条件差別を禁止する平等取扱義務は，原則として採用過程において機能しないとされる（毛塚・前掲注(5)52頁）。

第3章　非典型雇用（有期・パート・派遣）法理の創生を希求して

と評価できるが，両者の差異を過度に強調することは妥当ではないであろう[12]。

Ⅲ　雇用形態差別に関する従来の裁判例の検討

1　法規制以前

従来，学説において，いわゆる正規労働者と非正規労働者，とりわけパートタイマーとの間の合理性を欠く賃金格差を公序良俗違反もしくは不法行為とする法的救済肯定説と，これらの賃金格差は労使自治や国の労働市場政策に委ねるべきとする法的救済否定説とが対立してきた[13]。

現行の短時間労働者法8条や労働契約法20条が制定されるまで，雇用形態差別といえば，パートタイム労働者が議論の中心であったが，通常の労働者（いわゆる正社員）との処遇格差については，契約の自由論などを根拠として，雇用形態に基づく労働条件差別が合理化されるものと考えられてきた。

2　丸子警報器事件判決

所定労働時間および職務内容が同一であるため，短時間労働者の事案ではないが，雇用形態差別の事案におけるリーディングケースと呼ぶに相応しい裁判例が，丸子警報器事件（長野地上田支判平8・3・15労判690号32頁）であることに異論ないであろう。同判決は，労基法3条，4条等の根底に存在する「人はその労働に等しく報われなければならない」という市民法上の根底にある均等待遇の理念を媒介にして，同一（価値）労働同一賃金の理念を公序概念に取り込み，女性臨時員の賃金が同一業務に従事する女性正社員の賃金額の8割を下回った場合には，公序違反を招来すると判断するという手法を採用しており，堅固な同一（価値）労働同一賃金原則を，公序という柔軟な法理と結合させることに成功している。この意味からすれば，同判決こそ，従来の差別禁止法理

---

(12)　水町教授も，峻別論には慎重なスタンスを採用している（水町勇一郎『差別禁止』と『平等取扱い』とは峻別されるべきか?）労旬1787号（2013年）56頁。また。毛塚教授も，雇用形態差別と社会的差別とを二項対立的に理解する必要はないとされている（毛塚・前掲注(10)17頁）。

(13)　水町勇一郎「正規・非正規労働者の賃金格差」労働判例百選〔第8版〕，（2009年）41頁。

から，平等取扱い法理に転換させた初の判決と評価することができるかもしれない。

しかし，問題は救済を8割に限定し，比例的救済をした同判決の根拠をどこに求めるかである。通常であれば，合理性を欠く差別禁止違反に対する救済としては，原則的に10割の救済が認められるはずだからである。比例的な救済の他の例としては，大きな処遇格差は，思想信条による差別的評価部分と，正当な人事考課部分とが混在しており，どちらが決定的とは言えないとして，3割の救済が認められた東京電力千葉事件（千葉地判平6・5・23労判661号22頁），男女賃金差別において，比較対象となる男性の90％の救済が肯定された塩野義製薬事件（大阪地判平11・7・28労判770号81頁）等がある。しかし，両者とも，損害賠償請求事件であり，丸子警報器事件と同視することはできないであろう。

この問題に対するひとつの解答としては，「均等」（等しくすること）ではなく，同判決の「均衡」（雇用形態が異なることを認めたうえで，就業の実態等とバランスをとること）の原則を具体的数値化したものと説明される[14]。また，「均衡の理念」に基づく比例的救済を認めることにより，より柔軟な救済を提供することができるとの見解[15]も同旨であろう。

さらに，本判決が，公序概念の時代的変遷を示していると理解することも可能であろう。公序概念についても，性，人種，信条等のように，憲法14条や，それを雇用の場で具体化した労基法や均等法が禁止してきたような，合理性を欠けば直ちに違法とされる従来型公序と，本件のような雇用形態差別のように，新しく差別と認識されるようになった新しい公序とに分類することができる。毛塚教授によれば，前者は「一般的絶対的公序」，後者は「限定的相対的公序」と命名されている[16]。後者は，格差が存在したとしても，それ自体直ちに違法な差別と認識することはできないが，一定の許容される範囲を逸脱すれば公序違反と評価されるものである。本判決が，公序違反が成立する場合でも，

---

(14) 渡辺章『労働法講義 下巻』（信山社，2011年）446頁。
(15) 土田道夫「パートタイム労働と『均衡の理念』民商法雑誌119巻4・5号573頁。格差を正当化する根拠が存在しなければ，100％の救済をすべきことになろう（土田・前掲論文57頁）。
(16) 毛塚勝利「雇用平等の視点」労旬1324号（1977年）6頁。

救済を 8 割に限定したのは，このような理由に基づくものと理解することもできる。

次に，臨時員を正社員に登用するか，臨時員のままであっても，年功処遇の賃金体系を適用するかのいずれかの途を採るべきであったとする同判決の判旨部分は注目されるところである。経済学的議論では，正社員は年功処遇の企業内労働市場に属しているのに対し，パートタイム労働者の場合には地域の賃金相場に基づき決定されるという外部労働にあるとする「二重の労働市場論」が，正社員とパートタイム労働者との賃金格差を肯定する一つの理由とされてきた[17]。同判決の論理は，長年の勤続による貢献により，パートタイム労働者の「外部」労働市場が「内部化」されたことを法的に承認したものとみることができるが，この経済学における「外部労働市場の内部化」を法的に表現すれば，「格差是正義務」ということになろう。この概念を採用した日ソ図書事件（東京地判平 4・8・27 労判 611 号 10 頁）では，補助的業務に従事していた原告女性に対する入社当初の賃金格差は正当であるが，比較対象者である男性従業員の「労働の質と量」が同一となった時点において，使用者には賃金格差の是正義務があるとしているが，これは，平等という概念が時間的経過とともに変容すること，すなわち労務提供能力の変遷によって評価されることを意味している。現に，前掲丸子警報器においても，勤続年数の短い臨時員については，救済が否定されていることも，このことを物語っていよう。

もっとも，丸子警報器事件判決におけるひとつの問題点は，原告ら臨時員の提供する労働内容は，その外面面においても，被告への帰属意識という内面においても，女性正社員と同一であったことをもって，平等取扱いを肯定している点である。「帰属意識」という内面まで強調することは，労働能力の適正な評価として相応しくないものであり，あくまで業務内容等の外見的・客観的基準に基づいて決定されるべきであろう[18]。

以上のように，丸子警報器事件判決の法的構成については異論も有り得るが，非正規雇用に対する効果的な差別禁止規定を有していなかった時代における公序概念の柔軟な運用による事案解決方法として評価されるものであろう。

---

(17) この議論については，水町勇一郎『パートタイム労働の法律政策』（有斐閣，1997年）253-6 頁以下。

(18) 渡辺章・前掲注(14)446 頁。

3 丸子警報器事件判決以降の裁判例

しかし，丸子警報器事件判決以降の裁判例をみても，そもそもパートタイム労働者をめぐる事例は少なく，ほとんど有期契約労働者に関するものである。

唯一のパートタイム労働者の事案が，正社員と同一労働（大型運転手）に従事しているにもかかわらず，顕著な賃金格差が存在することは，同一労働同一賃金原則に違反し，公序違反に該当すると主張された日本郵便逓送事件（大阪地判平14・5・22労判830号22頁）である。もっとも，本務者（正社員）が1日8時間，3か月の雇用期間である臨時社員が7時間15分であるが，1週間の所定労働時間は7分差にすぎなかったから，短時間労働者の事案とは，厳格には言えない事案であるが，郵便物等の輸送便を運転するという点で，両者の職務内容は共通しており，しかも本務者は，あらかじめ定められた運行路線の定期便に乗務する業務であるのに対し，臨時社員運転手は，不定期，不定時に運行される臨時便に乗務しており，この点で，むしろ後者の負担が大きかったのが特徴である。

これに対し，同判決は，賃金などの労働条件については，雇用形態が異なる場合に賃金格差が生じても，これは契約自由の範疇の問題であって，これを憲法14条，労働基準法3条，4条違反ということはできないと判断している。これに対しては，就労の実態からみて，正社員との均衡を欠く賃金格差には合理的理由が必要であるが，それを欠く場合には，不法行為が成立すると考えるべきであるとの批判がある[19]。

以下では，非正規雇用労働者に対する格差に関する裁判例を概観しておきたい。

まず，有期契約労働者が，同期入社の一般職正社員と同一または同価値の業務に従事しているにもかかわらず，賃金との処遇につき不利益取扱いを受けていると主張された興亜火災海上保険事件（福岡地小倉支判平10・6・9労判753号87頁）では，原告と一般正社員との両者の業務内容のほか，予定された雇用期間，採用基準・手続，採用後の教育研修の内容・程度，期待する業務の内容範囲およびこれに伴う責任，時間外労働や異動に対する処遇方針等の社員と

---

(19) 香川孝三「期間臨時社員と正社員との賃金格差の合法性」ジュリスト1253号（2003年）218頁。

第3章　非典型雇用（有期・パート・派遣）法理の創生を希求して

しての地位・権限・責務に関する差異に照らすと，両者の間に賃金格差が生じることに格別不合理な点は見出せず，また，同一内容または同一価値の労働をしていたと認めることはできないと判断されている。

さらに，正規調理員と臨時調理員との処遇格差が問題となった那覇市学校臨時調理員事件（那覇地判平13・10・17労判834号89頁）では，調理師という従事する業務は同一であるとしても，両者は採用方法が異なり，正規調理員には一定の能力が求められており，かつ，長年にわたって学校の組織内で就労することが予想され，場合によっては組織を管理する地位に就く可能性を含めて，調理能力や資質，素養などが評価されるべき地位にある点においても，両者の労働が同一価値であるということはできないと判断されている。

このほか，学校法人立教女学院事件（東京地判平20・12・25労判981号63頁）では，嘱託職員と本務職員との間に雇用形態に基づく賃金格差が生じたとしても，長期雇用が予定されている労働者と短期雇用が予定されている有期雇用労働者との間において，単純に同一労働同一賃金の原則を適用することが公序とはなっていないと判断されている（この論理は，非正規の事案だけでなく，総合職と実務職という正規労働者間においても，職域，期待される能力，責任の軽重，配転の範囲といった労働契約の基本内容に差異がある以上，両者の資格・給与制度に差異があることは違法ではないとした竹中工務店事件（東京地判平16・5・19労判879号61頁）と共通するものである）。

以上の裁判例においては，従事する業務内容や責任が同一であっても，採用手続，雇用期間，時間外・配点の有無，将来への期待度あるいは教育研修等が異なることが，不利益取扱いを肯定する根拠として挙げられている。しかし，これらの事由が，パートタイマーや有期契約労働者との差別をただちに合理化するかは疑問であるし，差別を合理化する理由として，ましてや資質や素用といった確定不可能な概念を持ち込むことは許容されないであろう[20]。

これに対して，従来の裁判例と少し異なる判断枠組みを採用したのが，嘱託と一般職員との間に同一価値労働同一賃金原則が適用されるか，あるいは両者間の賃金格差が公序違反に反し不法行為となるかが争点となった京都市女性協

---

(20) 採用手続きの差異が賃金格差を合理づけることは肯定しながら，使用者がパート労働者を同一労働・同一拘束の下に置き，完全に基幹労働力に組み入れているような場合には，賃金格差の抗弁とすることはできないとするものとして，土田・前掲注(15)572頁。

会事件(京都地判平20・7・9労判973号52頁)である。同判決は,憲法14条および労基法4条の根底にある均等待遇の理念,国際条約等で締結される下での国際情勢およびわが国において労働契約法が制定されたことを考慮すると,(公序というか否かはともかく)同一価値労働であることが明らかに認められるにもかかわらず,当該労働に対する賃金が相応の水準に達していないことが明らかであり,かつ,その差額を具体的に認定し得るような特段の事情がある場合には,当該賃金処遇は均衡処遇の原則に照らして不法行為を構成する余地があるとの判断枠組みを採用した。

以上のような判断がなされた原因として,判決時には既に短時間労働者法8条が施行されていた影響を伺うことができる。このため,同事件自体は,同条施行以前の事案であるにもかかわらず,原告が一般職員(通常の労働者)と同視すべき短時間労働者に該当するか否かの判断が行われている(原告の就業時間は午後10時45分から午後6時30分(うち1時間の休憩・休息時間あり)と認定されているが,一般職員の所定労働時間が認定されていないので,原告女性が短時間労働者に該当するか否かは明らかではない)。

同判決によれば,原告は相談業務という高度な業務を担当していたものの,一般職員については,教員免許・社会教育指導主事等の有資格者を採用していること,配置転換があること,責任の度合いが重いことを理由として,原告が通常の労働者と同視すべき労働者短時間労働者には該当しないと判断されている。

このため,同判決は,原告に形式的に一般職員の給与表を適用して賃金水準の格差ないし適否を論ずることは適切なものとはいえず,原告が従事していたのと同様の相談業務を実施している他の法人等における給与水準がどの程度か,その中でも原告のように質の高い労務を提供した場合にどのような処遇が通常なされているのかという点や,司書資格を要することが原則必要とされている図書課情報室勤務の嘱託職員と比べ,原告については具体的にどの程度賃金額を区別すれば適当なのか,他の相談業務に従事する嘱託職員と比べた場合,どの程度賃金額を区別すれば適当なのかという点について具体的な事実を認めるに足りず,したがって,原告に支給されていた給与を含む待遇について,一般職員との格差ないしその適否を判断することは困難であるとして,原告の請求が棄却されている。

以上のように、同判決は、同一価値労働同一賃金原則そのものを肯定するものではないが、差別的取扱いの態様・程度によっては不法行為が成立するとしているのが特徴であるが、同判決の指摘する事実をすべて立証することを労働者に求めるのは酷であろう。さらに、雇用平等の原理が、原則的に同一企業内でのみ妥当する点に鑑みれば、他の法人における給与水準を持ち出すことは不当であろう。

Ⅳ 短時間労働者法8条による規制とニヤクコーポレーション事件判決

1 概　要

1993年に制定された短時間労働者法（いわゆるパートタイム労働法）は、福祉法的性格を有するものであったものであり、事業主が通常の労働者（いわゆる正社員）との「均衡等」を考慮した適正な労働条件の確保を図るための措置を講ずるものにすぎなかった（3条）。続いて、一定の範疇に属する短時間労働者（通常の労働者と同視し得る短時間労働者）に対する明確な差別を禁止する規定として初めて登場したのが、2007年改正短時間労働者法8条であり、契約の自由に委ねられていた雇用形態差別についての法的評価も、同法改正により、従来のそれとは大きく変容したものと評価することができよう。

2 短時間労働者法における差別禁止の要件

短時間労働者法8条は、「通常の労働者と同視すべき短時間労働者」との概念を定立し、従事する業務の内容と責任（職務の内容）および退職までの長期的な人材活用の仕組みが同一であること、すなわち雇用の全期間において、職務の内容・配置とその変更が同一であり（1項）、かつ無期労働契約を締結していること（社会通念上、無期労働契約と同視できる有期労働契約を含む）こと（2項）が差別禁止の要件とされている[21]。これは、「正社員と前提を同じくする」非正社員を合理的理由なく差別することは、憲法14条の精神である平等

---

(21) 改正短時間労働者法8条1項は、日本版同一労働同一賃金原則を初めて「具体的」に実体化したものとの指摘（高崎真一『コンメンタール　パートタイム労働法』（共著、労働調査会、2008年）1頁）があるが、同一労働同一賃金原則の本来の趣旨からすれば、疑問である。

取扱い原則に照らし，公序違反と解する考え方[22]に近いものであろう。同説は，一般に主張される同一労働同一賃金原則を基準とするものではなく，時間外労働や配転のような同一義務同一賃金原則を採用する点に特徴がある[23]が，この考え方が改正短時間労働者法8条1項の配置およびその変更が同一であるとの条項の導入に影響したことが考えられる。

以上のように，通常の労働者との差別が禁止される「通常の労働者と同視できる短時間労働者」に該当するためには，業務内容のみならず，責任についても同一性が要求されることになる。たしかに，責任という言葉は，一見客観的な要素とみられがちであるが，職務分析が十分ではないわが国では，業務内容に比較して抽象的な概念であることからすれば，その差異は慎重に判断されるべきであろう[24]。また，業務の同一性の判断要素として，時間外労働の有無やその程度も考慮されるとされている（平19・10・1雇児発1001002号）が，一般に所定時間外労働の有無が賃金額に反映されることは考えられないはずである（通常の労働者の間でも，時間外労働をする者は25万円，しない者は20万円という処遇はあり得ないであろう）。さらに，労働者が均等待遇を求める場合，同一性要件を実体的要件と解し，その充足をすべて労働者に主張立証させること，とくに「人材活用の仕組みの同一性」を証明することは，証明責任の適正な配分を欠いているもの[25]との批判も存するところである。

4 ニヤクコーポレーション事件判決の登場

以上のように，厳格な要件を定める短時間労働者法8条の規定のため，これに該当するパートタイマー（短時間労働者）は全体の1～2％に過ぎないと指摘されてきた。この点で注目されるのは，短時間労働者法8条該当性が初めて肯定されたニヤクコーポレーション事件大分地裁判決（平25・12・10労判1090号44頁）である[26]。

---

(22) 水町・前掲注(17)228頁以下。
(23) 同一義務労働同一賃金原則への批判として，山田省三「改正パートタイム労働法における均等待遇原則の理論的課題」労旬1678号（2008年）15頁以下。
(24) 業務の同一性を要求することは正当であるとしても，権限・責任の同一性を要求することへの批判として，渡辺・前掲注(14)452頁。
(25) 毛塚・前掲注(6)21頁。
(26) 同判決については，水町勇一郎・ジュリスト1645号111頁，緒方桂子・日本労働

本判決は，まず，準社員運転手の労働契約は，反復して更新されることによって，期間の定めのない労働契約と同視することが社会通念上相当と認められる期間の定めのある労働契約である（同法8条2項）と認定したうえで，業務の内容・責任の程度が正社員運転手と同一であり，かつ準社員運転手の雇用関係が終了するまでの全期間において，配置とその変更の範囲が同一である（同条1項）と判断している。この事実認定には微妙な点もあるが，同事件におけるもう一つの争点であった雇止めに関する労働契約法19条1号該当性との関係で，このような判断がなされたものであろう。

では，業務の内容および責任，すなわち職務内容の同一性は，本判決において，どのように判断されているであろうか。同判決は，正社員ドライバーと準社員ドライバーの職務内容が同一であること，臨時員には配転させる旨の規定がなかったが，九州支店では正社員の配転は実際には少なく，このため両者の間で配転・出向に関して大きな差異は存在しなかったこと，平成20年3月末時点において，チーフ，運行管理者等の任命についても差がなく，本件当時にも，3名の準社員が運行管理補助者であったことから，両者の間の配置の変更の範囲が大きく異なっていたとまではいえないことから，原告が「通常の労働者と同視できる労働者」に該当すると判断している。

そして，同判決は，正社員と準社員である原告との間で，賞与額が大幅に異なる点，週休日の日数が異なる点，退職金の有無が異なる点は，通常の労働者と同視すべき短時間労働者について，短時間労働者であることを理由として賃金の決定その他の処遇について差別的取扱いをしたものとして，8条1項に違反し，不法行為を構成するとしている。

3 差別禁止規定違反の法的効果

ところで，短時間労働者法8条1項違反が成立した場合の法的効果が問題とされるべきであろう。

まず，労基法13条のように，労働契約を規律する補充的効力を承認する規定が存在しないことから，短時間労働者法8条1項の要件を充足する短時間労働者は，通常の労働者と賃金等につき，同一の労働条件を受ける地位の確認請

法学会誌124号220頁，山田省三・労働法学研究会2581号30頁等参照。

求が許容されるか否かである。もちろん，単に直律的効力の規定がないことのみをもって，直律的効力を否定することは形式論にすぎないであろうが，労働条件を含む短時間労働者に対する処遇には多様なものがある点に鑑みれば，労働条件ごとに別個に検討される必要があることから，短時間労働者法8条違反については，本判決のように，不法行為として処理するのが妥当であろう。

次に，短時間労働者（現行）8条1項において差別禁止の対象となる「労働条件」に付いて，同条は，賃金の決定，教育訓練の実施，福利厚生施設の利用その他の待遇と定めているが，休憩，休日，休暇，安全衛生，災害補償，解雇等，労働時間以外のすべての処遇が含まれる[27]のは当然であろう。

ここで問題とされるべきは，「差別」とは何を意味するかである。同項は，文字通り短時間就労であることを理由とする差別を禁止するものであるから，前述したように，労働時間の差異から生じる待遇格差のみが合理化されることになろう。従って，労働時間の長さとは無関係に支給される家族手当や通勤手当等の手当や，短時間労働者を優先して解雇するという整理解雇の人選基準は，同項違反となろう[28]。

次に，たとえば，通常の労働者は月給制，パートタイマーが時間給である場合には，後者にも月給制が適用されることになると考えられるが，具体的な賃金額は労働時間に比例して算定されることになろう（prorate principle）。このほか，賞与・退職金については，その法的性格によって決定されることになろう。すなわち，それが労働者の能力・成果によって決定される賞与・退職金である場合には，労働時間の差異とは無関係な対価であるから，金額に差異を設けることは許されないであろう。これに対して，一律もしくは機械的にたとえば2か月分の賞与支給というケースでは，2か月の算定基礎の給与が労働時間に比例して算定されることも許容されるのではないだろうか。この点で，短時間労働者に対して，通常の労働者と同一額の賞与および退職金の支払いを肯定しているように思われる本件判決の処理は疑問である[29]。

---

(27) 高崎・前掲注(21)228頁。
(28) 労契法20条とあいまって，正社員の希望退職を実施する前に，臨時員の雇止めを行ったことが相当とされた日立メディコ事件最高裁判決（昭61・12・4労判486号6頁）の判断は，再検討の対象となろう。
(29) 同判決は，労契法19条を適用して，本件有期労働契約が更新・存続していること

第3章　非典型雇用（有期・パート・派遣）法理の創生を希求して

ところで，短時間労働者と比較される通常の労働者とはだれかが問題となるが，最も良い処遇を享受している通常の労働者がこれに該当しよう[30]。最後に，8条1項が適用されるのは，その立法趣旨からすれば，短時間労働者が通常の労働者より低い処遇を受けている場合に限定されることになろう[31]。

4　短時間労働者該当性

短時間労働者法は，通常の労働者（正社員）と比較して，1週間の所定労働時間が短い労働者のみに適用される（同法2条）。これは，パートタイム労働者の本質からすれば，当然の定義であるが，フルタイム・パートという形容矛盾のパートタイマー（非短時間労働者）が多数存在するというわが国の実情からすれば，通常の労働者により近いパートタイム労働者が，同法8条の保護から排除されることになってしまうことになる。

したがって，いわゆるフルタイム・パート（身分だけのパートタイマー）への取扱いが脱法的に行われた場合には，同法8条の規定が準用されるべきである[32]し，少なくとも公序違反の判断がなされるべきであろう。そうでないと，使用者は，たとえば1日7時間のパートタイマーの所定労働時間を，通常の労働者と同一の8時間とすることにより，同条の適用を回避することを許容することになるからである。

この点で，1日の所定労働時間が7時間から8時間に変更され，正社員と同一となったから，同日以降は，短時間労働者法2条にいう短時間労働者には該当しなくなったとするニヤクコーポレーション事件判決の判断は支持することができない。たしかに，同事件では，1日の所定労働時間が7時間の短時間パートと8時間のフルタイム・パートが混在しており，これを統一する必要があったということは理解できない訳ではない。しかし，本件就業規則の改訂が行われた時期に，まさに短時間労働者法8条違反の当否が争点となっていたこと，またパートタイム労働者の労働時間を統一するのであれば，むしろ7時間に統一することも考えられること等の事情からすれば，この変更は，同条の適

　を理由に，退職金請求を否定している。
(30)　高崎・前掲注(21) 228頁。
(31)　高崎・前掲注(21) 228頁。
(32)　水町勇一郎『労働法〔3版〕』（有斐閣，2010年）68頁。

用を免れるための脱法的行為とみることも可能であろう。

5　有期労働契約差別の禁止

有期労働契約を締結しているパートタイム労働者が多いことから，有期雇用契約への規制も求められてきたが，これは，有期契約労働者と無期契約労働者との間で不合理な労働条件を定めてはならないと規定する改正労働契約法 20 条により実現された[33]。

短時間労働者法 8 条では「差別してはならない」とされているのに対し，同条は「不合理な労働条件」の禁止とされているのが特徴である。このような規定となった理由については，「差別取扱い」の禁止は，人種・宗教・性別などの人権関連の差別について，有利にも不利にも異なる取扱いを禁止する規制であるところ，有期契約労働者と無期契約労働者との労働条件格差は，雇用システムにおける慣行の問題であり，しかも有期契約労働者のなかには，無期契約労働者よりも有利な処遇の者も少数ながら存在するので，不利益な取り扱いのみを禁止する趣旨であると説明されている[34]。

労働契約法 20 条によれば，業務の内容および責任の同一性を要求することは短時間労働者法と同一であるが，配置とその変更については，雇用の全期間において同一であると要件が削除されたほか，その他の事情という有期契約労働者に有利な事情が評価されることが付加された。このことは，比較対象の同一性要件を充足する場合に限定することなく，不合理な労働条件の相違を禁止するものであり[35]，評価できるものであろう。

ところで，不合理であってはならない労働条件には，賃金や労働時間等の狭義の労働条件だけでなく，労働契約の内容となっている災害補償，服務規律，教育訓練，付随義務，福利厚生など，労働者に対する一切の待遇が含まれるのは当然であろう（短時間労働者の場合には，労働時間の差異に基づく処遇格差が禁止対象から外されるのに対し，有期契約労働者の場合には，期間の定めの有無に基づくものではない処遇格差が不合理ではないとものとされる）。労働条件が不合理

---

[33]　労働契約法 20 条は，差別禁止から雇用形態差別への転換事例であると指摘される（毛塚・前掲注(10)15 頁）。
[34]　菅野和夫『労働法〔第 10 版〕』（弘文堂，2012 年）235 頁。
[35]　毛塚・前掲注(6)21 頁。

第3章　非典型雇用（有期・パート・派遣）法理の創生を希求して

と認められるかどうかは，①職務の内容（業務の内容および当該業務に伴う責任の程度），②当該職務の内容および配置の範囲，③その他の事情を考慮して，個々の労働条件ごとに判断されるが，とりわけ，通勤手当，食堂の利用，安全管理などについて労働条件を相違させることは，特段の理由がない限り，合理的とは認められないと解されている[36]。

そして，「職務の内容及び配置の変更の範囲」については，「今後の見込みも含め，転勤，昇進といった人事異動や本人の役割の変化等（配置の変更を伴わない職務の内容の変更も含む）の有無や範囲を指す」ところ，残業の有無や程度もこの基準の内容とされている（平19・10・1雇児発1001002号）が，残業の有無や程度を含むことについては，短時間労働者8条の場合と同様の批判が妥当しよう。

なお，短時間労働者法8条と労働契約法20条とは排他的なものではないから，有期労働契約を締結している短時間労働者については，両条が重畳的に適用されることになろう。

Ｖ　お わ り に

2014（平成26）年4月，短時間労働者法が改正され，短時間労働者と通常の労働者との間で待遇が相違する場合には，職務の内容（業務の内容および責任），当該職務の内容及び配置の変更の範囲その他の事情を考慮して，不合理であってはならないと規定する新8条が新設されたほか，現行8条1項の要件のうちの期間の定めのない労働契約を締結していることとの要件が削除され，新9条に移行された。新8条の規定は，現行労契法20条と類似した規定形式となっているが，雇用の全期間を対象としない点と，その他の事情が考慮される点も加味されたことにより，現行短時間労働者法8条よりも柔軟な要件となっている。後者については，差別的取扱いが禁止される短時間労働者の範囲を拡大す

---

(36) なお，労働契約法20条にいう「不合理な労働条件の禁止」は，考慮要素の面では，均等処遇を求める規制に近く，不合理な労働条件を否定する趣旨である以上，基本的には期間の定めのない労働者と同じ労働条件が認められるべきであるが，相違のある労働条件は様々であるから，有期契約労働者独自の昇格・昇進のような，無期労働契約の労働契約を補充することが妥当でない場合には，実情に即した合理的な相違を含む制度に是正されることに留まるとする見解（野田進『新基本コンメンタール　労働基準法・労働契約法』（共著，日本評論社，2012年）430-431頁）がある。

るものであるが，本改正により，新8条1項の「通常の労働者と同視すべき短時間労働者」は，0.8％増加すると指摘されている[37]。今後は，新8条の「不合理なものであってはならない」という文言と，「差別してはならない」と規定する9条の文言において，法的評価に広狭があるのか否かが問われることになろうが，むしろ端的に，「事業主は，労働者が短時労働者であることを理由として，合理的理由なく不利益な取扱いをしてはならない」と規定すべきであろう[38]。

繰り返すが，雇用形態における差別概念は歴史的に形成されるものである点からすれば，短時間労働者法新8条，9条や，労働契約法20条に立法化されることにより，その法的性格が変化したものとみるべきである。かつて，使用者が一般的に労働者に対して，他の労働者との均衡に配慮して処遇すべき雇用契約上の義務を負っているとはにわかに納得できないと判断された（ヤマト運輸事件（静岡地判平9・6・20労判721号37頁）時代ではなく，今後の解釈にあたっては，同法の規定や，労働契約法3条2項の理念，信義則あるいは公序といった一般条項を反映した労働契約上の平等取扱い義務が肯定されるべきである。たとえば，いすゞ自動車事件（宇都宮地決平21・5・21労判984号5頁）は，正規従業員には休業手当として賃金全額を支給しながら，臨時員には平均賃金額の60％という労基法上の最低基準しか支給していなかった事案であるが，危険負担（民法536条2項）の法理を解釈する際に，労契法3条2項の均等処遇の理念が考慮されていることは注目されよう。

さらに，短時間労働者法8条施行後も，間接差別の法理の適用可能性も否定されないであろう。周知のように，パートタイム労働に従事する労働者の大多数が女性であることから，欧州ではパートタイム労働者に対する差別は，女性差別として認識されてきた。もちろん，男性パートタイム労働は救済されないという救済上の欠点があることや，短時間労働が男性の間にも拡大している事実に伴い，短時間労働を女性労働と把握することに，どの程度のリアリティが

---

(37) 平成23年現在，無期契約を締結している職務・配置等が通常の労働者と同一である短時間労働者は，全体の1.3％であるが，ここから無期契約という条件を外すと2.1％となるという（労働法令通信235号（2014年）3頁）。

(38) 川田知子『新基本法コンメンタール　労働基準法・労働契約法』（共著，日本評論社，2012年）500頁。

第3章 非典型雇用（有期・パート・派遣）法理の創生を希求して

あるかは不明であるとの問題がない訳ではない。しかし，かつて厚生労働省の男女雇用機会均等政策研究会報告書においても，間接差別の対象として，パートタイム労働者が含まれていたのであり，短時間労働者に対して，間接差別の法理を適用することのメリットが再考されるべきではないだろうか。

最後に，雇用形態における均等待遇を達成するための補助的制度として，以下の2つの前提が不可欠と考えられる。

第1が，制度相互間の転換制度，すなわちパートタイマーから通常の労働者への転換，有期労働契約から無期労働契約への乗換え制度の存在である。有期労働契約の無期労働契約への転換については，労働契約法18条1項において認められている[39]のに対し，パートタイマーについては措置義務にとどまっている（短時間労働者法12条）が，この点は再検討の必要があろう

第2が，業務内容と処遇との関係が十分に説明されていること，すなわち納得性を得るための手続きが担保されるべきである（労働契約法4条参考）。短時間労働者法13条は，短時間労働者から請求があった場合には，待遇の決定に当たって考慮した事項を説明する義務を使用者に課しており，この中には新8条，9条も含まれるから，通常の労働者と異なる処遇がなされる場合には，十分な説明が求められ，それが短時間労働者の待遇改善につながっていくことが，なによりも望まれよう。

---

[39] もっとも，6か月間の空白期間（クーリング期間）を置けば無期労働契約に転化しないという規定（労働契約法18条2項）は，実質的な脱法行為を同法が承認したことになりかねないであろう。これに対し，イギリスでは，プロフットボール選手のように，真正なビジネス目的を達成するために不可欠であり，かつ適切な手段でない限り，使用者は無期労働契約への転化を拒否することができないとされている（山田省三「イギリスにおける有期労働契約をめぐる法理」法学新報119巻5・6号607-610頁）。

17 ドイツにおけるパート・有期労働契約法 14条の解釈をめぐって
——近年の欧州司法裁判所及び連邦労働裁判所の判決を手掛かりに——

川 田 知 子

Ⅰ はじめに
Ⅱ パート・有期法14条1項3号の「他の労働者の代替」
Ⅲ パート・有期法14条2項2文の「連結の禁止」
Ⅳ パート・有期法14条2項3文の協約解放条項
Ⅴ 検　討

Ⅰ　はじめに

　日本では，有期労働契約規制をめぐって入口規制（有期労働契約の締結事由規制）と出口規制（更新回数・利用可能期間・雇止め法理などの規制）のあり方が大きな焦点となっている。2012年改正労働契約法は，入口規制ではなく，出口規制として，労働者の申込みによる無期転換ルールを導入し（18条），雇止め法理を明文化した（19条）[1]。入口規制を採用しなかった理由として，例外業務の範囲をめぐる紛争の多発や雇用機会の減少などへの懸念が示されている[2]。とりわけ，入口規制に慎重な意見は，有期雇用が新規採用者や就職状況の厳しい高齢者の雇用促進につながるという雇用政策上の効果を主張する。

　雇用政策上の効果を重視して有期雇用を促進しようとする動きは欧州にもみられる。EU有期労働指令5条1項は，①更新を正当化する客観的理由，②総継続期間の上限，③更新回数の上限のうち一つまたは複数の措置を講じること

---

[1] 2010年に公表された「有期労働契約研究会報告書」は，比較法的見地を踏まえて，入口規制と出口規制について政策選択のメリット・デメリットを示し，立法政策上の検討素材を提供した。
[2] 労働政策審議会労働条件分科会（分科会長：岩村正彦・東京大学大学院教授）「有期労働契約のあり方について（報告）」参照。

第3章　非典型雇用（有期・パート・派遣）法理の創生を希求して

を要求するにとどまり，入口規制の採用を義務付けているわけではない[3]。また，EU構成国のなかには，当初は，有期労働契約を客観的合理的理由がある場合にのみ例外的に許容し，そうした例外的事由に該当しなければ有期労働契約の締結を禁止するという法規制を採る国が少なくなかったが，近年，入口規制を緩和する，あるいは，入口規制から出口規制へとシフトする国が増えてきたといわれている。本稿で検討の対象とするドイツも，入口規制から出口規制へと規制の重点を移行させた国として位置付けられている[4]。

たしかに，硬直的な労働市場のもとで高い失業への対応を迫られた国々は，失業者の雇用促進のために雇用政策上の観点から有期規制の緩和を進めてきた。しかし，諸外国の有期労働契約規制を参考にする場合，法規制の改正動向だけではなく，それが実務にどのような影響を与えているのか，また，その結果として生じた紛争を司法がどのように判断しているのかなど，全体的見地から有期労働契約法制を評価する必要があるだろう。

そこで，本稿では，ドイツのパートタイム労働・有期労働契約法（Gesetz über Teilzeit und befristete Arbeitsverträge——TzBfG，以下，「パート・有期法」という）[5]14条に関する近時の連邦労働裁判所判決及び欧州司法裁判所先決裁定を手掛かりに，ドイツの有期労働契約規制の姿を明らかにしたい[6]。

---

(3) 正式名称は，「ETUC, UNIC 及び CEEP によって締結された有期労働に関する枠組み協約に関する閣僚理事会指令（1999年6月28日）（1999/70/EG）」（以下「有期労働指令」あるいは「枠組み協定」という）。
(4) 荒木尚志「有期労働契約規制の立法政策」荒木尚志・岩村正彦・山川隆一編『労働法学の展望——菅野和夫先生古稀記念論集』（有斐閣，2013年）166頁以下。
(5) BGBl. I S. 1966。パート・有期法は，「UNICE, CEEP 及び ETUC によって締結されたパートタイム労働に関する枠組み協約に関する閣僚理事会指令（1997年12月15日）（1997/81/EG）」，及び，前掲「有期労働指令」ないし「枠組み協定」を受けて，2000年12月21日に制定された（2001年1月1日から施行）。
(6) なお，本稿で取り上げたドイツ連邦労働裁判所判例及び欧州司法裁判所先決裁定は，パート・有期法14条に関する最近の文献（*Patrick Bruns*, Rechtsprechungsreport zum arbeitsrechtlichen Befristungsrecht 2012/2013, (Teil 1), BB 51/52.2013, S. 3125 ff. 及び (Teil 2), BB 1/2.2014, S. 53 ff. や，*Frank Zundel*, Die Entwicklung des Arbeitsrechts im Jahre 2013——Inhalt und Umfang arbeitsvertraglicher Rechte und Pflichten, NJW 4/2014, S. 1952 ff. など）で紹介されていたものである。

Ⅱ パート・有期法14条1項3号の「他の労働者の代替」

1 恒常的な代替と連鎖有期労働契約

　パート・有期法14条1項は，労働契約の期間設定に客観的理由を要することを原則とする[7]。ドイツでは，期間の定めのない労働契約が社会政策上望ましい標準形態であり[8]，有期労働契約は例外として許容されている。

　パート・有期法14条1項が列挙する客観的理由のうち[9]，「他の労働者の代替」(3号)は，客観的理由のある期間設定の典型といわれている[10]。「他の労働者の代替」としての有期雇用は，例えば，産休や親時間による長期休業[11]，疾病による長期休職，あるいは，有給休暇などの長期休暇中に，一時的に労務を提供することができない被代替労働者の代わりに利用されている。基本的には，被代替労働者が職場復帰するまでの期間なので，代替労働者の労働契約には期間が付されている。また，被代替労働者の一時的な不在と代替労働者の有期雇用との間には因果関係が必要とされる。

　パート・有期法14条1項3号の「他の労働者の代替」としての有期労働契

---

(7) この原則の源である1960年10月12日連邦労働裁判所大法廷決定は，長期に反復更新された有期労働契約（連鎖労働契約）は解雇制限法の潜脱であり，したがって，有期労働契約に合理的理由がない限り効力を有しないと判断した。BAG Beschluss vom 12.10.1960, AP Nr.16 zu §620 BGB Befristeter Arbeitsvertrag.

(8) BT-Drucks.14/4374, S. 12。後述する連邦労働裁判所2010年11月17日判決もこれを確認している。BAG,Beschluss vom 17.11.2010-7 AZR 443/09, NZA 2011, S. 35.

(9) パート・有期法14条1項は，客観的理由として，①労働給付の経営上の需要が一時的にのみ存在する場合（1号），②労働者が引き続き雇用に移行することを容易にするために，教育訓練又は大学課程の終了に引き続いて，期間設定が行われる場合（2号），③他の労働者の代替のために労働者を雇用する場合（3号），④労働給付の特性が期間設定を正当化する場合（4号），⑤試用のために期間設定が行われる場合（5号），⑥労働者の個人的事由により期間設定が正当化される場合（6号），⑦財政法上有期雇用が定められている財政措置から労働者に報酬が支払われ，それに従って労働者が雇用される場合（7号），⑧期間設定が裁判上の和解に基づく場合（8号），を挙げている。

(10) Hans-Jürgen Dörner, Der befristete Arbeitsvertrag, 2. Aufl. (München, 2011), Rn. 18.

(11) ドイツの親手当・親休暇法 (Gesetz zum Erziehungsgeld und zur Elternzeit-Bundeserziehungsgeldgesetz,BGBl. I S. 3358) にもとづく親時間 (Elternzeit) は日本の育休に相当する。

第3章　非典型雇用（有期・パート・派遣）法理の創生を希求して

約は，基本的には，休業・休職ないし休暇中の被代替労働者が将来的に職場に復帰すれば代替の需要がなくなるという使用者の予測（Prognose）に基づいて締結される[12]。したがって，使用者は，被代替労働者の職場復帰によって代替の必要がなくなることを予測しなければならない。被代替労働者の職場復帰について使用者が著しく確信がもてない場合に初めて，他の労働者の代替という客観的理由が単に口実として使われていると判断されることになる。

もっとも，使用者は，職場復帰の時期および代替労働者を必要とする期間や，常勤労働者が職場復帰後に完全に仕事を再開できるかどうかについて予測することは求められていない。そのため，被代替労働者の就労不能が続いたために代替労働者との有期労働契約を反復更新することは，代替の需要が将来なくなるという使用者の予測と矛盾しない。引き続き代替の需要がある場合，使用者は従来の代替労働者との有期労働契約を更新するのか，他の代替労働者を雇用するのか，あるいはその他の方法でやりくりするかを自由に決定することができる。

パート・有期法14条1項は，同条2項（客観的理由のない有期労働契約の締結について2年の総継続期間中，3回更新可）とは異なり，有期労働契約を反復更新した場合の総継続期間と更新回数の上限を規制していない。同条1項に列挙された客観的理由があれば，基本的には何年でも何回でも自由に有期労働契約を締結・更新することができる。そのため，客観的理由のある有期労働契約の反復更新による連鎖有期労働契約が問題となる。従来，連邦労働裁判所は，期間設定の有効性審査の際に，以前の有期労働契約の総継続期間及び更新回数を考慮しなかった。しかし，欧州司法裁判所は，以下の事案において，興味深い判断を示した。

2　欧州司法裁判所の先決裁定[13]

原告（X）は，ケルン労働裁判所の常勤職員の一時的な代替として，被告州

---

(12) *Christoph T. Thies*, Aktuelle Entscheidungen zum Befristungsrecht- verfassungs- und europarechtliche Einflüsse auf 14 TzBfG, öAT 2011, S. 175.

(13) Case C-586/10, Bianca Kücük vs. Land Nordrhein-Westfalen, ECR [2012] I, NZA 2012, S. 135. これについては，橋本陽子「有期労働契約の更新を正当化する「代替」の意義」貿易と関税60巻8号（2012年）79頁以下，拙稿「連鎖有期契約を正当化

〔川田 知子〕　**17** ドイツにおけるパート・有期労働契約法14条の解釈をめぐって

(Y) と1996年7月2日から2007年12月31日の間に，計13回有期労働契約を反復更新していた。XとYは，特別休暇を取得した常勤職員の一時的な代替として，2007年1月1日から1年間の有期労働契約を締結した。常勤職員の職場復帰後，Xはケルン労働裁判所に，期間の定めのない労働関係の存在の確認を求めて提訴した。

労働裁判所及び州労働裁判所はXの訴えを棄却した[14]。2010年11月17日，連邦労働裁判所は，恒常的に他の労働者を代替する必要がある場合にパート・有期法14条1項3号の客観的な理由が認められるが，かかる審査において過去に締結した有期労働契約の更新回数及び総継続期間を考慮すべきか等について，欧州司法裁判所に付託した[15]。

欧州司法裁判所は大要以下のように判断した：

連続する有期労働契約の利用を一般的かつ抽象的に許容する国内法規定は指令の目的と相いれないが，本件で問題になっている規定（パート・有期法14条1項3号）は枠組み協定に反するものではない。他の労働者の一時的な代替は，本質的には使用者の一時的な労働力需要を満たすためであり，それは基本的に枠組み協定5条1項第a号の意味での客観的理由である。

もっとも，恒常的かつ継続的な需要を満たすために有期労働契約あるいは関係を更新することは，有期労働指令5条1項第a号の趣旨に照らして正当化されない。すなわち，そのような有期労働契約あるいは関係の利用は，仮に有期労働契約が特定の部門または特定の職業及び活動については典型的であったとしても無期労働契約が雇用関係の通常の形態であるという枠組み協定の前提に直接違反するものである。

構成国は，連続する有期労働契約あるいは関係の更新が一時的な需要を満たすためなのか，また，パート・有期法14条1項3号のような規定が使用者の恒常的かつ継続的な労働力需要を満たすために使用されていたとはいえないのかについて具体的に審査する。その判断に際して，構成国の当局は各々の管轄

する客観的理由とEU指令適合的解釈～欧州司法裁判所2012年1月26日判決」労働法律旬報1790号（2013年）31頁以下。
(14)　Arbeitsgericht Köln, Urteil vom 28.5.2008-12 Ca 571/08；LAG Köln, Urteil vom 15.5.2009-4 Sa 877/08.
(15)　BAG, Beschluss vom 17.11.2010-7 AZR 443/09, NZA 2011, S. 34.

第3章　非典型雇用（有期・パート・派遣）法理の創生を希求して

の枠内で，同一の使用者と過去に締結された有期労働契約あるいは関係の更新回数及び総継続期間全体を含むあらゆる事情を考慮しなければならない，と判断した。

3　欧州司法裁判所先決裁定の影響
(1)　連邦労働裁判所に課せられた課題

本件先決裁定が判断したように，恒常的かつ継続的な代替の需要を満たすための連鎖有期労働契約による濫用を防止するためには，過去に同じ使用者との間で締結された有期労働契約の更新回数と総継続期間を含めた全ての事情を考慮することが重要である。そのため，個々の事案においてどのように過去の有期労働契約を考慮するべきかについて，欧州司法裁判所によって基準を設定することが期待されていた[16]。しかし，同裁判所は，EU構成国から付託されてくる個々の事案において，期間設定の有効性審査のための再審査裁判所としての権限を有しておらず，個々の事案の評価は構成国の裁判所に委ねることになっている。そのため，連邦労働裁判所は，他の労働者の代替としての有期労働契約に関する従来の判例をEU法の基準に適合させるという難しい課題を課されることとなった。

欧州司法裁判所の先決裁定を受けて，連邦労働裁判所の判断に注目が集まっていた。学説は，連邦労働裁判所の判断の可能性として以下のようなものが考えられるという[17]。第一に，有期雇用の総継続期間が長くなるにつれて，使用者は一時的な代替の必要性を説明することが強く求められるようになる。すなわち，有期労働契約の期間満了後に新たに代替としての有期労働契約を締結するということは，使用者の当初の予測が誤りであったことを意味するから，使用者は，他の労働者の代替が新たに必要になったことを説明しなければならない。連邦労働裁判所の従来の判例の中にもそのように判断するものがあった[18]。学説もそれを支持するものがある[19]。もっとも，休業・休職中の労働

---

(16) *Brose/Sagen*, Kettenbefristung wegen Vertretungsbedarfs im Zwielicht des Unionsrechts, NZA 2012, S. 308ff.

(17) *Brose/Sagen*, NZA 2012, S. 309ff.

(18) BAG, NZA 1992, S. 883 (886), NZA 1996, S. 878 (880), NZA 1999, S. 1211 (1212).

(19) *Böcken*,in: Böcken/Joussen,TzBfG 2.Aufl. (2010), §14 Rn.62; *Maschmann* in/

者の職場復帰や復帰の時期が明らかでない場合もあり，それをあてにすることの不確定性や，「使用者の予測」が欧州司法裁判所の要求を十分満たす客観的かつ透明性のある基準といえるのかという問題が残されている。

第二に，個々の事案のあらゆる事情を考慮に入れるという「濫用審査」である。基本的には，最後の有期労働契約を対象とするが，有期労働契約の総継続期間及び更新回数や，個々の有期労働契約の有効期間，その都度使用者によって予測された代替を必要とする期間と有期労働契約の有効期間の相違，従事している仕事の継続性，同一の職場における他の労働者の一時的な有期雇用の状況，被代替労働者と代替労働者の数，有期労働契約による継続的な代替の必要性の充足等を総合考慮することによって判断する。この方法は欧州司法裁判所の基準を満たしているが，個々の事案の総合考慮によって生じる法的不安定性の問題が残されている。

第三に，「段階的な濫用審査」の手法である。枠組み協定は国内裁判所に対して，有期労働契約の更新回数及び総継続期間を考慮するよう要求しており，更新回数及び総継続期間という2つの基準を濫用審査に用いることによって法的不安定性を緩和しようとするものである。まず，パート・有期法14条2項1文は客観的理由のない有期労働契約の総継続期間を最長2年と設定していることから，この期間は濫用審査が及ばない（第一段階）。次に，同条2項は，2年の総継続期間中に3回まで更新を可能としている（＝1回の有期労働契約の平均期間を6カ月とする）ことによって，1回の有期労働契約の期間が平均して6カ月より短い場合に濫用の可能性を推定する（第二段階）。さらに，同条3項は有期労働契約の最長期間を5年と設定していることから[20]，代替としての有期労働契約（同条1項3号）の反復更新による連鎖有期労働契約は5年の期間満了後に初めて濫用の問題が生じるとする（第三段階）。

Annuß/Thüsing, TzBfG, 2.Aufl.（2006），§14 Rn.41.

[20] パート・有期法14条3項は，有期労働関係の開始時に労働者が満52歳に達していること，及び，有期労働関係が始まる直前に，社会法典3編138条1項1号にいう失業状態が少なくとも4カ月以上続いており，移行操短手当（Transferkurzarbeitergeld）を受給しているか，あるいは，社会法典第2編ないし第3編による就業措置（Beschäftigungsmaßnahme）に参加している場合には，客観的な理由の存在しない暦に従った労働契約の期間設定は，5年間まで許容される。かかる5年の期間まで，労働契約を複数回にわたって更新することも許容されている。

第3章 非典型雇用（有期・パート・派遣）法理の創生を希求して

(2) 2012年7月18日連邦労働裁判所判決とその意義

　結局，連邦労働裁判所は，パート・有期法14条1項3号による司法審査の際に，代替のための客観的理由のみに限定し審査するのではならないこと，使用者が有期労働契約を濫用的に利用することを防止するためには，むしろ，個々の事案における全ての事情と過去に同じ使用者との間で締結された有期労働契約の更新回数及び総継続期間を考慮することを義務付けられていること，そして，欧州司法裁判所が要求したこの付加的審査はドイツ法では民法242条の信義誠実の原則に基づいて行われるべきである，と判断した[21]。

　本判決の特徴は，パート・有期法14条1項によって客観的理由のある労働契約の期間設定が原則に許容されているが，特別な事情の下では労働契約の期間設定も権利濫用ゆえに無効となりうること，客観的理由の判断を最後の有期労働契約に限定しないこと，そして権利濫用が存在するか否かについては個々の事案のあらゆる事情，特に，反復更新された有期労働契約の更新回数及び総継続期間を考慮すべきことを明らかにした点にある[22]。これは枠組み協定の目的にもかなっている。

　もっとも，連邦労働裁判所は同時に，有期労働契約の総継続期間や更新回数に関する詳細な基準を設定して濫用の有無を判断することは「個々の事案においてあらゆる事情を総合考慮する」という欧州司法裁判所の要請に適していないため，考慮されるべきあらゆる事情を例示列挙したり，総継続期間や更新回数などの限界を詳細に設定したりすることはできない，とした。その上で，同裁判所は，パート・有期法14条2項を参考にして以下のような指針を示した。まず，客観的理由が存在する場合でも，パート・有期法14条2項の2年の総継続期間を著しく超えることは，有期労働契約の濫用と推定される。また，考慮要素として，有期労働契約の有効期間[23]，合意された有期労働契約期間と

---

(21) BAG 7. Senat vom 18.7.2012, 7AZR 443/09, NZA 2011, S. 35.

(22) *Sven Persch*, Bestandsaufnahme zur Vertreutungsbefristung nach §14 Abs.1 S. 2 Nr.3 TzBfG, BB 2013, S. 633.

(23) 本判決は，実際に代替の需要を必要とする期間が決まっているにもかかわらず，同一の労働者と次から次へと多数の労働関係を合意する場合には，仮に合意された期間設定の長さが予想される代替の需要を時間的に下回っていたとしても，濫用の危険があると考えるのが自然であるとする。BAG 7. Senat vom 18.7.2012, 7AZR 443/09.。これは日本でいうところの短期契約の反復更新による濫用に相当する。

〔川田知子〕　　*17* ドイツにおけるパート・有期労働契約法14条の解釈をめぐって

実際に予測された有期労働契約期間の差異，業種の特性[24]，基本法上保障された自由（5条1項，3項）を挙げている。さらに，権利濫用の有無を判断する指標として，有期労働契約の総継続期間や更新回数の他に，代替労働者と被代替労働者の協約上あるいは労働契約上の等価値性や，使用者が継続的に有期契約労働者を業務に従事させているか否か，等を挙げている。結果的に，同裁判所は，11年の有期労働契約の継続期間中に契約を13回更新することは，被告州に許容された代替のための期間設定を権利濫用的に利用していると判断した[25]。

このように，連邦労働裁判所はいつから濫用が生じあるいは少なくとも推定されうるかの明確な基準を示さなかった。EU法も，連鎖有期労働契約を濫用と判断する具体的事情や総継続期間を明らかにすることを要求していない。しかし，ドイツでは明確な基準を求める声が少なくない。学説は具体的な期間設定のための様々な提案を展開した後，連邦労働裁判所2012年7月18日の2つの判決によって，労働契約が濫用的な継続の状況に変わった時点が少なくとも特定できるとする。それによれば，権利濫用の境界は約10年であるという。同裁判所がその基準をさらに具体化するか，あるいは，立法者が対策を講じることが求められている。なぜなら，新たな判例によって生じた個々の事案の審査に基づく法的不安定性が2012年7月18日以前よりも大きくなっているからである。更新回数も明確にするべきであるとして，10年の総継続期間中に10回の更新を可能とする規定が労働契約当事者双方にとって適した解決であるとする提案もなされている[26]。

---

(24) 本判決は，例えば，1年のうち一定のシーズンだけ営業する企業などの業種の特殊性を挙げる。また，総合考慮の際には，基本法上保障された自由も重要であるとして，特に，基本法5条1項で保障された出版の自由や放送の自由だけでなく，同条3項で保障された芸術，学問，研究及び教育の自由を挙げている。BAG 7. Senat vom 18.7.2012, 7AZR 443/09.

(25) これに対して，連邦労働裁判所は同日，有期労働契約の反復更新により，7年9カ月の総継続期間中に3回更新したケースにおいて濫用は認められないとして，本件期間設定はパート・有期法14条2項3号によって正当化されると判断した。BAG vom 18.7.2012, NZA 2012, S. 1359.

(26) これは客観的理由がある場合の連鎖有期契約についてのルールとして提案されたものである。日本のように，客観的理由もなく自由に有期労働契約が締結されている場合とは大きく異なる点に注意しなければならない。

Ⅲ　パート・有期法14条2項2文の「連結の禁止」

1　「連結の禁止」に関するパート・有期法制定前後の法状況

　パート・有期法14条2項は，新規雇用の場合には，客観的理由を必要とせずに，最長2年間の有期労働契約を締結することができるとする（1文）。最長2年の期間内であれば，最大3回の更新が許される。但し，同一の使用者と「以前に」有期又は無期の労働関係が存在したときは許容されない（2文）。これは「連結の禁止（Anschlussverbot）」と呼ばれている。

　この「連結の禁止」は，パート・有期法制定以前から規定されていた。1985年就業促進法1条3項は，労働者を新規に採用する場合と職業訓練者を雇用する場合には，1回に限り18カ月まで労働契約に期間を定めることができること，また，同一の使用者との先行する有期または無期の労働契約と「密接な客観的連関」（ein enger sachlicher Zusammenhang）が存在する場合には新規採用とは認められず，2つの労働契約の間に4カ月未満の期間しか存在しない場合にこの「密接な客観的連関」が推定される旨規定していた[27]。また，1996年新就業促進法は，新規雇用の要件を廃止し，客観的理由のない有期労働契約の最長期間を18カ月から24カ月に延長し，24カ月の期間内において最大3回まで更新を認めるとともに，同一の使用者との先行する無期労働契約又は客観的理由のない有期労働契約と「密接な客観的連関」が存在する場合に許容され，2つの労働契約の間に4カ月未満の期間しか存在しない場合に「密接な客観的連関」が推定される旨，規定していた[28]。このように，85年就業促進法及び96年新就業促進法も，複数の有期労働契約を相互に接続させる「連結」を禁止していたが，いずれも，2つの労働契約の間に「密接な客観的連関」がない場合，すなわち，従前の労働契約から4カ月以上の期間を経過している場合には有期労働契約の締結を認めていた[29]。

---

(27)　1985年就業促進法（BGBl.I 1985, S. 710）については，水町勇一郎『パートタイム労働の法律政策』（有斐閣，1997年）154頁以下，和田肇『ドイツの労働時間と法——労働法の規制と弾力化』（日本評論社，1998年）166頁参照。

(28)　1996年「労働法関連就業促進法（Arbeitsrechtliches Beschäftigungsförderungsgesetz, (BGBl.I 1996, S. 1476）（同年9月25日）（以下「96年新就業促進法」という）によって1985年就業促進法が改正された。詳細は，和田・前掲注(27)178頁参照。

(29)　85年就業促進法及び96年新就業促進法上の「連結の禁止」の相違については，仲

これに対して，パート・有期法14条2項2文には「密接な客観的連関」という限定が付されなかった。その理由は，96年新就業促進法の下で，客観的理由のある有期労働契約に引き続いて，あるいは，4カ月の待機期間後に有期労働契約の締結が許容されていたことにより可能となっていた連鎖労働契約を防止しようとしたことにある[30]。パート・有期法制定の際，96年新就業促進法の「連結の禁止」規定をさらに厳しく規制すべきか，あるいは，完全に緩和すべきかについて議論が行われた結果，立法者は，連鎖労働契約を防止する目的から，85年就業促進法及び96年新就業促進法が規定していた4カ月の待機期間モデルを廃止し，同一の使用者との先行する有期または無期の労働関係を完全に禁止することを選択した[31]。その結果，客観的理由のない有期労働契約は労働者の最初の雇用の場合にのみ可能となった。これにより，パート・有期法制定後の従来の連邦労働裁判所は，過去の労働関係との時間的間隔は重要ではなく，12カ月前の労働関係であってもパート・有期法14条2項の要件の充足を妨げることになると判断していた[32]。

2 連邦労働裁判所判決とその評価

しかし，連邦労働裁判所2011年4月6日判決は，「確かに，パート・有期法14条2項2文の文言によれば，客観的理由のない労働契約の期間設定は，同一の使用者によってすでに以前に有期あるいは無期労働関係にあった場合には，もはや許容されない」が，「この規定は，その意味と目的にしたがって，解釈されるべきである」として，パート・有期法14条2項2文の「連結の禁止」は，それが有期労働契約の連鎖を防止するために必要である限りでのみ正当化

琦「ドイツにおける客観的事由のない有期契約規制の新展開——2011年4月6日BAG判決を中心に——」公益財団法人労働問題リサーチセンター『雇用モデルの多様化と法解釈・法政策上の課題』（2012年5月）182頁以下参照。

(30) 石崎由希子「ドイツにおける有期労働契約規制」労働問題リサーチセンター編『非正規雇用問題に関する労働法政策の方向——有期労働契約を中心に——』（労働問題リサーチセンター，2010年6月）188頁以下。

(31) 立法理由には，「労働契約の期間設定の緩和は，将来，新規採用の場合のみ，すなわち，使用者による労働者の最初の雇用の場合のみ許容される」と記されている。BT-Drs. 14/4374, S. 14.

(32) BAG vom 6.11.2003——2AZR 690/02, AP Nr. 7 zu §14 TzBfG.

第3章 非典型雇用(有期・パート・派遣)法理の創生を希求して

されるとの考えに基づき、労働者と使用者との間に従前の労働関係が存在したとしても、それが3年以上前のことであれば、客観的事由のない有期労働契約の締結はパート・有期法14条2項2文違反にはならないと判断した[33]。従来の連邦労働裁判所判決がパート・有期法14条2項2文の「連結の禁止」を過去のあらゆる労働関係を禁止すると厳格に解釈したのに対して、本判決は、新規雇用に限られていた客観的理由のない有期労働契約の締結を、3年のクーリング期間をおけば可能とする、いわば法改正を行ったにも等しい注目すべき判決であった[34]。

本判決には賛否両論ある。第一に、法の文言の解釈をめぐる問題である。従来の連邦労働裁判所は、パート・有期法14条2項2文の「連結の禁止」を、同一の使用者との「以前の」雇用を完全に禁止する趣旨だと厳格に解釈した。これによれば、有期労働契約の連鎖や濫用を防止することができる。しかし、法の文言はそのように一義的ではなく、また、法学方法論においても条文の一義的な解釈は重要ではない。そのため、本判決では「連結の禁止」を厳格に解釈せずに、法の意味及び目的に従って解釈した。

第二に、憲法及びEU法との関係である。従来の連邦労働裁判所判決のように、連鎖有期労働契約を防止するために、同一の使用者との間ですでに以前に有期あるいは無期労働関係にあった場合には、客観的理由のない労働契約の期間設定は許容されないとすると、労働契約当事者の契約自由と労働者の職業選択の自由を制限することになる[35]。当事者の契約締結の自由及び労働者の職業選択の自由を制限するには、それを正当化する理由が必要である。この点、有期労働契約の連鎖による濫用の防止という目的によって制限することが考えられるが、ある労働者が生涯にわたって同一の使用者の下で働くことを制限することは、労働者の職業選択の自由を過度に規制するものであり、正当化する

---

(33) BAG vom 6.4.2011,7AZR 716/09, NZA 2011, S. 905. これについては、仲・前掲注(29)166頁以下参照。

(34) 仲・前掲注(29)171頁以下。

(35) 有期労働契約は、使用者にとっては、変動する受注や市場の状況に柔軟に対応することを可能にし、他方、労働者にとっては、長期雇用への架橋を創設するものである。*Müller-Glöge*, TzBfG§14 Rn.99, in Müller-Glöge/Preis/Schmid (Hrsg.), Eufurter Kommentar zum Arbeitsrecht, 14. Aufl. (München, 2014). 本判決もそのことを確認している。

ことはできない[36]。また、有期労働指令は連鎖有期労働契約による濫用の防止を目的とするが、その手段として、過去のあらゆる労働関係を完全に禁止することまで求めていない[37]。そのため、本判決は、3年のクーリング期間をおけば、枠組み協定が求める濫用を防止することができると判断した。

3 最近の下級審判決の傾向

その後、職業訓練関係に連結した客観的理由のない期間設定が問題になった事案において、連邦労働裁判所は、「職業訓練関係は、パート・有期法14条2項2文の客観的理由のない期間設定のための連結禁止にいう労働関係ではない」としつつ、「以前の労働関係が3年以上前であればパート・有期法14条2項2文にいう前職ではない」と述べ、前掲2011年4月6日判決を確認した[38]。

そのような中、下級審裁判所において、連邦労働裁判所2011年4月6日に異議を唱えるものがあらわれた。バーデン・ヴュルテンベルク州労働裁判所は、2013年9月26日判決において反乱を試みた[39]。

原告（X）と金属・電機産業の企業（Y）は、2007年8月27日から同年11月30日まで有期労働契約を締結し、その後、再び、2011年2月1日から同年6月30日まで有期労働契約を締結した。同契約は2012年5月31日まで更新され、さらに2013年1月31日まで更新された。Xは最後の労働契約の期間設定の無効を主張した。

州労働裁判所は大要以下のように判断した：

パート・有期法14条2項3文によれば、客観的理由のない労働契約の期間設定は、同一の使用者によって「以前に」有期あるいは無期労働関係にあった場合には、許容されない。連邦労働裁判所2011年4月6日判決は、「以前に」という要件について、民法195条の通常の消滅時効に依拠して、3年以上前の同一の使用者の下での前職は考慮しえないと解釈した。しかし、連邦労働裁判

---

(36) *Linsenmaier*, Befristung und Bedingung-Ein Überblick über die aktuelle Rechtsprechung des Siebten Senats des BAG unter besonderer Berücksichtigung des Unionsrechts und des nationalen Verfassungsrechts, RdA 2012, S. 204ff. ; *Rudiger Helm*, Arbeitsschutz als absolute Schranke für Befristungen,Nomos, 2011, S. 179ff.

(37) RdA 2012, S. 205.

(38) BAG vom 21.9.2001-7AZR/10, NZA 2012, S. 255.

(39) Landesarbeitsgericht Baden-Wurttemberg, Urteil vom 26.9.2013-6 Sa 28/13.

第3章　非典型雇用（有期・パート・派遣）法理の創生を希求して

所はパート・有期法14条2項2文の規範の一義的な文言に反しており，また法律において期間を限定しないという立法者の意思に反して裁判官による法形成の手法によって限定を付したものであり度を超えている。いずれにせよ，この規範の合憲性審査が必要であるし，連邦労働裁判所第7法廷の判例は第2法廷のそれとは異なることから，労働裁判所法45条による判例の統一性確保のための手続きを行わなければならないだろう[40]。

このようにバーデン・ヴェルテンベルク州労働裁判所は，客観的な理由のない新規の労働関係の期間設定は同一の使用者との間ですでに雇用関係が存在していた場合には許容されず，パート・有期法14条2項2文の連結の禁止は時間的に制限されないと判断した。このような下級審の反乱がどのような影響をもたらすか，今度の動向が注目される。

Ⅳ　パート・有期法14条2項3文の協約解放条項

1　協約解放条項による有期労働契約規制の逸脱

前述したように，新規雇用の場合には，客観的理由がなくても，最長2年まで，かつ，この期間内であれば最高3回までの更新が認められている（14条2項）。但し，これについては，労働協約で別段の定めをする余地が認められており（同条同項3文）[41]，また，そのような労働協約の適用範囲であれば，労働協約に拘束されない使用者と労働者も協約の規制の適用を合意することができる（同条同項4文）。これによって，経済及び雇用危機の際に協約当事者は業

---

(40)　かつて連邦労働裁判所第2部は，「原則として，従前の労働関係と客観的理由のない有期労働関係の時間的間隔は問題とされない。パート・有期法のテキスト，目的，立法史はいずれも，パート・有期法14条2項の目的論的な制限に対する十分な根拠を含んでいない」と判断していた。BAG vom 6.11.2003, NZA 2005, S. 218。

(41)　ドイツでは基本法9条3項（「労働条件および経済条件を維持・改善するために団体を結成する権利は全ての個人および職業に保障される」）によって保障された協約自治に鑑み，労働協約で別段の定めをすることによって強行法規を回避する余地が認められている。*Johannes Peter Francken*, Die Schranken der sachgrundlosen Befristung auf Grund Tarifvertrags nach §14 Ⅱ 3 TzBfG, NZA 2013, S. 124.。協約で別段の定めをする余地を法律で定めることは，EUの有期労働指令でも認められた規制手法であり，他の加盟国の立法例でもこうした例外を残すケースは少なくない。本庄淳志「ヨーロッパの有期労働契約法制——[2]ドイツ」大内伸哉編『有期労働契約の法理と政策——法と経済・比較法の知見をいかして』（弘文堂，2014年）136頁。

種の特性を考慮して柔軟に対応することができる[42]。しかし，パート・有期法14条2項3文は文言上制限がないため，協約解放条項を利用した有期労働契約の拡大による有期規制の逸脱が懸念されている。そのため，同条同項3文及び4文による協約解放条項によって無制限に法を逸脱しうるか否かが問題となる。この点について連邦労働裁判所は興味深い判断をした。

2　連邦労働裁判所2012年8月5日判決[43]

(1)　事案の概要と判旨

原告（X）は，警備保障業を営む被告会社（Y）と，2006年4月3日から2007年4月2日まで1年間の有期労働契約を締結して，現金輸送ドライバーとして雇用されていた。XとYは，2007年3月26日に追加合意を締結して，2008年4月2日まで有期労働契約を延長し，その後，2008年3月19日の追加合意で2009年4月2日まで延長し，さらに，2009年3月26日の追加合意で2009年10月2日まで労働契約を延長した。XとYに適用されるドイツ連邦共和国の警備保障業のための包括的大綱協約（Mantelrahmentarifvertrag für das Wach- und Sicherheitsgewerbe für die Bundesrepublik Deutschland，以下「本件協約」という）2条6項によると，「客観的理由のない暦に従った労働契約の期間設定は最長42カ月の期間まで許容される」（1文），また，「この期間内に暦に従った有期労働契約を最高4回まで更新することが許容される」（2文）旨規定されていた。

本件では，Xの有期労働契約が2009年10月2日の期間満了により終了したか否かが争われている。Xは，パート・有期法14条2項3号は期間設定の更新回数あるいは総継続期間のいずれか一方を労働協約によって逸脱することを許容しているが，本件協約2条6項は，客観的な理由のない期間設定は最長42カ月の期間内に最高4回の更新を規定していることから，パート・有期法に違反しており，2009年10月2日まで本件労働関係の期間設定は無効であると主張した。これに対して，Yは，本件期間設定は，本件協約2条6項が参照したパート・有期法14条2項3文及び4文によって有効であると主張した。

---

(42)　NZA 2013, S. 124.
(43)　BAG, Urt. vom 15.8.2012-7AZR 184/11, NZA 1/2013, S. 45ff.

第3章 非典型雇用（有期・パート・派遣）法理の創生を希求して

フランクフルト労働裁判所及び州労働裁判所はXの訴えを棄却した[44]。連邦労働裁判所は大要以下のように判断した：

パート・有期法14条2項3文の解釈が明らかにしているように、協約当事者は、同条同項1文の客観的理由のない期間設定の許容性要件を回避する規定において、有期労働契約の更新回数あるいは総継続期間のいずれか一方だけでなく、双方の基準を重畳的に規定することができる

労働協約当事者の自由裁量権限は、パート・有期法全体の体系性とその目的に鑑みて、また、憲法及びEU法上の理由から、完全に無制約であるわけではない。パート・有期法14条2項3文は、有期労働契約は原則的に客観的理由によってのみ許容される（同法14条1項）という立法者の意図に反する労働協約、あるいは、パート・有期法の規定が追求し、基本法12条1項から生じる国家の保護義務の実現に適合しない労働協約を許容しない。法律上の協約解放条項は、有期労働指令の根底にある、有期労働契約の反復更新による濫用の防止という目的に反する協約も許容しない。

（もっとも）本件は、協約当事者に対して、パート・有期法14条2項3文によって開かれた規定権限の限界をどこに引くかについて決定することを求めていない。客観的な理由のない暦にしたがった期間設定のために、42ヵ月の総継続期間とその期間内で最高4回までの更新を協約上規定することは、パート・有期法全体の体系性とその目的、並びに、憲法及びEU法上の理由からも憂慮すべきものではない。

(2) 本判決の意義

結論的に、本判決は、42カ月の総継続期間及び最高4回の更新を定める労働協約を有効であると判断した[45]。本判決で重要なのは、パート・有期法14

---

(44) ArbG Frankfurt a.M., Urt. vom 25.3.2010-3 Ca 9095/09, BeckR S2012,75528; LAG Hessen, Urt. vom 3.12.2010-10 Sa 659/10, NZA-RR 2011, S. 240.

(45) 本件では、パート・有期法14条2項3文は更新回数あるいは（oder）総継続期間と規定しているため、この規定は協約当事者に対して、更新回数かあるいは総継続期間の一方の意味なのか（排他的選択としてのentweder～oder…の意味か）、それとも、更新回数と最継続期間の両方ともに同項1文から逸脱することを許容する趣旨なのか（並列を意味するund/oderの意味か）が問題となった。立法理由によると、「oder」という表現は「und/oder」と読むことができるとする。本判決は、この「oder」を「und/oder」の意味でとらえ、総継続期間又は更新回数を重畳的に解釈することを確認した。

462

条2項3文によって，総継続期間及び更新回数の上限について労働協約で別段の定めをする余地が認められているとしても，それは無制約ではありえないこと，また，同条同項3文及び4文の協約解放条項は，同法の評価基準や，憲法及びEU法上の制約に服することを明らかにした点にある[46]。

　第一に，パート・有期法全体の体系性及び同法の意味・目的からの制約である。仮に，労働協約当事者の自由裁量権限を無制限に認めてしまうと，パート・有期法14条1項に対する評価矛盾が生じる可能性がある。すなわち，同法22条1項は，同法14条2項3文及び4文を除いて労働者に不利にこの法律と異なる定めをしてはならないと規定する。これによれば，協約当事者は，協約によって同条1項（有期労働契約は原則的に客観的理由がある場合にのみ許容される旨規定する）を労働者の不利になるように回避することはできない。つまり，協約上規定された客観的理由もパート・有期法14条の評価基準を満たしていなければならない。これに対して，協約当事者が客観的理由のない有期労働契約を無制限に許容することは，立法者の意図に反することになる。このようなパート・有期法全体の体系性を考慮して，本判決は，協約解放条項による法の回避は無制約ではありえないことを明らかにした。

　第二に，パート・有期法14条2項3文によって協約当事者に認められた規定権限を制限するために，基本法を考慮する必要があることを明らかにしている。基本法は，国家による労働関係の最低存続保護を保障し[47]，立法者は，パート・有期法によって，労働契約の期間設定に対して「最低存続保護」を規定している。すなわち，同法は，無期労働契約が通常の形態であり，有期労働関係は例外であるという原則に基づいて，期間設定のための客観的理由の必要性（同条1項）と客観的理由のない期間設定の要件（同条2項及び3項）を整備することによって，労働者を正当な理由なく職を失うことから保護している。

　もっとも，立法者は，基本法12条1項の保護義務の実現において，社会政

NZA 2013, S. 123.
(46)　NZA 2013, S. 123.
(47)　ドイツ基本法12条（職業選択の自由）は，「すべてのドイツ人は，職業，職場および養成所を自由に選択する権利を有する。職業の遂行については，法律によって，又は法律の根拠に基づいて，これを規律することができる」と規定する。

第3章　非典型雇用（有期・パート・派遣）法理の創生を希求して

策上の目的を追求する場合には広い形成裁量権を有している。特に，立法者は，基本法9条3項によって保障された協約自治を考慮して，協約当事者がパート・有期法14条2項1文の客観的理由のない期間設定の許容性の要件を回避して，総継続期間や更新回数を決定することを可能にした。これは，労働協約は労働契約よりも正当性に対する信頼が篤いという推定によるものである。このような，労働協約の正当性に対する信頼にもかかわらず，協約による客観的理由のない期間設定が基本法12条1項の保護義務の実現に適合しないケースが考えられる。そのため，パート・有期法14条2項3文の適用及び解釈においては過小規制の禁止が考慮されるべきであり，そこから協約当事者の規定権限が制限される。

　第三に，本判決は，パート・有期法の立法者はEU法を考慮しなければならないことを明らかにしている。枠組み協定の前文と一般考慮Nr.6及びNr.8並びに欧州司法裁判所判決から，正規雇用関係が労働者保護にとって重要である一方，有期労働契約は一定の条件の下でのみ使用者と労働者の必要性に合致しうることが強調されている[48]。そのため，反復更新した有期労働契約による濫用を防止するために，構成国は枠組み協定5条1項a～cのいずれかの措置を講じることが求められている。

　たしかに，パート・有期法14条2項3文は，協約当事者に対して，同条2項2文を回避して有期労働契約の総継続期間及び更新回数を規定する権限を認めているが，その場合，反復更新による有期労働契約の濫用を防止するという指令の目的が考慮されなければならない。本判決は，有期労働契約の反復更新による濫用の防止というEU有期労働指令の目的に反する協約は許容しないことを示した点が重要である。もっとも，本件では，4年間に6回の更新を可能にする協約規定は有期労働指令と一致すると判断されている。

---

(48)　枠組み協定は，「期間の定めなき労働契約が使用者と労働者間の雇用契約の一般的な形式であり，かつあり続けることを認識する」とともに「有期労働契約がある状況下においては使用者と労働者の双方の必要に答えるものである」ことも認識する（前文）とし，「期間の定めなき労働関係は雇用の通常の形態である。それは当該労働者の生活の質と給付能力の改良（改善）に貢献する」こと（一般考慮Nr.6），また，「有期労働契約は，特定の分野，職業及び仕事の雇用にとって特徴的であり，使用者と労働者の必要性に適合しうる」（同Nr.8）と述べている。

V　検　討

　ドイツでは有期雇用の入口規制を大枠として維持しながらも，新規採用者や就職状況の厳しい高齢者のケース，あるいは新設企業を対象として，法規制を緩和することで雇用促進を図るものとなっていることや，14条2項による例外のうち，新規雇用のケースで最長2年間に最高3回までの契約更新を自由に認める点に着目すれば，ドイツの有期労働契約法制について入口規制を堅持しているとは評価できない状況にあるという[49]。たしかに，法改正の状況だけをみると，「労働契約の期間設定には客観的理由が必要である」とする原則に対する例外の拡大を確認することができる。

　しかし，ドイツでは，期間の定めのない労働契約が社会政策上望ましい標準形態であり，将来においてもそれは維持されるべきであるとする考えは現在でも常に確認されている。そのため，ドイツの有期労働契約法制を評価する際には，法改正の動向だけではなく，それが実務にどのような影響を与えているのか，また，その結果として生じた紛争を司法がどのように判断しているのかなど，全体的見地から評価する必要がある。

　本稿において最近の判例を手掛かりにドイツの有期労働契約法制を検討した結果，以下の点を確認することができる。

　第一に，「期間の定めのない雇用が通常の形態である」との原則を確認したうえで個々の事案を判断している点である。期間の定めのない雇用を原則とすることによって，雇用の安定性を確保しようとする考えはなお堅持されている[50]。パート・有期法における「原則」と「例外」の関係は，同法14条の法の構造からも明らかである。すなわち，同法14条1項は有期労働契約を利用できる客観的理由を規制し（入口規制），2項は客観的理由がなくても最高2年間を限度に更新を3回まで行うことができる（出口規制）と規制することによっ

---

(49)　本庄・前掲注(41)139頁。
(50)　本稿で紹介することができなかったが，欧州司法裁判所は，Kumpan事件において，「期間の定めのない労働契約が雇用関係の通常の形態であり，有期労働契約は無期契約に対して例外としての性格を有する。また，正規雇用関係は労働者保護の重要な視点であるから，枠組み協定は，就業者の不安定な状態を防止すべく一定の最低保護規定を規定するという形で，濫用の原因とみなされる有期労働契約の反復更新に枠を設定している」として，雇用の原則を明らかにしている。

第3章　非典型雇用（有期・パート・派遣）法理の創生を希求して

て、ドイツでは入口規制を原則とし、出口規制を例外として位置付けているといえる。

　第二に、期間の定めのない雇用を原則としつつ、パート・有期法の文言の柔軟な解釈によって、有期雇用の利用の拡大につながるような判決がみられた点である。連邦労働裁判所 2011 年 4 月 6 日判決は、同法 14 条 2 項 2 文の「連結の禁止」規定によって、これまで新規雇用に限られていた客観的理由のない有期労働契約の締結を、3 年のクーリング期間をおけば可能であると判断した。連鎖有期労働契約による濫用の防止という目的を追求するためには、同法 14 条 2 項 2 文の「以前に」を「絶対的な連結の禁止」と理解するか、あるいは、有期労働契約の間にクーリング期間をはさむことによって実質的に連結を禁止する方法があるが、同裁判所は後者を選択した。本判決がこのまま維持されるとすれば、客観的理由のない有期労働契約の利用範囲は大幅に拡大することになるため、ドイツにおいて大きな反響を呼んでいる[51]。しかし、本判決の裁判官による法形成には批判も多く、また本稿で紹介したように、最近では、州労働裁判所がパート・有期法の「連結の禁止」による連鎖契約の防止という考えを重視して、連邦労働裁判所と異なる判断を示している。この点については今後の動向に注目する必要があろう。

　なお、日本の労働契約法 18 条による 6 カ月のクーリング期間に比べると、連邦労働裁判所が示した 3 年というクーリング期間をおけば有期労働契約の連鎖は認められず、連鎖有期労働契約による濫用は問題にならないように思われる。

　第三に、労働協約の解放条項に一定の制約を課すことによって、客観的理由のない有期労働契約の反復更新に歯止めをかける判決も登場している。本稿で紹介した労働協約の解放条項に関する連邦労働裁判所判決は、労働協約によって完全に規制を逸脱することができるわけではなく、パート・有期法の全体的体系性及び同法の意義・目的や憲法及び EU 法上の基準を考慮に入れることによって、協約の解放条項には一定の制約が課されると判断した[52]。同法 14 条 2 項 3 文によって協約の解放条項が認められているという形式論ではなく、連

---

(51)　仲・前掲注(29)171 頁以下。
(52)　NZA 2013, S. 124ff.

〔川田知子〕　　*17* ドイツにおけるパート・有期労働契約法 14 条の解釈をめぐって

鎖有期労働契約による濫用を防止するという同法 14 条の趣旨・目的や憲法及び EU の一般原則を考慮して判断した点が重要である。

　本稿の考察から，連鎖有期労働契約の濫用を防止するために有期労働契約を規制する必要性と，無業・失業状態にある者や就職の厳しい高齢者を雇用に結び付けるために有期雇用を促進する必要性があり，雇用の安定性と柔軟性のバランスを図りながら解決策を模索している点にドイツと日本の共通点を見出すことができる。重要なのは，ドイツでは，規制緩和によって有期労働契約の利用を拡大する傾向の中でも，「期間の定めのない雇用が通常の形態である」ことを原則とし，「例外」として客観的理由のない場合に期間設定を許容している点に変化はなく，例外の拡大によっても雇用の原則は維持されている。ここにドイツと日本の大きな違いがある。日本における今後の有期労働契約法制を考える上で重要な視点であると言えよう。

18 派遣労働者の派遣先との間の
黙示の労働契約の成立
――マツダ事件判決における「理論プロセス」と「エピソード」――

野　田　　　進

Ⅰ　はじめに
Ⅱ　黙示の労働契約の成立条件
Ⅲ　マツダ事件における労働契約
　の黙示的成立
Ⅳ　むすび――マツダ事件判決の
　インパクト

Ⅰ　は じ め に

　労働契約の成立は，使用者に使用されて労働するという労働者の意思と，その労働に対して賃金を支払うという使用者の意思とが合致する（＝合意する）ことにより成立する（労契法6条）。これを成立過程から見ると，二つの意思主体のうち一方が合意をめざして「申込」をなし，次に他方がそれに「承諾」を与えることにより合意が成立すると一般に解されている。そして，労働契約にかかるこれら当事者の意思の合致は，成立の場面だけでなく，合意の原則のもとで，後に確認するように労働契約の展開（契約内容の変更など）や終了の場面（合意解約など）でも必要とされ，その成否が争われる。
　ところで，一般に，意思表示には明示の場合（明確な言語や文書による）と黙示の場合（周囲の事情の解釈により了解される）とがあるから，労働契約の成立における意思表示にも黙示の場合があるのはもとより当然である。そして，労働契約の黙示的意思表示による成立の問題は，古くより多様な場面で実務上の課題とされてきたが，近年では，業務委託や労働者派遣などによる外部受け入れ労働者と受け入れ企業との間の労働契約の成否の問題として，数多くの裁判例の争点となっている。それらの裁判例の多くは，平成21年12月のパナソニックプラズマディスプレイ事件最高裁判決・最2小判平成21・12・18民集63巻10号2754頁（以下，パナソニック事件判決という）の判断枠組みを規範と

して立て，これにあてはめることで解決を導こうとしており，多くが派遣労働者と派遣先との間の黙示の労働契約の成立を否定する判断を下している。その中にあって，平成25年3月のマツダ防府工場事件（山口地判平成25・3・15労判1070号[1]。以下，マツダ事件判決という）は，パナソニック事件最判の判断枠組みに依拠しつつも，派遣労働者との間の黙示の労働契約の成立を承認しており，注目を集めている。

しかし思うに，上記のパナソニック事件判決は偽装請負と評価された派遣就業に関するものであるが，同判決は労働者と受入企業との間の黙示の労働契約の成立の可能性を暗示しつつも（いわば気を持たせながらも），いかなる事情があればその成立が認められるかの判断の基準や射程を明確には示していなかった。このために，この最高裁判決は，黙示の労働契約の成否判断の規範や射程を定立したとはいえず，その後の下級審では，労働者側当事者は淡い期待を抱かせられながら，事案ごとに場当たり的に問題解決を模索せざるを得ない状況にある。そして，マツダ事件判決に対する評価についても，最高裁の規範が明確でないために評者によってとらえ方が分かれ，また同判決を今後の法理形成においてどのように活かすべきかが明らかでない。

そこで，本稿では，まず黙示の労働契約の成立に関する一般法理を概観して，その法理の特性を明らかにし，その上で同法理の応用のあり方を，パナソニック事件およびマツダ事件との対比の中で検討することとし，これにより派遣事案での黙示の労働契約の成否基準を明確化することを試みたい。

II 黙示の労働契約の成立条件

1 労働契約と黙示の合意

(1) 労働契約における成立局面以外の黙示の合意

上記のように，労働契約における黙示の合意は，その成立場面だけでなく，それ以外の展開や終了場面でも成り立ちうる。ここでは，労働契約の展開及び終了の局面における黙示の合意のあり方を確認し，それとの比較により黙示の

---

[1] マツダ防府工場事件は，本判決の後，被告・原告双方の控訴により広島高裁に係属していたが，平成26年7月22日に和解が成立し，一審原告らの職場復帰を伴わない解決金の支払いによる解決をみた。これにともない，同事件は訴訟事案として解決するとともに，山口地裁判決は控訴取り下げにより確定した。

労働契約の「成立」に関する問題の特質を明らかにする。

(a) 労働契約の展開にかかる黙示の合意

労働契約は，その展開の過程でも，特にその内容（＝労働条件）の変更に際して，広い範囲で黙示の合意がなされ得る。すなわち，労働条件は合意により変更されることを要するところ（労契法8条），かかる合意の多くは黙示によるものといいうる。特に，労働者に有利な方向での労働条件の変更は，使用者が口頭や文書で明示しなくても，問題なく黙示的に成立しうる。また，労働契約において本質的（＝重要）とはいえない内容の変更は，使用者の指揮命令権の範囲内で明示の合意なくなされうる。

これに対して，労働契約における内容の本質的要素の変更については，就業規則の変更等による場合を除き，明示の合意に基づく必要がある。特に賃金は，当事者にとって特別に重要な要素であることから明示的な合意が必要であるのみならず，確定した賃金債権の減額については，全額払いの原則（労基法24条1項）の要請が加わるので，さらに明確な合意が求められる。使用者が一方的に減額を通告し，労働者が反対の意思を表示することなく就労していていた場合でも，黙示の合意は認められない（更正会社三井埠頭事件・東京高判平成12・12・27労判809号82頁）。さらに，20％の賃金減額につき，黙示の合意が成立したといいうるには，「不利益変更を真意に基づき受け入れたと認めるに足りる合理的な理由が客観的に存在する」ことが必要で，減額後の給与を約3年間受領していたとしても，黙示の合意が成立したとはいえない（NEXX事件・東京地判平成24・2・27労判1048号72頁）。

(b) 労働契約の終了にかかる黙示の合意

労働契約の終了の局面では，特に合意解約の成否[2]に関して，黙示の合意が問題となる[3]。しかし，合意解約は解雇にともなう種々の保障（解雇予告，解雇権濫用の審査，失業補償の等々）をなくすことなく労働契約を終了させる方

---

(2) 労働契約の終了のうち，解雇や辞職については，黙示の意思表示は想定しにくい。解雇についてはそもそも解雇予告等の義務が強行的に課せられるから（労基法20条），黙示的には成り立ちにくい。辞職については，例えば労働者が長期にわたり無断欠勤することが黙示の辞職と意思表示と言えないでもないが，その場合も使用者の方から普通解雇や懲戒解雇の（明示の）意思表示をするのが通常であろう。

(3) この問題については，新屋敷恵美子「労働契約の終了と合意——労働契約における合意の『共時的構造』と『通時的構造』」季労245号（2014年）105頁を参照。

第3章 非典型雇用（有期・パート・派遣）法理の創生を希求して

式であるだけに，合意が成立するための労働者の意思表示の任意性と明確性が生命線となる。このため，判例は黙示の合意による合意解約の成立について慎重である。すなわち，ここでは合意形成のプロセスが重要となり，使用者の合意解約の申し出に対して，労働者が明確な応答をしない場合にも，黙示の合意を認めることはできないと解される[4]。たとえば，使用者側の退職の働きかけに対して，労働者が一貫して仕事を継続したい旨の意向を表明しているときには，解約に関する合意が成立したとは認められない（O法律事務所事件・名古屋高判平成17・2・23労判909号67頁）。その反面で，承諾の意思表示が認められさえすれば解約合意の効力が直ちに生じるのであり，労働者が不当な圧力のもとに解約申し入れを承諾したという事情があったとしても，そうした事情は解約の効力から切り離される[5]。

(2) 労働契約の成立における黙示的合意の特性

以上の，労働契約の展開および終了にかかる合意との比較に照らして，労働契約の成立に関する合意の特性を確認しておこう。

第一に，労働契約の展開（内容変更）については，賃金を始めとする本質的な労働契約内容を除いて，黙示の合意によることを比較的容易に認めうる。これに対して，労働契約の成立や解約については，黙示の合意によることは限定的に捉えざるを得ない。これは，後者が労働契約の存否・得喪に関わるものであり，当面の利益・不利益だけでなく権利義務関係の存否を根底から覆す重大性を帯びるからといいうる。このため，当事者の意思表示について，表示行為が効果意思を正確に反映していることにつき，慎重に認定すべきであると考えられる。

第二に，労働契約の終了（合意解約）の局面では，その意思表示が申込の場合であれ承諾の場合であれ，合意が成立したか否かの解釈の鍵となるのは，労働者の意思表示であるのが一般である。すなわち，退職勧奨であれ，希望退職

---

(4) 合意解約の黙示的成立という結果を避け，労働者への説明，話し合い，明示的な書面による承諾といった手続を明確化するために，フランスでは「約定による破棄（rupture conventionnelle）」という制度が用いられていることについては，野田進「雇用調整方式とその法的対応」西谷敏先生古稀記念論集『労働法と現代法の課題（下）』（日本評論社，2013年）305頁を参照。

(5) この点について，野田・前掲注(4)を参照。

であれ，労働者がこれに応じたか否かが意思解釈の中心となる。これに対して，労働契約の成立の局面では，成立を主張するのは一般に労働者の側であるから，存否が争われるのは使用者の黙示の意思である。このように，合意の成否を判断するにあたって，労働契約の解約か成立かでは，探求すべき意思表示の主体（＝意思解釈の対象）が逆である。このために，終了と成立とでは，解釈すべき意思表示の主体をシンメトリには見ることができず，労使間の情報格差や力関係のアンバランスによる労働者保護の観点を，意思解釈に組み込むべきことになる。労働契約黙示的の成立の法理において，こうした意思主体の特性と保護理念等を度外視した，形式的な契約解釈を追求するだけでは十分でないことが分かる。

以上のように，等しく労働契約にかかる黙示の合意の論議において，展開（変更）の合意か否か，あるいは成立と終了のいずれかで，考慮すべき事情は大きく異なってくる。契約終了の場合（合意解約）における黙示の合意の認定は，労働者保護や雇用保護という労働契約法の法目的からすれば限定的にならざるを得ないのに対して，労働契約の成立の際の労働者の合意は，そうした法目的からすればむしろ積極的に認定すべきことになろう。しかし，他方で，黙示の意思の認定という側面では，契約終了（合意解約）の場合にはそれまでの契約関係のプロセスから黙示の意思を推認しやすいのに対して，成立の場合にはそれまでの関係性が乏しいものであるが故に，黙示の意思の合致を導く事実の積み重ねが乏しいことが多く，その認定は困難を伴う。労働契約における黙示的合意の認定は，労働契約の独自性に由来する固有の事情をはらんでおり，こうした固有の論点やそれに関わる個別事情を無視して，形式的に労働契約における黙示の合意の成否を，一律に意思解釈論に還元して論じるのは妥当でない。

2　労働契約の黙示的成立をめぐる「プロセス」と「エピソード」

次に，労働契約の成立の局面について，黙示の労働契約の成立がどのような場合に論じられるかを検討しよう。「黙示の労働契約の成立」を肯定した裁判例[6]は，その多くが，派遣，業務委託に代表される，外部労働者の受入によ

---

(6) 議論の拡散を避けるために，ここでは法人格否認の法理による労働契約の成立や

る三者関係が存在するケースであるが、労働契約の通常の二者関係の間でも肯定例が見られる。

(1) 二者間関係

労働をめぐる当事者の二者間関係で、黙示の労働契約の成立を認める例として、平成21年の府中おともだち幼稚園事件（東京地判平成21・11・24労判1001号30頁）があり、幼稚園の開設者Aと労働契約を締結していたXが、Aの相続人Bから遺言により幼稚園を承継したYにより解約されたためその効力を争ったという事案において、同判決は、Yが「労働契約を前提とする就任承諾書を求め、また、B死亡後も従前通り勤務を行い賃金の支払いを受けていたXに対して解雇通知をしていることからすると、Yは、Xとの間の契約が労働契約であることを前提にしていたと評価できるのであり、XとYは、B死亡後に黙示の労働契約を締結したと認めるのが相当」と判断した。

その他に、労働契約の特定の内容を確定するために黙示の労働契約が成立したとの判断をするものも多い。例えば、日本検数協会事件（大阪高判昭和57・8・18労判395号27頁）は8年間にわたる賃金保障の取扱いに関して、第一小型ハイヤー事件（札幌地判昭和63・4・19労経速1473号17頁）は賃金の計算方法に関して、富士産業事件（甲府地決昭和61・11・7労判488号51頁）は職種の決定に関して、いずれも黙示の労働契約が成立したと判断している。これらは、現に進行する労働契約の内容変更について、「黙示の労働契約の成立」という表現を用いるものであり、事柄の本質は労働契約の更改あるいは本質的変更を意味する。

(2) 三者間関係

(a) 職業紹介関係

職業紹介関係が存在する場合に、黙示の合意による労働契約の成立を承認するものがある。これについては、契約の成立する関係につき対照的な判断を示した二つの裁判例が注目される。

すなわち、安田病院事件（大阪高判平成10・2・18労判744号63頁、最三小判平成10・9・8労判745号7頁）は、職業紹介所に雇用されて病院に派遣するという形式がとられていた付添婦である労働者が、紹介先である病院との間に実質的な使用従属関係があること、客観的に推認される当事者の意思は労働契約

締結を承諾していることから,「両者の間には黙示の労働契約の成立が認められる」と判断した[7]。これに対して,福生ふれあいの友事件（東京地立川支判平成25・2・13労判1074号62頁）では,職業紹介所等を営む被告が原告を家政婦として職業紹介をしていた事案で,同判決は,労働契約の「成否については,契約の形式にかかわらず,実質的な使用従属関係の有無及び賃金支払の在り方等を踏まえ,当事者の合理的意思を探求して判断すべきである」との判断から,職業紹介所との間に黙示の労働契約の存在を認めた。

等しく職業紹介関係の当事者のもとでの労働契約の黙示的成立のケースで,両判決は対照的な当事者との間で黙示の労働契約の成立を判断しており,示唆的である。両判決ともに,黙示の労働契約は契約の形式的に実質的判断されるのであり,いかなる当事者が,実質的な意味で使用従属関係があるかで決定すべきであるとし,それにより使用従属関係の存否の判断およびその事実からの当事者意思の推認という理論プロセスが設定される。その上で,各プロセスの実質判断において,就業実態における個別具体的なエピソードが判断を分けている。

(b) 出向関係

ウップスほか事件（札幌地判平成22・6・3労判1012号43頁）では,A運輸にミキサー車オペレータとして採用され,被告会社に出向させられて就業した原告が,S運輸の解散の後に被告会社に対して地位確認請求を行った事案であるが,原告は労働契約の締結に当たってA運輸の人間とは接触していないこと,賃金は被告会社の賃金規定と査定により支払われていたこと等の事情を考慮して,「実質的な合理的解釈意思としては,原告と被告ウップスとの間の黙示の労働契約の成立が認められる」と判断した。ここでは,出向関係の実情が労働契約の黙示的成立を支持する理論プロセスやエピソードを形成している。

(c) 請負・業務委託

請負・業務委託関係のもとで,労働者が元請け会社との間で黙示の労働契約の成立を主張し,これを認容する一連の裁判例が見られる。これについては,労働者派遣法の制定前後で区別する必要がある。同法制定前の事案である,青森放送事件（青森地判昭和53・2・14労判292号24頁）は,労働者の労務が債務

---

(7) 同事件については,Ⅲで再度検討する。

第3章　非典型雇用（有期・パート・派遣）法理の創生を希求して

者会社の企業組織に有機的に組み入れられ，同社の職場規律や監督に従う等の事情から，「暗黙のうちに意思の合致による労働契約が成立している」と判断した。同様に，サガテレビ事件（佐賀地判昭和55・9・5労判352号62頁）では，業務委託契約が「職安法44条違反を潜脱するための単なる法形式に過ぎず，同条の趣旨に鑑み公序良俗に反する」ことを主たる理由として，「申請人らを被申請人会社の従業員として労働させる旨の黙示の意思表示の合致」が成立していたと判断した。このように労働者派遣法制定前の時期には，職安法44条違反を背景事情にして黙示の労働契約の成立を認める裁判例が多い（近畿放送事件・京都地決昭和51・5・10労判252号16頁など）。なお，労働者派遣法の制定後であっても同種の事情を指摘して黙示の労働契約の成立を認める裁判例（センエイ事件・佐賀地武雄支決平成9・3・28労判719号38頁）もある。

　これに対して，労働者派遣法成立後では，以上と同じ問題はいわゆる「偽装請負」問題を前提に主張されることになる。肯定例として，ナブテスコ（ナブコ西神工場）事件（神戸地明石支判平成17・7・22労判901号21頁）は，派遣関係にあったものの，実質的には原告は受け入れ企業から指揮命令を受けて労務に従事し賃金を支払われていたとして，黙示の労働契約が成立していたと判断した。また，松下プラズマディスプレイ事件（大阪高判平成20・4・25労判960号5頁）では，当該派遣労働関係が，脱法的な労働者供給契約として，職業安定法44条及び労基法6条に違反し，「強度の違法性を有し公の秩序に反するものとして……無効」であり，そうすると無効であるのに継続した就業の「実体関係を法的に根拠づけ得るのは，両者の……労働契約のほかなく」，黙示の労働契約の成立が認められると判断した。

　しかし，この松下プラズマディスプレイ事件判決の主要部分は，上告審である前掲パナソニック事件判決において，次のような論理により破棄されるに至った。すなわち，第1に，「労働者派遣法の趣旨及びその取締法規としての性質，さらには派遣労働者を保護する必要性等にかんがみれば，仮に労働者派遣法に違反する労働者派遣が行われた場合においても，特段の事情のない限り，そのことだけによっては派遣労働者と派遣元との間の雇用契約が無効になることはない。」第2に，「上告人は［派遣元］による被上告人の採用に関与していたとは認められないというのであり，被上告人が［派遣元］から支給を受けていた給与等の額を上告人が事実上決定していたといえるような事情もうかが

われ」ないこと等の「事情を総合しても，……上告人と被上告人との間において雇用契約関係が黙示的に成立していたものと評価することはできない。」

そして，このパナソニック事件最判を判例法上の規範として，多くの下級審が黙示の労働契約の成立について否定的判断を下していること，前述のとおりである（偽装請負に関する事案のみ掲げると，日本化薬事件・神戸地姫路支判平成23・1・19労判1029号72頁，日本トムソン事件・大阪高判平成23・9・30労判1039号20頁，いすゞ自動車事件・東京地判平成24・4・16労判1054号5頁，日本精工事件・東京地判平成24・8・31労判1059号5頁等がある）。

さらに，以上の請負・業務委託関係から生じる場面とは別に，労働者派遣関係から生じる黙示の労働契約の成立について裁判例の展開が見られる。これについては，後にⅡにおいて，マツダ事件との関わりで論じることとする。

(3) 確認：理論プロセスとエピソード

以上の，労働契約における二者間関係と三者間関係での労働契約の成立場面の検討から，成立場面における黙示の合意の認定について，次のような特色を掲げることができる。

第1に，判例は，労働契約成立の一般法理（使用従属関係，賃金支払関係，意思の合致の存否）に忠実であろうとしており，黙示の成否の問題であるとの理由で一般法理から逸脱しようとの判断傾向は見られない。ただ，黙示の意思表示は，表示行為が口頭や書面でなされないために，効果意思の存否と内容が外形的・表面的には明確にできない表示行為となることから，表示行為の客観的意味を明らかにする作業，すなわち意思解釈の役割が格段に重要になる。

第2に，そのような意思解釈を行うに当たっては，労働契約の成立に関する一般法理を提示して形式的に合意の成立を探求するだけではに不十分である。各裁判例は，それぞれの固有の成立局面で，一般法理をあてはめ，黙示の成立という結論を引き出すための，経時的かつ論理的な「プロセス」が論点構成として提示されている。例えば，上述のように，裁判例の各事案においては，労働契約の成立の際の論点となるのは，指揮命令関係の成立，事業の相続との関連性，職安法44条違反の事実，事業への組織的組み入れといった論点であり，その背景論理を論点構成することにより労働契約の黙示的成立の可能性が導かれる。こうした理論プロセスを顧慮せずに，形式的に，特定の時点での使用従

第3章　非典型雇用（有期・パート・派遣）法理の創生を希求して

属関係，賃金支払関係，意思の合致の存否だけを確認して契約の成否を判断するのは，意思解釈の努力を放棄する立場でしかない。

　第3に，この理論プロセスの判断においては，各事案において一定の意味を組成する一連の生の事実であるエピソード[8]の認定が重要な役割を示す。ここでは，就労の開始の経緯，就業実態，固有の事件や当事者の発言等々の個別の事情が，上記の各プロセスの認定判断を左右する。例えば，同じ労働者派遣法違反の事実についても，違反を熟知して脱法的意図でなされた違法性の強い事案であったか，それとも形式的違法にすぎず行政当局の指摘により是正されたのか，といったエピソードのつながり如何が，結論を分けることになる。

(4) 黙示の労働契約の成立をめぐる解釈のあり方

(a)　規範的解釈論と意思解釈説

　黙示の労働契約の成立の判断をめぐり，学説では次のような対立的な見解が見られる。

　まず，規範的解釈論と称せられる毛塚教授の見解[9]がある。すなわち，①「黙示の労働契約」論は，当事者のとる契約形式を否定して法適合的な契約を行うものであるから，当事者意思の「規範的解釈」であるべきである。②規範的解釈を行うためには，「民法に立ちかえり直接雇用＝二者間契約が雇用の基本原則であることを確認し，その例外形態である三者間契約により第三者労働力を利用する者は（……）それを適正に利用すべき義務を負う」。③黙示の労働契約の成否の判断に際しても，送出元が賃金支払いをしている等の当該契約形式が前提とする事実をもって黙示の労働契約の成立を妨げる事実と主張できない等とする見解である[10]。

---

(8)　エピソードについては，精神分析の用語法から示唆を得ている。エピソード記憶とは，「時空間的に定位された自己の経験に関する記憶」のことをいう（『心理学辞典』（有斐閣，1999年）69頁）。フロイト理論によれば，エピソード記憶は，「記憶系の中で関連をもって配置され，想起の過程でその図式なりネットワークなりの連想的な活性化によって復活し，前意識的なレベルで再現される」。また，「主体は事後的に過去の出来事を修正し書き換える」ともいわれ，「体験した瞬間に，意味文脈の中に完全に統合され得なかったものが事後的に書き換えられる」（『精神分析事典』（岩崎学術出版社，2002年）76頁）。

(9)　毛塚勝利「偽装請負・違法派遣と受入企業の雇用責任」労判966号（2008年）5頁。

(10)　豊川義明「違法な労務供給関係における供給先と労働者との黙示の労働契約の成否

かかる見解に対して，土田教授による次のような反論がある[11]。すなわち，①労働契約を含む契約の成立にとっては，当事者間の合意（意思の合致）が必須の要件であり，そこに直接雇用の原則といった規範的要素を組み込むことは適切でない，②労働契約における黙示の合意の認定の場合にも，労務提供・賃金支払関係という客観的関係の探求は，あくまで当事者意思を推認する作業であり，③第三者労働力の適正利用義務も，同義務違反の効果として，賃金支払関係について客観的事実と相反する法的評価を導き出す効果を認めることには飛躍があり，合意の原則に反する。

こうした見解の対立は，労働契約にかかる解釈問題について，労働法固有の価値を強調する立場と民事法（契約法）の貫徹を志向する立場との対立[12]の例として興味深い。ただ，この対立は，黙示の労働契約の成立に関する合意の解釈方針についてのものにすぎず，多様な具体的なケースの中で両見解が実際にどのように展開するかは明らかでない。

(b) 理論プロセスとエピソードを通じた意思解釈

筆者の考え方は，先に判例の傾向として要約したように，「理論プロセス」と「エピソード」とを重視する考え方である。

すなわち，筆者も土田説と同様，労働契約の成立をめぐる契約解釈の中に規範的要請を組み入れることには賛成しがたい。特に，労働契約においては多くの規範的要請が盛り込まれるだけに，これを解釈に組み入れると契約解釈としての安定性が損なわれるおそれがある。そうした規範的要請は，法規範すなわち立法により解決されるべきであって，本判決の後に新設された3種の「みなし合意」の規定（労契法18条，19条，労働者派遣法40条の6（平成27年10月1日以降））は，意思解釈の限界を超えて適切妥当な解決を与えるために設けられた規定であった。

しかし，その反面，労働契約における合意の解釈において，一般法理を適用

――規範的解釈の妥当性――」甲南法学50巻4号（2010年）225頁も，
(11) 土田道夫「労働法の解釈方法についての覚書」渡辺章先生古希記念『労働法が目指すべきもの』（信山社，2011年）163頁。同様の観点から，規範的解釈論を批判するものとして，中山慈夫「偽装請負と黙示の労働契約」安西愈先生古希記念論集『経営と労働法務の理論と実務』（中央経済社，2009年）37頁。
(12) これは，筆者の用語法では，travailliste と civiliste との対立を意味する。野田進「労働契約法と債権法との関係性」学会誌労働法123号（2014年）3頁を参照。

第 3 章　非典型雇用（有期・パート・派遣）法理の創生を希求して

して当事者の意思の合致こそが要件であり，形式的にその探求さえすれば足りるとするのであれば疑問である。上述のように，一般論としていうならば，労働契約の黙示的成立の立証や解釈は，契約終了（＝合意解約）や契約展開（＝変更）の場合のそれよりも困難を伴う。特にわが国では採用については使用者の「採用の自由」という根本規範があるのに対し，終了局面での解雇の自由や労働条件変更の自由は労働契約法上の根本原則とはいえない（労契法 8 条，16 条）からである。また，現実の意思解釈の側面でいうならば，契約成立の局面では，それまで契約的には無関係であった当事者間に，契約関係の存在を認めようとするだけに，合意の認定において壁が大きいことは明らかである。

　それでもなお，一方当事者が労働契約の成立を主張するとき，現実には，そこに何らかの継続的な関係性が認められるのが通常である。当事者間には，一定の期間にわたる何らかの事情による指揮命令関係があり，その背景事実をもとに当事者間の関係が「練り上げ」られ，一方当事者が黙示の労働契約の成立を主張するにほかならない[13]。したがって，黙示の労働契約が可能とするためには，第 1 に，そうした背景事実が黙示の労働契約の成立を可能とするような，理論プロセスを論点として構成すべきであり，第 2 に，その各論点において判断の資料を提供する具体的な事実経緯（エピソード）を詳細に検討すべきことになる。

　これらを，以下に見るマツダ事件の解決のあり方において，検証しよう。

III　マツダ事件における労働契約の黙示的成立

　IIで明らかにしたように，黙示の労働契約の成立を認めるには，まずはその判断をもたらすための背景論理を明確にする必要があり，これをなさないで，ただ当事者の形式的な意思の合致を探求しても，労働契約の成立という問題特性に即した判断をすることができない。そして，この各段階の論点について，

---

(13)　労働契約の成立は，一時点での「申込・承諾」によるだけでなく，時の経過の中で当事者間の交渉プロセスにより合意が形成されていく「練り上げ型」が重視されるべきである。この点については，新屋敷恵美子「労働契約における合意と債権法改正」学会誌労働法 123 号（2014 年）19 頁を参照。この「練り上げ型」の契約成立プロセスは，黙示の労働契約においても当然に成り立ちうるのであり，黙示の合意形成に向けたプロセスが重要となる。

480

〔野田　進〕　*18* 派遣労働者の派遣先との間の黙示の労働契約の成立

どのような具体的事実がエピソードとして立証できるかが，黙示の労働契約の成否についての最終判断を決定することになる。

　ここではまず，マツダ事件の概要を紹介し，次にその理論プロセスとエピソードとを確認しよう。

1　マツダ事件
(1)　マツダ事件の概要

　【事実の概要】　原告Xら15名は，平成16年から同20年にかけて，それぞれ派遣会社4社との間で派遣労働契約を締結し，Y社防府工場の各職場に派遣されて，自動車製造等の業務に従事していたところ，平成20年11月から同21年3月31にかけて派遣期間の満了または次にみる「サポート期間」の満了により雇止めされた。

　Xらのうち13名は，派遣可能期間の経過後のクーリング期間について，直接Yとの間で1回～3回にわたり，「サポート社員」との名称で有期の労働契約を締結していた。この直接雇用の期間は，ほぼ1年の派遣期間の経過後3か月プラス1日（または6ヵ月）であり，Xらの労務提供の実態，すなわち就業組織，就業状況，始業・終業時刻等に変化はなく，派遣就業の期間と切れ目なくYの業務に組み込まれ，Yの正社員と渾然一体となって労務に従事していた。

　この制度の導入に当たって，Yは平成16年派遣法改正を受け，社内にプロジェクトチームを設けて検討し，同年10月以降同制度を実施した。Yはその実施に際して，Xらに「一度マツダの社員になってもらう。3か月して，また戻ってきてもらう」，「形だけ」，「書類上のこと」等の説明をしていた。なお，Yは，同制度の導入に先立ち，派遣元会社3社との間で業務委託契約（コンサルティング契約）を締結し，サポート社員の採用選考，入社受入れ関連業務，サポート社員期間中の福利厚生補助，退職に関連する業務に及んでいた。

　またYは，平成18年9月以降，派遣料金の体系を大幅に見直して，派遣労働者を4つに格付けする「ランク制度」及び派遣元の業績を評価する「パフォーマンス評価制度」を導入した。ランク制度は，職務に対する期待値によって派遣労働者を4ランクの格付けを行うものである。また，パフォーマンス制度は，派遣元会社の業績を，派遣労働者の出勤率，定着率，事前教育の成績，配置領域，増員比率という5つの尺度で評価するものである。両制度の導

入に合わせて派遣料金の料金体系が変更され，派遣労働者のランク及び派遣元のパフォーマンスは，各連動部分を通じて派遣料金に反映されることとなった。

所轄の労働局長は，平成21年6月2日，Yに対し，サポート社員の制度が職安法44条に違反し，クーリング期間の雇用が労働者派遣40条の2に違反し，ランク制度が同26条7項（特定行為禁止）に違反するとして，是正指導を行った。そして，Xらが，上記雇止めの効力を争い，Yとの間に黙示の労働契約が成立しているとして，地位確認等の請求を行ったのが，本件である。

【判旨】（i）サポート社員制度は，「その制度運用のいかんによっては，Yの新たな労働者派遣の役務の提供の受入れが直前の労働者派遣の役務の提供の受入れと別個独立のものとは解されないことになり，したがって，そのような場合には，Yは，労働者派遣法が定める派遣可能期間の制限を超過して労働者派遣の役務の提供を受けていたものと認められることになる。しかるところ，……Xらに対するサポート社員制度の説明のあり方……や後記の他制度とあわせた運用実態などに照らすと，サポート社員制度導入後に一度でも同制度を利用することになったXらについては，その労働者派遣は，労働者派遣法40条の2に違反するものと認められる。」

（ii）「同じく労働者派遣法違反であっても，偽装請負のようにそれ自体からは直接雇用の契機が出現しない場合とは異なり，いったんは直接雇用というサポート社員を経験した派遣労働者については，その前後の業務内容，勤務実態，使用従属関係の有無等を併せ考慮することにより，派遣労働期間中についても直接雇用を認め得る契機は高いものと考えられる。その上，本件派遣について労働者派遣法の適用を否定しても一般取引に及ぼす影響はなく，Y及び派遣元がサポート社員制度の運用並びに同制度にランク制度やパフォーマンス評価制度を組み合わせることにより制度全体として労働者派遣法に違反し，協同して違法派遣を行っていたとみられることからすれば，Y及び派遣元の取引関係に及ぼす影響はもとより考慮すべきでないこと，労働者派遣法に基づき厚生労働大臣には同法に基づく指導・助言，改善命令，公表等の監督行政権限が与えられているものの，労働者派遣法40条の2違反には罰則規定の適用がなく，これらの罰則規定の適用や厚生労働大臣による監督行政権限の行使によっては現実にサポート社員を経験した派遣労働者を保護することができないこと，このように，労働者派遣法の枠内では自ら組織的かつ大々的な違法状態の創出に積

極的に関与したYの責任を事実上不問に付すことになることなどに照らせば，現実にサポート社員を経験して上記諸制度の適用を受けた派遣労働者については，後記3のとおり黙示の労働契約の成立を認めることができる諸事実が存することも加味すると，それら派遣労働者と派遣元との間の派遣労働契約を無効であると解すべき特段の事情があると認められる。」

(iii) Yは「Y従業員と同様に，作業上の指揮命令や出退勤の管理を行うのみならず，派遣元からの派遣を受けない形で雇入れを拒否することのできる権限を事実上保持することにより，生産効率の高い有能な労働者の派遣を受けることができるように配置換えをする権限も有しており，これらは労働者の雇用に関与している事情といえ，したがって，……XらとYとの間には，使用従属関係及び労務提供関係が認められるというべきである。」

「Yはランク制度を通じて「Yが派遣労働者の給与等の名目で派遣元から受領する金員の額を実質的に決定する立場にあったことが認められるというべきである。」

「以上によれば，Yが，……Xらを直接指揮，命令監督して防府工場の各職場において作業せしめ，その就業条件の決定，賃金の決定等を実質的に行い，派遣労働者がこれに対応して上記職場での労務提供をしていたということができる。そうすると，……XらとYとの間には黙示の労働契約の成立が認められるというべきである。」

(iv) 「契約期間の定めを含む労働条件が当事者間の交渉，合意によって決せられるべき事柄であるとしても，派遣労働者・サポート社員・派遣労働者という循環を繰り返す中でYが……Xら派遣労働者から労務の提供を受けていたという事実関係，Yが平成18年9月以降，ランク制度及びパフォーマンス評価制度を導入して派遣労働者の定着化を目指したことから窺われるYの長期雇用の意図からすれば，Y・Xら間には期間の定めのない労働契約が成立するというべきである。」

(2) マツダ事件における理論プロセス

(a) 2つの先例

本件は，労働者派遣の制度利用において派遣法違反の事実がある場合に，派遣期間等の満了時に更新拒否された労働者が，派遣先との黙示の労働契約の成

立を根拠とする地位確認等の請求をなした事案である。

そこで，本件事案について解決のための論点構成を行うには，先例である，伊予銀行・いよぎんスタッフサービス事件・高松高判平成18・5・18労判921号33頁（以下，伊予銀行事件判決という），および，前掲パナソニック事件との間で比較検討することが有益である。というのは，伊予銀行事件は労働者派遣の事案であり，派遣先との黙示の労働契約の成否が問題になった点で本件と同じであるが，違法派遣とは評価されない事案である一方[14]，パナソニック事件は，業務委託（請負）事案である点で本件と異なるが，派遣法違反と評価された点では本件と同じであり，対比が明瞭であるからである。

そして，伊予銀行事件判決は，「派遣労働者と派遣先との間に黙示の雇用契約が成立したといえるためには，単に両者の間に事実上の使用従属関係があるというだけではなく，諸般の事情に照らして，派遣労働者が派遣先の指揮命令のもとに派遣先に労務を供給する意思を有し，これに関し，派遣先がその対価として派遣労働者に賃金を支払う意思が推認され，社会通念上，両者間で雇用契約を締結する意思表示の合致があったと評価できるに足りる特段の事情が存在することが必要である」とし，その「特段の事情」の意味として，「派遣元が企業としての実体を有せず，派遣先の組織の一部と化していたり，派遣先の賃金支払の代行機関となっていて，派遣元の実体が派遣先と一体と見られ，法人格否認の法理を適用しうる場合，若しくはそれに準ずるような場合」を掲げ，同事件はそのような場合にあたらないものと判断した。

また，パナソニック事件判決は，労働者の就労が派遣法違反であることを明らかにした上で，上述の理由で（Ⅱ2(2)(c)を参照），派遣先との間に「雇用契約が黙示的に成立していたものと評価することができない」と判断した。

(b) マツダ判決における理論プロセス図式

以上二つの先例との比較の上で，マツダの理論プロセスはどのように描かれるか。これを図式化すると，図1のとおりである。

---

[14] 同事件では，派遣労働契約が更新されて，特定の支店への派遣が約13年にも及び，また労働者の特定行為が繰り返されているが，これらの行為がなされたのは，それが明示的に禁止された平成11年派遣法改正以前であった。同事件・松山地判平成15・5・22労判856号67頁の判示を参照。

18 派遣労働者の派遣先との間の黙示の労働契約の成立

図1　マツダ判決の理論プロセスのフローチャート

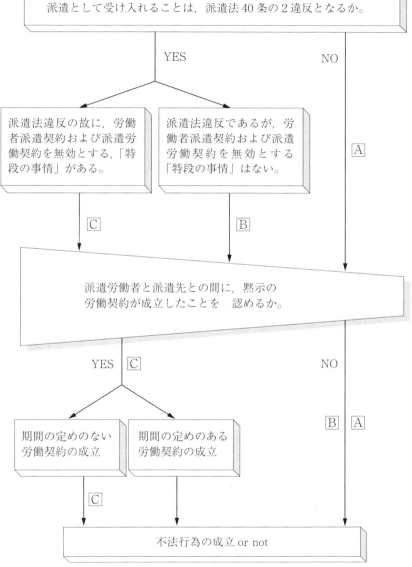

(4) 各論点の判断要素

このフローチャートにおいて、Ⓒの流れは本件マツダ事件における理論プロセスを表しており、これに準じてⒶの流れは伊予銀行事件、Ⓑの流れはパナソニック事件を意味している。

すなわち第1論点は、派遣先の派遣就業における労働者派遣法違反の有無であるが、Ⓐではそれが否定され、ⒷおよびⒸでは肯定される。

第2の論点は、派遣法違反があるときに、労働者派遣契約および派遣労働契約を無効とすべき「特段の事由」ありと判断すべきかである。これについて、Ⓑでは否定され、Ⓒでは肯定された。

第3の論点は、労働者と派遣先との間に「黙示の労働契約」の成立が認められるかであり、Ⓐ、Ⓑ、Ⓒいずれのプロセスでも、これに収れんされていく中心論点である。ただ、Ⓐでは、上記のように「法人格否認の法理を適用しうる場合、若しくはそれに準ずるような場合」という、高いハードルのもとで黙示の労働契約の成立を認めるので、そのような場合にあたるのはきわめて限定的といわざるをえない。これに対して、派遣法違反ありとの判断を前提とするⒷおよびⒸでは、それが認められる可能性は比較的に高いが、派遣元の契約が有効に存続しているⒷにおいては、同契約が有効に存在しているⒸの場合に比べると、二重契約回避の配慮から、その可能性は低くなるといわざるを得ない。

もっとも、この「二重の労働契約」の存在は、意思解釈として多少の抑制効果はあるとしても、必ずしも否定されるわけではない。労働契約は債権関係であるから、一人の労働者が同一の業務について、複数の使用者と同時に労働契約を締結することは何ら問題ないし、現実にも多様な形で存立しうる(例えば在籍出向がそうであるが、もっと一般的に、一人の労働者が同一の業務につき親子会社の双方と労働契約を締結しているケース[15]も珍しくない)。また、社外労働者がこのような状況に至った場合に、労働者はいずれかの使用者を選択して、労働契約上の地位確認請求ができるとする見解[16]もある。ただ、そうした契約

---

[15] 最近の裁判事案では、レガシィほか1社事件(東京高判平成26・2・27労判1086号5頁)が、そのような事案であった。

[16] 和田肇「受入会社と社外労働者との間の労働契約の成否」法政論集228号(2008年)316頁。

構造は，労働者派遣の定義（労働者派遣法2条1号）を逸脱しているから，当初からそのような形式は派遣としては容認されないとしても，派遣先の対応の結果として生じたそのような契約関係を否定することはできない。

　第4は，派遣先と労働者との間に黙示の労働契約を認めうるとしても，その労働契約に期間の定めがあるか否かという論点である。これも当事者意思の解釈を通じて判断すべき事柄である。

　第5の論点は，不法行為の成否の問題であり，Ⓐ，Ⓑ，Ⓒいずれについても成り立ちうる。これも重要論点であるが，黙示の労働契約の成立にかかる意思解釈の問題から外れることから，本稿では，この論点は取り扱わない。

(5) 理論プロセスの再確認

　ここで，問題のプロセス的理解の意義を再確認しておこう。マツダ事件判決では，黙示の労働契約の成立における意思解釈は，このように第1から第4まで論点において，Ⓒの流れによるプロセスを経ることによって可能となるものであった[17]。言い換えると，このような理論プロセスとしての理解をなさず，ただ第3論点だけを取り出し，それまでの経緯を見ないで（または軽視して）当事者意思の解釈を試みるのは，労働契約の成立に関する合意への取り組みとして適切ではない。すなわち，①派遣契約がその締結や運用の実情に照らして違法であるか否か，②その違法性は，いかなる実態に照らしてどのよう意味・程度において違法であったか，③これら①，②の展開（プロセス）を通じて，労働契約の成立に関する諸要件についてどのような解釈上の意味が付与されどのように判断されるか。さらに，④これらの一連の判断から，黙示の労働契約の成立の効果としてどのような内容の労働契約が成立するか。労働契約の黙示的成立の解釈においては，こうした全体的な論点の流れの中で当事者意思の探求することに特段の重要性がある[18]。

---

(17) マツダ事件判決の解説として，同判決においては「派遣元との労働契約の無効と派遣先とのその成立が連動する判断構造になっている」との指摘（矢野昌浩・本判決解説・法セ701号（2013年）121頁）がある。この指摘のように，かかる判断構造こそが，本判決において肝要な部分であるといえよう。

(18) こうしたプロセス的理解は，パナソニック事件最判の示した判断手法でもあった。同判決は，前述のように，偽装請負を前提とする派遣労働契約の効力に関する論点と，黙示の労働契約の成否に関する論点部分とに分かれているが，両判断の関連について同

2 マツダ事件における「エピソード」

　理論プロセスにおける各論点の成否を決定するには，それに関連して主張された諸事実を取り出し，評価し，意味づけることで，当該論点における解決を得る必要がある。このように，当事者の主張する事実のうち，意味づけられた一連の諸事実を，本稿では心理学や精神分析学の用語を借りて「エピソード」と称することにした。黙示の労働契約の成否を決定するにあたって，当事者の意思の合致を認定すべきところ，これを当事者の生の事実主張で対立させるのは，いわば水掛け論となる。そうした個々の事実ではなく，エピソードとして取り上げることで事実のもつ役割が大きくなる。そこで以下では，上記プロセスの流れにより，マツダ事件判決をパナソニック事件判決と比較検討することで，分析を試みる。

(1) 偽装請負と「特段の事情」

　パナソニック事件判決は，いわゆる偽装請負の事案において，同判決のいう派遣労働契約を無効とすべき「特段の事情」なしと判断した。一方，マツダ事件判決は，同事件の特有の事案のもとで「特段の事情」ありと判断したが，このように「特段の事情」に関する判断が分かれた理由はどこにあると考えられるだろうか。この点を，パナソニック事件における，いわゆる偽装請負の違法性の問題から検討する。

　いわゆる偽装請負は，労働者派遣契約の定義（労働者派遣法2条1号）に合致する実態にあるのに業務委託契約を偽装し，それにより労働者派遣法の適用に伴う種々の負担を免れようとするものであり，この点で強い社会的・道義的非難を浴びたことは周知のところである。しかしながら，法的観点からすれば，偽装請負は，それ自体はかならずしも違法性の強い事情とはいえない。

　なぜなら，労働者派遣法は，同法平成24年改正までは，主として取締規定からなるものであり，原則として当事者に特別の権利・義務を設定することのない「業法」と解されてきた。その結果，労働者派遣を業務委託契約（あるいは請負）と偽装したところで，そのことが労働者に直接の権利侵害をもたらす

判決は説明していない。しかし，フローチャートの B の流れから分かるように，両論点に対する判断の連携的な理解によってこそ事案の特性に即した合意の解釈がなされたであろう。

違反行為とはならないという法構造であった。この点を明らかにした近時の裁判例として，国（神戸刑務所）事件（大阪高判平成25・1・16労判1080号73頁）を参考にすべきであり，同判決は，偽装請負であることを問題にして関係労働者が派遣先に対して不法行為に基づく損害賠償を請求した事案において，「偽装請負それ自体が，労働者の雇用関係に直接不利益を与えるものとは解されない」と判示して，それが「権利侵害」であることを否定したのである[19]。

行政実務の実際においても，偽装請負に関して申告があり，行政（労働局）がその事実を確認した場合でも，行政としては派遣元事業主や派遣先に罰則を課したり両者間の契約の失効等を命じたりするのではなく，単に契約の形式を実態どおりの労働者派遣契約に修正（契約の性質変更 = requalification）するよう，是正指導するにすぎない。現に，パナソニック事件の事案でも，大阪労働局はそのような指導を行っている。

マツダ事件判決もこの差異を意識しており，「同じく労働者派遣法違反であっても，偽装請負のようにそれ自体からは直接雇用の契機が出現しない場合とは異な」ると判示して（前掲判(ii)を参照），パナソニック事件の事案との違いを意識的に論じて差別化を図ろうとしているようにみえる。このように偽装状態の作出は，それ自体としては，労働者に対して直接の不利益をもたらすことは少なく，権利侵害の実態も乏しいことから，違法性の程度は低いと考えざるを得ない。このことが，最高裁において「特段の事情」の認定を必要としなかった原因と考えられる。

(2) **マツダ事件判決における違法性と公序無効**
(a) **マツダ事件で摘示された違法性のエピソード**

本件マツダ事件においては，偽装請負が問題ではなく，同判決によれば，おおむね以下の事実が指摘されている。

①サポート社員制度を利用した「労働者派遣法40条の2の潜脱」が，「組織

---

(19) 前掲・国（神戸刑務所）事件で問題にされた点であるが，労働者は，請負契約であるならば請負事業主の指揮命令を受けて就労したのに，実際は派遣先の指揮命令を受けたことで，「意に反する苦役」を受け，労働の自由が侵害されたとの主張が成り立たないわけではない。しかし，同判決が判断するように，そうであるとしても，労働者は特に偽装という取扱いそれ自体から精神的苦痛を受けたとはいえない。

第3章　非典型雇用（有期・パート・派遣）法理の創生を希求して

的かつ大々的に，かつ，派遣先及び派遣元が協同して」行われていた。②ランク制度およびパフォーマンス制度により，派遣先は「より高い能力を有する派遣労働者の定着を目指しており，派遣元もこれに協力していた」。③ランク制度を通じて，派遣先は「まさに，派遣労働者を自社の社員同様に育成指導することが被告の利益につながるとの基本思考のもと，あたかも雇用契約を結んだのと等しい命令する者と命令される者という上下関係を作出したものとも評価し得る」。④Sランクの派遣依頼は，「選りすぐりの労働者を囲い込むものであり……実質的には［派遣先］が受け入れる派遣労働者の特定行為と認められる」。⑤派遣配属前に安全教育や実技試験を受けさせる等の事情があり，「派遣労働者の特定が行われるという運用実態があった」。⑥サポート社員制度を通じて，派遣労働者の利用による「人事管理のアウトソーシング」と「熟練工の長期的な確保を目指していた」。⑦サポート社員制度に運用実態において，被告は，労働者派遣法に違反していたにとどまらず，「常用雇用の代替防止という労働者派遣法の根幹を否定する施策を実施していた」。

(b)　強度の違法性と公序無効

以上によると，マツダ事件判決が問題にする違法性は，次のように整理される。

第1に，本件の労働者派遣の方式は，労働者派遣法の基本理念である労働者派遣の「常用代替の禁止」原則を真っ向から否定する。すなわち，②，③，⑥，⑦に見られるように，被告は，派遣を通じてアウトソーシングによる簡便な労働者確保を図ると同時に，サポート制度やランク制度を通じて，長期雇用に準ずる質の高い労働者を確保しようとしている。言い換えると，被告は，外部労働者を固定的に維持することで雇用上の危険を回避しつつ，長期雇用によって可能な熟練労働者を育成するものである。しかし，これにより，派遣労働者は，常用雇用の代替的労働力として用いられる一方で，時の経営状況いかんで自由に切り捨てられることになる。また，こうした雇用が，長期雇用により可能な能力開発を困難にし，かつ雇用の安定を阻害することから，労働者派遣法は，特に派遣可能業種が原則自由化されてからは，労働者派遣を常用労働者の代替利用を厳しく禁止してきた。これに対して，本件のサポート制度やランク制度は，上記⑦に要約されているように，「労働者派遣法の根幹を否定する施策を実施していた」と評価されるものあり，顕著な違法行為であった。

第2に，派遣先のなした特定行為は，それが組織的かつ常態的であるときには，むしろ派遣元による「業とする他人の就業への介入」を疑わせる。すなわち，④および⑤に見られるように，本件派遣の実態では，サポート制度やランク制度を通じて，派遣先が派遣元事業主による採用過程で労働者を特定する「特定行為」が常態的であり顕著である。特定行為の禁止は，それ自体としては，労働者派遣法における派遣先の努力義務にすぎない（労働者派遣法26条7項）。しかしながら，それがこのように制度として実施され，かつ組織的かつ常態的に行われるときには，むしろ実質的な採用行為そのものに近づき，派遣元事業主の独自の採用行為という実質が失われる。その結果，派遣元の採用活動は，むしろ「業として」他人の就業に介入する行為であること（労基法6条）が疑われ，派遣先はこうした違法性を助長する役割を果たしていることになる。

　第3に，本件のサポート社員制度等の派遣制度の運用には，「組織的かつ大々的な」法違反であり，例外的に悪質な実態がみられることである。すなわち，①で指摘され，他の各所でも繰り返し指摘されているように，本件では，サポート社員制度を利用することで，労働者派遣法40条の2の潜脱が，「組織的かつ大々的に，かつ，派遣先及び派遣元が協同して」行われている。派遣期間の単純な制限違反（労働者派遣法40条の2違反）については，平成24年改正前の立法では，派遣元から抵触日にかかる通知を受けた場合の労働契約の申込み義務を定めるのみであり（労働者派遣法40条の4），制限期間違反により直ちに違法性や派遣労働者への権利侵害を意味するものではない。しかし，本件で指摘されたのは，こうした違法行為の実現のための一連のエピソードとしてである。すなわち，被告は，①社内にプロジェクトチームを設置して，クーリング期間を満たすだけのためにサポート社員制度の導入を決定し，②混乱を避けるために時期をずらして，同制度を順次に導入し，③入社手続や福利厚生事務については，派遣元が「コンサルタント契約」に基づき金銭的代価を得て代行していた。

　以上のように，マツダ事件のエピソードを結び付けていくと，次のように総括される。同事件では，第1に，サポート社員制度により，常用代替という「労働者派遣制度の根幹を否定する」施策が講じられた。第2に，サポート制度やランク制度を通じて，労働者の人権その他の基本的権利の否定につながる

第3章　非典型雇用（有期・パート・派遣）法理の創生を希求して

ような違法性を帯有する実態があった。第3に，労働者派遣法の違反が，周到な準備のもとに自覚的に，派遣元事業主との協力体制のもとで，計画的かつ長期的に，さらには大々的に実施したのであり，このことが，違法性を倍加させた。

こうして，本件は，まさしく行政が前掲通達「『2009年問題』への対応について」において警告を発していた，クーリング期間を利用した脱法行為を，その警告に挑戦するように，派遣元との協力関係のもとに，組織的かつ大々的に」計画実施したという事案である。その意味で，例外的と言いうるほどに悪質であり，顕著な違法行為といいうるものであって，労働者派遣法40条の2の単純な規定違反にとどまらず，その効力を否定すべき「特段の事情」ありと判断された。これらの判断は，別の観点からは，労働者派遣法の趣旨に照らした公序違反性（民法90条）の判断ともいいうる[20]。

(3)　派遣先との黙示の労働契約の成立にかかるエピソード
(a)　両判決の求めるエピソード

パナソニック事件につき，最高裁は，①派遣先が，派遣元事業主による派遣労働者の採用に関与していたとは認められないこと，②派遣労働者が派遣元支給を受けていた給与等の額を，派遣先が事実上決定していたといえる事情がないこと，および，③派遣元は派遣労働者の具体的な就業態様を決定し得る地位にあったことから，派遣先と派遣労働者との間に，「雇用契約関係が黙示的に成立していたものと評価することはできない」と判断した。

これに対して，マツダ事件判決は，「黙示の労働契約が成立したかどうか，及びその内容」については，①両者間に事実上の使用従属関係，②労務提供関係，③賃金支払関係があるかどうか，また，④これらの関係から両者間に客観的に推認される，黙示の意思の合致があるかどうかによって判断すると述べ，これらの背景となる事実摘示により，黙示の労働契約の成立を認めた。

このように，両判決では，労働者の給与等の決定や支払い関係は，共通の判断要素として掲げられて，労働契約の成立を認定する重要な要素であると共通に認識されている一方，それ以外に取り上げられた判断要素は異なっているよ

---

[20]　公序違反性の指摘につき，水町勇一郎・本判決判批ジュリスト1461号（2014年）119頁。

うにみえる。もっとも，パナソニック事件判決は，黙示の労働契約の成立を否定する判断であるから，これを消極的に導く判断要素を例示的に掲げれば足り，掲示した諸要素が一つでも否定されればその余の要素を判断するまでもなく，黙示の労働契約の成立は否定される。これに対して，マツダ事件では，黙示の労働契約の成立を積極的に導こうとするものであるから，より広範な判断要素を提示して立証を試みる必要がある。その立証のあり方を確認しておこう。

(b) マツダ事件におけるエピソード

マツダ事件判決の取り上げたエピソードは，次のとおりである。①派遣労働者の中には，「試験により選別されて職場配置が決まった者がいたこと，働きぶりによって職場配置の変わった者がいたこと」，②労働者は派遣先の労働者と混在し同様の作業に従事していたこと，③交代制，残業，出退勤の管理，休暇の調整にも区別はなかったこと，④同じ作業着の支給がなされていたこと，⑤同じ教育プログラムに参加し，⑥「マツダ製造カレンダー」による休日の適用を受け休日中の連絡先の把握がなされていたこと，⑦賃金については，ランク制度を通じて，「Yが派遣労働者の給与等の名目で派遣元から受領する金員の額を実質的に決定する立場にあった」ことである。

判決は，これらのエピソードのうち，②～⑥の事実をつなげることにより「Xらを直接指揮，命令監督して防府工場の各職場において作業せしめ」たとの判断を導き，①および⑦の事実により，「その就業条件の決定，賃金の決定等を実質的に行」ったとの結論を導いている。これらの判断を通じて，「原告らと被告との間には黙示の労働契約の成立が認められるというべきである」と結論づけるのである[21]。

(c) 「黙示の意思の合致」の認定

この「黙示の労働契約の成立」という結論については，「意思の合致」を強調する見解からは，なお不満が残るかもしれない。というのは，本件において派遣先である被告会社は，派遣労働者の就業当時，派遣労働者と労働契約を締結する意思を有していなかったのであるから，「意思の合致」という認定判断

---

[21] パナソニック事件最判で取り上げられていた，派遣先による「採用への関与」という要素は，マツダ事件判決では判断要素として用いられていない。本判決では，採用への関与という事情は，派遣先による常態的な特定行為として，「特段の事情」の存否判断の要素として評価されているから，ここでは繰り返し援用されなかったのであろう。

の妥当性について，疑問とする見解が考えられる。しかしながら，こうした疑問に対しては，次のように考えることができる。

第1に，これまで検討したように，このような「黙示の意思の合致」の認定とは，文字どおりの「生の事実」の記憶ではなく，黙示的意思の意思形成に至る全経緯（論点プロセスの確定とエピソード）の法的評価を経てなされるものである。すでに述べたように，そもそも労働契約の成立に関しては，形式的な意味での「黙示による意思の合致」は成り立ち得ないのであって，上記のプロセスとエピソードによる法的思考を通じて解釈された，当事者意思の再評価[22]により，意思の合致が認定されるのである。

第2に，かかる解釈手法は，すでに，前掲安田病院事件において先例として確立されたものである。同高裁判決は次のように判示し，最高裁はこれを是認することができるものと判断している（同事件最3小判平成10・9・8労判745号7頁）。「使用者と労働者との間に個別的な労働契約が存在するというためには，両者の意思の合致が必要であるとしても，労働契約の本質を使用者が労働者を指揮命令し，監督することにあると解する以上，明示された契約の形式のみによることなく，当該労務供給形態の具体的実態を把握して，両者間に事実上の使用従属関係があるかどうか，この使用従属関係から両者間に客観的に推認される黙示の意思の合致があるかどうかにより決まるものと解するのが相当である。」

マツダ判決は，まさしく「当該労務供給形態の具体的実態を把握」するべく，使用従属関係の存在を，労務提供関係，賃金支払関係の存在を各実態により認定し，そこから「黙示の意思の合致」を推認するという手法を用いたのであり，最高裁で支持された前掲安田病院事件判決の法理を，労働者派遣の事案に適用したものといいうる。

(3) 「労働契約の内容」に関するエピソード

判決は，この点について，多くの説明をしていない。すなわち，判決は，「契約期間の定めを含む労働条件が当事者間の交渉，合意によって決せられるべき事柄である」としつつも，①派遣労働者・サポート社員・派遣労働者という循環を繰り返す中で被告が……原告ら派遣労働者から労務の提供を受けてい

---

[22] エピソード記憶が「事後的に書き換えられる」ことについては，注(8)を参照。

たという事実関係」，および，②「被告が平成18年9月以降，ランク制度及びパフォーマンス評価制度を導入して派遣労働者の定着化を目指したことから窺われる被告の長期雇用の意図」から，「被告・原告ら間には期間の定めのない労働契約が成立する」と判断している。次のように言えよう。

　第1に，この判断プロセスでは，すでに「黙示の労働契約の成立」において行った意思解釈の延長上で，引き続き当事者意思の解釈として，黙示的に成立した労働契約が，期間の定めのない労働契約であると判断した。ただ，上記の①からは，必然的に期間の定めのない労働契約という評価を導きうるとは言えず，派遣就業の期間について直接の期間の定めのある労働契約の黙示的成立を判断することもあり得たであろう。ここでは，②が重要であり，そこで述べられる「被告の長期雇用の意図」の存在が，エピソードとして重視された結果といいうる。

　第2に，この結論は，平成27年10月1日に効力発生する，労働者派遣法新40条の6の予定する労働契約の申込みなしの帰結とは異なる。同条1項は，同条3号（派遣可能期間の制限）に違反して派遣受け入れした場合，「同一の労働条件を内容とする労働契約の申込みをしたものとみなす」とされ，派遣労働契約が有期である以上，申込みしたとみなされる労働契約も有期となるからである。しかし，この新40条の6の規定と異なり，マツダ事件の場合には，上記のように派遣労働契約を無効と判断した上で，意思解釈により期間の定めのない労働契約の黙示的成立を認めるという，理論プロセスの帰結である。両者は，理論の系譜が異なるのであり，その意味で，新40条の6が施行される平成27年10月以降も，マツダ事件の理論枠組みは独自に成り立ちうる。

Ⅳ　むすび——マツダ事件判決のインパクト

　パナソニック事件の判決以後，派遣先との黙示の労働契約の成立を求める地位確認請求訴訟が数多く提起されているが，本稿執筆段階（平成26年8月）では，マツダ事件以外に同請求を認めた裁判例に接することができない。他方，一部の判決では，派遣先のなした雇止めについて不法行為の成立を認め，損害賠償の支払いを命じている。その結果，訴訟の実情としては，不法行為の成否をめぐる論点が中心になる傾向さえ見られる。

　しかしながら，元来，労働をめぐる利害や権利・義務は，労働のなされる

第3章 非典型雇用（有期・パート・派遣）法理の創生を希求して

「場」において生成するのが大原則であり，その意味では，現に労務指揮を行使するものが使用者たる立場に立つのが，本来のあり方である。労働者派遣の契約構造は，そうした原則を破ることを認めるものであるが，それは労働者派遣が適法に実施されている場合に限り許されるものといえよう。違法派遣の問題は，こうした契約構造上の問題にかかわるのであり，不法行為法による利害調整で足りるものではない。その意味で，マツダ事件判決の残した理論的成果は，今後とも共有されるべきであろう。

　【付記】本研究は，平成26年度文部科学省科学研究費基盤研究(B)（課題番号：25285018）の成果の一部である。

19 黙示の労働契約における意思の推定
――マツダ防府工場事件を素材に――

和 田　肇

I　は じ め に
II　本件において特に重要な事実
III　原判決の内容とコメント
IV　パナソニックプラズマディス
　　プレイ事件最高裁判決の検討
V　黙示の労働契約における意思
　　の推定方法
VI　本件の分析
VII　ま　と　め

I　は じ め に

　黙示の労働契約の成立を認め，労働契約上の使用者概念を拡張する裁判例は，既に1970年代から登場し[1]，その後の蓄積によって[2]「黙示の労働契約論」と言える判例法理が形成された[3]。すなわち，「労働契約といえども，もとより黙示の意思の合致によっても成立しうるものであるから，事業場内下請労働者（派遣労働者）の如く，外形上親企業（派遣先企業）の正規の従業員と殆んど差異のない形で労務を提供し，したがって，派遣先企業との間に事実上の使用従属関係が存在し，しかも，派遣元企業がそもそも企業としての独自性を有しないとか，企業としての独立性を欠いていて派遣先企業の労務担当の代行機関と同一視しうるものである等その存在が形式的名目的なものに過ぎず，かつ，派遣先企業が派遣労働者の賃金額その他の労働条件を決定していると認めるべき事情のあるときには，派遣労働者と派遣先企業との間に黙示の労働契約が締結

（1）　その嚆矢となったのは，新甲南鋼材工業事件・神戸地判昭47・8・1判時687号96頁である。
（2）　近畿放送事件・京都地決昭51・5・10労判252号16頁，青森放送事件・青森地判昭和53・2・14労判292号24頁。
（3）　井上幸夫＝堅十萌子＝和田肇「松下PDP事件最高裁判決以前の下級審裁判例」和田肇＝脇田滋＝矢野昌浩編『労働者派遣と法』（日本評論社，2013年）175頁以下を参照。

第3章 非典型雇用（有期・パート・派遣）法理の創生を希求して

されたものと認めるべき余地がある」との一般論が展開される[4]。

その後，労働者派遣法が制定され，一定の範囲で労働者派遣が合法化され，それとともに労働者派遣と請負の区別が明確化されたことなどもあり，この法理の適用が争われる事件は減少した。ところが2000年代に入り，法律上禁止されている製造業への労働者派遣を請負という法形式で行う事例（偽装請負で違法派遣）が登場し，同法理の適用が再び脚光を浴びた。黙示の労働契約の成立を肯定した松下PDP高裁判決[5]が契機となり，裁判が急増したが，同事件の原審（高裁）判決を覆した最高裁判決[6]の登場後，再び裁判例も減少し，議論は下火になったかに見えた。しかし，肯定例であるマツダ防府工場事件地裁判決[7]が出て，再び黙示の労働契約論の検討がなされるようになっている[8]。

こうした議論に触発され，マツダ防府工場事件（以下，本件）を素材としながら，再度この問題の検討を行ってみたい[9]。

II 本件において特に重要な事実

裁判においては，法的な判断とともに，提示された事実が重要な意味を持つ

---

[4] サガテレビ事件・福岡高判昭58・6・7労判410号29頁参照。
[5] 松下PDP事件・大阪高判平成20・4・25労判960号18頁。
[6] 松下PDP事件・最二小判平成21・12・18民集63巻10号2754頁。同判決は，事例判断の形を採っており，違法派遣における黙示の労働契約の法理について一般論を展開しているわけではない。その意味では，同判決によって議論が収束したとは言えない。
[7] マツダ防府工場事件・山口地判平成25・3・13労判1070号6頁。
[8] 同判決について，結論に賛成する評釈として，矢野昌浩・法セ701号（2013年）121頁以下，塩見卓也＝和田肇・名大法政論集251号（同年）411頁以下，岡田和樹・NBL1004号（2013年）7頁以下，水町勇一郎・ジュリ1461号（同年）119頁以下，桑村裕美子・ジュリ増刊「平成25年度重要判例解説」（2014年）235頁以下，反対する評釈として中山達夫・労働法令通信2326号（同年）24頁以下，山本陽大・労働法学会誌122号（同年）167頁以下。前者は，本件の3者（派遣元，派遣先，派遣労働者）間の実態を重視している（その意味では実質説と言える）のに対して，後者は，法形式を重視している（その意味では形式説と言える）。黙示の労働契約論をめぐる議論は，こうした方法論と深く関わっている。
[9] 私自身のこの問題に関するこれまでの研究として，「労働契約における使用者概念の拡張——会社法人格否認論の一断面」北澤正啓先生還暦記念『現代株式会社法の課題』（有斐閣，1986年）241頁以下，「労働契約における使用者の概念」労旬1585号（2004年）4頁以下等がある。

ている。事実に対して真摯な気持ちで向き合い、そこから見えてくる真実を描き出すことは、裁判官のみならず我々学者にも重要な作業である[10]。そこで、地裁判決を前提に、本件において重要と思われる事実の抽出から始めたい。なお以下では、第一審原告および第二審被控訴人・一部控訴人を「X」らと、また控訴人らと第一審被告および第二審控訴人・一部被控訴人を「Y」と表記する。

1 労働者派遣とサポート社員の反復更新

本件における第1の重要な事実は、Xらの多くがYにおいて、労働者派遣（いわゆる間接雇用）とサポート社員としての勤務（直接雇用）とを反復更新している点である。しかも、双方の勤務形態の間に時間的な断絶がなく、たとえば労働者派遣期間が終了した翌日からサポート期間に移行し、そして後者が終了した翌日から再び前者に移行している。また、両者を通じてXらがYの同一部、同一課、同一職場において、同一内容の職務に従事している例が間々見られる。

たとえばX_1については（原判決別紙1参照）、7ヶ月半の最初の労働者派遣があり（派遣①）、これが終了した翌日から3ヶ月と1日のサポート（サポート①）があり、これが終了した翌日から9ヶ月に1日足りない労働者派遣があり（派遣②）、それが3ヶ月間更新され（派遣③）、それが終了した翌日から3ヶ月と1日のサポートがあり（サポート②）、これが終了した翌日から6ヶ月に1日足りない労働者派遣があり（派遣④）、それがその後3回更新されている（派遣⑤が2ヶ月、派遣⑥が4ヶ月、派遣⑦が3ヶ月弱）。この間、Yにおける勤務場所については、部が同一で、課も派遣②以降同一で、仕事内容は一貫してリフトカーおよび牽引車による部品配給作業と同一である。

同様の事実は、契約の更新回数や期間あるいは仕事の内容等に違いはあるも

---

[10] 判決において事実・事実関係が重要であることについては、中野次雄『判例とその読み方・三訂版』（有斐閣、2009年）119頁以下も参照。ここでいう事実は、生の事実ではなく、裁判において「認定された事実」である。それは、純粋な事実なのか、それとも裁判官の評価が加わった事実なのか、困難な問題であるが（伊藤滋夫『事実認定の基礎』（有斐閣、1996年）11頁以下）、いずれにしても学者としては判決で「認定された事実」を前提とせざるを得ない限界もある（この問題も含めてかつての判例研究論争については、長谷川正安『法学論争史』（学陽書房、1976年）147頁以下を参照）。

第3章　非典型雇用（有期・パート・派遣）法理の創生を希求して

のの，X_2（同別紙2参照），X_3（同3参照），X_4（同4参照），X_5（同5参照），X_6（同6参照），X_7（同7参照），X_8（同8参照），X_{10}（同10参照），X_{11}（同11参照），X_{12}（同12参照），X_{14}（同14参照），X_{15}（同15参照）についても見られる。しかも，X_3，X_4，X_5，X_6，X_{11}およびX_{14}については，最後の労務提供関係がサポート社員であり，Yからその雇止めが行われている。

これらの事実から，Yにとって，労務提供の契約形式は別にして，Xらを恒常的に必要な労働力とみなし，継続的・長期的に勤務することを期待していたと言える。ところがXらとYおよび派遣元会社の三者関係は，奇妙な形を採っている。つまり，Yはこうした労働力を，間接雇用である労働者派遣と直接雇用であるサポート社員の繰り返し・反復として利用している。

こうした事実関係は，派遣労働者が派遣先との間の労働契約の存在を主張したこれまでの裁判例と大きく異なる，本件の特徴的な点である。

2　サポート社員制度

本件における第2の重要な事実は，Xら15名のうちX_9とX_{13}を除いた13名がYにおけるサポート社員制度を経験している点である。原判決によれば，この制度は，「派遣可能期間経過後も各職場においてなお人員確保の必要がある場合の対応策」として導入されたもので，「クーリング期間に対応した直接雇用制度」である。サポート期間は実に奇妙で，共通して3ヶ月と1日だけとなっている（その後変更され，平成20年10月以降は6ヶ月）。

このサポート社員制度は，派遣元と派遣労働者であるXらとの関係で見れば，確かにクーリング期間としての機能を営むものである。労働者派遣法40条の2は，「派遣先は，当該派遣先の事業所その他派遣就業の場所ごとの同一の業務について，派遣元事業主から派遣可能期間を超える期間継続して労働者派遣の役務の提供を受けてはならない」と規定し，同条に関する「派遣先が講ずべき措置に関する指針」（平成11年労働省告示第138号，改正・平成21年厚生労働省告示第245号）第2の14(3)は，「労働者派遣の役務の提供を受けていた派遣先が新たに労働者派遣の役務の提供を受ける場合には，当該新たな労働者派遣の開始と当該新たな労働者派遣の役務の受入れの直前に受け入れていた労働者派遣の終了との間の期間が3月を超えない場合には，当該派遣先は，当該新たな労働者派遣の役務の受入れの直前に受け入れていた労働者派遣から継続

して労働者派遣の役務の提供を受けているものとみなす」と規定している。

原判決によれば，山口労働局長から平成21年6月2日に，「クーリング期間が適正に3か月を超えているとは判断できないことから，同一業務について労働者派遣が継続していたとみなされ，本件派遣に係る労働者派遣契約は同法40条の2に違反する」として是正指導が行われている。このことは，労働者派遣という視点で見た場合に，本件のサポート期間は労働者派遣法違反の状態にあったことを意味する。3ヶ月と1日という期間は，形式的には上記通達のいうクーリング期間の要件を満たしているが，それは全くの形式に過ぎず，その意味で法の趣旨を潜脱するものとも言えよう。

サポート社員制度は，YとXらとの間の関係では，まさに有期労働契約による直接雇用である。この期間中に従前の派遣元は，Yの行うサポート社員の採用選考，入社受入れに関する業務，福利厚生の補助業務，退職に関する業務をコンサルティング業務として遂行している。原判決によれば，山口労働局長から平成21年6月2日に，「サポート期間に旧派遣元と旧派遣労働者との間に支配従属関係が認められ，労働者供給事業に該当するものであり，職業安定法44条に違反する」として是正指導が行われている。

3 ランク制度

本件における第3の重要な事実は，ランク制度の存在である。この制度は，YがXら派遣労働者の職務能力・意欲を評価するもので，C，B，Aから成るスタンダードとSであるハイポジションがあり，Yの職長が評価する。ランクが上がったときには，朝礼時などに職長からXら派遣労働者に通知される。このランク制度は，Yから派遣元各社に支払われる派遣料金に連動しており，また原判決によれば，「派遣社員の方の給与もランクに応じて設定される」との説明がYからなされている。

なお，原判決によれば，山口労働局長から平成21年6月2日に，「Sランクに係る労働者派遣契約については，Sランクの派遣従業員をYが任命し，派遣元に連絡し決定した上で，YがSランクとなった労働者の数だけ新たなSランクの派遣労働者を発注し，Sランクとなった派遣労働者を受け入れて」おり，「これは，派遣されるSランクの派遣労働者を特定することを目的とする行為に該当することから，本件派遣に係る労働者派遣契約は同法26条7項」

および派遣先が講ずべき措置に関する指針第2の3に違反するとして是正指導が行われている。

4 違法派遣の実態

本件における第4の重要な事実は、これまでにも述べてきたように、Yが山口労働局長から何度も違法状態の改善を求められており、その意味で本件の労働者派遣は様々な違法性を含んでいたと言える点である。

Ⅲ　原判決の内容とコメント

1　地裁判決（原判決）の論理

原判決は、XらのうちX$_9$とX$_{14}$を除いた13名について、サポート社員としての期間だけでなく、労働者派遣の期間も含めてYとの間の労働契約の成立を肯定している。その理由と論理は以下の通りである。

(1)　派遣元とXらの労働者派遣契約の有効性

労働者派遣法40条の2は、派遣元事業主から派遣可能期間を超える期間継続して労働者派遣の役務の提供を受けることを禁じており、「派遣先が講ずべき措置に関する指針」（平成11年労働省告示第138号、改正・平成21年厚生労働省告示第245号）第2の14(3)は、3ヶ月のクーリング期間を設定しているが、クーリング期間が3ヶ月を超えている場合に労働者派遣の役務の提供が継続していないとみなすことを定めたものではない。派遣先が継続して労働者派遣の役務の提供を受けていたかどうかは、クーリング期間の長短だけでなく、恒常的労働の代替防止という制度趣旨を踏まえて実質的に判断すべきである。

〔1〕Yは派遣可能期間が経過する前の平成16年7月頃からサポート社員制度の導入を決めていたこと、〔2〕Y従業員である工場の担当者が「サポート社員期間は、クーリング期間に対応した直接雇用制度です」という旨の陳述をしていること、〔3〕サポート期間経過後に同一職場において新たに労働者派遣の役務の提供を受け入れなければ生産ラインが停止してしまうことになること、〔4〕「派遣社員（製造）処遇及び労務管理ガイドブック」には、特定の人物として「Aさん」が、当初の派遣可能期間は「派遣労働者Aさん」として、その後のクーリング期間は「生産サポート社員Aさん」として、再度の派遣可

能期間は「派遣労働者Aさん」として，あたかも就業を継続するかのような図が描かれていること，〔5〕多くの派遣労働者に対してサポート期間経過後に再び派遣労働者に戻って就業を継続することができる旨の説明が派遣元担当者からなされていたこと，〔6〕現実に多くの派遣労働者が突発的な需要の発生などの事情がないにもかかわらず同一職場において派遣労働者・サポート社員・派遣労働者の循環を繰り返していたこと，〔7〕「製造領域派遣就労ガイドブック」によれば，スタンダードのCないしAランクの昇格基準である在職期間の判定に当たってはサポート期間が通算される取扱いであったと認められること，〔8〕「有休とかは，またサポート期間が終われば通常どおり，今までの分は残っています」などの派遣元担当者による説明は，サポート社員期間経過後に再び派遣労働者として就業を継続することを前提としたものであること，〔9〕パフォーマンス評価において派遣労働者の定着率が一つの評価尺度とされていることなどが認められ，これらによれば，Yは市場が自動車の生産供給を求める状況である限り，同一職場における作業効率の向上のため派遣労働者の定着を図り同一人物を長期にわたって利用したいとの意図を有しており，それを実現できる制度の創設を検討していたことから，「クーリング期間が3か月を超えるサポート社員制度は，それ自体としては，前記法規に抵触しないように創設されたものであるとしても，その制度運用のいかんによっては，Yの新たな労働者派遣の役務の提供の受入れが直前の労働者派遣の役務の提供の受入れと別個独立のものとは解されないことになり，したがって，そのような場合には，Yは，労働者派遣法が定める派遣可能期間の制限を超過して労働者派遣の役務の提供を受けていたものと認められることになる。」そして，「運用実態などに照らすと，サポート社員制度導入後に一度でも同制度を利用することになったXらについては，その労働者派遣は，労働者派遣法40条の2に違反するものと認められる。」

「サポート制度を利用した労働者派遣法40条の2の潜脱は，組織的かつ大々的に，かつ，Y及び派遣元が協同して行っていた」こと，「Yは，より高い能力を有する派遣労働者の定着を目指しており，派遣元もこれに協力していたこと」，「ランク決定の主体がYであったこと」，「Yが派遣労働者にランクを付与し，派遣元にランクに応じた派遣料金を支払うことで，派遣元から派遣労働者に対しランクに応じた給与が支払われるようにすることにより，派遣労働者

の仕事に対する意欲を引き出し，Yにおける作業効率や技量を向上させ，結局はコストパフォーマンスを上げることにあったと理解」できることから，Xらとの間で「Yは，……あたかも雇用契約を結んだのと等しい命令する者と命令される者という上下関係を作出したものとも評価し得る。」

加えて，ランク制度の運用上「実質的にはYが受け入れる派遣労働者の特定行為と認められる。」以上によれば「Yは，サポート社員制度の運用実態において労働者派遣法の規定に違反したというにとどまらず，ランク制度やパフォーマンス評価制度の導入と併せ，常用雇用の代替防止という労働者派遣法の根幹を否定する施策を実施していたものと認められ，この状態においては，すでにこれら制度全体としても労働者派遣法に違反するものとさえ評価することができる。また，派遣元においても，コンサルティング業務の委託料やパフォーマンス評価制度による派遣料金の増額分という金銭的対価を得てそれに全面的に協力していたことが認められる。このような法違反の実態にかんがみれば，形式的には労働者派遣の体裁を整えているが，実質はもはや労働者派遣と評価することはできない」。

「労働者派遣法の枠内では自ら組織的かつ大々的な違法状態の創出に積極的に関与したYの責任を事実上不問に付すことになることなどに照らせば，現実にサポート社員を経験して上記諸制度の適用を受けた派遣労働者については，後記……のとおり黙示の労働契約の成立を認めることができる諸事実が存することも加味すると，それら派遣労働者と派遣元との間の派遣労働契約を無効であると解すべき特段の事情があると認められる。」

「以上によれば，原告X_9及び同X_{14}を除くXらと派遣元との間の派遣労働契約は無効であると解され，したがって……原告らにかかる労働者派遣契約は，違法な労働者供給契約に該当し，公序良俗に反する無効な契約であると認めるのが相当である。」

(2) XらとYとの間の黙示の労働契約の成否

「Yは，Xらについて，Y従業員と同様に，作業上の指揮命令や出退勤の管理を行うのみならず，派遣元からの派遣を受けない形で雇入れを拒否することのできる権限を事実上保持することにより，生産効率の高い有能な労働者の派遣を受けることができるように配置換えをする権限も有しており，これらは労

働者の雇用に関与している事情といえ、したがって……XらとYとの間には、使用従属関係及び労務提供関係が認められる」。「Yが派遣労働者の給与等の名目で派遣元から受領する金員の額を実質的に決定する立場にあったことが認められる」。「そうすると、原告X_9及び同X_{14}を除くXらとYとの間には黙示の労働契約の成立が認められるというべきである。」

2 コメント

　私は、結論として原判決に賛成であるが、その論理構成や事実に対する法的評価を異にしている。

　原判決は、Xら13名について、派遣元との間の派遣労働契約が無効となることを前提にして、XらとYとの間に労働契約が成立していたと解する。しかし、本件の事実関係の法的評価の仕方としては、それが妥当なのであろうか、疑問を持っている[11]。それは、Xらと派遣元およびYとの関係をどう見るか、という問題と関係している。すなわち、本件については、Xらと派遣元およびYの三者関係を労働者派遣を中心として観るのではなく、XらとYとの直接雇用を中心に据えるべきではないか、と私は考えている。

　本件においてサポート期間中のXらの仕事内容は、原則としてそれ以前の労働者派遣期間中と同じで、勤務時間も同じである上に、給与も同水準となっている。このことは逆に、サポート期間を経た後には、労働者派遣期間中の仕事の内容、勤務時間、給与水準もサポート社員中のそれと同じと言える。しかも、サポート期間中は、コンサルティング業務という名目とはいえ、派遣元はYのあたかも人事・賃金支払い代行機関化しており、それが労働者派遣中も継続していたと観ることが可能である[12]。

---

[11] 同様の指摘として、桑村・前掲注(8)223頁。後述するように、パナソニックプラズマディスプレイ事件最高裁判決も、派遣先と派遣労働者間の労働契約の成否について、派遣元との間の労働契約が無効になることを前提にしていない。

[12] 事例は異なるが、2012年法改正で新たに導入された労契法18条では、有期労働契約の通算期間が5年を越える場合には、労働者が期間の定めのない労働契約の締結を申し込んだときには、使用者は当該申込みを承諾したものとみなす。そして、空白期間（クーリング期間）が6ヶ月以上であるときには通算期間に算入されない。このクーリング期間について行政通達（「労働契約法の施行について」平成24年8月10日基発0810第2号）では、「事業主が、無期転換申込権が発生しないようにする意図をもって、就

もしこのようにXらとYとの間の有期労働契約が反復更新していた，と解することが可能であるとしたら，最終的な身分がサポート社員であったX₃，X₄，X₅，X₆，X₁₁，X₁₄だけでなく，サポート社員を経験したX₂，X₇，X₈，X₁₀，X₁₂，X₁₅についても，Yによる雇止めの法理が適用されることになる。

この問題を詳しく検討する前に，2点について検討を加えておきたい。その1は，原判決も依拠しているし，またYらの主張も依拠していると考えられる[13]パナソニックプラズマディスプレイ事件最高裁判決[14]についてである。その2は，黙示の労働契約論における「意思」，とりわけ使用者のそれの認定方法についてである。

Ⅳ パナソニックプラズマディスプレイ事件最高裁判決の検討

1 最高裁判決の判断枠組み

同最高裁判決は，次のような判断枠組みを示している。

業務委託に基づく事業場内下請の形式を整えていても，注文者が下請労働者に直接具体的な指揮命令をして作業を行わせている場合には，請負契約と評価することはできず，労働者派遣に該当すると解すべきであり，そうすると職業安定法4条6項にいう労働者供給事業に該当する余地はない。労働者派遣法が禁止する業務を対象とする労働者派遣は，労働者派遣法の規定に反しているが，労働者派遣法の趣旨および取締法規としての性質，さらには派遣労働者を保護する必要性等に鑑みて，特段の事情がない限り，そのことだけによって派遣労働者と派遣元との間の雇用契約が無効になることはない。

また，(ア)派遣先が派遣労働者の採用に関与していた事実がなく，(イ)派遣元

業実態がそれまでと変わらないにもかかわらず，派遣形態や請負形態を偽装して，労働契約の当事者を形式的に他の事業主に切り替えた場合，通算契約期間の計算上は『同一の使用者』との労働契約が継続しているものと解されます」と説明している。このことは，契約形式を労働者派遣に変更すれば，直接雇用から間接雇用に当然に移行するものではないことの一例を示している。

(13) Yの主張するところによれば，Xらと派遣元との間の派遣労働契約，Yと派遣元との間の労働者派遣契約，そしてXらとYとの間のサポート社員契約（労働契約）も，労働者派遣法等に照らして問題はなく，あるいは問題があるとしても無効となるものではなく，サポート社員の間を除いてXY間には労働契約は存在しない。

(14) 最二小判平成21・12・12民集63巻10号2754頁。

から支給されていた給与額等の額を事実上決定していた事情もなく，(ウ)派遣労働者の配置を含む具体的な就業態様を派遣元が一定の限度で決定しうる地位にあったこと，(エ)派遣元と派遣先の間には資本関係や人的関係はないこと等の事情から，派遣労働者と派遣先との間に黙示の労働契約が成立していたと評価することはできない。

2　最高裁判決の意味するところ

　最高裁判決の意味するところは，岡田調査官解説も参考にすると，次のように整理することができよう。

　まず，派遣労働者と派遣元との間の労働契約は，「特段の事情」がない限り無効とはならない，逆に言えば，「特段の事情」があれば無効となりうる。本判決の調査官解説によれば，最高裁判決では特段の事情は例示されていないが，「これは，脱法行為としての性質上，労働局による指導等に対応してその抜け道を探るような違法派遣の態様としては今後も多様なものが出現する」ことを念頭に置いているとされる[15]。したがって，どのような事実が存在すれば特段の事情に当たるかは，事案によって判断するしかない。

　次に，派遣元と派遣労働者の間の労働契約が無効と判断されることは，派遣労働者と派遣先の間で黙示の労働契約が成立するための必要条件ではない。その意味では二重の労働契約の成立の可能性もあり得る。しかし，実務的には，前者の労働契約が無効であったり不存在である場合には，後者の労働契約の成立が認められやすくなる[16]。

　さらに，最高裁判決は，先の(ア)ないし(エ)の事実から派遣元と派遣労働者の間の黙示の労働契約の成立を否定しているが，一般的な判断基準を示しているわけではない。その意味では同判決は事例判断を行っているに過ぎないと言える。しかし，調査官解説でも，「労働契約が黙示的に合意されたものと客観的に評価し得るような事情があるか否かを，使用従属関係の有無に加え，勤務や雇用管理の実態，賃金の決定・支払方法，採用形態等を総合的に考慮して探究すべきものとしてきた従来の裁判例の立場」を踏襲していると説明されてい

---

(15)　岡田幸人「パナソニックプラズマディスプレイ事件最高裁判決解説」法曹時報63巻10号（2011年）2526頁。
(16)　岡田・前掲注(15)2527頁，2529頁，2541頁。

る(17)。したがって，黙示の労働契約に関する裁判例の蓄積を，最高裁も認めていると解してよいであろう。

このように見てくると，派遣先と派遣労働者の間の黙示の労働契約の成立に判断が傾くケースとして，派遣元と派遣労働者の間の労働契約が無効あるいは不存在と判断される場合（これを「派遣労働契約無効ケース」と呼ぶことにする）と，派遣元が派遣先の人事・賃金支払い代行部門に化してしまっている場合（これを「人事・賃金支払い代行機関化ケース」と呼ぶことにする）とが挙げられよう。同事件最高裁判決は，前者ケースとなることを否定したものであるが，後者ケースについては特に触れてはいない。

V 黙示の労働契約における意思の推定方法

1 厳格解釈論

黙示の労働契約の成立が争われる事例でもっと問題となるのは，言うまでもなく当事者，とりわけ使用者の「意思」の推定についてである。マツダ防府工場事件においても，XらをサポートE員から労働者派遣に戻した時点で，Yは明示に労働契約の締結を否定したことになる。そして，Xらもそのことを認識しているのであるから，これに反する意思の推定には無理があるのではないか，との疑問が提起されるからである。

この点について経営法曹である中山は，次のように論じる(18)。すなわち，事実的労働契約関係説や規範的な意思解釈説を批判し，黙示の合意論は，具体的事実によって表示された意味の解釈・評価の問題であるとし，裁判例の分析から，注文主が採用に関与していること，注文主と請負企業の労働者間に事実上の使用従属関係があること，そして注文主が賃金の実質的な決定権者であることを要するとの理論を展開する。これを前提に，黙示の労働契約の成立を肯定した裁判例についても，賃金支払いの意思を認定する事実や，請負会社が注文主の採用を代行していた事実の摘示が十分でないと論難する。これは，裁判の黙示の意思解釈における厳格性，つまり一定の事実に対する法的価値判断を

---

(17) 岡田・前掲注(15)2529頁。
(18) 中山慈夫「偽装請負と黙示の労働契約」山口浩一郎ほか編『経営と労働法務の理論と実務』（中央経済社，2009年）37頁以下。同様の主張として，山口浩一郎「黙示の意思表示理論」労判2頁。

含まない「解釈という限界」を前提にしている。

2　労働判例における黙示の意思の推定

しかし，この意見にはいくつかの疑問がぬぐえない。

労働法分野では，使用者の明示の反対意思があるにもかかわらず，それとは異なる労働契約締結の意思の推定を行う判例が現に多く存在している。たとえば有期労働契約が反復更新された後に雇止めをした事例で，解雇権濫用法理の類推適用という手法を用いて，使用者の意思に反して従前の有期労働契約が更新されたとして扱っている[19]。この雇止めの法理は，60歳定年後に1回1年契約で再雇用された労働者の再度の再雇用についても適用される[20]。これらの事例では，使用者は新たな有期労働契約を締結する意思がないことを明らかにしているにもかかわらず，公権的に労働契約締結意思を推認していることになる。その限りで，判例による一種の法定更新が行われている[21]。

また，事業譲渡については，一般的に個別（特定）承継と解されており，労働関係についても譲渡元会社と譲渡先（譲受）会社の契約によって承継の有無を合意することができる。しかし，譲渡先での一部労働者の不採用あるいは労働契約の承継拒否にもかかわらず，これらを無効と判断して，譲渡先への労働契約の承継が肯定される事例がある[22]。たとえば同一性を保持した事業譲渡

---

(19)　東芝柳町事件・最一小判昭和49・7・22民集28巻5号927頁。日立メディコ柏工場事件・最一小判昭和61・12・4判時1221号134頁も参照。

(20)　津田電気計器事件・最一小判平成24・11・29裁判所時報1568号6頁。なお原審（大阪高判平成23・3・25労判1026号49頁）は，継続雇用の申込みをした労働者が就業規則や労使協定所定の継続雇用の基準を満たす場合，使用者に継続雇用の承諾義務があり，これに反して不承諾をしたときには権利濫用となり，再雇用契約が成立すると構成する。最高裁は，1回有期契約を締結し，その更新が問題となっている事案として雇止め法理の適用という手法を採っているが，原審判決のような処理方法も不可能ではない。

(21)　「一種の法定更新」という表現は，菅野和夫『労働法・〔第10版〕』（弘文堂，2013年）230頁に拠る。法定更新とは，判決によって同一内容の労働契約の成立を認めることを言う。

(22)　有田謙司「事業譲渡における労働契約の承継をめぐる法的問題」毛塚勝利編『事業再構築における労働法の役割』（中央経済社，2013年）61頁以下，竹林竜太郎「事業譲渡と労働契約承継」岩村正彦＝中山慈夫＝宮里邦雄編『実務に効く労働判例精選』（有斐閣，2014年）19頁以下を参照。

第3章　非典型雇用（有期・パート・派遣）法理の創生を希求して

の場合に，譲渡元会社での解雇と譲渡先での新規採用という過程をたどっていても，譲渡元・譲渡先間で労働関係を包括的に承継する黙示（暗黙）の合意を認定し，一部労働者の不承継を無効と判断している[23]。あるいは，譲渡元・譲渡先間の事業譲渡契約自体は有効であるが，一部労働者の承継を排除するために行った，譲渡元で労働者をいったん解雇するという合意部分を民法90条に反して無効とする裁判例がある[24]。

事業譲渡事例では，確かに反復更新された有期労働契約の雇止めに関するような判例法理はなく，判例・学説も様々な理論を模索中である。しかし，事業譲渡の契約イコール特定契約で，譲渡元会社で一端解雇され，その者を譲渡先会社で採用しない，あるいは一部の労働者の労働契約の承継を拒否するという，譲渡先の使用者の明示の意思表示がそのまま有効と判断されているわけではない。全部の労働契約を承継する黙示の意思を推認したり，承継拒否を無効とする手法など，譲渡元会社・譲渡先会社・労働者間の合意の合理的解釈として，労働者と譲渡先会社間の黙示の労働契約の成立が推定されている。

これらの法理には継続的関係の維持，あるいは労働者の保護という労働法の独自の法的価値判断が働いているが，他方で，継続的契約関係である労働契約においては，当事者の意思が表明されていない場合や，表明されていても諸事情からそれとは反対の意思を推定する場合があり得ることを意味している。そして，この場合の意思は，間接的な事実から推定するしかない[25]。以上の法理に見られるように，厳格な意思表示理論に固執しすぎると，そもそも多くの労働法の判例法理が成り立たなくなってしまう[26]。

---

[23]　松山市民病院事件・高松高判昭和42・9・6判時404号53頁，タジマヤ事件・大阪地判平成11・12・8労判777号25頁，等。
[24]　勝英自動車（大船自動車興業）事件・横浜地判平成15・12・16労判871号108頁，同事件・東京高判平成17・5・31労判898号16頁。
[25]　労働契約関係ではないが，同じく継続的な関係である労働組合と使用者との労使関係において，労組法7条1号や3号で求められる「不当労働行為意思」については，こうした推定作業によって意思が探究される（菅野・前掲注(21)767頁参照）。
[26]　裁判所も常に厳格な意思解釈論の立場に立っているわけではない。たとえば，アナウンサー募集に応募し採用され，2ヶ月の研究を受け，その後24年間にわたって同業務に従事してきた労働者について，職種限定の合意がされているとはいえないと判断する事例がある（九州朝日放送事件・福岡高判平成8・7・30労判757号21頁。同事件に対する私見は，拙稿「アナウンサー勤務の女性職員に対する他職種配転の効力」ジュリ臨

明示の意思表示に反して，それとは異なる意思を推定する場合とは，事実関係の中から客観的にこの意思が推定でき，しかもそれが法的正義や事案の適切な解決に資すると考えられる場合である。病院の入院患者として派遣された付添婦について，病院との間の使用従属関係の存在に加えて，「両者間に客観的に推認される黙示の意思の合致がある」ことから，両者間に黙示の労働契約の成立を認めた事例[27]が，その典型である。

　一般に黙示の労働契約の法理は，事業場内下請労働や派遣労働のように注文主（派遣先）と労働者間に使用従属関係がある事案において発展してきた法理で，その適用事例もほとんどがこうした事案である。この法理では，前述したように，使用従属関係の存在に加えて，請負業者（派遣元）が注文主（派遣先）の労務代行機関となっているなど，その存在が形骸化している事情が存すること，注文主（派遣先）が労働者の労働条件，とりわけ賃金額を決定している事情が存することを求めている。こうした事情から労働契約成立（労契法6条，民法623条）の当事者の意思が推認できると考えられるからである。このうち請負業者（派遣元）の形骸化については，黙示の労働契約の成立が認められた事例の多くではこうした事情があるが，それが必ずしも不可欠の要因とされているわけではない[28]。

　重要な点は，当該労働者との関係で請負業者（派遣元）が注文主（派遣先）の人事労務・賃金支払いの代行機関になっているか，そして注文主（派遣先）が労働者の賃金額を決定しているかにある[29]。

　　増平成11年度重要判例解説（2000年）210頁を参照）。
(27)　安田病院事件・大阪高判平成10・2・18労判744号63頁，同事件・最三小判平成10・9・8労判745号7頁。
(28)　こうした事情がなかった例として，ナブテスコ・ナブコ西神事件・神戸地裁明石支判平成17・7・22労判901号21頁。もし請負業者（派遣元）の企業実体を問題とし，それが全く形骸化していなければならないとすると，それは法人格否認の法理（形骸化事例）となり，これとは別のものとして展開してきた「黙示の労働契約の法理」の存在意義が無くなってしまう。
(29)　黙示の意思表示の解釈は，具体的な事実に対する法的判断であるが，それが純粋に「当事者の契約締結の意思の解釈という枠組みの中」だけで行うべきなのか，については裁判官にも異論があるようである。元裁判官の伊藤は，限界を慎重に考えるという姿勢を堅持しながら，規範的要件のような法的判断も含まれざるを得ないという（伊藤滋夫『要件事実の基礎』（有斐閣，1999年）132頁）。

第3章　非典型雇用（有期・パート・派遣）法理の創生を希求して

なお，厳格説の立場では，黙示の労働契約理論は，限りなく法人格否認論の形骸化事例に近づくことになり，理論としての独自性がなくなってしまうのではないだろうか。しかも，法人格形骸化事例については，それを認めることに消極的な意見が強いから[30]，厳格説では黙示の労働契約の成立の余地は限りなく無に近くなってしまう。それは，明らかに法的正義に反する。

3　2012年改正による労働者派遣法40条の6との関係

2012年労働者派遣法改正は，リーマンショックの影響で派遣労働市場に大きな混乱をもたらし，労働者権が侵害された経験から，労働者の保護を一定強化したものであり，私自身は高く評価している。しかし，2014年通常国会に提案された改正案は，「常用代替の禁止」という労働者派遣法の基本哲学を放棄するなど，非正規雇用対策の流れに逆行するものである。同改正は，労働移動支援助成金制度の対象拡大と伴って，人材派遣業界の育成策に堕してしまっている。

12年改正法40条の6は，①派遣禁止業務への労働者派遣，②許可，届出をしていない事業主からの労働者派遣の役務の提供を受けること，③派遣可能期間を超えた労働者派遣の役務の提供を受けていること，④脱法的な労働者派遣の場合に，派遣先は当該労働者に対して労働契約締結の申込みをしたものとみなすとしている。当該労働者がこれを承諾すれば，労働契約が成立する。それは，労働者からの申込みに対する使用者からの承諾によって労働契約は成立するという法理[31]に沿った法構成を採っている。

かつて私は，こうした事例を黙示の労働契約の成立事例として扱うべきであると主張した[32]。法改正後は，この事例は一種の「法定の労働契約成立」として処理すればよいことになる[33]。違法性が強い労働者派遣について直用原則を強調し，規範的な意思解釈という手法を採りながら，派遣先の労働契約上

---

(30)　拙稿・前掲注(9)（北澤還暦）255頁以下を参照。
(31)　大日本印刷事件・最二小判昭和54・7・20民集33巻5号582頁，近畿電通局事件・最二小判昭和55・5・30民集34巻3号464頁。
(32)　拙稿・前掲注(9)（労旬論文）20頁。
(33)　パナソニックプラズマディスプレイ事件も，禁止業務での派遣事例であるから，改正法では派遣先と派遣労働者の間の労働契約成立が肯定できる。

の使用者責任を問う様々な学説の解釈の営み[34]は，判例法理につながったわけではないが，法違反の契約制裁を追求する性格があり，その点でこの法改正につながったことは否定できない。

この規定が再改正され，万が一にも削除されてしまったらどうなるのか。非常識にも，同法の施行が始まる前から，経済界はその野望を述べている[35]。このことを考えたら，従来の学説の真摯な営みを発展・深化させる努力を怠ってはならない[36]。マツダ防府事件とは直接関係ないが，黙示の労働契約論との関係で触れた。

VI 本件の分析

1 本件事案の見方

前述したように，私は，本件について，XらとYらの間のサポート社員契約という労働契約の性格は，それが終了して再びXらが派遣元と派遣労働契約を締結した後にも変わることなく，その意味でYとの間の有期労働契約が反復更新されていたと評価すべきであると考えている。本件で私が重要と考えるのは，サポート社員としての労働契約以降のXらとYとの間の法的関係である。

(1) サポート社員制度

本件において特徴的なのは，X_9とX_{14}を除いた13名について，サポート社員と称してYに直接雇用されており，何人かについてはそれと労働者派遣とが繰り返されている点にある。従来，派遣労働者が派遣先との間の黙示の労働契約の成立を主張した事例においては，管見の限りではあるが，こうした事情は存在しない。従来の事案では，派遣先は，明示的には派遣労働者を直用（労働契約を締結）する意思がないことを示している。それに対して本件では，派遣元との派遣労働契約の継続性に関する規制（労働者派遣法40条の2）を免れ

---

[34] 萬井隆令「偽装請負における業者従業員と発注元との労働契約関係の成立について」労旬1694号（2009年）22頁以下，毛塚勝利「偽装請負・違法派遣と受入企業の雇用責任」労判966号（2008年）8頁以下等。

[35] 日本人材派遣協会「今後の労働者派遣制度のあり方」（2013年7月26日）。

[36] 私自身の試みとして，拙稿「労働者派遣の法規制に関する総括的検討」前掲注(3)和田＝脇田＝矢野編著365頁以下を参照。

るためとはいえ、Yは明確にXらを自己の労働者として雇用しているサポート期間がある。しかも、X_3ら7名については、最終の身分はYのサポート社員であり、この有期労働契約の期間満了が雇用の終了事由となっている。

サポート期間中において従前の(そしてサポート期間が終了した後の)派遣元の立場は、原判決の認定によれば、Yの行うサポート社員の採用選考、入社受入れに関する業務、福利厚生の補助業務、退職に関する業務をコンサルティング業務として遂行している。この点を捉えて、山口労働局長から平成21年6月2日に、「サポート期間に旧派遣元と旧派遣労働者との間に支配従属関係が認められ、労働者供給事業に該当するものであり、同法44条に違反する」として是正指導が行われている。

これは労働者派遣という枠組みから見た場合の問題であるが、視点を変えると他の法的評価ができる。つまり、Yにおける直接雇用であるサポート社員の期間中に旧派遣元は、本来Yが行うべきサポート社員の採用選考、入社受入れに関する業務、福利厚生の補助業務、退職に関する業務をコンサルティング業務として遂行しており、そのことはまさにYの人事の代行機関としての機能を営んでいたことを意味している。そして、サポート期間が終了した後には、形式上は派遣元としてではあるが同じ業務を遂行していた。そのことは、サポート期間中も労働者派遣期間中も、派遣元の機能は同じであることを意味する。

換言すれば、一端Yの単なる人事代行機関に過ぎない存在となった派遣元は、サポート期間が終了してXらとの間で再び派遣労働契約を締結し、そこからYにXらを派遣していたとしても、実態としてはサポート期間中と何も変わらず、したがってYの人事代行機関としての性格に何等変更はなかったと評価すべきことになる。

(2) **ランク制度**

このことをさらに裏付けるのが、Yにおけるランク制度である。この制度では、C、B、Aから成るスタンダードとSであるハイポジションというランクがあり、Yの職長がこれを評価し、ランクが上がったときには、朝礼時などに職長からXら派遣労働者に通知される。つまり、YがXら派遣労働者の職務能力・意欲を評価していることになる。そして、このランク制度では、その評

価がYから派遣元各社に支払われる派遣料金に連動しており、また原判決によれば、「派遣社員の方の給与もランクに応じて設定される」との説明がYからなされている。

山口労働局長から平成21年6月2日に、「Sランクに係る労働者派遣契約については、Sランクの派遣従業員をYが任命し、派遣元に連絡し決定した上で、YがSランクとなった労働者の数だけ新たなSランクの派遣労働者を発注し、Sランクとなった派遣労働者を受け入れて」おり、「これは、派遣されるSランクの派遣労働者を特定することを目的とする行為に該当することから、本件派遣に係る労働者派遣契約は同法26条7項」および派遣先が講ずべき措置に関する指針第2の3に違反するとして是正指導が行われている。

以上の事実から、Xら派遣労働者へ派遣元から支払われる給与額について、Yが決定権を有していたと評価できる。つまり、サポート期間中だけでなく労働者派遣期間中も、XらはYに労務を提供し、Yはそれに対する反対給付である報酬の内容を決定していた。そして、派遣元の存在は、こうした実態を覆い隠すための単なる法形式に過ぎず、Xら13名との関係ではYによる賃金支払いの代行機関としての機能を一貫して担っていたと言える。

さらに、Yによる派遣労働者の特定行為の存在は、Yが労働者の採用に直接関与していたことを意味している。

(3) 分析結果

以上のことからXらのうちYでのサポート社員としての勤務がある者については、次のように解されることになる。すなわち、サポート社員としての労働契約（有期労働契約）が締結されて以降、それが終了し、Xらが従前の派遣元との間で派遣労働契約を締結し、そこから派遣労働者として派遣された期間も、派遣元はYの人事・賃金支払いの代行機関に過ぎず、XとYの間の労働契約の法的性格は変わっていない。

なお、派遣元がYの業務（人事や賃金支払い）の代行機関化しているかどうかは、派遣元企業の全体について判断するのではなく、争いとなっている労働者との関係で相対的に判断される。つまり、企業自体は形骸化していなくても、当該労働者との関係で人事・賃金支払い代行機関化していれば良いことになる。

したがって、新たにサポート社員契約を締結していた時のみならず、労働者

第3章 非典型雇用（有期・パート・派遣）法理の創生を希求して

派遣期間中も有期労働契約は反復更新されていた。その結果，X_3らのように最終的な身分がサポート社員であった者のみならず，最終的な身分が派遣社員であった者についても，雇用の終了は反復更新していた有期労働契約の雇止めに当たることになる。

Xらの雇用終了については，以上の結果，雇止めの法理が適用され，解雇権濫用法理が類推適用されることになるから，事件当時の労働契約法16条に従い，「客観的に合理的な理由を欠き」，「社会通念上相当であると認められない場合」には，権利の濫用として無効と判断される。

2 最高裁判決との関係

前述したように，派遣先と派遣労働者の間の黙示の労働契約の成立に判断が傾くケースとして，派遣元と派遣労働者の間の労働契約が無効あるいは不存在と判断される場合（派遣労働契約無効ケース）と，派遣元が派遣先の人事・賃金支払い代行部門に化してしまっている場合（人事・賃金支払い代行機関化ケース）とを挙げることができる。

(1) 派遣労働契約無効ケースか

本件原判決は，本件を前者の「派遣労働契約無効ケース」と解している。

すなわち，本件労働者派遣は労働者派遣法40条の2に違反しており，そしてサポート社員制度を利用したXら13名については，法の潜脱が組織的・大々的に行われていること，Yは実質的に派遣労働者の特定行為を行っていること，常用代替防止という法の根幹を揺るがす施策が採られていること等から，派遣元とXらとの間の労働契約を無効とする「特段の事情」が認められると解する。偽装請負の事案と異なり，本件の労働者派遣については，派遣元と派遣労働者の間の最初の労働契約の締結から問題があった訳ではなく，問題が生じたのはサポート期間という労働者派遣法40条の2の趣旨を潜脱する状態が出現してからである。それ以降に繰り返される労働者派遣は，派遣先における常用雇用を代替するという労働者派遣法の根幹を揺るがすものとなっていたと理解できる。

(2) 人事・賃金支払い代行機関化ケース

私見では，本件はまさに「人事・賃金支払い代行機関化ケース」として扱う

ことができるし，そう解するべきである。その際に，Yでの直用を回避するための便法になっていた派遣元とXらとの間の労働契約を，無効と解するか否かは問題でないし，その必要もない。

繰り返しになるが，本件で重要なのは，Yの単なる人事・賃金支払いの代行機関に過ぎない存在となった派遣元が，サポート社員期間が終了してXらとの間で再び派遣労働契約を締結し，そこからYにXらを派遣した後にもYの人事・賃金支払い代行機関としての性格に何等変更はなかったと評価できること，Xらの派遣について，Yがランク制度を利用して特定行為を行っており，サポート社員としての雇用が終了した後の派遣元での労働者採用についてYが関与していたとみなせること，派遣労働者の配置や休暇の決定など具体的な就業態様を派遣元が一定の限度で決定しうる地位になかったこと，派遣労働者のランクはYの職長が評価し，朝礼時などに通知され，このランク制度では，Yから派遣元各社に支払われる派遣料金に連動しており，派遣社員の方の給与もランクに応じて設定されていたことなどの事実である。したがって本件では，前述したように「使用従属関係の有無に加え，勤務や雇用管理の実態，賃金の決定・支払方法，採用形態等を総合的に考慮して」判断したら，「労働契約が黙示的に合意されたものと客観的に評価し得るような事情がある」と十分に評価することができる。

そうすると，最終身分が派遣社員であった者については，雇用の終了は派遣元との間の有期労働契約の期間満了によるものであり，また最終身分がサポート社員であった者については，1回目の有期労働契約の期間満了による雇用の終了であり，いずれにしてもその適否を論じる余地はないことになる。

3 労働局による是正指導について

以上の検討で，本件の法的処理に関する私見は尽きているが，2点について補足をしておきたい。第1点は，本件では労働局長による多様な是正指導が行われているが，この事実をどのように評価するかという問題である。派遣労働者が派遣先に対して雇用契約上の地位確認を求めたこれまでの裁判例でも，労働局長による是正指導がなされている事例が多かったが（パナソニックプラズマディスプレイ事件等），本件もまた然りである。

偽装請負の事案（パナソニックプラズマディスプレイ事件等）と本件を比較し

第3章　非典型雇用（有期・パート・派遣）法理の創生を希求して

て，前者の偽装請負には刑事罰（労働者派遣法59条2号，同60条1号）が予定されているのに対して，本件で問題となっている同法40条の2の違反には行政的な指導や制裁（同48条1項，同49条1項，同49条の2）が予定されているに過ぎないとして，本件事案は偽装請負ほど違法性が強いとは言えないとする意見がある[37]。しかし，この意見は重大な誤解に基づいている。

　まず，法違反の重大性は，対象となる法の内容・性質によって判断されるものであり，制裁手段の如何によって判断されるものではない。たとえば雇用機会均等法には，差別禁止や平等取扱いの違反に対して行政的な救済がなされることはあるが，罰則規定は存在しない。しかし，だからといって雇用機会均等法の差別禁止規定等の違反の違法性が，罰則規定（労働基準法119条1号）がある労働基準法3条や同法4条の違反の場合よりも低いとは言えない。労働組合員に対する正当性のない差別は，労働組合法7条1号で不利益取扱いとして禁止されているが，この差別が思想信条差別より違法性が低いとも言えない。逆に労基法の多くの規定には罰則が付いているが，同法39条（年次有給休暇に関する規定）や90条（就業規則の作成手続に関する規定）など，罰則がほとんど意味をなさない規定も多々存在している。いずれにしても罰則の有無のみで違法性の強弱を言うのは適切ではない。

　次に，偽装請負事件の多く（パナソニックプラズマディスプレイ事件等）は，1999年法改正により，労働者派遣対象業務についてポジティブリスト方式からネガティブリスト方式に移行する過程で生じたものであるが，製造業派遣は同法改正附則4項で禁止されていた。このことから製造業派遣の禁止は政策的・暫定的な措置であったのであるから，その違反は公序良俗違反を構成するようなものではないという意見もある[38]。私はこの見解には反対であるが，立法意思はおそらくそうであったのかも知れない。

　パナソニックプラズマディスプレイ事件の最高裁判決は，同事件を必ずしも違法性の強い事件と考えているわけではない。同事件でも問題となっている「黙示の労働契約」の成立の有無の判断枠組みは，前述したように，事実関係から当事者の黙示の意思を推認する法理である。原判決が判示するように，

---

(37)　山本・前掲注(8)原判決評釈174頁。
(38)　濱口桂一郎「いわゆる偽装請負と黙示の労働契約」NBL885号（2008年）20頁。

「原告らと被告との間に黙示の労働契約が成立したかどうか，及びその内容については，両者間に事実上の使用従属関係，労務提供関係，賃金支払関係があるかどうか，また，これらの関係から両者間に客観的に推認される黙示の意思の合致があるかどうかによって判断するのが相当である」。黙示の労働契約の成立の法理は，派遣元と派遣労働者の間の労働契約が公序良俗違反として無効になると認められやすくなるのは事実であるが，黙示の労働契約の成立の法理それ自体は，事案の違法性の有無や強さとは必ずしも関係はない。

さらに，偽装請負事案においてもたびたび労働局長による是正命令が出されているが（パナソニックプラズマディスプレイ事件では労働者派遣法24条の2，同26条違反），本件では3ヶ条（職業安定法44条，労働者派遣法26条7項，同40条の2）に関して是正命令が行われている。ある使用者サイドに立つ弁護士ですら，Yの労務管理について「お粗末なコンプライアンス」と評している[39]。本件では労働局長による是正指導の内容は多岐にわたっており，その意味で違法性が強いものであったと評することもできよう。しかし，問題の核心はあくまでも，そのことも含めた本件事実関係に基づいて判断される「黙示の労働契約」の成否である。そして，その判断は，当然のことながら，事案の性格によって異なりうる。

Ⅶ　まとめ

以上の検討結果を簡単に要約しておきたい。

①　本件で争われているのは，労働者派遣期間中のXらとYとの間の黙示の労働契約の成立の有無である。それは，「両者間に事実上の使用従属関係，労務提供関係，賃金支払関係があるかどうか，また，これらの関係から両者間に客観的に推認される黙示の意思の合致があるかどうかによって判断される」。

②　派遣先と派遣労働者の間の黙示の労働契約が成立すると判断が傾くケースとして，派遣元と派遣労働者の間の労働契約が無効あるいは不存在と判断される場合（派遣労働契約無効ケース）と，派遣元が派遣先の人事・賃金支払い代行部門に化してしまっている場合（人事・賃金支払い代行機関化ケース）とがある。本件の原判決は，本件を派遣労働契約無効ケースとして処理しているが，

---

(39) 岡田・前掲注(8)評釈7頁。

事案の特殊性から考えて，むしろ人事・賃金支払い代行機関化ケースとして処理するのが妥当である。

事案の特殊性とは，Xら13名についてYはサポート社員として直接雇用していること，この間に派遣元は本来Yが行うべきサポート社員の採用選考，入社受入れに関する業務，福利厚生の補助業務，退職に関する業務をコンサルティング業務として遂行しており，そのことはまさにYの人事の代行機関化していたと言えること，この実態はサポート社員期間が経過して再び派遣元からの労働者派遣という形式を採った後も実態として変化がないと評価できること（そうであるからこそ労働者派遣とサポート社員の繰り返しの交替がスムーズに運んだ），Yにおいてはランク制度を利用してXら派遣労働者へ派遣元から支払われる給与額について決定権を有していたと評価できること，その採用についても決定権を有していたと評価できること，以上の諸点である。

③ 以上のことから，Xら13名とYとの間には，サポート期間中は明示の労働契約が成立し，労働者派遣期間中は黙示の労働契約が成立していたと解することができる。その内容は，期間の定めのある労働契約であり，労働条件はサポート社員期間中のそれと同じである。最後の労務提供関係がサポート社員であったX_3，X_4，X_5，X_6，X_{11}，X_{14}と同様に，最後の労務提供関係が労働者派遣であったX_1，X_2，X_7，X_8，X_{10}，X_{12}，X_{15}についても，有期労働契約が反復更新していたことになる。したがって，本件雇用関係の終了については，雇止めの法理（現行では労契法19条）が適用されることになる。

〈補注〉 本件は，2014年7月22日に控訴審において，一審敗訴となった2名を含め原告全員について，現職復帰に代えて金銭を支払うことで和解が成立した。その結果，一審判決自体は後世に残されることになった。関係当事者のご努力に改めて敬意を表したいと思う。本稿は，控訴審に対して提出した私の意見書を基にしている。こうした形で公表することにご快諾頂いた関係当事者に謝意を表したい。

20 労働法における契約締結の強制
―― 労働者派遣法における労働契約申込みみなし制度を中心に――

鎌 田 耕 一

I 問題の所在
II 契約強制の一般的意義
III 労働者派遣法 40 条の 6 と契約強制
IV む す び

I 問題の所在

2012 年に導入された労働者派遣法（以下では派遣法）40 条の 6（2015 年 10 月施行）は，労働者派遣の役務の提供を受けた者（以下では派遣先という）が，法所定の違法な行為を行った場合，そのことを知らず，かつ，知らなかったことにつき過失がなかったときを除いて，派遣先から派遣労働者に対し，その時点における労働条件と同一の労働条件を内容とする労働契約の申込みをしたものとみなす，と規定している。

派遣労働者が派遣先の申込みを承諾すると労働契約が成立することになり，これはいわゆる契約締結の強制（以下では契約強制という）を意味する。すなわち，権利主体の自発的な意思拘束なしに，法規に基づいて，特定の内容の契約を相手方の利益のために成立させることになる。

派遣法 40 条の 6 は，違法派遣の是正において派遣労働者の雇用が失われないよう派遣労働者の保護を図り，また，違法派遣を受け入れた派遣先にも一定の責任があるので，そのような派遣先に対して一定のペナルティ（民事上の措置）を科すことにより制裁の実効性を確保するために創設されたものである。

しかし，派遣法 40 条の 6 についてはいくつかの批判が加えられている。

小嶌典明教授は，採用の自由や労働契約の合意原則は，法律による場合であっても，みだりにこれを制限すべきではないとしたうえで，「違法派遣に対

第3章　非典型雇用（有期・パート・派遣）法理の創生を希求して

するペナルティというだけでは，到底その合憲性を肯定できない」とされている[1]。

また，大内伸哉教授は，派遣法40条の6，労働契約法18条のいわゆる無期転換制度及び改正高年齢者雇用安定法9条について，採用の自由の「『原則』としての位置づけそのものを揺るがせるもの」であるとして疑問を呈し，こうした採用の自由に対する制約は極めて高度の帰責性がある場合に限定されるべきだとする[2]。また，野田進教授も，「使用者が場合によっては意に反して労働契約の成立を事実上強制されるのは，日本で強固な理念として広く承認された『採用の自由』に反するものであり，ひいては違憲の疑いがあるとさえ評価されかねないであろう。」[3]とする。

いずれも，上記各法律の規定が「採用の自由」原則に反することからその合憲性について強い危惧を表明したものである。

これに対して，派遣法40条の6を肯定的に捉える見解も示されている。

菅野和夫東大名誉教授は，契約の自由も，採用の自由も，あくまでも公共の福祉，労働者保護，人権などの原理に基づく法律による制限に反しないかぎりのものであり，労働契約の成立に関する自由については，これまでその法理上・実際上の重要性にかんがみて規制は控えめに行われてきたが，近年では採用の自由への制限は強められているとして，そうした立法政策の例として労働者派遣法40条の6をあげている[4]。

このほか，この制度が採用の自由と抵触する程度は大きいことは認めながら，派遣法違反に対するサンクションとして是認する荒木尚志教授の見解[5]や，不特定多数の者との関係（募集段階）での採用の自由と，何かしらの関係にある（派遣先に対する派遣労働者のような）者あるいは入った（内々定段階にあるような）者との関係での採用の自由とでは，その制限されるべき度合いは異なると考え，労働権等の規範的要請から採用の自由を制限する法の実効性確保のた

---

(1) 小嶌典明『労働市場改革のミッション』（東洋経済新報社，2011年）287-288頁参照。
(2) 大内伸哉「雇用強制についての法理論的検討」荒木尚志・岩村正彦・山川隆一編『菅野和夫先生古稀記念論集　労働法学の展望』（有斐閣，2013年）94頁。
(3) 野田進「有期・派遣労働契約の成立論的考察」荒木・岩村・山川編・前掲注(2)219頁。
(4) 菅野和夫『労働法〔第10版〕』（弘文堂，2013年）152頁。
(5) 荒木尚志『労働法〔第2版〕』（有斐閣，2013年）304頁。

めの手法として契約締結強制を用いるべきだとする有田謙司教授の見解[6]も示されている。

本来，契約は申込みと承諾という当事者の意思の合致により成立する。一方当事者の意思に反して契約の締結を義務付けたり，契約を成立したものとみなすことは，伝統的に，契約相手方選択の自由，契約内容決定の自由の制限に比べてもなお一層，契約自由の原則または合意原則に反するものと解されてきた。こうした伝統的理解に立てば，批判者が契約強制に強い疑問を感じるのはもっともである。

わたくしも，契約の自由，個人の自由な経済的活動の意義を否定するものではない。しかし，現代では，契約締結の自由はもはや不可侵の原則ではない。契約強制を定める規定は，すでに電気事業法18条，医師法19条1項，借地借家法5条（更新強制の制度）など多くの実定法にみられるところである。労働法の分野においても，改正前の高年齢者雇用安定法9条はすでに，一定の条件の下に使用者に対して定年退職者との継続雇用を義務付けている。また，いわゆる雇止め法理も使用者の意思に反して労働契約を更新させるのであるから，これも広義の契約強制ということができる[7]。

これまで，契約強制は契約の自由に対する例外としてごく限られた場合にのみ認められるとされてきた。しかし，わたくしは，契約において自由と強制を対置していずれかを排他的にとらえるべきではないと考えている。契約において，自由と強制の二つの原理は相互に呼応する関係にあるのであって，それぞれが排他的に支配している領域の間には，広範な境界地域があり，そこでは，自由と強制の原理が相互に社会的必要に従って調整がなされるべきだと考えている[8]。

そして，当事者間に交渉力や情報の格差がある場合，利益とリスクの配分をすべて経済主体の自由に委ねるのではなく，国家は積極的に介入すべきであると考えるのである[9]。契約強制も，こうした介入の一手段として広く是認す

---

(6) 有田謙司「採用の自由」ジュリスト増刊『労働法の争点』（2013年）47頁。
(7) 更新強制も契約強制に含めるものとして，谷江陽介「更新拒絶と締約強制法理——継続的契約における契約自由とその限界」民事研修 No. 678（2013年）2～13頁。
(8) 大木雅夫「契約における自由と強制」上智法学論集15巻1号（1971年）2頁。
(9) 山下丈「契約の締結強制」遠藤浩・林良平・水本浩監修『現代契約法大系』第1巻

べきものと考える。問題は，いかなる場合に契約強制が認められるかである。

本稿は，労働法における契約強制を主な対象としている。ただし，契約強制については，民法学においてもその一般的意義が議論されているところであり，まず，いかなる場合において契約強制が認められるか，すなわち，契約強制の目的，契約強制を定める法規，契約強制の法的効果について本稿に必要な範囲で概観する（Ⅱ参照）。そして，労働法における契約強制を労働者派遣法40条の6の労働契約申込みみなし制度を素材に，採用の自由と関連させながら論ずることとする（Ⅲ参照）。

Ⅱ 契約強制の一般的意義

1 契約強制の概念

契約締結の強制は，一般的・統一的法制度として存在するものではない。個々の特別法により，直接・間接に認められているものを総合して，概念化したものである。

契約強制の概念は，1923（大正12）年の関東大震災を契機としてわが国に登場した[10]。震災の混乱時に政府は，緊急勅令において，生活必需品の売り惜しみを禁止した暴利取締令，被害者の救済に必要な物資並びに労務を徴発しうる非常徴発令を発したが，これらは売り惜しみに対して販売の強制を命ずる点で，申込みの強制であった。当時の学説は，これをドイツ法学の「契約締結の強制」（Kontrahierungzwang）の概念を用いて説明した[11]。

その後，わが国の資本主義経済の進展のなかで，我妻栄は，1935（昭和17）年に，契約締結強制は郵便，電信，電話，鉄道，軌道，電気，瓦斯，水道，公証人，執達吏，開業医師，歯科医師，産婆等の社会公共の緊要な需要に応えるものであり，「契約締結の強制はもはや例外的現象にあらずといわなければならない。」[12]と評するに至った。

（有斐閣，1983年）237頁は，契約正義の具体化こそが課題となるとしている。
(10) 戦前の契約強制理論の展開については，白羽祐三『現代契約法の理論』（中央大学出版会，1982年）68～71頁，95～96頁，156～162頁参照。
(11) 中村武「契約強制論」法学新報34巻9号（1924年）55頁，58頁。
(12) 我妻栄「現代債権法の基礎理論」我妻栄『民法研究第5巻』（有斐閣，1968年）28頁。

戦後，契約強制は統制経済の象徴として忌避された時期があったが，経済における国の役割が増加し，消費者保護が重視されるにしたがい再び注目されるに至る[13]。

近代の私法秩序は，個人の人格の自由そしてその意思を尊重するという基本的建前から，私的自治を基盤として成り立つ。すなわち，法律的に意味のある私人相互間の生活関係は，私人自らをしてその意欲するところに従って決定せしめることが最も合目的であるという考えを出発点としている。

しかし，私法秩序は，同時に，物権法における物権法定主義，団体法における法人法定主義にみられるように，第三者の取引の安全を考慮して私人が選択しうる法形式を特定の法形式に限定し，私人が本来の法形式とは異なる法形式を選択した場合には，当事者の意思にかかわらず本来の法形式を強制するという制度を内部に用意していた[14]。

これとの対比で，債権法，とりわけ契約法の領域において契約の自由は原則とされたのである。そして，契約の自由のうちで，契約締結の自由は最も重要な自由とされ，契約強制は例外的に，法規による場合にのみ認められると考えられた[15]。

しかし，最近ではこうした理解に対する批判がなされ，契約正義論を基盤として，あるいは近年のドイツ法学説の成果を参考に，法規によらずに一般的に契約強制が認められるべきだとする主張がみられるようになった。ある学説は，契約強制について「まず，契約自由の原則を強調してこれの例外性を説く従来の手法は，すでに当をえていないように思われる。すなわち，強調されるべきは契約正義であり，締結強制もまた契約正義を実現するための一手段であ

---

(13) 山下・前掲注(9)，谷江陽介「締約強制論の現代的課題――契約締結自由の原則の意義と限界を求めて」(一)名大法政論集214号（2006年）127頁～164頁，(二)同215号（2006年）255～295頁，(三)同218号（2007年）181～206頁，(四)同219号（2007年）239～279頁，(五・完)同220号（2007年）117～159頁，伊藤知義「契約締結の強制について」中央ロー・ジャーナル9巻4号（2013年）44頁，中田裕康「債権法における合意の意義」新世代法政策学研究 Vol. 8（2010年）7頁。

(14) 法形式強制の意義については，鎌田「契約の性質決定と法形式強制(一)――ドイツ法における『法形式強制』理論の研究」流通経済大学法学部開校記念論文集（2002年）92～99頁参照。

(15) 末川博「契約締結の強制」『末川博法律論文集Ⅰ』（岩波書店，1970年）346頁（ただし，この論文の初出は1935年である）。

第3章 非典型雇用（有期・パート・派遣）法理の創生を希求して

る。」と述べている[16]。

契約の自由に関する立ち入った検討は本稿の範囲を超えるのであるが，わたくしは，契約の自由を，個人の私的自治的な権利の観点だけからみるのではなく，市場経済を適切に機能させる制度としてみるべきであり，そこでは，交渉力・情報力において従属的地位にある経済的弱者のための利益調整が制度的に埋め込まれていると考えるのである[17]。

このように考えると，契約の自由は契約正義の対極にありながら，経済的弱者との利害調整を行う際の構成要素にすぎないということができる。

契約強制の定義は確立したものは存在しないが，ドイツの法学者であるニッパーダイ（Hans Carl Nipperdey）の定義[18]を用いるのが一般的である[19]。これによれば，契約強制とは，法規に基づき，ある権利主体に対し，その意思拘束とは無関係に優遇を受ける者の利益のために課せられる特定のまたは公平な見地に立って確定されるべき内容の契約を締結するよう義務付けることである。

この定義のポイントは，①法規に基づいて，②相手方の自発的な意思とは無関係に契約を締結する義務を課していること，③強制された契約は，法規などが定める特定の内容または公平の見地から確定される内容をもっていることにある。

上記①の法規とは，契約強制を定める個別の特別法規を指すだけではなく，一般的規定を含む[20]。しかし，わが国ではこれまで特別法規による場合のみが対象とされてきた。本稿も特別法規による場合に対象を限定したい。

「契約を締結する義務を課している」ことがどのような形式によるかは，法規によって様々である。電気事業法，医師法などのように，利用者からの申込

---

[16] 山下・前掲注(9)237頁。

[17] わたくしはすでにドイツ法を参考に法形式強制の原理について検討しているが，それは，物権法，団体法にとどまらず，フルーメの所説を参考にして債権法についても存在すると考えている。鎌田・前掲注(14)98頁。

[18] Hans Carl Nipperdey, Kontrahierungszwang und Diktierter Vertrag, 1920 Verlag von Gustav Fischer, S. 7.

[19] 大村須賀男「ドイツの判例法理における契約強制理論の形成・発展について(一)」民商法雑誌81巻5号（1980年）52頁，白羽・前掲注(10)45頁。

[20] ニッパーダイ・前掲注(18)54頁。ニッパーダイは個別の特別法規とは別に，一般的契約強制をドイツ民法典826条の不法行為に関する規定を用いて基礎づけている。

みを「拒んではならない。」と規定するものもあれば，罹災都市借地借家臨時処理法2条のように「承諾したものとみなす。」と規定するものもある。さらには，借地借家法が定める借地・借家の更新請求権のように，「従前の契約と同一の条件で契約を更新したものとみなす。」とするものもある。

借地借家法の更新請求権は相手方の承諾をまたずに契約が成立したものとみなすので，厳密にいえば承諾義務を課したものということができないが[21]，請求された側にとって承諾を強制されたのと同じ効果をもたらすことから，わが国ではこれも契約強制に含めるのが一般的である[22]。

契約強制をもつ特別法は，電気，ガス，水道等の独占的企業による物資・役務の供給，公証人，医師などの業務独占が認められる資格者の役務の供給，継続的な契約における更新強制，農業用林野の利用権の設定，重要美術品の売り渡し申込み義務，NHK放送の受信契約など広範囲にわたる[23]。

2 特別法の契約強制

(ア) まず，国民の生活上重要な物資・サービスを独占的に供給する事業について，利用者からの申込みに対する承諾義務を定めている規定が多数存在している。例えば，電気事業法18条1項，ガス事業法16条1項，水道法15条1項，道路運送法13条，同65条，海上運送法12条などがそれである。

電気事業法18条1項は，一般電気事業者は，正当な理由がなければ，その供給区域内における一般の需要に応ずる電気の供給を拒んではならないと規定し，利用者の供給申込みに対して電気事業者の承諾義務を定めている。承諾義務に違反した場合，電気事業法117条は2年以下の懲役もしくは300万円の罰

---

[21] ドイツでは，承諾義務の発生というプロセスをとらずに，直ちに契約関係が擬制される場合または一方当事者の形成権の行使により契約が成立する場合を「契約強制」の範囲から除外している。例えば，ドイツ労働者派遣法10条は，無許可派遣において派遣先との間の法律関係の存在を擬制しているが，これは派遣先に対して労働契約の承諾を義務付けていないことから契約強制の例にはあたらないとされる。Jan Busche, Privatautonomie und Kontrahierungszwang, Mohr Siebeck, SS116-7.

[22] 我妻栄・有泉亨・清水誠・田山輝明『コンメンタール民法――総則・物権・債権〔第3版〕』（日本評論社，2013年）969頁。伊藤・前掲注(13)44頁。しかし，中村武「私法の社会化の表現としての契約強制」法学新法54巻1号（1935年）70頁は，形成権により契約が成立する場合を契約強制から除くべきだとする。

[23] 我妻・有泉・清水・田山・前掲注(22)968～969頁。

金，または両方を科している。他の法律もほぼ同様である。

　上記の特別法が定める承諾義務は公法上の義務であるが，私法的効力をもつか条文上明らかではない。裁判例には私法的効力を否定するものと肯定するものが共に存在する。

　知事の協力要請に基づき違法建築物に対する電気の供給を保留した電力会社に対して損害賠償を請求した事件において，東京地判昭和57年10月4日（判時1073号98頁）は，「一般電気事業者は，電気事業法18条1項に定める『正当な理由』がないのにかかわらず，需要家の申込みに対して承諾をせず，よって電気の供給をしなければ，同法117条によって制裁を受けることとなるが，右の承諾をしなかったからといって，右の制裁を伴うことは別として，当該需要家と当該一般電気業者との間において申込みに対する承諾が擬制されることによる契約の成立をみるものではない」としている。もっとも，この判決は，電力会社が電力供給規程にもとづいて利用者に対して私法上の電力供給義務を負うとしているので，結局は，電気供給を保留したことに「正当な理由」があるかどうかが問題となった。

　これに対して，マンション建築業者が市に水の供給と公共下水道の使用の申込みをしたところ，市の定めた指導要綱に定める条件を遵守していないという理由から，その申込みを拒否したことに対して，マンション建築業者が，市を相手方として水の供給及び公共下水道使用承諾の仮処分を求めた事案で，東京地決昭和50年12月8日（判時803号18頁）は，水道事業は「国民生活に直結し，その健康で文化的な生活を守るためには一日たりとも不可欠のものであることを勘案すれば，需要者の給水契約の申込みに対し水道事業者が全く正当な理由がないのにこれを拒んだ場合には，右申込がなされた日に給水契約が成立したと認めるのが相当である。」として，承諾義務の私法的効力を認めている。

　(イ)　医師など業務独占のある場合や国民の生命・健康及び財産の保持に関する公共・公益的サービスの提供者に対して承諾義務を定める特別法が存在する。例えば，医師法19条1項，歯科医師法19条1項，公証人法3条，旅館業法5条がそれである。医師法19条1項は，診察に従事する医師は，診療治療の求めがあった場合には，正当な事由がなければ，これを拒んではならないと規定し，いわゆる「応招義務」を定めている。

医師法 19 条 1 項に基づく応招義務がいかなる法的性質をもつかについては，国と医師との関係を規定した公法上の義務であり，個々の患者と医師の関係を規律する私法上の義務を定めたものではないとする裁判例が多数である（東京地判昭 56・10・27 判タ 460 号 142 頁，名古屋地判昭 58・8・19 判時 1104 号 107 頁）[24]。

　しかし，応招義務に違反した場合，この義務違反は不法行為をもたらすとする裁判例（救急病院診療拒否事件・千葉地判昭和 61・7・25 判時 1220 号 118 頁，神戸市立病院救急患者受入拒否事件・神戸地判平 4・6・30 判時 1458 号 127 頁）もある。この場合，医師の過失の有無が争われるのだが，診療義務が注意義務の内容とされ，医師が診療を拒否して損害が発生した場合，過失が推定される[25]。

　しかし，診療契約の締結強制を争い，判断した裁判例はないようである。これは，診療義務が争われる事案の多くは，医師・患者間にすでに診療契約が成立している場合であり，救急医療では，即座に判断した内容の当否に争点が集中するためと考えられる。そう考えると，仮に医師に契約締結を強制しても，承諾義務が強制執行になじむのかどうか疑問となる[26]。

　(ウ)　特定の産業の発展とこれに従事する者の経済的地位の向上等をはかる目的で，各種の事業団体の設置を促進する法律が制定されている。水産業協同組合法，農業協同組合法，消費者協同組合法，中小企業等協同組合法，森林組合法などがそれである。

　これらには，事業団体へ加入しうる資格を有する者が当該事業団体に加入申込みをした場合に当該団体に承諾を義務付けた規定が置かれている。例えば，水産業協同組合法 25 条は，「組合員たる資格を有する者が組合に加入しようと

---

(24)　三上八郎「診療契約強制（応招義務）の系譜的・機能的再検討」北大法学論集 52 巻 4 号（2001 年）1172 頁。

(25)　例えば，神戸市立病院救急患者受入拒否事件において，判決は，19 条 1 項は公法上の義務を課しているとしたうえで，これは患者保護の側面を有し，「被告病院の所属医師，ひいては被告病院は，右説示にかかる診療義務（応招義務）を有しているのであるから，被告病院の所属医師が診療を拒否して患者に損害を与えた場合には，被告病院に過失があるという一応の推定がなされ，同病院は，右説示にかかる診療拒否を正当ならしめる事由の存在，すなわち，この正当事由に該当する具体的事実を主張・立証しないかぎり，患者の被った損害を賠償すべき責任を負うと解するのが相当である」と判示している。

(26)　三上・前掲注(24)1174 頁。

するときは，組合は，正当な理由がないのに，その加入を拒み，又はその加入につき現在の組合員が加入の際に附されたよりも困難な条件を附してはならない。」と規定している。

　これと同旨の規定が農業協同組合法20条，消費者協同組合法15条2項，中小企業等協同組合法14条，森林組合法35条などにもみられる。協同組合がこの組合員たる資格を有する者から加入申し込みを拒絶した場合は，各法律の所定の罰則が適用される。

　加入申し込みに対する承諾義務は，第一義的に公法上の義務であるが，判例は私法的効力も認めている。

　水産業協同組合法25条に関しては，同法に基づいて設立された漁業協同組合に組合員たる資格を有する者が組合加入の申込みをなしたところ，これを組合が承諾しなかったので，原告が組合に対して組合加入に対する承諾を求めて訴えた事例がある。

　被告（組合）は，水産業協同組合法25条は行政法上の義務規定にすぎず，その義務違反に対しては過料が課せられることはあっても，同条を根拠に，加入申込者と組合間に民事上の法律関係が生じ，組合が加入申込者に加入承諾義務を負うことはないと主張したが，最高裁は，以下のように判示した（最一小判昭55・12・11判時989号44頁）。

　「法二五条は，組合員たる資格を有する者が組合に加入しようとするときは，組合は正当な理由がないのにその加入を拒んではならない旨を定めている。ところで，法は，漁民等の協同組織の発達を促進し，その経済的地位の向上等を図り，もつて国民経済の発展を期することを目的として制定されたものであり（法一条），上記法一八条，二五条の各規定は，法の右の目的を承けて，漁業協同組合の組合員たる資格を有する者を一定の範囲に限定する反面，右資格を有する者に対しては，その者が欲する限り，組合に加入してその施設を利用し，組合事業の恩恵を受けることができるようにしたものと考えられるのであつて，このような規定の趣旨に照らすときは，右法二五条は，単に組合が法一三〇条五号所定の制裁によつて強制される公法上の義務を有することを定めたにとどまらず，組合員たる資格を有する者に対する関係においても，その者が組合加入の申込みをしたと

きは，正当な理由がない限り，その申込みを承諾しなければならない私法
上の義務を組合に課したものと解するのが相当である。」

　最高裁は，同法 25 条と同法の趣旨からその私法的効力を認めているが，この判断の背景には，同法 8 条により，漁業権は事実上漁業協同組合がほぼ排他的に独占し，漁業協同組合の組合員たる資格を有する者であっても，組合に加入しないと事実上漁業をできないことから，組合加入を求める必要があり，また，組合加入を拒否された者の被る不利益は，事後的な損害賠償によっては十分な救済が得られないという事情があると思われる[27]。

　(エ) 財・役務の提供者と受領者との間にすでになんらかの法律関係があり，その法律関係の終了後に継続を図り，または終了に伴う利害の調整を図るために契約強制を導入する例がある。

　こうした例として，借地借家法 5 条の借地契約の更新請求，同法 26 条の建物賃貸借契約の更新請求，平成 25 年に廃止された罹災都市借地借家臨時処理法 2 条（優先借地権），同法 14 条（優先借家権），借地借家法 13 条 1 項の建物買取請求権，同法 33 条の造作買取請求権があげられる。また，労働法では，労働契約法 19 条の雇止めの法理及び高年齢者雇用安定法 9 条 1 項の継続雇用制度がある。

　借地借家法 5 条は，借地権の存続期間が満了する場合において，借地権者がその更新を請求したときは，建物がある場合に限り，従前の契約と同一の条件で契約を更新したものとみなす，と規定している。ただし，借地権設定者が遅滞なく異議を述べたときはこの限りではない。

　借地権者が更新請求した場合は，借地権設定者が遅滞なく異議を述べないとき，借地権は更新されたものとみなされる。その意味で，更新請求権は形成権とされる[28]。

　また，借地権の存続期間が満了した場合において，契約の更新がないときは，

---

[27] 塩崎勤「漁業協同組合の組合員たる資格を有する者の組合加入の申込と組合の承諾義務」『最高裁判所判例解説民事篇　昭和 55 年度』406 頁。
[28] 幾代通・広中俊雄編集『新版注釈民法(15)』（有斐閣，1989 年）395 頁（鈴木・生熊）。

第3章　非典型雇用（有期・パート・派遣）法理の創生を希求して

借地権者は，借地権設定者に対して，建物その他借地権者が権原により土地に付属させた物を時価で買い取るべきことを請求することができる（同法13条1項）。この建物買取請求権も，その行使によって，目的物について時価による売買契約類似の効果を当事者間に発生させる形成権であると解されている[29]。

　労働契約法19条はいわゆる雇止め法理を明文化したものである。有期労働契約であって，19条に定める各号のいずれかに該当する場合，契約期間が満了する日までにまたは満了後遅滞なく労働者が当該有期労働契約の更新の申込みをした場合は，使用者が当該申込みを拒絶することが，客観的に合理的な理由を欠き，社会通念上相当であると認められないときは，使用者は，従前の有期労働契約の内容と同一の条件で当該申込みを承諾したものとみなすことになる。

　旧高年齢者雇用安定法（以下高年法）9条1項は，65歳までの安定した雇用を確保するために，①定年年齢の引き上げ，②継続雇用制度の導入，③定年の定めの廃止のいずれかを講じなければならないと規定し，同条2項は，事業主が，過半数組合または過半数代表者との間で，継続雇用制度の対象となる高年齢者に関する基準を書面による労使協定によって締結した場合は，同条1項2号に掲げる措置（継続雇用制度）を講じたものとみなす，と規定していた。

　裁判では，継続雇用制度を導入した企業において，労使協定および就業規則で定めた基準を満たした者が使用者に対し継続雇用を申し込んだところ，使用者がこれを拒絶した場合に，労働者が継続雇用されたと同様の地位にあることの確認を求める訴えが繰り返された。

　最高裁（津田電気計器事件・最一小判平24・11・29労判1064号13頁）は，以下のように判示し，雇用関係の存続を認めている。

> 「会社の継続雇用規程の継続雇用基準を満たすものが，被上告人において嘱託雇用契約の終了後も雇用が継続されるものと期待することには合理的な理由があると認められる一方，雇用契約の終了後も雇用が継続されるものと期待することには合理的な理由があると認められ，上告人において被上告人につき上記の継続雇用基準を満たしていないものとして本件規程に

---

(29)　幾代・広中・前掲注(28)589頁（鈴木・生熊）。

基づく再雇用をすることなく嘱託雇用契約の終期の到来により被上告人の雇用が終了したものとすることは，他にこれをやむを得ないものとみるべき特段の事情もうかがわれない以上，客観的に合理的な理由を欠き，社会通念上相当であると認められないものといわざるを得ない。したがって，本件の前記事実関係等の下においては，前記の法の趣旨等に鑑み，上告人と被上告人との間に，嘱託雇用契約の終了後も本件規程に基づき再雇用されたのと同様の雇用関係が存続しているものとみるのが相当であり，その期限や賃金，労働時間等の労働条件については本件規程の定めに従うことになるものと解される」。

(オ) やや特殊であるが，公共放送の健全な発達を図る目的で，放送法は日本放送協会（NHK）の放送受信契約に関して契約強制を導入している。放送法64条1項本文は，日本放送「協会の放送を受信することのできる受信設備を設置した者は，協会とその放送の受信についての契約をしなければならない。」と規定して，受信設備を設置している者の受信契約に関する承諾義務を課している。

承諾義務の法的性質については，同条2項が受信契約成立を前提にして受信料の免除を定めていること，受信契約の締結に応じなかった受信者に対する刑事罰や行政上の措置を定めた規定が存在しないことなどから，同規定は，民事法上，受信者に受信契約を締結する義務を強制的に課したものと解する裁判例が多数である（NHK受信契約締結事件・東京高判平25・10・30判時2203号34頁，東京地判平25・10・31）[30]。

(カ) 緊急の必要がある場合，様々な契約強制が導入されている。

生活関連物資等の買占め及び売惜しみに対する緊急措置に関する法律4条1項は，内閣総理大臣及び主務大臣は，特定物資の生産，輸入又は販売の事業を行う者が買占め又は売惜しみにより当該特定物資を多量に保有していると認めるときは，その者に対し，売渡しをすべき期限及び数量並びに売渡先（内閣総

---

(30) ただし，受信者が承諾を拒否した場合，どの時点で契約が成立したかは争いがある。すなわち，64条を根拠に承諾がなされたものと解し，NHKが契約成立の通知をした時点で契約が成立するのか，あるいは，受信者の承諾の意思表示を命ずる裁判所の判決が確定した時点で契約成立するのかは争いがある。

理大臣及び主務大臣が当該特定物資の買受けにつきその同意を得た者に限る。）を定めて，当該特定物資の売渡しをすべきことを指示することができると規定し，同条2項は，前項の規定による指示を受けた者がその指示に従わなかつたときは，その者に対し，売渡しをすべき期限及び数量を定めて，当該売渡先に当該特定物資の売渡しをすべきことを命ずることができると規定している。

3　契約強制の目的，要件と効果

さて，特別法が規定する契約強制は様々であり，契約締結自由の制限の度合いは異なる。契約強制は，大きくは，契約強制を導入する目的と契約強制の効果の二つの観点から分類することができる[31]。すなわち，行政目的から新規契約の契約強制が問題となる場面と更新など既存の法律関係の継続が問題となる場面，そしてそれぞれについて，効果として契約が成立したものとする場合と，承諾拒否（更新拒否を含む）による損害賠償が問題となる場合である。

契約強制を導入する行政上の目的は様々である。国が特定の許可または資格を有する者にサービスの独占的提供を認めている場合にサービスの供給を確保するという目的であったり，あるいは，各種産業及びそこに従事する者の経済的地位の向上のために協同組合を設置し，その育成を図るという目的があげられる。

さらに，公共放送の健全な発展のためにその財源の安定を図るという政策目的から，放送の受信契約について契約強制を導入している例がある。また，災害，緊急時の財・サービスの提供を確保するために，財・サービスの供給者に契約の申込み義務を課する例もある。

行政目的から契約強制を導入した場合，承諾義務または申込義務は基本的に公法上の義務であり，その違反に対しては罰則が適用される。そこで，契約強制の効果として供給者と利用者間に契約の成立を認めるための私法的効力を認

---

(31) 谷江陽介・前掲注(13)(一)名古屋大学法政論集214号134頁は，締約強制は，契約締結の場面，法律効果によってその制限が異なるとしたうえで，締約強制論およびその周辺領域を，契約締結の原則に対する制限の強弱に応じて，新規契約の締約強制の場面（第一場面），更新契約の更新強制の場面（第二場面），新規契約の拒絶による損害賠償の場面（第三場面），更新契約の拒絶による損害賠償の場面（第四場面）の四つに分けている。

めるかどうかが問題となる。

　裁判例には，①私法的効力をまったく認めず，単に特別法に定める罰則が適用せられるとするもの，②私法的効力を認めるのであるが，承諾（申込み）を拒否した者に対して損害賠償義務を発生させるにとどまるという立場，③承諾（申込み）を拒否した者に対し承諾の意思表示に代わるべき判決をえることにより承諾の効果を発生せしめるという立場，さらには④申込みの意思表示があれば，相手方の承諾なくして承諾があったと同一の効果を認めようとする立場がある[32]。

　裁判例の立場の違いがどこからくるのか必ずしも明確ではないが，私法的効力を全く認めないものは少ないように思われる。ただし，医師の応招義務の例などをみると，契約強制を認める実際上の意義が少ない場合には損害賠償にとどめていると思われる。これに対して，漁業協同組合への加入申込みの例のように，事後的な損害賠償では十分な救済が得られない場合には，契約強制を認めていると思われる。上記④のように，利用者の意思表示のみで承諾なくして契約成立を認める例は，この領域では少ない。

　ここでの事例において，強制された契約の内容は，国が予め認可・許可した内容となる。もっとも，医師の応招義務のように，義務内容が明確ではないものもある。こうした事例では，結局は裁判所が内容を決定することになるが，一般的にいえば困難があろう。

　契約強制を導入する二つ目の目的として，いったんなんらかの法律関係に入っている当事者がその関係を契約期間の満了などの理由から終了させる際に，既存の法律関係の継続を保障したり，またはその解消における適正な利益配分のために契約強制を導入するものがある。借地借家権者による更新，労働契約の雇止めにおける更新，高年齢者の継続雇用などの例がこれにあたる。

　ここでは，新たな契約の成立ではなく，契約の継続性の確保または契約終了時に既存の利益状況の調整が問題となっている。こうした場合の多くは民事特別法に規定されている。したがって，承諾義務も当然に私法的効力をもつものとして構成されている。そのことを明確にするために，承諾したとみなすと

---

[32]　契約強制の効果については，末川・前掲注(15)349頁，山下・前掲注(9)240頁，塩崎勤・前掲注(27)403頁。

第3章 非典型雇用（有期・パート・派遣）法理の創生を希求して

いった条文表現が用いられる場合もある。あるいは，申込みの意思表示があれば，相手方の承諾なくして承諾があったと同一の効果を認めようとする形成権を付与する例もある。強制される契約内容は，既存の法律関係と同一の内容か，既存の法律関係において適用される規定に基づいて確定される。

契約強制は，特別法に定める規定に基づく場合が通常であるが，必ずしも特別法だけに限定されるわけではなく，一般法を根拠とすることも可能である。最近の学説は，契約締結の拒絶に対する私法上の法的責任を判断する上で，ドイツの学説を参考にして，一般的な要件を提案している[33]。この問題は，契約強制の一般論，すなわち，特別法に規定されていない場合に，どのような範囲で契約強制を認めるかという問題であり，本稿の範囲を超えるので，ここでは立ち入らない。

III　労働者派遣法40条の6と契約強制

1　労働契約申込みみなし制度と立法趣旨

労働者派遣法40条の6第1項（2015年10月施行）は，労働者派遣の役務の提供を受けた者（以下では派遣先という[34]）が，①法4条1項に定める適用除外業務に派遣労働者を従事させること（禁止業務への派遣），②無許可・無届の派遣元事業主から派遣労働者を受け入れること（無許可・無届派遣），③派遣先の同一業務について期間制限を超えて派遣労働者を受け入れること（受入期間制限違反），④労働者派遣法の規定の適用を免れる目的で，請負その他労働者派遣以外の名目で契約を締結して派遣労働者を受け入れること（偽装請負）のいずれかの行為を行った場合，派遣先から派遣労働者に対し，その時点における当該派遣労働者に係る労働条件と同一の労働条件を内容とする労働契約の申込みをしたものとみなす，ただし，派遣先が，その行った行為が上記のいずれかに該当することを知らず，かつ，知らなかったことにつき過失がなかったときはこの限りではない，と規定している。

---

[33]　谷江陽介「締約強制論の理論構造」日本私法学会「私法」72号（2010年）138～140頁参照。
[34]　厳密に言うと，労働者派遣法は，労働者派遣の役務を受ける者と派遣先を区別している。派遣先とは，労働者派遣法に定めた適法な労働者派遣の役務を受ける者をいい，偽装請負のように，請負会社から労働者の派遣を受けた者は派遣先とはいわない。

これによれば，派遣先が，法40条の6所定の違法行為を行った場合，その時点で，派遣先は派遣労働者に対して労働契約の申込みをしたとみなされることになり，派遣労働者がこの申込みに対して承諾の意思を表示すると，派遣先が違法行為を知らなかったか，知らなかったことについて過失がなかったことを主張立証しない限り，労働契約が成立することになる。ただし，違法行為終了後1年以内に派遣労働者の承諾がない場合には，労働契約申込みの効力は失われる（同条3項）。

　こうした制度を導入した理由について，国会において当時の厚労大臣は「違法派遣の是正に当たって，派遣労働者の希望を踏まえつつ雇用の安定が図られますようにするため」と説明している[35]。また，当時の厚労副大臣である細川律夫氏は次のように答弁している[36]。

　　「このみなし規定を入れましたことは，これは，違法をしていたからもうそこで派遣が終わりだということで，労働者の皆さんが解雇されるというか職場を離れるような形になってもいけないわけでありますから，違法派遣をしていた派遣先は労働者に対して雇用契約，労働契約の申し込みをした，こういうみなし規定を入れたところでございます。」「ただ，全く知らなくて，それに過失がなかったような場合にもこのみなし規定を入れるということはちょっと規制がきつい，こういうことでそういう形にしたところでございます。」

　こうした答弁を踏まえると，派遣先が違法に派遣労働者を受け入れるなどした場合，行政はその派遣先を指導しまたは改善命令を発して違法状態の速やかな解消を促すことになるが，派遣労働者の保護等を図ることも労働者派遣法の目的であることから，違法状態の解消により派遣労働者の雇用が失われることを防止することが必要であり，また，こうした違法状態に関与した派遣先にも一定の責任があることを併せ考え，労働契約申込みみなし制度を導入したものと理解することができる。

---

(35) 第174回通常国会・衆議院本会議・趣旨説明（平成22年4月16日）国務大臣長妻昭氏（当時）。
(36) 第174回通常国会・衆議院厚生労働委員会（平成22年4月23日）。

第3章　非典型雇用（有期・パート・派遣）法理の創生を希求して

2　労働契約申込みみなし制度の意義

労働者派遣とは「自己の雇用する労働者を，当該雇用関係の下に，かつ，他人の指揮命令を受けて，当該他人のために労働に従事させることをいい，当該他人に対し当該労働者を当該他人に雇用させることを約してするものを含まないもの」をいう（法2条1号）。

労働者派遣事業は，労働者派遣法制定以前は，労働者を他人に供給する事業が職安法44条により労働者供給事業として禁止されていたが，その事業が労働力の需給の円滑な調整に資することに鑑みて，労働者派遣事業の適正な運営を確保する一定の規制の下にこれを労働者供給事業から抜き出して制度化したものである。

労働者派遣により，派遣労働者・派遣元・派遣先の三当事者間に，労働者派遣の役務の提供を目的とした法律関係（労働者派遣関係）が形成される。労働者派遣関係においては派遣労働者の使用者が誰かあいまいとなることから，労働者派遣法は，派遣労働者の使用者を派遣元事業主とし，派遣先を単に役務の提供を受ける者（ユーザー）と位置づけた。

こうして，派遣労働者の待遇の確保，雇用の安定は派遣元のみが負担することになるが，実質的には派遣労働者の待遇，雇用の安定は派遣先との労働者派遣契約の帰趨に依存し，派遣先・派遣元の労働者派遣契約は純粋に民事契約なので，そこに労働法上の規制が及ぶことがない。その結果，派遣労働者の雇用の安定，労働条件は，通常の労働者に比較して不利な状態におかれることになる。

ここに，労働者派遣法が，労働者派遣事業の適正な運営を確保するとともに，とくに派遣労働者の保護を図ることを目的とする所以がある。

労働者派遣法は，労働者派遣事業の適正な運営の確保のために，労働者派遣事業を行える業務の範囲を限定し（4条），登録型を主体とする一般労働者派遣事業を許可制の下におき（5条），常用労働者のみを派遣する特定労働者派遣事業を届出制の下においている（16条）。また，いわゆる専門業務等を除く一般の労働者派遣については，派遣先が同一の業務について派遣労働者を受け入れる期間を3年以内に限定している（40条の2）。

派遣元事業主がこの法律に違反した場合，厚生労働大臣は，適正な派遣就業を確保するため当該派遣元事業主に対して指導を行い，必要があると認めたと

きは改善命令を発することができる（49条）。労働局が派遣元・派遣先に対して指導を行い，改善命令を発する際には，現に就業している派遣労働者の雇用の安定を図ることも考慮することとされている。

また，派遣先は，派遣元事業主から派遣受入期間が終了する日の通知を受けた場合において，その日を超えて継続して派遣労働者を受け入れたようとするとき，派遣就業の継続を希望する派遣労働者に対して，当該派遣先に雇用されることを派遣就業が終了する前日までに，労働契約の申込みをしなければならない（40条の4）。

このように，行政当局は，様々な法違反に対して，行政指導，改善命令を通じて違反の是正を図るとともに，是正のための措置が法違反の抑止効果となるように図っているが，2012（平成24）年の派遣法改正前は，派遣労働者の雇用の安定は必ずしも十分とはいえない状況にあった。

違法派遣の是正に当たっては，違法状態の解消方法として，①適正な派遣または請負として継続する，②派遣先が直接雇用する，③受入れをやめる，という方法が考えられるが，③となった場合，労働者派遣契約が解除され，役務の提供先がなくなることから，派遣労働者が職を失う可能性が高い。

適正な労働者派遣事業の運営は，適正な労働市場の需給調整機能の発揮を通じて，労働者の福祉が増進されることが目的である。違法派遣の是正は，これを担保するものであって，労働者の不利益につながることは本来避けるべきものである。

確かに，違法状態の解消にあたって，派遣元が他の派遣先を紹介することにより雇用を確保する場合もないわけではないが，リーマンショックのときのように全ての産業において人員調整が行われる場合にはその確保が難しく，そもそも，他の就労先の紹介は法的義務ではなかった。

また，前記40条の4が定める派遣先の直接雇用申込み義務は，派遣受入期間が終了する日の通知を受けることが発生要件とされているが，偽装請負の場合そもそも派遣受入期間の終了の日が通知されることがないこと，また，仮に派遣先の直接申込み義務があるとしても，派遣先が承諾しない限り労働契約が成立することはないことから，この制度は必ずしも労働者の雇用の安定に有効に作用するものではなかった。

そこで，違法派遣の是正の方法として，一定の違法派遣の場合に労働者の雇

第3章 非典型雇用（有期・パート・派遣）法理の創生を希求して

用の安定につながる形での是正措置を法定することが必要となる。この場合，派遣先と派遣労働者との間に雇用関係を成立させる何らかの手法（「雇用契約申込み」や「みなし雇用」）が一つの工夫として考えられる。これらは，派遣先が派遣労働者を雇用することになると，自らが雇用者責任を負うことになることから，違法派遣状態の解消に資するとともに，派遣先が主導する違反に対する抑止力として大きな効果があると考えられる。

こうした工夫の選択肢が，2008年の厚労省「今後の労働者派遣制度のあり方研究会報告書」により提案された[37]。

この報告書は，対象とすべき違法派遣の範囲については，その是正方法として派遣先で雇用させることが，派遣先の法違反への関与実態等からしても妥当であるものとすべきであるとし，具体的には，適用除外業務への派遣，期間制限違反，無許可・無届派遣，いわゆる偽装請負とすることが適当であるとしている。

適用除外業務への派遣，期間制限違反については，当該業務で就業させていることで派遣先の関与は明白であり，また，無許可・無届派遣についても派遣先は許可・届出の有無を当然確認すべきものであることから，法違反について派遣先に責任があると言える。しかしながら，いわゆる偽装請負については，適法な請負であると双方が誤認していたところ，実際には労働者派遣に該当し，偽装請負となる場合もあるが，これら全てに対して，派遣先での直接雇用を違法の是正手段とすることは適当ではない。このため，そうしたもののうち，「雇用契約申込み」等の措置により是正させるべき違反の範囲について，労働者派遣法の個別の条項違反（派遣契約を締結せずに派遣を行った等）という外形的要件に加えて，偽装の意図という要件を加えることが必要であるとしている。

さらに，この報告書は，「雇用契約申込み」や「みなし雇用」のあり方として，①雇用関係の成立そのものをみなす方法，②雇用契約の申込みがあったとみなす方法，③雇用契約申込義務を生じさせる方法，④雇用契約申込みを行政が勧告する方法の4つを想定し，それぞれのメリットデメリットを検討してい

---

(37) http://www.mhlw.go.jp/houdou/2008/07/h0728-1.html（2013年8月31日現在）。
厚生労働省「今後の労働者派遣制度の在り方に関する研究会」報告書は同名の研究会報告書が平成25年8月にも提出されている。内容は異なるので，要注意である。

る(38)。

　さて，この研究会報告書を基に作成された平成20年改正法案は，労働契約申込みの行政勧告制度を法案に盛り込んだ。しかし，この法案は国会審議において審議未了廃案となった。その後，民主党政権発足を受け，平成20年法案をベースにして，これを一部修正する形で平成22年法案が作成された。

　平成22年法案は，違法状態の解消における派遣労働者の雇用安定措置として，現在の40条の6にあたる規定を新設することとしていた。

　法案作成の前段階における労働政策審議会において，労働契約申込みみなし制度をめぐっては公労使委員間で意見が戦わされた。とくに，派遣先の採用の自由との関連が議論された(39)。

3　申込みみなし制度と採用の自由
(1)　採用の自由と雇用強制

　よく知られているように，三菱樹脂事件・最高裁大法廷判決（最大判昭48・12・12民集27巻11号1536頁）は，憲法22条，29条を根拠に，企業者は，経

---

(38) このうち，①については，派遣先での直接雇用を望まない労働者についてもこのような関係を成立させることになることに加え，いかなる内容の雇用契約が成立したのかこの規定だけでは確定できないという問題がある。また，②については，申込みに応じないという形で労働者側の意思を反映することができる反面，①と同様，いかなる内容の雇用契約が申し込まれたのかこの規定だけでは確定できないという問題がある。さらに，①及び②に共通する問題として，民事的な効果が当該規定によりすでに生じてしまっているので，後述するような義務の履行を促すという形での行政の関与を制度として組み込むことができないため，労働者が裁判において，これらの規定の発動要件である労働者派遣法違反の事実及び偽装請負の場合の主観的要件の該当性を立証しなければならず，労働者側の負担が大きいものとなってしまうことが挙げられる。③については，申込義務に民事効を付与する方法と，そのような民事効を付与しない方法の二つが考えられるが，どちらの場合においても，申込義務の不履行の場合にはその履行を促すという形での④の方法を組み合わせることが可能である。このほか，法違反から直接④を発動させるという形も可能であり，この場合の行政の勧告は，違法派遣の是正措置を雇用契約申込みに限定するという趣旨になる。以上の検討の結果，研究会報告書は行政勧告制度か派遣先に対して労働契約申込み義務を課する制度を妥当とした。

(39) 労働政策審議会労働力需給制度部会における，労働契約申込みみなし制度をめぐる議論の詳細は，第140回部会（平成21年12月18日），第141回部会（同年12月22日）の議事録でみることができる。そのうち，重要な部分については，小嶌・前掲注(1)285〜291頁が詳しく紹介し，検討している。

済活動の一環としてする契約締結の自由を有し，自己の営業のために労働者を雇用するに当たり，いかなる者を雇い入れるか，いかなる条件でこれを雇うかについて，法律その他による特別の制限がない限り，原則として自由にこれを決定することができるとしている。

契約の自由は憲法上保障されるべき価値であり，契約締結の自由の一環として，企業が採用の自由を有することは誰しも異論のないところである。しかし，採用の自由も絶対的な自由ではなく，法律その他による特別の制限に服する。現在では，男女雇用機会均等法5条，雇用対策法10条，高年齢者雇用安定法9条など採用の自由を制約する法律は少なくない。

大内教授は，雇用強制の正当性を考える手順を，採用の自由が法律その他により制約される第1段階と，その制約に違反した場合の制裁の第2段階に分けて考えるべきだとしたうえで，「第1段階での制約があっても，第2段階で採用強制まで認めないとすれば，なお採用の自由の根幹は維持されている」，採用強制は，雇用促進という政策目的に，公序性の高い差別禁止規範に違反するというきわめて高度の帰責性が付加されてこそ認められるべきだとされている[40]。

さらに，大内教授は，労働者派遣法の労働契約申込みみなし制度は，第1段階における採用の自由に対する制約を媒介としないで，「違法派遣に対する制裁という理由だけで，派遣先の採用の自由を制約することは，理論的にはありえないことではないとしても，行為の反規範性が雇用強制という制裁内容と均衡がとれていないのではないか，との疑問を禁じえない。」とされている[41]。

大内教授の指摘されるように，これまで，男女差別禁止に違反する行為に対する救済方法として雇用強制の可能性が検討され，その是非が議論されてきた。一部の学説が差別的採用拒否に対する救済手段として雇用強制の導入を主張したが[42]，学説はほぼ一致して，採用の自由を尊重し，たとえ，一定の差別的採用拒否が違法とされたとしても，その救済は損害賠償にとどまり，契約を成立したものとみなすことは許されないと解してきた[43]。

---

(40) 大内・前掲注(2)90頁，101頁。
(41) 大内・前掲注(2)112頁。
(42) 萬井隆令『労働契約締結の法理』（有斐閣，1997年）142〜146頁。
(43) 荒木・前掲注(3)303頁，西谷敏『労働法』（日本評論社，2008年）143〜144頁。

こうした雇用強制に関する一般的理解は，雇用強制を規定する法規が欠けているなかで，差別禁止規定の実効性の確保と採用の自由の均衡を図ったものであるといえよう。しかし，法規による雇用強制の導入を考える場合，導入目的を必ずしも違法な行為に対する制裁（救済）手段としてのみ位置づけるべきではない。

すでにみたように，法律が契約強制を導入する目的は多様である。契約強制は，違法行為に対する制裁（救済）手段というより，第一義的に，電気・水道の独占的財貨の確保や，医療等の特定役務の享受，特定産業における事業団体の加入，役務提供の継続性の確保などを目的としている。そして，その法的構成も，承諾・申込みの義務付け，契約成立の形成権の付与など多彩であり，また，承諾義務違反に対する制裁も損害賠償，承諾意思の擬制，現実的履行の強制（間接強制）というように様々である。

雇用強制も，第一義的には，労働者の就労の確保を目的としていると思われる。採用の自由との関係で，就労の確保が実現される場合が限られるとしても，まず，就労そのものの規範的意味が問われることになる。

周知のように，就労請求権をめぐっては，これを例外的に認める裁判例と原則的に承認する学説との間でながく対立が存在している[44]。近年，労働権，キャリア権を理由に就労の規範的意義を承認しようとする新たな説が提示されている。これらの学説は，就労を単に経済的利益の獲得にとどまらず，個人の生涯にわたる人格の展開，「人間としての社会的存在の承認」にとって不可欠な価値と位置づけ，その規範的根拠を憲法27条1項の労働権等に求めている[45]。

憲法が労働権を保障する目的の一つは労働者の職業の安定の実現にあり，職業安定法，雇用対策法等はその目的規定に職業の安定を掲げている。職業の安定とは，その生活の糧の獲得に加え，個々の労働者が生涯にわたってその職業能力に適した就労を通して社会生活を営むことにある。最近の学説が指摘する

---

(44) 就労請求権の議論状況について，新屋敷恵美子「就労請求権」ジュリスト増刊『労働法の争点〔第3版〕』40〜41頁参照。

(45) 諏訪康雄「就労請求権」ジュリスト労働判例百選〔第8版〕53頁，唐津博『労働契約と就業規則の法理論』（日本評論社，2010年）85〜87頁，有田謙司「『就労価値』論の意義と課題」労働法学会誌124号（2014年）114頁〜117頁。

ように，就労は労働者個人の生涯にわたる社会生活の基礎をなすものであり，その自体が立法政策の目的に位置づけられる。そう考えると，その実現手段は，無料の職業紹介及び失業時の所得補償の制度化にとどまらず，様々な政策的措置を含むものである。

例えば，障害者雇用促進法における法定雇用率制度，高年齢者雇用安定法における継続雇用制度は，障害者，高年齢者の就労そのものの確保を目的としている。また，私傷病休職者の自動退職に関する裁判例（東海旅客鉄道事件・大阪地判平11・10・4労判771号25頁，キヤノンソフト情報システム事件大阪地判平20・1・25労判960号49頁）及び学説[46]をみると，休職者の就労の確保を積極的にはかろうとする意図を窺うことができる。要するに，現実的な就労の確保は，単に賃金を得る手段としてのみならず，それ自体として尊重されるべき価値であり，これを実現することが立法，法令の解釈においても要請されていると思われるのである。

労働契約申込みみなし制度も，第一義的に，派遣労働者の就労価値の実現を図る制度として評価されるべきである。

(2) 労働契約申込みみなし制度と採用の自由

労働契約申込みみなし制度の基本的意義はそうだとしても，大内教授が指摘されているように，この制度が採用の自由との関係においてはたして均衡を失していないか，換言すれば，就労価値の実現と採用の自由とがどのような形で調整されるべきかが問題となる。

判例によれば，企業は，新規採用においては広く採用の自由を有するが，「企業がいったん労働者を雇い入れ，その者の雇用関係上の一定の地位を与えた後は，その地位を一方的に奪うことについて，雇入れの場合のように広い範囲の自由を有するものではない。」という。すなわち，判例は，自由の範囲を新規採用と雇入れ後で峻別し，解雇などのように「雇用関係上の一定の地位を与えた後に，その地位を一方的に奪う」場合，言い換えれば，既存の雇用関係の終了の場合は就労価値の実現を優先させたと解することができる。そして，

---

(46) 鎌田「私傷病休職者の負担軽減措置」山口・菅野・中嶋・渡邉編『経営と労働法務の理論と実務』（中央経済社，2009年）118〜120頁，長谷川聡「『就労価値』の法理論」労働法学会誌124号（2014年）121〜124頁。

判例はこうした峻別論を様々な法領域で展開している（JR東日本事件・最一小判平15・12・22民集57巻11号2335頁）。

さて、この雇入れ前後で規範を分ける峻別論は、新規採用における雇入れ拒否と解雇の場合をモデルとしたものであるが、その境界線はそれほど明確ではない。周知のように、三菱樹脂事件は、本採用拒否が争われた事件であるが、最高裁は、本採用拒否を労働契約の留保解約権の行使ととらえ、本採用拒否が有効になしうる場合を、試用期間を設けた趣旨目的から社会通念上是認しうる場合に限定したのであった。これは、前記峻別論に立った上で、本採用拒否を新規採用ではなく、既存の雇用関係の終了事案に位置づけたものといえる。

また、判例は、労働契約の雇止め（更新拒絶）についても、一定の場合に解雇権濫用の法理を類推適用するいわゆる雇止めの法理を展開している。雇止めは、いうまでもなく、新規採用ではないが、形式的には解雇でもない、契約更新拒否である。最高裁は、有期雇用労働者が雇用継続に合理的な期待を有する場合、それを形式上の契約締結としてではなく、既存の雇用関係の終了ととらえたものといえる。

さらに、最高裁は、高年齢者雇用安定法9条に基づいて導入された継続雇用制度において、再雇用拒否に解雇権濫用の法理を類推適用したことはすでに見たとおりである（前掲津田電器計器事件参照）。これは、定年によりいったん雇用関係が終了し、就業規則所定の再雇用基準を満たした労働者が行った再雇用の申込みを使用者が拒否した事案であるが、この再雇用拒否は更新拒否ではなく、新たな契約締結の申込みに対する拒否と解するほかない。しかし、ここでも、最高裁は、再雇用拒否を既存の雇用関係の終了の事案ととらえたのである。

雇止め及び再雇用拒否の判例法理を併せ考えると、既存の雇用関係の終了の概念には、本採用拒否、更新拒否にとどまらず、使用者が既存の労働者との新たな契約締結を拒否した場合を含むものといえよう[47]。

さて、労働契約申込みみなし制度は、すでに述べたように、違法状態の解消にあたって雇用が失われるおそれがあるために、派遣先に対して、既存の雇用関係と同一の労働条件を内容とする労働契約締結を強制する制度である。これ

---

(47) 荒木・前掲注(3)304頁。西谷・前掲注(43)144頁も、採用内定取消、本採用拒否、反復更新された有期契約の更新拒否、定年後の再雇用の拒否などについては、採用の自由の原則を機械的に適用することは著しく不合理であるとしている。

第3章　非典型雇用（有期・パート・派遣）法理の創生を希求して

を雇止め，高齢者の再雇用制度と比較すると，既存の雇用関係の解消に対する就労の確保という目的では共通するものがあるが，本来の雇用主である派遣元ではなく派遣先との雇用関係を成立させる点で大きく異なる。つまり，派遣先の採用の自由が問題となる。

さて，就労確保のために従来の雇用主以外の者を雇用の受け皿とする仕組みはすでに存在する。高年齢者雇用安定法9条2項は，再雇用を希望する労働者の継続雇用を確保するために，当該事業主と法人格を異にする「特殊関係事業主」（従来の雇用主が経営を実質的に支配することが可能となる事業主等をいう）をも雇用の受け皿としている。もっとも，この制度は，「特殊関係事業主」が従来の雇用主との契約に基づいて労働者の受け入れを行うものであるから，契約強制ということはできない。

労働契約申込みみなし制度は，派遣元・派遣先との契約に基づかないで直接に派遣先を雇用の受け皿とすることから，新たな制度ということができる。このように，派遣先を派遣労働者の雇用の受け皿とする理由は，労働者派遣関係の特殊性に起因する。

労働者派遣の法律関係は，たんに派遣元・派遣労働者間の雇用関係だけによって形成されるのではない。派遣労働者の雇用関係は派遣元との間に存在するが，派遣労働者は派遣先のためにその指揮命令に従って役務を提供する。したがって，労働者派遣関係は，派遣先・派遣元・派遣労働者の三者が相互に密接に関連して形成される役務提供関係だといえる。派遣先は，派遣労働者にとって単なるユーザーではなく，労働者派遣法に基づき，派遣元の使用者としての責任を一部負担している（労働者派遣法44条ないし47条の2参照）。

さらに，労働契約申込みみなし制度においては，派遣先が違法な派遣についてこれを知らず，かつ，知らなかったことについて過失がないときは免責されることから，法所定の違法行為に関与した場合に限り，申込みみなしがなされる。すなわち，派遣労働者の雇用喪失の原因となる違法行為に対して有責性が認められる派遣先に限って，契約強制が発動するのである。

そうだとすれば，労働契約申込みみなし制度は，憲法が労働権を保障した趣旨に鑑み，労働者がある企業の違法な行為により雇用喪失のおそれがある場合，派遣労働者の就労を確保するために，当該違法行為に関与した派遣先に対して，その意思に拘わらず，労働契約を締結する義務を課するものであり，その限り

で，派遣先の採用の自由は，雇止めや高年齢者の継続雇用の場合と同様に制約されると解することができる。

(3) 労働契約申込みみなし制度の合憲性

ところで，派遣法40条の6については，小嶌教授は「直接雇用のみなしによる採用の自由の制限は，『職業の自由に対する強力な制限』に当たるという点において，かつての薬事法違憲判決（最大判昭和50.4.30民集29巻4号572頁）の事案とも共通するものがあり，同判決のいうように，こうした立法による制限措置の『合憲性を肯定しうるためには，原則として，重要な公共の利益のために必要かつ合理的な措置であることを要し』，『職業の自由に対するよりゆるやかな制限』によっては，その『目的を十分に達成することができないと認められることを要する』と考えられる。」として，職業の自由に対するよりゆるやかな制限である他の措置をとるべきだとしている[48]。

薬事法違憲判決とは，医薬品の一般販売業を許可制の下におき，薬事法が薬局等の設置場所が配置上適正であることを許可条件にしているなかで，具体的配置基準について県条例が距離制限を定めていることが，憲法22条の職業選択の自由に違反するとして，不許可処分の取消を求めた事例であるが，最高裁は，概ね次のような合憲性判定基準を設けた。

それは，規制によって達成しようとする目的に着目し，社会経済の均衡のとれた調和的発展など「積極目的」である場合には，「立法府がその裁量権を逸脱し，当該法的規制措置が著しく不合理であることの明白である場合に限って」合憲性を認めるが（明白性の基準），社会秩序を維持し公衆の安全を守るなど「消極目的」の場合には，当該規制措置と比べて「職業の自由に対するよりゆるやかな制限によっては目的を達成することができない」かどうかをも審査すべきとする（いわゆるLRAの基準または厳格な合理性基準といわれる）。このように規制目的に応じて審査方法を異にすることから，学説はこれを「規制目的二分論」などと呼んでいる[49]。

規制目的二分論については，規制が積極目的か消極目的かは必ずしも判然としないだけではなく，その両者を併せ持つ場合も想定でき，現在では，もはや

---

(48) 小嶌・前掲注(1)289〜290頁。
(49) 芦部信喜（高橋和之補訂）『憲法〔第3版〕』（岩波書店，2002年）206〜208頁。

第 3 章　非典型雇用（有期・パート・派遣）法理の創生を希求して

最高裁判例としても採用していないとする見解が有力に主張されている(50)。

小嶌教授はこの規制目的二分論に拠って，労働契約申込みみなし制度を「消極目的」の規制とし，より厳格な合憲性判定基準の適用を求めているのである。

この点は，まず，労働契約申込みみなし制度を「消極目的」の規制とすることが妥当か否かが問題となる。一般的には，消極目的とは，いわゆる自由国家的な見地から国民の生命及び健康に対する危険を防止するための規制であり（通常，警察的規制と呼ばれる），これに対して，積極目的とはいわゆる社会国家的見地から，経済の円満な発展をはかり，社会公共の便宜を促進するための規制であり，経済政策的規制，社会政策的規制がこれに属するとされる(51)。労働契約申込みみなし制度は，違法派遣に対する制裁であるのみならず，派遣労働者の就労の確保を目的とするものであるから，労働契約申込みみなし制度を積極規制とみることがより自然ではないだろうか。しかし，すでに述べたように，積極目的，消極目的の区分はあいまいである。

労働契約申込みみなし制度の合憲性が裁判で争われることとなれば，この制度が，憲法22条1項及び29条2項の保障する経済的自由の制限として「公共の福祉」に合致するといえるかが問題となる。

契約締結の自由は憲法が明示的に規定したものではない。それは，私的自治の原則と並んで，私人間の権利義務関係の形成における原則を定めたものであるが，その憲法的意義は必ずしも明らかではない。

契約の自由は，契約締結，法形式及び内容の決定，解約に関して当事者がその合意によって自由に決定できるようにするものであるが，法秩序が物権法，団体法においてこうした自由を認めず当事者が選択できる法形式を限定した（物権法定主義，法人法定主義）ことに比べると，国家との関係で見れば，法秩序が当事者の意思決定に規範としての効力を付与した特別の制度とみることが

---

(50)　宮原均「酒類販売の免許制——最高裁平成 4 年 12 月 15 日第 3 小法廷判決」別冊ジュリスト『憲法判例百選〔第 6 版〕』（有斐閣，2013 年）211 頁。石川健治「薬局開設の距離制限」同判例百選 207 頁は，規制目的二分論に即した「この判例解釈は，今から四半世紀前に森林法判決によって否定されたものであり——，現在では教科書のなかでしか通用していない。」としている。規制目的二分論に対する批判は，安西文雄・巻美矢紀・宍戸常寿『憲法学読本』（有斐閣，2011 年）171〜173 頁参照。

(51)　野中俊彦・中村睦夫・高橋和之・高見勝利『憲法 I〔第 4 版〕』（有斐閣，2006 年）456〜457 頁。

できる。

　そう考えると，契約の自由の憲法的意義は，自己決定権の系譜につながる自由だといえよう。しかし，これは典型的には自然人についていいうるものであり，企業が当事者となる「採用の自由」を同列に論じることができない。むしろ，採用の自由は企業が事業をその目的に従って遂行する「営業の自由」に属し，かつ事の性質上，財産権の内容形成にかかわるものとみるべきであろう[52]。

　個人の人権と比べて，営業の自由及び財産権の自由はその社会的相互関連性に由来する様々な制約に服し，採用の自由に対する規制は憲法が保障する精神的自由と比べて公権力による規制の要請が強く，これらの規制が憲法上許されるかは，一律に論じることはできず，具体的な規制措置について，規制の目的，必要性，内容，これによって制限される職業の自由の性質，内容及び制限の程度を検討し，これらを比較考量したうえで慎重に決定されなければならない（前掲薬事法最高裁判決）。

　そして，このような検討と考量をするのは，第一次的には立法府の権限と責務であり，裁判所としては，規制の目的が公共の福祉に合致するものと認められる以上，そのための規制措置の具体的内容及びその必要性と合理性については，立法府の判断がその合理的裁量の範囲にとどまるかぎり，立法政策上の問題としてその判断を尊重すべきものであり，立法の規制目的が社会的理由ないし目的に出たとはいえないものとして公共の福祉に合致しないことが明らかであるか，または規制手段がその目的を達成するための手段として必要性若しくは合理性が欠けていることが明らかであって，そのため立法府の判断が合理的裁量の範囲を超えるものとなる場合に限り，当該規制措置は憲法22条1項，29条に違反して，無効とすべきである（前掲薬事法事件最判，森林法共有林事件・最大判昭62・4・22民集41巻3号408頁）。

　こうした近年の最高裁判例の合憲性基準は，規制目的二分論として整理されるものではないことはおおむね学説の一致があるところであるが，薬事法最判も含めその読み直しの方向は収束していないようにみえる。一部の説は，営業

---

(52) 石川健治「契約の自由」大石眞・石川健治編『憲法の争点』（有斐閣，2008年）147頁は，契約の自由を主に憲法29条の保護範囲に入るものととらえているが，三菱樹脂事件最高裁判決は，採用の自由を憲法22条1項及び29条の保護対象としているとみるべきであろう。

の自由に関する合憲性基準としていわゆる「比例原則」の枠組みに従って審査すべきだとする。これによれば，営業の自由に対する制限は，当該措置によって得られる利益と失われる利益との均衡がとれているか，当該規制が正当な立法目的と合理的関連性のある手段であるか，さらに，規制が許可制などの規制態様にあっては，目的達成のために本当に必要な手段であるかを問う枠組みである[53]。

　労働者派遣法は，労働力の需給の適正な調整を図るため労働者派遣事業の適正な運営の確保に関する措置を講ずるとともに，派遣労働者の保護等を図り，派遣労働者の雇用の安定その他福祉の増進に資することを目的としている（1条，派遣法の条文は以下条文数のみ示す）。

　労働者派遣事業の適正な運営の確保をはかるために，派遣法は，労働者派遣事業を認めるべきではない業務分野を特定し（4条），一般労働者派遣事業に対して許可の取得を（5条），特定労働者派遣事業に届け出を義務付ける（16条）とともに，派遣労働者の受入がわが国における長期雇用慣行に悪影響を及ぼすおそれがあることから労働者派遣が常用職場を代替することを防止するために，いわゆる26業務の専門的業務等を除いて，派遣先事業所の同一業務への派遣労働者の受入期間を3年間に限定している（40条の2第1項）。

　そして，派遣法は，これらの措置に派遣元事業主が違反した場合，違反状況の是正，改善をはかるため，許可の取消し（14条1項），事業廃止命令（21条1項），事業停止命令（14条2項，21条2項），改善命令（49条）等の制度を設けている。また，適用除外業務についての派遣，無許可・無届出の事業主による労働者派遣，派遣受入期間制限の違反については，派遣元にとどまらず派遣先に対しても是正措置として勧告・企業名公表の措置を講じている（48条，49条）。また，一定の場合には，派遣先に対して労働契約の申込みを義務付けている（40条の4，40条の5）。

　しかしながら，こうした制裁は，違法派遣の状態を是正するためのものであ

---

(53)　石川健治「営業の自由」大石・石川・前掲注(52)151頁。もとより，営業の自由及び財産権行使への制約に関する合憲性基準は，憲法学説において確立しているとはいえない。本稿が石川説を参考としたのは，これらに対する制限を比例原則に照らし利益の均衡を基準として，かつ，許可制などの事前規制について，厳格な基準をとることに共感したからである。

るが，是正の結果として派遣労働者の雇用が失われることに対する対処措置を，これまでの派遣法はなんら準備をしてこなかった。確かに，行政は上記の制裁措置を行うにあたって現に就労している派遣労働者の雇用が失われないような措置を講ずるよう指導しているが，当該派遣労働者を解雇したり，雇い止めにすること自体を禁止するものではない。また，労働者派遣法40条の4は，受入期間を過ぎて継続して派遣労働者を使用しようとするときに派遣先による労働契約申込みを義務付けているが，これは派遣先が派遣元事業主から派遣受入期間の通知を受けて，受入期間を超える日までに派遣労働者が継続雇用を派遣先に対し希望することが要件となり，違法派遣における雇用安定措置として機能するものではなかった。

平成24年の改正法は，法の目的に派遣労働者の保護を明記するとともに，違法派遣における派遣労働者の雇用の安定を図るために，労働契約申込みみなし制度を導入したものである。既存の雇用関係が違法状態の是正に伴って解消されることから，派遣労働者の就労を確保し，雇用の安定をはかるという目的は，派遣労働者の社会経済的状況を考慮すると公共の福祉に合致したものと評価できる。

労働契約申込みみなし制度は，確かに派遣先の採用の自由を侵害するものであるが，既存の雇用関係の解消において派遣労働者の就労を確保するものであり，雇止め，高年齢者の雇用継続の事例と比較して利益の均衡を失するものとはいえない。また，労働契約申込みみなしは，すでに述べたように，既存の雇用関係の下で派遣労働者から役務の提供を受けている派遣先が，違法派遣の作出に有責な場合に限り発動するものであるから，違法状態の発生を防止するという強いインセンティブを派遣先にもたらすことになり，労働者派遣事業の適正な運営の確保という目的にとって必要であり，かつ，合理的関連性を有するものといえよう。

IV　むすび

本稿は，労働法における契約強制の意義を，主に労働契約申込みみなし制度を素材にして検討した。その理由は，この問題について造詣の深い大内教授と小嶌教授の論考に接して，自分なりに考えさせられる点が多々あったからである。わたくしの考えについては，ここではもう繰り返さないが，わたくしとし

第3章　非典型雇用（有期・パート・派遣）法理の創生を希求して

ては，労働契約申込みみなし制度にとどまらず，さらに，労働法において広く契約強制が認められる領域があると考えている。

　労働紛争の解決において，労働契約の成立を相手方に強制する手段が求められる状況は少なくない。例えば，会社の偽装解散により譲渡会社が労働者を解雇し，譲受会社が解雇された労働者のうち労働組合員のみを差別して受入拒否する場合，その救済手段は，労働委員会による救済命令か，損害賠償にとどまるのが現状である。

　こうした場合に，譲受会社との契約成立を法的に認めることがなければ，労働者にとって十分な救済とならないであろう。このような場合に契約強制の理論を検討する必要があるといえよう。本稿が契約強制の意義を検討するための一つの機縁になれば幸いである。

◆ 第 4 章 ◆

差別とハラスメントの
諸相を解析する

21 雇用平等法の基礎論的検討

藤 本　　茂

I　はじめに
II　社会的差別禁止の構造
III　平等原則（平等取扱い原則）の構造
IV　雇用労働関係における差別と平等
V　雇用平等法理への公序からの接近
VI　結びに代えて

I　はじめに

　正規・非正規雇用の処遇格差が大きな社会問題になっている。深刻な格差は教育の機会格差にも影響を及ぼし，世代を超え固定化し，市民の中に「第2市民」といった階層が形成されつつあるようである。深刻な社会問題に対処するべく，パート労働法の均等・均衡待遇（8条等）や労契法上の有期労働契約の不合理な労働条件の禁止（労契法20条）といった立法的対応がなされている。また，ジョブ型雇用社会など雇用社会の将来が提言されているが，問題視する声も多く将来が明るいとは言えない[1]。

　雇用平等（雇用差別禁止）問題は，憲法14条，労基法3，4条や公序に関わる問題として，議論されてきた[2]。民事訴訟を経てまたそれを踏まえた男女雇用機会均等法[3]（以下，「均等法」という）などの立法措置が講じられるなど

---

(1) 特集「安倍政権下における雇用政策批判」労旬1807・08号（2014年），各論考や資料など参照。
(2) 裁判例では，結婚退職制を男女差別や結婚の自由の制限として争われた住友セメント事件（東京地判昭41・12・20労民集17巻6号1407頁）が嚆矢とされる。
(3) 「雇用の分野における男女の均等な機会及び待遇の確保等女子労働者の福祉の増進に関する法律」。現行法名称：「雇用の分野における男女の均等な機会及び待遇の確保等に関する法律」。

第4章　差別とハラスメントの諸相を解析する

を通じて議論が深められ，現在あからさまで意図的な男女雇用差別は徐々に姿を消しつつあるといわれる(4)。しかし，その一方で，他方，女性管理職を増やそうとポジティブアクションに数値目標を掲げつつも，それを促進する効果がある（はずの）長時間労働抑制策の整備は十分ではない。

　ダイヴァーシティや男女共同参画社会の実現といった政策課題の下，育児休暇のように性別に関係なく男女労働者を適用対象とした制度も実施されているとはいえ，実際は女性の労働市場参加促進策の面ばかり強調される。雇用平等の実現にはなお遠いものの，雇用平等の新たな課題は従来の単純な差別解消では十分ではなくなっている。その意味で雇用平等は新たな局面に入ったといえよう(5)。

　こうした時期，雇用平等という言葉が法的に政策的に多用され，その意味するところもさまざまであり拡散しているように思われる。この時期に，原点に立ち返って考えることも必要である。本稿ではその示唆を得るために雇用差別禁止の基礎理論を検討する。なぜ雇用差別は許されないのかを差別と平等の関係を押えながら検討したい。

　筆者は，これまで，雇用差別禁止の先に何があるか，雇用平等はどんな雇用社会を描くのかと思ってきた。筆者なりには，「公正な雇用」に行き着いた。雇用差別禁止では，①人種，信条，性という特定類型差別禁止は歴史を経て規範として明確でありかつその類型で個人を見る点で個人の尊厳を侵害し，働くといった基本的権利を侵害し幸福追求できなくさせるから公序に反する，②特定類型以外の差別は平等の問題であり，雇用労働関係において使用者が労働者の基本的権利を侵害する制度の実施や取り扱いをした場合，その目的合理性を求められ認められないと公序違反となる，③差別禁止の延長に平等がある，④何をもって平等状態というかは社会における様々な関係の目的に照らして判断されると考えていた。

　毛塚教授は雇用平等の多方面の論点を視野に入れ基礎理論を構築されてい

---

(4)　長谷川聡「差別的構造と性差別禁止法の法的性質」山田省三＝石井保雄編『労働者人格権の研究——角田邦重先生古稀記念』下巻（信山社，2011年）39頁。

(5)　森戸英幸＝水町勇一郎編著『差別禁止法の新展開』（日本評論社，2008年）。シンポジウム「雇用平等法の新たな展開」学会誌労働法117号（2011年）の諸論考。

る(6)。とりわけ，差別と平等の階層構造，雇用差別禁止（雇用平等）への接近方法，雇用労働関係での信義則からの接近は興味深い。毛塚理論に接近しつつ考えてみたい。

II　社会的差別の構造

なぜ差別は許されないのか(7)。それは市民のすべてが個人として尊重され幸福追求できる存在（市民社会の基盤）であるはずが，個人と分かちがたく結びついている属性に込められている否定的観念（社会的偏見）でもって市民を区別し特定の属性を有する者を「第2市民」と捉えて，市民として享受できるはずの基本的権利を侵害するからである（以下，「社会的差別」という）。

毛塚教授は，差別が社会的生活関係における諸活動からの排除を意味することから，「すべての人間が基本的人権の享有主体となる市民社会の構成原理をも差別が侵害する危険性をもっていること」(8)に着目する。そうしたうえで，「差別とは，『人間の個別的特性ではなく類型的属性にもとづき異別取扱いを行い，社会生活を営むうえで不可欠な権利に関して不利益を与えること』と定義」(9)する。そして，差別は，「①人間を特定の類型的属性で評価し個人とし

---

(6) 毛塚教授の雇用平等に関する文献は以下を参照した。「平等原則への接近方法」労旬1442号4頁（1997年）。「労働法における平等」労旬1495・96号49頁（2001年）。「差別禁止と均等待遇」角田邦重＝毛塚勝利＝浅倉むつ子編『労働法の争点〔第3版〕』（有斐閣，2004年）128頁。「労働法における差別禁止と平等取扱」山田省三＝石井保雄編『労働者人格権の研究――角田邦重先生古稀記念』下巻（信山社，2011年）3頁。「非正規労働の均等処遇問題への法理論的接近方法」日本労働研究雑誌636号14頁（2013年）。「『限定正社員』論の法的問題を考える」季労245号17頁（2014年）。このうち最も多く引用したのは，「労働法における差別禁止と平等取扱」山田＝石井編『労働者人格権の研究』所収である。以下，本論文を，「毛塚・前掲注(6)書」と，略称する。

(7) 雇用差別にかかわって，差別禁止の「なぜ」を検討した論考として，秋田成就「女子労働者の差別的取扱」季労別冊1号（1977年），303頁。アメリカ雇用差別にかかわって，拙稿「アメリカ合衆国における雇用上の平等(1)」志林85巻1号69頁，77-79頁（1987年）。安部圭介「差別の禁止の基礎にあるもの」法時980号37頁，38頁（2007年）。安部圭介「差別はなぜ禁じられなければならないのか」森戸英幸＝水町勇一郎編著『差別禁止法の新展開』（日本評論社，2008年）16頁，水町勇一郎「『差別禁止』と『平等取扱い』は峻別されるべきか？」労旬1787号48頁（2013年）。

(8) 毛塚・前掲注(6)書6頁。

(9) 前注6頁。

て尊重しないこと（一層目の反規範性），②合理的理由なく特定の類型的属性をもつことで異別取扱いという否定的評価をおこなうこと（二層目の反規範性），③その異別取扱いが人間の社会的生活を営むうえで不可欠な基本的権利を侵害または侵害する可能性をもつこと（三層目の反規範性）」[10]と，三層の反規範性をもつと整理される。

　思うに，近代市民社会を構成する市民は個人として社会の核をなし，自由な意思を有する主体として様々な関係を取り結び，市民社会を形成する。その市民は，さまざまに多様な属性を背負って生まれ，また成長の過程で価値観も多様であることを学ぶ。そのなかで，個人は自己の価値観をもち，選択を重ね自己の選んだ幸福を，基本的権利を行使して，追求する。幸福追求権（憲法13条）は，様々な属性や価値観を尊重しすべての個人が享受する基本的権利を行使して幸福追求をすることを保障すると宣言した。市民社会はこうした多様な属性を個性とする市民が社会の構成員として互いの価値観を尊重して各人の幸福を追求できることを理想とする。自己の自由や権利は他者に尊重されて価値を持つし自己もまた他者の自由や権利を尊重することによって社会が成り立つ。毛塚教授のいう一層目の反規範性は個人が多様な価値観を有して市民社会の中で幸福追求することを妨げることに対する法的非難性を説いている。賛成である。

　以上のように解すると，社会的差別の禁止は，前述した差別的取扱いを除去することによって個人として尊重され各々の有する価値観に従い幸福追求できる市民社会を実現することにあるということができる。ただ，この議論における市民社会は現実の社会的関係とは程遠い。だからこそ，社会的差別の禁止は様々な社会的関係に通底する基底的な規範となるといえるが，社会的差別の禁止によって何が達成されるのかは抽象的である。

　ところで，区別類型に対する否定的評価は類型によって異なる。たとえば，学歴・文系理系と人種・性という類型とでは否定的価値評価に違いがある。これらはいずれも個人を個人足らしめているにもかかわらず，違いがあると感じるのはどうしてなのであろうか。人種や性などの区別類型に強度な法的非難性があるとされるのはどうしてなのか。差別とされ排除されてきた歴史的経緯や

---

(10)　前注6頁。

社会的文化的背景の違いによるのではないか。

1 社会的差別の類型

　憲法は 14 条で国民すべてが「法の下に平等」であり，「人種，信条，性別，社会的身分または門地により，政治的，経済的又は社会的関係において，差別されない」と宣言する。労基法 3，4 条は雇用労働関係において，憲法 14 条が国民に保障する「法の下の平等」を，特定類型を理由に「差別的取扱いをしてはならない」と述べ，特定類型による異別取扱いを禁止する（社会的差別の禁止）。毛塚教授のいう二層目の反規範性である。

　人種，信条，性，社会的身分といった類型を区別基準として異別に取扱うことが，よほどの理由があればともかくほとんど例外なく差別であり許されないと解されている。また，人種と並ぶ類型として国籍，皮膚の色，民族，出身地などが許されない類型に含まれると解され，信条には宗教的のみならず政治的信条を含むとも解されている[11]。

　人種，性，社会的身分は個人の属性として生来的であり自身の努力で如何ともなし難くかつ個性を形成する。自身ではどうすることもできない属性ですべての市民が享受できるはずの基本的権利が侵害され個人への尊重を欠き，「第 2 市民」として区別され排除される。この種の属性には，民族，皮膚の色，出身地，国籍も掲げられる。

　これら社会的差別の問題は，人種といった属性を抽出・分類し特定の属性を持つ者を市民から排除する社会的観念にある。生来的特性といってもそれらを区別基準とすることを肯定する社会的文化的背景が近代市民社会における市民像と相容れない点が問題の本質であって，自身では如何ともなし難いことにあるのではない。

　また，歴史的背景も重要である。差別を受けている属性を有している者（第 2 市民）を市民の状態に復することに社会的差別禁止の目的があるから，最も

---

[11]　憲法 14 条にいう「差別されない」類型は，同条 1 項後段に掲げる類型のみに限定されない。その意味で例示である。芦部信喜著＝高橋和之補訂『憲法〔第 4 版〕』（岩波書店，2007 年）129 頁。渋谷秀樹『憲法〔第 2 版〕』（有斐閣，2013 年）207 頁。最高裁判例でも例示と解されている。尊属殺重罰規定判決・最大判昭 48・4・4 刑集 27 巻 3 号 265 頁。

第 4 章　差別とハラスメントの諸相を解析する

不利益を受けている者にとって最大限の利益となるようにすることがすべての者の利益ともなると考える(12)。つまりは差別禁止の目的は最大多数の最大幸福にあるということもできよう。こう考えることによって多様な価値観を有する独立した市民がその価値観を尊重し合いながら幸福追求できることになる。こうした考えが肯定的に評価されるのは差別され続け幸福追求する手段からも方法からも遠ざけられてきた（市民社会から排除されてきた）歴史を抜きにしては考えられない。繰り返しになるが，以下の区別類型（以下，「人的属性」）差別の本質は生物学的な相違ではなく，人的属性に付着した社会的文化的歴史的偏見（固定観念）にある。偏見で人間性を低からしめ社会から排除することに問題の本質がある。排除から包摂へ，多様な価値観への寛容と共生が大切になる。

　人種，皮膚の色，民族，出身地，国籍差別は，少数グループに属する個人が人種等の属性ゆえに不利益を受ける（マイノリティに対する差別）。多数グループのもつ価値観は勢い少数グループの価値観を否定する方向に作用する。この場合，差別は「排除」のかたちをとる。これらの類型による差別はその生物学上の違いに依拠した類型というよりも，少数グループの属性に張り付けられた社会的文化的環境によって形成されたステレオタイプあるいは社会の偏見に由来する。こうした排除は少数グループを敵視し市民として同じ価値ある者として尊重すべき存在であることを否定する。この点に法的非難性がある。アメリカ人種差別の歴史的経緯や社会的文化的環境をみればそういえるであろうし，1964 年公民権法第 7 編に性差別の禁止がすんなりと入れられたのはその反価値性を認めてきた背景があったからであろう。

　性に関して，性別は長く男性・女性の男女別を意味してきた(13)。しかし，結婚退職制といった主に労働関係において，婚姻(14)，妊娠出産，育児，性的嗜好や性同一性障害といった性にかかわる類型も「性」に含まれると考えるようになってきた(15)。このように「性」という類型の意味内容は歴史的経緯や

---

(12)　ジョン・ロールズ著・田中成明編訳『公正としての正義』（木鐸社，1979 年）134-135 頁。同著・矢島鈞次監訳『正義論』（紀伊國屋書店，1979 年）51-69 頁。
(13)　たとえば，労基法 4 条。
(14)　憲法 24 条——両性の本質的平等からなる婚姻の自由も根拠として掲げられる。
(15)　拙稿「性同一性障害者に対する性的ハラスメント－S 社事件」法時 935 号 105 頁

社会的文化的環境の変化とともに深められてきた。

　性差別の意味する「性」は長い歴史の中で培われた社会文化的意味合いとして捉えられる。「男は外，女は内」といった「性的役割分担」であり，「男性らしく，女性らしく」といった固定観念である。この社会的文化的「性」は強固であればあるほど，多数グループを形成する固定観念と異なる価値観を持つ者は，ある意味「社会通念」に反するとして不利益を甘受するよう強いられ，社会から排除される。その意味で差別を主張する者は少数であり「マイノリティに対する差別」として現れる。このように見てくると，性差別もまた人種，皮膚の色等の差別と同様，社会的文化的産物である。

　信条は生後的であるが個人の個性（価値観）を構成する属性である。宗教的信条にせよ政治的信条にせよ，信条は個人がまさに自由な意思主体として市民社会生活を送るうえでの自己の価値観に重大な影響を与える必要不可欠な要素である。身に着けた信条はまさに個性を形成する属性といえよう。したがって人種や性といった生来的属性と変わることなく尊重されるべきである。信条は変更可能な属性である。信条が変わることが認められることこそまさに個人が自由な意思主体であることを裏付ける。

　秋田先生は，早くから差別禁止の本質に言及されてきたひとりである。労使関係における経済的格差ないし差別についてではあるが，原因を軸に制度的差別（学歴，職歴，企業の制度など）と本性的差別（国籍，人種，性別，信条など）にわけつつ，主として差別が問題となるのは本性的であるとし，その属人的理由による本性的差別は先天的であれ後天的であれ「ほんらいの労働能力の客観的評価に関係しない，あるいは関係させてはならない評価基準として合理性」[16]がない，と述べられている。「関係させてはならない」価値観こそ「公序」と説明されたりする重要な点である。市民を形作る属性を区別基準とすることへの根本的疑義を「本性的」差別として指摘されたといえよう。

　　（2003年）。同「雇用における平等──『性を考えない』を考える──」，『遠藤光男元最高裁判所判事喜寿記念文集　第1編　論集編──実務法学における現代的諸問題』（ぎょうせい，2007年）322頁。黒岩容子「性平等に向けての法的枠組み」日本労働研究雑誌648号60頁，67頁および注48（2014年）。
(16)　秋田・前掲注(7)303頁。

2　社会的差別の歴史的経緯や文化的社会的環境

　人種，信条，性などが他の区別基準と異なり差別としてより強い禁止規範とされるのはどうしてであろうか。歴史的経緯によると考えられる。また，文化的社会的環境も要因である。

　毛塚教授は，「人間社会において歴史的に経験してきたものである」[17]という。そして，市民社会の生活一般の中でおこなわれてきた社会的差別であり，前記二層目，三層目の反規範性が強い，と指摘する[18]。また，毛塚教授は，憲法や労基法が明文で禁止する差別は，「雇用関係に限らず，市民社会においてこれまで歴史的に経験してきた差別であり，法秩序がまさに公序として禁止する差別で」，したがって，「基本的に市民社会において許されざる差別」[19]とされる。すなわち，人的属性が特に強度の法的非難性があると考えられるのは，歴史の中で，多様な市民を構成する属性で特に重要だと考えられ，その否定の反価値性が承認されたからである。また，社会的文化的環境の下で形成された固定観念による排除あるいは敵視の強度が，歴史的に排除されてきたグループの属性を有する個人の基本的権利行使が妨げられてきたからである。

　以上の人的属性が歴史的経緯や社会的文化的環境によって差別＝排除の傾向を強くもつ反規範性が強いと認識されるようになった。とすると，人種，信条，性などに限定されるとする根拠はなくなる。議論の深まりとともに反規範性の強い新たな区別基準（類型）も生じることが認められることになる。その意味で，人種，信条，性などの憲法14条や労基法3，4条に掲げる人的属性類型は例示と解すべきである[20]。

　かかる観点から，年齢差別や心身障がい差別はどうであろうか（「性」に関する捉え方の深化の歴史性については既述）。これらも人的属性と捉え，社会的差別の類型に含まれると解するべきである。

　年齢は誰しも否応なく平等に訪れる。高齢は個人にとって如何ともなし難い。

---

(17)　毛塚・前掲注(6)書8頁。
(18)　前注同所。
(19)　毛塚・前掲注(6)論文「平等原則への接近方法」4頁。
(20)　毛塚・前掲注(4)論文「非正規労働の均等処遇問題への法理論的接近方法」16頁。限定列挙・例示列挙について整理したものとして，阿部照哉「法の下の平等」芦部信喜編『憲法Ⅱ人権(1)』（有斐閣，1978年）210頁以下。木村草太著『平等なき平等条項論』（東京大学出版会，2008年）197頁。

しかし，高齢になると一定の能力低下は見られるものの，差別と観念されることがある。それは，個人を形成する年齢を類型として捉えるのみで個人の能力をみないことによる個人の尊重への軽視をそこに認められるから，排除をそこに見ることができ法的非難性が認められる。雇用労働関係にあっては必要とされる職務能力が十分あるにもかかわらず，個人の能力を考慮せず高齢という類型で不利益を課すことに反規範性が認められるからである。

なお，年少者保護の観点からの就労規制（労基法第6章）に関しては，市民としての形成途上にあることによる心身への配慮であり個人としての尊厳を損なわずまた市民からの排除ではなく，差別とならない。もっとも，何歳から規制対象とするかなどは平等取扱いの領域になる。たとえば立法規制における区別目的の合理性問題や政策の価値判断の妥当性問題である。

障がいは一定の能力の低下をもたらす面があることを否定できない。しかし，障がい者「差別」と考えるのは，障がいが自分では如何ともなし難い属性であり，障がいを理由に能力を発揮できない状態に置くことは，本来同じ価値を享受する市民を社会から排除し，個人の尊厳を著しく傷つけ，残る能力で社会生活を送る基本的権利を奪うからである。

3 団　　結

団結の自由は信条と同じく生後的であるが個人が市民生活を送るうえでの個性を構成する重要な要素である。団結は信条といった個人を構成するに不可分な属性とは異なり，雇用労働関係に限られる。どのような考えに基づき雇用労働関係で生活を送るかは労働者が雇用労働関係における一方の自由意思を有する主体としてあるために選択し決定できなければならない[21]。団結の自由はわが国では現在労働基本権として位置づけられるが，それ以前には集会結社の自由に依拠すると考えられ集会結社の自由が淵源であることに異論はないであろう[22]。集会結社の自由は個人がまさに自由な意思主体として市民社会生活

---

(21) 籾井常喜「労働法学に問われているもの」学会誌労働法77号168頁（1991年）。西谷敏著『労働法における個人と集団』（有斐閣，1992年）。浜村彰「団結権論」籾井常喜編『戦後労働法学説史』（労働旬報社，1996年）95頁以下。

(22) 秋田成就「労働組合の統制権」横井芳弘「労働組合の統制権」，両論文ともに恒藤武二編『論争労働法』（世界思想社，1978年）所収。島田陽一「統制権論」籾井編前注

を送るうえでの自己の価値観を表明するに重大な影響を与える必要不可欠な要素である。個人が選択した団結への考えは雇用労働関係にあってまさに個性を形成する要素といえよう。雇用労働関係における労働者の属性ということができ，尊重される法的価値を担っている。団結は信条が変わりうるのと同様，変わりうることこそ労働者が自由な意思主体であることを裏付ける。こうした点から，団結の自由は雇用労働関係における労働者の基底的な属性として人的属性と同様の価値を有している。

4 契約類型差別

既述した社会的差別とは別に契約属性差別（＝雇用形態差別）がある。すなわち，契約属性は，自由な意思を持つ個人が結んだ契約上の属性であり，個人の自由が前提である。人的属性とは，異なる。ただし，異なるが故に法的問題にならない訳ではない。

この点，毛塚教授は，①個人を契約属性でのみ捉え個人をみない点で個人の尊厳を軽視している（一層目の反規範性），②個人を属性でのみ捉え異別取扱いをする（二層目）が，③個人を形作る属性でない契約類型である点で社会的差別とは異質であり強度の反規範性をもたないし合理的理由がない場合は格別，直ちに反規範性はもたないが，④二層目の契約属性の差異（有期，短時間）を超える不利益をもたらす点で三層目の反規範性を帯びるが，「一般には，当該雇用関係の中においてのみ不利益を受ける」から「社会的差別に比べ限定的である」と説かれる[23]。

この場合の限定的というのは，契約属性差別が雇用労働関係における差別問題であるから他の社会的関係で直ちに問題とはならずさしあたって雇用契約関係問題であるということであろう。個々の当該労働契約関係でのみ不利益が問題となるという意味ではないであろう。とすると当該雇用労働関係には，集団的労使関係・協約自治規範なども含まれる。合理性判断のレベルで有期や短時間就労といった目的に照らして「差異を超える不利益」かが判断されることになる。毛塚教授の見解は，以下のようにまとめることができる。すなわち，歴

書，144頁以下。
(23) 毛塚・前掲注(6)書9頁。同・前掲注(6)論文「非正規労働の均等処遇問題への法理論的接近方法」17頁。

史的文化的経緯から人的属性を理由とする不利益取扱い（基本的権利への侵害）は社会的関係すべてに通底する許されない反規範性を有し，公序に反する。これに対して，契約属性差別は，直ちに公序に反するとは言えず，契約類型の合理性を超えて著しい不利益を課す場合に反規範性を帯びる。と。

そうだとすると，結局，毛塚教授の見解は二層目に由来する反規範性は公序違反に連なり，三層目の反規範性は契約違反か不法行為ということになろう[24]。

III 平等原則（平等取扱いの原則）の構造[25]

「平等とは差別を受けないことであ」り，憲法14条1項後段は前段を受けて「一層具體的に平等の原則の内容を明らかにした」[26]との理解が一般的であろう[27]。雇用差別に関して，両角教授は「雇用差別禁止法の目的は，雇用における不平等を是正し平等を達成することである」[28]という。憲法学においても労働法学においても，差別的取扱いの禁止と平等取扱い原則は，内容としては同じと解するのが一般的である[29]。

1 憲法学上の差別と平等

多様な個性（価値観）を有する市民によって形作られる現実の社会ではすべての市民が平等であるとはおよそ考えられない。多様な個性の尊重を前提とする市民社会である限り価値観の衝突が起きることは避けられない。それを調整することが国家に求められる。その調整には市民の中で基本的権利行使を制限される者が生じることを肯定するしかない。憲法学では，その正当化を合理的

---

(24) 毛塚教授は後述のように契約の付随義務論を採られる。
(25) 毛塚教授は，平等について，平等原理，平等理念，平等原則と分けて捉えられる。この分類の視点は重要である。本稿では，憲法14条に絞って検討する。毛塚教授の分け方にいう平等原則ということになる。毛塚・前掲注(6)書11-14頁。
(26) 法學協會編『註解日本國憲法上巻(2)』（有斐閣，1953年）349頁。
(27) 木村教授は〈差別禁止〉の要請＝平等の要請という命題は受容されやすく否定しがたいと述べる。しかし，木村氏の考えは別である。木村・前掲注(20)211頁。
(28) 両角道代「雇用平等総論」，東京大学労働法研究会編『注釈労働基準法上巻』（有斐閣，2003年）70頁。
(29) これらを区別する見解として，憲法学では，木村・前掲注(20)。

理由（合理的根拠）の存在に求めてきた[30]。

では，その合理性の存否は何によって判断されることになるのであろうか。この点，判例においては，特に明示されないまま「合理性」判断がなされてきた[31]。憲法学においては，憲法訴訟の場での審査基準として論じられ合理性判断は，立法目的への適合性の有無によってなされ[32]，重要な人権価値を基準に「厳格審査基準」，それ以外は「緩やかな審査」によると説かれる[33]。

では，なぜ，人権価値の差が審査基準に差をつけること，特に重要な人権価値を有する区別に「厳格審査基準」を適用することが妥当とされたのであろうか。それは，市民は平等に基本的権利を享受すると宣言しながら一部市民が排除された歴史的経緯や社会的文化的環境にある[34]。すなわち，前に検討した類型によって区別され排除されてきたグループに属する者の基本的権利や個人としての尊重侵害の深刻さにあった[35]。

社会的差別の禁止は，以上の点，特にグループの基本的権利に対する侵害の深刻さを踏まえると，国家は単に差別的取扱いをしないというだけでなく，「差別とならないよう」注意するまたは差別的結果を回避する責務を負い差別解消に向けたより積極的な対応をとる責務があると解される。それは，立法だけではなく裁判を通して解消を図ることを含む。

2 平等原則の位置

憲法14条1項の「法の下の平等」は，何らかの目的をもって区別をする場合，その合理的根拠を求められる。その合理性要求の中に「厳格審査基準」を適用する部分があることを承認している。そう理解すると，社会的差別の禁止に該当する区別類型は一般的合理性要求とは一応，区別できる。

---

(30) 平地秀哉「『格差』問題と『法の下の平等』」法セ712号13頁（2014年）。中村睦男「法の下の平等と『合理的差別』」公法研究45号27頁（1983年）。
(31) 安西文雄「法の下の平等について（一）」国家学会雑誌105巻5・6号6頁（1992年）。
(32) 木村教授は，14条1項前段を立法目的の適合性，同後段を差別抑制の要請を規定するという。木村・前掲注(20)197頁。
(33) 芦部信喜著『憲法訴訟の現代的展開』（有斐閣，1981年）。
(34) 安西・前掲注(31)10-20頁。
(35) 安西文雄「法の下の平等について（四・完）」国家学会雑誌112巻3・4号111頁（1999年）。

社会的差別の禁止は，市民社会を構成する市民が類型的属性でもって区別され個人として尊重されずに基本的権利の行使を妨げられ市民社会より排除される状態を解消することにある。その要請は市民による侵害行為にも当てはまる。国家は市民によるこの侵害行為を放置できずそれを積極的に解消する責務を負っている。

　平等原則は市民社会の一部を構成する一定の社会的関係を前提として成立する規範である。社会的差別の禁止がどの社会的関係にも通底する規範[36]であるのに対して，平等原則は特定の社会的関係ごとの規範である[37]。たとえば職務能力を基に形成される雇用労働関係での平等原則と人格形成における教育での平等原則とは「平等」の意味するところが異なる。

　また，平等原則は具体的な社会的関係の中にある者の平等感に根差している。それは具体的には，非対称な当事者間で事実上優位な立場にたち規律を定立する事実上の権限をもつ者に対して劣後する当事者を平等に扱うことを求める。

　この平等感が何に由来しまた法的に尊重される価値を有するかは，社会的関係を形成する主体が自由な意思を持つ個人（市民）からなっていることにある。多様な価値観を有することを互いに尊重する市民は特定の社会的関係に入ってもそれを失うことはない。特定の社会的関係もまた市民社会の一部だからであるが，むしろ具体的な場であるからより強く意識されるといえよう。その社会的関係にあって優位な立場にある者は他の構成メンバーに対して平等に取り扱うことを特に対等な市民だからこそ要請される。たとえば，雇用労働関係において対使用者関係で労働者は使用者に劣後し指揮命令に従って労働義務を果たす者でありその点において同質であるということができ，使用者は労働者を平等に取扱う責務を有する。この責務は，個々の社会的関係にあって優位な立場に立つ当事者は劣後する当事者を区別し不利益に取扱い基本的権利を制限する場合，その制度目的の合理性を明らかにする責務を負うという形で現れる。

　このように見てくると，社会的差別の禁止と平等原則は個々の社会的関係に通底するか否かの違いやその適用類型，基本的権利を制限する制度に求められ

---

(36) 毛塚教授は，前掲注(6)書15頁で，差別禁止とは「政治的関係，経済的関係，社会的関係という市民社会の生活関係一般において差別されない」ことである，という。

(37) 毛塚教授は，平等規範を「同一生活空間に属する者の平等感情に根差した規範」，「内部規範」であるという。前掲注(6)書9頁。

第4章　差別とハラスメントの諸相を解析する

る合理性要求に違いがみられる[38]。社会的差別の禁止は様々な社会的関係に通底するがゆえに差別禁止に何を見るかは抽象的である。平等原則は特定の社会的関係にあっての規範である点において、その実現の先に何を見るかは具体的であり、規範的側面を超えて政策的観点が入ってもこよう[39]。この違いが認められるとしても、両者は個人として尊重されるべき「法の下の平等」の理念のもとにある。

Ⅳ　雇用労働関係における差別と平等

今までの議論は、国家と国民（市民）との関係を念頭に置いてきた。雇用労働関係では、どう考えられるのか。基本的人権の私人間適用問題である。私人間関係は、同質な市民と市民との関係であり、私法の基本原則である契約自由・私的自治が基調となる。しかし20世紀に入り、同質な市民で括ることのできない「社会的権力」による基本的権利侵害が社会問題になるに至り、基本的権利の私人間適用が法的問題として議論されるようになった[40]。

雇用労働関係に関しては、判例・学説の多くが間接適用説を支持しているといえよう[41]。毛塚教授は、憲法14条1項後段すなわち社会的差別の禁止について直接適用を採られている[42]。毛塚教授は他に、「雇用関係に限らず、市民社会においてこれまで歴史的に経験してきた差別であり、法秩序がまさに公序

---

(38)　毛塚教授は平等原則の構成要素として本文上記2つに加えて、「時間的経過によって強化される平等感情」を掲げられる。前掲注(6)書9頁。平等原則が論じられるのは特定の社会的関係内での規範であるので、次項で検討する。

(39)　筆者は、アメリカ雇用差別を検討する際、雇用差別の禁止を「社会的公正」、「公正な雇用」と述べた。これはわが国雇用社会にもあてはまると思っている。拙著『米国雇用平等法の理念と法理』（かもがわ出版、2007年）66-67頁、318-320頁。拙稿「雇用社会は雇用平等の先に何を見るのだろうか」労旬1711・12号27頁（2010年）。

(40)　君塚正臣「私人間における権利の保障」大石眞＝石川健治編『憲法の争点』（ジュリ増「新・法律学の争点シリーズ3」、2008年）66頁。芦部信喜「私人間における基本的人権の保障」東京大学社会科学研究所編『基本的人権Ⅰ総論』（東京大学出版会、1968年）255頁。

(41)　君塚・前掲注(40)、66-67頁。労働法分野においては、法が直接禁止していない差別は公序違反となるとする。奥山明良「女性保護規定の廃止に伴う法律問題」学会誌労働法92号81頁（1998年）94-95頁。花見忠著『現代の雇用平等』（三省堂、1986年）12頁注(2)。

(42)　毛塚・前掲注(6)書14頁。

として禁止する差別である」[43]と,「公序」で説明されることもある。

　思うに,直接適用であれ間接適用であれ,使用者の契約自由の行使による労働者の基本的権利侵害に法的非難性を認めるのは,使用者(事業主)が雇用・人事制度を定め,労働者はそれに対して交渉する術しか持たない使用者優位に立つ労使の非対称性(非対等性)に端を発し,その非対称性を法のレベルで認め一定の修正を図る法分野=労働法が生成したところにある。使用者がその制度目的の合理性を説明する責務はその非対称性に根拠づけられる[44]。

1　合理性要求を是認する歴史的背景

　雇用労働関係は,19世紀末から20世紀初頭の製造業を初めとする大量生産方式(フォード・システム)と科学的人事管理制度(テイラー・システム)の発達とともに大きく変貌を遂げる。すなわち,使用者による中央集権的人事管理の労働関係である[45]。

　それまでは,内部請負制(internal contract system)が採られていた。その結果,実際の労務・生産管理の権限は請負人としての熟練工(親方)にあり,使用者による労働者(従業員)管理は間接的なものでしかなかった。また,熟練工による作業量の決定=「成り行き管理」が行われ,使用者は企業運営の主導権を確保できていなかった。

　科学的人事管理制度は,熟練技能工による生産・労務管理支配を排徐し,使用者に企業の合理的運営をもたらした。それは,職務内容を徹底分析し,職務設定・配置をおこなう。科学的人事管理制度のすごいところは,作業工程の合理化だけでなく,人事労務管理を専門におこなう管理事務部門を設置し,管理

---

(43)　毛塚・前掲注(6)論文「平等原則への接近方法」4頁。
(44)　花見先生は,個人の嗜好による差別がなぜ許されないかについて,社会的偏見と個人の嗜好が結びつくことによって社会的猛威を振るうことになるからと端的に説かれる。契約自由・私的自治を原則とする私人関係における差別禁止の基本的部分の説明であり説得力がある。花見・前掲注(41)8頁。
(45)　拙稿「米国における雇用平等法立法化の背景」志林87巻1号1頁(1989年),7頁。拙著・前掲注(39)書,28頁。水町勇一郎「男女雇用平等の新たな法理念」辻村みよ子監修,嵩さやか=田中重人編『雇用・社会保障とジェンダー』(東北大学出版会,2007年)177頁,179頁。榎一江「終章　『職業の世界』の変容と労務管理の終焉」榎一江=小野塚知二編著『労務管理の生成と終焉』(日本経済評論社,2014年)341頁。

事務部門にも拡大された点である。こうして，使用者による生産・労務管理に関する中央集権的支配体制が確立した。

　科学的人事管理制度の確立は雇用労働関係に関して，次の2点を示唆すると思われる。

　第1に，使用者による生産・労務管理に関する中央集権的支配体制の確立は，労働者がいくら職務能力を売り惜しみしようと使用者の「営業（取引）の自由」を侵害しえない存在となった[46]ことを示している。重要なことは，使用者が必要な職務能力を決定し，それに対して，労働者の有する能力は使用者の必要とする職務能力で評価され，労働者の能力に優位性がなくなったことである。換言すれば雇用労働関係における「経営」の優位性が確立したことである。使用者の契約自由の優位が，また労使自治における使用者の優位が確立したことである。だからこそ，団結の法的承認と法的保障が団結活動の自由を保障することになるのであり，その自由は使用者の自由を制限することによって具体的に保障されるといえるのである。したがって，使用者（事業主）は団結の尊重を責務として負うことになる。団結活動に対する制限は「厳格審査」の対象であると考えられる。使用者（事業主）が雇用上の制度を定めて労働者はそれについて交渉するしかない労使の非対称性（非対等性）は，使用者（事業主）に，制度を定めた目的等を明らかにしてその合理性を説明する責務があることを是認すると考える。

　第2に，科学的人事管理制度は，職務を客観的に区分し，各職務の権限・責任を明確化し，その職務に必要な職務能力を決定するなどで，企業の客観的・合理的運営に寄与した。使用者は，企業の客観的・合理的運営の目的に従って労働者の採用，教育・訓練，職務移動，昇進・昇格，解雇等の人事制度を通じて労働者を管理する。いまや使用者は，客観化された職務に労働者をいかに適正に配置するかが重要になったのである。

　科学的労務管理制度の進展は，使用者（事業主）に企業の採用する雇用制度について，一定の目的（たとえば効率的運営や長期安定雇用確保）をもって採用し，その有効性に関心を払うようになった。また，科学的労務管理制度は使用

---

(46) 毛塚勝利「労組法上の労働者・使用者論で見失われている視点」労判1000号2頁（2010年）。

者の恣意的な差別を排除する機能を営みうる制度である。使用者（事業主）の採用した雇用制度は合理的かつ合目的的であるべき（はず）と考えていい。したがって、企業の施行する雇用上の制度が労働者の基本的権利を人種、性、信条といった人的類型によって侵害する場合、社会的差別に対して適用される合理性基準である「厳格審査」によって、かかる人的類型による差別でないことを、業務に関連する科学的労務管理に基づく合目的的制度であることを説明する責務がある。人的属性以外では、後述の公正取扱いの責務によることとなり、雇用制度に関する業務の合理性基準に基づいて判断されることとなる。

2 使用者と社会的差別の禁止
(1) 雇用労働関係における使用者の責務

社会的差別の禁止はすでに述べたところであるが、単に差別的取扱いをしないだけでなく、「差別とならないよう」注意するあるいは回避する責務を負っている。その責務を負うのは市民すべてである。したがって、たとえば特定の社会的関係にない市民による市民に対する配慮を欠く性的言動が不法行為責任を問われることもある。市民が性差別にならないよう注意するあるいは差別的結果を回避する義務（責務）を怠り、精神的損害の原因となった性差別的言動をおこなったことに不法行為責任を負う。

雇用労働関係にあっては、使用者の採用した雇用制度や雇用上の取扱いについて人的属性によって労働者を取扱って雇用上の不利益を与えた場合、使用者は市民として負う前記義務に反し不法行為、公序違反となり責任を問われうる。また、たとえば就業規則で男女平等取扱いの規定を設けた場合、使用者の差別的取扱いが契約上の信義則違反すなわち使用者が市民として負う社会的差別禁止義務を労働契約上の付随義務として負うと説明することもできる[47]。

(2) 雇用労働関係での社会的差別

社会的差別は市民に不可欠の属性をもって異別取扱いをおこない市民すべてが享受できる基本的権利を侵害する行為である。したがって、様々な社会的関係に通底する。雇用労働関係では次のことを意味する。すなわち、社会的差別の禁止は、後述の平等原則による責務（公正取扱い責務）が雇用労働関係にお

---

(47) 労働契約法3条等。

ける他の諸規範との調整を予定するのとは異なり，雇用労働関係における契約自由・私的自治の原則や協約自治といった他の諸規範よりもより根源的な規範と位置付けられる。それ故に，社会的差別の結果を示す雇用上の制度について，厳格審査基準が適用され，使用者は主に二つの説明を求められることになる。

　第1に，職務自体が人的属性を考慮しなければ成り立たないと説明することである。たとえば，産婦人科において女性患者の世話をするために女性の看護師等を採用するといったことである。それは職務遂行上必要であるとする目的の合理性が認められることはもとより，その人的属性を否定的に捉えるのではなく人間としての尊厳に裏打ちされている点が重要である。第2に，雇用上の目的に適合する制度でありかつより差別的でない代わりとなる制度がないことを説明して差別的結果回避の責務を果たしたと説明することである。

　なお，採用差別に関しては，人的属性差別の禁止が市民社会に通底する責務であることから，雇用労働関係にも及ぶ。したがって，使用者の契約締結の自由もそのもとに服し，「厳格審査」に服する。前述の第1の例外に限られることととなる[48]。

3　雇用労働関係での公正取扱責務（平等取扱責務）

　雇用労働関係は，契約自由や私的自治の及ぶ領域であり，他の規範たとえば集団的労使関係における協約規範も及びそれらの規範との調整も考慮されなければならない。

　非対称（非対等）な雇用労働関係にあって使用者は一定の業務上の合理性のもとに雇用上の制度を設け労働者を処遇・管理する。たとえば雇用管理区分制度実施により特定の労働者に不利益が生ずる場合，当該区分制度が合目的的行為であるがゆえに，その制度自体の合理性判断＝目的の適合性判断のもとに置かれるし，その合理性について使用者が説明する責務を負う。また，当該制度の実施にあたって使用者は恣意によらない取扱いが求められる。なぜなら，雇用労働関係は使用者の指揮命令下で働く関係であり労働者どうしは共通の基盤

---

(48)　毛塚教授は次のように述べられる。「社会的差別は，人的従属にもとづく不利益な異別取扱いとして市民社会の法秩序に反する公序違反であり，契約の自由（による正当化）が働く余地がないから」差別回避は正義務は，企業の構成員になるための契約当事者にも及ぶ。「つまり，採用差別も否定される」。前掲注(6)書24頁。

に立ち，使用者は労使自治の主体であり，もう一方の自由意思主体である労働者を尊重する立場にあるからである。

たとえば，短時間就労者を正社員と区別して食堂を利用させない場合，その合理性を説明する責務を使用者は負う。ベースアップは職務とは直接関係しない労働自体の評価変更であるから企業の全労働者（従業員）が対象となり按分のアップが求められる。また，労働の成果や職務にかかわりなく毎年一定額で上昇する年功制賃金制度であれば，勤続が増えれば上がることにパート労働者もフルタイム労働者も変わりはない。相応する賃金アップが公正な取扱いということになろう。それに反する格差はそれ自体で，格差をつける目的の合理性が問われることになる。有償労働という共通な立場にある労働者を使用者は平等原則に従って公正に取扱う責務を負担するからである[49]。

「同一価値労働同一賃金の原則」もまた雇用労働の評価と処遇の公正な取扱いを求める規範であるので，公正取扱い責務の内容の一つと捉えることができる。わが国では，同一価値労働を評価する基準となる職務について企業を超えて明確できる労働市場にないので「同一価値労働同一賃金の原則」が公序ということができないといわれる[50]。確かに，わが国が職務を超えて同一の価値を持つ労働であるか客観的に判断できる要素が少ない[51]。しかし，それは，わが国が労働価値の比較対象が明確に措定できない，賃金制度の多くが職務給制度ではないに過ぎない。同一価値の労働は等しく処遇されるべきであるとの公正取扱責務（平等取扱い責務）の一内容として，同一価値労働同一賃金の原則は有効である。したがって，パート労働にフルタイム労働と根拠もなく自由に格差をつけることに問題はないとはならない。使用者は公正取扱いの責務を負っているので，その格差制度に目的の合理性がなければならない。

---

[49] 労契法20条の「不合理な労働条件の禁止」は，「『合理性を説明できない』労働条件の相違のすべてを問題とする多様な概念として定められた」と述べ，「合理性」をすべての労働条件に求める趣旨の見解もある。賛成である。沼田雅之「労契法20条」労旬1815号60頁（2014年）65頁。均等・均衡処遇についてこれまでの議論を総括した文献として，大木正俊「均等・均衡処遇」大内伸哉編『有期労働契約の法理と政策』（弘文堂，2014年）74頁。

[50] 菅野和夫＝諏訪康雄「パートタイム労働法と均等待遇原則」北村一郎編集代表『現代ヨーロッパ法の展望』（東京大学出版会，1998年）113頁，131頁。

[51] 拙稿「4条」青木宗也＝片岡曻編『註解労働基準法Ⅰ』（青林書院，1994年）59頁。

第 4 章　差別とハラスメントの諸相を解析する

　留意すべきは，これは使用者に格差をつける裁量があることを意味しない点である。地道な調査に基づき「同一価値労働同一賃金の原則」が通用する職務(52)にあっては同一価値労働での賃金格差に合理性はないと解されるべきはもとよりであろう。なお，パート労働者と正社員の不均等な格差について「均衡処遇の理念」から公序に反すると説く見解もある(53)。実定法（パートタイム労働法や労働契約法）に即した解釈論といえ傾聴に値する。

　また，わが国雇用社会にあっては次の指摘もできよう。すなわち，わが国では身につけた職務能力がキャリアとして評価される範囲は特定企業に限定される。これは，職務能力をもって幸福追求をせざるを得ない労働者にとってそれを他の職場で活かす方途は狭くその分，第 1 に，継続雇用への関心は高くならざるを得ない。契約期間を定める労働者にとっては期間を定める目的の合理性がより強く問われる。この点は労契法にも確認されている。労契法は有期契約について期間を設ける目的に関する規制はないが，不当に短い期間を置くことを戒め適切な期間を定めることを求めている点である（17 条 2 項）。更新を重ねることに対する制度目的の合理性が問われることとなろう。第 2 に，キャリアを活かす企業を超えた移動が労働者に確保されていないわが国雇用社会では，企業間移動の自由が事実上制約される。その分，人事異動の自由な選択と制度間の乗換自由の確保への関心が高くなるし，使用者は制度の合理性としてこれらの労働者の自由を確保する措置を講じる責務があるとするのが肯定されるのである(54)。

4　平等原則と時間的経過

　毛塚教授は平等原則について，①閉ざされたな生活空間の内部規範，②生活空間を支配する者に求められる規範に加えて，③時間的経過によって強化される規範意識を掲げる。「同一生活空間において他者と等しく個人として尊重さ

---

(52)　森ます美＝浅倉むつ子編『同一価値労働同一賃金原則の実施システム』（有斐閣，2010 年）。
(53)　土田道夫『労働契約法』（有斐閣，2008 年）685 頁。
(54)　毛塚教授の言う制度間調整原則。毛塚・前掲注（6）論文「非正規労働の均等処遇問題への法理論的接近方法」19-20 頁。同「『限定正社員』論の法的問題を考える」24-25 頁。

れ取り扱われることを求める人間の平等感情は，当該生活関係への帰属が長くなればなるほど強化される」[55]と説かれる。

　契約類型差別が契約自由によって容認されるにもかかわらず時間的経過とともに平等原則に反するとすることへの批判に対して，毛塚教授は「契約の自由により正当化される異別取扱いが時間的経緯にかかわらず是正されないことで『身分化』するのであって，それを是正させる法理がなぜ身分制を承認することになるのかこの根拠がわからない」[56]と述べられる。確かに，繰り返されることが「身分化」すなわち社会的差別に転化する。社会的差別の人的属性は歴史的に形成・深化するからである。これとは異なる平等原則での時間的経過は，元は合理的制度であった正規・非正規間（および正規同士間でも）の処遇格差制度が合理性をもたなくなってしまう法理として説かれる。いわば，平等原則は非正規を社会身分化させない法理である。格差状態が放置される時間的経過は契約自由や私的自治などの諸規範を超えて合理性が否定されることを説く論理媒介であって，社会的差別への移行とは時間の単位を異にする。

　思うに，職務によって処遇すると必ずしも言えない，正社員の長期安定雇用の保障を柱とするわが国雇用社会にあって，平等を求める感情は正規非正規従業員間格差のみならず正社員間の配置昇進や賃金などの処遇に関する格差にもひろく及ぶ。また，この感情を背景に戦後労働運動が臨時工や社外工と本工との処遇格差を臨時工や社外工を本工化し組合員化することによって平等を図ってきた過去もある。また，長期安定雇用が重視されるわが国雇用社会にあって正社員であるか否かは長期勤続になればなるほど格差を拡大させ労働者生活に多大な影響を及ぼす。この点からすれば平等感情は首肯できる。

　しかし，平等感情がこうしたわが国雇用社会の特徴から導き出され，時間的経過を平等原則の内容とするとすれば違和感がある。その時間は労働契約上の時間的経過よりも雇用労働関係における社会的身分とでもいうような社会的身分により親和的だからである。

　したがって，時間的経過で説明するそれよりも，既述した制度目的の合理性に照らして格差を設ける制度目的の合理性を問うのが妥当である。その場合，

---

(55)　毛塚・前掲注(6)書9頁。
(56)　毛塚・前掲注(6)論文「『限定正社員』論の法的問題を考える」22頁注13。

第4章　差別とハラスメントの諸相を解析する

非正規労働者を設けることに合理性があるのは短期の臨時的雇用である点に留意しておきたい。また更新は前提ではない。

5　積極的差別是正措置

わが国の積極的差別是正措置は，主に雇用労働関係において取り上げられてきた[57]。

使用者の任意で実施する積極的差別是正措置は，過去の差別によって「第2市民」の立場に置かれてきた特定の人的属性を有する者の差別状態を早期に解消するために実施する措置である。したがって，積極的差別是正措置は社会的差別禁止の要請に応えるものであり，公正取扱い責務に基づくものではない。もっとも，差別をしているわけでもない多数に属する者が不利益を蒙る（割を食う）点にある種の優遇を感じ逆差別との批判がなされる。しかし，この批判は，多数に属する者は過去の差別によって享受してきた有利な立場を維持し，「第2市民」の立場にある者を排除し続けることを主張するものであり受け入れられない。ただし，それは雇用労働関係における問題でありかつ「厳格審査」基準にのっとり，差別状態の解消に向けた措置に限られる。したがって職務能力を無視して人的属性で割当てることは目的を逸脱したことになる。

6　間 接 差 別

わが国均等法では，間接差別を限定して取り込み，性差別問題として論じられている。しかし，間接差別自体は社会的差別の諸類型に適用される差別形態のひとつであり，差別意思を成立要件から除き人的類型に中立的な客観的制度の実施が差別的結果を招来する場合の差別をさす。したがって，間接差別は性に限定されない。また，間接差別は差別的結果を回避するあるいは差別とならないように注意し解消する責務を怠っていたことの過失責任を問う。

---

(57) わが国での積極的差別是正措置の展開と理論上の検討を行った最近の文献として，長谷川聡「性差別禁止の現代的展開」学会誌労働法117号15頁（2011年）16-18頁。

V 雇用平等法理への公序からの接近

1 民法学上の公序論

　民法学の有力な見解によれば，①私的自治とは「自分の生活空間を主体的に形成する自由」[58]と解し，②憲法13条の個人の尊重に立脚する。③公序良俗は契約自由の制限規範であり，国家は立法や裁判を通して契約自由の行使によってなされる，権利や自由に対する侵害から，基本権を保護する義務を負う（「介入禁止」，「基本権保護義務」，「基本権支援義務」）。④公序良俗規範は禁止規範＝行為規範と効力規範とに分けて捉えることができる。⑤禁止規範は不法行為や権利濫用などと関連し，公序良俗違反の成立要件は制約される自由・権利の種類とその制約の程度に応じて解釈適用して現実化する，とされる[59]。

　このように，第1に，私的自治はその生活空間（社会的関係）を構成する一員が主体的に形成する関係と捉える。現代市民社会が複雑化しその社会の構成メンバーが単純に自由意思主体の個人とは捉えられず，事実上優位に立ち完全な自由を行使する者とそれに劣後する者でもって形成されると認識されるようになると（雇用労働関係はその典型），まさに私的自治の妥当性を保持するために「主体的に形成する」ことへの捉え直しが重要になる。そこに，第2に，公序をより幅広くとらえ，憲法の基本的権利を侵害から保護するための積極的な措置をとることが国家に要請されるとして，公序に利害調整的機能を見るようになる。この見解は不公正な取引行為の是正，経済的公序[60]として説かれる。また，この禁止規範の内容は基本権保護型公序良俗[61]と呼ばれ，近時の公序を内容に即して分類するなかに基本的人権保護を視野に入れ「憲法秩序」をあ

---

(58) 山本敬三『公序良俗論の再構成』（有斐閣，2000年）36頁。

(59) 山本・前掲注(58)32-37頁。川島武宜＝平井宜雄編『新版注釈民法(3)総則(3)』（有斐閣，2003年），森田修執筆担当，122-125，130-131頁。なお，194-197頁では森田教授の見解が示され，労働公序として，「意思自律の原理がそもそも大幅に制限されている」とし，それは「主として個々の労働者を保護するためのもの」（以上，194頁）で経済的保護的公序として歴史的には代表であった，と述べられている。遠藤浩＝良永和隆編『基本法コンメンタール民法総則〔第6版〕』別冊法セ215号（2012年），石川利夫＝山田創一執筆担当，124頁。

(60) 山本・前掲注(58)。土田道夫「パートタイム労働と『均衡の理念』」民商119巻4・5号543頁（1999年）566-567頁。

(61) 山本・前掲注(58)202頁，233頁。

げる見解[62]にも通じる。さらにこの見解は雇用労働関係における社会的差別の禁止や公正取扱いの責務にも通じる。

2 労働契約・信義則からの接近

毛塚教授は，契約類型差別について，「相対的限定的公序」への接近方法として，信義則（民法1条2項）を用いて，労働契約上の使用者の付随義務に平等取扱義務ないし均等処遇義務があるとされ，「使用者は，信義則に基づき，他の原理や原則からして合理的な格差であると正当化できる場合を除いて，労働条件について不平等な取扱いをしない義務を負う」[63]と説く。

信義則からの接近方法は，契約類型差別で平等原則違反が議論の出発点であるから，特定の社会的関係つまり雇用労働関係が対象となる。雇用労働関係にあって労働契約上の付随義務構成は親近感があり，労働契約には労働の組織性が含まれると解されている[64]し，個々具体的な義務の展開もし易い[65]。さらには，労働契約法3条2項が均等・均衡原則を規定したことや20条が有期労働契約について無期労働契約との間に不合理な労働条件格差を禁止する。これは，毛塚教授の考えを承認してもいる[66]。しかし，信義則構成の内容である平等原則は内容的には雇用労働関係における公序の内容である。毛塚教授もそれを否定していない。実は「相対的限定的『公序』」[67]である。

3 公序からの接近

「公序」には市民社会に通底する「公序」と雇用労働関係などの社会的関係に関わる「公序」とがあると考える。雇用労働関係にあっては，契約自由・私的自治を基本原則とする。しかし，雇用労働関係は，前述のように労使の非対称（非対等）が認められ，使用者の優位の下での秩序形成がなされる。雇用労

---

(62) 公序良俗の内容を分類整理・検討した文献として，椿寿夫＝伊藤進編『公序良俗違反の研究』（日本評論社，1995年），なかでも，林幸司「ドイツ法における良俗論と日本法の公序良俗」124頁，134頁。
(63) 毛塚・前掲注(6)論文「平等原則への接近方法」5頁。
(64) 菅野和夫著『労働法〔第7版〕』（弘文堂，2005年）66頁。
(65) 毛塚・前掲注(6)論文「『限定正社員』論の法的問題を考える」22-25頁。
(66) 毛塚・前掲注(6)論文「『限定正社員』論の法的問題を考える」22頁。
(67) 毛塚・前掲注(6)論文「平等原則への接近方法」4頁。

働関係では私的自治を形成するもう一方の主体であるはずの労働者は使用者に劣後する状態にある。そのなかで私的自治が成り立つためには，使用者の自由を制限するほかない。

　これは，第1に人的属性を理由にかかる私的自治（雇用労働関係）への参加の機会を阻むことは，特定の人的属性を有する市民を排除するので，かかる場合の契約自由は容認されない。第2に雇用労働関係の非対称性から，劣後する労働者の基本的権利を侵害する使用者の契約自由が目的の合理性を明らかにするよう求めることを通じて制限が認められる。雇用労働関係に関わる「公序」の局面はこの第2の場合である。

　筆者は，雇用労働関係にあっては，労働契約上の付随義務違反として信義則からの接近も公序からの接近[68]も成立ちうると考える。ただ，どちら，というと筆者は労働契約上の付随義務構造よりは公序や不法行為構成の方が適切であると考える。理由は，集団的労使関係や労使自治は労働契約の組織的側面においてどう取り込まれると説明するのか，雇用労働関係における平等原則以外の諸規範と平等取扱い義務はどう調整されるのか，を考えると，平等原則は公正取扱い責務として公序により親和的であり，雇用労働関係に限定され目的の合理性が問われる説明としては「公序」からの接近が原理的にはより妥当と考えるからである[69]。なお，筆者は公正取扱責務（20頁以下）で触れたところであるが，使用者の裁量権を認めその程度によって判断されるとは考えていない。目的の合理性を核にして客観的に判断され合理性がないと判断された場合に公序違反となると考える。雇用労働関係における信義誠実とは，共同体的なある目的実現に向かう誓約的な関係でのそれでなく，課されたあるいは期待される職務能力を発揮し公正に評価されるところに誠実な対応が期待されるそれである。

---

(68) 拙著・前掲注(39)319頁。不法行為の成立要件たる過失も結果回避のための客観的行為義務違反と捉える近時の民法学上の理解からそう言いうる。遠藤浩編『基本法コンメンタール債権各論Ⅱ〔第4版〕』（別冊法セ187号，2005年），伊藤進執筆担当，32頁以下，35-38頁。
(69) 沼田・前掲注(49)64頁。

第 4 章　差別とハラスメントの諸相を解析する

Ⅵ　結びに代えて

　雇用差別禁止法の基礎理論的検討を試みてきた。しかし，雇用平等の実現と雇用差別禁止の整理は容易ではない。それに加えて，最近では政策論の展開も盛んである。アベノミックスの労働政策における女性雇用の拡大策はワーク・ライフ・バランスを柱にしつつ女性の労働市場参加を促すために税制改革も視野に入れる。労働政策は経済政策の一分野と化している。

　雇用労働なしには幸福追求できない労働者にとって労働時間や成果が幸福ではない。幸福追求を可能にするという意味で本来誰に雇用されるかよりも雇用確保が優先する。

　また，雇用労働関係の主体である労働者の自由意思は雇用労働関係あるいは労使自治に反映されているのであろうか。たとえば信頼関係に基づく労使対話が雇用平等の新たな方向を示すものとして有力に主張されている[70]。しかし，今までの中央集権的人事管理に代わる新たな平等「理念」を示す人事管理となるかは不明である。「20 世紀型人事管理」の前提である経営権がそのままでどう対等な対話ができるのか。労働者集団のゆくえが不透明であっては尚更である。またこの議論は平等「理念」が不鮮明ななかでの労務管理の新たなアプローチを提唱する。これらの政策論を基礎付けるうえでも雇用平等法の基礎理論の裏打ちは必要である。

　本稿では，差別＝社会的差別の禁止，平等＝平等原則と一応区別できるとし，雇用労働関係における平等原則はあるべき雇用労働関係の理念を視野に置く概念としてあり，社会的差別を含めて統一的に把握でき，それゆえ雇用平等は政策論をも基礎付けると考えた。

---

[70]　水町勇一郎「人事管理からのアプローチ」森戸＝水町・前掲注（5）122 頁。同「『差別禁止』と『平等取扱い』は峻別されるべきか？」労旬 1787 号 48 頁（2013 年）。

22 包括的差別禁止立法の意義
―――イギリス 2010 年平等法が示唆すること―――

浅倉むつ子

Ⅰ　はじめに
Ⅱ　2010 年平等法の成立とその背景
Ⅲ　2010 年平等法の全体像
Ⅳ　禁止される行為類型
　　　――雇用分野
Ⅴ　結合差別（Combined discrimination）：二重の保護特性
Ⅵ　おわりに

Ⅰ　はじめに

　イギリスでは，2010 年 4 月 8 日，膨大な条文が複雑に入り組んでいた既存のさまざまな差別禁止立法を一つの法律に統合する 2010 年平等法（Equality Act 2010）が成立した[1]。イギリス労働法学の第一人者 Bob Hepple は，こ

---

(1) 2010 年平等法については，以下の邦文文献がある。鈴木隆（2009a）「差別禁止に関する法律間での整合性の欠如の解消」労働法律旬報 1706 号，同（2009b）「雇用平等法の最近の動向について」季刊労働法 224 号，宮崎由佳（2010a）「イギリス平等法制の現時点と課題」森ます美＝浅倉むつ子編『同一価値労働同一賃金原則の実施システム』（有斐閣），内藤忍（2010）「実効性の確保にむけて」森＝浅倉『前掲書』，宮崎由佳（2010b）「イギリス平等法制の到達点と課題」日本労働法学会誌 116 号，鈴木隆（2010）「イギリス 2010 年平等法の成立」労働法律旬報 1734 号，宮崎由佳（2011）「2010 年平等法と男女間同一賃金規制」季刊労働法 232 号，長谷川聡（2011）「差別的構造と性差別禁止法の法的性質」山田省三＝石井保雄編『労働者人格権の研究（下）角田邦重先生古稀記念』（信山社），同（2012）「イギリスにおける平等義務の展開と課題」法学新報 119 巻 5/6 号，川島聡（2012）「英国平等法における障害差別禁止と日本への示唆」大原社会問題研究所雑誌 641 号，鈴木隆（2011-2013）「イギリス 2010 年平等法注釈(1)～(7)」島大法学 54 巻 1/2 号，54 巻 3 号，54 巻 4 号，55 巻 1 号，55 巻 2 号，55 巻 4 号，56 巻 1/2 号，浅倉むつ子（2013）「イギリス 2010 年平等法における賃金の性平等原則」根本到＝奥田香子＝緒方桂子＝米津孝司編『労働法と現代法の理論――西谷敏先生古稀記念

法の特色を以下のように三点にまとめている[2]。

　第一に、本法は、平等に関する既存の諸立法や管轄機関を統合する包括立法という特色をもつ。統合されたのは、主要な9つの分野にわたる差別禁止立法や規則[3]であり、その内容を単一の機関である平等人権委員会（Equality and Human Rights Commission: EHRC）が強制力をもって実現する[4]。第二に、本法は、差別・ハラスメント・報復等、禁止される行為概念を明確化し、それらを、性別や人種などあらゆる差別事由（保護特性）[5]に対して横断的に適用するという特色をもつ。第三に、本法は、変革的ないくつかの実効性確保手段を包含する法としての特色をもつ。その代表的な手法が、差別廃絶のために公的機関が適切な配慮をするという積極的義務（positive duty）の規定である。

　このような特色をもつ2010年平等法の成立は、イギリスの長い歴史の中でも画期的なことであり、平等をめぐる幾多の攻防の結果、イギリス社会が達成した卓越した成果の一つである。ただし、同法が成立してわずか1月後の総選挙で、労働党政権は保守党・自由民主党連立政権へと交代した。2010年平等法の大半の条文は同年10月1日から施行されたものの、施行と同時に、この法律は新たな見直しに直面し、平等政策をめぐる攻防が、再度、始まっている。

論集（下）』（日本評論社）、内藤忍（2014a）「イギリスにおけるハラスメントの救済——差別禁止法の直接差別から平等法26条のハラスメントへ——」日本労働法学会誌123号、鈴木隆（2014）「イギリス2010年平等法・雇用行為準則」島大法学57巻3/4号、内藤忍（2014b）「企業の差別是正の取組みを促進する法的なしくみのあり方」生活経済政策213号。
(2)　Hepple, B. (2011), *Equality, The New Legal Framework* (Hart Publishing), p.1.
(3)　具体的には、1975年性差別禁止法（Sex Discrimination Act : SDA）、1970年同一賃金法（Equal Pay Act: EPA）、1976年人種関係法（Race Relations Act: RRA）、1995年障害差別禁止法（Disability Discrimination Act: DDA）、2003年雇用平等（宗教・信条）規則（Employment Equality（Religion or Belief）Regulations 2003 SI 2003/1660）、2003年雇用平等（性的指向）規則（Employment Equality（Sexual Orientation）Regulations 2003 SI 2003/1661）、2006年雇用平等（年齢）規則（Employment Equality（Age）Regulations 2006 SI 2006/1031）等。
(4)　従来の機会均等委員会（Equal Opportunities Commission: EOC）、人種平等委員会（Commission for Racial Equality: CRE）、障害者権利委員会（Disability Rights Commission: DRC）が、EHRCに統合された。
(5)　禁止される差別事由は、2010年平等法では「保護特性（protected characteristics）」として規定されている（同法4条以下）。

このこと自体，平等をめぐる政策のありようが政治動向を左右する試金石であることを端的に示すできごとといえよう。

本稿は，上記に述べた2010年平等法の特色のうち，最初の2つ，すなわち立法の包括性・統合性・横断性という特色に焦点をあてて，包括的差別禁止立法が私たちに示唆するものを明らかにする。第3の特色である変革的な履行手段については，紙幅の関係で残念ながらふれることができない。また，契約上の男女間の同一賃金の確保は，本法を構成する重要部分であるが，これについてはすでに別稿でとりあげたところなので[6]，今回は省略する。

II 2010年平等法の成立とその背景

1 2010年平等法はなぜ必要だったのか

包括的な平等法が，イギリスにおいてなぜ必要とされたのだろうか。これについては数多くの理由が示されているが[7]，以下の三点にまとめることができる。

第一は，すでに述べた通り，従来の差別禁止立法の膨大性と複雑性であった。つぎつぎに新たな法がモザイク的に制定されることによって，利用者が法の内容を理解し救済手続にアクセスすることは難しくなり，国もまた，複数の機関を設けることによる費用負担などの悪影響を被っていた。それだけに，誰にとっても理解しやすく，簡潔で統一性のある包括的立法が望まれたのである。

第二の理由は，ヨーロッパ人権条約とEU法の遵守義務の履行である。イギリスは変型体制をとる国であるため，1951年にヨーロッパ人権条約を批准しながらも，議会が条約を国内法に「変型」しないかぎり，同条約は国内的効力を有しなかった[8]。しかし1997年に政権復帰した労働党が翌98年に人権法

---

(6) 浅倉（2013）・前掲注（1）。

(7) ケンブリッジ大学を中心とする著名な学者グループによる提言では，サマリーで11項目の理由が示されている。Hepple, B., Coussey, M. and Choudhury, T. (2000), *Equality : A New Framework, Report of the Independent Review of the Enforcement of UK Anti-Discrimination Legislation* (The Cambridge Center for Public Law). 以下，この文献をHepple (2000), Cambridge Reviewとして引用する。

(8) イギリスとヨーロッパ人権条約については，江島晶子（2008）「ヨーロッパ人権条約とイギリス」戸波江二＝北村泰三＝建石真公子＝小畑郁＝江島晶子編集『ヨーロッパ人権裁判所の判例』（信山社）33頁以下を参照。

第4章 差別とハラスメントの諸相を解析する

を制定して同条約の「編入」を実現し[9]，裁判所が多くの事案で人権条約不適合宣言を出した結果，イギリスは，同条約に適合するための国内法改正を率先して実施した。いくつかの差別禁止立法はそのために生まれたのだが，さらに，EU平等立法の遵守要請がこれに加わった。EUは平等法に関してダイナミックな動きをみせ，1997年アムステルダム条約の締結を契機に，差別禁止の対象事由を次々に拡大した。2000年から2002年にかけての3つの指令（人種・民族的出身均等指令[10]，雇用・職業における均等待遇一般的枠組指令[11]，男女均等待遇改正指令[12]）の内容を遵守するためにも，イギリスは反差別法の大規模な再編を必要としたのである。

そしてイギリスが平等法制定に至った第三の理由は，このような努力を続けてもなお差別が解消されないという社会状況にあった。たしかに徐々に明白な差別は少なくなったものの，女性は依然として，職業上の分離，低賃金，パートタイム労働，不平等賃金，妊娠差別，セクシャル・ハラスメントに直面しており[13]，人種マイノリティ，障害者，ゲイやレズビアン，高齢者などは，偏見やステレオタイプによる差別を被っている状況にあった。問題は，これらの差別が，狭義の差別概念（＝「個人による作為」という不利益取扱）では把握しきれない「組織内にある態度，方針，慣行」によって引き起こされていることである。Stephen Lawrence 殺人事件に係る調査報告書は，これを，団体内部に巣食う「腐食性の疾病」と表現した[14]。

2 2000年の Cambridge Review

1997年の選挙の直前，Anthony Lester 上院議員と Bob Hepple ケンブリッ

---

(9) ただし，イギリスの裁判所がなしうることは，同法に基づき，国内法が人権条約に適合的ではないと宣言することのみであり，その後の対応は政治部門に委ねられる。当該制定法を改正するのか，放置するのかは政府次第ということである。
(10) Council Directive 2000/43/EC.
(11) Council Directive 2000/78/EC.
(12) Council Directive 2002/73/EC.
(13) Hepple (2000), Cambridge Review, p.15.
(14) バスを待っていた黒人少年 Stephen Lawrence が刺殺された事件に関する調査報告書によって，殺人が人種差別的動機によって行われたこと，警察の事件処理も人種差別的であったことが明らかにされた。Stephen Lawrence Inquiry (1999), *Report of an Inquiry by Sir William MacPherson of Cluny* (London, HMSO, Cm4262-1), para.6.34.

ジ大教授は，平等問題の専門家を集めて共同研究を開始し，さまざまな改革案を来たるべき労働党政権に提言した。同政権スタート時に，1年間の基金を得てさらに研究を重ねた共同研究グループは，2000年に，その成果をCambridge Reviewと呼ばれる報告書として公表した[15]。

反差別立法をめぐっては各種の改革提言がなされてきたものの，そのときどきの政権は部分的な修正を行うのみであって，根本的な改革に取り組むことを怠ってきた。このことを批判しつつ，同報告書は，立法上の問題点を幅広い観点から明らかにして，新たに，公正な参加とアクセスを達成するための包括的・プロアクティブ・非敵対的アプローチによる反差別立法の枠組みを提言したのである。

同報告書は，53項目にわたる具体的な勧告をとりまとめた。「勧告1」は単一の平等法という枠組みを提言し，「勧告2」は，法における5原則として，①目標とすべきは，違法な差別の撤廃と，性・人種・皮膚の色・民族・宗教と信条・障害・年齢・性的指向その他に関する平等の促進であること，②明確で理解しやすい内容にすべきこと，③平等促進に向けた効果的な仕組み，④変革への参画の機会の付与，⑤個人が救済を求めるのを容易にすること，を掲げた。この報告書は，学術的な裏付けをもって包括的差別禁止立法のあるべき姿を描き出すものとして，現在でもなお参考にすべき貴重な文献である。

Cambridge Reviewは労働党政権から好意的に受けとめられたものの，全体としてはなお時期尚早と判断された。単一の平等法が実現するには更なる歳月が必要だったのである。2003年には同報告書の内容を採り入れた法案が，A.Lester上院議員による議員立法として，200名以上の議員の賛同を得て議会に上程されたが，実現せずに終わっている[16]。

3　2006年平等法

2005年総選挙のマニフェストにおいて，労働党政府は，「単一の平等委員会

---

[15] Hepple (2000), Cambridge Review. このグループには以下のような労働法研究者や実務家が含まれていた。Bob Hepple, Catherine Barnard, Evelyn Ellis, Sandra Fredman, Christopher McCrudden, Michael Rubenstein. この報告書の経緯については，Hepple, B. (2011), *supra note 2*, pp.2-3.

[16] Hepple, B. (2011), *supra note 2*, p.4.

第4章　差別とハラスメントの諸相を解析する

の設置」と「包括的に平等を取り扱う単一の平等法の制定」を宣言した。まず，前者に関する立法として，2006年平等法（Equality Act 2006）が制定された。差別を排斥するために設けられてきた既存の委員会，すなわちEOC，CRE，DRCは，本法の下で廃止・統合され，単一の委員会EHRCが新設された。

EHRCは，これまでの3委員会が対象としてきた人種差別，性差別，障害差別に加えて，性的指向差別，宗教差別，年齢差別を対象に加え，それらの事由にかかる平等促進機能と法強制機能を果たす委員会として位置づけられている。EHRCの平等促進機能としては，行為準則の作成（同法14条），諸法のモニタリング（同法11条），各機関への情報提供や助言（同法13条）等が重要であり，法強制機能としては，調査（investigations）役割が注目される（同法20条以下）。委員会は，違法行為がなされたか否かの調査権限を有し，違法行為を認めた場合には，違法行為通告（unlawful act notice）を出し（同法21条），通告を受け取った者は違法行為の継続を回避するアクション・プランを委員会に提出しなければならない（同法22条）。

EHRCは，国務大臣より任命される10ないし15名の委員により構成され（同法付則1条1項），その中には障害をもつ委員が最低一人は含まれなければならない（同法付則2条3項a号）。

4　2010年平等法に至るまで

その後に，単一平等法の制定に向けた二つの文書が公表された。一つは，イギリス社会に根強く存在する差別と不平等の原因を調査し，単一の法的枠組みを含む平等の手立てを勧告したthe Equalities Review[17]，二つ目は，Cambridge Reviewと同様に，差別禁止立法の基本原則を検討し，より効果的な立法のあり方を内容とするthe Discrimination Law Reviewである[18]。後者は2007年6月12日に公表されたもので，単一平等法案に規定されるべき内容

---

[17] Department of Communities and Local Government (2007), *Fairness and Freedom: The Final Report of the Equalities Review* (London, DCLG).

[18] Department of Communities and Local Government (2007), *Discrimination Law Review: A Framework for Fairness. Proposals for a Single Equality Bill for Great Britain* (London, DCLG). この文書は，「第1部　法の調和と簡易化」，「第2部　より効果的な法」，「第3部　法の現代化」という3部構成であり，政府が国民に対して意見を求める協議事項とその結論に至った理由が丹念に説明されている。

に関する協議文書という位置づけである。個人や団体は，同年9月4日までに，同文書に記載された協議事項に対して応答するように要請された。これに対しては，総計4,226件の回答がよせられ（団体から597件，個人から3,629件），それらの内容および政府の評価（assessment）が公表された[19]。以上のような丁寧な手続きを経て練りあげられた単一の平等法案は，2009年4月27日に下院に提出されたが，保守党は，不況時代の経営に過剰な負担をもたらすとして反対した。関連団体からのヒアリングと数多くの修正論議を経て，ほぼ1年にわたる国会の審議の後，2010年4月8日に，2010年平等法は，女王による裁可を受けて成立した。

同法の大半の条文は2010年10月1日から施行された。これによってイギリスの差別禁止法制は新たな段階を迎えたのである。

Ⅲ　2010年平等法の全体像

1　全体の構成

2010年平等法は，全16編，全218条，28の付則から構成されている。各編，章，付則の見出しは，以下の通りである。

第1編　社会経済的不平等（1～3条）
第2編　平等：重要な概念
　1章　保護特性（4～12条）
　2章　禁止行為　差別（13～19条），障害者のための調整（20～22条），差別：補足（23～25条），その他禁止行為（26～27条）
第3編　サービスと公共機能
　総則（28条），サービスの提供等（29条），補足（30～31条）
第4編　不動産
　総則（32条），処分と管理（33～35条），合理的調整（36～37条），補足（38条）
第5編　労働
　1章　雇用等——被用者（39～41条），警察官（42～43条），パートナー（44～46条），弁護士（47～48条），役職者（49～52条），資格（53～54条），雇用の提供・紹介（55～56条），職業組織（57～58条），地方公務員（58～59条），求人（60条）

---

(19)　Government Equalities Office（2008），*The Equality Bill—Government Response to the Consultation*, Cm 7454（London, The Stationery Office）。この文書は，付表も含めて総計209頁に及ぶものである。

第4章　差別とハラスメントの諸相を解析する

　　2章　職域年金制度（61～63条）
　　3章　契約条件の平等——性平等（64～71条），妊娠・出産の平等（72～76条），情報の開示（77～78条），補足（79～80条）
　　4章　補足（81～83条）
第6編　教育
　　1章　学校（84～89条），2章　継続教育と高等教育（90～94条），3章　一般的資格付与団体（95～97条），4章　その他（98～99条）
第7編　団体
　　総則（100条），構成員等（101～103条），政党に関する特別規定（104～106条），補足（107条）
第8編　禁止行為：補充規定（108～112条）
第9編　執行
　　1章　序（113条），2章　民事裁判所（114～119条），3章　雇用審判所（120～126条），4章　雇用条件の平等（127～135条），5章　その他（136～141条）
第10編　契約等
　　契約その他の取り決め（142～144条），労働協約および就業規則（145～146条），補足（147～148条）
第11編　平等の促進
　　1章　公的部門の平等義務（149～157条），2章　積極的措置（158～159条）
第12編　障害者：交通機関
　　1章　タクシー等（160～173条），2章　公共サービス車両（174～181条），3章　鉄道車両（182～187条），4章　補足（188条）
第13編　障害：その他（189～190条）
第14編　一般的例外（191～197条）
第15編　家族財産（198～201条）
第16編　一般規定およびその他規定
　　民事パートナーシップ（202条），EUの義務（203～204条），適用（205～206条），下位立法（207～210条），改正等（211条），解釈（212～214条），最終条項（215～218条）
付則1　障害：補足規定，付則2　サービスと公共機能：合理的調整，
付則3：サービスと公共機能：例外，付則4　不動産：合理的調整，
付則5　不動産：例外，付則6　役職保持者：適用除外役職，
付則7　条件の平等：例外，付則8　労働：合理的調整，
付則9　労働：例外，付則10　障害のある生徒のアクセス，

付則11　学校：例外，付則12　継続教育と高等教育：例外，
付則13　教育：合理的調整，付則14　教育的慈善事業と寄付，
付則15　団体：合理的調整，付則16　団体：例外，
付則17　障害のある生徒：執行，付則18　公的部門の平等義務：例外，
付則19　公的機関，付則20　鉄道車両のアクセス性：遵守 compliance，
付則21　合理的調整：補足，付則22　法令の条項，付則23　一般的例外，
付則24　調和：例外，付則25　情報社会サービス，付則26　改正，
付則27　廃止と取消，付則28　定義された表現の索引

政府平等局（Government Equalities Office）を始めとする関係省庁は，2010年8月に，2010年平等法の注釈を公表した。注釈は国会の承認を得た文章ではなく，包括的な解釈を提供するものでもないが，本法の意味を理解する助けになる[20]。また，EHRCは，2011年4月6日に，本法に関する3つの行為準則を発出した。それらは，平等賃金，雇用，サービス，公的機関等に関する行為準則である[21]。

2　適用対象分野

2010年平等法は適用対象となる分野を幅広くとらえており，サービスの提供（第3編），不動産（第4編），労働（第5編），教育（第6編），団体（第7編）が関わる差別について，適用される。

3　禁止される差別事由（保護特性）

2010年平等法4条は，禁止される差別事由を「保護特性（protected characteristics）」とよび，年齢，障害，性別再指定（gender reassignment），婚姻および民事パートナーシップ，妊娠・出産，人種，宗教または信条，性別，

---

[20] Equality Act 2010 Explanatory Notes, August 2010. 以下，E.N. として引用する。本注釈は訳出されている。鈴木隆（2011-2013）・前掲注（1）。

[21] EHRC, Code of Practice on Equal Pay; Code of Practice on Employment; Code of Practice on Services, Public Functions and Association の3つである。雇用に関する行為準則は部分的に訳出されている。鈴木隆（2014）・前掲注（1）。行為準則の法的性質については，内藤忍（2009）「イギリスの行為準則（Code of Practice）に関する一考察――当事者の自律的取組みを促す機能に注目して」（JILPT ディスカッションペーパー DPS-09-05）を参照。

第 4 章　差別とハラスメントの諸相を解析する

性的指向の 9 種類を列挙している。それぞれの意味は，5 条ないし 12 条が規定する。

　複数の事由にわたる差別を禁ずる立法には，二つのアプローチがある[22]。1 つは「一般的・開放的アプローチ」であり，何人も，特定の事由「その他のあらゆる差別なしに権利と自由を享受しうる」と規定する方法で，世界人権宣言 2 条に代表される[23]。もう 1 つは，EU 指令が採用している，事由を特定して保護を与える「特定的アプローチ」である。

　2010 年平等法は「特定的アプローチ」を採用しており，同法 4 条は，かなり広範囲の事由を列挙しているとはいえ，なおいくつかをカバーしていない（たとえば，言語，政治上の意見，財産など）。それだけに，「一般的アプローチ」の採用を求める声もあるが，反面，ここに示された 9 種類の差別事由は，従来から EU 法が合意を重ねてきた事由であり，手堅い手法ともいえる。本法は，これら 9 種類の事由による差別を一つの法律の中で統合して禁止する形を採用することによって，「平等のヒエラルキー」を排除する意図を示すものである[24]。

　個々の保護特性に関して留意すべき点をあげておこう。性別再指定は，「性の生理学上その他の属性を変更することによって，自己の性別を再指定する目的のためのプロセスの全部または一部の開始を予定するか，すでに開始しているか，または終了したものをいう」（7 条）と規定されており，対象者は必ずしも医学的管理下にあることを要求されない[25]。民事パートナーシップが婚姻

---

(22)　Hepple, B. (2011), *supra note 2*, pp.27-28.
(23)　世界人権宣言 2 条 1 項は，「何人も，人種，皮膚の色，性，言語，宗教，政治上もしくは他の意見，民族的もしくは社会的出身，財産，門地又はその他の地位というようないかなる種類の差別も受けることなしに，この宣言に掲げられているすべての権利と自由とを享受する権利を有する」と規定する。
(24)　人種には，皮膚の色，国籍，民族的出身が含まれるが（平等法 9 条 1 項），「閣内大臣は，命令によりカーストを本条に含むか例外を設けるかについて本条を修正しうる（may...amend）」と規定していた（9 条 5 項）。連立政権はかかる命令を発出しない方針を出していたが，2013 年企業規制改革法（the Enterprise and Regulatory Reform Act 2013）97 条は，平等法 9 条 5 項を「修正しなければならない（must...amend）」という文言に変更し，これによって人種とカーストの関係について見直すことが大臣に義務づけられた。
(25)　注釈は，女性に生まれた者が，医学上の処置を受けることなく男性として生きる決

と並んで保護特性にあげられていることも重要である（8条）。すでにイギリスでは2004年に民事パートナーシップ法が成立し，同性カップルは登録制度によって婚姻に相当する内容の権利保障がなされている。性的指向とは，性愛の関心の対象がいずれの性別に向かうのかを示す用語だが，異性愛，同性愛，両性愛の存在が明記されている（12条）。また，障害に関しては，「障害をもつ者」とは，現在のみならず，過去に障害を持っていた者も含むと規定されている（6条4項）。

妊娠・出産は，平等法4条において列挙されているものの，他の保護特性とならぶ形で5条以下に定義規定があるわけではない。妊娠・出産が禁止対象となる範囲に関わる条文で，労働以外の分野（17条）と労働分野（18条）に分けて，妊娠・出産の意味するものが定義されている。

IV 禁止される行為類型——雇用分野

平等法の第5編（労働）第1章は雇用およびその他の労働分野を取り扱う。雇用分野全般に関しては，以下のような規定がある。

> 39条1項　使用者Aは，(a)採用の決定に関する取り決め，(b)雇用する際に提供する条件，(c)雇用の提供について，求職者Bを差別してはならない。
> 　2項　使用者Aは，(a)雇用条件，(b)昇進，異動，訓練，他の給付，便益，サービスの機会の提供もしくは不提供，(c)解雇，(d)その他の不利益等について，Aの被用者であるBを差別してはならない。

本法はこのように，雇用に関しては，使用者を名宛人として，求職者と被用者に対する差別を禁止する。これを前提に，以下においては，使用者に対して禁止される差別行為にはどのような類型があるのかを検討する。それら差別行為類型は，雇用にかぎらずあらゆる分野において禁止されるものである。

1　直接差別

平等法13条1項は，直接差別について，以下のように規定する。

定をした場合にも本条の保護特性をもつ者に該当する，と述べている。E.N.*supra note 20*, para.43. 性的マイノリティ差別に関しては，佐々木貴弘（2013-4）「日本における性的マイノリティ差別と立法改革：イギリス差別禁止法からの示唆(1)〜(3)」国際公共政策研究（大阪大学大学院国際公共政策研究科）17巻2号，18巻1号，2号が参考になる。

第4章　差別とハラスメントの諸相を解析する

13条1項　保護特性を理由として (because of),　AがBを,　他者を扱うよりも,　もしくは扱ったであろう (would) よりも,　不利に扱う場合,　AはBを差別するものとする。

　保護特性と不利益取扱いの結びつきに関する表現（「理由として」）は,　これまでに使われてきた"on the ground of"から"because of"へと変更された。立法過程では,　繰り返し,　この表現上の修正によって従来の解釈は変わらない,　ただし,　これによって一般の人々はより法にアクセスしやすくなるはずである,　と説明された[26]。本条の表現からは,　実在しない仮想の対象者との比較も可としていること（「扱ったであろう」という仮定法の表現）も読み取れる。もっとも,　従来の差別禁止立法も,　比較対象者を実在の者のみに限定せず,　「仮に」保護特性をもたない比較対象者がいたとしたら扱われたであろう場合を想定しうる規定であったため[27],　この点は従前の立法の継承にすぎない。

　行為準則は,　2010年平等法が定める直接差別に関して,　「関係性差別 (discrimination by association)」と「認識上の差別 (discrimination by perception)」を禁止する規定として解釈されねばならない,　とする[28]。注釈も,　「直接差別は,　当該の人が他の者よりも不利に扱われる理由が4条に示される保護特性である場合に,　生じる。この定義は,　"かかる特性をもつ者"（例えば障害者）と被害者との関係性を理由として不利益取扱いが行われた場合や,　被害者が"かかる特性をもつ"（たとえば特定の信仰）と誤って認識されたことを理由とする場合などをカバーしうるほど幅広い」と述べる[29]。

　従前の差別禁止立法では,　「差別の被害者」が保護特性をもつ者に限定されるか否かの取扱いは,　統一されていなかった。従来,　人種,　性別,　宗教もしくは信条,　性的指向にかかる差別は,　「認識上の差別」を含むものと解釈されて

---

(26) E.N., *supra note 20*, para.61; House of Commons Public Bill Committee (Equality Bill) 8th sitting col 244 (16 June 2009) (Solicitor-General).

(27) たとえば性差別禁止法1条1項(a)は,　「ある者が,　ある女性を,　彼女の性を理由として,　男性を扱うよりもあるいは扱うであろう (would treat) よりも不利に扱う場合には」,　女性に対する差別を行ったものとする,　と規定していた。ただし,　同一賃金法はかかる明文規定を有しないという課題を残していた。この点については,　浅倉（2013）・前掲注(1)参照。

(28) EHRC, Employment Statutory Code of Practice, paras.3.17～3.21.

(29) E.N., *supra note 20*, para.59.

きたが，障害にかかる「認識上の差別」や「関係性の差別」，年齢にかかる「関係性の差別」は，立法上，明確な禁止規定はなかった。障害による「関係性の差別」について，Coleman事件CJEU判決は，イギリスの国内法は，2000年のEU雇用・職業における均等待遇一般的枠組指令を遵守すべく，障害をもつ子の主たる介護者であることを理由とする不利益処遇を，障害を理由とする差別として禁止するものと解釈されるべきである，とした[30]。この判決の影響もあり，2010年平等法は，被害者を保護特性保持者のみに限定しないと解釈するのである。

もっとも，平等法13条自体は「関係性差別」や「認識上の差別」を明文化せず，明文化すべきとの修正案は否決された。しかし，注釈は，「関係性差別」について，イスラム教徒の女性がキリスト教徒の夫と婚姻していることを理由に，イスラム教徒の店員からサービス拒否されたという場合を，夫との関係性を理由とする直接的宗教差別の具体例とする[31]。また，「認識上の差別」について，アフリカ人らしき名前から黒人であると誤って認識されたために使用者から採用拒否された事例を，誤った認識に基づく直接的人種差別の具体例としている[32]。

2 間接差別

2010年平等法は，間接差別について，以下のように規定する。

> 19条1項　AがBの保護特性に関わって差別的である規定（provision），基準（criterion），慣行（practice）をBに適用する場合，AはBを差別するものとする。
> 　2項　前項の目的に照らして，当該規定，基準，慣行とは，以下のものをいう。
> 　　(a) Aが，Bの保護特性を共有しない者にも，当該基準，規定，慣行を適用しもしくは適用するであろう場合。

---

[30] Coleman v. Attridge Law [2008] IRLR 722, 2008年7月17日CJEU先決裁定。本判決以降，「障害者の障害を理由とする不利な取扱い」を禁じたイギリス1995年障害差別禁止法（DDA）は，2000年EU枠組み協定が規定する「障害に基づくすべての差別類型」にも適用されるものとして解釈されるようになった。
[31] E.N., *supra note 20*, para.63.
[32] Ibid.

第4章　差別とハラスメントの諸相を解析する

　　　　　(b) 当該基準，規定，慣行が，Bの保護特性を共有する者に，Bの保護特性を共有しない者と比べて特定の (a particular) 不利益をもたらす場合，もしくはもたらすであろう場合，
　　　　　(c) 当該基準，規定，慣行が，Bに不利益をもたらす場合，もしくはもたらすであろう場合，
　　　　　(d) かかる基準，規定，慣行が正統な (legitimate) 目的を達成する比例的 (proportionate) 手段であることを，Aが証明できない場合。
　　　　3項　該当する保護特性は，年齢，障害，性別再指定，婚姻および民事パートナーシップ，人種，宗教または信条，性別，性的指向である。

　間接差別は，Aが，Bと同じ保護特性を共有する者にも共有しない者にも同じ基準，規定，慣行（これらをPCPと表現する）を適用する場合，当該保護特性を共有する者およびBに特定の不利益がもたらされるとき，Aが，当該PCPが正統な目的を有し，かつ，その目的達成のための比例的手段であることを証明できない場合に，生じる。注釈は，間接差別の2つの事例を示している[33]。一つは，ある女性が育児のために交代制の労働慣行を遵守できず，使用者によるいかなる配慮もないために離職を余儀なくされたという場合，使用者は，かかる労働慣行の正当性を証明できないかぎり，女性に対して間接差別をしたとされる，という事例である。二つ目は，より高位の学位をとりたいと考えていた信仰心の厚いユダヤ人エンジニアが，専門的訓練を実施する会社が土曜日のみに選抜試験をする慣行であったために，それに応募しないと決定する場合，その慣行を正当化しえなければ，当該会社は間接差別をしたことになる，という事例である。

　従来の差別禁止立法が定める間接差別に関する定義には，4つのものがあった。第一は，性差別禁止法と人種関係法の定義であり，これらは，一方の性別もしくは人種グループが「かなりわずかしか (considerably smaller)」充足しえない「要件もしくは条件 (requirement or condition)」を課すことを間接差別としており，その場合，「要件もしくは条件」は強制的なものと解され，また，どの程度の割合の充足率であるかが問題とされてきた。第二の定義である，EU立証責任指令[34]遵守のために導入された2001年性差別規則[35]は，第一の

---

(33)　E.N., *supra note 20*, para.81.
(34)　Council Directive 1997/80/EC.
(35)　Sex Discrimination (Indirect Discrimination and Burden of Proof) Regulations

定義の「要件もしくは条件」をPCPに置き換えたが、統計的な比較アプローチをそのまま維持していた。第三は、EUの一般枠組指令で使われている定義であり、これは、イギリス国内の2003年雇用平等（宗教・信条）規則、2003年雇用平等（性的指向）規則、2006年雇用平等（年齢）規則における定義と同じである。これらは「特定の不利益（a particular disadvantage）」という表現を採用しており、2010年平等法はこの定義を導入したのである。第四は、2006年平等法45条3項の定義で、雇用以外の分野の宗教・信条を理由とする間接差別に対して採用されたものであった。2010年平等法19条は、上記の4種の間接差別禁止規定をいったんすべて廃止して、改めて第三の定義を単一の規定として採用した。既述のように、これはEU法をモデルとしており、「特定の不利益」と定めることにより、数量割合的に差別的効果が生じるという立証を必要としないため、たとえば専門家による社会学的立証による差別の推定が可能になったと考えてよい[36]。

　間接差別を正当化するためには、19条2項(d)が定めるように、比例性審査（proportionality test）が用いられる。これもEU法が採用している審査基準であるが、イギリス国内の裁判所では、この審査においては、①PCPの目的が基本的な平等権の制限を正当化しうるほど十分に重要であるか、②その手段が、当該目的と合理的な関連をもつか、③その手段が、当該目的を達成するために必要であるか、という3段階が必要である、といわれている[37]。

　さて、平等法19条3項が述べるように、間接差別は妊娠と出産を除くすべての保護特性について禁止されるが、障害を本条の対象とする保護特性に含めるか否かについては、長きにわたる議論があった。これについては「障害に起因する差別」の項目でふれる。

　もう一点、間接差別禁止規定に関して言及すべきことは、救済に関わる条文である。2010年平等法124条2項は、雇用審判所の救済には、(a)権利宣言命

2001, SI 2001/2660, reg 2.
(36)　EUにおける間接差別をめぐる法規定の変遷と判例動向については、黒岩容子（2008, 2009）「EC法における間接差別禁止法理の形成と展開(1)(2)」早稲田法学会誌59巻1号、2号、を参照。
(37)　R v. Secretary of State for Defence [2006] IRLR 934, CA; Hepple, B. (2011), *supra note 2*, p.70.

令，(b)補償金支払命令，(c)適切な勧告があるとしつつ，同条4項は，19条違反としての間接差別が認定されるものの，PCPの適用において被申立人側に差別的意図がなかったことが判明した場合には，同条5項を適用すると規定する。124条5項は，同条2項にいう(b)の補償金支払命令は，(a)と(c)の命令を出した後に出されねばならない，と定める。すなわち，差別意図のない間接差別については，審判所は，補償金支払いを命じる前に，まず権利宣言と勧告を命じなければならないのである。補償金の額は過失による不法行為において受けとることができたはずの損害賠償金額相当とされている以上，意図的でない間接差別禁止規定違反に対して，補償金支払命令よりも権利宣言命令と勧告命令を優先させるという本条の規定は，合理性があるといってよいであろう。

3　障害に起因する差別

2010年平等法は，とくに障害という保護特性にかぎって，以下の規定をおく。

> 15条1項　Aは，以下の場合には，障害者Bに対して差別するものとする。
>   (a) Aが，Bの障害の結果として生じる何か（something）を理由としてBを不利に扱う場合。
>   (b) Aが，当該取扱が，正統な目的を達成するための比例的手段であると証明しえない場合。
> 2項　Bが障害を持つ者であることをAが知らず，かつ，知ることを合理的に期待し得なかったことをAが証明しうる場合には，本条1項は適用されない。

本条は，障害に起因する差別を禁止するものである（起因差別）。なぜこのような規定が設けられたのだろうか。障害差別を禁止してきた従前の1995年障害差別禁止法（DDA）は，制定当初，直接差別や間接差別ではなく，「関連差別（disability-related discrimination）」を禁止する規定をおいた。障害を直接的な理由とする直接差別の禁止規定では効果が期待できないからであり，また，統計的証拠という比較方法を伴う間接差別の禁止は，多様な状態の人々を含む障害という差別事由に関しては十分に機能しないと考えられたからであった[38]。その後，EU法遵守という要請により，EU法の規定と平仄を合わせる

---

(38) DDAの障害差別概念については以下を参照。長谷川聡（2009a）「イギリス障害者差別禁止法の差別概念の特徴」季刊労働法225号，同（2009b）「イギリス」『内閣府委

ため，2004年にDDAに直接差別禁止規定が導入された[39]。以来，障害に関しては，直接差別と関連差別を禁止する規定がおかれてきた。

雇用分野では，DDAの関連差別禁止概念はかなり活用されてきたが，2008年のMalcolm事件貴族院判決[40]によって事情が変わることになった。本件は，アパートを賃借していた統合失調症の申立人が，禁止されていた転貸を行ったために住宅局から強制退去させられたことについて，障害者に対する差別だと訴えた事案である。申立人は，自分は統合失調症のために転貸禁止を理解できなかったので，適切な比較対象者は，非障害であり禁止内容を理解して転貸しなかった賃借人である，と主張した。しかし貴族院はこれを退け，正しい比較対象者はアパートを転貸した非障害者であるから，本件の申立人は当該比較対象者よりも不利に扱われたわけではなく，したがって障害差別はなかった，という結論に達した。本判決以降，比較対象者を限定する傾向が主流となったため，障害差別の申立はかなり困難になった。

そこで，2010年平等法制定の折，政府は，障害に関しては，関連差別の代わりに間接差別の導入を図ることによって，狭められていた比較対象者概念を広げようとした。しかし，間接差別の導入だけではこの困難は解決しえないという主張が有力となり，最終的に，障害に関しては，関連差別の代わりに，間接差別と起因差別という二つの禁止規定が平等法に導入されることになったのである[41]。

以上の経緯により，2010年平等法は，障害という保護特性に関しては，直接差別と間接差別の禁止（13条，19条）に加えて，起因差別を禁止する規定をおくことになった（15条）。起因差別は，障害そのものではなく，障害に起因する，あるいは障害の結果である「何か」――たとえば欠勤する必要があることなど――を理由とする不利な取扱いを差別とするものであり，非障害者と比較して不利益を被っていることを主張する必要はない。それゆえ，Malcolm

---

託報告書：障害者の社会参加推進に関する国際比較調査研究：調査研究報告書』（WIPジャパン株式会社）177頁以下。
(39) EU2000年「雇用・職業における均等待遇一般的枠組指令」を遵守するためである。
(40) Mayor and Burgesses of the London Borough of Lewisham v. Malcolm [2008] IRLR 700, HL.
(41) この間の経緯は，川島（2012）・前掲注（1）36頁参照。

判決が提起した困難性は克服された。

2010年平等法が，障害に関して，直接差別以外に，起因差別と間接差別の二つの禁止規定を設けているのは，両者において「障害を知っていたかどうか（認知の必要性）」に違いがみられるからである[42]。起因差別は，差別する側が被差別者の障害を認知している場合にのみ成立するのに対して，間接差別は，差別者がその障害を認知していない場合にも成立する[43]。

4　障害者に対する調整義務の不履行

2010年平等法は，障害者に対する合理的調整義務（他の国では合理的配慮義務ともいう）について，以下のように規定する。

> 20条1項　本法がある者に合理的調整を義務づけている場合，本条，21条，22条，該当する付表が適用される。以下においては合理的調整義務を負う者をAとする。
> 2項　合理的調整義務は以下の3つの要請により構成される。
> 3項　第1の要請は，Aの基準，規定，慣行が，非障害者と比較して障害者に，関連事項について実質的な不利益（substantial disadvantage）[44]をもたらす場合，かかる不利益を避けるためにとられるべき合理的な措置であること。
> 4項　第2の要請は，ある物理的形状[45]が，非障害者と比較して障害者に，関連事項について実質的な不利益をもたらす場合，かかる不利益を避け

---

[42]　注釈は，起因差別が生じるためには，使用者は，当該障害者が障害をもっていることを知っていること，あるいは知っていることが合理的に期待されなければならない，とする。E.N., *supra note 20*, para.69.

[43]　川島（2012）・前掲注（1）38頁は，①比較対象者の必要性，②正当化の可能性，③障害認知の必要性，④保護対象の範囲，という観点から，平等法における障害に係る3つの差別概念の異同を整理している。

[44]　2010年平等法では，「関連事項について実質的な不利益をもたらす場合」というフレーズが繰り返し使われる。付則によれば「関連事項」とは，求職者に対しては「誰を雇用するかの決定」であり，被用者に対しては「雇用においてなされる各種の事柄」である（付則8第5条）。「実質的」という意味は「少ないまたは些細であることを超える」という意味とされている（平等法212条1項）。

[45]　物理的形状とは，(a)建物のデザインまたは構造の特徴，(b)建物への通路，出口，入口の形状，(c)建物の家具・調度，設備，素材，備品，その他の家財，(d)その他の物理的要素や性質，を意味する（平等法20条10項）。

るためにとられるべき合理的な措置であること。
5項　第3の要請は，補助的な援助（auxiliary aid）の提供がなければ，非障害者と比較して障害者に，関連事項について実質的な不利益がもたらされる場合，かかる補助的な援助の提供を行うべき合理的な措置であること。
21条1項　第1ないし第3の要請の不履行は，合理的調整義務の不履行である。
2項　Aが障害者に対してかかる義務を履行しない場合には，障害者を差別するものとする。

2010年平等法は，このように使用者が行うべき障害者に対する合理的調整義務について，①使用者の基準，規定，慣行の変更，②施設等の物理的形状の変更，③補助的な援助の提供という3つを規定する。かつてDDAは，補助的な援助の提供義務を役務提供者の義務としては規定していたが（DDA21条4項），雇用分野においてはこれを記載せず，上記の①と②のみを定めるのみであった。したがって2010年平等法は，使用者の合理的調整義務を明文規定によって拡張した，といえよう[46]。かかる合理的調整義務の費用負担を障害者に求めてはならない旨の規定（平等法20条7項）も，DDAにはなかったものである。

川島によれば，障害をめぐる合理的調整には，「対応型合理的調整（reactive reasonable adjustment）」と「予測型合理的調整（anticipatory reasonable adjustment）」がある。「対応型」は，障害者個人から具体的要求を受けた後に相手側が講じなければならない措置であり（事後的・個別的措置），「予測型」は，具体的要求を受ける前に，相手側が障害者一般のニーズを予測しながら事前に講じなければならない措置である（事前的・集団的措置）。2010年平等法は，DDAの規定を継承する形で，雇用に関して「対応型」を採用している，という。

「予測型」と「対応型」の区別はどこにあるのだろうか。2010年平等法の下では，使用者は，利害関係のある障害者が求職者である場合でも，雇用されている被用者である場合でも，当該障害者が障害をもつこと，そして実質的に不利な立場におかれていることを知っているか，または知っていることを合理的に期待される場合にかぎり，調整義務を負う（同法付則8第20条1項，2項）。

(46) 川島（2012）・前掲注（1）40頁参照。

したがって，使用者が相手の障害について認識を持っていないかぎり，調整義務を負うことはない。一方，障害者には，自ら障害を有していることを知らせる義務やどのような調整が行われるべきかを示す義務はないため[47]，障害者から知らされない以上，使用者は調整義務を負うわけではない。そのかぎりでは，雇用分野における使用者の調整義務は，たしかに「対応型」であるといえよう。

ただし，使用者の代理人，産業保健アドバイザー，人事管理役員，採用担当者が応募者や従業員の障害を知る場合には，使用者に障害の認識がなかったとはいえない[48]。さらに使用者は，自らが合理的調整義務を負うか否かを明確にするためになしうることを，すべて行わねばならない[49]。たしかに，雇用の文脈では，合理的調整は具体的な個人に合わせてなされるべきであるから，事前に予測して行う合理的調整義務を想定した条文とはいえないが，さりとて相手が合理的調整の実施を要求してくるまで使用者が漫然と待っていてよい，というものでもなさそうである。

最後に重要なことは，2010年平等法が，かかる合理的調整義務の不履行は障害者に対する差別である，という明確な規定をおいていることである（21条2項）。

5　ハラスメント

2010年平等法は，直接差別，間接差別等と並んで，保護特性に関わるハラスメントを，禁止行為の一つの類型としたうえで，以下の規定をおく。

> 26条1項　AがBに下記の行為をする場合はハラスメントを行うものとする。
> (a) Aが当該保護特性に関係して（related to）望まれない行為を行い，かつ，
> (b) 当該行為が，以下の目的または効果を有する場合
>   (i) Bの尊厳（dignity）を侵害すること，または
>   (ii) Bにとって脅迫的，敵対的，冒涜的，屈辱的もしくは攻撃的環境を作り出すこと。

---

(47)　EHRC, *supra note 28*, para.6.24.
(48)　ibid. para.6.21.
(49)　ibid. para.6.19.

2項　以下の場合，AはBにハラスメントを行うものとする。
　(a)　Aが性的性質をもつ（sexual nature）望まれない行為を行った場合，かつ
　(b)　当該行為が1項(b)で言及された目的または効果を有する場合。
3項　以下の場合，AはBにハラスメントを行うものとする。
　(a)　Aまたは他の者が，性的性質の望まれない行為を行なう場合または性別再指定や性別に関係する望まれない行為を行なう場合，
　(b)　当該行為が1項(b)で言及された目的または効果を有する場合，
　(c)　Bによる当該行為の拒絶または受容を理由として，AがBを，Bが当該行為を拒絶または受容しなかった場合に扱ったであろうよりも不利に取扱った場合。
4項　ある行為が1項(b)の「効果」を有するか否かを決定するにあたっては，以下のそれぞれが考慮されなければならない。
　(a)　Bの認識（perception）
　(b)　当該事案の他の状況
　(c)　当該行為がかかる効果をもつことが合理的であるか否か。
5項　保護特性とは，以下のものをいう。年齢，障害，性別再指定，人種，宗教または信条，性別，性的指向。

　人種と性に関しては，従来の差別禁止立法にもハラスメント禁止規定が設けられていたが[50]，それ以外の保護特性についてはこのような条文はなかったため，2010年平等法が本条を設けた意義は大きい[51]。本条のハラスメントは，「差別」とは別の行為カテゴリーとして類型化されている。そのために，本条違反の行為に関しては比較対象者を見いだす必要はない[52]。たとえ男性が同じように尊厳を侵害されていても，女性に対して行われる行為は性に関わるハラスメントと主張しうるのである。

　本法のハラスメントは，以下の3つに類型化される。①「望まれない行為」

---

(50)　1976年人種関係法3A条（2003年改正）ならびに1975年性差別禁止法4A条（2005年改正）。EU指令はハラスメントの禁止を，性・人種に「関連した（related to sex or race）望まれない行為」と規定しており，かつてのイギリス法の表記である「性・人種を理由とした（on the ground of sex or race）」という規定とは異なるものであった。イギリスは2008年に，性差別禁止法をEU指令に合わせる形で修正したが，人種関係法の改正は行わなかった。
(51)　内藤（2014a）・前掲注（1）。
(52)　EHRC, *supra note 28*, para.7.2.

が、尊厳の侵害、脅迫的で不快な環境を生み出す目的・効果を有する場合（26条1項）、②性的な行為が、尊厳の侵害、脅迫的で不快な環境を生み出す目的・効果を有する場合（同条2項）、③上記の行為の拒絶・受容に関わって不利益がもたらされる場合（同条3項(c)）。ただし、「婚姻と民事パートナーシップ」「妊娠・出産」は、ハラスメントの保護特性には含まれず（同条5項）、これらに関するハラスメントは、13条の直接差別として把握される[53]。

本条において「保護特性に関係して（related to）」なされた行為と規定されたことにより、ハラスメントは幅広い射程をもつことになった。すなわち、直接差別禁止規定と同様に、労働者自身が当該保護特性を有する場合のみならず、保護特性をもつ者との関係性を理由とするハラスメントや、誤って当該保護特性を有していると認識されたために生じたハラスメントについても、本条違反は成立する[54]。たとえば、外貌醜状の息子をもつ労働者に対して同僚が不快な態度をとった、というような場合は障害に関わるハラスメント、同僚の黒人が人種的に差別される言葉を投げかけられたのをみた白人労働者がその言葉によって攻撃的な環境におかれた場合は、人種に関わるハラスメント、さらには、ターバンを巻いた労働者がイスラム教徒だと誤解されて受けるハラスメントは、宗教に関わるハラスメントとして訴えを提起しうる。

2010年平等法は、新たに、第三者によるハラスメントに関する使用者の責任について、以下のような規定を定めた。

> 40条1項 使用者Aは、被用者ならびに求職者であるBに対して、ハラスメントを行ってはならない。
> 2項 1項には、第三者がBにハラスメントを行う場合、かつ、第三者のかかる行為を防止するために合理的に実施可能な措置をAが怠った場合も含まれる。
> 3項 Bが第三者から少なくとも2回以上のハラスメントを受けたことをAが知っている場合でなければ、2項は適用されない。その場合、第三者とは同一人である必要はない。
> 4項 第三者とは、AおよびAの被用者以外の者をいう。

本条によれば、使用者は、自己の被用者もしくは求職者が第三者からハラス

---

(53) Incomes Data Services, *The Equality Act 2010* (IDS), p.63.
(54) EHRC, *supra note 28*, paras.7.9〜7.11.

メントを受けていることを認識しているかぎり，使用者としての責任を免れることはできない。ただし責任を問われるのは，ハラスメント行為の3回目からである。ここにいう第三者とは，当該使用者によって雇用される同僚労働者を含まず[55]，使用者が直接コントロールできない取引先や顧客などを意味する。注釈には，強いナイジェリアなまりを持つ店員が顧客から度重なる侮辱的発言を受け，それを訴えられたにもかかわらず使用者がそのようなハラスメントの再発を防止しようとしない場合，使用者は人種ハラスメントの責任を負う，という事例が示されている[56]。

従来の使用者責任を拡大したこの条文については，制定当初から企業の責任を過大化するという反対論があり，後述する2013年企業規制改革法によって，40条2項ないし4項は削除された。

6 報　復

2010年平等法は，本法に基づいて申立を行い，証拠や情報を提供し，法違反を主張することを理由として報復することを禁止している（同法27条）。

V　結合差別（Combined discrimination）：二重の保護特性

2010年平等法は，複数の保護特性にわたる差別禁止規定として，二つの保護特性が結合した差別を禁止するために，以下の規定をおく。

> 14条1項　2つの保護特性の結合（combination）を理由として，AがBを，これらの保護特性のいずれをも有しない者を扱いあるいは扱ったであろうよりも不利に扱う場合は，AはBを差別するものとする。
> 　2項　当該保護特性とは，年齢，障害，性別再指定，人種，宗教または信条，性別，性的指向をいう。
> 　3項　Bは，（別個に取り上げられた）結合した特性のうちの一つを理由として，AがBを直接に差別したことを証明する必要はない。

---

[55]　職場内の同僚被用者によるハラスメント行為に対しては，使用者は，雇用主としての責任を負う。すなわち「ある者（A）が雇用の過程で行った行為は雇用主の行為とみなす」とする（平等法109条1項）。ただし，使用者が当該被用者の行為を防止するあらゆる合理的手段をとった場合には，責任を問われることはない（同109条4項）。

[56]　E.N., *supra note 20*, para.149.

第 4 章　差別とハラスメントの諸相を解析する

　一般に複合差別（multiple discrimination）と呼ばれている状態は、さまざまな状況に関する広義の意味をもつ。ある論者によれば、複合差別には、①異なる保護特性による複数回にわたる差別という場合（ある人が、人種と障害による二つの差別を受けた場合）、②一つの差別的できごとが二つの事由によって発生する場合（レズビアン女性が、ホモフォビア差別と性的ハラスメントを受ける場合）、③異なる保護特性の結合によって生じる差別（黒人女性が差別を受けているが、女性差別とも人種差別とも主張しえない場合）などが含まれる、という[57]。とりわけ救済されにくいのは、③の場合である。2010 年平等法は、このような場合を想定して、2 つの事由が結合した差別を禁止する 14 条を設け、これを結合差別と名付けている。

　一般に、2 つ以上の複数の差別事由が交錯して機能しているために、個別の事由による差別が立証しにくいという状況は、交差差別（intersectional discrimination）といわれるが、結合差別は、交差差別の中で、2 つの事由が交錯している場合にあたる。平等法 14 条は、交差差別のうちの結合差別のみを禁止したのである。この問題を意識させた事例は、Bahl 事件判決であった。インド系アジア人女性である Ms Bahl が、人種と性別の結合差別を受けたと主張したところ、雇用審判所（ET）はこれを差別と認める判断を下したが、雇用上訴審判所（EAT）と控訴院（CA）は、まず人種差別と性差別を個々に立証する証拠となる事実を見いだす必要があり、主たる差別事由を確定して判断すべきであったとして、ET の結論を覆した[58]。しかし控訴院のこの判断に従えば、人種と性の差別についての直接的な証拠を提出せよ、ということになり、もし二つの保護事由による差別の推論を覆す証拠が見いだされれば、訴えは退けられることになる。本件に即していえば、Ms Bahl は、黒人男性よりも不利益を被ったとして性差別を主張するか、白人女性よりも不利益を被ったとして人種差別を主張するかを選択することになる。ところが、交差差別は、いずれかの理由を特定しえない場合が多いため、このような取扱いは実際的ではない。これに対して、2010 年平等法 14 条 3 項は、結合差別の場合には、個々

---

(57)　Muriel Robinson（2013）, Multiple discrimination: is there a need for s.14 Equality Act 2010? *Equal Opportunities Review* No.235, p.14.
(58)　Bahl v. The Law Society [2004] IRLR 799. 本件については、浅倉むつ子（2011）「複合差別」労働法律旬報 1735 号、で簡単に紹介したことがある。

の事由に関して差別があったことを直接的に立証する必要はない，と規定して，救済すべき射程を拡大したのである。

2010年平等法の制定過程では，the Discrimination Law Review が複合差別の事例で法的救済が得られない場合とはいかなる場合かという協議事項を提示し，その回答結果を勘案して，同法14条が制定されたという経緯がある。交差差別禁止規定の賛否をめぐって激しいやりとりがあったというが，限定的な形であるにせよ本条が設けられたのは，政府部内の経済・産業担当に対する平等担当の勝利である，と評価されている[59]。

注釈は，結合差別の具体例として，黒人女性が昇進を拒否されたというという事案（人種と性の結合差別）[60]，宗教とジェンダーの結合差別の事案[61]を掲げている。ただし，2010年平等法14条には，企業等に不当な負担を課すという経済界からの批判が強いため，2012年5月，政府は，当面，結合差別禁止規定の発効を先延ばしにするというステートメントを公表した。したがって本条は，まだ施行されていない。

Ⅵ　お わ り に

包括的差別禁止立法としての2010年平等法は，以上にみたように，ほぼすべての保護特性に共通する禁止されるべき行為類型として直接差別，間接差別

---

(59) Hepple, B. (2011), *supra note 2*, p.61-62. 2010年平等法14条については，①差別事由を二つのみに限定していること，②妊娠・出産，婚姻・民事パートナーシップという事由を含んでいないこと，③直接差別に限定され，間接差別をカバーしていないことについて，なお批判がある。しかし③の批判に関連して，最近，人種と性別が交差して差別的効果をもたらす防衛省の2つのPCP〔兵士に24時間7日間の勤務を要請する24/7PCPと育児援助のために入国する外国籍の親族は短期間しか滞在できないという移民PCPの2つ〕を間接差別とする判決が登場し，話題をよんでいる。この判決は2010年法以前に出されたものであるため，14条の規定に依拠するまでもなく，裁判所は，間接差別にも結合差別の成立可能性ありと判断した，といわれている。Ministry of Defence v. DeBique [2010] IRLR 471, 2009年10月10日EAT判決。

(60) 使用者は，黒人女性は顧客サービスにおいてよい成績をあげられないと考えたのだが，この場合には，実際に白人女性や黒人男性が昇進している場合でも，彼女は，人種とジェンダーの結合差別を訴えることができる。E.N., *supra note 20*, para.68.

(61) イスラムの男性をテロリストとしてステレオタイプ化することによる差別である。E.N., *supra note 20*, para.68.

第4章　差別とハラスメントの諸相を解析する

を規定し，障害に関しては，特別に，障害に起因する差別と調整義務の不履行を定め，さらにハラスメントと報復を禁止する規定をおいた。そのうえで，包括的立法としての特徴を存分に反映する条文として，結合差別禁止規定を定めた。ここに至るまでには，イギリスが数十年にわたり，差別禁止立法を発展させてきたという歴史的事実を忘れてはならない[62]。

　2010年法から私たちが得られる最大の示唆は，イギリスが，この法を構想することを通じて，さまざまな差別概念の統合と調整をはかる議論を重ね，それを通じて差別概念を深化させ，社会的理解を広げてきたということであろう。この法によって，イギリスは，平等のヒエラルキーを解消し，まさに社会を変革しようとしている。Heppleが述べる「第5世代の法」である2010年平等法は，「変革的平等」をめざして，上記のような行為類型を作り上げてきた。

　翻って日本の平等をめぐる立法状況をみると，差別に関する法的規制がないわけではないが，統一された定義はなく，個別事由ごとの規制にとどまっている。唯一，均等法に限定的に規定された間接差別禁止規定を障害差別について広げようという立法府の努力もまったくなされないまま，差別概念の議論も深められていない[63]。イギリスの包括的差別禁止立法に倣って，日本でも，法において禁止される差別概念の議論を深化させることが，変革的社会を実現するためには必要不可欠である。

　最後に，冒頭でもふれたが，イギリスでも平等法に逆風が吹いていることに

---

(62)　Heppleは，イギリスの差別禁止立法を5世代の立法として時代区分し，以下のように述べる。第1世代は1965年人種関係法の時代であり，「形式的平等」を指導的理念として，公的な場面における直接差別を禁止した。第2世代は，1968年人種関係法であり，ここでも「形式的平等」が理念であったが，その対象範囲は，雇用，住居，サービスの提供にまで拡大された。第3世代は，1970年同一賃金法，1975年性差別禁止法，1995年障害者差別禁止法であり，「形式的平等」から「実質的平等」もしくは「事実上の完全な平等」へと，理念が展開された。第4世代は，「包括的平等」(comprehensive equality)の出発点となるローマ条約13条がアムステルダム条約による改正で登場した時代であり，ここではあらゆる差別の禁止がインクルーシブなヨーロッパ社会を推進する手段と位置づけられた。そして最後の第5世代が，「変革的平等」(transformative equality)をめざす2010年平等法である，という。Hepple,B. (2010), *supra note 2*, p.11.
(63)　日本においても包括的な差別禁止立法が必要であることについては，浅倉 (2014)「雇用差別禁止法制は『女性活用』の前提条件」『法律時報増刊　改憲を問う：民主主義法学からの視座』（日本評論社）209頁以下を参照のこと。

ついて言及しておきたい。2010年平等法が成立した直後の総選挙で登場した保守党・自由民主党連立政権の影響である。この逆風は，3つの動きに集約することができる[64]。第一は，新たな立法による2010年平等法の改訂の動きである。2013年企業規制改革法[65]（the Enterprise and Regulatory Reform Act 2013）65条および66条は，2010年平等法における第三者によるハラスメント禁止規定（40条2項〜4項），質問手続（138条）[66]という2つの条文を削除した。もっとも一方で，同法98条は，平等賃金に違反した企業に平等賃金監査（equal pay audit）を命じる権限を雇用審判所に付与するという条文（新139A条）を2010年平等法に付加したのであり，単純な逆風ばかりではない[67]。しかしさらに，2014年規制緩和法案（the Deregulation Bill 2014）の成立によって，2010年法が拡大した雇用審判所の勧告権限に関する124条3項も削除されるかもしれない[68]。

第二に，連立政権による大幅な予算削減によって，EHRCの弱体化傾向がみられる。EHRCの予算は，2010年の7000万ポンドから，2013年には1710万ポンドへ削減され，さらなる削減も予定されている。職員も，2012年には368人であったが，2013年には217人へ，2014年には185人になった。EHRCの助言・支援サービスは民間委託された。第三に，2013年7月29日に雇用審判所の手続きに必要な費用が引き上げられたため，司法へのアクセスが脅かさ

---

[64] "Meeting the challenges to discrimination law", *Equal Opportunities Review*, No.247, pp.7-10.
[65] 本法に関する邦文文献としては，鈴木隆（2013）「イギリスにおける規制緩和の動向と労働法制への影響」季刊労働法243号，がある。
[66] 質問手続とは，本法違反が発生したと考える者が，違反行為をしたとされる者に対して質問を送り，関連する情報を請求することができるとする規定であり，旧差別禁止立法の類似条文を統合したものである。これについては，内藤忍（2010）・前掲注（1）参照。
[67] この点は以下の論文でも紹介されている。内藤（2014b）・前掲注（1）。
[68] 2010年平等法154条3項は，雇用裁判所は，被申立人に対して，一定の期間以内に差別行為により生じた不利益を除去・縮減する措置を行うことを勧告しうると規定するが，その際には，申立人のみならず，当該訴訟に関与していないが同様の状況にある者に対する不利益も対象にすることができる。この条文は，差別が個人に対する不利益であるだけでなく，同じ保護事由を共有する者たちに共通に生じるという発想を反映している。宮崎（2010b）・前掲注（1）。

第4章　差別とハラスメントの諸相を解析する

れ，提訴件数が劇的に減少している[69]。もっともこの動向も，政権交代によってはまた異なる方向からの風が吹くかもしれず，常に変動可能性を含んでいる。

　このようなイギリスの逆風傾向をみるとつい悲観的になりがちだが，Hepple はそれを戒めて，「平等法の未来に対する悲観主義は終わりにすべきだ。私たちは，たくさんの手段をもっている。平等な機会に関与してきた人々が利用しうる，既存の，かつ，新しい法的権利という手段，EHRC を再生させる手段，労働者代表を通じた紛争解決という新しい形を発展させる手段，脆弱な労働者を保護するように労働市場を再規制し，また，基本的人権としての平等の砦を作るための手段だ」と述べている[70]。まさに Cambridge Review によって，変革的平等法時代へと世論をリードした研究者としての真骨頂を示す言葉であろう。

　本稿は，科学研究費基盤研究 C「雇用領域における複合差別法理の研究」（課題番号 26380082）の研究成果の一部である。

---

(69) 2013 年以降，雇用審判所手続開始には 250 ポンド，ヒアリングには 950 ポンド，雇用上訴審判所では，それぞれ 200 ポンドと 1200 ポンドが必要となった。"Meeting the challenges to discrimination law", *Equal Opportunities Review* No.247, p.8.
(70) Ibid.

23 イギリスにおける男女平等賃金規制のあり方の変遷
—— 一律的規制から自律的規制へ ——

宮 崎 由 佳

Ⅰ は じ め に
Ⅱ 1970 年同一賃金法と男女間同一賃金の実現
Ⅲ 新たな法規制への要請の背景
Ⅳ 法の実効性に関する議論
Ⅴ 2010 年平等法とその課題
Ⅵ お わ り に

Ⅰ は じ め に

　1970 年同一賃金法と 1975 年性差別禁止法が制定されて以来，イギリスでは，男女間の差別の禁止や機会均等の促進を，法規定による権利の保障と，それが侵害された場合の権利の救済を通じて実現してきた。男女平等法の実効性確保機関として司法と専門機関とを併せ持つイギリスにおいて，このアプローチは，いかなる行為が法的に問題なのか等，法の内容を明らかにすること，そして判例の蓄積と発展により法内容を拡充することを可能とした。しかし，個別訴訟を通じた権利の実現は，差別の被害者に精神的・金銭的負担を余儀無くさせる上，救済効果も限定的である。他方で，一律に基準を定めて規制し，違法行為を司法や専門機関で是正していくアプローチは，差別が明らかに違法なものから社会的構造を背景とするものへ，また企業組織が中央集権的なものからフラットな組織へと変化する中，その効果が問われることとなる。とりわけ，男女間賃金格差の縮小が進まない中で，近年，イギリスでは，規制のあり方を含む法の実効性に関する議論が活発化している。2010 年平等法は，部分的であれ，このような課題に対応した。しかし，法の制定から 4 年が経ち，いくつかの課題も明らかになりつつある。本稿では，1970 年同一賃金法と 2010 年法における男女同一賃金に関わる規定に着目し，ジェンダー平等の実現に向けた規制のあり方について検討する。

第4章　差別とハラスメントの諸相を解析する

II　1970年同一賃金法と男女間同一賃金の実現

イギリスでは，2010年平等法にその規定が統合されるまで，1970年同一賃金法によって，男女間賃金差別を禁止してきた。1970年同一賃金法では，①男女が同一雇用において類似労働（like work）に従事している場合（1970年同一賃金法1条2項(a)，現2010年平等法65条1項(a)），②男女が同一雇用において同等（equivalent）と評価される労働に従事している場合（1970年法同(b)，2010年法同(b)），および③同一価値労働（equal value work）に従事している場合（1970年法同(c)，2010年法同(c)）の3つを同一賃金が保障される状況として規定し，このような状況があるにもかかわらず男女間で賃金格差がある場合には，賃金における性差別が推定され，使用者がその正当性を立証できない限り，違法な賃金差別が成立する。

このように，同一賃金法の規定は，同一賃金が保障される3類型について定めるのみのいたってシンプルなものであり，たとえば，「同一労働」や「同一価値労働」に関する定義規定がある訳ではない。もっとも，同一賃金に関する行為準則（Code of Practice on Equal Pay）がガイドラインを示している。つまり，1970年同一賃金法の下で充足すべき具体的基準は，行為準則によって定められているのである。この同一賃金に関する行為準則は，法的文書として出されており，また，これ自体は法的拘束力を有するものではないものの，使用者が行為準則上の措置をとった場合には訴訟上の証拠として提出することが認められ，裁判所や雇用審判所も，当該事案の争点に関して行為準則を考慮することが求められている。そうすることで，使用者の遵守が確保されている。同時に，行為準則による法内容の明確化は，判例の蓄積を待たねば法内容が具体化されないという状況を回避している。なお，行為準則には，同一賃金に関する行為準則のように法的文書として出されるものと，そうではないものとがあり，両者の効果には明白な差が出るという[1]。したがって，法内容の理解および遵守を確保するのに，同一賃金に関する行為準則が法的文書として出されて

---

(1)　たとえば，法的文書として出されている障がい差別に関する行為準則と，そうではない年齢差別に関する行為準則では，そこで規定されている内容の実施状況に明白な差があるという。B.Hepple et all, "*A New Framework Report of the Independent Review of the Enforcement of Anti-Discrimination Legislation*" (Hart Publishing, 2000), at 57.

いたことは重要である[2]。

　もっとも，法内容の明確化は行為準則によりある程度確保できるにせよ，社会的情勢および要請を考慮した法内容の拡充は，判例の蓄積や発展によることとなる。イギリスでは，同一賃金事案に限ってみても，毎年数万件の申し立てが雇用審判所等に提起されており，そこでの判例を通じて実現すべき平等の内容はより具体化され，かつ，そこで実現すべき平等概念も「形式的な平等」から「実質的な平等」へと拡大されることとなった[3]。法内容の明確化を行為準則に委ねることで実現するシンプルな法規定は，雇用審判所や裁判所における柔軟な解釈と法内容の拡充を可能としたと言える。

　イギリスの同一賃金規制の特徴のもう一つは，同一賃金法違反が認められた時の救済方法（規定）にある。同一賃金法違反が認められた場合，すなわち，ある女性が同一・同一価値労働に従事しているにもかかわらず，雇用条件において比較対象者より不利な待遇を受けていると認定された場合，その女性の雇用条件には平等条項（equality clause[4]）が挿入され，比較対象者と同一内容のものへと修正される。したがって，当該労働者は6年間のバックペイという過去の賃金差別に対する救済のみならず，平等条項の効果により，将来的な平等賃金を求めることができるようになるのである。

　1970年同一賃金法という平等賃金規制の特徴は，①強行法規によっていること，②同一賃金法上充足すべき基準は行為準則で定められていること，③法文の内容としてはシンプルにすることにより雇用審判所や裁判所の柔軟な解釈を可能とし，行為準則を定めることで法内容の明確化を図っていること，そして④法違反が認められた際には，当該契約内容を修正することにより，過去の賃金差別に対する救済と将来的な平等賃金権の保障していることにまとめられる。

---

(2)　なお，2010年平等法の制定に伴い出された同一賃金に関する行為準則も法的文書として出されており，同様の効果が期待される。Equal pay Statutory Code of Practice (Equality and Human Rights Commission, 2011)．

(3)　同一賃金に関する判例については，浅倉むつ子，黒岩容子「イギリス法・EU法における男女同一価値労働同一賃金原則」森ますみ・浅倉むつ子 編『同一価値労働同一賃金原則の実施システム——公平な賃金の実現に向けて』（有斐閣，2010年）219頁以下。

(4)　なお，2010年平等法においては，'sex equality clause'という文言が用いられているが，1970年同一賃金法上の平等条項と同様の効果を有するものである。

1970年以降の同一賃金法の歴史と発展，そして先に指摘した同一賃金に関する申立ての数を考慮すると，同一賃金法による賃金差別の是正効果は計りしれない。また，平等賃金に関するこの仕組みは2010年平等法にも引き継がれており(5)，今後も効果を維持し続けるものと思われる。しかし，個別救済によって法（目的）の実現をするモデルには潜在的な限界があること，何より，男女間賃金格差は依然として存在しており，近年では，いわば頭打ちの状況にある中で，イギリスでは，個別救済モデルを否定するのではなく，それを補完する規制に関する議論が活発に行われている。

Ⅲ 新たな法規制への要請の背景

1 個別救済モデルの限界

新たな法規制を求める個別救済モデルが抱える問題の第一は，訴訟を提起するということによる労働者の精神的・金銭的負担である。他者との比較により賃金差別を受けていることを主張する以上，賃金差別を争う労働者は，適切な比較対象者を特定し，比較対象者と同一ないし同一価値労働に従事していること，さらに，性別により不利益を受けていることを立証しなければならないが，とりわけ，女性が一部の職種，業種に偏っている状況の中で，これらを立証する情報を収集することは容易ではない。何より，雇用関係を維持しながら，使用者と争うことの精神的な負担は大きい。

この点に関して，2002年雇用法（Employment Act 2002）により質問手続きが導入されている（1970年同一賃金法7B条）。この手続きによって，労働者は，使用者に対し，自らの賃金が選定した比較対象者より低いか否か，仮にそれが事実であった場合はその理由について質問することができる。つまり，自らのケースが申立てを行う差別事案か否かを判断し，あるいは申立て行うのに必要な情報を収集する手段を労働者に付与したのである。しかし，質問に対する使用者の回答状況は審判所で考慮されるものの，回答自体は義務づけられておらず，とりわけ当該事案に対して労働組合などのサポートがない場合に，この手続がどれほど効果を持ち得るかは疑問である。また，雇用関係を維持しながら

---

(5) 2010年平等法の賃金規制については，浅倉むつ子「イギリス2010年平等法における賃金の性平等」根本到・奥田香子・緒方桂子・米津孝司編著『労働法と現代法の理論——西谷敏先生古稀記念論集（下）』（日本評論社，2013年）283頁以下参照。

争うことの精神的負担は依然として負うこととなる。なお、この質問手続きは、2010年平等法にも導入されていたが（138条）、当該規定は2014年4月に廃止され[6]、差別事案を含む紛争処理機関たる助言・斡旋・仲裁局（Advisory, Conciliation and Arbitration Service）のガイドラインに代えられることとなった[7]。その内容こそ従来のものとほぼ同じではあるが、当初は法的手続きであった質問手続きがガイドラインで求められる手続きに留められたことの影響が懸念される。

加えて、とりわけ近年において、雇用審判所での審理は長期化しているし、また、差別案件には高度の専門性が求められるため、弁護士を代理人としてたてる場合も多く、差別事件を申し立てるには相当の金銭的負担を伴うこととなる。なお、2013年7月以降、雇用審判所への申立て件数の膨大化などを背景に、雇用審判は有料となり、たとえば、同一賃金事案の場合、申立人は、低所得であるなど一定の場合を除き、当該事案を提出するのに250ポンド、そしてヒアリングを受けるのに950ポンドの計1200ポンドを支払わなければならない。つまり、現在、賃金差別を雇用審判所等にて解決しようとする場合、労働者は弁護士費用に加え雇用審判所手数料など、一層の金銭的負担を負うこととなっている。

個別救済モデルが抱える問題の第二は、救済の個別性（救済効果の限定性）である。仮に申立てを提起し、その主張が認められたとしても、原則として救済が及ぶのは当該労働者のみであり、差別的な賃金構造にメスが入れられることはない。Jenkins v. Kingsgate事件判決[8]以降認められるようになった間接差別の法理は、企業等における慣行や制度などの差別的効果を問題にしており、当該雇用慣行の見直しを迫り得るものではあった[9]。しかし、事案の解決はあくまで当該労働者の救済によって行われる。一方で、とりわけ1990年代以

---

(6) 2013年企業・規制改革法（The Enterprise and Regulatory Reform Act 2013）による。なお、2013年企業・規制改革法については、鈴木隆「イギリスにおける規制緩和の動向と労働法」季刊労働法243号117頁以降を参照。

(7) Asking and responding to questions of discrimination in the workplace（ACAS, 2014）.

(8) Case 96/80, Jenkins v. Kingsgate, 1981 E.C.R. 911.

(9) B.Hepple, 'Agency Enforcement of Workplace Equality', Dickens (ed.) *Making Employment Rights Effective*, (Hart Publishing, 2012), at 52.

第4章　差別とハラスメントの諸相を解析する

降，平等実現のあり方として個別救済が一般化し，訴訟が相次いだことで，労働協約が不安定化するなど差別を集団的に解決する仕組みは弱体化することなる。

かくして，被差別者の負担によることのない，また差別の集団性に対応する規制が模索されたのである。

2　差別の構造化

男女間の平等賃金を確保する強い規制を有しながら，なぜ賃金格差は縮小しないのか。この依然として存在する賃金格差の要因，すなわち構造的差別にアプローチする必要性もまた，新たな法規制を要請している。

イギリスにおける男女間の賃金格差を平均時給ベースでみると，フルタイム労働者に限定すると約10％，パートタイム労働者を含む全労働者でみると約20％の差がある[10]。この数値はいくつかの男女間賃金格差の要因を示唆している。一つは，より多くの女性がパートタイム労働者として就労していることが男女間賃金格差の要因に大きく寄与しているであろうということ。そして，もう一つは，フルタイムに限定しても10％の賃金格差があるという事実を，1970年以降の男女間平等賃金規制の歴史の中で解釈するならば，当該賃金格差の要因は，明白な差別というよりは男女間職務分離や家族的責任の不均衡など社会的構造にありそうだということである[11]。これらは男女間賃金格差につながる女性の機会均等を阻害する障害（obstacle）ではあるが，それ自体は必ずしも違法と言えないものもある。そうである以上，出産・親休暇等に関する法規制[12]やパートタイム労働に関する規制[13]の整備・拡充はもちろん重要

---

(10) Annual Survey of Hours and Earnings, 2013 Provisional Results（Office for National Statics, 2013）.

(11) Deakin, McLaughlin and Chai, *Gender Inequality and Reflexive Law*, Dickens (ed.) Making Employment Rights Effective,（Hart Publishing, 2012），at 116 でも同様の指摘をする。

(12) たとえば，1996年雇用権法（Employment Rights Act 1996），1999年母性・親休暇等規則（Maternity and Parental Leave etc Regulations 1999），2006年ワーク・アンド・ファミリー法（Work and Families Act 2006）など。

(13) 2000年パートタイム労働者（不利益取り扱い防止）規則（The Part-Time Workers (Prevention of Less Favourable Treatment) Regulations 2000）。

であるが，それだけは足らず，別のアプローチで家族的責任やパートタイム労働の問題に取り組む必要がある。

3 組織構造の複雑化・多様化

新たな法規制が求められるもうひとつの背景は，企業や機関の組織構造の複雑化・多様化である。日本の組織がそうであるように，イギリスの組織もフラット化が進んでいる。グローバル化の進展など企業等を取り巻く環境がめまぐるしく変化する現代においては，迅速な意思決定が不可欠であることから，より低いレベルの管理職等に多くの権限が付与されている。また，当該職場には，マネージャーや労働者のみならず顧客，サービスユーザーなど多くのステークホルダーが関与している。このことは，一企業・機関の中でも，職場によって文化や慣行は異なり得ること，その形成に多様な当事者が関わっていることを意味する。このように組織構造が変化する中で，中央集権的組織を想定した一律的な法規制のみならず，各組織のあり方に応答的な（responsive），つまり決して一律ではない，規制対象者の動機，慣習，構造に対応する規制が求められることとなったのである[14]。

IV 法の実効性に関する議論

上記のような課題が明らかとなる中，B.Heppleは，2010年平等法の制定に先立ち，5つの規制モデルを示し，平等を実現するための最適な規制について検討している[15]。第一は，個人が違法な差別を審判所や裁判所に訴え，権利の実現をする「権利・義務モデル」，第二は，充足すべき基準を一律的に定め，専門機関が調査や法的手続きを通じて法の強制を行う「直接規制（Command-and-Control）モデル」，第三は，各組織が規定された基準を充足するために自主的な取組みをすることを促す「任意的自律的規制モデル」，第四は，各組織の自主的取組みが法の求める基準を充足しなかった場合の法強制を伴う「強制的自律的規制モデル」，第五は，表彰あるいは政府契約や補助金の取り消しなど，法令遵守を促進するための「経済的インセンティブ付与モデル」である。

---

(14) B. Hepple et all, supra note 1, at 55.
(15) Ibid. at 56.

第4章　差別とハラスメントの諸相を解析する

　イギリスの従来の平等法規制は，第一，第二のモデルである。そして，これらに限界がある以上，それを補完すべく新たに検討されるべきは，第三，第四，そして第五のモデルということになる。

　まず，「任意的自律的規制モデル」と「強制的自律的規制モデル」のいずれを追求すべきかについては，これまで政府によって推奨されてきたダイバーシティーに関するビジネスケースを通じた平等の促進[16]（任意的取組みの推奨）について検証し，その効果が限定的であったこと，それゆえ，平等の実現という法目的の実現は，自主的な取組みが機能しなかった場合の担保が必要であることなどから，その場合の強制を予定する第四のモデルを選択した。

　そして，まず，公的機関に対する規制としては，平等促進義務の創設を提案している。この平等促進義務創設の目的は，公的機関に対し，市民に影響をもたらす政策の策定や実施，サービス提供などを行う主体として，そして使用者として，その機能における差別の排除や機会均等の促進の考慮を義務づけることで，当該機関自らが政策やサービス提供の内容や効果をチェックし，そこに問題があれば対応させる仕組みを導入させることにある。他方で，一定規模以上の民間企業に対しては，賃金監査を実施し，その結果を年次報告書で公表するとともに，その被用者やその他代表者，要請がある場合には差別を扱う専門機関に対して情報提供することを義務づけるよう提言している。

　このような義務の創設については，S.Fredmanも主張するところでもあった。Fredmanは，このアプローチを積極的（proactive）平等アプローチと名付け，その意義について，①被差別者からの訴えによることなく，公的機関ないし使用者自らが格差を認識し，それを排除することが求められること，②当該格差が違法なものか否かにかかわらず，何らかのアクションをとることを求めていること，③問題が発見された際には，不平等な制度が見直されることから，その効果は全ての関係する者に及ぶことにあるとしている[17]。すなわち，このアプローチが前提としているのは社会構造的な不平等の存在であり，そこで公的機関や使用者に求められる行動は，もはや「等しきものを等しく」という平等概念では捉えられない。そこで求められるのは，差別の禁止と機会均等

---

[16]　たとえば，D.Kingsmill, *Women's Employment and Pay* (2001).

[17]　Fredman, 'Reforming Equal Pay', Industrial Law Journal 37(3), at193-218.

の促進等を「進展させる（advance）」ための「異なる取り扱い」である。

他方で，第五の「経済的インセンティブモデル」に関しては，イギリスにおけるこれまでの公共調達規制のスタンスについて考察し，それらと整合的な規制として，また，公共機関の平等義務を創設することを前提に，公的機関が平等義務を負う「機能」に公共調達を含めることで，つまり，公共調達における差別の排除や機会均等の促進の考慮を通じた平等実現を提案した[18]。

一方，政府は，公的機関に対する新たな規制については肯定的であったものの，民間企業に対する規制強化について消極的であった。たとえば，依然として存在する18％（当時）もの男女間収入格差への対応策について検討を行った2001年のKingsmill review[19]や，その後の2010年平等法制定に向けた法規制のあり方に関する議論[20]のいずれにおいても，民間企業に対する強制的な賃金監査の導入など新たな規制の導入に否定的な見解を示していた。

このように，公的機関と，少なくとも一定規模以上の民間企業に対しては強制的自律的規制を導入し，差別の排除と雇用機会の均等を前進させることを主張する研究者グループと，民間企業に対してはあくまでその自主的な取り組みを推奨すること（強制なき自主的取組み）で足りるとする政府とが対立する中，2010年平等法は制定されたのである。

---

(18) Hepple et all, supra note 1, at 81. 1988年地方政府法（Local Government Act 1988）の制定以前，イギリスの多くの地方公共団体が，当該業務の委託先に対して，人種差別および性差別立法およびその行為準則の遵守を求めていたが，このような考慮は，強制競争入札を求める1988年法により禁止されることとなった。しかし，1999年地方政府法は，公共調達を含むその機能を果たす際に「最善の価値」の実現を求め，この「最善の価値」については，「経済，効率および公正の組合せを考慮しながら，地方公共機関がその機能を果たす方法において，継続的に改善していくことを確保する措置」と定義されたことから，再び，公契約における差別禁止・平等促進を含む社会的条項の考慮の可能性が浮上した。なお，公共調達に関するB.Heppleらの提案は，2010年平等法において実現されている。

(19) D.Kingsmill, supra note 16.

(20) たとえば，Shaping a Fairer Future（Women and Work Commission, 2006）, Discrimination Law Review（Department for Communities and Local Governmen, 2007）.

V　2010年平等法とその課題

　2010年平等法の総論的な検討は他稿に譲り[21]，そこでとられている規制方法についてみてみると，B. Heppleらが主張した規制方法がいくつか導入されていることが注目される。2010年平等法が導入した平等義務[22]はまさに彼らの提案内容そのものであるし，また，民間企業に対する男女間賃金格差情報の公表義務の創設も，彼らの議論が影響したことは明らかである。

1　公的機関の平等義務

　公的機関の平等義務は，全ての公的機関が負う一般義務（149条）と特定の機関が負う特別義務がある[23]。一般義務の下，公的機関は，その役割を果たす際に，差別，ハラスメント，報復，その他禁止される事項の排除，機会均等の前進，保護特性を持つものと持たないものとの良好な関係を培うことについて考慮することが求められる。この義務は，公的機関に対して，自らの政策やサービス提供及び自らの雇用制度・慣行が差別の排除や機会均等の前進などにいかなる影響をもたらすのか，その内容や効果を，違法か否かにかかわらず検討し，組織的に対応することを求めるものである。

　なお，公的機関が考慮すべき事項として，機会均等の促進（promote）ではなく　前進（advance）という文言を用いていることを看過すべきではないだろう。すなわち，「形式的平等（第一ステージ）」から差別禁止にとどまらず機会均等の促進を求める「実質的平等（第二ステージ）」へと発展してきたイギリス平等法の歴史は，2010年平等法の制定により，さらに進められた（第三ステージ）と評価することができる。

　一方，特定の公的機関が負う特別義務は，前述の一般義務を効果的に実行で

---

(21)　本書浅倉論文参照。
(22)　公的機関の平等義務は，「人種」（2000年人種関係（修正）法（Race Relations (Amendment) Act 2000）），「障がい」（2005年障がい者差別法（Disability Discrimination Act 2005））および「性別」（2006年平等法（Equality Act 2006））についてはすでに導入されていた。拙稿「イギリス平等法制の到達点と課題」日本労働法学会誌116号（2010年）126頁以下）。
(23)　2010年平等法（特別義務）2011年規則（the Equality Act 2010 (specific duties) Regulations 2011）。

きるようにする義務である。この義務の下，当該機関は「平等目標」について4年ごとに公表すること，そして，「一般義務の遵守を説明する情報」，すなわち，自らの政策や制度に関し，差別を排除すること，機会均等を前進させること，保護特性を有する者と持たない者との良好な関係を培うことを考慮したことを説明するための情報を，毎年公表することが求められる。この「一般義務の遵守を説明する情報」には，当該機関の被用者情報（被用者が150人以上の機関のみ）[24]，その他当該政策や慣行の影響を受ける者に関する情報が含まれなければならない。

　なお，2006年平等法で定められていた公的機関の平等義務では，政策策定などの際に，その被用者，サービスユーザーおよびその実施において利益を有する者（労働組合を含む）と「協議」することが求められていた[25]が，上記の通り，2010年平等法においては，当該当事者の関与は，法的義務の遵守を説明する情報にとどめられている。つまり，当該当事者の関与は法的義務の遵守を示す一情報として考慮されるに過ぎず，協議することまでは求められていない。しかし，政策などはトップダウン的に策定・実施されることが一般的であるから，そこに，誰が，どの段階で，どのように参画するかは，極めて重要である。本規制の意義が，雇用機会の障害や賃金格差の要因，必ずしも違法ではなく，また必ずしも明白ではないため，組織が不平等の要因として認識していないであろうそれらの存在を認識し，その除去を含む取組みを促すことにあるのであれば，その取組みには，代表性や専門性などを考慮した多様な当事者（保護特性を有する者，労働組合など）が，不平等の原因の分析，政策の策定，その実施に対するモニタリングやレビューのすべての段階において関与することが必要であろう[26]。

　この点に関連し，2010年平等法の制定に向けた議論において，イギリス労

---

(24) 一般義務の遵守を証明する情報について特定の形式がある訳ではないが，たとえば，全労働力の構成，ジェンダー賃金格差や平等事項一般，採用および定着率，柔軟な働き方や教育・人材開発の機会の申請状況やその結果，苦情・懲戒事項などを含みうる。
(25) 1975年性差別禁止法（公的機関）（法的義務）2006年命令（Sex Discrimination (Public Authorities) (Statutory Duties) Order 2006)。
(26) Fredman, Making Equality Effective: The role of proactive measures, European Commission, Brussels, 2009, at 52-53.

第4章　差別とハラスメントの諸相を解析する

働組合会議（Trade Union Congress）は，平等代表（equality representative）[27]のタイム・オフ権を主張していた[28]。安全衛生委員が，安全衛生事項に関して協議することが求められ，また自らの役割を果たすための訓練等のためにタイム・オフの権利が認められているように，平等代表に対するタイム・オフの権利を求め，もって訓練された平等委員の関与を期待したのである[29]。

なお，Hepple は，自律的規制が機能するために，①組織自身によるレビュー及びモニタリング，②関係当事者（被用者，サービスユーザーなど）の関与，および③自主的な取組みがうまく機能しなかった場合に，当該組織に対して情報やアドバイスを提供し，また，（とるべき）変更について協議する専門的機関という3つのメカニズムの存在と連携が必要であるとしている[30]。言い換えると，この規制は，平等実現に向けた取組みを組織に委ねるものである以上，その実施を監視する関係当事者（②）や情報提供などにより自主的取組みをサポートし，かつ法強制権限を有する機関（③）の存在が不可欠である。そしてこの3点から2010年平等法の公的機関に対する義務をみてみると，①の組織内でのレビューとモニタリングはまさに公的義務の内容であり，③についても，平等人権委員会には，平等に関する情報提供の機能があり，かつ，公的機関の一般義務や特別義務の遵守状況について評価する法的権限，そして法違反が認められた場合には，遵守通告をする権限（遵守通行にも従わない場合には，裁判所に当該機関に対する遵守命令を求めることができる）があるから，委員会にその役割を期待することができる[31]。他方で，②で示されている関係当事者の関与が，2006年平等法がとっていた協議など積極的な関与を意味することは明らかである。とりわけ，安全衛生に関わる事項がそうであるように，差別・

---

(27) 平等代表は職場で平等事項に関して助言などのサポートをすべく養成されている者で，現在，その数は数千人にも及ぶ。その養成等には，前政権の労働組合現代化基金による援助がなされている。

(28) Women and Work Commission, supra note 20.

(29) B.Hepple, supra note 9, at 60.

(30) Ibid. at 55.

(31) なお，平等人権委員会は，特別義務の下求められる「平等目標」や「一般義務の遵守を説明する情報」の公表状況について調査を実施し，モニタリングを行っている。Publishing equality information: Commitment, engagement and transparency (EHRC, 2012).

平等事項についても高度の専門性が求められ、専門的知識を有する労働者代表の関与を確保することは、法の実効性の鍵となり得る。したがって、政策策定やそのレビューにおける関係当事者との協議を義務付けず、また平等代表のタイム・オフ権に関する規定の導入を拒否した2010年平等法は、公的機関の平等義務の実効性を確保するための重要な手段を欠いてしまっていると評価せざるを得ない。

2　民間企業に対する男女間賃金格差情報公表義務

　2010年平等法は、250人以上を雇用する民間企業の使用者に対して、男女間賃金格差情報の公表を求める規則の制定権を国務大臣に認める規定（78条）を設けている。公表義務を負うのは一定規模以上の企業に限定されており、また求められる義務の内容も男女間賃金格差情報の公表であり、当該格差の要因の分析やそれへの対応自体が求められるものではない。その点、ジェンダー賃金格差情報を含む自らの被用者に関する情報を一般的に公表するのみならず、格差が存在する場合には、その義務の内容として、原因の分析やそれへの対応が実際上求められる公的機関の義務とは対照的である。もっとも、公的機関とは異なり、民間企業にとって当該情報の公表は社会的評価や株価への影響など企業経営に影響しうることから、その定期的な公表は、構造的差別を含む賃金格差の要因へのアプローチにつながりうる。また、公表する情報を、一般的な労働力情報ではなく、賃金格差としていることは、当該格差に帰結する女性の様々な機会均等の障害の除去につながり得、重要である。

　しかし、本規制の意義は、その実施計画によって揺るがされることとなる。当初より、2013年4月までは、規則の制定は予定されていなかった。そして、2010年平等法制定直後の政権交代は、民間企業に対しては任意的取組みを推奨するという従来のスタンスに引き戻してしまう。

　そのことは、同年の12月に公表された文書「平等戦略――より公平なイギリスの構築」でも明らかである。同文書の平等賃金に関わる箇所において、政府は、公的機関については、2010年平等法の義務の下、その透明性の促進（ジェンダー賃金格差情報の公表を含む）を強く要請する一方で、民間企業に対しては、自主的なスキームを企業等と協力して展開していくという、平等政策に関する

第4章　差別とハラスメントの諸相を解析する

方向性を示した[32]。そして，2011年9月，政府は，この自主的スキームとして，'Think, Act, Report' をスタートした。これは，会社全体でデータを収集し，検討することでジェンダー平等に関する問題を特定し（Think），その問題に向けて取り組み（Act），好事例やケーススタディーを共有すべく，各企業の取組みを公表する（Report）いうものである。

　このプロジェクトのジェンダー賃金格差に対する効果を検討すべく，2013年に発行されたフォローアップレポートをみてみると，プロジェクトに署名した企業の43%が賃金監査を実施したとされている[33]。民間企業においてはなかなか進んでいない賃金監査の実施を促したことは評価すべきであろう。しかし，より重要なのは賃金監査の実施の有無というよりはむしろ，その結果が公表され，労働組合などと情報共有されることで，賃金格差の原因分析やそれへの対応という次なるアクションにつながることである。その意味で，賃金格差情報の公表自体を求めていないこのプロジェクトの賃金格差是正の効果には限界がある[34]。もっとも，政府は，プロジェクトの下で公表される情報について量・質ともに毎年レビューし，その効果について観察した上でとるべき選択肢について検討するとしており，2010年平等法の78条が施行される可能性は残されている。レビューの結果，78条に基づいて規則が制定されるのか否か，今後の動向が注目される。

VI　おわりに

　イギリスでは，長らく権利の保障とそれが侵害された場合の救済を通じて平等を実現してきた。しかし，個別救済により平等を実現していくことの限界と女性労働者を取り巻く現実や環境の変化は，個別救済モデルを補完する新たな規制，差別の被害者の負担によらず，各機関・企業自らが，差別の直接的・間

---

(32)　The equality strategy - building a fairer Britain: progress report（Government Equalities Office, 2012）.

(33)　Think, Act, Report - two years on（Government Equalities Office, 2013）.

(34)　なお，平等人権委員会が実施した調査によると，平等賃金に関する何らかの取り組みを行った企業の内16%しかその結果を内部に報告していなかった。Adams, Gore and Shury, Gender Pay Gap Reporting Survey 2009（Equality and Human Rights Commission, 2010）. 透明性なき賃金格差への取組みの効果を疑問視するものとして，Deakin, McClaughlin and Chai, supra note 11, at 123.

接的要因にアプローチし，組織的に対応することを促す規制を要請するようになった。

　もっとも，要請への対応は，公的機関と民間企業とでは一様ではない。社会的影響力の大きさや社会に対して模範を示す必要から，公的機関には平等義務という新たな義務が課されるようになったのとは対照的に，民間企業については，あくまで任意の取組みを通じた平等の実現が追求されたし，2010年平等法が制定された現在もそうである(35)。また，公的機関の平等義務にも，その実効性を確保する仕組みに課題がある。これらのことは，自律的規制の課題をより明白にしている。

　第一に，平等を実現することの目的をどこに設定するかは，政策の効果を左右するということである。確かに，2000年代頃から新たな法規制に代わる平等実現のスキームとして推奨されてきたダイバーシティマネジメントは，その一環としての平等政策の必要性を経営者に強く認識させることとなった。しかし，多様性を競争優位の源泉として生かすという経営上の目的と平等の実現とが完全に合致する訳ではない。そのため，一度，実施者がその目的を経営戦略の一つに位置づけたならば，個人の権利より組織の効率性が優先される危うさがある(36)。また，構造的差別など直接的な効果が現れにくい問題へのアプローチよりも経営ボードメンバーにおける女性比率の向上など数値に明白に表れる政策に主眼が置かれがちとなる。

　第二に，当事者の自主的取組みに委ねる規制ではあるものの，それが機能するための仕組みを，法で設定する必要があるということである。具体的には，法の趣旨により自律性の範囲を限定すること，それに関わる適格な当事者者の要件を定めること，そして，情報の開示を義務化することなどが求められる。

　第三に，法の定める仕組みが継続的かつ効果的に機能するためには，労働組合などの関与が必要不可欠である。なお，差別の要因分析から政策策定や実施

---

(35) Think, Act, Report もその一つと位置付けられる。さらに，2012年10月には，上場企業に対して取締役会の多様性を求めるコーポレートガバナンス・コードが制定されるなど，ビジネスケース誘導のための整備が進められている。

(36) ダイバーシティマネジメントの限界について検討するものとして，Deakin, McLaughlin and Chai, supra note 11, at 121; Kirton and Greene, "Diversity management in the UK: organizational and stakeholder experiences" (Routledge, 2009), at 173.

に対してモニタリングを行うという役割を考えると，その代表性や専門性をいかに担保するかも重要な検討課題である。

　最後は，自主的取組みが法の趣旨に反して運営され，あるいはそれに反する結果がもたらされた場合の救済を，いかなる機関が担うかである。当事者の自主的な取組みに委ねる以上，法文上定められる義務の内容は抽象的とならざるを得ない。だとすると，当該規定に関する紛争が発生した場合に，雇用審判所や裁判所で十分な救済が図れるかには疑問がある。このような自律的規制の有効性と限界を考慮して，いかなる実効性確保機関を想定するのかも，イギリス平等法の直面している課題であるように思える。

24 ハラスメント対抗措置としての「労務給付拒絶権」

原　俊之

I　はじめに
II　労務提供義務違反の免責に関する法理
III　労務給付拒絶権の概念と対象
　　事案の類型
IV　「労務給付拒絶権」の適否の判断

I　はじめに

　労働契約は言うまでもなく，労務提供と賃金の交換を目的とする契約であり，労働者の労務提供義務とこれに対応する使用者の指揮命令権はその中核たる基本的権利義務である。しかし，労務提供は常に満足な形で履行されるとは限らず，様々な事情で不可能となるほか，労働者自身の意思によって履行が拒絶されることもありうる。また，労働者が労働条件の維持改善などを目指して，労働組合を通じて集団的に労務提供を拒絶する手段は，団体行動権として憲法および労組法の保護を受ける。

　問題は，やむに已まれぬ職場の事情（たとえば差し迫った労働災害の危険や深刻なハラスメント被害など）に直面した場合，労働組合のような集団組織を介在させず，労働者個人が労務提供を拒否することが許されるか，許されるとすればその要件及び具体的な効果はどのように考えるべきだろうか。本稿はこのうち特に，いわゆる「職場のいじめ」ないし「パワーハラスメント」への対抗手段の一つとしての，労働者の「労務給付拒絶権」を検討対象とするものである。

　職場いじめの深刻さは，あらためて論じるまでもなく，近年の裁判例の増加とあわせ，労働相談件数の推移をみれば一目瞭然であろう。「平成25年度個別

労働紛争解決制度施行状況」[1]によると，平成25年度の総合労働相談件数は1050042件と前年度に比べ1.6％減となっている一方，民事上の個別労働紛争の相談内容は「いじめ・嫌がらせ」が2年連続トップで増加傾向にある。すなわち，「いじめ・嫌がらせ」に関する相談件数が59197件（前年51670件），助言・指導の申出は2046件（前年1735件），あっせんの申請は1474件（前年1297件）となっており，わが国の職場においては解雇以上に深刻かつ関心の高い紛争であることを示している。

これまでの大多数の判例においては，加害者および使用者に対する不法行為ないし債務不履行に基づく損害賠償請求，また配転命令など人事権の行使として行われた場合には，当該業務命令の無効確認という形で争われてきた。近年，こうした事後的な法的処理と併せて，現場の当事者を主体とする事前の予防策の重要性が提唱されているほか，訴訟という局面においても，事後的な金銭解決等に限らず，たとえば使用者が負うべき配慮義務の履行請求[2]，いじめ行為そのものの差止め請求，そして労務提供拒絶の可否[3]など，被害拡大の阻止を目的とした法理構築の要請が高まっている。本稿はこうした要請の一つに応えるべく，ハラスメント対策としての労務給付拒絶権の意義とこれを援用する際の留意点を検討するものである。

II 労務提供義務違反の免責に関する法理

1 使用者の債務不履行責任

職場のいじめについて使用者の責任を追及する際に，不法行為責任（使用者責任を含む）のほか，労働契約上の付随義務違反（債務不履行責任）を問うことができる。使用者の付随義務は，陸上自衛隊八戸車両整備工場事件（最三小判昭50・2・25民集29巻2号143頁。以下本稿では「陸自事件」とする）および川義事件（最三小判昭59・4・10民集38巻6号557頁）において，「生命及び健康

---

(1) http://www.mhlw.go.jp/stf/houdou/0000047179.html
(2) 安全配慮義務の履行請求に関する代表的な研究成果としては，鎌田耕一「安全配慮義務の履行請求」水野勝先生古稀記念論集『労働保護法の再生』（信山社，2005年）359頁。
(3) 金子雅臣・中野麻美・龍井葉二「〈鼎談〉パワハラと職場のいま」季労230号4頁〔金子雅臣発言〕(2007年)，中野麻美編著『ハラスメント対策全書』（エイデル研究所，2010年）22頁において，その必要性が強調されている。

(身体)等を危険から保護するよう配慮すべき義務」(安全配慮義務)として，自衛隊員の死亡事故や民間企業における防犯対策の不備に関する雇用主(国)の責任を根拠づけて以来，その内実や適用範囲を徐々に拡張させていった。そして，90年代前半以降の一連のセクシュアル・ハラスメント(以下「セクハラ」とする)訴訟において，「職場環境整備義務」などといった名称で，事案に応じた使用者の様々な義務が判例法上認められてきた[4]。セクハラについては早い時期から「一種の労災類似のもの」ととらえ，安全配慮義務を活用する可能性が提唱されていたが[5]，三重厚生農協連合会事件(津地判平9・11・5労判729号54頁)において，使用者は「労働契約上の付随義務として信義則上職場環境配慮義務，すなわち被用者にとって働きやすい職場環境を保つように配慮すべき義務」を負うとされているように，事案や保護法益に違いこそあるものの，両者は労働契約を根拠とする信義則上の義務であることには変わりはない。

　労災にせよセクハラにせよ，使用者の法的責任追及のためのツールとして，不法行為と比較した場合，債務不履行構成には様々なメリットが指摘されている。中でも，債務不履行は契約関係の存在を前提としているがゆえに，賃金支払義務のような主たる義務と同様，履行請求や抗弁権の行使など，労働契約法理上の様々な可能性を内在させている[6]。そのため，労災やセクハラ被害を労働者自身の意思によって回避する方策として，債務不履行構成のメリットを活かすと同時に，その弱点を克服する法理の構築が試みられてきた。その中核となったのは，同時履行の抗弁権(民法533条)および危険負担(同536条)の援用であった。

---

(4) 一口に債務不履行といっても，その具体的内容は事案によってさまざまである。詳細は浅倉むつ子「セクシュアル・ハラスメント」『労働法の争点〔第3版〕』(有斐閣，2004年)115頁，116頁参照。
(5) 福島瑞穂「セクシュアル・ハラスメントと法・現行法における位置づけと今後の課題」労旬1228号16頁(1989年)。
(6) 和田肇「安全(健康)配慮義務論の今日的な課題」日本労働研究雑誌601号37頁(2010年)は，「安全配慮義務と不法行為法上の注意義務の区別は，履行請求の可否や労働者の履行拒絶といった問題で意義がある」と指摘する(41頁)。

2　同時履行の抗弁権による労務給付の拒絶

　民法533条本文は,「双務契約の当事者の一方は,相手方がその債務の履行を提供するまでは,自己の債務の履行を拒むことができる。」として,いわゆる同時履行の抗弁権の要件を定めている。すなわち,①1個の双務契約から生じた相対立する債務が存在し,②相手方の債務が履行期にあり（同条但書き）,③相手方が自己の債務の履行・提供をしないで履行を請求するという3要件を満たすことにより,債務の履行を拒んでも履行遅滞の責任（＝契約解除や損害賠償請求の要件）が生じないという効果を生じさせるものである[7]。この制度は,自らの債務の履行を拒絶することにより,相手の債務の履行を担保する機能を果たすがゆえに[8],労働契約という双務契約において,使用者の配慮義務の履行があるまで,労働者が自己の債務である労務提供義務の履行を拒むための法的根拠としての有用性が検討されてきた。

　労働安全衛生法（労安法）25条は,労働災害発生の急迫した危険があるときは,労働者を退避させるなどの措置を講じる義務を使用者（事業者）に課しているところ,通達（昭47・9・18基発602号）はかかる事態が生じた場合は「事業者の措置をまつまでもなく,労働者は,緊急避難のため,その自主的判断によって当然その作業現場から退避できることは法の規定をまつまでもない」として,いわば労働者固有の権利としての労務給付拒絶権を認めている。そして,労災発生の危険が急迫していなくても,生命・健康に対する危険が現実に存在している場合には,かかる権利の法的根拠を同時履行の抗弁権に求めることができるとする[9]。上述のように,同時履行の抗弁権は「双務契約から生じた相対立する債務」,すなわち双方の債務の牽連性をその要件とするところ,使用者の安全配慮義務と労働者の労務提供義務にこれを認めることは困難である。そのため,「公平の原則に照らし,事業者がこの義務を履行しないのに労働者の労働を提供することは公平に反する」と解されるため,同時履行の抗弁権を「準用（類推適用）」することによって,上記要件の克服を試みている[10]。また,

---

(7)　内田貴『民法Ⅱ〔第3版〕』（東京大学出版会,2011年）50頁,58頁。
(8)　内田・前掲注(7)49頁。
(9)　宮本健蔵『安全配慮義務と契約責任の拡張』（信山社,1993年）180頁。
(10)　岡村親宜『過労死と労働契約の法理』法学新報101巻9・10号279頁（1995年）。
　　宮本・前掲注(9)180頁がいうところの「同時履行の抗弁権は公平の観念に基づくもの

「管理者は，本人の身体，名誉又は財産に対する急迫の危害を免れさせるために事務管理をしたときは，悪意又は重大な過失があるのでなければ，これによって生じた損害を賠償する責任を負わない」とする緊急事務管理規定（民法698条）の趣旨を類推適用し，労働者自身が急迫の危険があると判断したことにつき「悪意又は重大な過失」がなければ，労務給付拒絶権の行使は正当化されるとする見解もある[11]。セクハラについても，使用者に債務不履行責任が発生しうるものの，通常の環境型セクハラについては，同時履行の抗弁権の主張は限定的なものとされ，むしろ労務提供不能の帰責性をめぐって，後述のような危険負担の問題で処理を図ろうとする見解がある[12]。

3　危険負担とその類推適用

　危険負担（債権者主義）の法理（民法536条2項）は，特に就労がなされなかった場合の賃金債権の存否を決する際にその援用の可否が問題となる。同規定前段は「債権者（使用者）の責めに帰すべき事由によって債務（労務提供義務）を履行することができなくなったときは，債務者（労働者）は，反対給付を受ける権利（賃金債権）を失わない」（※括弧書き引用者）としており，無効な解雇によって就労不能になった期間中の賃金支払いを命じる際の法的根拠としてしばしば用いられてきた[13]。

　学説上，使用者の安全配慮義務違反や法令違反によって就労不能となった場合，危険負担規定の適用によって労働者の賃金債権の存在を肯定する見解が有力である[14]。また，セクハラについても，「執拗かつ継続され，かつこれに対

　　だから，これを広く適用することができる」との解釈もこれと同趣旨のものであろう。
- (11) 三柴丈典『労働安全衛生法論序説』（信山社，2000年）459頁。しかし同書は，終局的には「現行の事業者対象の規制形態を改め，先ずは労働者自身を危険判断ならびに……危険回避措置の主人公に据える労務拒絶権規定が，労働安全衛生法令に明文化さるべきもの」としている。
- (12) 山田省三「職場におけるセクシュアル・ハラスメントをめぐる裁判例の分析（二・完）」法学新報106巻1・2号87頁，126頁以下（1999年）。
- (13) 債権法改正論議を前提としつつ同規定の課題とその解決の方向性を提示したものとして，根本到「労働契約における危険負担法理の法的課題——ドイツと日本の給付障害法と賃金請求権論——」角田邦重先生古稀記念『労働者人格権の研究・上巻』（信山社，2011年）329頁。
- (14) 山川隆一『雇用関係法〔第4版〕』（新世社，2008年）233頁，土田道夫『労働契約

する使用者の対応が十分でないため……労務提供が不能」と判断される場合(15)、あるいはセクハラによる「心身に対する危害（労災）発生の虞がなくなるまで」(16)といった要件の下、危険負担の適用が肯定されている。

また判例の中にも、新聞輸送事件（東京地判昭57・12・24労判403号68頁）のように、「労働者の労務提供及びその準備行為等が安全に行われるよう配慮すべき」使用者の義務を前提に、同義務の不履行ゆえに「労働者が労務を提供しようとすればその生命及び身体等に危害が及ぶ蓋然性が極めて高く、そのため……労務を提供することができないと社会通念上認められる場合」には、使用者の責めに帰すべき履行不能として、労働者は賃金請求権を失わないとするものがある(17)。危険負担の要件は、使用者の付随義務違反に限定されない。東芝府中工場事件（東京地八王子支判平2・2・1労判558号68頁）では、職務上の軽微な過誤に対して執拗に反省書等の作成を求める等といった所属長の行為が指揮監督権の裁量を逸脱し不法行為に該当するとされ、同時に会社の使用者責任（民法715条）も認められた。そして、これが精神的負担となった結果、早退・欠勤によって未払いとなった賃金につき、所属長が会社の社員としてその部下の指導監督を行う上でなされたことから、使用者の責めに帰すべき事由によるものとされ、未払い分の請求が認容されている。

危険負担の規定は、賃金請求以外の事案に対しても類推適用されるケースがある。名古屋セクハラ（K設計・本訴）事件（名古屋地判平16・4・27労判873号18頁）は、「当該職場の関係者によるセクハラの事実が存在し、当該事案の性質・内容、被害の内容・程度、加害者ないし被害者の立場及び両者の関係等のほか、使用者による回復措置の有無・内容等を勘案すると、当該セクハラ行

法』（有斐閣、2008年）487頁、岡村・前掲注(10)279頁など。角田邦重＝毛塚勝利＝脇田滋編『新現代労働法入門〔第4版〕』（法律文化社、2009年）298頁は、「法益に著しい不均衡が生じる等特段の事情がない限り」という留保条件を付す。

(15) 山田・前掲注(12)127頁。

(16) 林弘子「職場におけるセクシュアル・ハラスメントに対する法的対応」ジュリ956号42頁、49頁（1990年）。

(17) 大阪セクハラ（S運送会社）事件（大阪地判平10・12・21労判756号26頁）においては、同僚男性のわいせつ行為により出勤不能となったものの、加害行為の頻度や加害者と職場で遭遇する可能性の低さなどから、使用者の責めに帰すべき事由の存在が否定されている。

為の直接の効果として，ないしは将来の同種行為の反復の危険性から，当該職場での就労に危険性を伴うと客観的に判断される場合」には，債務不履行責任（＝労働者の労務提供義務違反）が生じることなく，また懲戒解雇等の処分事由にもならないと判示している。職場における性的危険性の存否は客観的に判断され，中でも「過去実際に発生したセクハラ被害の内容・程度」が重視されるとする。結論として懲戒解雇は有効とされたものの，具体的な判断のあり方も含めると，この判決は明示こそしていないが，使用者の配慮義務について，民法536条2項にいう債権者の責めに帰すべき事由に基づく履行不能の類推適用の問題として論じ，危険負担の法理を配転・懲戒処分の問題に類推適用したものとみることができる[18]。

このように，危険負担の適用要件である「使用者の責めに帰すべき事由」の有無は，加害行為が違法である（あるいは一定限度を超えている）ことを前提に，これが原因で労務提供が精神的・物理的に不可能となった場合はむろんのこと，労務提供が身体的に可能であったとしても，同種の行為の反復可能性や使用者の講じた措置（特にこれによって被害者が加害者と接点を持つ可能性があるか否かが重要なポイントとなる）などの事情を斟酌して判断されることとなる。

4 指揮命令権の限界による労働者の免責

労働者の労務提供の拒絶については，同時履行の抗弁権や危険負担の援用以外に，使用者の指揮命令権の限界を画することによって反射的にその適否を評価することができる。指揮命令権は，労働協約や就業規則などを含む労働契約にその根拠が求められるところ[19]，労働契約上の根拠がない場合には労働者は指揮命令（業務命令）に従う義務を負わず，また，たとえ指揮命令が契約の範囲内でなされたとしても，権利濫用（民法1条3項，労契法3条5項）や公序良俗違反（民法90条）に該当する場合には，違法・無効となる。こうした枠組みを前提に，使用者の安全配慮義務違反や事業者の労安衛法違反ゆえ就労に危

---

(18) 山﨑文夫「判批」労判874号5頁，11頁（2004年）。
(19) 厳密には，「労働契約だから指揮命令権が認められるのではなく，指揮命令権についての合意があるから労働契約」と評価されるわけであり，「指揮命令権の法的根拠は，それを基礎づける合意（契約上の根拠）自体にに求められる」ことになる。水町勇一郎『労働法〔第5版〕』（有斐閣，2014年）115頁参照。

険が生じる可能性がある場合，かかる事実に業務命令を無効とする効果を読み取ることができ[20]，また法令違反の場合に限らず，生命・身体に危害が及ぶ場合に就労を拒否しうることは，労働契約の本質から生じることであるとして，その内在的限界を画すことができる[21]。このほか，労安衛法の規制内容や違反状態の多様さゆえ，法令違反の事実を業務命令の無効に直結させるのではなく，「その行為により引き起こされる危険の重大性，労働者がそれに対処する時間的余裕の有無」といった個別的事情を考慮したうえで，公序良俗違反（民法90条）の援用による処理を図るべきであるとする見解もある[22]。また，指揮命令権の限界は，生命や身体など物理的な危険に限られず，業務上の必要性および社会的相当性の観点から制約を受け，労働者の人格的尊厳を無視するような指揮命令権の行使も違法・無効となりうるとされる[23]。

指揮命令権については，多くの判例が様々な観点から制限を施している。古くは，朝鮮海峡における軍事上の危険（昭和31年3月当時）ゆえに，海底布設船の出航命令の拘束力を否定した電電公社千代田丸事件（最三小判昭43・12・24民集22巻13号3050頁）があり，同判決は生命・身体への重大な危害が及ぶ場合に労務提供義務（指揮命令権）の限界を画した事案として位置づけられている。そして，近年では生命や身体の危険に限らず，当該業務命令の必要性，目的および労働者に与える様々な不利益の態様・程度等を考慮し，主に不法行為に基づく慰謝料請求等を通じて指揮命令権の行使に制限を加える事案が見受けられる。まず，不当な動機・目的が立証された場合には，指揮命令権の行使は違法となる。高校教諭に対する長期間に及ぶ仕事外し，別室への隔離，自宅研修などについて，これらの目的が産休取得やその後の態度を嫌悪した学校長の意趣返しにあったことから，業務命令権の濫用として違法・無効とした事案[24]，あるいは規律違反を犯した労働者に対し教育訓練と称して就業規則全

---

[20]　荒木尚志『労働法〔第2版〕』（有斐閣，2013年）241頁以下，西谷敏『労働法〔第2版〕』（日本評論社，2013年）360頁など。
[21]　西谷・前掲注(20)360頁は，これとあわせて同時履行の抗弁権によって説明することも可能であるとする。
[22]　小畑史子「労働安全衛生法規の法的性質――労働安全衛生法の労働関係上の効力（三・完）」法学協会雑誌112巻5号39頁，80頁以下（1995年）。
[23]　山川・前掲注(14)82頁。
[24]　松蔭学園事件（東京高判平5・11・12判時1484号135頁）。

文の書き写しを命じたことにつき，かかる作業が一般に肉体的・精神的苦痛を伴い，しかも合理的な教育的意義が認め難いことなどから，「見せしめを兼ねた懲罰的目的からなされた」ものとして，不法行為を構成するとした事案がある[25]。目的の不当性が存在しない場合であっても，たとえば真夏の炎天下に日除けのない場所で終日監視作業を命じたことは，「肉体的，精神的に極めて過酷なものであり，労働者の健康に対する配慮を欠いたもの」として違法とされている[26]。特に指揮命令権の行使が教育訓練目的で行われる場合には，当該教育訓練の必要性ほか，当該作業内容における教育的意義の存否が重視される[27]。

　労働者の就労拒絶の可否を検討するに際し，上記のような安全配慮義務違反を前提とした同時履行の抗弁権の援用と比して，危険を伴う労働を命ずる業務命令の効力を否定することによって，これと同一またはそれ以上の法的保護を図れるとする見解がある[28]。すなわち，安全配慮義務は，労働者の特別的危険のみを対象とする義務であるのに対し，労務指揮権（指揮命令権）の濫用は，労働者の危険が一般的危険にとどまる場合も成立しうるからである[29]。そして，危険の有無を問わず，また「業務命令が有効であっても，労働者にその命令に服しないことにつきやむを得ない事由が存在したか否かが，その命令違背を理由とする懲戒処分等の有効性の主要な問題となる」として，指揮命令権の行使が違法か否かとは別に，労働者側の事情に基づく業務命令違反が許容される余地を認める判例がある[30]。

---

(25) JR東日本（本荘保線区）事件（仙台高秋田支判平4・12・25労判690号13頁）。
(26) JR西日本吹田工場事件（大阪高判平15・3・27労判858号154頁）。他方，国鉄鹿児島自動車営業所事件（最二小判平5・6・11労判632号10頁）では，組合バッジの取外し命令に違反した組合員に対し，事業所内に降り積もった桜島火山灰の降灰除去作業を命じたことにつき，「職場管理上やむを得ない措置」としてその違法性が否定されているが，この判決については学説上批判も多い。
(27) JR西日本（大阪支社ほか・日勤教育）事件（大阪地判平23・7・27判例集未掲載）。事実関係の概要と判旨については，拙稿「JRにおける「日勤教育」の違法性」労旬1764号12頁（2012年）参照。
(28) 土田・前掲注(14)487頁。
(29) 土田・前掲注(14)487頁。
(30) X学園事件（さいたま地判平26・4・22労経速2209号15頁）。

第4章　差別とハラスメントの諸相を解析する

Ⅲ　労務給付拒絶権の概念と対象事案の類型

1 「労務給付拒絶権」の概念

以上のように，「労務給付拒絶権」とは，同時履行の抗弁権や危険負担，そして指揮命令権の限界を画す法理など，業務命令に服しない（服すことのできない）労働者の免責的地位を正当化する法的手段の総称と解することができ[31]，たとえば「同時履行の抗弁権」のように特定の要件の充足によって生じる具体的権利の呼称ではない。そのため，多彩な様相を呈するハラスメント行為への対抗手段として援用すべき法理は事案ごとに異なり，その検討に当たっては，加害行為の主体，行為の態様などに応じて，職場のいじめの定義・概念を再度とらえなおし，各事案類型に最もふさわしい法理の見極めが肝要となる。

2 職場のいじめ・パワーハラスメントの定義

厚生労働省の「職場のいじめ・嫌がらせ問題に関する円卓会議」が平成24年3月15日に公表した「職場のパワーハラスメントの予防・解決に向けた提言」[32]に先立ち，同年1月30日に公表された同会議ワーキンググループの報告[33]によると，職場のパワーハラスメントとは，「同じ職場で働く者に対して，職務上の地位や人間関係などの職場内の優位性を背景に，業務の適正な範囲を超えて，精神的・身体的苦痛を与える又は職場環境を悪化させる行為」と定義され，典型例として，①身体的な攻撃（暴行・傷害），②精神的な攻撃（脅迫・暴言等），③人間関係からの切り離し（隔離・仲間外し・無視），④過大な要求（業務上明らかに不要なことや遂行不可能なことの強制，仕事の妨害），⑤過小な要求（業務上の合理性なく，能力や経験とかけ離れた程度の低い仕事を命じることや仕事を与えないこと），⑥個の侵害（私的なことに過度に立ち入ること），といった6種類の行為が挙げられている（以下，本稿ではこれを「6類型」とする）[34]。し

---

[31]　土田・前掲注(14)487頁および中嶋士元也「労働関係上の付随的権利義務に関する感想的素描」中嶋士元也先生還暦記念論集『労働関係法の現代的展開』159頁（信山社，2004年）は「労務給付拒絶権」をそのような概念ととらえている。

[32]　http://www.mhlw.go.jp/stf/houdou/2r98520000025370.html

[33]　http://www.mhlw.go.jp/stf/shingi/2r98520000021hkd.html

[34]　もっとも，同報告はこれら6類型が「すべてを網羅するものではないことに留意する必要がある」としている。

かし，これらパワハラ行為への対抗策として，前述した意味での労務給付拒絶権を検討するに当たっては，上記6種類の典型例それぞれにつき，別な観点からとらえなおす必要がある。たとえば，上記①，②および⑥の行為は，その態様や程度から不法行為における違法性の要件を具備していた場合，加害者個人の不法行為責任および使用者責任を追及することは可能である[35]。しかし，当該行為が違法と評価されたからといって，同時履行の抗弁権の前提条件たる使用者の付随義務違反の成立が直ちに認められるとは限らない。そのため，それぞれの法理がいかなる状況のもとにどの程度有用たり得るか，6類型を参考にしつつ，以下検討する。

3　対象事案の類型化
(1)　いじめの主体および態様

いじめが労働契約の当事者たる使用者によって，指揮命令権の行使に名を借りて行われるものか（以下「指揮命令権型」とする。6類型のうち④，⑤が該当し，また③および⑥も業務命令として行われることがある），あるいは職場の人間関係に端を発する事実行為なのか（以下「事実行為型」とする。同じく①，②は大半がそのケースであり，③の形で行われることもあろう）によって，援用する法理に差異が出る。すなわち，前者の場合においては労働者の就労拒絶の可否は，使用者の指揮命令権の行使が適法か否かによって判断しうるのに対し，後者の場合においては，その手法が通用するとはかぎらない。同僚や上司による違法な嫌がらせが存在したからといって，使用者の業務命令自体が当然に違法となるわけではない。そのような場合には，前述のように労働者に「命令に服しないことにつきやむを得ない事由が存在したか否か」が問われることとなる。指揮命令権の限界を画する手法によるとしても，加害行為の主体・態様如何により，指揮命令権それ自体の適法性を問うべきこともあれば，労働者の側の事情を検討しなければならない事案もあるということである。

同時履行の抗弁権を援用する際には，さらなる注意を要する。前述のように，

---

(35) もっとも，使用者責任は当該行為が「事業の執行について」（民法715条）なされたことを要し，これに該当するか否かは，「かかる暴行が会社の事業の執行を契機とし，これと密接な関連を有すると認められるか否かによる」（最三小判昭44年11月18日民集23巻11号2079頁）とされる。

第4章　差別とハラスメントの諸相を解析する

この権利は相手方の債務（使用者の付随義務）の履行を担保する機能を果たすがゆえに，単に労働者が債務不履行責任を免除されるにとどまらず，より積極的に使用者の適切な配慮や措置を促す契機となる。ハラスメント対策としての労務給付拒絶権は，最悪の事態を予防し，被害拡大を阻止することを主眼の一つとすべきことに鑑みれば，かかる機能を度外視することはできない。しかしながら，前述の同時履行の抗弁権の要件のうち，「相手方が自己の債務の履行・提供をしないで履行を請求する」という点ゆえに少なからぬ困難を生じさせる。すなわち，労働者がこれを行使するためには，使用者の債務不履行（付随義務違反）が存在しなければならず，その前提として，使用者の付随義務の具体的内容が確定されていなければならないからである[36]。

使用者の付随義務違反は，上記の指揮命令権型，事実行為型いずれの加害行為においても成立する可能性はある。たとえば指揮命令権型については，エフピコ事件（水戸地下妻支判平11・6・15労判763号7頁）が「使用者は労働者に対し，労働者がその意に反して退職することがないように職場環境を整備する義務を負い，また，労働者の人格権を侵害する等違法・不当な目的・態様での人事権の行使を行わない義務」を負うとして，業務命令や配置に関して一定条件下での不作為義務を認める[37]。また，事実行為型であっても，職場のいじめが時には暴行に及び，また労働者を自殺に追い込む危険性があることに鑑み，判例は安全配慮義務の中に「職場の上司及び同僚からのいじめ行為を防止して，（労働者の）生命及び身体を危険から保護する」義務を読み込んでいる[38]。そ

---

(36) ほかにも，「1個の双務契約から生じた相対立する債務の存在」と「相手方の債務が履行期にあること」というもう2つの要件をクリアしなければならない。この点については，奥田昌道『債権総論（上）』（筑摩書房，1982年）20頁のように，使用者の安全配慮義務は労働者の労働給付義務の履行の前提をなし，理論的に先行することから給付義務であると解するべきであろう。

(37) トナミ運輸事件（富山地判平17・2・23労判891号12頁）においても，使用者の付随義務として教育訓練目的の業務命令においても，JR西日本（大阪支社ほか・日勤教育）事件（前掲・注(27)）は，「その裁量を逸脱濫用して原告らの生命，健康及び人格的利益を侵害した場合には，労働契約上の付随義務に違反したものとして……債務不履行責任を負う」としている。

(38) 誠昇会北本共済病院事件（さいたま地判平16・9・24労判883号38頁）ほか，川崎市水道局事件（横浜地川崎支判平14・6・27労判833号61頁，東京高判平15・3・25労判849号87頁）も市職員に対して市が負う義務として，同様の判断をしている。

して，生命や身体への危険に限らず，社員の優越的立場を利用した職場内の人権侵害が生じないように配慮する義務（パワーハラスメント防止義務）を安全配慮義務の一環と位置付けた事案もあり[39]，ハラスメントも含めた従業員間の加害行為に対して適切な措置を講じることは，使用者の契約上の付随義務（債務）であると解される。

しかし，安全配慮義務をどのようにとらえるにせよ，その具体的内容は労働者（公務員）の「職種，地位及び安全配慮義務が問題となる当該具体的状況等によって異なる」とされ，しかも大半の事案は，実際に損害が生じた後の民事賠償請求において後付け的に確定される。そのため，事故や損害が生じる寸前に，あるいはその可能性が懸念される状況下で，労務給付拒絶権（＝同時履行の抗弁権）を正当化するだけの使用者の付随義務違反とその前提となる義務内容の確定には困難を伴うことが考えられる。特に事実行為型においては，まず違法な加害行為が存在していることを前提に，使用者がいかなる措置をどの程度講じなければ義務違反になるのか，その事前の判断は容易ではない。

(2) いじめ行為の頻度・期間および再発可能性

職場のいじめとはいかなる行為のことを指すのか，その概念は国によって様々である。ドイツの判例では，いじめを意味するMobbingとは，「敵視，嫌がらせ，あるいは差別を目的とした，支配的地位を利用した継続した積極的な行為」と定義され[40]，代表的な学説は「様々な態様による破壊的な行動が繰り返され，個々人に対して長期間にわたって行われ，被害者がこれを人格の毀損や侵害であると感じるもの」および「被害者に対して絶え間なく継続し，その結果精神状態や健康が次第に侵害され，職場における孤立化や排除が進み，これに対して納得のゆく解決のチャンスがなくなり，通常はそれまでの職業上の活動範囲を喪失する結末に終わるもの」といった概念化を試みている[41]。共通する特徴として，Mobbingは「長期間にわたって」「継続」する行為であるととらえられており，1度きりで終わる突発的な加害行為はこの中に含まれていない。

---

(39) 日本土建事件（津地判平21・2・19労判982号66頁）。
(40) LAG Thüringen 10.4.2001-5 Sa 403/00 AuR2001,274.
(41) Esser/Wolmerath, Mobbing und psychische Gewalt, 8.Auf., 2011, S.25.

第4章　差別とハラスメントの諸相を解析する

　これに対し，わが国における判例その他の定義付けの試みにおいては，行為の継続期間はさほど重要視されていない。たとえば前述の「提言」の定義においてメルクマールとされているのは，当該行為の対象，態様及び効果などであって，期間に関する言及はなく，上述の6類型は，いずれも単発的・継続的どちらの行為であっても差し支えない（しいて言うなら，「③人間関係からの切り離し（隔離・仲間外し・無視）」については，多くの場合長期間継続してはじめて問題となる行為といえる）。判例では，ザ・ウィンザー・ホテルズインターナショナル事件一審判決（東京地判平24・3・9労判1050号68頁）が，パワハラが不法行為を構成するための要件につき，次のように述べている。すなわち，「パワーハラスメントを行った者とされた者の人間関係，当該行為の動機・目的，時間・場所，態様等を総合考慮の上，「企業組織もしくは職務上の指揮命令関係にある上司等が，職務を遂行する過程において，部下に対して，職務上の地位・権限を逸脱・濫用し，社会通念に照らし客観的な見地からみて，通常人が許容し得る範囲を著しく超えるような有形・無形の圧力を加える行為」をしたと評価される場合」に，被害者の人格権を侵害するものとして不法行為を構成すると解し[42]，ここでも加害行為が長期間継続するか否かは考慮の対象外である。実際同事件では，夏季休暇中の部下が出勤要請を拒否したことに腹を立て，同人の留守電に「辞表を出せ。ぶっ殺すぞ。」などと吹き込んだ行為に対し，不法行為責任を認めている。わが国において「職場のいじめ」を理由とする民事責任の追及は，突発的かつ1回限りの行為であっても，その対象となるのである。

　では，これらの行為に対し，不法行為責任とは別に，労働者は労務提供を拒絶することが可能となるだろうか。特に，上記にいう事実行為型で，なおかつ加害行為が突発的に生じ，その場限りで終わるような事案（たとえば上司がその場の感情に任せて罵声を浴びせるような場合）においては，いずれの法理を援用するにも問題が付きまとう。たとえば，指揮命令権の限界を画する手法をとる場合でも，上司や同僚による①ないし②の行為が，必ずしも当該指揮命令権の行使が違法との評価に結び付くとは限らないからである。このような場合，

---

(42)　控訴審判決（東京高判平25・2・27LEX/DB25500744）においては，原審のような一般的要件は提示することなく不法行為か否かの判断を行っている。詳細は拙稿「判批」横浜商大論集47巻1号161頁（2013年）参照。

当該行為がその後も反復ないし再発する危険性が明白であるにもかかわらず，なおかつ使用者が何らの措置も講じない等の事情があった場合に限り，指揮命令権は濫用ないし裁量権の逸脱と評価されることになろう。労働者が加害行為によって負傷し，またうつ病などの精神疾患に罹患したことによって引き続きの就労が困難となった場合にはおいては，労働者が業務命令に服さない「やむを得ない事由」の存在が肯定されることになろう（同時に危険負担における「使用者の責めに帰すべき事由」を認定しその類推適用をはかることもできよう）。さらに，こうした状況下での使用者の債務不履行責任は，ある程度加害行為が継続した結果，使用者が認識可能な状況となっていなければ成立しない。特に，突発的に生じた暴力行為などは，使用者の予見可能性がない等の事情ゆえに債務不履行責任が否定される[43]。

Ⅳ 「労務給付拒絶権」の適否の判断

1 判断の際の留意点

労務給付拒絶権をどのように構成するにせよ，またいかなる状況でこれを行使するにせよ，最も懸念されるのはそのリスクであろう。使用者側からみれば，労務給付の拒絶はあくまで労働者側の債務不履行であって，つまるところ無断欠勤であり職場放棄でもある。多くの場合，使用者はかかる行為に対して解雇や懲戒処分などの不利益措置をもって臨み，実際労働者の労務拒絶の適否は，これら処分の有効性を争点とする形で争われる。このため労働者は，被害と処分のいずれを甘受すべきか，常に二者択一の酷な選択を迫られることになる。現行法規の枠内で労務給付拒絶権を抽出する際には，何よりもこのリスクを排除するか，それがかなわぬまでも，可能な限りこれを縮減するような解釈が求められる。むろん，当該労務給付の拒絶が適法か否かは，最終的には個別の事案ごとに委ねられることになろうが，その判断の際には以下の点に留意すべきであろう。

(1) 労使対等決定原則の顧慮

「使用者は，労働者の付随義務違反に対しては……解雇や懲戒，退職金不支

---

[43] ヨドバシカメラほか事件（東京地判平17・10・4労判904号5頁）など。そのため，このような事案では，不法行為責任（使用者責任）が追及されることが多い。

給・減額という不利益措置で履行の確保をはかる事実上の「武器」をもっていることを考えれば，使用者の付随義務違反に対して損害賠償という結果責任しか追及できないのはむしろ不公平でもある」とする見解がある[44]。労基法2条1項には労働条件に関する労使対等決定原則が明記され，労契法3条1項においては，労働契約の締結・変更は「労働者及び使用者が対等の立場における合意」によってすべき旨定められている。主要な労働関係法規におけるこのような原則規定の趣旨からすれば，「不公平」どころか労働関係のあるべき理念にもとるといっても過言ではない。このことは，労働契約において相手方の付随義務違反に対する対抗措置が「行き過ぎ」ないし「勇み足」に終わった（と事後的に判決によって評価された）場合の結末を思えば一層明確となる。たとえば労働者が企業秩序遵守義務などの付随義務に違反したことを理由になされた懲戒処分が，権利濫用で無効と判断された場合であっても，それは本来あるべき状態に戻っただけの話であって，使用者に具体的な損害やリスクが生じるわけではない。しかし，使用者の安全配慮義務その他の付随義務違反による損害を回避するべく，やむなく労務提供を拒絶した労働者の行為が事後的に違法と評価された場合，それを理由とする解雇その他の不利益処分が有効と判断される可能性は少なくない。そうなったとき，労働者の処分歴は生涯付きまとうことになり[45]，解雇ともなればすべてを失うことになるのである。同じ付随義務違反に対する対抗措置であっても，それが万一勇み足となったときに失うものの大きさは労使間で大きな隔たりがある。かかる実情は，なおのこと労働者と使用者が対等な契約当事者であるとする労働関係法規の理念に反し，なおかつ近代における契約法の原理とも相容れない。それゆえ，労務給付拒絶権の行使が適法か否かの判断にあたって，より労働者側の事情を斟酌したとしても，あながち不当な判断と言い切ることはできない。

(2) 労働契約上の権利義務に内在する労働者の期待と信頼

トナミ運輸事件（富山地判平17・2・23労判891号12頁）が，「従業員は，雇

---

(44) 角田＝毛塚＝脇田編・前掲注(14)89頁。
(45) 社会福祉法人甲会事件（東京地判平24・10・9労経速2157号24頁）では，定年後の再雇用基準のひとつに「懲戒処分該当者ではないこと」と定められていたところ，在職中の障害児への不適切な対応ゆえの戒告処分歴を理由とする再雇用拒否が適法と判断されている。

用契約の締結・維持において……人事権が公正に行使されることを期待し，使用者もそのことを当然の前提として雇用契約を締結・維持してきたものと解される。そうすると，使用者は，信義則上，このような雇用契約の付随義務として，その契約の本来の趣旨に則して，合理的な裁量の範囲内で配置，異動，担当職務の決定及び人事考課，昇格等についての人事権を行使すべき義務を負っている」と指摘しているように，労働者の正当な期待や信頼は，単に道義上の問題にとどまらず，労働契約上の権利義務の内容として斟酌される。では，労働者は労働契約にいかなる信頼と期待を抱いているか。その全てを列挙することは容易ではないが，少なくとも，使用者の合理的な範囲を逸脱した業務命令によって不要な身体的・精神的その他の不利益を被らないこと，また上司や同僚（ときには部下や後輩）または第三者による正当な理由のない加害行為によって同様の不利益を被らないこと，あわせて不用意にそのような被害を被る恐れを抱かないこと。これは期待・信頼どころかむしろ職場において，誰もが当然に享受すべきであるといえる。

　ならば，かかる労働者の当然の期待に背かないよう配慮することは，労働契約上使用者に課せられた付随義務であると解して差し支えなかろう。同時にこれは，労働者の主たる給付義務である労務提供義務の限界を内から画すると考えられる。そう解することによって，労働者の債務不履行（労務提供義務違反）の成立する余地を妥当な形で狭めることができよう。

(3) 現行法の援用

　判断の際には，労働契約法（労契法）の一部の規定が援用可能と思われる。まず，「使用者は，労働契約に伴い，労働者がその生命，身体等の安全を確保しつつ労働することができるよう，必要な配慮をするものとする」旨規定した5条，そして「使用者は，労働者に提示する労働条件及び労働契約の内容について，労働者の理解を深めるようにするものとする」と規定した4条1項である。前者は周知のとおり，確立された判例法理を明文化したものであるが，職場のいじめが多くの場合「生命や身体等」（"等"と明記されていることから，人格その他保護に値する法益をも含むと解してよかろう）を侵害する危険性をはらんでいる以上，同条の適用対象となることに異論はなかろう。そして，かかる趣旨の規範が労働契約の基本ルールとして立法化されたという事実には，格別

第4章　差別とハラスメントの諸相を解析する

の意味を読み取ることができる。たとえば，平成11年施行の改正男女雇用機会均等法21条（現11条）において，セクハラに関する事業主の措置義務が明文化された。これによって，「使用者としては，セクシュアル・ハラスメント防止のための適切な措置を講じることがいっそう強く要請される」[46]として，法規定それ自体に特段の効力があるか否かは別として，労働契約上の義務内容やその違反の有無の判断に少なからぬ影響を及ぼした。ならば，労契法5条の制定施行によって，使用者の安全配慮義務は判例法理によって認められたものよりも一層高度な要請と化したものと解するべきであろう。

後者の規定は，対等な立場による合意実現の前提として，労働条件などの契約内容について労働者が適切な理解をすることを促進するためのものであり，契約締結時や変更時において労働条件を明示するにとどまらず，その適切な説明が求められるということである。そして，業務命令や懲戒権の行使についても，その根拠規定，事実関係や権限行使の必要性等についての説明が要請され，それが不十分・不適切な場合には，当該権限行使が濫用とみなされる可能性があると解されている[47]。この規定は，明確かつ具体的な義務を使用者に課すものではないが，個別事案の処理において一定の解釈基準としての機能を果たすがゆえに[48]，使用者の付随義務違反の成否に関する判断にもなじむ規定である。

2　私　見

(a)　以上の基本的な視点を踏まえたうえで，筆者としては少なくとも次のような解釈は十分成り立つものと考える。まず，業務命令の目的や内容につき，労働者から問い合わせがあったにも関わらず客観的にみて真摯かつ合理的な説明がなされていない場合（退職強要目的のいわゆる「追い出し部屋」やJRの日勤教育のような事案においては特に厳格な判断をすべきである），あるいは同僚や上司からの加害行為につき被害労働者から改善の申し入れがあったにもかかわらず，何らの説明もせずまた何らの措置を講じていない場合には，使用者の付随

---

[46]　下関セクハラ（食品会社営業所）事件（広島高判平16・9・2労判881号29頁）。
[47]　西谷敏＝野田進＝和田肇編『新基本法コンメンタール・労働基準法・労働契約法』（日本評論社，2012年）337頁〔道幸哲也〕。
[48]　西谷＝野田＝和田編・前掲注(47)336頁〔道幸哲也〕。

義務違反が成立すると解すべきである。たとえ単発的な事実行為型の加害行為であっても，その後の使用者の対応に関する具体的かつ合理的な説明がない限り，同じく付随義務違反の成立を認めても差し支えはない。また，具体的な損害が現実に生じていなくても，労働者本人が生命，身体，人格を不当に侵害されると懸念するに足りる合理的な理由があると認められる場合には，業務命令違反の成立は否定すべきであり，使用者がかかる状況を認識しているにもかかわらず，具体的な措置を講じず，また労働者に納得のゆく説明や情報提供がなされない限り，使用者の付随義務違反を肯定すべきである。使用者の付随義務違反が肯定されるということは，従前と同じ職場において同様の状況下で，引き続き従来と同じ業務の遂行を命じる指揮命令権の行使は違法となる。

(b) 不幸にもいじめによる負傷または精神疾患の罹患に至り，就労不能となった場合，そこに至る過程で上記のような使用者の義務違反が認められる場合，使用者の責めに帰すべき事由によるものとして，賃金請求権を失わないと解すべきであろう。同時に，使用者の安全配慮義務違反ないし使用者責任が肯定されるかぎり，危険負担の規定は労働者の業務命令違反を免責するためのツールとして類推適用することも可能である。同時にそのような状況下での業務命令違反は，「やむを得ない事由」に基づくものとして免責されるべきことは言うまでもない[49]。

(c) 海外に目を転じると，何らかの形で労働者の就労拒否の権利を法定化した例は稀有なものではなく，また必ずしも目新しいわけではない[50]。ドイツにおいては，労働契約法制定論議の中で労務給付拒絶権の明文化が試みられたことがあった。すなわち，1990年のドイツ再統一を契機とする統一労働契約法草案[51]では，39条にて労働者の給付拒絶権（Leistungsverweigerungsrecht）

---

(49) 日本ヒューレット・パッカード事件（最二小判平24・4・27LEX/DB25444496）は，精神的な不調による欠勤が使用者の責に帰すべきものでなかったとしても，精神科医による健診実施，治療の勧めや休職処分の検討など，しかるべき対応を経ることなく諭旨退職処分に及んだことは適切ではなく，従業員の欠勤は懲戒事由たる正当な理由のない欠勤には該当しないとしている。

(50) 桑原昌宏「危険有害業務拒否権――その比較法的考察――」労判425号4頁（1984年）参照。

(51) Vgl.Verhandlungen des 59. Deutschen Juristentages, Hannover 1992, Bd. I, Teil D.C.H.Beck, München, 1992. 邦訳として，大沼邦博・村中孝史・米津孝司「ドイツ統一

第4章 差別とハラスメントの諸相を解析する

が一定の要件のもとに規定されている[52]。また，2007年公表のヘンスラー（Henssler），プライス（Preis）両教授らの手による労働契約法討議草案（Diskussionsentwurf eines Arbeitsvertragsgesetzes）[53]においても同様の規定が見受けられる[54]。両草案とも結局は立法化に至らなかったものの，ドイツの法律家が労働契約のルール化を試みるときには，一定要件下での労務給付拒絶権は必須の規定と考えていることは確かである。わが国においても，現在進行中の債権法改正論議を念頭に置いた労働契約法試案の中に，前者の統一労働契約法草案を参考にした給付拒絶権の規定を盛り込んでいるものがある[55]。紙幅の都合上詳細な検討は今後の課題とするが，立法化によるアナウンス効果とそれによる現場の労使の意識変化を促す役割も期待される。企業や雇用主のためならば，労働者は生命，健康，そして人格などすべてを投げ打ってその命に服しなければならないわけでは断じてない。労働契約におけるこの当たり前のルールが，わが国の企業社会で「常識」として認識されることなしには，労務給付拒絶権が真にその実効性を獲得することはありえない。

労働契約法（草案）・1～12（完）」法時65巻3号66頁～66巻3号93頁において12回連載（65巻4号を除く）。
(52) 大沼・村中・米津・前掲注(51)法時65巻7号87頁。
(53) ベアテルスマン財団のウェブサイト（http://www.bertelsmann-stiftung.de）で閲覧することができる。この草案の背景と意義および邦訳については，緒方桂子「プライス教授・ヘンスラー教授による「労働契約法草案」の翻訳について」日独労働法協会会報10号47頁（2009年）および橋本陽子，水島郁子，緒方桂子，山川和義，細谷越史訳「ドイツ労働契約法草案（2007年11月版，NZA Beilage 1/2007）」同10号51頁（2009年）参照。
(54) 7条3項には嫌がらせの事案に特化した労務給付拒絶権が規定されているほか，33条に労働者の労務給付拒絶権の要件がリスト化されている。また，28条に規定された指揮命令権の内容と限界に関する規定もあわせて検討に値する。
(55) 山口浩一郎「民法改正と労働法の現代化——改正後における労働法の立法課題——」季労229号2頁（2010年）。

25 セクシュアル・ハラスメントと業務に内在する危険

山﨑 文 夫

Ⅰ　はじめに
Ⅱ　業務に内在する危険
Ⅲ　精神障害と業務に内在する危険
Ⅳ　競馬場マークレディと業務に内在する危険
Ⅴ　むすび

Ⅰ　はじめに

　労働者のセクシュアル・ハラスメント被害に対する労災補償については，厚生労働省の通達「心理的負荷による精神障害の認定基準について」（平23・12・26，基発1226号1号）により，精神障害の労災認定基準が改訂され，現在その効果が注目されているところである[1]。被害者には，療養補償給付，休業補償給付，障害補償給付等の受給の可能性がある。

　しかし，セクシュアル・ハラスメントによる労働者の被害は，精神障害だけではない。セクシュアル・ハラスメントによる，あるいはそれに関連した負傷等の身体的被害も，従来から存在したが，行政実務，判例，学説において，この被害の労災補償は，必ずしも自明のことではなかった。本稿は，セクシュアル・ハラスメントに関わる負傷等の労災認定を中心に，被害者の労災補償に関わる法的問題を検討するものである。

---

(1)　詳しくは，拙著『セクシュアル・ハラスメント法理の諸展開』（信山社，2013年）145頁以下，拙稿「セクシュアル・ハラスメント」ジュリ増刊・労働法の争点〔4版〕（2014年）30頁以下を参照。

第4章　差別とハラスメントの諸相を解析する

Ⅱ　業務に内在する危険

1　他人の暴行と業務に内在する危険

　労働者が労災補償を受けるためには，労働者の負傷，疾病，障害又は死亡が，業務に起因するもの（業務上）と認定されなければならないが，判例は，労働者が業務に起因して負傷又は疾病等を生じた場合とは，業務と負傷又は疾病等との間に相当因果関係があることが必要であり（熊本地裁八代支部廷吏事件・最二小判昭51・11・12裁判集民119号189頁），相当因果関係があるというためには，当該災害の発生が業務に内在する危険が現実化したことによるものとみることができることを要するとしている（地公災基金東京都支部長（町田高校）事件・最三小判平8・1・23裁判集民178号83頁，地公災基金愛知県支部長（瑞鳳小学校）事件・最三小判平8・3・5裁判集民178号621頁）。

　労働省は，「事業主の管理下にあって業務に従事している際の災害は，他に特別な原因がない限り，A〔＊筆者註——作業過程及び作業管理　a労働者の協働関係，作業条件など　bこれらに対する事業主の管理〕，B〔＊同——施設及び施設管理　b事業場施設，作業環境など　cこれらに対する事業主の管理〕の範囲から発生するものであるから，業務遂行性が証明され，業務起因性に対する反証がない場合には，業務起因性を認めることが経験法則に反しない限り，一般に業務上の災害と認められる。」とし，反証事由である私的事由に起因する場合でも，事業場施設（又はその管理）の状況が競合（共働）しているときは，これと災害との間に相当因果関係があれば，その災害は業務に起因するものということができるとしていた[(2)]。

　労働省は，また，「災害の原因が業務にあって，業務と災害との間に因果関係が認められる場合には，たとえ他人の故意が競合していても業務上災害と考えることを妨げない。／しかしながら，災害が対人関係から生ずる以上，それと業務との因果関係の有無について一般的判断基準を設けることは困難であるが，おおむね次のような点を考慮したうえ，具体的事例に則して判断の妥当性を期すべきである。／まず，加害行為が明らかに業務と関連していることが必

---

(2)　労働省労働基準局編著『労災保険——業務災害及び通勤災害認定の理論と実際　上巻』（労働法令協会，1991年）99頁以下。

要である。この業務との関連性が明確であるかどうかについては、災害発生の経緯はもちろん、被災者の職務の内容や性質（他人の反発や恨みを買いやすいものかどうか）を重視すべきである。／次に、災害が一見被災者の業務に起因しているようにみえても、実際には加害者の私怨ないし加害者との私的関係に起因している場合もあるから、単に業務との関連性があるというだけでは、条件関係があるにすぎない場合が多いということに留意する必要がある。この場合、因果関係があるかどうかについては、災害の原因となる業務上の事実と加害行為との時間的関係や場所的関連性を重視すべきである。」としていた[3]。

ただし、裁判官からは、行政実務においては、「災害が他人の暴行による場合は、そのような他人の故意行為の介在は例外的事態であるから、これにより右反証が成立し、逆にそのような例外的事態にあることが明らかになった以上はむしろ原則として業務起因性はなく、それが明らかに業務に関連すると認められるなどの特段の事情がある場合に限って、業務起因性があるとされる。右特段の事情の有無の判断に当たって考慮すべきファクターとしては、①加害行為と業務との関連性の明白性（災害発生の経緯のほか、被災者の職務との内容的関連性やその職務の性格などを重視すべきであるとされる）、②災害の原因となる業務上の事実と加害行為との時間的・場所的関連性、③いわゆる『けんか』と評される場合、職務逸脱ないし業務離脱と評される場合、被災者が職務上の限度を超えて相手を刺激し又は挑発したとみられる場合などは、災害の原因が私怨、私的行為又は自ら招いた危険に由来するものであるといえるので、業務起因性は否定される、といった点が挙げられている」と評価されていた[4]。

なお、公務員については、「公務上の負傷の認定　次に掲げる負傷は、原則として、公務上のものとする。ただし……偶発的な事故によるもの（私的怨恨によるものを含む。）と明らかに認められるものについては、この限りでない。……(4)職務の遂行に伴う怨恨によって発生した負傷」とされている（「災害補償制度の運用について」（昭48・11・1、職厚──905、人事院事務総長）、「公務上の災害の認定基準について」（平15・9・24地基補153号））。

労働保険審査会は、暴行については、従来から、無札入場を制止した私鉄駅

---

(3) 労働省労働基準局編著『労災保険制度の詳解』（労務行政研究所、1994年）133頁。
(4) 仙波啓孝「業務遂行性(2)──業務中の傷害事件と業務災害」林豊・山川隆一『労働関係訴訟法Ⅱ』（青林書院、2001年）211頁。

員が乗客より刺傷された事故について，「駅員と乗客との間に紛争の起こることは，吾人の日常経験上しばしば知るところであって，……その紛争が駅員の業務に関連して生じたものである限り，それは業務の条件に結びついた危険……と考えられる。特に本件の場合においては，……歓楽街に接し……口論紛争の起こりやすい特殊の職場であって，紛争による災害の発生する蓋然性の高い環境危険のあるところであると認められ，かかる環境危険の中において業務に関連して発生した災害は，業務と相当因果関係をもって発生した災害と認めることが相当である。……駅員の行為が業務を逸脱した行為でないことはさきに判断したところである」として，業務起因性を認めていた（昭34・1・31，昭32労188号）[5]。

1993年の甲府信用金庫女性職員の誘拐殺人事件について，甲府労基署長は，業務遂行性と当該業務における危険性の内在から業務との関連を判断して業務上の災害と認定した（平6・7・15，衆議院会議録情報，第131回国会，労働委員会，第2号，平成6年11月9日）。柏労基署長は，千葉県松戸市のファミリーレストランで強盗に撃たれたアルバイト短大生の死亡を業務上と認定した（朝日新聞千葉版1995年4月27日）。八王子労基署長は，強盗によるスーパーナンペイ大和田店女性パート従業員の射殺を労災と認定し，甲府労基署長は，コンビニ店長の暴行による死亡を労災と認定した（以上2件につき朝日新聞1996年9月18日夕刊）。その後も，労働保険審査会は，店舗管理等の業務に従事していた被災者は，「閉店直後の午後10時5分頃，客を装った強盗に襲われ，ハンマーで後頭部を殴られるなどして負傷したものであり，スーパーマーケットの夜間の店舗管理の業務遂行中に本件負傷を負ったものであり，その他特段の事情も認められないことから，業務に内在する危険が現実化したものとして業務に起因したものと認められる。」としている（平成16年度労災保険関係裁決例25，平16・12・20，平10労120号，厚労省HP参照）。

2 看護婦（師）と業務に内在する危険

労働保険審査会は，セクシュアル・ハラスメントについては，セクシュア

---

(5) 上山顕『労働保険裁決例解説』（有斐閣，1967年）85頁は，この裁決は，業務に付随（内在）する危険の意義を吟味したものであるとする。

ル・ハラスメントという言葉がなかった時代から，看護婦（看護師）の性的被害による負傷・死亡を，次のように，業務上と認定していた。

「看護業務の性格は患者の生命をあずかり，患者の健康回復に献身の看護をすることを使命とし，その適性にかんがみ，看護婦という職業が生まれる。患者は看護婦を信頼し尊敬し，療養に専念するが，その間，患者の病的心理から，看護婦に対する思慕の情を起こすこともある。しかして多数の患者中には，良識を失い，一念に思慕を募らせ，その破綻のため事故を引き起こすことも，稀有ではあるが，予想に難くない。本件はまさにこの類の事件である。しかして，被災者が加害者を特に誘発したというようなことは認められず，加害者の一方的思慕に終始したものと判断される本件は，被災者が女性であると同時に看護婦なるが故に被った災害というべきであって，看護婦という業務に付随して発生した災害と認めるのが相当であるから，本件死亡は業務上である。」（昭37・6・30，昭35労121号）。

「一般に看護業務の性格に鑑み，療養中の病者の病的心理から看護婦に対する思慕の情を起こすこともないとは言えず，その結果良識を失い思わざる事故を引き起こすことも，まったく予想できないこととは言えないと思われる。被災者の場合は会社の労働者全員を対象とし，救護・検診等の業務に従事していたのであるから，病室勤務の看護婦と同じような立場に立つものであり，この場合およそ稀有のことではあろうが，会社の労働者から思わざる災害を被ることがないとは絶対いいえないものと考えられ，本件はいわばこれに類する災害ではないかと思料される。しかして被災者は就業時間中において業務に従事中にこの災害にあったものであり，被災者が加害者を特に誘発したということも認められず，まったく加害者の一方的故意に基づいた災害であると認められるので，本件災害は業務に関連して発生したものであって業務起因性が認められ，被災者の負傷は業務上である」（昭49・6・29，昭48労32号）。

これらの裁決は，性的被害を看護婦という業務に内在する危険としたものである。

3　性的被害と業務に内在する危険

看護婦以外の業務については，性的被害の業務起因性は認められてこなかった。すなわち，呉労基署長事件（広島地判昭46・12・21訟月18巻3号406頁）は，

農協支所の預金係兼販売係の女性が，一方的に恋愛感情を持った男性客（重度の心神耗弱ないし心神喪失の状態）に支所内で刺殺されたことについて，「業務遂行中に生じた災害は業務に起因するものと推定されるが，その場合においても，第三者の暴行による災害は，他人の故意に起因するものとして一般的に業務に起因するものとはいい難く，第三者の暴行と被災者の職務の性格，内容がどのように関連するかなどを考慮し，災害が明らかに業務と相当因果関係にあると認められる格別の場合に限り，その災害は業務上の事由によるものというべきである。」としたうえで，職務行為が暴行を直接誘発したという関係ではないこと，職務内容が暴行を間接的に誘発しているがそれは偶然に過ぎないこと（職務内容がことさらに恋愛感情やそれに基づく反感や怨みを誘引するものであるとはいい難いこと）などから，本件災害は，業務上の事由による災害ということができないとしていた。すなわち，災害が明らかに業務と相当因果関係にあると認められる格別の場合に限り，労災認定するというのである。

この事件の控訴審（呉労基署長事件・広島高判昭49・3・27訟月20巻7号95頁）も，「災害発生の原因が男性の私的な怨み等によるものであり，女性の男性に対する接客態度から発生したものではなく，かつ女性の業務内容から本件災害の如き稀有な事故発生を通常予測できないし，業務内容に当然内在する危険があるとは到底いい難い」として，業務と本件災害との間に相当因果関係はないとしていた。

この事件については，学説においても，行政解釈では，被災者が他人の怨みや反発を買いやすい職務についている場合以外では，他人の暴行による災害を偶発的なものとみて業務に起因したものとみることに否定的な態度をとっているとし，暴行・傷害がもっぱら私怨に発する場合には，業務起因性が否定されることになることはいうまでもないと評されていた[6]。

この学説は，わが国ではセクハラという言葉も，法理もなかった時代の学説

（6） 西村健一郎「業務上・外認定基準」日本労働法学会編『現代労働法講座12巻労働災害・安全衛生』（総合労働研究所，1983年）187頁。保原喜志夫「天災地変その他による災害」別冊ジュリ『労働基準実例百選〔3版〕』（1986年）154頁は，業務が単なる両者の出会いの場に過ぎない場合や，業務の遂行が暴行の契機になったに止まるものと考えられる場合には，業務と災害とが条件関係にあるに過ぎないものとして，業務外の災害とみなされるとしていた。

である。しかし，その後，1992年の著名な福岡セクシュアル・ハラスメント事件判決（福岡地判平4・4・16労判607号6頁）以来，数百件の人格権侵害の不法行為や被害者の雇用保護等に関する民事判例が積み重ねられて，従業員のセクシュアル・ハラスメントに対する使用者責任（民法715条）や，不法行為上又は労働契約上の使用者の（安全）配慮義務に基づく責任も学説・判例において認められ，1997年均等法改正により事業主に対してセクシュアル・ハラスメント防止等の配慮義務（旧21条）が定められた後においても[7]，一方的な恋愛感情が受け入れられないという私的な恨みを抱いた顧客に店員が刺殺された場合は，被災労働者の業務内容から通常予想できないものなので，当然内在する危険とはいえず，業務外であるとの見解が存在している[8]。

判例も，地公災基金東京都支部長（東京都海外事務所）事件（東京地判平16・12・6労判887号42頁）は，公務終了後1時間30分以上経過した時点で，ビデオを見るため原告女性職員が自ら男性上司を招き入れた自宅での性的暴行について，自宅に招き入れたことは，公務とは無関係な勤務時間外かつ事業施設外の私的な行為に過ぎず，本件暴行行為は，公務遂行性の要件が欠けているとしたうえで，女性の職務は経済ニュースの発行，日本の公的機関との情報交換，見本市出展に関する事務などであり，およそ性的暴行に遭うような性質のものではないことなどから，本件性的暴行は，女性の職務に内在する危険が現実化したものということはできないとしていた。

最近の，国・尼崎労基署長（園田競馬場）事件（神戸地判平24・3・23労判1079号117頁）も，競馬場マークレディ（勝馬投票券購入のためのマークシート記入方法等を案内する担当係員，派遣労働者）が施設内で好意を持った他社警備員に刺殺されたことについて，「業務遂行中に発生した災害は，その業務に起因するものと推定されるものの，第三者（使用者及び労働者以外の者）の故意による災害は，業務遂行中であっても，一般的に，業務に起因したものとはいい

---

(7) 拙著・前掲注(1)3頁以下，拙著『改訂版セクシュアル・ハラスメントの法理』（労働法令，2004年）219頁以下参照。
(8) 東京大学労働法研究会編『注釈労働基準法下巻』（有斐閣，2003年）865頁。根本到「通勤災害～通勤途中の犯罪の事案に限定して」労旬1507号（2001年）25頁は，労災認定や通勤起因性の判断枠組みとしては，「因果関係」による判断が前提とされているため，人の行為が介在することを予定していないところがあるとしているが，これまでの学説が，他人の故意に基づく労災を十分検討していなかったことは確かである。

第4章　差別とハラスメントの諸相を解析する

難い。ただし，その場合でも，加害行為の原因が業務にあって，業務と災害との間に相当因果関係が認められる場合には，他人の故意が競合していても，業務起因性が認められるというべきである。そして，上記相当因果関係の有無については，①災害発生の経緯や被災者の職務の内容及び性質に照らし，加害行為が明らかに業務に関連しており，②災害の原因となる業務上の事実と加害行為との時間的・場所的関連性があり，③災害の原因が業務に発端がある場合であっても私怨に発展しているか否か等を考慮して判断を行うのが相当である」としたうえで，「マークレディの採用条件は，集客効果を目的として，『18歳から28歳ぐらいまでの女性』に限定されており，その職務内容も，『明朗かつ闊達に業務に取り組み，来場者に対して不快，不適切な印象をあたえないよう努める』ことと定められていることや，……実際に，マークレディと入場者との間で，セクハラ行為によるトラブルが生じたこと等の事実関係にかんがみると，その職務上，男性来場者から好意を持たれてセクハラ被害を受けたり，粗暴な来場者との接触により，何らかの暴行を受けることは，ありうるところである」としながらも，「警備員が個人的に特定のマークレディに対する恋愛感情を募らせ，相手方であるマークレディとのやりとりの中で，拒絶されたと感じるなどして，マークレディに対する加害行為に及んだ場合には，これを，相手方がマークレディであるという事由によって災害を被ったとはいえず，このような災害発生の危険を，マークレディの業務に内在するものと認めることはできない」としている。

4　通勤災害における性的被害

通勤災害に通常伴う危険について，行政実務は，中華料理店勤務のウエートレスが深夜帰宅途中に暴漢により負傷したことについて，「女子労働者が，午後10時15分ころに，暗く人通りの少ない大都市周辺の住宅散在地域を通勤途中において，変質者等から襲われ，その結果負傷することは通常考え得ることであり，しかも，被災労働者の退勤時刻は，当該地域における粗暴犯罪発生の集中している時間帯であって，この種の類似犯も発生しており，また，当事者間に私的関係等があるとする特別の事情なども見いだせないことから，通勤に通常伴う危険が具体化したものであり通勤起因性が認められる。したがって，本件災害は通勤災害と認められる」（昭49・6・19，基収1276号）としていた。

これについて，労働省は，「一般に，第三者の暴行行為によって被った災害については，たとえそれが通勤の途中で生じたものであっても，通勤に通常伴う危険が具体化したものとはみなしえないが，本件災害は，①被災労働者が女性であること，②暗く人通りの少ない大都市周辺の住宅散在地域であること，③災害発生時刻が深夜であること，④この時間帯は，この地域における暴行，恐喝等のいわゆる粗暴犯の発生が集中していること，⑤私的関係に基づく暴行でないこと，⑥被災労働者が暴行を誘発する言動を行っていないことなどの諸条件を考慮すると，通勤に通常伴う危険が具体化したものと認めることが相当であることから，通勤災害と認められたものである。」と解説していた[9]。

　また，豊中市の阪急電車庄内駅ホームで帰宅途中の薬剤師女性が刺殺され，通勤災害と認定された事案について，国が，別事件行政訴訟（大阪南労基署長（オウム通勤災害）事件・大阪地判平11・10・4労判771号16頁）において，「薬剤師に係る通勤災害事案については，夜間における庄内駅周辺地区は，従来から引ったくり，痴漢等の行為の発生がみられ，被災者もハンドバッグを奪われていることから，そのような場所を通行する者は災害を被りやすい環境下にあったものとして，通勤起因性が肯定された。また，当該事案において被災者と加害者とは，ドラッグストアーにおいて接客業務に従事する店員と一顧客との関係にすぎないことから，面識はあったが，私的関係に起因する怨恨等はなかったと考えられ，計画的な犯行でもなかった。」と主張した例がある。

　なお，被害女性が，小学校の同級生で中学校1年のころから被害者に思慕感情を抱き，大学入学のころからその思いが一層強まり，精神分裂病による恋愛妄想となって交際を迫っていた加害者（ストーカー）に，一貫した交際拒否による約5年間にわたる接触の後に，出勤途中に襲われ，暴行により負傷した事案については，暴行は，基本的には私的な関係によりもたらされたもので，私的な生活に内在する危険が具体化したものというべきであり，通勤に通常伴う危険が具体化したものと認めることはできないとされている（労働保険審査会採決平8・6・27，平5労179号，労働保険審査会裁決集（労災保険）平成8年度・上1775頁，同旨・（＊同一事案別件障害給付請求事件）労働保険審査会採決平10・3・30，平8労94号，同裁決集平成9年度・下1215頁）。

（9）　労働省労働基準局補償課編『通勤災害認定事例総覧』（労働法令協会，1991年）44頁。

第4章　差別とハラスメントの諸相を解析する

Ⅲ　精神障害と業務に内在する危険

1　セクシュアル・ハラスメントによる精神障害

　労働者の負傷の場合とは異なり，疾病である精神障害については，通達「心理的負荷による精神障害等に係る業務上外の判断指針について」（平11・9・14，基発544号）が，別表1「職場における心理的負荷評価表」の出来事の類型⑥対人関係のトラブルにおいて，発病に関与したと認められる業務による心理的負荷の原因となった具体的出来事として，セクシュアルハラスメントを受けたことを挙げており，「セクシュアルハラスメントによる精神障害等の業務上外の認定について」（平17・12・1，基労補発1201001号）も，基発544号がセクシュアルハラスメントを受けたことを明記しているのは，セクシュアルハラスメントなど特に社会的にみて非難されるような場合には，原則として業務に関連する出来事として評価すべきであるとの「精神障害等の労災認定に係る専門検討会」報告に基づくものであるとしており，現行の前掲精神障害の労災認定基準（基発1226号1号）も，別表1「職場における心理的負荷評価表」の出来事の類型⑥セクシュアルハラスメントにおいて，具体的出来事としてセクシュアルハラスメントを受けたことを挙げるなどしている。また，学説においても，「非災害性疾病（職業病）については，災害という事態を経由せず発症するものであるため，行政上の認定においても，業務遂行性の有無を判断することなく業務起因性を判断するプロセスがとられる。ただし，こうした職業病については，医学的な判断を要することも多いため，労働基準法施行規則35条により，同規則別表第1の2所定の一定の業務に従事したことにより一定の疾病が発生した場合を業務上の疾病とする旨が定められており，同法上の災害補償の責任保険としての労災保険についてもそれが適用される。……列挙された疾病については，一般的な医学的経験則に基づいて定められたものであるので，労働者がそれらを発症させうる条件のもとで当該業務に従事し，かつ当該疾病に罹患していれば，特段の事情がない限り，事実上業務起因性が推認されることとなる。」とされている[10]。

　現行精神障害の労災認定基準（基発1226号1号）は，「第2　認定要件」にお

---

(10)　山川隆一『労働紛争処理法』（弘文堂，2012年）307頁以下。

いて,「次の1,2及び3のいずれの要件も満たす対象疾病は……業務上の疾病として取り扱う。 1 対象疾病を発病していること。 2 対象疾病の発病前おおむね6か月の間に,業務による強い心理的負荷が認められること。3 業務以外の心理的負荷及び個体側要因により対象疾病を発病したとは認められないこと。」とし,「第4 認定要件の具体的判断」「3 業務以外の心理的負荷及び個体側要因の判断」において,「上記第2の認定要件のうち,3の『業務以外の心理的負荷及び個体側要因により対象疾病を発病したとは認められないこと』とは,次の①又は②の場合をいう。①……　②業務以外の心理的負荷及び個体側要因は認められるものの,業務以外の心理的負荷及び個体側要因によって発病したことが医学的に明らかであると判断できない場合」としている。

　この認定基準は,業務以外の心理的負荷及び個体側要因により対象疾病を発病したとは認められないこと(業務以外の心理的負荷及び個体側要因により発病したことが医学的に明らかであると判断できない場合)を,業務起因性の認定要件とするものである。この認定基準に基づいて,平成24年度には,セクシュアル・ハラスメント被害者の精神障害について24件(53%)が労災認定され(決定件数45件),平成25年度には,28件(54%)が労災認定されている(決定件数52件)[11]。

　厚生労働省のリーフレット「セクシュアルハラスメントが原因で精神障害を発病した場合は労災保険の対象となります」(H24・7)は,事例①上司から身体接触を含むセクシュアルハラスメントを継続して受けたことにより,うつ病を発病したとして認定された例と,事例②派遣先の社員から身体接触のない性的な発言を長期間にわたって受けたことにより,適応障害を発病したとして認定された例を掲載している。前者では,上司から,約6か月間,「胸やお尻を触られる,抱きつかれるというセクシュアルハラスメントを継続して受けていたことが認められ,また,会社の相談窓口への相談後に,他の上司・同僚から

---

(11) 「平成25年度『脳・心臓疾患と精神障害の労災補償状況』を公表」(報道発表資料,平成26年6月27日)の資料(表2-8),厚労省HP参照。この通達以前,セクシュアル・ハラスメント被害者の精神障害は,平成16～21年度合計で22件(36%)が労災認定されている(決定件数61件)(精神障害の労災認定の基準に関する専門検討会　第1回「セクシュアルハラスメント事案に係る分科会」(平成22年2月2日)の資料4「論点に関する労災補償の現状」,厚労省HP参照)。

誹謗中傷され，職場の人間関係が悪化したことからも，心理的負荷『強』の具体例に該当し，総合評価は『強』と判断される。……業務以外の心理的負荷，個体側要因はいずれも顕著なものはなかった。」とされている。後者では，1年以上「主任から性的な発言を継続して受け，また，会社がセクシュアルハラスメントであると把握していたにもかかわらず，何も適切な対応がなされなかったことから，心理的負荷『強』の具体例に該当し，総合評価は『強』と判断される。……業務以外の心理的負荷，個体側要因はいずれも顕著なものはなかった。」とされている。

2 労働保険審査会裁決例

労働保険審査会は，医療調剤事務に従事していた請求人（被害者）が，勤務開始から約1ヵ月後の勤務中に，上司（加害者）から風邪ぎみの症状に効くとして催眠作用のある薬剤を飲用させられ，その作用により仮眠状態に陥らされ抗拒不能となったところ，加害者から，乳首を手でもてあそばれ，また加害者の性器をつかまされるなどのわいせつな行為を受けた後に，病院で心的外傷後ストレス障害（PTSD）と診断されたため，労基署長に療養補償給付の請求をしたという事案について，「本件わいせつ行為が，請求人の業務遂行の過程におけるものであることはいうまでもないほか，雇用の分野における男女の均等な機会及び待遇の確保に関する法律……第21条第1項にいう『職場において行われる性的な言動』（いわゆるセクシュアルハラスメント）に該当することはもちろん，刑法第178条の準強制わいせつ罪にもあたる悪質な行為であることは明らかである。／ロ　本件わいせつ行為に対するストレス強度について検討するに，上記ストレス評価表によれば，『セクシュアルハラスメントを受けた』ことの平均的ストレス強度はⅡとされているが，同行為は犯罪であり，職場におけるセクシュアルハラスメントの態様としては最も重いものであり，そのストレス強度はⅢに該当するだけでなく，それ自体で急性ストレス障害を発症するものと考えられ，本件わいせつ行為をもって，同表の総合評価を『強』と位置付けるに十分なものである。……一般的にいって，風邪気味の労働者に対し，その業務遂行に必要な健康管理上の指示として上司が服薬を命ずることは全くありえないことではないところ，『風邪薬』としてこれを飲むよう指示しているのであるから，当時の具体的状況（B店で勤務中の者が請求人とその上

司である加害者の2人のみであったこと，加害者と請求人とは20歳以上の年齢差があること，請求人が入社直後であったこと等）を勘案すれば，実際に風邪気味であった請求人が，加害者の指示を業務遂行に必要な健康管理上の指示の範囲を超えるものとして，当該『風邪薬』飲用の指示を拒否することは事実上極めて困難であり，加害者の指示に従って『風邪薬』を飲用せざるを得ない状況であったものと認められる。／そうすると，本件は，上司（加害者）の業務上の指揮命令に従って行為した結果として，『風邪薬』の飲用行為が行われ，請求人が仮眠状態に陥り，本件わいせつ行為に対して抵抗不能の状態に至ったのであり，もし当該指揮命令に基づく『風邪薬』の飲用行為がなければ，本件わいせつ行為を受けるに至らなかったという関係が認められるから，請求人の業務と本件わいせつ行為の間には相当因果関係があると認めて差し支えないものと解される。／なお，本件わいせつ行為には，加害者の犯罪故意が介入しており，これによって業務との因果関係は切断されているとみる余地もあるが，加害者による『風邪薬』飲用の指示と本件わいせつ行為は，加害者の同一の動機に基づいて行われた一連の行為として評価すべきであるから，別個の故意行為の介入によって因果関係の切断があったとみるべきではない。……上記……を総合すれば，請求人の本件疾病は，加害者の本件わいせつ行為による強度の心理的負荷によって発症したものと認められ，また，請求人の業務と本件わいせつ行為との間には相当因果関係があると認められるから，本件疾病は業務上の事由により発症したものと認められる。」としている（労働保険審査会：主な裁決例，平成18年度労災保険関係裁決例12，平15労36号，厚生労働省HP参照。＊この裁決は，前掲基発544号及び基労補発1201001号下のものである）。

　審査会は，また，会社の女子トイレにおいて陰部を盗撮されていたことが判明したことなどにより抑うつ状態と診断された疾病を発症した女性事務員が，労基署長に療養補償給付及び休業補償給付を請求した事案について，「請求人に発病した精神障害は，トイレで盗撮・盗聴されたことに加え，その後の会社幹部の対応が極めて不適切であったことにより発病したものであり，業務上の事由によるものと認められる」としている（平成20年度労災保険関係裁決例17，厚労省HP参照。＊同上）。

　審査会は，同様に，女性事務職が更衣中の盗撮により心的外傷後ストレス障害を発病したとして労基署長に対して療養補償給付の請求をした事案について，

第4章　差別とハラスメントの諸相を解析する

「請求人に発病した『心的外傷後ストレス障害』は，上司による長期間にわたるセクハラと更衣中の盗撮により発病したものであり，業務上の事由によるものと認められる」としている（平成20年度労災保険関係裁決例20，厚労省HP参照。＊同上）。

　審査会は，詳細は不明だが，経理事務に従事していた女性が医療機関で反応性うつ状態と診断され，労基署長に休業補償の請求をした事案について，「経理事務に従事していた請求人に発病した『反応性うつ状態』は，複数の会社幹部によるセクシャルハラスメントにより発病したものであり，業務上の事由によるものと認められる」としている（平成21年度労災保険関係裁決例6，厚労省HP参照。＊同上）。

　審査会は，トラック運転業務に従事する女性が，同僚からセクシュアル・ハラスメントを受けるようになり，某日襲われそうになったことから，帰社後，上司に報告し，その同僚との隔離を求めたが，会社は有効な対応を講じず，セクハラはその後も続いたため，病院で心因反応と診断され，労基署長に対して療養補償給付及び休業補償給付の請求をした事案についても，「トラックの運転業務に従事していた請求人に発病した精神障害は，同僚からのセクハラにより発病したものであり，業務上の事由によるものと認められる」としている（平成23年度労災保険関係裁決例7，厚労省HP参照）。

3　裁　判　例

　判例には，郵便局勤務の女性が，同僚から，「電動車に乗っていかないか」と声を掛けられ，これを断ると，「あんたが乗ったらつぶれる」，「結婚しているのか，一人なのか」，「お茶でも飲みに行かへんか」などと言われたことについて，「原告は，同僚の言動が不快であった理由として，原告が乗ったら電動車が潰れると言ったことや，E11郵便局でのことや独身であることに言及されたことを挙げていること……からすれば，本件セクハラ行為による原告の心理的負荷の程度はそれほど大きいとはいえない」，「本件セクハラ行為の申告後の原告に対するE13課長ら等の一連の対応には，原告の人格や人間性を否定するような嫌がらせなどは認められず，いずれも上司としての指導の範囲内の言動であると認められ，それにより原告が強い心理的負荷を受けたとは認めるに足りない」などとして，原告のパニック障害発病について，公務起因性を認め

ることはできないとしたものがある（地位確認等請求〔日本郵便株式会社〕事件・大阪地判平25・3・25LEX/DB 25500568）。

セクシュアル・ハラスメント被害者の支援者に対する報復行為については，「原告は，上司の指示に基づく本件メモの作成等により，月島機械Ａ支店の従業員との信頼関係が欠けたと不当な評価を下され，Ｉ〔＊筆者註～被害者〕に対してセクシュアルハラスメントを行ったとの理不尽な疑いをかけられ，原告の希望や期待に沿う出向の内示を取り消されるという相当大きな不利益を受けたのであるから，このような原告の業務による心理的負荷は，本件認定基準に照らしても，本件項目〔＊同～前掲基発1226号1号別表1，出来事の類型②会社で起きた事故，事件について，責任を問われた〕の『強』と評価される例として挙げられている『重大とまではいえない事故，事件であるが，その責任（監督責任等）を問われ，立場や職責を大きく上回る事後対応を行ったこと（減給，降格等の重いペナルティーが課された等を含む)』と同程度の心理的負荷と評価することができ，社会通念上，客観的にみて，精神障害を発症させる程度に過重であったというべきである。」として，業務起因性を認めた判例がある（国・札幌中央労基署長〔月島テクノメンテサービス〕事件・札幌地判平25・3・29労判1082号87頁）。

Ⅳ　競馬場マークレディと業務に内在する危険

1　国・尼崎労基署長（園田競馬場）事件高裁判決

国・尼崎労基署長（園田競馬場）事件（大阪高判平24・12・25労判1079号98頁）は，労働者の性的被害による負傷・死亡に関して，これまでの判例とは異なった判断をしている。すなわち，同判決は，前掲一審判決とは異なり，まず，「労働者（被災者）が，業務遂行中に，同僚あるいは部下からの暴行という災害により死傷した場合には，当該暴行が職場での業務遂行中に生じたものである限り，当該暴行は労働者（被災者）との私的怨恨または労働者（被災者）による職務上の限度を超えた挑発的行為もしくは侮辱的行為によって生じたものであるなど，もはや労働者（被災者）の業務とは関連しない事由によって発生したものであると認められる場合を除いては，当該暴行は業務に内在しまたは随伴する危険が現実化したものであるとして，業務起因性を認めるのが相当である。そして，その判断に当たっては，暴行が発生した経緯，労働者（被災

第4章　差別とハラスメントの諸相を解析する

者）と加害者との間の私的怨恨の有無，労働者（被災者）の職務の内容や性質（他人の反発や恨みを買いやすいものであるか否か。），暴行の原因となった業務上の事実と暴行との時間的・場所的関係などが考慮されるべきである。」としたうえで[12]，「男性警備員が，来場者や警備員を含めて圧倒的に男性が多い園田競馬場において，近隣で一対一の関係にもなり得る数少ない魅力的な女性であるマークレディに対して，恋愛感情を抱くことも決してないとはいえず，その結果，男性警備員が良識を失い，ストーカー的行動を引き起こすことも，全く予想できないわけではない。そして，これは，前記のそれぞれの採用条件や配置状況等に照らすと，単なる同僚労働者間の恋愛のもつれとは質的に異なっており，いわばマークレディとしての職務に内在する危険性に基づくものであると評価するのが相当である。」としている。

さらに，同判決は，マークレディによる「本件苦情の申出は，その内容からして，職場環境整備上，警備員の勤務態度を是正するために，女性の業務に関連して行われたものであり，警備員は，本件副隊長から本件苦情を伝えられたことによって，具体的な殺意に発展していったのであるから，警備員のした加害行為は女性の業務に関連している」としたうえで，私的怨恨等については，「警備員の加害行為が女性の業務とは関係がない女性と警備員との私的怨恨，または女性の職務上の限度を超えた挑発的行為もしくは侮辱的行為，あるいは，女性と警備員との喧嘩闘争によって生じたものと認めることはできず，むしろ，本件苦情の申出という女性の業務と密接に関連する行為に関連して，その業務に内在するまたは随伴する危険が現実化して発生したものと認めるのが相当である。」として，業務起因性を認めた。

2　暴行に関する新しい通達

国・尼崎労基署長（園田競馬場）事件高裁判決の前半部分は，この判決より前に出された，他人の故意に基づく暴行に関する新しい通達「他人の故意に基づく暴行による負傷の取扱いについて」（平21・7・23，基発723012号）の解釈と方向を一にするものである。すなわち，同通達は，「表記については，従来，

---

[12] 山口浩一郎「判批」ろうさいVol.17（2013年）17頁は，一審判決との判断の違いは，この立場に由来するとする。同旨・石井妙子「判批」労働新聞2962号（2014年）14頁。

個別の事案ごとに業務(通勤)と災害との間に相当因果関係が認められるか否かを判断し,その業務(通勤)起因性の有無を判断してきたところであるが,今般,近時の判例の動向や認定事例の蓄積等を踏まえ,以下のとおり取り扱うこととしたので,了知の上,遺漏なきことを期されたい。/記/業務に従事している場合又は通勤途上である場合において被った負傷であって,他人の故意に基づく暴行によるものについては,当該故意が私的怨恨に基づくもの,自招行為によるものその他明らかに業務に起因しないものを除き,業務に起因する又は通勤によるものと推定することとする。」としている。

この通達のいう近時の判例の動向や認定事例の蓄積等の詳細はつまびらかではないが,判例は,暴行については,建設工事現場でのクレーンによる鉄骨積み降ろし作業に関するトラブルについて,「一般に就業場所で業務の遂行中に生じた負傷は,原則として業務起因性が認められる」とし,業務起因性を認めたもの(浜松労基署長(雪島鉄工所)事件・東京高判昭60・3・25労判451号23頁),中国大連出張中のホテルで強盗に殺害された事案について,「業務中に生じた災害は,特段の事情がない限り,業務に起因するものと事実上推定される。……積極的な私的行為や恣意的行為に及んだとは認められない。……本件当時,フラマホテル等において,日本人が強盗殺人等の被害に遭う危険性はあったというべきであり,本件事件は,業務に内在する危険性が現実化したものと解される。したがって,Fの死亡には業務起因性を否定すべき特段の事情はなく,労災保険法7条の『業務上死亡した場合』にあたる。」としたもの(鳴門労基署長(松浦商店)事件・徳島地判平14・1・25労判821号81頁)[13],建設会社課長が工事現場で仕事上の指示,注意という業務に関連して暴行を受けたことについて,「労働者(被災者)が業務遂行中に同僚あるいは部下からの暴行という災害により負傷した場合には,当該暴行が職場での業務遂行中に生じたものである限り,当該暴行は労働者(被災者)の業務に内在または随伴する危険が現実化したものと評価できるのが通常であるから,当該暴行が,労働者(被災者)との私的怨恨または労働者(被災者)による職務上の限度を超えた挑発的行為若しくは侮辱的行為等によって生じたものであるなど,もはや労働者(被

---

[13] 梶川敦子「判批」民商127巻6号(2003年)119頁は,この判決が,事実上,労働者の立証責任を軽減する判断枠組みを示しているとする。

災者）の業務とは関連しない事由によって発生したものであると認められる場合を除いては，当該暴行は業務に内在または随伴する危険が現実化したものとして，業務起因性を認めるのが相当である。」とし，業務起因性を認めたものがあった（新潟労基署長（中野建設工業）事件・新潟地判平 15・7・25 労判 858 号 170 頁，LEX/DB28082632）。

　また，審査会の認定事例には，「労働者の職務上の行為を原因として当該労働者に対して不満，不快感，怒り，恨み等の悪感情を抱くに至った職場の同僚等が，その悪感情により当該労働者に対する暴行等の加害行為に及び，当該労働者が負傷した場合については，当該労働者の職務内容や性質からみて当該加害行為を受ける内在的危険が存すると認められるときは，原則として，当該行為による負傷を業務上の事由と解するのが相当である。」としたものや（平成 18 年度労災保険関係裁決例 21，平 12 労 33 号，厚労省 HP 参照），トラック運送業務に従事していた労働者が元同僚から受けた負傷について，「労働者が業務中に他人の暴行によって負傷した場合には，当該負傷は他人の故意に起因するものであるから，一般には業務起因性はないものと解されるが，当該負傷の原因が業務にあって，当該業務と負傷との間に相当因果関係が認められる場合には，たとえ他人の故意が競合していても，当該負傷には業務起因性があるものと解される。」として業務上としたものがあった（平成 19 年度労災保険関係裁決例 30，平 18 労 114 号，厚労省 HP 参照）。

　審査会は，前掲通達以降も，「漁船船体保険の審査を行った請求人の免責査定に関し，一方的な逆恨みによる加害行為により負傷したのは業務上の事由によるものと認められる」（平成 20 年度労災保険関係裁決例 29，厚生労働省 HP 参照），事案の詳細は不明だが，会社内で「被災者が同僚に刺殺されたのは，被災者の業務と加害行為との間に相当因果関係が認められる」（平成 20 年度労災保険関係裁決例 32，厚労省 HP 参照），「請求人が通勤途中に第三者から暴行を受け負傷したのは，混雑した電車を利用する労働者にとって，通勤に通常伴う危険が具体化したものと認められる」（平成 21 年度労災保険関係裁決例 40，厚労省 HP 参照）としている。

　労働保険審査官も，前掲通達以降，出勤途中に自動販売機で飲料水を購入しようとしたところ，先にいた面識がない相手方から，いきなり殴られ，蹴られて負傷したことについて，「請求人が通勤途上のささいな行為中に他人の故意

に基づく暴行を受けたものであり，当該暴行には自招行為及び私的怨恨は認められないため，通勤によるものと判断すべきものである」としており（労働者災害保険審査官決定案一覧：平成21年度（平成22年1月～3月）：業務上外関係決定書例1，厚労省HP参照），タクシー運転手である請求人が泥酔した「加害者の乗車を拒否したこと，車の損傷を防ぐために加害者を遠ざけようとしたことには合理的理由があり，業務の遂行上必要な行為であったと認められる。加害者から暴力を受けた後に，加害者を追いかけた距離もわずかであり，著しく業務の範囲を逸脱したとはいえず，さらに，加害者を押しとどめようとした行為についても，必要以上に加害者を刺激し，または挑発したともいえないため，通常の業務の範囲内と認められる。以上から，本件災害は業務に起因する災害と認めるのが相当である。」としている（平成22年度（平成22年4月～6月）：業務上外関係決定書例20，厚労省HP参照）。

　国・尼崎労基署長（園田競馬場）事件高裁判決は，前掲他人の故意に基づく暴行に関する通達（基発723012号）のほか，現行精神障害に関する労災認定基準（基発1226号1号）が，業務以外の心理的負荷及び個体側要因により対象疾病を発病したとは認められないこと（業務以外の心理的負荷及び個体側要因により発病したことが医学的に明らかであると判断できない場合）を，業務起因性の認定要件としたこととも解釈の方向を一にしたものである。

3　苦情の処理と業務に内在する危険

　国・尼崎労基署長（園田競馬場）事件高裁判決は，加害行為が「本件苦情の申出という女性の業務と密接に関連する行為に関連して，その業務に内在するまたは随伴する危険が現実化して発生したものと認めるのが相当である。」とする。これは，社長の命により部下の男女問題の仲裁に当たった専務が猟銃で殺害された事案について，社長の指示に従って被災者が仲介の労をとったことが業務に含まれると考え，「被災者は社長の指示によって会社内の問題解決に当たり，加害者は現場の責任者である被災者に対して期待したが，かえって反対や妨害にあったと考えて殺害したのであるから，ただ単なる私怨私恨によるものと判断すべきでなく，かえって被災者の死亡は業務上のものと解するを相当と」するとした審査会裁決（昭53・1・31，昭50労265号）のように（仕事上の指示，注意について前掲新潟労基署長（中野建設工業）事件判決参照），苦情の処

第4章　差別とハラスメントの諸相を解析する

理（労働者の協働関係の管理）に危険が内在すると考えるものではなく，苦情の申出に関連して業務に内在する危険が現実化したとするものであることは注意を要する。

この判決は，前掲諸通達や裁決とともに，セクシュアル・ハラスメント被害者の労災補償受給の可能性を拡大するものである。

V　むすび

学説では，従来から，「業務災害の判断基準を考える際には，単に作業環境としての物的要素のみではなく，業務の遂行に関連して接触する人間の種類，性向および心理状態といったいわば人的環境をも，業務に伴う危険の重要な要素として位置づける必要があるように思われる。入院患者に夜勤中殺された看護婦（昭37・6・30，昭35労121号）や，ヒロポン中毒者の暴行を受けた職安の職員（昭32・7・31，昭31労114号）につき補償給付を認めた例は，右の人的環境を重視した判断によるものと思われる。」と主張されていた[14]。また，いままでは相当因果関係の問題だというので，原因という観点からの探求に傾きがちであったが，最近は危険という要素に注目するようになってきたのだから，今後は危険の性質を考えていく方向での検討が試みられてよいとも主張されている[15]。

業務に内在する危険は，きわめて相対的なものである[16]。セクシュアル・ハラスメントについては，前述のように，1992年の著名な福岡セクシュアル・ハラスメント事件判決以来，民事判例が積み重ねられ，使用者責任や，不法行為上又は労働契約上の（安全）配慮義務に基づく使用者の責任が学説・判例において広く認められ，均等法に事業主のセクシュアル・ハラスメント防止等の措置義務が定められるに至っている。本稿で取り上げた労災に関する判例や裁決等においても，被害者の業務は，看護師（看護婦），マークレディ，農協支所預金係兼販売係，東京都職員，薬局医療調剤事務，事務職，経理事務，トラック運転業務，郵便局勤務と様々である。本稿で取り上げた最近の学説，

---

(14) 保原喜志夫「判批」ジュリ502号（1972年）128頁，西谷敏「判批」別冊ジュリ・社会保障判例百選（1977年）153頁。
(15) 山口浩一郎『労災補償の諸問題〔増補版〕』（信山社，2008年）316頁以下。
(16) 松岡三郎『労働法』（弘文堂，1970年）366頁。

判例，立法，通達，裁決等からは，もはや，災害が明らかに業務と相当因果関係にあると認められる格別の場合に限り業務起因性を認めるという考えは排除され，上司，同僚（職場を同じくする労働者で所属会社を問わない），顧客（個人，取引先関係者）等からのセクシュアル・ハラスメント被害は，負傷・死亡についても，精神障害と同様に，業務の如何を問わず，業務に内在する危険が現実化したと解される状況にあるといえる。もちろん，業務とは関連しない労働者間の恋愛のもつれなどによる被害は，業務に内在する危険とはいえない[17]。

---

(17) アメリカ合衆国では，不動産販売会社女性社員が，接待後送り届けた顧客の宿泊施設で，深夜，不適切な誘いを受け，顧客から逃げようとしてビルから転落し，負傷したことについて業務起因性が認められた例や，新入女性社員が警備員から強姦されたことについて業務起因性が認められた例がある (Joseph W. Little, Thomas A. Eaton & Gary R. Smith, Cases and Materials on Workers' Compensation, Third Edition, West Publishing Co., 1993, pp. 127 et s., pp. 210 et s.)。家庭内紛争中の妻に勤務中に銃撃された警察官の負傷など (Ronald E. Weiss & Ronald Balter, New York Workers' Compensation Handbook, 2012 Edition, LexisNexis, 2012, p.1-10.)，加害者が同僚や顧客でなく，業務に無関係な個人的動機により，労働者に攻撃が加えられた場所がたまたま職場であった場合には，労災補償は受けられないが，大学寮管理人女性が，1年間の交際後2週間前に交際を断った男性に1人勤務中の職場に侵入され，復縁を迫られて，拒否すると何度も殴打され負傷したことについて，侵入に他の管理人の荷担があったなどとして，業務起因性を否定した原審判断が破棄差戻しされた例がある (J. W. Little et al., op. cit., pp. 216 et s.)。

第5章

集団的労働関係法の
可能性を探求して

26 労働組合法1条1項および憲法28条の立法過程に関する若干の素描

中 窪 裕 也

Ⅰ　はじめに
Ⅱ　昭和20年労働組合法の立法過程における目的規定
Ⅲ　憲法28条の制定過程
Ⅳ　昭和24年労働組合法の立法過程における目的規定
Ⅴ　おわりに

Ⅰ　はじめに

労働組合法の目的を定める同法1条1項は，かなり不思議な規定である。

　「この法律は，労働者が使用者との交渉において対等の立場に立つことを促進することにより労働者の地位を向上させること，労働者がその労働条件について交渉するために自ら代表者を選出することその他の団体行動を行うために自主的に労働組合を組織し，団結することを擁護すること並びに使用者と労働者との関係を規制する労働協約を締結するための団体交渉をすること及びその手続を助成することを目的とする。」

じっくりと読めば，この法律の目的は，①「労働者の地位を向上させること」，②「労働者が……自主的に労働組合を組織し，団結することを擁護すること」，③「団体交渉をすること及びその手続を助成すること」，という3点にあることがわかる。

そして，①については，そのための手段・方法として，「労働者が使用者との交渉において対等の立場に立つことを促進することにより」という言葉が加えられている。他方，②については，「労働条件について交渉するために自ら代表者を選出することその他の団体行動を行うために」という言葉が，労働者の行為の目的として加えられている。また，③についても，団体交渉というも

第5章 集団的労働関係法の可能性を探求して

のの目的として,「使用者と労働者との関係を規制する労働協約を締結するための」という言葉が加えられている。

ここには,たしかに「団結」,「団体交渉」,「団体行動」という憲法28条に通じる3つのキーワードが盛り込まれ,さらに,自主的な労働組合,対等な立場の交渉,労働協約の締結など,集団的な労使関係の基本というべき理念も示されている。しかし,全体として,相互の関係が分かりにくく,ぎくしゃくした印象を受ける。その理由は,有り体に言えば,本法が作られた昭和24(1949)年当時は占領下にあり,後に見るように,起草過程の途中で,GHQ(連合国軍総司令部)から手渡された文章を,ほとんどそのまま日本語に翻訳したからである。元の文章の複雑さが,翻訳により倍加される形となった。

この点,本法の前身となる昭和20(1945)年労働組合法,いわゆる旧労組法は,同じ1条1項で,法律の目的を次のように定めていた[1]。

「本法ハ団結権ノ保障及団体交渉権ノ保護助成ニ依リ労働者ノ地位ノ向上ヲ図リ経済ノ興隆ニ寄与スルコトヲ以テ目的トス」

ここでは,「団結権の保障」および「団体交渉権の保護助成」によって,労働者の地位の向上と,経済の興隆への寄与を目指すことが,シンプルに謳われている。

これと比較して,現行労組法で「経済の興隆に寄与すること」が消えているのは,異とするまでもないであろう。労働組合法の目的として,そのような国民経済上の効果を掲げることに,少なくとも昭和24年の段階では,抵抗があったのではないかと思われる[2]。しかし,もう1点,「団結権」,「団体交渉権」という言葉も消えているのは,何故なのだろうか。特に,その間,昭和21(1946)年秋に公布され,翌年5月3日より施行された日本国憲法の28条が,次のように定め,いわゆる労働三権を保障したことを考えると,現行労働組合法における「権(利)」の消滅は[3],いっそう意外な感じがする。

---

(1) 旧字を新字に改めた。以下に掲げる資料においても,同様の扱いとする。
(2) 後にみるように,実際にはGHQの側がこの文言を落したようであり,その明確な理由はわからない。
(3) 同法の他の条文でも,「団結権」,「団体交渉権」などの言葉は用いられていない。ちなみに,「労働者が団結することを擁護し」という言葉は,中労委の任務の1つとして,19条の2第2項で用いられている(平成11年改正により追加)。

「勤労者の団結する権利及び団体交渉その他の団体行動をする権利は，これを保障する。」

かかる疑問に対して筆者も明確な回答を持っているわけではないが，まずは2つの労働組合法の立法の経緯を検討し(4)，この間の条文の動きを確認しておくことが必要であろう。これに関しては，筆者も参加している労働関係法令立法史料研究会が刊行した2冊の報告書(5)で，すでに詳細な分析がなされている。しかし，労働組合法の全体に及ぶ包括的な研究の中から，上記の規定に焦点を当てて再整理をすることには，一定の意味があるように思われる。

また，この目的規定は憲法28条と密接に関連することから，同条の起草過程についても見ておくことが有益と考えられる。日本国憲法の起草過程については，まことに膨大な研究がなされているが(6)，28条に関する情報は，その中に埋もれてしまいがちである。以下では，その要点を確認し，さらに労働組合法1条1項の動きと並べることによって，今後の研究のささやかな足がかりとなることを期待するものである。

II 昭和20年労働組合法の立法過程における目的規定

1 労務法制審議委員会での経過

昭和20年労働組合法の骨格を作ったのは，学識経験者，労使の代表，帝国議会議員等が参加した，労務法制審議委員会である。同委員会は，厚生大臣の

---

(4) 占領政策を含む当時の労働組合立法の経緯については，竹前栄治『戦後労働改革』（東京大学出版会，1982年），遠藤公嗣『日本占領と労資関係政策の成立』（東京大学出版会，1989年）を参照。

(5) 労働関係法令立法史料研究会『労働組合法立法史料研究（条文史料篇）』，同『労働組合法立法史料研究（解題篇）』（いずれも，労働政策研究・研修機構，2014年）。以下，それぞれ，「立法史料研究」（条文史料篇），「立法史料研究」（解題篇）という形で引用する。

(6) 最も基礎的な文献として，佐藤達夫『日本国憲法成立史』第1巻・第2巻（有斐閣，1962年・1964年），佐藤達夫〔佐藤功補訂〕『日本国憲法成立史』第3巻・第4巻（有斐閣，1994年），高柳賢三・大友一郎・田中英夫『日本国憲法制定の過程I 原文と翻訳』，同『日本国憲法制定の過程II 解説』（いずれも，東京大学出版会，1972年）。また，国立国会図書館のウェブサイトにある「日本国憲法の誕生」という標題の電子展示会（監修・高見勝利）では，有益な解説とともに多くのデジタル資料が提供されている。http://www.ndl.go.jp/constitution/index.html.

第 5 章　集団的労働関係法の可能性を探求して

諮問を受けて，同年 10 月 27 日から 11 月 21 日までの間に 5 回の総会を開催し，11 月 24 日に「答申案」を提出した[7]。

具体的な条文の形で草案が作成されたのは，同委員会の中に設けられた「整理委員会」が第 3 回総会（11 月 15 日）に提出した，第 1 次草案（整理委員会案）が最初である。そこでは，1 条として，次のような規定が提案されていた。

　「本法ハ団結権ノ保障ニヨッテ労働者ノ社会的並政治的地位ノ向上ヲ助ケ経済ノ興隆ト文化ノ進展トニ寄与スベキ均等ノ機会ヲ与フルコトヲ目的トス」

本条について，整理委員会の中心メンバーであった末弘（厳太郎）委員より，「こういうことをこの種の法律としては頭に書いた方がよかろうということはこの前の総会でも二三の方からご意見がありました。それを文字にすると大体こんな所かなということであります」という趣旨説明がなされている[8]。それまでの総会で，松岡（駒吉）委員や鮎澤（巌）委員から，新しい時代の労使関係を律する指導精神を法律の冒頭に掲げるべきだという発言がなされたこと[9]を踏まえたものと思われる。戦前に作られた様々な労働組合法案では，このような目的規定は見当たらない。それが設けられたこと自体，「今回の法律については……法律の形式も在来の慣習にそうこだわらずして……書いてみた」という，上記引用部分の直前になされた末弘委員の説明[10]を，裏付けるものといえよう。

「均等ノ機会」という言葉は，やや落ち着きが良くない感じもするが，末弘委員は，「寄与スベキモノトス」といった書き方が普通であることを認めつつ，「寄与せしむというのは……一般の人と同じようにそういうことが出来るように実力を与え力を与えるのだという趣旨の積りで均等の機会というようなこと

（7）　この経緯については，遠藤・前掲注(4)33 頁以下，前掲注(5)「立法史料研究」（解題篇）4 頁以下〔渡辺章〕を参照。本稿では，これらの研究を踏まえ，必要最小限の記述にとどめる。

（8）　労働省編『資料労働運動史　昭和 20・21 年』（労務行政研究所，1951 年）723 頁。ここに収められた委員会の議事録には編集が加えられているが，本稿の目的にとって特段の支障はないので，これを引用する。議事録の原文は未公刊であるが，前掲注(5)「立法史料研究」（解題篇）の第 1 章〔渡辺章〕で，紹介と解説がなされている。

（9）　前掲注(8)「資料労働運動史」698 頁，701 頁。

（10）　同上 723 頁。

を書いたのであります」と説明している。

　その後，第4回総会（11月19日）に提出された第2次草案で，本条の「社会的並政治的地位ノ向上」という部分の前に「経済的」という言葉が追加されて，「労働者ノ経済的社会的並政治的地位ノ向上ヲ助ケ」という形になった。このとき，「政治的」という言葉を削除すべきだという意見も出されたが，採決の結果，否決されている[11]。

　最終の審議となる第5回総会（11月21日）に提出され承認された第3次草案でも，この条文に変更はなく，特段の議論もなされていない。しかし，11月24日に厚生大臣に対して正式に答申された労働組合法案（答申案）では，「均等ノ機会」という部分が削除され，次のような形となった。理由は不明であるが，上記のような末弘委員の説明にもかかわらず，やはり不自然と考えられたのかもしれない。

　　「本法ハ団結権ノ保障ニヨリ労働者ノ経済的社会的並政治的地位ノ向上ヲ助ケ経済ノ興隆ト文化ノ進展トニ寄与ヲ与フルコトヲ目的トス」

2　政府提出案における変更

　労務法制審議委員会の答申を受けて，政府は労働組合法案を作成し，12月8日に第89帝国議会に提出した。この法案（政府提出案）は，同月14日に衆議院本会議で，同月18日に貴族院本会議で，それぞれ原案どおり可決された。そこに含まれていたのが，先に掲げた昭和20年労働組合法の1条1項である。この規定は，労務法制審議委員会の答申案と比較すると，いくつかの点で異なっている。

　第1は，答申案では単独で1条とされていた目的規定が，答申案の2条にあった刑罰・警察法令の不適用の規定と合体し，1条1項となったことである。ちなみに，1条2項となった後者の規定は，答申案では刑法以下5つの刑罰法規を具体的に列挙して，その不適用を定めるものであった。これに対して政府提出案では，現在のような，刑法35条を用いた一般的な刑事免責規定に変わっている[12]。

---

(11)　同上 732-733 頁。
(12)　東京大学社会科学研究所所蔵の「旧労働三法」立法関係資料（松岡三郎教授資料）の中にある，第89議会に向けて政府が用意した『労働組合法質疑応答書』（資料番号

第5章　集団的労働関係法の可能性を探求して

　第2は,「経済的社会的並政治的」という言葉と「文化ノ進展」という言葉が,それぞれ削除されたことである。これにより,最終的な目的が「労働者ノ地位ノ向上ヲ図リ経済ノ興隆ニ寄与スルコト」とすっきりした形となった。労働組合が社会的活動等を行うことは妨げられないが,その主目的は経済活動にあることを示すためとされる[13]。さらに,「地位ノ向上ヲ」の後ろの「助ケ」が「図リ」になり,また「目的トス」の前に「以テ」が加わるという微細な修正もあるが,重大な変化とはいえないであろう。

　第3は,上記目的のための手段として,「団体交渉権ノ保護助成」という言葉が追加されたことである。これに関しては,GHQ のカルピンスキー労働課長の指示があったとされており[14],他の部分とは異なって,日本政府内における検討の結果ではないようである[15]。団結権の「保障」に対して,団体交渉権が「保護助成」となっている点は,微妙なニュアンスの違いが感じられて興味深いが,GHQ からの指示文書が（あったとしても）発見されていないため,具体的な用語は不明であり,その経緯はわからない。また,成立した昭和20年労働組合法の英語訳[16]を見ると,1条1項は次のようになっている。団体交渉「権」の保護助成というよりも,団体交渉そのものの助成促進という感じの

　　019。以下「質疑応答書」という）の中で,なぜ不適用となる法令条項を具体的に掲げなかったのかという質問（19問）に対し,組合の行為の正当性の有無は各具体的行為と客観的諸条件につき正常な社会通念をもって判断すべきであり,相当の弾力性のある適用が必要と考えられるからとの説明がなされている。この点につき末弘博士が「法律時報」の巻頭言で行った批判について,前掲注(5)「立法史料研究」（解題篇）30頁〔渡辺章〕を参照。なお,末弘厳太郎『労働組合法解説』（日本評論社,1946年）12頁以下では,書物の性格からであろうが,淡々とした解説がなされている。
(13)　前掲注(12)「質疑応答書」の17問。また,末弘・前掲注(12)7頁も参照。
(14)　松岡三郎・石黒拓爾『日本労働行政』（勁草書房,1965年）26頁〔松岡執筆部分〕。また,GHQ からの指示内容の分析として,遠藤・前掲注(4)55-56頁も参照。
(15)　遠藤・同上。また,同書23頁も参照。実際,前掲注(12)の質疑応答書には「団結権ノ保障ニ依リ」という記述があり（16問）,「団体交渉ノ保護助成」は,その後に加えられたものであろうと推測される。
(16)　国立公文書館の収蔵文書「労働組合法案」（本館-3A-014-00・返赤41004000）の中に,日本語の法文に続いて綴じ込まれており,同館のデジタルアーカイブで閲覧することができる。なお,英文には,第3次草案と同じ11月21日という日付がついているが,内容は明らかにその後の政府提出案であり,英語の手書きで「可決されたが未施行」という趣旨の書き込みがある。

書き方であり，この英語訳と上記指示との関係についても知りたいところであるが，疑問を指摘するにとどめざるをえない。

"The aim of the present Act shall be to raise the status of workers and thereby contribute to economic development through the guarantee of the right of organization and the encouragement of collective bargaining."

いずれにしても，最後の段階で「団体交渉権」という言葉が入ったことは，重要な変化である。これがGHQの指示の結果なら，アメリカ法の影響をほとんど受けなかったとされる昭和20年労働組合法の中で，希有な例外ということになろう[17]。ただ，日本側に団体交渉権という観念がまったくなかったわけではなさそうである。

前述の整理委員会案よりも前の段階であるが，労務法制審議委員会の第2回総会（10月31日）で，末弘委員より「労働組合立法に関する意見書」が提出され，これが以後の議論の土台となった。この意見書では，「第一　労働組合」の中に「二，団結権の保護」という項目があるのに対し，団体交渉（権）に関する項目はなく，次の「第二　労働協約」に飛んでしまう。しかし，いちばん最初の「基本方針」の第4項目として，次のような記述がある[18]。

「罷業権のことを本法中に同時に規定すべきや否やは立法技術上一の問題なるも，団結権従て団体交渉権を認むる以上之に伴いて実質的に罷業権を認むるの要あるは理の当然なるべし。蓋し罷業による労働力の売止めが許されざる限り組合が企業主側と平等の立場に於て公正なる団体交渉を行い得る筈なければなり。」

団結権のいわばコロラリーとして団体交渉権の存在が承認され，さらに「罷業権」まで肯定されているのである。また，上記引用部分の前後には，「取締的規定は成べく必要なる最少限度に止め，寧ろ組合の機能として今後最も重要性を帯ぶべき団体交渉機能を積極的に助長しゆくよう立法上特別の考慮を払うこと」，「罷業権の濫用若しくは罷業に際しての暴行等は多くは企業主側の団体

---

(17) 遠藤・前掲注(4)56-57頁は，「ワグナー法に代表されるアメリカ合衆国の政策体系をもとに構成された〔GHQの〕政策理念からすれば，この概念の挿入指示は当然とすら考えられるのである」と指摘している。
(18) 前掲注(8)「資料労働運動史」705頁。これに続けて，罷業権に関する規定を設けるとしても「正面より罷業権を認むる趣旨の規定を設くべきにあらざるは勿論」であるとした上で，刑法その他警察法規の不当な濫用を防止する規定等を提唱している。

第5章　集団的労働関係法の可能性を探求して

交渉拒否その他団体交渉が円滑に行われざるをことに起因するが故に，此種の場合労働者側の申立てにより仲裁調停機関の介入により団体交渉の円滑化を図ること」という記述もある。もっとも，そこでは団体交渉の「機能」が重視されているようであり，どこまで厳密に法的権利として理解されていたかは問題であろう[19]。

ちなみに，末弘博士は，昭和20年労働組合法の解説書の中で，団体交渉権の保護助成のために設けられた規定として，①労働組合の代表者または組合の受任者による団体交渉権を認めた10条〔現在の6条〕，②団体交渉手段として労働者にとり最も重要にして強力なものである争議権を保護した1条2項，12条〔現在の8条〕，③労働協約の効力を確認強化している19条以下〔現在の14条以下〕の諸規定と，未組織労働者のために〔労働委員会の関与により〕成立した労働条件規準に関する協定に労働協約に準ずる効力を認めた31条〔現在はなし〕，という3つを挙げている[20]。

3　労務法制審議委員会の附帯決議

先に見たように，労働組合法に目的規定が設けられたのは，労務法制審議委員会における一部委員の発言が契機となっているが，そこでは，より広く，「日本における労働憲章」あるいは「マグナ・カルタ」のようなものが必要との主張がなされていた[21]。これらの発言は，戦前の法案を下敷きに検討してはどうかという提案に強く反発して，新たな基本原理を明確に掲げることを求めたものであり，前述の末弘委員の意見書にも影響を与えていた。

これに関して，整理委員会では，むしろ改正が議論されている憲法の中に規定を設けるのが望ましいということで意見が一致し，整理委員会案の末尾に，5項目の「附帯決議」の第1として，「憲法中ニ労働ノ権利及義務ニ関スル規定ヲ設ケルコト」との文言が盛り込まれた[22]。以後，附帯決議の項目は増加

---

(19)　菊池高志「団体交渉と団体交渉権」法政研究47巻2〜4号（1981年）629頁は，昭和20年法の下での団体交渉権について，「今後形成されるべき労使関係を展望する宣言的性格をもつ」と指摘している（635頁）。
(20)　末弘・前掲注(12)9-10頁。
(21)　前掲注(9)を参照。
(22)　前掲注(8)「資料労働運動史」720頁。また，同722頁の説明も参照。なお，昭和22（1947）年に制定された労働基準法では，やはり冒頭に労働関係全体を貫く基本原則

し，最終的な答申案では全7項目となったが，この第1項目については，そのまま維持されている。

また，整理委員会案の議論がなされた第3回総会では，芦田厚生大臣より，この附帯決議の第1項目について，憲法改正担当者から意見を求められることも考えられるので，労務法制審議委員会において「腹案」を作っておいてほしいとの発言がなされた[23]。この点については，答申案をまとめた第5回総会で，末弘委員より，もう少し具体的なことを書こうかと考えたが，憲法の改正もまだ先になるようなので，この委員会で外国の立法例なども調べ，「立派な，労働憲章的な，而も我が憲法に載せるに足るような簡潔な規定」を相談して作るようにするのがよいと考えて，そのままにしておいた，という説明がなされた[24]。

その後，従来の資料にはあまり出てこないようであるが，労務法制審議委員会は，労働組合法が成立した後の昭和20年12月27日に，第6回総会を開催している[25]。そこでの議題として，①労働組合法成立の経過報告，②同法施行令案の審議，③労働争議調停法〔改正〕案の審議，と並んで[26] ④憲法の

を宣明すべきだという議論が高まり，いわゆる労働憲章の諸規定が設けられた。この経緯については，中窪裕也「労働保護法から労働基準法へ」日本労働法学会誌95号（2000年）113頁。

(23) 前掲注(8)「資料労働運動史」723頁。
(24) 同上760頁。
(25) 前掲注(5)「立法資料研究」(解題篇)24-25頁〔渡辺章〕。労働関係法令立法史料研究会が入手した資料の中に，同日の議事録が含まれている（②簿冊6）。
(26) これらの議題のうち，①については，1条1項に関して既に見た点を含めて，答申案からの変更箇所につき説明がなされた。「団体交渉ノ保護助成」の追加に関しては，労働組合法における団体交渉権の重要性に鑑み入れたと述べるのみである。②については，提示された施行令案要綱にもとづき議論がなされ，承認された。③については，諮問に対して総括的な討議がなされた後，起草作業のために小委員会を設けることが承認された。これが，翌年の労働関係調整法の制定につながることになる。遠藤・前掲注(4)80頁を参照。

ちなみに，労働関係調整法に関する旧労働省の資料では，「労務法制審議会」の第1回総会が昭和20年12月30日に開催され，そこで起草のための小委員会が設置されたと記されている。前掲注(8)「資料労働運動史」828頁，労働省編著『労働行政史・第2巻』（労働法令協会，1969年）234頁。会の名称については，後に改組されたものを遡及的に用いたのであろうと思われるが（松本岩吉『労働基準法が世に出るまで』（労務行政研究所，1981年）296頁によれば，昭和21年4月21日，労務法制審議委員会は労

第5章　集団的労働関係法の可能性を探求して

中に労働に関する規定を入れることに関する案件，が入っている。もっとも，この場で具体的な規定内容の検討を行ったわけではなく，鮎澤，松岡，篠原（三千郎）の3委員による小委員会を設置し，立法例を調べた上で文章を作る作業を委任することとされた。

小委員会のその後の活動状況は明らかではないが，翌21年のおそらく1月中，政府に対して，厚生省労務法制審議委員会の名で「修正憲法に挿入すべき『労働』に関する条項に就て」という文書が提出されており，そのプリントは，政府の憲法問題調査委員会（いわゆる松本委員会）でも配られたという[27]。これは，上記の委任にもとづき，小委員会が，労務法制審議委員会を代表して作成・提出したものと思われる[28]。

この文書には，別紙1「諸外国の憲法に於ける労働関係規定」と，別紙2「修正憲法に挿入すべき労働関係規定試案」が添付され，後者の中で，「大日本帝国憲法第二章臣民権利義務に左の各条を加ふること」として，6つの条文が提案されていた。そのうち最初の5つは，簡略化して言えば，①労働の義務[29]，②労働に関する特別の保護，③生活を維持するに足る報酬と同価値労働に対する男女同額報酬，④1日・1週の適正な労働時間を超える労働の不強制，⑤週1日および年2週間の有給休日，である。最後に，⑥労働者の団体的な活動について，次のように書かれている。

「第〇条　日本臣民ハ労働条件ノ維持又ハ改善ニ関シ法律ノ定メタル場合ヲ除クノ外団体交渉及ヒ団体行動ノ自由ヲ制限セラルルコトナシ」

　　務法制審議会に改組された），その総会が，上記27日の会議とは別に，大晦日前日の日曜日に開催されたとは，考えにくい気がする。
(27)　佐藤・前掲注(6)第1巻406頁。別紙も含めた文書の全体が，同頁以下で紹介されている。また，松岡・石黒・前掲注(14)32頁以下，芦部信喜ほか編『日本国憲法制定資料全集(1)——憲法問題調査委員会関係資料等』〔日本立法資料全集71〕（信山社，1997年）258頁以下も，同じ文書を採録する。
(28)　佐藤・前掲注(6)第1巻408頁は，この文書は「おそらくその一部の委員によって作られた非公式のもので，正式に委員会の決議を経たものではないと認められる」と述べた上で，鮎澤委員が作成したものらしいとの注記を行っているが，少なくとも文書を起草することについて，小委員会への委任があったことは間違いない。
(29)　具体的な文言は，「第〇条　日本臣民ハ国民経済ノ興隆ノタメ法律ノ定ムル所ニ従ヒ労働ノ義務ヲ有ス」というものである。

678

「団結」が見当たらず,「団体交渉」と「団体行動」だけが掲げられている点と,「権利」の保障ではなく,「自由」を制限されないとの書き方になっている点に,特色があるといえよう。他のほとんどの項目と同様に,法律による留保も付されており,不徹底との印象を免れないが,何はともあれ,憲法28条につながる1つの糸となったかもしれない,注目すべき提案であろう[30]。もっとも,次項で見るように,これが憲法問題調査委員会の議論に影響を与えたようには,まったく見えないのであるが。

III 憲法28条の制定過程

1 日本側における検討

日本国憲法の制定過程においては,昭和21年2月13日に,GHQから日本側に手渡された,いわゆる「GHQ草案」が決定的な転換点となるが[31],それ以前の日本側の検討の中心となったのは,松本烝治国務大臣を委員長とする,政府の憲法問題調査委員会である。同委員会は,昭和20年10月25日に設置され,翌年2月初旬までに7回の総会と15回の調査会・小委員会を開催した。それらの議事録を見る限り[32],労働者の団結活動や団体交渉について議論された形跡はない。

もっとも,「労働」あるいは「勤労」の義務や権利については,ワイマール憲法などにも触れながら,議論がなされている。そして,昭和20年12月22日の総会に提出された各委員の案や意見等をまとめた「憲法問題調査委員会第一回乃至第四回総会並びに第一回乃至第六回調査会に於て表明せられたる諸意見」という冊子では,「第二章 臣民権利義務」の部分に,「(ト説) 労働の権

---

(30) 竹前・前掲注(4)82頁は,本案を労務法制審議委員会とGHQ労働課の「合作」と理解し,具体的な証拠はないが,それが後のGHQ民政局の「人権に関する小委員会」案の基礎となったものと想像している。

(31) 前掲注(6)の各文献を参照。また,より平易なものとして,いずれも旧著の加筆・文庫版であるが,古関彰一『日本国憲法の誕生』(岩波書店,2009年),鈴木昭典『日本国憲法を生んだ密室の九日間』(KADOKAWA,2014年)。

(32) 前掲注(6)「日本国憲法の誕生」の中に資料として掲載され(「資料と解説」2-11),テキストによる検索も可能である。なお,以下で触れる様々な草案等についても,英文も含めて,基本的にここに収められているものを利用した。煩を避けるために,一部を除き,個別の出典は省略している。

利及び義務に関する規定を設くべし。(Cf 労務法制審議委員会附帯決議)」との記載があり(33)、労務法制審議委員会の附帯決議が、たしかに憲法問題調査委員会に伝えられていたことがわかる。

　昭和21年1月4日に宮沢(俊義)委員が小委員会に提出した2つの案のうち、「甲案」(宮沢甲案) の中に、「日本臣民ハ法律ノ定ムル所ニ従ヒ勤労ノ権利及義務ヲ有ス」(30条の3) という規定が含まれていたのは、このような背景にもとづくものといえよう。また、1月27日の調査会および2月2日の総会に提出された「憲法改正案」(乙案) にも、「日本臣民」を「日本国民」と修正した、同内容の規定 (30条の3) が含まれていた。しかし、それと並んで提出された、松本委員長の私案にもとづく保守的な「憲法改正要綱」(甲案) では、他の部分と同様、臣民権利義務に関する部分も旧憲法にわずかな修正を加えるにとどまり、労働に関する規定は皆無であった。この要綱が2月8日に、GHQに提出されることとなる。

　ともあれ、この時期、各政党や民間の団体・有識者等も様々な憲法改正草案を発表したが、労働者の集団的な活動について触れたものは、昭和20年12月26日に発表された、憲法研究会の「憲法草案要綱」くらいである(34)。この草案は進歩的な内容で知られ、GHQも注目して研究を行っている。そこでは、「国民権利義務」として、労働者に関係するいくつかの権利を列挙しているが(35)、さらに「経済」という項目で、「労働者其ノ他一切ノ勤労者ノ労働条件

---

(33)　前掲注(6)「日本国憲法の誕生」の「資料と解説」2-3。また、同じ冊子に収められた河村(又介)委員の案には「日本臣民ハ法律ノ定ムル所ニ従ヒ勤労ノ義務ヲ有ス」(21条の次) という規定があり、「権利」がない点で、労務法制審議委員会の試案により近いといえよう。他方、同委員会の野村(淳治)顧問が同年12月26日付けで提出した「憲法改正に関する意見書」(「資料と解説」2-6) は、委員会の審議の参考にはされなかったようであるが、労働権のほか、休養権、国家の救護を要求する権利を定めている。

(34)　それ以外では、昭和21年3月5日に発表された憲法懇談会の草案に、「勤労者ノ勤労条件ヲ改善シ公共経済ノ発達ニ寄与スルカ為ニスル自主的組織ハ保障セラル」(80条) と書かれているのが目につくが、自主的「組織」の保障が団体交渉や団体行動までカバーするのかは問題であろう。

(35)　労働の義務、労働に従事しその労働に対して報酬を受ける権利、健康にして文化的水準の生活を営む権利、休息の権利 (国家は8時間労働の実施、有給休暇制、療養所・社交・教養機関の完備をなすべしとされる)、労働不能に陥った場合に生活を保証される権利を明記し、さらに、男女は公的・私的に完全に平等の権利を享有することや、民

改善ノ為ノ結社並運動ノ自由ハ保障サレルヘシ」,「之ヲ制限又ハ妨害スル法令契約及措置ハ総テ禁止ス」と定めていた。「自由」という言葉が用いられている点は,労務法制審議委員会の試案と共通する特徴である。両案以外には,この事項について触れたものは見当たらず,ましてや,それを憲法上の「権利」として定める発想は(36),なかったようである。

2　GHQの草案

　GHQは,憲法改正について民政局（GS）内部で検討を行っていたものの,当初は日本側が自主的に改正案を作成するのを待つという態度をとっていた。しかし,昭和21年2月1日に毎日新聞が「憲法改正・調査会の試案」（憲法問題調査委員会試案）というスクープ記事を掲載し(37),その内容があまりに保守的・現状維持的であるとの批判が巻き起こったことから,日本政府による憲法改正作業に見切りをつけ,自ら改正案の作成に着手したといわれる。

　同年2月4日より,民政局内に憲法草案作成のための特別の体制が設けられ,1週間にわたって極秘のうちに起草作業を行った(38)。全体を統括する運営委員会の下に8つの小委員会が作られたが,労働に関する条項を担当したのは「人権に関する小委員会」である。

　同委員会では,まず,原案となる第1次試案が作られ,運営委員会との議論を経て,第2次試案が作られた。さらにこれに修正を加え,最終的なGHQ草案の規定が完成した。また,この間の議論を記録したメモの中に,若干の関連情報が含まれている。これらを,以下に見てみよう。

　まず,第1次試案には,32条として,以下の規定が含まれていた(39)。

　　族人種による差別が禁じられることも定めている。

(36)　自由権という概念があることは承知しているが,ここでは憲法条項の具体的な文言として「権利」を用いるかどうかを問題としている。そこから「自由」を超えた法的効果が出てくる可能性があることは,言うまでもない。

(37)　東京版の見出しによる。なお,よく知られているように,「試案」とされたものの中身は実質的に宮沢甲案であり,委員会の中では比較的リベラルなものであった。

(38)　その模様については,鈴木・前掲注(31),ベアテ・シロタ・ゴードン〔構成／文・平岡磨紀子〕『1945年のクリスマス』（柏書房,1995年）128頁以下。

(39)　前掲注(6)「日本国憲法の誕生」の「資料と解説」3-14, "Drafts of the Revised Constitution" 112頁（ハイフン前後のスペースの調整を行った）。なお,高柳ほか・前掲注(6)「Ⅱ　解説」175頁は,本文書が発見される前の記述であり,第1次試案の文

第5章　集団的労働関係法の可能性を探求して

　"Employers and employees shall have the right to collective bargaining. Labor, except in essential services, shall have the right to strike; but the deliberate wrecking of employer-employee cooperation by outsider labor- or employer organizations is prohibited."

　第1文に，団体交渉権が規定されているが，その主体が使用者および被用者（労働者）となっている点が，たいへん特徴的である。また，第2文に，今度は労働者側の権利として，ストライキ権が明記されている。ただし，いわゆる不可欠業務は除くこととされ，さらに，外部の労働者組織または使用者組織による，労使協力に対する意図的な破壊行為は禁止されるとの但書が設けられている。

　他方，団結権に関しては，その前の31条に，以下のような規定がある。

　"Japanese citizens have the right to organize freely in societies, unions or associations for any peaceful purposes; ……"

　労働者に限らない，国民一般の権利として，自由に組合等の団体を作って組織することが承認されているのである。もっとも，条文の位置は，労働者の休息権や最低労働条件の法定を定める30条と，上記32条の間に置かれてり，労働組合のことが強く意識されていたのは確かであろう。

　次に，第2次試案では，条文番号はどれも空白となっているが，生活に関わる法律はすべて社会の福祉と自由・正義・民主主義の促進・伸張を目指すべしという文章で始まる規定の第3文が，以下のように定めている[40]。

　"To this end the Diet shall enact legislation which shall: ……
　　　Set proper standards for working conditions, wages and hours and establish the rights of workers to organize and to bargain collectively, and to strike in all except essential occupations; ……"

　団体交渉権とストライキ権（不可欠業務は除く）の前に，団結権が加わって，

　　　言は不明としている。
(40)　前掲注(6)「日本国憲法の誕生」の「資料と解説」3-14，"Original drafts of committee reports" 16-17頁，高柳ほか・前掲注(6)「Ⅰ　原文と翻訳」224頁。手書きによる修正で，後半の文章の最初の "Set" が "Fix" に変更され，また，"in all except essential occupations" という部分が削除されている。

労働三権の形となった点は，注目に値する。その一方で，規定全体が国会に対する立法の義務づけの形式をとり，かつ，現在の27条2項につながる労働条件の最低基準と一緒に並べられている点も，第1次試案と異なる大きな特徴である。

これが，最終的なGHQ草案では，26条として，次のような規定となった。立法の義務づけという形式から，権利を直接に保障する形に戻っており，現在の28条の英語訳と，まったく同じ文章である。

"The right of workers to organize and to bargain and act collectively is guaranteed."

「ストライキ」という言葉が消えた点については，ホイットニー准将が，原案32条に異議を述べた旨のメモが残っている[41]。労働者がストライキをする権利を明示的に定めることは，憲法がストライキを奨励しているとの誤解を生むおそれがある，というのである。同メモには，それに続けて，この条文は，"The right of workers to organize and act collectively is guaranteed."と修正された，と書かれている。

結局，第2次試案から，一旦，このような形で「団結」および「団体行動」の権利の保障となり，その後で（団体）「交渉」が追加されて，最終的なGHQ草案となったことになる[42]。その場合，団体交渉については，新たな（あるいは復活による）追加というよりも，"to organize and act collectively"という言葉の中に含まれていたものを，特記して明確化したと考えるべきかもしれない[43]。いずれにしても，この過程で，不可欠業務における権利の制限が姿を

---

[41] 前掲注(6)「日本国憲法の誕生」の「資料と解説」3-14，"Ellerman Notes on Minutes of Government Section, Public Administration Division Meetings and Steering Committee Meetings between 5 February and 12 February inclusive " 26頁，高柳ほか・前掲注(6)「Ⅰ 原文と翻訳」210頁。

[42] 高柳ほか・前掲注(6)「Ⅱ 解説」175頁。メモのほうに省略ないし書き落としがあった可能性も否定できないが，タイプして清書した紙に引用符付きで記された文言であり，なかなか考えにくい気がする。

[43] このように理解したとしても，最終的な条文においては団体交渉権と団体行動権がそれぞれ別個の権利として保障されているという（正当な）解釈を否定することにはならないであろう。有泉亨「団体交渉権という権利」石井照久先生追悼論集『労働法の諸問題』（勁草書房，1974年）3頁を参照。

第5章　集団的労働関係法の可能性を探求して

消したことは，いささか皮肉で興味深い展開といえよう。

3　28条の完成

完成したGHQ草案は，マッカーサーの承認を受けた後，2月13日に，松本国務大臣，吉田(茂)外務大臣らとの会見の席で手交された。2月8日に提出した憲法改正要綱への回答があるとばかり思っていた日本側は驚愕したといわれるが，とにかくGHQ草案を日本語に翻訳し，検討を行った。日本語訳には，当初の外務省仮訳と，2月26日の閣議で配布されたものがあるが，26条については，どちらも同じで，次のようになっている。"bargain"という言葉を「商議」と訳しているのが特徴といえよう[44]。

「労働者カ団結，商議及集団行為ヲ為ス権利ハ之ヲ保障ス」

同日の閣議で，GHQ草案を基本的に受け入れることが決定され，これを基礎に若干の修正を加えて，日本側の草案が作られた。3月2日にGHQに提出された，いわゆる「3月2日案」では，GHQ草案の26条は25条となり，次のように定めていた。

「勤労者ハ法律ノ定ムル所ニ依リ団結ノ権利及団体交渉其ノ他ノ集団行動ヲ為スノ権利ヲ有ス。」

「勤労者」が主語となったことや，「団体交渉」および「集団行動」という言葉が用いられたことも目を引くが，何といっても最大の特徴は，「法律ノ定ムル所ニ依リ」という限定である。この3月2日案では，国民の教育を受ける権利を定めた23条1項や，勤労の権利を定めた24条1項にも，同じ「法律ノ定ムル所ニ依リ」という文言が付されていた。そして，3月4日から5日にかけて行われたGHQとの交渉においては，23条1項や24条1項に関し，GHQ側が，この文言は憲法による保障の意味を失わせるので認められない，削るべきだと強く主張した[45]。25条についての記録はないが，同様に考えられたのは当然であろう。

---

(44) 佐藤・前掲注(6)第3巻36頁では「商議」が「争議」となっているが，誤植であろう。

(45) 前掲注(6)「日本国憲法の誕生」の「資料と解説」3-21，「三月四，五両日司令部ニ於ケル顛末」8頁。

〔中窪裕也〕 **26** 労働組合法1条1項および憲法28条の立法過程に関する若干の素描

上記交渉の結果にもとづきまとめられた「3月5日案」では、25条から26条に戻り、次のように定めていた。「法律ノ定ムル所ニ依リ」という文言がなくなったほか、末尾が「権利ヲ有スル」から「権利ヲ保障セラルヘシ」に変わって（あるいは、「保障」という言葉が復活して）いる[46]。

「勤労者ハ団結ノ権利及団体交渉其ノ他ノ集団行動ヲ為スノ権利ヲ保障セラルヘシ。」

この3月5日案は、GHQの了解を得て字句の整理をしたうえで、要綱の形にまとめられた。3月6日に内閣より発表された「憲法改正草案要綱」である。その第26として、次のような文言が記されている。理由はわからないが、「集団行動」が「集団行為」になって（戻って）いる。すべてを一括する形で「権利」という言葉が用いられている点は、要綱という文書の性格による可能性もあろう。

「勤労者ノ団結及団体交渉其ノ他ノ集団行為ヲ為スノ権利ハ之ヲ保障スベキコト」

その後、草案全体の文章を口語化することが決定され、これにもとづき作業を行った後、4月17日に、最終的な政府の憲法改正草案が発表された。その26条は、次のように定めている。「集団行為」が「団体行動」に変わったことが、ほとんど唯一の変更点といえる。ちなみに、口語化作業においては、途中でいくつかの草案が作られたが、26条については、4月5日の口語化第1次草案以来、この文章であった。

「勤労者の団結する権利及び団体交渉その他の団体行動をする権利は、これを保障する。」

以後は、この草案が「帝国憲法改正案」として第90帝国議会に提出され、審議の過程で修正により全体の条文が増えたため、26条が28条となった点を除けば、そのままの形で維持されて、現在の日本国憲法28条となった[47]。

---

(46) 前掲注(6)『日本国憲法の誕生』の「資料と解説」3-21に採録されている3月5日案のテキストデータは「集団行動」を「集団行為」としているが、画像ファイルでは「集団行動」と読める。佐藤・前掲注(6)第3巻166頁も参照。

(47) 現28条をめぐる帝国議会での議論については、清水伸『逐条日本国憲法審議録・第2巻〔増補版〕』（日本世論調査研究所、1976年）666頁以下を参照。

第5章　集団的労働関係法の可能性を探求して

　最後に，枢密院および帝国議会での審議に備えて政府が作成した，想定問答の内容を見ておこう[48]。26条に関しては，2つの問いがある。第1に，「労働者，労働と言ふ言葉を使はなかった理由如何」という問いに対しては，「労働組合法の労働者とここに言ふ勤労者とは大体同じ内容と考へて支障ない。併し従来言葉の意義としては，労働と言ふと，肉体労働的な狭いものを意味して来た。唯労働組合法では法律の名称，組合の名称等に鑑み，労働者の意義を特に広く定義して労働者と言ふ言葉を使用したに過ぎない。」との答えが用意されている。第2に，「団体行動とは何か」という問いに対しては，「労働組合法に言ふ争議行為を包含し，更に広い意味の言葉であって，平和的行為であっても，勤労者が団体を組織して為す行為はすべて含まれる。」と記されている。

Ⅳ　昭和24年労働組合法の立法過程における目的規定

1　GHQ勧告

　昭和24年の労働組合法改正は，GHQの主導により開始された[49]。すでに昭和20年労働組合法が施行されて間もない頃から，GHQの「労働諸問委員会」がアメリカ法に範を取る方向での法改正を勧告する等の動きがあったが[50]，24年改正の直接の契機となったのは，昭和23（1948）年の秋にGHQ内部で作成された3つの勧告文書である。これらが翌年1月の初頭に日本政府に手交され，改正作業が始まった。

　3つの文書のうち2つ（第1回勧告，第2回勧告）は，ほぼ同内容で長く，もう1つ（第3回勧告）は短縮版といえる[51]。注目すべきは，前者の中に，労働組合法の目的につき，次のような規定を設けることが勧告されている点である。まず，日本語の翻訳（第1回勧告）で見てみよう。この規定には，「1　前文」というタイトルが付いている。

---

(48)　前掲注(6)「日本国憲法の誕生」の「資料と解説」4-4，「憲法改正草案に関する想定問答」（第3輯）43-44頁。
(49)　竹前・前掲注(4)251頁以下，遠藤・前掲注(4)285頁以下。
(50)　前掲注(8)「資料労働運動史」817頁以下を参照。
(51)　前掲注(5)「立法史料研究」（条文史料篇）28頁以下。また，これらのGHQ勧告および各次の草案に関する詳細については，前掲注(5)「立法史料研究」（解題篇）84頁以下〔竹内（奥野）寿〕に解説がなされている。

「本法の目的は，産業上の紛争を友好的に解決するための基本的慣行を奨励することにより，産業不安を最少限にすること，労使双方の団体交渉の力を均等にすることを奨励し，以て労働者の地位の向上をはかること，労働者が全く自由に団結し，自主的に組織を行い，その雇用条件につき交渉するためその代表者を自ら真に選挙し，又はその他の相互扶助乃至相互防禦を行うにあたって之を保護すること，及び，団体交渉の慣行と手続とを奨励することにある。ここに之を宣言する。」

つまり，簡略化していえば，①産業不安の最少化，②労働者の地位の向上，③労働者の団結等の保護，④団体交渉の奨励，という4つの目的が掲げられているのである。昭和20年法との関係でいえば，②が究極目的ではなく4つのうちの1つとして掲げられ，もう1つの「経済ノ興隆」への寄与は見当たらない。

次に，原文となる英語は，次のような文章である[52]。

"It is hereby declared to be the purpose of the present Act to minimize industrial unrest by encouraging practices fundamental to the friendly resolution of industrial disputes; to elevate the status of workers by promoting an equality of bargaining power as between employers and employees; to protect the exercise by workers of full freedom of association, self-organization, and the designation of really elected representatives of their own choosing for the purpose of negotiating the terms and conditions of their employment or other mutual aid or protection; and to encourage the practice and procedure of collective bargaining."

これが，アメリカの1935年全国労働関係法（National Labor Relations Act）の1条，特にその最後のパラグラフを下敷きにしていることは，あまりに明白であろう。本稿の関心にとって核心となる，被用者の"full freedom"の行使を保護するという部分（上記③に対応）も，うり二つと言ってよい。

ちなみに，GHQ勧告では，上記の「前文」（preamble）に続き，「2 第　条。被用者の権利」として，「被用者は，自由的な組織を行い，労働組合を結成し之に加入し又は之を援助し，及び，自らえらんだ真正に選挙せられた代表を通

---

[52] 労働関係法令立法史料研究会が入手した資料による（⑦簿冊4。若干のスペルミスを補正）。

第 5 章 集団的労働関係法の可能性を探求して

じて団体交渉を行う権利を有する」との規定も勧告している。これも，全国労働関係法7条による「被用者の権利」の保障に倣ったものといえるが[53]，よく見ると，団結権と団体交渉権のみが規定され，団体行動権が入っていない。

上記の目的規定（前文）に含まれている「その他の相互扶助乃至相互防禦」(other mutual aid or protection) という言葉は，全国労働関係法7条にも登場する，団体行動（concerted activities）に関するキーワードである。そのことを考えると，団体行動権の欠落はなおさら不可解に思えるが，何らかの考慮があったのであろう。

2 初期の草案での動き

GHQ の勧告を受けて，日本側で最初に作られたのが，1月7日付けの第1次案である。そこでは，1条として，下記のような目的規定が設けられた[54]。なお，昭和20年法で1条2項に定められていた刑事免責の規定は5条として独立し，1条はこれだけである。

「この法律は，左の各号に掲げるところにより，労働者の地位の向上と経済の興隆に寄与することを目的とする。
　一　労働者が自主的，民主的に，且つ，国民経済に対するその責任の自覚の上にたって，労働組合を組織し，労働条件に関して交渉するものを選出し，相互扶助又は防衛を遂行し，及び擁護し，その他労働組合を運営し団体行動すること，及び労働者が使用者と対等の立場において公共の福祉のために協力し，自己の利益と立場とを主張するとともに，相手方の権利と立場とを尊重し，友好裡に団体交渉を行うことを保護助長すること。
　二　産業上の紛争を友好的に予防し，解決するために前号に規定する基礎的慣行と手続を促進し，経済の発展のための障害を最小限に止めること。」

特徴としては，第1に，GHQ 勧告とは異なって，昭和20年法以来の「労働者の地位の向上」および「経済の興隆」への寄与という究極目的が，そのまま

---

(53) アメリカの状況については，中窪裕也『アメリカ労働法〔第2版〕』（弘文堂，2010年）35頁以下，79頁以下，同「アメリカ全国労働関係法における被用者の権利」菅野和夫先生古稀記念論集『労働法学の展望』（有斐閣，2013年）595頁を参照。
(54) 各次の草案（日本語）は，前掲注(5)「立法史料研究」（条文史料篇）53頁以下に掲載されており，以下では個別の引用は省略する。なお，各次案における1条1項の変遷については，前掲注(5)「立法史料研究」（解題篇）120-121頁〔富永晃一〕も参照。

維持されている。第2に，そのための手段として，団結権の保障と団体交渉権の保護助成を，1号で拡充して詳細化するとともに，2号で，GHQ勧告の①に対応する，産業上の紛争の予防・解決を新たに掲げている。1号の文章は，やや難解である上に，パターナリスティックな色彩も目につくが，GHQ勧告の②～④をカバーしており，「団体行動」という言葉も入っている。

なお，この第1次案では，GHQ勧告にあった「被用者の権利」に対応する規定は設けられていない。以後の各草案においても同様であり，これが実現することはなかった。

次の第2次案で，若干の字句の修正が行われたが，より大きな修正が加えられたのは，1月17日にGHQに提出されたとされる，第3次案である。そこでは，1条として，次のような規定が設けられた。

「この法律は，労働者が自由に，且つ，自主的に労働組合を結成し，これを運営し，又はその他の団体行動をする権利を擁護すること，自らの代表者を自由に，且つ，民主的に選出し，この代表者を通じて対等の立場で使用者と団体交渉を行う慣行と手続とを助長すること，及びこれに基いて産業上の不和を最少限にすることによって，労働者の地位の向上を図り経済の興隆に寄与することを目的とする。」

ここでも，昭和20年法における2つの究極目的が維持されているが，その手段として，①団結および団体行動の権利の擁護，②団体交渉の助長，③産業上の不和の最少化，という3つが掲げられ，なかなか明解である。特に，①において「権利」という言葉が明記されたことは，注目に値しよう。他方で，団体交渉について，それがないのも気になるところである。なお，②で自由かつ民主的な代表者の選出が重視されているのは，この段階では，多数決による交渉単位制が採用されていたことが背景にあるように思われる。

次の第4次案では，②の「助長」が「確立」に修正されたが，あとは不変であった。しかし，労働省試案として初めて公表された，2月13日付けの第5次案では，1条は次のような文言に変わっている。

「この法律は，労働者が自ら選んだ代表者により労働条件等に関し団体交渉をし，その他団体行動を行うための自主的な労働組合の組織を擁護すること，労働関係を規制する労働協約を締結するために団体交渉をする手続と慣行を確立すること，

第5章 集団的労働関係法の可能性を探求して

及びこれらのことに基いて労働者が使用者との交渉において対等の立場に立つことを促進することにより，労働者の地位の向上を図り，経済の興隆に寄与することを目的とする。」

労働組合を組織して，団体交渉や団体行動を行い，労働協約を締結する，という自然な流れに反する，読みにくい文章である。英文を翻訳した可能性が高いように思われる。ただ，第3次案の③の産業平和の観点が消え，代わって，交渉における労使の立場の対等化が入ったことにより，次の「労働者の地位の向上」にスムーズにつながるようになったことは確かであろう。その分，「経済の興隆」が浮いてしまったきらいもある。いずれにしても，この段階で，「権利」という言葉は姿を消した。以後，労働省内部で検討された第6次案・第7次案でも，同じ規定が維持されている。

3　第8次案とその後

昭和24年労働組合法の立法過程における大きな転換点は，3月28日にGHQから手交された第8次案である。それまでの大規模な改正の試みは放棄され，昭和20年法を基礎として，必要最小限の修正を加えることとなった[55]。1条についても，刑事免責の規定が1条2項に戻り，目的規定はそれに先立つ1条1項として，次のように定めている。

「この法律の政策及び目的は，使用者とその被用者との間の交渉力の均等を促進することにより労働者の地位を向上すること，労働者がその雇用の条件を交渉するために自ら選択した代表者を選出することを含む団体交渉を行うために自主的に組織し団結する行為を擁護すること，及び労使関係を規制する包括的労働協約を齎す団体交渉の実行と手続を奨励することにある。」

一見してわかるように，これは現在の1条1項にきわめて近い。以後の変化は，文言や書き方の調整にすぎないといえよう。また，そこに記されている3つの目的は，上記GHQ勧告の4つの目的から，①の産業不安の最少化を除いたものである。つまり，第8次案は，少なくとも1条1項に関する限り，昭和20年法よりも，GHQ勧告を基礎にしたものと考えられる。これに伴い，「経

---

(55)　その原因をめぐって様々な議論があるが，これについては，遠藤・前掲(4)322頁以下を参照。

済の興隆」への寄与という目的は，消えることとなった。なお，第2の目的の中にある「団体交渉」を行うためにという部分は，元の英文を見れば，「団体行動」となるべきところであり，実際，後に第11次案で修正されている。

次に，上記の元となった英文は，以下のとおりである(56)。若干の相違点はあるものの，GHQ勧告との共通性がいっそう明らかであろう。

　"The policies and purposes of the present Law are to elevate the status of workers by promoting an equality of bargaining power as between employers and their employees; to protect the exercise by workers of autonomous self-organization and association in labor unions so that they may carry out collective action including the designation of representatives of their own choosing to negotiate the terms and conditions of their employment; and to encourage the practice and procedures of collective bargaining resulting in comprehensive trade agreements governing employer-employee relationships."

この草案に対し，日本側がGHQにコメントと質問を送った文書が残されているが(57)，興味深いのは，1条1項について，昭和20年法の基本枠組みを維持する以上，セミコロンの後ろにある"to protect"と"to encourage"は，労働者の地位の向上と同格の目的ではなく，それぞれ"by protecting"と"by encouraging"となるべきではないか，と書かれていることである。もっともな指摘のように思われるが，GHQには受け入れられず，やはり英語で手渡された4月5日の第9次案においても，同じ形で維持された。他方，冒頭の「政策」という言葉は（日本の法律には例がないので）削除するのが望ましいという意見は採用され，第9次案では消滅している。

その後，4月14日付けの第11次案で，「この法律は……目的とする」という現在の書き方に改められ，同時に，第1の目的中の「交渉力の均等」の促進が，「交渉において対等な立場に立つこと」の促進となった。さらに，「被用

---

(56) 国立国会図書館所蔵のマイクロフィッシュ（ESS (B)-16639）によっている。次の第9次案の英文も，同様である（ESS (H)-02324）。前掲注(5)「立法史料研究」（解題篇）100-101頁〔竹内（奥野）寿〕を参照。

(57) 前掲注(56)のマイクロフィッシュ（ESS (B)-16639）に収められた，"Opinions and Questions of the Labor Ministry Concerning Your Recommendation given on March 26, 1949 for the Draft for Revising the Trade Union Law"というタイトルの，3月31日付文書。

者」を「労働者」とするなどの細かな修正が加えられ,最終的な政府法案の完成に至ったのである。

4 国会での議論

4月28日に国会に提出された政府法案は,微細な修正を受けたものの,衆参両院を通過して成立し,6月10日より施行された。国会の審議において,1条1項が強い批判を浴びたのは[58],やむをえないところであろう。批判の第1は,文章の不自然さ,読みにくさであり,第2は,団結権,団体交渉権などの言葉が見当たらず,憲法28条との関係が不明な点である。

政府の側は,1条1項は憲法28条の趣旨をすべて盛り込み,それを具体的に明示したものである,と説明したが,苦しさは否めない。衆議院の労働委員会では,社会党から,1条1項を「この法律は労働者の団結する権利及び団体交渉その他の団体行動をする権利の保障によって,労働者の経済的,社会的並びに政治的地位の向上をはかることを目的とする」と変更する修正案も出された[59]。しかし,結果的には,政府提出の原案が支持され,現在の1条1項となったのである。

ちなみに,労働省の立法担当者による昭和24年労働組合法の解説書によれば[60],1条1項は,①労働者の地位の向上,②団結権の擁護,③団体交渉およびその手続の助成,という3つの目的を掲げるものであるが,①について,「勿論『労働者の地位の向上』をかかる交渉力の対等性のみに限定する趣旨でないことはいうまでもない」と書かれているのは,第8次案に関する上記の経緯を考えれば,興味深いところである。また,②について,「憲法第28条は勤労者の団結権を保障することを規定しているが,本法においては単なる保障以上に更に強力に団結権を擁護することを規定したものである」,「本法〔は〕……労働者の団結権,団体交渉その他の団体行動をする権利の実質的確保を

---

(58) 労働省労政局編『労働組合法及び労働関係調整法の一部を改正する法律案の第五回国会における審議録』(労働省労政局,1950年) 377頁,537頁,555頁,668頁,688頁,744頁,1098頁,1202頁,1241頁,1249頁,1295頁など。この資料は「国立国会図書館デジタルコレクション」に収められている。

(59) 同上653頁。

(60) 賀来才二郎『改正労働組合法の詳解』(中央労働学園,1949年) 87頁。

図っている」と述べているのは，国会における議論を踏まえ，憲法との関係を補強しようとしたものといえよう。

昭和24年労働組合法が憲法28条による労働三権の保障を基礎としていることは，疑問の余地がない。ただ，現在の1条1項が，それを十分かつ適切に表現しているかといえば，議論が分かれるように思われる。

V おわりに

以上，長々と労働組合法1条1項と憲法28条の成立過程を追ってきたが，終戦直後の占領下という特殊な状況の下で，現在の文言が作られた経緯を，かなり明らかにできたのではないかと考える。アメリカ労働法を専門とする筆者にとって，事の善し悪しはともかく，アメリカの影響が随所に見られることは，印象深いものがある。特に，団体交渉権や団体行動権については，日本側の意識は薄く，苦難の末に全国労働関係法7条に結実したアメリカ労働法制の歴史を抜きにして論じることは，不可能というべきであろう。

日本の場合は，労働三権の保障と不当労働行為制度が，アメリカのようには直結しておらず，労働組合法のレベルにおいて，労働者の「権利」が見えにくいという特徴がある[61]。その意味で，昭和24年労働組合法の第5次案で，1条1項から「権利」という言葉が消えたことは重要であり，その経緯について解明を試みる必要があろう。さらに，より広く，団体交渉「権」の位置づけや[62]，「団体行動」の概念などについても，本稿での考察を基礎に，検討を深めていきたいと思う[63]。

---

(61) 中窪裕也「昭和24年労働組合法の立法過程と不当労働行為制度」日本労働法学会誌125号（2015年）掲載予定。

(62) この問題に関し，孫昌憙「団体交渉の法的構造(1)〜(3)」日本労働協会雑誌220号（1977年，以下も同じ）19頁，221号22頁，223号35頁は，「権利」の概念や憲法28条の意義などをめぐって濃密かつチャレンジングな分析を行っており，今でも必読の文献である。

(63) 本稿の作成で用いた史料の入手や分析に関し，労働関係法令立法史料研究会，とりわけ渡辺章，竹内（奥野）寿，富永晃一の各教授・准教授によるご協力に感謝したい。なお，本稿は，文部科学省科学研究費・基盤研究(B)「労働の場（site）を淵源とする権利義務の創出」の成果の一部でもある。

27　従業員代表制をめぐる三つの論点

浜　村　　　彰

Ⅰ　は じ め に
Ⅱ　従業員代表制の国際的動向
Ⅲ　従業員代表を法制化する必要があるのか
Ⅳ　併存型従業員代表制か補完型従業員代表制か
Ⅴ　組合代表と従業員代表の共生はどのようにしてはかられるのか

Ⅰ　は じ め に

　1980年代後半から本格的に始まった従業員代表制をめぐる議論は，1987年の労働基準法改正を契機として盛り上がりをみせ，1990年代には労働法学上の大きな課題の一つとなった[1]。その後，この問題の議論を再燃させたのは，2005年の厚生労働省「今後の労働契約法制の在り方に関する研究会報告書」であり，そこで新たな労働契約法制の重要な柱の一つとして労使委員会制度の法制化が打ち出されたことから，それをめぐって活発な論議が交わされることになった。しかし，その後，今日に至るまでこの問題をめぐる議論は，沈静化したかのように見える[2]。

---

(1)　従業員代表制をめぐる論議の発端となったのは，小嶌典明「労使自治とその法理」日本労働協会雑誌333号（1987年）13頁であり，その後，西谷敏「過半数代表と労働者代表委員会」日本労働協会雑誌356号（1989年）4頁や毛塚勝利「わが国における従業員代表法制の課題」学会誌79号（1992年）129頁などが議論をリードしたことは周知のとおりである。また，当時の議論の状況を整理分析したものとして，野川忍「変貌する労働者代表」『岩波講座・現代の法12 職業生活と法』（岩波書店，1998年）103頁以下参照。

(2)　2007年頃までの日本の従業員代表制をめぐる議論を丁寧に整理したものとして，内藤忍「日本における従業員代表制の立法化に関する議論の状況」労働政策・研修機構編

第 5 章　集団的労働関係法の可能性を探求して

　従業員代表制をめぐる議論は，もはや今日的課題性を失ったのであろうか。そうではあるまい。この問題を労働法学上の大きなテーマとして浮上させた背景事情には変わりがないからである。すなわち，労働組合の組織率の低減とその空白領域の拡大による集団的労使自治の危機は今日においても続いているし，日本の正社員を中心とした企業別組合が，パートや有期労働者，派遣労働者などの非正規雇用の多様な利益を十分に代表しえていないという状況にはあまり変わりがない[3]。また，1987 年労基法改正以来，過半数代表[4]や労使委員会などに労基法等の強行性の解除権限を認める領域は広がり続けている[5]。そればかりか，2007 年の労働契約法が，就業規則の労働契約上の法的拘束力（労働契約規律効または契約内容補充効ともいう）を法定化したことにより（労働契約法 7 条），使用者が過半数代表等と締結した労使協定の内容を就業規則に取込むことによって（「合理性」というフィルターがかかるにせよ），労働契約の内容が実質的に規律されることから，あらためて過半数代表等の労働条件の決定権限が法制度化されたといってもよい事態も生じている。

　さらに，最近の労基法等の改正議論では，とりわけホワイトカラー・エグゼンプションの導入論議に関して，再び過半数代表を関与させようとする動きが出ている[6]。他方，諸外国に目を転じれば，従業員代表制に関する立法論や

『労働条件決定システムの現状と方向性』（2007 年）234 頁以下がある。
（3）　厚生労働省『労働組合基礎調査』によれば，2000 年の推定組織率が 21.5％であるのに対し，2013 年には 17.7％まで下がり，とりわけ企業規模 99 人以下では 1.0％となっている。また，パートタイム労働者の推定組織率は，最近若干上昇傾向にあるが，それでも 2013 年では 6.5％にとどまる。
（4）　本稿では，労基法上の労働者の過半数を組織する労働組合を過半数組合，それがない場合の労働者の過半数を代表する者を過半数代表者と呼び，両者を合わせて過半数代表と呼称する。また，狭い意味では従業員によって選出される労働者代表を従業員代表（または従業員被選出代表）と呼ぶが，労働組合（組合代表）以外の従業員全体を代表するものを一括して広い意味での従業員代表と呼称し，そこに労基法等の過半数代表や労使委員会も含むこととする。なお，労働者代表という用語は，これらの組合代表と従業員代表の両者を包摂する概念として用いている。
（5）　ただし，2012 年改正高年齢者雇用安定法は，継続雇用基準の設定により 60 歳以降の継続雇用の対象者を一部除外できる過半数代表との労使協定制度を廃止している。
（6）　たとえば，平成 25 年 12 月 5 日付で規制改革会議に提出された「労働時間規制の見直しに関する意見」では，「一律の労働時間管理がなじまない働き方」（ホワイトカラー・エグゼンプション）について，労基法の時間規制の適用除外の範囲は企業レベル

法改正をめぐる論議が一貫して盛んになされていることは，次節で述べるとおりである。

　このように今日においてもなお，従業員代表制をめぐる議論の必要性はいささかも衰えていない。とはいえ，現在，従業員代表制をめぐる論議が小康状態となっているのも確かである。その原因の一つとして，従業員代表制をめぐる以下の三つの論点について，議論がこう着状態になっていることがある。その第一は，そもそも従業員代表制を導入すべきか，という点である。労働組合を強化することが先決だとの主張が根強くなされているからである。第二は，仮に従業員代表制を導入するにしても，それが労働組合との併存（併存型従業員代表制）か，それとも組合の補完（補完型従業員代制）かという，労働者代表制の全体構想にかかわる問題についても今なお議論が収束していない。その第三は，仮に従業員代表制を法定化するとしても，その法的権限に関して労働組合とどのように調整すべきか，という点である。従業員代表に対して組合と同様の労働条件規制権限を与えた場合には，組合を侵食するおそれが大きいからである。

　この三つの論点について，論議を深めることが今日においても求められている。そこで，本稿では，これらの点について従来の議論を整理しながら，今後の方向性について再検討することとする。それに先立ちに，従業員代表制の将来を展望する際の前提作業として，従業員代表制をめぐる最近の国際的動向を簡単に整理することにしたい。

II　従業員代表制の国際的動向

1　労働者代表の多様性と組合代表の優越的地位

　今日の労使関係システムにあって，労働組合だけが労働者代表とされているわけではない。国際的にみても[7]，企業レベルの労働者代表は必ずしも労働

　　の集団的な労使自治に委ねるとして，「労使代表で労使協定を締結」することが提案されているが，ここでいう労使協定の締結当事者として過半数代表が念頭に置かれているは明らかであろう。

(7)　これまで従業員代表制に関わる比較法研究が着実になされている。例えば，労働問題リサーチセンター『企業内労働者代表の課題と展望』（2001年），労働政策研究報告書No.19『労働条件決定の法的メカニズム──7ヵ国の比較法的考察』（2005年），労働政策研究報告書No.55『労働関係の変化と法システムのあり方』（2006年），労働政策研究報

第5章　集団的労働関係法の可能性を探求して

組合に限定されておらず，組合以外の従業員（被選出）代表も労働者代表と位置づけられている。ILO条約では，労働者代表は，組合代表と従業員代表の2つを含むものとされ，「企業内における労働者代表に与えられる保護及び便宜に関する」135号条約（1971年採択，日本未批准）や「団体交渉の促進に関する」154号条約（1981年採択，日本未批准）では，労働組合と並んで従業員代表が，企業内の労働者代表とされるだけではなく，団体交渉の主体としても位置づけられている。従来から日本では，労働組合だけに団体交渉権が付与されていると一般的に考えられてきたが，ILO条約では従業員代表にも団交当事者資格が認められているのである。ただし，両条約ともに，この2つの労働者代表の相互関係については，従業員代表が組合代表の地位を害することのないような措置がとられるべきとしている点に注意する必要がある。

　欧米諸国を見ても，たとえばドイツにおいては，労働組合は産業別に地域または全国を単位として組織される一方，企業・事業場レベルの労働者代表としては，従業員によって直接選出される事業所委員会が制度化され，使用者と協議・交渉して経営協定を締結する権限が与えられている（労働者代表の二元システム）。もっとも，事業所委員会は企業・事業場内の労働条件のすべてについて交渉権限を与えられているわけではない。とくに賃金のような基本的労働条件については，あくまでも企業外の産別組合が交渉権限を持ち，事業所委員会は法律や協約で授権された特定の労働条件事項についてのみ事業所協定を締結することができるという協約優位原則が確立されている。労働組合に労働者代表としての優越的地位が与えられているのである[8]。

　また，フランスでも，労働組合は職業・産業別に組織され，地域・全国単位で締結される労働協約により労働条件の統一的規制が行われることを伝統としつつ，企業・事業場レベルでは従業員代表（企業委員会と従業員代表委員）が法制度化されている点でドイツと共通している。ただし，ドイツとは異なり，企業外の代表的組合（その多くは全国組織の五団体に加入している地域組合）が企業

　　告書No.56『社会経済構造の変化を踏まえた労働条件決定システムの再構築』（2006年），桑村裕美子「労働条件決定における国家と労使の役割（一）〜（六）」法学協会雑誌125巻5号〜10号（2008年）など参照。本節はこれらの研究成果によるところが大きい。
（8）　ドイツの従業員代表制全体については，藤内和公『ドイツの従業員代表制と法』（法律文化社，2009年）参照。

内の組合代表委員を任命しうることとされ，企業内において従業員代表と組合代表が併存する形となっている（労働者代表の併存システム）。また，企業委員会や従業員代表委員の法的権限は諮問・協議や苦情申立に限定され，あくまでも労働協約の交渉・締結権限は代表的組合（それが任命する組合代表委員）に対して独占的に付与されてきたから，その限りでフランスにおいても組合に対して優越的地位が与えられてきたといってよい。しかし，実際にはこの両者の機能は競合し，企業委員会や従業員代表委員が労働条件を使用者と協議・交渉して，労使協定を締結することが少なくない。もっとも，かかる労使協定は非典型協定と呼ばれ，一定の労働条件を事実上決定しているが，協約としての法的効力は認められていない[9]。

これに対し，イギリスやアメリカなどのアングロ・サクソン諸国では，企業・事業場の労働者代表の資格は労働組合に独占的に付与されている（労働者代表の一元システム）。イギリスでは，複数の地域組合の組合員から選出された職場代表（ショップ・スチュアード）が事業場レベルで使用者ともっぱら協議・交渉を行い（ただし協約または慣行に基づく），また，アメリカでは，NLRB（全国労働関係局）により排他的交渉代表して認証された地域組合が当該事業場内の労働条件を統一的に交渉する権限を有している。しかし，アメリカの排他的交渉代表は，単に組合として労働者を代表しているわけではない。当該事業場の全従業員の投票による過半数の支持を受けてはじめて当該組合に対して交渉権限が与えられるから，そのかぎりで排他的交渉代表としての組合は従業員代表としての性格を合わせ持っている[10]。

2　従業員代表の役割・権限の拡大

このようにILOや欧米諸国における企業・事業場レベルの労働者代表制のあり方をみると，労働者代表としての資格を労働組合だけに限定するものはむ

---

(9)　この点については，矢部昌浩「企業内労使関係と『非典型協定』」学会誌92号（1998年）183頁以下，拙稿「企業内の非典型規範と労働契約」労旬1508号（2001年）15頁以下参照。

(10)　イギリス，アメリカの労働者代表制については，注(7)で上げた文献のほかに，小宮文人『イギリス労働法』（信山社，2001年）207頁以下，林和彦「職場労使関係とショップ・スチュワード」蓼沼謙一編『企業レベルの労使関係と法』（勁草書房，1986年）37頁以下，中窪裕也『アメリカ労働法〔第2版〕』（弘文堂，2010年）104頁以下参照。

第5章　集団的労働関係法の可能性を探求して

しろ少ない。そして，最近のこれら主要各国の動きをみると，伝統的な労使自治の担い手である組合の優越的地位を維持しつつも，組織力の低下により組合の労働者の「代表性」が揺るいでいることなどから，新たに従業員代表制を導入したり，その役割や権限を拡大したりする傾向が顕著となっている。

たとえば企業内において組合以外の従業員代表はむろんのこと，企業別組合すらも使用者の不当労働行為にあたるものとして認めてこなかったアメリカにおいては，組合組織が衰退する中で従業員参加システムの導入が盛んに議論されるようになっている(11)。また，イギリスにおいても，1990年から2000年にかけて，EU指令などに基づき企業の財務状態，雇用，職場の組織や契約関係に関する重大な変更などについて，組合以外の従業員代表の設置と情報提供・協議を使用者に義務づける法令が制定されている(12)。

フランスでは，1990年代に入ってから従業員代表（企業委員会・従業員代表委員）の交渉・締結権限が次第に拡大され(13)，2004年には組合代表委員の存在しない企業において，職業別組合の一定のコントロールの下に労働条件全般について従業員代表が企業協定を交渉・締結することが認められるにいたっている(14)。また，厳格な協約優位原則が支配していたドイツにおいても，協約

(11) 水町勇一郎『集団の再生──アメリカ労働法制の歴史と理論』（有斐閣，2005年）180頁以下，注(7)で前掲した諸文献など参照。

(12) 前掲注(7)各文献のほか，労働政策研究報告書 No.L-9『諸外国における集団的労使紛争処理の制度と実態──ドイツ，フランス，イギリス，アメリカ──』（2004年）95頁以下＜小宮文人＞参照），神吉知郁子「イギリスにおける組合の機能と新たな従業員代表制度」季労216号（2007年）94頁以下など参照。

(13) その嚆矢となったのは，1996年の「共同体規模の企業ならびに企業グループにおける労働者の情報ならびに諮問および団体交渉の発展に関する法律」であり，組合代表委員のいない企業において，従業員代表に労働時間の特例や弾力化措置などに関して労使協定の交渉と締結権限を与えた。本法については，奥田香「組合代表がいない企業における協約交渉を可能にする法規定の合憲性」労旬1418号（1997年）20頁以下，拙稿「フランスの労使関係と労働法制」連合総研『参加・発言型産業社会の実現に向けて』（1997年）267頁以下参照。

(14) Ministère de l'emploi, du travail et de la cohésion sociale, Négociation collective : La nouvelle donnée !, 2004 (http://www.travail.gouv.fr/dossiers/relations-professionnelles/negociation-collective-nouvelle-donne-2542.html) ; G.Borenfreund, La négociation collective dans les entreprises dépourvues de délégués syndicaux, Dr.Soc, 2004, p. 606 ; 奥田香子「団体交渉・労働協約法制の改革」労旬1594号（2005年）24頁以下，桑村・

の枠組み内で企業・事業所レベルでの労働条件規制を事業所協定に委ねる労働協約が増加しつつあるとともに，協約の独占的規制事項とされていた賃金について，協約に定めがない場合に事業所委員会による労使協定の締結を認める連邦労働裁判所の決定が登場するなど，従業員代表の労働条件規制権限を拡大する傾向にある[15]。

このように労働組合による排他的交渉権限や組合代表の優越的地位を認めていた欧米諸国において，組合組織の退潮を背景に，組合以外の従業員代表を新たに導入しまたはその権限を拡大することが大きな論議の的になっており，その意味で労働組合を主体とする伝統的労使関係システムは大きな曲がり角に立っている。

また，従業員代表制の役割や権限を拡大・強化させるもう一つの背景事情として，各国において従来の法令等による規制方法が，全国一律的規制から企業や事業場毎の事情に合わせた労使協定による分権的決定に移行する傾向にあることを指摘すべきであろう。労働条件の法的規制の弾力化または柔軟化（法規制の特例の拡大）をはかる手法として，企業・事業場レベルの労使自治に委ねる分権的手法を採ろうとしても，組合組織の退潮により当該レベルで組合が存在しない場合には，それに代わる労働者代表を求めざるを得ないからである。そうした意味でも，企業・事業場レベルにおける従業員代表の存在とその役割・権限の拡大は避けられないことになる[16]。

Ⅲ　従業員代表を法制化する必要があるのか

1　第一義的労働者代表としての企業別組合

これまで述べたように欧米諸国では，労働組合は，伝統的に企業・事業場単位ではなく産業または職業別に地域・全国を単位として組織され，企業・事業

前掲注(7)「労働条件決定における国家と労使の役割(五)」法学協会雑誌125巻9号1991頁以下参照。

(15)　緒方桂子「ドイツにみる労働組合機能と従業員代表機能の調整」季労216号（2007年）66頁以下，ベルント・ヴァース「ドイツにおける企業レベルの従業員代表制度」日本労働研究雑誌630号（2013年）13頁以下参照。

(16)　例えば先に述べたフランスの1996年と2004年の法律はこの点が大きな理由となっている。詳しくは，シルヴェーヌ・ロロム「フランスにおける企業内従業員代表制度」日本労働研究雑誌630号（2013年）26頁以下，桑村・前掲注(14)論文2044頁以下参照。

第5章　集団的労働関係法の可能性を探求して

場単位で結成された労働組合は，company union または syndicat de maison などのように使用者の支配を受ける御用組合的存在として否定的に捉えられていた。ドイツやフランスの産業別組合は，あくまでも産業・職業レベルで労働条件を統一的に規制することを基本とし，各企業レベルの問題については従業員代表を通じて間接的に関わるというスタンスを伝統的に採ってきた（ただし，フランスでは1968年に企業内組合代表が認められた）。アメリカやイギリスにおいても，企業レベルで組合代表（排他的交渉代表や職場代表）が直接交渉権限を持つといっても，あくまでも産業別に組織された地域単位組合（local union）が交渉主体となっている。

これに対し，日本において戦後の労働組合は，従業員（ただし正規従業員）一括加入の企業別組合として企業・事業場単位で組織され，従業員全体を代表して使用者と協議・交渉することを大きな特徴としている。その意味で，日本の企業別組合は，組合代表の機能と同時に従業員代表としての機能も事実上果たしてきたといってよい。実際，戦後まもない時期に従業員参加制度として経営協議会が導入されたときにも，その労働者側の主体は当然のように組合代表＝企業別組合が担うものとされていたし[17]，その後，今日にいたるまで企業別組合は，団体交渉とは別に協約や慣行などによって設置された経営協議会や労使協議制などを舞台として，従業員代表としての役割も果たしてきたのである。

もっとも，日本の労働法制は，組合とは別に労基法等の特例協定の締結について，過半数代表[18]にその任務を負わせてきたし，その関与する領域は年々拡大する傾向にある。しかし，その法律上の権限は，あくまでも特例協定の締結などに限定され，労働条件全般について使用者と協議し，協約を締結する権限は与えられていない。しかも，労基法等は，あくまでも過半数組合を第一義的過半数代表とし，それが存在しない場合に限って従業員選出の過半数代表者を代替的代表と認めているにすぎない。したがって，日本の場合には，前述したように組合の支配的組織形態が従業員一括加入の企業別組合であったことか

---

(17) 拙稿「団結権論」籾井常喜編著『戦後労働法学説史』（旬報社，1996年）98頁。

(18) 過半数代表者は，従業員によって選出されるという意味で従業員代表としての性格を有しているが，過半数組合も，その資格上，組合だけを代表するのではなく，従業員全体を代表するという意味で従業員代表としての性格を持つ（注(4)参照）。

ら，労働組合こそが企業内で労働者を代表するものと一般的に考えられてきたし，また，労基法の制定当初においても，組合が第一義的労働者代表と考えられ，過半数代表者は組合に発展することを期待された過渡期的代表として位置付けられていたのである[19]。その限りで日本においても，労働組合に従業員代表の役割を与えると同時に，優越的地位を付与してきたといえる。

2 従業員代表を法制化する必要があるのか

だが，そうした政策的期待とは裏腹に，欧米諸国と同様に組合組織率の低下により，未組織企業が増大するばかりか，たとえ組合が存在する場合でも，パートや有期雇用などの非典型雇用の増加により企業や事業場で過半数組合となり得ない事態が広がっている。

これを代替できるのは過半数代表者であるが，労働者代表としての「代表性」の著しい欠如はつとに指摘されるところである。常設性の欠如，民主性の欠如（選出手続・意見集約手続の非透明性），対等性（それを担保する活動保障制度等）の欠如など[20]，その役割が拡大されているにもかかわらず，使用者に対して自主的・民主的に労働者を代表しうる制度的基盤が整備されていない。にもかかわらず，それにより労働条件が実質的に決定される現状を放置することはやはり避けられるべきであろう。

もちろん，性急に従業員代表制を導入するのではなく，当面は，現在の過半数代表制を維持して，労働者代表としての欠陥を補うための様々な立法的手当てをはかるという選択肢もありうる[21]。しかし，そうした立法的手当てをしてまで過半数代表者の「代表性」を法的に整備しながら，その法的地位や権限を現行法制のままにとどめておくこと（労基法等の枠内の特例協定の締結などに限定すること）は，それがせっかく獲得した労働者代表としての価値を十分に生かし切れないものといえる。また，それでは未組織企業における労働条件の

---

(19) 浜田富士郎「改正労基法と過半数代表制」季労152号（1989年）7-8頁，拙稿「労働者過半数代表・紛争解決の援助」労旬1475号（1999年）29頁。

(20) 現行の過半数代表の抱える問題点を指摘する文献は枚挙にいとまがないが，とりあえず川口美貴「『過半数代表』制の性格・機能」学会誌79号（1992年）48頁以下参照。

(21) 籾井常喜「労働保護法と『労働者代表』制」外尾古稀記念『労働保護法の研究』（有斐閣，1994年）27頁以下，労働政策研究・研修機構『様々な雇用形態にある者を含む労働者全体の意見集約のための集団的労使関係法制に関する研究会報告書』（2013年）。

第5章　集団的労働関係法の可能性を探求して

集団的決定は限られたものにとどまり，集団的労使自治の後退を十分に押しとどめることができない。もちろん，繰り返し指摘するように，労使協定の内容を就業規則に取込むことによって労働条件の集団的決定は実質的に可能となる。しかし，それは，使用者の意思決定に左右されるし，集団的労使自治の観点からすると法制度設計としていかにも不自然さをまぬがれない。わざわざ使用者が一方的に決定しうる就業規則を媒介とするのではなく，従業員代表が直接労使協定の締結を通じて労働条件の集団的決定に関与する道を率直に模索すべきであろう。

以上述べてきたように，日本における従業員代表の機能は企業別組合が担ってきた。しかし，組織率の低下とともに，未組織企業が増加し労使自治の減退が著しい。過半数代表者とても，企業別組合を代替する従業員代表の機能を担わせるにはあまりにも荷が重すぎる。したがって，従業員代表としても機能してきた組合の空白領域を埋めるためには，従業員代表制を新たに導入するか，過半数代表を従業員代表と呼ぶに値するものに再設計するかしか，企業内における集団的労使自治の復権は望めないと思われるのである。

しかし，こうした従業員代表制の導入に対して根強い批判がなされている。その第一は，従業員組織の強制設置というアイディアは，結局使用者の主導による組織作りとなる可能性が大きく[22]，また，それに労働条件決定に関与する権限を認めることは，争議権が保障されていないなど使用者に対する対抗性を欠く以上，使用者の一方的決定を単にオーソライズするだけの結果になるというものである[23]。その第二は，特に未組織企業で従業員代表が設置された場合には，自主的な労働組合の結成を阻害し，将来の組合発生の芽を摘む危険性が強いという批判である[24]。その第三は，労働組合を結成する法的手続が

---

[22] 道幸哲也「労使関係法の将来」学会誌97号（2001年）202頁，同「解体か見直しか」季労221号（2008年）124頁，大内伸哉「労働者代表に関する立法政策上の課題」学会誌97号（2001年）221頁。

[23] 大内伸哉「労使関係の分権化と労働者代表」日本労働研究雑誌555号（2006年）9頁。

[24] 道幸・前掲注(22)「労使関係法の将来」202頁，大内伸哉『労働者代表法制に関する研究』（有斐閣，2007年）73頁および96頁，中村圭介「従業員代表制議論で忘れられていること」ジュリスト1066号（1995年）136頁以下。また，菅野和夫『新・雇用社会の法』（有斐閣，2002年）310頁も，未組織企業の増加に対して，労働組合の組織

容易であるのに，それが結成されていない企業に従業員代表制を導入することは，過度の労働者庇護・過干渉にもなりかねないという主張である[25]。

　第一の批判は，従業員代表が使用者の主導により設置されるから，御用組合的存在となることは避けられないという危惧を表明するものといえる。しかし，従業員代表が法制化された場合に，多かれ少なかれ使用者がその設置に向けてのイニシアチブを担うことになるとしても，ドイツやフランスの例をみればわかるように[26]従業員代表の民主的選出手続が法的に整備されれば，自主的な労働者の選出を確保することが可能となる[27]。また，争議行為という対抗手段を持たない従業員代表は，使用者の一方的決定をオーソライズするだけの存在となるという批判については，ドイツやフランスの従業員代表も争議権を持たないから，その意味では同様に使用者に対する対抗性を欠いている。しかし，だからといって，ドイツやフランスの従業員代表がおよそ使用者に対する自主性を有していないとはいえまい。要は，従業員代表の被選出資格や民主的選出手続などを法的に整備し，従業員代表の選出やその自主的活動に対する使用者の不当な介入を規制する適切な法制度が設けられれば，こうした危惧は回避できるのである[28]。

　第二の組合結成の芽をつぶすという批判については，たしかに従業員代表に組合と同じような法的権限を与えた場合には，特に未組織企業において組合組織の入り込む余地がなくなりかねない。しかし，逆にいうと，従業員代表にそうした権限を与えない場合には，争議行為という対抗手段を持たないことと相まって，労働条件の集団的規制を十分に果たせないから，そうした従業員代表

　　化で対応するのが王道であるとして従業員代表制の導入に反対している。
(25)　籾井・前掲注(21)「労働保護法と『労働者代表』制」50頁。
(26)　フランスでは，4年毎に行われる従業員代表（従業員代表委員と企業委員会委員）の職業選挙は，使用者のイニシアチブで行われるが，選挙の具体的管理運営規則を定める組合との事前協定に基づき実施されている。また，ドイツでは，従業員代表（事業所委員会委員）の選挙は従業員によって構成される選挙管理委員会によって民主的に実施される。
(27)　もちろん，民主的選出手続に従って従業員代表が選出される場合でも，使用者が様々な形で選挙過程に介入しうるが，その点については，不当労働行為の支配介入の禁止のような法的規制を設ければ排除することが可能であろう。
(28)　拙稿「労働契約法制と労働者代表制度」労旬1615-16号（2006年）44頁以下参照。

の機能に不満を感ずる労働者は，組合結成を選択することになる[29]。従業員代表が法制化されたからといって，必ずしも将来の組合発生の芽を摘むことにはならないのである。要するに，この問題は，従業員代表にどのような法的権限を与えるかが，大きなポイントになっている（従業員代表にどのような法的権限を与えるかについては，4で詳述する）。

第三の組合を結成しようとすればできるのに，従業員代表を法制化することは過度の労働者庇護となるという批判に対しては，組合の組織率の低下により未組織企業が増え，集団的労使自治が危機に瀕しているという客観的状況を見据えた場合，労働者個人の主体性に任せただけではそれを食い止めることができないのではないか，という危惧を払拭することができない。既存の組合が様々な組織化努力を行っているのに，組織率の低減に歯止めがかからないという現状は，「労働者庇護的な措置」を導入せずしては，組合の空白領域を拡大させる結果しかもたらさないと思われるのである。

IV 併存型従業員代表制か補完型従業員代表制か

それでは，仮に従業員代表の法制化が望ましいとしても，それはどのように制度構想されるべきであろうか。この第二の問題について，従業員代表の法制化に積極的な見解は，次の二つに分かれている。

その一つは，併存型従業員代表制であり，たとえ当該事業場に過半数組合が存在する場合でも，従業員代表（労働者代表委員会）を併存して設置すべきとする[30]。併存型とするのは，過半数組合があっても，それが直ちに全従業員

---

(29) 毛塚勝利「組合機能と従業員代表制度」連合総研『参加・発言型産業社会の実現に向けて』（1997年）119頁，前掲注(21)『様々な雇用形態にある者を含む労働者全体の意見集約のための集団的労使関係法制に関する研究会報告書』56頁，拙稿「従業員代表制の法制化をめぐる論議とその課題」関西経協57巻12号（2003年）15頁。また，未組織企業に協約締結権限を持たない従業員代表が導入され，労働者がそれに不満を感じない場合には，組合結成の芽がつぶされる可能性を否定できないが，そうした企業では，従業員代表制が導入されなくても，もともと組合が結成される可能性は低いであろう。

(30) 西谷・前掲注(1)「過半数代表と労働者代表委員会」10頁以下。同旨，田端博邦「労働者組織と法」学会誌97号（2001年）215頁，唐津博「労働契約と集団的労働条件規制」西谷敏・根本到『労働契約と法』（2011年，旬報社）190頁以下，奥田香子「個別的労働関係法における労働組合の意義と権能」学会誌119号（2012年）88頁。

(特に非組合員)の利益を代表するわけではないということを理由としている[31]。これは、次の補完型従業員代表制に対する批判点でもある。

これに対して、補完型従業員代表制は、従来の過半数代表制の延長線上において従業員代表制を構想すべきとし、過半数組合のない事業場においては従業員代表を導入すべきだが、それのある事業場においては過半数組合に従業員代表の地位と権限を付与すべきとする。併存型従業員代表制については、過半数組合があるのに従業員代表を設置するのは、組合の存在と活動の基盤を奪いかねないし、日本の企業別組合の多くがすでに従業員代表の機能を営んでいるから、それがある事業場に従業員代表を設置する必要性は少ないと批判する[32]。

1 団結権の思想と過半数組合の優先

前者の主張するように、過半数組合は当然に全従業員を代表する資格を持っているわけでも、必ず非組合員の利益を考慮して行動するわけでもない。しかし、そうだとしても、やはり組合を第一義的な労働者代表と考えるべきと思われる。それは、前述したように企業別組合が事実上従業員代表としての機能を営んできたという歴史的経緯だけに着目するからではない。戦後、労働組合法が制定されたときに、企業内において団結＝労働組合それ自体に従業員を代表する役割が期待されていたからである。

戦後直後において旧労働組合法が団結権を保障したときに、その法理念は、生存権思想（労働者の待遇改善）だけではく、労働者に団結を通して企業経営に参加し発言する機会が与えられるべきだという経済的民主主義の思想にも基づいていた。実際、当時の経営参加の具体的形態であった労使協議会において

---

[31] 藤内和公「従業員代表立法構想」岡山大学法学雑誌第53巻第1号（2003年）3頁。また、同「労働契約法制における労働者代表制度をどう構築するか」季労212号（2006年）44頁は、労働者代表の権限は、組合員だけではなく労働者全員に及ぶことが予定されている以上、その法的効力が及ぶ者から代表としての信任を受ける手続きが必要であるとしている。

[32] 毛塚・前掲注(1)「わが国における従業員代表法制の課題」129頁以下、同「組合機能と従業員代表制」前掲注(29)『参加・発言型産業社会の実現に向けて』111頁、同「日本における労働者代表制の現在・過去・未来」季労216号（2004年）11頁、三井正信「労働組合の将来と労働者の利益代表システム」労旬1495-96号（2001年）79頁、拙稿前掲注(29)「従業員代表制の法制化をめぐる論議とその課題」14頁。

第5章　集団的労働関係法の可能性を探求して

も，労働者側の代表主体は企業内団結とされていたのであり（1946年7月中央労働委員会答申「経営協議会指針」），団結権保障は，産業民主化＝経済的民主主義の理念に基づき，労働組合を経営民主化の担い手として捉え，労働者の企業決定への参加を実現するものとして構想されていたのである[33]。その後も，実際に組合の多くが従業員一括加入の企業別組合という形態をとったこともあって，従業員の代表として協約や労使慣行に基づく経営協議会や労使協議制などを通じて企業決定に様々な形で関与してきたことは周知のとおりである。日本においては企業レベルの従業員の代表は，法理念的に組合（企業別組合）が担うものとされ，また，実際にも組合員の利益擁護という組合機能のみならず従業員代表としての機能も同時に果たしてきたのである。また，先に指摘したように，労基法が，その制定当初から過半数代表について組合を第一義的労働者代表と考えていたことも，同じような系譜で理解してもよいであろう。

こうした団結権の法理念やその後の歴史的経緯や伝統を踏まえるならば，新たに従業員代表制を構想するにあたっても，組合を第一義的な従業員代表として位置付ける基本原則は変えるべきではない。組合が企業や事業場で労働者の過半数を組織している場合には，従業員の過半数から選出されたものとみなして，従業員代表としての資格を付与すべきである。当該企業に過半数組合が存在し，集団的労使自治がまがりなりにも機能している状況があるにもかかわらず，それと併存して従業員代表を設置することは，労使関係システムを複雑化させるばかりか，組合空白領域の拡大に対する集団的労使自治の回復という従業員代表制の導入論議の出発点を見失うことにもなる。

また，1で述べたように，アメリカやイギリスでは組合が企業内の一元的労働者代表であり，ドイツやフランスでは企業内に組合が存在しないことから，従業員代表が企業内の労働者代表とされてきたという歴史的経緯がある。これに対し，日本では戦後であるが，もともと組合が企業内に設置され，従業員代表としての機能を果たしてきたという特殊性があるのであり，そうした日本的特性を踏まえるならば，過半数組合を優先的に従業員代表とする制度構想を行うのが素直な道筋であろう。

---

(33)　以上の点について詳しくは，拙稿・前掲注(17)「団結権論」97頁以下，拙稿「組合活動」西谷敏＝道幸哲也＝中窪裕也編『新基本法コンメンタール労働組合法』（2011年）56頁以下参照。

もちろん，だからといって，過半数組合が当然に企業内の全従業員を代表する「代表性」を持っているわけではないし，非組合員を含めた労働者の多様な利益を常に代表するとはかぎらない。しかし，それを理由として過半数組合の代表資格を否定するのではなく，従業員代表と認めたうえで多様な労働者の利益を適切に代表させる仕組みを工夫すべきであろう。たとえば過半数組合が従業員代表となる場合には，組合組織自体が従業員代表委員となるのではなく，従業員代表委員の指名権を獲得することとして，その委員の指名に際して，非組合員やパート・有期雇用などの非典型労働者，さらには少数組合の組合員を必ず含ませるといった委員構成のレベルの工夫や，これらの労働者に関わる事項を協議・決定するにあたってはその意見を聴取・集約する手続を法定することなどが考えられよう[34]。

2 従業員代表と少数組合

 企業内に過半数組合は存在しないが，少数組合がある場合にはどのように考えるべきであろうか。労働者の過半数を組織していない少数組合には，過半数組合とは異なり労働者の過半数から選出されたものとみなすことはできないから，当然に従業員代表の地位を与えることはできない。したがって，従業員全体を代表するものとして被選出の従業員代表制を導入し，従業員代表委員は従業員による一般投票によって選出されるべきである。その意味で，このような場合には被選出従業員代表と少数組合が併存することになる。

 とはいえ，少数組合といえども，等しく先に述べた団結権が保障される限り，第一義的労働者代表として従業員を代表する役割は期待されるべきであるし，従業員代表をあくまでも組合補完的なものとして位置づける以上，少数とはいえ組合が存在する場合には，当該組合を労使自治の第一義的担い手として労働者の多数派となることを政策的に誘導すべきである。従業員代表制の導入が少数組合を弱体・排除するような結果をもたらすべきではない。また，使用者に対する従業員代表の自主性を確保するためにも，組合主導の下に従業員代表制

---

(34) 拙稿・前掲注(28)「労働契約法制と労働者代表制度」43頁。また，毛塚・前掲注(32)「日本における労働者代表制の現在・過去・未来」13頁参照。なお，過半数組合がこうした法定基本ルールを遵守せず，非組合員の利益を適正に代表しない場合には，従業員代表の資格剥奪を可能とするようなリコール制度を設けることも検討すべきであろう。

が設置されることが要請される。

　したがって，企業内に少数組合がある場合には，従業員代表委員の選出にあたって，当該組合に優先的推薦権を与え，その信任投票を実施するといった方式を検討すべきである。少数組合も，従業員の多数を獲得するためには，従業員のニーズを考慮して組合員以外の労働者も推薦せざるを得ないから，こうした優先的推薦権を与えたからといって，組合員以外の多様な労働者の利益の代表という要請も損なわれることはあるまい。また，組合推薦候補者の一部または全部が従業員の過半数の信任を受けない場合には，あらためて従業員による一般投票によって従業員代表委員が選出される仕組みを設ければよいであろう。

V　組合代表と従業員代表の共生はどのようにしてはかられるのか

1　従業員代表の法的権限をめぐる従来の議論

　以上述べてきたように，日本においては組合補完型従業員代表制を導入すべきと考えるが，それでは従業員代表にどのような法的権限を与えるべきであろうか。この点について，ほぼ異論がないのは，従来の過半数代表等に与えられてきた労使協定の締結による労基法等の強行性解除権限を新たな従業員代表に統合することである。これまでの過半数代表等に欠けていた労働者の「代表性」を新たな従業員代表が法制度的に充足するならば，これを否定する理由はない[35]。もとより，先にふれたように従業員代表制の法制度化に向けたワンステップとして，当面の間，従業員代表の権限をこうした特例協定の締結等にとどめておくことも一つの手法である[36]。しかし，どのみち本格的な従業員代表制導入の是非が問われざるを得ない以上，労働組合との関係における従業員代表の法的権限のあり方について検討する必要があるであろう。

　従業員代表に組合と同様の労働条件の集団的規制権限，すなわち労働協約の締結権限を付与することの危うさは，衆目が一致して認めるところである。1

---

(35)　和田肇「労働組合の未来と法的枠組み」西谷古稀記念『労働法と現代法の理論（下）』（2013 年）61 頁は，現状の過半数代表に労基法等の強行法規性を解除する権限を認めるべきではないとする。

(36)　ただし，これを主張する籾井・前掲注(21)「労働保護法と『労働者代表』制」58 頁以下は，従業員組織代表委員会が被代表労働者集団の統一意志による枠付けをともなっている場合には，それと使用者との間で締結された労使協定の内容を使用者が就業規則で定めれば，個々の労働者を法的に拘束・義務付けるとする。

でみたように，諸外国においても協約の締結権限は，伝統的に労働組合が独占しており，とりわけドイツやフランスのように，仮に従業員代表に労働条件を集団的に規律する労使協定の締結権限が認められる場合でも，職業別組合のコントロールの下にあるいは産業別協約がこれを認めまたは規制していない事項に限って例外的に許容されているに過ぎない。従業員代表による労働条件を規制する労使協定の締結は，産業別組合の統制の枠内で初めて可能とされているのである。

これに対し，日本の場合には，企業別組合が支配的組織形態であることから，従業員代表による労働条件の集団的規制に対する産別組合による統制は望めない。それどころか，従業員代表に対して労働条件一般を規制する権限を認めた場合には，企業別組合の対抗勢力として真っ向から衝突する事態となる。こうしたことから，従業員代表に対して労働条件一般に関し組合と同様の権限を与えることについては，概ね慎重な立場がとられている。ただし，従業員代表に認められる権限の範囲については大きな違いがある。

併存型従業員代表制を主張する見解は，従業員代表（労働者代表委員会）には現行の過半数代表の強行性解除権限のほかに，就業規則の作成・変更についてその同意を義務付ける，つまり就業規則の労使共同決定（協定としての就業規則）を制度化すべきとする。そして，共同決定される就業規則（労働契約法12条）と労働協約（労組法16条）の法的効力の関係については，労基法92条に基づく整序（協約優位）により，就業規則が協約基準を上回っている場合に限り，就業規則が労働条件を規律するとする（その限りで協約の有利原則を肯定する）[37]。ただし，協約優位原則との関係で，一般的に従業員代表の労働条件規整権限をどのように限定づけるかという点については，結論を留保されている[38]。

これに対し，補完的従業員代表制を主張する見解は，従業員代表（過半数組

---

(37) 西谷・前掲注(1)「過半数代表と労働者代表委員会」14頁。土田道夫「変容する労働市場と法」『岩波講座・現代の法12 職業生活と法』（岩波書店，1998年）92頁。なお，藤内・前掲注(31)「従業員代表立法構想」15頁は，就業規則の共同決定化を支持しつつも，賃金，労働時間および退職金については，組合の排他的交渉事項であるから，就業規則の共同決定対象事項から除かれるべきとする。

(38) 西谷・前掲注(1)「過半数代表と労働者代表委員会」14頁。

合または従業員代表委員会)に対して,労働条件一般(特に賃金や労働時間)に関する共同決定権はもちろんのこと協議権も認めないが,使用者が一方的決定権を持つ配転,出向,解雇等の人事事項については使用者に協議義務を課すとともに,これらの事項について労使協定を締結した場合には,協約優位原則の下で規範的効力を認め,それ以外の一般的な労働条件に関する労使協定については規範的効力を否定している。それを認めた場合には,労働組合の労働条件規制権能が際限なく侵害を受けることになるからである[39]。

　前者の見解によれば,就業規則が従業員代表と使用者との間で共同決定される以上,従業員代表は労働条件一般について協定締結権限を持つに等しいことなる[40]。また,就業規則が最低基準的効力にとどまらず,個々の労働契約の内容になる効力を持つとすると(実際,今日,就業規則は労働契約法7条によってこうした法的拘束力を獲得するに至っている),従業員代表の締結した労使協定は,実際上労働協約と異なるところはないといえる。しかし,従業員代表にここまで広い法的権限を認めてしまうと,たとえ協約優位原則が支配するとしても,未組織企業では組合の入り込む余地はほとんどなくなるし,少数組合はもとより過半数組合がある企業でも,組合の存在を揺るがす大きな脅威となる。

　後者の見解は,そうした事態を避けるために,従業員代表の法的権限を使用者の人事事項に関する労使協定の締結権限に限定し,労働条件一般に関する協約締結権限は組合の独占事項としている。従業員代表の権限をこのように限定することを組合結成のインセンティブとしているのである。しかし,一般的に従業員代表の法的権限をこのように限定すべきであろうか。組合(協約)優位原則を前提としつつ,従業員代表の労働条件規制権限をより広く認めながら,

---

(39) 毛塚・前掲注(1)「わが国における従業員代表法制の課題」145頁以下。なお,同氏はこの論文で,従業員代表が一般的な労働条件について任意的労使協定を締結した場合には,それが就業規則を通して法的効力を持つ余地が残されているとしていたが(148頁),同・前掲注(32)「日本における労働者代表制の現在・過去・未来」14頁では,かかる労使協定は法的に無価値なもの,すなわち労使の明示・黙示の合意を通して法的意味を与える(労働契約の内容となる)ことはできないとしている。

(40) ただし,西谷教授は,その後,同『労働組合法〔第3版〕』(有斐閣,2012年)15頁では「従業員代表機関には,現行の過半数代表制に与えられている権限を越える大きな権限を付与すべきではないであろう」とし,また,同『規制が支える自己決定』(法律文化社,2004年)341頁でも,「日本においては,従業員代表制を制度化したとしても,その労働条件規制力に大きな限界が伴うことは避けられない」としている。

両者が共生しうる道を見いだせないのであろうか。

2 組合補完型従業員代表制と労働組合の共生
(1) なぜ組合（協約）優位原則なのか

この問題を考える前に，組合（協約）優位原則をもう一度確認しておこう。1でみたように，ILO条約は，労働組合と並んで従業員代表に団体交渉権を付与しながらも，従業員代表が組合代表の地位を害することのないような措置がとられるべきとして，組合優位原則を確認している。また，アメリカやイギリスでは労働組合を主体とする一元的労働者代表システムがとられ，ドイツやフランスでは，二元システムと併存システムの相違がありながらも，従業員代表に対する組合の優越的地位を認める点では共通している。それぞれの労使関係の在り方や文化的違いなどがあるにせよ，なによりも労働組合こそが労働者の利益代表として労働条件の集団的規制を担ってきたという歴史的伝統を尊重してのことであると思われる。

また，一般的にいって労働者代表としての属性の点からすると，従業員代表よりも労働組合の方が労働者の「代表性」という点において優越的価値を持つ。すなわち，(i)「代表性」を支える根拠に関わって，労働組合の場合には，労働者の組合加入・脱退の自由が保障されているから，その「代表性」は組合員労働者の「組合に代表させる」という任意の意思（授権意思）に基づいているが，従業員代表の場合には，一種の法定強制代表であるから，その「代表性」はこうした授権意思に基づいていない，(ii)労働者代表の意思決定の民主性という点では，組合の場合は，組合民主主義の原理が本来的にビルトインされているが，従業員代表の場合には，民主的に選出されるとしても，代表としての独自の意思決定については必ずしも民主的手続が原理的に組み込まれていない，(iii)使用者に対する対等性という点では，組合には争議権が保障されているが，従業員代表の場合には，使用者と合意形成できないときに争議行為という実力行動に訴えることができないから，実質的対等性において組合よりも劣位にある，といったような点からいって，従業員代表と比べて労働組合の方が労働者代表として価値優位的な属性（代表性の優越性）を持つということができる。

さらに，日本においては，憲法28条が労働者の団結権，団体交渉権，団体行動権を保障して，もっぱら労働組合を労働者の代表と定めている。もちろん，

だからといって，組合以外の労働者代表を排斥しているわけではないし，また，同条が組合に団体交渉権を与え，労組法がそれを具体化して協約締結権限を与えているにせよ，必ずしも組合以外の労働者代表による労働条件の決定を禁止しているわけではない[41]（就業規則による一方的決定さえも禁止されていない）。しかし，新たな立法によって組合以外の従業員代表制が導入された場合には，労働組合の憲法規範レベルでの優越性を否定することはできない。

このように考えるならば，組合と従業員代表との間の法的権限の調整について検討するに際しては，組合あるいは協約優位原則を原理的な前提として据える必要があるであろう。逆にいえば，それと調和する限りにおいては，従業員代表に労働条件の集団的規制権限を付与することは不可能ではない。そこで，以下では，労働条件規制権限に関する従業員代表と労働組合の共生のあり方を三つの場合に分けて検討することにしたい。企業に過半数組合がある場合と少数組合しかない場合，そして，そのいずれもない場合とでは，両者の共生の在り方が大きく異なるからである。

(2) 過半数組合が存在する企業または事業場における両者の共生

前述したように企業等に過半数組合が存在する場合には，当該組合が労働者の過半数から選出されたものとみなされて従業員代表としての資格を獲得する。とはいえ，組合組織それ自体が従業員代表委員となるのではなく，従業員代表委員の指名権を与えられ，かつ委員構成や意思決定手続において組合員以外の多様な労働者の利益を代表することを法的に義務付けられる。

こうして選出された複数の従業員代表委員によって構成される従業員代表委員会が，使用者と協議して労使協定を締結した場合には，労働者側の締結当事者は過半数組合ではなく，従業員代表委員会であるから，当該協定は労働協約としての性格を持たない（労組法14条）。それではこの労使協定にどのような法的効力を付与すべきであろうか。

補完的従業員代表説のように配転などの人事事項に限定して規範的効力を認

---

(41) 従業員代表制の導入に反対している大内・前掲注(24)『労働者代表法制に関する研究』も，憲法28条は組合中心（優先）主義を採用しているとしつつ，従業員代表を法制化する際には，「憲法上保障されている労働組合の権限や権能を損なうようなものとなってはならない」(47頁）というにとどまり，憲法上従業員代表制が禁止されているとまでは主張していない。

めることは一つの選択肢であるし，あるいは労使協定に対して規範的効力とは別の法的効力を付与することも不可能ではない[42]。しかし，このような場合には，過半数組合が従業員代表となる（従業員代表委員の指名権を獲得する）のであるから，当該従業員代表委員会に労働条件一般に関する労使協定締結権限を認めたとしても，組合の労働条件規制権限が侵食されることはない。過半数組合が従業員代表委員会の協定締結権限それ自体や対象事項の範囲をコントロールすることができるからである。従業員代表委員会に使用者とどのような労働条件事項を協議し，協定締結権限を与えるかは，過半数組合の選択に委ねればよい。

　そして，仮に過半数組合が従業員代表委員会に賃金や労働時間といった労働条件一般について協約締結権限を与えた場合には，当該協定に規範的効力を承認し当該企業等の労働者全体に適用されるものとすべきである。もちろん，これを認めた場合には，当該事業場の同種の労働者の四分の三に適用されていることを条件に労働協約の一般的拘束力を認める労組法17条との関係で均衡を失することになる。しかし，一般的拘束力の場合には，協約が拡張適用される未組織労働者の協約締結までの意思形成過程への関与は要件としていない。これに対し，ここでいう従業員代表委員会の場合には，従業員代表委員に非組合員を含めることを法的に義務付けられ，加えて労使協定の締結にあたって，選出母体の従業員集団の批准（従業員総会における過半数による承認など）を規範的効力の発生要件として法定すれば，当該協定に規範的効力を付与することの正統性は確保されるであろう。

　ただし，当該労使協定の規範的効力は，労組法17条の一般的拘束力にならって最低基準的効力しか有しないと考えるべきである[43]。労使協定に従来の個々の労働契約上の労働条件を引き下げ得る両面的効力を認めた場合には，従業員代表委員会に排他的交渉代表としての権限を認めるに等しくなるととも

---

[42] 過半数代表の締結した労使協定または労使委員会の決議の法的効力についてであるが，拙稿「労使協定・決議の法的性質と効力」『ジュリ増刊労働法の争点〔第3版〕』（2004年）22頁参照。

[43] 労働協約の一般的拘束力が最低基準的効力しか持たないことについては，拙稿「労働協約の規範的効力と一般的拘束力」西谷古稀記念『労働法と現代法の理論（下）』（2013年）76頁参照。

に，過半数組合は組合に加入していない労働者の個別交渉の余地まで剥奪することはできないからである[44]。

(3) **少数組合しか存在しない企業または事業場おける両者の共生**

前述したように当該企業等に少数組合しか存在しない場合には，従業員代表委員の選出にあたって少数組合が推薦した従業員代表委員候補者に対して信任投票がなされる。その結果，推薦候補者が信任された場合には，それらの従業員代表委員によって従業員代表委員会が構成されるが，当該従業員代表委員会にはどのような法的権限が与えられるべきであろうか。

少数組合の推薦した者によって占められる従業員代表委員会の場合には，過半数組合が指名する従業員代表委員会の場合と異なって，相対的に組合のコントロールが弱く，一定の独立性を持つことになる（前述したように，少数組合が従業員の多数を獲得するためには，組合員以外の労働者を推薦せざるを得ないから，非組合員の従業員代表委員が委員の多数を占める場合もありうる）。とはいえ，かかる従業員代表委員会に労働条件一般について使用者と協議し，規範的効力を有する労使協定を締結する権限を与えたとしても，少数組合の権限が必ずしも侵食されるわけではない。従業員代表委員会が労使協定を締結するにあたって，少数組合はその推薦した従業員代表委員を通してその意思を反映させあるいは影響を及ぼすことができるし，当該協定の規範的効力について，過半数組合の場合と同様に，選出母体の従業員集団による労使協定の批准を発生要件として法定すれば，協定締結の意思決定プロセスに関与することができるからである。

これに対して，少数組合の推薦した候補者が全部またはごく一部しか選出されず，従業員の一般投票によって選出された従業員代表委員が大半を占めるような場合には，少数組合の影響力は弱くなり，少数組合の対抗勢力としての性格を帯び得ることは否定できない。しかし，組合（協約）優位原則に基づき，当該協定が少数組合に適用されるか否かは，少数組合の意思による。少数組合が当該協定の適用を拒否し，使用者と独自に団体交渉を行って協約が締結された場合には，当該協約が組合員に適用され，従業員代表の労働条件規制権限は

---

[44] 組合員については，使用者がそれと協約基準と異なる個別交渉を行うことは，組合の団交権を侵害し，不当労働行為上の支配加入に該当するものとして禁止される（拙稿・前掲注(43)「労働協約の規範的効力と一般的拘束力」66頁以下参照）。

少数組合に及ばない。もちろん，使用者が，少数組合よりも従業員代表委員会との協議を選好・優先するなどすれば，実質的に少数組合の存在意義が弱くなる可能性がある。しかし，組合の推薦した従業員代表委員が一部でもいるときはそれを通じて従業員代表委員会での影響力を強める努力をすべきであるし，また，従業員代表委員の選出において第一次的に優先的推薦権が与えられているのであるから，それらの機会を通じて従業員の多数派を獲得する努力をすべきであろう。

(4) **組合が存在しない企業または事業場における両者の共生**

組合が存在しない企業等においては，状況は全く異なる。この場合には，労働組合が関与することなく従業員の一般投票によって従業員代表委員が選出されるから，かりに従業員代表委員会に一般的な労働条件について協議し，規範的効力を有する労使協定を締結する権限を与えた場合には，労働者の組合結成のモチベーションは失われてしまうし，使用者が組合侵入をできる限り排除しようとする行動をとることは避けられない。まさに組合結成の芽が摘まれてしまうのである。たとえ産別団体や地域評議会，あるいは地域ユニオンなどの組合組織が，当該企業等の労働者に対して従業員代表制の設置等について直接啓蒙・支援したりすることのできる仕組み（たとえば組合組織に当該企業等への立入を認めて，休憩時間中などに情宣・啓蒙活動を行うことを可能とする権利の保障など）が法的に整備されたとしても，従業員代表に労使協定を締結する権限を認め，それが一般的な労働条件を集団的に規制することになると，組合が入り込む余地はほとんどなくなってしまう。

したがって，このような場合には，従業員代表委員会に労働条件一般について協議・協約締結権限を認めるべきではない。組合補完説が主張するように，従来の過半数代表に認められていた強行性解除権限のほかに，労働者の個別的苦情申立てを行う権限や解雇や配転・出向，懲戒処分などの人事事項に限定して協議・労使協定を締結する権限を法定するにとどめるべきであろう。こうした法的権限の限定に飽き足らない労働者は，労働組合を結成すればよい。集団的労使自治の第一義的担い手は労働組合であるから，従業員代表が組合結成に向かうインセンティブとして，従業員代表委員会の法的権限は限定されるべきである。

28 ドイツは協約自治を放棄したのか？
―― ドイツにおける協約自治保障の憲法的基礎と
2014年協約自治強化法の中間的評価 ――

榊 原 嘉 明

I はじめに
II ドイツ基本法9条3項の保護内容と協約自治
III 協約自治の憲法的保障の意義と構造
IV 協約自治の機能能力と2014年協約自治強化法
V おわりに

I　は じ め に

（1）　2014年8月11日に成立をみた「協約自治の強化に関する法律」（以下,「2014年協約自治強化法」）[1]によって，全国・全産業に一律の形で及ぶ法定最低賃金制度（以下,「全国一般法定最低賃金制度」）が，最低賃金法（Mindestlohngesetz: MiLoG）の制定という形で，ドイツで初めて導入されることになった。加えて，1949年の成立以来60余年にわたって，――ごく若干の改正はあったものの――基本的な枠組み部分においてはほとんど変更が加えられてこなかった労働協約法（TVG）が，2014年協約自治強化法によって，しかも――一般的拘束力宣言制度の要件緩和という――いわば国家的関与を強める方向において，改正されることになった。

他方，ドイツの労働協約制度ないし労使関係法政策に対しては，これまで，いわゆる「協約自治」を重視する国としての位置づけが，日本において与えられてきたといえよう[2]。また，近年においても，ドイツで2009年改正労働者

（1）　BGBl. I S. 1348. なお，同法案の解説・一部翻訳を試みるものとして，山本陽大「ドイツにおける新たな法定最低賃金制度」労旬1822号（2014年）36頁以下。
（2）　なお，諸外国の協約法制を概観するものとして，例えば，東京大学労働法研究会『注釈労働組合法（下巻）』（有斐閣，1982年）674頁以下，西谷敏＝道幸哲也＝中窪裕也編『新基本コメ 労働組合法』（日本評論社，2011年）[矢野昌浩] 169頁以下。

第5章　集団的労働関係法の可能性を探求して

越境的配置法（AEntG）や 2011 年改正労働者派遣法（AÜG）による部分的な（産業別）法定最低賃金制度の導入をみるにあたって，すでに，それら新たな最低賃金制度の導入がドイツに伝統的な「協約自治」に与える影響が，日本でも問題とされてきた[3]。

では，はたしてドイツは，2014 年協約自治強化法によって，協約自治を放棄した（あるいは今後，放棄する方向に進む）といえるのであろうか。また，産業別労働協約がかなり多くの産業部門で締結されるドイツにおいて，最低労働条件を保障するにあたり，なぜ，一般的拘束力宣言制度という手段だけでなく，法定最低賃金制度という手段までもが導入されることとなったのであろうか。それが，本稿における問題関心である。

(2)　以上の問題関心から，本稿では，その評価を行うための基礎的考察として，ドイツ基本法による協約自治保障の意義と構造を明らかにするとともに，その背景事情に関する検討を交えつつ，2014 年協約自治強化法の中間的評価を行うことにしたい。

そこで，以下では，連邦憲法裁判所判例を中心的な素材としながら，ドイツ基本法による団結自由保障における協約自治保障の位置づけを確認（本稿Ⅱ）し，ドイツ基本法による協約自治保障の意義と構造を明らかに（本稿Ⅲ）した上で，本稿の中心的課題である 2014 年協約自治強化法による一般的拘束力宣言制度の要件緩和及び法定一般最低賃金制度の導入の背景と憲法論的位置づけについて，検討（本稿Ⅳ）することにしたい。

---

(3)　例えば，「最賃制導入（は）……伝統的な協約自治の重要な転換点」（名古道功「ドイツ集団的労働法理論の変容」西谷敏先生古稀記念論集『労働法と現代法の理論』（日本評論社，2013 年）445 頁），「派遣法の賃金下限制度は……，協約の『適正さの保障』のもとで組合権限をできるだけ尊重する形で設計されていた協約制度を根本的に考え直させる契機を含んで（いる）」（桑村裕美子「協約自治制度と国家介入のあり方」水野紀子編『社会法制・家族法制における国家の介入』（有斐閣，2013 年）41 頁），「従来，協約自治に委ねられていた賃金の決定に対する国家の介入が拡大されつつある」（橋本陽子「最低賃金に関するドイツの法改正と協約遵守法に関する欧州司法裁判所の判断」学習院大学法学部法学会雑誌 45 巻 1 号（2009 年）25 頁）などの指摘が，すでになされている。また，前掲・山本陽大 37 頁も，2014 年協約自治強化法をめぐり，「法定最低賃金制度と協約自治との整合性については，なお議論の余地がある」と指摘している。

II ドイツ基本法9条3項の保護内容と協約自治

1 団結の意義と機能

(1) 団結の概念

まず，団結の概念について，その意義を確認するところから出発したい。ドイツにおいて団結の自由は，同国の憲法典であるドイツ基本法（GG）9条3項[4]をつうじて保障されている。しかし，ドイツ基本法9条1項における結社の自由という法的保護を享受する結社（Vereinigung）のうち，どのような結社がドイツ基本法9条3項における法的保護を享受する「団結」（Koalition）に該当するかについて，ドイツ基本法はもちろん，その他の単純法においても，明示的な定義づけは行われていない。それゆえ，「団結」概念の定義づけについてはこれまで，法解釈のレベルにおいて，その画定作業が行われてきた。

この点，今日の判例・学説は，一定程度の見解の相違を包含しつつも，ある結社が，一般的な結社（Verein）と同様に「自由意思」による私法的な結合体であること[5]，しかし，団結に特有な「労働条件及び経済条件の維持・促進」をその目的としていること[6]，さらには，対抗者から独立した存在であること[7]など，いくつかの諸要件を具備する場合に，団結としての資格を有する，と概ね理解している。

(2) 団結の機能（活動領域）

このような団結としての資格を有するための要件の1つであり，ドイツ基本法9条3項にも明示的に規定されている「労働条件及び経済条件の維持・促進」という目的を達成するために，団結は，様々な活動を展開する。その主たる活動はもちろん，協約自治（労使間交渉）である。しかし，その他にも，団

---

(4) ドイツ基本法9条3項1文は「労働条件及び経済条件の維持及び促進のために結社を設立する権利は，いかなる者に対しても，かつ，いかなる職業に対しても，これを保障する。」と，同2文は「この権利を制限し又は排除しようとする取り決めは無効であり，これを目的とする措置は違法である。」と，それぞれ規定されている。

(5) Vgl. §2 Abs. 1 VereinsG（結社法）.

(6) Vgl. Art. 9 Abs. 3 Satz. 1 GG.

(7) Vgl. BVerfG 6.5.1964, BVerfGE 18, 18; 1.3.1979, BVerfGE 50, 290 ; 20.10.1981, BVerfGE 58, 233.

第5章 集団的労働関係法の可能性を探求して

結は,国家的法設定過程への関与[8],行政委員会への参加[9]及び労働裁判所等における手続への参加[10],さらには,経営組織・公務員組織領域における活動や労働者個人に対する訴訟代理など,実に多様な活動を,「労働条件及び経済条件の維持・促進」という目的を達成するために展開している[11]。

2 団結自由の「二重の基本権」的保障と協約自治

それでは,以上のような意義と機能を有する団結に対し,ドイツ基本法9条3項は,どのような法的保護を及ぼしているのであろうか。また,そのような団結自由の憲法的保障との関係において,協約自治の憲法的保障は,どのように位置づけられるのであろうか。

この点,ドイツ基本法9条3項の文言から明示的に読み取れるのは,個人に対する,労働条件及び経済条件を維持・改善するための権利の保障だけである。しかし,連邦憲法裁判所は,伝統的に,そのような文言解釈に留まることのない個人及び集団に対する団結自由の保障(団結自由の「二重の基本権」的保障)を,ドイツ基本法9条3項の解釈として,次のように展開してきた。

(1) 個人的団結自由

(i) 積極的団結自由

まず,連邦憲法裁判所は,個人に対して,新たに団結を結成し,あるいは既存の団結に加入し,そして,その団体に在籍しつづける権利[12](いわば「団結結成(・加入・在籍)権」)とともに,団結の対内的・対外的活動に参加する権利[13](いわば「団結活動参加権」)が,ドイツ基本法9条3項によって保障され

---

[8] Vgl. §11 TVG; §11 ArbnErfG(労働者発明法);§§14 Abs. 5, 15 Abs. 1 Satz. 2, 36 ArbGG(労働裁判所法).

[9] Vgl. §5 Abs. 1, 5 TVG; §§2, 5, 6 MiArbG(最低労働条件法);§§4, 5, 22 Abs. 3 Heimarbeitsgesetz(家内労働法).

[10] Vgl. §§20 ff., 37 Abs. 2; 43 Abs. 3 ArbGG.

[11] 団結機能の多様性を強調するものとして,例えば,Hromadka/Maschmann, Arbeitsrecht Bd. 2, 6. Aufl., 2014, §12 Rn. 42; Waltermann, Arbeitsrecht, 16. Aufl., 2012, §23 Rn. 487.

[12] Vgl. BVerfG 1.3.1979, BVerfGE 50, 290; 26.6.1991, BVerfGE 84, 212; 14.11.1995, BVerfGE 93, 352.

[13] Vgl. BVerfG 30.11.1965, BVerfGE 19, 303; 26. 5. 1970 BVerfGE 28, 295; 50, 290.

ている, と解釈してきた。
　(ⅱ) 消極的団結自由
　他方でまた, ドイツ基本法9条3項による個人に対する団結自由の保障には, 以上のような積極的団結自由だけでなく, 団結に加入せずあるいは団結から脱退する権利を保障する消極的団結自由も含まれる[14], と解釈してきた。

(2) 集団的団結自由
　(ⅰ) 存立保護
　さらに, 連邦憲法裁判所は, このような個人の団結自由と並んで, 団結それ自体の団結自由も, かなり早期から承認してきた。その集団的団結自由の1つが, 労働条件及び経済条件の維持・改善を目的とする限りにおける, 団結体の存立と内部組織・運営に関する団結体の自己決定に関する保護である[15]。
　(ⅱ) 活動保障
　しかし, 今日においてとりわけ問題とされるのは, 集団的団結自由のもう1つの側面である, 労働条件及び経済条件の維持・改善を目的とする限りにおける団結体の活動保障である。その主たる活動の1つとされるのが, 労働協約の交渉・締結という意味における協約自治である[16]。だが, 連邦憲法裁判所の判例によれば, ドイツ基本法9条3項による団結体の活動保障は, そのような協約自治の枠内に留まるものではない。すなわち, その保護は, 労働争議[17]に及ぶことはいうまでもなく, さらに, 組合員勧誘行為[18]や経営組織・公務員組織領域における活動[19]などにも及ぶとされている。加えて, 連邦憲法裁判所の裁判例の中には, 国家や政党に対して, 労働条件及び経済条件の維持・改善に関する要求を自由に表明する権利も, かかる活動保障の対象に含まれ

---

(14)　Vgl. BVerfG 1.3.1979, BVerfGE 50, 290; 3. 4. 2001 BVerfGE 103, 293.
(15)　Vgl. BVerfG 18.11.1954, BVerfGE 4, 96; 1.3.1979, BVerfGE 50, 290; 26.6.1991, BVerfGE 84, 212.
(16)　この点, BVerfG 26.6.1991, BVerfGE 84, 212 は, 「基本法9条3項によって保護される団結の主たる目的の1つは, 労働協約の締結である」旨を言及するとともに, BVerfG 24. 4. 1996, BVerfGE 94, 268 も, 「労働協約の交渉は, 団結の主たる目的に属する」旨を言及している。
(17)　BVerfG 26.6.1991, BVerfGE 84, 212.
(18)　BVerfG 14.11.1995, BVerfGE 93, 352.
(19)　BVerfG 24.2.1999, BVerfGE 100, 214.

る(20)，とするものもあるのである。

(3) 連邦憲法裁判所判例におけるドイツ基本法9条3項解釈の特徴

ところで，以上のような連邦憲法裁判所における判例法理の特徴は，まずもって，団結自由保障の「歴史」性を重視した解釈を行っている点にあるといえる。すなわち，上記のとおり，ドイツ基本法9条3項には文言上，個人的団結自由しか明示的に保障されていないところ，連邦憲法裁判所は，比較的早期から，集団的団結自由の保障もそこに含まれると解釈してきたが，そのような帰結に向け，連邦憲法裁判所は，ワイマール憲法（WRV）159条及び165条下における経験の上にドイツ基本法9条3項が解釈されるべきことを，重ね重ね強調してきたのである(21)。

しかし，この場合において，さらなる注意が払われなければならないのは，連邦憲法裁判所が，団結自由保障の歴史性と同時に，その「展開開放性」(Entwicklungsoffenheit)(22)をも強調している点である。すなわち，連邦憲法裁判所は，ドイツ基本法9条3項は今日的な具体的編成においてのみ団結自由を保障するものではなく，むしろ，新たな経済的・社会的状況に直面した場合には，それに応じて団結自由保障の具体的編成を再構築する余地と必要性を認めている(23)のである。

3 小　括

ドイツにおいて，団結とは，確かに，「労働条件及び経済条件の維持・改善」を目的とする結社であることに変わりはない。しかし，そのような目的を実現するために団結が発揮しうる機能は，労使当事者間における「協約自治」が唯一のものではない。むしろ，団結は，各種国家的手続への関与や，労働法における他のアクターへの関与など，様々な活動を通じて，「労働条件及び経済条件の維持・改善」という団結目的を達成する存在として，一般に理解され

---

(20) BVerfG 26.7.1970, BVerfGE 28, 295.
(21) Vgl. BVerfG 18.11.1954, BVerfGE 4, 96; 26.5.1970, BVerfGE 28, 295; 24.5.1977, BVerfGE 44, 322; 1.3.1979, BVerfGE 50, 290.
(22) Krause in: Jacobs/Krause/Oetker/, Tarifvertragsrecht 2. Aufl., 2013, §1 Rn. 16.
(23) Vgl. BVerfG 19.10.1966, BVerfGE 20, 312; 1.3.1979, BVerfGE 50, 290; 20.10.1981, BVerfGE 58, 233.

てきたといえる。

　そして，団結自由の憲法的保障をめぐる法解釈も，そのような団結機能の多様性を前提に展開されているといえる。すなわち，協約自治の憲法的保障は，確かに，ドイツ基本法9条3項による団結体の活動保障の主たる部分を占めてはいるが，それはあくまで，団結機能の多様性を前提とした団結自由の憲法的保障の一局面に過ぎない。「労働条件及び経済条件の維持・改善」という目的に資する限り，団結体の諸活動は，原則として，ドイツ基本権9条3項の保護対象とされる，と連邦憲法裁判所は解釈しているのである。

　また，ドイツ基本法9条3項が定める団結自由は，その歴史性とともに，展開開放性をもって保障される点を連邦憲法裁判所は強調している。団結自由保障の内容は，単なる文言解釈に留まることなく，しかも，その時々の経済的・社会的状況に応じて，その具体的編成を再構築することが予定されているのである。

III　協約自治の憲法的保障の意義と構造

　では，ドイツ基本法9条3項による団結自由保障の中で以上のように位置づけられる協約自治[24]は，より具体的には，どのような法的枠組みにおいて保障されているのであろうか。

1　協約自治の憲法的保障の2つの側面
(1)　「国家からの自由」としての側面

　ドイツ基本法9条3項による協約自治保障の第1の意義は，もちろん，団結が，自己の責任において，基本的に国家による影響力の行使を受けることなく，労使相反する諸利益に関する話し合いの上に，労働条件及び経済条件の内容形成（Gestaltung）を行うことができる自由領域を確保する点にある[25]。このような保障内容はいわば，協約自治の憲法的保障における「国家からの自由」と

---

(24)　なお，協約自治の憲法的基盤として，ドイツ基本法9条3項の団結自由だけでなく，同法20条1項の社会国家原則も強調するものとして，Kempen in: Kempen/Zachert, TVG 5. Aufl., 2014, Grundl. Rn. 91 ff.

(25)　Vgl. BVerfG 24.5.1977, BVerfGE 44, 322; 20.10.1981, BVerfGE 58, 233; 2.3.1993, BVerfGE 88, 103; 24.4.1996, BVerfGE 94, 268.

第 5 章　集団的労働関係法の可能性を探求して

しての側面といえよう(26)。

(2)　「国家による関与」としての側面

　しかし，ドイツにおける協約自治の憲法的保障の意義は，これにとどまるものではない。上記のような団結による労働条件及び経済条件の自治的な内容形成を現実的に可能なものとするためには，一定の法的な枠組み条件が国家によって具体的に整序されることが必要となる(27)。そこで，連邦憲法裁判所は，古くは「団結自由の基本権をもって，同時に，法律上規制され，保護される労働協約システムの制度（Institution）が憲法上，保障される」(28)という表現をもって，比較的最近では「団結自由は，ともに基本法 9 条 3 項の保護を享受する協約当事者らの関係が相互に接触する限りにおいて，法秩序による具体的整序を必要としている」(29)という表現をもって，——法制度として「労働協約システムの準備（Tarifvertragssystem bereitzustellen）」(30)や規範複合体としての「調整的規整（koordinierende Regelungen）」(31)の実現に関する——具体的整序（Ausgestaltung）(32)の必要性について言及している(33)。このような国家による具体的整序という要請(34)がドイツ基本法 9 条 3 項による協約自治保障の第 2

---

(26)　この点，Krause a.a.O., 2013, §1 Rn.25 は，ドイツ基本法 9 条 3 項の「自由権的（freiheitrechtlich）」内容と，Hromadka/Maschmann a.a.O., 2007, §13 Rn. 48 はドイツ基本法 9 条 3 項の「防御的（abwehrend）」機能とそれぞれ表現している。

(27)　この点，Waltermann a.a.O., 2012, §23 Rn. 506 は，「団結自由は，自由権を擁護する前提を創出する規制を必要としている」という文言をもって，協約自治をめぐる上記必要性を表現している。

(28)　BVerfG 18.11.1954, BVerfGE 4, 96.

(29)　BVerfG 26.6.1991, BVerfGE 84, 212. So auch 2.3.1993, BVerfGE 88, 103.

(30)　BVerfG 18.11.1954, BVerfGE 4, 96; 18.12.1974, BVerfGE 38, 281.

(31)　BVerfG 2.3.1993, BVerfGE 88, 103.

(32)　なお，Krause a.a.O., 2013, §1 Rn. 34 は，この「具体的整序」という概念があまりにも多様な用いられ方をすることについて，「玉虫色の概念」との表現を用いている。

(33)　So auch BVerfG 1.3.1979, BVerfGE 50, 290; 20.10.1981, BVerfGE 58, 233; 4.7. 1995, BVerfGE 92, 365.

(34)　なお，このような憲法的要請に応じるため，国家は，次の 2 つの手段をつうじて，具体的整序を行っている。より一般的な手段は，立法による具体的整序である。とりわけ労働協約法が，その具体例として挙げられる。そして，司法も，単に上記立法規定を個別事案に当てはめるだけでなく，立法措置がそもそも欠如しあるいは不十分であるため，現行の立法だけではかかる憲法的要請が履行されていないと考えられる場合（わか

の意義であり，いわば，協約自治の憲法的保障における「国家による関与」としての側面といえよう[35]。

そして，このような協約自治の憲法的保障をめぐる国家による具体的整序の場面で強調されるのが，「機能能力ある協約自治（eine funktionierende Tarifautonomie）」[36]や「協約自治の機能能力（Funktionsfähigkeit der Tarifautonomie）」[37]の保障という観点である。すなわち，連邦憲法裁判所は，まず，協約自治の保障は確かに「まったく一般的なものであり，……単純法設定者に，協約自治を具体的に整序するための広範な余地を残している」[38]が，そこにおける「具体的整序は，基本法9条3項の規範目的に方向づけられなければならない」[39]とする。そして，そのような目的として基本法9条3項は「労働条件及び経済条件の維持・改善」を明示的に挙げているところ，連邦憲法裁判所は，そのような目的に沿った具体的整序を国家が実施するにあたって，「（協約自治の）機能能力が危機にさらされることになってはならない」[40]と議論を展開するのである。

2 協約自治の憲法的保障をめぐる具体的整序と国家的介入

ところで，上記Ⅲ1(2)でみた国家による「基本権の具体的整序（Grundrechtsausgestaltung）」と似て非なるものに，国家による「基本権に対する介入（Grundrechtseingriff）」がある。この両者は，それぞれ意識的に区別された上で用いられるのが一般的であり，また，その相違点について，例えば，前者は「基本権の発展」に資するという点にその基本的な特徴があり，後者は

　　りやすい例として，連邦労働裁判所による「協約能力」論の展開が挙げられる）には，例外的に，かかる責務を司法が引き受けるという形において，国家による協約自治保障の具体的整序という作業に関与している．

(35) この点，前述のKrause a.a.O, 2013, §1 Rn.36は，憲法学説における指摘（Höfling in: Sachs, GG, 6. Aufl, 2011, Art. 9 GG Rn. 77）を前提に，ドイツ基本法9条3項の「給付権的（leistungsrechtlich））」側面と表現している

(36) BVerfG 20.10.1981, BVerfGE 58, 233; 4.7.1995, BVerfGE 92, 365.

(37) BVerfG 6.5.1964, BVerfGE 18, 18; 1.3.1979, BVerfGE 50, 290; 26.6.1991, BVerfGE 84, 212.

(38) BVerfG 19.10.1966, BVerfGE 20, 312.

(39) BVerfG 10.1.1995, BVerfGE 92, 26.

(40) BVerfG 4.7.1995, BVerfGE 92,365.

第5章 集団的労働関係法の可能性を探求して

「基本権の縮減」という作用を持つという点にその基本的な特徴がある[41]などと，一応のところ，一見して比較的わかりやすい説明もなされている[42]。

そうした場合に，協約自治の憲法的保障をめぐって，国家による基本権介入がとくに問題となるのは，労働条件及び経済条件に関する「国家による内容形成」と「協約当事者による内容形成」とが競合する場合である[43]。すなわち，ドイツ基本法はそもそも，その74条1項12号において，連邦が有する諸ラントとの競合的立法権限として，「労働法（事業所組織，労働保護，及び労働あっせんを含む）及び社会保障（失業保障を含む）」を予定しているところ，そのような国家の権限と，同法9条3項に下支えされた協約当事者の権限とが，労働条件及び経済条件の内容形成をめぐって，競合してしまうのである。したがって，かかる競合関係をどのように調整するかが，ここで問題となる。

この点，連邦憲法裁判所は，法律による有期労働規制をめぐってドイツ基本法9条3項違反の有無が問題となった事案[44]において，次のように言及している。「団結自由は，確かに，留保なく保障されているものである。しかし，このことは，立法者がこのような基本権の保護領域における規制をすべて禁じられている，ということを意味するものではない」。すなわち，「立法者は，労働協約の対象となりうる問題を規制することを，はじめからはく奪されていない」のであり，他方，「基本法9条3項は，協約当事者に対して，確かに，このような領域おける規範設定権を付与しているが，規範設定独占権を付与したわけではない」。そして，「このことはすでに，ドイツ基本法74条1項12号の立法権限から，帰結づけられていることである」，と。つまり，連邦憲法裁判所は，労働条件及び経済条件の内容形成に関する協約当事者の権限について，これは「規範設定独占権（Normsetzungsmonopol）」[45]としての性質を有するも

---

(41) Krause a.a.O, 2013, §1 Rn.35.
(42) もっとも，その具体的な線引きがどこになるかについては，「解釈論上，いまなお著しく不明瞭なままである」（Höfling a.a.O, 2011, Art. 9 GG Rn. 33a）と理解されている。
(43) Vgl. Waltermann a.a.O, 2012, §23 Rn. 508; Richardi/Bayreuther, Kollektives Arbeitsrecht, 2. Aufl., 2012, §2 Rn. 57.
(44) BVerfG 24.4.1996, BVerfGE 94, 268. 連邦休暇法（BurlG）に関する BVerfG 3.4.2001, BVerfGE 103, 293 も，ほぼ同旨。
(45) BVerfG 24.4.1996, BVerfGE 94, 268.

のではなく,「規範設定優先権(Normsetzungsprärogative)」[46]としての性質を有するものに過ぎず,また,ドイツ基本法74条1項12号の参照のもとに,当該事項が協約当事者による内容形成の対象であったとしても,労働条件及び経済条件の内容形成に関する国家の権限を排除しない,という立場にたっているといえよう。

もっとも,連邦憲法裁判所は同時に,「国家は,このような活動領域において影響力を行使することを原則として自制し,必要とされる労働条件及び経済条件規制の大部分を,合意をつうじて自治的な規制を行う団結に委ねる」[47]旨を強調するとともに,そのような前提のもとで,協約自治への介入を行う法律規制に対しては,「比例性の原則(der Grundsatz der Verhältnismäßigkeit)」にしたがった審査を行う[48]こととしている。

3 小 括

ドイツ連邦憲法裁判所は,協約自治の憲法的保障の具体的内容について,団結による労働条件及び経済条件の自治的な内容形成にむけた自由領域を確保するという側面(いわば「国家からの自由」)における保障内容だけでなく,かかる自治的な内容形成を「機能能力」ある形で実現するために必要な法的枠組み条件を具体的に整序する国家の権限と責務を設定するという側面(いわば「国家による関与」)における保障内容もそこに含まれる,と解釈しているといえる。

そして,後者の国家による「基本権の具体的整序」は,国家による「基本権に対する介入」と区別されている。この基本権介入が協約自治の憲法的保障をめぐってとくに問題となるのは,労働条件及び経済条件に関する「国家による内容形成」と「協約当事者による内容形成」とが競合する場合である。この点,連邦憲法裁判所は,確かに,協約当事者に労働条件及び経済条件の内容形成に

---

(46) BVerfG 24.5.1977, BVerfGE 44, 322.

(47) BVerfG 24.4.1996, BVerfGE 94, 268; 3. 4. 2001, BVerfGE 103, 293. So auch BVerfG 18. 12. 1974, BVerfGE 38, 281; 24. 5. 1977, BVerfGE 44, 322. なお,協約自治の憲法的保障に関連し,「相反する利益を有する労働者及び使用者が,自らの責任において,交渉・妥結する……方法の方が,国家的争議調整制度による場合よりも,相対立するグループの諸利益と公共の利益とに相応しい結果が達成される」という歴史的経験を強調するものとして,BVerfG 2. 3. 1993, BVerfGE 88, 103.

(48) Vgl. BVerfG 24.4.1996, BVerfGE 94, 268; 3. 4. 2001, BVerfGE 103, 293.

関する「優先権」がまずもって担保されているが,「独占権」までもが付与されているわけではなく,そこでは,国家による内容形成が,協約当事者による自治的な内容形成の尊重と,比例性審査のもとに,予定されている,と解釈しているといえる。

Ⅳ 協約自治の機能能力と2014年協約自治強化法

それでは,以上のような法的枠組みにおいて協約自治の憲法的保障が具体的になされているとして,その法的枠組みとの関係で,2014年協約自治強化法による一般的拘束力宣言制度の要件緩和及び全国一般法定最低賃金制度の導入は,どのように位置づけられるであろうか。そして,その背景には,どのような経済的・社会的事情があったのだろうか。

これが,本稿における検討の中心である。そして,ここで鍵となるのが,「協約自治の機能能力」の保障という概念である。

1 協約自治の機能と機能能力保障論
(1) 協約自治の機能

そこで,まず,協約自治が果たしうる機能を確認するところから出発したい[49]。

(ⅰ) 保護機能と平和機能

歴史的にみて,最も古くから認められてきた協約自治の機能は,保護機能 (Schutzfunktion) と平和機能 (Friedensfunktion) である。このうち,後者の平和機能とは,一般に,協約当事者間において締結された労働協約の有効期間中,労働争議の危険から解放され,労働生活における平和が確保される機能のことを指す[50]が,本稿における検討との関係でより重要なのは,前者の保護機能である。

---

(49) 以下,Krause a.a.O, 2013, §1 Rn. 22 ff., Hromadka/Maschmann a.a.O, 2007, §13 Rn. 43 ff., Wiedemann in Wiedemann, TVG, 7. Aufl., 2007, Rn. 3 ff. のほか,名古道功「大量失業・グローバリゼーションとドイツ横断的労働協約の『危機』」金沢法学43巻2号 (2000年) 63頁以下も参照。なお,戦後西ドイツにおける協約自治の合目的的把握については,西谷敏『ドイツ労働法思想史論』(日本評論社,1987年) 586頁以下を参照のこと。
(50) 協約自治の平和機能について詳述するものとして,Wiedemann a.a.O, 2007, Rn. 20 ff.

保護機能とは，一般に，協約当事者間における対等な交渉をつうじて，個別労働者が個別使用者による一方的労働条件設定から保護される機能のことを指す。この点，連邦憲法裁判所の表現を借りて説明するとすれば，保護機能とは，「労働契約締結時における個別労働者の構造的劣後性を，集団的交渉をつうじて補整し，それをもって，おおよそ対等な立場における賃金その他の労働条件の交渉を可能にする」[51]機能のことである。

(ii) 秩序機能と分配機能

協約自治の機能として，さらに指摘されるのが，秩序機能（Ordnungsfunktion）と分配機能（Verteilungsfunktion）である[52]。このうち，後者の分配機能とは，一般に，労働協約の適用範囲内にある労働者間における所得分配の構造を決定——し，場合によっては，国民経済全体における公正な分配に寄与——する機能のことを指す[53]が，本稿における検討との関係でより重要なのは，前者の秩序機能である。

秩序機能とは，一般に，協約当事者間における労働条件及び経済条件に関する合意をつうじて，空間的かつ時間的に，労働契約の規格化が行われる機能のことを指す[54]。この点，連邦憲法裁判所の表現を借りて説明するとすれば，秩序機能とは，「ソーシャル・パートナーの協働のもとにおける，賃金形成などの，労働生活の有意義な秩序づけ」[55]，あるいは「団結をつうじた労働生活の自治的な秩序づけ」[56]を行う機能のことである。

このような協約自治の秩序機能によってとくに注目すべき恩恵を享受するの

---

(51) BVerfG 26. 6. 1991, BVerfGE 84, 212; 4.7.1995, BVerfGE 92, 365.
(52) Wiedemann a.a.O, 2007, Rn. 30 ff. は，以上４つの機能のほか，国家負担の軽減や法発展への寄与，規範の柔軟化など関する機能についても，指摘している。
(53) 協約自治の分配機能について詳述するものとして，Wiedemann a.a.O, 2007, Rn. 7 ff.
(54) もっとも，Krause a.a.O, 2013, §1 Rn.25 によれば，秩序機能という概念が実際に意味するところについては，学説間においてかなり幅がある，ということである。しかし，多数説は，単なる自由権的機能の「担保」だけではなく，——より上位にある雇用政策的・労働市場政策的な観点にも左右される——自由権的機能の「補填」をも，そこに含めて解釈している，ということである。
(55) BVerfG 18. 11. 1954, BVerfGE 4, 96. So auch BVerfG 6.5.1964, BVerfGE 18, 18; 1. 3. 1979, BVerfGE 50, 290; 20. 10. 1981, BVerfGE 58, 233.
(56) BVerfG 11. 7. 2006, BVerfGE 116, 202; 1. 12. 2010, NZA 2011, 60. なお，同 2006 年判決は，明示的に「労働協約の秩序機能」という概念を使用している。

は，使用者側である。すなわち，個別使用者は，協約自治の秩序機能によって，個別契約レベルにおける賃金その他の労働条件をめぐる合意・変更にかかる労力（いわゆる「トランスアクション・コスト」）が低減されうるとともに，労働協約の有効期間中，賃金コストに関する確実な予算基盤が確保されうる。さらに，協約当事者間で横断的労働協約が締結される場合において，その適用範囲内で十分な協約拘束が発揮されるときには，ダンピング競争防止的な効果（いわばカルテル的な効果）も創出され，その結果，使用者側も，競争条件の平準化という恩恵を享受することになる[57]のである。

(2) 機能能力保障論の展開

以上のような協約自治の機能のうち，従来から，その機能能力の保障が問題とされてきたのは，いわば保護機能をめぐるそれであった。この点，連邦憲法裁判所はこれまで，例えば争議権保障をめぐる事案において，「団結は，自身の構成員の労働条件及び経済条件を維持・改善するという憲法上是認されている目的を，とりわけ労働協約の締結によって実現できなければならない」。したがって，「協約自治が機能能力を有するのは，協約当事者間におけるおおよその力の均衡性——対等性——が存在する場合だけである」[58]などと判示してきた。

しかし近年，とりわけ問題とされているのは，いわば秩序機能をめぐる機能能力の保障の問題である。すなわち，労働協約システムをめぐっては近年，その「分権化」「分断化」「縮減化」が指摘されている[59]ところ，法的議論においても，とりわけ最後の「縮減化」（＝協約拘束率の低下）との関連で秩序機能をめぐる機能能力が問題とされ，法制度によるその保障が議論されている[60]のである。

---

(57) Vgl. Krause a.a.O, 2013, §1 Rn. 31, Wiedemann a.a.O, 2007, Rn. 15.
(58) BVerfG 4. 7. 1995, BVerfGE 92, 365. So auch BVerfG 26. 6. 1991, BVerfGE 84, 212; 1. 12. 2010, NZA 2011, 60.
(59) この点の詳細については，拙稿「ドイツ労使関係の変化と協約法制の現在」労働124号（2014年）154頁以下を参照のこと。
(60) Vgl. Preis/Ulber, Funktion und Funktionsfähigkeit der Tarifautonomie, FS Kempen, 2013, S. 15 ff.

2 2014年協約自治強化法の背景と憲法論的位置づけ
(1) 2014年協約自治強化法制定の背景

では，なぜ，協約自治の秩序機能が法的に問題とされる場合に，これまでそのような機能能力を担保する一手段であった一般的拘束力宣言制度だけが問題とされず，全国一般法定最低賃金制度までもが問題とされるのであろうか。

この点，確かに，協約拘束率の低下という状況を招いた大きな要因の1つは，経済のグローバル化による使用者らの競争指向化を背景とした使用者側における「協約からの逃避」行動と，それに伴う一般的拘束力宣言数の低下であった[61]。したがって，単に経済のグローバル化という背景事情だけであれば，解決すべき問題はほぼ協約拘束率の低下そのものだけということになり，それゆえ，従来的な機能能力担保手段である一般的拘束力宣言制度の再構築だけで，ある程度，問題は解決できたであろう。

しかし，協約拘束率の低下は，欧州市場統合の深化によるサービス・労働者の域内自由移動化の進展や，2000年代前半に実施されたハルツ改革と呼ばれる一連の労働市場改革（とりわけいわゆる「コンビ賃金」）などと相俟って，低賃金セクターを拡大させた[62]。しかも，そのような問題を解決するための一手段であるはずの一般的拘束力宣言制度は，例えば産業別・地域別に締結された労働協約における賃金テーブルすべてについてその拘束力の範囲を拡張するものであるがために，ドイツへと越境的に配置される労働者の労働関係にこれを適用しようとした場合，EU法秩序との整合性を欠く可能性が生じてしまう[63]。そのため，そのような可能性が現実化したときには，かかる問題の大

---

(61) 協約拘束率低下の背景に関する詳細については，拙稿・前掲注(59)160頁以下を参照のこと。

(62) 名古道功「ドイツにおける最低生活保障システムの変化」角田邦重先生古稀記念『労働者人格権の研究（上巻）』（信山社，2011年）141頁以下参照。

(63) 労働者越境的配置指令96/71/EGは，協約賃金について，「各地理学的領域に帰属し，かつ，当該職務又は当該事業を営む企業すべてによって遵守されることになる労働協約」（3条8項）による「最低賃金」（3条1項）を配置先国を適用しなければならないとしているところ，欧州司法裁判所は，「配置指令は上限としても働くのであり，それ以外の配置先国法を適用することは，原則的に指令違反となる」（山本志郎「EU経済統合にみる労働抵触法の新たな課題」季労243号(2013年)99頁）旨の解釈を展開しているとされる。

第5章　集団的労働関係法の可能性を探求して

きな解決手段とはなりえないことになる[64]。つまり，今日においては，解決すべき問題として，低賃金セクターの拡大という問題もそこに存在しているのであり，また，域内市場統合の深化に伴うEU法秩序との調整の必要性などから，一般的拘束力宣言制度による協約拘束率の回復だけでは，問題解決が困難となってしまっている[65]といえるのである。

(2) 2014年協約自治強化法とその法的位置づけ

そのような中で制定されたのが，2014年協約自治強化法である[66]。同法は，上記の通り，全国一般法定最低賃金制度の導入と，一般的拘束力宣言制度の要件緩和をその主な内容とするものであるが，それでは，2014年協約自治強化法は，以上のような機能能力保障論並びに協約自治の憲法的保障の法的枠組みとの関係で，どのように位置づけられるであろうか。

この点に関する評価は，ドイツ国内における評価がいまだ出揃っていない[67]こともあり，最終的な評価をここで行うことはやや困難である。だが，

---

(64) また仮に，例えば労働者越境的配置法におけるいわゆる協約支援的最低賃金制度のように，法規命令をつうじて，ドイツに越境的に配置される労働者の労働関係に当該協約上の最低賃金を適用できる可能性を担保できたとしても，そもそも労働協約の存在しない業種部門においては，それも，上記問題の解決手段とはなりえない（Vgl. unten Preis/Ulber (Fn. 67), 2014, S. 2 f., 8）。

(65) なお，この点に関連して，Preis/Ulber a.a.O, 2013, S. 32 f. は，「協約自治の領域において控えめながら立法的干渉を行うという正当な要求を考慮に入れる可能性も，まったくもって存続している。というのも，――機能能力ある――協約自治的な規制システムを獲得しえない労働市場の分野及び部門においては，法定最低賃金が適切である場合もあるからである」と指摘している。

(66) 2014年協約自治強化法の制定にあたり，キリスト教民主・社会同盟（CDU/CSU）と社会民主党（SPD）との間の大連立政権によって作成された協約自治強化法案（BR-Drucks. 147/14; BT-Drucks. 18/1558）は，同法の立法趣旨について，次のように言及している。まず，同法全体の立法趣旨について，「協約自治の強化」と「労働者にとって適正な労働条件の保障」の2点を挙げている。その上で，一般的拘束力宣言制度改正の趣旨について，それが，協約自治の秩序機能に対する国家的支援をつうじて，その機能能力を担保する点にある旨を指摘している。また，法定一般最低賃金法制定の趣旨について，適正さを欠く低賃金から労働者を保護すること，企業間における競争が「賃金ダンピング」という形ではなく，「製品とサービスの改善」という形で行われるよう是正すること，最低賃金なき企業間の賃金ダンピング競争により生じる社会保障システムへの負担を軽減することの3点を挙げている（拙稿・前掲注(59)165頁参照）。

(67) なお，上記の連邦政府による協約自治強化法案のうち，新たな最低賃金法の制

本稿における以上の検討を総合して中間的な評価を行えば，次のような評価を行うことができよう。

すなわち，2014年協約自治強化法は，協約自治の機能能力という視点からみれば，協約自治の諸機能のうち，とりわけ秩序機能について，一般的拘束力宣言の要件緩和という，基本権の具体的整序のレベルにおける国家的関与の積極化による協約自治の機能能力の保障（協約自治そのものに対する国家的支援）と，全国一般法定最低賃金制度の導入という，基本権に対する介入のレベルにおける国家による内容形成の限定的実施による機能代替的補填（協約自治が果たしてきた機能の部分的な国家的引き受け）との実施を企図したものである，という評価を行うことができると考えられる。

そうであるとした場合，2014年協約自治強化法は，協約自治の憲法的保障をめぐる法的枠組みそれ自体に変更を加えるものではなく，むしろ，あくまでその法的枠組みの中で，しかし，経済のグローバル化と欧州市場統合の深化という経済的・社会的な環境変化を背景に，まず，具体的整序のレベルにおいて，一般的拘束力宣言制度について一定の変更を加え，それでも解決しえない問題の解決のために，さらに，国家的介入のレベルにおいて，しかしあくまで協約当事者による自治的な内容形成の尊重と比例性審査基準の枠内において，全国一般法定最低賃金制度の導入を企図したものである，という評価を行うことができると考えられる。

V　おわりに

（1）ドイツは協約自治を放棄したのか。もし，そのような問いを設定し，また，その問いにおける協約自治の意味するところが（従来的な）協約自治の憲法的保障をめぐる法的枠組みにあるとすれば，ドイツは，経済のグローバル化と市場統合の深化という経済的・社会的な環境変化を受けて，従来的な協約自治の憲法的保障をめぐる法的枠組みを放棄した（あるいは今後，放棄する方向に進もうとしている）ものということはできず，むしろ，あくまでその法的枠組みの中で，しかし，かかる環境変化に合わせて，具体的編成の再構築を行った

定に関する部分を中心的な検討対象とする法鑑定書として，Preis/Ulber, Die Verfassungsmäßigkeit des allgemeinen gesetzlichen Mindestlohns, 2014. 結論的に，本稿における主張の多くは，同法鑑定書の主張に大きく沿う形となっている。

ものというべきである。それが，本稿における結論である。

　(2)　ところで，本稿におけるドイツの協約自治の憲法的保障に関する検討を通して痛感したのは，「協約自治」あるいは「協約自治の尊重」という術語が用いられる場合において，そこに含まれるいわば理念的側面と原理的側面とを整理することの必要性である[68]。そして，そこにある問題意識は，日本において例えば「協約自治の尊重」という術語が用いられる場合，一部のドイツ学説におけるのと同様，「協約自治に対する国家的不介入」という要請を念頭に置いて用いられることが多いが，しかし，「協約自治の尊重」（あるいは「協約自治」の保障）には，「協約自治に対する国家的関与」という要請も含まれ，しかも，そのような要請の度合いは，経済のグローバル化や市場統合の深化という今日的な社会的・経済的状況の変化に応じて，しだいに強まっていくのではないか，という問題意識である。

　もちろん，このような協約自治の理念と原理という整理の仕方は，そもそも，いまだドイツにおいてさえ，おそらく必ずしも一般的なものではない。しかし，そのような視点からドイツ学説における議論をより詳細に再検討することによって，経済のグローバル化や市場統合の深化という日本もすでに直面し，あるいは近い将来直面するかもしれない現代的状況を前に，国家が協約自治に対して果たすべき役割の一端を抽出できるような気がしてならない。だが，この点に関する検討を本稿で行うことはできなかった。今後の課題としたい。

　(3)　以下，これまでにおける検討のまとめを提示し，本稿のむすびとする。
　(i)　まず，ドイツ基本法による団結自由保障における協約自治保障の位置づけについて，ドイツにおいて協約自治の憲法的保障は，確かに，ドイツ基本法9条3項による団結体の活動保障の主たる部分を占めてはいるが，それはあく

---

(68)　この点，Preis/Ulber a.a.O, 2013, S. 32 f. は，今日的な経済的・社会的状況を前に，「協約自治の尊重（Respekt vor der Tarifautonomie）」という術語の使われ方について，次のように警鐘をならしている。「『協約自治の尊重』という術語が幾度となく用いられているが，……吟味されるべきは，本当に尊重がなされているかどうかである。しばしば，その言説によって，協約自治の機能的欠落に目くらましがされ，そのまま温存させられることになる。協約自治の尊重という言説は，協約自治に資する国家的干渉の回避を意図して，……あるいは，立法者の社会政策的措置を阻止するために，ときに利用（悪用）される。これらはいずれも，協約自治の機能と相反するものである」。

まで，団結機能の多様性を前提とした団結自由の憲法的保障の一局面に過ぎない。また，ドイツ基本法9条3項が定める団結自由は，その歴史性とともに，展開開放性をもって保障されており，その保障内容は，単なる文言解釈に留まることなく，しかも，その時々の社会的・経済的状況に応じて，その具体的編成を再構築することが予定されている。

(ⅱ) 次に，ドイツ基本法による協約自治保障の意義と構造について，協約自治の憲法的保障には，団結による労働条件及び経済条件の自治的な内容形成にむけた自由領域を確保するという側面（いわば「国家からの自由」）における保障内容だけでなく，かかる自治的な内容形成を機能能力ある形で実現するために必要な法的枠組み条件を具体的に整序する国家の権限と責務を設定するという側面（いわば「国家による関与」）における保障内容もそこに含まれる。さらに，後者の国家による「基本権の具体的整序」と区別されるべきものとして，国家による「基本権に対する介入」（いわば「国家による介入」）が問題になるところ，労働条件及び経済条件に関する「国家による内容形成」と「協約当事者による内容形成」とが競合する場合には，確かに，協約当事者に労働条件及び経済条件の内容形成に関する「優先権」がまずもって担保されるが，「独占権」までもが付与されるわけではなく，国家による内容形成が，協約当事者による自治的な内容形成の尊重と比例性審査のもとに予定されている。

(ⅲ) 最後に，2014年協約自治強化法による一般的拘束力宣言制度の要件緩和及び法定一般最低賃金制度の導入の背景と憲法論的位置づけについて，2014年協約自治強化法は，協約自治の憲法的保障をめぐる法的枠組みそれ自体に変更を加えるものではなく，むしろ，あくまでその法的枠組みの中で，しかし，経済のグローバル化と欧州市場統合の深化という経済的・社会的な環境変化を背景に，まず，具体的整序のレベルにおいて，一般的拘束力宣言制度について一定の変更を加え，それでも解決しえない問題の解決のために，さらに，国家的介入のレベルにおいて，しかしあくまで協約当事者による自治的な内容形成の尊重と比例性審査基準の枠内において，全国一般法定最低賃金制度の導入を企図したものである，という評価を行うことができると考えられる。

29 フランスにおける労働条件決定の「分権化」の動態

細 川 良

I はじめに
II フィヨン法および 2008 年法による改革
III フィヨン法および 2008 年法の影響
IV おわりに——フランスにおける「分権化」の意義

I は じ め に

　近年，諸外国，とりわけ，ドイツ・フランスを中心とする大陸ヨーロッパ諸国における集団的労使関係の動向について，「分権化（décentralisation）」という動きが重要なキーワードとして取り上げられてきている。実際，フランスにおいては「生涯職業教育および労使対話に関する 2004 年 5 月 4 日の法律[1]」（いわゆるフィヨン法），「労使間における民主主義の刷新および労働時間改革に関する 2008 年 8 月 20 日の法律[2]」（以下，2008 年法）といった重要な立法により，集団的労働条件の決定についての法制度が大きく変更され，制度上，伝統的に上位に規範とみなされてきた法律および産業別労働協約に対し，企業別協定にその重心を大きく移すような法制度へと変わっている。また，ドイツにおいても，フランスのような集団的労働条件決定の重心を変更する具体的な立法はみられないものの，伝統的な二元的労使関係の担い手である労働組合と事業所委員会の間で，「分権化」と評価される動きが生じていることは，多くの

---

(1) Loi n° 2004-391 du 4 mai 2004 relative à la formation professionnelle tout au long de la vie et au dialogue social.
(2) Loi n° 2008-789 du 20 août 2008 portant rénovation de la démocratie sociale et réforme du temps de travail.

論者が指摘するところである(3)。

ところで，このように「分権化」という一語で語られてはいるものの，前提とするそもそもの集団的労使関係システムの相違もあり，各国で現実に生じている現象は，必ずしも軌を一にするものではない。また，集団的労使関係システムは，あくまでも労使当事者がその担い手である以上，法システムの変化が，必ずしもそこから予定される労使関係の変化を生じさせるとは限らない。

すでに，以上に述べたような「分権化」をめぐる動向については，多くの論者によって分析・検討をなされてきたところであるが，本稿では，フィヨン法，2008年法を中心とした，集団的労働条件決定の分権化の推進を目的としている立法が，フランスにおける集団的労働条件決定について，実際にどのような影響をもたらしたのか，という視点を足がかりに，フランスにおける集団的労働条件決定の動態について分析を試み，集団的労働条件決定の「分権化」の意義を考える上での手がかりを示したい。

II フィヨン法および2008年法による改革

1 伝統的な集団的労働条件決定システム——労働条件決定規範の階層性と有利原則

フランスにおいては，伝統的に労働条件の規制についても法律が公序を定めるものであると考えられてきており，労働協約は，最低限の保障に不可欠な絶対的公序（Ordre public absolu）(4)には属さない事項（社会的公序（Ordre public social））についてのみ，かつ労働者に対してより有利な条件を付与するときに限り，法律上の規則あるいは行政立法上の規則を例外的に排除することができると考えられてきた。

そして，そこから導かれるいわゆる「有利原則（principe de faveur）」の概念がフランスの労働協約システムにおける大きな特徴の1つであった。すなわち，

---

(3) 山本陽大「産業別労働協約システムの国際比較——ドイツ・フランスの現状と日本の検討課題」日本労働研究雑誌652号（2014年）74頁以下，桑村裕美子「労使関係法制——ドイツおよびフランスの動向」水野勇一郎・連合総研編『労働法改革』（日本経済新聞出版社，2010年）83頁以下，榊原嘉明「ドイツ労使関係の変化と協約法理の現在」日本労働法学会誌124号（2014年）154頁以下，など。

(4) 最低賃金のほか，解雇に関する法律上の規制（法定の解雇手続，解雇予告，解雇補償金の最低額等），団結の自由・争議の自由に関する事項等。

フランスにおける労働条件決定システムにおいては，一般に労働者の地位は，法律，全国職際協定（accord national interprofessionnelle：ANI），産業別労働協約，企業別協定，事業所別協定，個別契約といった労働条件決定規範のうちで，異なる規範が抵触する関係となった場合，そのうちの最も有利なものによって規律されると解されてきた。結果として，「集団協定は，法律および行政立法あるいはより広い射程を有する労働協約に対しては，労働者にとってより有利な方向にしか，適用除外することを認めることはできない」として，たとえば企業別協定は，法律ないし産業別労働協約が定める労働条件の基準に対して，より有利な条件を付け加えることしかできないとされてきた。

2 「分権化」の端緒——1982年オルー改革

そもそも，企業レベルの団体交渉・集団協定という概念がフランスにおいて正面から承認されたのは1971年7月13日の法律（以下，1971年法）のことであり，同法によって，団体交渉の対象事項が拡大されるとともに（「労働条件」から，「雇用，および労働の条件，並びに福利厚生の総体」へ），企業レベルおよび事業所レベルの団体交渉の基礎が作られたことになる。もっとも，労働条件決定規範における伝統的な法律および産業別労働協約の優位から，企業別交渉・協定へと重心をシフトする重要な契機となったのは，1982年のオルー（Auroux）改革であると評価されている。

オルー改革はさまざまな内容を含むものであるが，本稿の課題である集団的労働条件決定規範における分権化との関係で重要なのは，第一に団体交渉の義務化であり，第二に労働時間規制に関する適用除外協定（accord dérogatoire）の導入である。

すなわち，まず1982年11月13日の法律（オルー法）は，団体交渉義務を定めたが，それにより，企業別協定の法的な位置づけが一層重くなることとなり，従来の産業部門レベルを中心とした団体交渉・労働協約システムが，企業別交渉および協約との二元的なシステムに変化していく大きな分岐点となったと評価されている[5]。この改革により，賃金および労働条件に関して，法律による規制から，労使当事者による協議・交渉および合意による決定を促す，

---

(5) A. Jobert, Travail et emploi, n° 95, juil. 2003, p.5.

第5章　集団的労働関係法の可能性を探求して

いわゆる「契約政策 (politique contractuelle)」の方向性が形作られ，以降，労働協約の定める規範を労働者の隅々にまで行き渡らせ，これを通じて労働者が集団的な労働条件規範にカバーされるようにするための，団体交渉および労働協約の締結を促進する政策が打ち出されていくこととなった。確かに，オルー法は企業レベルの労働協約をあくまでも産業部門レベルの労働協約の下位に位置づけることを原則としていたが，その後，企業内の協議・交渉を促進する政策が積極的に打ち出されることとなり，結果として産業部門レベルの労働協約と企業レベルの集団協定との関係についての議論の呼び水となったことは否めないであろう。

第二に，1982年1月16日のオルドナンス (ordonnance) は，法定労働時間を週40時間から39時間に短縮するものであったが，同時に，従来は一律に労働監督官の許可を要するとされていた法定時間を超える労働について，一定の枠内で労働監督官の許可なく実施可能とする超過勤務時間の年間割当 (contingent annuel d'heures supplémentaires) が制度化されるとともに，デクレ (décret) によって定められるその時間数について，拡張適用される産業別協約によってこれとは異なる時間数を定めることが可能とされた。このほか，年単位の変形労働時間制の実施についても拡張適用される産業別協約または企業別・事業所別協定が用件とされている。このように，労働時間規制の柔軟化のツールとして，労働協約・集団協定が用いられたことも，集団的労働条件規範にかかる法律から協約・協定への分権化の端緒と位置付けることが可能であろう。

3　「有利原則」の撤廃——フィヨン法および2008年法による改革

オルー改革以後，第一に，Medefを中心とする使用者団体が，集団的労働条件決定規範にかかる伝統的な階層性への疑義を唱えてきたこと[6]，第二に，企業レベルを中心として，義務的団体交渉事項の拡大等の団体交渉の促進のための政策が継続的に打ち出されたこと，第三に，オルー改革において適用除外協定の導入の対象となった労働時間規制について，失業対策としての労働時間

---

(6)　v. G. Belier, Les derogations au Droit du travail dans de nouveaux contrat d'entreprise, Dr. soc. 1986. p.49 et s.

規制の柔軟化，特にオブリ法による週35時間労働制の導入に際して，労働時間の配分等についての適用除外協定による大幅な柔軟化を認めたこと等を背景として，2004年のフィヨン法による改革につながっていくこととなる。

フィヨン法による「有利原則」の修正の端緒となったのは，労働組合の企業内支部がない企業における団体交渉を拡大する，1995年10月31日の全国職際協定[7][8]およびこれを受けて立法化された1996年11月12日の法律（以下1996年法）といわれている。同協定は，産業別協定の承認という留保を付されてはいるものの，従業員から選出された代表者または「組合によって委任された」労働者により，企業別協定を締結することを認めるというものであった。この1996年法をめぐっては，同法が新たに認めた，労働組合以外の者に協約の締結権限を付与する集団協定の締結方法について，従来，代表的労働組合にのみ労働協約の締結権を認めてきたフランス労働協約システムから逸脱するものであることから，大きな議論が生じた。これに対し，憲法院が，労働組合は「団体交渉に関する労働者の代表性の独占」を享受するものではないとした上で，1996年法によって認められた企業別協定の締結手法は「代表的組合組織の関与を妨害する目的も効果も有しない以上，選挙によって指名された者あるいはその代表性を有する組合から委任された者もまた，労働条件の集団的な決定を行うことができる」として，その憲法適合性を承認した[9]ことで，労使関係における企業レベルでの集団的規範設定（労働条件決定）の促進（＝産業部門レベルの役割の後退）および代表的労働組合の権限の後退が，（少なくとも法形式上は）生じることとなったといえよう。

続いて，フランスの労使は，2001年7月16日に「団体交渉の抜本的改革の

(7)　「すべての交渉レベルにおける契約実務を連続的に発展させること（de développer la pratique contractuelle, de façon articulée, à tous les niveaux)」を目的とする全国職際協定．

(8)　この協定は，使用者側はCNPF（現：Medef），CGPMEおよびUPAによって，労働者側は，CFDT，CFTCおよびCGCによって署名されている．同協定については，G. Coin, Dr. soc. 1996. 3 et s.；Cohen, Dr. soc. 96, p. 18；M.-L. Morin, Dr. soc. 1996. 11 et s.；G. Bêlier, Sem. soc. Lamy, nº 768, p.3. 参照．

(9)　CCD.96-383 du 6 nov. 1996, Dr. soc. 1997. 31, ss. obs. M.-L. Morin；Grands arrêts, 4e éd., 2008, nº 157. V. G. Lyon-Caen：La constitution française et la négociation collective Dr. Ouvrier 1996. 479；J. Pélissier, Droit des conventions collectives : évolution ou transformation, Mélanges Verdier, Dalloz, 2001, p.95 s.

方法および手段についての共通見解」(10)を採択した。この文書においては、①組合が設置されていない企業における団体交渉について一般的に組合の委任を受けた者に協約締結権を付与すること、②産業部門別交渉と企業別交渉の関係について、産業別協約の承認のもとに企業別協定がこれを適用除外しうること、③労働協約の締結に係る多数決主義の採用、を推進することを主な内容とするものであり、これに基づいて、フィヨン法による改革が実施されることとなる。

この2001年の労使共通見解を受け、フィヨン法は、以下の2つの大きな改正を行った。すなわち、第一に、産業部門別協約および職種別協定、並びに企業協定の有効性を、企業委員会、あるいはそれがないときには従業員代表委員の直近の選挙の第1回投票で少なくとも有効投票の過半数を集めた代表的組合の反対によって覆しうるとすることにより、多数決原則の部分的な承認をしたこと、そしてその第二が、企業別協定によって、産業部門別協約の規定および一定の法律上の規定を適用除外する自由を幅広く認めたことである。これにより、フランス労働協約システムにおける伝統であった協約の階層性および労働者に最も有利な規範を適用するという原則、すなわち「有利原則」を大幅に修正したのである(11)。

さらに、これに引き続き2008年法は、労働時間に関する法律上の規定の適用除外について、企業別協定によることを原則とし、産業部門別協定による適用除外規定は企業別協定を欠く場合についてのみ効力を有する旨の改正を行った。この改正は、厳密には産業別労働協約の適用除外を認める趣旨のものではないが、産業部門別協約こそが集団的な規範を設定し、企業別協定はその枠内において（労働者に有利な方向でのみ）適用についての条件設定を行うことしかできなかったとする伝統的な協約の階層性を覆すものであり、企業別協定を主たる規範設定手段とし、産業部門別協定はこれを補足するものと位置づけるという意味で、労働協約の階層性の修正を象徴するものとも言える。

---

(10) Liaisons soc. 2001, C1, n° 174, Dr. soc. 2003. 92.

(11) この改正については、P. Rodière, L'émergence d'un nouveau cadre de négociation collectives, Sem. soc. Lamy, 2003, n° 1125, M.-A. Souriac, J.-E. Ray, P.-H. Antonmattéi et G. Borenfreund, réunis dans le numéro special de Droit Social, Le nouveau droit de la négociation collective, juin 2004, p. 579 s. G. Borenfreund et al., La negociation collective à l'heure des révisions, Paris, Dalloz, 2005. 等を参照。

4 「代表的労働組合」に関する改革

労働協約の当事者について，労働法典は，使用者側に関しては「1または複数の使用者組織，または他のあらゆる使用者団体，あるいは1または複数の個別に要求を受けた使用者」と規定している[12]が，実務上は，企業別協定については個別企業が，産業別労働協約については産業別の使用者団体が，そして，全国職際協定については，MedefおよびCGPMEがその当事者となるのが一般的であり，前述のとおり，使用者団体についてはMedefを中心に統一されていることもあって，大きな問題は生じない。

これに対し，労働者側の協約当事者に関しては，労働法典は，「協約あるいは協定の適用領域における1または複数の代表的組合組織」（傍点筆者）と規定している[13]。すなわち，フランスにおいては，（労働組合であれば無条件に労働協約を締結できるというわけではなく）「代表的労働組合」のみが，労働協約に署名し，これを締結する能力を有することとされているのである。

この「代表的労働組合」に当たるか否かの指標については，かつては，①組合員数，②独立性，③収入，④組合としての経験および年数，⑤占領期における愛国的態度，とされており，1966年に，前述の五大労組に対して全国レベルでの「代表性」が公認されて以降は，団体交渉および労働協約の締結にあたっては，五大労組が主導的な役割を果たしてきた。

しかし，2008年8月20日の法律により，「代表性」の認定にあたっては，職場選挙（従業員代表選挙）によって示される，各労働組合に対する「支持率」が新たな指標として加えられ，「代表性」を獲得するためには，企業レベルについては10％，産業レベルおよび全国職際レベルにおいては8％の得票率が必要であるとされた[14]。これを受けて行われた2008年～2013年初までの職場選挙の集計の結果，全国職際レベルについては五大労組（のみ）が必要な得票率を上回り，現状が維持されることとなったが，産業レベルおよび企業レベ

---

(12) 労働法典L.2231-1条。
(13) 同上。
(14) 2008年法による代表性の改革，およびそれを受けての職場選挙の結果については，本誌459号46頁に掲載の「海外労働事情――フランス」および小山敬晴「フランスにおける代表的労働組合概念の変容(一)(二)」早稲田大学法研論集140号（2011年）143頁以下，同141号（2012年）153頁以下も参照。

第5章　集団的労働関係法の可能性を探求して

ルにおいては，五大労組傘下の組合が必要な得票率を得られなかったケース，反対に五大労組以外の労組が代表性の獲得に至るケースがみられるようである(15)。

さらに，この職場選挙における得票率は，協約の発効にあたっても重要な意義を有する。すなわち，従来は，「代表性」を有する組合が1つでも署名すれば，当該協約は発効することとされていたため，組織的あるいは支持率という点でも脆弱な組合（例えばCFTC）のみが協約に署名し，他のすべての組合が反対していたとしても，当該協約は発効することとなっていた。しかし，2008年法による改革の結果として，労働協約は，適用範囲における労働者の支持率（の合計）が30％以上となる1または複数の組合による署名がなされ，かつ労働者の支持率（の合計）が50％以上となる1または複数の組合が反対していないこと，という2つの条件が満たされない限り，効力を有しないとされた。この結果，職場選挙の得票率は，団体交渉に参加し，協約を締結する資格としての「代表性」の獲得という意義に加え，実際に協約の締結に至るための組織的基盤としても重要な意義を有することとなっている。

Ⅲ　フィヨン法および2008年法の影響

以上のようなフィヨン法および2008年法改正については，フランスの労働協約システムにおける大原則であった「有利原則」を大幅に修正するものとの評価が一般的である(16)。それでは，両法による「有利原則」の修正は，フランスの労働協約システムにいかなる影響を与えたのであろうか。

1　フィヨン法および2008年法の法的な意義

前述のとおり，フランスにおいては，古くから有利原則が労働協約システムにおける基本原則として定着してきたが，憲法適合性判断を担う憲法院は，これを「労働法の基本原則」であって，「共和国の諸法律によって承認された基本原則」ではない，すなわち「有利原則」は絶対的公序ではないとした。このことは，立法によって有利原則の射程を狭める自由を有することを意味し，

---

(15) 2013年にヒアリング調査を行ったある保険会社では，選挙の結果，FOが代表性を喪失し，組合支部が撤退したとのことであった。

(16) Jean Pélissier, Gilles Auzero et Emmanuel Dockès, op. cit., p.1267.

フィヨン法による「有利原則」の修正に大きな根拠をもたらすこととなったとされている。

　すなわち，2004年5月4日のフィヨン法は，法律および労働協約との間の関係において，有利原則の適用範囲を狭め，企業レベルで適用除外協定を締結する手続を容易にし，一般的に企業別協定がより高い交渉レベルの協定を適用除外する権限を認めたのである。この適用除外制度は，労働条件決定の「柔軟化」を目的とするものであり，具体的には，産業部門あるいは企業の実態に応じた労働法の適用の多様化，および企業の競争力の確保の目的で導入されたと説明されており，当初は労働時間の調整および不安定雇用（いわゆる非典型雇用）の利用に関して導入され，さらに2013年法においては，経済的理由による解雇の手続について，協約・協定による適用除外が実施されている。

　この適用除外制度の導入については，当初は適用除外の権限を原則として部門別協定あるいは部門別協約の締結に服する，すなわち，企業別協定による適用除外を認める旨の産業部門別協約あるいは協定の規定がない限り，適用除外は認められないという手法をとるものと考えられていた。特に，労働組合は，産業部門別交渉の方が，交渉力の均衡が，企業レベルの交渉に比べてよりよく保障されると考えられることから，適用除外に関する産業部門別協約の留保を維持するように主張してきた。これに対し，使用者団体であるMedefは，法律および産業・職業別の規律からできる限り解放された「企業レベルの集団的契約」の促進を主張していたが，フィヨン法および2008年法は，それまでは部門別協定に留保されていた適用除外の権限を，企業別協定に一般的に開放する手法を選択したのである。

　このフィヨン法および2008年法による改正は，有利原則に抵触するものとして憲法院に提訴されたが，憲法院は有利原則を「共和国の諸法律によって承認された基本原則とみなされるものではなく……その代わりに，憲法の条文の意味で労働法の基本原則を構成し，その内容および射程を決定することは立法者の役目である」と評価した。最も有利な規範を労働者に適用するという原則は単に立法的な価値を有するにすぎず，憲法的な価値を有するわけではないので，したがって，「立法者が，その規則によって明確な方法でこの適用除外の対象および条件を定義している限りにおいて」という留保の下で，適用除外協定を有効なものと認めたのである。

第5章　集団的労働関係法の可能性を探求して

以上のように，フィヨン法および2008年法による改革は，フランスにおける集団的労働条件決定規範の古くからの原則であった「有利原則」を覆すものである一方，憲法院によれば，それすらもフランスにおける法律によって設定される「絶対的公序」をも覆すものではないと評価されたといえよう。

2　2004年以降の部門別交渉・協約の概況

では，このような集団的労働条件決定規範にかかる法制度の変革が，フランスにおける集団的労働条件決定の仕組みにどのような影響をもたらしたのか，フィヨン法以降における産業別協約交渉の実態を通じて観察することとする。

まず，産業別協約交渉の全体像を見ると，フィヨン法の制定により交渉が停滞するどころか，むしろ2004年以降，部門別協約交渉はより活発になっている。

図表1が示すとおり，2004年以来，毎年，1,000を超える協定・付加文書が締結されている。特に，2008年以降は，部門別協定の数は更に増加しており，2011年においてもこの傾向が継続している。すなわち，1,195の協定および付加文書が暫定値の段階で既に署名されている[17]。

なお，これらの協定・付加文書のうち，約2/3が全国レベルのものであり，この10年間，この割合はおおよそ64%～75%の間で推移している。その一方で，約3割の協定・付加文書は，州・県・地方別のものである（**図表2**）。州・県・地方別協定の多くは，金属産業，建設業，および公土木工事であり，これらの産業部門については，（当該産業における全国レベルでの交渉・協約の影響力を強く受けつつも）なお州・県・地方単位での交渉・協約を通じた労働条件・雇用条件規制が残されているようである。

州・県・地方別の付加文書の多くは賃金に関わるものであり，全国レベルでは締結された付加文書に占める賃金付加文書は1/4強であるのに対し，州・県・地方レベルの付加文書については，賃金に関するものが2/3近くを占めている（**図表3**）。このように，部門別交渉については，全体としての労働・雇用条件を全国レベルで統一的に定めつつ，賃金については地域の実情を考慮して決定するという傾向が進んでいるようである。

---

(17)　年末に署名され，2012年第一四半期に行政に届けられた未集計の文書を考慮すると2011年全体の部門別協定および付加文書の署名件数は約1,250に達する見込みである。

図表1　年次別部門別協定署名件数（2000年〜2011年）

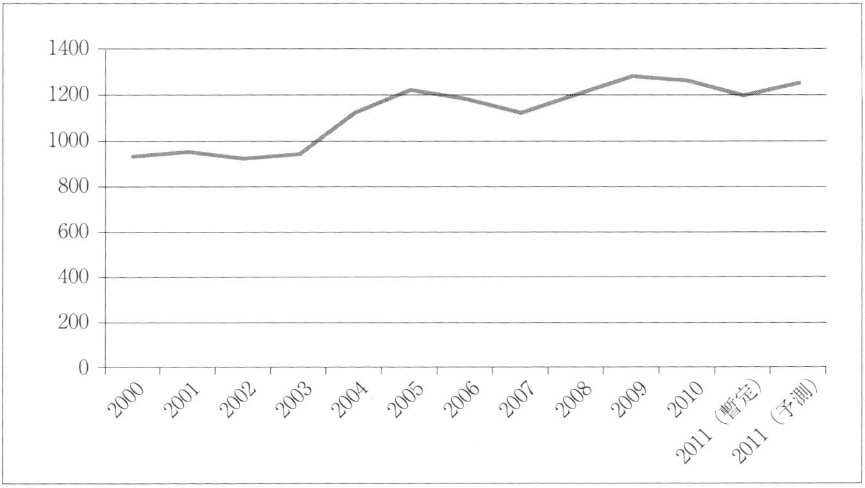

出典：Ministere du travail, La negociation collective en 2011, 2012

図表2　年度別新規署名部門別協定・付加文書の地理的レベル別分布（単位は％）

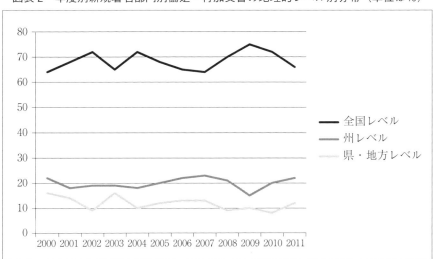

出典：Ministere du travail, La negociation collective en 2011, 2012

第5章　集団的労働関係法の可能性を探求して

図表3　付加文書に占める賃金付加文書の占める割合の推移
（全国レベル・地方レベル）

年	全国レベルの賃金付加文書の数	全国レベルの付加文書全体に占める割合（％）	州・県・地方レベルの賃金付加文書の数	州・県・地方レベルの付加文書全体に占める割（％）	賃金付加文書の総数	付加文書全体に占める割合（％）
2000	191	35.3	192	60.4	383	44.6
2001	235	37.6	200	67.1	435	47.1
2002	224	36.1	164	65.9	388	44.6
2003	214	36.5	205	66.6	419	46.8
2004	230	29.8	203	67.9	433	40.5
2005	278	37.5	270	71.6	548	49.0
2006	286	37.6	270	64.1	556	47.1
2007	267	40.3	259	67.4	526	50.3
2008	317	38.7	246	67.2	563	47.5
2009	235	24.9	204	65.0	439	34.9
2010	226	25.6	230	61.8	456	36.3
2011	233	29.0	255	63.8	489	40.6

出典：Ministere du travail, La negociation collective en 2011, 2012

3　フィヨン法以降の産業部門別協約に対する適用除外制度の利用実態

次に，フィヨン法によって導入された，産業部門別協約に対する企業別協定による適用除外制度の利用実態はどのようなものであろうか[18]。

すなわち，使用者団体においてはフィヨン法による改革を主導したMedefにおける調査によれば「フィヨン法によっては，実際の変化はほとんど生じなかった」，ということであるし，フランスにおける主要産業である金属産業や銀行業においても「現在のところ適用除外を採用していない[19]」「フィヨン法

---

(18) 以下の企業別協定による適用除外の実態については，労働政策研究・研修機構編『現代先進諸国の労働協約システム──ドイツ・フランスの産業別労働協約──（第2巻フランス編）』（2013年）（細川執筆担当）の記述および同機構のプロジェクト研究に基づいて実施した2013年度におけるヒアリング調査の内容にもとづく。
(19) なお，あわせて「労働時間については企業レベルで決めるようになってきている」との回答が得られたが，これは法律によって（産別協約を通り越して）企業協定で法律の適用除外を定めることになったためであり，「産別協約の適用除外」とは異なるという解釈も可能である。

および2008年法改革の影響はほとんど存在しない」という見解であった。また，企業レベルにおいても「適用除外が使われた例は存在しない」という回答が一般的である[20]。

これに対し，労働組合におけるヒアリングにおいても，「産業部門レベルの協約に対する適用除外は，製造業における大規模産業で一部みられる程度で，実際にはほとんど普及していないのではないか」，「実際には適用除外が用いられるケースはほとんどなかったようである」，「一般的には適用除外は少ないといわれているが，断言することはできない。企業別協定の実態はほとんど把握されていないため，実際のところはわからない」というものであり，結論を一応留保するものもあるが，労使双方ともにフィヨン法および2008年法によって適用除外が著しく進んだとの認識は持ち合わせていないようである。

また，識者に対するヒアリング調査においても，「（フィヨン法および2008年法は）理論的には産別協約によって守られている小企業において問題を引き起こす懸念を有するものであったが，実際には適用除外はほとんど用いられていない。」，「フィヨン法，2008年のいずれにおいても影響はほとんどない」という見解が一般的であり，やはり，2008年法による労働時間規制にかかる改正の影響は見られるものの，企業別協定による産業別協約の適用除外という観点からは，フィヨン法および2008年法による直接の影響は少ないという認識のようである[21]。

それでは，なぜフィヨン法および2008年法にもとづいた適用除外を通した分権化が進んでいないのか。その原因としては，いくつかが指摘されている。

その第一は，適用除外協定の締結に労働組合の合意が得られないというものである。実際，前述のとおり，フィヨン法のもととなった2001年の全国職際協定については，いわゆる五大労組のうちCGTを除く4つの代表的労働組合がこれに署名しているが，これは適用除外制度が導入されたとしても，その実際の締結は産業別組合（あるいは総連合体）によって歯止めをかけることを念頭に置いたものであるとの指摘がある。最も多く用いられているのは，適用除外協定を禁止する，いわゆる「閉鎖条項（clause de fermeture）」を設定すると

---

(20) 前掲・労働政策研究・研修機構編69頁。
(21) 前掲・労働政策研究・研修機構編69頁。

第5章　集団的労働関係法の可能性を探求して

いう方法である。こうした方法は実際に非常に多くの産業において採用されているようであり，もっとも一般的な適用除外に対する対抗手段のようである。また，適用除外協定を一律に禁止することはせずに，その締結の条件を設定するケースもある。CFDTは，適用除外協定の締結について「労働者の50％以上が賛成していること」等を条件に設定し，傘下の組合に通達している。このほか，法律により公序に属する事項（①産業別最低賃金，②労働時間の上限，③安全衛生に関する事項，④休日規制）についてはそもそも法律上適用除外が禁止されていることについても留意する必要があろう。

　第二の理由として，使用者団体においても必ずしも企業別協定による産業別労働協約の適用除外に賛成しているとは限らないという点があげられる。実際，金属産業の使用者団体であるUIMMは，適用除外制度を採用しない方針を採用している。これは，とりわけ大産業においては，当該産業における労働条件の最低基準を産業別協約によってコントロールしたいという考え方が根強く存在することによると指摘されている。すなわち，産業別労働協約の伝統的な機能である，社会的競争（労働条件の引き下げ競争）を通じた過剰な企業間競争をコントロールすることが，使用者にとってもむしろ有益であるとの考え方がなお根強く存在するということである。

　第三の理由として，そもそも適用除外協定の締結の基礎となる，企業レベルでの労使関係が十分に成熟していない点があげられる。すなわち，適用除外協定を締結するためには，その前提として企業内での労使交渉を行う必要があるが，この企業内労使交渉を行うことを個別の使用者が嫌っているというものである。このことは，とりわけ企業内労使関係が脆弱な小企業において顕著であり，小企業の使用者は，適用除外についての交渉を企業単位で実施することによって逆にさまざまな問題が噴出することを恐れ，結局，産業部門レベルの交渉および協約による労働条件設定を継続することを選択したというものである。したがって，今後についても，企業別協定による産業別労働協約の適用除外の利用が進むとすれば，それは企業レベルの労使関係が十分に成熟している大企業に限られ，(中)小規模の企業においては，今後も産業別労働協約による集団的な規範設定（労働条件決定）が継続していくことが見込まれている。

　第四の理由としては，そもそもフィヨン法の制定以前から，実際には産業別労働協約と企業別協定との役割分担が進んでおり，適用除外協定によって企業

の実態にそぐわない規範を修正する必要性が必ずしも高くなかったということがあげられる。このことと関連し，賃金とともに企業の実情に応じて決定される要請が高いものと考えられる労働時間について，2008年法により労働時間規制の適用除外がそもそも産業部門レベルではなく，企業レベルでの協定によることを原則としたことにより，産業部門レベルの協約を適用除外する必要性は一層低下したといえる[22]。

最後に，この適用除外協定が普及しない理由として，法律理論上の問題が指摘されている。それは，労働協約によって労働条件を不利益に変更する場合，これは個別の労働契約を拘束するのかという問題である。すなわち，フランスにおいては，伝統的な契約理論が重視されてきた結果，労働協約はあくまでも法規範として労働契約を規律するものであって，その内容が労働契約になるという理論を採用していない。この結果，仮に労働協約を労働者に不利益な内容に変更したとしても，これによって直ちに労働契約の内容を修正することはできないとされているのである。この点については，判例の立場は必ずしも明確ではなく，この点の不透明さも，使用者が適用除外協定を用いることを躊躇する要因の1つであるとの指摘がなされている。

IV おわりに――フランスにおける「分権化」の意義

ここまで述べてきたように，フランスにおけるフィヨン法および2008年法を通じた，産業別労働協約から企業別協定への「分権化」という立法政策は，フランスにおける集団的労働条件決定規範にかかる伝統的な階層性を突き崩したという点において，大きな意味を有するものである一方，その実際的な機能に着目した場合，その後の団体交渉・労働協約の動向を見るに，産業別交渉・協約システムを大きく揺るがすものではなかったことがうかがえる。

その要因として，二元的労使関係システムのもとで，協約自治の伝統のもとに集団的労働条件決定規範が確立している中において，産業レベルから事業所

---

[22] ただし，このことは産業部門レベルの交渉および協約のプレゼンスを低下させる効果を有するものであることには留意する必要がある。もっとも企業別協定による労働時間規制の適用除外も，中小規模な企業においてはほとんど採用されていないようであり，その要因はやはり企業別協定の締結のために企業内労使交渉を行うことが，中小規模企業の使用者に忌避されていることとされる。

第5章　集団的労働関係法の可能性を探求して

レベルへと規範設定の重心をシフトする動きが生じているドイツのケースとは異なり，フランスの場合にあっては，オルー法以降の企業レベルでの団体交渉および企業別協定締結の促進という政策の流れの中で，産業別労働協約の適用除外制度が導入されており，企業別交渉・企業別協定の締結を担うことができる主体が，こうした交渉の基盤を形成することが可能な企業（主に大企業）に限られている点，また上記の経緯もあり，分権化の動きが国家（および労使）のコントロールのもとで進められてきたという点が大きいといえよう。また，フランスにおいては，代表性を有する労使の代表のみに労働協約の締結主体が限定されているという点も，企業レベルでの労使交渉の基盤が熟した企業に企業別協定による集団的労働条件決定を限定する効果を有し，結果として分権化の動きを抑制的なものにしている要因と評価できる。その意味で，「分権化」の動きと平行して生じた，労働組合の代表性に関する一連の改革は，企業レベルでの団体交渉・企業別協定の締結の基盤を形成し，これに正当性を付与する基礎を提供するという意味で，ひいては「分権化」を促す意義を有する改革と評価することも可能のように思われる。このことは，「分権化」の推進には，それを担う労使交渉の基盤を形成し，その交渉および協約の締結主体に，いかにして正当性を付与するのかという議論が不可欠であることを示しているといえよう。

【参考文献】

　　文中に引用したもののほか，以下の文献を参考にした

　　奥田香子「団体交渉・労働協約法制の改革——2004年5月4日法の意義」労働法律旬報1594号24頁

　　桑村裕美子「労働者保護法の現代的展開——労使合意に基づく法規制柔軟化をめぐる比較法的考察」日本労働法学会誌114号95頁

　　桑村裕美子「フランス労働法における規制手法の新展開——労働者保護規制の柔軟化と労働協約および個別労働契約の役割」法学73巻5号1頁

　　野田進「フランスにおける団体交渉制度の改革——2004年フィヨン法の紹介と検討」法政研究71巻3号692頁

　　水町勇一郎「『労働契約』か『社会関係』か？——団体交渉の基盤と射程に関する比較法的考察」菅野和夫先生古稀記念論集『労働法学の展望』（有斐閣，2013年）525頁

◆ 第6章 ◆

労働紛争解決システムの課題を深化させる

30 アメリカの雇用仲裁とその機能についての覚書

荒 木 尚 志

I　はじめに
II　アメリカの労働仲裁・雇用仲裁
III　裁判所による仲裁裁定の司法審査
IV　雇用仲裁の仲裁付託強制
V　制定法上の権利と仲裁
VI　個別の仲裁合意と集団訴訟・集団的労働関係法の交錯
VII　雇用仲裁の実態について
VIII　若干の考察

I　はじめに

　アメリカは，伝統的に契約自由を尊重し，契約自治に介入する法規制には謙抑的態度を維持してきた。個別労働者と使用者の交渉力格差故に是正すべき事態が生じているとしても，その事態を直接的な法規制によって是正することは最小限に留め，むしろ当事者間の交渉力格差を対等化すべく，労働組合を法認・助成し，団体交渉という対等な交渉による合意を通じた労働法システムを志向してきた[1]。

　しかし，1960年代から公民権法第7編をはじめとする差別禁止立法のめざましい進展があり，さらに，家族・医療休暇法等の個別労働者に権利を付与する法規制，そしてコモンロー上の不法行為責任追及を通じた保護等が発展する。労働組合組織率の低下と集団法の機能縮小に代わって，個別法領域における法規制・保護システムが労働者保護の主役となってきている[2]。

---

(1) 中窪裕也『アメリカ労働法〔第2版〕』（弘文堂，2010年）193頁参照。
(2) Clyde Summers, *Labor Law as the Century Turns: A Changing of the Guard*, 67 Neb. L. Rev. 7 (1988); Piore & Safford, *Changing Regimes of Workplace Governance, Shifting Axes of Social Mobilization, and the Challenge to Industrial Relations Theory*, 45 Industrial Relations 299 (2006); Alexander Colvin, *American Workplace Dispute*

第6章　労働紛争解決システムの課題を深化させる

　個々の労働者に権利が付与されるようになると，その履行確保を求めて，「パンドラの箱が開かれたように訴訟が噴出し，これに対処するために ADR が脚光を浴び[3]」るようになってきた。この ADR の代表格が雇用仲裁（employment arbitration）である[4]。

　仲裁とは，契約当事者が当該契約に関する紛争解決を第三者（仲裁人）に委ね，その仲裁裁定に服することを合意して進められる手続きで，その判断は原則として終局的かつ拘束的なものとなる。日本の仲裁法（平成16年3月1日施行）でも仲裁判断は確定判決と同一の効力を有すると定められている（仲裁法45条1項）。仲裁合意があるにも関わらず，一方当事者が訴訟に訴えた場合，他方当事者が仲裁合意の存在を主張すれば，裁判所は訴えを却下する。仲裁は，仲裁人の中立性・専門性，その手続の柔軟性，非公開性，迅速性等から，商事紛争等では活用が期待されている。

　しかし個別的労働関係紛争についての仲裁の活用については，慎重な態度を取っている国が少なくない[5]。これは，使用者と労働者間に交渉力格差があることを前提に，個別労働紛争を裁判所における公的判定によらずに個別仲裁合意によって処理することの問題点を念頭に置いたものと解される。そして日本の仲裁法も，附則4条で当分の間，同法施行後に成立した仲裁合意であって，将来において生ずる個別労働関係紛争を対象とするものは無効とすると規定している。その結果，個別労働紛争を仲裁によって解決することはできない。

Resolution in the Individual Rights Era, 23 Int' l. J. Human Res. Mgmt. 459（2012）. Estlund は，「労働法（labor law［＝集団的労働関係法を指す］）から雇用法（employment law）へ」という項で，雇用立法の展開により，かつてはニューディールの労働法と団体交渉によって規律された職場の法が，いまや政府機関によって施行される規制立法と訴訟を通じた個人の権利の履行確保によって規律されるに至っているとする。See Cynthia Estlund, Regoverning the Workplace, 10-11（Yale University Press, 2010）.

（3）　中窪・前掲注（1）323頁。

（4）　David Lewin, Employee Voice and Mutual Gains, Labor and Employment Relations Association（LERA）60th Annual Proceedings, 63（2008）.

（5）　例えば，EU 加盟国ではイタリア，フランス，ドイツ，ハンガリー，スペイン，イングランド，ベルギーが雇用契約における仲裁合意の履行強制を否定している。See Thomas J. Stipanowich, *The Third Arbitration Trilogy: Stolt-Nielsen, Rent-a-Center, Concepcion and the Future of American Arbitration*, 22 Am. Rev. Intl. Arb. 323, 418（2011）.

この個別労働紛争に関する仲裁合意を無効とする現行制度について，近時，産業競争力会議において外資系企業進出の障害となっているとの批判があり，法改正によって解禁すべきかが議論されている[6]。解禁論が念頭に置いているのは，諸外国，主にアメリカで仲裁が活用されているという状況のようである。確かにアメリカでは，集団的労働紛争および個別的労働紛争双方で仲裁が多用されている[7]。ただ，集団的労働紛争に関する仲裁（労働仲裁）は，高く評価され定着しているのに対して，個別的労働紛争に関する仲裁（雇用仲裁）活用の当否については，種々議論があり，現在，判例でも大きな争点となっているところである。

本稿では，アメリカにおける雇用仲裁をめぐる理論状況を概観し，雇用仲裁が多用されている背景事情や課題等を明らかにすると共に，ADRとしての雇用仲裁の活用に比較法的視点から若干の検討を加えてみたい。

II　アメリカの労働仲裁・雇用仲裁

まず，集団的労働関係における労働仲裁（labor arbitration）と，個別的労働関係における雇用仲裁（employment arbitration）の相違について触れておく必要がある。アメリカでは労働仲裁については長い歴史があり，その法的根拠は連邦仲裁法ではなく，連邦労働政策を反映したタフト・ハートレー法（Taft-Hartley Act，労使関係法 Labor Management Relations Act の通称）301条と判例法理である。これに対して，雇用仲裁が関心を集めるようになったのは1990年代以降，特に広く普及するようになったのは2000年代になってからのことである。そして，雇用仲裁は1925年の連邦仲裁法（Federal Arbitration Act）およびこの連邦法の精神に反しない限りでの州法による規制に服し，仲裁付託強制もこれらの法規制に根拠を持つ。

---

(6)　2013年12月26日産業競争力会議・雇用・人材分科会「中間整理～「世界でトップレベルの雇用環境・働き方」の実現を目指して～」参照。

(7)　アメリカにおける労働紛争処理システムの全体像については山川隆一「アメリカ合衆国における個別労働紛争処理システム――強力な司法制度とADRの発展――」毛塚勝利編『個別労働紛争処理システムの国際比較』59頁（日本労働研究機構，2002年），中窪裕也「アメリカにおける集団的労働紛争の解決システム」季労236号10頁（2012年）等参照。

第6章　労働紛争解決システムの課題を深化させる

1　労 働 仲 裁

労働仲裁とは，使用者と労働組合の間で締結された労働協約に基づく，集団的労働紛争（狭義には協約の解釈適用を巡る紛争）に関する仲裁である。アメリカでは使用者と労働組合は，労働協約締結に当たって，協約の解釈適用に関する紛争については仲裁に付託し解決することを協約上規定し，協約存続中はストライキやロックアウトを行わないことを約するのが通例である。

裁判所と労働仲裁との関係については以下のような展開があった[8]。協約違反に対しては，タフト・ハートレー法301条に基づき，連邦裁判所（または州裁判所）に協約違反の訴えを提起できる。しかし，協約の仲裁付託条項違反に対して，損害賠償ではなく仲裁付託という特定履行を強制可能か等が問題となった。この点についてのリーディングケースである Lincoln Mills 事件[9] では，協約にノー・ストライキ条項とともに苦情・仲裁条項が設けられていたが，会社が作業量の割り当てに関する苦情の仲裁付託を拒否したため，組合が仲裁付託の履行強制を求めて出訴した。連邦最高裁は，苦情に関する紛争を仲裁に付するという合意は，ストライキを行わないという合意の代償物（*quid pro quo*）であるとし，タフト・ハートレー法301条は，仲裁条項の履行強制によって産業平和が最もよく達成されるという連邦の労働政策理念を示したものである旨を判示し，仲裁付託強制を認めた。

その後，連邦裁判所は裁判所との仲裁の関係について，以下のような（労働）仲裁尊重（deference to arbitration）の法理を確立する。

(1)　(労働) **仲裁尊重法理の確立**

連邦最高裁は1960年に「スティール・ワーカーズ3部作（Steelworkers Trilogy）」とよばれる3判決[10]で，集団的労働紛争はできるだけ仲裁によって

---

(8)　以下については中窪・前掲注(1)135頁以下，藤原敦美「アメリカ労働法における制定法上の権利の仲裁付託可能性」日本労働研究雑誌464号132頁（1999年），荒木尚志『雇用システムと労働条件変更法理』（有斐閣，2001年）58頁以下およびそこに掲記の文献参照。

(9)　Textile Workers Union v. Lincoln Mills, 353 U.S. 448 (1957).

(10)　United Steelworkers v. American Mfg. Co., 363 U.S. 564 (1960); United Steelworkers v. Worrior & Gulf Navigation Co., 363 U.S. 574 (1960); United Steelworkers v. Enterprise Wheel & Car Corp., 363 U.S. 593 (1960). これらの事件の詳細については，中窪裕也「アメリカ団体交渉法の構造(3)」法学協会雑誌100巻11号2066頁（1984年），荒木・前掲

760

解決を図るべきで、苦情内容の実体判断は裁判所が行うべきではなく、仲裁に付託し仲裁人に委ねるべきである。仲裁に服する事項かどうかの判断に関して、疑わしきは仲裁可能とする。仲裁に付託されて仲裁人が裁定を下した場合、当該裁定が協約からその本質を引き出している限り、これを尊重し、裁判所は介入しない（裁判所は自らの解釈と異なるからといって仲裁人の裁定を覆すべきではない）、という判断を示した。また、1962年の Drake Bakeries 事件では、ノー・ストライキ条項違反のストライキを行った組合に対して、使用者が損害賠償を求めて301条の訴訟を提起したが、連邦最高裁は、ノー・ストライキ条項違反が仲裁の対象となる事項であるとして、仲裁が出されるまで手続きを停止する旨を判示した[11]。

以上の連邦最高裁の判例により、①協約に仲裁条項がある場合（ほとんどの協約がそうである）、協約当事者（労働組合・使用者）が仲裁を経ずに協約違反の訴えを提起しても、仲裁裁定が下されるまで訴訟手続は停止される、②当事者の一方が仲裁付託を拒んでいる場合、裁判所は仲裁付託可能性を判断するに際して、疑わしきは仲裁可能という立場から当該仲裁条項を解釈する（その結果、仲裁付託が広く命じられることになる）、③一旦、仲裁裁定が下されると、当該裁定が協約の解釈の範囲内である限り（協約の本質から引き出された裁定である限り）、裁判所は実体審査を行わずに仲裁裁定を尊重する、というルールが確立されている。

こうした労働仲裁における仲裁尊重法理には、労働組合の公正代表義務違反の場合[12]や、制定法上の権利に関する場合、公序違反の場合等に一定の例外

注(8)61頁以下等参照。
(11) Drake Bakeries, Inc. V. Local 50, American Bakery & Confectionery Workers, 370 U.S. 254 (1962).
(12) 苦情・仲裁手続は労働組合（と使用者）によって運営されており、すべての苦情について仲裁付託することは時間・費用の点から不可能であるため、労働組合は苦情の選別を行わざるをえない。そこで苦情・仲裁手続に乗せられなかった苦情を持つ労働者個人が、協約違反を理由として直接裁判所に提訴できるか否かも問題となる。この点については、Vaca v. Sipes, 386 U.S. 171 (1967) により、組合が「公正代表義務 (duty of fair representation)」を果たさず、恣意的・差別的・不誠実に仲裁付託を行わなかったという例外的場合でない限り、やはり個人による協約違反訴訟は認められないとの立場が確立されている。中窪・前掲注(10)2109頁以下、中窪・前掲注(1)144頁以下参照。

が認められている(13)。本稿では，労働仲裁と雇用仲裁の双方に関係する点について，後にまとめて検討する（ⅢおよびⅤ，Ⅵ）。

(2) 労働仲裁における仲裁尊重法理の背景

労働仲裁尊重の背景としては，いくつかの要素を指摘できよう。第一に，上述したように，労働仲裁は協約存続中に協約解釈をめぐる紛争について，労使が争議行為（ストライキ・ロックアウト）に訴えることなく解決するために採用した争議行為の代替物と捉えられており，産業平和のために仲裁付託によって解決することが国家的見地からも妥当と解されたことが挙げられる。

第二に，労働協約紛争については，当該産業に通じた専門家による判断が，こと紛争が当該協約の解釈に関するもの(14)であれば，職業裁判官による判断よりも妥当と解されたことも指摘できよう。労働協約は，団体交渉を経て様々な妥協の末に妥結した文書であるが，交渉ごとである以上，協約の文言によってはその内容が明白でない部分や，想定しない事態について当該協約をどう適用すべきかといった問題も生ずる。そこでの協約解釈は，多分に団体交渉の延長線上の作業という色彩を帯びる。そうした作業を当該産業の労使関係に通暁した仲裁人の解釈に委ねることも妥当と解されよう。

第三に，次に検討する雇用仲裁との相違として重要な点であるが，仲裁制度を導入することに合意し，そして，仲裁人を選定する当事者である使用者と労働組合は，交渉力において対等と考えられていることが，仲裁に委ねた処理が妥当と解されている大きな要因である。仲裁人の選任にあたっては，仲裁人候補者名簿のうちから，使用者と組合が不適任とするものを相互に削除していき，最後に残った者が仲裁人となるという手続が取られることが多い。労働仲裁においては，労使共に，協約紛争の度にこの仲裁を利用することから，双方共がrepeat playerであり，いずれかにより有利な判断を下す傾向のある仲裁人かどうかについて双方が対等の立場でチェックできる。

また，労働仲裁における費用負担は一般に労使折半であり，一方のみが費用負担をするものではない。このことも仲裁人の判断の中立性を確保する要因と

---

(13) 詳細については荒木・前掲注(8)64頁以下。
(14) 労働仲裁における仲裁人の任務は，問題となった協約の解釈適用をめぐる紛争を解決することであり，その際には，協約外の規範，特に制定法の適用はその任務とは考えられていない。この点が雇用仲裁との大きな相違である。

して指摘されているところである。

2 雇用仲裁の特色・裁判所との関係

　雇用仲裁は，個別の使用者と個別労働者の間で取り交わされる仲裁合意に基づく雇用契約に起因する紛争に関する仲裁である。使用者と労働組合という対等な当事者によって設定された労働仲裁とは異なり，雇用仲裁の場合は，交渉力に大きな格差がある使用者と個別労働者の合意に基づくものである。

　雇用仲裁については，一方で，一般労働者に対して，コストがかかって利用困難な裁判とは別に，利用可能な正義実現のルートを提供する望ましい制度という評価がある。これに対して，仲裁付託強制がなされると，制定法によって与えられた権利を裁判所において実現する途が閉ざされてしまい，労働者の権利を縮減する結果となるという批判や，裁判所と比肩すべき公正なフォーラムとされる雇用仲裁の実態も，その費用は一般に使用者負担とされていることから，(労働者が仲裁を利用しやすくする反面) 仲裁人の判断の中立性にも影響する，仲裁人の選任にあたっても，使用者は repeat player であるが，個別労働者は，そうではなく，使用者寄りの仲裁人が選任されがちとなるといった批判もある。

　雇用仲裁については，裁判所との関係で3つの点が問題となる。第1に，交渉力に格差のある使用者と労働者間の合意を根拠に仲裁付託が強制され，その結果，労働者が，裁判所に対して訴訟を提起することができなくなってよいのか。第2に，単なる契約紛争ではなく，制定法が労働者個人に一定の権利を付与している場合，そのような権利を巡る紛争についても，仲裁合意があれば，裁判所に提訴をなしえなくなるのか。最近は，個別法によって保障された権利のみではなく，クラスアクションや集団訴訟を提起するという手続法上の権利と仲裁の関係も訴訟において争われており，さらに，そうした集団訴訟の提起は，全国労働関係法によって保障された団体行動権の行使として保護されるべきものではないのかという集団法上の論点も加わり，議論状況は極めて複雑化してきている。第3に，仲裁裁定が下された場合，その効力を裁判所で争うこと，すなわち，仲裁裁定の司法審査の可否・程度も問題となる。

　仲裁裁定が，事後的にどの程度司法審査に服するのかによって，仲裁付託強制（裁判所への提訴制約）の意味も違ってくるので，以下では，まず，第3の

問題を検討し，ついで，第1，第2の問題を検討する。

III　裁判所による仲裁裁定の司法審査

　雇用仲裁に限らず，仲裁合意においては，仲裁裁定は終局的・拘束的なものとされている。この紛争解決の終局性が仲裁の大きなメリットでもある。したがって，仲裁裁定が裁判所の司法審査によって破棄される場合は極めて限られている。連邦仲裁法10条が挙げる仲裁裁定の破棄事由としては，(1)仲裁裁定が汚職，詐欺，または不正な手段により獲得された場合，(2)仲裁人の明白な非中立性，汚職があった場合，(3)仲裁人が審問期日を正当な理由があるにも関わらず延期せず，争点に関する適切な証拠を採用せず，その他，当事者の権利を侵害する不正行為があった場合，(4)仲裁人がその権限を踰越し，または不十分にしか行使しなかった場合等が挙げられている。

　このほかにも，公序違反を理由として仲裁裁定が覆される余地があることは判例上も認められている[15]。しかし，仲裁裁定を覆すには，観念的な公共利益の一般的考慮によってではなく，法律や判例に照らして明確に確認できる明白な公序違反でなければならないとされ[16]，仲裁裁定についての司法審査は極めて限定されている。その結果，仲裁付託強制を認めることは，当該紛争解決にあたって裁判所という救済ルートを事実上，閉ざすことになりかねない。これは，制定法上の権利の侵害が問題となっている場合には，より深刻な事態となる。

IV　雇用仲裁の仲裁付託強制

(1)　1925年連邦仲裁法

　雇用仲裁は，個別の仲裁合意に基づくものである。その効力を規律しているのが1925年の連邦仲裁法で，仲裁付託強制の根拠も同法にある。裁判所は，

---

(15)　Willborn et al, Employment Law: Cases and Materials (5th ed.), 1175 (LexisNexis, 2012); Edward Brunet et al., Alternative Dispute Resolution: The Advocate's Perspective Cases and Materials (4th ed.), 546 (LexisNexis, 2011).

(16)　例えば，W. R. Grace & Co. v. Local Union 759, 461 U.S. 757（1983）; United Paperworkers v. Misco, Inc., 484 U.S. 29（1987）; Eastern Association Coal Corp. v. UMW District 17, 531 U.S. 57（2000）.中窪・前掲注(1)140頁以下，荒木・前掲注(8)70頁等参照。

かつて自らの管轄権限の縮小をもたらす仲裁制度について消極的な態度をとっていたため、議会がかかる裁判所の態度を改めさせるために制定したのが同法である。連邦仲裁法2条は、契約等から生ずる紛争を仲裁に付するという書面による合意は、当該契約が法律上もしくはエクイティ上の事由により覆されない限り、有効で、撤回し得ず、履行強制が可能であると規定している。

1925年の連邦仲裁法は当初、対等な商人間の紛争についての仲裁を想定しており、雇用関係や交渉力に格差のある当事者間の紛争をも対象とするとは考えられていなかったことは多くの論者が指摘している[17]。実際、個別的労働紛争に関する雇用仲裁は決して以前から活用されてきたわけではない。ましてや制定法によって定められてきた個別労働者の権利にかかわる紛争について、仲裁合意によって裁判所ではなく仲裁によって終局的紛争解決を図ることが可能とも解されてはいなかった。

(2) Gilmer事件

こうした状況に転機をもたらしたのが1991年の連邦最高裁Gilmer事件判決[18]である。Gilmer事件では、証券トレーダーが、証券取引所への登録申込書の中で、あらゆる雇用上の紛争を仲裁により解決する旨合意していたところ、6年勤務した後の62歳の時に解雇されたため、年齢差別禁止法（Age Discrimination in Employment Act）違反を主張して裁判所に提訴した。これに対して、使用者は登録申込書の仲裁合意にしたがって仲裁に付託されるべきであると主張したところ、連邦最高裁は、連邦仲裁法に基づいて仲裁条項の拘束力を認め、当該訴えを退けた。

(3) Circuit City事件

Gilmer事件の仲裁合意は雇用契約とは別の証券取引所への登録申請におけ

---

(17) たとえば、Mathew Finkin, *Workers Contracts" under the United States Arbitration Act: An Essay in Historical Clarification*, 17 Berkeley J. Empl. & Lab. L. 282 (1996); JEFFREY HIRSCH, PAUL SECUNDA & RICHARD BALES, UNDERSTANDING EMPLOYMENT LAW (2nd Ed.), 259 (LexisNexis, 2013); Amre Szalai, *More Than Class Action Killers: The Impact of Concecion and American Express on Employment Arbitration* 35 Berkley J. Empl. & Lab. L. 31, 56 (2014).

(18) Gilmer v. Interstate/Johnson Lane Corp. 500 U.S. at 27-32. 同事件については、藤原・前掲注(8)、荒木・前掲注(8)66頁、中窪・前掲注(1)320頁等参照。

る合意であった。そして、連邦仲裁法には雇用契約を適用除外とする規定があるところ、Gilmer 事件判決は同判示が雇用契約一般に妥当するかどうかについては判断を回避していた[19]。

この点について、明確かつ重大な判断を下したのが、連邦最高裁の 2001 年 Circuit City 事件判決[20]である。連邦仲裁法 1 条は「船員、鉄道被用者、および外国または州際通商に従事するその他のいかなる種類の労働者の雇用契約 (contracts of employment) にも適用されない」と定めている。Circuit City 判決は、5 対 4 の僅差による法廷意見において、船員や鉄道労働者が列挙されていることから、これに準ずる者のみが適用除外となる、「従事する (engaged in)」とは、「かかわる (involving)」という文言より限定的で、州際通商そのものを行う事業に限定される、という解釈を採った[21]。

同判決により、連邦仲裁法が適用除外となる雇用契約とは、運送業に限定されることとなり、その反射として、その他の一般の雇用契約に広く連邦仲裁法（そして連邦の仲裁尊重政策）が適用され、仲裁付託強制が認められることとなった。同判決のインパクトは甚大で、実務上、雇用仲裁が広く活用されるようになったのはこの判決以降のことという[22]。

V 制定法上の権利と仲裁

上述したような仲裁尊重ルールの下では、仲裁合意があれば、個別労働者に付与された制定法上の権利についても裁判所に提訴することは許されず、仲裁付託が強制されるのであろうか。仲裁合意が協約による場合と個別契約による場合とで異なるのであろうか。この点については、次のような判例の展開があ

---

(19) Gilmer, 500 U. S., at 25 n. 2.
(20) Circuit City Stores, Inc. v. Adams, 532 U.S. 105 (2001). 同事件については、山川隆一「雇用契約条の仲裁合意と連邦仲裁法で履行強制が適用される対象労働者」労働判例 809 号 96 頁（2001 年）、藤原淳美「連邦仲裁法の適用が除外される『雇用契約』は、州際通商において『輸送』に従事する労働者との間の雇用契約に限定されると判断された事例」アメリカ法 2002 巻 1 号 78 頁（2002 年）等参照。
(21) Stevens 判事の反対意見は、労働組合側が、同法の 1 条に労働紛争が適用除外となる文言が挿入されたことと引換えに、同法の立法への反対を撤回したという事実を指摘し、法廷意見の解釈を批判している。
(22) Paul Secunda 教授（Marquette University Law School）に対して筆者が 2014 年 4 月 7 日に行ったインタビューによる。

り、なお、論争の的となっている。

1 Gardner-Denver 事件

まず、仲裁尊重ルールは、協約上の権利については妥当するが、制定法上の権利については仲裁条項に関係なく裁判所に提訴が可能である、という立場が1974年のGardner-Denver事件連邦最高裁判決[23]によって示された。

この事件では、成績不良を理由に解雇された黒人の見習いドリル工が、差別的解雇であるとして苦情・仲裁手続および雇用機会均等委員会（以下「EEOC」）において争ったがいずれにおいても解雇は正当とされた。そこで、公民権法第7編の人種差別であるとして提訴したが、連邦地方裁判所[24]および控訴裁判所[25]は、原告は仲裁裁定に拘束され、公民権法第7編を根拠に提訴することはできないとした。

これに対して、連邦最高裁は、第1に、仲裁人の判断が尊重されるのは仲裁人が労働協約の解釈の専門家であるためで、協約とは独立に労働者個人に与えられた制定法上または憲法上の権利についての裁判所による救済が協約上の仲裁条項によって妨げられることはない、とした[26]。また、第2に、公序違反が争点となっている場合、労働者の主張は裁判所において最初から審査されるべきであり、仲裁裁定はその全体について司法審査の対象となるとした[27]。

第1の、個人に与えられた制定法上の権利主張が協約上の仲裁条項によって妨げられることはないという判示は、その後、公正労働基準法上の権利[28]、

---

(23) Alexander v. Gardner-Denver Co., 415 U.S. 36 (1974). 同判決および関連判例については荒木・前掲注(8)65頁以下。
(24) Alexander v. Gardner-Denver Co., 346 F. Supp. 1012, 1019 (D. Colo. 1971).
(25) Alexander v. Gardner-Denver Co., 466 F. 2d 1209, 1210 (10th Cir. 1972).
(26) Gardner-Denver Co., 415 U.S. at 49-50.
(27) Id. at 59-60.
(28) Barrentine v. Arkansas-Best Freight System, Inc., 450 U.S. 728 (1981). この事件では労働者が車の検査、修理工場への輸送時間についての賃金支払いを求めて苦情処理を申し立てたが認められなかったため、裁判所に対して公正労働基準法に基づく請求を行った。連邦最高裁は公正労働基準法上の権利は団体交渉過程とは独立したもので、組合員にではなく個別の労働者に与えられたものであり、組合がこれを放棄することはできないとした（450 U.S. at 745）。なお、BergerおよびRehnquist裁判官は、人種差別のような事項はさておき、賃金請求などについては、訴訟経済の観点から多数意見は妥

第6章 労働紛争解決システムの課題を深化させる

1871年の公民権法上の権利[29]等について確認されていく。しかし，以下に述べるように，Gilmer事件判決以降，この点について，Gardner-Denver事件判決の立場が，なお維持されているのかについては議論がある。

また，第2の公序違反による仲裁裁定についての司法審査については，Ⅲで触れたようにその後の判例によって司法審査をより制限し，仲裁判断を尊重する傾向が顕著となってきている。

2 Gilmer事件

既述のGilmer事件連邦最高裁判決[30]は，仲裁付託の個別合意があれば，仲裁付託が強制され，制定法上の権利について仲裁手続と別個に裁判所で救済を求めることはできない旨判示した。

Gilmer事件では，証券トレーダーが62歳の時に解雇されたため，年齢差別禁止法違反を主張して裁判所に提訴した。原告トレーダーは，提訴が認められるべき理由として，年齢差別禁止法上の権利保護のフォーラムとして仲裁は不適切である，年齢差別禁止法の立法目的を達成し得ない，仲裁合意は平等な当事者ではない労使間で使用者によって押しつけられたもので履行強制すべきでない，そして雇用契約は連邦仲裁法の適用から除外されると主張した。しかし，連邦最高裁は，年齢差別禁止法の法文も立法過程の議論も明示的に仲裁を排除しておらず，むしろ仲裁を含む柔軟な紛争解決を認めることを示唆している，また，ニューヨーク証券取引所の仲裁手続は，トレーダーの権利を十分保護するに足りるものであり，年齢差別禁止法の目的は裁判所以外の紛争処理手続でも達成される，として原告の主張を退けた[31]。

この判決では，Gardner-Denver事件で言及されていた制定法上の権利実現

当でないとする反対意見を述べている（450 U. S. at 747-49）。
(29) McDonald v. City of West Branch, 466 U. S. 284 (1984). 政治活動を理由に解雇されたとする市の警察官が，仲裁で敗れた後に，憲法によって保障された権利，特権または免責を奪われない権利を規定した1871年の公民権法を根拠に裁判所に提訴した。控訴審は仲裁による処理がなされていることを理由に提訴できないとしたが，連邦最高裁は独立した制定法上の権利に基づく提訴は可能として控訴審を覆した。
(30) 前掲注(18)。以下の検討は荒木・前掲注(8)66頁以下参照。
(31) Gilmer, 500 U. S. at 27-32.

を仲裁手続に委ねることに対する不信[32]は，近時の仲裁に関する諸判決によって既に払拭されており[33]，連邦最高裁は仲裁制度に高い信頼を置くに至っていること，制定法上の権利についての仲裁合意は，当該権利の放棄ではなく，裁判所の法廷における手続の代わりに簡易で非公式で迅速な仲裁を選んだということである[34]と，いわばフォーラムの選択の問題であるとしている点も注目される。

判決自身が指摘するように，Gilmer事件は，Gardner-Denver事件とは次の点で区別される。第1に，仲裁条項が協約によって設定されたものではなく，個別労働者との合意による[35]，第2に，労働組合は交渉単位全体の利益のために個人の主張を犠牲にすることがあり得るが，Gilmer事件ではそのような集団対個人の緊張関係はない[36]，第3に，Gardner-Denver事件は連邦仲裁法に服する個別の仲裁合意の事案ではなかったのに対して，Gilmer事件は仲裁合意を尊重する政策を反映した連邦仲裁法によって判断された[37]，という点である。その結果，特に第1の点を重視すると，仲裁条項が協約によって設定されたもの（労働仲裁）である場合，制定法上の権利について労働者は裁判所に提訴可能となるが，個別合意による仲裁条項の場合には，仲裁付託合意が尊重され，裁判所への提訴はできなくなる。

---

[32] Gardner-Denver判決は，仲裁では，審理記録が不完全で，通常の証拠法則が適用されないこと，民事訴訟において一般的なディスカバリー，強制召喚令状，反対尋問，宣誓に基づく証言などの権利や手続が仲裁においては著しく制限されたり利用し得ないこと等，仲裁手続におけるデュープロセス保障の欠如の問題を指摘していた。Gardner-Denver, 415 U. S. at 57-58.

[33] Gilmer, 500 U. S. at 34 n. 5. 連邦最高裁はMitsubishi三部作とも言われる1980年代後半の三判決（Mitsubishi Motor Corp. v. Soler Chrysler-Plymouth, Inc., 473 U.S. 614 (1895)；Shearson/Am. Express, Inc. v. McMahon. 482 U.S. 220 (1987)；Rodriguez de Quijas v. Shearson/Am. Express, Inc., 490 U.S. 477 (1989)）で，反トラスト法，証券法等における制定法上の権利についての仲裁付託を肯定していた。

[34] Id., at 26は，Mitsubishi Motors Corp. v. Soler Chrysler-Plymouth, Inc. 473 U. S. 614, 628を引用してこのように論じている。

[35] Gilmer, 500 U. S. at 33-35.

[36] Id. at 35.

[37] Id.

第6章 労働紛争解決システムの課題を深化させる

3 Wright 事件

　このように Mitsubishi 三部作そして Gilmer 事件以後，制定法上の権利に関しても仲裁付託合意を尊重する立場が有力になってきたことから，協約による仲裁付託条項によっても裁判所に対する制定法上の権利主張が排除されるのか，それともやはり Gardner-Denver 事件により，裁判所に対する提訴が可能か，連邦控訴裁判所の判断も分かれていた。この点は，連邦最高裁でも 1998 年の Wright v. Universal Maritime Service Corp. 事件[38]で問題となった。

　この事件では，労働者が恒久的に労働能力を失い協約上の資格を有しないとして会社が雇用関係を解消しようとしたため，当該労働者が協約上の苦情処理・仲裁手続を経ずに，障害を持つアメリカ人法（Americans with Disability Act）違反の雇用差別であるとして提訴した。使用者は本件紛争も協約の仲裁条項の対象であり，仲裁付託がなされるべきと主張し，原審はこれを支持した。しかし，連邦最高裁は，本件協約の一般的仲裁付託条項[39]は，協約の適用を受ける労働者が裁判所に対して制定法上の権利を主張することについての「明確で誤解しえない放棄（a clear and unmistakable waiver）」とはいえないとして，原審判断を覆した。

　本判決は，制定法上の権利と仲裁付託合意について Gardner-Denver 事件の系列（裁判所における制定法上の権利主張を協約の仲裁条項によって奪えないとする立場）と，Gilmer 事件の系列（裁判所における制定法上の権利主張を個別契約の仲裁条項によって仲裁付託強制可能とする立場）の2つの流れがあり，「両者の間には明らかに一定の緊張関係がある」としている。しかし，連邦最高裁は，労働組合との交渉によって設けられた放棄条項の有効性の問題を本件で解決する必要はない，なぜなら，本件ではそのような放棄は存しないことが明らかだからであるとして，この問題について明確な判断を行わなかった。

　Gilmer 事件判決以後の裁判例では，個別合意による仲裁付託条項の効力を

---

(38)　Wright v. Universal Maritime Service Corp., 525 U.S. 70 (1998).
(39)　本件協約は 15 条(B)で4段階にわたる苦情処理・仲裁手続を規定し，15 条(F)で，「本協約は，賃金，労働時間その他の雇用条件に関係するすべての事項を包摂する趣旨であること……に組合は同意する。本協約に含まれていない事項は本協約の一部をなすものと解釈されてはならない。（以下略）」と規定していた。

770

そのまま認めるもの⁽⁴⁰⁾がある一方で，そのような個別仲裁合意があっても裁判所における労働保護法上の権利主張，とりわけ差別禁止違反の主張は妨げられないとするものもあり⁽⁴¹⁾，混沌とした状況が続いていた。

4 Pyett事件

制定法上の権利については協約上の仲裁条項があっても，裁判所への提訴権限を認めるGardner-Denver事件の立場を明示的に覆したわけではないが，大きな限定を加えたのが，2009年のPyett事件⁽⁴²⁾である。

同事件では，協約に，人種，信条，年齢，障害，性別等による差別を禁止するとともに，制定法に基づくものを含む一切の雇用差別の主張について，協約上の苦情処理・仲裁が唯一の救済手続とされ，仲裁人が法律に基づいて判断すると定められていた。この事件の原告は，配転が年齢差別であるとの苦情を申し立てたが，組合の判断で仲裁に付託されなかった。そこで原告はGardner-Denver事件判決に依拠して，協約条項によって，制定法上の権利について裁判所に提訴する権利の放棄を強制することはできないとして，年齢差別禁止法に基づく訴訟を裁判所に提起した。

控訴審は，原告の主張を支持したが，連邦最高裁は，Gardner-Denver事件判決は，組合がその組合員のために，年齢差別の主張について仲裁付託の合意をすることを何ら妨げていないとして，控訴審判決を破棄・差戻しとした。

Pyett事件判決は，Gardner-Denver事件を，協約の仲裁条項が制定法上の権利をカバーしていなかった事案に関するものと限定的に位置づけることで区別しており，同判決が明示的に破棄されたわけではない。しかし，より広範な一般論を展開したGardner-Denver事件判決の傍論部分については，明示的に

---

(40) 例えば，Seus v. John Nuveen & Co., 146 F.3d 175 (3rd Cir. 1998)は，雇入れ4ヵ月後に労働者がサインした証券取引所への登録申込書に記載された，使用者と労働者間のすべての紛争を仲裁によって解決する旨の条項の効力をそのまま承認し，年齢差別禁止法と公民権法第7編違反の提訴を不適法とした。

(41) 例えば，Duffield v. Robertson Stephan & Co., 144 F. 3d 1182 (9th Cir. 1998)は，雇入れ時に証券取引所への登録申込書における強制仲裁条項にサインしていたとしても，裁判所に対する公民権法上の権利に基づく提訴については拘束力がないとした。

(42) 14 Penn Plaza LLC v. Pyett, 556 U. S. 247 (2009).同事件については中窪・前掲注(1)147頁参照。

第6章　労働紛争解決システムの課題を深化させる

不適切としている(43)。

このように，Pyett事件判決により，制定法上の権利について，仲裁合意にかかわらず裁判所に提訴する権利を認める立場は，大きく縮減され，仲裁付託強制がより広範に認められるに至っている。

5　制定法上の権利に関する行政機関の権限と仲裁

以上の検討は，あくまで，使用者と労働者ないし労働組合が仲裁合意をしたことにより，労働者の有する制定法上の権利について，労働者の裁判所に提訴する権利が制約されるかどうかと言う問題であった。これに対して，制定法上の権利の履行確保について行政機関が有する権限を，労使の仲裁合意によって奪うことはできない。このことは，Waffle House事件判決(44)で確認されている。同事件では，採用時に制定法上の権利も含めて仲裁対象とする書類にサインをしていた労働者が解雇され，仲裁手続を経ることなく，EEOCに障害差別の申立を行った。EEOCは，この被解雇労働者の主張を認め，同人のために，自ら使用者を相手として民事訴訟を提起した。Waffle House事件判決は，仲裁合意は，EEOCが使用者に対して訴訟を提起する権限を制約するものではないとした。

仲裁合意が，当該合意の当事者ではない行政機関の提訴権限を制約することはあり得ないという考え方に立つもので，この点については，ほぼ異論がない。

VI　個別の仲裁合意と集団訴訟・集団的労働関係法の交錯

近時大いに注目を集めているのが，仲裁合意に集団訴訟の権利放棄を盛り込むことによって，クラスアクションや集団訴訟(45)の途を封ずるような仲裁合

---

(43) なお，協約が組合に組合員の差別主張を封ずるような裁量を与えている場合，当該被用者の制定法上の権利はどうなるのかについて，裁判所は判断を保留した。

(44) EEOC v. Waffle House, 534 U.S. 279 (2002). 同事件については中窪・前掲注(1)322頁参照。

(45) 連邦民事訴訟規則23条の規定するクラスアクションとは別に，例えば公正労働基準法（Fair Labor Standards Act）には，ある労働者が同様の立場にある他の労働者のために集団訴訟を提起しうる旨の定めがある。この場合，クラスアクションと異なり，訴訟当事者になることについての各人の書面による同意が必要とされている（FLSA16条(b)）。

意の効力である。

1 Concepcion 事件と American Express 事件

個々の請求額が僅少であるために，個別の訴訟提起が困難で事実上司法救済を得られないという事態に対処するために考えられたのがクラスアクションである。クラスアクションは消費者訴訟等では大きな武器となるが，その請求額が莫大なものとなりうることから，企業にとっては，大きな脅威でもある。そして，敗訴した場合に莫大な損害賠償責任を負う可能性があること自体が，たとえ敗訴の可能性が小さい場合であっても，企業に和解金を支払いによる解決を強いることとなっているとの指摘もあり，企業は，クラスアクションの提訴リスクを回避しよう試みることとなる。そうした手法として近時大きな関心を呼んでいるのが，クラスアクション放棄条項を盛り込んだ仲裁合意である。

クラスアクション放棄条項を含む仲裁合意は，公序違反あるいは非良心的（unconscionable）として，その効力を否定する州裁判所も少なくなかった。Concepcion 事件においても，連邦地裁および控訴審裁判所は，クラスアクション放棄条項が非良心的と評価される場合を定めたカリフォルニア州法に照らして，当該事件におけるクラスアクション放棄条項を含む仲裁合意を非良心的とし，その効力を否定した。

しかし，連邦最高裁[46]は，5 対 4 という僅差の多数意見で，非良心性によって仲裁合意の効力を否定するカリフォルニア州法は，連邦仲裁法の，仲裁合意をその条項に従って執行することを確保するという目的実現を阻害するとして，連邦仲裁法2条により専占・排除されるとした。その結果，当該仲裁合意は有効とされた。

さらに，クレジット会社とレストラン間の契約が反トラスト法に違反するかが問題となった American Express 事件[47]でも同様に，連邦最高裁はクラスアクション放棄条項を含む仲裁合意の効力を認めている。

Concepcion 事件判決は，使用者と労働者間の雇用紛争を例示して，交渉力に格差のある当事者間においても仲裁合意は履行強制可能である旨を述べてい

---

(46) AT & T Mobility LLC v. Concepcion, 563 U. S. 321 (2011).
(47) American Express Co. et al v. Italian Colors Restaurant et al, 133 S. Ct. 2304 (2013).

第6章　労働紛争解決システムの課題を深化させる

ることもあり，こうしたクラスアクション放棄条項を含む仲裁合意が雇用・労働事件においてどう判断されるかに関心が高まっている。しかし，この問題は，集団法の規制も絡まり，次に見るように複雑な様相を呈しつつある。

2 D. R. Horton 事件

上記のように連邦最高裁がクラスアクション放棄条項を有効とする中で，アメリカの不当労働行為事件の審査にあたる全国労働関係局（National Labor Relations Board, NLRB）は，D. R. Horton 事件で，採用時の仲裁合意によりクラスアクションまたは集団訴訟を放棄する合意は，全国労働関係法（National Labor Relations Act, NLRA）8条(a)(1)違反の不当労働行為になると判断し，注目を集めている[48]。

NLRA8条(a)(1)は，同法7条により保障された権利行使に対する干渉，妨害または威圧を不当労働行為としている。そして，クラスアクションや集団訴訟を提起する行為は，7条の保障する労働者の「相互扶助ないし相互保護のために団体行動（concerted activities）を行う権利」に含まれる[49]。したがって，NLRB は，D. R. Horton が，雇用条件として，全ての雇用に関する紛争は，個別の仲裁によって解決されねばならず，仲裁であれ司法であれ，クラスアクションまたは集団訴訟は行わない旨の同意を要求することは，7条の労働者の団体行動を行う権利の違法な制限に当たると判断したものである。

しかし，第5巡回区控訴裁判所[50]は，主として次のような理由から，この NLRB 命令を支持しなかった[51]。すなわち，クラスアクション手続を用いることは，実体的権利の問題ではないこと，クラスアクション・集団訴訟の訴権放棄を禁ずる NLRB の判断は，連邦仲裁法2条にいう仲裁合意を無効とする事由に当たるものではないこと，そして，NLRA には，連邦仲裁法の適用を

---

(48)　357 NRLB No. 184 (2012).

(49)　連邦最高裁判例（Eastex, Inc. v. NLRB, 437 U.S. 556 (1978)）によると，相互扶助ないし相互保護のための団体行動は，行政・立法ないし司法のあらゆるフォーラムに訴える労働者の地位改善のための集団的な努力を含むとされている。

(50)　D. R. Horton, Inc. v. NLRB, 737 F. 3d 344 (5th Cir. 2013).

(51)　ただし，労働者が，仲裁合意によって，不当労働行為の救済を NLRB に申し立てることもできなくなると合理的に信じてしまうような表現を用いている点が不当労働行為であるとした部分については，第5巡回区控訴裁判所も支持している。

排除するような議会の意図を見いだすことはできないこと，を指摘する。

　学説上は，NLRBの立場を支持する見解も多数公表されており，NLRB自身も，連邦最高裁で確定的判断がなされるまで，D. R. Horton事件決定の立場を維持するとしているのに対して，連邦裁判所は，NLRBの立場を支持せず，仲裁付託強制を認める立場が多数である(52)。こうした中で，2000年代後半から，立法によって雇用関係，消費者関係について仲裁合意の履行強制を禁止する内容の仲裁公正法（Arbitration Fairness Act）の法案が何度も提出されるが，なお成立には至っていない状況である(53)。

Ⅶ　雇用仲裁の実態について

　以上のような判例の展開により雇用仲裁が広く用いられるようになったところ，その実態分析の実証研究がこの20年ほどの間に盛んに行われるようになった。その代表的な研究として注目されているColvin教授の実証分析(54)に依拠して，雇用仲裁の実像を紹介する。

　Colvin論文は，アメリカ最大の仲裁サービス提供団体であるアメリカ仲裁協会（American Arbitration Association，以下AAAという）がカリフォルニア州法に基づいて提出した報告書のデータから雇用仲裁裁定を分析するものである。カリフォルニア州法に基づくデータではあるが，AAAの提出データには，カリフォルニア州以外の全米におけるAAAによる使用者設定型(55)の雇用仲裁データが含まれており，他の調査に比して有用性が高いものである。全件数

---

(52) See U.S. Chamber of Commerce, The Blue Eagle Has Landed: The Paradigm Shift from Majority Rule to Members-Only Representation, 24-25 (2014).
(53) 詳細についてはImre Stephen Szalai, *Correcting a Flaw in the Arbitration Fairness Act*, 2013 J. Dispute Res. 271, 280 (2013).
(54) Alexander J. S. Colvin, *An Empirical Study of Employment Arbitration*, 8 J. Empirical Legal Stud. 1 (2011).
(55) 雇用仲裁には，実務上，次の二種類があり，その性格も異なる。一つが，一般労働者を対象とするもので，使用者側で雇用仲裁合意を用意し，採用時に労働者がそれにサインをして採用される「使用者設定型雇用仲裁」（AAAではEmployer promulgated planと称されている）である。もう一つが，管理職等の上級労働者を対象に，当該労働者と使用者とが個別に交渉してその内容を決める「個別交渉型雇用仲裁」（AAAではIndividually-Negotiated Employment Agreements and Contractsと称されている）である。

第6章　労働紛争解決システムの課題を深化させる

は 2003 年 1 月 1 日から 2007 年 12 月 31 日までの期間中に AAA が取り扱った 5,592 件で，このうち，1,647 件は雇用調停事件（employment mediation cases）で，残りの 3,945 件が雇用仲裁事件である。雇用仲裁事件のうち，和解や取下げによって終了した事件を除いた 1,213 件が裁定に至った事件で，これが分析対象とされている[56]。

1　労働者勝率

雇用仲裁における労働者側の勝率は，既存の研究によると，1990 年代は 70％前後，2000 年代の研究では低下するも，なお 40％台であり，連邦裁判所や州裁判所での勝率よりも高いとされてきた[57]。しかし，これらの分析は一般労働者を対象とする使用者設定型雇用仲裁と，労働者勝訴率が高くなる傾向のある上級労働者を対象とする個別交渉型雇用仲裁が区別されず混在しており，そのことが全体として高い労働者勝率をもたらしている可能性がある。

これに対して，Colvin 論文によると，労働者の勝率は 21.4％である。Colvin 論文では，例え少額でも請求額の一部が認められた場合は，勝利にカウントすることで，仲裁の労働者勝率が高く出るようにして分析したものである。それでも，このように低い勝率であることを明らかにしている。

2　賠　償　額

従前の研究では，裁判所の判決における賠償額と雇用仲裁裁定における賠償額は，中央値及び平均額とも，ほぼ等しい，あるいは，裁判所の賠償金額の方

---

[56]　Colvin, supra note 54, 3.
[57]　Alexander J.S. Colvin, *Mandatory Arbitration and Inequality of Justice in Employment*, 35 Berkeley J. Emp. & Lab. L. 71（2014）が引用する，Theodore Eisenberg, Elizabeth Hill, *Arbitration and Litigation of Employment Claims: An Empirical Comparison*, 58 Dispute Res. J. 44（2003）（以下，Eisenberg & Hill2003），David Benjamin Oppenheimer, *Verdicts Matter: An Empirical Study of California Employment Discrimination and Wrongful Discharge Jury Verdicts Reveals Low Success Rates for Women and Minorities*, 37 U.C. Davis L. Rev. 511（2003）（以下，Oppenheimer2003）によると，雇用差別事件での労働者の勝訴率は 36.4％，差別以外の理由による雇用事件の州裁判所での勝訴率は 57％とされ（Eisenberg & Hill2003），コモンロー上の解雇事件に係るカリフォルニア州裁判所での労働者の勝訴率は 59％とされている（Oppenheimer 2003）。

が高額と分析されていた。

Colvin論文によれば，労働者が何らかの賠償金裁定を受けた260件を分析したところ，賠償額の中央値は36,500ドル，平均額は109,858ドルである。中央値と平均額が大きく異なるのは賠償額の分布が正規分布ではなく，少数の高額な賠償金裁定により平均額を引き上げられているからである。

中央値で比較すると雇用仲裁における賠償額は，裁判所の10%から20%に過ぎない[58]。Gilmer事件判決における仲裁尊重の前提が，法律上の保護が仲裁廷でも貫徹されることであったことを想起すると，こうした大きなギャップの原因解明が今後の重要な課題であると指摘されている[59]。

3　解決に要する期間

裁判所の審理期間は概ね2年程度であるが，雇用仲裁事件では概ね1年，仲裁裁定前に解決された事件の平均値は284.4日と，10か月足らずで解決に至っている。裁判に比べた雇用仲裁の迅速性のメリットが確認できる。

4　仲 裁 費 用

雇用仲裁で必要となる費用の中央値は，最終審問前に解決した事案も含めると，2,475ドル，平均額は6,340ドルである。裁定にまで至った事件では，費用の中央値は7,138ドル，平均額は11,070ドルとなる。

雇用仲裁を利用するために，労働者が相当の仲裁費用を負担しなければならないとすると，実際上，労働者の権利実現が困難になることが懸念される。AAAはこうした問題を解消するために，協会の方針として費用の使用者負担を要求しており，Colvin論文の対象とするAAA事案では，97%のケースで使用者がすべての仲裁費用を負担している。

---

[58]　先行研究によると，カリフォルニア州裁判所におけるコモンロー上の解雇事件の損害賠償額中央値は296,991ドル（2005年換算で355,843ドル），雇用差別事件の賠償額中央値は200,000ドル（2005年換算で239,632ドル）（Oppenheimer2003），連邦裁判所における雇用差別事件の損害賠償額の中央値は150,500ドル（2005年換算で176,426ドル）（Eisenberg & Hill2003），とされている。これら（2005年換算値）をそれぞれColvin調査事件の中央値36,500ドルと比較すると，10.2%，15.2%，20.7%となる。Colvin, supra note 54, 7.

[59]　Colvin, supra note 54, 7-8.

第6章　労働紛争解決システムの課題を深化させる

5　申立人労働者の給与水準

雇用仲裁のメリットとして，手続を利用するための労働者側の費用負担がない，あるいは低廉であるため，収入の低い労働者でも利用できる，また，価額の低い請求も可能となるともいわれるが，批判もある。

Colvin論文では，労働者の給与水準が記載されている1,538件のうち，0〜10万ドルが82.4%（1,267人），10万ドル超25万ドルまでが13.9%（214人），25万ドル超が3.7%（57人）であった。したがって，雇用仲裁の当事者となる労働者は，比較的中流層以下の者が多いといえる。

もっとも，労働者の収入は，雇用仲裁における勝率や賠償金額とも関係しているとされている。給与水準が10万ドル以下の場合，勝率は22.7%，10万ドル超25万ドル以下の場合は31.4%，25万ドル超の場合は42.9%と，給与水準が低いと勝率も低い。また，給与10万ドル以下の場合，認容額は平均19,069ドル（賠償金ゼロの裁定事件を含む），10万ドル超25万ドルでは平均64,895ドル，25万ドル超では平均165,671ドルであった。

6　リピートプレーヤーの問題

雇用仲裁における重大な問題の一つが，リピートプレイヤー（repeat player：以下，RP）問題である。労働仲裁では，労働組合と使用者は，双方ともRPになるのに対し，雇用仲裁では，使用者はRPとなり，自らに有利な判断を下すであろう仲裁人を選別できるが，労働者は通例一度限りの当事者でありそうした選別はできないといわれる。また，労働仲裁では費用が労使折半されるのに対して，雇用仲裁では，とりわけAAA事案ではほとんどの場合，費用を使用者が負担する。このことが，再度選任されたいと考える仲裁人の判断にも影響しうるとの指摘がある。

Colvin論文では，3,941件のうちの66.3%に当たる2,613件の事件で使用者のリピート（2回以上雇用仲裁に参加する使用者）が見られた。そして，1回限り参加の使用者（one-shot player：以下，OSP）の事件では，労働者の勝率が31.6%（n=367）であるのに対して，RPの事案では16.9%（n=845）となっている。また，損害賠償平均額についても，OSPの事案では40,546ドルであるのに対して，RPの事案では16,134ドルと相当の差異が生じており，RPである使用者に有利に，そうではない労働者に不利に作用する実態が明らかにされ

ている。

　さらに，仲裁人が将来，費用負担者である使用者に再度選任してもらうべく，使用者よりの判断を下す可能性に関する使用者と仲裁人のペア繰り返し問題についてはどうか。Colvin 論文では，3,934 件のうち，15.9％ に当たる 624 件でペアの繰り返しが見られた。そして，使用者・仲裁人のペア繰り返しのない事件での労働者の勝率は 23.4％，繰り返しのある事件での勝率は 12.0％ であった。また，賠償金額についても，ペア繰り返しのない事件の平均額は 27,039 ドルであったのに対し，ペア繰り返しのある事件では 7,451 ドルとなっている。

　このように，雇用仲裁には，顕著な RP 効果，そして使用者・仲裁人のペア繰り返し効果があり，仲裁人の裁定が使用者に有利に偏向しがちで，労働者に不利な効果をもたらすことが懸念されるとしている。

Ⅷ　若干の考察

1　訴訟（裁判手続）と比較した仲裁の特色

　以上検討したアメリカにおける雇用紛争解決手段としての訴訟と仲裁を比較すると，次のような相違ないし特徴を指摘できる。

　第 1 に，訴訟において，紛争当事者は判定者（裁判官）を選ぶことはできないのに対して，仲裁においては，仲裁人の人数を含めて，当事者達が選択できる。また，コモンロー上の訴訟については，当事者の一方が陪審審理を要求した場合，他方当事者はこれを拒み得ない[60]のに対して，仲裁においては陪審にかかる恐れはない。その結果，素人である陪審による判断がなされる場合，さらには裁判官であっても当該問題の専門家といえない場合と比較すると，仲裁の場合は，専門知識を持った仲裁人による公正な判断が下されるメリットがあると指摘されている[61]。

　しかし，雇用仲裁については，実質的に使用者が仲裁費用を負担していることや，使用者のみがリピートプレーヤーであることから，仲裁人の中立性につ

---

(60)　ただし，民事訴訟のうち，特定履行（specific performance）等を求めるエクイティ上の訴訟については，陪審審理の対象とはならない。樋口範雄『アメリカ契約法〔第 2 版〕』（弘文堂，2008）40 頁以下等参照。

(61)　John Arrastia Jr. & Christi Underwood, *Arbitration v. Litigation: You control the Process v. The Process Controls You*, 64-4 Dispute Res. J., 3（Nov. 2009-Jan. 2010）.

いて問題があるとの指摘やそれを裏付ける実態分析も報告されている。

　さらに，近時のクラスアクションや集団訴訟の訴権放棄をもたらす仲裁合意については，クラスアクション等の訴訟制度を設けた根本的趣旨に反することや，労働関係においては全国労働関係法の規定する団体行動権保障に反するとして厳しい批判がある。

　第2に，手続については，仲裁手続においても裁判手続と同様の証拠ルール，証拠開示（discovery）の手続によることも可能である。しかし裁判と異なる仲裁手続の特色は，当事者がこれらの諸手続を事案に応じてより適切妥当にカスタマイズできる点である。係争額が低い事案では，時間と費用のかかる大がかりな証拠開示手続等を用いる合理性はなく，当事者が簡略化した手続でよいと考えればそのような手続で進行できる。この柔軟性が仲裁制度を選択する大きなインセンティブとなっている[62]。簡略な手続が採用されれば，手続全体も短縮化され，仲裁手続の費用を低くおさえることにもつながる[63]。

　しかし，非公式な仲裁手続の場合，実態としてデュー・プロセスの保護は十分でないとの指摘もある[64]。

　第3に，裁判は原則として公開の法廷で行われ，その審理は報道の対象となることもありえ，誰でも訴訟記録にアクセス可能であるのに対して，仲裁は非公開の私的なフォーラムであり，秘密保持が可能である。もっとも，秘密保持や非公開性は，仲裁裁定の公正性について第三者が検証する機会を失わせるという点で問題であるとの指摘もある[65]。

　第4に，非公式・簡易な手続の帰結でもあるが，仲裁手続では裁判よりも迅速に結論が得られる。この点は，雇用仲裁においても確認されており，AAAの2007年の統計では，（雇用紛争を含む）裁判における提訴から判決までに要する期間は約2年（23.8月）であるのに対して，雇用仲裁の申立から仲裁裁定までに要する期間は約1年（366日）と，仲裁の方が2倍のスピードで迅速に

---

(62)　Arrastia & Underwood, supra note 61, 2.
(63)　Arrastia & Underwood, supra note 61, 6.
(64)　2014年4月9日に筆者が行った Mathew Finkin 教授（Illinois University Law School）インタビューによる。See also STEPHEN F. BEFORT & JOHN W. BUDD, INVISIBLE HANDS, INVISIBLE OBJECTIVES, p.146 (Stanford, 2009).
(65)　Finkin 教授インタビュー・前掲注(64)。

処理されている[66]。

　第5に，救済権限に関しては，仲裁人は裁判官と同等の権限を持つとされている。したがって，雇用仲裁の裁定でも，懲罰的損害賠償などを含め，裁判所と同じ内容の救済を発することができると考えられている。もっとも，実際に懲罰的損害賠償の裁定が下されるのはごく稀のようである[67]。

　第6に，仲裁裁定は原則として終局的・拘束的なもので，紛争の終局的解決をもたらす。裁判については上訴が可能であるが，仲裁裁定の場合，FAAの規定する無効事由があり無効とされる例外的な場合を除き，仲裁裁定の内容を別の審査機関が審査することは（当事者が特にそうした手続を予定していない限り）ない。

2　比較法的視点からみたアメリカの雇用仲裁

　以上のようなアメリカの雇用仲裁を比較法的視点から見ると次のような点を指摘できよう。

　第1に，雇用仲裁がアメリカで近時，盛んに活用されるようになってきたことには，アメリカ特有の事情が大いに作用していると思われる。

　すなわち，アメリカでは訴訟に多大の時間と費用がかかり，かつ，コモンロー上の訴訟事件については陪審審理を要求することが権利として保障されていることもあり，使用者には訴訟を回避し，ADRとしての雇用仲裁を利用したいという強い要求がある。同時に，コストのかかる訴訟提起が現実的な選択肢となっていない多くの労働者にとっても，雇用仲裁は，その費用を原則使用者負担で利用できる第三者による判定制度としてメリットがある。加えて，裁判所も，大量の未済事件の滞留を解消する施策として，仲裁制度を裁判所とならぶ公正なフォーラムと評価できる場合には，積極的に活用する態度を採っている。これらの事情が，現在の連邦最高裁の仲裁尊重・活用方針の背景事情といえよう。

　連邦最高裁は，1991年のGilmer事件，2001年のCircuit City事件で，雇用仲裁合意に連邦仲裁法を適用し，仲裁付託強制を認める態度を取った。しかし，

---

(66)　AAA Website: https://www.adr.org/aaa/ShowPDF?doc=ADRSTG_008048
(67)　2014年3月13日に筆者が行ったCharles Craver教授（George Washington University Law School）インタビューによる。

第6章 労働紛争解決システムの課題を深化させる

そもそも連邦仲裁法が雇用仲裁をも対象とする趣旨であったのかについては，学説から強い疑問が呈されている。元来，対等な商人間の商事契約を念頭に置いていたはずの連邦仲裁法を，交渉力に大きな格差のある使用者と個別労働者間の，しかも，採用時に提示されて事実上合意を拒否できない使用者設定型雇用仲裁合意の効力を認め，仲裁付託を強制する点に，厳しい批判が寄せられている。この点で，対等な交渉力を持つ使用者と労働組合間の合意の基づく労働仲裁とは事情が大いに異なる。

さらに近時は，クラスアクションや集団訴訟の訴権放棄までももたらす仲裁合意の効力が肯定され，雇用仲裁でも同様の処理がなされうるのかが，NLRAで保障された労働者の団体行動権の侵害となるのではないかという論点も加わり，大問題となっている。

もっとも，訴訟を回避して仲裁を活用することが，労働者にとってもメリットのある選択であれば許容されよう。そこで，第2に，雇用仲裁が労働者にとってアクセスがより容易なだけでなく，真に公正な判定の場として機能しているのかが問題となる。

この点については，仲裁の実情についての実証的分析により，種々の問題点が指摘されている。まず，上級労働者と一般労働者の雇用仲裁を区別して分析すると，一般労働者の使用者設定型雇用仲裁では，労働者の勝率は従前の分析とは異なり低率であり，また，賠償額も訴訟の10-20％という低額にとどまる。また，使用者のみがリピートプレーヤーとして，有利に仲裁人の選別が可能であり，また，実質的費用負担者が使用者であることが仲裁人の判定作業を偏向させている可能性も指摘されている。

第3に，このように，雇用仲裁の活用は，労働者の権利擁護の観点から種々問題があるとしても，なお，裁判制度しか利用し得ない（そしてそれが事実上，労働者にとっては取り得ない選択でしかない）状況と比較すれば，柔軟・迅速・安価に専門家による比較的公正な判定を通じた救済が得られる点で，意義があるという評価も，アメリカに限定して見れば，ありえよう。しかし，比較法的視点から見ると，アメリカで雇用仲裁が提供するメリット，すなわち，通常の裁判手続と比べて柔軟・迅速・安価に雇用問題の専門家が公正な判定を提供する仕組みとして，欧州には労働裁判所があり，日本には2006年から導入された労働審判がある。アメリカにおいては労働裁判所や労働審判が存在しないこ

とが雇用仲裁の活用を志向させているとみることもできる。逆に言えば，柔軟・迅速・安価に雇用紛争解決サービスを提供する機関が，私人たる仲裁人ではなく，労働裁判所・労働審判という公的機関として存在するのであれば，仲裁制度に伴うアメリカが直面する上述の諸問題を回避しつつ，雇用仲裁のメリットを実現できている可能性もある。

第4に，アメリカで仲裁制度がADRとして活用されている前提として，仲裁を担う仲裁人という専門家集団の存在がある。こうした仲裁人の存在は，特殊アメリカ的な訴訟実態の中で，仲裁制度というADRの活用が必要とされる中で生み出され，定着してきたものである。労働関係では，労働仲裁の長い伝統があり，労働仲裁人が育成され，彼らの団体が仲裁サービス提供団体の一つの母体ともなっていることも見落とすことのできない点であろう。

日本では，上述したように，雇用関係については労働審判が仲裁制度のメリットの大部分を提供しうるとすれば，アメリカのような仲裁制度の需要がどの程度生じるのか，雇用分野に精通した仲裁人がどの程度育っていくのかは，にわかには予測しがたい。

第5に，第1の点とも関連するが，交渉力に大いなる格差のある当事者間でも仲裁合意に合意した以上，連邦仲裁法に基づき仲裁付託強制を認めるという態度は，アメリカの契約自由の強固な思想と不可分のものといえる。その合意を根拠に，労働者保護法や差別禁止法等の制定法上の権利を裁判所で主張する権利の放棄や，クラスアクション等の訴権の放棄を認める点も，アメリカならではの解釈といえよう。

こうした状況については，アメリカでも2000年代後半から，立法によって雇用関係，消費者関係について仲裁合意の履行強制を禁止する仲裁公正法（Arbitration Fairness Act）の法案が何度も提出されている。なお成立には至っていないものの，連邦最高裁でも5対4の僅差で展開されてきた個別の仲裁合意を根拠に，仲裁活用を促進するスタンスを是とせず，これを修正すべきとする立場がアメリカでも強く主張されていることにも留意しておくべきであろう。

31 1964年公民権法第7編に基づく
大規模クラスアクションは死んだのか
――ウォルマート社事件連邦最高裁判決とその後――

永 野 秀 雄

Ⅰ は じ め に
Ⅱ 本件の事実の概要
Ⅲ 連邦最高裁判決要旨
Ⅳ 本連邦最高裁判決に関する考察
Ⅴ 本連邦最高裁判決を踏まえた論説
Ⅵ 最 後 に

Ⅰ は じ め に

　本件は，Y（ウォルマート社――被告，控訴人，上告人）に対して，X（Yの女性被用者と元被用者――原告，被控訴人，被上告人）らが，同社による性差別を訴えて提起した大規模クラスアクションに関する連邦最高裁判決である[1]。本判決は，1964年公民権法第7編（以下，「第7編」。）に基づく全米のYの女性被用者（元被用者を含む）をクラスとする大規模クラスアクションに関する重要な判決である[2]。

　この判決には，第7編に基づく雇用差別に対する救済という争点[3]と連邦

---

(1) 本判決以前に，ウォルマート社の被用者が，人種を理由とした昇進差別を理由に第7編に基づき同社の1店舗を訴えた事案において，勝訴した事案がある。この事案では，同社の被用者13名に対して，原審では原告2名に対して懲罰的損害賠償25万ドルを含め合計37万5千ドルの賠償が認められたものの，連邦第11巡回区控訴裁判所では，懲罰的損害賠償は認められず填補的損害賠償のみが認められている。See Dudley v. Wal-Mart Stores, Inc., 166 F.3d 1317, 1319-20 (11th Cir. 1999).
(2) See Wal-Mart Stores, Inc. v. Dukes, 131 S. Ct. 2541 (U.S. June 20, 2011).
(3) 本判決に対しては，雇用差別に対する保護という観点から，その直後から多くの批判がなされた。たとえば，カリフォルニア大学バークレー校ロースクールの以下の労働法紀要の諸論文を参照のこと。See Tristin K. Green, *The Future of Systemic Disparate Treatment Law*, 32 BERKELEY J. EMP. & LAB. L. 395 (2011); Melissa Hart, *Civil Rights and Systemic Wrongs*, 32 BERKELEY J. EMP. & LAB. L. 455 (2011); Noah D. Zatz,

第 6 章　労働紛争解決システムの課題を深化させる

民事訴訟規則におけるクラスアクションという 2 つの争点が重なり合っている。本稿では，本判決の意義と評価等について検討したい。

以下では，①本件の事実の概要，②連邦最高裁判決要旨，③本連邦最高裁判決に関する考察，④本連邦最高裁判決を踏まえた論説の順に検討する[4]。

II　本件の事実の概要

Y は，米国の民間企業の中で，最も多くの従業員を雇用している使用者である。およそ 3400 の店舗をもち，総従業員数は百万人を超えている。

Y が展開しているスーパーマーケット等の店舗は，7 つの地域に区分され，さらに 80 から 85 の店舗からなる 41 の地区に分けられて運営されている。個々の店舗は 40 から 53 の部門からなり，また，80 名から 500 名のスタッフがいる。同社における賃金と昇進に関する決定は，一般的に地区マネージャーの裁量に大きく委ねられている[5]。

X らは，Y が第 7 編に反して，女性であることを理由として，その賃金と昇進に関する差別的取扱いを行ったとして，X 及び全米のおよそ 150 万人の女性被用者（元被用者を含む）のクラスのために，その差止，宣言的救済（declaratory relief），懲罰的損害賠償，及びバックペイを求めて連邦地裁にクラスアクションを提起した[6]。

X は，①Y の地区マネージャーが，その裁量により，賃金及び昇進に関して男性を優遇しており，これが女性被用者にとって違法な差別的効果（disparate impact）をもたらし，また，②Y が，この差別的効果に気がつきながら，地域

Introduction: Working Group on the Future of Systemic Disparate Treatment Law, 32 BERKELEY J. EMP. & LAB. L. 387 (2011).

(4) 本稿における米国法の記述については，脚注で引用したものに加え，以下の文献を参照した。See Natasha Dasani, *Class Actions and the Interpretation of Monetary Damages under Federal Rule of Civil Procedure 23(b)(2)*, 75 FORDHAM L. REV. 165 (2006); Tristin K. Green, *Targeting Workplace Context: Title VII as a Tool for Institutional Reform*, 72 FORDHAM L. REV. 659 (2003); Alexandra D. Lahav, *The Curse of Bigness and the Optimal Size of Class Actions*, 63 VAND. L. REV. EN BANC 117 (2010); Patricia A. Seith, *Civil Rights, Labor, and the Politics of Class Action Jurisdiction*, 7 STAN. J.C.R. & C.L. 83 (2011).

(5) Dukes, 131 S. Ct. at 2547.

(6) *Id.* at 2547-48.

支配人の権限を縮小することを拒否したことは，差別的取扱い（disparate treatment）に該当すると主張している。そして，これらの差別は，同社の社風（corporate culture）によりもたらされたものであり，全ての女性被用者に被害をもたらしたと主張している。なお，Xは，Yが女性の昇格に対して差別的なことが明白である企業指針を採用しているとは主張していない[7]。

連邦地裁は，Xがクラス承認の要件となる連邦民事訴訟規則23条(a)項と同条(b)項(2)号を満たすとして，当該クラスを承認した[8]。

連邦第9巡回区控訴裁判所は，原判決を支持し，特に，①Xは，連邦民事訴訟規則23条(a)項(2)号の共通性要件（commonality requirement）を満たしており，かつ，②Xのバックペイに関する請求は，連邦民事訴訟規則23条(b)項(2)号が規定する宣言的救済や差止による救済に優位する（predominate）ものではないことをその理由としている[9]。

また，同控訴裁判所は，構成員全体の中から，一定割合の請求をサンプルとして抽出し，これらの請求に対してウォルマートに個別の防御を行わせて評価することで，Yの法律上の防御権を侵害することなしに，性的差別の有無による賃金と昇進の差異が全クラス構成員のうち，およそ何パーセントを占めるかを推定することができるとして，本件クラスアクションが成立しうると判示した[10]。

2010年12月6日，連邦最高裁は，Yによる裁量上訴の上訴状を受理した[11]。

III　連邦最高裁判決要旨

5対4で原判決を破棄[12]。

1　連邦民事規則23条(a)項のクラス承認要件について

クラスアクションにおけるクラス承認は，連邦民事訴訟規則23条に基づい

---

(7)　Id. at 2548.
(8)　Id. at 2549.
(9)　Id. at 2549-50.
(10)　Id. at 2550.
(11)　Id.
(12)　See id. at 2546.

て判断される。クラス承認を求める当事者は，まず，同条(a)項の規定する「(1)当該クラスの規模が大きいことから，全ての構成員を併合して訴訟を行うことは，実務的に困難であること，(2)当該クラスに共通する法的または事実上の争点が存在すること，(3)クラス代表者の請求または抗弁が，当該クラスの典型的な請求または抗弁であること，及び，(4)クラス代表者が，当該クラスの利益を公平かつ適切に保護しうること。」という要件を満たさなければならない[13]。

なお，Xは，連邦地裁における審理において，同条(a)項(2)号のいわゆる共通性に関する要件につき，Yの全女性被用者がこれを満たすことを示すために，①同社における男性と女性の賃金と昇進に関する差異を示す統計的証拠，②同社の約120人の女性被用者からの聞き取りに基づく事例報告，及び，③Yの社風は性的な偏見に関して脆弱であるという社会的枠組み分析を行った社会学者の証言に基づく立証を行っている[14]。

クラス承認に関する第2の要件は，当該クラスが，連邦民事訴訟規則23条(b)項で認められている3種類のクラスアクションのうち，そのいずれかに該当することを立証することである。Xは，これらのうち，同項(2)号に規定された要件を満たしていると主張している。同号では，「当該クラスの相手方当事者が，そのクラスの全体に関わる理由により，ある作為をなし若しくはそれをなすことを拒んでいるために，差止による最終的な救済，又は，これに相当する宣言的救済がクラス全体にとって適切である場合」と規定されている[15]。

連邦最高裁は，これらの要件を確認した後，クラスアクションは，個別当事者間で争われる通常の訴訟の例外であるとの立場を強く打ち出している。そして，本件におけるクラス承認に関する中心的争点は，共通性要件であるとして，以下のように論じている[16]。

共通性要件の下では，原告は，全クラス構成員が同一の損害を被ったことを立証しなければならない。この立証においては，全クラス構成員が，同じ立法の同じ条項に違反する損害を被ったことを示すだけでは十分ではない。たとえば，第7編の違反を例に挙げると，故意による差別や，差別的効果等による多

---

(13)　*Id.* at 2548.
(14)　*Id.* at 2549.
(15)　*Id.* at 2548-49.
(16)　*Id.* at 2550-51.

様な被害がある。このため，単に同じ会社で勤務する複数の被用者が同編に違反する損害を被ったという主張だけでは，当該紛争をクラスアクションによる同一の訴訟で審理することは認められない。また，クラス承認を求める場合，その主張は，同一の訴訟でクラス全体に適用しうる解決をもたらす性質のものでなければならない。すなわち，その真偽に関する決定が，個々の請求の中心的争点を一度に解決するものでなければならない[17]。

　本件におけるクラス承認で必要となる共通性に関する立証は，必然的に，Yが差別的傾向または行為を行ったというXによる本案における主張と重複せざるをえない。なぜならば，第7編に基づく個々人の請求で中心的な争点になるのは，「特定の雇用に関する決定の理由」であるためである。本件において，Xは，一度に，数百万もの雇用決定に関して訴えを提起することを望んでいるが，その場合，個別の雇用決定に関する諸理由を統合するなんらかの根拠が必要となる[18]。

　この共通性に関する争点については，Falcon事件連邦最高裁判決（General Telephone Co. of Southwest v. Falcon, 457 U.S. 147（1982））で，その判断基準が示されている。同判決では，個人の差別に関する請求と，当該個人と同じ損害を被ったとされるクラス構成員の存在との概念上のギャップを架橋する2つの方法が示されている。その第1の方法は，偏見を含んだ試験が，一般の求職者と，現被用者との双方に適用された場合，全求職者と被用者を代表するクラスが当該試験により差別されたという共通性要件を満たすというものである。第2の方法は，使用者が，差別的な一般的指針の下で経営を行っているという実質的な立証がなされた場合である。このうち，本件では，Yは試験を用いていないので，第2の方法の適用可能性が検討されなければならない[19]。

　ところが，Xは，この第2の方法で必要となる立証を行っていない。Yは，性的差別を禁止する指針を公表しており，かつ，同社は，機会均等に反する事案に対して懲戒処分を科してきた。これに対して，Xが一般的な差別的指針に関する唯一の証拠として挙げているのは，前述の社会学者による社風に関する証言だけである。しかしながら，ウォルマートの社風は，性的な偏見につき脆

---

(17)　Id.
(18)　Id. at 2552.
(19)　Id. at 2552-53.

弱であるとするこの証言だけでは，これがウォルマートの雇用決定に影響をもたしていることを示すことにはならない。したがって，この証言は，ウォルマートが「差別的な一般的指針の下で経営を行っている」という「実質的な立証」からはほど遠いものであると言える[20]。

Xによる同社の指針に関する証拠の中で確信をいだかせるに足る唯一のものは，Yが，地域管理者（local supervisors）に雇用関係事項に関する裁量権を付与しているという点だけである。このような指針は，第7編における差別的効果に関する主張の基礎となりうるものである。しかしながら，このような指針をもつ会社の下でも，Yの規模とその地理的展開を考えると，同社の全ての管理者が，何らかの共通する指示なしに，その裁量権を同じように行使するとは考えにくい。Xは，統計的証拠と事例報告による証拠により，このような裁量権行使の共通性を立証しようとしたものの，その証拠は不十分なものであると言わざるをえない。また，Xによる聞き取り調査による事例報告は，数の点でも不足しているばかりか，その事例が全ての州をカバーしていない等の問題があることから，Yが全社的に差別的な指針のもとで運営されているとの立証にはなっていない。したがって，Xによる立証に基づき，何らの共通性も認めることはできない[21]。

2 連邦民事訴訟規則23条(b)項(2)号に基づくクラス承認について

連邦民事訴訟規則23条(b)項(2)号が認めるクラス承認は，差止及び宣言的救済に関するものである。このため，同号に基づいて金銭的救済を求める場合には，少なくなくとも，その請求が，差止または宣言的救済と一致するものでないかぎり認めることはできない。バックペイのような個人ごとの救済は，同号の下では排除される[22]。

同号は，各クラス構成員にとって，単一かつ不可分となる差止または宣言的救済についてのみ適用される。連邦民事訴訟規則23条(b)項において，個人による金銭的請求は，クラス構成員にクラスアクションから離脱する権利を認め

---

(20) Id. at 2553-54.
(21) Id. at 2554-56.
(22) Id. at 2557.

る同項(3)号に基づいてなされるべきである[23]。

　あるクラスが，その構成員全員にとって利益となる不可分の差止請求をする場合には，①クラス全体の利益が個々のクラス構成員の利益に優位していると言えるかという問題（優位性の問題）や，②当該紛争をクラスアクションにより解決することが，個々のクラス構成員の問題を判断していくよりも，司法判断として優れているかという問題（支配性の問題）を考慮する必要はない。なぜならば，このような差止請求では，その優位性と支配性が明らかなためである[24]。

　しかしながら，個々のクラス構成員の金銭的請求については，そうは言えない。まさにこのために，連邦民事訴訟規則23条(b)項(3)号は，裁判官に対して，クラス承認を行う前に，優位性と支配性が立証されていることを確認することを求めているのである。さらに，金銭的請求が主たる目的となるクラスアクションにおいては，個々のクラス構成員にクラスアクションから離脱する権利が認められなければ，連邦憲法が保障するデュープロセスに反することになる[25]。

　これに対して，Xは，このバックペイに関する請求は，連邦民事訴訟規則23条(b)項(2)号の定める宣言的救済や差止による救済に関する請求に「優位する」ものではないとの解釈により，クラス承認が認められるべきであると主張している。しかしながら，この解釈は，当該条項の文言に基づいたものではなく，また，当該条項の構造に基づく解釈からも明らかに逸脱している。Xによる解釈の問題点は，①同規則23条(b)項(3)号に規定されている個々のクラス構成員に対する手続的保護が排除されること，②クラス代表者は，この解釈によりバックペイだけの請求を行う戦術をとることで，個々のクラス構成員が潜在的になしうる填補的損害賠償の請求を当該クラスアクションの請求から排除する恐れがあり，そうなると，個々のクラス構成員は，当該判決の請求遮断効により，その後改めて填補的損害賠償を請求することができなくなってしまう可能性があること，及び，③連邦地裁が，個々のクラス構成員について，差止または宣言的救済を受ける適格性をもつのかを再評価しなければならないことに

---

[23]　*Id.* at 2557-58.
[24]　*Id.* at 2558.
[25]　*Id.* at 2558-59.

ある[26]。

　なお、本判決が示した連邦民事訴訟規則23条(b)項(2)号に関する解釈と、連邦憲法上の適正手続条項との下で、「付随的な（incidental）」金銭的救済が認められうるかを決定する必要はない。なぜならば、Xによるバックペイに関する請求は、その主張する差止請求と一致するものではないからである[27]。

　Yには、個々の被用者がバックペイを請求する適格性があるか否かについて、個別に判断する権利がある。原告が、差別的傾向または行為を立証した場合、裁判所は、通常、個別の救済の範囲を決定するための追加の手続を実施しなければならない。この場合、企業側としては、個々の原告に対して積極的抗弁を主張することができ、当該行為は合法であったことを示すことが可能である[28]。

　連邦第9巡回区控訴裁判所は、この手続を、一定の比率でクラス構成員のサンプルを抽出し、これに対してYに抗弁する機会を与えるという審理方式に置き換えることが可能であると判断した。この方法により、有効な請求の比率と平均的バックペイの金額を特定し、これからクラス全員の賠償額を算出しうるというのである。しかし、連邦民事訴訟規則23条では、「そのいかなる実質的権利を縮小、拡大、変更する」（28 U.S.C. § 2072(b)）解釈を行うことはできない。このため、Yには、個人の請求に対して法律で認められた防御により訴訟を争う権利がないという前提に基づいて、クラスを承認することは認められない[29]。

　以上により、原判決を破棄する[30]。

Ⅳ　本連邦最高裁判決に関する考察

　米国で発達したクラスアクションは、市民が司法的解決を求めやすい点、及び、訴訟経済の点から優れた制度として評価されている。本件につき全米雇用弁護士協会から提出された法廷意見書によれば、2010年に提起されたクラス

---

(26)　*Id.* at 2559-60.
(27)　*Id.* at 2560.
(28)　*Id.* at 2560-61.
(29)　*Id.* at 2561.
(30)　*Id.*

[永野秀雄] **31** 1964年公民権法第7編に基づく大規模クラスアクションは死んだのか

アクションは6,059件あり，このうち114件が雇用差別に関するものであったという[31]。

本連邦最高裁判決は，①連邦民事訴訟規則23条(a)項の共通性に関する争点と，②同条(b)項(2)号に関する争点について，判断を下している。

このうち，①の共通性に関する判示について説明を追加すべき点は多くない。その中で注目すべきは，社会学者によるいわゆる「社会的枠組み(social framework)」分析を実質的証拠として認めなかった点である。たしかに，このような専門家証言は，連邦証拠規則および同規則に関する連邦最高裁判例(Daubert v. Merrell Dow Pharm., Inc., 509 U.S. 579 (1993))による許容性に関する判断基準からしても排除される可能性があった[32]。本連邦最高裁判決により，今後，クラスアクションにおいて，心理学者，社会学者，行動科学者等がその科学的知見により，企業経営における偏見により差別が生じているといった証言をしても，それが実質的証拠として認められる余地はほとんどなくなったと言える。

次に，②の連邦民事訴訟規則23条(b)項(2)号に関する判示について，解説を加えておきたい。そもそも本号は，1966年の同規則改正により，差別に対して提起される公民権訴訟に関してクラスアクションを認め，その差止または宣言的救済を認めるために付加された条項である。但し，同号は，これらの請求に加えて，金銭的損害賠償まで請求できるとは書かれていない。

この点につき，連邦民事訴訟規則諮問委員会による本改正に伴う意見書では，同号に基づいて請求される金銭的損害賠償が，差止または宣言的救済に優位するものであってはならないとの見解が示されていた[33]。この見解によれば，同号は，金銭的損害賠償請求を類型的に排除したものとは言えないとの解釈も

---

(31) Wal-Mart Stores v. Dukes, 2010 U.S.Briefs 277 at *32 n.33 (U.S. Mar. 1, 2011). この2010年に連邦裁判所に提起された雇用差別に関するクラスアクションが114件という数字は非常に多いように思われるものの，1976年には1174件あったことからすると90%も激減したことになる。このように大幅に減少したのは，本文で述べたとおり，1991年の公民権法改正が原因となっている。*See id* at *30-31.

(32) この専門家証言の許容性に関するDaubert事件連邦最高裁判決については，拙稿「電磁波環境訴訟の理論と争点(上)——特に米国法における展開について——」人間環境論集1巻1号3頁以下(2000)のうち10-12頁を参照のこと。

(33) *See* Fed. R. Civ. P. 23 advisory committee's note.

第 6 章　労働紛争解決システムの課題を深化させる

可能である。

　また，1991 年までは，第 7 編による差別訴訟を連邦民事訴訟規則 23 条(b)項(2)号に基づいてクラスアクションを提起するときに，差止又は宣言的救済に付随して，バックペイとフロントペイを請求してもクラス承認が認められることが多かった。これは，①これらの請求は，英米法上，差止請求等と同類型のエクイティ上の救済と考えられていたためであり，また，②エクイティ上の救済に関する裁判では，陪審による審理は必要ではなく，裁判官だけの審理で足りることから，裁判官が，まずクラス全体に対する法的責任の有無を決定した後，裁判官（又は特別裁判所主事）により，バックペイ等に関する個別の争点を審理することができたためである[34]。

　その後，1991 年公民権法[35]により，雇用差別訴訟において，従来のバックペイ等や差止による救済に加えて，一定の填補的損害賠償と懲罰的損害賠償が認められ[36]，かつ，これに伴い陪審による裁判が行われることになった[37]。たしかに，1991 年公民権法の制定自体は，公民権運動の勝利の成果といえる。その一方で，新たに認められたこれらの損害賠償請求は，エクイティ上の請求ではなく法的請求であり，かつ，陪審による審理が必要になった。このため，連邦民事訴訟規則 23 条(b)項(2)号によりクラスアクションを提起するときに，差止請求や宣言的救済に付随して，バックペイ，フロントペイ，填補的損害賠償，懲罰的損害賠償をも請求することができるか否かが大きな争点になったのである。また，金銭的損害賠償請求としての個別性が前面に出てくることから，本最高裁判決でも論じられた適正手続の問題も争点になった[38]。

---

(34)　*See* HERBERT NEWBERG & ALBA CONTE, NEWBERG ON CLASS ACTIONS 24.119-24.121 (3d ed. 1992).

(35)　*See* the Civil Rights Act of 1991, Pub. L. 102-66, 105 Stat. 1071 (codified as amended in scattered sections of 2 U.S.C. and 42 U.S.C.).

(36)　*See* 42 U.S.C. § 1981a(b)(3)(2000). なお，填補的損害賠償と懲罰的損害賠償とを合わせた総賠償額には，原告 1 人あたり 30 万ドルという上限が設けられている。*See id.*

(37)　42 U.S.C. 1981a(c).

(38)　なお，本連邦最高裁判決が下される前の段階では，連邦民事訴訟規則 23 条(b)項(2)号が規定するクラスアクションにおいて，金銭的救済をどのように扱うべきかについて，連邦巡回区控訴裁判所の判断基準は 3 つに分かれていた。第 1 の判断基準は「付随的損害（incidental damages）」基準と呼ばれるもので，第 5，6，7，11 巡回区控訴裁判所で採用されていたものである。*See* Allison v. Citgo Petroleum Corp., 151 F.3d 402, 415 (5th

このような付随的な法的請求がなされるクラス承認の可否につき，本連邦最高裁判決が決着をつけたことになる。

その一方，本件を差止及び宣言的救済に関する連邦民事訴訟規則23条(b)項(2)号ではなく，金銭的損害賠償請求が認められる同(3)号に基づいてクラスアクションを提起することは，ほぼ不可能である[39]。それは，同号の下でも共通性要件を満たすのが難しく，かつ，連邦最高裁がYに個別の請求に対する抗弁を認めるべきであるとする立場をとっていることから，裁判所が，150万人ものクラスを想定した大規模訴訟を運営することができないためである。

V 本連邦最高裁判決を踏まえた論説

これまで見てきたように，ウォルマート社事件連邦最高裁判決は，第7編に基づいて金銭的損害賠償を求める大規模クラスアクションに大きな制約を課している。

Cir. 1998); Reeb v. Ohio Dep't of Rehab. & Corr., 435 F.3d 639, 649-650 (6th Cir. 2006); Cooper v. Southern Co., 390 F.3d 695, 720 (11th Cir. 2004); Lemon v. Int'l Union of Operating Eng'rs, 216 F.3d 577, 580-581 (7th Cir. 2000). この判断基準の下では，同条項で認められる差止または宣言的救済との関係で，金銭的損害賠償請求は，当該クラス全体にとって直接的に法的責任として認められる場合にのみ認められるとされていた。そして，この付随的損害は，クラス全体に属するものであることから，個別のクラス構成員にとっての異なる事実関係や具体的損害を考慮することなく，客観的基準に基づき算出することができるとされていた。第2の判断基準は，第2巡回区とDukes判決以前の第9巡回区控訴裁判所が採用していたもので，原告が訴訟を提起する意思を検討するという主観的判断基準である。See Robinson v. Metro-North Commuter R.R. Co., 267 F.3d 147, 164 (2d Cir. 2001); Molski v. Gleich, 318 F.3d 937, 949-50 (9th Cir. 2003). 第3の判断基準は，本控訴審判決で連邦第9巡回区控訴裁判所が採用したものである。

(39) もっとも，金銭的損害賠償請求が認められる連邦民事訴訟規則23条(b)項(3)号に基づき労働者がクラスアクションを提起し認められる事案も存在する。たとえば，Ramos v. SimplexGrinnell LP事件連邦地裁判決（796 F. Supp. 2d 346 (E.D.N.Y. 2011)）は，ニューヨーク州における公共事業に関する公契約においては労働者に対して当該地域の同職種における平均賃金の支払いが義務付けられているが，原告たる労働者は，被告企業が公共事業においてこれを下回る賃金しか支払ってこなかったとして提起したクラスアクションについて，本件は強行規範による賃金保障に対する違反という共通性があることから共通性要件が認められると判示されている。See id. at 355-56. このような事案においては，ウォルマート社事件連邦最高裁判決で問題とされた統一的な差別指針の立証は不要となる。

第6章　労働紛争解決システムの課題を深化させる

本連邦最高裁判決以後，労働者に対する差別訴訟をいかにクラスアクション等で争うかにつき，労働法学者から様々な提案が示された。以下では，これらの提案の中から，立法論を除き，注目すべきものとして，①訴訟戦術による対応，及び，②雇用機会均等委員会による訴訟の積極化論の順に紹介したい[40]。

1　訴訟戦術による対応

まずは，ウォルマート社事件連邦最高裁判決の法理を踏まえて，具体的に労働者に対する差別訴訟をクラスアクションとして提起する場合における注意点を挙げるものを紹介したい[41]。

この論考では，第1に，同最高裁判決以後は，共通性要件を満たすことが中心的な課題となったため，結局のところ，「全社的な指針（company-wide policy）」により原告のクラスに損害が引き起こされたことを立証することを目指すべきであるとしている。第2に，クラス全体に共通する損害が存在することを立証するために，統計的証拠を用いることはなるべく避けるべきであるとしている。そして，第3に，同最高裁判決で示された連邦民事訴訟規則の要件を満たすために，注意深くクラスを設定すべきであるとしている。

この第3の主張については，他の論文においても，そもそも本件では潜在的に全米の150万人がクラスメンバーとされていることからわかるように，原告

---

(40)　なお，労働者差別にはあたらないものの，米国では証券取引法を通じて，女性役員を増加させるための法制度が発達してきたことに触れておきたい。すなわち，連邦証券取引委員会のガバナンス規則が2009年に改定され，公開企業の取締役候補者を指名委員会が特定する場合に，ディバーシティの要素を考慮しているか否か，どのようにこれを考慮しているのか，及び，ディバーシティ指針を採用している場合にはその効果について年次報告書等で記述し開示することが義務化されている。See Corporate Governance, 17 C.F.R. § 229.407(c)(2)(vi)(2012). このような女性役員の積極的登用を促進する法制度は，欧州でも同じように整備されはじめているようである。内閣府男女共同参画局「平成25年度事業：資本市場における女性の活躍状況の『見える化』促進に関する調査等」（2014年3月）参照。女性役員が増えれば，当該企業における女性の労働条件もよくなることが大いに期待されるので，この分野についても，男女平等に取り組まれてきた労働法学者が研究を深める方がよいと考える。

(41)　Steven Bolanos, *Navigating Through the Aftermath of Wal-mart v. Dukes: The Impact on Class Certification, and Options for Plaintiffs and Defendants*, 40 W. St. U. L. Rev. 179 (2013).

は，クラスアクションにおけるクラス設定がどこまで認められるかを試したとも考えられる特殊な事案であることから，より小規模なクラスであれば，共通性を満たすことが容易になり，クラス認定もされやすくなると主張されている[42]。

2　雇用機会均等委員会による訴訟の積極化論

これまで見てきたように，ウォルマート社事件連邦最高裁判決は，第7編で禁じられた雇用差別につき，連邦民事訴訟規則23条に基づいて，金銭的損害賠償を求める大規模クラスアクションを提起することに大きな制約を課している。

しかし，この制約は，民間企業の被用者が連邦民事訴訟法23条に基づきクラスアクションを提起する場合に適用されるものである。一方，雇用機会均等委員会（EEOC）が多数の労働者のために，自らが原告として第7編706条に基づき訴訟を提起する場合には，連邦民事訴訟法23条の適用はない。この点については，連邦最高裁判決により先例として確定している[43]。

このため，雇用機会均等委員会による訴訟提起が積極的になされるべきであるとする主張がなされるのである[44]。もっとも，このような形で金銭的損害賠償まで請求した場合においては，被告が，個々の被用者に対して個別に抗弁を行う権利があると主張し，裁判所がこれを認める場合があるという問題は残っている[45]。

---

(42) See Suzette M. Malveaux, *How Goliath Won: The Future Implications of Dukes v. Wal-Mart*, 106 Nw. U. L. Rev. Colloquy 34, 44 (2011).

(43) See Gen. Tel. Co. of the Nw. v. EEOC, 446 U.S. 318, 323 (1980). *See also* Julie Durel Livaudais, *Class Actions――EEOC may Seek Classwide Relief Without Being Certified as a Class Representative Under Rule 23*, 55 Tul. L. Rev. 237 (1980).

(44) See Cindy A. Schipani & Terry Morehead Dworkin, *Class Action Litigation After Dukes: In Search of a Remedy for Gender Discrimination in Employment*, 46 U. Mich. J.L. Reform 1249 (2013); Joseph A. Seiner, *Weathering Wal-Mart*, 89 Notre Dame L. Rev. 1343 (2014).

(45) See Melissa Hart, *Civil Rights and Systemic Wrongs*, 32 Berkeley J. Emp. & Lab. L. 455, 475 (2011).

VI 最　後　に

　本稿では，ウォルマート社事件連邦最高裁判決の判例法理，その考察，及び，同判決後に労働法学者等からなされた提案について検討してきた。たしかに，本連邦最高裁判決は，第7編に基づき損害賠償を請求するクラスアクションに大きな制約を課すものとなっている。しかし，このような限界がありながらも，米国のクラスアクションは，労働者に対する救済手段として，依然として大きな役割を果たしている。

　わが国では，クラスアクション類似の制度として，2013年に消費者裁判手続特例法が成立したものの[46]，労働者保護のための類似の制度は，十分に検討されてきたとは言いがたい。米国の第7編に基づくクラスアクションの研究を踏まえ，その重要性がわが国でも強く認識されることを期待したい。

---

(46) 「消費者の財産的被害の集団的な回復のための民事の裁判手続の特例に関する法律」平成25年12月11日法律第96号。なお，同法については，町村泰貴「消費者裁判手続特例法の立法と特徴（日本版クラスアクションとは何か）」法セ59巻5号34頁以下（2014）等の論考を参照のこと。

32 労働委員会における個別的労使紛争処理のフロンティア

村 田 毅 之

I はじめに
II 鳥取県労働委員会における個別的労使紛争処理制度
III 鳥取県労働委員会における個別的労使紛争処理の特徴
IV 鳥取県労働委員会における個別的労使紛争の処理実績
V おわりに

I はじめに

1 日本における個別的労使紛争処理制度の展開

日本では，個別的労使紛争が多発する傾向に対応して，この13年ほどで，個別的労使紛争を処理する機関が整備されてきた。新たな制度の構築にあたっては，関係者，関係機関，関係士業団体等の利害も絡み，大いに議論があったものの，一元化など合理的な制度構築のための努力が行われることもなく，「複線的なシステム」が選択され，同じ機能を有する公的機関も併存する状況となっている[1]。

労働関係民事紛争解決の最終的な拠り所となるのが民事訴訟であり，地方裁判所で行われる通常訴訟と仮処分手続，簡易裁判所で行われる通常訴訟と少額訴訟がある。これらは，労使紛争処理に特化したものではない。

ADRにおいては，労使紛争処理に特化したものも多様に準備され，司法型ADRとして，地方裁判所で行われる労働審判制度がある。また，行政型ADRとして，都道府県労働局における紛争調整委員会によるあっせんや調停，1都2県を除く44の道府県の労働委員会におけるあっせん，1都1府4県で行われ

---

(1) 日本における労使紛争処理制度の最近までの大まかな姿については，拙著『日本における労使紛争処理制度の現状』（晃洋書房，2008年）参照。

ている労政主管事務所によるあっせんがある⁽²⁾。

　また，労使紛争処理に特化したものではないが，ADR の優等生として長年有効に機能してきている簡易裁判所で行われる民事調停も，とくに最近では，想定を超える事件数の処理に追われる労働審判制度の負担軽減等の裁判所側の思惑もあり，労使紛争処理に活用されるようになっている。

　さらには，民間型の ADR として，弁護士会の紛争解決センターや，個別的労使紛争処理に特化した社労士会労働紛争解決センターなども，労働関係民事紛争解決に一定の役割を果たすようになってきている⁽³⁾。

2　各労使紛争処理制度の処理実績と制度再構築の必要性

　次頁に，労働審判制度が運用を開始する前年の 2005 年度からの，地方裁判所及び行政機関の新規受理件数と，2011 年度からの，簡易裁判所及び民間機関の新規受理件数を示している⁽⁴⁾。

　制度が単一の機関で行われることになると，硬直的になりがちであることは否定できず⁽⁵⁾，制度間競争によるメリットも一概に否定することはできない⁽⁶⁾。

（2）　労働審判制度について詳しくは，拙稿「労働審判制度における個別的労使紛争処理の実際」松山大学総合研究所所報 76 号（2013 年），また，紛争調整委員会のあっせんや調停に関して詳しくは，拙稿「個別労働関係紛争解決促進法に基づく紛争調整委員会によるあっせんの実際」松山大学総合研究所所報 59 号（2009 年）及び同「雇用機会均等法に基づく機会均等調停会議による調停の実際」松山大学総合研究所所報 66 号（2010 年）を参照。

（3）　社労士会労働紛争解決センターについて詳しくは，拙稿「社労士会労働紛争解決センターの個別的労使紛争に関するあっせんの実際」松山大学総合研究所所報 71 号（2012 年）を参照。

（4）　最高裁判所事務総局行政局「平成 25 年度労働関係民事・行政事件の概況」法曹時報 66 巻 8 号（2014 年）149 頁以下や最高裁判所事務総局民事局「平成 25 年民事事件の概況」法曹時報 66 巻 11 号（2014 年）138 頁以下，厚生労働大臣官房地方課労働紛争処理業務室 2014 年 5 月 30 日公表「平成 25 年度個別労働紛争解決制度施行状況」，厚生労働省大臣官房地方課労働紛争処理業務室 2014 年 5 月 30 日公表「平成 25 年度個別労働紛争解決制度施行状況」，厚生労働省雇用均等・児童家庭局 2014 年 5 月 29 日公表「平成 25 年度都道府県労働局雇用均等室での法施行状況の公表」，（都道府県労働委員会）「個別的労働紛争のあっせん」中央労働時報 1180 号（2014 年）38 頁等を参照。

（5）　山本圭子「個別労働紛争の現状と課題」労働調査 2010 年 9 月号 11 頁。

（6）　西村健一郎「複線型の個別紛争解決システム」労働判例 1014 号（2011 年）2 頁。

各労使紛争処理制度の新規受理件数

行　政　機　関				司　法　機　関		
44 道府県 道府県労委	6 都府県 労政事務所	国：厚生労働省 都道府県労働局		裁判所 地方裁判所		
あっせん	あっせん	あっせん	調停	労働審判	通常訴訟	仮処分
05 年度　294	1215	6888	4	—	2446	598
06 年度　300	1243	6924	5	877	2035	470
07 年度　375	1144	7146	62	1494	2246	417
08 年度　481	1047	8457	72	2052	2441	440
09 年度　503	1085	7821	71	3468	3218	676
10 年度　397	919	6390	96	3375	3127	528
11 年度　393	909	6510	98	3586	3170	560
12 年度　338	801	6047	79	3719	3358	477
13 年度　376	710	5712	59	3678	3341	449

（裁判所については年度ではなく年）

民　間　機　関		簡　易　裁　判　所		
社労士会 ADR	弁護士会 ADR	通常訴訟	少額訴訟	民事調停
11 年度　48	59	522,639	17,841	63,009
12 年度　145	50	403,309	15,897	48,627
13 年度　170	65	333,746	13,240	42,821

（簡易裁判所については民事事件全体の数字）

　また，利用する側からするならば，選択肢が多いことは歓迎すべきことでもある。しかし，とくに公的な労使紛争処理制度を維持するために要する人的，経済的負担を考慮すると，再検討を行い，全体として合理的な制度に再構築する必要があると解される[7]。

　労働委員会が個別的労使紛争のあっせんを行っている道府県では，少なくと

---

(7)　野田進「労働委員会制度の再編に向けて――『労働委員会法』構想とその概要――」月刊労委労協 2010 年 4 月号 4 頁。早い時期から，制度の一元化の必要性を説く見解も見られていた。安藤高行「労働委員会による個別的労使紛争解決制度について」月刊労委労協 2002 年 11 月号 13 頁。

第6章　労働紛争解決システムの課題を深化させる

も，労働委員会の 15 名の委員のほか，紛争調整委員会の 6 名の委員と 10 名の労働審判員が必要であり，また，その専門性の維持，向上のために定期的な研修が必要とされ，それに要する費用も発生する[8]。

筆者は，すでに 3 年ほど前に，そのための素案を示していたが[9]，その後，その年間新受件数が 3 千件台で高止まりを続け，今では個別的労使紛争処理のための ADR の代表格と評価できる，司法型 ADR の労働審判制度に関して，2010 年 7 月から 11 月にかけて，利用者に対するアンケート調査が行われ，その興味深い結果が明らかになっている。また，個別的労使紛争処理に特化した民間型の ADR として，社労士会労働紛争解決センターが，全国レベルで，その処理実績を挙げるまでになり，比較的短い間に，労使紛争処理制度をめぐる状況にも，少なからぬ変化が見られている。そういった調査結果や変化を踏まえた再構築のための構想も示している[10]。

筆者の基本的考え方は，地方自治の流れに逆らうものではあるが，労使紛争処理制度については，中央集権的に，厚生労働省の都道府県労働局が一元的管理を行うべきとするものである。その前提の一部には，全体としては年間 300〜400 件台と，処理実績の上がらない道府県労働委員会の個別的労使紛争処理体制がある。各道府県に任していては，必ずしも合理的な財政，人的資源の活用が行われていないという評価がある。ただし，一部の労働委員会の中には，人口比からすると，労働審判制度や紛争調整委員会のあっせんと同程度以上の処理実績を上げているところもあり，他の労使紛争処理機関も見習うべきことも多く，注目すべきものと思われる。

3　本稿の目的

本稿は，そういった労働委員会の代表格といえる鳥取県労働委員会の個別的労使紛争処理の現状を概観し，日本の労使紛争処理制度の再構築のための議論

---

(8)　元村英一「労働委員会の現状を踏まえた今後の労働委員会のあり方について」月刊労委労協 2009 年 12 月号 71 頁も，同じような相談・あっせんを複数の公的機関でやる不経済が指摘される可能性を述べている。
(9)　拙稿「日本の労使紛争処理制度の再構築素案」月刊労委労協 2011 年 6 月号 2〜27 頁。
(10)　拙稿「労働紛争調整事件にみる労働市場規制緩和の影響——日本における個別的労使紛争処理制度の展開とその再構築——」青森中央学院大学地域マネジメント研究所研究年報 10 号（2014 年）196〜201 頁。

に役立てようとするものである。

II　鳥取県労働委員会における個別的労使紛争処理制度

1　鳥取県労働委員会

鳥取県労働委員会は，労働組合法19条の12及び地方自治法180条の5・2項に基づいて設置されている行政委員会であり，鳥取県下における不当労働行為の判定や労働争議の調整等を行ってきた。加えて，2002年4月1日からは，鳥取県個別労働関係紛争の解決の促進に関する条例に規定するあっせんについて，知事の委任を受けて，その事務を行っている。

さらには，紛争解決のノウハウを有する労働委員会が，相談段階から対応を行うことにより，紛争の未然防止，解決に向けた機動的な体制をとっていく必要があると判断し，2005年4月1日からは，同条例に定める知事の労働相談等に関する事務を，労働委員会事務局職員が補助執行することとして[11]，労働委員会独自の労働相談をスタートさせている。独自に労働相談を行っている労働委員会は，2013年度に28県に拡大したが，2012年度までは，14県に止まっていた[12]。

2　個別労働関係紛争のあっせん制度開始までの経緯

鳥取県地方労働委員会（当時）は，2000年11月の全国労働委員会連絡協議会総会において，労働委員会も，個別労働関係紛争解決サービスに積極的に関与することが望ましいとされたことなどを受けて，2001年6月5日に，県商工労働部労働雇用課とともに，「個別的労使紛争処理検討委員会」を設置するところとなった。同検討委員会では，設置日に開催された第1回から，同年9月18日の第3回まで検討が重ねられた。並行して，鳥取県地方労働委員会においても，同年11月8日開催の第869回総会で検討が行われ，まとめられた「個別的労使紛争処理検討委員会報告書」について，同月22日開催の第870回総会で了承が得られた。そして，当時から現在まで会長の職にある太田正志氏（弁護士）をはじめとする4名の委員が，同報告書をもとに，同年12月28日に，

---

(11)　鳥取県労働委員会『平成17年版鳥取県労働委員会年報』（2005年）5頁。
(12)　全国労働委員会連絡協議会『第69回全国労働委員会連絡協議会総会資料』（2014年）106頁。

片山知事と協議を行い，条例制定により，2002年4月1日から，個別労働関係紛争のあっせん制度がスタートすることが決定された。

2002年2月県議会で，「鳥取県個別労働関係紛争の解決の促進に関する条例」が制定され，さらに，「鳥取県個別労働関係紛争の解決の促進に関する条例施行規則」及び「鳥取県個別労働関係紛争の解決の促進に関する条例等に基づく事務の一部を地方労働委員会に委任する規則」が定められ，鳥取県地方労働委員会において，2002年4月1日から，個別労働関係紛争について，あっせんが行われるところとなった[13]。

個別労働関係紛争の記念すべきあっせん申請事件第1号は，スタートから半年が経過した2002年10月2日に労働者側から申請があったもので，「解雇撤回または退職金増額及び補償金の支払い」を調整事項とするものであった。この事件は，被申請者側のあっせん拒否により，あっせんに至らず，同年10月29日に，打切りにより終結するところとなっている[14]。

なお，2009年度からは，個別労働紛争事件が増加している現状を受けて，個別労働関係紛争あっせん制度に，後述するように，「労使ネットとっとり」の愛称をつけて，鳥取県内の一人一人の労働者に対して直接働きかける情報提供に努めている[15]。

Ⅲ 鳥取県労働委員会における個別的労使紛争処理の特徴

1 関係者・関係機関の積極的な取組姿勢

まさに，「組織は人なり」であるが，鳥取県労働委員会では，労働者委員や公益委員のみならず，使用者委員や事務局職員においても，労働委員会の業務運営に関して，非常に積極的な姿勢がみられる。それが，業務のすべての面において表れており，それらを強く支えているのが，県知事の労働問題や労働委員会に対する深い理解である。また，そういった業務への積極的な取組姿勢が，労働委員会内部に止まらず，労働委員会に関わる関係者・関係機関にも波及するところとなっている。

鳥取県は，東西に横長という地形的特徴を有し，鳥取市を中心とする東部，

---

(13) 鳥取県地方労働委員会『平成14年版鳥取県地方労働委員会年報』(2003年) 53頁。
(14) 同上・53頁。
(15) 鳥取県労働委員会『平成25年版鳥取県労働委員会年報』(2014年) 38頁。

倉吉市を中心とする中部，米子市及び境港市を中心とする西部の3つに区分されるのが一般的であるが，その地形的特徴を考慮して，業務に積極的に取組むために，「現場主義」を採っている。労使紛争処理を行う場合には，原則として，当事者の所在地または住所がある地域に出向いて，実情調査，あっせん，労働相談を実施するように心がけている。

鳥取県労働委員会が積極的な取組をするようになった背景の一つに，2008年2月13〜14日に実施した韓国江原道の江原地方労働委員会との調査交流があり[16]，福岡県労働委員会野田進会長や労働政策研究・研修機構呉学殊副主任研究員の協力を得て，韓国の労使団体や中央労働委員会への調査も実現している。この調査の成果を，同年の10月22日に鳥取県労働委員会が主催して鳥取市で行った「日韓労働委員会フォーラム」の開催に結び付けている[17]。

(1) **労働委員会委員**

(i) 委員の選任

現場主義を無理なく実現するために，委員の選任にも配慮がなされており，例えば，弁護士を本務とする3名の公益委員の事務所所在地は，鳥取市，倉吉市，米子市となっている。

同様の配慮が，労働者委員や使用者委員に関しても行われ，地域に配慮して，東部，中部，西部に，バランス良く，委員を選任するとともに，あっせん委員の配置を行っている。

(ii) 委員の報酬

労働委員会委員の職務遂行の対価である委員報酬についても，鳥取県は月額制を維持しており，中四国の労委で月額制を維持しているのは，他には，島根県のみである。これは，次の(2)で述べる知事の理解の賜物ともいえる。

都道府県労働委員会の報酬は，従来は，すべての労働委員会において月額制がとられていた。しかし，月額制を違法とし知事に対する月額報酬の支出差止請求を認めた滋賀県労委事件[18]に端を発する住民訴訟が相次いだことと，財

---

(16) 鳥取県労働委員会『平成23年版鳥取県労働委員会年報』(2012年) 47頁。鳥取県と韓国江原道は交流関係にある。
(17) 調査交流事業と日韓労働委員会フォーラムの概要については，鳥取県労働委員会『平成20年版鳥取県労働委員会年報』(2009年) 36〜58頁。
(18) 大津地裁判決平成21・1・22判例時報2051号40頁。

政難のもとでは選挙民の目を意識する必要が出てきたことなどから，月額制を見直すところが続出し，2014年4月1日現在，月額制を維持しているのは18労委となり，日額制と月額制の併給としているのが15労委，日額制のみが14労委となっている。

その額の多寡はともかく，労働委員会委員という，労働関係における地域の顔という，その職務・地位に相応しい定まった報酬が，さまざまな業務，事業，イベント展開における，前向き，積極的な姿勢を支える面があることは否定できないと思われる。月額制から日額制に移行した労働委員会においては，ほとんどのところにおいて，委員報酬の大幅な減額となり，担当事件への対応のために登庁日以外でも行われる事前準備や事後整理，日常的に，自発的に行うことが期待される，労働関係法規や労働情勢に関する自己研鑽などの，労働委員会委員としての自律的活動が望みえない状況に至っていることが憂慮されている[19]。

(iii) 委員の名刺

また，細かいことではあるが，鳥取県労働委員会では，委員としての名刺を公費で作成し，その業務の周知・広報や，円滑な業務執行に役立てている。非常勤の職ではあるが，その職務の重要性からするならば，こういったことは当然のことと考えられる。しかし，他の労働委員会の委員においては，委員としての名刺を持たない人も多いようである。

(2) **事務局職員**

労働組合法19条の11・1項及び19条の12・6項によれば，事務局長及び必要な職員の任命は，会長の同意を得て，都道府県知事が行うことになっているが，事務局職員の人事に関しても配慮が行われている。2010年4月1日から2年間局長を務めたのは，局長就任まで8年間次長の職にあり，労働委員会の職務に精通した人材である[20]。また，現在就任3年目となる次長も，審査担当の主幹を4年間務めた経歴のある人材である。

---

(19) 田中誠「労働委員会委員報酬の月額制は違法ではない」月刊労委労協2010年7月号66頁。
(20) 2008年2月に実施した韓国江原地方労働委員会との調査交流をもとに，韓国の労働委員会制度に関する貴重な業績を残しておられる。竹本英雄「韓国における労働委員会制度について」中央労働時報1090号（2008年）2〜18頁。

事務局においては，その上層部においても，自信をもって労使紛争処理業務の遂行ができるような体制となっている。

(3) 鳥取県中小企業労働相談所（愛称「みなくる」）との有機的連携

鳥取県の商工労働部の委託により運営されている鳥取県中小企業労働相談所（みなくる）とも有機的に連携して，中小企業労働相談所における労働相談から労働委員会のあっせんへのルートを確立している。

個別労使紛争解決支援センター（労使ネットとっとり）と中小企業労働相談所（みなくる）をともにPRするために，「A4版クリアファイル」が作成され，一般に配布されている。その表側の下から4分の1程度のスペースには，労使ネット鳥取の住所やフリーダイヤル（0120-77-6010）などが書かれてあり，その裏側には，みなくるのフリーダイヤル（0120-451-783）と，3か所の事務所の連絡先などが書かれてあり，とても分かりやすくなっており，労働問題を抱えた労使にとっての解決への道しるべとなっていると解される。

(i) 中小企業労働相談所（みなくる）

労働相談を主な事業とする中小企業労働相談所（みなくる）は，労働者の権利や労働者の求める多様な働き方を支援する啓発，労働教育等を推進する商工労働部雇用人材総室のもとにある。現在では，委託事業として，一般社団法人鳥取県労働者福祉協議会が管理運営を行っている。

全国的に見れば，労政主管事務所の主要な業務の一つである労働相談の窓口が置かれているところでも，それは形だけで，他に主たる業務を持つ担当者が，専ら，他の相談窓口の紹介など情報提供に努めるのみで，実質的な労働相談機能を有しないところも多いなかで[21]，中小企業労働相談所（みなくる）は，一般的な労働相談のほか，内職の紹介，労働セミナーの開催，高等学校等に労働相談員が伺う出前セミナー，労務管理アドバイザー（社会保険労務士）の事業所への派遣，働きやすい職場環境作りのための事業所や労働組合への研修講師派遣（社会保険労務士やテーマに沿った専門講師）など，多様な事業を活発に行っている。

---

(21) 拙著『日本の労使関係法』（晃洋書房，2012年）166頁。なお，筆者は，ある労働局の総合労働相談コーナーに，県の労政主管事務所の紹介で，集団的な労働問題に関する相談が舞い込んだ，という笑えない話を伺ったことがある。

第6章　労働紛争解決システムの課題を深化させる

　2013年10月からは，治療と職業生活の両立を促進するために，がん治療を受けている労働者の相談にワンストップで応じる「がん患者労働相談ワンストップサポート」も行っている。

　また，労働の意味やワークルールの基礎知識について，学生の社会人前教育や，新社会人の啓発に活用するための，イラストを多く活用した非常にわかりやすいハンドブックである『THE社会人これから働きはじめるあなたへ』（A5版・63頁）や，その若者（高校生）向けダイジェスト版『THE社会人（基礎編）』（A6版・20頁）の編集協力も行っている。

(ii)　労働相談

　中小企業労働相談所（みなくる）も，東西に長い鳥取県の地域性を考慮して，東部の鳥取市（「みなくる鳥取」），中部の倉吉市（「みなくる倉吉」），西部の米子市（「みなくる米子」）の3か所に設置されている。

　平日（9:30～18:00）のほか，毎月第1土曜日は，鳥取市（奇数月）ないしは米子市（偶数月）の相談所が対応するようになっている。相談へは，電話や面談によるもののほか，相談者の利便性を図るために，メールでも対応しているが，メールによる相談はあまり多くはないようである。鳥取県内のどこからでもつながるフリーダイヤル（0120-451-783）が設置され，相談所につながるようになっている。

　労働相談件数は，2008年度や2009年度では，それぞれ1500件，1597件と，千件台であったものが，2010年度は2304件と急増し，以後，2千件台を維持し，2013年度においても，2126件となっている[22]。

年　　度	2008年	2009年	2010年	2011年	2012年	2013年
相談件数	1500	1597	2304	2301	2157	2126

(iii)　がん患者労働相談ワンストップサポート

　がん患者労働相談ワンストップサポートは，労働トラブルや社会保険を含めた各種労働関係制度に詳しい労働相談員と，がんの治療やがん治療費などの各種支援制度に詳しいがん相談員が一緒になって，「がんと仕事」の悩みに，同

---

(22)　鳥取県中小企業労働相談所「平成25年度中小企業労働相談所（みなくる）の労働相談の概要」（2014年）1頁。

時に答えるものである。

　東部では，「みなくる鳥取」と，鳥取県立中央病院及び鳥取市立病院の「がん相談支援センター」，中部では，「みなくる倉吉」と鳥取県立厚生病院の「がん相談支援センター」，西部では，「みなくる米子」と，鳥取大学医学部付属病院の「がん相談支援室」及び米子医療センターの「がん相談支援センター」が一緒になって，電話予約により，各支援センターないし支援室において，相談を実施する体制となっている。なお，相談できるのは，支援センターないし支援室が設置されている医療機関の患者に限られるものではない[23]。

(4) 鳥取県立図書館との連携

　鳥取県労働委員会は，鳥取県立図書館とも，密接な連携関係を結び，それぞれの機能を有効に果たすことに成功している。

　鳥取県立図書館には，労働関係に関して非常に充実した蔵書がある。また，労働問題をはじめ，法律問題を抱えた人が頼りになる相談所のパンフレットやインターネットサイトのアドレス，読むべき図書を知らせるテーマごとのパンフレット「暮らしの困りごと解決ナビ」(A4版4頁)が，図書館入口に置かれている。例えば，「不当解雇(派遣労働者，パート，アルバイト，契約社員等)〔平成25年4月改訂〕」には，「みなくる」や「労使ネットとっとり」のインターネットサイトや，解雇等に関する関連図書や六法，法令解説書，法情報関係雑誌の書名・雑誌名とその図書館内の配架場所，県内の相談機関の連絡先が記載され，最後のページは図書館内マップになっており，利用者の利便性を高めている。

　また，生活や仕事で必要な法律情報やトラブル解決に役立つ情報を提供する「法律情報サービス」を行っている。困りごとの解決に役立つ本をテーマごとに並べており，また，法律関係の仕事に携わっている人にも役に立つ，高度な専門書，専門雑誌，データベースを備えている。市町村の図書館との連携も密に行われており，県立図書館の蔵書をHPで予約し，最寄りの市町村の図書館の窓口で借りて，返却するシステムも取られている。

　さらには，必要とされる資料や情報を探す手助けをしてくれる，職員による「資料相談」を実施しており，法律の専門家による無料相談会も定期的に実施

---

(23) 「がん患者労働相談ワンストップサポート」パンフレット1面。

されている。

　直接的，具体的な連携としては，労使ネットとっとりが毎年行い，一般人も参加できる「あっせん員候補者等特別研修会」において，5分間程度の短時間ではあるが，図書館の有効利用を呼びかける図書館職員による案内も組み込まれている。

(5) 隣接県との連携

　鳥取県において第2の市である米子市と隣接し，民放のテレビ局やラジオ局の放送エリアが一致する島根県と，イベント共同開催や共同の広報・PR活動を行い，周知，宣伝効果を高めることに成功している。

2　知事の理解

　上述のような関係者・関係機関の積極的な取組姿勢を背後から支えているのが，トップである県知事の制度に対する深い理解である。それにより，労働委員会や関係機関の制度的・財政的支援が行われ，さまざま効果的な事業展開が可能となる。

　鳥取県労働委員会において個別的労使紛争処理制度をスタートさせようとした時の知事が，後に総務大臣となり，現在慶応義塾大学法学部教授である片山善博氏である。太田正志会長の話を受けて，知事提案により，「鳥取県個別労働関係紛争の解決の促進に関する条例」を作って，制度が始まっている。条例で定めることにより，県が，個別的労使紛争処理を自治事務として主体的に取組んでいくという姿勢を県民に明示したということになる[24]。労働委員会における個別的労使紛争処理制度を条例で定めて実施しているところは，他には，広島県と岩手県があるのみである[25]。

　現在の平井伸治知事は，片山知事時代の副知事であり，制度スタート時のことも熟知しており，現在の労働委員会の運営に関しても，深い理解が及んでいるものと考えられる。労働委員会の意義に対する首長の深い理解は，予算にも反映され，他の労働委員会にはあまり見られないような，セミナーの開催など

---

(24)　鳥取県労働委員会・前掲注(16)45～46頁。
(25)　拙稿「労働委員会による個別的労使紛争処理」『法と政治の現代的諸相　松山大学法学部二十周年記念論文集』（ぎょうせい，2010年）386頁。

を可能としている(26)。予算に関する考え方としては，委員報酬や事務局職員の給与だけでも多額のものとなっているので，その有効活用という面も重視しており，さらなる予算が必要とはなるが，積極的に，周知・広報効果も見込める相談会やセミナー等のさまざまな事業が，毎年展開されるところとなっている。

3　事業の積極的展開
(1)　積極的な周知・広報活動
(i)　周知・広報活動の歴史

労働委員会は，一般的には，裁判所や労働基準監督署等と比べると，労働者や労働組合にも良く知られた存在ではない(27)。労働委員会の個別労働関係紛争解決制度の一層の周知を図るために，全国労働委員会連絡協議会(28)が，2008年4月に，「個別紛争処理制度の周知・広報その他の利用促進の方策等を検討する小委員会」を設置して，2009年からは，全国共通で，10月を，「個別労働関係紛争解決制度周知月間」とした。その初年度においては，ゲゲゲの鬼太郎が解雇やパワハラを始めとした労働問題のSOS信号（トラブル）を妖怪アンテナでキャッチしている様子を描いた「全国共通ポスター・リーフレット」(29)を，鳥取県労働委員会が中心になって作成し，マスコミにも取り上げられ，積極的な周知・広報活動が展開され，あっせん事件の新規受付件数の増加に結び付いたが，残念ながら，「全国共通ポスター・リーフレット」の利用による周知・広報活動は，単年度で終わってしまっている。

---

(26)　鳥取県労働委員会・前掲注(15)4頁によれば，2013年度の当初予算は，事務局費が5815万4千円，委員会費が3665万4千円で，合計9480万8千円となっている。
(27)　新潟県労働委員会が2007年1月に行ったアンケートでは，過去10年間で労働委員会を利用したことのない労働組合の43％が，労働委員会を知らないという驚くべき結果となっている。江花和郎「労働委員会を知らない──新潟県労委の調査結果から──」月刊労委労協2007年5月号62頁。
(28)　労働委員会相互の連絡を密にし，その事務処理の統一と調整を図るために労働委員会規則86条により設置されている，都道府県労働委員会と中央労働委員会を含めた会議である。
(29)　「資料3ポスター・リーフレット図案」月刊労委労協2009年10月号81頁。

第6章　労働紛争解決システムの課題を深化させる

(ii)　広報の基本方針

労働委員会や関係機関等が積極的な PR 活動を展開し，レベルの高い労使紛争処理実績を上げている鳥取県においても，労働委員会が行っている個別労使紛争解決支援センター（労使ネットとっとり）が行っている労働相談やあっせん等に対する，鳥取県民の認識は，まだまだ深いとは言えない状況にあるという認識から，個別的労使紛争処理機関としての利用度，知名度を向上させるために，下記の①～③の「広報の基本方針」を定め，まずは，制度のクライアントである個々の労働者，市民，県民を意識した，分かりやすい情報発信を，継続し続けることを心掛けている[30]。

①　広報内容

個別労使紛争解決支援機関としての労使ネットとっとりの存在に加えて，その特徴である「公労使三者構成のあっせん員が調整の任に当たること」，「あっせんではあっせん員・事務局職員が現地に出向く現場主義であること」，「解決のためには何度でもあっせんを行うこと」の3点と，「これまでの解決率，平均処理日数，被申請者の参加率等の実績」についても広報するとしている。

②　集中広報期間の設定

労使ネットとっとりの相談フリーダイヤル（0120-77-6010）にちなんで，その周知・PR を図るために，6月10日を「労使ネットとっとりの日」としているが（2012年6月13日第1107回総会決定），その日がある6月と，全国労働委員会連絡協議会制定の「個別労働関係紛争処理制度周知月間」である10月に，集中的に広報を行うこととしている。

③　広報媒体の積極的活用

話題性の高い題材を提供する等の手段で，新聞記事への掲載や，ケーブルテレビ・ラジオ等のマスコミを効果的に活用する等，可能な限り多くの広告媒体の利用を検討し，制度の露出度が高まるようにしている。また，フリーペーパー等の利用なども行っている。鳥取県の施策である「まんが王国建国」を踏まえて，新たに新聞広告に漫画の活用や，県庁舎等への懸垂幕・横断幕の掲出も行っている。

---

[30]　鳥取県労働委員会・前掲注(15)38頁及び小椋昌美「労働者委員に就任して思うこと」月刊労委労協2014年6月号39頁。

労働紛争予防セミナーの開催や，あっせん員候補者特別研修等を，一般県民に公開することにより，労使ネットとっとりを広報する。また，卒業を控えた高校3年生に，鳥取県労働者福祉協議会発行の『THE社会人（基礎編）』とともに，労使ネットとっとりの「A4版クリアファイル」を配布することにより，未来の労働者に対する労働教育，紛争の未然防止等の観点から，広報に努めている。

(2) 個別労使紛争解決支援センター（労使ネットとっとり）**の設置**

(i) 個別労使紛争解決支援センター

鳥取県労働委員会が行っている個別労働関係紛争の相談及びあっせんについて，県民にとって分かりやすく，利用しやすい組織体制とするために，2009年4月1日から，労働委員会内に，「個別労使紛争解決支援センター」を設置している。

設置といっても，実際のところは，労働委員会において個別的労使紛争処理を行っている部分を，とくに「個別労使紛争解決支援センター」と呼ぶことにしたに過ぎないものである。具体的には，労働委員会の中にセンターの看板を掲げるだけでスタートが切られた。費用もほとんどかからず，面倒なこともなく，実行されている。その根拠規定としては，労働委員会の定例総会においてセンターの設置要綱を制定したほか，事務局組織については，労働組合法施行令25条に基づいて知事が定める「鳥取県労働委員会事務局組織規則（昭和27年鳥取県規則第100号）」に，「個別労使紛争解決促進担当」を置くことが規定されている[31]。

(ii) 個別労使紛争解決支援センター関連の周知・広報活動

センターのスタートの際には，うやうやしくセンター開設式を行い，マスコミの注目を集めることに成功している。そして，より親しみやすく，また覚えやすいものとして，その利用の促進を図るために，センターの愛称及びロゴマークを作ることとし，その際に，一般公募を行い，広報効果を上げている。

まず，愛称を募集し，採用者には賞状と2万円相当の副賞（鳥取県産品）を贈呈している。愛称は，「労使間に話し合いのためのネット（網）をはり，紛争解決を支援します。」という趣旨で，「労使ネットとっとり」となった。この

---

(31) 鳥取県労働委員会・前掲注(16)55頁，94頁。

第6章　労働紛争解決システムの課題を深化させる

愛称が採用された重要ポイントは，その汎用性にあると説明されており，「労使ネット○○」の○○の部分に，各都道府県の名前を入れることにより，「労使ネット」の輪が全国に広がることを期待しているとのことである[32]。残念ながら，これまでのところ，これに続く賢明な労働委員会は，出ていない状況にある。

　続いて，ロゴマークを募集し，採用者には賞状と3万円相当の副賞（鳥取県産品）を贈呈している。ロゴマークは，労働者と事業主とのトラブルの間に立ち会うあっせん員を表現する楕円の輪が3つ重なるもので，公労使の三者構成の重なりにより，紛争が円満に解決し，和（ハートの輪）が生まれる様子をイメージするものとなっている。

　センター設置の広報から，愛称やロゴマークの募集に至るまで，半年ほどの時間をかけて行い，その都度，話題性を提供することにより，継続して一般の注目を集めることに成功している[33]。

　その効果が，2009年の暦年ベースでの最高を記録したあっせん申請34件として表れている。労働相談件数も同様に，同時期に急増している。また，副次的効果として，労働組合からの問い合わせ件数も増加しており，センターの活動が，「集団（労使紛争）の実質個別（労使紛争）化」という近年の傾向にも即するものであり，労働組合へのアプローチとしても有効であると考えられている[34]。

(3)　労働相談の積極的な実施

　労働委員会自体が労働相談を実施するということになると周知効果も見込めるし，また，本来の効果である自主的解決の支援にもなる。確かに，労働相談に対応するためには，それ相応の研修が必要であり，費用や時間の面で，大きな負担ではある。しかし，労働委員会としても，労働問題や労使関係の現状把握に役立つことも多く，労働関係紛争処理のための基礎知識や実務の習得にも役立つことで，紛争処理の実践的トレーニングにもなるという理解から，労働相談を積極的に実施している。

---

(32)　太田正志「労使ネットの輪（和）を広げたい」中央労働時報（2013年）1158号3頁。
(33)　鳥取県労働委員会・前掲注(16)56頁。
(34)　本川博孝「労働委員としての雑感」月刊労委労協2011年6月号55頁。

(ⅰ) 窓口相談

　労働相談業務の基本となるのは窓口相談であり，鳥取県庁第二庁舎7階にある労使ネットとっとり相談室において，労働委員会事務局職員が応じるものである。祝日を除く月～金曜日の午前8時30分～午後5時15分までは，予約不要で，電話相談と面接相談に応じている。面接相談は，事前予約があれば，午後5時15分～午後6時30分にも対応している。

　相談専用ダイヤルとして，鳥取県内フリーダイヤル（0120-77-6010，ラッキー・ろうどう）を設置して，相談者の費用負担軽減，利便性向上に役立てている。

(ⅱ) 定期相談会

　定期相談会は，労働委員会の公労使の三者構成の3名の委員が一組になって，面接相談に応じるものである。原則として，休日合同労働相談会を行う6月，10月，3月を除く毎月第2水曜日の午後3時30分～午後5時まで，委員を揃える必要から，前日までの予約により，労使ネットとっとり相談室において行われる。

(ⅲ) 休日合同労働相談会

　休日合同労働相談会は，労働委員会の労働相談をPRし，「労使ネットとっとり」の周知を図るとともに，平日の相談が困難な県民等に配慮して，労働委員会の委員が直接助言を行うものである。年に3回，鳥取市，倉吉市，米子市の公共施設等において一斉に，労使紛争に関わりのある機関との共催により，合同で，面接相談に応じる。予約は必要ないが，事前予約した人は優先して相談を受けることができる。

　参加する機関は，鳥取県弁護士会，法テラス鳥取（日本司法支援センター鳥取地方事務所），鳥取労働局。社会保険労務士会（社労士会労働紛争解決センター鳥取），みなくる鳥取・倉吉・米子（鳥取県中小企業労働相談所），商工労働部雇用人材総室である。

　2013年においては，3月10日（日），6月23日（日），10月27日（日）に開催され，宣伝のためのシナジー効果を狙って，6月と10月は，島根県労働委員会の相談会と同じ日に開催している[35]。

---

(35) 鳥取県労働委員会・前掲注(15)32頁。

第6章　労働紛争解決システムの課題を深化させる

(iv)　12時間労働相談（「労使ネットとっとり」労働相談週間事業）

労使ネットとっとりの相談フリーダイヤル（0120-77-6010）にちなんで，その周知・PRを図るために，6月10日を，「労使ネットとっとり」労働相談の日と称して，6月10日を含む月曜日から金曜日までの1週間については，午前8時から午後8時までの12時間，労使ネットとっとり相談室において，労働委員会事務局職員が対応する労働相談を実施している[36]。

(4)　セミナーや研修会等，イベントの積極的実施

セミナーや研修会等のイベントを積極的に実施することにより，本来の目的である委員や事務局職員の研修（レベルアップ）効果に加えて，労使に対する労働関係知識の啓蒙効果や制度の周知効果も実現している。また，イベント実施後においては，参加者による情報交換会を組み込むことも多く，労使の現場のざっくばらんな知識交換，意見交換の場となり，他の機関の現状を知る貴重な機会となっている[37]。

2013年において行なわれたものは，3月13日の委員研修（労働契約法等研修会）「改正契約法の意義と法的問題点」（講師：三井正信広島大学大学院社会科学研究科教授），5月22日の委員研修（労使紛争処理制度等研修会）「労働委員会あっせんのメリットと課題」（講師：野田進九州大学大学院法学研究院教授），7月24日のあっせん員候補者等特別研修会（労使ネットとっとり特別講演会）「非正規労働者の雇用保障と均等待遇」（講師：川口美貴関西大学法科大学院教授），10月23日の労働紛争予防セミナー「職場のいじめ・嫌がらせ，パワーハラスメント——予防と解決に向けて——」（講師：金子雅臣職場のハラスメント研究所代表理事ほか）である[38]。

---

(36)　同上・33頁。

(37)　例えば，2014年8月8日に行われた2014年度あっせん員候補者等特別研修会の終了後に行われた情報交換会には，鳥取県労働委員会関係者のほか，特別研修会の講師を務めた大学教員，他の労働委員会の労働者委員，鳥取県中小企業労働相談所の労働・雇用相談員，鳥取県弁護士会所属弁護士などが参加して，活発に情報交換が行われている。

(38)　鳥取県労働委員会・前掲注(15)55〜57頁。

IV 鳥取県労働委員会における個別的労使紛争の処理実績

(1) あっせん事件

(i) 新規受付件数

制度を開始した初年度は，僅か2件であったものが，徐々に新規受付件数を増加させ，2006年度から2013年度までの8年間においては，17～30件で推移している。最も多かったのは2011年度の30件である。この2011年度と，29件あった2012年度は，全国の労働委員会中の1位となっている[39]。

年　　度	2002年	2003年	2004年	2005年	2006年	2007年	2008年	2009年	2010年	2011年	2012年	2013年
相談件数	2	13	12	5	21	19	27	29	17	30	29	25

個別的労使紛争のあっせんサービスを行っていない1都，2県を含む全国の労働委員会が，人口比で，鳥取県労働委員会の年間30件と同程度の個別的労使紛争の申請を受理するとして計算すると，その件数は6607件となる。これは，地方裁判所で行われる民事訴訟と労働審判事件の新規受理件数を足した数や，紛争調整委員会のあっせん申請新規受理件数に匹敵するものとなる[40]。

(ii) 解決率

解決数を，解決数と打切り数の合計（取下げと不開始を除く）で除した形で算出される，実際に手続を行った事件数に対する解決率は，2002年度から2012年度までの11年間の平均で，73.8％と高くなっている。

(iii) 平均処理日数

申請書受付日から終結日までの日数で計算される平均処理日数は，34.0日であり，平均して，1か月ちょっとの短期間で解決がみられており，労使紛争処理機関に必要とされる迅速性は十分に満たしている。

---

(39) 同上・75頁及び（都道府県労働委員会）「個別的労働紛争のあっせん」中央労働時報1180号（2014年）39頁。

(40) 2013年10月1日現在の日本の推定人口は，1億2,798万8千人であり，鳥取県の人口は57万8千人で，その220.24分の1である。30に220.24を掛けると，6607.2となる。総務省2014年4月15日発表「人口推計（平成25年10月1日現在）——結果の概要——」7頁。

第 6 章　労働紛争解決システムの課題を深化させる

(b)　労 働 相 談

2005 年 4 月 1 日からスタートした労働相談は，当初の 3 年間は 100 件に満たなかったが，積極的に広報活動に取り組んだ成果もあり，2002 年度から 2012 年度までの直近の 5 年間においては，100 件～300 件台で推移しており，304 件となった 2011 年度は，全国の労働委員会中の 1 位となっている[41]。

年　　度	2005 年	2006 年	2007 年	2008 年	2009 年	2010 年	2011 年	2012 年
相談件数	74	69	98	136	110	194	304	232

V　お わ り に

時代は，地方分権，地方自治ということなのかもしれない。しかし，労使紛争処理制度に関しては，各自治体任せでは，救済されない労働者も出る可能性が高い。また，同じ国民でも，地域により，労使紛争処理機関から受けるサービスに大きな差があり，それが看過できない地域間格差となっていると思われる。

最近，筆者は，労使紛争処理の都道府県労働局による一元的管轄を提案している[42]。当然のことながら，これに対しては，地方分権，地方自治の視点から異議を唱える立場も多いものと予想されるが，地方分権，地方自治は，まさに，自治体の義務と責任を伴うものである。鳥取県のように，その義務と責任を果たしているところは，それほど多くはないと考えられる。

---

(41)　鳥取県労働委員会・前掲注(15)75 頁。
(42)　拙稿・前掲注(10)200 頁。

第 7 章

労働・雇用政策と労働教育への新提言

33 高年法の継続雇用制度をめぐる判例の動向と課題

新 谷 眞 人

I　はじめに
II　継続雇用制度の変遷
III　継続雇用契約の成否
IV　継続雇用後の労働条件
V　継続雇用をめぐる今後の課題

I　はじめに

　平成26年の敬老の日を迎えるにあたって，総務省統計局は「統計から見た我が国の高齢者（65歳以上）」を発表した[1]。これによると，高齢者人口は3296万人，総人口に占める割合は25.9％と過去最高となった。また，高齢者の就業率は20.1％で，主要国中最高であり（たとえばドイツ5.4％，フランス2.2％），就業者総数に占める割合は10.1％と，これまた過去最高を記録した。わが国は，総人口の4人に1人が65歳以上という超高齢社会にすでに突入したのである。
　これに対応するかのように，平成24年8月29日「高年齢者の雇用の安定等に関する法律」（以下「高年法」）が改正された（同年9月5日公布）。改正の主要なポイントは，65歳までの雇用確保措置の一環として，従前の労使協定による選別基準規定（旧9条2項）を廃止し，希望者全員の継続雇用を事業主に義務づけたことである（平25.4.1施行）[2]。ただし，老齢厚生年金の報酬比例部分の支給開始年齢の引上げに合わせて経過措置が設けられ，完全に65歳継続雇用が実現するのは，平成37年4月1日からとなる（改正法附則3項）[3]。と

---

(1) 総務省統計局ホームページ。
(2) 労務行政編『8訂版・高年齢者雇用安定法の実務解説』14頁（労務行政，2013年），「高年齢者雇用確保措置の実施及び運用に関する指針」平24.11.9厚労省告示560号。
(3) 拙稿「2012年高年齢者雇用安定法の改正と今後の課題」労働経済春秋8号15頁

はいえ，今次改正により，高年齢者の雇用をめぐる法状況は，新たな段階を迎えたといっても過言ではない。希望者全員の65歳までの継続雇用が明確に法政策として打ち出されたことは，重要な意義をもつと考えられるからである。

本稿は，これまでに蓄積された高年法に関する裁判例を素材として，継続雇用制度をめぐる法的問題点を整理し，今後の高年齢者雇用の課題と方向性を考察しようとするものである。本稿執筆時点で（平成26年9月），平成24年改正高年法に対応する裁判例は，まだ見当たらない。また，個々の裁判例の事案はまちまちであり，そこから何らかの共通性を見出すことは容易ではない。しかし，裁判例には，わが国に特有の雇用実態が反映されていることも確かであり，傾聴に値する法理は少なくないと思われる。

なお，継続雇用制度には，定年年齢に到達した者を引き続き同じ労働条件で雇用する勤務延長型ないし定年延長型と，定年到達によりいったん退職させた後，期間の定めを付して新たに雇用する再雇用型とがあるが，実務においても裁判例においても後者が多数であり[4]，本稿では，特に区別する必要がない限り，継続雇用制度を単に再雇用（契約）とよぶことがある。

II　継続雇用制度の変遷

1　法改正の経緯

ここで簡単に継続雇用制度の経緯をふり返っておきたい。

高年法は，それまでの「中高年齢者等の雇用の促進に関する特別措置法」（昭46.5.25成立，同年10.1施行）を改正して，昭和61年4月30日に成立した。このとき初めて，60歳定年が事業主の努力義務として規定された（4条）。高年法は，平成2年に改正され，労働者を定年後65歳までの間「再び雇用」す

（2012年）。

（4）　継続雇用制度を導入している企業の68.7%が「自社の正社員以外（嘱託・契約社員・パート等）」つまり再雇用型を採用している（JILPT調査シリーズ No. 115「高年齢社員や有期契約社員の法改正後の活用状況に関する調査」平25.11.12）。定年延長型または勤務延長型の裁判例としては，大栄交通事件・最二小判昭51.3.8労判245号24頁，日本大学事件・東京地判平14.12.25労判845号33頁，協和精工事件・大阪地判平15.8.8労判860号33頁，クリスタル観光バス事件・大阪高判平18.12.28労判936号5頁，協和出版販売事件・東京高判平19.10.30労判963号54頁があり，それら以外は，ほとんどが再雇用型のケースである。

ること(再雇用)を努力義務として定めた(4条の五)[5]。平成6年の改正では,60歳定年が努力義務から法的義務へと強化されると同時に(4条,平10.4.1施行),再雇用ではなく65歳まで「引き続いて雇用」すること(継続雇用)を努力義務として規定した(4条の二,平7.4.1施行)[6]。「継続雇用」の文言が高年法に登場したのは,これが初めてである。ただし,それは,条文見出しにおいてであり,本則にはまだみられない。なお,再雇用と継続雇用の違いは,前者がいったん定年により退職する取扱いになるのに対し,後者は「再雇用」だけではなく,より広く勤務延長等の多様な措置を含むという点にあると解される。

　高年法は,さらに重要な改正が続く。平成12年改正では,初めて本則で「継続雇用」及び「高年齢者雇用確保措置」の文言が用いられ,定年の引上げまたは継続雇用制度の導入等を事業主の努力義務とした(4条の二)[7]。現行高年法の改正前となる平成16年改正法9条は,1項において,高年齢者雇用確保措置として,従前の「当該定年の引上げ」(1号)「継続雇用制度の導入」(2号)と並んで新たに「当該定年の定めの廃止」(3号)を付加するとともに,これらを法的義務に引き上げ,2項において,事業主が,過半数労働者代表との労使協定を要件として継続雇用の対象者基準(選別基準)を定めることを容認した(平18.4.1施行)。以上が,今次改正に至るまでの経緯である。このような頻繁な法改正が行われた背景として,定年年齢と老齢厚生年金の支給開始年齢との接続の問題が一貫して存在することを,改めて指摘しておく[8]。

---

(5) 文言は「事業主は,定年(60歳以上65歳未満のものに限る。)に達した者……が当該事業主に再び雇用されることを希望するときは,その者が65歳に達するまでの間,その者を雇用するように努めなければならない(ただし書省略)」。
(6) 文言は「事業主は,その雇用する労働者が,その定年……後も当該事業主に引き続いて雇用されることを希望するときは,当該定年から65歳に達するまでの間,当該労働者を雇用するように努めなければならない(ただし書省略)」。
(7) 文言は「定年……の定めをしている事業主は,当該定年の引上げ,継続雇用制度……の導入又は改善その他の当該高年齢者の65歳までの安定した雇用の確保を図るために必要な措置(以下「高年齢者雇用確保措置」という)を講ずるように努めなければならない」。
(8) 濱口桂一郎『日本の雇用と中高年』98頁以下(ちくま新書,2014年),山川和義「高年齢者雇用安定法概説」別冊法学セミナー『新基本法コンメンタール労働基準法・労働契約法』513頁(日本評論社,2012年),拙稿・前掲注(3)。

2　平成 24 年改正における継続雇用制度の意義

　冒頭に触れたように，今次の改正は，旧 9 条 2 項で定める労使協定による選別基準制度を廃止することによって，希望者全員の継続雇用という理念をより鮮明に打ち出した点に大きな意義がある。そもそも，平成 16 年改正によって創設された選別基準制度は，企業にとって不要な高年齢者を継続雇用の対象から除外するための抜け道を用意するものであり，年金支給との接続問題と相まって高年齢者の安定した雇用の確保を図るという法の趣旨にそぐわないものであると批判されてもしかたのないものであった[9]。その故であろうか，選別基準の運用をめぐって，多数の裁判例があらわれている。超高齢社会といわれる現在，選別基準制度の廃止は，時宜にかなった当然のことと考えられる。

III　継続雇用契約の成否

1　私法的効力をめぐって

　高年法 9 条 1 項に関して，継続雇用を含む 65 歳までの雇用確保措置は，使用者の公法上の義務にとどまるのか，それとも，同項は私法上の効力を有し，労働契約上の地位確認請求の根拠となりうるのかが争われてきた。判例は，高年法が事業主のみならず国や地方公共団体も名宛人として種々の施策を要求していることから「社会政策誘導立法ないし政策実現型立法として，公法的性格を有している」こと，特に継続雇用制度については「その作為内容がいまだ抽象的で，直ちに私法的強行性ないし私法上の効力を発生させるほどの具体性を備えているとまでは認めがたい」として，私法上の効力を否定している[10]。なお，最高裁は，私法上の効力を否定した津田電気計器事件・大阪高裁判決を維持しており，やはり私法的効力否定説に立つものと解される[11]。

---

(9)　大内伸哉『雇用改革の真実』228-229 頁（日経プレミアシリーズ，2014 年）。

(10)　高年法が「社会政策誘導立法ないし政策実現型立法として，公法的性格を有している」と判示したのは，NTT 西日本（第 1）事件・大阪地判平 21.3.25 労判 1004 号 118 頁が最初であり，同・大阪高判平 21.11.27 労判 1004 号 112 頁がこれを維持した。以後，学校法人大谷学園事件・横浜地判平 22.10.28 労判 1019 号 24 頁，日通岐阜運輸事件・岐阜地判平 23.7.14 労経速 2112 号 33 頁，鳥よし共栄ほか事件・大阪地判平 24.2.8 LEX/DB 25480491 へと受け継がれており，判例の常套句と化した感がある。

(11)　津田電気計器事件・最一小判平 24.11.29 労判 1064 号 13 頁，同・大阪高判平 23.3.25 労判 1026 号 49 頁。

学説では，私法的効力否定説[12]と肯定説[13]が対立している。私見では，平成24年改正で希望者全員の継続雇用が法定化されたことにより，高年法の法的性格が大きく変容したと考えられる。現行法の下では，事業主は，私法上の義務として65歳までの継続雇用義務を負い，労働者は，本条を直接の根拠として，地位確認等を請求できると解すべきであろう[14]。

2 選別基準制度をどうとらえるか

実は，労使協定による選別基準を許容した旧高年法9条においても，すでに希望者全員継続雇用の原則がとられていたと解することができる[15]。厚労省は，平成15年の時点で「意欲と能力のある限り年齢にかかわりなく働き続けることができる社会」をめざしており，この理念は平成16年改正の旧高年法に生かされ，平成24年改正でもなお維持されている[16]。旧9条2項の労使協定による選別基準の規定は，あくまでもその原則に対する例外と位置づけるべきである。そう解さないと，65歳までの雇用確保措置を義務づけた高年法の趣旨が没却されてしまうからである[17]。また，わが国企業社会の実態として「今回の改正法以前にも，実質的には希望者全員雇用と同等の制度を設置して

---

(12) 櫻庭涼子「高年齢者の雇用確保措置──2004年法改正後の課題」労旬1641号46頁（2007年）。

(13) 西谷敏「労働法規の私法的効力──高年齢者雇用安定法の解釈をめぐって」法時80巻8号80頁（2008年），根本到「高年齢者雇用安定法9条の意義と同条違反の私法的効果」労旬1674号6頁（2008年）。

(14) 山川和義「高年齢者雇用安定法」ジュリスト増刊『労働法の争点』246頁（2014年）。土田教授も，労働者が希望すれば再雇用するという制度であれば，使用者に「再雇用義務（労働契約締結の義務）が認められる」とする（土田道夫『労働契約法』569頁（有斐閣，2008年））。

(15) 三井正信「高年齢者雇用安定法9条をめぐる解釈論的諸問題(一)」広島法学30巻3号6頁（2007年），原昌登「高年法に基づく継続雇用制度をめぐる判例の整理とその課題」季労236号113頁（2012年）。京濱交通事件・横浜地川崎支判平22.2.25労判1002号5頁もこの点を指摘する。

(16) 森戸英幸「高年齢者雇用安定法──2004年改正の意味するもの」労研642号5頁（2014年）。

(17) 中島哲「60歳定年後の再雇用拒否につき雇用契約上の地位が認められた例──東京大学出版会事件」季労233号131頁，山下昇「高年法上の継続雇用制度の導入・実施とその手続」山田晋ほか編『社会法の基本理念と法政策』208頁（法律文化社，2011年）。

いる企業がほとんどであった」との指摘がある[18]。

ところで，裁判例に表れた選別基準をみると，5項目程度の選別基準をすべてクリアした者だけ再雇用するというポジティブリスト型と，希望者は原則再雇用とし，選別基準該当者だけ例外的に除外するネガティブリスト型に分けることができる。たとえば，ポジティブリスト型の例として「無断欠勤が1日もないこと」「懲戒処分該当者ではないこと」「定年退職日の前3年間で能力考課の5段階評価においてC評価が1回もないこと」等7項目もの基準を設定した例がある[19]。ネガティブリストの例としては「定年退職のうち，勤労意欲に富み，再雇用を希望する意思を有する者を対象とする」としたうえで，いくつかの除外規定を設けるものなどがある。もっとも，除外規定の内容が，労働者にとってハードルの高いものであれば，ポジティブリスト型と大差ないものとなるといえる[20]。

旧法下では，どのような選別基準を定めるかは労使自治にゆだねられており，誰を再雇用するかについては，使用者に裁量権ないし選任権があると解されていた[21]。判例に現れたこれらの選別基準は，ポジティブリスト型はもとよりネガティブリスト型であっても，旧法でも認められていた希望者全員再雇用の原則と矛盾するものであり，選別基準の運用実態に大いに問題があったことの反映といえよう。なお，不適法な選別基準による再雇用拒否は，解雇権濫用の法理の類推適用等により，地位確認ないし不法行為による損害賠償請求が認容された例がある[22]。

---

(18) 高木朋代「高年齢者雇用安定法の改正と逆理的帰結──暗黙の選抜と揺らぐ雇用保障」ジュリスト1454号43頁（2013年），梅澤眞一「改正高年齢者雇用安定法の施行とこれからの高齢者雇用」BLT457号3頁（2013年）。
(19) 社会福祉法人甲会事件・東京地判平24.10.9労経速2157号24頁。他に，日通岐阜運輸事件・岐阜地判前掲注(10)。
(20) 鳥よし共栄ほか事件・大阪地判前掲注(10)。他に，房南産業事件・横浜地判平23.10.20労経速2127号11頁，クリスタル観光バス事件・大阪高判平18.12.28労判936号5頁。
(21) 土田・前掲注(14)569頁注(13)。選別基準が一般的・概括的な内容であることを理由に，使用者の一定の裁量権を認める裁判例もある（房南産業事件・横浜地判前掲注(20)）。
(22) 京濱交通事件・前掲注(15)，東京大学出版会事件・東京地判平22.8.26労判1013号15頁，鳥よし共栄ほか事件・大阪地判前掲注(9)。

平成24年改正により，このような選別基準制度は廃止されたが，判例理論を検討する意義が消滅したわけではない。今次改正により，一挙に希望者全員の65歳継続雇用が実現するわけではなく，冒頭に触れたように，平成37年3月までは経過措置があり，その間なお選別基準制度が適用される労働者が残存している。また，近い将来，70歳までの雇用確保措置が検討課題にのぼることはほぼ確実であり，その際，65歳以上の高年齢労働者の雇用については，何らかの選別基準が設けられる可能性が高い。したがって，選別基準をめぐる法的紛争は今後も発生しうるのであり，高齢社会にふさわしい高年法の解釈に即した法的判断が求められるのである。

3 再雇用契約における申込みと承諾

継続雇用制度を採用する場合，再雇用型においては，法的には新たな再雇用契約を締結することになるが，この成否をめぐって紛争になることが少なくない。新たな希望者全員ルールの下で，この点をどう考えるべきであろうか。

新たな労働契約の締結である以上，当事者の申込みと承諾の意思の一致が必要であるが，労働者側からの申込みなのか，それとも使用者からの申込みとみるのかについて見解が分かれていた。たとえば，定年退職者を「特段の欠格事由のない限り，その従業員を直ちに嘱託として再雇用するとの労働慣行が成立」していた場合，使用者はあらかじめ再雇用する旨の黙示の意思表示をしているものとみられ「それは単なる再雇用申込の誘引ではなく，再雇用の申込というべきものであるから，当該労働者が定年退職後に再雇用の意思表示をすることにより，使用者の再雇用の申込に対する承諾があったことになり，それによって直ちに当該労働者と使用者との間に再雇用契約が成立するものと解するのが相当である」とする例がある[23]。

他方，労働者の継続雇用の希望が申込みであり，選別基準該当性の結果通知が使用者の承諾・不承諾に当たると解し，労働者が選別基準を満たす場合には，使用者に承諾義務があり，これに反して不承諾とした場合には，解雇権濫用の法理を類推適用して，解雇権の濫用として継続雇用契約が成立したものと扱う

---

[23] 大栄交通事件・東京高判昭50.7.24労判245号26頁はこのように判示し，同・最二小判昭51.3.8労判245号24頁もこれを維持した。

べきであるとする立場がある(24)。

　私見は，就業規則等の継続雇用制度に即して，労働者がこれを希望することが申込みであり，使用者が当該申込みを拒絶することが客観的に合理的な理由を欠き，社会通念上相当であると認められないときは，使用者は，当該申込を承諾したものとみなすと解するのが，現実的で妥当ではないかと考える。高年法における継続雇用制度を，いわば，労契法19条本文のアナロジーとしてとらえるわけである。継続雇用の成否を使用者の承諾に係らしめるのは妥当ではないという見解もあるが(25)，労働者の個別的事情に応じて，労働者本人が，継続雇用の意思を主体的かつ明確に表示することが重要ではないだろうか。なお，選別基準が廃止された平成24年改正法の下では，使用者が継続雇用をしないことができるのは「勤務状況が著しく不良で引き続き従業員としての職責を果たし得ないこと等就業規則に定める解雇事由または退職事由……に該当する場合」だけであり，これと異なる運営基準を設けることは，改正法の「趣旨を没却するおそれがある」と解される(26)。

4　労働条件の合意と再雇用契約の成否

　再雇用契約の成否をめぐって，使用者が再雇用契約の締結を拒否し続け，賃金等の労働条件について明確な合意がなければ，再雇用契約の成立を認めないとする一連の裁判例がある。典型的な例として「雇用契約において賃金の額は契約の本質的要素であるから，再雇用契約においても当然に賃金の額が定まっていなければならならず，賃金の額が定まっていない再雇用契約の成立は法律上考えられない」として「仮に本件再雇用拒否が無効であるとしても，原告と

---

(24)　津田電気計器事件・大阪高判前掲注(11)。本件は，労働者が定年退職後1年間の嘱託再雇用を経た後雇止めされた事案であった。これに対し，最高裁は，申込みと承諾の関係には触れず，労働者が雇用継続に期待することに合理的な理由があり，雇止めは「客観的に合理的な理由を欠き，社会通念上相当であると認められないものである」として「再雇用されたのと同様の雇用関係が存続しているものとみるのが相当である」と判示した（最一小判前掲注(11)）。なお，1審は，控訴審判決とは逆に，本件再雇用制度は，使用者側からの申込みであり，労働者の希望は承諾の意思表示とみるべきであるとしていた（大阪地判平22.9.30労判1019号49頁）。

(25)　中島・前掲注(17)。

(26)　「高年齢者雇用確保措置の実施及び運用に関する指針」前掲注(2)。

被告の間で締結される再雇用契約における賃金の額が不明である以上，原告と被告の間に再雇用契約が成立したと認めることはできない」と判示するものがある[27]。この判例法理は，最近まで根強い潮流を形成している[28]（以下，これらの判例を仮に門前払い型判決とよぶ）。これによると，使用者が契約締結の入口で再雇用を拒否し続ける限り再雇用契約は成立せず，その場合，当然に再雇用後の労働条件の合意もあり得ないから，労働者は，再雇用契約上の地位確認を求める余地はないことになる。この立場に固執する限り，選別基準制度が廃止された現行法においても，労働条件に関する合意がなければ，基本的に同様の論理的帰結となろう。もっとも，不法行為に基づく損害賠償請求は可能である[29]。

このような形式的合意論に対しては「継続雇用制度を設けた趣旨目的が没却されるおそれ」があり「高齢法の趣旨目的等にかんがみて，この点の労働者の不利益を填補するについて，労働者の事業主に対する損害賠償請求権を認めるだけでは，必ずしも十分とは言い難い」との批判があてはまるといえよう[30]。また，賃金額等の労働条件が定まっていない限り再雇用契約は成立しないとい

---

(27) 日本ニューホランド事件・札幌地判平22.3.30労判1007号26頁，控訴審・札幌高判平22.9.30労判1013号160頁（ダ）もこれを維持した。

(28) 使用者が合意を拒否している以上再雇用契約は成立しないとするのは，東京海上火災保険事件・東京地判平8.3.27労判698号30頁が初めてだろうか。その後，岩国市農業協同組合事件・山口地岩国支判平21.6.8労判991号85頁（合意したことの主張立証がない），エクソンモービル事件・大阪地判平24.5.11 LEX/DB 25481327（賃金額が定まっていない限り解雇権濫用の法理の類推適用の基礎を欠く），全国青色申告会総連合事件・東京地判平24.7.27労経速2155号3頁（再雇用契約が成立したといいうるためには再雇用の申出があっただけでは足りない），社会福祉法人甲会事件・東京地判前掲注(19)（労働条件の合意なし），小田運輸事件・大阪地判平25.9.6 LEX/DB 25502043（再雇用後の職種，賃金額が定まっていない）と続いている。

(29) 日本ニューホランド事件・札幌高判前掲注(27)は，少数組合の委員長に対する再雇用拒否は，高年法9条の趣旨に反し不法行為に該当するとして損害賠償500万円及び弁護士費用50万円を認容した。また，鳥よし共栄ほか事件・大阪地判前掲注(10)は，就業規則の継続雇用要件に該当する従業員を継続雇用しないことは「継続雇用契約を締結する機会を奪うことにより無形の損害を与える不法行為が成立する」として，原告2名にそれぞれ50万円と100万円の損害賠償を認容した。判例において，損害賠償の認容額は，概して高額となる傾向にあるといえようか。

(30) フジタ事件・大阪地判平23.8.12労経速2121号3頁。

第7章　労働・雇用政策と労働教育への新提言

う立場については，労働契約の成立に必要な合意とは，労働者が使用者の指揮命令に従って労務を提供し，使用者がこれに対して賃金を支払うという合意であって（労契法6条）「労働の種類・内容や賃金の額・計算方法に関する具体的な合意であることを要しない」と解される[31]。

　この門前払い型論理と高年法9条の私法的効力否定論が結びつくと，選別基準の適合性すら判断しない，きわめて労働者保護にかける結論となる。たとえば「仮に定年退職者が再雇用基準を満たすとしても……再雇用契約を締結するまでは，再雇用後における賃金や職務内容等の勤務条件は一切定まっていないというほかはない」「再雇用基準を満たしていても，再雇用契約が締結されない限り，定年後の労働契約上の権利を主張できる地位にはないというべきである」とする例がある[32]。また，たとえ申込みと承諾があっても，つまり労務の提供と賃金支払の合意があっても，賃金額が定まっていなければ再雇用契約の成立を認める余地はないとする裁判例に至っては，形式的な概念法学の最たるものと評するほかはない[33]。

5　再雇用申込み手続をめぐって

　労働者が，定年後再雇用を希望するかどうかの確認は，定年退職日の3か月前とする例が多いようである[34]。しかし，6ヵ月前[35]，1年前[36]ひいては2年前[37]といった例もあり，実態はさまざまである。

　その意思確認の時期が近づいた時，使用者は，当該労働者に対して何らかの通告を行うべきであろうか。この点について「被告会社には，その従業員に上記期限が迫っていることにつき注意を喚起した上で，書面等でその意向を確認

---

(31)　菅野和夫『労働法〔第10版〕』89頁（弘文堂，2012年）。岩出誠「高年法に基づく再雇用制度での違法な採用拒否の効果」ジュリスト1436号119頁（2012年）も，日本ニューホランド事件控訴審判決前掲注(27)が合意を重視した点は妥当だが，賃金等の労働条件の合意がなかったことを合意否定の理由づけに用いていることは疑問であるとする。
(32)　日通岐阜運輸事件・岐阜地判前掲注(10)。
(33)　エクソンモービル事件・大阪地判前掲注(28)，小田運輸事件・大阪地判前掲注(28)。
(34)　たとえば，小田運輸事件・大阪地判前掲注(28)。
(35)　東京海上火災保険事件・東京地判前掲注(28)。
(36)　岩国市農業協同組合事件・山口地岩国支判前掲注(28)。
(37)　東京大学出版会事件・東京地判平22.8.26労判1013号15頁。

するなどして，従業員が定年後も再雇用を希望する意向を表明する機会を逸しないように配慮する義務があったというべきである」と判示した例がある[38]。これに対し，労働者は，3か月前という要件を知悉しており，継続雇用希望の申込用紙の交付を求めるという「一挙手一投足」を行えばよく，使用者は，継続雇用希望の申込みの意思を何ら表明しない者に対して，重ねて継続雇用の希望の有無を聴取する義務や，継続雇用希望の申込用紙を交付する義務があるとまでいうことはできないとする裁判例が対立している[39]。

両判決は，事案を異にするが，使用者の法令・就業規則の周知義務にてらし（労基法106条1項），原則として，継続雇用の意思確認は使用者が行うべきであると解すべきであろう[40]。現行法においても，就業規則の解雇・退職事由に該当するなど，再雇用しないことが明らかな労働者に対しては，使用者は，早い時期に予告して，労働者に定年退職後の生活を考える機会を与える等の配慮が望まれる[41]。

IV 継続雇用後の労働条件

1 再雇用労働者の賃金

平成24年改正により，使用者に希望者全員の継続雇用が義務づけられた現在，再雇用後の労働条件のあり方が重要な法的焦点となる。選別基準のない継続雇用制度を導入する以上，再雇用後の労働条件は，就業規則その他で定められるのが通常であろう。この場合，個々の再雇用契約の内容は，当該就業規則の定めによることとなる[42]。しかし，個別的に労働条件を合意するという取扱いも排除されていないと解される。労働条件の合意がないからといって，再雇用契約の成立そのものを否定するのが不当なことは，前述のとおりである。労働条件の合意に至るまでの間は，他の再雇用労働者と比較して平均的な賃金額とするなど「その空白を埋めるような解釈」が求められよう[43]。

---

(38) 萬世閣事件・札幌地判平23.4.25労旬1751号84頁。
(39) 国・中労委（ブックローン）事件・東京地判平22.2.10労判1002号20頁。
(40) 鳥よし共栄ほか事件・大阪地判前掲注(10)。
(41) 傍論だが，宇宙航空研究開発機構事件・東京地判平19.8.8労判952号90頁(ダ)。
(42) 津田電気計器事件・最一小判前掲注(11)。
(43) 棗一郎「改正高年法による継続雇用義務化後の法的論点と労働組合と事業主，裁判所の課題」BLT457号15頁（2014年）。

一般に再雇用後の賃金は，定年前と比較して低く押さえられる傾向にある。裁判例に現れたケースでは「時給1000円，賞与なし」(定年前の54.6%)[44]「最低賃金額以上，定年時の60%以下」[45]などさまざまである。

再雇用労働者の賃金を低額とする根拠として，高年齢雇用継続給付制度がもちだされることがある。この制度は，60歳以上65歳未満の雇用保険の被保険者について，毎月の賃金額が60歳時点の賃金額の75%未満となる場合に，その賃金額に15%を乗じた額を支給するが，61%から75%未満の間は，15%から低減した給付率で支給するというものである。つまり，高年齢雇用継続給付制度において，定年前賃金の61%以下まで減額されることを想定しているものであり，減額率54.6%の事案において，公序良俗に反するものとまではいえないというわけである[46]。しかし，この制度は「年齢が高くなることによる労働能力の低下や通常勤務の困難化」に伴って支給されるものであり[47]，一般に再雇用労働者の賃金を低額に抑えることを容認する趣旨のものではない。

これと類似のことは，在職老齢年金と賃金の調整についてもいえる。企業は，年金を受給している高年齢者の賃金は低くしてもよいと考え，行政サイドは，賃金収入を得ているのだから年金を減額しようと策する。だが「年金支給を賃金と調整し，働いても働かなくても所得があまり変わらないような状況は，高齢者の勤労意欲に水を差してしまう」といえないだろうか[48]。賃金と年金は，所得の性格を異にし，相互に代替すべき性質のものではないであろう。企業と行政の双方に，この問題について見直しが求められていると思われる。

2　高年齢者の労働条件のあり方

再雇用後の労働条件のあり方は「高年齢者の安定した雇用の促進」等（高年法1条），高年法の目的に照らして設定されるべきものである。したがって，

---

(44)　X運輸事件・大阪高判平22.9.14労経速2091号7頁。
(45)　鳥よし共栄ほか事件・大阪地判前掲注(10)。
(46)　X運輸事件・大阪高判前掲注(44)。
(47)　労務行政編・前掲書298頁注(2)。
(48)　岡伸一「年金年齢と退職年齢の一体化」BLT457号12頁（2013年）。反対に，在職年金の調整制度は，企業にとって賃金支払の負担が減り，再雇用しやすくなり「はるかに雇用促進的」だとの見解もある（高山憲之「年金受給開始年齢の自動調整と在職老齢年金の機能」BLT457号14頁）。

その労働条件は，極めて過酷なものであったり，労働者に継続雇用の意思を削がせるなど，現実には多数の者が退職する等高年齢者の雇用の確保と促進という同法の目的に反するものであったりしてはならないであろう[49]。過酷な労働条件を規定する継続雇用制度は，高年法の目的に反するものであり，使用者は雇用確保措置義務を果たしていないとみなすべきであろうとの見解も示されている[50]。高年法指針も「継続雇用制度を導入する場合における継続雇用後の賃金については，継続雇用されている高年齢者の就業の実態，生活の安定等を考慮し，適切なものとなるよう努めること」及び「職業能力を評価する仕組みの整備とその有効な活用を通じ，高年齢者の意欲及び能力応じた適正な配置及び処遇の実現に努めること」としている[51]。

　これらの見解は，なお抽象的な内容にとどまることは否定できない。しかし，大事なことは，不可逆的な超高齢社会が進行中の現代において，高年齢者の人間の尊厳を究極の理念として，高年齢者雇用のあり方を模索することであろう。まちがっても，雇用の場において，高年齢者いじめのようなことがあってはならない。

V　継続雇用をめぐる今後の課題

1　特殊関係事業主との雇用関係

　平成24年改正により，高年法9条2項において，継続雇用選別基準制度が廃止されたことと引き換えに，継続雇用制度の対象者が雇用される企業の範囲の拡大が明文で規定され，親子会社等の「特殊関係事業主」との雇用関係もまた継続雇用制度に含まれることとされた。特殊関係事業主の具体的な範囲については，会社法等の定義を参考に改正施行規則及び通達で定められている（平24.11.9厚労省令154号，職発1109第2号）。グループ企業を含めて65歳までの雇用確保を図ることは，すでに1980年ころから政策課題とされており，グループ企業への転籍が継続雇用制度に違反するとはいえないとする裁判例もあ

---

(49)　定年延長の事案であるが，協和出版販売事件・東京高判前掲注(4)は，このように判示する。
(50)　柳澤武「新しい継続雇用制度——高年齢者雇用安定法改正後の法的課題」労旬1788号6頁（2013年）。
(51)　「高年齢者雇用確保措置の実施及び運用に関する指針」前掲注(2)。

第7章 労働・雇用政策と労働教育への新提言

る(52)。

特殊関係事業主への継続雇用に関しては，高年齢者のたらい回しあるいはやっかい払いが生じはしないかという点が懸念される。また，その場合，出向にするのか転籍とするのかなど，複雑な法的問題が生じることが予想される。なるほど，高年齢者の雇用先の確保は図られるであろうが，慣れ親しんだ元の企業から追い出すことにより，本人のキャリアとプライドを傷つけ，退職に追い込むようなことがあれば，継続雇用制度は有名無実のものとなろう。高年齢者本人の希望を重視した運用が求められる。

2　継続雇用後の雇止め

平成24年改正により，希望者全員の継続雇用が法定化されたが，とりあえず1年再雇用しておき，その後経営不振，勤務態度ないし成績不良，組合活動等を理由に，65歳を待たず雇止めするケースがふえるおそれはないだろうか。裁判例でも，会社の業績不振を理由に1年で雇止めしたことは無効とした例(53)，1年間の再雇用後は雇用継続の合理的理由がないとして雇止めを有効とした例(54)，6ヵ月の継続雇用期間満了後，選別基準を適用した雇止めを無効とした例(55)などがある。また，不当労働行為は否定されたものの，組合活動がらみの雇止めの事案がみられる(56)。

---

(52)　一連の，NTT西日本（第1）事件・大阪高判平21.11.27労判1004号112頁（原審・大阪地判平21.3.25労判1004号118頁），同（第2）事件・大阪地判平21.3.25判タ1318号151頁，NTT東日本事件・東京高判平22.12.22判時2126号133頁，NTT西日本（徳島）事件・高松高判平22.3.12労判1007号39頁。なお，厚労省旧「改正高年齢者雇用安定法Q&A」（平17.11.28）も，Q4-1において，子会社やグループ会社への転籍も雇用確保措置に含まれるとしていた。
(53)　エフプロダクト事件・京都地判平22.11.26労判1022号35頁，バキュームモールド工業事件・東京地判平23.9.16労経速2127号21頁，社会福祉法人新島はまゆう会事件・東京地判平25.4.30労判1075号90頁（ダ・全文）。
(54)　全国青色申告会総連合事件・東京地判平24.7.27労経速2155号3頁。65歳以降「特別嘱託社員」として6ヵ月勤務した後期間満了を理由に雇止めしたのは有効としたものに，JALメンテナンスサービス事件・東京高判平23.2.15判時2119号135頁がある。
(55)　トーホーサッシ事件・福岡地決平23.7.13労判1031号5頁。
(56)　バキュームモールド工業事件・東京地判前掲注(53)（地位確認請求認容），全国青色申告会総連合事件・東京地判前掲注(54)（地位確認請求棄却）。

これらの裁判例は，概して，労契法19条の有期労働契約法理にてらして判断するものが多い。しかし，再雇用契約で期間の定めを設けるのは，たとえば1年ごとに白紙に戻して雇用継続そのものを見直すというよりは，契約更新を前提として，高年齢者の能力，健康状態，生活事情等に応じて，労働条件を柔軟に変更する趣旨であると解すべきであろう。労契法19条を適用するとしても，合理的期待の解釈は「少なくとも65歳までの間は，健康を害するなどの特別の事情がない限り，嘱託雇用契約が更新されるものと期待したことには合理的な理由があるというべきである」と解するのが妥当であろう[57]。

3 高年齢者雇用に特有の法理の確立を

希望者全員再雇用時代を迎えて，労働法学における喫緊の課題は，高年齢者雇用に特有の法理を確立することであろう。先に検討した，使用者が拒否し続けるかぎり賃金額等の合意がなく再雇用契約の成立を認める余地はないという門前払い型判例の論理は，もはや「継続」雇用ではなく「断絶」雇用に等しい。高年法の希望者全員再雇用ルールの下では，再雇用契約の締結は，新たにアルバイトを雇うケースと同視することは適切ではない。定年を迎えた労働者のほとんどは，それまで正社員としての継続的労働契約関係があり，高年法の下で継続雇用の合理的期待を推認することができるといえよう。そのような場合は「純然たる新規採用とはいえず」使用者の採用の自由は，一定の規制を受けることになると解される[58]。

これからの高齢者雇用は，使用者においても，高年齢者の雇用を受け入れる職場の雰囲気づくり，能力や仕事に応じた多様な処遇や，本人の希望を反映した柔軟な勤務形態を用意するなど，高年齢者に対応した労務管理を整備することが求められる[59]。そのためには，若者を中心としたこれまでの効率一辺倒の業務遂行のあり方そのものを見直す必要があるだろう。高年齢者の人間の尊厳を承認し，高年齢者をやっかい者扱いしない「老若共同参画」の企業社会を実現するための労働法理の確立が求められているといえよう。

---

(57) バキュームモールド工業事件・東京地判前掲注(53)。
(58) 大内伸哉「雇用強制についての法理論的検討——採用の自由の制約をめぐる考察」菅野古稀『労働法学の展望』(有斐閣，2013年) 112頁。
(59) 高木・前掲注(18)43頁。

34 ドイツ障害者雇用制度における権利擁護システムの展開
――障害者政策のパラダイム転換論をめぐって――

小 西 啓 文

 I は じ め に
 II 社会法典第9編と「統合局」
 III 一般平等取扱法と「反差別局」
 IV 障害者政策のパラダイム「転換」か「拡大」か？――重度障害者代表制度をめぐって
 V むすびにかえて

I は じ め に

　国際連合の障害者権利条約の発効を踏まえ，わが国も障害者基本法の改正，障害者差別解消法の制定，そして障害者雇用促進法の改正等の作業を経て[1]，2013年12月4日に同条約の締結を国会承認し，2014年1月20日付けで国連事務総長に批准書を寄託した。今後，わが国の障害者雇用政策も労働市場政策を中心とする保護法的なアプローチから，アメリカのADA法に由来する差別禁止的アプローチへとパラダイムシフトすることが求められてくることが予想されよう。

　そしてこれらの経緯の中で特筆すべきは，これまでわが国にはなかった「合理的配慮」という概念が各法に盛り込まれたことであろう。もっとも，各法において合理的配慮概念は明定されてはおらず，「障害のある人に対して他の者との平等を基礎としてすべての人権及び基本的自由を享有し又は行使することを確保するための必要かつ適当な変更及び調整であって，特定の場合において

---

(1) 例えば障害者権利条約をめぐって，2011年5月に沖縄大学で開催された日本社会保障法学会第59回大会では，個別報告として廣田久美子「障害者の就労支援保障――ドイツ法を手掛かりに」が，日本労働法学会121回大会ではミニシンポとして「障害者差別法理の理論的課題――合理的配慮を中心として」が相次いで取り上げられたのは，いわゆる社会法分野におけるこの問題に対する関心の高さを示しているといえよう。

必要とされるものであり，不釣合いな又は過度な負担を課さないもの」という障害者権利条約2条の規定内容を踏まえて理解することが一般的だろう[2]。ただし，わが国では合理的配慮の不提供を禁止することと提供を義務づけることは変わらないという理解が公式的見解[3]であり，このような配慮をしないことを本当に差別と法律構成したのか疑問の残る結果となった。

ところで，「労働法における差別禁止と平等取扱――雇用差別法理の基礎理論的考察――」[4]を執筆された毛塚勝利教授は，障害者に対する合理的配慮は差別を回避する使用者の義務から派生すると論じている[5]が，その議論の前提として，障害者差別の「パラダイム転換」について以下のように述べる。すなわち，「日本法の形成に大きな影響を与えてきたドイツは，2000年にはパート有期労働契約法（TzBfG）で雇用形態差別を整備するとともに，2002年には障害者平等法（BGG）を制定，障害者の保護政策から差別禁止政策に『パラダイムの転換』をはかり，2006年には人種，民族的出自，世界観，障害，年齢，性的指向を理由とする不利益取扱いを禁止する一般平等取扱法（AGG）を制定した。」と指摘の上，「差別概念の『インフレ』や『希釈化』といわれるほど差

---

(2) この点，東俊裕「障害者権利条約における差別禁止と差別の三類型」法律時報81巻4号15頁（2009年）参照。

(3) 例えば「第1回改正障害者雇用促進法に基づく差別禁止・合理的配慮の提供の指針の在り方に関する研究会」（2013年9月30日開催）の障害者雇用対策課長補佐による「合理的配慮の不提供を差別として禁止することと合理的配慮の提供を義務付けることは，その効果は同じ」であるとする発言参照。

(4) 毛塚勝利「労働法における差別禁止と平等取扱――雇用差別法理の基礎理論的考察――」山田省三＝石井保雄編『労働者人格権の研究 下巻 角田邦重先生古稀記念』（信山社，2011年）3頁参照。

(5) 「障害者雇用に関して差別禁止法制をとる場合，合理的調整（reasonable adjustment）や合理的配慮を求める規定を置くのが一般的である。2000年のEC一般雇用均等指令第5条は合理的調整（reasonable adjustment, Angemessene Vorkehrungen）として，使用者に過度の負担を課さない範囲で，障害者が『雇用にアクセスし，参加しもしくは前進しまたは職業訓練を受けることができる適切な措置』をとることをもとめている。……障害者に合理的配慮が求められるのは，障害の存在は，障害者の非選択的属性である以上，それを障害者の責任としてそのハンディを障害者のみに負担させることは，障害者を『個人として尊重』したことにならないからである。障害を理由にする異別取扱いに規範的非難を向けることができないのは，期待可能な範囲で使用者がハンディをなくす措置をとった後のことであろう。その意味では，障害者に対する合理的配慮は，差別を回避する使用者の義務から派生するものといえる。」（毛塚・注(4)20頁以下）。

別禁止法制が拡大するなかで，日本がこれらあらたな差別禁止法制にどう対応し，これを伝統的な労働法の規制原理とどう調整するかは今後の労働法学の大きな課題といっていい。」と問題提起するのである（4頁）。

この点，ドイツにおける障害者政策のパラダイム転換論[6]について，すでに筆者は Anna-Miria Fuerst（以下，フゥルストという）の分析を紹介したことがある[7]。それは大要，以下のような議論であった。

「障害はあらゆるところに存在する。数多くの医学的・臨床医学的進歩にかかわらず，それは誰もがいつでも遭遇しうる。障害を伴う生活はすなわち人間的日常であるが，と同時に，親族のような関係者には刻印ある特別な経験である。法と政策はどのようにこの生活状況に対して態度をとるべきか。障害をもつ者の個別の妥当要求にこたえるために，一方で，理念的には障害が日常的に暮らすことができる全く普通のことのような環境の形成を目指さなければならない。他方で，障害のある人の特別な必要が忘れられることなく達成されなければならない。

この緊張関係は2つの理念的なモデルを生み出すことになる。一方で，給付を基礎とした社会法的アプローチであり（英語文献では社会福祉モデルとして知られる），他方で平等を基礎とした市民法的アプローチ（英語文献では市民法的モデルとして知られる）であるが，今後，政策的な焦点の展開は一番目から二番目のアプローチへと説明されるべきであろう。

まず，障害という生活状況へ給付を基礎として接近する社会法的アプローチの方法は，同時にテーマとなっている平等ベースの市民法的アプローチよりも古く，伝統的である。それは個人的な欠損としての障害の理解に基礎を置き，社会的給付と特別の保護法を用いて対処しようとするものである。これに属するのは，特別な教育ないし学校の提供，リハビリテーション給付，税制優遇，重度障害者の

---

(6) Anna-Miria Fuerst,Behinderung zwischen Diskriminierungsschutz und Rehabilitationsrecht,Ein Vergleich zwischen Deutschland und den USA,Nomos,2009.

(7) 小西啓文「ドイツ障害者政策のパラダイム転換論からみた障害者雇用政策の展開——Anna-Miria Fuerst の見解を踏まえて」山田＝石井編・前掲注4・145頁（以下，2011a），同「ドイツにおける障害者政策のパラダイム転換と権利擁護システムの展開」週刊社会保障2635号44頁（2011年，以下2011b），同「ドイツ障害者雇用政策における合理的配慮論の展開」季刊労働法235号14頁（2011年，以下，2011c），同「ドイツ障害者法における職業リハビリテーションの展開」週刊社会保障2776号48頁（2014年）参照。本稿は，毛塚教授と Heike Alps 氏とで2010年9月にドイツにて行なったヒアリングをベースとしており，その成果（その一部は小西（2011b）で発表した）は今後報告書の形で公表が予定されている。なお，Fuerst をこれまでフゥルストと表記してきたが，本稿ではフゥルストに改めた。

第 7 章　労働・雇用政策と労働教育への新提言

割当雇用，そしてこれらの人的範囲に対する更なる労働法的保護規定である。給付基底的社会法的アプローチはとりわけ国に義務を負わせるものである。

　他方で歴史的に明らかに若い平等基底的市民法アプローチは，障害のある人の平等な参加を重視する社会的運動として理解される。それは人間的にありうる普通の状態としての障害の見方に資する。これに対しては，特別な市民法がこの運動のもっとも規範的な調整手段である。障害というメルクマールを伴って現れる不利益はまず法構造，形成された環境における障壁および社会的な固定観念に基づく。ここから結果する平等の欠損は差別禁止法を用いて除去されなければならない。それは国だけでなく，市民法の契約上の効果を通じても，全社会に対して義務づけるものである。

　障害のある人のかかる今日的な政策はこの両方のアプローチの間で推移しなければならないだろう。決定的な衝撃は——いずれにしてもドイツの展開にとっては——現時点では平等基底的市民法アプローチから生じている。それは一般に『障害者政策のパラダイム転換』と表現される。」[8]

　本稿は，障害者政策において「パラダイムの転換」がなされるべきか，という問題意識の下，一足先にかようなパラダイム転換論に由来する経験をもつドイツにおける障害者政策のなかでも，旧来的な権利擁護システムの代表として統合局（Integrationamt）を，新しいシステムの代表として反差別局（Antidiskriminierungsstelle，以下 ADS と略すこともある）をひとまず取り上げ，それぞれの権利擁護の機能と評価を紹介する。そして，パラダイムが果たして転換されるべきかについて，毛塚教授の議論とフゥルストの議論を紹介の上，権利擁護システムとしてもうひとつ，「重度障害者代表」を紹介することにする。そしてこれらシステムの比較を通じ，わが国における障害者雇用政策上の権利擁護システムの再編[9]はどのようになされるべきか，若干の検討を試みたい。

---

(8)　小西（2011a）・前掲注(7)147 頁以下，小西（2011b）・前掲注(7)44 頁以下，小西（2011c）・前掲注(7)15 頁参照。
(9)　わが国における権利擁護システムの進捗状況については，菊池馨実「社会福祉における苦情処理・オンブズマンの意義」同『社会保障法制の将来構想』（有斐閣，2010 年）277 頁参照。

II 社会法典第9編と「統合局」

1 社会法典第9編[10]

ドイツでは伝統的に，重度障害者法という法律が障害のある人の社会生活への参加のための規定を設けていたが，2001年に社会法典第9編第2部に編入された。

同法の対象は重度障害者及び重度障害者と同等の者であり，同法は障害を「身体的機能・知的能力または精神的健康が生活年齢からみて典型的な状態と異なっており，それが6か月以上の期間，高い可能性で存する場合」で「それゆえ社会での生活に参加することが妨げられている場合」とする（2条）。

そして社会生活への参加の影響は，10から100まで10刻みからなる「障害の程度」によって判定され，50以上が「重度障害者」，30以上でその障害が原因で援助なく適切な労働ポストを獲得または保持できない場合には重度障害者と「同等の者」とされる。重度障害の認定は本人の申請に基づき援護行政によってなされるが，「同等の者」については援護行政の認定に基づき雇用行政によってなされることになる。

このように認定を受けた重度障害者について，社会法典第9編は「20以上のポストがある民間の使用者および公的機関は，重度障害者をポストの5％以上雇用しなければならない」と規定し（71条1項），使用者はこの雇用義務の履行のために，各事業所および公的機関ごとにそこで就労する重度障害者，重度障害者と同等の者，並びにその他算入可能な者のリストを常時管理し，管轄の労働局並びに統合局の代表に，要請に応じて提出する義務を負う（80条1

---

[10] これまでのドイツの障害者雇用政策の展開については，廣田久美子「障害者の雇用保障に関する法的課題——ドイツ重度障害者法を中心に」九大法学83号277頁（2001年），小西啓文「ドイツ重度障害者法における雇用政策の展開——就労支援・職業能力形成・配慮義務の観点から」三重法経125号35頁（2004年），同「ドイツの障害者雇用の現状と検討課題——日本法への示唆」労旬1696号22頁（2009年），福島豪「ドイツ法における障害のある人の雇用平等」賃社1492号4頁（2009年），2011年3月に発表された独立行政法人高齢・障害者雇用支援機構障害者職業総合センターの報告書である『欧米の障害者雇用法制及び施策の現状』の「第1章ドイツ」（高橋賢司・福島豪執筆担当）等参照。

項)[11]。そして雇用義務の履行を促すために，雇用義務と対をなして負担調整金制度が設けられている（77条1項）。

2 統　合　局

統合局は社会法典第9編102条1項に基づき，負担調整金の徴収と使用（1号），（社会法典第9編85条に規定された）解雇制限（2号），労働生活における随伴的援助（3号）などの任務を有している。統合局についてはすでに詳述したことがあるので[12]，ここでは要点のみ記述することにする。

社会法典第9編は，重度障害者に対する特別解雇制限手続を設けており，この手続において使用者に対する解約告知につき同意（Zustimmung）を与え使用者の解約告知を認可するのが統合局である。社会法典第9編による特別解雇制限手続は，重度障害者に解約告知しようとする使用者の統合局に対する社会法典第9編85条に基づく解約告知に関する同意の申立てにより開始される。申立ては，管轄を有する統合局へ書面でなされなければならない（87条1項）。このようにドイツでは解雇制限の観点から，社会法典第9編85，87条にもとづき解約告知に関する統合局の同意が必要とされている。

85条によると，同意は使用者による解約告知に際してのみ必要であるが，統合局は手続のいかなる段階においても穏便な合意を働きかけるものとされ（87条3項），解約告知が誰によって意思表示されるかにかかわらず，いずれの場合でも，重度障害者・使用者・統合局・重度障害者代表との協議が行なわれ，現に存在するケースの問題とその解決可能性が検討されることから，統合局の実務は非常に満足すべきものであると指摘されている。特別解雇制限は，原則として，社会法典第9編2条の意味における重度障害を有するすべての労働者および訓練生並びにこれらと同等の者にも適用される。

3 統合局による同意の必要性

統合局の同意の必要性は，使用者がおよそ重度障害者の雇用を義務づけられているか，またはそのような義務を十分に果たしているか，とは無関係である

---

(11) 小西（2004）・前掲注(10)41頁以下，小西（2009）・前掲注(10)22頁，福島・前掲注(10)7頁参照。
(12) 小西（2011a）・前掲注(7)174頁以下参照。

が，社会法典第9編90条により，①重度障害者が満58歳になり，一時金，補償金または社会計画に基づいた同様の給付の請求権を有する者であり，企図された解約告知に対してその言渡しに至るまでに異議申立てがなされていない場合，及び②解約告知が天候の影響によりなされる場合などには，統合局の同意は必要でない。

　解約告知は社会的正当性が必要とされるから，使用者は解約告知の意思表示または労働法上の訴訟において，解約告知を根拠づける理由を挙げなければならない（解雇制限法1条）。解約告知の主要な事実関係は審査可能な理由に限られる。

　このような理由のみが，統合局によって審査される。必要不可欠である統合局の同意（社会法典第9編85条）は私法的な解約告知に対する認可であり，同意の必要性は一種の事前手続である。

　もっとも，統合局の同意は，解約告知の合法性に関して判断されたという意味をもたない。これは労働裁判所のみの任務であって，解約告知に対する訴えは，解約告知権の規定に違反している場合，常に有効である。

　なお，統合局の同意を求めなくてはならない使用者の義務は，労働関係が使用者側の解約告知以外の理由，例えば有期労働契約の期間満了によって，または解消契約の締結によって終了する場合にも存在しない。

III　一般平等取扱法と「反差別局」

1　一般平等取扱法（AGG）[13]

　他方，平等基底的な市民法の継続的発展にとって単なる一般的な衝撃以上の存在は，いわゆる枠指令である就業及び職業における平等待遇の実現のための一般的枠組みを定めるための2000年11月27日の理事会指令（2000／78／EC指令）[14]であり，それは構成国に対して2003年12月までにそこに設定された要求の国内法化を要請したが，障害については構成国の事情により2006年12月までさらに3年の猶予が認められた。

　2006年8月18日にドイツにおいて施行したAGGは，2000年から2004年

---

(13)　小西（2011b）・前掲注(7)45頁以下参照。
(14)　なお，注(5)の記載内容も参照。

までの EU の 4 つの差別禁止指令[15]の国内法化に寄与するものである。

法の下の平等とすべての者の差別からの保護は，すべての構成国によって批准された人権と基本的自由の保護にかかる EU 条約において，一般的な人権として認識されている。一般平等取扱法は人種または民族的出自，性別，宗教または世界観，障害，年齢，性的アイデンティティによる不利益を防止または排除することを目的とするものであるが（同法 1 条参照），これらの指令の国内法化においてドイツの立法者はこれら 6 つの差別メルクマールの保護に賛成を表明した。AGG の適用に関するのは労働法と一部の民法である。労働法の部分は AGG 6～18 条に，民法のそれは 19～21 条に規定されている。

2　連邦反差別局（ADS）

(1)　ADS の組織

反差別局は「障害」のみを管轄とする機関ではないが，統計資料によると，これらの差別理由のなかで「障害」がもっとも被害者からの申立てが多いという[16]。ところで，指令は効果的に差別から保護することができるために，このテーマの研究に関して広く情報が共有されることを求める。このため，不利益を巡る見解の包括的な分析並びに差別的労働の領域における経験をまとめることが必要とされる。差別の当事者にとってはさらに，援助の提供へのアプ

---

(15)　人種又は民族的出身に関わりなく平等待遇原則を適用するための 2000 年 6 月 29 日の理事会指令（2000/43/EC），就業及び職業における平等待遇の実現のための一般的枠組みを定めるための 2000 年 11 月 27 日の理事会指令（2000/78/EC），就業，職業教育及び昇進の機会並びに労働条件に関する男女平等待遇原則の実現のための理事会指令（76/207/EEC）を改正するための 2002 年 9 月 23 日の欧州議会・理事会指令（2002/73/EC），物品及びサービスの入手及び提供の際の男女平等待遇原則の実現のための 2004 年 12 月 13 日の理事会指令（2004/113/EC）の 4 つである。この点，齋藤純子「ドイツにおける EU 平等待遇指令の国内法化と一般平等待遇法の制定」外国の立法 230 号 91 頁以下（2006 年）参照。またドイツの一般平等取扱法については，山川和義「ドイツ一般平等取扱法の意義と問題点」日独労働法協会会報 8 号 79 頁（2007 年）参照。

(16)　反差別局については，Heike Alps, Die Antidiskriminierungsstelle des Bundes – Streitbeilegung durch Verwaltung?, 山田＝石井編・前掲注（4）219 頁参照。同論文 242 頁によると，2006 年 8 月から 2010 年 7 月までで AGG にいう差別を理由とする申立ては 3989 件あり，そのうちの 25.14％が障害を理由とするもので，2 番目が性別の 23.87％であったという。以下の反差別局の記述部分は，Alps 論文に依拠していることをお断りする。

ローチが保障されていることが決定的に重要である。

　これらの目的のために，4つの反差別指令のうち2000／78／EC以外の3つの指令が平等取扱の促進に関わる機関を要求する。指令は，新しい機関が創設されなければならないかどうか，それともすでに存在している施設に統合されるべきかどうかについて言明しておらず，その形成は構成国に委ねている。もっとも指令は，設立される機関が独立していなければならないことについてだけは明白に述べている。独立した機関だけが政治的その他の影響なく実行可能だからである。

　ドイツの立法者は新しい機関の施設に賛成を表明し，AGG25条はADSの施設と装置を連邦家族・高齢者・女性・青少年省（BMFSFJ）内に定めた。

　ところで，ADSだけが不利益取扱の問題に従事するのではない。ドイツ連邦議会と連邦政府の若干の特別問題担当者（Beauftragte）も差別問題に関わることになる。管轄構造において，これらの組織は互いに併存するが，ADSの施設は特別問題担当者の管轄と関わらないこととされた（AGG25条1項）。ADSは一定の人的グループの差別を包括するのに対して，同担当者は，例えば，障害者の利害に対する連邦政府特別問題担当者，移住・亡命者・統合のための連邦政府特別問題担当者というように個別的である。例えばADSが障害を理由とする差別について苦情を受け，もし要援助者がAGG27条2項に従い連邦政府の障害者特別問題担当者との間で同意に至るならば，ADSはこのケースを担当者に任せることになる。これらの管轄に関する規定は，官僚の支出超過，任務の交差，二重の管轄を回避するために導入されたが，このことがADSにとってうまくいくかどうか，評価は分かれているという。

　またADSは独立的な連邦の機関である。指令によると機関の独立性は特別の意義があるが，BMFSFJによるADSの創設は，支配的見解によるとADSの独立性に否定的な効果はないという。というのも，その結びつけは純粋に組織的なものだからである。とりわけ政治的な影響からの独立は，固有の予算によって保障される（AGG25条2項）。ADSが年に自由に使える予算はおよそ300万ユーロである。予算の三分の一は人件費に費やされる（ADSは2010年当時，20人の共働者を用いており，そのうち6人は当事者の助言と援助を管轄する）。残りは重点設定の次第で配分される。2009年にADSは連邦全体に及んで計画されたポスターキャンペーンを実施したため，予算の大部分が広報に用いられ

第 7 章　労働・雇用政策と労働教育への新提言

た。これに対して 2010 年は大部分が研究委託に配分されたという。

(2) ADS の指導

指令における重要な準則は ADS が独立的に任務を定めることであり，それは ADS の指導の独立的な法的地位の創造を要求する。

この要求について，AGG は 26 条で，指導にかかる者は公務員法の関係においてではなく，契約によって規定される公法上の官職関係に立つことで従っている。その者はさらに，その任務において法律のみに従い，そしてその際，BMFSFJ の指示には従わない。

ADS の指導者は連邦政府の提案に基づき BMFSFJ から指名される。その在職年限は連邦議会の会期の期間と一致する。ADS の要求された独立性の観点からは，会期と在職年限の連結は強く批判された。それはその時々の連邦政府からの確実な政治的従属を導くものであり，在職年限は加えて，ADS の効果的な仕事を保障するためにはあまりにも短すぎるとも指摘されている。

(3) ADS の任務

指令は，2000／43／EC13 条 2 項，2002／73／EC8a 条 2 項，2004／113／EC12 条 2 項において，以下のいずれの最低条件をも平等取扱の促進にかかる国内の機関が満たさなければならないとする。これらの指令は，差別メルクマールに対して人種・民族的出自・性別をほぼ同義に位置づける。

・苦情に際して差別の被害者が独立的に援助されること。
・この差別のテーマに関して独立的な調査研究を実施すること。
・この差別のすべての見解にかかる独立的な報告と紹介を公表すること。

機関の主要な課題は差別の被害者の独立的な援助である。どのような種類の援助がされるべきか，は，指令は指示していないため，構成国は様々な提供を国内法化することが認められる。しかしながら，この提供は，差別の効果的な克服を達成するという指令の目的と適合していなければならない。

この点，AGG は，ヨーロッパ法的な基準を，ADS の管轄が人種，民主的出自，性別に限られず，2000／78／EC 指令のすべてのメルクマールに広げた限りで凌駕している。このような国内法化でもってドイツの立法者は，信仰，世界観，障害，性的アイデンティティまたは年齢を理由とする不平等取扱は例え

ば，先の指令において具体的に独立の機関が要求された性別を理由とする差別よりも質的に劣るという印象が生じないか憂慮したともいわれている。

ところで，ADSの任務は3つのカテゴリーに分けられる。すなわち，不利益取扱者に対する任務，一般人に対する任務，報告・紹介である。差別の当事者に対するADSの任務は指令において要求された援助である。一般人に対してADSが充たさなければならない任務は広報活動，予防に関する措置，不利益取扱にかかる調査研究である。同様に指令で要求されているのは報告と紹介である。以下では，不利益取扱者に対する任務のみ論じることにする。

まず，ADSへはAGG27条1項に従い，AGG1条にあげられた理由ゆえに不利益に扱われたという見解をもついかなる者も依頼できる。ADSへの請求の必要条件はきわめてわずかであり，申立て権限のある者は，AGG1条にあげられた理由により不利益に扱われたという見解をもつすべての者である。この者が適切な事情を説明すれば十分である。申立てられた差別が例えばAGGの適用領域に属していること，すなわち法律上の不利益取扱禁止に実際にかかわっていることは必要ではない。ADSの援助は当事者に対して容易に達成されなければならず，そのアプローチは敷居が低くあるべきである。それゆえ申立てに対する形式的な基準は存在しない。要援助者は定型なく，口頭で，電話で，書面で，またはメールでADSへ依頼することができる。簡単なアクセスにとって，わけても重要なのは，ADSのすべての援助提供が無料であることによって確保される。

次に，個別ケースにおける不利益取扱に対するADSの任務につき指令が要求するのは，独立的な機関が差別の被害者をその苦情に際して独立して援助することである。援助提供の方法は指令に具体化されていないので，ドイツの立法者は自由にその形成をすることができた。そこでAGGは，当事者の援助について，27条2項で①当事者に法的な措置の請求権とその可能性について情報提供し（助言），②他の機関による助言を仲介し，③紛争の合意による示談を達成することを含む，というカタログを用意したが，この規定における列挙は制限的なものではない。

① 助　　言

AGG27条2項1号に従い，ADSは要援助者に対して自らの権利と実行できる可能な戦略を助言することができる。どの範囲でこの助言を有するかについ

ては正確には定義づけられておらず、学説においても統一的に論じられていない。支配的見解は、AGG はたしかに包括的及び一般的な情報提供を ADS によってすると定めるが、個別的な助言を定めてはいないとする。これに対し、ADS 自身は、その活動を「法的助言」と記載し、行政的な助言とはしていない。

②　他の機関の仲介

AGG27 条 2 項 2 号に従い、ADS は他の機関による助言を仲介することができる。当事者は自らの問題に対してもっとも有用な援助を受けるべきだからであり、この規定の意味における機関は例えば、連邦議会と連邦政府の特別問題担当者、市町村または州レベルで 1 つまたは複数の差別メルクマールに従事する機関である。

③　調　停

ADS は 27 条 2 項 3 号に従い当事者間の争いの示談に努めることができる。争いの合意による示談でもって被害者に対して長らく負担となってきた法的紛争が避けられることになる。

ADS の具体的に取り入れられた援助提供はこれが可能であり、当事者によって望まれる限りでの合意による解決の惹起に際しての援助である。法律の条文からはどのような方法で争いの示談が惹起されるべきであるかは導き出せず、従って、ADS は新しい紛争調停概念を展開することもできたが、ADS は調停または紛争仲裁機関として職務を行うこととした。

実務では調停手続は、ADS の指導の下、当事者の直接の話し合いによって行われる会合の枠組みではなされない[17]。対人的な会合を ADS 内でしないのは、ADS はベルリンに所在することから、合意による調停を達成するためにはすべての関与者がベルリンに赴かなければならないことになると、切望された援助への容易なアクセスは画餅に帰すことになってしまうからである。

ADS が AGG28 条 1 項に基づき争いを示談にすることができる第一の装置は、意見表明である。このことは事情の説明に役立つ。一方で ADS は関与者の情報によって性質上良質で包括的な助言を提供し、争いの示談の可能性を評価することができる状態におかれる。他方で立法者が期待したのは、共同して

---

(17)　この記載部分は、小西（2011b）・前掲注(7)から改めた。

合意による解決を得るための関与者の承諾が，意見にかかわる機会を与えられることにより増加することである。

　意見表明にかかる義務は存在しない。法律のテキストは，意見表明を命ずるのではなく，「求める」ために ADS に権限を与えている。ADS の任務の開始にかかわり，学説からは意見表明という装置が弱すぎ，効果がないことが明らかになるだろうという懸念があったが，この不安は――少なくとも ADS からは――立証されておらず，反対に，意見表明は非常に効果的と述べられている。すなわち，ADS の側からの意見表明をめぐる請求は，ドイツ国旗が印刷された連邦官庁の文書として基本的に敬意を払われているとのことである。ADS での調停は裁判所の手続とは異なり無料であるし，多くの企業にとって差別訴訟はイメージがよくないという。この見方が――ADS によると――調停の試みに参加する差別者の承諾に至り，争いの示談への手段としての意見表明を引き出す効果へと寄与しているという。

④　連邦特別問題担当者との関係

　上記したように，連邦議会と連邦政府の特別問題担当者の管轄は ADS によって接触されない。それゆえ AGG27 条 2 項 3 号は特別問題担当者の管轄領域に属する苦情は特別問題担当者に回付するという ADS の義務を規定する。学説においては，ADS はこの規定に基づいてケースの受渡し役にしかなりえず，差別ケースのための実行力が全くないという懸念があった。もちろん実務では ADS はこの規定を厳格に適用してはおらず，例えば障害を理由とする差別についての苦情については通常，アプローチの困難性，つまりバリアフリーに関わるケースだけは連邦特別問題担当者が担当する。

⑤　ADS の権限

　AGG28 条 1 項に基づく自由意思の意見表明と異なり，連邦官庁は，28 条 2 項に基づき ADS をその任務の達成に際して援助することが義務づけられ，必要な教示を与えなければならない。権限について問題なのは，教示権が十分ではないことである。学説において，当事者間での原則的な未解決性，情報の不足，それに付随する証明の困難性を阻むために，ADS に対しては特別な捜査権が必要だったともされている。

第7章　労働・雇用政策と労働教育への新提言

3　統合局と反差別局の比較

以上「統合局」と「反差別局」を取り上げたが，統合局の実務は——事後的な紛争解決機関というよりも事前的な解雇回避のための機関ではあるが——連邦労働裁判所[18]からも高く評価されており，いまなおドイツの障害者雇用政策において確固とした地位を得ていると指摘できよう。もっとも，差別禁止法との関係でいえば，障害のある人が個人的に自らの状況について知覚してではなく，統合局は国家機関として当事者間の間に入って一般原則に基づき裁量的決定をなしうるということであって，それは個人自身による平等取扱請求の主張が問題となってはいないことを確認しておく必要がある[19]。他方で，反差別局には「合理的配慮」概念のような新しい差別概念への対応が期待されるところではあるが，権限が十分に付与されていないこともあり，現時点ではなお確定的な評価をすることは困難かと思われる[20]。

IV　障害者政策のパラダイム「転換」か「拡大」か？
——重度障害者代表制度をめぐって

1　パラダイム「転換」をめぐって

毛塚教授は先の論文で差別禁止法と合理的配慮（調整）義務について以下のように述べている。

「差別禁止法は90年代以降，世界的規模で拡大している。とりわけ，障害者，年齢，性的指向等を理由とする差別禁止の登場，また，雇用形態差別の拡大は，差別禁止法の新世代といって良いであろう。このような差別禁止法の拡大にともない，差別禁止法の目的を平等論（平等取扱原則）から切り離して理解しようとする考えが登場してきている。差別禁止法の発展を『実質的平等』の実現

---

(18)　なお，統合局の同意をめぐる連邦労働裁判所の判決については，小西（2011a）・前掲注（7）177頁以下で取り上げている。

(19)　小西（2011c）・前掲注（7）26頁参照。

(20)　なお，高橋賢司「第三章　最近の動向（平成20年度国際比較調査以降の主要な動向）ドイツ」『平成21年度障害者の社会参加推進等に関する国際比較調査報告書』（http://www8.cao.go.jp/shougai/suishin/tyosa/h21kokusai/3_2_germany.html）は「2010年に本格的な報告書を作成する予定である」と指摘しているが，本稿は先のヒアリングでの資料を前提としており，最新の情報をフォローするものではないことをお断りせざるを得ない。

ではなく『社会的包摂 social inclusion』にみようというものである……平等取扱原則から差別を考えると差別の立証に比較が不可欠にともなうが，社会的包摂の観点からは，ある集団が不利益を受けていることで足りること，合理的調整義務といった積極的な差別是正義務を導くことができること，反面，差別における正当性の抗弁を広く認めてよいことなどの利点を指摘しているとしている。また，少なくともヨーロッパ法の発展をみるかぎり，差別禁止法の理念は社会的包摂ではなく連帯（Solidarity）にみるべきとの考えもある。」(18頁)。そして「障害者差別や年齢差別に関して，『差別禁止アプローチ』と『労働市場アプローチ』とを対立的にとらえて議論する向きもあるが，これも差別禁止のもつ重層的規範構造を考えれば，対立的に捉え過ぎてはならないであろう。雇用差別禁止法はすべて，人種，性，障害等という『人的な類型的属性による異別取扱い』をなくすことと，かかる『類型的属性によって把握された者の雇用・職業にかかわる人権の保護』との双方を目的としているからである。」と指摘する（19頁）。

2 パラダイム「拡大」論について

(1) 障害者政策のパラダイム転換論の問題点

他方，フゥルストは，ドイツにおけるリハビリテーション法の進展[21]を前提として，障害者政策のパラダイム転換論の問題点を大要，以下のように指摘する[22]。

リハビリテーションないし社会法領域をめぐるドイツとアメリカの間の比較並びに社会法の一般的な展開から導かれるのは，障害のある人に対する特別な差別禁止法の展開が政治的な万能薬とはみられないことである。この法的展開はむしろ特別な国家的枠条件から判断されなければならない。アメリカにとっては，障害のある人に対する差別禁止法における合理的配慮への権利という根拠の援助でもって，リハビリテーション法においてぽっかりとあいた裂け目を閉じようとしたことが明らかとなった。ドイツではこの裂け目は，さしあたり社会法典第9編の導入以来，規定上存在しない。総じてドイツでは社会と憲法

---

(21) 小西（2014）・注（7）48頁以下参照。

(22) Anna-Miria Fuerst, a.a.O., S.254ff.

における社会国家的な責任の根拠が比較できないほどアメリカよりも強い。この実状は，どれほどパラダイム転換の継続に基づく要求がとりわけ特別な差別禁止法によって判断されるかに影響することなく続くことはあり得ない。

そして，「パラダイム転換」という概念は厳密には古い範例の放棄と新しい範例への傾倒である。障害者政策にとっては給付基底的社会法的アプローチ（社会福祉モデル）の放棄と平等基底的市民法的アプローチ（市民法モデル）への傾倒を意味するだろう。しかしドイツではこれは実際的な所与にあわない。障害はほんのわずかな例外的なケースにのみ第一義的に社会に帰責させるメルクマールとみられるが，大部分のケースにおいては数多くの依存と不利益を導き，これらはまたできるだけよく形成された社会においても不平等を導くだろう。これらの不平等は社会法的な補償でもって対抗しなければならない。ラディカルなパラダイム転換はドイツの障害者政策からは離反せざるをえない。

アメリカの経験からの重要な教訓は，差別禁止法がリハビリテーション法における間隙を埋めることはできないことであり，ドイツにとってはこの法的領域は効果的な障害者政策の基礎を保持しなければならないことを意味している。ドイツではリハビリテーションないし重度障害者法に対しては包括的な行政措置が存在しそれに使用者が長い間共働しており，国家が社会構造へ私人を結びつけることは障害のある人の統合の領域に対して原則的に承認されており，この承認はすべての利益において保持すべきである。

さらに障害のあるアメリカ人法（ADA）は，国家の主要な社会政策的役割に伝統的に懐疑的で，しかもその上敵対的である環境において成立した。正反対の結論として，このことは当然，ドイツのように伝統的に社会国家的に遂行されるシステムにおいて障害のある人のための特別な差別禁止法の導入が社会的スタンダードの切り下げを導くことは間違いない。もっとも差別禁止法が付加的な租税措置として理解される場合にのみ，それは恐れるに足りないが，このような代替的な理解に際しても障害のある人の特別な差別保護は当事者の利害において避けられるべき給付国家の後退を必然的に伴うかもしれない。

(2) 障害者政策の指導理念としてのパラダイム「拡大」論

そしてフォルストは今日，ドイツの障害者政策の指導理念は慎重なパラダイム拡大の方向へ向かっているという。すなわちリハビリテーション法は社会法

典第9編において構造的に統一化され，重度障害者法は社会法典第9編の構成要素となった。社会法典第9編はその限りで障害者法のもっとも重要な柱を形成する。環境の参加志向的な形成はとりわけ障害者平等法（BGG）とそれに相応する州法に生じており，それはまずもって公的主体に向けられる。参加の強調は社会法典第9編2条1項1文における統一的障害概念においても明らかである。

もっともドイツの法的展開も，障害者政策の統合的概念のなかにとりわけEUの2000／78／EC指令5条からの基準を示唆する差別禁止法を編入することと向き合うことになり，一方でAGGの間接不利益取扱の規定と，他方で社会法典第9編84条2項の事業所内統合マネージメント[23]でもって十分な国内法化と理解されることになったが，概念的に合致する国内法化はうまくいっていない。合理的配慮への権利は，一般平等取扱法3条2項に基づく間接差別の客観的正当性に際しての比例性審査の枠組みにおいて若干の解釈的努力でもってしか考慮されていない。連邦労働裁判所はこの点に長い間まったく貢献しなかったわけではなく，重度障害者法からの一般的保護規定を枠指令5条に基づく合理的配慮として判断しようと努力した。それによりたしかに重度障害者法の価値はかなり引き上げられ，その不考慮は一般平等取扱法のサンクション措置とともに非難されることになる。ただし，連邦労働裁判所は障害のある人に対する差別禁止概念を指令の意味において継受しなかったことが認められる。すなわち合理的配慮をもっぱら個別のケースで判断される一定の障害に基づく個別ないし具体的な不利益に対する補償として要求したのである。連邦労働裁判所にとって同意されうるのは重度障害者法の保護規定の違反が差別禁止法的に顕著な証明責任の転換を基礎付けことに役立つ限りである。しかしこの不利益取扱自体，個別ケースの事情に基づき審査されなければならず，その際に，使用者によって行われた合理的配慮に関して質問される。枠指令の精神における一般平等取扱法のさらなる発展は，判例を共同体法と一致した道に導くために，合理的配慮の権利を規定として編入することを断念すべきではない。障害

---

(23)　「事業所内統合マネージメント」はある種の解雇予防手続のことである。この点，廣田久美子「障害者雇用に関する義務規定の法的効力」山田晋＝有田謙司＝西田和弘＝石田道彦＝山下昇編『社会法の基本理念と法政策――社会保障法・労働法の現代的展開』（法律文化社，2011年）219頁参照。

のある人にとっての特別な差別禁止法の意味における一般平等取扱法の継続的発展は慎重なパラダイム拡大の指導理念に適合しなければならない。

(3) **合理的配慮の権利の位置づけ**

フゥルストはまた，合理的配慮について以下のことを指摘する。

① 合理的配慮の権利の利点

構造的な不平等取扱の克服に構えられた現代の差別禁止法の構成要素としては，合理的配慮の権利だけが構造的不平等を調整することに奉仕しうる。もっともこの権利の利点は，本当に不利益の比較的少ないパラメーターに基づき効果的な労働市場での競争に参加できない障害のある人にある。これに属するのは例えば横断的麻痺を伴う高度な資格のある法律家で，その職業的参加がスロープがなかったり，書架の棚が高すぎることによって阻害されているような場合である。これに反して，一般的給付能力のかなりの減少へと至るような長引く痛みまたは疲労のようなさらなる要因がおきる場合，もはや単純な構造的な競争のゆがみでは語られ得ない。そのかわりに，主要なパラメーターにおいて，その給付能力と同時にその競争への参加にかかる能力を低下させるような現実的な競争者（求職者）への制約が問題になる。しかしここではすべての競争者の機会平等的取扱を構じる差別禁止法はもはや効果的にさらに援助することはできず，その結果，一定の障害のあるエリートのみがうまくいくことになるのである。

② 職業リハビリテーションに対する側面的保護としての重度障害者法という装置の承認

特殊な障害の性質ゆえに合理的配慮の権利が利点として考慮されないような障害のある人に対しては，競争への参加を合理的配慮の助けでもって保障することだけでは十分ではなく，それだけ職業リハビリテーションの給付が必要になる。これは典型的には重度障害のあるケースである。そのような競争者を労働市場への統合に際して保護するためには割当規定，統合協定，公的サービスにおける異議申立てにかかる優先的な召喚 Einladung のような多様な保護ないし促進装置がこれらの場合の重要な援助である。これらは評価される障害者政策のために断念することはできない。

③ 合理的配慮を求める権利の目的と即応した形成

合理的配慮の権利は（一部の）エリートに対して講ぜられる平等装置の意味における差別禁止法の構成要素として，その目的グループに用意されるものである。避けられるべきは，その権利が求職者と使用者に対する一般的な受け皿になることである。合理的配慮の権利は，基礎的な支出なく実行される構造的障壁の除去を任務とするものであり，障害者法の各種の装置に対する承認を喪失しないよう狭く理解されなければならない。重度障害者法はすでに示したように評価された障害者政策の中心的構成要素に残らなければならない。

(4) ドイツにおける障害のある人に対する差別禁止法の継続発展にかかる提案

以上からフゥルストは，正しく公式化された基準の意味における合理的配慮の目的通りの国内法化のために，2つの点を指摘する。第一に，この援助でもってこの権利に対する名宛人の範囲が正しくスケッチされうる障害概念が見出されなければならない。第二に枠指令の意味におけるこの機構の正しい理解をすべての法適用者に保障するために，合理的配慮の権利は一般平等取扱法の明確な構成要素であるべきであった，と。

① 差別禁止法的な障害の定義

社会法典第9編2条1項1文における障害概念は，合理的配慮の権利が特別に障害のある人に対して用意されることを望む差別禁止法にとって，分離の十分な鋭さを形成してはいない。合理的配慮は正しく障害が外部へと表明される機能的な活動の侵害を補償するものである。ここから，このメルクマールの適切な障害概念が言語上簡潔に表されるべきである。ここで提案するのは一般平等取扱法1条において2項として編入されるかもしれなかったし，また同法における1a条となるかもしれなかった以下の文言である。

「この法律の意味における障害は損傷に由来する状態であり，本質的な身体的，知的，または精神的活動の侵害において外部に理解されるものである。」

この定義は意識的に狭く規定している。活動の侵害は本質性の要件によって資格化され，それでもって日常的に重要でないまたは完全に直されうる侵害が評価上分離される。

② 一般平等取扱法の差別概念における合理的配慮の権利

第 7 章　労働・雇用政策と労働教育への新提言

　合理的配慮への権利は一般平等取扱法において二者択一的な 2 つの立場に切り分けられる。一方で間接差別の客観的正当性の枠組みにおいて比例性審査に形作られる。他方で合理的配慮への権利は特別な正当性の枠組みにおいて固有の規定を経験する。
　a.　間接的不利益取扱の拡大
　考慮されるのは一般平等取扱法 3 条 2 項の補完をめぐる次の 2 文である。

　　「障害を理由とする間接的不利益取扱は活動の制限を補償するために合理的かつ必要な配慮がなされない場合にのみ認容されない。」

　合理的配慮への権利は比例性審査に際して考慮されることが保障される。「合理的」・「必要性」という価値の顕在化した枠組みにおいて，使用者の利害は合理的配慮の権利が制限されなければならないということで汲み取られる。
　b.　独立の正当性の基礎
　合理的配慮の権利は独立に規定されることもできたはずである。この場合に明白な問題点は特別な正当性の基礎の構成要素だったに違いない。ここから一般平等取扱法 8 条の以下の補完が 1a 条にかかわり考えられる。

　　「障害による異なった取扱は，本質的かつ決定的な職業的要請が身体的，知的または精神的活動の侵害ゆえに満たされず，その侵害が合理的かつ必要な配慮の提供によって除かれない場合にも認容される。」

　c.　限界可能性
　配慮への権利は法律上制限されうる。さらに以下の項が提案される規定に付け加えられよう。

　　「配慮はもしそれらが過度な負担を導き，または本質的かつ決定的な要請の断念を意味する場合，もはや合理的かつ必要ではない。」

　もっとも，合理的配慮の権利の本当の限界は，判例でもって作出されるものであり，使用者の利害が本来的に考慮される比例性審査の枠組みにおいて残される。

(5)　結　　語
　以上の考察を経て，フゥルストは以下のように結論付ける。

アメリカの範例に基づく障害者政策のパラダイム転換に基づく要請は決定的な刺激を設定した。政治と社会は障害のある人の入り組んだ問題に対して敏感になることができた。アメリカ合衆国における差別禁止法の経験並びに共同体法及びドイツ国内法における数多くの変革は障害者政策に新しい挑戦を提示する。もっとも論争的概念としてのパラダイム転換は役目を終え，今や概念的に一致したパラダイム拡大が──一方でドイツにおけるリハビリテーション法と重度障害者法の強い伝統が無傷であり，しかし他方で合理的配慮への権利がぴったりと差別禁止法に結合させられるというように──問題とされなければならない。すなわち両者の法領域は包括的な障害者政策の意味において共同して継続発展されるべきなのである。

3　わが国におけるパラダイム転換論の意義と権利擁護システムの必要性
(1)　毛塚教授とフゥルストの見解の比較

以上，毛塚教授とフゥルストのパラダイム転換についての議論の一端を紹介したが，両者とも完全な「転換」はなされるべきではないという点で意見の一致をみよう。もっとも，毛塚教授が理論的な観点からそのような帰結を見出すのに対し，フゥルストはドイツにおいて構築されてきた制度とその実務の観点から結論を得ようとしている点で，両者の差異も見て取れよう。

この点，筆者は──合理的配慮の「不提供」と「提供」を同列に扱うが如き──わが国においてはドイツ以上にパラダイム転換の意義を軽視できないと考えている。すなわち，アメリカと異なりわが国においてもある程度リハビリテーションにかかる給付などはいわゆる社会福祉の領域を中心に存在しているが，ドイツのようなリハビリテーションを受ける「権利」が構築されてきたとは必ずしも言えず，それは広い行政裁量に委ねられてきた。他方，わが国の障害者雇用の領域では，なにも合理的配慮論を持ち出さなくとも，裁判例上，いわゆる使用者の安全配慮義務なり解雇回避義務の議論のなかで障害のある労働者への配慮はある程度なされてきたという評価も可能である[24]。とはいえ，これまで安全配慮義務については履行請求は困難とされてきたことに鑑みれ

---

(24) この間のわが国の障害者雇用にかかる裁判例については，小西啓文「日本における障害者雇用にかかる裁判例の検討」季刊労働法225号70頁（2009年）参照。

ば⁽²⁵⁾、障害のある労働者が合理的配慮を求める「権利」があると構成しつつ、それに「不釣り合いな又は過度な負担」でないのにこたえないことを「差別」とあえて構成することで⁽²⁶⁾、使用者の側の裁量や、(安全配慮義務の手段債務としての理解も関係するかもしれないが)例えば職場復帰のためのマネージメントさえ実施すれば配慮を尽くしたこととされ、解雇有効といった議論も乗り越えられるかもしれない。

もっともこのような障害のある労働者側からの申出を一つの契機とする「権利主張」を前提とした議論には、ある種の「当事者の参加」という新しい運動的側面もあるが、「プライバシーの問題」⁽²⁷⁾や、そのような主張が困難な場合にどのように対応するかといった問題もあろう。そしてこの後者の問題にこたえるのが、本稿で取り上げている権利擁護システムの課題である。

(2) 権利擁護システムとしてのドイツ重度障害者代表制度への注目

ところで、そのような権利擁護システムとして本稿は統合局と反差別局を紹介してきたが、それらはそれぞれ、一方で差別禁止のための機関とはいいづらいが実務上評価を得ており(「統合局」)、他方で差別禁止のために設置されたものの未だ実務上評価を勝ち得ていない(「反差別局」)という状況にある。またこれらはあくまで職場外の機関であり、職場において障害のある労働者の権利擁護をする機関とはいいづらい側面もある。

---

(25) 鎌田耕一「安全配慮義務の履行請求」水野勝先生古稀記念論集編集委員会編『労働保護法の再生』(信山社、2005年) 365頁は、「判例は安全配慮義務の履行請求に関して……原則として履行請求しえないものとしながらも、履行請求権を認めるに足る『特段の事情』があり、生命・身体に対する現実的な危険が生じている場合、その履行すべき措置が特定されている限り履行請求の可能性を認めている。」と指摘する。

(26) このような構成は、公序違反として行政上の救済のみならず、私法上の救済も可能としよう。なお、小西・前掲注(10)41頁も参照。

(27) 最高裁は近時、「業務の過程において、上告人が被上告人に申告しなかった自らの精神的健康(いわゆるメンタルヘルス)に関する情報は、神経科の医院への通院、その診断に係る病名、神経症に適応のある薬剤の処方等を内容とするもので、労働者にとって、自己のプライバシーに属する情報であり、人事考課等に影響し得る事柄として通常は職場において知られることなく就労を継続しようとすることが想定される性質の情報であったといえる」とし、「使用者は、必ずしも労働者からの申告がなくても、その健康に関わる労働環境等に十分な注意を払うべき安全配慮義務を負っている」とした(最二小判平26・3・24集民246号89頁)。

この点，ドイツにはこれまで重度障害者代表がそのような障害のある労働者をサポートしてきた実績がある。重度障害者代表とは，重度障害者の事業所及び公的機関への編入を促進し，利益を代表し，相談に乗り，援助することを任務とし（社会法典第9編95条），5人以上の重度障害者が雇用されている事業所で選出され（94条），任期4年の名誉職である[28]。以下，わが国において合理的配慮の権利を障害のある労働者の権利主張のためのツールとして構成するために必要と思われる作業として，ドイツの重度障害者代表制度について若干検討することにしたい[29]。

(3) **ドイツ重度障害者代表制度**——任務の状況とその遂行
①社会法典第9編95条1項1文の一般条項の意味

95条1項1文は重度障害者代表の任務として以下定義する。①使用者に対して事業所または事務所におけるグループの集団的利益を擁護し，②事業所または事務所への編入を促進し，③助言並びに援助の面で庇護すること。そしてこの任務の実施に関して必要であるならば，そしてその限りにおいて，仲介者（Vertrauensperson）としての職業的な活動が委ねられ（96条4項1文），使用者が任務の費用を負担しなければならない（96条8項）。

この一般的な任務の遂行のために，重度障害者代表には95条1項2・3文において使用者と外部のセンター Stelle に対しての具体的な権利と権限が譲与されるが，それらは原則として確定的な列挙ではない。立法者は加えて，その都度応対する義務があるセンターに個別の条文（80条2項3文，81条1項4文，6文，7文，9文など）について必要と解される権利と権限を規定した。任務の遂行のために，仲介者はその権利と権限を事物に即して用いなければならない。それはその「職」のひとつの義務であり（96条1項），職責の著しい毀損は解職手続へ至りうる（94条7項5文）。

② 95条1項2・3文におけるカタログの意義
(a) 監　督

その任務を遂行するため，重度障害者代表には95条1項2文において監督

---

(28) 小西・前掲注(9)42頁参照。
(29) Düwell, § 20 Kollektive Vertretung und Beauftragter des Arbeitgebers,in:Deinert, Neumann（Hrsg.）, Rehabilitation und Teilhabe behinderter Menschen Handbuch SGB Ⅸ ,2.Aufl.,Nomos,2009,S.645ff.

第 7 章　労働・雇用政策と労働教育への新提言

権限が譲与されており，使用者が重度障害のある労働者のために適用する法律，規則，労働協約，経営協定そして行政命令を事実上制限なく適用することについて監督しなければならない。重度障害者代表はその限りで重度障害者の権利の番人である。これに属するのはとりわけ，使用者が前述した 71，72 条に基づき重度障害者の最低就労にかかる義務を履行しているか否かの審査である[30]。重度障害者代表のこの審査を容易にするために，80 条 2 項 3 文は，使用者が 80 条 2 項 1 文に基づき連邦雇用エージェンシーに毎年 3 月 31 日までに実施しなければならない届出からデータを自発的に引き渡される権利を明定する。

さらなる例として，編入の任務の履行のために重度障害者代表は，使用者が 71 条に由来する最低就労割合を下回る限り，81 条 3 項に従い，就労している重度障害者の数を高めることにかかる効率的な措置を執るかどうか審査しなければならない。すでに就労している者の利害の認知に関して調査されるのは，使用者が 81 条 4 項[31]からの障害に適した就労にかかる義務を完全に履行しているか否かである。

95 条 1 項 1 文に由来する任務の履行にかかる法律上の規定された重度障害者代表の監督の義務は，職員協議会ないし経営協議会の監督の任務の法的規定によって排除されない。職員協議会法 68 条と経営協議会法 80 条 1 項における一般的な監督任務に関して，重度障害者の権利に対して定められた重度障害者代表の監督は特別である。93 条 2 文に基づき経営協議会ないし職員協議会が 71 条（「重度障害者の就労にかかる使用者の義務」），72 条（「重度障害者の特別なグループの就労」）そして 81 条（「使用者の義務と重度障害者の権利」）ないし 84 条（「予防」）由来の義務の厳守に注意するものとする限り，たしかに交差領域が存在する。これはしかし編纂の見落としではない。すなわち，二重にフォローされる方がよりよく保たれると立法者によって意識的に受忍されたものである。

監督の概念は労働ポストの精査と基礎資料の目通しを含む。ここから重度障害者代表は，使用者が障害に適した労働時間の確定，労働ポストの形成並びに技術的に援助手段を伴う労働ポストの準備にかかる義務を履行するかどうかの

---

(30)　小西（2004）・前掲注(10)43 頁以下参照。
(31)　81 条 4 項には使用者に対して配慮を求める権利が規定されている。小西・前掲注(10)47 頁参照。

コントロールに関して，産業医と労働保護のための専門員とともに事業パトロールを実施することを許される。重度障害者代表は基礎資料をも提出させることができるのである。例えば，124条に基づき超過労働の免除または81条4項1文4号に応じることを求めた重度障害者に対する交替計画は，その障害の種類またはその重度さゆえに夜に労働させてはならない。

(b) 申出ないし代理権限

95条1項2文2号は重度障害者代表の援助者としての任務の遂行に関して，管轄の内部及び外部のセンターに，当該重度障害者に提供する措置を提案する権利を譲与される。提案権限の認知は重度障害者の請願または訴願を前提としない。この権利の意義は重んじ過ぎてはならない。それは単に客観的決定を義務づけるだけである。その限りでそれは請願権に相当する。

「申出」の内部的な名宛人としては，98条に基づく使用者の代理人，管轄の部局の長，産業医そして保障専門員が考慮される。使用者の同意の補充にかかる規定が欠けているために，使用者の組織ないし決定の自由は無関係のままである。提案された措置の具体化のために，時として（その共同決定権にかわるために）職員協議会ないし経営協議会の追加的な同意が必要になる。例えば障害の種類またはその重度さゆえに重度障害者代表によって一定の就労者のために労働時間の障害に適した状況が申出られる際，他の労働者全員の労働時間の成果が懸念されるならば，経営協議会の同意は経営協議会法87条1項2文によって必要である。95条1項2文2号による申出の事業所以外の名宛人はとりわけ99条2項，6条において呈示されたリハビリテーション実施主体，共同の地域サービスセンター（22条），連邦雇用エージェンシー（104条），統合局（102条），そして統合専門サービス（109条以下）でありうる。

雇用エージェンシーへの申出の例として，重度障害者代表が提出するのは，統合局の解雇制限任務を定める102条1項2号に基づき法的な義務的助言の枠組みにおいて，使用者に対し，機械工としての労働ポストの配置に関して，適当な失業中または求職中の重度障害者を給付能力と個別の障害の程度の説明の下，提案されたポストへ推薦すると同時に，全般的な促進可能性を示すことである。33条に基づく参加のための給付や26条以下の医学的リハビリテーションのための給付と援助も提示される。重度障害者に移動の問題があれば，その地域に管轄のある統合専門サービスに心理社会的世話（Psychosoziale

第7章　労働・雇用政策と労働教育への新提言

Betreuung）または危機的介入（Kriseintervention）が提案される。

　有用でありうるのは，労働の同僚へ障害の態様と影響について110条2項5号に基づき当事者の同意をもって啓発させられることである。統合専門サービスは重度障害者代表の申出に反応しなければならない。統合専門サービスは111条3項4文に基づき重度障害者代表との共働に関して義務づけられる。

　個人のニーズを考慮する措置のほかに，事業所において重度障害者のグループにとって一緒に役立つ措置も申出られる。例として，歩行障害のある者に対する特別な駐車場の設置とバリアフリーの通路の創設があげられる。

　重度障害のある労働者全員が特に重要と思うことの解明のために，重度障害者代表はアンケート活動をアンケート用紙でもって実施することができる。判決はかつて若年代表による世論調査を許されるとみなした（BAG v. 25. 4. 1978-6ABR9/75-AP Nr.11 zu §80 BetrVG1972）。重度障害者代表にとってこのことは何ら変わるところはない。

　法的な申出権限は，私法的な契約上の全権委任を含むものではなく，個別の重度障害者のために使用者に対して意思解釈を与えるまたは契約に類似した行為を企図することはできない。というのも「法的な利益代表」と「契約の代理」は区別されるからである。それゆえ重度障害者代表は重度障害のある就労者の法的代理人として有期労働契約の延長を合意したり，職務上，付加的な休暇を125条に基づき請求することはできない。そのためにはその都度特別な契約上の委任を要する。これは民法177条1項に基づき事後的に施しうる。

　経営協議会ないし職員協議会の任務設定と相違して，重度障害者代表は95条1項に基づき就労者に対して助言と援助を義務づけられもする。ここから，重度障害のある就労者によって権利主張を伴って委任された仲介者がするこれらの活動は，必要であると同時に報酬の減少なく遂行すべき職務執行（96条4項参照）と解することも許されよう。

　(c)　障害の確認と同等者の申出に際しての援助

　障害，等級，重度障害の確認（69条）または同等の者（68条2項）かが問題になるならば，この法律は重度障害者代表の保護の委任をすべての就労者へと広げる。重度障害者代表はいまだ重度障害者として承認されておらず，同等の者でもない就労者をも助言すべきだからである。

　ここから，客観的にはわずかに障害があり，障害が差し迫った就労者もまた

労働時間中，重度障害者代表の面会時間に訪問することができ，重度障害者または同等の者の確認の申出がうまくいく見込みがあるか助言を受けられる。援助に属するのは申出の申込用紙の記入に際しての援助も含まれる。

第三者の側からの申出を除外するために，当事者によって明示的に「申出の要件」が持ち込まれた（BT－Drucks.7／1515）。これは，例えば病院における入院治療に対して認められるもので，ある就労者に対して全権委任された仲介者の単発的な申出を妨げるものではない。

ここであまりにも広すぎるのは，仲介者が外部の重度障害者の法的代理人の職務をすることを認める見解である。福祉職の多くが，もし仲介者が社会法典第9編69条1項2文に基づく重度障害者の確認の申出を前提とするならば，それを好ましくないとみている。というのも，彼らは仲介者が繰り返す申出について，たしかに無報酬であるがそれでも「事務的に」活動するだろうから，仲介者を「代理人（Bevollmächtigte）」と「補佐人（Beistand）」について定めた社会法典第10編13条5項に基づき拒否するのである。2008年7月1日以来，法的助言法（RBerG）1条1項1文における事務的な法的助言の一般的禁止は，法的助言の新しい規定にかかる法律によって解除されたにもかかわらず，事務的な代理に対する許可的な遮断は社会法典第10編13条においてなお存在している。これは「利他主義的な法的管理」の認容にかかる連邦憲法裁判所の判例（BVerfG29.7.2004-1BvR737/00）を前に，疑念を生じさせよう。「事務的」の概念の解釈に際しては，社会法典第9編95条1項2・3文に基づき重度障害者代表に与えられた任務が考慮されなければならないが，その限界を形成するのは労働者全員の利益の裁判上での弁護である。労働者全員ではなく，単なる臨時的な授権のケースについては，2008年8月1日以来，代理規定の新しいバージョンによってすべての裁判所へ向けて排除されている（VwGO67条2項，SGG73条2項，ArbGG11条2項）。可能なのはわずかに補佐人としての仲介者の許容である（ArbGG67条7項，73条7項，11条6項）。補佐人の供与は社会法典第9編95条1項1文の意味での援助でありうる。さらに助言は重度障害者にかかわる法的問題の議論の意味において法的サービス法（RDG）2条3項3号に基づき許容される。

(d) 提起と不服

95条1項1文3号に基づき重度障害者代表は重度障害者の提起と不服を受

け入れ，それらをその根拠について審査する。経営協議会もまた経営協議会法80条1項3号と84条に基づき，そして職員協議会も職員協議会法68条1項3号に基づき不服の取扱いに際して管轄があるため，重度障害者代表の管轄は重度障害者並びに同等の者によって主張された提起と不服に対してのみ存在する。他の不服申立者を重度障害者代表は経営協議会ないし職員協議会にいくよう指示しなければならない。

重度障害者代表が不服を根拠がないとみなす場合，同代表はそのことを不服申立者に伝達しなければならない。同代表が不服を根拠があるまたは提起を意義あることとみなす場合，同代表はそのことを使用者代理人に伝達しなければならず，不服が救治されることについて影響を与えなければならない。

使用者が拒絶する場合，重度障害者代表は通常，職員協議会ないし経営協議会に連結する可能性を残すのみである。重度障害のある就労者が障害に適していない労働について不服を申立てる場合，仲介者は労働条件を産業医または労働安全のための専門員に判断させ，並びに社会法典第9編95条4項1文に基づき労働保護委員会による助言を要求することができる。技術的な救助策または財政的な補助が必要な場合，95条2項2文2号に応じて直接管轄の統合局へ随伴的援助の提案をするために，仲介者はその連絡者としての機能を用いることができる。

V　むすびにかえて

以上，障害者政策のパラダイム転換論を踏まえ，ドイツにおける反差別局と統合局，そして重度障害者代表の役割を紹介・検討してきた。今後わが国においても「差別禁止アプローチ」（筆者のいう「市民法的アプローチ」に相当）の影響力が増すにつれ，公序紛争としての社会的差別をめぐる紛争処理が必要になってくるであろうが，それには行政的救済の充実が不可欠となろう。そのためには，ドイツの各種のセンターの役割分担を参考として，わが国も今後，これまでの障害者雇用にかかる各種のセンター[32]の役割を，ドイツの議論でいうところの社会法的アプローチと市民法的アプローチという各々の力学に沿っ

---

(32)　わが国には周知のように，障害者職業センター，障害者就業・生活支援センターなど各種のセンター事業が展開されている。この点，大曽根寛「生活支援と職業支援」社会保障法25号42頁以下（2010年）も参照。

て再編成することが必要になってもこよう。この点にも関わり，わが国の今般の障害者雇用促進法の改正で，苦情の自主的解決の手段として，事業主が障害者である労働者から苦情の申出を受けたときは，事業主を代表する者及び当該事業所の労働者を代表する者を構成員として当該事業所の労働者の苦情を処理する「苦情処理機関」が設けられることになったことは（74条の3），本稿が合理的配慮の権利を権利擁護のためのサポートシステムを通じて実現しようと考えるにあたり重要となろう。

ところで，最後に紹介した重度障害者代表であるが，就労義務は使用者につきすべての事業所，事務所等に対して統一的に講じられるため，使用者はある事業所での割合の未達成を他の事業所（または事務所）での達成により調整することができるにもかかわらず，社会法典第9編の施行以前，届出は就労関係についてそれぞれの事業所または事務所において別々に申告しなければならない[33]という問題があった。そこで，社会法典第9編の導入により，各々の事業所ないし事務所に関連した，労働ポストの数を標準とするセンター Stelle への別々の提出は，すべての届出のために想定される官僚の負担軽減を理由に廃止され，それとともに，送り届けられるデータの事後審査が相当に重くされたのであった。とはいえ，この結果，データの開示が事業所レベルで生じないならば，事業所を管轄する労働者代表と重度障害者代表は――これらの者だけが，継続的にどの事業所や事務所にとって別々に導入される，重度障害者とその他の参入可能な者の表を審査することができる――コントロール任務を行うことは実際のところ不可能である。企業に関して引き渡される届出データの精査は，97条6項1文に基づき，全体重度障害者代表と，適当な労働者代表である全体経営協議会または全体職員協議会，もしくは（事務所の理解に基づき）その他の段階的代表が管轄することになるが，これらには固有の造詣がなく，かくして送付されたデータを事実的な関係でもってすべての事業所と事務所におい

---

(33) Dau, Zusammenwirken der Arbeitgeber mit der Bundesagentur für Arbeit und den Integrationsämtern, in:Dau, Düwell, Joussen (Hrsg.), Sozilagesetzbuch Ⅸ,Rehabilitation und Teilhabe behinderter Menschen Handkommentar, 4.Aufl.,Nomos,2014,S.403f. なお，別々に申告していたことの背景には，事業所または事務所において在職する重度障害者と93条の意味における利益代表，並びに所在地の雇用エージェンシーが就労義務の厳守を効果的に検査するという目的があったとされる。

て調整することができないという新たな問題が生じているのである。わが国においても職場に障害者雇用推進者や障害者職業生活相談員が設置されている例があるが，これらがドイツの重度障害者代表と同様の機能を果たすようになり得るのか注視しつつ，今後，わが国においてもセンターの再編を講じる際には，これらの推進者・相談員との関係性についても精査しなければならないだろう。

〔追記〕

校正時に連立与党であるCDU，CSUとSPDは第18会期の連立協定で連邦障害者参加法（Bundesteilhabegesetz）について合意をみたという情報に触れた。これは，国連の障害者権利条約の趣旨に沿って「参加権」を強化すべく社会法典第9編の改正をも視野に入れた法律ということであり，今後の検討課題としたい。

35 EU法のドイツ労働法への影響
―― 移動の自由を素材にして ――

名 古 道 功

I 序
II EU労働法の発展
III EU域内市場と人の移動の自由
IV EU域内における労働者の移動の自由に対する法規制
V ドイツの対応
VI EU法の国内法への影響
VII おわりに

I 序

　EC／EUの端緒であるヨーロッパ石炭鉄鋼共同体（設立条約発効：1952年），ヨーロッパ経済共同体（EEC，同1958年）及び欧州原子力共同体（同1958年）は，6カ国（フランス，ドイツ，イタリア，ベルギー，ルクセンブルグ，オランダ）による設立後[1]，段階的に組織・機構を構築し，マーストリヒト条約（欧州連合〈EU〉条約 Treaty establishing the European Union Community，1993年11月発効）に基づき「欧州連合（EU）」が発足した[2]。2004年10月に署名された「欧州憲法条約草案」は，多くの加盟国民の疑念を呼び，フランス及びオランダでの国民投票において否決される事態が生じた。EUの機構制度改革を停滞させないために新たな条約が起案され，リスボン条約が発効した（2009年12月）。リスボン条約は，EU条約及びEC条約を改正し，新EU条約及びEU運営条約（Treaty on the Functioning of the European Union）に変更され，EU

---

[1] これら3つの共同体を合わせて「ヨーロッパ共同体（European Communities. 複数形である点に注意）」という。
[2] EECは，経済統合のみにとどまらなくなったため，マーストリヒト条約において欧州共同体（EC）に改称され，EEC条約からEC条約に変更された。2009年リスボン条約では，ECが消滅したため，EU運営条約に改称された。なお，2002年7月，欧州石炭鉄鋼共同体は廃止されてその管轄権はEUに統合された。

は両条約を基礎とすることになる。2000年代に入り中東欧諸国が加盟して，現在は28カ国で構成されている。

EC／EUは経済統合を推進してきたが，マーストリヒト条約では，単一通貨ユーロの導入に加えて，社会政策や政治統合の枠組みが合意された。構成国間での共通政策を実現するには，加盟国固有の権限をEC／EUへ委譲すること，そしてEC／EUの諸機関はこれに基づき「統治」を行うことになる。超国家的組織たるEC／EUの「統治」において法が重要な役割を果たし，現在に至るまでさまざまな領域において多種多様なEC／EU法が発せられた。現行のEU法は，基幹法（第一次法）たるEU条約及びEU運営条約を基本として，EU基本権憲章，さらに規則・指令・決定・勧告（派生法〈第二次法〉）などで構成されている。EU法優位原則に基づき，EU法に反する国内法は修正を義務づけられ，またEU指令が発せられた場合，これに適合する法律の制定や改正が求められる。その際，EU司法裁判所が重要な役割を果たし，国内裁判所に提訴された事件の関連法律のEU法への適合性が問題となれば，国内裁判所はEU司法裁判所に先行判決を求めることになる。EU法に抵触すると判断されると，適用排除ないし適合解釈などが求められ，伝統的な理論が覆されることがある。今日，EU法との関係を抜きにしては国内法をトータルに理解できないといってもいいであろう。

EU統合は紆余曲折を経ながら深化してきたが，中東欧諸国の加盟や欧州債務危機を契機にして，統合への懸念や軋轢も生じている。本稿では，EU労働法の発展を概観した後，発足当初から中心的な役割を果たしてきたドイツ法を手掛かりにして，移動の自由を中心に国内法への影響を検討しつつ，EU法の比重が増す中での矛盾の一端を明らかにし，現段階での課題を提示したい。

II　EU労働法の発展[3]

EUの萌芽期には，経済政策の調整及び経済共同体としての「共同市場（common market）」の設立がめざされ，社会政策には禁欲的であった。EEC条

---

(3) 以下，濱口桂一郎『EU労働法の形成』（日本労働研究機構，1998年）;D.Schiek, Europäischen Arbeitsrechts 3. Aufl., 2007, S.53ff.; G.Thusing, Perspektiven des Europäischen Arbeitsrechts, in: Soziale Sicherheit durch Sozialpartnerschaft, 2007, S.253ff. 参照。

約（1958年発効）49条は，労働者の移動の自由を定めていたが，ここでは労働力調整という経済競争の自由の確保が主眼であった。このほかには男女同一賃金原則（119条）が規定されていたにすぎない。70年代におけるEU労働法の発展は波状的ではあるが，労働者権の構築との明確な目標が見られるようになり，男女同一賃金指令（75/11/EEC），大量解雇指令（75/129/EEC），企業譲渡指令（77/187/EEC）などの重要な指令が発せられた。80年代初頭，低成長と高失業の克服手段として，社会的保護水準の構築よりも規制緩和と柔軟化が良いと考えられ，パートタイムや短時間・有期雇用などに関する重要な指令案は採択されなかった。

転機は社会政策に関する議定書（Protocol on Social Policy）及びその付属協定（Agreement on Social Policy）の採択である（1991年・マーストリヒト欧州理事会）。それまでは全会一致原則のため，規制を避けたいイギリスの反対で指令等が採択できなかったが，イギリスを除いた加盟国においてその採択が可能となった。また，「ソーシャル・パートナー」（使用者団体及び労働組合）が立法手続きに関与する制度を創設した点が注目される。欧州委員会は「ソーシャル・パートナー」と二段階にわたる協議を行うとともに，欧州委員会への通告の下に実施される「ソーシャル・パートナー」間での交渉において合意（労働協約）が成立した場合，欧州委員会の提案に基づき，閣僚理事会決定によりこれを施行することができる[4]。有期労働指令もこうした手続によって成立した。具体的には，欧州労働組合連盟（ETUC）・欧州産業経営者連盟（UNICE）・欧州公企業センター（CEEP）間で成立した有期労働に関する枠組み協約が指令によって発せられた[5]。こうした制度は，イギリスのブレア（労働党）政権下において採択されたアムステルダム条約（1997年）において本体のEC条約（137条以下）に採り入れられ，労働法における新たな立法権限はイギリスにも拡張された。90年代以降，パートタイム指令（1997/81/EC），有期雇用指令（1999/70/EC），事業譲渡指令（2001/23/EC），労働時間指令（2003/88/EC）など，80年代に採択されなかった指令が発せられる。

また，人種，民族的出身，宗教，信条，障害，年齢，性的志向を理由とする

---

(4) 濱口・前掲注(3)28頁以下参照。
(5) 同指令の成立の経緯等については，戸塚秀夫「欧州連合（EU）における有期労働に関する労使間の枠組み協定について」労働法律旬報1468号（1999年）30頁以下参照。

包括的な差別禁止規定が改正EC条約（1999年発効）13条に新設され（現在，EU運営条約19条），これを受けて人種・民族差別禁止指令（2000/43/EC），雇用差別禁止指令（2000/78/EC），男女差別禁止指令改正（2002/73/EC）および財産・サービス供給契約上の男女差別禁止指令（2004/113/EC）が発令された。ドイツでは2006年に一般平等取扱法（Allgemeines Gleichbehandlungsgesetz）が制定されている。

以上の通り，EUでは多くの指令等が発せられて加盟国への影響が大きくなっているが，EU条約上の根拠が欠けているとの批判が出されていた。たとえば，Konzenは，「限定された（EUへの）個別授権との基本原則（旧EU条約5条1項）にもかかわらず，第二次法に対する明確な根拠を欠いている。それにもかかわらず，一般的であり，疑わしい法的根拠の助けでもって，多くの労働法上の指令が発せられた」と指摘する[6]。しかし，現在では，EU運営条約第10編において社会政策に関連した規定が置かれ，153条が授権を定め，こうした懸念が払拭された。

III　EU域内市場と人の移動の自由

1　域内市場の創設

1958年に発足したヨーロッパ経済共同体（EEC）は，関税等の措置の廃止及び人，サービス及び資本の自由移動に対する障害の除去などを通じた包括的な共同市場の設立等（EEC条約2条）を1969年末までに達成することを目標とした。しかし，人等の自由移動に関しては奏功しなかったので，再度，1992年末までに「物，人，サービス及び資本の自由移動が…確保される，内部に国境のない地域」（EEC条約14条2項）と定義される域内市場の完成をめざして単一欧州議定書が締結され（1986年），EEC条約が修正された（1987年7月発効）[7]。また1985年に西ドイツ，フランス，ベルギー，オランダ，ルクセンブルクの5カ国が「人の移動の自由」の実現に向けて域内国境を段階的に撤廃することに合意したのが「シェンゲン協定」である。1990年には，域内の出入国管理の廃止のための施策などを定めた「シェンゲン協定を施行するための協

---

(6)　H.Konzen, Auswirkungen der europäischen Rechtsentwicklungen auf das deutsche Arbeitsrecht-eine aktuelle Zwischenbilanz, ZfA 2005, S.190.

(7)　庄司克宏『EU法　政策篇』（岩波書店，2003年）2頁以下等参照。

定」が調印され，1995 年に実施される。これによって，締結国の間における出入国管理を撤廃するとともに，域外国境の出入国管理を締結国間で調整することになった(8)。1997 年，前述の 2 つの協定が他の関連法規とともに，EU の改正基本条約「アムステルダム条約」に附属議定書として組み入れられ，「人の移動の自由」が EU の法体系の中で保障されるようになった（条約の発効は 1999 年）(9)。

現行の EU 法においても域内市場の設立を目的の一つとして定め（EU 条約 3 条 3 項），物，人，サービス及び資本の自由移動は，重要な原則となっている（EU 運営条約 26 条 2 項）。

2 「EU 市民権」

マーストリヒト条約において，「EU 市民権」が創設された。すなわち，EU 構成国の国民は「EU 市民」となり（現行 EU 条約 9 条，EU 運営条約 20 条），EU 及び構成国において国籍に基づく差別が禁止されるとともに（EU 運営条約 18 条），EU 市民は，①移動・居住の自由（同 21 条），②欧州議会選挙及び居住構成国の地方選挙における選挙権・被選挙権（同 22 条），③領事上の保護（同 23 条），④法案イニシアティブ権（同 22 条，EU 条約 11 条 4 項）を有する(10)。原則として「移動・居住の自由」は，労働者のみならず，それ以外の者であっても「EU 市民」である限り保障される。マーストリヒト条約は，これと併せて「司法内務協力」に関する項目を設け，①難民対策，②域外国境の通過及びその規制の実施に関する規則，③入国管理政策及び域外国市民に関する政策，④欧州警察機構を中心とした警察協力などが規定された。そして同条約によって，人の自由移動政策が経済的目的を離れて，労働者の基本的自由として保障されたと指摘される(11)。

---

(8) 現在，EU28 加盟国中 22 カ国と欧州自由貿易協定（EFTA）加盟の 4 カ国（アイスランド，ノルウェー，スイス，リヒテンシュタイン）が加わっている。
(9) EU 駐日代表部 HP（http://eumag.jp/question/f0412/〈2014/11/10〉）参照。
(10) 中西優美子『EU 法』（新世社，2012 年）46 頁以下参照。なお，④法案イニシアティブ権は，リスボン条約で新設された。
(11) 南部朝和「人の自由移動政策の形成過程」日本 EU 学会年報 16 号（2008 年）110 頁以下参照。

Ⅳ　EU域内における労働者の移動の自由に対する法規制

これは，労働者の域内自由移動及びサービス提供の自由に基づく労働者送出し（派遣）の2つに分ける必要がある。

1　労働者の自由移動
(1)　労働者の移動の自由の保障[12]

労働者の移動の自由は，EU運営条約45条1項（「労働者の自由移動はEU内において保障される。」）及び「EU市民」に対する域内移動の自由と居住の自由（同21条1項）の二つの制度によって保障されている。ただし，公秩序，公共の安全または公衆衛生を理由として制限が正当化される場合は別であり（同45条3項），また公共機関における雇用には適用されない（同45条4項）。労働者の家族（配偶者，21歳未満の子供，21歳以上で被扶養者たる子供，及び労働者本人・配偶者の尊属たる被扶養者）にも移動の自由が認められている。家族は，EU市民でなくても就労及び居住できる。子供は，当該居住国の子供と同等の教育を受ける権利を有する（規則1612/68）。

(2)　雇用に関する権利保障

労働者は，EU構成国の労働市場において自由に就労することができ，就労にあたっての承認などの制限を課してはならない（EU運営条約46条参照）。当該構成国労働者に対する一般的な資格のほかに，一定のポストにつき語学能力が不可欠かつ相当である場合に限り，これを付加的要件とすることができる。

(3)　平等取扱い原則[13]

EU運営条約18条は一般的な国籍差別を禁止するとともに，同45条2項は，「この自由移動は，雇用，報酬その他の労働及び雇用条件に関して，構成国の労働者間の国籍に基づくすべての差別待遇を撤廃することを意味する」と定める。ここでは，国内法，慣行そして労働協約の下での雇用へのアクセス，労働条件，特に報酬，解雇，税制及び社会保障上の優遇に関して，国籍を理由とする差別を禁止し，当該国民との平等待遇を保障する。平等取扱いとは，他の構

---

(12)　中西・前掲注(10)266頁以下参照。
(13)　Vgl., Kittner/Zwanziger (Hrsg.), Arbeitsrecht 5.Aufl., 2009, S.2392 (U.Mayer).

成国の労働者に対して，内国者よりも高い要件を課さないこと，ないし内国者が有する給付から排除されないことを意味する。とりわけ以下が妥当する。

①他の構成国出身の他国語の編集者のみを有期雇用にすることの禁止，②別居手当の同一取扱い，③母国における兵役従事についても当該構成国での就労期間として算入すること，④母国における就労期間を格付け等に当たって同一に取り扱うこと，⑤滞在に関するEU市民の登録義務違反が当該国民の違反よりも厳しく罰せられないこと。但し，平等取扱い原則は，公共機関における雇用には適用されない（45条4項）。

(4) **社会保障給付**[14]

社会保障制度は加盟国間での相違が見られ，また財政支出を伴うため，調整が必要とされる。EU運営条約48条は，移動労働者及びその家族の不利益を避けるため，①受給権の設定・維持及び給付額の算定のために，各国の国内法に従い考慮されるすべての期間の合算，②加盟国に居住する者への給付を定める。給付対象は，医療給付，労災給付，障害給付，老齢年金，遺族給付，死亡給付，失業給付，家族手当等である（規則883/2004，同987/2009参照）。さらに，年金や保険等の社会保障制度に関して，出身国での権利が喪失しない制度も導入されている（規則1408/71）。

2 サービス提供の自由に基づく労働者送出し

EU運営条約56条は，EU加盟国の国民・企業が他の加盟国内でサービスを提供する自由を保障しており，他の加盟国に自国の労働者を送り出す（派遣する）事業主の権利もこの基本原則に含まれる。このように他の加盟国への労働者送出しは，人の移動の自由にではなく，サービス提供の自由に基づく。域内の国境を越えたサービス提供の障壁を取り除くための指令，及び他の加盟国に労働者が送り出された場合の労働及び雇用条件に関する指令が発せられている。

(1) 「域内市場におけるサービスに関する指令」(2006/123/EC)

本指令は，国境を越えたサービス提供の自由を妨げている法的・行政的障害の除去を目的としており，加盟国は事業者の「サービスを提供する権利」を尊

---

(14) 厚生労働省編『世界の厚生労働2010』（TKC出版，2010年）26頁以下参照。

重し，自国におけるサービス活動への自由なアクセス及びその実施を保障しなければならない。本指令によって，国境を越えたサービス提供及び開業の容易化が促進されることになる。但し，加盟国は，公秩序，公共の安全及び公衆衛生の理由で正当化される場合，国内法でこれを制限できる（EU運営条約62条，52条参照）。

(2) 他の加盟国に送り出された労働者の労働条件に関する指令（96/71/EC）

本指令（「送出し指令」）は，1991年に欧州委員会によって提案されたが，ポルトガル，イギリス，アイルランドなどが反対し，協議が続けられ，ようやく1996年に採択された。域内においてサービス提供の自由や事業活動の自由が保障され移動が活発化するにつれて，他の加盟国への労働者の送り出し（派遣）が増えてきた。こうした中で，「派遣先国における最低限の労働者保護規定の明確化は，派遣をめぐる法的不確実性を少なくし，企業間の公正な競争条件を創り出すとともに，労働者のニーズにも合致する」ために，本指令が採択された[15]。本指令は，旧EC条約49条の下での国境を越えたサービス提供という，企業の基本的自由と，サービス提供のために一時的に海外に送り出された労働者の適切な権利保護とを調和させることを目的とする。その達成のために，共同体レベルでの公益に関する強行的ルールが定められ，送り出された労働者に適用されねばならないことになった。本指令は，労働者の最低限の保護を図るために，明確に定義された労働条件の中核部分を定め，それは，母国におけるサービス提供者によって遵守されねばならない。このように，その置かれた状況（外国での一時的雇用，適切な代理を得ることの困難さ，当該国の法律，制度そして言語に関する知識の欠如）で侵害されやすい労働者の労働条件に関して不可欠な保護レベルを定めるとともに，（当該国以外も含めた）すべてのサービス提供者間での公正な競争のために必要な環境を促進するために重要な役割を果たしている[16]。

特に3条1項は，労働が遂行される加盟国において，「法律，規則又は行政

---

(15) 濱口・前掲注(3)169頁。なお，本指令の制定の経緯及び内容は168頁以下で詳しく紹介されている。

(16) Commission of the EC, Posting of workers in the framework of the provision of services), Commission of the EC, Brussels, 13.6.2007,COM（2007）304 final, SEC（2007），p.3.

規定,及び／又は,附則に定める事業（建設関連）では一般的拘束力を有する労働協約又は仲裁協定において次に掲げる事項を対象とする雇用条件の保証を確保すべきである」と規定する。①最長労働時間及び最短休憩時間,②最低年次有給休暇,③超過勤務手当を含む最低賃金,④労働者の供給,特に労働者派遣事業による労働者派遣の条件,⑤職場の健康,安全及び健康,⑥妊産婦,児童及び若年者の雇用条件に関する保護措置,⑥男女の均等待遇及び他の差別の禁止に関する事項。

V　ドイツの対応

労働者の自由移動ないしサービス提供の自由が保障されて労働者の域内移動が活発化すると,加盟国に対して積極面及び消極面でのさまざまな影響をもたらす。送り出し国と受け入れ国に大別すると,ドイツは後者に属する。周知の通り,ドイツは,トルコやイタリアなどから外国人労働者を受け入れてきた国であり,就労許可によってコントロールする措置が採られたが,EU 法の下では,労働者ないし企業の意向に従い自由な移動が可能となり,就労許可による規制はできなくなった。しかし,労働者の移動は労働市場への影響が大きいため,社会的ダンピングを防止するための措置が検討され,その規制が不可欠とされた。以下,これを説明しよう。

1　労働市場への影響の緩和措置——ダンピング防止——
(1)　労働者送出法の制定

労働者送出法制定のきっかけは,国境を越えて送り出される建設関連労働者が増加し,その労働条件は母国の基準によるのでドイツ労働者よりも低く,このためドイツ企業と労働者に深刻な影響を与えたためである。労働者送出法の立法化は,EC 送出し指令（96/71/EC）の検討と平行して進められ,1996年3月1日に施行された。

制定当初の送出法の適用は,ドイツ国外に本拠を置く建設業者と港湾業者,及びドイツ国内において就労しているその労働者であり（1条1項・2項）,一般的拘束力宣言された労働協約（労働協約法5条）の適用を受ける。こうした協約は,①超過勤務手当を含めた最低賃金,②年休期間,休暇手当ないし付加的な休暇手当を対象としている必要がある（1条1項）。最長労働時間,最低休

憩時間，有給の年休などが定められている場合にも適用される（7条）。これらの労働条件には国際私法の法理（母国主義）は適用されず，ドイツ民法典施行法34条での強行規定として適用される（1条1項1文）。

　1998年，コールからシュレーダーへの政権交代後，多くの労働法規が改正されたが，労働者送出法も一部改められた（1999年1月1日施行）。主要な改正として，使用者団体の反対で一般的拘束力宣言がなされず[17]，外国人労働者への最低賃金の拡張適用が妨げられる事態が生じたため，協約委員会の同意がなくても，法規命令で一般的拘束力宣言をし得る授権規定が設けられた（1条3-a項）。また保証責任（1-a条）が新設され，ドイツのゼネコンは，国外の下請企業等がその雇用する労働者に最低賃金（税金等を控除した手取り賃金），並びに協約当事者が設立した休暇基金への拠出金を支払わない場合，代わりに支払う義務が課せられることになった。

　送出し法は，特定の業種を対象にした法律である。このため，建設産業と同様の状況にある場合，法律改正によってその適用範囲が拡大されることになった。現在では，清掃業務，郵便配達業など（合計7つ，建設関連5つ，建設，塗装，屋根ふき，建物撤去，電気手工業）が新たな対象となり，さらに8つの分野（介護サービス，警備など）も追加された。2009年改正では，外国企業に雇用される労働者のみならず，国内労働者も適用対象となり，特定産業部門における最賃法との位置づけとなった。

(2)　最低賃金規制

　労働協約の機能低下などを背景にして，最低労働条件規制が大きな課題となり，規制が強化された。これは，ドイツ労働者を対象にするが，ドイツ国内で就労する外国人労働者にも適用され，ダンピング防止との役割を果たしている。簡潔に紹介しておこう[18]。

(イ)　労働者派遣法の改正

　労働者派遣法は1972年に制定され，日本よりも厳しい規制であることは知

---

(17)　一般的拘束力宣言には，労使代表で構成される協約委員会の決議が要件とされている（労働協約法5条）。

(18)　名古道功「ドイツにおける最低生活保障システムの変化——労働協約の機能変化と関連して——」山田＝石井編『労働者人格権の研究（上巻）』（角田古稀）（信山社，2011年）141頁以下参照。

られているが，徐々に緩和されてきた。他方，EU 指令案に基づき，2002 年改正において，派遣先労働者との均等待遇原則が導入された。但し，労働協約による逸脱が認められ，キリスト教労働組合の協約共同体と中小人材サービス連盟との間で賃金引き下げを認める協約が締結されるなど，派遣労働者の労働条件が十分に保障されない状況も生まれた。上記送出法の改正において派遣事業への適用が検討されたが，結局見送りとなった。こうした中で，2009 年 1 月，連立与党間（CDU/CSU と SPD）において賃金下限の設定が合意され，改正案は 2011 年 4 月に成立した。

(ロ) 最低労働条件決定法の現代化

ドイツは伝統的に企業横断的労働協約の影響力が強く，協約を適用れない労使も事実上拘束して，いわば最低労働条件法として機能してきた。このため，1955 に制定された最低労働条件決定法は一度も発令されたことはなかった。しかし，労働協約の社会的影響力の低下と失業者の増加などを背景として，現実には低賃金で働くワーキングプアが増加し，最賃規制が必要とされる客観的状況が見られ，2000 年代半ば以降，活発な議論を呼ぶことになった[19]。そして送出し法の改正（2009 年）及び最低労働条件決定法の現代化（2009 年）が実現されることになった。

(ハ) 最低賃金法の制定

長く議論されてきた全産業に対する法定最低賃金制がキリスト教民主・社会同盟（CDU/CSU）と社会民主党（SPD）の連立政権において導入されることになった。適用対象外労働者の範囲をめぐっての対立などがあったが，最終的に合意され，2014 年 7 月，法案が成立した。法定最低賃金は時間当たり 8.5 ユーロとし，2015 年 1 月 1 日に発効されるが，当初 2 年間（2016 年 12 月 31 日まで）は「業種レベルにおける代表的な協約当事者の労働協約による逸脱を認める」という例外規定を設けた。また，最低賃金額は，定期的に見直される（最初の見直しは 2017 年 6 月，効力発生は 2018 年 1 月 1 日）[20]。

---

(19) 榊原嘉明「ドイツ労使関係の変化と協約法制の現在」日本労働法学会誌 124 号（2014 年）154 頁以下が詳細に論じている。
(20) JILPT「国際労働トピック・ドイツ 2014 年 5 月」参照。

2　経過措置の設定

　経済格差が異なる中東欧諸国の加盟にあたって，EU は，加盟国の労働市場等への影響を緩和するために，EU 加盟条約による猶予期間の設定を認めている。2004 年に加盟した 10 カ国のうちマルタ，キプロスを除く 8 ヵ国（チェコ，エストニア，ラトビア，リトアニア，ハンガリー，ポーランド，スロベニア，スロバキア），及びブルガリア・ルーマニア（2007 年加盟）からの労働者の受入れについて最大 7 年間の経過措置が設けられた。2013 年加盟のクロアチアについても同様である。経過措置は，2 年（自国の手続きまたは二国間協定により，新規加盟国の労働者の移動を制限することができる），3 年（経過措置の延長），2 年（自国の労働市場に深刻な混乱や脅威が発生している場合のみ，欧州委員会に通知した上で，さらに 2 年間経過措置を延長することができる）の 3 段階に分かれる。

　ドイツは，労働市場への影響を考慮して，チェコ等の 8 カ国及びブルガリア・ルーマニアの 2 カ国に対して，最長 7 年間の経過措置を講じた。クロアチアに対しても第 1 段階の 2 年間の経過措置が採られている。

VI　EU 法の国内法への影響

1　社会手当等の「濫用」受給

　最近，議論を巻き起こしているのは，社会保障関連手当の受給を目的としてドイツなどの先進国に移動する EU 市民である。中東欧諸国 10 カ国（2004 年 10 月加盟）からの移住は，約 174,000 人（2004 年）から 280,000 人（2012 年）(61.5%) に増加し，また EU 2 カ国（ルーマニア・ブルガリア）からは，同 35,000 名から 180,000 名（414.5%）に急増している。他方，ドイツからの移住も増加しているが，その割合は小さく（EU10 カ国国民 18.8%，EU2 カ国国民 246.7%），差し引くと継続的に増加している[21]。特に，2007 年以降，ルーマニアとブルガリアからの「貧困移住」が倍加したとされる（FAZ v.14.2.2013）。

　上記の通り，国籍による差別が禁止されているので，社会保障制度においても当該国民と同等な扱いを受けるのが原則である。具体的には，①求職者のための基礎保障（社会法典第 2 編），②公的扶助（社会法典 12 編），③家族への給付（子供手当，両親手当など），④健康保険，⑤住宅手当などが挙げられる。こ

---

(21)　後掲注(22)報告書 16 頁以下参照。

うした手当等が「濫用的」に受給されているとして、ドイツを含めた先進国において社会問題化した。たとえば、子供が母国に住んでいる場合でも子供手当が支給される、あるいは求職者のための基礎保障受給のために移住するなどである。ドイツでも、特に自治体財政への圧迫に対する対策が不可欠として設置された委員会[22]による詳細な検討がなされ、その報告書は連立内閣で承認された（2014年8月）。

報告書は、①自治体の財政負担軽減措置、②移動の自由の濫用ないし詐欺が発覚した場合、一定期間の再入国禁止措置、③子供手当受給の濫用防止のための税制上の措置、④偽装自営業及び闇労働の効果的な防止のため、行政庁間の協力や資金管理の強化等の措置などを提案し、ドイツ政府は、これらを盛り込んだ立法を検討している。

他方、EU司法裁判所は、2014年11月11日、注目すべき判決[23]を下した。本件では、ルーマニア出身の女性とその子供が求職者のための基礎保障の支給を拒否され、これが国籍による差別に該当するかが主要な争点となった。判決は、基礎保障のような特殊な無拠出の社会手当に関して、EU市民指令（2004/38/EU）を考慮して、3カ月以上5年以内しか居住していない「EU市民」[24]については、就労の意思なく、かつ社会給付手当の受給のみを目的に移動する場合、支給を拒否しても国籍による差別には該当しないと判断した。社会裁判所裁判官及び弁護士は、当事者の事情を十分に聴取して個々のケースを踏まえた慎重な検討が必要であるとの条件を付しているとはいえ、「濫用受給」に一定の制限を加えたとして、ドイツ国内では評価されている。

上記報告書でも指摘されているように、移動の自由自体は、ドイツをはじめ加盟国およびその国民にとって多くのメリットがある。問題視されているのは、例外的に「濫用」とみなされるケースである。経済格差がみられる国の加盟による負の側面が現れたといえよう。

---

(22) 「EU構成国の国民による、社会保障制度請求における法的問題と課題に関する次官委員会（Staatssekretärsausschusses zu „Rechtsfragen und Herausforderungen bei der Inanspruchnahme der sozialen Sicherungssysteme durch Angehörige der EU-Mitgliedstaaten)」。
(23) Elisabeta Dano, Florin Dano v. Jocenter Leipzig, C-333/13.
(24) これに該当し、かつ就労していない「EU市民」が移動及び居住の自由を有するには、生活のための十分資産を必要であると定める（7条1項）。

2 サービスの提供の自由との抵触

EUにおける基本的自由の一つであるサービス提供の自由と労働者保護の要請との抵触が見られるケースが存する。ドイツに関連する代表的な事例は，ルッフェルト事件（EU司法裁判所2008年4月3日判決）[25]であり，ここでは，ニーダーザクセン州の公共調達法の中に置かれていた協約遵守規定がサービス提供の自由（旧EC条約49条）に反しないかが問われた。協約遵守規定とは，公契約締結企業に労働協約の遵守を義務づける規定である。団体交渉システムの安定化や低賃金を基盤とした不公正競争の回避などを目的として，1990年代の終わりごろから導入され始めた[26]。

本件では，ニーダーザクセン州の公共工事を受注したドイツ企業の下請け企業たるポーランドの会社（A社）が，同州の協約遵守規定に反して，本件労働協約上の最低賃金以下でポーランド労働者を就労させていたことが発覚して契約が解消されるとともに，差額賃金の支払いが求められた。このため，A社は，こうした措置が違法であるとして，ハノーファー地方裁判所に損害賠償請求したが，棄却された。控訴審であるセレ高等裁判所は，協約遵守規定がサービス提供の自由に違反しないかにつき，EU司法裁判所に先行判決を付託した。

具体的な争点は，①本件労働協約が送出し指令に定める労働協約に該当するか，②「労働者保護」がサービス提供の自由の制限を正当化する「公益」に該当するかである。

上記の通り（五2(2)参照），送出し指令は，（旧）EC条約49条の下での国境を越えたサービス提供という，企業の基本的自由と，サービス提供のために一時的に海外に送り出された労働者の適切な権利保護との調和を目的とし，3条は，労働が遂行される加盟国において，「法律，規則又は行政規定，及び／又は，附則に定める事業（建設関連）では一般的に適用される労働協約又は仲裁協定において」，賃金等の労働条件が定められておれば，送出し国の雇用主はその遵守が求められる。裏面からいうと，これらに該当しなければ，送出し国の低い賃金等で雇用しても違反せず，この点でサービス提供の自由との調整がなされている。

---

(25) Dirk Rüffert v. Land Niedersachsen, C-346/06.
(26) 協約遵守規定については，齊藤純子「ドイツの最低賃金規制」レファレンス2012年1月号44頁以下参照。

本件労働協約が，送出し指令3条に定める「一般的に適用される」労働協約に該当するかにつき，本判決は，本件労働協約には一般的拘束力宣言がなされていないからこれに該当せず，その最低賃金を他の加盟国の企業に課すことはできない判断した。そして州法は，本件労働協約よりも低い賃金を支払う加盟国の企業に対するサービス提供の自由を妨げ，経済的負担を加える以上，49条違反になりうると結論づけた。

次に労働者保護との公益性から正当化されないかに関しては，次の理由で認めなかった。①本協約は，公契約にのみ適用され，また一般的拘束力が宣言されていないので，建設関係の一部の労働者にしか適用されない，②社会保障上，労働者賃金のレベルに応じて給付がなされる以上社会保障制度の財政上の均衡が必要であるとの主張には，重大な損失というリスク回避の根拠が明確でない。

ドイツ国内では，政府をはじめとして本判決に批判的な見解が少なくない。但し，最低賃金法が制定されたので，その影響は小さくなったが，サービス提供の自由と労働者保護との関係は，法理論上検討を要する課題といえよう。具体的には「公益」のとらえ方であり，保護を要するのはドイツ国内の労働者か，送出し国の労働者かで異なる。すなわち，労働協約遵守による同一賃金は，国内労働者にとってはダンピング防止との点でメリットを有するのに対して，送出し国の労働者にとって，賃金面ではメリットであるが，賃金支払い能力のない雇用主に雇われている場合，雇用喪失につながりかねない点ではデメリットとの二面性がある。本判決は，協約遵守規定は一部の労働者の保護にすぎないとの理由で「公益性」を否定したが，国内事業者にとっては競争上不利な結果をもたらし，賃金引き下げの圧力が増しかねない。いずれにしても，社会保障制度などへの影響にまで広げて両者の関係を改めて問い直す必要があろう。

3 団体行動権と開業の自由

バイキング事件（EU司法裁判所2007年12月11日判決）[27]及びラバル事件（EU司法裁判所2007年12月18日判決）[28]では，団体行動権との関係で開業の

---

(27) International Transport Workers' Federation, Finnish Seamen's Union v. Viking Line ABP, OÜ Viking Line Eesti, C-438/05.
(28) Laval un Partneri Ltd v. Svenska Byggnadsarbetareförbundet, Svenska Byggnadsarbetareförbundets avd. 1, Byggettan, Svenska Elektrikerförbundet,

第 7 章　労働・雇用政策と労働教育への新提言

自由が制限されうるかが問われた。これはフィンランドとスウェーデンの事件であるが，EU 各国において大きな注目を集めているので，ここでは詳細に論じているバイキング事件を紹介しておきたい。

　フィンランド法下で設立されたフェリー会社であるバイキング社（V 社）は，フィンランド船員組合（FSU）との間で労働協約を締結していたが，ヘルシンキとタリン（エストニア）間の航路が赤字であるので，エストニア船員の賃金の引き下げを図るため，エストニアないしノルウェーに船籍を移し，当該国の労働組合と交渉して新たな労働協約の締結を意図した。FSU の上部団体である国際船員労働組合連盟（ITF. 本部：ロンドン）は，傘下の労働組合に対して，V 社との団交は FSU と行うので他の労働組合はこれに応じることを禁止する旨の通達を発し，支援ストも呼び掛けた。また FSU は，労働協約が失効して平和義務がなくなったとの見解の下，V 社に対して船員の増加及び船籍移動の中止を求めてストライキを実施すると通告した。V 社は，① ITF 及び FSU の行動が開業の自由（旧 EC 条約 43 条）に反すること，② ITF の通達が無効なこと，③ FSU が V 社の EU 法上の権利を侵害しないことを求めて，イギリスの裁判所に提訴した。第一審裁判所は請求を認容したが，控訴審の裁判所は，EU 司法裁判所に対して，開業の自由違反に関して先行判決を求めた。

　EU 司法裁判所は，以下の判断枠組みを提示した[29]。第一に，スト権を含む団体行動権は，EU 法上「基本権（fundamental right）」と位置づけられ，「EU 法の一般原則の不可欠の内容」であるとしつつ，これは，「EU 法及び国内法・慣行の枠内での保護を受ける」とし，サービス提供の自由との調整を要すると判断した。すなわち，労働組合の団体行動権はサービス提供の自由の範囲外であり，その制約を受けないとの主張を退けたのである。

　第二に，旧 EU 条約 43 条は，民間企業に対して，労働組合に対抗する権利を付与する。すなわち，私人間効力と同様の効力を肯定した。

　第三に，他国での開業の自由の行使を思いとどまらせるために労働協約の締結を求める団体行動は，サービス提供の自由及び開業の自由を制限する行為であるが，これに「公益性」が認められる場合には正当化されるとして詳細に検

C-341/05.

(29)　なお，本件が同裁判所に付託された日にまだ船籍の移籍がなされておらず，また団体行動が実施されていないことから，本件団体行動の正当性の判断は下されなかった。

討している点である。この判断では，①当該制限措置が適正な目的達成のために不可欠であり，かつ②その目的達成に必要な程度を超えていないかが検討される。すなわち本判決は，目的達成のための必要性と相当性との基準で団体行動の正当性を判断しているが，その内容は厳格である。具体的には，団体行動を行うにあたって，より制限の少ない他の手段が存しなかったか，またこの手段をすべて用いたかなどを挙げているからである。

EU司法裁判所判決に対して，特に欧州労働組合連盟は，労働組合の権利をサービス提供の自由に劣後させているなど強く批判し，経済的自由権に対する社会権の優位性をEU法のレベルで定めることを求めた。これに対して使用者団体は当然反対の立場を採ったが，欧州委員会は，一方が他方に優位せず，両者が等しい価値を有することなどを盛り込んだ規則案を提案した（2012年3月）。しかし，その案には組合側からも不十分と指摘され，また反対する加盟国があり，最終的には撤回される結果に終わった（同年9月）[30]。

学説には，本判決に対して賛否が見られるが，批判的な立場からは，ストの本質は当事者間での力の均衡での交渉促進であり，その目的や手段は原則として当事者自治にゆだねられているのではないか，あるいは社会権を，一般的利益として承認された労働者保護の単なる付属物と位置づけているのではないか，との疑問が出されている[31]。

2009年12月，リスボン条約が発効し，EU基本権憲章を，EU条約及びEU運営条約と同等の法的価値を有すると定めた（EU条約6条2項）。バイキング及ぶラバル両判決は発効以前に下されたが，EU基本権憲章28条は団体交渉・団体行動権を保障しており，サービス提供の自由との関係に関しては改めて検討する必要があろう。

VII おわりに

EUは，発足当初の6カ国から28の加盟国に増加している。加盟国の法体系や理念などはさまざまであり，これを統一するのは容易ではない。もっとも

---

(30) 『EUの雇用・社会政策』（JILPT 海外労働情報 13-09）（2013年）119頁以下参照。
(31) Vgl., E. Kocher, Das "Sozialthema" zwischen EuGH und Nationalstaat, AuR 2009, S.332ff.; S. Krebber, Soziale Rechte in der Gemeinschaftsrechtsordnung, RdA 2009, S.233f..

第 7 章 労働・雇用政策と労働教育への新提言

西欧諸国の時代であったならばまだ調整し易かったが,今日,経済格差が見られる中東欧に拡大しており,新しい加盟国との統一には支障を伴い,両者間の調整は以前より困難になっているのが,現代的特徴といえる。

　本稿では取り上げられなかったが,EU 法と抵触してドイツの法律や伝統的理論の修正が余儀なくされるケースが見られ,過剰干渉との批判もなされている。例えば,マンゴルト事件（EU）司法裁判所 2005 年 11 月 22 日判決）[32]では,有期契約の締結にあたって 52 歳以上の労働者については,例外として「正当事由」を不要とするパートタイム・有期労働契約法の規定が年齢差別に該当すると判断された。最近では,確立した年休権理論の見直しも迫られている[33]。本稿では,EU 法とドイツ労働法との関係につき端緒的な検討しかできなかったが,これらの判決も含めて,掘り下げた考察は今後の課題としたい。

---

(32)　Werner Mangold v. Rudiger Helm（C-144/04）.
(33)　名古道功「未取得年休の金銭補償（買い上げ）と労働時間指令（2003/88/EC）との抵触」国際商事法務 38 巻 1 号（2010 年）106 頁以下,同「勤務形態の変更に基づく繰越年休減少措置の効力」国際商事法務 42 巻 5 号（2014 年）796 頁以下参照。

36 EU 特にフィンランドの事業再構築への対応
——日本への示唆——

田口晶子

I はじめに
II EU 加盟国（ノルウェーを含む，以下 II については同）の事業再構築における現状と取り組み
III フィンランドの労働事情と事業再構築への取り組み
IV 日本への示唆
V おわりに

I は じ め に

　筆者は，2014 年 6 月に，ベルギーのブリュッセルで「事業再構築の予測と管理」をテーマに開催された日 EU 労働シンポジウム[1]に参加する機会を得た。日本では，「事業再構築」はネガティブなイメージが強く，負の影響を最小にすることに重点が置かれているのに対し，EU 側は，人的資源の割り当てを見直す契機で，予測と管理により，雇用の拡大に導ける可能性があると強調した。その一例として，シンポジウムの前にヒアリングを行ったフィンランドで，国内の最大雇用提供先であったノキア社が携帯電話製造部門をアメリカのマイクロソフト社に売却し，多数の離職者を発生させたが，退職社員の起業などにより雇用機会の拡大につながった旨の説明を受けた。EU 特にフィンランドの事業再構築に対する取り組みを紹介し，日本への示唆を考えてみたい。

---

(1) 日 EU シンポジウムは 1991 年に開始され，現在は 2 年に 1 回，様々な労働問題をテーマに，日本とベルギーで交互に開催され，学識経験者，政労使が議論を行う。

Ⅱ　EU加盟国（ノルウェーを含む，以下Ⅱについては同）の事業再構築における現状と取り組み

1　EU加盟国における事業再構築の現状

EUは，2002年以降，加盟国に設置したネットワークを利用し，事業再構築により①100以上の雇用の喪失事例及び創出事例，②従業員250人以上の企業で従業員の10％以上が影響を受ける事例を収集し，ヨーロッパ事業再構築モニター（ERM）[2]にとりまとめている。

事業再構築による雇用創出事例は意外に多く，経済危機後は割合が低下しているものの，事業再構築全体の約3分の1を占めている。

一方，雇用喪失を伴う事業再構築の70％余りが，内部事業再構築に起因している[4]。倒産／閉鎖による事業再構築は，経済危機後は雇用喪失の割合・件数とも拡大している。オフ・ショアリング，外部委託及び移転による雇用の喪失は，危機前も絶対数としては少なかったが，危機後はさらに減少した。このような企業活動は好景気のときに活発で不況期は減少すると考えられるが，

---

[2]　European Restructuring Monitor, Eurofound（欧州生活・労働条件改善財団）が運営する事業再構築のデータベース。EU28加盟国及びノルウェーの各国ネットワークが新聞報道等から情報収集。下請，間接的な雇用への波及効果や小規模な雇用の喪失については対象外とされている。http://eurofound.europa.eu/observatories/emcc/erm/factsheets

[3]　内部事業再構築：下記に定義された事業再構築と無関係の雇用削減計画を実施する場合。
　　閉鎖：会社または製造拠点を，移転及び外部委託と直接関係のない経済的理由で閉鎖する場合。
　　倒産：会社が移転及び外部委託に直接関係のない経済的理由で倒産する場合。
　　移転：業務活動の一部または全部が，同一会社の別（新規）事業所（同一国内）で行われる場合。
　　オフ・ショアリング／国外移転：業務活動が国外に移転されるか，または外部委託される場合。
　　外部委託：業務活動が同じ国の別の会社に外部委託される場合。
　　合併／買収：2つの会社が合併するかまたは買収の際に，人員を削減することによって組織を合理化することを目的とする場合。
　　事業拡大：会社が業務活動を拡大し，新規採用を行う場合。新規起業は含まない。

[4]　事務局分析によれば，複合型の事業再構築が内部再構築に分類されている可能性もあるとのことである。

表1 EU加盟国の2003年〜2013年の事由別[3]事業再構築

事　由	雇用喪失に占める割合（％）		事例（件数）	
	2003-2008	2008-2013	2003-2008	2008-2013
内部事業再構築	71	72	2,228	3,617
閉鎖／倒産	15	20	999	1,348
オフ・ショアリング	7	3	409	257
合併／買収	4	3	178	145
移転／外部委託	2	1	177	95
その他	0	1	22	28
雇用喪失計	100	100	4,013	5,490
事業拡大	－	－	2,631	2,468

資料出所：ERM Annual Report 2013

この統計でもその傾向が現れている。

2　事業再構築に関するEUの法的枠組み

EUでは，域内市場の統一が進むにつれ，統一市場の機能の円滑化の観点から域内規制の調和が求められ，また，労働者保護の観点からEU法規による最低限の保護措置を明示する必要性が認識されるようになり，労働者への情報提供及び協議に関するいくつかの指令（国内企業，多国籍企業）及び雇用主の支払不能の場合の従業員保護指令等が採択された。また，2013年以降，ERMデータベースに，各国の法令に関連する情報が追加された。

なお，国内における労働者への情報提供及び協議に関連する下記3指令（1998/59/EC，2001/23/EC，2002/14/EC）について，労働組合は批判的[5]であるが，欧州委員会は，事業再構築の否定的な結果に対する社会的な緩衝材としての役割を果たしていると評価し，現在3指令の統合を検討し，労使との第一次コンサルテーションを行ったところである。

---

(5) 適用対象が限定的（小規模企業，行政機関（公企業は対象），船員の除外），従業員代表制（存在，質（協議方法がしばしば限定的または形式的）），権利と義務の認識，法の遵守と法施行に課題があると主張している（日EU労働シンポジウムバックグラウンドペーパー）。

表2 事業再構築に関連する EU 指令

国内における労働者への情報提供及び協議	**1998/59/EC 指令**（1975 年以前の指令の置き換え） 大量雇用変動の場合，雇用主に従業員代表に協議することを要請する指令 **2001/23/EC 指令** 企業，事業の全部または一部に関わる営業譲渡に関する労働者の権利保護に関連する指令 **2002/14/EC 指令** 従業員 50 人以上の全企業で，事業再構築を含む一定の問題について，従業員に情報を提供し，協議する一般的な枠組みを確立する指令
多国籍企業における労働者への情報提供及び協議	**2009/38/EC 指令**（94/45/EC 指令の置き換え） EU 加盟国内に従業員 1,000 人以上または 2 以上の国に設立された従業員 150 人以上の EU 規模の企業及び団体において，欧州従業員代表委員会（EWC）の設立または情報及び協議に関する手順を規定する指令 **2001/86/ EC 指令** 欧州企業法（2001/86/EC 指令），欧州協同組合法（2003/72/EC 指令）の適用を受ける企業，または国境を越えた合併（2005/56/EC 指令）により発生した企業における従業員参加に関する指令
雇用主の支払不能の場合の従業員保護	**2008/94/EC 指令，（80/987/EEC を置き換える 87/164/EEC，2002/74/EC の置き換え）**， 雇用主の支払不能の場合，従業員の未払い賃金の請求権のための保証機関を設立することによって，従業員に最低限の保護を提供する指令

3　各国の事業再構築の予測・管理のための取り組みと EU レベルの枠組みの構築

(1)　EU 加盟国における事業再構築の予測・管理のための取り組み

　EU 加盟国は，EU 指令を法制化しているだけではない。ERM は，2011 年以来，各国の 400 を超える取り組み（事業再構築の予測 240，事業再構築の社会的影響を緩和するための当面の取り組み 162）に関するデータベースを構築している[6]。表 3 は，それらを，目的（事業再構築により影響を受ける労働者の支援，事業再構築を行う企業の支援及び地域経済圏を活性化させる措置）別，事業再構築に直面した際の取り組み／予測及び日常の取り組み別に整理したもので，今回の

---

(6)　http://eurofound.europa.eu/observatories/emcc/erm/support-instruments

日EU労働シンポジウムに提供された。事業再構築に少しでも関係する取り組みを広く収集している。

表3 EU加盟国における事業再構築の予測と管理に資する支援措置

目 的	当面の取り組み	予測及び日常の取り組み	取り組みの枠組み
事業再構築により影響を受ける労働者の支援	・早期退職 ・社会的計画 ・職業転換措置 ・再教育／再就職措置 ・起業の支援 ・移動支援措置 ・社会政策措置（余剰人員とされた従業員への助言及びネットワーク化を含む）	・継続訓練を支援するメカニズム ・技能開発 ・労働市場の需給及び労働市場リスクの監視 ・起業家精神の育成 ・中小企業の雇用者に対する特別の支援措置	・自主的な臨時的なタスクフォース ・ソーシャル・パートナーによる地域及び産業別協定／共同イニシアチブ ・三者構成の機関／枠組み ・地域訓練基金 ・観測機関 ・地方の職業紹介所，経営者団体，商工会議所のイニシアチブ ・地方，地域職業安定所の早期警戒及び迅速に対応したサービス ・共通のプラットホームの構築（例えば産業政策） ・変化の過程を監視する常設の機関，ネットワークまたは観測機関 ・公共と民間の雇用サービス機関の協力 ・地方の経済政策計画
事業再構築を行う企業の支援及び地域経済圏を活性化させる措置	・事業再構築に関する早めの情報交換 ・インパクト・アセスメント ・余剰人員に対する代替手段の支援（例えば労働者が余剰になる前に職業転換／再就職支援） ・資金援助措置，保証／借り入れ ・特別経済計画圏の設置 ・地域事業創生支援 ・社会的経済の促進及び社会企業と一般企業の相互交流 ・例えば教育／訓練，助言，オリエンテーション，社会基盤，住宅といった公的サービスのための追加的な基金と資源の提供と動員	・事前の警告システム ・地域の情報部門と監視部門 ・大企業団体と中小企業団体の定期的な意見交換 ・産業政策戦略及びオリエンテーション ・中小企業に対する支援及び助言 ・クラスタ政策／管理 ・イノベーションの支援 ・企業，公的機関及びサービス提供機関の連携及び移動の改善 ・企業の監視 ・経済分析と予測 ・国際的／グローバルな文脈における地方の競争力強化についての戦略の開発 ・国際的／グローバルな分野における地域経済の積極的な促進	

資料出所：日EU労働シンポジウムバックグラウンドペーパー

(2) 変化の予測と事業再構築の質の向上に向けた EU レベルの枠組み

欧州委員会は，2013年12月に，集積した好事例をもとに，「変化の予測と事業再構築の質の向上に向けた EU レベルの枠組み」と題するコミュニケーション（政策文書）を公表した。この枠組みは，事業再構築について，社会的影響を最低限に抑制しつつ，予測と人的資源への投資を通じて，事業再構築のプロセスを円滑化することを目的とする。具体的には，企業，従業員代表，労使団体，労働者，国・地方機関それぞれが，①変化の予測，②事業再構築の管理のためにとるべき措置及び欧州委員会の役割を提案する。

(i) 企業，従業員代表，労使団体等

変化の予測のための取り組み	事業再構築の管理のための取り組み
・企業の経営・財務状況，市場環境の戦略的監視 ・人材能力ニーズの継続的なマッピング，人材能力計画の作成 ・労働者の就労形態の多様化，教育訓練，キャリア開発の実施，企業内外の労働移動の促進 ・上記に関する情報提供，協議，団体交渉の実施	・企業内のコンセンサスの形成 ・解雇を避けるためのあらゆる可能性の追求 ・解雇された労働者への支援（再就職支援，訓練，キャリア開発など） ・外部機関との連携

(ii) 労働者

・情報を理解するために必要な情報収集能力の向上 ・能力やキャリア志向の見直し ・就業能力及び流動性の向上 ・教育訓練の利用	・企業戦略の情報収集 ・解雇を避けるための取り組み（企業内・企業間異動の検討，職業指導，訓練受講，キャリアカウンセリングの申出など）の追求 ・労働者を対象とする各種支援策の活用

(iii) 国・地方機関

・人材能力ニーズの継続的なマッピング（人材能力計画の作成支援，ニーズ予測のツールの開発など） ・労働者への支援（積極的労働市場施策の強化，能力開発の支援，キャリアコンサルタントの提供など） ・企業内外の労働移動の促進（地域間，職業間の流動性を高めるためのインセンティブの導入，能力評価度の創設，	・解雇に関する情報収集，事業再構築の影響の把握，早期警戒システムの創設 ・解雇を避けるためのあらゆる可能性の追求（地域活性化の促進，公共職業安定機関の強化，再就職支援プログラムの開発，雇用創出の促進，リスク分散の仕組みの創設等） ・解雇された労働者への支援（再就職支援，訓練，失業給付など）

企業の人材ニーズに対するデータベースの構築など） ・地域経済の構造改革の促進（地域の関係機関との連携促進，人材能力計画の作成支援，地域における経済変化・人材能力の監視強化，事前警戒システムの創設，企業との日常的な関係構築など） ・欧州構造基金[7]の活用	・関係機関の連携の強化

(iv) 欧州委員会
・EU 域内における本枠組みの適用状況の監視
・監視結果の欧州議会及び労使団体への報告・周知
・2016 年までに本枠組みの見直しを検討，その際，法制上の提案を含むさらなる対策の必要性を明確化
・欧州構造基金を通じた支援

　なお，この枠組みの提案に対し，欧州労働組合連合（ETUC）はこれらの取り組みの実施が労働者の保護に直接つながるわけでないとし，欧州経営者連盟は，欧州委員会は企業の競争力を阻害するような取り組みを奨励すべきではないとどちらも批判的である。

4　事業再構築に対する労働組合及び従業員代表の関与の度合い

　欧州委員会は，事業再構築に対する労働組合及び従業員代表の関与の度合いにより，加盟国を市場主導型，国家主導型，ソーシャル・パートナー主導型に分類して表4にまとめ，シンポジウムに提供した。市場主導型の諸国においては，ソーシャル・パートナー主導型の諸国より，前述の EU 指令に基づく従業員代表に対する情報提供や協議が形式的で，事後的な対応になりやすいと分析している。

---

(7)　5　事業再構築の影響を緩和するための融資制度，参照。

第 7 章 労働・雇用政策と労働教育への新提言

表 4 EU 加盟各国の労働組合及び従業員代表の関与の度合い別枠組みモデル

枠組みの種類	市場主導型	国家主導型	ソーシャル・パートナー主導型
対象国	イギリス，アイルランド，中東欧諸国	フランス，ベルギー	オーストリア，オランダ，ドイツ，北欧諸国
企業内の事業再構築に際して実施される主要な措置	解雇手当	早期退職，社会的計画，（再訓練，積極的職種転換措置を含む場合もある）	早期退職，社会的計画，（再訓練，積極的職種転換措置を含む場合もある）。交渉により，内部柔軟性を高めることによる職務の維持措置
企業レベルを超えた事業再構築に対する手段，措置	地域のタスクフォースのような自主的組織	政労使 3 者による対話	ソーシャル・パートナーによる地域レベル，業種レベルのイニシアチブや協約
変化の予測	自主的イニシアチブ	行政／当局の基本的機能として実施	ソーシャル・パートナーのイニシアチブ，たとえば業種レベルの訓練基金，観測機関
社会対話の役割	形式的，反応型情報提供はあるが，実質的な協議は行われない	形式的，協議および交渉は，当該国の法的枠組み及び組合の交渉力による	交渉による解決
公的機関の役割	反応型	種々のレベルにおいて積極的	支援的
例	大規模な事業再構築の文脈における地域のタスクフォース，地域技能委員会，特別経済開発圏	地域活性化契約，地域雇用経済開発計画，地域的移動センター	地域予測・ネットワーク（北欧），企業ベースの地域雇用パクト，地域雇用同盟，地域雇用転換活動など

5 事業再構築の影響を緩和するための融資制度

EU には，従業員の技能向上，変化に順応することをめざす能力開発のための投資に使用される欧州社会基金（ESF）[8]があるが，2006 年に，これを補充

---

(8) 毎年 EU 全体で 100 億ユーロ以上が投入される基金。教育訓練制度改革を支援し，習得技能と労働市場で必要とされる技能のマッチングに重点を置き（例，人々がデジタル技能，言語または起業家精神のような汎用な能力を備える），学校から仕事への移行

表5 EGFへの申請状況，2007-2013（2013年8月現在）

国	申請件数	対象労働者数	EGFへの申請額（千ユーロ）
スペイン	18	13,396	57,100
オランダ	16	8,554	28,800
イタリア	12	12,759	60,600
デンマーク	10	6,234	63,700
ドイツ	7	11,349	44,800
アイルランド	7	10,267	63,300
オーストリア	6	1,952	28,000
リトアニア	5	3,013	2,900
ポルトガル	5	4,367	8,600
ベルギー	4	5,785	21,700
ポーランド	4	1,756	2,500
フランス	3	5,938	39,000
フィンランド	3	3,969	17,200
ルーマニア	2	2,159	6,100
スウェーデン	2	3,550	19,600
その他（ブルガリア，チェコ，ギリシャ，マルタ，スロベニア）	各1（計5）	4,974	7,200
計	110	100,022	471,200

資料出所：日EU労働シンポジウムバックグラウンドペーパー

するために欧州グローバル化調整基金（EGF）が創設された。EGFは，当初は，世界貿易の構造変化のために1,000人以上の余剰労働者が発生した案件を対象としていたが，2009年～2011年，経済金融危機による場合にも拡大した[9]。事業再構築の結果，大量に一時解雇された労働者を支援する[10]ための積

　を改善し（例えば，追加職業訓練，見習訓練またはインターンシップを支援する），仕事上でまたは仕事と直接関係のない生涯学習の提供を拡大する。http://ec.europa.eu/esf/home.jsp?langId=en 参照。
（9）　EGF規則は2009年～2011年の間時限的に改正され，余剰人員が1,000人未満でもEU及び地域に影響が大きい場合には対象とされ，融資割合も50％から65％に引き上げられた。
（10）　求職活動支援，職業相談，個人に合った訓練や再訓練，起業家精神の醸成，様々な再教育・訓練活動に参加する個人への手当のような資金措置。

極的労働市場政策措置について，年次準備基金から一回限り共同融資する。

EGF は，2007 年初〜2013 年 8 月，20 カ国から 110 件（経済金融危機関連 65，貿易関連 45）の申請を受け，4 億 7120 万ユーロの共同融資を行い，10 万人以上の労働者を支援した[11]。申請の大部分は製造業で[12]，国別にはスペインが申請件数（18），対象労働者数（約 1 万 4000 人）とも最多で，最大基金要請国はデンマーク（6,370 万ユーロ）であった。

さらに，2014 年から 2020 年までの時限改正[13]で，この間，EGF には最大年間 1 億 5000 万ユーロの予算措置が行われ，原則一企業において 500 人以上の労働者（供給者と川下製造者を含め），または近接地域の一定業種の労働者が一時解雇される場合，解雇労働者の再就職や起業を支援するプロジェクトの最大 60％まで資金供与できることとされた。

6　中小企業に対する取り組み

大企業に比較し，中小企業の事業再構築は目立たず報道される可能性も少ないが，ERM は，失業者増加の要因は，中小企業の事業再構築による少人数離職者が積み重なった結果であることを重視し，中小企業についても可能な範囲で情報収集を行っている。

それによれば，中小企業においても，事業再構築の事由は，内部事業再構築，事業拡大，および倒産／閉鎖が多数を占め，企業規模であまり差はないが，経営者／オーナーの権限が大きく，行動が恣意的であることもある，少数の顧客や供給者に依存しているなど，中小企業特有の事情から事業再構築が無計画に行われる傾向がある。また，正式の従業員代表制度が存在することが少なく，ほとんど関与していない。

---

(11)　欧州委員会：2012 年の欧州グローバル化調整基金の活動に関する欧州議会及び欧州理事会に対する欧州委員会報告，ブリュッセル，2013 年 11 月 14 日 COM（2013）782 最終版。
(12)　業種別には，自動車 19，機械・設備 12，繊維産業 10，印刷業および建設業各 9。
(13)　2013 年 12 月 17 日の欧州議会及び欧州理事会の欧州グローバル化調整基金（2014-2020）に関する規則（EU）No1309/2013。及び撤廃された規則（EC）No 1927/2006。

Ⅲ　フィンランドの労働事情と事業再構築への取り組み

1　フィンランドの労働事情
(1)　概　　況

フィンランドの面積は33.8万km²と日本の9割で、人口は約543万人（2014年5月末時点）で北海道人口とほぼ同じである。豊かな森林資源を活かした製紙・パルプ・木材、金属・機械産業及び携帯電話を中心とした情報通信産業が主要な産業である。

名目GDPは2,569億ドル（2013年、IMF）、一人当たりGDPは47,129ドル（同）と比較的高いが、EU加盟国の中でも欧州債務危機からの回復が遅れており、景気は低迷し、2012年及び2013年の実質GDP伸び率は、マイナスを記録した。貿易収支も2011年から赤字に転じ、2013年は約30億ユーロの赤字であった。

表6　実質GDP成長率（対前年比％）

年	2009	2010	2011	2012	2013
フィンランド	-8.5	3.4	2.8	-1.0	-1.4
EU加盟国平均	-4.5	2.0	1.6	-0.4	0.1

2013年の一般政府財政は1,102億ユーロの財政赤字であり、負債はGDP比で57.0％、2014年予算案は歳入472億ユーロ、歳出539億ユーロで67億ユーロの赤字予算となった[14]。なお、フィンランド政府は、データセンターやIT産業など外国企業を積極的に誘致することにより、経済成長と雇用創出を図るために、2014年1月から法人税を24.1％から20％まで引き下げた。

また、北欧で唯一のユーロ当初参加国であり、安定したユーロを支持している。

(2)　雇用失業状況

15-64歳の就業率は日本よりやや低い程度であるが、男女の差がほとんどない。これは女性の就業率が高いと同時に男性の就業率が低いことも意味する。

---

[14]　この予算案に対し、欧州委員会は事前審査を行い、安定・成長協定（Stability and Growth Pact, SGP）の基準に違反するおそれがあると指摘した。

第7章 労働・雇用政策と労働教育への新提言

表7-1 雇用失業情勢 (千人, %)

	フィンランド				EU加盟国	日本
年	2010	2011	2012	2013	2013	2013
就業者数	2,448	2,474	2,483	2,457	217,292	63,110
就業率	68.1	69.0	69.4	68.9	64.1	71.7
男性	69.4	70.6	70.5	69.9	69.4	80.8
女性	66.9	67.4	68.2	67.8	58.8	62.5
失業者数	224	209	207	219	26,365	2,650
失業率	8.4	7.8	7.7	8.2	10.8	4.0
若年失業率	21.4	20.1	19.0	19.9	23.5	6.8
ニートの割合	10.5	10.0	10.4	10.9	15.9	−
長期失業者割合	2.0	1.7	1.6	1.7	5.1	1.7

表7-2 就業者に占める短時間労働者・有期契約労働者の割合

	フィンランド				EU加盟国	日本
短時間労働者 （下段は非正規 労働者）の割合	14.6	14.9	15.1	15.1	20.3	20.3 36.7
男性	10.0	10.6	10.3	10.2	9.8	9.4 21.2
女性	19.6	19.6	20.1	20.2	32.7	33.9 55.8
有期契約労働者 の割合	15.5	15.6	15.6	15.5	13.8	17.8

失業率はEU加盟国全体よりは低いものの，2014年に入り4％を切った我が国に比較すると高くなっている。若年失業率も高いが，ニート（15-29歳に占める就業も教育も行っていない者）は少ない。1年以上の長期失業者の占める割合も低い。週30時間未満の短期間労働者の割合が低く，女性でも20％程度である。

(3) 労働条件に関する法制度

雇用契約法（The Employment Contracts Act），労働時間法（The Working Hours Act）及び休暇法（Annual Holiday Act）などで労働条件を規定している。

(a) 賃　　金

適用される労働協約が存在せず，労使が労働に見合う賃金について合意がない場合，労働者はその労働に通常見合う賃金を受け取らなければならない（雇用契約法第2条10項）とされ，国が定める全国一律の最低賃金は存在しない。

(b) 労 働 時 間

原則は1日8時間，週40時間であるが，法定の例外が数多くあり，また，労働協約や事業所協定で別の定めをすることもできる。所定労働時間は3週間あたり120時間，2週間あたり80時間以内であればよい（労働時間法第3条）。

時間外労働については，従業員の同意を得た上で，年最高250時間まで認められるが，4カ月で138時間を超えてはならない。割増賃金については，最初の2時間は50％増，それを超えると100％増が支払われる。労使の合意で6カ月以内の代休の付与にかえることもできる（同第4条）。

(c) 休 暇 制 度

4月1日から3月31日に24日～30日有給休暇を取得できることを規定した休暇法以外に，労働者の生涯学習を支援する役務代替休暇法及び研究休暇法（後述）が制定され，雇用契約法にも家族休暇[15]（第4条）及び病気休暇[16]（第2条）の規定が設けられている。

(4) 労 使 関 係

主要労働組合[17]の組合員数は約223万人で，労働組合の組織率は推定90％と非常に高い。主な経営者団体[18]の傘下企業の雇用者数は95万人である。全国的な団体交渉の結果，締結された労働協約は，非組合員にも拡張適用される。

さらに，年に2回，政労使会議（首相がトップ）で協議が行われ，経済成長やインフレ率等を考慮に入れてベースアップのガイドラインを設定する所得政

---

[15] ①出産休暇，特別出産休暇，配偶者出産休暇，両親休暇，②育児休暇（休暇，勤務時間短縮及び一時休暇），③家族の事情による休暇，④家族または近親者の介護による休暇。

[16] 1カ月につき9日間は有給で取得が可能。9日を超えると，国民健康保険により，所得の損失補填の疾病手当が支払われる。

[17] フィンランド労働組合中央組織（SAK）21組合，105万人，フィンランド俸給従業員連合（STTK）20組合，64万人，フィンランド学術専門職労働組合連合（AKAVA）34組合，54万人。

[18] フィンランド産業連盟（EK）16,000加盟企業。

策に関する国民合意が形成されることとなっている。

(5) 労働市場政策

政府は労働市場の機能改善を図り，同時に労働市場で不利な立場に陥りやすい若年者，長期失業者，移民労働者，障害者などを支援することに主眼を置いた積極的労働市場政策に取り組んでいる。中でも教育訓練プログラムに力を入れ，労働力人口の1％以上が常時教育訓練を受けている。2014年9月に何らかの労働市場プログラムに参加しているのは，127,721人で，失業者の6割となっている。それ以外には，雇用助成金，直接的な雇用創出，見習い労働などがあり，雇用助成金は民間企業のみならず市町村の職員も対象となる。

2　フィンランドの事業再構築への取り組み

(1)　フィンランドにおける事業再構築の現状

フィンランドでは，事業再構築による雇用創出はこの期間に20件しか行われず，事業再構築の5％を占めているに過ぎない。一方，特に経済金融危機後は，内部事業再構築による起因する事業再構築の割合・件数が大きく拡大し，オフ・ショアリング，外部委託及び移転による雇用の喪失は，危機前の3分の1となった。

(2)　フィンランドにおける事業再構築に関連する法令

前述の雇用契約法及び企業内協力法[19]（Act on Cooperation within Undertakings）を中心とした事業再構築に関連する規定がERMに紹介されている。

(a)　雇用契約法

第5条〜第9条において，一時解雇（レイオフ）[20]，雇用契約の終了（有期雇

---

[19] 政府機関，公共機関における協力法，地方公共団体における協力法にも同様の規定がある。

[20] 雇用主の決定（または雇用主の申し出に労働者が合意）による就労と賃金支払の中断で，それ以外の雇用関係は継続する。一時解雇の期間は法令で定められていない。経済的・生産的事情または一時的に業務や雇用主の業務提供可能性が減少し，労働者に適当な職務や訓練機会を提供できない場合に実施する。雇用主は労働者に事前に一時解雇の理由，開始時期，期間などを提示する義務があり，一定人数以上が対象になる場合は従業員代表にも提示することとされている。一時解雇の場合，労働者は失業給付を受給できる。

表8 フィンランドの2003年～2013年の事由別事業再構築

事　由	雇用喪失に占める割合（％）		事例（件）	
	2003-2008	2008-2013	2003-2008	2008-2013
内部事業再構築	49	73	116	165
閉鎖／倒産	18	15	13	25
オフショアリング	14	4	24	8
合併／買収	8	2	6	5
移転／外部委託	10	1	11	3
その他	1	1	1	2
雇用喪失計	100	100	171	208
事業拡大	－	－	10	10

資料出所：ERMのウェブサイトより筆者が作成

用契約，定年，解雇[21]など），雇用契約の破棄，雇用契約の終了手続きに関して詳細に規定する。なお，試用期間（最長4カ月，従業員が就職後訓練を受ける場合などは6カ月に延長できる）中は，ただちに通告して解雇できる。

解雇予告期間

解雇予告期間は，勤務期間1年以下：14日，1年超～4年以下：1ヵ月，4年超～8年以下：2ヵ月，8年超～12年以下：4ヵ月，12年超：6ヵ月と規定され，事業再構築の場合，雇用主は，従業員代表との協議が開始される5日前に従業員に通知しなければならない。

在職中の求職活動の容認

解雇予告された労働者に対して，5日～20日，在職中の求職活動を認めている。

集団的解雇の場合の対象者の選定

従業員代表は，その者に適当なすべての職務が存在せず，別の職務の提供が困難な場合を除き，解雇対象者として選定されないとされている。経済的・生産的事情による解雇の場合，出産休暇，配偶者出産休暇，両親休暇中の者は，

---

(21) 雇用契約の終了（解雇）は，正当で重大な（proper and weighty）理由が求められる。つまり当該従業員の重大な契約違反（アルコールの過剰摂取，突然の勤務拒否），経済的・生産的事情（不況，販売不振，会社の組織変更などにより恒久的に仕事がなくなるなど）あるいは別の会社に事業部門が移転したなどの理由がないと解雇できない。解雇通知は個人あてに書面で行う。

完全に生産が中止にならない限り、解雇の対象とされない。

一時解雇

一時解雇は、柔軟な労働時間制度の一形態と位置づけられている。雇用主は、解雇の事由となる経済的・生産的事情が存在する場合、就労と賃金支払の中断の他、一方的に雇用契約を短時間雇用契約に変更することができる。この場合、賃金は雇用主が決定するか、雇用主が主体性を持ち、労働者との協議により決定する。

集団的解雇を行った雇用主の義務

雇用主が集団的解雇を実施し、雇用関係が終了した日から9カ月以内に、解雇者が従事していたのと同一のまたは類似の職務で新たに求人を行う場合、雇用主は地域公共職業安定機関に、以前の就業者が求職者登録していないか確認し、登録している場合はその者を優先的に採用しなければならない。

解雇要件を満たさない解雇の法的効果

雇用主は解雇要件を満たさない解雇の場合、最高24カ月分（従業員代表の場合は最高30カ月）の給与を支払わなければならない。事業再構築の際の協議手続きが遵守されなかった場合、30,000ユーロ未満の付加的な支払を求められることがある。

労働者は、労働組合の代表者や裁判所に、遵守しない雇用主を提訴することができる。

(b) 企業内協力法

従業員に技能開発計画や訓練を提供する雇用主の義務

従業員20人を超える企業は、1年に一度、従業員代表と協力の上、従業員の技能の維持や向上を図るための訓練計画を含む人事計画を策定しなければならないとされている。

集団的解雇の定義

定義はないが、10人以上の解雇の場合、手続きが定められている。

事業再構築計画についての労働者への情報提供及び協議

1998/59/EC指令に基づき、ほとんどのEU加盟国で国内法令が整備されているが、従業員20人を超える企業において10人以上が影響を受ける可能性がある場合、雇用主は、従業員または従業員代表と協議しなければならないとされている。事業再構築に関する情報は、計画策定後、詳細を決定する前に従業

員代表に提供される必要があり，協議は通常6週間，3～5回実施される。協議の必要性の事前通知を5日前に行わなければならない。協議期間は従業員規模が20～29人の企業では14日間，不利益を被る可能性のある従業員が10人未満の場合，7日間に短縮することができる。

両者の意見は協議の議事録に記載され，両者が署名することとされている。

雇用主は，書面で，従業員代表に，予定されている大量雇用変動の事由，各従業員集団の解雇人数，解雇の実施時期，解雇者の選択方法について示さなければならない。

公共職業安定機関へ集団的解雇の通知

雇用主は，計画している集団的解雇（一時解雇を含む）について，従業員代表と協議を開始するときに公共職業安定機関に通知しなければならない。10人以上の従業員を解雇することを想定している場合，公共職業安定機関と連携の上，離職労働者の再就職促進計画を立て，従業員代表との協議後，その計画を実施するのにどの程度要するかを含む報告書を提出しなければならない。

(c) 賃金確保法（Pay Security Act）

雇用主の支払不能の場合の従業員保護に関する2008/94/EC指令はEU全加盟国で法制化されているが，フィンランドでは，賃金確保法が，雇用主が倒産した場合の賃金支払を定める。パート労働者，有期契約労働者，派遣労働者も対象とされ，上限は15,000ユーロとなっている。

(3) **事業再構築の予測・管理のための取り組み**

フィンランドについては，予測のための9施策及び管理のための5施策がERMに掲載されている。

(a) 予測のための施策

労働市場の予測に関する情報を提供する4施策が実施されている[22]。

生涯学習の支援や訓練中の手当に関する労働者支援策が2施策ある。1つは役務代替休暇法（Act on Job Alternation Leave）による休暇で，在職労働者と雇用主の合意の下に，労働者が一定期間（90日～360日）休職し，雇用主はそ

---

[22] 政府経済研究機関（VATT）によるフィンランド経済の一般均衡モデルの予測に関する情報，欧州社会基金プロジェクトによる10～15年後の技能の需要に関する予測，地域における訓練と技能の予測等。

の間代替要員として職業紹介機関を通じて失業者を雇用し，雇用主は国から助成金を支給される制度である。休暇取得者は役務代替休暇手当（失業給付の70％）を受給し，代替要員は，若年者，長期失業者，最近職業上の資格を取得した（向上させた）失業者から優先的に採用しなければならないが，休暇取得者と異なる職務，期間でも認められる。2つめは研究休暇法（Study Leave Act）による休暇で5年間のうち最高2年間職務から離れ，職務に直接関係のないものも含め，訓練や研究を行える制度である。無給だが，生涯教育手当[23]の受給可能性がある。

それ以外に，企業に対する3支援策[24]が存在する。

(b) 管理のための施策

労働者の所得保障に関連するChange Security制度[25]，雇用主の支払不能の場合の従業員保護施策[26]，一時解雇[27]がある。Change Security制度は，経済的理由で解雇の可能性がある場合の総合的な支援措置である。

SAK[28]が一時解雇に関し，労使の協議も含めた情報を収集し，雇用主の合意も得た上でウェブで公開している。

また，経済的危機に陥った中小企業に対する電話無料相談が開設されている。

(4) ノキア社[29]における事業再構築とその成功の理由

(a) ノキア社の離職者対策

---

[23] フィンランドで雇用者または自営業者として8年以上（または2010年7月31日までに5年間）就業した者がフィンランドの教育機関による学位取得または高度職業訓練を受講する場合，受給できる。

[24] Team Finland, Finpro Export Partner Groups, Enterprise Finlandなど，中小企業の支援，起業支援，企業の事業拡大や国際展開の支援，資金援助や助言などを実施する。

[25] 勤務期間3年以上の者（同一雇用主に3年以上または42カ月間に36カ月以上雇用されている有期契約者，180日以上の一時解雇後離職した者）。

[26] (2)(c)参照。

[27] 前掲注(20)参照。

[28] 前掲注(17)参照。

[29] 1865年に製紙会社として設立。生産品を次々に変更し，現在は電気通信機器メーカー。携帯電話端末では1998年から2011年まで市場占有率及び販売台数で首位を維持していたが，スマートフォン戦略及びアメリカ市場戦略の迷走により，低落傾向になり，2012年第一四半期ではサムソンに次ぐ2位になった。

ノキア社は，2013年9月，競争力を失った携帯電話事業部門をアメリカのマイクロソフト社に売却することに合意し，2014年4月25日売却手続きが完成した。全世界で18,000人（国内500人）の離職者が発生することになった。

ノキア社は，すでに2011年に「ブリッジプログラム」を作成し，退職予定者に①ノキア社内部での新職務，②ノキア社外での新職務，③起業，④今までと異なるキャリアに挑戦，⑤職業生活からの引退または自力で求職活動，の5選択肢から1つを選ぶことを義務づけた。⑤以外は，ノキア社が助言・指導を行った。例えば，②については，履歴書作成の指導，技能更新の研修，ソーシャルメディアの活用など，④については，再訓練を行う，大学に入って新技術を習得するための支援などを実施した。

③については，公的機関が最高25,000ユーロ融資し，400以上の起業実績（IT40％，専門職とコンサルティング業30％，その他30％）をあげた。2013年度末まで90％が存続し，2015年末にはノキア社退職者による起業における雇用が2500人に拡大することが見込まれている。

(b) ブリッジプログラムの成功理由

① 従業員のノキア社との信頼関係

多くの従業員が，ノキア社の業績向上に貢献するため，退職直前まで働き，残留者に成果を引き継いだ。履歴書の空白が再就職に不利になる可能性があるからではなく，ノキア社の従業員が，会社との良好な関係を保ち続けることを重視したからである。

有効に労使の話し合いが行われ，特に従業員代表が，総合的なアプローチをとることを望んだ。

② 政府機関等の支援制度の充実

ブリッジプログラムは，ノキア社自体が多額の経費を支出したわけでなく，関係省庁，地方自治体，教育訓練機関と連携し，再訓練や起業の資金援助制度を活用した。このため株主からも強い反対はなかった。

③ ブルーカラー労働者への特別な支援

ノキア社には高学歴者が多いが，ブルーカラー労働者も存在する。ブルーカラー離職者については再就職の支援に重点を置き，ほとんどが職を得た。医療関係職，販売員，バスやタクシーの運転手など，地域の労働市場で不足している職種に再訓練を受け就職した者もいる。

第7章　労働・雇用政策と労働教育への新提言

④　企業の競争力維持のための尽力

競争力を失った部門を，利益をあげている他部門で穴埋めするのではなく，迅速に外部に売却する[30]という経営判断に職を失う可能性がある労働者や労働組合からも異論は少なかった。ノキア社は特にフィンランド以外の国では下請けまで含めて買収する会社を探し出し，ルーマニアではノキア社を買収した企業が新工場の設置も行い，雇用拡大に貢献した。

⑤　起業支援の風土

フィンランドでは，フィンランド投資庁が2011年からの4年間で約70万ユーロをゲーム会社に投資するなど，官民を通じてスタートアップ志向を強めている。技術者・開発者を支援するNPO法人の「スタートアップ・サウナ」は，「SLUSH」と名付けられた世界規模のイベントを毎年開催[31]し，起業は特別な優秀者の特別な活動でないという風土が形成されている。

Ⅳ　日本への示唆

事業再構築に関し，EU特にフィンランドと我が国とは，労働組合の組織形態や組織率，従業員代表制など異なる点が多く，直接参考にできることはそれほど多いわけではないが，いくつか気づいた点を指摘する。

1　雇用拡大も含めた事業再構築に関する情報収集

我が国の労働行政の事業再構築への取り組みは，雇用調整助成金制度による労働者の雇用維持及び大量雇用変動届・再就職援助計画・労働移動支援助成金などによる離職者の再就職支援が中心である。それに対し，EUでは，雇用の拡大を伴う事業再構築についても情報収集に努め，データベースで公表している。雇用拡大の場合，労働行政の役割は限定的だが，どのような労働者が必要となり，どのような手段で確保したかという情報は，地域の労働行政や他企業にも有益であろう。

（30）　フランスでは企業の経営状況が悪化した場合，売却先を捜すことを企業に義務づけている法令が成立した。http://www.jil.go.jp/foreign/jihou/2014_4/france_01.htm

（31）　2014年11月の第7回大会も，98カ国から約1万人，2500社のスタートアップが参加し，エンジェル投資家を含め合計資本2000億ドル規模の投資会社・投資家が集まり，企業と投資家の間で7000回を超える商談が予定されている。

2 事業再構築の予測及び管理に関する取り組み

EU加盟国の400に及ぶ事業再構築の予測及び管理に関する取り組み，特にフィンランドの取り組みの中には，我が国でも参考にできるものが含まれている。

(1) 労働市場需給やリスクの予測

EU諸国では職種別の採用（職業資格が重視される）が一般的であることもあり，事業再構築の予測に関し，労働市場需給やリスクの予測に重点を置いている。我が国でも職種別や業種別の将来予測は行われているが，現在でも人手不足が認識されている介護・医療分野への移動は少なく，不足職種の精緻な予測により職種間の移動が活発になるとは想定しにくいが，個々の労働者も自らの職務や業界の将来性について関心を高めることは意義があろう。

(2) 従業員の教育訓練や自己啓発に対する雇用主の支援の強化

日本企業は，長期雇用を前提とした正社員に対する教育訓練に力を入れ，また近年教育訓練給付制度の拡充など労働者に対する支援措置の充実が図られているが，研究休職制度等が公務員や一部の大企業のみに存在するため，大学院での学位取得を断念するという例が枚挙に暇がない。少子高齢化の我が国においても，将来的な人手不足の認識を国民全体が共有し，一定規模の企業については，フィンランドにおける人事計画策定義務，研究休暇，役務代替休暇などの導入を検討する時期にきているのではないだろうか。個別企業においても，自社の労働者の訓練や自己啓発に対する支援が労働者の転職などにより，結果的に他社の利益につながることがあったとしても，訓練機会を与えるような意識改革が望まれる。

また，日本においては，事業再構築による製造業の離職者は他の製造業に移動させることが最良と考えられ，そのための支援が中心となっているが，技能習得により新職種への移動も柔軟に考えるべきではないかと思料する。

(3) 起業家精神の育成

企業内での起業可能性も含め，起業は一部の優秀な人が行う特別なことではないという意識を学生時代から植え付け，失敗や再挑戦に寛容な社会の構築が重要であろう。

第7章　労働・雇用政策と労働教育への新提言

3　従業員と会社との適度な距離感

我が国の大卒者の就職後3年以内の離職率は32%[32]で，離職者は元の企業とほとんど関係を持たないのが一般的である。

これに対し，フィンランドでは，一時解雇，長期の解雇予告期間，解雇予告期間中の求職活動の容認，集団的解雇者の優先的再雇用義務など，種々の制度が設けられていることもあり，離職企業とも良好な関係を保っている者が多いようである。

また，実務的にも，ノキア社の離職者の多くが，在職中に習得した知識経験等を起業で活かしたり，同社の支援により教育訓練を受けて新技能を身につけたり，同社も従前の従業員の起業会社を優先的な調達先に選んでいる例が見受けられた。これらも，退職社員の起業の破綻が少ない要因となっていると思われる。

V　おわりに

筆者は，現在厚生労働省で国際労働基準研究官としてILO条約の批准や適用について研究を行っている。我が国は批准廃棄したものも含め，批准数が49と極めて少ない。フィンランドは基本8条約[33]，ガバナンス4条約は批准済みで，批准数は101である。特に事業再構築に関連する「雇用主の発意による雇用の終了に関する条約（第158号，1982年，解雇における労働者の保護を規定）[34]」，「有給教育休暇条約（第140号，1974年，教育を目的として所定の期間労働者に有給休暇を与えることを義務づけ）[35]」，「労働者債権保護（雇用主の支払不能）条約（第173号，1992年）[36]」の3条約を批准している。

---

(32)　厚生労働省「雇用動向調査」。
(33)　http://www.ilo.org/tokyo/standards/WCMS_238261/lang--ja/index.htm
(34)　当条約は雇用主側から批判が多く，批准適用を促進すべき条約とはされていない。田口晶子「ILO条約を解説する　第11回」ワークアンドライフ　2014年第5号　日本ILO協議会。http://www.ilo.org/tokyo/standards/list-of-conventions/WCMS_239021/lang--ja/index.htm
(35)　http://www.ilo.org/tokyo/standards/list-of-conventions/WCMS_239039/lang--ja/index.htm
(36)　http://www.ilo.org/tokyo/standards/list-of-conventions/WCMS_239006/lang--ja/index.htm

グローバル化の進展により，事業再構築は増加の一途をたどるであろう。それを機会に変えるには，我が国としても，政策を考える上で関連ILO条約を参考とする価値はあると思われる。

　最後に，本稿のテーマと直接関係はないが，フィンランドは，日本より失業率が高く，事業再構築による集団的解雇もめずらしいことではないにもかかわらず，潜在的な人手不足を認識し，特に女性の有効活用が当たり前のこととなっているのを羨ましく感じた。機会があれば，フィンランドの女性労働政策について本格的に研究してみたい。

37 2006 海上労働条約の発効と法的課題

野 川　忍

I　ILO2006 海上労働条約の発効
　とその意義
II　2006MLC の基本的特徴
III　2006MLC の基本課題
　　──Article に見られる解釈上
　　の論点
IV　展　　望

I　ILO2006 海上労働条約の発効とその意義

　2014 年 8 月 5 日，日本の国際海事政策と海事行政とは，これまでにない全く新たな時代を迎えた。2006 年 2 月に採択された ILO（国際労働機構）海上労働条約（2006MLC）が，2013 年 8 月 20 日の発効の後，ついに日本においても効力を発するに至ったのである。

　すでに 2013 年の発効日から世界の港では，出航する国際船舶に対してこの条約に定めた労働条件・社会保障・生活条件等に適合していることをチェックする帰国検査が行われて条約適合証書が交付され，また寄港する他国の船舶に対してこの条約に適合しているか否かを検査し，違反が発見された場合には，Detention（停船措置）までをも含む制裁が科されるという仕組みが始まっている。これまでも Port state control（寄港国検査）は行われていたが，それは船舶の構造や運航システムに係るハードの部分が主たる対象であり，労働条件のようなソフトの部分を正面から検査対象とする制度は，国際海上運送の世界では未知の経験であった。日本も，2013 年に至ってようやく本条約を批准し（8 月 5 日），2014 年 8 月 5 日に，条約批准国としてその内容のすべてを適用されることとなったのである。

　この条約は，単に海事に関する労働条約に新しい地平を切り開いたというだけではなく，まったく新しい国際労働規範の誕生を意味するものであり，他の

第7章　労働・雇用政策と労働教育への新提言

ILO条約を統合・整理してより明確で機能的な条約に再生させる気運への道筋をつける端緒となることはまちがいない。従来の六〇に及ぶ海事関係の条約・勧告・議定書のほとんどがこの条約の発効によって効力を失い，ILO条約の数は，本条約採択時点での一八五から，一挙に一五〇代にまで減少した。採択後の記念スピーチに臨んだソマビア事務総長（当時）は，本条約の誕生によってILO条約の新しい時代が切り開かれる契機となるであろうこと，他の多くの条約もこれにならって統合化と包括化とが進むであろうこと，さらにILOが，二一世紀にいっそうの威信を発揮する手がかりを得たことを誇らしげに述べたのである。

筆者は，この条約の制定作業開始当初から，日本政府代表のLegal Adviser（法律顧問）として深く関わっており，本条約採択以来，いくつかの論考においてその重要な意義や今後の課題等について述べてきた[1]が，日本においても本条約の執行が始まったことを受け，今後予想される具体的な法的課題についてあらためて検討することとしたい。

II　2006MLCの基本的特徴

1　神殿構造

2006MLCは，付属文書を含めるとILOの正本で100頁を超す膨大な条約であって，全ILO条約のなかで最大規模であるだけでなく，ナンバリングを付されない特別条約としての地位を付与されている。労使関係や労働条件のみならず船員の雇用，船舶の居住環境，条約の執行メカニズムなど広範な領域について包括的に規定を置いているため，複雑な構造になっているような印象を与えるが，実際には全体が非常によく工夫され，整然とした体系に従っている。従来のILOによる国際労働規範は，原則として条約と勧告とが峻別され，条約は基本的に強制力を有し，勧告は任意規範という位置づけをされてきた。これに対し2006MLCは，規範の効力ごとに最上位の条文（Article）から最下位の勧告（CodeB ＝ Recommendation）までピラミッド状に組み立てられた構造

---

(1)　拙稿として，「国際労働規範の再生——2006MLCの衝撃」（労旬1626号30頁以下），「ILO海事統合条約に関する講演会（前半）（後半）」（月刊「海員」2004年12月号20頁以下，同2005年2月号34頁以下），「2006海上労働条約と国際労働法の新展開」（季労243号60頁以下）参照

となっている（図参照）。

　この図は，筆者がかねてから本条約の理解を促進するために用いているもので，2006MLC の構造を神殿とそれを支える台形の建築物に見立てたものである。最上位の神殿を構成するのが Article（基本条項）であり，全一六条という少ない条文の中に，定義や適用範囲，条約の構造，船員に適用される基本権の確認規定や発効要件，修正要件など，条約全体の基本的な原則を示している。中身はかなり抽象的であって，この下に位置する諸規定に対する原理・理念を示したものといえる。ただ，いわゆる訓示規定のようにそれ自体として法的効力を有しないものではなく，下位規範としての Regulation から CodeB までの諸規定を通して違反に対する制裁をも含むルールを提供している。

　これらの基本条項を土台として，本条約は，まず規制分野を五つにわけ，タイトル 1（船上で働く船員のための最低条件），タイトル 2（労働条件），タイトル 3（居住・遊戯施設と食料及び賄い），タイトル 4（健康保護，医療，福祉及び社会保障保護（social security protection）），タイトル 5（遵守と執行）という区分を行っている。そしてこのタイトルごとに，具体的な規制対象がいくつかのテーマにわけられ，そのテーマごとに Regulation（規則）－CodeA（Standard＝基準）－CodeB（Guideline＝ガイドライン）が順に配置されている。この三者は，

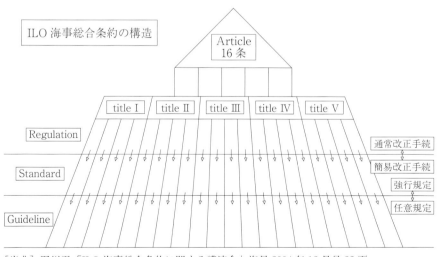

［出典］野川忍「ILO 海事総合条約に関する講演会」海員 2004 年 12 月号 33 頁

対象のテーマごとにセットになっており，規則の冒頭に規定の目的が記載され，以下に同じテーマのもとに規則－基準－ガイドラインの順で規定が置かれるという体裁を取っている[2]。

　規則からガイドラインまでのこれら一群の規定の構造を，図で示した神殿の下の台形建造物が表している。この建造物は，それぞれ三階建て（規則－基準－ガイドライン）の小建造物（タイトルごとに五つあり，かつそれぞれの建造物がさらにテーマごとにいくつかの建造物から構成されている）を組み合わせた形となり，台形全体が，神殿にあたる Article 部分の理念を実現するためのアイテムとなっているのである。

　これらのうち Article と Regulation は，ILO の規約にもとづく通常改正手続きによらねば改正できないリジッドな性格を有しているが，二段階の Code（基準とガイドライン）はいずれも，船員の労働環境や海運をめぐる状況の変化に応じ簡易な改正手続きによって改正が可能な内容とされている。そして CodeA（基準）までが強制規定であり，CodeB は任意規定である。つまり，CodeA は強制規定でありながら簡易改正手続きによって改正可能という微妙な位置づけを与えられているのであり，この取扱いが今後の 2006MLC の機能に大きな影響をもたらすことは間違いない。

　以上のような構造は，国連の機関のひとつである国際海事機構（IMO）の条約の形式に範をとり，条約の体系性や強制力を確保しつつ，時代にマッチした柔軟な運用を可能にするために採用されたものであって，今後の ILO 条約のあり方に決定的な影響をもたらすことが想定されよう。

2　実効性確保と批准率向上の工夫

　さらに，2006MLC は，実効性を担保するために，旗国による船舶の検査と条約適合証書の発行を義務づけ，条約上の要件を満たした船員の配乗をしている船舶のみが航行できることとしているほか，寄港国による検査（Port State Control = PSC）においても，条約基準を満たしていることや適正な労働条件の確保がなされていることがチェックされる。

　従来も，船舶の検査は旗国・寄港国ともに国際海運に関する必須の義務で

---

(2)　この神殿構造の具体的意義については，拙稿・前掲注(1)季労参照

あったが，検査目的は船舶の運航の安全を確保することが中心となっており，検査の対象は船舶の物理的構造やその管理に関する事項であった。しかし，MLC においては労働・生活に係る諸条件が検査対象となっている。これはそれまでの船舶検査や PSC では考えられなかった新しいシステムの導入を意味しており，各国とも，このような船舶検査の拡充に備えるための検査官の増員と訓練の強化，PSC の具体的内容に関する包括的ガイドラインの国際協力による策定，そして PSC 担当官の能力向上と増員などを迫られることになる。とくに PSC については，後述のように「no more favorable treatment」の原則が適用され，批准国は未批准国の船舶に対しても，本条約にもとづく PSC を実施できることとされている。要するに，各国とも MLC 批准しないことによって，自国の港に寄港する他国の船舶に対しては所定の PSC を行う権利を有さないのに，批准国の港に寄港する自国の船舶については入念な PSC を施されることになって，かえって不利益を被ることとなる。したがって，発効後は，国際海運に携わる国であれば批准することが合理的な選択となり，結果的に条約の批准率が高まることが期待される[3]。

III 2006MLC の基本課題——Article に見られる解釈上の論点[4]

1 序

2006MLC は，以上のような特徴と構造を有しているが，その包括性と斬新性のゆえに，具体的な規制内容にはなお必ずしも明確でない部分も少なくない。そこで以下では，神殿構造の神殿部分に当たる Article に関する基本的問題点につき検討する。Article の部分には，船員や船舶，船主などの定義，条約の適用範囲，結社の自由や強制労働禁止などの基本原則の確認，上述のような条約の神殿構造の枠組みが記されているが，それぞれ課題をはらんでいるからである。

---

[3] 2014 年 6 月現在日本を含む 61 か国が MLC を批准しているが，これは近年の ILO 条約の中では非常に多い批准国数である。

[4] 以下における条約の翻訳は，国土交通省海事局監修『英和対訳 2006 年 ILO 海事労働条約（仮訳）』（2008 年，成山堂書店）によるが，明らかに妥当でないと思われる場合は私訳による。

2　Article Ⅱ 5

　Article Ⅱは，本条約における諸概念（船員，船舶等）の定義と条約の適用範囲を規定しているが，その5項において，「この条約を船舶又は特定の範疇の船舶（a ship or particular category of ships）について適用するか否かについて疑義（doubt）がある場合には，この問題については，各加盟国における権限のある機関が関係する船舶所有者及び船員団体と協議の上決定する」と規定し船舶について本条約の適用が必ずしも決定し得ない場合があることを認めるとともに，その場合の解決方法を示している。しかし，"a ship or particular category of ships" に本条約を適用するか否かについての "doubt" とは何かが明らかではない。

　条約の適用対象となる船舶は，本条1項(i)による船舶の定義（「『船舶』とは，船舶のうち，内陸水域又は外洋の影響から保護されている水域若しくは港湾規則の適用水域若しくはこれらの水域に近接する水域のみを航行する船舶以外のものをいう」）及び本条4項（「この条約は，別段の明文の規定がある場合を除くほか，漁ろう又はこれに類する業務に従事する船舶及びダウ，ジャンクその他の伝統的構造の船舶を除くほか，通常商業活動に従事するすべての船舶（公有のものであるか私有のものであるかを問わない）について適用する。この条約は，軍艦又は軍の補助艦については適用しない」）により限定されている。しかし，これらの規定によって限定された船舶の中にも，なお条約を適用することになじまない，または適切でないと考えられるものが存在する場合がある。Article Ⅱ 5は，そのような場合に各国の判断により，条約を適用することになじまない，または適切でないと考えられる船舶を条約の適用除外とすることを認めている。しかし，Article Ⅱ 1(i)及び Article Ⅱ 4により条約の適用対象とされた船舶について，適用除外とする正当な理由がないにもかかわらず，各国の恣意的な判断により，適用除外を認めることは適当ではない。従って，Article Ⅱ 5は船舶に条約を適用することにつき，疑義（"doubt"）があることを要求している。この疑義（"doubt"）は客観的なものであることが必要とされる。従って，例えば，海上を運航する通常の内航船には条約の適用について客観的に疑義がないため，Article Ⅱ 5は適用されない。

　Article Ⅱ 1(i)及び Article Ⅱ 4が船舶の構造，運航形態，用途等により条約の適用対象船舶を相当絞り込んでいることから，これらの船舶についてさらに

条約の適用に疑義があるとすれば、そのような疑義とは何かが明らかにされる必要があろう。

　基本的には、船舶の構造、運航形態、用途等によるものではなく（もちろんこれらの要素を全く否定するものではないが）、当該船舶における雇用形態または労働形態が通常の船舶の場合とは相当異なり、本条約の基準を通常の船舶と同様に適用することになじまない、または適切でないと考えられる場合ではないかと考えられる。

　このような疑義のある船舶としては、例えば、海底掘削用のプラットフォームが考えられる。海底掘削用のプラットフォームにおける労働形態は、労働時間等において通常の船舶のそれと全く異なっており（船員法65条の2・4項及び船員法施行規則42条の12及び48条の2の3）、本条約の基準を適用することになじまないと考えられる。また、船舶所有者と同一の家庭に属する同居の親族のみを使用する船舶、いわゆる家族船については、その労働形態は、使用者としての船舶所有者と被使用者としての船員との間の通常の雇用関係の場合とは実際上相当異なっていることから、その労働関係に本条約の基準をそのまま適用して、通常の船舶所有者と船員との関係と同様に規制することは適切ではない場合があると考えられる。従って、このような家族船の性格を有する船舶についても、本条約の適用について疑義があるといえよう。

　以上のような船舶にはArticle Ⅱ 5にいう疑義があると考えられるが、その場合でも条約の適用対象にするか否かはあくまで各加盟国の判断による。

　他方で注意する必要があるのは、Article Ⅱ 5の文言が同Ⅱ 3（「この条約の目的上（筆者注——原語は「for the purpose」で、訳書では「適用上」とあるが「目的上」のほうが妥当と思われる）いずれかの範疇の者に関し船員と認めるべきか否かについて疑義がある場合には、この問題については、各加盟国における権限のある機関がこの問題に関係する船舶所有者団体及び船員団体との協議の上決定する」）とパラレルな表現をとっていることである。Article Ⅱ 3は、適用対象となる船員について、Article Ⅱ 5と同様に疑義のある場合は労使との協議を経て権限ある機関が決定することとされているが、その要件として「この条約の目的上（for the purpose of this Convention）」という限定がついている。つまり、ここではArticle Ⅱ 1(f)の船員の定義（「『船員』とは、能力のいかんを問わず、この条約が適用される船舶において雇用され若しくは従事し、又は労働する者をいう」）

にあてはまるか否かが不分明な者のうち，Article Ⅰ1の「船員の適正な労働の権利を確保する」という条約目的に照らしたときには疑義が生じるという場合のみを対象としているのであり，文理解釈上疑義が生じる場合のすべてを含むのではないと思われるが，Article Ⅱ5にはこのような限定が付されていない。したがって，Ⅱ5の方は，Ⅱ1(i)の定義にあてはまる船舶のうち，Ⅱ4の規定の文理解釈によっても本条約の適用の要否が明らかではないもののすべてを想定していると考えられる。要するに，Article Ⅱ3の疑義は，「船上にいるこの人は船員かどうかが必ずしも明らかではないが，条約によって適正な労働の権利を確保することが必要だろうか」という点について協議が必要なのであり，Ⅱ5は，他の観点も含めて当該船舶を条約の適用対象とすることが適切かどうかを幅広く協議することになるという理解が妥当であろう。

3　Article Ⅲ

　Article Ⅲは，(a)結社の自由及び団体交渉権の効果的承認，(b)強制労働の排除，(c)児童労働の効果的廃止及び(d)雇用及び職業に関する差別の排除という船員の基本的権利及び原則について規定している。

　これらの基本的権利及び原則はいずれもILOの基本的な精神に関わるものであって，本条約の基本原則として明記することも当然であるが，実際には政治的に微妙な問題を含んでおり，従来から様々な議論があったところである。特に，本規定の趣旨，本条(a)と147号条約2条(a)及び附属書中の87号条約及び98号条約との関係については，整理しなければならない課題が控えている。以下では，条約制定のための準備会合における経緯も含めて検討したい。

　Article Ⅲ(a)〜(d)の基本的権利及び原則は，1998年6月に開催された第86回ILO総会で採択された「労働における基本的原則及び権利に関するILO宣言」第2項に掲げられているものである。これら4項目の基本的権利及び原則に関しては，ILOにおいてそれぞれ2個，計8個の条約が採択されている（(a)結社の自由及び団体交渉権の効果的承認については87号条約及び98号条約，(b)強制労働の排除については29号条約及び105号条約，(c)児童労働の効果的廃止については138号条約及び182号条約，(d)雇用及び職業に関する差別の排除については100号条約及び111号条約。日本は，このうち，105号条約及び111号条約を批准していない。）。これら8個の条約の批准は，各国の持つ政治的，経済的または社会的

諸条件に大きく左右されるものであり，我が国を含め，各国の批准が必ずしも順調に進んでいるわけではない。ILO は，これらの条約の批准促進に向けて，従来より種々の活動を行ってきていた（1976 年に採択された 147 号条約の附属書に 87 号条約及び 98 号条約を掲げ，147 号条約の批准国に 87 号条約及び 98 号条約と国内法の実質的同等性の確保を義務づけたのも，その一環といえよう。）が，1998 年 6 月に開催された第 86 回総会において，「すべての加盟国は，問題となっている条約を批准していない場合においても，まさに機関の加盟国であるという事実そのものにより，誠意をもって，憲章に従って，これらの条約の対象となっている基本的権利に関する原則，即ち，」上記(a)～(d)を「尊重し，促進し，かつ実現する義務を負う」ことを含む宣言を採択するに至った。Article Ⅲ は，実質的に，この宣言の内容を条文化したものといえる。

Article Ⅲ が現在の内容となるまでの過程，特に 2004 年 9 月に開催された ILO 海事総会準備会合[5]においては，政労使の間，政府間において厳しい議論が行われた。同会合以前に行われたハイレベル・ワーキンググループ会合においては，Article Ⅲ として，以下の案文が検討されてきた。

"Each Member reaffirms its commitment to respect, in the context of this Convention, the fundamental rights to:
(a) freedom of association and the effective recognition of the right to collective bargaining;
(b) the elimination of all forms of forced or compulsory labour;
(c) the effective abolition of child labour; and
(d) the elimination of discrimination in respect of employment and occupation as referred to in the ILO Declaration on Fundamental Principles and Rights at Work, 1998."

一方，ILO 事務局は，海事総会準備会合に向けて，関係者の意向を調整した上で，上記案文の代替案として以下の案文を作成し，同会合の検討テキストに両案を併記した。

"1. Each Member understands and recognizes that the seafarers'

---

(5) MLC が採択されたのは 2006 年 2 月であるが，それ以前に 4 年間にわたり 10 回以上の準備会合が行われ，特に 2004 年 9 月と 2005 年 4 月には総括的な会合が行われている。なお，筆者はこれらのほぼすべてに参加した。

employment and social rights set forth in Article Ⅳ below can be meaningfully achieved only in a context where the fundamental principles and rights at work are respected, promoted and realized for all seafarers, namely:

(a) freedom of association and the effective recognition of the right to collective bargaining;
(b) the elimination of all forms of forced or compulsory labour;
(c) the effective abolition of child labour; and
(d) the elimination of discrimination in respect of employment and occupation.

2. Therefore, each Member shall satisfy itself that the provisions of its laws and regulations are substantially equivalent to the provisions contained in the Conventions covering the fundamental principles and rights set out in this Article, in so far as the Member is not otherwise bound to give effect to the Conventions in question."

上記代替案の第1項は1998年のILO宣言に準拠したものであるが，同第2項は，147号条約2条(a)が87号条約及び98号条約と国内法の実質的同等性の確保を義務づけた例にならって，MLCを批准した国に，少なくとも上記8個の条約のすべてについて，未批准の場合には，これらの条約と国内法の実質的同等性の確保を義務づけようとするものである。

これに対し，特に船員側は上記代替案を強く支持したが，日本は以下の理由により上記代替案に強い懸念を示した上で，原案を基本的に支持した。

① 本来，条約の中には当該条約そのものに関係する事柄のみを規定すべきものであり，当該条約で，他の条約の批准や加盟国の国内法における他の条約との実質的同等性の確保を求めることは適切ではない（147号条約2条(a)は類似の規定を置いているが，例外的なケースと考えられる）。

代替案第2項は，その意味で，従来検討されてきた条約の本質を部分的に変えるものである。

② また，代替案第2項は，147号条約でも実質的同等性を要求されていない強制労働の排除，児童労働の効果的廃止，雇用及び職業に関する差別の排除を含めた基本的権利及び原則に関する諸条約について，国内法との実質的同等

性を要求するものとなっているところ，MLC について，これまで各国の幅広い批准を目指して，可能な限り強制規定を非強制規定に移行する等，複雑な調整が積み重ねられてきたことを考慮すれば，同項は，従来の厳しい議論の努力の成果に逆行するものと考えられる。即ち，147 号条約のように，実質的同等性の確保を求められる条約のうち基本的権利及び原則に関する条約が 87 号条約と 98 号条約の 2 個しかない場合でさえも，当該確保が困難であることを理由として批准できていない国も少なくない現状において，これらのほか，147 号条約でも要求されていないものを含め，8 個の基本的権利及び原則に関する条約と国内法の実質的同等性の確保を要求することは，これらの条約を批准していない国にとって，147 号条約の批准を大きく超えた負担をもたらすことになりかねず，結果的に MLC の幅広い批准の障害となる恐れがある。

③　さらに，Article Ⅲ の原案の背景にある 1998 年の ILO 宣言は，条約のように強制力を持っているものではないにもかかわらず，その採択には 5 年もの時間を費やしている。その背景には，国際貿易における「公正労働基準」についての先進国側と発展途上国側の考え方の相違があるほか，当該宣言の内容自体が個々の加盟国にとっては国内的に極めて大きな政治問題となりうる要素があったと考えられる。

従って，代替案第 2 項のように上記 8 条約と国内法の実質的同等性の確保を要求するとすれば，政治的にも微妙な問題を提起することになり，加盟国政府間で無用の混乱を招く可能性がある。

上記のような厳しい議論を経て，Article Ⅲ は，海事総会準備会合において，結局原案をベースとして検討することとなり，最終的に現在の条文で決着した。

現在の条文を原案及び 147 号条約 2 条(a)との比較において見れば，以下の通りである。

①　冒頭部分について，原案では "Each Member reaffirms its commitment to respect" となっていた部分が現在の条文では "Each Member shall satisfy itself that the provisions of its laws and regulations respect" と修正された。原案は 1998 年の ILO 宣言を強く意識したもので，同宣言における各国の約束を MLC で再確認するという趣旨である。しかし，MLC は本来同宣言とは独立したものであり，また，強制力のない同宣言における約束を条約の強制規定で再確認するというのは不適切ではないかとの懸念があったことから，現在の

第7章 労働・雇用政策と労働教育への新提言

条文は形式的に同宣言との関係を明示しないこととされた。この関連で，原案の末尾にあった "as referred to in the ILO Declaration on Fundamental Principles and Rights at Work, 1998." は削除された。なお，1998年のILO宣言は条約の前文に想起事項として掲げられることとなり，条約との関連性を有することは確認された。

　また，現在の条文の "Each Member shall satisfy itself that the provisions of its laws and regulations respect" の部分は147号条約2条(a)にならったものである。原案のように，単に加盟国が尊重するという規定よりも，加盟国の国内法が尊重するとした方が義務の内容がより明確化されるとの考慮があると考えられる。また，"Each Member shall satisfy itself" と規定されたことにより，国内法が基本的権利及び原則を尊重しているか否かについて，各国ごとの柔軟な判断が可能となったと考えられる。

　② 現在の条文は，(a)～(d)の基本的権利及び原則については，一般的な概念を規定しているにすぎない。従って，これらの基本的権利及び原則に関する8個の条約の内容は，国内法が一般的な概念としての基本的権利及び原則を尊重しているか否かに関する判断の材料にはなる可能性はあるが，国内法がこれらの諸条約を必ずしも遵守していないことをもって，基本的権利及び原則自体を尊重していないとすることはできないと考えられる。その意味では，Article IIIは，結社の自由及び団体交渉権に関する87号条約及び98号条約については，これらの条約と国内法の実質的同等を要求する147号条約2条(a)より緩やかな規定になったといえる。

　なお，Article IIIの冒頭部分にある "in the context of this Convention" の語句は原案にも置かれていたものであるが，同条(a)～(d)の基本的権利及び原則が一般的，普遍的な内容を含んでいることから，同条が海事労働以外の分野に影響を及ぼすものではないことを確認するために挿入されたものと考えられる（代替案には上記語句が置かれていないが，これは，代替案第1項が船員にとっての基本的権利及び原則を規定するものであることを明示しているからである。）。

　なお，補足すれば，87号条約と98号条約について147号条約とMLCの実質的同等性に関する扱いが異なるのは，やはり何らかの理由があってのことと考えるべきであろう。これさらに検討する余地があるが，おそらく一つの理由としては，147号条約二条(c)が，87号条約と98号条約をあげて，両条約に根

920

拠を有する船員団体との間の合意を規定しているために，この二つの条約についても実質的同等性の対象としないと条約全体の整合性を欠くと考えられたためではないかと思われる。言い換えれば，MLCについては，このような事情がないので，8つの基本条約のすべてについて，実質的同等性の対象とする必要はないということになろう。

4 Article V 7
(1) 趣　旨

Article V 7 は，「加盟国は，この条約を批准していない国を旗国とする船舶がこの条約を批准している国を旗国とする船舶よりもいっそう有利な取り扱いを受けないことを確保するような方法でこの条約に基づく自国の責任を遂行する」と定め，条約の未批准国に対するいわゆる"No more favourable treatment"の原則を規定している。即ち，加盟国は，条約の実施に当たって，未批准国の国籍の船舶が批准国の国籍の船舶よりも有利な扱いを受けることがないようにするというものである。具体的には，加盟国がPSCを実施するに当たって，批准国と未批准国の国籍の船舶を区別せず，すべて同様に扱うことになる。その結果，理論的には，加盟国に寄港するすべての船舶について条約の規定が適用され，条約の趣旨が行き渡ることとなり，加盟国に入出港するすべての船舶について船員の労働・生活条件が条約通り確保され，船舶の安全運航に資するとともに，結果的に，加盟国に関わる外航市場の競争の適正化も図られることとなる。

他方，未批准国にとっては，自国の船舶が批准国においてPSCを受けることになることから，これに備えるため，結局は，自国においても条約の基準を満たすべく措置せざるを得ない状況になるであろう。従って，"No more favourable treatment"は未批准国に対し，事実上条約の批准を促す効果もあるといえる。

条約に加盟していない未批准国が，この規定によって，加盟国が実施するPSCにより，事実上条約に拘束されることとなる根拠は，国連海洋法条約に求められるのではないかと考えられる。同条約第17条により，船舶は外国の領海の無害通航権を有するが，同第19条第1項により，当該無害通航権は沿岸国の平和，秩序または安全を害しない限りのものとされ，無害通航は，同条

約及び国際法の他の規則に従って行うこととされている。また，同条約第21条第1項は，沿岸国は，この条約及び国際法の他の規則に従い，「航行の安全」を含む諸事項について領海における無害通航に係る法令を制定することができるとし，同条第2項は，一般的に受け入れられている国際的な規則または基準を実施する場合は，当該法令は外国船舶の設計，構造，乗組員の配乗（manning）または設備についても適用するとしている。

MLCは船員の適切な労働・生活条件の確保を図ろうとするものであるが，一旦外航の航海に出れば労働力の補充または交替が容易ではない海上労働の特殊性に鑑みれば，船内において適切な労働・生活条件が確保できない場合には，船員が疲労，衛生不良，困窮等から通常の体力，注意力，操船能力等を維持することが困難となり，ひいては船舶の安全運航の確保に支障を生じることが考えられる。従って，MLCは，国連海洋法条約第19条第1項及び第21条に基づいて，沿岸国の安全の確保の一環として，未批准国の船舶をも対象としたPSCの制度を設けたものであり，沿岸国がMLCに基づいて，領海における無害通航について「航行の安全」に関する法令を制定して，PSCを実施することになると考えられる。

(2) PSCの内容

Article V 7については，条約の特定の規定に実質的同等性の原則を適用して条約を批准した国が，Article V 7を適用してPSCを実施する際に，当該規定に関して条文通りの内容を要求できるかが，実務上の重要な問題となる。

加盟国がArticle V 7に基づいて未批准国の国籍の船舶に対してPSCを実施するのは，自国に入出港する船舶の「航行の安全」の確保のためである。当該加盟国が，条約の特定の規定について，自国籍船の「航行の安全」の確保のためには当該規定を条文通り実施する必要はなく，これと実質的に同等である国内法の規定で足りると判断したとすれば，当該加盟国が，自国籍船に対しては要求しないにもかかわらず，自国に寄港する未批准国の国籍の船舶に対して，自国の国内法を超えて条約の規定の条文通りの遵守を要求するのは過剰ではないかと考えられる。また，PSCについては，実質的同等性が適用される内容に対して条約どおりの履行を求める権限を寄航国に付与してはいない。したがって，寄航国が実質的同等性によっているか条約どおりの内容を履行してい

るかに関わらず，PSC において検査対象船舶について条約どおりの内容を要求することはできないと理解すべきであろう。

(3) 未批准国の船舶による実質的同等性の主張

Article V 7 についてはさらに，未批准国の国籍の船舶は，条文通りの内容を満足していない場合に，批准国による PSC に対して，当該条文と実質的に同等であることを主張できるかも課題となる。

条約の特定の規定に実質的同等性の原則を適用して条約を批准した加盟国の国籍の船舶が，他の加盟国に寄港した場合には，当該他の加盟国が条約の当該規定を条文通り実施していたとしても，当該船舶は，PSC に際し，当該規定と実質的に同等であることを主張できるのは当然である。他方，寄港国が PSC を実施するに当たっては，各船舶に対する公平な取り扱いが求められる。従って，ある加盟国の国籍の船舶について，条約の規定との実質的同等の主張を認めたとすれば，未批准国の国籍の船舶であったとしても，これと同様の主張を行う場合には，理論的には，この主張を認めざるを得ないのではないかと考えられる。Article VI 4 の規定の趣旨からすれば，自国に入出港する船舶の「航行の安全」の確保の観点からは，当該主張を認めたとしても理論的には特段の問題は生じないと思われる。

しかし，現実の PSC の運用に当たっては，このような主張をどこまで認めるか実際上判断が難しい場合もあろう。結局，実務の積み重ねにより事実上一定の基準が固まってくるのではないかと思われる。

またこの点は，むしろ PSC というより，旗国検査の問題ではないかとの指摘もありえよう。すなわち，旗国検査を通して海事労働証書に記載する項目につき，実質的同等性により条約を批准している旗国がどのような検査を行い，どのような記載をするかということによるとの理解もありうる。PSC は，証書の内容に記載された項目において実質的同等性が適正に満たされているかを記載内容から判断するだけになる。その意味では，海事労働証書について，実質的同等性によってクリアーしている項目の記載方法が問題となるように思われる。

5 Article Ⅵ 3及び4

　Article Ⅵ 3及び4は実質的同等性の原則を規定している。即ち，同条第3項は，強制規定であるCode Part Aの規定を条文通り実施する立場にない加盟国は，条約に特段の定めがない限り，当該規定と実質的に同等である国内法等の規定により，Part Aの規定を実施することができるとし，同条第4項は，この条約に関する限り，当該加盟国が，国内法等の規定が(a)Code Part Aの "the provision or provisions" の一般的な目的の完全な達成に資する，及び(b)当該 "the provision or provisions" の実施に効果を及ぼすと判断する（"satisfy itself"）場合には当該国内法等の規定は実質的に同等とみなされると規定している。この実質的同等性の原則は，本条約が37に及ぶ既存の諸条約を統合するものであることから，国によっては本条約のすべての強制規定を条文通り受け入れることが困難な場合があることを考慮し，Code Part Aの規定に限って，当該規定を条文通り実施しなくても，これと実質的に同等の国内法等の規定があれば，これをもってCode Part Aの規定を実施したものとして扱うというものであり，この原則によって各国の幅広い条約の批准が促進されると期待されるが，斬新な概念であるだけに，その理解には注意が必要である。

　実質的同等性の原則はILO147号条約において初めて導入された概念である。147号条約はその附属書に他のいくつかの条約及び条約の規定を掲げており，147号条約を批准した国は，附属書に掲げられた条約等を批准していない場合には，これらの条約等と国内法が実質的に同等であることを確保する義務があるとされている。従って，147号条約の場合は，加盟国が附属書に掲げられた条約等のすべてを必ずしも批准していないことを前提として，国内法との実質的同等性を要求しているのに対し，MLCの場合は，加盟国が条約のすべての強制規定を受け入れることとした上で，これを実施する国内法が当該強制規定の条文通りである必要はなく，これと実質的に同等であればよいとしている点が異なっている。条約が自ら掲げる強制規定を条文通り実施する必要はないとその条約の中で規定したところに，MLCの特異性がある。しかし，結果的に，147号条約，MLCとも，他の条約の規定か自らの規定かは別として，加盟国が条約の規定を条文通り実施する必要はなく，国内法がこれと実質的に同等であればよいとする点では同じであり，MLCは147号条約の考え方を引き継いでいる。

Article Ⅵ 4 の実質的同等性の原則の定義に関する規定は，147 号条約にはないが，同条約の実質的同等性の原則については，1990 年に ILO 条約勧告適用専門家委員会がその運用基準を示している。それによれば，147 号条約において，国内法が条約の規定と実質的に同等であると加盟国が判断する（"satisfy itself"）基準は，

"(a) it is conducive to the full achievement of the general object or purpose of the provision concerned, and

(b) in all material respects, it complies with the specific requirements of the provision or has effects that are equivalent to those resulting from such compliance" である。

Article Ⅵ 4 の規定は上記の ILO 条約勧告適用専門家委員会の運用基準を参考としながらも，特に(b)を修正し，規定をやや緩和している。即ち，上記委員会の運用基準(b)では国内法が条約の規定の特定要素に適合するか，または適合と同等の効果を有することを求めているところ，Article Ⅵ 4(b)は条約の規定の実施に効果を及ぼすと規定するにとどめており，少なくとも，条約の規定に適合すること，または適合と同等の効果を有することまでは求めていない。

さらに，上記委員会の運用基準では条約の規定は "the provision" と表現されているのに対し，Article Ⅵ 4 では "the provision or provisions" とされている点が注目される。147 号条約における実質的同等性の原則の適用については，同原則は条約の個々の規定についてそれぞれ個別に実質的同等であることを要求するのか，それとも，条約の個々の規定を個別に見れば必ずしも実質的同等とはいえない場合にも，条約の他の規定と合わせ，一括して国内法と対比して，これらの複数の条約の規定が全体として実質的に同等であるとの説明が可能であるのかについて，必ずしも明確ではなかった。Article Ⅵ 4 はこの点について，"the provision" をあえて "the provision or provisions" と修正し，実質的同等性の原則は，条約の個々の規定について個別に適用される場合のほか，複数の条約の規定が全体として国内法と実質的に同等であると説明される場合があることを明確化しているといえる。

加えて，147 号条約にいう実質的同等性と本条約におけるそれとの相違はさらに立ち入って検討する必要がある。すなわち，147 号条約では，付属書に列挙された条約を批准していない国の同条約の批准を想定しており，実質的同等

性の対象は過去の条約である。そうすると，過去のそれぞれ性質の異なる条約ごとに，しかも原則としてすべて強制規定であるはずなので，それを批准している場合と大差ない内容を確保していることが要請されるという場合には，そう簡単に実質的同等性を認めることはできないであろう。これに対して本条約は，同じ条約内の規定のみが対象であり，かつコードＡだけに許される実質的同等性であるから，あらかじめ実質的同等性という概念そのものがきわめて限定的に使われているので，具体的適用については147号条約とは異なることとなるのは当然であるとの理解も可能であろう。ただこの点は，さらに立ち入って検討する必要があるものと思われる。

6 Article X

Article X は，本条約によって改正される37個の既存の条約（議定書を含む。）を列挙している。ILO が発足以来 MLC 採択以前に採択した海事労働関係の条約は40にのぼるが，MLC は，このうち，71号条約，108号条約及び185号条約を改正対象からはずしている。本条約は原則としてすべての従前の海事条約を統合するとの目的を有していたので，これらの条約を改正対象からはずす理由は明確でなければならない。

(1) 71号条約（船員の年金に関する条約）

本条約の Regulation4.5 及び Standard A4.5 は，船員に対する社会保障措置を船員が通常居住する国が確保すべきものとし，加盟国は，老齢給付（old-age benefit）を含む9の社会保障部門のうち，少なくとも3部門を確保する義務を負うとしている。他方，71号条約は，加盟国に，55才または60才以上であって所定の海上勤務期間を完了した退職船員に対し当該海上勤務の際の報酬額の一定割合の年金（pensions）を支払う制度の設置または確保を義務づけている。

Standard A4.5.1 に規定する9の社会保障部門のうちの一つとしての老齢給付（old-age benefit）は，陸上の労働者の社会保障に関する ILO102号条約における社会保障部門の整理を踏まえた ILO165号条約第3条(d)に由来するものであり，その内容は，102号条約第26条〜第30条の規定によれば，①被雇用者が所定の資格期間を満たしている場合に，所定の年齢を超えて生存している限り定期金として支給されるものであり，その定期金の額は受給者の従前の勤労

所得及び家族手当の額を基礎として計算する，②受給権者が有償の活動に従事している場合には，給付を停止する等，というものである（165号条約にはこのような老齢給付（old-age benefit）に関する詳細な規定はないが，同条約第9条(d)は102号条約第26条〜第30条を老齢給付（old-age benefit）の最低基準として引用している。）。

従って，Standard A4.5.1 に規定する老齢給付（old-age benefit）は，概念としては，71号条約における船員の退職年金（pensions）と同様のものと考えられる。

しかし，71号条約は，加盟国に，退職年金制度の設置または確保を義務づけているのに対し，Standard A4.5.2 は，加盟国に，9の社会保障部門のうち少なくとも3部門を確保する義務を課しているだけで，老齢給付を必ず確保することを求めているわけではなく，また，Standard A4.5.3 は船員が通常居住する国が社会保障措置を確保するとしているのに対し，71号条約は，加盟国は自国の領域内に居住しない者及び自国民以外の者について例外を定めることができるとして，これらの者を必ずしも排除していない（同条約第2条第2項）など，MLCと71号条約は制度として一致していない面が多い。また，Regulation4.5 及び Standard A4.5 が老齢給付を含めて船員に対する社会保障を包括的に規定しているのに対し，71号条約はその一部門である退職年金だけに関するものであり，71号条約の内容をMLCに取り入れることはもともと理論的に困難な面があると考えられる。71号条約の内容をMLCに規定しようという提案も提出されたことがあるが，結局合意には至らなかった経緯がある。

71号条約は現在13箇国が批准しているところ，仮に，MLCに71号条約の内容が規定されないにもかかわらず，同条約がArticle Xに列挙されてMLCによって改正（即ち廃棄）されるとすれば，これら13箇国における船員の利益にならないのではないかとの考慮もあり，また，71号条約を批准している国にとっては，同条約とMLCが併存しても，実際上，支障を生じないような運用も可能であることから，71号条約をMLCによる改正対象からはずすこととしたものであると考えられる。

(2) 108号条約及び185号条約

MLCは，旗国責任，寄港国責任及び船員供給責任の基本的な枠組みの下に，

第7章 労働・雇用政策と労働教育への新提言

条約を実施するという体制をとっており，MLC に統合された既存の諸条約の規定は，この基本的な枠組みの中で一つの体系を形成している。既存の条約に基づく規定の多くは，例えば雇入契約に関する 22 号条約に基づく規定のように，旗国が自国籍船について当該規定の遵守を確保する一方，寄港国において PSC 等を通じて，その確保を確認するという体制に組み込まれているが，例えば，社会保障に関する Regulation4.5 及び Standard A4.5 のように，基本的には船員供給責任としてのみ規定されているものや，Regulation4.4 及び Standard A4.4 のように，船舶の寄港国としての義務の一種を定めたものも，上記の基本的な枠組みの維持に支障をきたさない範囲で規定されている。

他方，船員の身分証明書に関する 108 号条約及び 185 号条約は，身分証明書発給の対象としての船員について，船舶ではなく，船員の国籍に着目し，加盟国が自国民に発給することを基本としており，その意味では，身分証明書発給は船員供給責任の一環との捉え方も可能である。両条約には基本的に旗国責任という概念がない。また，両条約は，船舶が加盟国に寄港する際の船員の一時上陸について入国許可を与える義務（寄港国としての責任の一環ともいえる。）も規定しているが，185 号条約の採択に際し，寄港国が船員の身分証明書の不所持を理由として船舶を運航停止にできることとするか否かが問題となり，結局このような規定を置かないこととされたという経緯があり，MLC が規定する寄港国による PSC に類似する行為が否定されている。従って，MLC が規定する寄港国責任とは異なるものである。結局，両条約は一種の船員供給責任及び寄港国責任について規定しているといえなくもないが，これらは MLC が想定するものとは異なるものである。このように，両条約は，MLC の基本的枠組みとは異なった体系となっており，仮に両条約に基づく規定を MLC に組み入れたとすれば，上記の Regulation4.5 及び Standard A4.5 や Regulation4.4 及び Standard A4.4 の場合のように，条約の規定が，船員供給責任や船舶の寄港国としての義務の範囲で完結するため，実際上，MLC の基本的枠組みとは両立し，その維持に影響を及ぼさないようなものにとどまるものとは異なり，当該基本的枠組み全般にわたって MLC の執行に混乱をきたす恐れがあると考えられる（例えば，船舶には様々な国籍の船員が乗り組んでいると想定されるところ，両条約上は，これらの船員に身分証明書を発給するのは各々の船員の国籍国であり，当該船舶の旗国は当該発給について責任を有しないこと，さらに，寄港国は身分証

明書の保持について PSC を行わないこと等から，MLC の基本的枠組みに基づいて，当該発給を確保することは困難と考えられ，その確保のためには MLC の基本的枠組みとは異なる体制が必要と思われる。このような体制は MLC の基本的枠組みとは両立しない恐れがある。他方，船舶が加盟国に寄港する際の船員の一時上陸について入国許可を与える義務は寄港国としての責任の一環ともいえるが，MLC の規定する寄港国責任とは全く異なるものである。）。

　以上のことから，両条約を MLC による改正対象からはずすこととしたものと考えられよう。

　なお，三つの条約を Article X から除いている理由が以上の通りだとしても，どうしても残さなければならない事情が，この三つについてだけ決定的に存在するか，という点はなお検討の余地がある。たとえば71号条約については，批准している13の国が，本条約を批准することでそれまで71号条約にしたがって船員に提供していた退職年金の制度を廃棄したり不利益変更を行ったりすることは，最低基準としての社会保障の切り下げにつながるのでできないのではないかと思われる（ILO 憲章第19条第8項の類推適用）。また，身分証明については，たとえば旗国が，自国籍船に乗船している船員がそれぞれ身分証明を有していることを確認することは可能であるし，身分証明書を発給する船員供給国責任との整理も不可能ではないように思われる。ただ，確かに他の条約に比べて異質なのは，本条約の中にその内容を取り込むに当たって，かなり工夫が必要であり，そのために条約全体の体系や整合性に相当の考慮を払わなければならないという点である。だとすれば，これらの条約を Article X から除いても大きな支障をきたさないという前提で，除くほうが妥当な選択であると判断されたのではないかとの理解も可能であろう。

Ⅳ　展　　望

　繰り返すまでもなく，2006MLC は ILO の基本的なあり方や，ILO 条約の構造のみならず，国際労働法の枠組みに大きな変革を迫るものである。筆者が参加した準備会合において，ある主要国の政府代表は，「この条約がうまくいけば ILO は復活するだろう。失敗すれば，国際機関としての ILO は終わりだ。」と表現した。90以上の国際機関本部が集中する文字通りの国際都市ジュネーブでも，WTO などに比べて ILO の威信が低下しつつあることは否めない。

第7章　労働・雇用政策と労働教育への新提言

2006MLC がいっそう数多くの批准国を得て順調に執行され，適正な運用がなされるならは，さらなる条約の統合化と規定方式の改善などを通して，国際労働規範の再生が実現されることとなるであろうし，ILO は再び世界の注目を浴びる地位を取り戻すであろう。そして，国際労働法の一分野としての労働国際法は，この MLC の国際規範としての地位によってその構造を確立するものと思われる。

38　労働法と企業実務の相互作用

廣　石　忠　司

 I　はじめに——問題の所在
 II　分析の前提
 III　法意識面からのアプローチ
 IV　組織風土に関する先行研究
 V　「企業不祥事」の研究
 VI　企業の法意識研究の困難性
 VII　調査仮説とフレームワーク
 VIII　調査実施上の問題点
 IX　質問表の構成と尺度の設定
 X　調査の概要と結果
 XI　結　語

I　はじめに——問題の所在

　本稿の目的は労働法と企業実務が相互に影響しあいながら変化を遂げていく状況を検討し，労働法に対して企業がいかなる意識を有しているのか，その一端の分析を試みるところにある。
　一例として雇用機会均等法の 1998 年改正についてみてみよう。
　この時点では雇用機会均等法が施行されて 10 年が経過していた。この法律の立法趣旨は採用から退職までの雇用の各段階において女性にも男性と同様の機会を与える，というものであった。しかしその実効性についてはかねてから疑問が呈されていた（浅倉　1990 など）。たしかにこの危惧は妥当した面がある。以下，いくつか例をあげる。
　いわゆるコース別雇用管理制度が大企業を中心として 1985 年ころから導入されてきた。この制度は，従業員の意欲・能力・適性に応じて企業の用意した「コース」を選択することができるもの，と説明されていた。その典型的な事例は「総合職」：企画判断業務を担当する幹部候補，「一般職」：定型業務を担当する補助職，として位置付けられるものであった。処遇もこれに対応して総合職のほうが一般職よりも優位に位置付けられていることが通例である。この

区分からすると性別はそもそも考慮される余地がなく、その限りでは男女均等に扱われるはずである。

　ところが、その実態として「男性は総合職、女性は一般職」という取り扱いが多くなされ、実質的に男女差別の制度として運用されているではないかとの指摘がなされてきた。これを確認するため筆者は入手可能なデータから大卒の総合職採用者における女性比率を算出したところ4.3％という数字を得ることができた（廣石　1995）。つまり総合職の大部分は男性であり、女性総合職はわずかな数であった。さらにその少数の女性総合職も企業によってはいわゆる本流でない法規部門や調査部門のみに配属され、本流と目されている営業部門には配属されていないといった、真の意味で男性と均等の機会を与えられていない事例が見られた（廣石　1996b）。筆者は、その本来の趣旨どおり運用されれば望ましい制度であるとコース別雇用管理制度を肯定的に評価するものである。現在では「多様な正社員制度」（厚生労働省　2014），あるいは「ジョブ型社員制度」（濱口　2013）として議論されているものと本質的には同一のものと理解できるからである。しかしながらその立場からしても、やはりコース別雇用管理制度を雇用機会均等法違反とならないための隠れ蓑に使っているケースが多かったことは認めざるをえない。

　さらに女性労働者に対する労働省（当時）の調査によると結婚退職・出産退職など定年前に退職する慣行が存在する、という回答が雇用機会均等法施行下においても3分の1ほど存在していた（廣石　1995）。当然のことながらこうした女性のみに対する結婚・出産退職「制度」は当時の男女雇用機会均等法8条2項「女性労働者が婚姻し、妊娠し、又は出産したことを退職理由として予定する定めをしてはならない」により禁止されている。しかしながら「定め」をせずに慣行として残っているものはこの網から逃れてしまう。「慣行」の認定自体極めて困難であり、制度化されたもののみを禁止したという立法趣旨と推測されるが、そのために上述したような問題が立法化された後も未だ残ってしまったのである。

　こうした実態は雇用機会均等法のみならず労働法全般に対する企業の意識を如実に表している。そして、当時の実態が20年経過した今でも大きく変化してきたとは必ずしも言い切れない現状がある（たとえば大内　2007。なお大内はその後も「女性総合職」を引き続き研究対象としている。大内　2014参照）。法律

は法律として，それを遵守する形態を作りつつ，他に守るべき規範が存在する場合にはその規範に従うという発想である。いわゆる「サービス残業」「名ばかり管理職」の問題も同根といえよう。

そしてこのような企業（人事実務）の対応に対して立法はさらに規制を強化するなどの対応を講じ，それに対して企業はまた改定法への対策を検討する。これに対してさらに立法が対応するという相互作用が存在している。本来ならこの相互作用の全体像を明らかにすべきであるが，経済学でのゲーム理論をもとにした行動経済学と称される分野や，公共選択論，社会学における「信頼」の問題（たとえば山岸 1998）といった諸分野の知見が求められることになり，筆者の手に余る。従って，冒頭に述べた通りその相互作用研究の一端として，まず企業が労働法をいかなる規範ととらえているかについて若干の考察を試みるものである。

II 分析の前提

企業が労働法をいかに捉えているかという問題提起に対して二つの前提問題を検討せねばならない。一つは法人である企業が法律を認識することは考えられないので，その構成員たる社長から管理職が労働法をいかに認識しているか，そのメカニズムはどのようなものかという点を吟味することである。人事労務政策・制度を構築・運用するのは管理職以上だからである。

もう一つの前提は，その社長から管理職までの個人の認識と企業という法人の認識は異なるのか，同じなのかという観点である。当然個人間には認識の差はあるだろうが，一つの組織内での制度とその運用に差があってはならないはずである。それではトップの個人的な認識が組織の認識とイコールなのか，つまり個人を超越した価値観が企業に存在するのか，という問題も提起される。後述するように社長・会長といった経営トップですら，自分の意思ではどうにもならなかった，という言葉が聞かれることに象徴される問題である。

III 法意識面からのアプローチ

法をいかに認識し，遵守しているかという分野の研究はこれまで法社会学の側面から「法意識」として議論が行なわれてきた。そのため，これまでの「法意識」に関する議論を検討し，企業を主体とした分析枠組みの構築を試みるこ

ととしたい。

1　法意識研究の発端

日本における法意識研究の嚆矢は川島の「日本人の法意識」である（川島1969）。それまでも後からみれば「法意識」に関する論稿と位置付けられるものは存在したが，正面から意識的に「法意識」論を展開したものはこれが最初といえよう。川島は紛争解決手段として訴訟を利用しないこと，権利主張が乏しいことなどから日本人の権利意識の低さを指摘し，これは「近代的意識と異なる」として欧米より「遅れている」と位置付けた。そして権利意識を高めていくことが市民社会への道筋であると主張した。

そしてこの「遅れている」という位置付けに対して反論が行なわれるなど，1970年代より議論が展開され，これをきっかけに日本法社会学会でも1982年より3年間，統一テーマとして法意識論を設定し，検討がなされてきた。その内容に立ち入る前に，そもそも法意識とは何か，定義を吟味する必要がある。

2　「法意識」の概念等

最初に「法意識」という概念の規定を行っておきたい。六本はそれまでの議論を整理して表1のようにまとめている（六本　1986）。これによると，まず法を現実の法と「あるべき法」とに区分しており，そして意識の問題については認識，当為表象，態度と3分し，これに対応する概念として法知識，法意見，法態度，法観念という区分をしている。つまり現実の「法」に対して，自覚的に認識しているという事実が「法知識」であり，それがどうあるべきかという表象，感覚，意見が「法意見」，そして「法」に対して人が有する態度が「法態度」ということになる。

本稿では，企業が雇用機会均等法という実定法に対し，それを遵守しようとする意識があるか，という点を研究することが目的であり，六本の分類でいう雇用機会均等法への「法態度」が直接の研究対象となることになる。従って，本稿では「法意識」という言葉を六本のいう「法態度」を指すものとして使用する。つまり「現実の雇用機会均等法に対する好悪，賛否，尊重・軽視などの態度」を指すものとして考えることにするが，「法態度」という用語は必ずしも一般的ではないため法意識という用語を用いることとした。

表1 法意識の分類

法の2次元 意識の3次元	① 現実の法 ・法システム ・法規範 ・法機関		② 観念像としての法
認 識	法知識	=法意識	法観念 (=法意識(2))
当為表象	法意見(1)		
態 度	法態度		

(六本 1986 より)

3 「法意識」研究の内容

それでは,「法意識の研究」としていかなる内容が議論され,追求されてきたのであろうか。基本的には制定法と国民の思考様式とのずれ,あるいは法への国民の対応という観点が指摘されているが(利谷 1983),筆者の問題意識である「企業の意識」について議論したものは存在しない。実際に調査した例としては日本文化会議(編)によるもの(日本文化会議 1974)や社会ルールの認識に関する業績はあるものの(石井 1991),いずれにしても個人が法(あるいは「ルール」)をいかに認識しているかという観点からの研究である。法意識に関連して企業を視野に入れ実際に調査を行った研究は存在するものの,コンプライアンス,PL法などが対象である

そして雇用機会均等法が属する社会法分野,特に労働法に関する研究としては記述的な研究ではあるが,たとえば松岡や片岡の研究がある(松岡 1989,片岡 1983)。残念ながらこれらも労働者の権利意識の低さを指摘するにとどまっている。ただ,「中小企業における労働法の実施状況と当事者の意識」に関する調査は筆者の問題意識と近いものがあるが,惜しむらくは六本の分類による「法知識」に関する設問が多く,筆者の問題意識と若干ずれがみられる。しかしオーストリアとの国際比較を行うなど意欲的な試みが行われている(村中・瀧 2000)。

4 外国における法意識研究

一方,外国においては国民が法をいかに見ているか,という点についてはポドグレツキィやセルズニック=ヴォルマーの研究が紹介されている(石村=六

本 1976)。とくにセルズニック＝ヴォルマーの研究は企業内における公正さに関する意識を取り扱っており，筆者の問題意識に近いものではあるが，どちらかといえば手続き的公正（Procedural Justice）に近く，法をいかに認識しているかという筆者の問いに応えるものとはなっていない（手続き的公正については高橋　1998，井手　1998を参照）。その他，マコーレイによるビジネスにおける非契約的関係の調査など企業に関するものもみられるが（Macaulay 1963），「なぜ法律を守らないのか」という観点の研究は見当たらなかった。

　その中で示唆的なのは社会心理学者であるタイラーの研究である（Tyler 1990）。タイラーは市民が法を守らない理由などについて広範囲な調査を行い，重回帰分析により手続き的公正さが法に対する信頼を生んでいるという結果を見出した。その中で法を守るに至るモデルを構築しており，このモデルを筆者も参考として調査票を作成した。

　また，ドイツではロットロイトナーが法規範の遵守モデルを構築しており，広範な要因を含むものとして注目に値する。ただし，実証がなされていないのが問題点として指摘できよう（Rottleuthner 1987）。

Ⅳ　組織風土に関する先行研究

　一方，企業として構成員の意思を超えた何らかの意思を想定できるのか，という点に関する経営学的接近方法としてはおそらく組織論における組織風土論の研究がもっとも近いものと考えられる。しかしながらリットヴィンとストリンガーに始まる組織風土の測定の試み（Litwin & Stringer 1968）においては企業の風土を「暖かさと支持」「対立的気風」など状況を説明することに重点があり，法的な問題や規範意識に関連する問題意識のものはみられなかった。

　企業全体の価値（観）を追求するという趣旨の企業文化論においてもたとえば「法に違反する」文化や価値観を検討することはされていないように思われる。なぜなら文化とは「心の糧」であり，「精神的価値の結晶体」であり，「人間の存在完遂の努力の様式」であり，「知性と美しい心」であり，「知的資産の集積」であるため（梅澤　1990），違法な行為をするという一般的にマイナスと考えられる方向の検討はなされにくいとも考えられるからである。

　現実的には賄賂の供与など企業は従業員本人の意思を超えたところで上司から違法な行為を命じることがありうるということは容易に想定できる。こうし

たことになぜ切り込むことができなかったのであろうか。法意識論において十分な検討がなされてこなかったことも含めて，以下でその理由を検討してみたい。

V 「企業不祥事」の研究

一方，最近では企業不祥事に関する文献が多く見られるが，その多くはコンプライアンスの重視を謳っている。これらの研究の問題意識は前述したとおり本稿と近いものがある。しかし法制度をいかなるものとしてもその法制度を無視した行動を企業が行っていること自体が研究されるべき対象であり，本稿の目的とははずれている。経営学の観点から社会学者であるギデンズの構造化理論を用いた間嶋（2007）の研究や，樋口（2011）の研究がみられる。これらも不祥事再発の防止に向けたものであり，必ずしも「なぜ（法違反の）不祥事がおこるのか」にむけられたものとはいえない。

VI 企業の法意識研究の困難性

1 「企業の意思」の調査可能性

法人である企業には当然意思あるいは意識が存在しないことは前述した。しかしながら法人が意思を有しているとしか考えられない事例も多い。たとえば贈収賄事件で必ずと言っていいほどよく聞く弁明として「自分のために行ったのではない。会社のために行ったのだ」という言葉がある。つまり会社が命じた，との主張だが，これに対して経営者からは当然「部下が勝手に行ったのであり，会社は関知しない」という回答が帰ってくる（たとえば，宮城県知事に対する大成建設の贈賄事件では読売新聞1993年10月5日付「会社としては，資金が知事に流れたことは知らなかったし，二千万円は支店長権限で支出した」との山本社長──当時──のコメントがある）。このコメントが事実だとするならば，おそらく会社が明示的に命じることはなく，実行した役員・従業員が「会社の意思」を慮って行動したのであろう。企業の最高意思決定者は経営者であることは論をまたない。すると企業の意思とは経営者の意思ととらえるのがもっとも適当のようにも思われる。

しかしながら現実をみると，経営者の意思と企業の意思が一致していないことが問題を難しくしている。企業の意思をおもんばかるという感覚は経営者に

第7章 労働・雇用政策と労働教育への新提言

おいても例外ではないからである。社長・会長といった経営トップ自らが逮捕されるような事例（たとえば第一勧業銀行（当時）における総会屋への利益供与事件では，毎日新聞1999年9月8日付「第一勧銀が長年抱えていた病巣を勇気をもって処理し得なかった」との奥田会長の発言がある）では経営者も自分の意思もさることながら，会社の意思を推測して行動していることがうかがわれる。すると経営者の意思すなわち企業の意思なのではなく，経営者を超えたところの「企業の意思」をおもんばかって社長を始めとした構成員は行動している，ということになる。

それでは企業の意思というものをとらえることはできるのだろうか。これは直接調べることは極めて困難である。そもそも法人の意思を聞くことは不可能である。その代理変数としては「企業はどう考えていると自分は思っているのか」ということを構成員に聞くしかない。これは誰に聞けばよいのであろうか。社長（経営者）の意思も企業の意思と異なるとすると，企業の行動を第一線で体現している管理職，中でも自らが一定の意思決定を行うことのできる立場にある中間管理職にたずねるのがもっとも適当のように思われる。中間管理職が企業の意思をどのようにとらえ，それを解釈しているのかが企業の行動に大きく影響を与えると考えるからである。

2 法に違反するという設問への解答可能性

以上のように考えてくると，企業の中の規範として，成文法を「必ず守らな

図1　法と中間管理職の行動に関するフレームワーク

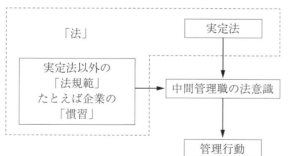

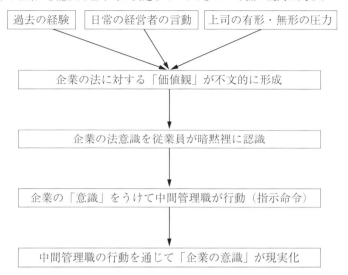

図2 企業の「法意識」のメカニズム ——企業内の法規範形成——
「誰が企業の法意識を基本的に決定しているか」という点の疑問は残るが……

ければならない規範」としてとらえているのかどうか，という点も問題となる。企業内においては「法規は法規として，場合によっては法規を破ってもかまわない」という「規範」があるのか，という疑問である。

　たとえば，自動車を運転している際，制限速度を厳密に守っている者は少ないであろう。制限速度オーバーは皆違法と認識しているに違いないが，それにもかかわらず皆法を守ろうとはしていない。それはおそらく制限速度を遵守するより「車をスムーズに流し，渋滞を起こさないこと」の方が大切だという暗黙の認識があるのではなかろうか。これと同様に，企業の中の価値基準として「法律を守るよりもそれ以上の規範がある」ということも考えられるのではないかとの仮説はなりたたないであろうか。「コンプライアンス」という問題も，これはコンプライアンスという概念を打ち立て，それを強調していかないと企業は法に違反することもありうる，ということの証左ともいえよう（たとえば田中　1998）。

　ところがこうした問題は極めて調査しにくい。「貴社は法に違反した行動を

とっていますか」などという設問に対するイエス,という回答はまず期待できないからである。昨今倫理規程を作成したり,法務セクションを強化したりするといった動きもあるが,これは逆にいえば今まで軽視されてきた問題だからということもできよう。この点は前述した樋口 (2011) がかなり詳細に検討しているので参照されたい。

3　比較対象群設定の困難さ

さて,仮に調査が可能であったとして,どのような対象に調査を行なうのが妥当であろうか。ある特定の企業をフィールドに用いた場合,かかる「法を守っているか」という趣旨の調査は企業が忌避する可能性は高い。そして,たとえば賄賂の問題についてもその問題に関わっている人数はおそらく極めて少数である。したがって「わが社が賄賂を使っているか」という質問をしたとしても,確定的な意見が帰ってくる可能性は低い。

また広く郵送法などで多数の企業の従業員を対象とすると,「法律を厳格に守る」企業から「法律を守らない」企業まで混在してしまい,一般的な知見を得ることは困難である。そして,建前で回答する者も多いことが容易に予想できる。

これまでの先行研究において個人の意識を問うものがほとんどであったことは,こうした調査上の障害が存在したためと考えることもできよう。

4　ワーディングの困難さ

調査の一般論に関わる問題であるが,質問紙法での調査の場合,いかなる質問文を用いるかは極めて重要なポイントである。測定したい項目を測定できていなければ意味がないからである。

六本は法意識調査の困難性につき,権利意識を一例としてとりあげているが (六本 1983),何気なく使用する言葉も解釈によって多義的に用いられることはよく経験するところである。たとえば「法を守る」という言葉自体,「守る」とはいかなることなのか,人によって解釈が違い得る。男女雇用機会均等法の退職に関する条項との関係で,結婚退職制度が慣行として存在していた場合,「慣行であって定めをしていないのだから,法律を守ったことになる」と考える者も存在するであろうし,「慣行といえども暗黙の強制が存在している

限り法を守っている，とはいえない」という考え方も存在するだろう。裁判規範として法律の条文をいかに解釈するかということとは別次元の問題として，一般市民に調査する場合，「法を守る」という単純な言葉でも細心の注意を払わねばならない。このことが調査を行なう場合の困難性につながり，また調査後の結果分析において現実と離れた結果をもたらす可能性を惹起するのである。

VII 調査仮説とフレームワーク

1 仮説の提示

以上の検討の上にいくつかの仮説を設定し，検証を行なうこととした。なおこれまでの記述では本調査を行った後に刊行された研究も含まれている。しかし本調査は労働法関係に関するパイロットサーベイとしての意義を有するものとして，約15年前の調査ではあるが参考になると思われるし，また本調査以降の研究においても問題状況は変わらないと考えられるので，ここに結果を再掲する次第である。

中には仮説以前に常識的には自明の理となっているものもあろうが，そのことがデータとして明らかになればひとつの知見となりうると思われる。

第一の仮説は「成文法に反する企業内の規範が存在し得る」ということである。企業内の常識が社会の常識とずれているということはよく言われることであるが，このことを明らかにしていきたい。

第二の仮説は「企業内規範に違反すると制裁をうける」ということである。もっとも，このことは逆に「成文法に反しても企業内規範に反しなければ企業内では制裁をうけない」ということも可能であろう。

第三の仮説は「企業内規範は変化しうる」ということである。たとえば雇用機会均等法もどのように改変すれば企業内規範に影響を与え得るか，という発想もありえよう。

なお，ここで筆者の問題意識の出発点が雇用機会均等法にあることに従い，雇用機会均等法に引き寄せていうならば，次のように言い換えることとなる。

① 「雇用機会均等法が存在したとしても，それと異なる規範が社内に存在する」
② 「女性雇用に関して社内規範に反した場合，制裁を加えられる」
③ 「雇用機会均等法が変化すると女性雇用に関する社内規範も変化する」

2 調査のフレームワーク

以上の作業仮説を単純にまとめれば，企業は雇用機会均等法を規範として認識しているのか，それに従おうとしているのか，そして従おうとしていないとするなら，どうすれば従うようになるのか，もしくは無理なのかという点を明確にする，ということが目的となる。一方，雇用機会均等法などの社会法分野と刑法，また知的所有権法などそれぞれの法分野において意識構造が異なっていることは十分考えられる。そのため少々欲張った形にはなったが，雇用機会均等法にとどまらず，いくつかの法分野に関しても同様の質問を行い，比較することとした。

調査のフレームワークとしてはテイラーの調査を土台にした。この調査のフレームワークは図3の通りである。つまりコンプライアンスに結びつくのは遵法意識（Legitimacy）だけではなく，制裁（Dettarance），個人のモラル，そして周囲の目（Peer Opinion）が影響する，という構図である。もっとも，このテイラーのモデルも万全ではない。主たる関心が一般市民の意識，ならびにProcedural Justice（手続き的正義）に向かっているため，日本でいえば道交法などの取り締まり法規に関する質問に関してのフレームワークになっているからである。そこで筆者は企業内部の構成員における「意識」を調査したいという観点から，この内容を図4のように一部改変してモデルを作成したところである。

VIII 調査実施上の問題点

1 企業の意識のとらえかた

これらの要因を質問文に落とし，調査を行う際にはいくつかの大きな問題点が存在する。第一の問題は「法を守る」という認識の把握である。前述した通り，「守る」という言葉自体解釈に幅が生じる。簡単に言えば，「あなたの企業は法を守っていますか，守っていませんか」という質問をしたいのだが，「企業には法を守る意識があっても，現実は守っていない」という状況も可能性としては考えられる。コンプライアンスという言葉は「遵守しているか」という状況を指し，「法を守る意識」はレジティマシーということになるのであろう。しかしながら中間管理職においては意識と実態を区別してとらえているだろうか。そして「守ろうとしているがやむをえず守れない」ということもあるかも

図3　Tyler のモデル

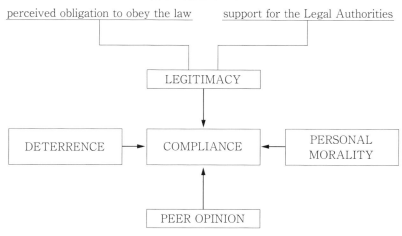

図4　「管理職の法意識」調査モデル

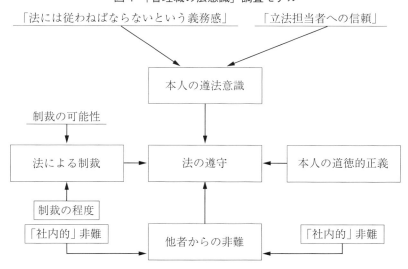

しれないが,「結果として守っていないのであれば守る意思がない」という解釈も成り立ち得る。こう考えると結果として企業の意識と現状を完全に区別することは困難であり,企業の「レジティマシー」をとらえることは断念した。

2 回答のしやすさと論理性

さて具体的な質問文の作成において,「属する企業は法を守っているか」という問いに対しては回答者が極めて答えにくいという感覚を持つことが容易に想定できる。守っていない,と回答すると企業を告発することにもなるし,その現場を見たものならともかく,推測で回答することに躊躇するであろうことも考えられるからである。先行研究においても個人ベースではあるが,「あなたは法を守っていますか」という問いにはイエスと言う回答が多くなりがちなことを指摘したものもある（六本　1983）。

そのため,「あなたの会社では」と尋ねることをやめ,その代わりの質問として「日本の企業一般としてどうなっていると思うか」という聞き方にしたところである。ただし,このような質問にすると答えやすくなる反面,中間管理職が属している企業の状況と中間管理職本人がどう考えているか,ということが論理的に結びつかなくなるという問題が出てくる。つまり,レジティマシーを中間管理職に質問し,その結果が遵法精神として把握できたとして,その遵法精神のあらわれが日本企業の現実の行動に影響を及ぼしている,ということにはつながらなくなっているのである。この聞き方では企業行動を第三者的観点から判断することになってしまうこととなるが,質問紙調査の限界と言えよう。

具体的に述べよう。こうした調査フレームワークのもとでは法の遵守にどのような要因が一番影響を与えるか,という点がもっとも関心をもたれるところである。そのためには法の遵守を従属変数とし,様々な要因を独立変数とする重回帰式をたて,その決定係数をみるなどの作業を行うことになる。しかしながら,今回の筆者の調査ではそのような作業を行なう意味がない。なぜなら,従属変数たる「企業の法遵守状況」については「日本企業一般においていかなる状況か」ということを問うているのに対し,様々な独立変数については後述する通り「あなたはどう考えるか」という個人の意識を聞いているからである。逆に「あなたは雇用機会均等法について遵守しているか」など個人の遵守状況

を尋ねれば一貫性はとれるわけだが，それでは企業内の遵守状況について尋ねることができなくなるのである。もっとも，これにより調査が全く無意味になったとも考えない。個別項目について中間管理職がいかなる意識を有しているのか，探索的意味はあると思われるからである。

　以上の理由より，本調査は日本の管理職が一般的に感じている法的な状況についての調査という形をとることとなった。

3　調査対象者の選定

　法律に反しているか，という質問は答えにくいという現実があるが，これは調査対象者選定にあたってランダムサンプリングを行った場合にも多くの問題を提起する。答えにくい質問であるため，回収率が高くなることが期待できないからである。そのため，一定数の回答を確保するため，本調査では筆者の出身大学同窓会の協力を得て，筆者の卒業同期生と一期下の同窓会員に郵送調査を行った。同期生からの調査依頼であれば協力が得られると考えたためである。後述する通り，回収率は26％に止まったが，何らかのデータベースを利用して郵送調査を行ったとするとさらに回収率は下がったであろう。なお，昨今の個人情報保護の重視という観点からすると，今日再度同じ形で調査を行うことは非常な困難を伴うことが予想されるため，再調査（できればパネル調査）を行うことは断念せざるを得なかった。

　これにより一定数の回答数の確保は達成されたが，調査対象者が限定されたため，得られた結果がどの程度一般化できるか，という問題が生じる。調査対象大学が文科系のため，理科系（技術系）の管理職の意識は全く反映されておらず，さらに対象年齢が40歳台前半に集中している。いわゆる課長クラスが中心となろうが，経営者，あるいは部長クラスの上級管理職の意識は必ずしも明らかでない。したがって，現段階では限定を付した形の考察を行なうこととなる。

Ⅸ　質問表の構成と尺度の設定

　さて，以上のことを考慮しつつ，具体的な例を10ほど掲げ，これらの例に対する意識を見ようとしたところである。内容としては，以下のものである。

　①　会社のために公務員に金品を渡すこと（賄賂）

② 仕事を順番に受注するためのいわゆる談合（談合）
③ 社内に配布するための新聞・雑誌記事の無断コピー（コピー）
④ 昇進において女性を男性と差別すること（昇進）
⑤ 同一職務に従事している女性の賃金を男性よりも低くすること（賃金）
⑥ 採用において男性を女性よりも優遇すること（採用）
⑦ いわゆる「本流」と目される部署へ女性を配属しないこと（配置）
⑧ 女性社員に対し結婚退職の圧力をかけること（退職）
⑨ 監査役に本来の業務を行わせず，名目だけのものとすること（監査役）
⑩ 残業時間超過を避けたり，残業手当を制限したりするため結果として社員にいわゆるサービス残業をさせること（残業）

　賄賂は刑法，談合は独禁法，コピーは著作権法，昇進，採用，配置，退職は雇用機会均等法，監査役は会社法，賃金と残業は労働基準法に関係した分野ということになる。いずれも違法とされる，または法の趣旨からして望ましくない内容を列挙し，これらの問題に対する感覚を問うている。ただし，厳密にいえば賄賂について「職務に関する」など構成要件を明記せねば，犯罪とはなりにくいなどの問題はあることは付言しておく。

　これらに対してQ1では日本の会社はしていると思うか，という遵守状況，Q2では個人としてはこうした行動はやむを得ないものかどうか，という本人の意識を質問した。Q3と4では制裁の可能性と程度，Q5と6はピア・プレッシャー（周囲からの圧力）つまり非難である。非難には社内からの非難と社会からの非難が存在し得るため，両者は区別している。そしてQ7は道徳観，Q8は法を遵守する意識の内容の分析となっている。

　測定尺度であるが，基本的には「全く××だと思う」「どちらかといえば××だと思う」「あまり××だと思わない」「全く××だと思わない」という4点尺度で測定し，中間の「どちらともいえない」は設定しなかった。微妙な質問が多く，中間の「どちらともいえない」を設けると，そこに多くの回答が集中することを予想したからである。従って，一つの質問に対し必ずどちらかの姿勢を示すことを要求したことになる。

(資料1)

　次の事柄は日本の企業内でよく見受けられたり，報道されているものです。これらの事柄について，以下の質問にお答え下さい。回答は回答欄に数字をご記入下さい。事柄の番号は各質問同一となっています。

① 会社のために公務員に金品を渡すことぐ（賄賂）
② 仕事を順番に受注するためのいわゆる談合（談合）
③ 社内に配布するための新聞・雑誌記事の無断コピー（コピー）
④ 昇進において女性を男性と差別すること（昇進）
⑤ 同一職務に従事している女性の賃金を男性よりも低くすること（賃金）
⑥ 採用において男性を女性よりも優遇すること（採用）
⑦ いわゆる「本流」と目される部署へ女性を配属しないこと（配置）
⑧ 女性社員に対し結婚退職の圧力をかけること（退職）
⑨ 監査役に本来の業務を行わせず，名目だけのものとすること（監査役）
⑩ 残業時間超過を避けたり，残業手当を制限するため結果として社員にサービス残業をさせること（残業）

Q1　あなたは日本の一般の会社では，上記のようなことがどの程度行われていると思いますか，一般論としてお答えください。「多くの会社で行われていると思う」（＝4）「多くの会社で行われているとは思わないが，珍しくない」（＝3）「めったに行われている会社はないと思う」（＝2）「行われている会社はないと思う」（＝1）の4段階の数字でご記入下さい。

Q2　あなたは会社において会社自身，もしくは社員個人が会社のために上記のような行動をとることについてどう思いますか。「全く問題ない」（＝4）「多少疑問はあるがそれほど問題ない」（＝3）「本来すべきでないが時としてやむを得ない」（＝2）「絶対すべきでない」（＝1）の4段階の数字でご記入下さい。

Q3　会社，もしくは社員個人が会社のために上記のようなことをしたら公的制裁（民事・刑事・あるいは行政上のペナルティ）を受けると思いますか。「間違いなく受けると思う」（＝4）「多分受けると思う」（＝3）「多分受けないと思う」（＝2）「間違いなく受けないと思う」（＝1）の4段階の数字でご記入下さい。

Q4　仮に上記のようなことをして会社，もしくは社員個人が公的制裁を受けるとしたら，それはどの程度厳しいものだと思いますか。「極めて厳しいと思う」（＝4）「厳しいと思う」（＝3）「それほど厳しくないと思う」（＝2）「全く厳しくないと思う」（＝1）の4段階の数字でご記入下さい。

Q5　仮に上記のことを会社が行った場合，会社の意を体して実際に手を下した社員個人に対し，社内的にはどの程度非難されるでしょうか。「厳しく非難されると思う」（＝4）「非難されると思う」（＝3）「あまり非難されないと思う」（＝2）「全く非難されないと思う」（＝1）

第7章 労働・雇用政策と労働教育への新提言

Q6 仮に上記の事を会社，もしくは社員個人が会社のために行った場合，その個人は<u>社会から</u>どの程度非難されると思いますか。「厳しく非難されると思う」（＝4）「非難されると思う」（＝3）「あまり非難されないと思う」（＝2）「全く非難されないと思う」（＝1）

Q7 仮に上記の事を会社，もしくは社員個人が会社のために行った場合，それは悪いことだと思いますか。「非常に悪いことである」（＝4）「悪いことである」（＝3）「さほど悪いことではない」（＝2）「全く悪いことではない」（＝1）の4段階でお答えください。

Q8 あなたは次の文の内容に賛成ですか，反対ですか。「賛成」（＝4）「どちらかといえば賛成」（＝3）「どちらかといえば反対」（＝2）「反対」（＝1）の4段階でお答えください。
① 法律の内容が間違っていると思っても法律には従わなくてはならない
② 法に従わないのは悪いことである
③ 法を破ると「悪いことをした」と思う
④ 法を破った者は処罰されて当然である
⑤ 法は国が定めたものであるから常に正しい
⑥ 裁判所は常に正しい判断をする
⑦ 行政機関は法にのっとって仕事をしているから信頼に値する

—— ここから雇用機会均等法についてうかがいます。雇用機会均等法はこのたび改正され，改正法は1999年4月から施行されますが，1999年2月現在適用されている改正前の雇用機会均等法をもとにお答えください。——

Q9 あなたは現行の雇用機会均等法は厳しい内容の法律だと感じていますか。「非常に厳しいと感じている」（＝4）「厳しいと感じている」（＝3）「さほど厳しいとは感じていない」（＝2）「全く厳しいとは感じていない」（＝1）の4段階の数字でご記入ください。

Q10 「非常に厳しい」「厳しい」と感じている方にうかがいます。雇用機会均等法が厳しいと感じる理由はなぜですか。もっとも当てはまるもの一つを数字でお答えください。
① 従来の日本企業の人事管理に大きな変化をもたらす法律だから
② 女性を男性と同等に扱うのは妥当でないのに，それを求める法律だから
③ この法律の規定の中には禁止規定が多いから
④ この法律に違反すると罰金など厳しい制裁をうけるから
⑤ その他

Q11 「さほど厳しいと感じていない」「全く厳しいとは感じていない」方にうかがいます。雇用機会均等法が厳しくないと感じる理由はなぜですか。もっともあてはまるもの一つを数字でお答えください。

① すでに日本企業のかなりの部分はクリアしている内容だから
② 社会全体に男女平等意識がすでに定着しているから
③ この法律の規定の多くが「努力義務規定」だから
④ この法律に違反しても制裁をうけるとは思えないから
⑤ その他

Q12 あなたは雇用機会均等法に違反した場合に厳しい制裁を受けると思っていますか。「非常に厳しいと思っている」（＝4）「厳しいと思っている」（＝3）「さほど厳しいとは思っていない」（＝2）「全く厳しいとは思っていない」（＝1）の4段階の数字でご記入ください。

Q13 「非常に厳しい」「厳しい」と思っている方にうかがいます。制裁が厳しいと思っている理由はなぜですか。もっともあてはまるもの一つを数字でお答えください。
① この法律を根拠に厳しい行政指導がなされるから
② 差別されたと感じた女性からこの法律により損害賠償を請求されるから
③ 法的にはさほどではなくとも，雇用機会均等法に違反すると悪い評判がたつなど社会的制裁をうけるから
④ この法律に違反すると罰金などの刑罰をうけるから
⑤ その他

Q14 「厳しいと思っていない」とお答えの方にうかがいます。そのように思っている理由はなぜですか。もっともあてはまるもの一つを数字でお答えください。
① この法律に違反しても刑罰をうけることはないから
② 大部分の会社が違反しており，厳しい制裁を加えると社会が混乱するためそのような公的制裁は行われないと考えるから
③ この法律には努力義務規定など抜け道がたくさんあるから
④ 女性社員が会社に対し損害賠償請求訴訟をおこすことは考えられないから
⑤ その他

Q15 雇用機会均等法は会社にとって望ましい法律でしょうか。「非常に望ましい」（＝4）「望ましい」（＝3)「あまり望ましくない」（＝2）「全く望ましくない」（＝1）の4段階の数字でお答えください。

Q16 「望ましい」とお答えの方にうかがいます。会社にとってどういう点が望ましいのでしょう。もっともあてはまるもの一つを数字でお答えください。
① 本来会社も男女平等になるべきで，雇用機会均等法はその原動力になるから
② 将来人手不足になることが予想され，女性を活用せざるをえないから
③ 優秀な女性に活躍の場を与えるから
④ 女性社員自身も会社の戦力になるよう自覚するから
⑤ その他

第7章　労働・雇用政策と労働教育への新提言

Q17　「望ましくない」とお答えの方にうかがいます。会社にとってどういう点が望ましくないのでしょう。もっともあてはまるもの一つを数字でお答えください。
　① 　女性は勤続年数が短いので，男性と同じようには扱えないから
　② 　会社の経営の自由を拘束するものだから
　③ 　優秀でやる気のある女性は少ないのに，すべての女性を男性と同等にとらえているから
　④ 　会社は社会の状況を反映しているのであり，法律によって社会の現実を変えることには無理があるから
　⑤ 　その他

Q18　次のようなことをすると会社は雇用機会均等法を守るようになるでしょうか。「かなり守るようになると思う」（＝4）「ある程度守るようになると思う」（＝3）「あまり守るようにならないと思う」（＝2）「守るようにはならないと思う」（＝1）の4段階の数字でご記入ください。
　①　禁止規定の増加
　②　違反した者に対する刑事罰の制定
　③　違反企業の社名公表
　④　労働省の行政指導の強化
　⑤　国などの公共団体との契約者からの除外
　⑥　差別された女性への損害賠償

（フェイスシート略）

(資料2)

数字は％

	賄賂	談合	コピー	昇進	賃金	採用	配置	退職	監査役	残業
Q1 日本企業でよくあることか										
ない	5.3	0.0	0.0	1.5	4.6	2.3	3.1	2.3	3.1	0.0
めったにない	49.6	22.9	1.5	6.9	23.1	13.2	19.2	37.7	25.2	10.7
珍しくない	38.2	55.7	5.3	49.2	47.7	44.2	52.3	44.6	35.9	42.0
よくある	6.9	21.4	93.1	42.3	24.6	40.3	25.4	15.4	35.9	47.3
Q2 このようなことをどう思うか										
絶対すべきでない	80.2	49.6	5.4	46.6	60.3	41.2	44.3	63.4	74.0	34.4
すべきでないがやむを得ない	16.8	45.8	23.1	46.6	34.4	50.4	48.9	33.6	20.6	53.4
それほど問題はない	3.1	4.6	49.2	6.9	5.3	6.9	6.9	3.1	4.6	11.5
全く問題ない	0.0	0.0	22.3	0.0	0.0	14.5	0.0	0.0	0.8	0.8
Q3 このようなことをしたら公的制裁を受けるか										
間違いなく受ける	82.4	70.2	3.1	19.8	25.2	22.1	15.3	22.9	26.7	19.1
多分受ける	13.0	22.1	13.1	35.9	36.6	35.9	32.8	40.5	32.1	29.8
多分受けない	2.3	4.6	60.0	38.9	33.6	37.4	44.3	30.5	32.1	37.4
間違いなく受けない	2.3	3.1	23.8	5.3	4.6	4.6	7.6	6.1	12.2	13.7
Q4 このようなことをして公的制裁をうけるとしたら，それは厳しいと思うか										
極めて厳しいと思う	75.6	61.1	9.2	4.6	7.6	9.2	3.8	10.7	25.2	10.7
厳しいと思う	11.5	23.7	7.7	38.9	42.0	39.7	35.9	39.7	26.0	35.9
それほど厳しくない	3.8	9.2	46.9	42.7	39.7	36.6	44.3	38.2	32.1	39.7
全く厳しくない	9.2	6.1	36.2	13.7	10.7	14.5	16.0	11.5	16.8	13.7
Q5 このようなことをしたら社内的にはどの程度非難されるか										
厳しく非難される	40.5	29.0	0.8	12.2	4.6	4.6	4.6	9.2	15.3	7.6
非難される	29.0	31.3	6.1	52.7	37.4	30.5	29.0	36.6	24.4	34.4
あまり非難されない	24.4	31.3	29.0	32.1	45.8	49.6	52.7	43.5	39.7	43.5
全く非難されない	6.1	8.4	64.1	3.1	12.2	15.3	13.7	10.7	20.6	14.5
Q6 このようなことをしたら社会的にどの程度非難されるか										
厳しく非難される	73.3	67.2	0.8	6.9	9.9	9.2	6.1	14.5	24.4	7.6
非難される	19.8	23.7	14.5	48.9	52.7	49.6	46.6	53.4	29.8	35.9
あまり非難されない	6.9	8.4	46.6	39.7	32.8	35.9	38.9	26.7	32.8	46.6
全く非難されない	0.0	0.8	38.2	4.6	4.6	5.3	8.4	5.3	13.0	9.9
Q7 このようなことは悪いことか										
非常に悪いこと	71.0	53.4	2.3	10.7	13.7	9.9	10.7	19.8	35.9	16.0
悪いこと	26.0	39.7	10.8	65.6	64.9	64.9	58.8	59.5	42.7	48.9
さほど悪いことではない	2.3	6.1	55.4	22.9	20.6	20.6	29.0	19.1	19.1	30.5
全く悪いことではない	0.8	0.8	31.5	0.8	0.8	0.8	1.5	1.5	2.3	4.6

Q8	反対	どちらかといえば反対	どちらかといえば賛成	賛成
悪法も法である	9.9	15.3	44.3	30.5
法に従わないのは悪い	0.8	3.8	51.1	44.3
法を破るのは悪い	1.5	9.2	49.6	39.7
違法行為は処罰されて当然	1.5	8.4	45.0	45.0
法は正しい	43.5	32.8	22.9	0.8
裁判所は正しい	36.6	29.8	32.8	0.8
行政機関は信頼できる	38.2	32.8	27.5	1.5

第7章　労働・雇用政策と労働教育への新提言

Q9　均等法は厳しいか	全く厳しくない	さほど厳しくない	厳しい	非常に厳しい	
	9.2	66.9	22.3	1.5	
Q10　厳しいと思う理由※	人事管理に変化	男女を同等に扱うのは無理	禁止規定が多い	制裁が厳しい	その他
	56.0	28.1	6.3	3.1	6.3
Q11　厳しくないと思う理由※	すでにクリア	男女平等は社会に定着している	努力義務が多い	制裁が厳しくない	その他
	6.1	12.1	52.5	18.2	11.1
Q12　均等法の制裁の厳しさ	全く厳しくない	さほど厳しくない	厳しい	非常に厳しい	
	5.4	56.6	34.9	3.1	
Q13　制裁が厳しいと思う理由※	行政指導がある	損害賠償のおそれ	悪い評判	刑罰が課される	その他
	22.0	10.0	52.0	8.0	8.0
Q14　制裁が厳しくないと思う理由※	刑罰がない	公的制裁がない	努力義務規定が多い	均等法による訴訟はありえない	その他
	1.4	29.7	59.5	0.0	9.5
Q15　均等法は望ましい法律か	全く望ましくない	望ましくない	望ましい	非常に望ましい	
	0.8	22.3	64.6	12.3	
Q16　均等法が望ましい理由※	男女平等への原動力	人手不足への対応	女性の活躍の場	女性の自覚	その他
	29.6	5.1	49.0	14.3	2.0
Q17　均等法が望ましくないと思う理由※	女性の勤続年数が短い	経営の自由	意欲ある女性が少ない	法律で社会を変えることはできない	その他
	18.8	28.1	25.0	25.0	3.1

※　それぞれ前の設問で厳しい，厳しくない，あるいは望ましい，望ましくない，と回答した者を100％として算出している。

X　調査の概要と結果

1　調査の概要

調査の概要は以下のとおりである。15年前のいささか古い調査であるが，類似の調査がない以上時間的経過がどのような意味を持つかは後ほど検討したい。

調査年月：1999年2月
調査対象者：某文科系大学昭和54年卒業生と昭和55年卒業生の同窓会員
　　　　　　501名
調査方法：郵送法

有効回答数：131名
回 収 率：26.1%

なお，この年齢層はフェイスシートによると74％が管理職であり，16.8％が専門職という回答となっている。同窓会員（なお卒業生が全員同窓会に入会しているわけではない）のうち大学勤務者，外国勤務者を除き，民間企業勤務者に対して送付したが，一部公務員も入っている。ただし民間企業勤務者のうち社長と明示された者は除外したが，役員（トップ層）か否か判断がつきかねる部分は調査対象に含まれている。

2 調査結果と若干の分析

単純集計のレベルであるが，前掲した**資料1，2**のとおりの結果が得られている。これをもとに若干の分析を試みる。

この結果からすると，コピーを除く多くの違法事例は日本企業において珍しくないようであり，いずれも個人としてはすべきでない，と思っているように見受けられ，同時に「悪いこと」だと思っているようである。それではなぜ「珍しくないのか」という点はこの調査からでははっきりとうかがえない。ただ，企業の行動を規定する大きな要因として，「社内から非難されるかどうか」が指摘できよう。つまり個人の正義感よりも，社内から非難されるかどうか，という点が企業の行動を形作っているというように思われるのである。するとそこには社内から非難する基準があるはずで，その「基準」はどうして定立されたのかを検討する必要が出てくる。

すると，企業は利潤を追求する組織であるから，それに関係のない，つまり経済的合理性に欠ける行動はしないという説明の仕方もありえよう。これは経済的合理性があるなら，違法行為もあえて行なう，ということにつながる。換言すれば，法を遵守することのメリットと法に違反することのメリットを比較衡量し，遵守するメリットが少なければ法は守らない，とする見方である。たとえば談合など「しなければ自社に仕事が回ってこないので倒産しないためには仕方がない」という説明になろう。こうした説明で理解できる部分が存在したとしても，雇用機会均等法違反のような女性差別的行動に合理性を見出すとするならば，経済学でいう「統計的差別理論」や母性保護と職業の両立といった部分でしかありえないようにも考えられる。そして「サービス残業」につい

第 7 章　労働・雇用政策と労働教育への新提言

ては従業員の乏しい権利意識，暗黙の強制，過大な業務目標など多様な要因が想定でき，単なる「合理性」だけでは説明がつかないようにも思われる。

　また，Q8 の回答も解釈に窮するところである。法は守らなくてはいけないという意識は強いのに，法は正しいか，といえば必ずしもそうではない。むしろ正しいとは考えていない，という状況がある。これはどう解釈すればよいのだろうか。正しくないけれど法だから守る，ということでは「お上が法を作ったから仕方なしにそれに従う」ということなのだろうか。

　なお，タイラーの調査ではコンプライアンスに一番影響を及ぼしているのは本人のモラル（道徳観）であり，これは手続き的正義が担保された場合に強くなる，という結果が出ている。今回では手続き的正義までは調査しなかったが，日本人とアメリカ人とで法を遵守する心理的メカニズムが異なるのか，Q8 の回答にあらわれた結果なども踏まえると，今後研究する価値があるように思われる。

3　今後の課題

　さて，簡単な分析からでも上述した日米の比較のほかに二点ほど今後の研究の課題が存在するように考えられる。第一点は企業の価値観と個人の価値観が対立した場合どのような対応をとるか，という問題である。今回の調査でも個人の感覚と企業の実際の行動とがかなり離れている側面があるように思われる。そのとき，企業の論理に個人が屈服してしまうということなのか，いましばらく研究を行う必要がある（企業の論理に対抗した個人の事例と思われるものがトナミ運輸事件（富山地判平 17.2.23　労判 891 号 12 頁）といえよう）。

　また，二点目には個人の感覚と，あえていえば企業の倫理性というべきものが一致しない状況をいかに考えるかは，今後追求されるべき課題だということである。社会の常識と企業内の常識が異なるという状況は望ましいことではない。しかしその一端が今回の調査でうかがわれたようにも感じられる。その点から前述した第一の仮説，すなわち「成文法に反する企業内の規範が存在し得る」は成り立ち得ると考えられる。「法は家庭に入らず」という法諺があるが，「法は企業に入らず」という状況が少なくとも一部には存在するのであろう。これは企業内部において遵守できない法が存在するということかもしれない。「日本企業で一般的に行なわれていることか否か」という質問文のため，断言

はできないが，法の実効性についてはさらに議論がなされるべきである。

特に労働法分野においては法と政策がいかにあるべきかという議論よりも，公労使三者の妥協の産物としての立法作業が行なわれている感がある。ここ20年ほどの間で裁量労働制はじめ多くの労働立法が矢継ぎ早に行なわれたが，この前提としてはジリツした労働者が想定されているように思われる。この「ジリツ」には自ら律するという自律と自らのアイデンティティを確立した自分で立つ（自立）という二つの意味があるが，こうした労働者がどの程度企業内に存在するかという検討は十分なされたのか。また労働側の主張を入れ，企業にとって使いにくいものとなってしまったため，立法しても企業が活用している度合いはどのようなものになっているのか。一般論としてさらにいえば，労働側といっても正社員中心であり，非正規労働者も含めた妥当な立法となっているのか立法過程全般に対し疑問の余地なしとしない。

なお，第二の仮説「企業内規範に違反すると制裁をうける」，第三の仮説「企業内規範は変化しうる」については今後の推移を見守り，いずれも今後の課題としてとらえていきたい。本来ならば同じ文言を用いてパネル調査を行うべきであるが，昨今の個人情報に対する厳しい見方からして郵送法などの調査方法は極めて難しくなっている。かなり以前の調査ではあるが，本稿であえて取り上げた意味はここにもある。

XI 結　語

法律に限らず様々な制度は作っただけでは意味がない。運用が不適切なら法律や制度自体が無意味になることもある。雇用機会均等法を始めとする諸法律も適切に運用できるようになるためには企業にどのような働きかけをすべきなのか。また企業も法律の改変を受けて，いかに実務的対応を変えていくのか，このメカニズムを解明するのが今後の課題である。今回の調査では改正雇用機会均等法施行前だったため，もっと雇用機会均等法を企業が守るようにするための有効な方策も問うたが，その結果は社名公表という回答がもっとも多かった。これが第三の仮説「企業内規範は変化しうる」につながっていく。現行法30条にて公表が明文化されるなど企業の状況を踏まえ，雇用機会均等法は本調査のあと大きく改定された。現行法が企業の意識を変えてきたのか，もしくは変えていくのか。またさらに企業はどのように対応していくのか。今後の推

第7章　労働・雇用政策と労働教育への新提言

移を見守っていきたい。

【参考文献・アルファベット順】

浅倉むつ子（1990）『男女雇用平等法論』ドメス出版

濱口桂一郎（2013）『若者と労働「入社」の仕組みから解きほぐす』中公新書ラクレ

樋口晴彦（2011）「民間企業の組織不祥事リスクに関する実態調査」千葉商大論叢49巻1号，235-262頁

廣石忠司（1995）「企業における女性雇用管理の実態」ジュリ1079号118-131頁

廣石忠司（1996a）「法意識からとらえた雇用機会均等法」労働調査1996年2月号7-13頁

廣石忠司（1996b）「雇用機会均等法施行後の女性雇用管理の実態に関する一考察」慶應経営論集13巻3号71-84頁

廣石忠司（1999）「改正労基法・均等法と企業の女性雇用の方向性」日本労務学会誌1巻1号13-21頁

井手　亘（1998）「人事評価手続きの公平さと昇進審査の公平さに対する従業員の意識」労研455号27-39頁

石井眞治（1992）「法律変更に伴う文化的環境の移行」山本ほか編著『人生移行の発達心理学』北大路書房

石村善助（1992）「法意識研究を考える」専法55=56号213-250頁

ポドグレツッキィ（石村善助訳）（1976）「法の威信」石村善助・六本佳平編『法社会学教材』東京大学出版会

片岡　昇（1983）「労働者の権利意識」法社35号65-70頁

川島武宜（1967）『日本人の法意識』岩波書店

木下冨雄・棚瀬孝雄編（1991）『法の行動科学』福村出版

厚生労働省（2014）『「多様な正社員」の普及・拡大のための有識者懇談会報告書』

Litwin, G. & Striger, R.（1968）*Motivation and Organizational Climate.* Boston, Harvard Business School（占部都美監訳『経営風土』白桃書房1974）

Macaulay, S.（1963）"Non-Contractual Relations in Business: A Preliminary Study" *American Sociological Review Vol.28, No.1* pp55-69

松岡三郎（1989）「日本人の法意識と労使関係」法論61巻4=5号1-38頁

三隅二不二・山田雄一・南隆男編（1988）『組織の行動科学』福村出版

村中孝史・瀧敦弘（2000）「中小企業における労働法の実施状況と当事者の意識」村中孝史・トーマンドル編著『中小企業における法と法意識』京都大学学術出版会

日本文化会議（1974）『日本人にとって法とは何か』研究社出版
大内章子（2007）「均等法世代の総合職女性の離転職行動」組織科学41巻2号29-41頁
大内章子（2014）「企業は本気で女性を総合職として育ててきたか」日本労務学会誌15巻1号97-106頁
六本佳平（1983）「法意識の測定」野田良之・山口俊夫編『東西法文化の比較と交流』有斐閣
六本佳平（1986）『法社会学』有斐閣
Rottleuthner, H.（1987）*Einfuhrung in die Rechtssoziologie*. Darmstadt. Wissenschaftliche Buchgesellschaft（越智啓三訳 六本佳平監修『現代ドイツ法社会学入門』不二出版，1995）
高橋 潔（1998）「企業内公平性の理論的問題」労研460号49-58頁
田中宏司（1998）『コンプライアンス経営』生産性出版
利谷信義（1983）「序論」法社35号2-4頁
Tyler, T.（1990）*Why People Obey the Law*. New Haven and London, Yale University Press
梅澤 正（1990）『企業文化の革新と創造』有斐閣
若林満・松原敏浩編（1988）『組織心理学』福村出版
山岸俊男（1998）『信頼の構造』東京大学出版会

（本稿は拙稿「企業の法意識測定の試み」（2001 専修大学経営研究所報139号）を改稿したものである。）

謝辞　毛塚教授には研究会での懇切なご指導を賜っただけでなく，同僚として学内行政において困難なプロジェクトをご一緒させていただくなど，大変お世話になった。ここに心からの感謝を捧げたい。

39 労働法をどう教えるか？：
法学部以外における授業での試みから

諏 訪 康 雄

 Ⅰ　はじめに   Ⅴ　講義での予復習の意味
 Ⅱ　そして，誰もいなくなった Ⅵ　非法学部に特有の課題
 Ⅲ　いろいろな試み   Ⅶ　模索過程の振りかえり
 Ⅳ　さらに新たな試み   Ⅷ　おわりに

Ⅰ　は じ め に

　法学教育はひとつの転換点にある。法科大学院の導入により，従来型の法学系大学院のあり方をどうするか，また従来型の法学部をどうするかなどが，真剣に問われている[1]。

　だが，法学教育のあり方が問われるのは，法学部，法科大学院などの法学専門教育機関においてだけではない。それ以外の学部や大学院でも，同様である。しかも時代の流れのなかで，専門的な法曹や組織内で法務専門職に就く人びとだけでなく，一般社会人つまりごく普通の市民にとっても，基礎的な法知識と法感覚を身につけることが，従前にも増して要請されるようになってきている。こうした視点からすると，法学部や法学系大学院以外の教育機関では，いったいどのように法学科目を教えたらよいのだろうか。

　一般論として，体系性があって技術的な性格の強い講義は，学生から敬遠さ

---

(1)　古稀を迎えられた毛塚勝利先生には，学部のころから知遇を得て，半世紀に少し欠けるほどの長い年月にわたり，お付き合いをさせていただいてきた。当然，研究活動上のご教示やご指導を賜った機会は多い。それだけでなく，先生が大学院時代に運営されていた塾の夏季合宿にお手伝いで参加したことや，先生の静岡大学時代に集中講義の講師を委嘱していただいたことなど，教育活動上でも少なからぬ接点をもたせていただいた。そこで，この面での先生からの影響に感謝しつつ，労働法教育をめぐるテーマをあえて選んでみた。

第7章 労働・雇用政策と労働教育への新提言

れる。聞いてすぐに面白さがわかるわけではないし，相当の時間と精力を割かなければならない積み重ね学習が求められるからである。したがって，当該技術の意義や必要性をよほど痛感させられる事前体験でもないかぎり，あるいは，技術の応用可能性についてのよほどしっかりとした将来構想でも有しないかぎり，技術的科目の微に入り，細にわたって行われる説明がもどかしく，詳細な対比分類や検討は面倒なばかりだと思われてしまう。挙げ句のはては，実感できない問題を事細かに理解したり，覚えたりすることなど，真っ平ごめんだと，その種の科目を選択したり，着実に学習することから逃げ出す。

　法解釈学系の講義は，技術的な性格の強い科目の典型例だろう。したがって，法学部においてさえも，一定数の学生からは選択や学習の回避がなされがちとなる傾向がある。ましてや法学部以外（非法学部）では，いっそう多くの学生から敬遠されてしまう[2]。

　個人的には，社会学部という社会科学系の総合学部的な色彩が強い学部で，主として法学系の授業を担当して30年以上の経験を得た[3]。この間に，労働法，法律学入門，演習などを受け持ってきた[4]。その結果，期せずして，法

---

(2) 多くの学部には，それぞれの学部名に関連した主流といってよい，核となる学問系列の講義が存在する。一般に学生は，その種の学問系列の勉強をしたくて当該学部を選択しているので，あるいは少なくともその種の科目がより大事だと感じているので，主流から遠かったり，およそ畑違いであったりする講義には関心を示さない傾向がある。まして，主流の学問が学生の視点からすると「みるからに面白そうな」社会学やメディア学であったりすると，余計にそうなる。科目選択においても，一見して興味をそそるバライエティ番組などが並ぶテレビ番組表をみて，放送大学の講義や教育番組やドキュメンタリーなどの地味な番組にチャンネルを合わせることは少ないのと，よく似た現象が起きる。もちろん，資格試験を志望する学生は，異なる。司法試験はもちろんのこと，社会保険労務士，公務員試験などに挑戦する学生は，聴講の基本姿勢が違う。法律学の基本原則からはじまって，諸説の詳細な分類整理などにも目を輝かす。ただし，それら学生の多くも，説明が資格試験の内容にかかわると思った場合だけ，そうした態度を示す。試験には関係ないと知ると，たちまち興味を失うことがあって，教師をがっかりさせる。

(3) 長年勤めた学部では，最初は「応用経済学科」に所属し，その後，当該学科が「社会政策科学科」に再編成された。学部内の他学科として，当初は「社会学科」がもうひとつあるだけであったが，現在は，「メディア社会学科」が付け加わり，3学科体制になっている（なお，国外では，法学部の客員教授として比較労働法を教えた経験がある）。

(4) 当然，少なからぬ大学教員がそうであるように，自分固有の専門領域以外の授業でも担当を余儀なくされた。1年生むけの基礎演習，政策科学入門，職業キャリア論，外

〔諏訪康雄〕　**39**　労働法をどう教えるか？：法学部以外における授業での試みから

学部以外における法学系の講義はどうあるべきかをめぐって，いつも悩みつづける多くの大学教員の一人となった。法学部以外で法学とりわけ法解釈学系に属する科目を，学生が進んで選択，学習し，学生に身近な存在と実感させる授業は，部外者が想像する以上に，容易なことではない[5]。

しかも近年では，大学教員の教育研究活動の評価が明示的に問われはじめ，研究論文や著書として成果を世に問えるはずの研究活動だけでなく，外部から成果がただちに目にみえる形にはならないことなどから一般的な評価がしづらい教育活動などについても，自他による評価が問われるようになってきた。その結果，法学教育あるいは労働法教育そのものを独立した研究対象として論じる必要すら出てきたといえる[6]。

本稿は，非法学部での教員として法学系科目の授業実践を模索しつづけたすえにたどり着いた，最終段階での授業方式をめぐる報告と，これをめぐる多少の考察を試みるものである[7]。この種のテーマは単一の「正解」などはありえない性格にあるだけに，さまざまな取り組みの事例のひとつとして記録し，紹介することにも多少の意味はあるのではないかと考え，あえて執筆させてい

書購読，情報処理科目（データベース）などであった。
(5) 非法学部においては，伝統的な講義形式で学生側の好評価を得るのは並大抵のことではない。そこで，板書を多用したり，レジュメに工夫を凝らしたり，新聞記事やTV番組等のビデオ教材を活用したり，質疑応答を入れたり，小グループ討議を入れたりと，教員によりさまざまな工夫が凝らされているようである。
(6) たとえば，「経営学の場合であれば，経営学教育評価学，経営学研究評価学として，経営学研究者は責任をもって，自らの教育・研究の営みと同時に，この課題に主体的に取り組まなければならない」との主張がある（重本有利「大学創造と教員評価」佐々木恒雄ほか編著『大学教員の人事評価システム』中央経済社，2006年，78頁）。これを労働法学に当てはめても，この種の議論をもっと検討する必要があることになる。現に，『日本労働法学会誌』107号，2006年は「労働法教育の今日的課題」を特別企画とし，道幸哲也，菊池高志ほかが論稿を寄せた。さらに最近では，伝統ある労働法雑誌『季刊労働法』244号，2014年が「労働法の教育と学習を考える」との特集をして，菅野和夫，道幸哲也ほかの論稿を掲載している。
(7) 過去に労働関連科目の教育という観点からの座談会に出席し，この種の事項について報告し，意見交換をしたことがある（大竹文雄・佐藤博樹・藤村博之・諏訪康雄「座談会 労働研究を教える：学部・大学院における教育のあり方と課題」『日本労働研究雑誌』477号50-77頁〔2000年〕）。本稿は，そこでの発言内容をより体系的に整理し，その後の経験も補足したうえで，一定の考察を加えるものである。

第7章　労働・雇用政策と労働教育への新提言

ただくことにする。

II　そして，誰もいなくなった

　1977（昭和52）年，労使関係法（集団的労働関係法）と演習の講義担当者として社会学部の専任教員に採用された。1部（昼間部）と2部（夜間部）の双方で同一科目の通年講義を週に各1回ずつ受け持った。担当科目が所属学科の選択必修科目となっていたため，当初の履修者は多かった[8]。1部（昼間部）の場合だと，木曜日3時限（午後の最初）の講義には700名ほどの学生が履修届を出していた。当然，出席確認は容易でなかったし，現にしなかったこともあって，常時，その半分足らずが授業に出席するにとどまっていた。すなわち，典型的な大教室授業から，大学教員としての講義キャリアを開始したのであった。

　法学部以外での講義であるということで，当初より，あまり法技術一辺倒の授業をしないようにと先輩教授から示唆されていた[9]。そこで，講義の冒頭で毎回，その日のテーマに関係する代表的な裁判例を1～2件紹介し，法的な解決を迫られた事件がなぜ，どんな背景のもとで，どう発生し，裁判所がどのような理由にもとづいて，どのような判断を下したかを，立ち入ってまず説明するように工夫してみた。法律論の背景にある問題の所在をできるだけ具体的に知ってもらったうえで，授業の中身に進んで，その日のテーマに関係する条文，判例，学説などの分類整理と解説などを行って，だんだんに説明内容の抽象度や体系性を高めようと試みた[10]。

　これは，自分自身が学生時代，法学部の学生であったにもかかわらず，のっ

---

[8]　学科における必修科目の次にコアになる科目と位置づけられた一群の科目がこれに充当され，学生はそれらから一定数の科目を選択して単位をみたす必要があった。しかし，その後の学科カリキュラムの改定のなかで，労働法はこれから外され，純粋な選択科目のひとつになった。卒業単位のために仕方なく選択する学生は減ったせいもあり，受講生数そのものが減った。

[9]　貴重な忠告をしてくださったのは，秋田成就教授（現在，法政大学名誉教授。当時，労働保護法を担当されていた）であった。重箱の隅を突っつくような法律論に熱中しがちな青年研究者の傾向をよくご存知で，実に適切なアドバイスであった。

[10]　この種の工夫は，ごくありふれたものであり，特に記すほどのものではないが，講義キャリアの出発点の状態として再確認しておく。

けから抽象的な法律論を展開する当時の講義や教科書に難儀し，自分なりに裁判例を読んでも必ずしもすっと頭の中に入らなかった，という情けない体験を踏まえてのものだった。実際，冒頭での判例紹介が後の理論的な説明をわかりやすくさせるとの感想を聴講生から聞き，一定の効果があると思って継続した。とはいえ，さすがに当時は，現在ほど大っぴらな私語は目立たなかったが，教室の後方では，寝たり，新聞を読んでいたりする学生が目についたし，なかには廊下を通る知人に話をしに教室を出て，用が済んだからだろうか，しばらくしてまた戻ってくる学生がいたりして，かなり面喰らったものだった。

　当時の学部での通年授業の試験は年に１回，学年末試験があるだけであった(11)。したがって，試験範囲を限り，正解暗記型の問題を出そうものならば，年度末の試験前に集中的に要領よく勉強すれば単位が取れてしまうので，通年で講義に出席しつづけるインセンティブに欠けがちとなっていた。また，よい点数を取るのにも，そのほうが実用的であった。夏休み前の授業内容などを年度末まで正確に暗記しておくことは，よほどの学生でないかぎり，困難である。普段の講義では，教師が話したり板書したりする内容をただただ細大漏らさずノートに書きとり，これを試験前に読み返したり，教科書や参考書を集中的に読んだりするほうが，ずっと「効率的」なのである。あるいは，友人知人のノートを借りて丸暗記しても，単位くらいは何とかなる。

　ところが，こうした問題に無自覚だった新米教員は，当初，「〇〇について説明せよ」といった類の，自分が受けたのと同様の試験問題を出した。そして，採点結果は悲惨だった。若手教員の夢想する，あるべき大学生レベルに達した答案は数少なく，「ぜひ単位をください」とか「運動部です。よろしく」といった類の白紙に近い答案や，独白とも感想文ともつかない意味不明の文章が書いてある答案などが多々あって，がっかりした。あらかじめ立てた答案の採点基準を厳守したら，全体の４分の１ほどに不可（Ｄ評価）を出す結果となった。４年生に至っては３分の１ほどが単位を取得できなかった(12)。丸々１週間

---

(11) 当時の社会学部では，半年の２単位授業はきわめて例外的であった。現在は，いわゆるセメスター制を採用し，半年２単位授業が広がっている。だが，従来の４単位通年授業を半分ずつに機械的に分けて，〇〇学Ⅰ，〇〇学Ⅱとするだけの講義も残っている。

(12) 何人もの単位を取れなかった学生から陳情を受けたが，「最初が肝心ですから，あまり妥協しないほうがいいですよ」という事務課長の意見に従って，答案をもう一度見

第7章　労働・雇用政策と労働教育への新提言

を費やし,苦心して採点した結果,茫漠たる気分になり,自分の授業はこの程度にしか受け止められていなかったのかと,涙のにじむ思いにさえなった。そして,厳格な採点結果は,学生間にたちまち悪い評判を伝播させる。初年度700人ほどであった受講者数は,翌年度（同一の時間帯に配置）は200人ほどに激減し,やがてさらに半減して100人ほどの中規模授業となって,しばらくの間,落ち着いたのであった。

　また,初年度の反省から翌年度より,試験問題は正解暗記型よりも,考え方,問題処理の仕方を理解し,応用できる能力をみることこそが必要だとの考えに至った。そこで,年度の途中にはレポート提出をしてもらい,それまでに学んだ労働法の知識を応用し,一定の課題に挑戦してみる試みを求めてみた。また,年度末試験では,法概念の正確な理解を短文で答える数題と,簡略した仮想の係争事例を記して法的にどう判断されるべきかについて学説と判例法理を前提に議論する論述問題との双方を,課すようにしていった。

　その後,教えはじめて10数年たったころ,労使関係をめぐる環境変化を反映してか,受講生の数はさらに減っていき,10数人の履修者しかいなくなったところで,労使関係法という科目は廃止されることになった[13]。カリキュラム改革で,労働保護法（個別的労働関係法）と統合して「労働法」という単一科目となったのであった[14]。

III　いろいろな試み

　労使関係法の講義において受講生が減っていく過程では,責任を感じて,毎

　　直したうえで,どうしようもない答案には心を鬼にする判断をした。もっとも「先生の科目ひとつだけ単位が取れなくて卒業できません」といった4年生の言い分に悩み,事務に調べてもらったら,何科目も落としており,どの先生にも同様の主張をしていたことがわかったりして,学生のしたたかさには感心したものだった。
(13)　当時,新入生全員から取ったアンケートでは,勉強したい学習領域としていくつでも○をつける複数回答方式であったにもかかわらず,他にも何人かの関連教員がいる「労働問題」を選んだ学生はわずか4%ほどに落ち込んで,もっとも学習意欲をわかせない,不人気な問題領域群になっていた。
(14)　労使関係法の廃止直前には,受講生の少なからぬ部分がアジアからの留学生となっており,それら学生のなかには相当に優秀な成績をおさめる人がいた。だが,1980年代終わりから90年代はじめにかけて,日本人学生の多くには,すでに労使関係が実感を伴わないものとなっていたようであった。

年のように授業の仕方を工夫した。毎時間，完全に1回完結型で講義を進めるように構成し，そのシラバスを年度始めに示し，毎回，講義レジュメを印刷して配布するようにした[15]。授業の途中では，重要概念や判例学説の対立点について3択や5択の選択肢問題を出して学生たちに答えさせるようにもした[16]。出席を取って出席点を評価に反映させたり，試験内容を工夫してみたりもした。これらを年度進行で徐々に加えていっただけでなく，出席を取らない代わりにレポート課題を増やしてみた年度もあった。やり方をあれこれ変えて授業効果をはかってみたのであった[17]。

とりわけ試験内容では，労働法の全領域から万遍なく出題する知識確認問題（択一式選択肢問題，用語の穴埋め問題，概念の短文説明問題など）と，仮想事例を記載して法的判断を求める理解度・応用力確認問題との双方を組み合わせる形式に落ち着いていった[18]。もちろん，問題ごとの配点もあらかじめ明記す

---

(15) 現在では，ごく普通に見られる授業の進め方だろうが，30年ほど前の1980年代なかばではまだ珍しかった。1回に数枚の講義レジュメでも通年では配布数が相当数になるので年間コピー割当枠はあっという間に超えてしまい，かなりの超過代金を資料室から請求された。複雑な心境だった（その後20年ほどしてから，授業用資料の印刷はほぼ自由に，教員が代金を支払わずにできるようになった）。レジュメは当初，教員側で数枚を組み合わせ，自らステープラー（ホチキス）止めをしていたが，合計で数100枚になるレジュメとなると，これだけの作業に1時間か2時間がかかることに嫌気がさして，その種のサービスはじきに中止し，学生各人の整理に任せるようにした。
(16) 一部の学生を指してまず答えさせ，その後，全員にも手を上げさせてみた。こうしたアイディアは当時，家人が熱心にみていたテレビのクイズ番組からヒントをもらった。
(17) もっとも，こうした努力と工夫が受講生の数を増やすよりは，むしろ減らす方向に働いた可能性もあったろう。勉強熱心な学生は評価してくれたかもしれないが，学生の大部分を占める楽勝志向者は敬遠したようだ（たとえば，法政大学社会学部平澤［山口］純子ゼミナールによる調査［2001年，東京周辺41大学の学生643人が回答］によると，授業選択にあたり，男子学生の78.3％，女子学生の70.7％が「楽勝度」を重視していた。そして，当然のことではあるが，この種の学生は，講義への出席割合，大学満足度，また，大学で何かを学んだとする達成率がどれも低かった。後掲注(23)参照）。だが，受講生の数を増やすためいたずらに妥協することには気が進まず，よい授業をすればきっと学生たちはわかってくれると自分に言い聞かせつづけたのであった。まさに熱意の空回りだったかもしれない。
(18) 1時間30分の試験時間では解答時間が短すぎるとの学生の意見に応えて，試験時間を2時間に延長したこともある。ただし，その後，答案を精査してみて，答案の出来は必ずしも試験時間の長短の問題ではないらしいと判断し，また1時間30分の試験時間

第7章　労働・雇用政策と労働教育への新提言

るようにした。

　ともあれ，労働法という1科目に集団法と個別法が統合された結果，受講生の数はまた100人以上の規模に復活した。そこで，授業の仕方では従来の方式を多く受け継ぎながら，さらに新たな工夫を試みることにした。

　まず，学生のニーズを考え，授業時間の割り振りとしては「雇用関係と法」の領域に3分の2ほどを，「労使関係と法」の領域に3分の1程度の回数を充てることにした。そして，アルバイト経験などで実感のわきやすい前者を，募集・採用から退職まで，まずひとわたり講義したのち，後者の労使関係法の領域に入るようにしてみた。

　次に，授業は当時まだ通年制であったが，試験の回数を年1回きりから2回に改めた。夏休み前に学習した領域は夏休み前に試験をし，秋から冬にかけて学習した領域は学年末試験で確認することにした。セメスター制度が導入されていなかった時期に，実質としてセメスター的に半年単位に授業を再編してみたのであった。

　また，夏休み前の試験の結果は，学生側の要望に応え，採点した答案を本人に見せるとともに，得点数も知らせることにした。さらに，全体のなかでの分布と自分の位置が確認できるように平均点，最高点，最低点などを数値とグラフで示すだけでなく，当人の各問での得点とそれらの総得点，それぞれの得点分布における順位，偏差値などを示したカードを作成して，各人に配布した。試験の模範解答と全体の結果の講評も印刷して配布するようにした[19]。

　最後に，学生による授業評価も取り入れてみた。国際基督教大学（ICU）で行われている授業評価方法の話などを聞き取りし，また，米国の大学教育の本なども読み，見様みまねで評価票を作り，学生に匿名で評価をしてもらった。これは，大学が統一的な授業評価方式を導入する15年以上も前のことであったが，自分なりに結果の分析をしてみると，多くのことに気づかされ，実に有

　　に戻した。
(19)　模範解答（各問の配点付記）は，試験直後にみたいという学生の要望に応え，試験答案提出と引き換えに出口で渡すようにした。他方，愕然としたことに，作成した個人別カードの4分の1ほどは無駄になった。夏休み後に最初の2回ほどの授業で個別に配布するようにしたのだが，そこでも，またその後も，取りにこない学生がいたからであった。教師としては多大な時間をかけて面倒な作業をしたのに，相当数の学生がそうした努力を評価してくれていない実態を痛感し，実にがっかりした。

益であった[20]。

　こうした授業改善の工夫は，存外，時間を要求した。たとえば，毎時間すべて出席を取ってみたら，年間2500枚以上の出席カードがたまってしまい，これを一家総出で受講生ごとに名寄せし，出席回数を集計し，表計算ソフトに入力したら，その作業だけで7時間ほどを要してしまった。まさに1日仕事だった。米国のようにティーチング・アシスタントがいないと，いかにこの種の授業改善が大変かということを実感した。また，増加した試験回数によって採点すべき答案枚数が増え，その試験結果の分析やデータベース化にも乗り出したり，学生による授業評価票の作成や評価結果の入力と分析なども行ったりせざるをえなくなったので，さらに多くの時間を費やすこととなった[21]。

　たった1科目の講義1回のために，教材の検討，作成，印刷，データ入力，分析など，各種の準備，後始末に毎週12時間ほどもかけた時期もあり，数ある科目を教える関係で時間が足りなくて，自分で自分の首をしめているような気になったのは，そのころのことだった[22]。

IV　さらに新たな試み

　最近ではFD（ファカルティ・ディベロップメント）と呼ばれる授業改善の努力を，個人的にいろいろと模索した結果が，少なくとも受講する学生の数の点では，ほとんど効果を上げないか，むしろ漸減気味につながったのは，まこと

---

(20)　とりわけ，教員が当該科目の教育準備に熱意を傾けることへの評価点と学生が科目に興味関心を感じるかどうかの評価点には強い相関があり，また，わかりやすい説明であるかどうかも興味関心の評価点と相関していたなど，その後の教育方法の工夫に役立った情報が多々あった。

(21)　試験結果の集計，分析には表計算ソフトのロータス123やエクセルを用い，その分析にはデータベースソフトのアクセスと統計解析ソフトを併用した。当初の書式や分析方法が確定するまでは，試行錯誤の時間がかなりに達した。

(22)　研究室が隣の教授は研究成果の多い方であったが，傍からみていてあきれられ，「いい加減にしておきなよ」と繰り返し忠告してくださった。研究業績が上がらないことを恥じていたので，そのたびに赤面した。自分なりの研究成果をまとめなければならないという圧力をいつも感じる40代の時期は，同時に学内での校務上の負担や学外での社会的な仕事も増え，また家庭責任も重なり，まさしく「中年の危機」の時期となる。そこに，授業改善の教育負担を加えたので，無理した結果だろうか，50代に入るころから急に，体調を崩すことも多くなった。

に皮肉なことであった。

　学生の相当数は「楽勝科目」を望んでいるか，少なくとも他の科目よりも負担が重くはない科目を望んでいる(23)のに，授業をつうじてより実力がつくように，より応用力がつくように，授業がより参加的なものとなるようにと，教員側がどんどん純化していったのであるから，教員の熱意や工夫はわからないでもないが「ちょっとついていけない」という反応を大多数の学生からもらってしまったようだった(24)。

　学生の授業選択行動と教員の授業提供行動との間に，大きなミスマッチが起きてしまったのである。受講する学生数の減少については，労使関係法の場合，時代の変化も寄与したといえるが，労働法の場合には，それも一定の寄与はあったろうが，授業の仕方にそもそも，流行の表現を使うならば教育サービスの消費者である学生からして，選好されないものがあることは自認せざるをえなかった(25)。

　とはいえ，法解釈論をまったくしない授業はしたくない。解釈論を避けた授

---

(23) 履修上のしばりがさほど厳しくない学部であるだけに，授業の「評判がよい」科目に受講生が集まる傾向が顕著となるはずであった。実際，一部科目に多くの学生が押しかける。ただし，出欠を問わず単位取得や評価が甘いという意味で「評判がよい」科目に履修者が多く集まる傾向は否定できなかった。よく工夫された実力のつく授業という評判や，将来のために勉強しておいたほうが望ましい授業というわけではない（現に気鋭の経済学者による「ミクロ経済学」のように重要な科目も，理論的，技術的な側面が敬遠されて，履修者数は労働法同様に，まことに少なかった）。ちなみに，2001年の平澤［山口］純子法政大学講師の指導によるゼミ生による首都圏の大学生643人のアンケート調査結果では，複数選択回答結果で，講義選択の理由が「興味関心」なのは91％，「登校曜日」が合うかが78％，「楽勝度」が74％で上位を占めた。当然，楽勝度で授業を選ぶ学生の授業満足度（100点満点）は低く，楽勝度を大いに考慮する者は44点，やや考慮で53点，どちらともいえなくて56点，あまり考慮しないで57点，まったく考慮しないで63点となっていた。
(24) 一時期，授業で出席を取り，しかも試験が厳しくて単位が取りづらく，要するにゼミの学生以外は受講しない科目だとの噂（キャンパス伝説）が流れ，多数の聴講者を集める同僚に「そういう講義の仕方はどうか」と注意されたので，そんなことはないと打ち消して「ゼミ学生もあまり取っていない」と反論したところ，さらにあきれられてしまったこともあった。
(25) 本文に書いたような事情のほか，科目が必修科目でなく，たんに特定コースの選択必修科目に位置づけられたこと，さらに学部の主流科目（すなわち，社会学かその周辺科目）でなかったことも，受講生の選択行動に関係していたと思われる。

業では、いずれ学生が社会に出たとき、せっかく労働法を学んだのに、そのセンスや応用力が欠如していて、何の役にも立たないのではないかという危惧の念を打ち消すことができなかった。

結局、究極の選択肢は、次のいずれかということのようであった。
① 他の多くの科目と歩調を合わせ、出席を取らず、試験の回数を減らし、試験の内容も「○○について論ぜよ」や「最近読んだ本について」などという一行問題に戻し、年度や学期の途中でのレポートなども課さないようにする。つまり、当時の「世間並み」の授業に戻すことで、受講学生数を増やし、つまみ喰い的に出席する、より多くの学生にも、せめて労働法の基本的センスか片言隻句だけでも覚えてもらうように、平易な授業を志向する。
② 受講生の数を増やすことは念頭から捨て去り、あくまでもきちんとした講義をさらに志向する。ただし、授業の趣旨を履修要綱ではっきりさせ、公務員試験などを志望する学生、社会保険労務士などの資格試験を希望する学生、労働法の基本と応用力をしっかりと身につけたい学生などを対象にすることを示す。少数でも意欲のある学生に、より力のつく授業を工夫して提供する授業を志向する方途である。

残念ながら、前者①に転向する気には、なかなかなれなかった。その方向では、何の予習も復習もしない様子の学生が、授業に出さえすれば教員から何かしらをすぐ与えてもらえると思って教室に現れるようになり、30分も1時間も遅刻して授業に出てくる困った学生が横行し、たちまち私語も盛んになることは目にみえている。それでは、真面目な学生ほど疎外感を抱き、就任した直後の1970年代後半の教室がさらに無秩序となって再現されかねないので、これには耐えられない思いであった[26]。

そこで、やはり向かう先は後者の②となった。とはいえ、これまでの工夫と

---

(26) 1992年にゼミナール生と首都圏55大学3426人と同80大学3158人から有効回答のあった調査結果を分析したところ、勉強をよくしていると自己評価する学生の特徴は、①大学の授業によく出席している②授業が面白いと感じたり、授業内容に満足したりしている度合いが高い③大学の勉強が将来の役に立つと思っている度合いが高い④専門を深く勉強しようとしている⑤個人的に相談できる先生をもっているなどであったので、まずはその種学生の期待に応じ、そうした学生を増やすことに寄与したいと考えた。

第7章　労働・雇用政策と労働教育への新提言

同じようでは芸がない。いわば一方で規制の緩和をし，他方で新たな規制を導入するようなことも行ってみた。それら一連の見直しを列挙すると，以下のとおりである。

（あえて規制緩和した事項）
① 出欠を取って出席点を与えるのをやめた。
② レポート（ターム・ペーパー）を出させることもやめた。
③ 遅刻や私語をいちいち注意することもやめた。
④ 成績評価を，相対的な得点別評価方式に変更し，A(優)の比率を一定にすることはしないようにした。相対的な得点別評価方式とは，その年度の授業でもっとも良い得点をした学生の点数で基準化して，相対点が80点以上をA，60点以上をB，50点以上をCにすることにした[27]。

（新たに工夫して規制強化した事項）
⑤ 出席点の代わりに，毎回，冒頭の5〜10分を用いて，前回分授業の復習テストを5択の選択肢問題で5問出し，そのうち3問以上が正解だった学生には「平常点」を1点ずつ上げ，それらを期末試験の点数に単純に足し上げる方式とした。当時は，通年で26〜28回ほどの授業回数だったので，全授業で1点ずつ得点すると，期末試験で52〜54点であっても28〜26点が足されるならば，A評価(優)となることが可能であるようにした[28]。なお，教員は毎時限の開始時刻5分前までに教室に出向き，当日用のレ

---

[27] 最高得点がついた当該学生の点数を100点に換算し，それとの比率で得点換算をする方式や他の標準化の方式に切り替えてみたりしたが，最後まで試行錯誤の連続であった。基準化，標準化の仕方には，さらに工夫の余地があった（なおその後，勤務していた大学の評価基準が変更され，現在は90点以上がA+，80点以上がA，70点以上がB，60点以上がCで，それ未満はDである）。

[28] 最後は大学がセメスター方式に移行し，前期の労働法が「労働法Ⅰ」，後期が「労働法Ⅱ」となり，どちらかだけでも履修できるように変わったので，裁判例の検討を扱う「労働法Ⅱ」は「労働法Ⅰ」を履修した者に限ると明示し，「労働法Ⅰ」だけでも労働法の基礎的事項がひとわたり理解できるように，完結型の入門授業とした。この場合は，半期で13〜14回ほどの授業回数なので，全授業で1点ずつ得点すると，期末試験で67〜66点であっても13〜14点が足され，A評価(優)が可能であるようになる。また，前期の試験内容は後期試験よりも論述問題への配点を抑え，より高得点が可能になるように配慮した（基礎的な選択肢問題，穴埋め問題，定義解説問題などに60点，論述問題に40点とした）。

ジュメを配布する準備をし，始業のチャイムとともに復習テスト用紙を配布し，解答をしてもらうようにした。そして，遅刻者には解答の途中であっても答案を提出することを求めた。もちろん，さらに遅刻した者には，この種の平常点がおよそ期待できないようにした。これにより，しばらくすると，特に注意するまでもなく，遅刻をしてくる者がほとんどいなくなった。冒頭試験の時間に遅れると，出席を見合わせる学生もいただろうが，それ以上に，遅刻をしないように気をつける習慣が受講生の間に徐々に広まったと解している。最終的には，受講生の半数ほどが5分前くらいに教室に座っているようになった。なお，当初は，復習テストの解答を毎回，口頭で解説したが，それでは復習試験関係だけで計20〜30分くらいを使ってしまうことに気がついたので，答案回収と引き換えに，あらかじめ用意してきた「解説つきの模範解答」を配布して済ますようにした。

⑥ 年度の後半の学期には，チームに分けた学生たちが判例を自ら選んできて，レジュメを配布して，皆の前で報告するようにした。前期に労働法の基礎をひとわたり講義し，後期にはそれを踏まえて応用的な力をつけるようにさせるためであった。選択すべき裁判例は，報告をする授業の日より2年以内に判決（決定）が出たものに限るとし，判例雑誌の『労働判例』などから自ら探し出させ，コピーを1週間前までに他の受講学生たちに教室で配布して，予習をしてくることができるようにし，かつ，全員が判例を読んでくることを求めた。つまり，教室の学生全体が予習をしてきたことを前提に，報告学生だけでなく，その他の学生にも随時，質問を投げかけるようにした。

⑦ さらに最終的には，普段の授業にも予習を求めることにした[29]。シラバスで毎回の授業個所を本の頁まで明示し，そのとおりの授業進行に努め，学生たちが予習しやすいように配慮した。また，主要な関連判例数件の事案と判旨のコピーを1週間前に配布し，それも読んでくることを求めた。切り替え時の失敗談としては，当初，予習を求めていながら，従来どおり

---

[29] 不慣れな概念や理論を自分なりに予習することの大切さをわかってもらうためにも，教員はもっと予習をさせるための実際的な工夫をすべきだと，かねて思っていたからであった。また，海外の大学で教えた経験からも，学生に予習をさせる必要性を痛感していたからであった。

に授業内で基礎的な用語や事項の解説などまでを教員側がしてしまったので，予習インセンティブを低めてしまった。やがてその問題点に気づき，基礎的な事項の説明や判例の事案と判旨はすべて学生をその場でランダムに指名して，当たった学生に行わせることにした。なお，学生を指名するために，授業が開始してから1ヶ月ほどの間に座る席を自ら固定し，それを座席票に記入して教員が手元に持ち，これに従って指名をする方式も工夫したことがある。その代わり，教員の責務として受講学生の名前を覚えるように努めることを約束し，講義内で対話式のやり取りが円滑に行われるようにも配慮することにした。ただし，受講生が一定数を超えるとその実行は難しくなった。

⑧　私語を注意しない代わりに，いつまでも私語している人には優先的に指名質問をすることにしてみた。また，学生が授業でもっとも嫌であることを訊いたところ，講義時間の休憩時間への喰い込みであるとのことであったので，もし私語がやまないようであるならば，講義を5分間延長するとあらかじめ宣言した。ただし，講義はかならず定刻開始にし，受講生らが私語をしないでいたら逆に5分間ほど早めに終了すると約束した。これは多大な効果を上げた。最後にはあえて注意するまでもなく，私語はまるでなくなり，学生による授業評価では，遅刻と私語のない授業である点が高く評価されるようになった。

⑨　上記のようなやり方を進めるうえで多人数講義は不可能に近いので，受講学生数は，50名以下に絞ったこともある。あらかじめこれを履修要綱に明記したうえで，もし定員を超えた場合には，一定の課題を出して，受講生の数を絞り込むことをあらかじめ説明した。実際には，新方式になってからの履修登録で50名を超えたことはなく，せいぜい30名くらいが授業に出て，最後まで履修し終わるのは20名前後に落ち着いた[30]。

---

(30)　たとえ選択科目でも，私立大としては受講生数が少なくなりすぎると，他の教員の負担を増やすおそれがあるので，50名までの受講は認める方針であった。だが，学部で授業をもった最後のころ（2006年度）の登録受講生数は42人，教室の座席表に登録している数が30人ほどであり，出席者数は通例25人前後であったので，翌年には人数枠を取り外したところ100人ほどの受講人数となった（なお，労働法のように技術的性格がなく，それだけに予習も課さなかった「職業キャリア論」の授業では，同様に遅刻と私語に関しては厳しく対応したけれども，受講生が200名を超える年度もあった）。

V　講義での予復習の意味

　一昔前は，学生は大人であるし，勉強するかしないかは自覚の問題だとする建前のもと，授業への出席を強く求めず，また，試験の問題をあらかじめ示唆するような教員も少なくなかった。しかし，多くの大学では，一部の学生を除けば，放っておいても勉強するということはないのが現実である[31]。

　現に，自分の授業で出席回数と試験の得点との相関を何度か調べてみたところ，1990年代においても相関係数が0.6を超え，相当に高い水準であった。出席を増やすために出席票を配布して回収し，出席点をつけてみたが，そうすると受講態度の悪い学生が目立つようになり，私語がまん延した。そこで今度は，出席点ではなく，前回授業の簡易復習テストで平常点を加点したり，私語をなくすための工夫をあれこれしたりすることになったわけである。

　しかしながら，もっとも重要なのは授業内容の理解が向上することである。そこで，上記のように復習テストを授業ごとに繰り返して，小刻みに学習してもらうことを試みた。だが，これだけでは，教員が与える正解の暗記型の学習態度に終始しかねず，現実の場面での応用力がつくとはかぎらない。

　この点，従来から，一方的に教え込もうとするのではなく，コミュニケーションをとった対話型や参加型の授業方法が推奨されている。しかし，授業中に学生に問いかけて答えてもらったり，近くに座る学生で小グループをつくり議論してもらったりすることなどを当初から意識的に取り入れてみたが，予習をして授業にのぞむ学生が少ないなかでは，概念操作的，技術的な性格がある法学の講義の場合，対話型も参加型も事前の準備なしには感覚的反応や感情論の吐露になりがちであった。

---

(31)　最近のように大学における授業や勉強重視が以前よりも強調されるようになっても，大学生協連合の調査によると，2013年において，1日の読書時間は平均26.9分（文系32.0分・理系24.2分・医歯薬系18.7分）で，同じ方法で調査している04年以降もっとも短く，まったく本を読まない学生は40.5％と，初めて4割を超えたようだ（「第49回学生生活実態調査の概要報告」[集計は30大学，n=8930] http://www.univcoop.or.jp/press/life/report.html [2014年6月30日閲覧]。他方，授業時間を除く「大学の予習・復習・論文など」は週351.2分[1日50.2分]で，文系学部では238.8分[1日34.1分]である）。いずれにせよ，学生は授業に出ないでも図書館で本を読んで自主的に勉強している，という時代ではまったくない。

第7章　労働・雇用政策と労働教育への新提言

　また，対話型・参加型の授業の最大の問題点としては，一方通行型の講義に比して，与えることのできる情報量が圧倒的に少なくなることがある。基本となる重要事項に絞り込んで学生に考えさせる授業をする必要があるが，教員にとって必須事項の絞り込みは簡単でない。教科書や参考書を指定しても，普段は読むことなく，最終試験の直前にしか目を通さない傾向があると，授業は枝ばかりで葉も実もない樹木のようになりかねない。

　そこで，何とか予習をしてもらおうと工夫をしてみた。学生が予習さえしっかりとしてきてくれれば，初歩的な概念の説明や法的な枠組みをくどくどと説明する時間を省略して，その日のキーポイントの議論に導く時間がとれるからである。

　だが，シラバスで毎回の授業範囲の教科書，参考書の頁数を示しても，まず読んできてはくれない。わざわざ前の週にレジュメや資料を配布しても，翌週に読んでくるどころか，忘れてきたからまたほしいと請求される仕末。資料を持参してきても目は通していない。ほとほと途方に暮れた。

　しかし，学生から授業の感想を書いてもらったなかに，せっかく予習をしてきても，授業で初歩的なことをまた説明してくれるのでは，予習の意味をなさない旨の意見があり，予習を前提にしない従来型の講義姿勢が自分に残っていることを悟らされた。学生たちは予習をしてきているはずなので，受講生を指名して概念や法的枠組みの説明をしてもらえばよいことに気づいた。

　最初は，教員も学生も新方式に慣れないので，ひどく手間取った。求めても予習をしてきていない学生たちが立ち往生し，授業が前に進まない。授業は原則として，毎回つねにこれまでに説明していない新しい分野へと進むのであるから，真面目な学生であっても復習をするだけの従来型の姿勢であると，何も答えられないのである。

　そこで忍耐強く，学生たちに予習を習慣づける教室文化が成立するようにしたところ，やがて他の人の前で恥をかきたくない一心からか，予習をしてきはじめた。すると，基本概念や枠組みの説明は補足的に行うだけで，その日の授業のポイントに絞り込んだ議論を発展させることが可能になっていった。これは，教員だけでなく，学生の授業満足を高めた。技術的性格の強い科目での参加型は，当然のことながら，学生たちの主体的な学習，とりわけ予習の存在が不可欠な前提になっていたのである。

〔諏訪康雄〕　**39**　労働法をどう教えるか？：法学部以外における授業での試みから

　授業がそれなりに円滑に進みはじめたところで，学生たちの多くはどこで予習をしているかを訊いたところ，大学への通学途中の交通機関のなかと大学の休み時間においてであることがわかった[32]。そこで，わざと午後一番の授業枠に労働法を配置し，もっとも長い休み時間である昼休みに予習ができるように試みた[33]。また，別途に担当する予習を求めない他科目と労働法科目では受講生に重なりがなかった際に，1週間の教室外の勉強時間数を尋ねる質問紙を配布し，両者の勉強時間数の差を調べたところ，平均して1時間ほど，予習要求授業の受講生の勉強時間が多かった。つまり，1時間半の講義に対する予習時間は，求めたとしても，平均的にはやっと1時間程度らしいことがわかり，これを前提にした分量を予習してきてもらうように心がけた[34]。

　こうした授業改革は，当然，教員としての負担を重くした。1977年に講義を開始した時は，先輩教員らの方式に従って，まったくレジュメを配らず，板書も最低限でしかなかった。試験は年に1回しかせず，中間にレポートなども課さなかった。しかし，4半世紀ほど後の労働法の講義では，①毎回の授業のために数枚のレジュメを準備し（後にはパワーポイントも用意し），みずから印刷して配布し，②前回授業の復習五択問題とその模範解答を準備し，同じく印刷配布し，③次回授業のためのレジュメや資料を用意し，同じく印刷配布するに至った[35]。

---

(32)　2007年度の労働法の試験を受けた87人にアンケートをしたところ，ほぼ全員（97.7％）がアルバイトの経験をもっていた。アルバイトに従事する平均は週3日，週15時間ほどであり，多くの学生は授業出席時間，アルバイト時間，クラブ活動時間などがほぼ3分の1ずつで，多忙な生活を送っていた。通学時間や休み時間等の活用の実態は，むべなるかなと感じた。

(33)　資料配布やパワーポイントの準備などで授業開始時刻の20～30分前に教室に入ると，かなりの受講生が教室で食事をしながら予復習している光景をみた。

(34)　日本の文系科目の授業では，語学などの一部科目を除いて，予習を前提にしてはいないが，他の科目も同様の方向に進むとき，自分の科目だけで予習時間を多大に求めたならば，いわば予習時間の「独占禁止法違反」のような事態を招きかねないことを考慮した。最終的には，4学期制などにして，1学期にとる科目数を絞り込むことで，個々の科目の予復習の時間を無理なく確保するような配慮がいると思われる（その後，2000年以降に予習を前提とする2つの社会人大学院の創設と運営に関わったが，この種の経験から当初より4学期制を意図的に取り入れた。詳細は，諏訪康雄編著『キャリア・チェンジ』生産性出版，2013年を参照）。

(35)　予復習に特別の措置をしなかった別科目では，②と③がなかったが，時代の要請か，

Ⅵ　非法学部に特有の課題

　法学部以外の学部といっても，理系や芸術系などで教えた経験がないので，社会科学系のそれの場合であるが，労働法教育において何が課題だろうか。

　労働法の教育と学習の目標としては，①法学系の資格試験への準備（司法試験，司法書士試験など），②関連職業への準備（労働法研究職，人事労務管理の職務，労働組合役職員など），③論理実証的な知的能力の育成（法的な論理推論能力など），④市民の基礎教養の育成（働くうえでの基礎知識など）が考えられる。

　教育経験をもった社会学部では，①で公務員や社会保険労務士を念頭において科目選択している学生が少数ながらいたが，②はほぼ皆無であった。したがって，③論理力の鍛錬と④市民的教養教育が授業の主たる目的となった。

　とはいえ，まだ本格的に働いているわけでない学生には，労働法の前提知識

---

　①のレジュメ配布は当然のこととなり，ほかに④毎回の授業リアクションペーパー準備と前回分のリアクションペーパーへの講評ペーパーの準備と印刷配布をした。そこで，学部と社会人大学院の双方を担当する最後の年となった2007年の1年間における，労働時間を日々記録して集計してみたところ，学部と大学院の授業本体とその準備後始末の時間という教育関連で計1126.3時間（A），各種委員会や入試などの校務に計389.4時間（B），それぞれ費やしていた（通勤時間などは含まない）。合計すると，大学の教育と校務に1515.7時間（C）に達した。パートタイム労働者の年間平均労働時間ほどであった。ただし，これに調査研究に充てた時間1284.8時間（D）を足すと，大学教員としての合計労働時間は2800.5時間（E）となり，フルタイム労働者の年間平均時間を超えていた。また，その年における社会的活動（各種の審議会，研究会，講演など）の時間（長年，アルバイトと呼ばれてきたもの）は512.3時間（F）であり，これらすべてを足した総労働時間数は3312.8時間（G）となった。ちなみに，総労働時間数（G）内の比率でみると，大学の授業関連（A）は34%，校務関連（B）が12%，大学の教育と学務の合計（C）で46%であった（つまり教員業務に全労働時間の半分弱を充てていた）。同じく調査研究関連（D）は39%であり，社会的活動関連（F）は15%だった。文部科学省科学技術研究所の調査結果（2008年，大学教員2709人）では，年間の「勤務時間」2884時間のうち，教育関係が年平均823時間（28.5%），研究関係が同1041時間（36.1%），社会活動関係が同451時間（15.6%）などとあった（http://data.nistep.go.jp/dspace/bitstream/11035/497/21/NISTEP-DP080-FullJ.pdf［2014年6月30日閲読］）。対比してみると，教育関係では個人的に大学教員の平均値より年300時間くらいだけ，余分に時間と精力を費やしていたことになる（本文に記したような授業の試行錯誤を行ったことと一定の関係があったと推測されるが，還暦の歳で主観的にはかなりの負担と感じたけれども，客観的にはさほどの時間数ではなかったようである）。

や感覚が欠けている。そのような学生相手に，配置転換，出向，昇進昇格，定年制度などをめぐる法的論点と考え方の微妙な根拠を示して理解してもらうのは容易ではない。しかし，学生の大部分が経験する最大の「課外活動」と化したアルバイトも雇用の一形態であるので，これもできるだけ題材にして講義を進めると，学生の反応はよくなった。また，試験の点数を比較してみると，アルバイトを現にしている学生の点数が相対的に高かった[36]。

　法学部の場合もそうであろうが，非法学部の場合にはなおいっそう，抽象論を重ねるよりも，学生に想像のしやすい具体的な議論を行いつつ，労働法的な意味を考えさせることが有意義だと感じた[37]。

　また，法の規定や法理を説明するだけでなく，権利侵害に対する具体的な救済手段についても，丁寧に説明した。授業後に，アルバイト中の交通事故，仕事中の油跳ねによる火傷，予告なし解雇への対応などで相談をよく受けるようになり，問題のポイントと相談に行くべきところを説明したので，その後，所轄の労働基準監督署などには相当お世話になった。

　しかしながら，非法学部における労働法教育の最大の難点は，関連する法学科目を学生たちがほとんど履修しないままに，労働法を選択することであった。非法学部に民事訴訟法はそもそも設置されていようもないが，かろうじて教養科目の法学を履修してくれていればいい方で，学生の多くは民法や刑法はおろか，憲法さえも履修してこなかった。これでは，細かな解釈論の授業をしようと，いくら予復習を求めたところで，ついてくることがとても難しい。

　それでも，要約されたものばかりでなく，できるだけ裁判例そのものを読んでもらった。最初に，判決の構造と読み方をごく短い裁判例を用いて丁寧に説明し，その後は自分なりに読み込んでもらうように心がけた。どこまで理解さ

---

[36] 2007年度の試験結果をアルバイト歴と交差させて比較すると，アルバイトを現にしている学生（64人）の得点平均を100に換算すると，以前にしていたが今はしていない学生（17人）が92，経験のない学生（1人）が82という結果が出た（あと5人は別形態の試験を受けたので除外してある）。これだけで結論は出せないが，アルバイトとはいえ就労体験をもつことは，労働法の理解度を上げる効用があるように思える。

[37] たとえば，労働時間の講義で「始業終業の時点」をどう考えるかをめぐり，現に行っているアルバイトに即して判例法理を考えるとどうなるか，などと問いかけると，実に活発な反応があった（何とたくさんの学生たちは，法的な意味での始終業時刻の外で，所定外時間労働を報酬なしで提供させられていたことか）。

第7章　労働・雇用政策と労働教育への新提言

れたかはわからないが，裁判例を実物で読むことを畏怖することがなく，どこをポイントにみればよいかを多少とも体感してもらえたらと願ってのことである。市民たる学生にとって，紛争処理手続きとそこでの判断の分かれ目について，少しでも親しみ，考える機会をもつことは，無駄ではないはずである[38]。

このような意味では，非法学部の労働法科目は，学部の核となる科目群には属さない以上，専門科目というよりは，教養的な色彩のある専門科目と位置づけられざるをえない。しかし，ただ一定の時点での法令や判例や学説の知識を付与するだけでは，学生からみて体のよい雑学に終わりかねない。悩むところである。そこで，講義の初回と最終回に労働法とは何かの基本思想と構造と機能をめぐる授業をサンドウィッチ状においてみた。それにより，労働法のセンスを理解し，将来にわたる関心を示しつづけてもらいたかった。

いずれにせよ，法学部で学び，労働法を研究領域とした身にとっては，専門教養科目といった性格づけに慣れ，それに適合的な授業スタイルを確立するまでには，かなりの葛藤と時間がかかる。学問の後継者養成は望むべくもなく，労働法を専門職としての知識にするわけでもなく，しかも社会経験だけでなく，法学一般の知識も欠けている学生に，どう教えたらよいのか。伝統的な法学部流の講義の構成と進め方は，たしかにそぐわなかった。

授業目標の転換，発想の転換をめぐるきっかけは，1980年代の海外での授業経験と1990年代から本格的に勉強を開始したキャリア論であった。前者でシラバス，レジュメ，バズタイム（小グループ討論），質疑応答などの必要性と意義を学び，後者により，職業を核とした人生であるキャリアを形成するうえでの大学教育の意味について，あらためて考えさせられた。

リベラルアーツは，たんなる知識としての教養ではなく，技術技能や思考行動様式として実際に身についた教養でなければならない。いずれの職業に就くにしても，卒業後の長い人生を送るうえで有意義な人生の糧（知的ツール）を

---

(38) 後期授業で10数件の裁判例を実際に読んだ結果，学生たちは，法学部の友人にも驚かれたなどといいつつ，主張と立証の違いや論理的な議論を積み重ねる必要性などについて，それなりに深く勉強した点での感想を述べていた。また，順番はともかく，労働法受講がきっかけとなって法的な分野に関心をもち，学部で開講されていた憲法，民法，行政法，情報法などの科目を受講したり，社労士試験に挑戦する学生が出てきたりしたのは，喜こばしかった。

〔諏訪康雄〕　**39** 労働法をどう教えるか？：法学部以外における授業での試みから

まずは提供するべきではないか。学生たちの大部分は，当該学部に固有の専門科目群を体系的に勉強して，あるいは関連の職に就き，あるいはまるで別の分野で雇用されて，半世紀近くにおよぶ市民としての職業人生を送る。

　当然，英語や体育のような教養科目は，その分野の大学や学部でないかぎり，専門職の仕事には直結しない。同時通訳や翻訳者になったり，運動選手やスポーツジムのインストラクターになったりするわけでもない。まして当該科目の研究者や教員の後継者育成とは，まるで縁遠い。しかし，教員が適切に教育し，学生が真面目に取り組むならば，生涯学習の基盤を築いてくれるだろう。

　労働法は，みずから働くうえでも，他の人を働かせるうえでも，重要である。非法学部の労働法科目も，職業人生を送るうえで不可欠であるだけでなく，規制の変化が多い法領域であるだけに，学生時代にその沿革，意義，機能，基本思想などをそれなりに理解し，その後の職業生涯をつうじて労働法への関心をもちつづける基礎を提供するようにすべきだと考えるに至った[39]。

　この観点からすると，自分自身が大学院で経験した専門学問の後継者教育という方式は，狭くとも深く，知の地平の涯へと迫る作業に従事すべき人材の育成法であった。いわば，浅くとも広く，普段の生活に必要なことを理解しておくという市民的教養の教育の反対の局にある。前者の狭く深い方式の妥当性や有効性は，後者についてはきわめてかぎられよう。なのに，大学ではいまだ一部に，自己の学問後継者や専門職を養成するような授業でないと評価しないかのような意識が，いつまでも残っている。そのせいもあって，一般教育や教養教育がきちんと評価されない。よき市民を育て，卒業生が大学での教育と学習をその後，社会に出て役立ったと評価し感謝してくれることは，教育機関としてもっとも大事なことではないのか[40]。

---

(39) 有斐閣『法律学小辞典』の労働法関係の編集を何度か担当してきたが，改版のたびに担当編集者は「商法と労働法は改定が多くて大変だ」と述懐している。法的規制の変化のもっとも激しい法領域のひとつなのである。

(40) こうした視点から，教養科目の「法学」の授業を担当した時は，「現代社会と法」という統一テーマで，前提となる社会現象と法の機能との相互作用を考察するように努めた。ここでも，構造と機能の理解に力点をおき，フィールドワークを含む実践的問題に法的にどう対応するかを考えてもらうレポート（教室での携帯電話利用ルール，近隣のペットの世話をめぐる契約書作成など）を課してみた。学生が自分なりに調べて考えた跡のうかがえる面白い力作が多く提出された。

第 7 章　労働・雇用政策と労働教育への新提言

　こうして，最終的には，現時点でアルバイトに従事するうえで役に立ち，これを契機に現実と法との関係を考えてもらい，将来的にも労働法への関心をもち，必要に応じて学習する習慣の基盤を提供する志向に落ち着いた。

Ⅶ　模索過程の振りかえり

　法学科目のように体系的で技術的側面のある科目を，非法学部で教えることは簡単でない。身近で比較的に理解しやすいとされる労働法であっても，少し込み入った議論をしはじめると，やはり同様である。実際，教育経験は試行錯誤の連続であった。およそ成功したとも思えないし，自分なりの完成形にもほど遠いまま，学部での授業担当を終えたのであった。

　振りかえるに，教員，学生，学部（大学）のそれぞれに課題があり，相互に関係しており，それらは一定の流動性をもっていたように思える。教室では，とりわけ学生の状況と教員の対応がどう噛みあうかが，授業の円滑な進行を左右する。法学部出身者である教員の場合，無意識に授業をすると，法学部生向けの授業方式となりがちであるので，非法学部学生の実情についてよく理解しないといけない。また，当該学部のカリキュラムにおける位置づけも的確に読みとる必要がある。

　ともあれ結果的に，予習と復習の重要性，とりわけ前者の意義を痛感し，これを非法学部生にも求めるための工夫に行きついた。アルバイトと絡めた「雇用と法」の説明はそのひとつであった。教育は学生にとって外から与えるものにすぎず，学生がみずから学習することにより，内に知識や技術技能を取りいれ，みずからの力を高めようとしないかぎり，最終的な効果にはつながらない。その気にどうさせるか。

　最近はやりのアクティブ・ラーニングも反転学習も，プロジェクト志向のグループ学習も，どれも学生の自主的な学習能力の強化と習慣づけに関連している。もちろん，少人数の演習では，この種の試みを行いやすい。問題は，比較的多人数で，学生の知識も興味関心も分散が大きいことが前提となる講義において，それをどこまで，どう採りいれようとするかである。不明なことに，かなり後になって初めて，自分の試行錯誤もこれをめぐってのものであった，と気づいた。

　授業内で教員にとって正解と思われる説明をできるだけたくさん講義して，

知識を伝授するスタイルに慣れ親しんできた大学教員は，みずからの研究成果をできるだけ開陳して，これでもか，これでもかと学生に自領域の知識の詰め込みをしようとしがちである。自分にとって心血を注いできている大切な分野なので，受講する学生にとっても同様だろうと思い込みがちである。したがって，学生が話に興味を感じ，理解しているかどうかには，さほど意を払わず，質疑応答に無駄な時間を割かず，一方通行でとうとうと話してしまう。そして，期末テストの答案をみて，愕然とする。同じように授業を聞いていたはずなのに，零点から満点近くまで，答案の出来は分散し，少なからぬどうしようもない答案に心を痛める。「学生はなっていない」と自己の努力が無に帰したような印象を抱いてしまう。若手教員としての経験は，その段階から出発した。

しかし，学生に憤ってみたところで，あるいは叱ってみたところで，遅刻も，私語も，勉強への不熱心さも，少しも改善しなかった。教員としての知恵も経験も足りなかったし，学生側の状況をよくわかってもいなかったからであった。こうして，授業でミニ調査をしたり，リアクションペーパーを書いてもらったり，前世紀の段階から自主的に授業評価を取りいれたりして，学生との対話を繰り返しながら，最適解を探ってみたのであった。

こうして，ごく普通の市民として職業人生を送るうえで労働法の知識とセンスは大事だということを繰りかえし説き，アルバイトとの対比をしたり，裁判例などを読んだりしながら実感してもらうような形態に行きついた。労働法の基本的な勉強の仕方を教え，学習してもらうよう心がけた。とりわけ教室外での予習と復習をしてもらえるように工夫をしたが，それ前提にすると，教員が多くのことを一方的に説いていたころよりも，はるかに学生の喰いつきと理解が高まり，細部をくどくどと説明しないで済むので，重要事項に絞った議論を深めることができるようになった。教員としても充実感を覚えた。

Ⅷ　おわりに

日比谷公園を設計した本多静六博士は，主に戦前の帝国大学と旧制高校を念頭においてであろうが，大学教授とその他の教員との対比を論じていた[41]。

---

(41)　本多静六『人生計画の立て方』実業之日本社，2005年，118頁。原著刊行は，同社，1952年。

第7章　労働・雇用政策と労働教育への新提言

「学者になろうとする人々は，小，中，高各校，またはそれに相当する時代から，すでに秀抜な成績を示す優等者でなければなるまい。そうして，記憶力，観察力，構成力，推理力，判断力，感覚等をはじめ，とくに数理に長け，想像力に優秀でなければならぬ。これら僅少な優秀群の，しかも大学，大学院と進んだもののみが，権威ある最高研究機関にとどまって，ここに学者たるべき研鑽が遂げられるのである。」

「これに次いで，ほとんど同様の役割をもつものに教育者がある。これまた，小，中，高各時代から行学一般の優秀者たるべきはもちろんであるが，さらに，温厚篤実にして円満なる人格者が要請され，かつあくまでも愛情に富み，情熱をもって献身的に教科誘導に任ずる人々が求められるわけである。」

筆者は，そのどちらでもなかった。教員に求められる資質との関連では，「温厚篤実にして円満なる人格者が要請され，かつあくまでも愛情に富み，情熱をもって献身的に教科誘導に任ずる人々」には到底，該当しなかった。それゆえに，以上に述べてきたような試行錯誤を繰りかえさざるをえなかったし，さしたる成果をあげたとも思えない。

ただ，大規模私立大学に就職し，そこでの研究と教育の狭間で悩んだため，両者の違いには敏感になった。演劇になぞらえれば，研究はシナリオ書きであり，教育は舞台での役者としての演技といった違いがある。音楽でいえば，研究は作曲であり，教育はその演奏であろうか。当然，求められる能力や適性には差異がある。

研究志向がまさり，教育に必要な能力，技術技能，適性さらには意欲などを問わないで採用され，必要な訓練もなされてこなかった以前の大学教員と違い，これからの高等教育の担い手は，コーチングやファシリテーションなどの技量をみがいた，はるかに高い水準において，教育成果を求められていくことであろう。それには相当な時間と精力を要すると思われるだけに，研究と教育の狭間での悩みも，より深刻になりそうである。

本稿は，一昔前に大学教育を担当し，すでに定年退職した教員が，その授業風景を垣間見る程度に事例紹介したものにすぎない[42]。それでも研究と教育

---

(42)　講義やゼミナールなどで失敗を繰り返しながら高等教育のあり方を模索した副産物として，将来の職業キャリア展開を念頭においた授業のあり方や，社会に出てからのキャリア展開を支える能力の一部としての社会人基礎力といった概念などについて，自

〔諏訪康雄〕 **39** 労働法をどう教えるか？：法学部以外における授業での試みから

の葛藤に次世代の大学教員が悩んだ際に，本稿を読むことで，昔の大学教員もやはりそうであったのかと感じとってもらえたならば，望外の幸せである。

分なりの考えをもつことができた（研究成果とはいえないが，諏訪康雄「キャリアデザインとは何か？」『世界の労働』56 巻 4 号 10-16 頁［2006 年］，同「社会人基礎力とは何か？」『教育展望』52 巻 7 号 19-25 頁［2006 年］，同「大学教育とグローバル人材育成」『世界の労働』60 巻 12 号 26-32 頁［2010 年］，同「専門職のキャリアは誰が形成するのか？」『専門図書館』248 号 2-9 頁［2011 年］ほかの一連の執筆につながった）。

毛塚勝利先生略歴

<略　　歴>
1945年2月26日　栃木県栃木市に生まれる。

<学　　歴>
1963年3月　　栃木県立栃木高等学校卒業
1964年4月　　一橋大学法学部入学
1969年3月　　一橋大学法学部卒業
1969年4月　　一橋大学大学院法学研究科入学
1972年3月　　一橋大学大学院法学研究科経済法修士課程修了
1972年4月　　一橋大学大学院法学研究科博士課程入学
1973年9月　　ドイツ・ギーセン大学法学部留学（→1974年8月）
1976年3月　　一橋大学大学院法学研究科経済法博士課程単位取得退学

<職　　歴>
1975年4月　　国際基督教大学非常勤助手（→1976年3月）
1976年4月　　静岡大学法経短期大学部専任講師（→1978年3月）
1978年4月　　静岡大学法経短期大学部助教授（→1988年3月）
1982年10月　 ドイツ・経済社会研究所（WSI）客員研究員（→1983年9月）
1988年4月　　静岡大学法経短期大学部教授（→1989年3月）
1989年4月　　専修大学法学部教授（→2004年3月）
1992年7月　　ドイツ・労働技術研究所（IAT）客員研究員（→1992年9月）
1998年1月　　ドイツ・フランクフルト大学客員教授（→1998年3月）
2004年4月　　中央大学法学部教授（→現在）
2009年9月　　イタリア・トレント大学客員教授（→2009年10月）
2011年12月　 ドイツ・ミュンスター大学客員教授

毛塚勝利先生紹介

毛塚勝利先生 業績目録

　　毛塚先生の研究業績について，著書（共著・編著・研究報告書等を含む）を『　』で，それ以外の論考については「　」で括るという方針で作成した。論文以外の判例研究，書評，講演録，対談・座談会等については，表題の冒頭にその旨を記した。

【1975（昭和50）年】
　5月　「判例研究／人事異動不服を理由とする管理職の解雇の効力～滋賀マツダモータース事件を中心に～」労働判例220号13〜19頁
【1976（昭和51）年】
　2月　「西ドイツにおける配転の法理――労働契約法上の配転の処理を中心に――」労働法律旬報898号49〜59頁
　4月　「判例研究／年休の争議利用と時季変更権――道立夕張南高校事件・徳島県職員事件（控訴審判決）を中心に――」労働判例243号14〜21頁
　12月　「配転における労働契約の法理」労働法律旬報918号34〜42頁
【1977（昭和52）年】
　2月　「採用内定の取消をめぐる最近の判例の動向と問題点」労働判例265号19〜32頁
　9月　「西ドイツの労働監督制度」日本労働法学会誌50号125〜148頁
【1978（昭和53）年】
　3月　「西ドイツ雇用保障法制の構造」季刊労働法107号98〜104頁
【1979（昭和54）年】
　3月　「組合活動〔施設利用，組合事務所，掲示板，在籍専従〕」「団体交渉〔団体交渉の当事者［上部団体，職場組織，地区労］〕〔団体交渉の対象事項［重役の退陣要求，権限外事項，管理運営事項］〕」青木宗也＝横井芳弘〔編〕『判例ノート労働法』54〜64頁
　6月　「出向命令の効力をめぐる判例の動向と問題点」労働判例318号14〜26頁
　9月　「配置転換」「出向」蓼沼謙一＝横井芳弘〔編〕『労働法の争点』〔ジュリスト増刊法律学の争点シリーズ7〕201〜205頁，有斐閣
【1980（昭和55）年】
　3月　「判例研究／バンド楽団員の『労働者』性――阪神観光事件を中心として――」労働判例334号4〜10頁
【1981（昭和56）年】
　5月　「労働契約と組合活動の法理」日本労働法学会誌57号32〜52頁

6月　「判例研究／採用内定の取消の正当性──電電公社近畿電通局事件」ジュリスト臨時増刊743号『昭和55年度重要判例解説』253〜255頁

8月　「判例研究／整理解雇──東洋酸素事件」萩澤清彦編『労働判例百選〔第4版〕』別冊ジュリストNo.73, 86〜87頁

【1982（昭和57）年】

3月　「西ドイツにおける技術革新・合理化と労働組合──70年代協約政策を中心に──」比較法雑誌15巻4号1〜60頁

4月　「懲戒の機能と懲戒権承認の規範的契機」日本労働協会雑誌277号15〜26頁

8月　「採用内定・試用期間」日本労働法学会〔編〕現代労働法講座 第10巻『労働契約・就業規則』総合労働研究所84〜113頁

【1983（昭和58）年】

7月　„Fremdfirmenarbeit und Leiharbeit in Japan (I)", Die Mitbestimmung 7/83, SS.337-339

9月　„Wird die Leiharbeit in Japan legalisiert?", Die Mitbestimmung 8+9/83, SS.398-399

【1984（昭和59）年】

2月　〔翻訳〕マンフレッド・H・ボプケ「西ドイツ労働争議法の現状──裁判官法による労働争議法の問題点──」労働法律旬報1089号8〜18頁

3月　「労働生活と法」勤労者教育研究会『法学入門』123〜147頁

6〜7月　「就業規則理論再構成へのひとつのこころみ」(1)・(2)労働判例428号4〜12頁, 430号4〜14頁

【1985（昭和60）年】

　　„Alles Harmonie? – Die Stellung des japanischen Arbeitnehmers", in: Hanau/Kimoto/Markmann/Tezuka (Hrsg.), Die Arbeitswelt in Japan und in der Bundesrepublik Deutschland – ein Vergleich, Hermann Luchterhand, SS.55-61

1月　「エッセイ／わたしの主治医」横井芳弘教授還暦記念『遊子閑談』〔非売品〕73〜75頁

2月　〔翻訳〕M・ヴァイス＝S・ズィミティス＝W・リズィ「西ドイツにおける労使紛争処理」花見忠〔編〕『労使紛争処理の国際比較』132〜210頁, 日本労働協会

3月　「《西ドイツ》1984年『労働時間協約』」日本労働協会雑誌310号54〜59頁

　　「二元的労使関係と企業内労働条件規制──法的紛争からみた西ドイツ協約優位原則の意義と機能──」静岡大学法経論集54・55号171〜242頁

6月　「判例研究／見習社員期間の法的性格と勤務成績不良を理由とする解雇の効力──ブラザー工業事件」ジュリスト臨時増刊838号『昭和59年度重要判例解説』219〜221頁

9月 「西ドイツにおける労働時間立法——最近の動向と議論の焦点」労働法律旬報1128号15〜24頁

【1986（昭和61）年】
3月 〔翻訳〕「資料 西ドイツ金属産業における労働協約と企業内労使間協定」静岡大学法経論集56・57号189〜264頁

〔翻訳〕マンフレッド・H・ボプケ「ドイツ連邦共和国における労働争議および争議法の新展開」比較法学19巻2号145〜155頁

6月 「判例研究／生理休暇の取得と精皆勤手当——エヌ・ビー・シー工業事件」ジュリスト臨時増刊862号『昭和60年度重要判例解説』208〜210頁

10月 「組合規制と従業員代表規制の補完と相克——企業内労働条件規制にみる西ドイツ協約優位原則の実相」蓼沼謙一〔編〕『企業レベルの労使関係と法』213〜261頁，勁草書房

「西ドイツ金属産業における組合地区支部の組織と活動——金属産業労働組合D地区支部を例に——」静岡大学法経論集58号37〜138頁

【1987（昭和62）年】
1月 「講演録／西ドイツ労働時間法制，協約・企業内規制の実情と最近の動向」季刊労働者の権利167号14〜24頁

2月 「書評／本多淳亮先生還暦記念『労働契約の研究』によせて：労働契約法理の到達点と新たな展開への模索」労働法律旬報1162号48〜53頁

4月 „Neue Entwicklung des Arbeitsrechts in Japan – Gesetzgebungswelle im Wandel der Wirtschafts- und Beschäftigungsstruktur –", WSI Mitteilungen 4/1987, SS.218-227

6月 〔翻訳〕マルチュケ・ハンスペータ「西ドイツにおける労働者派遣法の現状」労働の科学42巻6号13〜18頁

書評／„Studien zum japanischen Arbeitsrecht", Arbeit und Recht 1987, SS.208-209

9月 「組合活動〔施設利用，組合事務所，掲示板，就業時間中の組合活動・政治活動，在籍専従〕」「団体交渉〔団体交渉の当事者［上部団体，職場組織，地区労，団体交渉の委任］〕〔団体交渉の対象事項［重役の退陣要求，権限外事項，管理運営事項］〕」青木宗也＝横井芳弘〔編〕『新版・判例ノート労働法』66〜73，74〜76，78〜81頁，法学書院

10月 「就業規則法制の『問題点』と検討課題」季刊労働法145号56〜72頁

【1988（昭和63）年】
1月 「シンポジウム／労使関係法政策の課題 先進国の動向に関連して」（田端博邦・浜田冨士郎・安枝英訷・菅野和夫）日本労働協会雑誌342号60〜77頁

3月 「労働協約における労働者義務条項の法的意味」一橋論叢99巻3号（蓼沼謙

一教授退官記念号）338〜357 頁
 4 月 「就業規則〔設問 37〜41〕」下井隆史＝山口浩一郎〔編〕『ワークブック労働法』106〜120 頁，有斐閣
 5 月 「解雇と懲戒」窪田隼人＝横井芳弘〔編〕『現代労働法入門（新版）』336〜356 頁，法律文化社

【1989（平成元）年】
 1 月 『西ドイツの労働事情』日本労働協会（全 266 頁）
     「集団的労使関係秩序と就業規則・労働協約の変更法理」季刊労働法 150 号 143〜157 頁
 3 月 「判例研究／整理解雇──東洋酸素事件」萩澤清彦〔編〕『労働判例百選〔第 5 版〕』別冊ジュリスト No.101，80〜81 頁
 9 月 「現代西ドイツの労使関係と法」労働法律旬報 1223・24 号 29〜38 頁

【1990（平成 2）年】
 1 月 「西ドイツ労働組合の選択──西ドイツにおける時短交渉の経過──」経済と労働〔労働特集Ⅰ〕（東京都労働経済局）平成 2 年 1 月号 23〜31 頁
     「座談会／社会・労働関係の変貌と労働法学」（深谷信夫・盛誠吾・浜村彰）労働法律旬報 1231 号 4〜27 頁
 4 月 「座談会／労働条件変更の法理 最近の判例状況とその問題点」（上条貞夫・渡寛基・角田邦重・盛誠吾・浜村彰・山田省三・新谷眞人・中野麻美）労働法律旬報 1237 号 4〜25 頁
     「コメント／『労働法学と企業概念』の解題とコメント」労働法律旬報 1238 号 25〜29 頁
 10 月 「座談会／紛争処理制度と労働法学」（浜村彰・深谷信夫・盛誠吾・脇田滋）労働法律旬報 1250 号 4〜41 頁
     〔報告書〕『欧米諸国の年次有給休暇制度に関する報告書』（労働省労働基準局賃金時間部。執筆担当は「西ドイツの年次有給休暇制度」139-180 頁）
 11 月 「就業規則の法的性質」「就業規則の不利益変更」蓼沼謙一＝横井芳弘＝角田邦重〔編〕『労働法の争点（新版）』〔ジュリスト増刊法律学の争点シリーズ 7〕284〜285，286〜287 頁，有斐閣
     「判例研究／期限付雇用が試用目的である場合の期間の性格──神戸広陵学園事件最高裁平成 2 年 6 月 5 日第三小法廷判決」ジュリスト 966 号 73〜77 頁
 12 月 「第 37 条（時間外，休日及び深夜の割増賃金）」有泉亨＝青木宗也＝金子征史〔編〕『基本法コンメンタール（第 3 版）労働基準法』別冊法学セミナー No.100，210〜213 頁，日本評論社

【1991（平成 3）年】
 11 月 「座談会／労使関係の変化と労働法学の課題」（浜村彰・深谷信夫・盛誠

吾・脇田滋）労働法律旬報 1275 号 4～29 頁
12 月 〔報告書〕『労働契約の実態と問題点——労働契約形態の多様化への対応——』（労働問題リサーチセンター。執筆担当は「労働契約の終了に関する問題点」113～120 頁,「就業規則」120～128 頁,「パートタイム労働者」129～153 頁）
「週 35 時間を実現したドイツ労組の教訓」エコノミスト 2988 号 130～133 頁

【1992（平成 4）年】

1 月 「書評／西谷敏著『ドイツ労働法思想史論』」日本労働研究雑誌 386 号 28～29 頁

2 月 「ドイツ」21 世紀の労使関係研究会〔編〕『21 世紀の労使関係：日本及びアジア・欧米主要国の労使関係の変化と展望』43～60 頁, 労務行政研究所

5 月 「わが国における従業員代表法制の課題——過半数労働者代表制度の法的整備のための検討課題——」日本労働法学会誌 79 号 6～10 頁
「時短促進法の内容と問題点」労働法律旬報 1288 号 6～10 頁

6 月 「書評／和田肇著『労働契約の法理』」ジュリスト 1003 号 122 頁

7 月 「判例研究／高校教師の期限付採用と解雇——神戸弘陵学園事件」兼子仁〔編〕『教育判例百選〔第 3 版〕』別冊ジュリスト No.118, 192～193 頁
「講演録／雇用慣行の変化に伴う"労働契約法制"の見直し動向——実態調査と改善の方向——」労働法学研究会報 1878 号 1～45 頁

【1993（平成 5）年】

3 月 「ドイツにおける弾力的労働時間規制の運用実態」日本労働研究雑誌 399 号 31～40 頁

7 月 「判例研究／賃金仮払命令の取消と仮払金の返還義務——宝運輸事件（最三小昭和 63 年 3 月 15 日・労判 523 号）」産業労働調査所〔編〕『最新 労務管理の法律知識～判例に学ぶ労務管理の実務ポイント～』128～132 頁, 経営書院

9 月 「労働契約法制の立法論的検討課題——労働基準法研究会報告書の意義と問題点」ジュリスト 1030 号 68～77 頁
„Atypische Beschäftigungsverhältnisse in Japan", WSI Mitteilungen 9/1993, SS.610-616

11 月 「ドイツ 産別協約の規制が徐々に弱まる 東独再建の重荷と大量失業で労使関係は曲がり角に」世界週報 3636 号 30～33 頁

【1994（平成 6）年】

1 月 「〔解説・労働用語 50〕『労使紛争』」日本労働研究雑誌 408 号 92～93 頁

2 月 〔報告書〕『調査研究報告書 No.50 労働時間制度の運用実態〈欧米諸国の比較研究〉』（日本労働研究機構。執筆担当は「ドイツの労働時間制度の運用実態」3～30 頁）

4 月 「判例研究／組合員バッジ取外し命令拒否による火山灰除去作業命令が違法

な業務命令でないとされた例（最高裁平元(オ)1631号，平5・6・11小法廷判決）」判例時報1482号213～216頁

5月　「時短協約10年後のドイツ協約政策の現在——雇用危機と柔軟化攻勢のなかで模索・変容する協約政策」労働法律旬報1336号6～16頁

【1995（平成7）年】

1～4月　「講演録／労働契約法制のあり方を考える」中央労働時報884号2～14頁

「座談会／戦後労働法学の50年を問う［第1部］～［第4部］」（中山和久・籾井常喜・西谷敏・金子征史・深谷信夫・盛誠吾・浜村彰）労働法律旬報1351・52号20～43頁，1353号6～27頁，1355号6～30頁，1357号6～39頁

3月　〔報告書〕『調査研究報告書No.65 個別紛争処理システムの現状と課題』（日本労働研究機構。主査として。執筆担当は「問題関心，方法，紛争処理に関する概念的整理～個別紛争処理システムをなぜ，どう問題にするか」1～11頁，「個別紛争処理システムの現状と課題～中間的総括～」103～112頁，「諸外国における個別労使紛争処理システム 序章 比較法的考察の視点，概要，示唆」113～121頁，「ドイツ」171～186頁）

5月　「労働紛争処理法——個別労働紛争処理システムの現状と課題」ジュリスト1066号210～217頁

「労働協約」窪田隼人＝横井芳広＝角田邦重〔編〕『現代労働法入門〔第3版〕』121～141頁，法律文化社

「判例研究／教育訓練費用の返還約定の効力と返還義務の範囲 BAG1994年3月16日判決」労働法律旬報1359号19～21頁

「書評／浜田冨士郎著『就業規則法の研究』」日本労働研究雑誌422号57～60頁

10月　「ドイツ労働裁判所の課題と展望」中央労働時報897号66～72頁

「判例研究／解雇期間中の賃金と中間収入——あけぼのタクシー事件」山口浩一郎＝菅野和夫＝西谷敏〔編〕『労働判例百選〔第6版〕』別冊ジュリストNo.134，158～159頁

11月　「人事と労働者の法的地位」『入門労働法』〔中山和久・林和彦・金子征史・清水敏・山本吉人と共著〕67～105頁，有斐閣

12月　「判例研究／労働条件変更法理としての『変更解約告知』をどう構成するのか——スカンジナビア航空事件（東京地裁平7・4・13決定）を契機に」労働判例680号6～20頁

【1996（平成8）年】

1月　「労働基準の規制緩和をめぐる議論と課題」ジュリスト1082号110～115頁

3月　〔報告書〕『年俸制の現状とその導入にあたっての課題』（雇用情報センター，執筆担当は「年俸制の運用をめぐる法的問題」68～75頁，「成果・業績主義賃

金制度をめぐる法政策的課題」75～76頁)
- 6月 „Aushöhlung der Tarifautonomie zerstört Flexibilität" [Übersetzungen: Buschmann / Walter], Arbeit und Recht 1996, S.205
- 8月 「書評／菅野和夫『雇用社会の法』」ジュリスト1095号210頁
- 9月 「特集総括／諸外国の賃金制度と法」労働法律旬報1391号29～31頁
- 12月 「エッセイ／〔無題〕」山口浩一郎先生還暦記念文集刊行会〔編〕『いつも笑みをたたえて──山口浩一郎先生還暦記念文集』(非売品)23～24頁

【1997（平成9）年】

- 3月 「労働判例の傾向──到達点とその論理 第9回 労働協約」労働判例708号6～15頁
- 〔報告書〕『参加・発言型産業社会の実現に向けて──わが国の労使関係制度と労働法制の課題』(連合総合生活開発研究所。主査として。執筆担当は「総論 我が国の労使関係制度と労働法制の課題」12～33頁,「組合機能と従業員代表制～日本型従業員代表制度の追及を」105～121頁,「ドイツの労使関係と労働法制」234～266頁)
- 5月 「賃金処遇の変化と労働法学の課題──能力・成果主義賃金制度をめぐる法的問題を中心に」日本労働法学会誌89号5～26頁
- 「巻頭言／個別紛争処理制度整備の好機を逃してはならない」労働法律旬報1408号4～5頁
- 〔レジュメ集〕『労働法講義アシスト』八千代出版（全169頁）
- 6月 「判例研究／遠隔地配転と公序良俗・配慮義務──帝国臓器製薬（単身赴任）事件」ジュリスト臨時増刊1113号『平成8年度重要判例解説』213～215頁
- 7月 「判例研究／定型的労働契約と契約解釈──権利失効条項がいわゆる『不意打ち条項』として労働契約の内容にならないとされた例」労働法律旬報1412号30～32頁
- 8月 「中高年層の処遇～その法的側面を最近の裁判例からみる」賃金実務797号25～29頁
- 「講演録／個別紛争処理と労働委員会制度のあり方」月刊労委労協496号6～14頁
- 「座談会／とうきょうの労働創刊50周年記念座談会 新たな動きのなかで」とうきょうの労働1078号1～3面
- 10月 「コメント／個別労使紛争処理システムの必要性と意義」労働経済旬報1593号4～9頁
- 11月 「新たな個別労使紛争処理システムの構築」季刊労働法184号10～24頁
- 12月 「雇用管理の個別化と法的問題」東京都労働経済局労政部労働組合課〔編〕『個別雇用管理の現状と課題』東京都労働経済局労政部労働組合課26～45頁

「巻頭言／平等原則への接近方法」労働法律旬報 1422 号 4〜5 頁

【1998（平成 10）年】

„Gewerkschaft Zennôrin-Fall Verfassungmäßigkeit des Arbeitskampfverbots für öffentlich Bedienstete", in: Eisenhardt / Leser/Ishibe / Isomura / Kitagawa / Murakami / Marutschke (Hrsg.), Japanische Entscheidungen zum Verfassungsrecht in deutscher Sprache, Carl Heymanns, SS.405-448

1月　「講演録／ドイツにおける経営協議会活動の現在」経営民主主義 7 号 48〜58 頁

3月　「人事と労働者の法的地位」『入門労働法 第 2 版』67〜105 頁〔中山和久・林和彦・金子征史・清水敏・山本吉人と共著〕有斐閣

〔報告書〕『裁量労働制等の対象労働者の処遇の現状とあり方』（雇用情報センター。執筆担当は「裁量労働制等の運用における適正確保措置」65〜72 頁）

〔報告書〕『諸外国における労働条件規制等に関する調査研究〜最終報告〜』（日本労働研究機構，主査として，執筆担当は「ドイツ」75〜87 頁，「総括」197〜211 頁）

4月　「〔古典を読む〕吾妻光俊『労働法の基本問題』」日本労働研究雑誌 454 号 2〜4 頁

6月　〔報告書〕『新しい労使紛争解決システムの研究——「労働委員会制度のあり方研究会」の最終まとめ——』（日本労働組合総連合会。主査として。全 32 頁）

9月　„Stand und Entwicklung der Arbeitszeit in Japan", WSI Mitteilungen 9/1998, SS.646-648

10月　「判例研究／エアホステスの労働契約の準拠法及び付加手当撤回権の留保と行使の効力：ドイッチェ・ルフトハンザ・アクチェンゲゼルシャフト事件東京地裁平成 9 年 10 月 1 日判決」法律時報 70 巻 11 号 95〜101 頁

〔シンポジウム総括〕「就業規則変更に関する判例法理の到達点と問題点——総括」日本労働法学会誌 92 号 120〜123 頁

【1999（平成 11）年】

„Beschäftigungssystem und Arbeitsrecht im Zeitalter der Globalisierung - Veränderungsprozeß in Japan", in: Klebe/Wedde/Wolmerath (Hrsg.), Recht und soziale Arbeitswelt: Festschrift für Wolfgang Däubler, Bund-Verlag, 1999, SS.730-742

1月　「座談会／新しい労使紛争解決システムの検討——連合「労働委員会制度のあり方研究会」の報告書を中心に」（直井春夫・浜村彰・松浦清春・宮里邦雄）労働法律旬報 1447・48 号 6〜33 頁

「座談会／学界展望 労働法理論の現在——1996〜98 年の業績を通じて」（岩村正彦・大内伸哉）日本労働研究雑誌 464 号 2〜47 頁

毛塚勝利先生紹介

4月 「職場の労働者代表と労使委員会」ジュリスト1153号57〜63頁
〔レジュメ集〕『労働法講義アシスト〔第2版〕』八千代出版(全170頁)
5月 「人事と労働者の法的地位」『入門労働法〔第3版〕』〔中山和久・林和彦・金子征史・清水敏・山本吉人と共著〕69〜108頁, 有斐閣
「巻頭言/ワークルール・アプローチのすすめ」労働法律旬報1455号4〜5頁
「講演録/労基法・均等法・育介法改正に伴うパート労働者の雇用管理と実務の対応——労働条件の明示・退職証明・解雇予告・健康診断・雇用管理者の選任——」労働法学研究会報2163号1〜30頁
7月 「書評/山口浩一郎編『救済命令の司法審査』」中央労働時報955号50〜51頁
8月 「判例研究/パートタイム労働者の経営上の理由にもとづく解雇と社会的選択の対象労働者 連邦労働裁判所1998年12月3日判決」労働法律旬報1461号29〜31頁
「コメント/雇用・労使関係法制の動向」日本労働研究雑誌470号43〜45頁
12月 「講演録/ワークルール・アプローチからみた労基法改正の意義と問題点」ノモス10号131〜138頁

【2000 (平成12) 年】
1月 「ワークルールからみた現行労働法制の問題点と検討の課題」連合総研レポートDIO135号11〜30頁
3月 〔報告書〕『企業組織の再編に伴う労働者保護法制に関する調査研究報告書』(連合総合生活開発研究所。主査として。執筆担当は「はじめに」3〜9頁,「ドイツにおける企業組織再編と労働者保護」146〜164頁,「企業組織再編をめぐる労働法的規制の残された課題」187〜201頁)
5月 「労働法の動向と課題」横井芳弘=角田邦重=脇田滋〔編〕『新現代労働法入門』408〜432頁, 法律文化社
9月 "Legal Problems Concerning Part-time Work in Japan", Japan Labor Bulletin Vol.39 No.9, pp.6-12
10月 「賃金・労働時間の法理」日本労働法学会〔編〕講座21世紀の労働法 第5巻『賃金と労働時間』2〜22頁, 有斐閣
11月 「座談会/パートと正社員の『均衡』問題を考える」(佐藤博樹・今田幸子)労働時報628号4〜11頁
12月 「『労使委員会』の可能性と企業別組合の新たな役割」日本労働研究雑誌485号13〜26頁
〔報告書〕『ドイツ,フランスにおける家族的責任を有する労働者の深夜業の実態及び規制の運用実態』(日本労働研究機構。執筆担当は「ドイツにおける労働時間法制と深夜業規制」1〜11頁)

【2001（平成13）年】

1月　「労働法における平等——その位置と法理」労働法律旬報 1495・96 号 49〜54 頁

　　　「講演録／日本のコーポレートガバナンスと労組の役割」経営民主主義 15 号 6〜15 頁

2月　「講演録／通常の労働者との均衡を考慮したパートタイム労働者の雇用管理のための考え方——パートタイム労働に係る雇用管理研究会報告——」経営法曹研究会報 32 号 1〜29 頁

3月　「座談会／司法改革と労働法——労働裁判改革のあり方を中心に」（鵜飼良昭・豊川義明）労働法律旬報 1499 号 6〜29 頁

　　　「講演録／21 世紀の労働委員会と個別労使紛争解決」月刊労委労協 539 号 14〜22 頁

　　　「エッセイ／ Clear, Cool and Critical Creator」『23 の奏鳴曲（ソナタ）〜角田邦重教授の肖像〜』角田邦重先生の還暦を祝う会（非売品）14〜15 頁

4月　「コメント／機は熟している」日本労働研究雑誌 489 号 2〜3 頁

5月　〔シンポジウム（企業組織と労働法）解題・総括〕「問題設定と各報告の位置——はじめに」「あらたな議論の視角と課題と——総括」日本労働法学会誌 97 号 118〜120，173〜182 頁

6月　「判例研究／組合大会の決議を経ない不利益労働協約の効力：中根製作所事件（東京高裁平 12.7.26 判決 労判 789 号 6 頁）」労働判例 801 号 5〜12 頁

7月　「ドイツにおける個別紛争処理制度」世界の労働 51 巻 7 号 2〜10 頁

　　　「コメント／労働事件裁判で，第一に改革を迫られるのは，組合自身の意識である」月刊連合 160 号 7〜10 頁

8月　「解説・連邦職員代表法の概要」経営民主主義 17 号 55〜56 頁

　　　「判例研究／変更解約告知による労働条件の変更と解雇の効力——スカンジナビア航空事件」産労総合研究所〔編〕『「労働判例リーディングケース」に学ぶ人事・労務の法律実務』232〜236 頁，経営書院

10月　「労働紛争処理制度の改革・整備をめぐる議論の現在と今後の課題」労働法律旬報 1513 号 4〜10 頁

　　　「エッセイ／坂本重雄先生を悼む」日本労働法学会誌 98 号 252-255 頁

12月　〔報告書〕『教育分野における労使関係の現状と将来方向——日教組労使関係研究会報告書——』（日本教職員組合。執筆担当は「法的視点から見た教育労使関係の将来方向」43〜57 頁）

　　　「解説〔ウルリッヒ・ツァッハルト「ドイツにおける労働法改革の現在——1998 年以降のシュレーダー政権の労働法政策」〕」日本労働研究雑誌 497 号 70〜71 頁

毛塚勝利先生紹介

【2002（平成 14）年】
2 月 「『同一労働同一賃金』への道程」関西経協 56 巻 2 号 10～14 頁
6 月 「ドイツ 二元的労使関係の揺らぎと軋み」海外労働時報 325 号 61～65 頁
「講演録／従業員代表制をめぐる議論と労働組合の対応」全国一般労委労協レポート No.9，3～10 頁
8 月 『個別労働紛争処理システムの国際比較』日本労働研究機構（編著。執筆担当は「ドイツにおける個別労働紛争処理システム」129～182 頁，「個別労働紛争処理の比較法的検討」305～328 頁）
9 月 〔報告書〕『新労働法制に関する調査研究報告書』（連合総合生活開発研究所。主査として。執筆担当は「ワークルールからみた現行労働法制の問題点と検討の課題」5～34 頁）
10 月 「労働紛争における ADR」JCA ジャーナル 49 巻 10 号 29～35 頁
「書評／浅倉むつ子＝島田陽一＝盛誠吾著 労働法」法学教室 265 号 132 頁
「巻頭言／日本労働法学会誌 100 号を迎えて」日本労働法学会誌 100 号 1～3 頁
11 月 「従業員代表制度をめぐる論議」関西経協 56 巻 11 号 20～25 頁
「判例研究／人事考課――マナック事件」菅野和夫＝西谷敏＝荒木尚志〔編〕『労働判例百選〔第 7 版〕』別冊ジュリスト No.165，72～73 頁
「巻頭言／企業組織の揺らぎと労働法の行方」労働判例 832 号 2 頁

【2003（平成 15）年】
1 月 「倒産をめぐる労働問題と倒産労働法の課題」日本労働研究雑誌 511 号 4～16 頁
「対談／特許権の承継と『相当の対価』～日亜化学工業事件・オリンパス光学工業事件を中心に～」（永野秀雄）労働判例 836 号 6～39 頁
2 月 「労働法改革の現在と問題点」二弁フロンティア（第二東京弁護士会）237 号 27～29 頁
3 月 「座談会／労働条件変更手段としての『変更解約告知』の理論課題――日本ヒルトンホテル事件東京地裁判決を素材に」（唐津博・浜村彰・村中孝史）労働法律旬報 1548 号 4～31 頁
4 月 「巻頭言／筋の通った労働立法を」日本労働法学会学会通信 15 号 1 頁
5 月 「労働法の動向と課題」横井芳弘＝角田邦重＝脇田滋〔編〕『新現代労働法入門（第 2 版）』412～437 頁，法律文化社
7 月 『入門労働法 第 4 版』〔金子征史・林和彦・清水敏と共著〕執筆担当は「人事と懲戒」91～111 頁，「企業組織の変動と労働者の法的地位」112～128 頁，「雇用の終了」129～149 頁，「労働協約」296～319 頁，有斐閣
〔報告書〕「教育公務員法制研究委員会報告 転換期の教育公務員法制を考える」教育総研年報 2003，203～263 頁（国民教育文化総合研究所。委員長として。

執筆担当は「はじめに」1〜3頁,「教育公務員労使関係の再構築のための一考察」56〜65頁)
　7・8月　「個別労働紛争をめぐる判例の動向」(上)・(下)関西経協 57 巻 7 号 16〜21 頁,57 巻 8 号 32〜37 頁
　10 月　〔シンポジウム(契約労働をめぐる法的諸問題)解題・総括〕「趣旨と総括」日本労働法学会誌 102 号 101〜107 頁
　　「巻頭言/労働法学のラウンドテーブルを拡げたい」日本労働法学会学会通信 16 号 1 頁

【2004(平成 16)年】

　1 月　「判例研究/年俸制と時間外労働割増賃金：システムワークス事件(大阪地裁 平 14.10.25 判決 労判 844 号 79 頁)」労働判例 858 号 34〜39 頁
　3 月　〔講義録〕『労働法制の課題〔Rengo アカデミー・マスターコース講義録 No.8〕』教育文化協会(全 59 頁)
　6 月　「労働審判制度」法学教室 285 号 2〜3 頁
　　「巻頭言/新たな日本型労使関係システムを」日本労働研究雑誌 527 号 1 頁
　8 月　〔報告書〕『労働政策研究報告書 No.L-9 諸外国における集団的労使紛争処理の制度と実態——ドイツ,フランス,イギリス,アメリカ——』(労働政策研究・研修機構。主査として。執筆担当は「はじめに」17〜20 頁,「ドイツ」21〜52 頁,「終章 各国の集団的労使紛争処理制度の概要と日本法への示唆」207〜219 頁)
　9 月　「労働審判制度創設の意義と課題」ジュリスト 1275 号 57〜65 頁
　12 月　「差別禁止と均等待遇」『労働法の争点〔第 3 版〕』〔ジュリスト増刊法律学の争点シリーズ 7〕〔角田邦重・浅倉むつ子と共編著〕118〜120 頁

【2005(平成 17)年】

　3 月　「座談会/学界展望 労働法理論の現在——2002〜04 年の業績を通じて」(奥田香子・唐津博・川田琢之)日本労働研究雑誌 536 号 2〜55 頁
　6 月　『新現代労働法入門〔第 3 版〕』〔角田邦重・脇田滋と共編著〕執筆担当は「労働法の形式と履行確保」23〜39 頁,「労働契約における権利と義務」79〜101 頁,法律文化社
　10 月　〔報告書〕『労働契約法制研究委員会報告書 労働契約法試案——ワークルールの確認とさらなる充実を求めて——』(連合総合生活開発研究所。主査として。執筆担当は「労働契約法の整備の基本的考え方」23〜30 頁,「労働契約の変更」118〜133 頁,「配置転換・出向・転籍」134〜142 頁)
　11 月　「労働契約変更法理再論——労働契約法整備に向けての立法的提言——」水野勝先生古稀記念論集編集委員会〔編〕『労働保護法の再生——水野勝先生古稀記念論集』3〜31 頁,信山社

【2006（平成 18）年】

"Significance and Tasks Involved in Establishment of a Labor Tribunal System", Japan Labor Review Vol.3 No.1, pp.13-31

1月 「対談／労働契約の決定・変更と就業規則／労働協約」（道幸哲也）労働判例 902 号 6～31 頁

「シンポジウム／これからの労働紛争解決システムのあり方を考える～韓国，米国，ドイツ，日本の国際比較から～」（コーディネーターとして参加。パネリストはイ・ジョン，マシュウ・フィンキン，ウルリッヒ・ツァッハルト，山川隆一）Business Labor Trend 371 号 19～23 頁

3月 「パネルディスカッション『今後の労働委員会の展望』」（佐藤公一，杉山幸一，菅野和夫，中山慈夫，藤田耕三，宮里邦雄）中央労働時報 1054 号 31～51 頁

12月 「講演録／従業員代表制と紛争処理——ドイツにおける従業員代表の活動と労働裁判所——」経営民主主義 33 号 50～58 頁

【2007（平成 19）年】

3月 「日本における労働者代表制の現在・過去・未来」季刊労働法 216 号 4～5 頁

〔共同声明〕「就業規則変更法理の成文化に再考を求める労働法研究者の声明」（角田邦重・西谷敏とともに，とりまとめ責任者）季刊労働法 216 号 110～112 頁

6月 「コーポレート・ガバナンス／企業の社会的責任論と労働法」季刊労働法 217 号 135～144 頁

「巻頭言／労働市場改革の核心」労働法律旬報 1650 号 4～5 頁

【2008（平成 20）年】

3月 「講演録／労働法と企業」季刊企業と法創造 13 号 14～21 頁

「シンポジウム／〈日本の企業法制が向かうべき方向とは——企業，金融，資本市場，労働——〉パネルディスカッション」（熊谷謙一・上村達男）季刊企業と法創造 13 号 28～38 頁

「講演録／労働契約法の成立と今後の労働組合・労働委員会の課題」月刊労委労協 623 号 10～26 頁

6月 「労働契約法の成立が与える労使関係法への影響と今後の課題」季刊労働法 221 号 27～37 頁

7月 「解説」蓼沼謙一著作集第 V 巻『労働保護法論』281～301 頁，信山社

8月 「企業統治と労使関係システム：ステークホルダー民主主義論からの労使関係の再構築」石田眞＝大塚直〔編〕『労働と環境』47～65 頁，日本評論社

「解説」蓼沼謙一著作集第 VI 巻『労働時間法論(1)』621～634 頁，信山社

12月 「判例研究／偽装請負・違法派遣と受け入れ企業の雇用責任——松下プラズ

マディスプレイ（パスコ）事件高裁判決にみる『黙示の労働契約』論の意義と課題」労働判例 966 号 5〜12 頁

【2009（平成 21）年】
3 月 「労働者代表制をめぐる新たな状況と今後の整備課題」関西経協 63 巻 3 号 10〜15 頁
4 月 「追悼座談会／横井芳弘先生の人と学問——横井芳弘先生を偲ぶ」（角田邦重・近藤昭雄・辻村昌昭・石井保雄）労働法律旬報 1693 号 6〜30 頁
5 月 『新現代労働法入門〔第 4 版〕』〔角田邦重・脇田滋と共編著〕法律文化社執筆担当は「労働契約の形式と履行確保」25〜42 頁，「労働契約における権利と義務」83〜111 頁）
7 月 〔報告書〕『公務・公共部門の団体交渉制度在り方に関する研究会最終報告』（公務公共サービス労働組合協議会。座長として。全 46 頁）
10 月 「判例研究／労働協約による労働条件の不利益変更——朝日火災海上保険（石堂）事件」村中孝史＝荒木尚志〔編〕『労働判例百選〔第 8 版〕』別冊ジュリスト No.197，192〜193 頁
12 月 「個別労使紛争と紛争処理システム——労使紛争解決の過去・未来——」久本憲夫〔編〕『労使コミュニケーション』40〜68 頁，ミネルヴァ書房

【2010（平成 22）年】
Dieterich / Le Friant / Nogler / Kezuka / Pfarr (Hrsg.), Individuelle und Kollektive Freiheit im Arbeitsrecht: Gedächtnisschrift für Urlich Zachert, Baden-Baden: Nomos (Kezuka, „Corporate Governance and Industrial Relations: Reconstruction of Industrial Relations based on the Concept of >>Stakeholder Democracy<<", SS.561-577)
2 月 「解題／個別労働紛争処理制度の比較研究——英・独・韓における紛争処理システムの制度間調整を中心に——」月刊社会保険労務士 46 巻 2 号 24〜26 頁
5 月 「解説／戦後労働法学と蓼沼法学——総括と継承」蓼沼謙一著作集 第 I 巻『労働法基礎理論』543〜571 頁，信山社
6 月 『企業組織再編における労働者保護』中央経済社（連合総合生活開発研究所と共編著。執筆担当は「序章 本研究の目的・概要と総括」1〜22 頁）
「巻頭言／労組法上の労働者・使用者論で見失われている視点」労働判例 1000 号 2 頁
「巻頭言／派遣法改革とは間接雇用法にすること？」労働法律旬報 1721 号 4〜5 頁
9 月 「労働者代表制をめぐる今日的課題」電機連合 NAVI33 号 7〜11 頁
「公務労使関係システムの構築に関する議論の現在と問題点——『労使関係制度検討委員会報告書——自律的労使関係制度の措置に向けて』によせて」季刊労働

法230号73〜84頁
- 10月　「エッセイ／労働法学60周年によせて──『ポスト戦後労働法学』の30年──」日本労働法学会誌116号100〜104頁
- 11月　「書評／『手続的規制モデル』は労働法の未来を語りうるか──水町勇一郎・連合総研編『労働法改革』によせて」労働法律旬報1731号6〜12頁

【2011（平成23）年】
- 1月　「シンポジウム／どうなる？どうする！日本の雇用〜非正規雇用拡大への処方箋を考える〜」（石水喜夫・中野麻美）労働法律旬報1735・36号88〜110頁
- 3月　『労働法2（保護法）[改訂版]』〔角田邦重・山田省三・米津孝司と共著〕執筆担当は「賃金」149〜174頁,「就業規則と懲戒」233〜254頁, 中央大学通信教育部

  「労働法における差別禁止と平等取扱──雇用差別法理の基礎理論的考察──」山田省三＝石井保雄〔編〕角田邦重先生古稀記念『労働者人格権の研究（下巻）』3〜38頁, 信山社

  「今後の労使関係のあり方と労働組合の課題」産政研フォーラム89号14〜18頁
- 4月　「労組法7条2号の『使用者が雇用する労働者』をめぐる議論の混乱をどう回避すべきか──ニチアス事件・中労委命令（平成22・3・31）を素材に」労働法律旬報1742号51〜65頁

  「コメント／『労働者』『使用者』の定義と労働運動の課題」月刊連合277号16〜18頁
- 6月　「妥当な結論だが, 不透明さを増す判断枠組み〔新国立劇場運営財団事件・INAXメンテナンス事件──2つの最高裁判決を受けて〕」労働法律旬報1745号31〜35頁
- 11月　「巻頭言／『就業規則』を用いない労働契約法を」日本労働研究雑誌616号1頁
- 12月　「日本における『共同決定制』の必要性と可能性──ドイツの現状をふまえて──」経営民主主義48号8〜20頁

【2012（平成24）年】
- 1月　「巻頭言／労働法学の危機とチャンスの時代に〜今求められているものとは」労働法律旬報1759・60号4〜5頁
- 3月　「コメント／法律案要綱の評価と有期労働契約法制の課題」月刊連合288号18〜19頁

  「エッセイ／蓼沼先生の思い出」『恩師・蓼沼謙一先生を偲ぶ』蓼沼先生を偲ぶ会（非売品）9-10頁
- 4月　〔レジュメ集〕『個別的労働法講義要綱』信山社（全176頁）
- 7月　「巻頭言／なんとも不自然な有期契約法制」労働情報842号3頁

10月 「労働契約法2条（定義）」西谷敏＝野田進＝和田肇〔編〕『新基本法コンメンタール労働基準法・労働契約法』別冊法学セミナー No.220，323～331頁，日本評論社

「講演録／個別労働紛争処理制度の課題と展望」月刊労委労協677号2～16頁

11月 「シンポジウム／派遣労働者の待遇改善をめざして」（中嶋滋・関根秀一郎・中野麻美）労働法律旬報1780号6～23頁

「コメント／産業民主主義のあらたな姿を求めて──日本の労使関係システム再構築の課題」Business Labor Trend 453号19頁

12月 「労働契約法における労働条件変更法理の規範構造──契約内容調整協力義務による基礎付けと法理展開の可能性──」法学新報119巻5・6号〔近藤昭雄先生退職記念論文集〕489～529頁

【2013（平成25）年】

1月 「改正労働契約法・有期労働契約規制をめぐる解釈論的課題」労働法律旬報1783・84号18～31頁

「連載解題／境界を超えて──労働法と労働法学の新たな姿を求めて」労働法律旬報1783・84号79～80頁

3月 「座談会／労組法上の労働者性──最高裁三判決とこれからの課題」労働法律旬報1789号6～37頁

6月 「判例研究／非典型労務契約就業者の『労組法上の労働者』性に関する最高裁判決の定着と今後の課題：ソクハイ事件（東京地判平成24・11・15別中労時（重要命令判例）1436号46頁）をうけて」中央労働時報1164号25～34頁

7月 「非正規労働の均等処遇問題への法理論的接近方法──雇用管理区分による処遇格差問題を中心に」日本労働研究雑誌636号14～25頁

10月 『事業再構築における労働法の役割』（編著）執筆担当は「序章 課題設定──検討の概要と特色」2～21頁，「事業再編における労働者保護に関する立法論的検討：欧州モデルを超えて」284～320頁，中央経済社

「労働法と労働組合──労働組合は労働法にどう向き合うべきか」電機連合NAVI49号12～16頁

【2014（平成26）年】

2月 「ドイツにおける雇用・労使関係政策の新たな局面～一般的拘束力・最低賃金と派遣労働の政策を中心に」連合総研レポートDIO290号4～8頁

3月 「民法（債権法）改正に労働法学はどう向き合うべきか～『中間試案』にみる民法雇用関連規定の問題点」労働法律旬報1811号13～27頁

4月 『アクチュアル労働法』〔米津孝司・脇田滋と共編著〕執筆担当は「総論」2～36頁，法律文化社

「派遣労働──世界と日本の動向と課題：迷走する日本の派遣労働政策はどこに向

かうのか」WORK&LIFE 世界の労働 2014 年 2 号 2〜10 頁
5 月　「講演録／『2014 年労働者派遣法改正法律案要綱』を読み解く」労働法律旬報 1816 号 7〜14 頁
6 月　「『限定正社員』論の法的問題を考える〜区分的雇用管理における労働条件法理と解雇法理」季刊労働法 245 号 17〜31 頁
7 月　「コメント／安倍『雇用改革』3 つの大矛盾を解く」月刊連合 316 号 12〜13 頁
8 月　「巻頭言／整理解雇法理の核心」労働法律旬報 1822 号 4〜5 頁

【略歴・業績目録作成：山本志郎】

毛塚勝利先生古稀記念

労働法理論変革への模索

2015(平成27)年2月26日　第1版第1刷発行
9178:P1040 ￥20000E 012-030-015

	山　田　省　三
	青　野　　　覚
編者	鎌　田　耕　一
	浜　村　　　彰
	石　井　保　雄

発行者　今井　貴　稲葉文子
発行所　株式会社　信山社

〒113-0033　東京都文京区本郷6-2-9-102
Tel 03-3818-1019　Fax 03-3818-0344
info@shinzansha.co.jp
笠間才木支店　〒309-1611　茨城県笠間市笠間515-3
Tel 0269-71-9081　Fax 0296-71-9082
笠間来栖支店　〒309-1625　茨城県笠間市来栖2345-1
Tel 0296-71-0215　Fax 0296-72-5410
出版契約 2015-9178-0-01011　Printed in Japan

Ⓒ 編・著者, 2015　印刷・製本／ワイズ書籍・渋谷文泉閣
ISBN978-4-7972-9178-0 C3332 分類328.600-a01 労働法

JCOPY 〈(社)出版者著作権管理機構 委託出版物〉

本書の無断複写は著作権法上での例外を除き禁じられています。複写される場合は、そのつど事前に、(社)出版者著作権管理機構(電話03-3513-6969, FAX 03-3513-6979, e-mail: info@jcopy.or.jp)の許諾を得てください。また、本書を代行業者等の第三者に依頼してスキャニング等の行為によりデジタル化することは、個人の家庭内利用であっても、一切認められておりません。

◆ 労働者人格権の研究〔上・下〕
　―角田邦重先生古稀記念　　山田省三・石井保雄 編

◆ 労働保護法の再生
　―水野勝先生古稀記念論集　水野勝先生古稀記念論集編集委員会 編

◆ 市民社会の変容と労働法
　　横井芳弘・篠原敏雄・辻村昌昭 編

◆ 現代雇用法　角田邦重・山田省三 著

◆ 労働基準法〔昭和22年〕　渡辺章・野田進 編集代表

◆ 社会保障法研究　岩村正彦・菊池馨実 責任編集

信山社

蓼沼謙一著作集〔全8巻＋別巻〕

第Ⅰ巻　労働法基礎理論
　　労働法一般・方法論／労働基本権
　　　略歴・主要著作　【作成】盛誠吾・石井保雄／【解説】毛塚勝利・石井保雄
第Ⅱ巻　労働団体法論
　　労働組合／不当労働行為／団体交渉／労働協約　　【解説】石井保雄
第Ⅲ巻　争議権論（1）
　　争議権基礎理論　【解説】石井保雄
第Ⅳ巻　争議権論（2）
　　ロックアウト論／労働争議法の諸問題　　【解説】石井保雄
第Ⅴ巻　労働保護法論
　　労働基準法／労働契約／就業規則／個別労働条件　　【解説】毛塚勝利
第Ⅵ巻　労働時間法論（1）
　　労働時間法制／労働時間　【解説】毛塚勝利
第Ⅶ巻　労働時間法論（2）
　　年休権論
第Ⅷ巻　比較労働法論
　　アメリカ法研究／書評・紹介（サヴィニー、ジンツハイマー等）
　　【解説】藤原稔弘
別　巻　労働法原理　H. ジンツハイマー 著
　　楢崎二郎・蓼沼謙一 訳

―― 信山社 ――

外尾健一著作集〔全8巻〕

労働者の権利が具体的には無に等しかった状況のなかから、基本的人権として法の体系のなかに定着し、今日にいたるまでのわが国の労働法の軌跡の一端を体験し、観察して来た著者の論文を、テーマ別にまとめた著作集。

1　労働権保障の法理

2　団結権保障の法理

3　労働権保障の法理〈1〉

4　労働権保障の法理〈2〉

5　日本の労使関係と法

6　フランス労働協約法の研究

7　フランスの労働組合と法

8　アメリカのユニオン・ショップ制

── 信山社 ──